中国年鉴精品工程
High Quality Project of China's Yearbook

泰安年鉴

2023

中共泰安市委党史研究院
泰安市地方史志研究院 编

方志出版社
Publishing House of Local Records

图书在版编目（CIP）数据

泰安年鉴 . 2023 / 中共泰安市委党史研究院，泰安市地方史志研究院编 .—北京：方志出版社，2023.11
ISBN 978-7-5144-5976-0

Ⅰ . ①泰… Ⅱ . ①中… ②泰… Ⅲ . ①泰安— 2023 —年鉴 Ⅳ . ① Z525.23

中国国家版本馆 CIP 数据核字（2023）第 242721 号

责任编辑：李晓晓
责任校对：张玉霞
责任印制：梅中英
出 版 者：方志出版社
地　　址：北京市朝阳区潘家园东里 9 号（国家方志馆 4 层）
邮　　编：100021
网　　址：http://www.zgfzcb.cn
发　　行：方志出版社图书营销中心（010-67110500）
印　　刷：济南书来书往印刷有限公司
开　　本：889 毫米 ×1194 毫米　1/16
印　　张：28.75 印张　插页：3.75 印张　地图：1 幅
字　　数：1334 千字
版　　次：2023 年 11 月第 1 版
印　　次：2023 年 11 月第 1 次印刷
定　　价：300.00 元

泰安市地方志编纂委员会

主　　任　刘泮英　冯能斌

副 主 任　刘式堃　张　耀

委　　员　刘焕民　李光玖　赵国强　贾玉亮　雷建民
　　　　　侯红岩　田　萌　徐兆兵　孙　磊　苗明峻
　　　　　周美广　张　博　曹成义　李耀德　张　鹏
　　　　　李海卫　袁立轩

《泰安年鉴（2023）》编审人员

主　　审　刘泮英　冯能斌

主　　编　田　萌

副 主 编　周美广（常务）　戚淑娟

编　　辑　戚淑娟　刘　凯　刘小笋　王　巍　王冠文

数据审核　杨晓妍　周　伟　孙恺琳　刘桂菊

《泰安年鉴（2023）》单位审稿人名单

于　锋 马　辉 马久虎 马庆忠 尹燕青 亓　健 孔　怡 方恒利 王　宁 王　军 王　华
王　斌 王太阳 王希娟 王国强 王明昌 王绍林 王建伦 王家民 王桂林 玄冬梅 甘连涛
田　华 田书阳 石　斌 任　军 任一飞 刘　安 刘　峰 刘月永 刘永勤 刘式堃 刘建广
刘彦涛 刘树国 刘凌云 刘新功 刘新民 吕　聪 孙建修 安　丽 巩如雷 庄惠丽 朱　会
朱元柱 毕于民 许　伟 许立波 闫　伟 何麦之 吴绍辉 宋巧霞 张　帅 张　田 张　青
张　哲 张　峰 张　鹏 张仁新 张传勤 张红杰 张学亮 张英泽 张继锋 张基瑞 张鹏岳
李　民 李　艳 李　强 李卫国 李光玖 李向影 李志泰 李姗姗 李学军 李洪洲 李钦雨
李德明 杜晋生 步衍金 肖本忠 谷志坚 辛振华 孟奎章 林静霞 武金鹏 武建堂 罗文选
苌　晶 连志军 陈　勇 陈　健 陈卫东 陈云峰 陈兆金 陈京国 陈晓娜 陈雪飞 姚广庆
姜从涛 胡开剑 范　军 赵　峰 赵夫明 赵文坡 赵先法 赵同健 赵学文 赵晓乐 赵海燕
郑爱华 项　颖 唐衍刚 柴传江 耿献文 聂　刚 袁立新 贾德峰 钱振华 高广稳 崔志峰
常福生 梁国华 梁晨阳 续丽敏 郭　青 鹿道新 傅　玲 程建民 韩　涛 韩增国 黄建民
葛宝文 葛遵瑞 董　蓉 董军建 雷建民 靳　新 臧玉海 臧春海 薛其福 鞠晓帆

《泰安年鉴（2023）》单位中心撰稿人名单

丁　中 丁　婧 丁兆秀 于　铖 马　琰 马　琳 尹爱青 卞良浩 方雯彦 王　旭 王　兵
王　岩 王　虎 王　振 王　健 王　敏 王　磊 王子珍 王飞飞 王文涵 王亚楠 王传其
王成华 王成磊 王纬洋 王建军 王建波 王彦宗 王彦彬 王玲玲 王荣凤 王瑞霞 王鲲鹏
韦　芹 丛绍芬 付延雷 代琳琳 冯　庆 冯　彦 卢会云 宁　娟 玄富华 田　野 田珂珂
白　帆 石亚男 乔亭灿 任逸群 刘　昆 刘　迪 刘　晓 刘　鹏 刘　震 刘丰欣 刘仁航
刘含赟 刘姗姗 刘性泉 刘钦兴 刘爱红 刘梦冉 吕凤奎 孙　娟 孙启峰 朱　玲 朱玉祥
朱金森 许　利 许　栋 许兴超 许桂芸 许梅婷 员相前 宋　伟 宋光恩 宋冠州 宋春晓
宋洪孟 张　文 张　瑞 张　静 张　磊 张　聪 张公喜 张天宇 张龙基 张利琴 张艳红
张淑蕾 张维康 张莉莉 张媛媛 张道生 李　凡 李　川 李　玉 李　伟 李　岩 李　艳
李　乾 李　铮 李　隆 李　燕 李　璐 李冬霞 李先虎 李先锋 李纪勇 李启明 李金辉
李贵友 李康宁 李德龙 杜一凡 杜荣立 杨　扬 杨　咪 杨现策 杨晓妍 谷国安 单美菁
周长波 周齐齐 孟庆涛 孟现忠 尚道泽 林　营 武珍祯 邵　辉 陈　超 陈传奇 陈孟然
陈显良 陈路平 侯胜男 姜　敏 姜　强 酒西川 范庆胜 赵　军 赵　松 赵　超 赵　越
赵　潇 赵士鹏 赵传勇 赵春明 赵莉莉 郑　飞 徐　红 徐　莹 祝　捷 耿春燕 郝　航
崔西彬 常笑君 戚桂状 梁　波 梁武言 郭可嘉 鹿文静 韩晓婷 董　浩 董陈东 董婷婷
訾宪涛 靳立超 鲍怀晓 鲍海涛 熊正君 臧文华 颜　健 魏　群

序

国务院办公厅2015年8月印发的《全国地方志事业发展规划纲要（2015—2020年）》（以下简称《规划纲要》）要求，到2020年要做到地方综合年鉴一年一鉴，公开出版，实现省、市、县三级综合年鉴全覆盖。《规划纲要》还要求，坚持存真求实，正确处理质量与进度的关系，将精品意识贯穿于年鉴编纂出版工作全过程。2015年12月，中国地方志指导小组办公室启动中国年鉴精品工程，将其与先期实施的中国志书精品工程视为姊妹工程，一道作为加强地方志质量建设的重要抓手。

实施中国年鉴精品工程有助于推动中华优秀传统文化传承发展。近年来，在党中央、国务院的高度重视和关心支持下，全国地方志事业发展迎来最好的发展时期。年鉴编纂发端于欧洲，鸦片战争后被引入我国，在我国走过了100多年的发展历史。在长期的编纂中，年鉴在内容和形式上不断发展，逐渐演变成为适合反映中国国情、具有鲜明中国特色的一种文化载体，并在改革开放后出现了快速发展的局面。2006年5月，国务院《地方志工作条例》颁布施行，明确将地方综合年鉴纳入地方志工作范畴，年鉴工作走上了有法可依的轨道。《规划纲要》出台，为从依法编鉴转变到依法治鉴指明了方向。2016年12月，中国地方志指导小组印发《全国年鉴事业发展规划（2016—2020年）》，更进一步明确了到2020年全国年鉴事业的任务书、时间表、路线图。经过多年的发展，年鉴工作已经成为地方志工作的重要组成部分，成为中华民族优秀文化传统的有机组成部分，其存史、育人、资政作用日益彰显。实施中国年鉴精品工程，是年鉴工作者紧扣时代脉搏、坚持创新发展的一项重要举措，对于坚定文化自信，传承弘扬好中华优秀传统文化意义重大。

实施中国年鉴精品工程有助于为全面建成小康社会提供更多智力支持和历史借鉴。党的十八大作出全面建成小康社会的战略部署。党的十八届五中全会提出到2020年如期实现全面建成小康社会的目标要求。完成《规划纲要》确定的目标任务是年鉴工作者的神圣使命，更是年鉴工作者以自身力量为全面建成小康社会献上的厚礼。一方面，可以更好地利用年鉴这种年度资料性文献，及时记录各地区在全面建成小康社会伟大征程中每年取得的新成绩和新经验、出现的新情况和新问题、涌现的优秀人物和典型事迹等；另一方面，可以更好地积累地情、国情资料，为推动经济社会发展和深化改革提供智力支持，为推进国家治理体系和治理能力现代化提供历史借鉴。

实施中国年鉴精品工程有助于全面推进地方志事业转型升级。地方志不是单纯修志编鉴工作，而是全体方志人“修志问道，以启未来”的一项事业，这项事业包含着巨大的时代担当与使命追求。地方志工作要在“五大建设”总体布局和“四个全面”战略布局中发挥与其自身价值、功能相匹配的作用，就要因时而谋、乘势而上、顺势而为，全面推进地方志事业转型升级。转型升级，当下最重要的目标就是完成“两全”目标，包括“年鉴全覆盖”目标；长远的目标就是基本形成地方志编修体系、理论研究和学科建设体系、质量保障体系、资源开发利用体系、工作保障体系“五位一体”的地方志事业发展综合体系，包括“五位一体”的年鉴事业发展综合体系。中国年鉴精品工程是一项探索工程，也是一项创新工程，是推进地方志事业转型升级的重要内容。通过实施中国年鉴精品工程，不仅有助于确保年鉴质量，不断编纂出版具有鲜明时代特征、年度特点和地域特色的精品年鉴，也有助于推动年鉴工作适应经济社会发展形势和时代需要，不断改革创新，与时俱进。

多年来，在中国地方志指导小组办公室的指导和全国各级地方志工作机构的共同努力下，年鉴种类数量快速增长，年鉴成果粲然可观，为实施中国年鉴精品工程奠定了坚实的基础。实施中国年鉴精品工程，就是要在全国地方志系统起到示范作用，进一步培育精品意识，打造精品年鉴，以点带面，在提高年鉴质量方面探索出一条切实可行之路，使这项探索工程和创新工程能够积累经验，发挥引领作用。

“万山磅礴，必有主峰；龙衮九章，但挈一领。”实施中国年鉴精品工程，是筑牢地方志事业特别是年鉴事业发展根基之举，其意义与价值不言而喻。但编修出年鉴精品佳作，绝非朝夕之功，需要付出长期艰辛的努力。希望通过实施中国年鉴精品工程，能够进一步推进年鉴质量建设，使年鉴真正成为传承中华民族优秀传统文化的重要载体，成为展示中国国情、地情的重要窗口，成为“为当代提供资政辅治之参考、为后世留下堪存堪鉴之记述”的资源宝库，在全面建成小康社会过程中作出更大贡献。

是为序。

中国社会科学院原副院长
原中国地方志指导小组常务副组长 李培林

编 辑 说 明

一、《泰安年鉴（2023）》是由中共泰安市委党史研究院、泰安市地方史志研究院编纂的年度资料性文献。该鉴以马克思列宁主义、毛泽东思想、邓小平理论、“三个代表”重要思想、科学发展观、习近平新时代中国特色社会主义思想为指导，坚持辩证唯物主义和历史唯物主义的立场、观点和方法，全面、系统、准确地记述泰安市自然、政治、经济、文化、社会和生态建设方面的综合情况。自 1991 年起逐年编纂并公开出版，一年一卷，本卷为第 33 卷。

二、《泰安年鉴（2023）》的记述时限为 2022 年 1 月 1 日至 12 月 31 日，部分内容根据实际情况，时限适当上溯或下延。

三、《泰安年鉴（2023）》采用分类编辑法，以类目、分目、条目组成框架结构的主体部分，部分分目增设子分目层次。以条目为基本记载单元。全书条目标题统一用黑体加【 】表示。

四、《泰安年鉴（2023）》新设数字经济、乡村振兴、区域发展、黄河流域生态保护等类目。调整后，设类目 41 个、分目 297 个、条目 1610 个、图片 294 幅、表格 63 个、示意图 28 幅。类目为特载、专记、大事记、市情概览、中国共产党泰安市委员会、泰安市人民代表大会、泰安市人民政府、中国人民政治协商会议泰安市委员会、中国共产党泰安市纪律检查委员会·泰安市监察委员会、民主党派·工商联、群众团体、法治、军事、经济管理、数字经济、农业、工业、建筑业、商贸服务业、金融业、泰山景区·徂徕山汶河景区、旅游业、房地产业、开放型经济、开发园区、交通·邮政、城市建设、乡村振兴、区域发展、黄河流域生态保护、生态建设、科学技术、教育、文化、卫生健康、体育、社会生活、应急管理、县（市、区）发展、人物·荣誉、附录。

五、《泰安年鉴（2023）》行文使用规范语体文、记述体。数字、标点符号、计量单位用法分别执行国家标准《出版物上数字用法》（GB/T 15835—2011）、《标点符号用法》（GB/T 15834—2011）、《国际单位制及其应用》（GB 3100—1993）和《有关量、单位、符号的一般原则》（GB 3101—1993）。

六、为方便文字记述，文中以市、县（市、区）、乡镇（街道）、村（居）来体现记述范围，以“年内”指 2022 年、“上年”指 2021 年、“年末”指 2022 年年末。正文中副市级以上负责人署名，且职务冠名前，职称缀名后。数字一般记至万以上，小数点后一般保留两位小数，但在记述人均可支配收入、人均消费支出和在岗职工平均工资时，可记述至个位。大事记中“△”代表“同日”。

七、入鉴资料均由市直部门、各县（市、区）及有关单位提供，并经主要负责人审核。全市综合性数据由市统计局提供或审定。部分数据合计数或相对数，由于单位取舍不同而产生计算误差，本书均未做机械调整。一般使用法定计量单位，但在记述农业用地时亦可用亩。增加值、绝对数均按当年价格，增长速度按可比价格计算。与上年数据的比较一般省略“比上年”“同比”字样。一次文献中的数字、计量单位等用法保持原貌。

八、本卷年鉴的检索方法有目录和索引两种。目录在卷首，中文目录编排至条目，英文目录编排至分目；索引在卷末，编制主题索引和表格索引。

中华泰山

世界文化与自然遗产
世界地质公园
首例“世界摄影基地”
全国文明风景旅游区
全国首批“中国森林氧吧”
全国旅游服务质量标杆单位
全国“旅游服务最佳景区”
全国首批“港澳青少年游学基地”
全国首批“十大游学景区”
全国欢乐指数自然景观类榜首
国家地质公园
国家森林公园
国家首批重点风景名胜区
国家AAAAA级旅游景区
国家级风景名胜区综合整治十佳单位
国家级服务标准化示范单位
国家级全民健身登山基地
国家级海峡两岸交流基地
国家级摄影创作基地
中华十大名山
中国书法名山
中国楹联名山
中国最美的十大名山
中国旅游品牌十大景区
中国最令人向往的地方
中国民间文化遗产旅游示范区
中国最值得外国人去的50个地方
中国自驾车旅游品牌十大景区
顾客十大满意风景名胜区
最佳资源保护十大风景名胜区
欧洲人最喜爱的中国十大景区
入选国家黄河世界遗产之旅线路
入选黄河古都新城之旅线路
2022智慧旅游创新项目

幸福泰安

国家首批对外开放城市
国家历史文化名城
国家卫生城市
国家园林城市
国家森林城市
国家节水型城市
国家首批新能源示范城市
国家分布式光伏发电应用示范区
国家地下水污染防治试验区
全国文明城市
全国外贸竞争力百强城市
全国科技进步考核先进市
全国无偿献血先进城市
全国创业先进城市
全国双拥模范城
全国民族团结进步模范集体
全国文化体制改革工作先进地区
全国基层中医药工作先进单位
全国人口和计划生育综合改革示范市
全国婚育新风进万家活动示范市
全国资源综合利用“双百工程”示范基地
全国首批社会组织建设创新示范区
全国水生态文明城市

全国家庭急救模范城市
全国创新驱动示范市
中国优秀旅游城市
中国特色魅力城市
中国宜居城市
中国人居环境奖
中国城市综合创新力50强
中国商帮推荐投资城市
中国投资环境百佳城市
中国企业营商环境十佳城市
中国最具生态竞争力城市
中国城市公益百强榜
中国自驾车旅游品牌十大目的地
中国文旅融合创新典范城市
中国“十大秀美之城”
中国跨境电子商务综合试验区
十大国内自助游目的地
美丽中国首选旅游目的地
2022数字城市百强榜
“科创中国”试点城市
第六届中国法治政府奖
北方地区冬季清洁取暖试点城市

天平湖公园 （陈 阳 摄）

数字泰安 2022

- 总面积：**7762**平方千米
- 年末常住人口：**540.1**万人
- 生产总值：**3198.1**亿元
  - 第一产业：**350.9** 亿元
  - 第二产业：**1286.0**亿元
    - 工　业：**850.7**亿元
  - 第三产业：**1561.3**亿元
- 三次产业构成：**11.0：40.2：48.8**
- 人均地区生产总值：**59029**元
- 地方财政收入：**222.7**亿元
- 地方财政支出：**441.7**亿元
- 金融机构人民币存款余额：**5571.3**亿元
  - 城乡居民储蓄存款余额：**4025.8**亿元
- 金融机构人民币贷款余额：**3968.5**亿元
- 外贸进出口总值：**405.9**亿元
  - 出口总值：**352.4**亿元
  - 进口总值：**53.5**亿元
- 实际利用外资：**56161**万美元
- 旅游总人数：**5163.9**万人次
- 旅游总收入：**479.3**亿元

- 普通高等学校：**15**所
- 普通高等学校在校生：**14.2**万人
- 中等职业学校：**14**所
- 中等职业学校在校生：**4.2**万人
- 技工学校：**9**所
- 技工学校在校生：**1.8**万人
- 普通中学：**206**所
- 普通中学在校生：**31.1**万人
- 小学：**463**所
- 小学在校生：**32.3**万人
- 卫生机构数：**4716**个
- 卫生机构床位：**36111**张
- 卫生技术人员：**43820**人
- 全社会用电量：**261.6**亿千瓦时
- 城区供水综合生产能力：**32**万立方米/日
- 城市道路面积：**3171**万平方米
- 城镇居民人均可支配收入：**43435**元/人
- 城镇居民人均消费支出：**24101**元/人
- 农村居民人均可支配收入：**23149**元/人
- 农村居民人均消费支出：**14404**元/人

大汶河　（潘景臣　摄）

泰山岩岩

（陈 阳 摄）

汶水汤汤

（周长征　摄）

古城新貌

（陈阳 摄）

秀美新区

（陈 阳 摄）

泮河风光

（陈 阳 摄）

2022年9月2日，山东新巨丰科技包装股份有限公司在深圳证券交易所上市，市委书记、市人大常委会主任杨洪涛（前排右）出席上市仪式并为开市敲钟　　（王振　供）

2022年4月28日，泰安市纺织服装产业链商会（协会）成立暨揭牌仪式在岱银集团举行，这是泰安市成立的第一家产业链商会（协会）　　（李金辉　供）

2022年12月27日，晶优光伏泰安基地3吉瓦高效光伏组件绿色智能产线正式投产　　（司 刚　摄）

2022年3月16日上午，泰安市重大产业链项目第一次集中开工活动举行
（陈 阳　摄）

2022年9月6日，第三十六届泰山登山比赛在岱庙广场举行。图为运动员起跑

2022年9月6日，第二十七届全国全民健身登泰山徒步活动

2022年9月6日，第三十六届泰山登山比赛暨第二十七届全国全民健身登泰山徒步活动开幕式表演

2022年9月6日，第三十六届泰山国际登山节暨2022中国泰安投资合作洽谈会举办，集中签约66个项目，总投资659亿元

2022年9月6日，“泰山之约 五岳聚首”2022中国（泰安）中外旅行商电商采购峰会暨国内融媒体旅游采风启动仪式举行

（本栏照片均由司刚摄）

2022年12月31日，大型纪录片《大泰山》开播仪式在山东广播电视台举行。《大泰山》节目分《河山元脉》《若登天然》《与国咸宁》《登高必自》《能成其大》《国泰民安》六集，题目均取自泰山石刻，每集50分钟，从自然、历史、民俗、文化、哲学、美学等不同维度，对泰山进行多层次、全方位解读。图为开播仪式现场

（司 刚 摄）

2022年9月18日，2022首届泰安市精品旅游文创设计大赛暨第三届山东省精品旅游文创设计大赛泰安赛区选拔赛作品评审会举行

（吴 楠 供）

2022年12月31日，市委副书记、代市长李兰祥（前排左二）到泰山景区调研工作

（张中乾　摄）

2022年8月22日，“山东手造・礼遇泰安”手造精品系列展启动暨“礼遇泰安”Logo发布仪式举行。图为“礼遇泰安”Logo

（司刚　摄）

2022年7月20日，2022泰山国际新闻出版合作大会暨泰山国家图书版权交易中心运营发布会、大型图文画册《天下泰山》新书发布会在泰安市举行

（司刚　摄）

2022年5月6日，汶阳田小麦进入孕穗抽穗期，长势喜人

2022年9月22日，在泰安市第五届中国农民丰收节现场，宁阳县的电商主播在直播卖货

2022年9月23日，岱岳区范镇村民在丰收的玉米墙前合影

（本栏照片均由陈阳摄）

2022年1月19日，新春来临之际，上高街道北上高村245户居民喜圆“安居梦”
（陈 阳 摄）

2022年1月27日，非物质文化遗产——泰山剪纸映衬红火生活 （陈 阳 摄）

2022年，泰安市打造老旧小区改造“松园模式”成功申报为住房城乡建设部老旧小区改造联系点。图为9月15日改造后的松园小区鸟瞰图
（陈传奇 供）

“五一”假日期间，市民积极响应防疫政策，就近旅游不负春光，“安全”“欢乐”两不误

（陈 阳 摄）

2022年12月16日，泰安老街爱琴海购物公园夜景

（李德龙 供）

新旧动能转换

2018 年 1 月 3 日，国务院以国函 1 号文批复山东新旧动能转换综合试验区建设总体方案，标志着新旧动能转换重大工程全面铺开。泰安市委、市政府按照省委、省政府“一年全面起势、三年初见成效、五年取得突破、十年塑成优势”总体部署，统筹推进体制机制建设，强力推进新型工业化强市建设，加快改造提升五大传统产业，大力发展壮大五大新兴产业，着力构建优质高效服务业新体系，全面提升改革、开放、创新三大动力，“四新”（新技术、新产业、新业态、新模式）经济占比大幅提升，产业集群、领军企业、重点项目梯次发展格局加速构建，新旧动能转换实现强势突破。到 2022 年年末，培育国家级制造业单项冠军企业 17 家、省级单项冠军企业 65 家；实现服务业增加值 1561.3 亿元，2017 年后年均增长 6.4%；高新技术企业 522 家，十年增长 6.7 倍；高新技术产业产值占规模以上工业总产值的比重提高到 61.2%，是 2012 年的 2.6 倍。

一、主要指标保持良好增长态势

综合实力进一步提高

全市地区生产总值按可比价格计算，年均增长**5.2%**
2334.4亿元 2017
3198.1亿元 2022

一般公共预算收入年均增长**1.5%**
207.1亿元 2017
222.7亿元 2022

金融机构存贷款余额2022年分别达到**5571.3**亿元、**3968.5**亿元比2017年分别增长**67.5%**、**88.7%**

产业结构进一步优化

2017
11.8：40.7：47.5

三次产业比例调整优化

2022
11：40.2：48.8

服务业对经济增长的贡献率达到**27.2%**

“四新”经济快速成长，占GDP比重达到**30.8%**，2022年比2017年提高**11.2**个百分点
2017 2022

2022年，“十强”产业占GDP比重达到**34.7%**

发展后劲进一步增强

2022年，规模以上高新技术产业产值占规模以上工业总产值：
比重达到**61.2%**
2017 2022

超过全省平均水平**12.92**个百分点

与2017年相比提高**31.4**个百分点

全市综合科技创新水平指数达到
74.1%
研发投入占GDP比重达到**2.63%**

国家级高新技术企业总数达到
522家
是2017年的**3.8**倍

二、扎实推进重点任务落地落实

（一）体制机制建立健全

成立市委书记、市长任双组长的市新旧动能转换综合试验区建设领导小组，统筹推进全市新旧动能转换工作。2018年2月27日，泰安市全面展开新旧动能转换重大工程誓师大会在泰山国际会展中心召开。图为大会会场　（司 刚 摄）

（二）“三个坚决”有力落实

2022年8月31日，国家新旧动能转换评估调研座谈会在泰安召开　（李 隆 供）

坚决淘汰落后动能

钢铁、煤电方面全面完成退出任务，合计退出：

坚决改造提升传统动能

2018年以来，全市累计实施

工业技改项目3430个

省级以上“两化”融合贯标企业达到42家

建成省级工业互联网示范平台8个

坚决培育壮大新动能

编制实施《泰安市“十四五”战略性新兴产业发展规划》，推动战略性新兴产业规模膨胀、竞争力增强

（三）产业集群加快培育

产业集群

10个产业集群入选省“雁阵形”产业集群库

6个特色产业集群入选省特色产业集群库

领军企业

13家企业入选省“雁阵形”产业集群领军企业库

2018年以后形成：全市“瞪羚”企业和国家级、省级“专精特新”企业分别新增82家、39家、314家

2020年11月5日，全省“十强”产业“雁阵形”集群和领军企业中部片区现场推进会在泰安召开　（李 隆 供）

（四）重点项目加快建设

实施 >>>

省重大项目**86**个 总投资**1135**亿元

省新旧动能转换优选项目**135**个 总投资**1629**亿元

省签约项目**32**个 总投资**333**亿元

省补短板项目**56**个 总投资**521**亿元

市重点项目**781**个 总投资**7394**亿元

（五）绿色经济稳步发展

17家 国家级制造业单项冠军

20家 绿色工厂

泰山区域山水林田湖草生态保护修复工程：总投资**166.4**亿元，**67**个项目、**326**个子项目主体工程已全部完工，试点确定的绩效目标全面完成。形成了山水林田湖草生态保护修复的**"泰山模式"**，在**《光明日报》《山东新闻联播》《大众日报》**等媒体广泛报道

泰安市作为**4个市域试点之一**，入选省级建立健全生态产品价值实现机制试点

优良天数比例提高**15.0**个百分点 2017 2022

细颗粒物（$PM_{2.5}$）浓度较2017年下降**30.4%**。东平湖水质稳定，达到南水北调水要求

2020年9月25日，泰山南麓芝田河生态保护修复工程 （张 健 供）

三、支撑保障体系进一步健全完善

（一）实施改革攻坚行动

2018年9月，在全省率先成立第一家市级行政审批服务局，入选山东改革开放四十周年最具影响力事件。2022年5月，泰安市民之家暨泰安市政务服务中心启用，实现企业和群众"只进一扇门""最多跑一次"。全市市场主体总量达到58.1万户。

（二）坚持创新驱动战略

全市研发投入强度**连续8年**超过全省平均水平。

泰安市入选

"科创中国"首批试点城市

第二家"科创中国"创新基地

2022年全市有效发明专利数量达到**3863**件

增长**132.7%**

2017 → 2022

成功争创全省首家、行业唯一的国家级先进印染技术创新中心

荣获国家科学技术进步二等奖

↓ 泰开电力电子　↓ 力博重工

出台**人才"金十条"**助力新旧动能转换，市级招才引智基金累计投放2亿多元

2018年，康平纳"筒子纱智能染色工业示范项目"获第五届中国工业大奖　（司　刚　摄）

（三）提高对外开放水平

2018年至2022年 → 全市新设外商投资企业**312**家，实际使用外资**26.5**亿美元 → 外贸累计进出口**1241.9**亿元，年均增幅**21.3%**

泰山区被认定为国家级外贸转型升级基地，是全市外贸领域首个国家级称号

（四）完善基础设施网络

新基建加速建设

全市建成开通5G基站总数达到**10389**个，搭建起高效便捷的"信息高速公路"；电动汽车充电基础设施总数达到**3043**台，累计建设低速充电端口**15120**个，构建起城区1.8千米充电服务圈。

城市设施日臻完善

泰安城区累计新建、扩建道路18条，**70.33**千米，擂鼓石大街全线贯通，建成泰安城区第一座高架快速通道——迎胜路南延主车道。徂汶水厂、山口净水厂投入运营，西部热源整机点火启动，引黄入泰、莱热入泰等供水、供热工程加速实施。

交通道路四通八达

9个高速公路项目建成通车，新增高速公路通车里程**236.2**千米，实现"县县通高速"；累计新改建"四好农村路"**4302.5**千米，**2787**个行政村实现道路村村通、巷巷通、户户通。

京杭运河实现通航

京杭运河泰安段正式通航，实现断航119年之后的历史性恢复。

2021年4月25日，京杭大运河大清河航段清淤　（陈　阳　摄）

区域协调发展

推动区域协调发展，促进全体人民共同富裕。泰安市入选北方地区冬季清洁取暖试点城市，被列为全省海绵城市建设试点，入选省级城市一刻钟便民生活圈建设试点城市。首条高架路建成通车，城市路网不断完善。实现“县县通高速”，高速公路总里程达475千米，十年增长2倍。京杭运河东平湖区主航道成功复航，是京杭运河泰安段断航119年之后的历史性恢复。深入实施乡村振兴战略，打造“产业融合”“绿色崛起”“文明深耕”等类型示范区，书写乡村振兴齐鲁样板的“泰安篇章”。2022年，泰安市常住人口城镇化率达65.45%。

2020年10月27日，全长约56千米、设计时速120千米的山东最美高速——济泰高速通车，济南到泰安高速公路通行时间缩短至半小时

2021年11月8日，泰（安）楼（德）路改建工程全线通车

2021年3月3日，东平县老湖镇驻地的东平港老湖作业区装卸码头，工人在装卸作业

2020年12月18日，首条城区高架快速通道——迎胜路南延工程主车道竣工通车

（本栏照片均由陈阳摄）

区域协调发展

2020年10月26日，新泰市长兴农业产业园无土立体栽培基地，工人在车间劳作
（司 刚 摄）

2022年9月9日，肥城市仪阳街道刘台村肥桃熟了。图为果农在采摘甜桃 （司 刚 摄）

徂汶景区樱桃大丰收，基层党支部书记直播代言。图为2020年5月10日，徂徕镇徂徕村直播现场 （司 刚 摄）

泰山·九女峰乡村振兴示范区项目是山东文旅集团首个乡村振兴项目，涉及19个村、1.3万人，先后获中国文旅融合示范奖、山东省乡村振兴齐鲁样板示范区、山东精品旅游十佳乡村旅游典范等称号。图为2022年9月27日拍摄的泰山·九女峰乡村度假区景色

（王长民　摄）

2022年9月22日，泰安市第五届中国农民丰收节暨中华宁阳大枣文化旅游节举办。图为村民在采摘大枣

（陈阳　摄）

2021年9月23日，泰山区中国农民丰收节暨第二届猕猴桃采摘节开幕

（隋翔　摄）

保障改善民生

群众安居乐业，生活更加殷实。脱贫攻坚战取得全面胜利，7.2 万户、14.5 万人实现脱贫，354 个省级贫困村、251 个市级贫困村全部退出。平安泰安、法治泰安建设迈出坚实步伐，社会大局和谐稳定。就业、教育、医疗等各项民生事业长足发展。2022 年，城镇居民人均可支配收入 43435 元，农村居民人均可支配收入 23149 元。

2016年12月，搬迁前的东平县耿山口村
（张 越 摄）

东平县银山镇耿山口村作为山东省黄河滩区居民脱贫迁建试点村，是全省首个实现搬迁的黄河滩区村。图为2020年7月30日拍摄的耿山口社区外景
（陈 阳 摄）

推进农贸市场改造提升工程。图为2019年建设完成的泰安城区凤凰路农贸市场　（陈 阳　摄）

2021年5月31日，泰山区岱庙街道金星片区回迁工程开工仪式举行　（司 刚　摄）

2019年10月10日，泰安市首部既有住宅增设电梯交付使用　（陈 阳　摄）

保障改善民生

2020年9月1日，泰安市崇信学校正式启用

（陈 阳 摄）

2020年8月，泰安市生态绿地健身公园

（陈 阳 摄）

2018年10月23日，山东泰山社会福利中心——泰安市泰山医养中心　（王文正　摄）

2022年1月22日，泰安市中心医院高新区院区开诊　（司刚　摄）

推进文化“两创”

泰安市着力推动中华优秀传统文化“创造性转化、创新性发展”，打造新时代泰山文化品牌，培育文旅发展新动能。泰山文化传承发展示范区被树为全省文化片区建设工作标杆。泰山博物院、大汶口国家考古遗址公园、泰山新闻出版小镇、国际文化大数据（泰山）产业城等十大示范项目加快实施。推进文旅融合发展，泰山景区居中国旅游景区欢乐指数百强榜第四位，在自然景观类排名中位居榜首；九女峰示范区获中国文旅融合示范奖，泰山秀城入选国家文化产业发展项目库，泰安成为近悦远来的旅游青睐地和网红打卡地。

2022年，“泰山秀城”入选国家文化产业发展项目库　（李德龙　供）

2022年9月29日，《天下泰安》影像展举办　　（司刚　摄）

泰山文化传承发展示范项目——大汶口国家考古遗址公园　　（吴楠　供）

推进文化“两创”

2019年10月23日，由文化和旅游部中国艺术研究院、中国社会科学院古代史研究所共同主办，泰安市政府承办的首届泰山国际文化论坛在泰安举办，国内外50余名专家学者围绕“人类命运共同体构建与世界百年未有之大变局”的主题开展对话和文化交流。图为论坛现场 （司 刚 摄）

2021年12月23日，河和之契：2021黄河流域、大运河沿线非物质文化遗产交流展示周开幕。图为在泰山大剧院举行的黄河流域、大运河沿线特色“非遗”项（节）目专题舞台演出现场 （刘姗姗 供）

泰山文化传承发展示范项目——国际文化大数据（泰山）产业城　　（吴　楠　供）

东平县大宋不夜城　　（陈　阳　摄）

改善生态环境

主动服务和融入黄河重大国家战略，着力推进生态泰安建设。坚持生态优先，实施总投资166.4亿元的泰山区域山水林田湖草生态保护修复工程。率先退渔还湖，开展东平湖“九大攻坚”综合整治和生物多样性保护，成为南水北调东线第一个无人工渔业养殖的湖区。持续打好蓝天、碧水、净土保卫战，2022年，泰安市臭氧浓度、空气质量优良率、水环境质量指数改善幅度均居全省第一位，泰安绘就出一幅天蓝、水碧、山青、地净，人与自然和谐共生、经济社会协调发展的山水名城美丽画卷。

2021年10月22日，王家院水库向泰安城区供水工程通过验收 （陈阳 摄）

2020年4月17日，美丽的天颐湖 （王长民 摄）

2021年6月22日，山体综合治理后建成的新泰市羊流镇百合园　（陈方磊　摄）

2020年6月28日，泮河（天泽湖）人工湿地　（司　刚　摄）

改善生态环境

戴村坝截汶河水，三分南注、七分北流 （李玉建 摄）

2020年9月2日，东平湖湿地 （张瑞泉 摄）

2019年5月6日，肥城康汇河流域采煤塌陷地治理工程　　（王子珍　供）

2020年9月17日，宁阳月牙河水库除险加固工程　　（王子珍　供）

2021年12月29日，东平湖青头潜鸭　　（陈昌伦　摄）

厚植改革优势

持续深化改革，着力增强发展活力。在全省率先成立第一家市级行政审批服务局，入选山东改革开放四十周年最具影响力事件。把优化营商环境作为“头号工程”，创建“爱山东·泰好办”政务服务品牌，实现“一枚印章管审批”。新泰市被评为全国首批政务服务标准化示范单位。打响“敢当”泰安改革品牌，“敢为人先、当仁不让”，成为泰安落实中央精神、省委部署要求的强大动力，成为全市上下“登高望远、奋力争先”的生动实践。稳妥推进国企改革，组建四大企业集团，释放国企发展新动能。大力优化营商环境，持续优化企业开办“1545”服务模式，擦亮“登高望远，选择泰安”品牌。

2018年9月26日，泰安市行政审批服务局、泰安市政务服务管理办公室挂牌成立。泰安市行政审批服务局是山东省成立的首家市级行政审批服务局　　（王文正　摄）

2022年9月9日，“敢当”泰安改革品牌发布会暨改革能力提升推进会议举行　　（司　刚　摄）

2015年10月12—23日，全国政务大厅服务标准化工作组秘书处成立暨国家标准发布会召开，会议发布首批7项政务服务中心国家标准，其中6项由新泰市政务服务中心牵头起草制定。2018年3月16日，新泰市率先成立全国第一家县级便民服务局。图为2015年10月12日，参加国家标准发布会的与会专家到新泰市政务服务中心工作现场调研政务服务标准化工作　（刘　晓　供）

2022年1月18日，泰安市泰山城建集团、泰山产业发展投资集团、交通发展投资集团、泰山文化旅游集团成立大会举行　（司　刚　摄）

厚植改革优势

2022年8月26日，2022政务服务博览会暨政务服务泰山论坛在泰安市举办

（司　刚　摄）

2020年6月9日，社区居民在“泰好办”自助服务终端办理业务　（司　刚　摄）

2022年9月6日，泰安市政务服务大厅“无证明窗口”调取、核验电子证照　（徐　凯　摄）

2019年8月16日，“泰好办”政务服务品牌正式发布

（王文静　摄）

2020年5月27日，山东省“一业一证”改革试点行业综合许可证首发仪式举行

（齐海峰　摄）

2021年9月17日，创建“泰安小美·帮您办”帮办代办志愿服务品牌

（王文静　摄）

2022年5月6日，泰安市民之家暨泰安市政务服务中心启用仪式举行

（司刚　摄）

政治生态良好

贯彻落实新时代党的建设总要求，把党的政治建设摆在首位。落实新时代好干部标准，坚持在重大任务重点工作一线培养考察使用干部。在全市建立“三晒一评一公开”制度，实行“六比争先·标旗夺金”季度考核、“五大比拼、两大问效”重点项目推进机制，开展“工作创新奖”评选，完善容错纠错和澄清保护机制，激励广大党员干部担当作为、真抓实干。坚持大抓基层鲜明导向，持续推进过硬党支部建设，不断增强基层党组织凝聚力战斗力。大力弘扬“严、真、细、实、快”工作作风，完善作风建设长效机制。驰而不息纠治“四风”，一体推进“三不腐”，政治生态更加风清气正。

2020年11月，泰安市入选全国文明城市。2021年1月7日，在泰安市全国文明城市创建工作表彰大会上，两名市民代表为“全国文明城市”奖牌揭牌（司刚 摄）

2019年5月23日，全市机关党务干部党性教育培训班在东平县昆山党性教育基地举办。图为参训人员重温入党誓词（杨全智 摄）

2021年12月25日，中央党史学习教育第四指导组组长于跃敏（前排右二）一行到泰安调研指导，对泰安市党史学习教育取得的成果表示肯定。图为在泰安主题党日活动中心调研工作

（司刚　摄）

2021年3月26日，泰安党支部工作指导中心启用。上图为市委常委、组织部部长刘泮英（右一）向党建指导员颁发聘书　（司刚　摄）

政治生态良好

打造“红色物业·宜居泰安”特色党建品牌。2022年8月12日，泰安市“深化红色物业 共建美好家园”活动启动仪式举行　（陈传奇　供）

2020年12月17日，泰安市市直机关第二批党员干部党性教育点在新泰市掌平洼村揭牌　（侯春云　供）

2020年10月14日，泰山区财源街道万达商圈党群服务中心　（司　刚　摄）

2021年6月28日，泰安市温州商会党支部组织党员参观徂徕山抗日武装起义展览　（赵文文　摄）

2021年6月26日，泰安市举行新发展党员入党宣誓活动　（司刚　摄）

2021年5月21日，庆祝中国共产党成立100周年泰安市“大家唱”群众合唱展演暨肥城市革命经典歌曲传唱活动举办　（肥城市委党史研究中心　供）

2021年3月30日，泰安城区南湖党建文化主题公园　　（陈阳　摄）

2022年6月30日，泰安城区廉政文化主题公园　　（陈阳　摄）

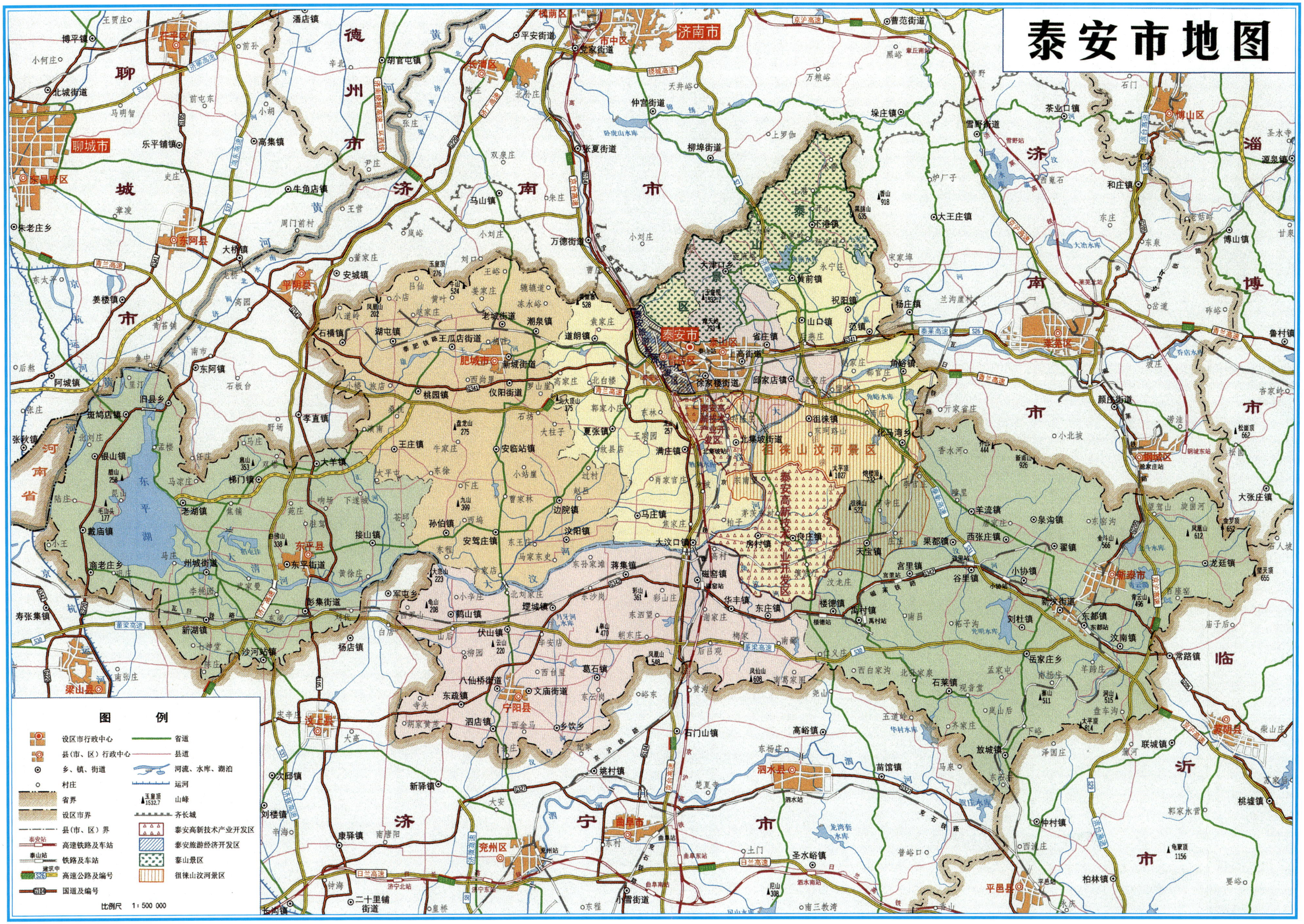

审图号：泰安SG（2023）001号　资料截止日期：2022年12月　　泰安市自然资源和规划局 监制　山东省地图院 编制

总　目

目 录

特 载

专 记

大事记

市情概览

中国共产党泰安市委员会

泰安市人民代表大会

泰安市人民政府

中国人民政治协商会议泰安市委员会

中国共产党泰安市纪律检查委员会·泰安市监察委员会

民主党派·工商联

群众团体

法　治

军　事

经济管理

数字经济

农　业

工　业

建筑业

商贸服务业

金融业

房地产业

开放型经济

开发园区

交通·邮政

城市建设

乡村振兴

区域发展

黄河流域生态保护

生态建设

科学技术

教　育

文　化

卫生健康

体 育

社会生活

应急管理

县（市、区）发展

人物·荣誉

附　录

索　引

Contents

Special Features

Special Records

Record of Major Events

Overview of Tai'an

Tai'an Municipal Committee of the CPC

Tai'an Municipal People's Congress

Tai'an Municipal People's Government

Tai'an Municipal Committee of Chinese People's Political Consultative Conference

CPC Tai 'an Municipal Discipline Inspection Commission · Tai 'an Supervision Commission

Other Parties · Federation of Industry and Commerce

Mass Organization

Rule of Law

Military Affairs

Economic Management

Digital Economy

Agriculture

Industry

Construction Industry

Commerce and Trade Service

Finance Industry

Taishan Scenic Zone & Mount Culai and Dawen River Scenic Zone

Tourism Industry

Real Estate

Open Economy

Development Zone

Transportation & Postal Service

Urban Construction

Rural Revitalization

Regional Development

Ecological Protection in the Yellow River Basin

Ecological Construction

Science and Technology

Education

Culture

Hygiene and Health

Sports

Social life

Emergency Management

Counties, County-level Cities and Districts Development

Personages & Honors

Appendix

Index

新时代十年泰安经济社会发展成就

中共十八大以来的十年，是党和国家事业取得历史性成就、发生历史性变革的十年，也是泰安经济社会发展取得重大成就、发生巨大变化的十年。2018年6月，习近平总书记视察山东并发表重要讲话，要求山东广大干部群众以永不懈怠的精神状态和一往无前的奋斗姿态，真抓实干，埋头苦干，做新时代泰山“挑山工”。泰安作为“泰山挑山工”的发源地，泰安市广大干部群众倍感振奋自豪、备受激励鞭策，同时深感责任重大、责无旁贷。

奋斗成就梦想，实干创造未来。十年来，泰安市广大干部群众始终牢记总书记“做新时代泰山‘挑山工’”的殷切嘱托，坚持以习近平新时代中国特色社会主义思想为指导，深入贯彻落实党中央决策部署和省委工作要求，攻坚克难、拼搏实干，团结带领全市广大干部群众，积极应对复杂外部环境和疫情严重冲击影响，统筹推进“五位一体”总体布局，协调推进“四个全面”战略布局，办成了一批事关全局和长远的大事要事，破解了一批长期制约发展的矛盾问题，为开启全面建设现代化强市新征程奠定了坚实基础。可以说，与全国、全省一样，这十年是泰安发展质量最好的十年，是城乡面貌变化最大的十年，也是广大人民群众得到实惠最多的十年。

这十年，泰安市着力推进新旧动能转换，经济实力显著增强。坚决打好转方式调结构这场攻坚战，新旧动能转换实现强势突破。地区生产总值年均增长6.7%，一般公共预算收入年均增长5.3%，工业增加值年均增长6.4%。培育了国家级制造业单项冠军15家，在全国20强城市中列第14位，省级单项冠军企业65家，居全省第5位。实现服务业增加值1502.8亿元，年均增长8.6%。高新技术企业达到522家，十年增长了6.7倍。高新技术产业产值占规模以上工业总产值的比重提高到了60.9%，超过全省平均水平12.8个百分点，居全省第4位，是2012年的2.6倍。山东首个国家制造业创新中心——国家先进印染技术创新中心落户泰安。成功入选“科创中国”首批试点城市、第二家“科创中国”创新基地。先后有8个产业集群入选全省“雁阵形”产业集群库，6个产业集群入选省级特色产业集群。

这十年，泰安市大力推动区域协调发展，城乡功能品质显著提升。常住人口城镇化率达到64.8%，比2012年提高了13.2个百分点。入选北方地区冬季清洁取暖试点城市，被列为全省海绵城市建设试点。西部新区快速崛起，东部新城拉开框架。首条高架路建成通车，打通了擂鼓石大街、灵山大街等多条“断头路”“卡脖子路”，城市路网不断完善。岱庙广场、红门游客中心等惠民工程建成使用。累计建设公共租赁住房1.7万套，落实人才保障住房项目47个。建成了一批重点水利工程。完成了农村饮水安全两年攻坚行动。实现了“县县通高速”，高速公路总里程达到475千米，十年增长了2倍。京杭运河东平湖区主航道成功复航，是京杭运河泰安段断航119年之后的历史性恢复。深入实施乡村振兴战略，打造“产业融合”“绿色崛起”“文明深耕”等类型示范区35个，书写了乡村振兴齐鲁样板的“泰安篇章”。农村公路里程达到1.5万千米，所有乡镇、行政村通柏油路率、通客车率保持100%。

这十年，泰安市全力保障民生，人民生活水平进一步提高。坚持以人为本，切实保障改善民生，群众生活更加殷实。2021年城镇居民人均可支配收入41741元，年均增长7.5%；农村居民人均可支配收入21769元，年均增长9.5%。脱贫攻坚战取得全面胜利，7.2万户、14.5万人实现了脱贫，354个省级贫困村、251个市级贫困村全部退出，东平移民避险解困、易地扶贫搬迁、黄河滩区迁建三大工程全面完成，9.2万人回迁入住。平安泰安、法治泰安建设迈出坚实步伐，社会大局和谐稳定。就业、教育、医疗等各项民生事业长足发展。社会保险制度运行平稳，建立起了市、县、乡、村四级社会救助网络。集中整治房地产开发历史遗留问题，惠及7.5万户、22万人。

这十年，泰安市扎实推进文化“两创”，文化自信充分彰显。精神文明健康发展，宣传思想工作守正创新，社会主义核心价值观深入人心，涌现出了一批全国全省道德模范，成功创建全国文明城市。加强泰山文化研究阐释，高水平打造泰山文化传承发展示范区，高标准规划建设泰山博物院，举办“泰山论坛·深入学习贯彻‘两个确立’

2022年9月17日，中共泰安市委“山东这十年·泰安”主题新闻发布会在泰安举行 （司 刚 摄）

理论研讨会”，泰山文化更富时代魅力。广泛开展文化惠民活动，实施文艺作品质量提升工程，推出了《泰山故事》《挑山者》等一批泰山文化题材的文艺精品。推进文旅产业融合发展，泰山景区蝉联全国欢乐指数自然景观类榜首，九女峰示范区获得中国文旅融合示范奖，泰山秀城入选国家文化产业发展项目库，国际文化大数据（泰山）产业园等项目加快实施，泰安成为近悦远来的旅游青睐地和网红打卡地。

这十年，泰安市深入实施标本兼治，生态环境逐步改善。坚定不移贯彻习近平生态文明思想，牢固树立“绿水青山就是金山银山”理念，先后获得全国水生态文明城市、中国最具生态竞争力城市、中国十大秀美之城。致力污染治理攻坚，全市$PM_{2.5}$、PM_{10}浓度分别改善53.8%、50%，优良天数比例增加13.7个百分点，省控以上河流断面稳定达标，万元GDP能耗十年下降了51.8%。2022年以来，空气优良天数比例、臭氧浓度、水环境质量综合指数改善幅度均位居全省第一。坚持生态优先，实施了总投资166亿元的泰山区域山水林田湖草生态保护修复工程，清水绿岸、鱼翔浅底、白鹭成群的美好画面处处可见。率先退渔还湖，深入开展东平湖“九大攻坚”综合整治和生物多样性保护，成为南水北调东线第一个无人工渔业养殖的湖区。泰安正绘就出一幅天蓝、水碧、山青、地净，人与自然和谐共生、经济社会协调发展的山水名城美丽画卷。

这十年，泰安市聚力厚植改革优势，发展活力持续迸发。坚持改革赋能，在全省率先成立第一家市级行政审批服务局，入选山东改革开放40周年最具影响力事件。坚定不移把优化营商环境作为“头号工程”，努力打响“爱山东·泰好办”政务服务品牌，实现了“一枚印章管审批”。高标准完成政务服务“好差评”国家改革试点任务，群众好评率始终保持在99%以上。新泰市被评为全国首批政务服务标准化示范单位。在全省率先建立了重大投资项目“绿卡”制度，破解难题300余个，审批提速75%以上。持续开展“有解思维”流程再造专项行动，最大限度地为企业、群众节省办事时间和成本。打响“敢当”泰安改革品牌，稳妥推进国企改革，组建四大集团公司，释放国企发展新动能。积极建设高水平开放型城市，加快泰安综合保税区规划建设，园区开放引领作用不断增强。

这十年，泰安市着力营造良好政治生态，推动全面从严治党向纵深发展。认真贯彻落实新时代党的建设总要求，把党的政治建设摆在首位。落实新时代好干部标准，坚持在重大任务重点工作一线培养考察使用干部。在全市建立了“三晒一评一公开”制度，实行“六比争先·标旗夺金”季度考核、“五大比拼、两大问效”重点项目推进机制，开展“工作创新奖”评选，完善容错纠错和澄清保护机制，激励广大党员干部担当作为、真抓实干。坚持大抓基层鲜明导向，持续推进过硬党支部建设，不断增强基层党组织凝聚力战斗力。大力弘扬“严、真、细、实、快”工作作风，完善作风建设长效机制。驰而不息纠治“四风”，一体推进“三不腐”，政治生态更加风清气正。

长路多浩荡，万事皆可期。回顾十年历程，泰安市广大干部群众深切体会到，泰安发展取得的一切成绩，最根本在于以习近平同志为核心的党中央领航定向，最关键在于习近平新时代中国特色社会主义思想的科学指引。泰安的发展离不开省委、省政府的坚强领导、关心支持，也是历届市委、市政府接续奋斗，全市各级党组织、广大党员干部群众顽强拼搏的结果，这是泰安敢于战胜各种挑战、实现更高质量发展的信心所在、底气所在、力量所在。

蓝图绘就，正当扬帆破浪；重任在肩，更需策马加鞭。泰安市广大干部群众将坚持以习近平新时代中国特色社会主义思想为指导，坚定拥护“两个确立”、坚决做到“两个维护”，锚定“走在前、开新局”，牢记嘱托、勇担使命，登高望远、奋力争先，全面开创新时代中国特色社会主义现代化强市建设新局面，以实际行动迎接和庆祝中共二十大胜利召开。

（该文摘自中共泰安市委书记、市人大常委会主任杨洪涛于2022年9月17日在“山东这十年·泰安”主题新闻发布会上的主发布词，刊载时略有修改）

编辑 校对 刘 凯

2022年新型工业化强市建设纪实

2022年，泰安市委、市政府提出实施新型工业化强市战略，坚持以“链长制”为核心抓手，以培育壮大特色优势产业链（集群）为根本任务，聚焦规模以上（简称规上，下同）工业企业营业收入和企业数量“双倍增”目标，打出“321”（“3”，即探索建立组织体系、规划体系、政策体系三个“1+N”体系；“2”，即坚持“双招双引”和企业培植双轮驱动；“1”，即抓实产业生态打造，全力塑造高质量发展新优势）链式发展组合拳，加快推动工业经济高质量发展。2022年，全市规模以上工业增加值增长9%，增速列全省第3位；工业技改投资增长34%，增速列全省第2位；制造业技改投资增长40%，增速列全省第1位；工业用电量181.4亿千瓦时，增长5.6%，增速列全省第1位；实现工业税收101.2亿元，同口径增长12.8%，高于整体税收增幅10.8个百分点。

从泰安市委、市政府组织推动看，主要有以下几个关键节点和重点工作。2022年1月11日，泰安市委专题会议安排部署成立工业推进机构。2月18日，泰安市第十二次党代会召开，将实施新型工业化强市战略放到泰安市6大任务之首进行安排部署。2月24日，泰安市人代会召开，市政府工作报告将“坚定在新型工业化发展上奋力争先”作为2022年头号任务进行安排。3月9日，泰安市委、市政府顶格召开全市新型工业化强市建设动员大会，掀起工业强市、产业兴市热潮。4—12月，泰安市委、市政府合并召开市委常委会会议、市政府常务会议、市工业推进委会议6次，研究有关工作要点、工作制度、“1+13”规划、重点项目清单、要素保障办法、考核办法等重点工作。同时，分县级、要素保障部门、产业链专班三个层面召开现场推进会，策划组织园区建设系列现场推进会，举办集中签约、集中开工、集中观摩、外出招商、“双赋能”培训等系列活动，泰安市委、市政府主要领导均亲自参加会议，持续掀起新型工业化强市建设的热潮。

创新建立三个“1+N”体系，构建举全市之力大抓新型工业化的工作格局。泰安市委、市政府坚持系统理念，强化顶层设计，统筹整合资源，持续完善三个“1+N”工作体系，举全市之力、集全市之智全力推进新型工业化强市建设。①构建“1+N”组织体系。建立泰安市工业推进委统筹领导、市工业推进办协调推进，“链长+副链长+专班”驻链推动，市、县一体联动，市场主体全面参与的推动体系。市级方面，泰安市委、市政府主要领导担任全市总链长，在“链长制”中站前台、打头阵。13个产业链链长、副链长分别由四大班子有关负责人和部分二级巡视员担任，放大“头雁效应”。建实建强工业推进机构，选调40名干部充实到市工业推进办。各产业链分别明确13个市直部门牵头建立专班，每个专班抽调10名左右干部集中办公，沉到一线服务企业和项目建设。县级方面，分别成立新型工业化建设领导机构和推进机构，建立重点发展的产业链专班，配齐配强工作队伍。市场方面，创新政府与智库机构、基金公司合作方式，聘请咨询机构全程参与新型工业化强市建设，与洪泰基金、青岛中晟基金等分别合作设立新型工业化基金，着力打造政府和智囊机构合作的样板；充分发挥商（协）会桥梁纽带作用，组建“1个制造业联盟+13个产业链行业商（协）会”的商（协）会体系，搭建政企之间、企业之间合作交流平台。2022年9月29日，市制造业联盟揭牌成立。②构建“1+N”规划体系。编制《泰安市新型工业化强市战略总体规划》，依托“链主”企业和重点骨干企业，确定“441X”产业赛道，加快推动高端装备制造、新材料、现代食品、高端化工4大支柱产业，新能源、医药及医疗器械、出版印刷、纺织服装4大优势产业和数字经济及未来产业做大做强。聚焦“441X”产业，确定13个重点产业链，逐一编制《产业链图谱暨行动计划》，以链式路径擘画产业发展图谱，明确强链补链路径和举措，促进产业集群加速形成。锂电新材料、智能起重机械、玻璃纤维新材料3家集群入选省特色产业集群，数量居全省第一。制定优质企业规划编制财政补助实施细则，完成87家优质企业规划编制，形成目标明确、层次分明、路径清晰、易于落地的规划体系。③构建“1+N”政策体系。建立新型工业化普惠性政策库、靶向政策库、政策需求清单、政策兑现清单“两库两清单”

政策保障机制，优化“泰企通”服务云平台，分门别类向企业精准推送，力求政策“免申即享”。对覆盖范围广、投资规模大、引领作用强的特色产业项目、园区、企业、平台建设，采取“一事一议”“一企一策”“一园一策”方式给予重点支持，加快推动产业集群集聚集约发展。至年底，累计梳理10大类、170多个核心政策文件，形成3批《政策汇编》，市、县新制定出台靶向政策48项。

推进“五大比拼、两大问效”，掀起大干快上新型工业化项目热潮。着眼项目推进全生命周期管控，建立新型工业化项目策划、签约、开工、要素保障、集中观摩“五大比拼”，以及链长问效和总链长一线问效“两大问效”推进机制。即每季度组织一次项目策划大比拼，每月优选确定1个县（市、区）、功能区进行月度项目集中签约，每季度优选确定1个县（市、区）、功能区作为主会场组织集中开工，每月对市直有关部门（单位）要素保障情况进行调度排名，每半年进行重点项目实地观摩评议活动，不定期开展产业链链长问效和市委、市政府主要负责人一线问效。在“五大比拼、两大问效”带动面上工作持续升温基础上，谋划开展“项目策划、招商引资、企业培强、特色园区建设、要素保障”五大攻坚突破行动，聚焦“招大引强、做大培强”，由链长领衔开展重点任务攻坚突破，以点上突破带动整体工作提升。2022年，泰安市共策划各类项目1580个，纳入市级重点策划项目库1053个。各产业链链长每月至少领衔开展一次外出招商引资活动，泰安市累计签约产业链项目373个，总投资1846.5亿元，引进晶优光伏、宁夏汉尧锂电材料等一批延链补链强链项目。组织3次集中开工活动，1次重点项目实地观摩评议活动，累计集中开工新型工业化项目282个，总投资1014.13亿元。至2022年年底，集中开工项目中已有77个项目竣工投产，其中，赫利欧光伏建筑一体化项目一期、国泰大成新材料科技产业园项目、吉利远程本途新能源商用车等一大批重大项目竣工投产。

坚持全员联系服务企业，充分激发企业发展内生动力。建立泰安市工业推进机构工作人员全覆盖包保规上企业制度，扑下身子、沉到一线、靠上服务，进一步激发企业发展动力。①抓好问题解决。制定《泰安市重点工业企业（项目）问题协调处置办法》，坚持“谁主管谁负责、属地管理、分级解决”的原则，对企业和项目单位反映的各类诉求，分级分类抓好解决。2022年，泰安市工业推进机构共协调解决难点问题300余个。②开展赋能行动。策划启动企业管理者、机关干部“双赋能”行动，从8月份开始利用半年时间，组织全市“双50强”企业管理者和100名机关干部“结成学习对子”，互为同窗、同桌，共同学习、增进互信、同步成长。组织开展“泰山学堂”第二期培训。成立泰山数字经济工匠学院，着力培养工业互联网、人工智能、企业上云、专业运维、软件研发、网络安全等专业技能人才，打造产业链发展“加速器”。③强化梯次培育。加大“链主”企业、骨干企业跟踪服务力度，大企业发展欲望强烈，2022年泰安市新增高新技术企业182家，总量达到704家；新增国家级制造业单项冠军2家，总数达到17家，居全省第4位。山东瑞福锂业有限公司、力博重工科技股份有限公司、特变电工山东鲁能泰山电缆有限公司、泰山石膏有限公司4家企业入选省领军企业库。实施企业上市挂牌突破行动，出台《关于大力支持企业上市挂牌的实施意见》等政策措施，确定40家上市“种子企业”，累计为34家企业落实奖励6500万元；山东新巨丰科技包装股份有限公司首发上市融资11.5亿元，打破泰安市12年没有A股上市公司的局面。实施“千项技改扩规、千企转型升级”工程，泰安市工业技改投资在库项目达到719个，比2021年增加150个。

持续加大优质资源要素投入，着力营造一流发展生态。聚力营造一流产业生态，树牢有解思维，强化资源要素整合，全面提升服务效能，实现“企业吹哨、部门报到”。①创新重点要素配置。制定《泰安市重点工业项目要素保障实施办法》及实施细则，建立“市级统筹、分级负责、条块结合、市县联动”要素保障新机制，泰安市级层面每年统筹预留20%左右的能耗、煤耗、环境容量等总量指标，优先支持新型工业化重点项目建设。创新绘制项目地图，实行五色标识，指导企业按图索骥、精准选址、快速落地。开展“才聚泰安·链通未来”人才赋能行动，出台人才“金十条”新政，推进“十万大学生留泰工程”，为推动新型工业化强市建设会聚人才动能。2022年，向11个市直部门转交要素保障需求96项，解决完成92项，办结率95.8%，其他4项需求基本符合办理进度要求。②持续优化营商环境。制定《关于深入实施“绿卡”制度3.0助力新型工业化强市建设的若干意见》，持续加强政务服务“标准化”“规范化”“便利化”建设，全面创优“泰好办”品牌，开展“百名科长大家评”和政务服务“好差评”活动，全方位深层次打造便捷高效的政务服务环境和一流的营商环境。③建立科学考核机制。发挥考核“指挥棒”作用，将新型工业化强市建设考核纳入泰安市综合绩效考核，提高所占权重，制定年度专项考核办法和季度考核公示办法，对县（市、区）、功能区和产业链实行差异化考核，对市直部门（单位）实行“清单式”考核，发挥考核“指挥棒”引领作用。实施产业链赛马，每季度对重点任务进展快的标“骏马”，按时完成的标“黄牛”，进展缓慢的标“蜗牛”，营造比学赶超的浓厚氛围。开展经济运行及重点工作“六比争先·标旗夺金”季度考核，倒逼各级各部门单位把主要精力放在抓工业、抓发展上，推动各项工作位次前移、争创一流。④不断浓厚宣传氛围。新华社、《瞭望》周刊（第35期）、《求是》杂志、《经济日报》、《光明日报》、《工人日报》、中国发展网等先后对泰安市做法进行报道。省政府分工副省长对泰安市推动新型工业化做法专门作批示肯定。⑤始终坚持党建引领。成立市工业推进委党委，设市工业推进办和13个产业链专班党支部，组建市制造业联盟党委和13个产业链党委等功能性党委，破题推进“泰山红链”工程，着力以党建聚合力、促发展。对党员干部，坚持从细要求、从严抓起，严格考核奖惩，全力打造学习型、实干型、服务型、纪律型“四型”铁军。同时，泰安市委专门出台《关于在新型工业化强市建设等重大任务重点工作一线培养考察使用干部的实施意见》，为加快推进新型工业化强市建设提供强有力的组织保障。（尚道泽　王　振）

泰山区域山水林田湖草生态保护修复试点工程综述

2017年12月，泰安市泰山区域山水林田湖草生态保护修复工程成功入选全国第二批6个试点之一。自试点工程实施以后，在市委、市政府的坚强领导下，全市上下牢固树立“山水林田湖草是生命共同体”的重要理念，坚决扛起重大政治任务，抓住重大历史机遇，全力推进试点工程实施，取得显著成效。2019年6月，市泰山区域山水林田湖草生态保护修复工程领导小组办公室被市委授予新时代泰山“挑山工”先进集体称号。2020年1月，市领导小组办公室被省委、省政府表彰为全省“勇于创新奖”先进集体；7月，试点工程的经验做法入选省委组织部“贯彻落实习近平新时代中国特色社会主义思想改革攻坚教学案例”。2021年6月，市领导小组办公室被市委授予新时代泰山“挑山工”十面红旗；11月，在省委党校中青年干部培训班上作经验介绍；12月，泰安市《山水林田湖草生态保护修复“泰山样板”》入围“中国改革2021年度地方全面深化改革典型案例”。

一、基本情况

（一）项目完成情况。泰安市泰山区域山水林田湖草生态保护修复工程划分为泰山生态区和大汶河—东平湖两个生态区，科学部署5大类工程、67个项目、326个子项目，其中地质环境类17个项目、59个子项目，土地整治类9个项目、131个子项目，水环境类26个项目、82个子项目，生物多样性类10个项目、49个子项目，监管能力建设类5个项目、5个子项目。所有项目主体工程已完工，计划建设任务已完成，并通过市级竣工验收和绩效评价。

（二）资金完成情况。该试点工程计划总投资166.37亿元。累计完成投资156.83亿元，其中中央财政资金22.89亿元（山水林田湖草专项补助资金14.1亿元），省级财政资金15.11亿元（山水林田湖草专项补助资金6.33亿元），市县财政资金11.64亿元，PPP项目资金42.08亿元，企业自筹资金54.78亿元，其他社会资本和乡镇以下自筹资金10.33亿元。

（三）绩效目标完成情况。试点工程确定的绩效目标全面完成，其中完成采煤塌陷地治理面积9295.8公顷，占计划的102.3%；矿山生态修复面积1584.5公顷，占计划的147.3%；地质灾害防治工程6项（15处），占计划的100%；地质公园及地质遗迹保护244.9平方千米，占计划的101.4%；土地整治面积26968.4公顷，占计划的104.2%；新增耕地面积4558.5公顷，占计划的171.5%；新增湿地面积726.55公顷，占计划的115.3%；城镇集中式饮用水水源地水质达标率100%，城市建成区无黑臭水体，国控断面水质优良比例达到100%，东平湖湖南、湖北和大汶河王台大桥3个国控断面水质稳定达到Ⅲ类标准。

二、推进措施

围绕生态保护修复这一战略工程、生态工程、民生工程，全市上下联动、凝心聚力，主要采取以下措施。

（一）“一把手”挂帅推进。一是领导高度重视。市委、市政府高度重视试点工程，主要领导在多次重要会议和重要场合强调，要站在旗帜鲜明讲政治的高度抓好这项工作，并密切关注工程进展；多次召开市委常委会、市政府常务会听取工程进展情况汇报、调度情况、作出批示，经常深入项目现场实地调研，就加快推进项目实施提出要求；有关市领导盯上靠上，加强督促指导；市委、市政府每年召开一次全市山水林田湖草生态保护修复工程现场推进会议，及时研究解决相关问题，安排部署相关工作。二是健全组织保障体系。成立市山水林田湖草生态保护修复工程领导小组（总指挥部）及办公室。市委书记、市长任组长（总指挥），按照项目区域成立城区和农村两个项目指挥部，按职责成立山、水、林草、田和东平湖5个分指挥部，并成立追责问责、政法稳定、财政审计3个保障工作组，抽调专人，实体化运作，实行“挂图作战”“标旗推进”，构建起“1+2+5+3”的组织领导和协调保障体系。三是建立包保责任制。在“一把手”负责制基础上，每个项目明确一名县级领导，实行“一对一”包保，压实主体责任，及时协调解决项目实施中遇到的困难和问题。

（二）“多渠道”破解资金难题。直面项目建设与资金需求的突出矛盾，上下协同、内外联动，想方设法破解项目筹资难题。一是对上加大争取力度。共争取中央和省级山水林田湖草专项资金20.43亿元，其中中央14.1亿元、省级6.33亿元。二是对下督导责任企业出资治理。按照“谁污染、谁治理”“谁破坏、谁治理”“谁受益、谁治理”的原则，如采煤塌陷地治理等项目，督导责任企业出资治理。三是对内积极整合部门专项资金。重点整合自然资源、水利、农业、林业等部门专项资金，集中用于山水林田湖草项目建设。四是对外招引社会资本。成立市山水林田湖草生态保护修复建设基金，集中用于县域项目建设；组建泰安城区水生态环境治理工程PPP项目，支持城区生态环境项目治理。五是充分利用市场化运作手段，解决项目建设资金不足问题。如肥城康汇河生态修复项目，在康汇河下游建设日供水规模6万吨的再生水厂，利用经营收益，解决资金不足问题。将工程实施中涉及的砂石资源、土地指标等收益用于项目建设，助力工程实施。

（三）“制度化”保障工程实施。一是健全管理制度。制定并印发山水林田湖草生态保护修复工程实施意见、项目管理办法、资金筹集和管理办法、绩效评价管理办法等，为工程顺利实施提供制度保障。二是规范工程实施。实行“五制”，严把“五关”，即严格执行项目法人制、项目公示制、工程招标制、施工监理制、档案规范制等规章制度，严把立项评审关、生态论证关、组织实施关、竣工验收关、运行管护关。三是狠抓日常管理。在工程推进过程中，实行周调度、月报表、季督导和半年现场观摩、年度综合考评，并引入第三方进行绩效评价，及时通报督导检查和绩效考评结果，倒逼提进度、提质量。

（四）“智囊团”科学把脉问诊。一是开展设计方案评审。特聘42名自然资源和规划、生态环境、水利、农业、生物多样性保护等方面专家，对所有项目前期规划方案进行生态评审，确保方案科学可行。二是组织现场技术指导。对项目实施全过程进行跟踪指导、分析研判、把脉问诊。对现场发现的问题，及时协调实施主体解决，确保项目建设高质量推进。三是科学编制专项规划。以试点工程为契机，着眼当前，又利长远，组织编制《泰安市山水林田湖草生态保护修复专项规划》，与城乡一体空间发展战略规划、国土空间总体规划、东平湖区域生态保护和高质量发展规划等有效衔接，构建全市生态管控体系和生态保护修复体系。

（五）“创新性”构建泰山模式。深入总结泰安市试点工程经验做法，为黄河流域生态保护和高质量发展提供借鉴，总结提炼试点工程“泰山模式”，编制试点工程总结报告，建立试点工程数据库，搭建试点工程成果展示平台，制作试点工程宣传片，编写试点工程典型案例。围绕习近平总书记“山水林田湖草是生命共同体”等生态文明思想“一个中心”，把握系统修复、分类实施“两条原则”，突出综合治山、全域治水、全面治田“三个重点”，创新组织领导、资金筹措、项目管理、考核评价“四大机制”，坚持治理系统化、管理规范化、筹资市场化、实施法治化、质量标准化“五个遵循”，抓好与各项规划、绿色发展、文化旅游、乡村振兴、城市建设、新旧动能转换“六个结合”，打造以林护土、以土绿山、以山养水、以水丰湖、以湖润田、以田养人、以人保生态、以生态促发展的相互依存可持续循环的“泰山模式”。2022年7月，泰安市试点工程“泰山模式”总结与数据库建设顺利通过专家评审验收，评审专家对项目成果给予高度评价。

（六）“全方位”开展宣传报道。一是营造良好宣传氛围。在交通要道、项目现场等显要位置设置宣传标识牌；统一全市项目简介标牌；制作生态保护修复工程宣传片和宣传画册；在泰安电视台设立《一把手》访谈栏目。二是加大媒体报道力度。全面反映试点成效，主动对接各级媒体对工程成效进行宣传报道。至2022年年底，累计在中央级媒体报道37次，省级媒体报道59次。2020年10月16日，新华社刊发《泰山“修复计”》文章，重点介绍泰安市生态环境修复成效；2021年2月6日，《人民日报》第6版刊发《山东泰安推进泰山区域生态保护修复——山清水秀 林茂湖美》；2021年2月19日、26日，中央电视台《见证·生态泰安》纪录片以泰山区域山水林田湖草生态保护修复工程为题材，分为上下两集，每集36分钟，在央视重点时段播出，在社会各界引起强烈反响。2022年泰安市《山水林田湖草生态保护修复“泰山样板”》入围“中国改革2021年度地方全面深化改革典型案例”。

（七）“重成效”严格考核奖惩。一是纳入市级考核体系。市委、市政府将“生态保护修复工程”项目纳入全市经济社会发展综合考核体系，作为插旗项目，一体推进、一体调度、一体考核，挂图作战、标旗推进。二是严格绩效评价。按照“项目绩效有目标、项目执行有监控、项目完成有评价”的原则，严格执行绩效评价办法，对项目建设和资金使用实行全过程绩效管理，每半年进行一次绩效评价。三是强化结果运用。严格考核奖惩，考评结果作为年度资金奖补、评先树优、表彰奖励的重要依据。对项目推进快、建设标准高的县（市、区）给予奖补；对项目进展缓慢、责任落实不力、问题整改不到位的，取消奖补资格，并适时予以通报批评。

三、工程治理成效

试点工程实施以后，泰安市的生态环境质量明显改善。一是固山，挺起“山之脊”。开展引水上山、污水下山、破损山体修复、地质灾害防治等工程，复绿废弃矿山，改善地质环境，防止水土流失，解除地质灾害威胁，保障国家重要交通干线运行安全，带动泰山及周边旅游业发展。二是治污，实现“水改质”。对泰安城区113平方千米范围内实施雨污分流改造，对泰安城区河流进行生态修复，实现城区黑臭水体清零。对4个污水处理厂进行提标扩容改造，统一配套人工湿地，尾水进入人工湿地净化后再排入河道，确保出水水质稳定达标。对县域柴汶河、牟汶河、洸河、康汇河等主要河流进行生态修复，新改扩建污水处理厂14处、湿地17处，保障南水北调沿线城市和试点区人民群众的饮水安全。三是增绿，保护“林之肺”。实施森林生态资源安全保护和自然生态带建设等工程，对3666.67公顷森林实施质量提升，新增造林1.39万公顷，全市森林覆盖率达到20.45%。四是整田，增厚“田之肌”。实施土地整治和工矿废弃地复垦利用工程，实现土地指标预期收益60亿元。通过实施农业面源污染防治、高效节水灌溉、特色产业发展、粮食高产创建等工程，耕地质量得到进一步提升，农产品质量进一步改善，人民生活质量进一步提高。五是净湖，调节“湖之肾”。对湖区开展环境综合整治，拆除网箱7.5万架，网围6000公顷，渔民减船4541艘，打造南水北调东线工程第一无渔业人工养殖湖区。建立东平湖沿湖生态隔离带，打造绿色生态护岸，提高绿植覆盖率，恢复沿湖植被和水生生物，实现水清、岸绿的拟自然生态系统。

2022年泰安市$PM_{2.5}$浓度较2017年下降30.4%，优良天数比例较2017年提高15.0个百分点，均创造泰安有监测记录以后历史最好水平。生物多样性进一步丰富，5年间，全市林木种质资源种类数量增加10个科、25个属，全市鸟类增加50多种。泰安市成功创建中国宜居城市、国家森林城市、中国十大秀美之城，极大厚植泰安高质量发展的绿色底色和质量成色。试点工程的实施，不仅进一步提升泰安市生态环境承载力，改善生态环境质量，全面深化环境治理、循环利用、生态保护修复体系，打造“山青、水碧、林郁、田沃、湖美”的大生态带环境，更重要的是为国家南水北调东线供水水质安全、构建华北平原生态屏障、保障重要交通运输干线畅通、促进泰山文化乃至中华文化永续发展发挥重要作用。（王子珍）

编辑　校对　　刘　凯

1月

7日 市委常委会扩大会议暨2021年度县（市、区）委书记和市直有关工委（党委）书记全面从严治党述责述廉和抓基层党建工作述职评议会议召开。

△ 市委经济工作会议召开。

△ 泰安市党管武装述职暨市委常委会议军会议召开。

8日 （北）京台（北）高速泰安北互通立交开通试运行。

12—13日 省委副书记杨东奇到泰安市检查全面从严治党主体责任落实情况，走访慰问中华人民共和国成立前入党的老党员、困难群众和困难企业。

12日晚至13日 市委常委会召开党史学习教育专题民主生活会。省委副书记杨东奇到会指导，市委书记杨洪涛主持会议并讲话。

13日 泰安市党史学习教育总结会议召开。

16日 山东省第五届冬季全民健身运动会雪地拔河、雪地托球跑、雪地滑步车比赛在泰安市徂汶景区徂徕山滑雪场开赛。

18日 泰安市举行市属企业集团成立大会暨金融助推高质量发展战略合作签约仪式，新组建成立泰山城建、泰山产业发展投资、交通发展投资、泰山文化旅游四大集团，标志着泰安市国资国企改革发展迈入全新阶段。

19日 泰安至东平高速公路项目建设启动仪式在东平县举行。

20日 全市城乡公益性岗位扩容提质行动部署会议召开。

21日 由国网泰安供电公司承建的全国首座电动汽车应急充电舱在泰安济（南）广（州）高速东平服务区建成投运。

28日 泰安市中心医院白沙邦溪镇门诊部在海南省白沙黎族自治县邦溪镇四季春天小镇揭牌。

2月

8日 泰安市通过“国家卫生城市”复审。

9日 省委常委、常务副省长，省政协副主席王书坚到泰安调研经济运行工作，重点了解工业企业复工复产情况并召开座谈会。

18—21日 中国共产党泰安市第十二次代表大会在泰山国际会展中心召开。

21日 中共泰安市委十二届一次全体会议举行，会议选举出11名新一届市委常务委员会委员，杨洪涛当选为市委书记，张涛、于瑞波当选为市委副书记。

△ 泰安市组织收看2022“科创中国”年度会议。市委书记杨洪涛以视频形式代表泰安市作典型发言。

22日 “登高望远 奋力争先 全面开创新时代中国特色社会主义现代化强市建设新局面——中国共产党泰安市第十二次代表大会精神学习展览”在市政大楼二楼大厅举行。

23—27日 中国人民政治协商会议第十四届泰安市委员会第一次会议在泰山国际会展中心召开。

24—28日 泰安市第十八届人民代表大会第一次会议在泰山国际会展中心召开。

25日 农业农村部副部长邓小刚一行到泰安指导夺取夏粮小麦丰收工作，并对乡村振兴战略推进情况进行调研。

△ 山东省举行2022年春季重大项目集中开工活动，活动通过视频连线直播方式进行，泰安市在泰山经济开发区泰安同泰生物医药产业园项目现场设分会场。

3月

1日 中石油昆仑能源有限公司与泰山城建集团全面战略合作签约仪式举行，双方签订泰山燃气集团重组协议和全面战略合作协议。

2日 市政府与中能建数字科技有限公司、中国能源建设集团华东建设投资公司战略合作签约仪式举行。

3日 市政府与中国建设银行山东省分行举行战略合作签约仪式。

9日 泰安市新型工业化强市建设动员大会在泰山国际会展中心召开。动员全市上下登高望远、奋力争先，以工业经济的大发展促进现代化强市建设开创新局面。会议为受表扬的企业家颁发奖章和证书。

10—12日 市委书记、市人大常委会主任杨洪涛带队到北京开展重点招商活动并考察对接相关企业，深入洽谈、精准推进有关合作项目。

11日 泰山文化研究会成立暨第一届第一次会员代表大会召开。

△ 泰安市人民政府与国家能源

集团山东电力有限公司深化战略合作签约仪式举行。

16日　泰安市重大产业链项目第一次集中开工活动举行。该次活动主会场设在数字经济产业链——岱岳区泰山政法大数据产业园，其他12条产业链分别设立分会场，有99个重点项目集中开工。

△　金融助力新型工业化强市建设政银企合作签约仪式举行。

△　省政协副主席刘均刚组织部分省政协委员以视频会议的形式，围绕“推进育儿友好型社会建设”对泰安市开展调研协商。

20日　由中国法学会行政法学研究会提供学术指导、中国政法大学法治政府研究院主办的第六届“法治政府奖”终审会在中国政法大学举行。泰安市委政法委获第六届“法治政府奖”。

22日　省委书记李干杰到驻泰安市高校、收费站、医院、企业等调研疫情防控和经济社会发展工作。

24日　省政协主席葛慧君到泰安调研，先后到粥店街道枣行社区、泰山新闻出版小镇、泰开集团有限公司、九女峰省级乡村振兴示范区、泰安市博物馆等地调研，并主持召开座谈会。

4 月

3日　省委副书记、省长周乃翔到泰安督导调研疫情防控、安全生产和森林防火等工作。

12日　省委常委、省纪委书记、省监委主任夏红民到泰安市调研督导。

13日　市国资系统与岱岳区新型工业化强市项目集中签约暨国泰民安宠物食品全链条产业园奠基活动举行。现场集中签约新能源、食品工业、现代物流等7个项目。

21日　泰安市港澳台侨企业家“新型工业化强市”座谈会暨市政协港澳台侨和外事委员会工作顾问聘任仪式举行。

25日　市重点产业链项目暨宁夏汉尧锂电正极材料项目签约仪式举行。

28日　2022年庆祝“五一”国际劳动节暨全国五一劳动奖和全国工人先锋号表彰大会举行。泰安市1名个人获全国五一劳动奖章，2个集体获全国工人先锋号。

29日　“登高望远、奋力争先”——泰安市“青春心向党、建功新时代”书画摄影展举行。

5 月

3日　第二十六届中国青年五四奖章评选结果揭晓。山东农业大学作物生物学国家重点实验室小麦种质创新与利用团队被授予第二十六届“中国青年五四奖章集体”称号。

6日　“才聚泰安·链通未来”泰安市新型工业化强市建设人才赋能行动启动仪式在泰山国际会展中心举行。

△　“泰安市民之家”暨泰安市政务服务中心启用仪式举行。该中心使用面积约1.5万平方米，设置服务窗口202个，进厅部门52个，集行政审批、公共服务、便民服务等多功能于一体，实现“进一扇门、办所有事”。

7日　副省长凌文到泰安调研工业经济运行情况。先后到泰山玻璃纤维有限公司、泰安汉威集团有限公司、山东泰开高压开关有限公司、山东京卫制药有限公司、山东岱银纺织集团股份有限公司、中康国际先进技术研究院和山东泰山啤酒有限公司调研。

12日　第七期“泰山大讲堂”在泰山国际会展中心举行。

△　泰安市洪泰新型工业化基金启动暨投资项目签约仪式举行。

13日　泰安市学习贯彻庆祝中国共产主义青年团成立100周年大会精神座谈会召开。

△　泰安市“深化供销合作 助力乡村振兴”项目集中签约暨泰供农业发展有限责任公司揭牌仪式举行。签订助力乡村振兴的重点项目8个，签约项目总投资额12.3亿元，涉及商贸流通、农业生产服务、食品产业发展、合作金融服务等多个领域。

15日　全国妇联表彰第十三届全国五好家庭暨家庭工作先进集体、先进个人，揭晓2022年全国最美家庭。泰安市1个集体入选全国家庭工作先进集体，4个家庭入选2022年全国最美家庭。

17日　全市首家数字经济产业商会——泰安市泰山区数字经济产业链商会正式揭牌。

19日　吉利远程本途新能源商用车项目签约仪式举行。

△　市政府与中信证券、中信银行助力新型工业化强市建设战略合作协议签约暨蓝海股权交易中心“泰安资本赋能中心”揭牌、企业集中挂牌仪式举行。

22日　山东省“5·22”国际生物多样性日宣传活动在黄河流域重要蓄滞洪区东平湖举行，旨在保护生物多样性，共建地球生命共同体。

24—25日　省政协副主席王修林带领省政协部分委员、专家和社会法制委有关人员，围绕“《山东省残疾预防和残疾人康复条例》立法前协商”到泰安进行专题调研。

25日　全国公安系统英雄模范立功集体表彰大会召开。泰安市公安系统2个集体、3名个人受到表彰。

26日　泰安市泰山文物保护中心揭牌仪式在市博物馆举行。

31日　省委副书记、省长周乃翔到泰安市看望少年儿童。

△　泰安市举办“感知山东”项目——“‘中华泰山·国泰民安’外国人眼中的泰安主题活动之我们的端午节”活动。

6 月

2日　第六届泰安文化和旅游惠民消费季活动在泰安旅游经济开发区泰山秀城启动。

3日　2022泰山国际车展汽车惠民消费节在泰山国际会展中心开启。

7日　“牢记嘱托走在前 勇担使命开新局 奋力在新时代中国特色社会主义现代化强省建设中展现泰安担当——中国共产党山东省第十二次代表大会精

2022年6月10日，泰安市2022年创建全国文明城市工作推进会召开。图为获奖人员受奖 （司 刚 摄）

神学习展览”在市政大楼展出。

8日 泰安市新型工业化强市建设推进委员会召开第四次会议，听取全市新型工业化强市建设工作情况，研究《关于建立新型工业化重点项目建设“五大比拼、两大问效”推进机制的实施方案》《泰安市新型工业化强市建设企业管理者、机关干部“双赋能”行动实施方案》等，听取要素需求办理情况汇报。

9日 省政协副主席王艺华带领调研组到泰安市调研粮食应急体系建设和保障粮食供给安全工作情况。

△ 泰安市召开新型建筑材料产业链商会（协会）首届会员大会，并现场举行揭牌仪式。

10日 泰安市2022年创建全国文明城市工作推进会议召开。

11日 泰安市2022年文化和自然遗产日宣传展示暨“非遗”购物节活动在岱庙宋天贶殿启动。

12日 “游大美泰山 促旅游复苏”活动启动仪式在泰山景区红门游客中心广场举行。

13日 山东大学—泰安市人民政府战略合作签约暨山东大学科技成果直通车（泰安站）活动举行。

13—14日 省委常委、省纪委书记、省监委主任夏红民围绕学习贯彻习近平总书记重要指示要求和省第十二次党代会精神到泰安调研督导，并调度包案信访事项化解情况。

14—16日 市委副书记、市长张涛带队到深圳和广州开展招商活动。

15日 省人大常委会副主任、党组副书记孙立成带领立法调研组一行11人到泰安开展《山东省齐长城保护条例（草案）》立法调研。

17日 2022泰山国际车展在泰山国际会展中心开启。车展总规模2万平方米，汇集国产自主、合资、进口、新能源等60个热销汽车品牌的500余款畅销车型。

△ 市委副书记、市长张涛带队到杭州天道金科股份有限公司对接洽谈有关数字经济项目合作事宜。

18—21日 市委书记、市人大常委会主任杨洪涛率队到青岛走访考察企业，深入洽谈、精准推进有关合作项目并举办2022泰安市（青岛）投资合作恳谈会，与出席峰会的嘉宾和青岛方面的企业家共商发展大计、共谋合作愿景。

22日 泰安获得2024巴黎奥运会和残奥会跆拳道项目洲际资格赛承办权。

△ 省委、省政府在济南召开全省科技创新大会。会议以视频形式召开，泰安市设分会场组织收听收看。泰安市6个项目获2021年度山东省科学技术进步奖，1名个人获国际合作奖。

△ “强国有我 奔跑少年”2022年泰安市青少年（学生）体育联赛田径比赛在市体育中心田径场开赛。

△ 副省长孙继业到东平县和肥城市调研戴村坝保护和大汶河防汛情况。

23日 全市安全生产工作会议暨“6·21”液化气罐泄漏爆炸事故警示教育会议召开。

26日 泰安市首届泰山“智慧农业”专题论坛举办。

28日 泰山与圣米歇尔山缔结友好山关系签约仪式在泰安举行。

△ 省人大常委会副主任、党组副书记王良带领立法调研组到东平县开展立法调研。

29日 全市新型工业化强市建设要素保障现场推进会召开。

△ 2022年“致敬英雄行动：为烈士寻亲，让思念发光”仪式举行。

30日 泰安市召开学习贯彻省第十二次党代会精神省委宣讲团报告会，省委宣讲团成员、山东社科院党委书记、院长袁红英作宣讲报告。

7 月

2日 “中华民族一家亲·同筑少年足球梦”2022岳普湖·泰山青少年足球联谊赛开幕。

4—5日 省委常委、统战部部长徐海荣先后到泰安碧霞祠、普照寺等宗教活动场所，山东泰邦生物制品有限公司、泰山新闻出版小镇等企业和项目现场调研。

6日 泰安市召开“无证明社保”服务启动动员大会，推动社会保险公共服务全部实现“无证办事”“免申即享”。

6—9日 市委书记、市人大常委会主任杨洪涛率团到重庆巫溪县考察对接东西部协作工作，看望慰问一线人员，实地调研援建项目。在泰安市·巫溪县东西部协作联席会上，泰安市与巫溪县签订东西部协作协议，并举行社会捐赠。

7日 泰安市正式启动运行“民族团结号”公交专线。

11日 市政府与省水发集团有限公司战略合作签约仪式举行。

△ 市政府与中国铁工投资建设集团有限公司战略合作框架协议签署暨中国铁工投资建设集团有限公司山东分公司揭牌仪式举行。

12日 全国人大常委会调研组到泰安，围绕实施积极应对人口老龄化国家战略、推动老龄事业高质量发展开展调研。

△ 全国纺织工业先进集体、劳动模范和先进工作者视频表彰大会召开。泰安市1个集体获“全国纺织工业先进集体”称号，2名个人获“全国纺织工业劳动模范”称号。

△ 市政府与中泰证券产业链资本对接大会暨齐鲁股交集中挂牌仪式举行。

△ 泰山东麓遭遇百年未遇特大短时强降雨，形成严重山洪灾害，泰山景区大津口乡、黄前镇、下港镇均不同程度受灾，其中下港镇受灾最为严重。

14日 省人大常委会副主任、党组副书记孙立成带领调研组到泰安调研代表议案建议办理情况。孙立成一行先后到泰山医养中心、泰山新闻出版小镇详细了解医养结合工作情况和出版印刷产业发展情况。

16日 “康王酒业杯”泰安市第十二届全民健身运动会启动仪式在泰山天颐湖旅游度假区举行。

17日 全市重点项目“五大比拼、两大问效”活动启动暨第二次集中开工仪式举行。

20日 2022泰山国际新闻出版合作大会暨泰山国家图书版权交易中心运营发布会、大型图文画册《天下泰山》新书发布会举行。

20—21日 省委常委、组织部部长王宇燕到泰安调研企业党建、人才引育等工作。

21日 省委常委、政法委书记李猛到泰安调研政法工作。

△ 2022泰山国际新闻出版合作大会平行峰会——版权峰会在泰安召开，国内外数十家出版社、出版集团围绕新闻出版行业的版权问题展开讨论，提出国际合作的倡议，并为泰山新闻出版小镇出版印刷事业的发展献计献策。

21—23日 2022年上半年全市重点项目“集中观摩大比拼”活动现场观摩举行。

21—24日 泰安市首届大型品牌图书展销会在泰山国际会展中心举行。书展规模达5000平方米，展销图书1万余种，书籍达16万余册。

25日 全市机关作风集中整顿活动动员暨警示教育大会召开。

26日 圣阳股份年产4吉瓦时圆柱锂电池项目开工建设启动仪式举行。

28日 “洪水无情 人间有爱——支援泰山景区灾后重建”现场捐赠仪式举行。

30日 “科创中国”2022年智能矿冶加工技术和装备高端论坛在泰安市举行。

8 月

1日 省委副书记、省长周乃翔到东平县检查指导黄河、东平湖防汛工作，并主持召开全省防汛工作视频调度会。

2—6日 市委书记、市人大常委会主任杨洪涛率队到福建、浙江、江苏开展招商活动，拜访企业，深入洽谈、精准推进有关合作项目，创新招商思维和方式，为泰安寻找“城市发展合伙人”。

7日 泰安市“项目签约大比拼”肥城市集中签约活动举行。

8日 泰安市人民政府与威高集团有限公司战略合作框架协议签署暨泰山医疗科技产业园项目签约仪式举行。

9日 泰安市人民政府与中国移动通信集团山东有限公司战略合作协议签约仪式举行。

12日 洪泰企业家“泰山论剑”活动在泰安举行。

△ 泰安市洪泰新型工业化基金第一批投资项目签约仪式举行。

13日 第八期“泰山大讲堂”暨全市机关作风集中整顿活动专题讲座举行。

18日 省政协副主席林峰海带队到泰安市，围绕“推进我省新能源汽车产业高质量发展”开展专题调研。

18—19日 由中共山东省委、求是杂志社共同主办的深入学习贯彻“两个确立”理论研讨会（泰山论坛）在泰安举行。省委书记李干杰、求是杂志社社长夏伟东出席研讨会并讲话。

20日 全市开发区发展“三年攻坚”行动动员大会召开，部署全市开发区发展“三年攻坚”行动。

△ 2022年全国“行走大运河”全民健身健步走活动在全国主会场东平举行。活动现场，东平县内外的体育爱好者3000余人，分别以健步走、骑行、全民健身运动展演等形式，游览山水胜景，体验运河文化。

△ “山东手造·礼遇泰安”手造精品系列展启动暨“礼遇泰安”Logo发布仪式在市美术馆一楼展厅举办。

23日 泰安市委决定，在全市开展向李林雨烈士学习活动。李林雨，泰安市新泰市龙廷镇将军堂村人，生前是武警湖北总队随州支队执勤中队战士，2022年7月12日，为营救落水群众壮烈牺牲。

24日 全市新型工业化强市建设产业链专班现场推进会召开。总结推广市医药及医疗器械产业链的工作经验，进一步厘清产业链专班“抓什么”和“怎么抓”的问题。

25日 全市科技创新暨校城融合大会召开。

26日 全市基层党建工作现场观摩推进会议召开。

△ 第五届全国政务服务博览会暨政务服务泰山论坛在泰安市举办。

27日 副省长、省公安厅厅长范华平到泰安市调研指导公安、信访工作。

△ 泰安市“项目策划大比拼”工作推进会召开，会议总结重点项目策划成效，安排部署下一步工作。

△ 泰安市举办新型工业化赋能研修院揭牌暨“双赋能”精英班开班仪式。

△ 泰山免疫力经济创新发展大会暨泰山黄精冷链云仓·保健品项目启动仪式举行。

28—30日 市委书记、市人大常委会主任杨洪涛带队到江苏开展招商活动，走访考察企业，洽谈对接项

2022年8月31日，2022中国（泰山）国际矿业装备与技术展览会举办
（司 刚 摄）

目，宣传推介泰安，瞄准产业链上下游的空白点、转型点，靶向发力精准招引，打造泰安特色产业集群，推动泰安市与长三角地区细分行业龙头和核心配套企业深化产业合作、携手共赢发展。

31日　2022中国（泰山）国际矿业装备与技术展览会在泰山国际会展中心开幕。

△　泰安市人民政府与工商银行山东省分行战略合作签约仪式举行。

9月

1日　省政协副主席刘均刚带队到泰安市就“深入实施生态优先战略，推进黄河流域生态保护”课题开展调研活动。

2日　新巨丰上市仪式暨全市企业上市工作推进会举行。会上，24家企业与中泰证券、中信证券等10家证券机构签约，正式启动上市程序。山东新巨丰科技包装股份有限公司人民币普通股股票在创业板上市，打破泰安12年没有A股新上市公司的局面。

2—3日　市委书记、市人大常委会主任杨洪涛带队到北京开展招商活动，拜访中国建材集团和北京字节跳动科技有限公司，考察有关项目推进情况。

2—3日　市委副书记、市长张涛带队到广东省佛山市东鹏集团就城市工厂项目开展招商引资活动。

3日　2022“鲁渝情深”消费帮扶暨巫溪特色农产品展销会在泰山区吾悦广场开幕，20余家巫溪当地企业参展。

6日　第三十六届泰山国际登山节暨2022中国泰安投资合作洽谈会在泰安市开幕。马来西亚、韩国、德国等多个国家和地区以及国内的650余位嘉宾、客商，通过现场出席和视频连线的方式参加活动。

△　2022中国泰安投资合作洽谈会重点项目签约仪式在泰安市举行。集中签约重点项目66个（含外资项目8个），总投资659亿元。

△　第三十六届泰山登山比赛暨第二十七届全国全民健身登泰山徒步活动起跑仪式在岱庙广场举行。

△　“泰山之约 五岳聚首”2022中国（泰安）中外旅行商电商采购峰会暨国内融媒体旅游采风活动举办。

9日　“敢当”泰安改革品牌发布会召开。

14日　泰安市与白山市、长白山保护开发区招商洽谈座谈会暨签约仪式在白山市举行。

△　中共泰安市委召开推进新型工业化强市建设协商座谈会。听取市各民主党派、工商联负责人和无党派人士代表对推进新型工业化强市建设的意见和建议。

△　泰安市民族团结进步“红石榴”主题公园开园仪式在岱岳区粥店街道举行。

△　山东社科论坛2022·新时代泰山文化传承创新研讨会在泰安市举行。

14—15日　全国人大常委会委员、民盟中央副主席谢经荣一行到泰安市调研。谢经荣一行先后到鲁普耐特集团绳网文化科技馆、国际文化大数据（泰山）产业城、山东农业大学校史馆、岱庙调研。

15日　全市建筑业高质量发展大会召开。

16日　省稳住经济基本盘督导服务组组长、省政协副主席、山东师范大学党委书记唐洲雁一行到泰安，对稳住经济基本盘开展督导服务工作并召开见面会。

17日　中共泰安市委“山东这十年·泰安”主题新闻发布会举行。

21日　省政协副主席段青英带领调研组到泰安，就“做好中医药老字号保护工作”开展调研活动。段青英一行先后到山东泰尚皇黄精生物科技公司、肥城市安驾庄镇卫生院、肥城市骨科医院等地调研。

△　全省“人民满意的公务员”和“人民满意的公务员集体”表彰大会在济南召开。泰安市6名个人和4个集体受到省委、省政府表彰。

26日　山东省暨泰安市第十三届“中国统计开放日”活动启动仪式举行。

△　全市清廉村居建设现场推进会召开。

△　平安泰安建设“国泰民安”主题宣传文化作品展举行。

△　泰安文旅高质量发展报告会在泰安市举行。

26—27日　2022泰安市文化旅游发展大会在岱岳区召开。

27日　全市文旅重点项目签约仪式举行。九女峰童话村、泰山黄精产业融合示范园、大宋不夜城项目等10个文旅项目签约，总投资78.8亿元。

28日　泰安2×300兆瓦级压缩空气储能创新示范工程项目一期350兆瓦

机组开工仪式举行。

△ 全市新型工业化强市特色产业园区建设推进会在新泰召开。

△ 华能泰安2×9F级燃气蒸汽联合循环热电联产项目启动仪式在岱岳区大汶口工业园举行。

△ 泰山"民族团结号"旅游专线开通仪式在泰山景区举行，开通包含天外村—中天门旅游巴士和中天门—南天门索道的"民族团结号"旅游专线。

29日 "中华泰山、国泰民安——《天下泰山》"影像展在市政大楼举办。

30日 全市机关作风集中整顿活动总结暨常态化推进工作会议召开。

10 月

8日 "齐鲁时代楷模"发布仪式在山东广播电视台演播大厅举行，泰山消防救援站（群体）获"齐鲁时代楷模"称号。

△ 全市重点项目第三次集中开工仪式举行。活动以视频连线形式举行，有106个重点项目集中开工。主会场设在宁阳县泰山药谷产业园，其他5个县（市、区）和泰安高新区设分会场。

12—14日 副省长孙继业到泰安市驻泰安高校、重点企业、部分中风险区调研指导疫情防控工作，看望慰问疫情防控一线工作人员。

24日 泰安市召开疫情处置工作会议。听取近期疫情处置工作情况，分析存在问题，安排部署下一步工作，进一步提升全市疫情应急处置能力和精准防控水平。

26—27日 副省长范波到泰安调研森林防灭火工作，看望慰问"齐鲁时代楷模——泰山消防救援站"代表和一线消防救援人员。

11 月

7日 中国共产党第二十次全国代表大会精神学习展览在市政大楼二楼大厅举办。

△ 泰安市城区西部热源整机点火启动暨供热并网仪式举行。

10日 省财金集团、省新动能基金公司党委书记、董事长梁雷到泰安调研并召开座谈会。

△ 中共泰安市委召开党外人士座谈会，传达学习中共二十大精神，就泰安市打造"敢当"泰安改革品牌情况听取党外人士的意见建议。

14日 泰安市领导干部中共二十大精神专题学习班开班式暨市委宣讲团宣讲动员会举行。

15日 全市新冠疫情防控工作电视会议召开。会议贯彻落实全省新冠疫情防控工作电视会议精神，进一步做好全市新冠疫情防控工作。

16日 全市县（市、区）、功能区经济工作调度会召开。

22日 全市化工园区基础设施建设现场推进会在宁阳召开。

24日 全市加快建设交通强国山东示范区工作动员大会召开。

27日 市委书记、市人大常委会主任杨洪涛采取"四不两直"方式，先后到泰山火车站、青兰高速泰安南收费站督导调研疫情防控工作。

28日 泰安点石赋能新型工业化投资合伙企业（有限合伙）正式通过中国基金业协会备案，成为泰安市第一只资产重组基金，总规模3亿元，由泰安金控集团子公司泰安点石资产管理有限公司和泰安点石投资管理有限公司共同出资成立。

12 月

9日 全市统筹疫情防控和经济运行工作会议召开。

12日 市委书记、市人大常委会主任杨洪涛到泰山学院，面向学校师生宣讲中共二十大精神。

13日 省稳住经济基本盘督导服务泰安组组长、省政协副主席唐洲雁一行到泰安市开展督导工作，并召开座谈会。唐洲雁一行先后到徂汶景区段大汶河防洪治理工程、王家院水库工程、汉威化工一期等项目进行实地调研。

14日 功力集团董事长高玲、青岛中晟汇银投资公司董事长冯自成一行到泰安考察并召开座谈会，对接洽谈电机工业互联网监控平台项目合作事宜。

15日 泰安市创建国家食品安全示范城市动员大会召开。

△ 泰安市人民政府与中国银行山东省分行战略合作签约仪式举行。

△ 2022第六届泰山国际福祉暨康复设备线上博览会·首届泰安医药及医疗器械产品线上成果展开幕式及市医药及医疗器械产业链项目签约仪式举行。

18—25日 2022泰山国际马拉松线上赛举行。

21日 泰安市第四季度"项目签约大比拼"活动举行，签约项目37个，总投资261.9亿元。

22日 莱（芜）热入泰（安）长输供热工程启动仪式在泰安市举行。

27日 晶优光伏泰安基地3吉瓦高效光伏组件绿色智能产线举行投产仪式。

29日 市委经济工作会议暨全市绿色低碳高质量发展动员大会召开。

△ 2022年度县（市、区）委书记和市直有关工委（党委）书记全面从严治党述责述廉和抓基层党建工作述职评议会议召开。

31日 大型纪录片《大泰山》开播仪式在山东广播电视台举行。

编辑 校对 刘小笋

市情概览

自然地理

【位置面积】 泰安市位于山东省中部，处于北纬35° 38'～36° 28'，东经116° 20'～117° 59'。北以泰山与济南市为界，南与济宁市相连，西隔黄河与聊城市及河南省濮阳市相望，东与济南市、淄博市、临沂市相邻。东西长约176.6千米、南北宽约93.5千米，面积7762平方千米，占全省面积的4.94%。泰山区为市政府驻地，位于泰山南麓，北距省会济南66.8千米、南至孔子故里曲阜74.6千米，处于山东省“一水、一山、一圣人”旅游热线的中间。

【地质】 泰山经历漫长的地质演变过程，燕山运动奠定泰山的基础，喜马拉雅山运动构成泰山的雄伟姿态。泰山的高峻受掀斜断块构造控制，断裂活动使泰山隆起，汶河下降，造成南坡拔地通天之势。复杂的泰山地层，大体可分为两部分，其基底为“泰山杂岩”，同位素年代测定约有25亿年历史，是中国最古老的地层之一；其盖层主要是寒武-奥陶系灰岩，泰山西北坡张夏、崮山、炒米店一带的灰岩和砂页岩发育型，是中国北方寒武系的标准地层剖面。

【地貌】 泰安市境域地势自东北向西南倾斜，有山地、丘陵、平原、洼地、湖泊等地貌类型。山地集中分布在境域北部和东部，占全市面积的18.3%，其中泰山雄踞境域北部，其主峰玉皇顶海拔1545米，为山东省第一高峰。丘陵主要分布在新泰市西南部、宁阳县东部、岱岳区西北部、肥城盆地边缘及东平县北部，占全市面积的41.1%，海拔在120～400米。平原主要分布在山麓及河流沿岸，占全市面积的40.6%，海拔在60～120米，其中山东省著名四大山麓平原之一的泰（安）莱（芜）肥（城）宁（阳）平原，大部分在泰安市境内。洼地主要分布在东平县“三湖”（老湖、新湖、稻屯洼）周围，海拔在38～60米。湖泊集中在东平县，“三湖”水面6.35万公顷（含市外部分），其中东平湖系山东省第二大淡水湖，为古水泊梁山遗存水域。

【土壤】 境内土壤分为棕壤、褐土、砂姜黑土、山地草甸土4个土类。其中，棕壤分为6个土属，29个土种，面积9.92万公顷，占土壤总面积的61.6%；褐土10个土属，35个土种，面积5.49万公顷，占土壤总面积的33.9%；砂姜黑土3个土属，5个土种，面积6904.67公顷，占土壤总面积的4.3%；山地草甸土未细分，主要分布在海拔1300米以上的泰山上部地区，面积255.4公顷，占总面积的0.2%。境内土壤容重偏高，结构不良，沙壤类面积占99.6%，表层质地均为“沙”“壤”类土，可耕性好。土壤总面积16.13万公顷。

【植被】 泰安市地带性植被为阔叶落叶林和温性针叶林，代表树种是松类和栎类。针叶树种为油松、侧柏；阔叶树种多为麻栎、栓皮栎；其他主要树种有刺槐、毛白杨、泡桐和果树。林下常有落叶灌木和草本层。棕壤土类下部多生产松柏、毛白杨、刺槐、榆树等树种，中下部多生长栎类树种。褐土类土多生长侧柏、刺槐等树种。泰山、徂徕山区植被为次生植被。植被面积占土地总面积的81%，其中林木覆盖率24%、自然植被面积41%、季节性植被面积44%。

【气候】 泰安市属于暖温带大陆性半湿润季风气候区，四季分明，寒暑适宜，光温同步，雨热同季。春季干燥多风，夏季炎热多雨，秋季晴和气爽，冬季寒冷少雪。2022年，全市年平均日照时数2290.3小时，年平均气温14.7℃，年平均降水量802.5毫米。泰山山顶2022年年日照时数2382.6小时，较常年（2663.8小时）偏少281.2小时；年平均气温6.8℃，较常年（5.9℃）偏高0.9℃；年降水量1214.0毫米，较常年（1046.2毫米）偏多16.0%。

降水量 全市平均降水量802.5毫米，较常年（673.5毫米）偏多19.2%，属降水正常略偏多年份。降水量时空分布不均，1月、3月、6月、7月、10月、11月降水多于常年同期。其中，10月较常年偏多304.2%，6月较常年偏多129.6%，均属降水异常偏多月份。2月、4月、5月、8月、9月、12月降水量少于常年同期。其中，12月较常年偏少100.0%，2月较常年偏少99.1%，9月较常年偏少98.9%，5月较常年偏少88.0%，均属降水异常偏少月份。肥城、新泰年降水量较常年偏多，泰安、宁阳、东平均接近常年略偏多，其中新泰964.4毫米，较常年（756.0毫米）偏多27.6%，为全市最多；东平632.2毫米，较常年（619.5毫米）偏多2.1%，为全市最少；肥城917.7毫米，较常年（646.4毫米）偏多42.0%；泰安797.0毫米，较常年（691.7毫米）偏多15.2%；宁阳701.2毫米，较常年（653.7毫米）偏多7.3%。

气温　全市平均气温14.7℃，较常年（14.0℃）偏高0.7℃，属气温正常略偏高年份，为1951年以后第二高值，仅次于2019年14.8℃，与2021年持平。2月、7月、10月、12月平均气温低于常年，其他月份均略高于常年。年极端最高气温39.7℃，6月19日出现在肥城；年极端最低气温-11.7℃，12月18日出现在肥城。2022年泰安大雾日数21天，大风日数5天，高温日数24天，低温日数8天。终雪结束于1月22日，初雪开始于11月7日。

日照时数　全市平均日照时数2290.3小时，较常年（2191.9小时）偏多98.4小时，属日照时数偏多年份。其中2月、4月、5月、6月、9月、12月日照时数较常年偏多，其他月份少于常年同期。日照时数最多的是泰安2462小时，较常年（2385.8小时）偏多76.2小时；最少的是东平2150.7小时，较常年（2254.6小时）偏少103.9小时。

（张　静）

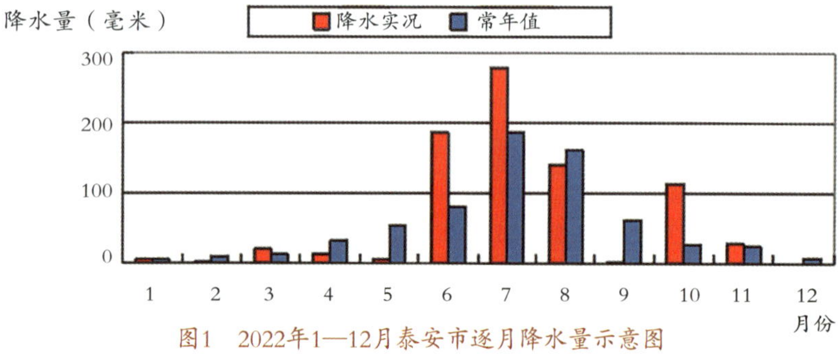

图1　2022年1—12月泰安市逐月降水量示意图

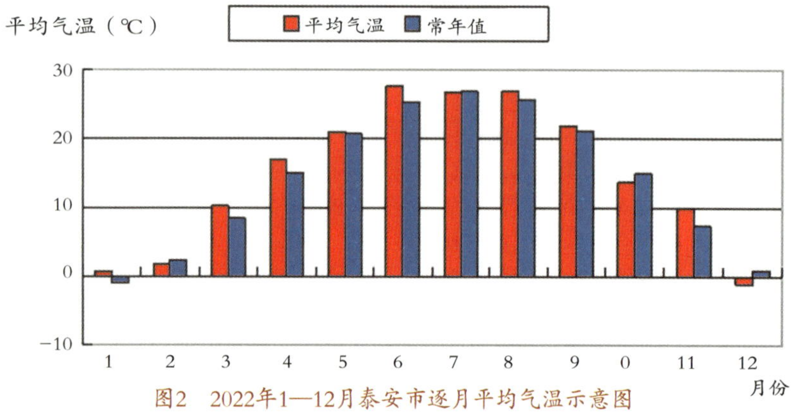

图2　2022年1—12月泰安市逐月平均气温示意图

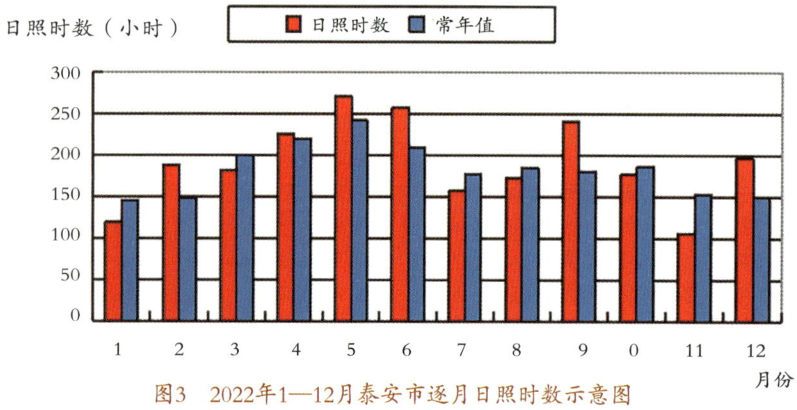

图3　2022年1—12月泰安市逐月日照时数示意图

【主要气候事件】　降水　夏季全市平均降水量608.6毫米，较常年同期（431.4毫米）偏多41.1%，降水偏多，为1951年以后历史同期第七位多值，发生8次大范围暴雨过程，时段相对集中。其中7月11—13日，受副高边缘暖湿气流和冷空气共同影响，泰山区、岱岳区、泰山景区和肥城市出现暴雨过程，全市平均降水量34.3毫米，泰山区92.5毫米，岱岳区70.4毫米，泰山景区177.6毫米（位于日观峰的泰山站164.2毫米，最大277.1毫米），旅游经济开发区123.8毫米，肥城48.9毫米，其中50毫米以上36个站，100毫米以上19个站，最大277.1毫米，出现在泰山景区黄前镇羊栏沟村，该暴雨过程导致部分山区出现山洪。春季全市平均降水量42.0毫米，较常年同期（101.4毫米）偏少58.6%，降水显著偏少，为1951年以后历史第三位极少值，仅次于2001年16.7毫米，1976年41.5毫米。根据卫星遥感监测，截至2022年5月31日，受降水偏少和大风天气影响，泰安市农田出现不同程度的干旱。10月全市平均降水量115.2毫米，为1951年以后历史同期第二位多值，仅次于1977年的135.4毫米。其中，10月1—4日全市平均降水量113.6毫米，泰山区143.3毫米，岱岳区133.5毫米，泰山景区146.5毫米（泰山站153.8毫米，最大193.4毫米），泰安高新区118.3毫米，徂汶景区104.5毫米（徂徕山站121.9毫米，最大123.6毫米），旅游经济开发区75.4毫米，新泰68.2毫米，肥城122.9毫米，宁阳70.9毫米，东平105.6毫米，其中50毫米以上109个站，100毫米以上64个站，最大193.4毫米，出现在泰山景区下港乡谷山村。

气温　2022年全市平均气温14.7℃，较常年（14.0℃）偏高0.7℃，为1951年以后历史同期第二位高值，仅次于2019年14.8℃，与2018年、2021年并列为1951年以后第二位高值。春季全市平均气温16.0℃，较常年（14.7℃）偏高1.3℃，为1951年以后历史第三位高值，仅次于2014年16.4℃，2018年16.3℃。夏季全市平均高温日数达19.0天，较常年（8.4天）偏多10.6天，为1969年以后历史同期第四位多值。6月16—26日，泰安出现罕见大范围持续高温天气，大部分地区最高气温在35℃以上，局部超过40℃。其中19日根据国家气象观测站资料显示，泰安 38.4℃，肥城 39.7℃，东平 39.1℃，宁阳 39.6℃，新泰 38.2℃，区域气象观测站中除泰山景区下港站以外，其余站点全部在38℃以上，40℃以上站点24个。5月上中旬，受较强冷空气影响，泰安出现持续降温。5月7—15日，气温异常偏低，全市平均气温为15.3℃，较常年（19.2℃）偏低3.9℃，为1959年以后历史同期最低值。

台风　受3号台风“暹芭”残余环流和西风槽共同影响，7月5—6日全市出现大范围暴雨过程，全市平均降水量97.6毫米，泰山区70.5毫米，岱岳区81.8毫米，泰山景区82.6毫米（泰山站121.8毫米，为泰山景区最大值），高新开发区82.5毫米，徂汶景区93.0毫米（徂徕山站92毫米，最大122.1毫米），旅游经济开发区90.5毫米，新泰86.6毫米，肥城114.4毫米，宁阳116.6毫米，东平58.9毫米，50毫米以上103个站，100毫米以上31个站，最大183.5毫米，出现在肥城市孙伯镇。

强对流　强对流天气最早出现在3月12日，最晚出现在10月2日。5月20日下午泰山景区黄前镇和下港镇出现雷电、冰雹天气。6月发生5次大范围强降雨、雷电和大风并存的强对流天气，分别在6月13—14日、16—17日、20日、22—23日、26—27日。

（张　静）

【水文】　泰安市总面积7762平方千米，分属黄河、淮河两大流域，其中黄河流域面积6457平方千米，占总面积的83.2%；淮河流域面积1305平方千米，占总面积的16.8%。

河流　全市有河流482条，总长3690.51千米。其中，黄河流域442条，长度3272.21千米；淮河流域40条，长度418.3千米。流域面积50平方千米以下河流422条，流域面积50平方千米以上河流60条，其中50平方千米至100平方千米河流24条（贾庄河、北大沙河界首支流、西周河、公家汶河、明堂河、小漕河、龙山河、段孟李河、苗河、牧汶河、故城河、城东河、迈莱河、东柳河、疃里河、西金线河、王士店河、莲花河、麻塔河、芝田河、坦埠西河北支、赵王河、小清河、代码河），100平方千米至300平方千米河流23条（淞河、上金线河、南金线河、平阳河、海子河、光明河、禹村河、淘河、湖区排水干沟、浊河、东金线河、小汇河、羊流河、大汶河分叉河、跃进河、汇河北支、宁阳沟、石集河、柳长河、石莱河、险河、南泉河、小汶河），300平方千米至1000平方千米河流6条（石汶河、泮汶河、漕浊河、汉马河、湖东排水河），1000平方千米至3000平方千米河流5条（江河、瀛府河、柴汶河、泗河、东汶河），3000平方千米以上河流2条（大汶河、黄河）。跨市河流26条，跨县（市、区）河流38条，县域境内444条。

水库　全市有水库688座。其中，大型2座（东平湖、光明水库），中型16座（大河、胜利、角峪、小安门、东周、金斗、苇池、田村、尚庄炉、贤村、直界、月牙河、彩山、山阳、黄前、王家院），小（1）型90座，小（2）型580座。

塘坝　全市有塘坝3576处，其中1万立方米以上塘坝2399座（重点塘坝1444座）。

（孙　娟）

【自然资源】　土地资源　泰安市有耕地面积28.57万公顷，园地面积6.83万公顷，林地面积17.68万公顷，草地面积1.08万公顷，湿地面积841.09公顷，城镇村等工矿用地面积12.71万公顷，交通运输用地面积1.26万公顷，水域及水利设施面积5.68万公顷。

水资源　全市境内有大小河流482条，分属黄河、淮河两大流域。大汶河主流起源于济南市钢城区汶源街道台子村，自东向西流经全市，于东平县马口村入东平湖，再由东平湖入黄河，全长231千米，流域面积8944.1平方千米，是黄河下游最大支流，也是泰安市唯一的大型防洪排涝河道。泰安市境内河段长179.24千米，流域面积6457平方千米。2022年，全市水资源总量为22.25亿立方米。其中，地表水资源量17.07亿立方米，地下水资源量10.65亿立方米，地表水与地下水资源量重复计算量5.47亿立方米。

矿产资源　泰安市矿产资源种类较多，资源储量丰富，已发现矿产63种（含亚矿种），查明资源储量的有31种。其中，煤炭、地热能源矿产2种；铁矿、金矿等金属矿产6种；石膏、岩盐等非金属矿产21种；地下水、矿泉水等水气矿产2种。铁主要分布在东平县和岱岳区角峪一带，保有资源储量5.4亿吨。煤主要分布在新泰市、肥城市、宁阳县、东平县，保有资源储量13.1亿吨。自然硫主要分布于汶东盆地，探明资源储量折合纯硫5.0亿吨。石膏主要分布在大汶口和汶东两盆地，保有资源储量383.0亿吨。岩盐矿分布在大汶口盆地中，地跨肥城市、岱岳区两市区，面积约36.4平方千米，氯化钠平均含量86.76%，保有资源储量64.1亿吨。石灰岩除泰山区外，其余五县（市、区）均有分布。花岗石主要分布在岱岳区、新泰市、肥城市等地，品种主要有泰山红、泰山花、泰山青、吉祥绿、龙岗红等。耐火黏土主要分布在岱岳区、肥城市等地。

生物资源　全市有野生、栽培及引种成功的高等植物1600余种及变种、亚种、变型，分属191科、775属，陆生脊椎动物4纲、300多种，浮游植物8门、99种属，浮游动物四大类、71种。农作物害虫天敌有3纲、39科、113种。粮食作物主要有小麦、玉米、红薯（地瓜）、高粱、大豆、大麦等。经济作物主要有花生、芝麻、棉花、大麻、烟草、蔬菜等。木本植物分属71科、471种（变种）。用材树种主要有黑杨、毛白杨、刺槐、榆树（又称白榆）、泡桐等50余种。经济林树种主要有苹果、樱桃、核桃、桃、板栗、大枣、杏等30余种，其中“肥城桃”“泰山板栗”“新泰苹果”“宁阳大枣”等被批准为国家地理标志证明商标和农业农村部农产品地理标志产品。观赏树种有40余种，主要有雪松、圆柏、银杏、槐树（又称国槐）等。以泰山命名的珍稀树木有泰山花楸、泰山柳、泰山椴、泰山盐肤木等20多种，基本上都属于濒危保护级别。古树名木1.95万株，隶属27科、45种，主要有汉柏、唐槐、五大夫松等。牧草分属35科、95属、118种，以禾本科最多，菊科次之。全市天然草场年产鲜草约2.5亿千克。中药材分属110科、448种，有10余种属于道地药材，为具有全国知名度的药材，如泰山灵芝、泰山何首乌、泰山四叶参、泰山黄精、泰山紫草、汶香附、肥城栝楼、穿山龙、白花丹参、徐长卿等。泰山“四大名药”（泰山何首乌、泰山四叶参、泰山黄精、泰山紫草）被列为国家地理标志证明商标。肥城栝楼属地方名优品种。水生植物40种，分属2门、18科、30属，集中分布于东平“三湖”，主要有藕、芡实、菱角、苇、蒲草等。畜禽品种50多个，主要有牛、马、羊、猪、鸡、鸭等，其中东平、宁阳一带的鲁西黄牛为全国四大良种牛之一，役肉兼用。小尾寒羊为稀有品种，主要产地东平县被列为全省小尾寒羊保种基地。水生动物以东平湖、稻屯洼为最多，主要有中华绒螯蟹（毛蟹）、鳖、虾、蚌等。鱼类分属8目、15科、48种，主要有鲫、鲤、鲢、草鱼等，其中泰山螭霖鱼、东平湖大青虾、东平湖鲤鱼为国家地理标志产品，“泰山金螭霖”被列为国家地理标志证明商标。野生动物有两栖动物7种、爬行动物12种、鸟类300多种。珍稀动物有属国家一级保护动物的白鹳、大鸨等。

（赵春明　张维康　石亚男）

表 1　2022 年泰安市人口和自然资源情况一览表

指　标	单　位	2022 年
人　口		
年末人口总数（户籍）	万　人	564.5
人口密度（户籍）	人 / 平方千米	727.3
年末人口总数（常住）	万　人	540.1
人口密度（常住）	人 / 平方千米	695.8
土　地		
全市土地面积	平方千米	7762.0
各类土地面积所占比重		
山　地	%	18.3
丘　陵	%	41.1
平　原	%	40.6
森　林		
森林覆盖率	%	20.5
森林面积	万公顷	15.9
水文、水利		
水资源总量	亿立方米	22.2
地表水资源量	亿立方米	17.1
地下水资源量	亿立方米	10.7
降水量	毫　米	815.7

历史人文

【建置沿革】　六千年至四千年前，汶河两岸的氏族部落创造了繁盛的“大汶口文化”。此后，历代在此设邑、置郡、建府。周代分属齐、鲁等国。秦属济北郡、薛郡。西汉初，设博阳郡，后改泰山郡，以境内泰山取名，隶属兖州刺史部，郡治始置博县（故城在今泰山区邱家店镇旧县村），西汉元封二年（前109），移至新建之奉高县（今岱岳区范镇故县村），北魏时又移至钜平县（今岱岳区大汶口附近）。北齐改为东平郡，郡治博县。隋初废东平郡，分属济北郡、鲁郡、琅琊郡。唐宋时分属兖州、郓州（北宋末改称袭庆府、东平府）。金天会十四年（1136）设泰安军，治岱岳镇（今泰安城），泰安之名由此始；境内分属泰安军（金大定二十二年，即1182年升为州）与东平府，隶山东西路。元明设置泰安州。明代及清初，泰安州隶属济南府。清雍正二年（1724），改为泰安直隶州。清雍正十三年（1735），升泰安直隶州为泰安府，增置泰安县为附郭，降东平直隶州为散州，泰安府时辖泰安、新泰、莱芜、肥城、东阿、平阴六县及东平一州，隶山东行省。中华民国时期，1913年，北洋政府废州府行道制，泰安地区分属济南、济宁、东临三道；1925年10月，北洋政府设泰安道，治泰安城，1928年撤销。1928年5月，南京国民政府在泰安组建山东省政府，泰安为山东省临时省会，1929年5月，山东省政府由泰安迁至济南；1936年，山东省政府在省内设行政督察区，成立行政督察专员公署，辖区分属第一、第二、第十二行政督察专署；1947年，东平属第二行政督察专署，泰安、莱芜、新泰、宁阳、肥城属第十五行政督察专署，专署机关驻泰安城。

1939年，先后建立各级抗日民主政权。1939年9月，成立泰（安）莱（芜）历（城）章（丘）淄（川）博（山）新（泰）七县行政联合办事处，为临时政权机构；1940年3月

31日，在莱芜县西沟崖村成立泰山区行政专员公署；后陆续改称泰山区行政督察专员公署、鲁中区第一行政督察专员公署、鲁中南第一行政督察专员公署；1949年9月，改名为鲁中南泰山区行政督察专员公署；机关驻莱芜县城。1939年10月，泰西行政委员会成立，并建立泰西区行政督察专员公署；后陆续改称鲁西第一行政督察专员公署、冀鲁豫第一专署、晋冀鲁豫边区政府第十六专署、冀鲁豫第一专署、山东省鲁中南第七行政督察专员公署；1949年7月改为鲁中南泰西区行政督察专员公署，机关驻肥城县城。1941年9月建立泰南区行政联合办事处；1943年6月改建为泰南区行政督察专员公署，隶属鲁中区行政办事处，又称鲁中第三专署；1945年10月撤销。

中华人民共和国成立后，1950年5月，泰山、泰西两区合并为泰安专区，成立山东省泰安区行政督察专员公署，机关驻泰安城，辖泰安、莱芜、新泰、泰宁、历城、泗水、肥城、长清、宁阳、东平、平阴、汶上12个县；同年12月，改称泰安区专员公署。1955年，改名为山东省泰安专员公署。1958年10月撤销泰安专署，辖县分属济南市和聊城专署。1961年7月，复置泰安专员公署，辖泰安、新汶两市，莱芜、新泰、章丘、宁阳、肥城、长清、东平、平阴8个县。1963年5月，泰安市改为泰安县。1967年7月泰安专区改称泰安地区，辖区未变。1978年11月，章丘、长清两县划归济南市，泰安地区辖泰安、莱芜、新泰、新汶、宁阳、肥城、东平、平阴8个县。1982年3月，泰安县复改为泰安市；同年10月，新汶县复改为新汶市。1983年，泗水、汶上两县划归泰安地区，新泰、新汶两县（市）合并成立新泰市，莱芜撤县建市。1984年，全区辖泰安、莱芜、新泰3个市，宁阳、肥城、东平、平阴、泗水、汶上6个县。1985年3月，撤销泰安地区，平阴县划归济南市，泗水、汶上两县划归济宁市，原县级泰安市升格为地级市，实行市管县体制，时设泰山区、郊区（2000年4月更名岱岳区）2个区，辖肥城、宁阳、东平3个县，代省管辖莱芜、新泰2个市。1992年8月，肥城撤县设市，由泰安市代管；1992年11月，莱芜市升格为地级市。

【行政区划】 2022年，泰安市辖泰山、岱岳2个区，宁阳、东平2个县，代省管辖新泰、肥城2个市（县级）。全市有乡、镇、街道88个（乡6个、镇62个、街道20个），村（居）民委员会3783个。为方便管理，赋予泰安高新区、泰山景区、徂汶景区管辖乡镇（街道）、村（居）的职能。其中，泰山区辖2个镇、5个街道；岱岳区辖9个镇、2个街道；泰安高新区辖2个镇、1个街道；泰山景区辖1个乡、2个镇；徂汶景区辖1个乡、2个镇；新泰市辖1个乡、16个镇、3个街道；肥城市辖10个镇、4个街道；宁阳县辖1个乡、10个镇、2个街道；东平县辖2个乡、9个镇、3个街道。

【人口】 2022年年末，全市有常住人口540.10万人。常住人口中，泰山区80.08万人，岱岳区67.51万人，高新区22.46万人，泰山景区7.84万人，徂汶景区16.73万人，新泰市125.05万人，肥城市87.78万人，宁阳县65.41万人，东平县67.24万人。

【民族】 2022年年末，泰安市有汉族、回族、满族、壮族、蒙古族、朝鲜族、苗族、侗族、藏族、维吾尔族、彝族、布依族、瑶族、白族、土家族、土族、哈尼族、傣族、黎族、傈僳族、畲族、水族、纳西族、达斡尔族、仡佬族、俄罗斯族、仫佬族、撒拉族、毛南族、佤族、拉祜族、景颇族、布朗族、锡伯族、阿昌族、鄂温克族、东乡族、羌族、哈萨克族、德昂族、柯尔克孜族、赫哲族、京族、普米族、门巴族、珞巴族46个民族。45个少数民族7.65万人。其中，回族人数为6.93万人，占全市少数民族总人口的90.59%。少数民族人口在全市呈大分散、小集中分布。少数民族人口占全村人口50%以上的民族村（居）34个，少数民族人口1万人以上的县（市、区）有泰山区、岱岳区、新泰市。

【民俗】 泰安民风淳厚，受孔孟儒家思想影响较大，处事往往循规蹈矩。境内泰山既是历代帝王封禅祭祀之地，也是百姓朝山拜神之所，儒、道、释三教在泰山共处并相互影响，民间百姓的和合观念也在传承中发扬，总体上形成包容性强、创新性弱的特点。民间百姓的生产习俗、生活习俗、岁时习俗、礼仪习俗、信仰习俗等，与中国北方各地汉民族通行的风俗大同小异。

【方言】 泰安市境分属冀鲁区官话的中北区和中原官话的西南区。根据某些声母的分合与有无，泰山区、岱岳区、新泰市、肥城市属中北区的中济片，东平县、宁阳县分属西南区的西菏片、南兖片。形成具有泰安特点方言的原因是多方面的，泰安有独特的地理环境，自古人员交往频繁，泰安方言不断丰富。尤其是历史上战争、灾荒频仍，外地垦荒移民涌人，其中元末明初由山西、河北迁入者的后裔，占人口70%以上，冀鲁官话、中原官话互融。中华人民共和国成立后，国家大力推广普通话。随着人们教育程度和文化素质的提高，青少年人群使用普通话交流的现象比较普遍，而中老年人群在日常生活中，大都讲方言。

【泰山文化】 泰山地区是中国古代文化重要发源地之一，在五万年前的旧石器时期，泰山周围已有人类活动的踪迹，在母系氏族社会阶段显露出文明的曙光。在五千年前的新石器时代，泰山南麓的大汶口文化、北麓的龙山文化，不仅影响到山东，而且影响到黄河中下游的广大地区。泰山自古被视为社稷稳定、政权巩固、国家昌盛、民族团结的象征，也成为几千年间中国唯一受过皇帝封禅的名山。相传远古时期，黄帝曾登过泰山，舜帝曾巡狩泰山。商周时期，商王相土在泰山脚下建东都，周天子以泰山为界建齐鲁。秦一统天下后，秦始皇、秦二世、汉武帝、汉光武帝、汉章帝、汉安帝、隋文帝、唐高宗、武则天、唐玄宗、宋真宗及清康熙、清乾隆等古帝王接踵到泰山封禅致祭，刻

2022年7月20日，大型图文画册《天下泰山》新书发布仪式举行（司 刚 摄）

石纪功；在官方封禅祭祀活动的推动下，泰山祠庙林立，儒家文化与佛、道两教融合发展，以东岳大帝、碧霞元君信俗，泰山石敢当习俗等为主要内容，以国泰民安为文化内核的东岳信仰得到长足发展，东岳庙、元君庙、泰山石敢当遍布全国并向海外辐射，使泰山文化具备超越任何一种宗教的广泛影响力和有容乃大的兼容性，形成中华文化史上“东岳之庙，遍于天下”的一个奇观。泰山还吸引众多的文化名人，孔子、管仲、司马迁、张衡、诸葛亮、曹植、李白、杜甫、刘禹锡、苏东坡、欧阳修、范仲淹、王世贞、姚鼐、郭沫若等均留下浩如烟海的颂岱诗文，孔子《丘陵歌》、曹植《飞龙篇》、李白《登岱六首》、杜甫《望岳》、苏辙《灵岩寺》、姚鼐《登泰山记》等均是不朽的名篇佳作。

在新时代，立足于马克思主义与中华优秀传统文化相结合的大背景，围绕“中华泰山 国泰民安”主题，进一步挖掘阐释泰山历史文化的时代价值，推动泰山历史文化的创造性转化和创新性发展。泰山“中华民族的精神家园，国泰民安的社稷象征，人民江山的时代形象”的文化定位进一步彰显，泰山的文化凝聚力、社会影响力、形象感召力进一步增强。泰山文化传承和高质量发展，进一步激励全市人民以“登高望远，奋力争先”的精神，努力“做新时代泰山挑山工”，为实现中华民族伟大复兴而不懈奋斗。（丁中 吴楠）

【宗教】 境内有佛教、道教、伊斯兰教、天主教、基督教。泰山的原始道教发端于春秋时代。随着道教的发展和传播，逐渐确立在泰山上的正统地位，且为附近地区的道教中心。佛教于东晋时传入。南北朝至隋唐时期，泰山佛教为山东中部的佛教中心。道、佛两教，对境内的文化、民俗影响甚大。泰安城乡庙宇众多，民间宗教活动盛行，均与两教的传播有千丝万缕的关系。伊斯兰教于元末传入。天主教于清初传入，基督教于清末传入；1938年日军入侵后，英、美教会衰落。中华人民共和国成立后，正常的宗教生活受到国家保护。1984年，宗教活动场所有佛教寺院2处、道教庙宇2处、伊斯兰教清真寺19处、天主教堂2处、基督教堂1处。2002年，全市依法登记宗教活动场所160处，其中道教2处、伊斯兰教61处、天主教22处、基督教75处；宗教教职人员236人。2022年，全市依法登记宗教活动场所195处，其中佛教20处、道教13处、伊斯兰教67处、天主教21处、基督教74处；宗教教职人员257人。（李金辉）

【市树】 泰安市的市树为国槐，亦称中槐、家槐，属豆科，落叶乔木。国槐适应性强，寿命长，树形跋朗潇洒，是一种很有观赏价值的风景树种。泰山上下树龄在100年以上的国槐有42株，其中岱庙的“唐槐”、斗母宫的“卧龙槐”、登山盘路上的“四槐树”等较为著名。

【市花】 泰安市的市花为紫薇，亦称百日红，属千屈叶科，为落叶灌木或小乔木。泰安市在泰安城区街头、庭院、景区广泛种植紫薇，并定其为市花。

经济社会发展

【经济发展】 2022年，泰安市在省委、省政府坚强领导下，全面落实党中央、国务院和省委、省政府各项重大决策部署，坚持稳中求进工作总基调，统筹疫情防控和经济社会发展，做好“六稳”“六保”工作，全市高质量发展迈出新步伐。实现生产总值3198.1亿元，增长4.3%，增幅居全省第6位。实现一般公共预算收入222.7亿元，剔除留抵退税因素后同口径增长5.7%；其中税收收入达到157.4亿元，剔除留抵退税因素后同口径增长3.1%。一般公共预算支出达到441.7亿元，增长3.2%；固定资产投资增长17.4%，增幅居全省第4位；金融机构人民币存贷款余额分别达到5571.26亿元、3968.51亿元，分别增长13.6%、10.9%。城乡居民人均可支配收入分别达到43435元、23149元，分别增长4.1%、6.3%。全市三次产业结构为11∶40.2∶48.8，其中工业增加值占比26.6%，比上年提高0.3%。在第一产业方面，粮食总产量达258.76万吨，推广“减垄增地”模式5.25万公顷，高标准农田达到20.8万公顷。现代食品产业总收入340.3亿元，农业增加值350.9亿元，同比增长4.7%。第二产业方面，实现增加值1286亿元，比上年增长6.8%。其中，规模以上工业增加值增长9%，增幅居全省第3位；实现工业税收101.2亿元，同口径增长12.8%，高于整体税收增幅10.8个百分点；工业技改投资增长34%，增幅居全省第2位；制造业技改投资增长40%，增幅居全省第1位；工业用电量增长5.6%，增幅居全省第1位。在第

2022年6月29日，泰安市新型工业化强市建设要素保障现场推进会召开。图为与会人员现场调研（司刚 摄）

三产业方面，产值达到1561.3亿元，比上年增长2.3%。全年社会商品零售总额实现1161.9亿元，增速高于全省1.4个百分点，增幅居全省第5位。实现网络零售额133.7亿元，其中实物网络零售额113.5亿元，增长33.2%，增幅列全省第4位。

【改革开放】 2022年，泰安市坚持“有解思维”，聚焦发展的堵点难点、企业所思所求、群众急难愁盼，实施系列改革创新举措，为高质量发展赋能助力。设立“泰安工作创新奖”，首创“敢当”改革品牌，在全市营造勇于改革创新的浓厚氛围。打响国资国企改革“第一年见成效”攻坚战，组建市属四大国有集团，营业收入同比增长10.1%。实施科教兴国战略、人才强国战略和创新驱动发展战略，推进“科创中国”试点，新增国家级高新技术企业184家。出台人才政策“加强版”，引进青年人才2.7万人。持续打造一流营商环境，升级“绿卡”制度3.0，优化企业开办“1545”服务模式，推进“无证明城市”建设，建成启用泰安市民之家，新增市场主体7.9万户，市场活力明显增强。融入国内国际双循环，实施扩大内需战略，持续扩大对外开放，实际使用外资、进出口总值分别增长38%、39.5%，增幅均居全省第2位。开展“产业带+跨境电商”培育行动，获批中国（泰安）跨境电子商务综合试验区，山东泰鹏集团有限公司、泰安金辉制衣有限公司等4家企业被认定为省级公共海外仓。泰安综合保税区规划建设取得新进展，被列入省重大准备类项目增补名单。

【科技创新】 2022年，泰安市高新技术产业产值占比达到61.18%，较上年提升3.02个百分点，超过全省平均水平12.92个百分点，居全省第4位。新增高新技术企业182家，达到704家，比上年增长34.9%，近三年高新技术企业数量增幅保持在35%左右。7家引领带动力强的高新技术企业跻身山东省科技领军企业行列，居全省第7位。38家发展潜力大的高新技术企业入选首批科技小巨人企业，居全省第6位。全市1024家企业分九批加入国家科技型中小企业库，较上年增长21.5%。61个项目入选2022年第一、二批山东省科技型中小企业创新能力提升工程，立项金额总计1985万元。岱岳区被评为2022年山东省科技创新强县，为全省首批入选的10个科技创新强县之一。泰山区、岱岳区被评为山东省技术转移先进县。至年末，全市拥有省技术创新中心1家、省创新创业共同体1家、省重点实验室7家、省级新型研发机构14家、省国际科技合作基地2家、省院士工作站28家、省科技企业孵化器3家、省众创空间2家。推行科技成果转化贷款，全年完成备案贷款304笔，授信金额14.03亿元，备案金额11.45亿元，位居全省前列。全市研发投入占比达到2.42%，连续8年超过全省平均水平。全市技术合同登记2899项，成交额95.85亿元，比上年增长37.44%；享受税收优惠的技术交易额5.86亿元，比上年增长100.68%。

【社会事业】 2022年，泰安市坚持以人民为中心的发展思想，持续增加

2022年3月5日，泰安市深化“五为”文明实践志愿服务活动启动仪式举行（司刚 摄）

2022年8月16日，天平湖公园西区鸟瞰 （陈阳 摄）

财政投入，全力办好民生实事，全市民生支出350.9亿元，占一般公共预算支出的比重达到79.4%，为民要办的10件实事年度目标任务完成。完善就业创业扶持政策，推动多渠道灵活就业，支持发展新就业形态，新增城镇就业4.6万人。实施农村人居环境整治五年提升行动。新改建农村公路820千米、规模化供水管网440千米。50个城镇开发边界外安置区全部建成，惠及3.1万人。优化提升城市品质，新实施一批城中村、老旧小区改造，新增海绵城市8.1平方千米，新建续建一批城市道路。（北）京台（北）高速济南至泰安段改扩建工程主线通车，济（南）广（州）高速济（南）菏（泽）段改扩建、济（南）微（山）高速等加快推进。大力推进供水、供气、供暖“一张网”建设，引黄（河水）入泰（安）工程完成投资4.2亿元，泰安城区西部热源投入使用。超额完成城乡公益性岗位扩容提质行动，共组织上岗3.3万人。推进义务教育均衡发展，实施集团化办学，新建中小学12所。做好社会保障，居民医保财政补助标准提高到每人610元。在全省率先推出“无证明社保”，97项社保业务“免证办”。

【生态文明建设】 2022年，泰安市把落实黄河重大国家战略作为重大政治任务，在主动服务和融入国家战略中展现泰安担当。加快实施重大项目，积极创建山东省黄河流域生态保护和高质量发展先行区，提出事关全局和长远的重大工程、重要事项200余项。“大汶河、东平湖生态保护修复”等6个事项纳入国家规划纲要，50处泰安元素在省黄河规划中得到体现。加快发展方式绿色转型，实施新一轮“四减四增”（增加新的增长动能，减少落后和过剩产能；增加清洁能源使用，减少煤炭消费；增加铁路运输量，减少公路运输量；增加有机肥施用量，减少化肥农药施用量）三年行动，严格落实能耗、煤耗减量替代。加快绿色低碳转型，一批重大新能源项目加快推进，打造千万千瓦级新型多元“储能之都”和“泰山锂谷”。加强生态系统保护修复，完成75平方千米水土流失治理任务，新增造林面积389.8公顷。投资4250万元实施湿地生态修复工程，大汶河流域湿地保护率从34.8%提升到58%。推进环境污染防治，打好蓝天碧水净土保卫战，全市臭氧浓度、水环境质量指数改善幅度均居全省第1位，空气质量综合指数、优良率改善幅度均居全省第2位，国家水土保持示范创建数量居全省第1位。被确定为全国2022年度生态环境领域真抓实干成效明显的9个市之一。

（白帆）

编辑 校对 刘小笋

中国共产党泰安市委员会

综　述

【中共二十大精神学习贯彻】 2022年，泰安市委把学习习近平新时代中国特色社会主义思想和中共二十大精神作为首要政治任务，统筹运用市委理论学习中心组学习、专题学习班、学习展览、集中轮训、辅导报告等多种形式，掀起学习宣传贯彻中共二十大精神热潮。举办4期领导干部专题学习班，市委常委带头到高校宣讲中共二十大精神，带动全市开展宣讲130场。强化理论武装，开展市委理论学习中心组集体学习20次；开设“习近平新时代中国特色社会主义思想”理论研修班，举办主题班次16个。依托各类媒体，开设专刊专栏专题，开展宣传报道，在全市营造良好氛围。

【统筹新冠疫情防控和经济社会发展】 2022年，泰安市委、市政府高效统筹疫情防控和经济社会发展，坚持人民至上、生命至上，以最短时间、最小代价，打赢疫情遭遇战、阻击战，守护人民群众生命安全和身体健康。支援上海、天津和省内多地疫情处置工作，为全国、全省疫情防控大局贡献泰安力量。扛牢稳经济重大政治责任，落实国务院稳经济33条及接续政策、省政府“六稳”“六保”（稳就业、稳金融、稳外贸、稳外资、稳投资、稳预期，保居民就业、保基本民生、保市场主体、保粮食能源安全、保产业链供应链稳定、保基层运转）四批政策清单等，推出助企纾困“政策包”政策措施60条。全市办理新增减税降费及退税缓税缓费88.4亿元，投放专项债券资金113.8亿元，泰安“信易贷”平台新增授信突破400亿元，经济运行保持在合理区间。2022年实现地区生产总值3198.1亿元，同比增长4.3%，高于全省0.4个百分点，居全省第6位；规模以上工业增加值增长9.0%，居全省第5位；固定资产投资增长17.4%，居全省第4位；社会消费品零售总额1161.9亿元，与2021年持平，增速高于全省1.4个百分点，居全省第5位；城镇居民、农村居民人均可支配收入分别达43435元、23149元，在稳住经济大盘中展现泰安担当。（李　隆）

【从严管党治党】 2022年，中共泰安市委坚持把抓好党建作为最大政绩，提高新时代管党治党水平，营造风清气正政治生态。做好省委关于履行全面从严治党主体责任反馈问题整改落实，完成十二届市委第二轮巡察，运用“一台账、两清单、双责任、双问责”［将习近平总书记的重要指示批示、党中央决策部署和省委、省政府工作安排形成工作总台账；分解形成县市区党委、政府和市直部门单位“两清单”；明确县（市、区）党委、政府和市直部门单位“双责任”；既问各县（市、区）党委、政府属地责任、主体责任，又问市直部门单位行业责任、监管责任］监督机制推进巡视整改。实行“三晒一评一公开”，完善干部经常考察精准画像分类管理。加大容错纠错、澄清正名、严查诬告陷害工作力度，激励干部担当作为，先后为8名干部容错纠错，为27名干部澄清正名。实行“六比争先·标旗夺金”［各县（市、区）、泰安高新区和省级经济开发区比规模、比质量、比项目、比投资、比开放、比创新；承担关键绩效指标的市直部门单位比增速、比位次、比贡献、比服务、比争取、比担当；每季度根据指标的全省位次、增速变化等情况赋分，单项指标靠前的“标旗”，综合排名靠前的“挂牌”］季度考核办法，完善“五大比拼、两大问效”（项目策划大比拼、项目签约大比拼、项目开工大比拼、要素保障大比拼、集中观摩大比拼，链长问效、一线问效）机制，进一步强化过程管控。坚决查处重点领域、关键岗位和群众身边腐败行为，全市立案1401件、处分1325人。探索开展政治生态分析评估工作，建立“5+X+1”指标体系（加强党的建设五个方面的情况，落实“有解思维”、推进担当作为、干事创业情况，综合评议情况），实行季度调研分析、半年“两述职四评议”、年底“评估+考核”融合推进工作机制，精准把脉全市政治生态发展态势。加强新时代廉洁文化建设，擦亮“岱下清风”品牌。（王　旭）

【机关作风整顿】 2022年，市委组织部牵头组织全市机关作风集中整顿活动，出台《不担当不作为干部待岗管理办法（试行）》。倡树“严、真、细、实、快”的工作作风，聚焦“表里不一、自行其是，精神懈怠、不思进取，拈轻怕重、敷衍塞责，因循守旧、固步自封，好人主义、鸵鸟心态，麻痹思想、侥幸心理”6方面作风问题集中纠治，把学习教育、对

2022年2月21日，中共泰安市委十二届一次全体会议选举产生十二届市委常委会委员。左起：王爱新、姜宁、刘泮英、程远军、于瑞波、杨洪涛、张涛、成丽、常绪扩、张颖、汪占军（司 刚 摄影）

照检查、督促指导、整改落实、执纪问责贯穿其中，以自我革命精神推动机关作风大整顿大提升。抓实学习教育，编印《习近平关于作风建设的重要论述选编》等学习材料，依托“三会一课”、主题党日等载体，通过理论中心组学习、专题党课、专家辅导、观看警示片、作风建设理论知识测试等形式，推动学习教育走深走实、入脑入心。深入检视整改，各级各单位立足实际，梳理问题清单18万个，建立整改台账6万份；27个部门单位“一把手”在市电视台《作风整顿访谈录》栏目作出公开承诺；开好专题组织生活会，使广大机关干部在“红脸”“出汗”中触动思想、提振精神。营造良好氛围，坚持正面引领和反面惩戒相结合，召开作风集中整顿现场推进会，推广活动中好经验、好做法；开展集中督查、随机抽查、下沉暗访28次，发现并督促整改作风突出问题130个，公开通报曝光作风不实、履职不力典型案例19起，处理党员干部71人。（赵 越）

重要会议

【市十二次党代会】 2022年2月18—21日，中共泰安市第十二次代表大会举行。大会主题是：高举新时代中国特色社会主义思想伟大旗帜，以习近平新时代中国特色社会主义思想为指导，深入贯彻落实习近平总书记对山东工作重要指示要求，牢记嘱托、勇担使命，登高望远、奋力争先，全面开创新时代中国特色社会主义现代化强市建设新局面。杨洪涛代表中国共产党泰安市第十一届委员会，向大会作题为“登高望远 奋力争先 全面开创新时代中国特色社会主义现代化强市建设新局面”的报告。大会选举出由51名委员、10名候补委员组成的中国共产党泰安市第十二届委员会，37名委员组成的中国共产党泰安市第十二届纪律检查委员会，选举出泰安市出席中国共产党山东省第十二次代表大会的代表46名。会议通过相关工作报告决议。

【市委全体会议】 2022年2月13日，中共泰安市十一届委员会第十五次全体会议举行。讨论并通过十一届市委向市第十二次党代会的报告和十一届市纪委向市第十二次党代会的工作报告。市委书记杨洪涛讲话，市委委员出席，市纪委委员和有关方面负责人列席。

2月21日，中共泰安市委十二届一次全体会议举行，选举杨洪涛、张涛、于瑞波、成丽、程远军、常绪扩、刘泮英、张颖、姜宁、汪占军、王爱新为十二届市委常委会委员，杨洪涛当选为市委书记，张涛、于瑞波当选为市委副书记。新当选市委委员、市委候补委员出席。

7月24日，中共泰安市委十二届四次全体会议举行。全会以习近平新时代中国特色社会主义思想为指导，全面学习贯彻中共十九大和十九届历次全会精神，深入贯彻落实省第十二次党代会精神，听取和讨论杨洪涛受市委常委会委托所作的工作报告，审议通过《中国共产党泰安市委员会工作规则》，分析上半年经济社会发展情况，安排部署下一步工作。

11月8日，中共泰安市委十二届五次全体会议举行。全会以习近平新时代中国特色社会主义思想为指导，深入学习宣传贯彻中共二十大精神，认真贯彻落实省委十二届二次全会精神，审议通过《中共泰安市委关于深入学习宣传贯彻党的二十大精神加快推进新时代中国特色社会主义现代化强市建设的意见》。

【市委常委会会议】 2022年，中共泰安市委共召开市委常委会会议60次，研究议题325个。

1月7日，市委常委会扩大会议暨2021年度县（市、区）委书记和市直有关工委（党委）书记全面从严治党述责述廉和抓基层党建工作述职评议会议召开。市委书记杨洪涛主持会议并讲话，各县（市、区）委书记、功能区党工委书记和市委市直机关工委、市国资委书记逐一述职，市委教育工委书面述职。杨洪涛对每人分别作点评，并对述职人员履行全面从严治党述责述廉和抓基层党建工作述职进行书面评议。市委常委，市委党的建设工作领导小组成员，市委党的基层组织建设领导小组成员及相关部门单位负责人，部分党代表和人大代表、政协委员、基层党员干部群众代

2022年10月2日，市委书记、市人大常委会主任杨洪涛（前排左三）到高新区调研重点企业建设和企业生产经营情况　（司刚　摄）

表参加会议。

1月7日，泰安市党管武装述职暨市委常委会议军会议召开。会议深入学习习近平总书记关于国防和军队建设重要论述，以及省相关会议精神，总结2021年度党管武装工作情况，安排部署新年度党管武装工作。

1月12日晚至13日，按照中央统一部署和省委要求，市委常委会召开党史学习教育专题民主生活会。省委副书记杨东奇到会指导，市委书记杨洪涛主持会议并讲话。省委党史学习教育第六巡回指导组组长袁红英，市委副书记、市长张涛，市委副书记曲锋和市委常委出席会议。市人大常委会、市政协党组主要负责人列席会议。市委常委会对开好该次民主生活会高度重视，会前做了充分思想准备和工作准备。杨洪涛代表市委常委班子作对照检查，随后，杨洪涛带头，常委逐一进行对照检查，开展批评和自我批评。杨东奇对民主生活会作点评。

1月17日，市委常委会召开会议。听取2021年度市委常委和有关党组书记履行全面从严治党主体责任述职及有关党组（单位）年度工作情况汇报，审议《泰安市政治生态分析评估办法》等事项。

1月29日，市委常委会召开会议。传达十九届中央纪委六次全会、省纪委十一届七次全会和省“两会”精神，研究贯彻落实意见。会议还研究了其他事项。

2月9日，市委常委会召开会议。传达省领导到泰安调研精神，研究贯彻落实意见。

2月11日，市委常委会召开会议。研究召开市委十一届十五次全体会议、市第十二次党代会会议有关事宜，听取会议筹备情况汇报。会议还研究了其他事项。

2月28日，市委常委会召开会议。传达学习2月25日中央政治局会议和习近平总书记在十九届中央政治局第三十七次集体学习时讲话精神，传达省委常委、宣传部部长白玉刚对泰山文化传承创新示范区建设工作要求，听取泰安市重点产业链（集群）链长制分工安排、《市直部门单位“百名科长大家评”活动实施意见》情况汇报。会议还研究了其他事项。

3月8日，市委常委会召开会议。传达学习习近平总书记在中央党校（国家行政学院）中青年干部培训班开班式上重要讲话精神；传达学习习近平总书记在审阅中央政治局委员、书记处书记，全国人大常委会、国务院、全国政协党组成员，最高人民法院、最高人民检察院党组书记述职报告时作出的重要指示精神；听取近期疫情防控工作情况汇报，安排下一步工作。会议还研究了其他事项。

3月14日，市委常委会召开扩大会议。传达学习上级关于疫情防控有关文件精神，分析全市疫情防控形势，研究贯彻落实意见，安排部署下一步工作，持续巩固疫情防控成果，确保守住不出现疫情规模性反弹底线。

3月18日，市委常委会召开会议。传达学习习近平总书记在全国“两会”上重要讲话精神，研究贯彻落实意见；传达习近平总书记在中央政治局常务委员会会议上重要讲话精神和省委常委会会议精神，听取全市疫情防控工作情况汇报，研究下一步工作措施；研究确定2022年市委、市政府为民要办的10件实事。会议还研究了其他事项。

4月2日，市委常委会召开扩大会议。深入贯彻习近平总书记关于统筹推进疫情防控和经济社会发展重要指示精神，分析当前面临形势，研究部署下一步工作措施，统筹做好疫情防控和经济社会发展各项工作。

4月4日，市委常委会召开会议。传达学习习近平总书记关于安全生产工作重要指示和全国、全省有关会议精神，研究贯彻落实意见，研究《泰安市全民科学素质行动规划纲要实施方案（2021—2025年）》等事项。

4月15日，市委常委会召开会议。学习传达习近平总书记在北京冬奥会、冬残奥会总结表彰大会上的重要讲话精神，研究全市2021年全国文明城市复审测评情况、2022年工作建议等事项。

4月22日，市委常委会召开扩大会议。传达学习习近平总书记在中央全面深化改革委员会第二十五次会议上的重要讲话精神，分析2021年度省对市综合绩效考核结果，分析一季度全市经济社会运行情况，研究下一步工作措施。

4月25日，市委常委会召开会议。研究《关于加快新时代人才强市建设 服务推动重点产业高质量发展的若干措施》起草情况、关于召开中共泰安市委十二届三次全体会议有关事宜和有关干部事项等。

4月29日，市委常委会召开会议。传达习近平总书记在博鳌亚洲论坛2022年年会开幕式上的主旨演讲精神和在中央财经委员会第十一次会议上的重要讲话精神，研究2021年度全市高质量发展综合绩效考核结果和不动产领域历史遗留问题处置工作等议题。

5月9日，市委常委会召开会议。传达习近平总书记在中共中央政治局会议、中共中央政治局常务委员会会议、中共中央政治局第三十八次集体学习时重要讲话精神和对湖南长沙居民自建房倒塌事故重要指示精神，传达全国、全省自建房安全专项整治电视电话会议精神，研究信访突出问题化解攻坚等有关情况。

5月20日，市委常委会召开会议。传达学习习近平总书记在中国共产主义青年团成立100周年大会上的重要讲话精神，听取有关部门情况汇报，研究落实意见。

5月23日，市委常委会召开会议。专题研究新型工业化强市建设有关工作。

6月2日，市委常委会召开会议。传达学习习近平总书记在中共中央政治局第三十九次集体学习时重要讲话精神、中国共产党山东省第十二次代表大会和中共山东省委十二届一次全体会议精神，听取新时代廉政文化建设情况，研究有关干部事项等。

6月8日，市委常委会召开会议。会议视频连线各县（市、区）、功能区。传达学习习近平总书记在5月27日中共中央政治局会议上重要讲话精神和在庆祝中国国际贸易促进委员会建会70周年大会暨全球贸易投资促进峰会上致辞精神，听取有关部门情况汇报，研究落实意见。

6月17日，市委常委会召开会议。传达学习习近平总书记在四川考察时重要讲话精神，听取全市对口支援和东西部协作工作情况汇报，研究推动党史学习教育常态化、长效化的若干措施等事项。

6月29日，市委常委会召开会议。传达学习习近平总书记在中央政治局会议、中央深改委第二十六次会议和中央政治局第四十次集体学习时重要讲话精神，研究贯彻落实意见。

7月17日，市委常委会召开会议。学习习近平总书记在湖北武汉考察时重要讲话精神，研究有关文件，传达全省旅发大会会议精神，研究举办全市文旅大会有关事宜等事项。

7月24日，市委常委会召开会议。研究建立泰山文化传承与高质量发展推进体制机制情况和有关干部事项等事宜。

8月2日，市委常委会召开会议。传达学习习近平总书记在中央统战工作会议上重要讲话精神，研究《泰安市安全生产事故调查处理“八个一律”工作要求》起草情况等事项。

8月12日，市委常委会召开会议。学习习近平总书记在中共中央党外人士座谈会上重要讲话精神，研究《泰安市开发区发展“三年攻坚”行动方案》和《关于成立重点区域驻点招商联络处的工作方案》等事项。

8月26日，市委常委会召开会议。学习习近平总书记在辽宁考察时重要讲话精神，听取2022年上半年市委常委和有关党组（党委）落实全面从严治党主体责任和加强政治生态建设工作情况述职，听取第三十六届泰山国际登山节筹备情况汇报，研究《贯彻落实鲁发〔2022〕3号文件精神加强和改进新时代人大工作的若干措施》等事项。

9月13日，市委常委会召开会议。传达中共中央政治局会议精神，研究《泰安市加快中央厨房（预制菜）产业高质量发展八条措施》等事项。

9月15日，市委常委会召开会议。传达习近平总书记在中央全面深化改革委员会第二十七次会议上重要讲话精神，研究《泰安市直相关单位2022年度新型工业化强市建设重点任务清单》、《泰安市基础设施“七网”2022年建设实施方案》和《泰安市重点建设项目管理办法》等事项。

9月29日，市委常委会召开会议。传达学习习近平总书记为《复兴文库》所作题为“在复兴之路上坚定前行”的序言，研究《关于贯彻落实鲁办发〔2022〕12号文件精神加强和改进新时代市县政协工作的若干措施》，听取全市作风建设模范机关评选情况汇报，研究《关于常态化推进机关作风建设的若干措施》等事项。

10月24日，市委常委会召开扩大会议。传达学习中共二十大精神，研究部署学习贯彻中共二十大精神有关工作。

10月24日，市委常委会召开会议。传达李干杰听取十二届省委第一轮巡视情况汇报时讲话精神，夏红民、王宇燕在十二届省委第一轮巡视集中反馈会议上讲话精神以及省委第一巡视组关于对泰安市开展黄河流域生态保护和高质量发展专项巡视反馈意见，研究《市委关于省委巡视组反馈意见整改落实方案》《加快建设交通强国山东示范区泰安行动方案（审议稿）》等事项。

10月30日，市委常委会召开会议。分析研判前三季度经济社会发展形势，安排部署有关工作。

10月31日，市委常委会召开会议。传达学习习近平总书记在中央政治局会议上重要讲话精神，习近平总书记在瞻仰延安革命纪念地及在陕西延安、河南安阳考察时重要讲话精神，研究新型工业化强市建设有关情况、推进高质量发展加强督查激励措施等事项。

11月7日，市委常委会召开会议。传达学习省委十二届二次全会精神，研究关于召开市委十二届五次全会有关事项、《中共泰安市委关于深入学习宣传贯彻党的二十大精神加快推进新时代社会主义现代化强市建设的意见（审议稿）》起草情况等有关事宜。

11月8日，市委常委会召开会议。研究《中共泰安市委关于深入学习宣传贯彻党的二十大精神加快推进新时代社会主义现代化强市建设的意见（讨论稿）》《中共泰安市委十二届五次全体会议公报（讨论稿）》分组讨论情况等有关事项。

11月11日，市委常委会召开会议。传达学习习近平总书记在第五届中国国际进口博览会开幕式上的致辞，研究通过《关于进一步强化措施完善安全生产治理体系提升安全生产治理能力的实施意见（审议稿）》《泰安市“无废城市”建设实施方案（审议稿）》《泰安市创建国家食品安全示范城市工作方案》《关于加强和改进新时代全民国防教育工作的措施（审议稿）》等文件。

11月18日，市委书记杨洪涛主持召开市委常委会会议。研究有关干部事项。

11月25日，市委常委会召开会议。传达习近平总书记重要指示和重要讲话精神，传达有关会议精神，研究有关文件和事宜。

11月30日，市委常委会召开会议。围绕省委巡视反馈问题，结合市委巡视整改落实工作安排，深化思想认识，深入对照查摆，深刻剖析原因，明确努力方向，全面推进整改落实工作。

12月9日，市委常委会召开会议。传达学习习近平总书记重要讲话精神，传达有关会议精神，听取有关情况汇报，审议有关文件，研究相关工作。

12月16日，市委常委会召开会议。研究有关干部事项。

12月28日，市委常委会召开会议。学习习近平总书记署名文章和重要讲话精神，传达学习中央和省委有关会议精神，听取有关工作情况汇报，审议相关文件，研究下一步工作。

12月30日，市委常委会召开会议。学习传达中央政治局民主生活会会议精神和习近平总书记对爱国卫生运动作出的重要指示精神，听取人大、政协会议有关报告起草情况的汇报，研究有关干部事项，研究部分市委常委分工和联系包保县（市、区）调整意见等。（王　旭）

全面深化改革

【改革路径】 2022年，泰安市贯彻落实中央改革决策部署和省委工作要求，紧扣省委“十大创新”行动计划重点任务，锚定“登高望远、奋力争先”奋斗目标，推出“敢当”改革品牌，推动各项改革任务串点成线、厚积成势、纵深推进，为全市高质量发展注入动力活力。实行市级领导领衔推进改革制度，由市级领导牵头落实25项重点任务，每项任务至少创出1～2项走在全省乃至全国前列典型经验。培树打造改革特色品牌，在全省首创“敢当”改革品牌，确定“敢当”任务50项，形成一批可复制、可推广的泰安经验。其中，东平县稳粮保供案例被中央改革办《改革情况交流》综合采用，肥城市工业互联网经验做法被中办专报信息《制造业新旧动能转换取得明显成效》综合采用，山水林田湖草生态保护修复工程、储能之都、岱岳区全环境协同育人、东平湖生态保护等9篇案例被推荐至中央改革办，红色城管、深化相对集中行政许可权改革等近20项经验做法被省委改革办宣传推介。营造改革浓厚氛围，创新推出改革新闻发布会制度，举办“登高望远·改革赋能”系列新闻发布会5场，开设“‘敢当’经验”“十大创新”等改革专题10个，在全社会形成支持改革、参与改革、共享改革成果良好氛围。

【改革成效】 实施新型工业化强市战略　把推进新型工业化强市建设作为经济工作总引擎、总抓手，确定“441X”现代产业体系，编制《新型工业化强市战略总体规划》、13个产业链行动计划和重点企业发展规划。2022年，锂电新材料、智能起重机械、玻璃纤维新材料3个集群入选省特色产业集群，数量居全省第1位。

落实黄河重大国家战略　制定黄河战略“十四五”实施方案、年度行动计划，出台《支持黄河流域生态保护和高质量发展若干财政政策》，创建山东省黄河流域生态保护和高质量发展先行区。建成全国首家省级水资源计量装备产业计量测试中心。国务院办公厅《督查工作信息》表扬肥城市盐穴储能储气经验做法。全市臭氧浓度、空气质量优良率、水环境质量指数改善幅度均居全省第一位。

擦亮新时代泰山文化品牌　推进泰山文化传承发展示范区建设，举办2022泰山国际新闻出版合作大会，启动运营泰山国家图书版权交易中心。泰山新闻出版小镇相关做法被评为全省“十大创新”典型案例，数字赋能旅游业高质量发展经验做法在全省推广。省委和求是杂志社深入学习贯彻“两个确立”理论研讨会在泰安市举办。泰山入选黄河世界遗产之旅以及黄河古都新城之旅线路。

推进乡村振兴　以工业化思维抓农业，发展现代食品产业，赋能乡村振兴。九女峰片区入选全省打造乡村振兴齐鲁样板“十种类型”之一。在全省首创“减垄增地”经验做法，推广“减垄增地”种植模式2.07万公顷。

优化营商环境　启用建筑面积4万平方米的泰安市民之家，实现企业和群众“只进一扇门”“最多跑一次”。创建“无证明城市”，实施“绿卡”制度3.0，擦亮“登高望远，选择泰安”招商品牌。制定全国首个《法治工作队伍建设规范》地方标准。泰山区被确定为首批国家知识产权强县试点县。

促进科技创新　“科创中国”试点相关做法被评为中国改革2022年度地方全面深化改革典型案例，泰山智慧谷“科创中国”创新基地获批全省首批科技企业孵化链条建设试点单位。泰安市入选“2022数字城市百强榜”，肥城工业互联网创新中心获评国家级边缘数据中心，岱岳区入选2022年全省科技创新强县。

强化要素保障　首创土地五色管理法，建立污染物可替代总量指标池。创新“强工贷”服务品牌，实施企业上市挂牌突破行动，新巨丰成功登陆创业板，打破泰安市12年没有A股上市公司的局面。建立协同高效要素保障机制经验做法在全省推广。

推进党的建设　政治生态分析评估相关做法在全省推广，编制全省首个《党建引领网格化治理工作规范》地方标准。实施“泰山红链”工程，把支部建在产业链上的经验做法在全省刊发。县域共青团基层组织改革扩大试点，肥城市被团中央评为“优秀”等次，新泰市被团中央复核认定完成各项改革试点任务。

释放改革惠民红利　依托全国一体化在线监管平台支撑根治欠薪试点做法，被国务院根治拖欠农民工工资工作领导小组简报刊发。在全省率先推出“无证明社保”服务，97项社保业务全部“免证办”。落实分级办学体制，成立教育集团42个，优化城区学校布局。

【改革督察】 2022年，泰安市强化督察任务落实，泰山新闻出版小镇、肥城市县域共青团基层组织改革试点、全国交叉调研DRG/DIP付费改革、把商会建在产业链上等重点改革任务成效明显，省委改革办在督察报告中通报表扬。健全改革督察机制，坚持清单化管理，亮明责任清单、问题清单，按图索骥、见人见事，确保察出实情、督出实效；建立创新经验、重点任务等一系列工作台账，制定“月调度、季通报、年考核”机制。抓实督促整改，实行挂牌督办制度，对改革任务进展缓慢、成效不明显的挂牌督办；采取书面调度和实地督察相结合方式，组织开展共性改革任务专项督察，针对督察发现问题，以发放“提醒函”方式督促整改落实。（訾宪涛）

组织工作

【党组织和党员队伍】 截至2022年年底，全市共有基层党组织1.68万个。其中，党委1092个，总支部1070个，党支部1.47万个。全市有各级党组324个，地方党委派出工委66个。全市企业共有党组织4835个，事业单位共有党组织3916个，机关共有党组织2321个，建制村共有党组织3737个。

全市共有党员39.61万名，比上年增加482名。党员总数中，预备党员8453名，占2.13%；女党员8.86万名，占22.38%；少数民族党员3670名，占0.93%。从党员入党时间看，1937年7月7日至1945年9月2日入党37名，占0.01%；1945年9月3日至1949年9月入党356名，占0.11%；1949年10月至1966年4月入党1.48万名，占3.73%；1966年5月至1976年10月入党4.57万名，占11.53%；1976年11月至1978年12月入党8957名，占2.26%；1979年1月至2002年10月入党15.94万名，占40.24%；2002年11月至2012年10月入党8.75万名，占22.08%；2012年11月及以后入党7.94万名，占20.05%。从党员年龄看，30岁及以下2.57万名，占6.48%；31岁至35岁3.24万名，占8.19%；36岁至40岁3.20万名，占8.08%；41岁至45岁3.39万名，占8.56%；46岁至50岁4.0万名，占10.1%；51岁至55岁4.37万名，占11.04%；56岁至60岁4.58万名，占11.57%；61岁至65岁3.35万名，占8.47%；66岁至70岁3.80万名，占9.6%；71岁及以上7.09万名，占17.9%。从党员学历看，研究生9492名，占2.4%；大学本科8.26万名，占20.84%；大学专科7.24万名，占18.27%；中专4.01万名，占10.12%；高中、中技8.28万名，占20.92%；初中及以下10.87万名，占27.45%。从党员职业看，在岗职工13.82万名，占34.89%（其中公有制单位11.36万名，非公有制单位2.30万名）；农牧渔民13.4万名，占33.83%；学生8635名，占2.18%；离退休人员10万名，占25.26%；其他1.52万名，占3.83%。

全市共发展新党员8364名。新党员中，女党员3811名，占45.56%；少数民族党员96名，占1.15%。从新党员年龄看，25岁及以下3551名，占42.46%；26岁至35岁2135名，占25.53%；36岁至45岁1995名，占23.85%；46岁至60岁665名，占7.95%；61岁及以上18名，占0.22%。从新党员学历看，研究生227名，占2.71%；大学本科2434名，占29.1%；大学专科1243名，占14.86%；中专550名，占6.58%；高中、中技3356名，占40.12%；初中及以下554名，占6.62%。从新党员职业看，在岗职工3428名，占40.99%（其中公有制单位2318名，非公有制单位974名）；农牧渔民1584名，占18.94%；学生3215名，占38.44%；其他137名，占1.64%。新发展党员中，在生产、工作第一线5149名，占61.56%（其中企业生产第一线1865名，农村生产第一线1584名，教学科研第一线286名，机关第一线206名）；企事业、社会组织专业技术人员313名，占3.74%；乡（镇）、行政村2372名，占28.36%；共青团员4027名，占48.15%。

【领导班子和干部队伍建设】 2022年，泰安市落实新时代好干部标准，倡树实干实绩用人、敢于斗争从严、担当争先激励导向，激发干部干事创业新活力，为全市“走在前、开新局”锻造中坚力量。在“选”上，坚持一线考察、精准识别。印发在重大任务、重点工作一线培养考察使用干部实施意见，做深做实政治素质考察，用好年度考核、任期考核、综合考核、干部考察、巡视巡察等工作成果，对素质过硬、实绩突出大胆提拔使用，对政治素质不合格一票否决。推进年轻干部“优选储备计划”，在全市选拔1985年后出生的副县128名、1990年后出生的正科、1995年后出生的副科级干部储备人选，分批安排到工业专班、基层一线进行挂职培养，建立每天一日志、每月一小结、季度一调度、半年一总结、年度一评估“五个一”跟踪培养制度。实行导师帮带制度，逐人建立成长档案，打造年轻干部“蓄水池”。在“育”上，注重政治历练、实践锻炼。实行“思想淬炼、政治历练、实践锻炼、专业训练”贯通式培养，健全激励干部“到基层去”机制，选派412名干部到重点工作一线实践锻炼。在“管”上，实行公开晾晒、待岗管理。探索开展“三晒一评一公开”和待岗管理。96个部门单位、10.4万名干部职工，全部上台晒职责任务、晒工作业绩、晒作风形象，开展民主测评，公开评议结果。结合评议结果，对131名评议结果较差、问题较为典型干部，暂时停止工作、纳入待岗管理。9月，市委举办全市机关干部作风能力提升专题培训班，对41名待岗管理干部开展回炉再造，其他90名干部由所在县（市、区）分级分批开展教育培训。健全完善干部“双向约谈”制度，落实容错纠错、澄清保护机制，深入推进信访举报“一案双查”，严厉打击诬告陷害行为，敢于为担当负责、敢闯敢干的干部撑腰鼓劲。

【基层党组织建设】 2022年，泰安市树立大抓基层导向，市委书记杨洪涛点题推进机关作风集中整顿、党建引领网格化治理、产业链党建、党员作用发挥等工作，出席全市基层党建工作现场观摩推进会议，推动各领域基层党建工作走深走实。

城市基层党建示范市建设 成立市委基层党建引领基层治理领导小组，市委书记挂帅任组长，下设5个工作组专班推进。深化党建引领网格化治理，编制发布全省首个《党建引领网格化治理工作规范》地方标准。优化设置城市网格1422个，配备专兼职网格员5776人、社会辅助力量3.2万人。举办全市社区党组织书记和社区工作者示范培训班，推行网格员“十必访十必报一口清”［卧病在床、独居（“空巢”）老年人必访，因病致困人员必访，有重大变故居民必访，残疾人必访，社区矫正人员必访，党员家庭必访，租赁户必访，退役军人家庭必访，新就业群体必访，就业重点帮扶群体必访；对社区道路、公共设施损坏必报，庭院楼道不洁、垃圾箱未清等物业卫生不到位必报，房屋出租、人员流入必报，居民家庭重大变故致贫致弱、帮扶对象病重住院必报，化工异味、焚烧垃圾等环境污染线索必报，私自制售食品等影响食品安全卫生线索必报，易燃易爆品存储、消防安全隐患等不安全因素必报，居民矛盾纠纷、信访苗头等不稳定因素必报，发现邪教反宣品、人员活动必报，涉及居民利益的诉求、事件或其他情况必报，上报率达到100%；网格内人、地、物、事、情、组织等基本信息有变化，要及时采集和更新，信息采集准确率达100%，对流动人口、特殊人群基本信息掌握率达100%］工作法，提高工作规范化水平。依托泰山先锋慧治服务平台完善“下呼上应”机制，推动治理更精细、服务更精准。推行红色物业红色网格一体运行，深化“红色物业·宜居泰安”暖心工程，社区领办物业公司208家，服务居民小区653个。深化物业领域党建联建，业委会组建率和物业企业党组织覆盖率分别达85.5%和92.6%。实施“泰山红链”工程，开展“堡垒”“聚力”“赋能”“示范”4大行动，96条市县产业链全部建强产业链党委，以产业链党建引领产业集群高质量发展。推进新业态新就业群体党建“凝‘新’聚力”工程，建立“1+4+N”推进体系，开展党建“擂台赛”，打造泰山区外卖行业党群服务中心示范平台，建设暖“新”驿站等阵地228处，推动外卖骑手等兼任网格员融入治理，有关做法在新华社内参上刊发。秉持“像服务居民一样服务企业”理念，在泰安高新区建设工业社区8个，组建专职社工队伍100人，推动惠企服务更精准，有关做法在新华社《山东智库报告》刊发。

抓党建促乡村振兴　开展村级党组织分类推进整体提升三年行动，实施新时代农村干部“递进培养”工程，回引“五乡”（举荐1万名新乡才植乡治理、回请1万名经济能人归乡兴业、引进5000名大学生返乡创新创业、选派1000名第一书记驻乡帮扶、遴选1万名实用技术人员跨乡服务）人才6353名，公开选聘大学生326名到村任职。将718名优秀村党组织书记纳入专业化管理，激励扛牢主责主业。实行薄弱村整顿“揭榜挂帅”，遴选42名机关事业单位干部到村任书记，推动266个“强基”村、36个村改社区攻坚对象全部完成整顿提升。以党建联盟为抓手推动跨村联建，建立党建联盟等区域性党组织124个，打造齐鲁样板省级示范区3个。联建片区产业、品牌统一打造，设施统筹建设，建立健全企业、村集体、农民利益联结机制，确保集体增收、群众共富。《人民日报》等刊发有关做法。实施村集体经济“转型倍增”行动，运用工业化思维发展农村产业，市县成立专班推广“数商兴农”、宅基地入市等“十大模式”，助力村级全产业链增收。推广“土地股份合作+全程托管服务”，村集体、村民仅靠种粮就能实现“双增收”。全市3437个村集体经济收入达10万元以上，其中50万元以上村889个，占25%。

基础性根本性制度落实　开展“学党章强党性·勇担当争先锋”主题实践活动，分领域搭建“三比一争”（在农村，比苦干实干、比致富带富、比群众口碑，争当乡村振兴先锋；在城市社区，比治理能力、比志愿服务、比居民满意度，争当基层治理先锋；在机关事业单位，比流程再造、比办事效率、比作风转变，争当服务效能先锋；在国有企业，比爱岗敬业、比技能提升、比创业实绩，争当创业发展先锋；在非公有制经济组织和社会组织，比作用发挥、比生产经营、比社会贡献，争当兴业创新先锋）实践载体。在农村、社区、“两新”组织党组织实行“三晒一评一公开”，组织有职党员晒岗位职责、履职情况和作风形象，无职党员晒党性觉悟、先锋业绩和作风形象，进行月度登记、季度亮分、年底总测评并对结果进行公开，激发党员意识。健全党代会代表履职制度机制，探索建立“两提四推四保障”（提高政治能力、履职本领，推动开展宣讲、调查研究、议事监督、为民服务等活动常态化，强化意见反馈、阵地建设、纪

2022年8月26日，全市基层党建工作现场观摩推进会议召开　（司　刚　摄）

律监督、加强服务等履职保障）工作体系，建成党代表工作室87处，开展党代会代表讲党课活动。探索建设“新时代党员之家”，指导岱岳区建设集党员发展、教育、管理、服务于一体的“新时代党员之家”，探索乡镇（街道）党校（党员教育中心）开展全周期党员教育管理“泰安模式”。

【党员教育培训】 2022年，泰安市实施习近平新时代中国特色社会主义思想凝心铸魂工程，发挥市委党校（行政学院）主渠道作用，举办县级班、科级班、中青班等主体班次12个，培训学员580人；举办泰安市领导干部中共二十大精神专题学习班4期，通过集中轮训、个人自学相结合方式，培训县处级以上领导干部1500余人，推动创新理论入脑入心。开展新时代基层干部主题培训行动计划，研究出台《泰安市新时代基层干部主题培训行动计划实施方案》，构建市级重点培训、县级普遍培训、乡镇兜底培训、部门抓系统行业培训工作格局，举办各类培训班次470余期，累计培训基层干部3.4万人次。推进基层党员教育培训，紧扣时代发展脉搏和党员工作生活实际，坚持集中培训、集体学习、个人自学和实践锻炼有机结合，按照“市级抓示范、县级抓重点、乡镇抓全员”工作思路，全市累计举办各类市级示范培训班30期，直接培训党员1100余人次，各级培训党员累计22万人次，实现培训规模、培训质量“双丰收”。实施基层党校规范提升工程，制定全省首个关于发挥基层党校作用、助推乡镇（街道）高质量发展“十项措施”，规范提升基层党校建设、管理和使用水平，推动基层党校建设成为锤炼党性、交流互学、比学赶超、推进工作“四大平台”，树立抓党员教育促党性提升、促乡村振兴、促基层治理的“一抓三促”鲜明导向。

【人才建设】 2022年，泰安市实施人才引育创新行动，引进、培养、用好人才。市委书记杨洪涛主持召开市委人才工作会议，提出“加快建成区域人才中心和创新高地”战略目标。将“市人才工作领导小组”升格为“市委人才工作领导小组”，成员单位调整扩充到28个，夯实党管人才工作基础，提高党对人才工作发展引领力。推进人才工作创新突破，印发人才政策“加强版”《关于加快新时代人才强市建设 服务推动重点产业高质量发展的若干措施》，发挥政策引领带动作用，在“产业链”布局“人才链”、以“人才链”支撑“产业链”，厚植人才优势，助推重点产业高质量发展。吸引集聚产业急需紧缺人才，引进省部级以上高层次人才94人。实施“才聚泰安·链通未来”新型工业化强市建设人才赋能行动，发布用工需求1.67万个，引进青年人才2.7万人，其中博士161人、硕士1403人、大学生2.5万人。推动人才平台提档升级，推进国家先进印染技术领域人才特区建设，支持引进产业领军人才及技术专家35人、优秀青年科技人才146人，开展工业压电喷墨打印头等行业“卡脖子”技术研发50项。聚力打造“泰山智慧谷”，建成投入使用16万平方米物理空间，引进高层次人才49人，入驻企业51家。构建人才发展服务体系，推进高层次人才全周期服务流程再造，畅通高层次人才服务绿色通道，发放“泰山人才金卡”357个、“泰安市高层次人才证书”2357张，加强配备服务专员，落实子女入学、住房保障等服务。建立人才“一人一册”服务机制，将421名专家人才纳入跟踪服务机制，开展联系服务对接267人次，解决人才需求76项。

【公务员管理】 2022年，泰安市开展专题调研1次，了解各级部门单位公务员队伍现状，做好专业人才、专业岗位需求测算，制订阶段性配备计划，在公务员招录时优先考虑、及时补充。年内拿出一定名额从优秀村（社区）书记、长期服务乡镇工作人员等定向招录乡镇公务员。2022年新录用公务员405人，其中县、乡公务员390人。做好公开遴选工作，打通基层干部交流渠道，优化干部队伍结构，面向基层公开遴选51人，激励基层干部干事创业热情。

【全市高质量发展综合绩效考核】 2022年，泰安市完善差异化考核体系。聚焦推动高质量发展这一首要任务，统筹县（市、区）、功能区、市直及省属以上驻泰安部门单位等不同层面、不同领域，在全面承接省对市考核任务的基础上，制定《泰安市高质量发展综合绩效考核办法》，出台5套“指标标准”和核心业务、重点工作2类清单，对“新型工业化强市建设”重大战略实行专项考核，对承担省对市考核任务的市直部门单位实行“以位定等”，调动各级各单位推动高质量发展的积极性、主动性。实行季度考核机制。制定《2022年度经济运行及重点工作“六比争先·标旗夺金”季度

2022年4月14日，市委人才工作会议召开 （司 刚 摄）

考核办法》“指标标准”，通过一季一考、单项评比“标旗”、综合排名“挂牌”，引导县（市、区）、省级以上经济开发区“比规模、比质量、比项目、比投资、比开放、比创新”，市直部门“比增速、比位次、比贡献、比服务、比争取、比担当”。开展第二届“泰安工作创新奖”评选。严格按照创新度高、效益性强、影响力大3项评选标准，通过资格审查、专家评审、市县领导投票3个环节递进择优筛选，在各级各部门申报的111项工作中，评出一等奖5个、二等奖8个、三等奖13个，评选结果纳入综合绩效考核成绩，引导各级各单位树牢“有解思维”，激活发展动能。

【全市基层党建工作现场观摩推进会议】 2022年8月25—26日召开。与会人员实地观摩6个县（市、区）和3个功能区的15个基层党建工作现场后，于26日下午召开大会，6个县（市、区）主要负责人在会议上汇报基层党建重点任务推进情况，3个功能区和市直有关单位作书面交流。市委书记、市人大常委会主任杨洪涛作重要讲话。强调要聚力强化基层党组织政治功能，在涵养良好政治生态上奋力争先，凝聚起推进现代化强市建设的强大合力；要聚力抓党建促乡村振兴，在打造乡村振兴齐鲁样板上奋力争先，推动农村基层党组织建设全面进步、全面过硬；要聚力抓党建促产业发展，在推进新型工业化强市建设上奋力争先，以党建引领产业高质量发展；要聚力抓党建促基层治理，在提升城乡治理现代化水平上奋力争先，努力提高基层社会治理水平；要聚力强化组织保障，在落实抓基层党建第一责任上奋力争先，真正抓紧抓实、抓出成效；要进一步提高政治站位，强化责任担当，登高望远、奋力争先，努力开创基层党建工作新局面。（赵　越）

宣传工作

【意识形态工作责任制落实】 2022年，泰安市调整充实市委意识形态和宣传思想工作领导小组，定期召开市委常委会会议、市委意识形态和宣传思想工作领导小组会议，专题研究谋划意识形态工作，牢牢把握工作领导权。对市国资委、市地方金融监管局等5个部门单位开展十二届市委第三轮巡察意识形态工作责任制专项检查，对6个县（市、区）、4个功能区、4所市属高校、3所民办高校开展专项督查，抓好省委意识形态专项督查反馈问题整改工作，推动责任落实。召开会商研判会议22次，发送建议书39期。严查全市意识形态领域风险隐患，开展革命历史类纪念设施（遗址）及爱国主义教育基地核查整改、网上历史虚无主义和网络暴力等有害信息专项清理、出版物市场“清源2022”专项行动等，查办“扫黄打非”案件37起，建强守稳各类意识形态阵地。

【党的创新理论学习】 2022年，泰安市掀起中共二十大精神学习宣传高潮。采取党委（党组）理论学习中心组学习、集中轮训、辅导报告会、“三会一课”、主题党日等形式，带动全市学习多层次、全覆盖。组建市县宣讲团，开展集中宣讲260场，面向基层开展“泰山心语·党的二十大精神万场宣讲进基层”活动，推动学习宣传宣讲走深走实。统筹市县两级全媒体开设“深入学习宣传贯彻党的二十大精神”专栏，累计刊播主题宣传稿件7300余件。发动14万名党员干部群众参与中共二十大精神知识竞赛。提升理论学习中心组学习质效，市委理论学习中心组带头开展集体学习20次，举办专题辅导报告会5场。市、县两级成立工作组82个，开展列席旁听350场。“学习强国”学习平台推广使用工作走在全省前列。扩大宣讲品牌影响，打造“泰山心语”理论武装工作品牌，组建领导干部、专家学者等宣讲队伍8支，举办宣讲骨干培训班，开展“中国梦·新时代·新征程”等宣讲活动3.6万场次，“四级联动、八路并进”（全市市、县、乡、村四级层面全覆盖、无缝隙、全员全域开展宣讲，实现选拔联动、培训联动、备课联动、宣讲联动；市、县两级分别组建“领导干部、专家学者、基层党组织书记、青年、先进模范、党史学习教育、美德健康新生活、志愿服务宣讲团”八支宣讲队伍）理论宣讲格局初步形成。“泰安小美”志愿宣讲团获“全国2022年基层理论宣讲先进集体”荣誉称号。着力构建理论研究高地，打造中共创新理论全国研讨交流平台“泰山论坛”，省委、求是杂志社共同主办深入学习贯彻“两个确立”理论研讨会在泰安市举行。举办全市社科理论界学习宣传贯彻中共二十大精神座谈会、山东社科论坛2022——新时代泰山文化传承创新研讨会。市级哲学社会科学审结课题440项。

【新闻宣传】 2022年，泰安市组建市直通讯员队伍168人，召开全市新闻宣传和舆论引导工作会，举办全市新闻单位采编人员培训会，提升新闻专业素养，建立大宣传工作格局。聚焦主题开展新闻宣传。围绕政策宣传、信息发布、科普教育、典型报道等，组织“奋进新征程 建功新时代”重大主题宣传；围绕新型工业化、黄河战略等“六项重点任务”，统筹经济社会发展和疫情防控，综合运用“报台网微端抖屏”累计刊播各类主题宣传稿件11.2万件。其中，在省级及以上主流媒体刊播重头稿件1078篇（条）。《人民日报》头版刊发党代表感言《杨洪涛：以流域水环境综合整治为主攻方向，更高标准打好碧水保卫战》，《经济日报》整版推出报道《深耕现代产业沃土——山东泰安推动新型工业化强市建设》，《求是》杂志刊发《黄河与泰山的“绿色协奏曲”》等。开展新闻发布活动。举办“山东这十年·泰安”主题新闻发布会，推出主题系列新闻发布会9场，全年组织召开新闻发布会活动158场，解答群众关心关注各类问题450个，有效引导社会舆论。创新“新闻发布+”模式，采用实物、视频、图片等展示发布内容，在基层一线、田间地头举行新闻发布活动。开展对外宣传。纪录片《脉动泰山》中共二十大召开期间在央视播出；纪录片《大泰山》成为爆款作品，在省广播电视台多个频道广泛播出。125部“视听山东·泰安”

2022年11月23日，泰山区上高街道利民社区在新时代文明实践广场开展"'泰安小美·说说党的二十大'志愿宣讲"活动（郭丽洁 供）

中英双语外宣短视频，在意大利、法国等10个国家26家主流媒体、中央和省级外宣媒体播发。与包联友城意大利罗古市开展人文交流。

【文化事业发展】 2022年，泰安市推进泰山文化传承发展示范区建设。加强顶层设计，制定三年行动计划，被树为全省文化片区建设工作标杆。推进泰山博物院、大汶口国家考古遗址公园、泰山新闻出版小镇等十大标志性项目建设。推动重点文艺作品创作生产。建立全市贯彻落实中共二十大精神主题文艺作品项目库，歌曲《泰山的祝福》、舞剧《挑山》、小说《极顶》等作品入选省文艺精品创作重点项目，儿童文学《魔法书签》、山东梆子《徂徕山花》《赶考》、杂技《圆梦——软钢丝》等作品产生较大影响。开展文化惠民活动。推出优秀小戏小剧作品172部，组织展演巡演活动。《磨剪子唻戗菜刀》《赶考》《三进门》等作品在省级比赛中获奖。开展"我们的中国梦——文化进万家"活动，组织送戏下乡、公益电影放映，加大文化购买服务力度，群众"精神食粮"更加充裕。加快文化产业发展。年内新增纳统文化企业15家，全市规模以上文化企业营收增幅由负转正，发展势态企稳回升。打响"中华泰山·国泰民安"品牌，推动泰山秀城、泰山石敢当文化旅游区等文旅项目建设，泰安市被评为"中国文旅融合创新典范城市"。抓好出版印刷业发展，泰山国家图书版权交易中心启动运营，2022泰山国际新闻出版合作大会、全省出版印刷高质量发展现场会在泰安市召开。实施"山东手造·礼遇泰安"工程，出台实施方案和支持政策，推进市县两级建设手造展示中心8处、非遗工坊67处、展示销售专区39处。组织开展"十大标杆企业""十大手造大师""十大特色品牌"评选，引领产品创新转化，提高核心竞争力。

【社会主义核心价值观建设】 2022年，泰安市推动社会主义核心价值观融入法治建设、社会发展和日常生活。建立"新时代泰安榜样"典型选树平台，评选"泰安榜样"30个，推出全省重大典型"齐鲁时代楷模"泰山消防救援站（群体），推出"中国好人"3名、全国"最美基层民警"1名、"山东好人之星"3名、山东好人43名、全省岗位学雷锋标兵1名、"齐鲁最美"系列人物6名。加强新时代思想政治工作，召开座谈会。思政案例"泰安样板"被中国政研会评为"基层思想政治工作优秀案例"。

【精神文明建设】 2022年，泰安市实施全环境立德树人，开展"千人万场"宣讲活动。加强未成年人思想道德建设，打造"泰山少年说"德育品牌，建成乡村"复兴少年宫"144所、乡村学校少年宫115所。推进美德泰安和信用泰安建设。深化文明创建，印发常态长效创建实施意见和年度工作方案。实施网格化创建，召开推进会议，组织培训业务骨干1.5万人次。开展文明出行、凌乱架空线等专项整治，让群众获得更多实惠。开设"创城大家谈""创城曝光台"专栏，开展"文明泰安随手拍""十大不文明行为"评议等活动，组织测评4次，把创建融入日常。统筹推进文明村镇、文明单位、文明家庭、文明校园、文明社区创建。

【首届"泰山论坛"】 2022年8月18—19日，中共山东省委与求是杂志社在泰安市共同举办深入学习贯彻"两个确立"理论研讨会（首届"泰山论坛"）。省委书记李干杰、求是杂志社社长夏伟东出席研讨会并致辞，全国各地100余名专家学者及有关部门负责人参加会议，并结合历史和现实、理论和实践进行深入研讨交流。（李 川）

统一战线工作

【政党协商】 2022年，泰安市委统战部组织市各民主党派开展"矢志不渝跟党走 携手奋进新时代"政治交接主题教育。制订落实政党协商计划，开展政党协商活动22次、书面协商活动37次，引导党外人士完成调研监督报告38篇、《建言专报》40期，全部得到市委、市政府主要领导批示。中国民主同盟泰安市委员会工作经验得到全国人大常委会副委员长、民盟中央主席丁仲礼签批。

【民营经济和新的社会阶层人士统战工作】 2022年，泰安市完成市、县两级工商联（总商会）换届工作。实施市工商联（总商会）企业家副主席、副会长星级评价办法和轮值制度。坚持"三强一好"（思想政治强、行业代表性强、参政议政能力

2022年4月21日，市委民族工作会议暨全市宗教工作会议召开（司 刚 摄）

强，社会信誉好）选人用人标准，做好民营经济代表人士综合评价工作。推荐民营经济代表人士担任统战团体及行业协会领导职务，在市、县两级人大、政协换届中适当增加新的社会阶层人士人选比例。推进新的社会阶层人士“泰山新智汇”统战工作品牌、“新阶层 党旗红”党建工作品牌创建活动。

【港澳台统战工作】 2022年，泰安市依托海峡两岸（肥城）有机农业交流合作示范基地、新泰谷里台湾农业产业园等平台，引进台资企业5家，总投资额1.9亿美元，带动就业2000余人。提供精准服务，保障企业生产秩序，推动全市台资企业享受社保缓交等相关税费减免政策及优惠政策资金200余万元。指导香港泰安联谊总会加强组织发展和制度建设，开展“泰山关爱”活动6次，组织会员联谊活动3次，扩大联谊会在中国香港地区影响力。举办第十二届海峡两岸泰山石敢当文化节暨海峡两岸泰山石敢当画展，深化泰（安）台（湾）文化交流。

【侨务工作】 2022年，泰安市建立海外统一战线工作协调机制，整合有关资源，形成工作合力。坚持以侨为本，优化“三侨考生”（归侨学生、归侨子女、华侨子女）身份确认、归侨侨眷身份认定办理流程，维护侨界群众权益。组织侨界代表人士和侨资企业参加全省统一战线“走在前、开新局”暨高层次人才走进“侨梦苑”活动，签约资金20亿元。在泰山学院承办海外华文教师网上培训，对153名海外华文教师进行华文教育培训，建强华文教师队伍。

【党外代表人士队伍建设】 2022年，泰安市完善党外代表人士队伍建设工作协调机制，摸清副科级以上党外干部底数，建立后备人才队伍，加大党外干部安排使用力度。规范组织市级党外代表人士培训班8个。43名县级党外干部得到提拔、进一步使用或晋升职级，其中新调整安排市政府工作部门党外正职3名、副职8名，党外干部在人大、政府及其工作部门、政协、司法机关等安排规定全部落实到位。

【“同心聚力新型工业化”专项行动】 2022年，泰安市以实施“聚智建言、搭桥铺路、项目引育、人才赋能、百‘师’惠企、架‘侨’助力”六项工程为抓手，开展统一战线“同心聚力新型工业化”专项行动，推进“我为新型工业化强市建设献良策”、产业链商会组建、“千名律师联百会进千企”活动，建立完善涉企风险预警服务联席会议、优化营商环境联动、涉案企业合规第三方监督评估机制，服务“双招双引”。组建产业链商会工作，被全国工商联评为2022年实践创新成果。 （李金辉）

督查工作

【决策督查】 2022年，泰安市对党中央和省委、市委重点工作任务实行清单化管理、项目化推进、常态化督查，建立《黄河流域生态保护和高质量发展督办落实台账》、《2022年市委重点经济工作任务台账》、《全市重点工作项目台账》以及省“三个十大”（十大创新、十强产业、十大扩需求）等工作台账6个，一季一调度，推动上级决策部署和全市面上重点工作任务落实。落实各级党委关于整治形式主义为基层减负部署要求，优化督查检查考核，市级“督检考”数量压减至19项，比上年压减9.5%。

【专项督查】 2022年，泰安市紧盯市委关心关注重点、难点工作，定期分析研判，明确主攻方向，围绕国家先进印染技术创新中心、泰山新闻出版小镇、泰安亚荣生物科技有限公司、山东德普新材料科技有限公司和山东润德生物科技有限公司等重点项目建设、疫情防控、安全生产、防汛备汛和经营性自建房安全整治工作开展专项督查，形成专项报告50篇。持续跟进督查泰安城区“一张网”建设、城镇开发边界外安置区建设等工作，做好省调查组到新泰调查核实信访问题，新泰羊泉矿业冒顶事故调查，省委、省政府“1+3”重点工作督查等服务协调工作。

【主动督查】 2022年，泰安市制定《市委主要领导同志批示件办理工作暂行办法》《关于加强和改进市委督查工作的实施办法（试行）》《泰安市推进高质量发展加强督查激励措施》等规定，转办市委主要领导批示件414件，形成各类督查报告200余篇，《真督实查 落实责任 让群众喝上安全水、放心水、幸福水》入选省委、省政府督查办《山东省督查系统“我为群众办实事”典型案例选编》。每月精准筛选一定数量重点事项，经市委领导同意后，借助职能部门优势和专业力量，组成联合督查组，“一竿子插到底”，现场“解剖麻雀”，推进工作落实，先后围绕安全生产、森林防火、农民工工资等开展主动督查10项，形成专项督查报告15篇。

【“三色”管理】 2022年，泰安市对市委重点工作落实情况实行绿、黄、红“三色”管理。其中，督查督办事项按照时序进度推进有力、成效明显、亮点突出标记为“绿色”，完成质量不高或推进较慢标记为“黄色”，经多次督办帮促工作仍没有按规定时限完成标记为“红色”，动态管理、挂账销号、记入考核，传导压力、奖优罚劣、真督实查，推动市委各项重点工作落实。

【服务省“四进”工作队】 2022年，泰安市成立“四进”工作协调服务领导小组和工作专班、省稳住经济基本盘督导服务组工作专班，集中办公、靠上服务、无缝衔接，及时承办相关工作任务，共梳理提报省级层面协调解决重点事项和突出问题9项，整改省驻泰安“四进”工作总队交办各类问题975个，提供典型经验材料17篇，“省稳住经济基本盘惠企政策平台”做法在全省推广。

（王　旭）

政策研究

【文稿起草】 2022年，市委政策研究部门树立精品意识，把起草市委、市委领导重要文稿作为重中之重，把“自己满意、领导满意、社会满意”作为重要标准，起草完成各类综合文稿520余篇，得到市委领导充分肯定。市第十二次党代会、新型工业化强市建设动员会、市委经济工作会等重要会议报告、讲话在全市引起热烈反响。

【调查研究】 2022年，市委政策研究部门立足于当大参谋、出大主意，围绕市委中心工作和重点任务超前思考，深度调研，形成高质量调研报告8篇，提出一批符合泰安实际，具有较强前瞻性、战略性、建设性意见建议，为市委科学谋划部署工作提供决策依据。《关于以泰山新闻出版小镇为主体打造出版印刷千亿级产业集群的建议》得到市委主要领导批示；《关于加强干部教育培训工作的对策建议》获得全市机关党建调研成果一等奖。

【党刊编辑】 2022年，市委政策研究部门完成12期《泰安工作》编辑发行工作，通过“领导讲话”“重要言论”“署名文章”栏目刊发市委主要领导重要讲话、重要言论文章，第一时间传达市委决策部署和有关要求。推出“新型工业化强市建设”“落实黄河国家战略”“作风建设”等专栏，及时刊发各级各部门单位涌现的新典型、推出的新举措、形成的好经验。围绕宣传推广泰山文化，在“彩石溪”栏目刊发泰山文化重大理论研究成果，取得良好效果。

（邵　辉）

网络安全和信息化

【网上宣传阵地建设】 2022年，泰安市网络和信息化工作全面贯彻习近平新时代中国特色社会主义思想，做好中共二十大网上宣传。“这就是泰安”抖音话题播放量突破3亿次，“网信泰安”微信公众号、头条号影响力扩大，全国重点新闻网站和全国知名商业网站刊发泰安市重点宣传稿件2904篇，阅读量超20亿次。规范网络平台基础管理，完成8家许可单位内容管理考核、资质年检和社会效益评价考核，建立网络内容“生产、传播、监管、整治、引导”系统工作链条，网上有害信息得到有效管理。深化网络社会服务工作，开展“网络文明周”活动，举办“泰山网络诚信论坛”等3个平行论坛，成立1400人网络文明志愿者队伍，建成2个省级、11个市级网络素养教育基地。实施“中国好网民”工程，4人获得“好网民·在山东”榜样人物（社团）优秀故事奖。

【网络生态综合治理】 2022年，泰安市落实网络意识形态责任制，提升网络综合协同治理水平。开展网络生态综合治理，推进各项专项行动，打击各类网络乱象。推动全市网络举报一体化机制高效运转，“泰安辟谣”微信公众号共发布辟谣信息117篇，其中9篇被山东省互联网违法和举报中心转载，2篇被中国互联网联合辟谣平台转载。

2022年11月7日，市委书记、市人大常委会主任杨洪涛（前排右二）到省驻泰安媒体、市委网信办和市直新闻单位走访调研　（司　刚　摄）

【网络安全工作责任制落实】2022年，泰安市委网信办会同泰安市公安局、大数据中心开展跨行业、跨部门网络安全攻防模拟演练3次，提升网络安全防护保障能力。获得2022年“启明星辰·泰山杯”山东省网络安全大赛“优秀组织奖”。举办2022年国家网络安全宣传周泰安市系列活动，发布网络安全周宣传活动相关稿件600余篇，浏览互动量共计127万次。推动信息化发展持续进步，开展泰安市全民数字素养与技能提升月活动，岱岳区人民法院等4个案例获评全省全民数字素养与技能创新实践案例。推进数字乡村试点建设，肥城市在山东省数字乡村建设推进会上作典型发言，推荐“基于人工智能的党建引领数字乡村平台”等4个案例入选山东省数字乡村发展创新实践典型案例。（方雯彦）

机构编制工作

【重点领域体制优化】2022年，泰安市委机构编制工作聚焦省、市党代会作出战略擘画，紧盯“三个十大”（十大创新、十强产业、十大扩需求）和“六大任务”（实施新型工业化强市战略、落实黄河国家战略、加快文化旅游深度融合、提升泰城现代化水平、推进乡村全面振兴、扎实推动共同富裕），做好体制机制优化和机构编制要素保障文章。围绕新型工业化强市建设，顶格成立市新型工业化强市建设推进委员会，科学采用“链长+专员+专班”组织体制，配套建立健全“7个1”（每条产业链或产业集群建立1名链长牵头、1名专员协助、1个专班具体负责、1个规划引领、1个或以上智库专家组支持、1只或以上基金保障、1套方案推进）工作推进机制，搭建强市建设战略实施“四梁八柱”，推动泰安市新型工业化强市进程。围绕服务黄河国家战略，立足打造生态保护样板区、长久安澜示范带等任务，以东平县为重点，调整完善东平湖生态监测、环境保护和生态执法机制，强化部门推进黄河战略实施相关职能。围绕助力文化“两创”（推动中华优秀传统文化的创造性转化和创新性发展），高规格成立泰山文化传承和高质量发展推进委员会、泰山文化传承创新示范区建设工作领导小组；整合泰山文化研究保护机构资源，设立副县级规格泰山文化研究院，专职从事泰山文化资源研究传承、开发利用和宣传推介；加强史前文化遗址保护，服务大汶口国家考古遗址公园建设，将大汶口文化保护传承中心由岱岳区管理提级为市级管理，机构规格由正科级调整为副县级。中央编办、省委编办和新华社、《人民日报》先后肯定其做法。

【党政机构职能完善】2022年，泰安市围绕保障党中央重大决策部署落实落地，优化市纪委、监委机关内设机构设置，强化对重大专项工作跟进监督。聚焦统筹发展和安全，完成国防动员体制改革，强化应急管理、地方金融监管部门机构编制保障，调整应急管理综合行政执法队伍机构设置。着眼理顺（北）京沪（上海）高铁泰安站广场管理体制，下放管理权限，明确区属专门管理机构。深化机关职能运行监管模式创新，从部门职责落实、链条协作配合、依法依单履职三个维度入手，梳理明确市直75个部门个性化监管指标3950项、约束性监管指标294项，同步压紧压实县级386个部门指标监管责任14930项。探索实施“线上+线下”多维监管、“内部+外部”联合考评、“点上+面上”全面督导，提升监管质效。制定建立职能监管内部联席会议制度指导性意见，推动在编办内部健全完善结果运用体系。

【机构编制管理】2022年，泰安市完善事业编制统筹和周转使用制度，推动编制资源向民生领域和发展一线倾斜，全年先后为全市88个乡镇（街道）调增事业编制616名，为安全生产、信访、生态环境等重点领域调整职能并增加编制80名，为支持县级文物保护和考古事业发展统筹下放事业编制20名。加大监督检查力度，联合市委组织部、市委巡察办印发《关于建立健全机构编制纳入巡察选人用人专项检查协作配合机制的实施办法（试行）》，发挥机构编制在管理全流程中的基础性作用。强化事业单位绩效考核和监督管理，在全省率先出台新型研发机构绩效评价办法，获中央编办事业单位监督管理局肯定推广。实施“数字赋能行动”，加快“泰山智慧编办”系统深度应用，完成历史档案数字化转录，“互联网+机构编制”迈入新阶段。

2022年7月5日，市委编办主要负责人为市委党校春季学期第二期县级领导干部进修班、第33期中青年干部培训班学员进行专题授课，宣传解读《中国共产党机构编制工作条例》（王鲲鹏　供）

【机构编制法治建设】 2022年，泰安市做好习近平法治思想和机构编制法规政策宣传，在全系统开展“党内法规学习年”活动，市委编办主要负责人为市委党校主体班次宣讲解读《中国共产党机构编制工作条例》。落实中央编委《关于推进机构编制法规制度体系建设的意见》和“三年行动计划（2020—2022年）”要求，检视各类机构编制政策性、标准性文件，有序做好“立改废”工作。落实《政府部门权责清单管理办法》，督促指导15个市直部门调整权责事项373项。深化综合行政执法改革，探索健全行业监管与综合行政执法协作配合机制，强化政法队伍编制资源供给。开展机构编制法规制度落实情况专项督查，杜绝发生违规违纪违法行为。

（王鲲鹏）

【基层管理体制创新】 2022年，市委编办联合市委组织部、市委政法委等七部门出台《关于推进基层管理体制机制创新的若干措施》，整合组建统一县乡基层治理工作机构，变“七办五中心”（统一设置党政工作机构7个、事业单位5个）为“5+5+2”（统一设置党政工作机构5个、事业单位5个、结合实际自主设置机构2个）模式，实行编制分类管理、人员统筹使用。推动镇街进一步整合派驻执法队伍，下沉人员力量，依法将行政执法权限赋予镇街。系统梳理镇街职责任务、“属地管理”事项清单，推动“多单融合”，落实“依单履职”，畅通基层治理“神经末梢”。入选首届全省机构编制工作创新案例和泰安市“敢当”改革品牌项目库。

（王鲲鹏）

市直机关党建

【概况】 2022年，中共泰安市委市直机关工作委员会（简称市直机关工委）以深入贯彻落实中共二十大和省、市第十二次党代会精神为主线，组织开展“登高望远、奋力争先，站好第一方阵”主题活动，主动服务和融入新发展格局，突出党的政治建设，着力抓好市直机关党委（党组）理论学习中心组列席旁听、党支部层级跨越行动、主题党日规范提升行动、“党旗在一线飘扬、党员在一线建功”活动等各项工作，展现机关党建新作为。挖掘红色资源，增强党员教育实效，打造“家门口”红色教育基地的做法被中宣部党建网、中央和国家机关工委《旗帜》等中央媒体作为典型案例推广。按照市委要求，扎实开展“百名科长大家评”活动，评选表扬“十佳科长”；深化“双报到”工作，组织1.6万名在职党员到联系社区服务，配合社区做好疫情防控、创城迎审等工作；制定《关于加强市直机关部门机关纪委建设的有关措施》，推动机关纪委作用发挥。至年底，市委市直机关工委有直属党组织102个，其中直属党委81个、直属党总支10个、直属党支部11个，市直机关有党支部1555个、党员2.94万名，其中年内新发展党员540名。

【组织建设】 2022年，泰安市直机关工委开展主题党日规范提升活动，研究制定《关于进一步规范提升市直机关主题党日的意见（试行）》，每月通报表扬“十佳优秀主题党日案例”，开辟“市直机关主题党日风采”专栏，推广典型经验和创新做法。市直机关1483个党支部紧扣党员思想实际和特点，创新活动形式，丰富活动内容，该做法获山东省机关党建优秀研究成果一等奖。开展党支部层级跨越行动，深化市直机关党支部规范化标准化建设成果，清查整治突出问题200余条。以党支部评星定级管理为抓手，动态管理调整各机关党支部星级，命名五星级党支部211个。创新载体建设，增强破解党建与业务“两张皮”问题思想自觉性，形成抓党建促发展、促发展强党建良性循环模式。以业务单元为基点，基层党支部、党小组与业务科室条块结合，推进抓党建和管业务一体化。探索推广“一岗双责四联评定”［党内职责和业务职责；部门党委（党组）书记向市委主体责任办公室考核组述职；机关党组织书记向市直机关工委述职，市直机关工委组织评议考核；机关党支部（党小组）书记将落实党员“一岗双责”制度情况向部门机关党组织述职，部门机关党组织进行评议考核；党员对落实“一岗双责”情况进行自我评定，党支部组织评议考核］责任落实机制，理顺机关党建主体责任，实现全面从严治党向基层向党员延伸目标。

【思想建设】 2022年，市直机关工委开展理论学习中心组列席旁听工作，完成2022年度安排39家部门单位列席旁听工作。组织开展2022年度机关党建课题调研工作，接收市直各部门单位和县（市、区）直机关工委报送调研成果118篇，评出一等奖18篇、二等奖34篇、三等奖66篇，分别向中央和国家机关工委推荐报送调研成果1篇、省直机关工委推荐报送调研成果5篇。落实“学习强国”学习平台应用工作。组织市直96个部门单位5000余名党员干部参观省、市第十二次党代会精神学习、中共二十大精神展览。组建以优秀党支部（党总支）书记为主的中共二十大宣讲队伍，共计117人。组建市直机关学习贯彻中共二十大精神宣讲团，确定市直机关宣讲团成员共17人，到市直机关基层一线开展中共二十大精神宣讲活动。

【宣传工作】 2022年，市直机关工委打造党性教育平台，命名泰安市直机关第四批党员干部党性（爱国主义）教育点7处，挂牌党性教育（爱国主义教育）基地（点）30处。打造红色党性教育平台做法，先后在《泰安工作》、省直机关工委《机关党建》、中宣部网站“党建网”、中央和国家机关工委《旗帜》等刊发。刊发《泰山公仆》杂志4期，发行1.2万册；与泰安日报社合作，在最泰安机关党建频道和中华泰山网机关党建频道发布党建信息268篇；与泰安交通广播电台合作，在《登高望远 奋力争先 站好“第一方阵”》《机关走前列》《领先早高峰》专栏发布党建信息131篇。评出“泰安市机关党建好新闻”67篇。《新时代市直机关主题党日的探索与实践》获得全省机关党建优秀研究成果一等奖，《挖掘红色资

2022年8月25日，泰安市直机关工作人员在望岳东路路口开展“佩戴安全头盔 保障生命安全”文明出行劝导志愿服务活动　　（王文涵　供）

源 增强党员教育实效》获得全省机关党建创新优秀案例一等奖，《登高望远谋发展 奋力争先开新局 在落实黄河重大战略上展现机关党建担当》获得中央和国家机关工委“党建引领保障黄河重大国家战略创新案例征集活动”优秀奖。

【作风建设】　2022年，市直机关工委印发《关于加强市直机关部门机关纪委建设的有关措施》，为各部门单位建立健全机关纪委、配齐配强纪检干部提供根本遵循。审理市纪委监委派驻纪检监察组移送科级及以下人员案件42件，受理市直机关处理科员以下人员备案案件5件，整理自办案件审理卷宗118卷。

【机关党风廉政建设】　2022年，市直机关工委严格落实全面从严治党主体责任和班子成员“一岗双责”，层层签订《2022年度党风廉政建设责任书》。制定印发《关于加强市直机关部门机关纪委建设的有关措施》，为各部门单位建立健全机关纪委、配齐配强纪检干部提供根本遵循。进行以《以案为鉴 明法守纪》为题的专题党风廉政教育，重点对20个典型案例展开“解剖麻雀式”的讲解，用身边事教育身边人。把廉政教育纳入机关党员干部教育内容，组织机关党员干部收看专题警示教育片。

【精神文明建设】　2022年，市直机关工委完成管理的54个部门单位关于文明单位创建的申报管理工作，向市文明办推荐市级文明单位8个，参加市文明办组织的对26家市级申报省级文明单位的考评工作。组织市直机关各文明单位开展学习贯彻《习近平社会主义精神文明建设论述摘要》、市直机关第四届“清风常伴 廉洁齐家”家庭助廉寄语活动、新时代文明实践站结对共建活动、“新时代美德山东”公益广告征集工作。完成2022年全国文明城市创建档案材料报送工作。开展市直机关电动车、摩托车规范驾乘督导活动和泰安市直机关“崇尚节约 反对浪费 落实光盘行动”文明签名活动，助力创建全国文明城市。

【模范机关建设】　2022年，市直机关工委开展“登高望远、奋力争先，站好第一方阵”主题活动，服务和融入新发展格局。开展“党旗在一线飘扬、党员在一线建功”活动，引导市直机关广大党员增强干事创业事业心和责任感。聚焦市委中心工作，在产业发展、项目建设主战场，在强力推进新型工业化、黄河战略、文旅融合、城市提升、乡村振兴和共同富裕最前沿，成立党员突击队、党员先锋队和党员攻关小组300余个，开展争创党员先锋岗、党员承诺践诺等活动。推动市直机关开展“我为企业办实事”活动。学习贯彻习近平总书记在深入推动黄河流域生态保护和高质量发展座谈会上的重要讲话精神、视察山东重要指示要求，找准机关党建服务落实黄河战略切入点，培树一批在推动黄河流域生态保护和高质量发展战略落地落实工作中，战斗堡垒作用突出机关党组织和勇于担当、建功立业方面党员先锋，该做法获旗帜杂志社主办的“党建引领保障黄河重大国家战略创新案例征集活动”优秀奖。

【“百名科长大家评”活动】　2022年，市直机关工委倡树“严、真、细、实、快”工作作风，聚焦市直部门单位科长关键群体，按照市委部署要求，印发评议活动《实施意见》，组建市直机关纪律作风监督员队伍130人，强化日常监督，对相关部门单位开展明察暗访6轮，发放工作提醒函、情况说明函31件。搭建评议系统专项平台，将所有参评人选及所在科室纳入专项平台进行测评，推动参评科长群体转观念、强作风，解决企业和群众急难愁盼问题100余件。经过综合评议，确定2022年度市直部门单位“百名科长大家评”十佳科长。

（王文涵）

老干部工作

【概况】　截至2022年年底，泰安市有离退休干部4.91万人，其中离休干部709人、退休干部4.84万人。全市离退休党员干部2.92万人，离退休干部党工委7个、党总支11个、党支部845个。老干部工作机构设有市、县党委老干部局7个，各级直属单位内设老干部科处204个。老干部学习活动阵地有老干部活动中心（室）497处、老年大学116所（在校学员1.33万人）、干休所1个。

【思想建设】　2022年，泰安市印发《关于进一步加强离退休干部思想政治工作的通知》，推动老干部思想政治工作常态化制度化。在全市离退休干部党组织中开展“喜迎二十大、建功新时代”系列主题党日活动。通过收看中共二十大开幕会、观看中组部老干部局线上专题辅导讲座、“社区课堂”送学上门等方式，组织老干部认真学习贯彻中共二十大精神。市委老干部局在全省离退休干部学习中共二十大精神知识竞赛中获得“优秀组织奖”。开展“建言二十大”专题调研，个别访谈老干部100人，召开座谈会40场次，调研报告得到市委、市政府主要负责人批示肯定。市委办公室印发《关于加强新时代离退休干部党的建设工作的实施方案》，完善离退休干部党建工作制度体系。

【作用发挥】 2022年，泰安市在全市实施离退休干部“金秋赋能”专项助力行动，组织引导老同志发挥优势特长、为中心大局贡献智慧和力量。助力实施新型工业化强市战略，开展“我为强市建设献计策”活动，组织老干部开展参观、调研、座谈活动，征集意见建议200余条。助力基层社会治理，全市在社区居委会、党组织任职老同志达1300余人，在业主委员会、议事会等自治组织中发挥作用老同志近6000人。加强“本色”宣讲团、“益农”专家团、“初心”志愿团等老干部专业化志愿服务团队建设，开展红色宣讲、科普下乡、慰问演出等志愿服务活动200余场次。“本色”宣讲团党支部书记牛之营被省委宣传部聘为山东省红色宣讲团成员，2名老干部志愿者、1个组织、1个项目入选2022年度全市学雷锋志愿服务先进典型。开展“学党史颂党恩，喜迎二十大”主题教育活动、“关爱明天、普法先行”青少年法治宣传教育等活动，市关工委被评为“全国青少年普法教育先进集体”。

【服务管理】 2022年，泰安市做好省离休干部“两费”补助资金分配发放工作。开展离休干部“一对一”精准服务提升年活动，建立健全离休干部“一对一”联系关怀信息台账、“一对一”联系关怀工作日志，提升离休干部服务管理工作人性化、精准化程度。落实老干部情况通报、参观视察、走访慰问等各项制度，定期开展生活困难离休干部及遗属帮扶救助活动，确保老同志时刻感受到组织关怀和温暖。落实干部荣休、健康疗养等制度，探索并鼓励支持基层对接融入社会养老服务体系和健康支撑体系，为离退休干部提供更多更优服务。市委老干部局保持“省级文明单位”称号，被评为“全省关心下一代工作先进集体”。市老年大学获评“全省老年大学智慧助老行动成绩突出单位”。

【文化活动】 2022年，泰安市推动老年大学开放办学、融合发展，市老年大学分别与泰安监狱、市军休干部服务中心开展合作，成立圣源教学研基地、市军休老年大学，为老同志提供更多优质学习活动阵地。肥城市王瓜店街道老年学校、泰山区老年大学双龙社区分校被评为首批全省基层老年教育示范校。丰富老同志精神文化生活，举办“庆七一、喜迎二十大”老干部书画摄影展、“强国复兴有我”老干部线上摄影展。市委老干部局代表队在第三届全省离退休干部合唱比赛中获得团体金奖；7名老同志作品在全省离退休干部和老干部工作者主题摄影大赛中获奖，市委老干部局获优秀组织奖；推荐30个优秀节目参加“2022山东省中老年优秀文艺作品展播”活动，集中展现老同志良好风貌。

【打造“泰山金秋”离退休干部党建新阵地】 2022年，泰安市老干部工作以“泰山金秋”品牌为引领，按照有活动场所、有设施设备、有管理制度、有学习资料、有工作记录“五有”标准，整合利用社区、单位等阵地资源，推动离退休干部“共享式”党建活动阵地建设，解决老同志“走进来”参加日常学习教育和“走出去”开展党组织活动难的问题。两批次建成挂牌活动阵地116处，其中离退休党员干部驿站53个、离退休干部主题党日活动共享基地63个，基本实现对老干部集中居住区全覆盖，为推动离退休干部党建工作提质增效提供阵地支撑。4处阵地被评为“山东省本色家园离退休干部党组织活动场所”，相关经验做法获“2022年度山东老干部工作创新奖”“全市机关党建创新优秀案例一等奖”。 （董　浩）

关心下一代工作

【概况】 2022年，泰安市关心下一代工作委员会（简称市关工委）贯彻落实中共二十大精神和习近平总书记对关心下一代工作的重要指示批示精神，以“学党史颂党恩，喜迎（庆）二十大”主题教育活动为主线，开展传承红色基因、青少年法治教育、关爱帮扶困境青少年等各项活动，抓好关工委组织建设、“五老”队伍建设、教育基地建设和先进典型推选工作。市关工委有主任1名，由市委常委、组织部部长兼任，常务副主任1名（正厅级），副主任3名（副厅级），秘书长1名（正县级），委员由29个相关市直单位的分工领导组成。年内，县（市、区）、功能区、乡镇（街道）、村（社区）、学校、机关企事业单位、社会组织等建立关工委组织3500余个；参与关心下一代工作的“五老”志愿者达5万人；命名泰安市关心下一代教育基地126处，其中全国关心下一代党史国史教育基地1处、山东省关心下一代教育基地20处。泰安市12个关心下一代工作先进集体、19名关心下一代工作先进工作者获省级表彰，1名关心下一代“最美五老”获省级表扬；51个关心下一代工作成绩突出集体、50名关心下一代工作成绩突出工作者、52名关心下一代工作最美志愿者获市级表扬。

【“学党史颂党恩，喜迎（庆）二十大”主题教育活动】 2022年，泰安市关心下一代工作将“学党史颂党恩，喜迎（庆）二十大”主题教育活动作为贯穿全年工作主线，与市文明办、市委老干部局、团市委、市教育局联合印发《关于在全市青少年中深入开展“学党史颂党恩，喜迎二十大”主题教育活动的通知》，安排部署教育活动。根据疫情防控需要，组织“五老”宣讲团成员采取线上线下相结合方式，灵活多样地开展党史、传统文化知识宣讲活动，先后为学校、社区青少年及党政机关面对面宣讲或线上宣讲上百场次，受教育人数2万人次。利用重要纪念日，开展“清明祭英烈”、纪念中国人民抗日战争胜利暨世界反法西斯战争胜利77周年向烈士敬献花篮等活动。举办“学党史颂党恩，喜迎二十大”老少书画展，组织“五老”书画爱好者和青少年参加书画交流笔会，展出书画作品230幅。组织青少年在学校、社区讲红色故事，重温革命英烈动人故事。用好关心下一代教育基地，开展全市红色教育基地青少年讲解员讲解比赛活动，组织青少年参观红色教育基地，担任基地讲解员，近距离接受红色文化洗礼。开展“关爱明天、普法先行”青少年法治宣传教育活动，通过法治宣讲、知识竞赛、演讲比赛、模拟法庭、公益讲堂等形式，教育引导青少年尊法、学法、守法、用法，市关工委被评为“全国青少年普法教育先进集体”。关注青少年暑期安全，动员“五老”开展防溺水、防人身意外伤害、防诈骗等教育活动。开展“学党史颂党恩，献真情暖童心”等关爱帮扶活动。

【关工委基层组织和“五老”队伍建设】 2022年，泰安市根据工作需要，调整市关工委领导班子，由市委常委、组织部部长任关工委主任。市委办公室、市政府办公室印发《贯彻落实〈关于加强新时代关心下一代工作委员会工作的意见〉的实施意见》，明确新时代关工委工作具体任务和工作措施。4月26日，召开全市关工委工作会议，对全年工作作出部署。5—6月，市关工委开展集体调研活动，对全市6个县（市、区）和泰安高新区34个基层关工委组织进行实地调研，全面掌握基层关工委组织建设、活动开展等工作情况。抓好关工委组织和“五老”队伍建设，企业关工委组织数量取得突破，东营市关工委就企业关工委工作到泰安市进行考察。调整充实市关心下一代“五老”宣讲团，为122名宣讲团成员发放聘书。

【青少年关爱帮扶】 2022年，市关工委注重整合爱心企业、爱心人士等社会力量，开展“学党史颂党恩，献真情暖童心”等关爱帮扶活动，助力“手牵手圆梦行动”，帮扶困境青少年700余人，捐款捐物60万元。关注青少年暑期安全，动员“五老”开展防溺水、防人身侵害、网络安全、心理健康等教育活动。开展“关爱明天、普法先行”青少年法治宣传教育活动，教育引导青少年尊法、学法、守法、用法，市关工委被评为“全国青少年普法教育先进集体”。

（董婷婷）

党史研究

【党史征集研究】 2022年，市委党史研究院（市地方史志研究院）编纂出版《泰安新时代社会主义现代化强市建设实录（2017年2月—2022年2月）》，共45万字，全程记录五年间全市实现经济社会高质量发展的新实践、新进展、新成效。整理编辑《泰安战“疫”实录》《新中国成立以来泰安市、县委书记名录》《泰汶春秋——泰安党史史志资料汇编（2022）》。形成《泰岱星火》《泰汶抗战》《泰安解放》红色文化系列丛书资料稿。完成省委党史研究院（省地方史志研究院）2021年度《新时代现代化强省建设实录（2022卷）》的供稿工作。启动登高望远 奋力争先专题纪实系列《泰安实施新型工业化强市建设实录（第一卷）》编纂工作。《齐鲁烽火——纪念徂徕山抗日武装起义八十周年》专题片获得全国党史和文献部门优秀科研成果影视音像作品类三等奖。《新时代泰安经济社会高质量发展研究》被确定为泰安市2022年度哲学社会科学规划研究项目重点资助项目。

【宣传教育】 2022年，市委党史研究院（市地方史志研究院）开展党史史志六进活动，到基层宣讲50场次。完成对全市15个爱国主义教育基地、各县（市、区）推荐的9家“泰安市国防教育基地”、全市30处涉党史类革命历史类纪念设施遗址的实地检查。与大众日报社、市委组织部联合拍摄10集微视频《徂徕担当》；与市农业农村局、市乡村振兴局、市广播电视台联合推出电视栏目《美丽乡村·我的家》；与市广播电视台联合推出特别节目《丰碑》；与市委宣传部等部门共同举办“红动齐鲁·强国复兴有我”泰安市第四届红色故事讲解大赛。在“泰安党史方志”微信公众号发布信息239条，在网站发布信息308条，被中央党史和文献研究院、中国地方志指导小组办公室、省委党史研究院采用65条，《大众日报》等媒体

2022年11月8日，市直机关领导干部参观市委党史研究院承办的中共二十大精神学习展览　　（司　刚　摄）

宣传报道113条次。在齐鲁壹点App《我家乡的红色故事》等栏目发表党史宣传文章152篇，点击阅读量达62.5万人次。组织参加齐鲁壹点“我家乡的红色故事”群众性征集活动，发表150篇，数量居全省第一。

【政治理论学习展览】　2022年，在市政大楼二楼大厅推出政治理论学习展览3次。2月22日，推出“登高望远 奋力争先 全面开创新时代社会主义现代化强市建设新局面——中国共产党泰安市第十二次代表大会精神学习展览”，市政协主席武林中等13位市领导现场参观，85个市直部门（单位）集体参观。6月7日，推出“牢记嘱托走在前 勇担使命开新局 奋力在新时代社会主义现代化强省建设中展现泰安担当——中国共产党山东省第十二次代表大会精神学习展览”，市委书记杨洪涛等18位市领导现场参观，98个部门（单位）集体参观。11月7日，推出党的二十大精神学习展览，市委书记杨洪涛等16位市领导参观展览，86个部门（单位）集体参观。　（李贵友）

党校工作

【教学培训】　2022年，中共泰安市委党校（市行政学院）举办培训班次40期和三个年级在职研究生班次，培训学员3459人次。主体班次12期，培训学员583人次；专题培训班次9期，培训学员948人次；对外培训班次19期，培训学员1615人次；在职研究生313人。突出习近平新时代中国特色社会主义思想主课必修课地位，主体班次中共理论教育和党性教育课程占总课时70%以上，其中习近平新时代中国特色社会主义思想教学占50%以上。聚焦省、市党代会精神，在主体班次开设有关教学专题，将党代会精神融入干部教育培训内容。搭建专家授课、专题培训、学员论坛、异地教学、现场教学、线上培训等平台，强化培训实效性。落实领导干部上讲台制度，领导干部讲课占主体班次总课时20%以上。

【二十大精神学习宣传】　2022年，中共泰安市委党校（市行政学院）与市委组织部联合主办学习宣传贯彻中共二十大精神座谈会，邀请中国社科院、省委党校（山东行政学院）、山东农业大学等单位专家教授分别以线上和线下形式作主题发言，省委党校（山东行政学院）在《学习时报》《大众日报》等刊发文章对座谈会情况作介绍。与省委党校（山东行政学院）、滨州市委党校（市行政学院）联合主办学习贯彻中共二十大精神高端论坛，清华大学习近平新时代中国特色社会主义思想研究院院长艾四林教授作主题报告。组织教职工学习中央党校（国家行政学院）、中国干部网络学院、中宣讲坛、省委党校（山东行政学院）等网上培训课程，以视频会议形式参加全省党校（行政学院）系统学习宣传贯彻中共二十大精神策划座谈会，举办全市党校（行政学院）系统学习贯彻中共二十大精神微党课比赛等系列活动。3位校委会成员专家教授接受电视台对中共二十大精神宣传贯彻方面的跟踪采访，20人成为全省党校（行政学院）系统宣传贯彻中共二十大精神宣讲团成员，6人成为市委宣讲团成员，5人成为市直机关中共二十大精神宣讲团成员，2人成为市直机关“泰安巾帼”宣讲团成员。3位专家教授在市社科联“东岳大讲坛”作中共二十大精神宣讲视频讲座。围绕中央和省委、市委中心工作以及学习宣传贯彻中共二十大精神，开展社会宣讲70场次，受益党员群众达9200余人次。

【科研咨政】　2022年，中共泰安市委党校（市行政学院）完成课题66项，发表理论文章84篇。21项咨政报告获副市级以上领导24批次签批，市委书记杨洪涛签批5项，市长张涛签批2项，市政协主席武林中签批1项。在市社科联第三十六次社会科学优秀成果评奖中，科研成果获著作类一等奖1项、调研报告类二等奖1项、课题类三等奖1项。在全市机关党建优秀课题调研成果评选中，获一等奖2项、二等奖4项、三等奖5项。中共泰安市委党校（市政学院）获得泰安市学习宣传贯彻中共二十大精神暨“四级联动、八路并进”理论宣讲大比武优秀组织工作奖，2位教师获理论类宣讲二等奖。

【“党校云”平台试点工作】　2022年5月，市委党校（市行政学院）成为省委党校（山东行政学院）确定的全省三家市级“党校云”平台试点单位之一。在2022年全省党校（行政学院）系统业务指导工作会议上，市委党校作典型经验交流发言。

（祝　捷）

编辑　校对　王　巍

泰安市人民代表大会

综　述

【人大代表概况】　2022年，泰安市新当选的市十八届人大代表有445名。其中，工人、农民及其他劳动者242名，占54.38%；干部114名，占25.62%；知识分子51名，占11.46%；民主党派及无党派人士30名，占6.74%；归侨、侨眷、台属5名，占1.12%；解放军3名，占0.67%。代表中，有中共党员334名，占75.06%；少数民族18名，占4.04%，比上届提高0.47个百分点；妇女104名，占23.37%，比上届提高3.28个百分点。大专及以上文化程度396名，占88.99%。代表平均年龄49岁，其中36～55岁333名、占74.83%，35岁及以下15名、占3.37%。连任代表175名，占39.33%。

【人大常设机构】　2022年年末，泰安市第十八届人民代表大会设立法制委员会、监察和司法委员会、财政经济委员会、农业与农村委员会、环境与资源保护委员会、教育科学文化卫生委员会、民族侨务外事委员会、社会建设委员会共8个专门委员会；其常设机构常务委员会实有组成人员32名。泰安市人大常委会下设工作室3个（办公室、人事选举代表工作室、研究室）、工作委员会9个（法制工作委员会、监察和司法工作委员会、财政经济工作委员会、预算工作委员会、农村经济工作委员会、城乡建设环境保护工作委员会、教育科学文化卫生工作委员会、民族侨务外事旅游工作委员会、社会建设工作委员会）。

【决议决定】　2022年6月28日，市十八届人大常委会第三次会议表决通过《泰安市十八届人大常委会第三次会议关于批准〈泰安市岱岳区"两规"一致性修改方案〉的决议》。8月30日，市十八届人大常委会第四次会议表决通过《泰安市人民代表大会常务委员会关于批准泰安市2021年市级财政决算的决议》《泰安市人民代表大会常务委员会关于批准2022年泰安市市级预算调整方案的决议》《泰安市人民代表大会常务委员会关于泰安市2021年度市级预算执行和其他财政收支的审计工作报告的决议》。11月24日，市十八届人大常委会第六次会议表决通过《泰安市人大常委会关于深入学习宣传贯彻党的二十大精神的决定》。12月30日，市十八届人大常委会第七次会议表决通过《泰安市人民代表大会常务委员会关于批准2022年泰安市市级第二次预算调整方案的决议》。

【人事任免】　2022年，市人大常委会坚持党管干部原则与依法行使任免权相统一，严格选举任免工作程序，依法履行工作职责，落实宪法宣誓制度，完善干部任前法律知识考试制度，提高被任命人员宪法意识和责任意识。年内，市人大常委会任免国家机关工作人员职务共130人次。其中，接受辞去市人民政府市长职务1人，决定市人民政府代理市长1人，任免市十八届人大有关专门委员会组成人员和常委会工作人员16人次，决定任免市人民政府组成人员64人次，任免市监察委员会组成人员16人次，任免市中级人民法院审判人员18人次，任免市人民检察院检察人员14人次。

【人大常委会机关建设】　2022年，泰安市人大常委会立足"四个机关"（政治机关、国家权力机关、工作机关、代表机关）定位，围绕"践行全过程人民民主，提升人大工作的质量和水平"总体目标，全面加强常委会及机关自身建设。严格落实管党治党责任。贯彻新时代党的建设总要求，设立机关党组，制定常委会党组和机关党组工作规则，推进全面从严治党向纵深发展；压紧压实意识形态工作责任制，建立意识形态定期分析研判机制，筑牢意识形态安全防线；落实中央八项规定及实施细则精神，按照"六个着力纠治"（着力纠治表里不一、自行其是，精神懈怠、不思进取，拈轻怕重、敷衍塞责，因循守旧、固步自封，好人主义、鸵鸟心态，麻痹思想、侥幸心理6个问题）要求，开展作风集中整顿活动，巩固发展风清气正良好政治生态。规范常委会运行机制。召开全市地方立法、代表、宣传、创新、专委会等专题工作会议，统筹推进重点任务落实，推动市、县人大同频共振；制定加强和改进常委会自身建设意见，修订常委会、主任会议议事规则等制度规范54项，形成"用制度管人、按程序办事"的格局；建立预算审查、安全生产专家顾问库，为依法履职提供智力支持和保障。发挥专门委员会作用。在全省率先制定市级人民代表大会专门委员会工作规则，各专委会明确职责定位、强化协作配合，共召开会议32次，高质量、高效率完成所承担的立法、监督、代表议案建议办理等工作，并首次向市人民代表大会书面报告工作。强化机关效能建设。

2022年6月15日，省人大常委会副主任、党组副书记孙立成（前排右二）带领调研组到泰安开展《山东省齐长城保护条例（草案）》立法调研　（常笑君　供）

规范机关办文、办会、办事等工作流程32项，促进高效运行。探索离退休干部工作服务模式，落实机关荣誉退休工作制度。推进数字人大建设，打造多功能智慧履职平台，以数字赋能提升人大工作质效。打造过硬干部队伍。制定机关干部队伍建设长远规划和人才引进计划，配齐配强人大干部队伍，确保有人干事、能够成事。选派机关干部参加省“四进”攻坚、市委工作专班、全国文明城市创建和派驻“第一书记”工作。组织机关“三晒一评一公开”（晒职责任务、工作业绩、作风形象，民主测评，评议结果公开）工作，召开中青年干部座谈会，开展系列主题党日和文体活动，激发广大干部团结一心干事业的激情和活力。（常笑君）

重要会议

【市十八届人大一次会议】 2022年2月24—28日召开。市长张涛代表市政府向大会作工作报告。大会选举产生市十八届人大常委会主任、副主任、秘书长和市政府市长、副市长，市监察委员会主任，市中级人民法院院长，市人民检察院检察长。杨洪涛当选为市十八届人大常委会主任；辛海明、王淑玲、戴冰、蒋永斌、李华民当选为市十八届人大常委会副主任；朱杰当选为市十八届人大常委会秘书长；张涛当选为市人民政府市长；常绪扩、姜宁、唐传营、刘峰梅、冯能斌、窦清波、马保文当选为市人民政府副市长；程远军当选为市监察委员会主任；孙晋梅当选为市中级人民法院院长；王锡友当选为市人民检察院检察长，按照法律规定，市人民检察院检察长须报经山东省人民检察院检察长提请山东省人大常委会批准。大会选举产生市十八届人大常委会委员。大会依次表决通过市十八届人大各专门委员会组成人员正式人选名单。大会经过表决，通过泰安市第十八届人民代表大会第一次会议关于政府工作报告的决议、泰安市第十八届人民代表大会第一次会议关于泰安市2021年国民经济和社会发展计划执行情况与2022年计划的决议、泰安市第十八届人民代表大会第一次会议关于泰安市2021年预算执行情况和2022年预算的决议、泰安市第十八届人民代表大会第一次会议关于泰安市人民代表大会常务委员会工作报告的决议、泰安市第十八届人民代表大会第一次会议关于泰安市中级人民法院工作报告的决议、泰安市第十八届人民代表大会第一次会议关于泰安市人民检察院工作报告的决议。

【市十八届人大常委会会议】 年内，市十八届人大常委会举行会议7次。

市十八届人大常委会第一次会议 2月28日召开。市委书记、市人大常委会主任杨洪涛出席会议并讲话，副主任、党组副书记辛海明主持会议，副主任王淑玲、戴冰、蒋永斌、李华民，秘书长朱杰出席会议。会议听取《泰安市人大常委会2022年工作要点（草案）》起草情况的说明、市监察委员会关于提请任免监察委员会组成人员职务的议案、拟任职发言。经过审议，会议原则通过泰安市人大常委会2022年工作要点；表决通过泰安市第十八届人民代表大会常务委员会代表资格审查委员会组成人员名单；表决人事任免事项。杨洪涛向新任命的市监察委员会组成人员颁发任命书。随后举行宪法宣誓仪式。

市十八届人大常委会第二次会议 4月27日召开。市委书记、市人大常委会主任杨洪涛出席会议并向市政府组成人员颁发任命书，副主任、党组副书记辛海明，副主任王淑玲、戴冰、蒋永斌、李华民，秘书长朱杰出席会议。辛海明和王淑玲分别主持会议。会议听取市政府关于《泰安市养犬管理条例（草案）》的说明、《泰安市停车管理条例（草案）》的说明、全市营商环境创新提升工作情况的报告；听取市人大常委会执法检查组关于检查《山东省厂务公开条例》《山东省企业职工代表大会条例》《山东省工会劳动法律监督条例》贯彻实施情况的报告；听取市政府关于提请任命市政府组成人员职务的议案、市人民检察院关于提请免去检察人员职务的报告。经过分组审议，会议原则通过市人大常委会关于《全市营商环境创新提升工作情况的报告》的审议意见、关于检查《山东省厂务公开条例》《山东省企业职工代表大会条例》《山东省工会劳动法律监督条例》贯彻实施情况的报告的审议意见；对市人大常委会任命的“一府两院”（人民政府，人民法院、人民检察院）有关工作人员2021年度述职述法情况进行评议；表决人事任免事项。会议表决通过的市政府组成人员进行集体宪法宣誓。省人大常委会会议批准王锡友为泰安市人民检察院检察长，王锡友在本次会议上进行宪法宣誓。

市十八届人大常委会第三次会议6月27—28日召开。市人大常委会副主任、党组副书记辛海明，副主任王淑玲、戴冰、蒋永斌、李华民，秘书长朱杰参加会议。副市长马保文、市中级人民法院院长孙晋梅、市人民检察院检察长王锡友、市政协副主席孙岱峰列席会议。辛海明、蒋永斌、李华民分别主持会议。会议传达市委人大工作会议精神；听取市政府关于全市乡村产业振兴工作情况的报告、2021年度环境状况和环境保护目标完成情况的报告、《泰安市岱岳区“两规”一致性修改方案（草案）》议案的说明；听取市中级人民法院、市人民检察院、市公安局、市司法局关于“巩固政法队伍教育整顿成果，强化队伍建设，确保严格执法公正司法”情况的报告；听取市人大常委会执法检查组关于检查《中华人民共和国科学技术进步法》《山东省科学技术进步条例》贯彻实施情况的报告；听取市政府关于提请任免市政府组成人员职务的议案、市监委关于提请任命监察委员会组成人员职务的议案、市中级人民法院关于提请任命审判人员职务的报告、市人民检察院关于提请任命检察人员职务的报告，听取拟任职人员发言；听取市人大法制委员会关于《泰安市养犬管理条例（草案）》审议结果的报告、市政府关于《泰安市水资源管理条例（草案）》的说明。经过分组审议，会议表决通过《泰安市养犬管理条例》、市人大常委会关于批准《泰安市岱岳区“两规”一致性修改方案》的决议；原则通过市人大常委会关于全市乡村产业振兴工作情况的报告的审议意见、2021年度全市环境状况和环境保护目标完成情况的报告的审议意见、全市“巩固政法队伍教育整顿成果，强化队伍建设，确保严格执法公正司法”情况的报告的审议意见、关于检查《中华人民共和国科学技术进步法》《山东省科学技术进步条例》实施情况的报告的审议意见。会议表决通过人事任免事项，向被任命人员颁发任命书，并举行宪法宣誓仪式。

2022年9月30日，市委书记、市人大常委会主任杨洪涛（左），市人大常委会副主任、党组副书记辛海明（右）为“泰安市第十八届人大常委会地方立法联系点”揭牌 （常笑君 供）

市十八届人大常委会第四次会议8月29—30日召开。市人大常委会副主任、党组副书记辛海明，副主任王淑玲、戴冰、蒋永斌、李华民，秘书长朱杰参加会议。副市长马保文、市中级人民法院院长孙晋梅、市人民检察院检察长王锡友、市政协副主席张步军列席会议。辛海明和王淑玲分别主持会议。会议听取市人大法制委员会关于《泰安市停车管理条例（草案）》审议结果的报告；听取市政府关于2022年上半年全市国民经济和社会发展计划执行情况的报告、泰安市2021年市级财政决算和2022年上半年预算执行情况的报告、2022年全市新增政府债务限额及市级预算调整方案（草案）的报告、泰安市2021年度市级预算执行和其他财政收支的审计工作报告、全市民族团结进步工作情况的报告；听取市人大常委会执法检查组关于检查《中华人民共和国未成年人保护法》《中华人民共和国预防未成年人犯罪法》《山东省未成年人保护条例》《山东省预防未成年人犯罪条例》贯彻实施情况的报告；听取市人大常委会主任会议关于《泰安市人民代表大会常务委员会议事规则（修订草案）》等4项制度有关情况的说明、市人大常委会代表资格审查委员会关于个别代表的代表资格的审查报告、市人大常委会主任会议关于提请任命市人大专门委员会组成人员和市人大常委会工作人员职务的报告；听取市政府关于提请任命市政府组成人员职务的议案、市监委关于提请免去监察委员会组成人员职务的议案、市人民检察院关于提请免去人民检察院检察人员职务的报告；听取拟任职人员发言。经过分组审议，会议原则通过泰安市人大常委会关于2022年上半年全市国民经济和社会发展计划执行情况报告的审议意见、2022年上半年全市财政预算执行情况的审议意见；表决通过泰安市人大常委会关于泰安市2021年市级预算执行和其他财政收支审计工作报告的决议、关于批准泰安市2021年市级财政决算的决议、关于批准2022年全市新增政府债务限额及市级预算调整方案的决议；原则通过泰安市人大常委会关于全市民族团结进步工作情况的报告的审议意见、关于检查《中华人民共和国未成年人保护法》《中华人民共和国预防未成年人犯罪法》《山东省未成年人保护条例》《山东省预防未成年人犯罪条例》贯彻实施情况的报告的审议意见；表决通过市人大常委会有关制度、市人大常委会代表资格审查委员会关于个别代表的代表资格的审查报告。会议对办理泰人办发〔2022〕9号、10号文件情况进行满意度测评。表决通过人事任免事项，向被任命人员颁发任命书，并举行宪法宣誓仪式。

市十八届人大常委会第五次会议10月27日召开。市人大常委会副主任、党组副书记辛海明，副主任王淑

2022年2月24—28日，市十八届人大一次会议选举产生市十八届人大常委会主任、副主任、秘书长。左起：朱杰、蒋永斌、王淑玲、杨洪涛、辛海明、戴冰、李华民（常笑君 供）

玲、戴冰、蒋永斌、李华民，秘书长朱杰参加会议。辛海明和戴冰分别主持会议。会议传达学习中共二十大精神，安排部署常委会贯彻落实工作；听取市人大法制委员会关于《泰安市停车管理条例（草案修改稿）》审议结果的报告；听取市政府关于全市新型工业化工作情况的报告、关于泰山文化传承发展示范区建设情况的报告、关于2021年度全市企业国有资产（不含金融企业）管理情况的专项报告暨市属4个集团运行情况报告；听取市人大常委会代表资格审查委员会关于个别代表的代表资格的审查报告、市人大常委会主任会议关于提请任免市人大专门委员会组成人员和常委会工作人员职务的报告；听取市政府关于提请任免市政府组成人员职务的议案、市监委关于提请任命监察委员会组成人员职务的议案、市中级人民法院关于提请任免审判人员职务的报告。经过分组审议，会议表决通过《泰安市停车管理条例》；原则通过市人大常委会关于全市新型工业化工作情况报告的审议意见、关于泰山文化传承发展示范区建设情况的报告的审议意见、关于2021年度全市国有资产管理情况的报告暨市属4个集团运行情况报告的审议意见；表决通过市人大常委会代表资格审查委员会关于个别代表的代表资格的审查报告。会议对办理市十八届人大常委会第三次会议审议意见情况进行满意度测评。表决通过人事任免事项，向被任命人员颁发任命书，并举行宪法宣誓仪式。

市十八届人大常委会第六次会议 11月24日召开。市人大常委会副主任、党组副书记辛海明，副主任王淑玲、戴冰、蒋永斌、李华民，秘书长朱杰参加会议。市中级人民法院院长孙晋梅、市人民检察院检察长王锡友、市政协副主席梁望东列席会议。辛海明和李华民分别主持会议。会议听取市人大法制委员会关于《泰安市水资源保护管理条例（草案）》审议结果的报告；听取市政府关于《泰安市大气污染防治条例（草案）》的说明，2021年度市级预算执行及其他财政收支审计查出问题整改情况的报告，关于黄河、大运河、大汶河流域绿化工作情况报告，全市安全生产责任落实情况的报告，政府系统办理市十八届人大一次会议以后代表建议、批评和意见情况的报告；听取市人大常委会法工委关于全市规范性文件备案审查工作情况的报告；听取市人民检察院关于提请免去检察人员职务的报告。经过分组审议，会议表决通过泰安市人大常委会关于深入学习宣传贯彻中共二十大精神的决定、《泰安市水资源保护管理条例》；原则通过泰安市人大常委会关于2021年度市级预算执行及其他财政收支审计查出问题整改情况的报告的审议意见、关于黄河、大运河、大汶河流域绿化工作情况报告的审议意见、全市安全生产责任落实情况的报告的审议意见；表决通过市政府关于政府系统办理市十八届人大一次会议以后代表建议、批评和意见情况的报告，市人大常委会人事选举代表工作室关于市十八届人大一次会议以后代表所提建议、批评和意见办理情况的书面报告，市人大常委会法工委关于全市规范性文件备案审查工作情况的报告。会议对办理市十八届人大常委会第四次会议审议意见情况进行满意度测评。表决通过人事任免事项。会议期间还召开联组会议就全市安全生产责任落实情况进行专题询问。

市十八届人大常委会第七次会议 12月30日召开。市人大常委会副主任、党组副书记辛海明，副主任王淑玲、戴冰、蒋永斌、李华民，秘书长朱杰参加会议。市委常委、副市长常绪扩，市政协副主席张步军列席会议。辛海明和王淑玲分别主持会议。会议听取关于泰安市第十八届人民代表大会第二次会议筹备工作情况的报告、泰安市人大常委会工作报告（讨论稿）起草情况的说明；听取市政府关于2022年为民要办的10件实事实施情况的报告、2022年全市新增政府债务限额分配情况和市级第二次预算调整方案（草案）的报告；听取市人大监察和司法委员会关于市十八届人大一次会议主席团交付审议的第3号和第11号议案审议结果的报告、市人大财政经济委员会关于市十八届人大一次会议主席团交付审议的第1号议案审议结果的报告、市人大农业与农村委员会关于市十八届人大一次会议主席团交付审议的第7号议案审议结果的报告、市人大教育科学文化卫生委员会关于市十八届人大一次会议主席团交付审议的第17号议案审议结果的报告、市十八届人大常委会代表资格审查委员会关于泰安市第十八届人民代表大会代表的代表资格的审查报告、市人大常委会主任会议关于提请任免市人大有关专门委员会组成人员和常

2022年2月24—28日，市十八届人大一次会议选举产生市政府市长、副市长，市监察委员会主任，市中级人民法院院长，市人民检察院检察长。左起：王锡友、马保文、冯能斌、唐传营、常绪扩、张涛、程远军、姜宁、刘峰梅、窦清波、孙晋梅（常笑君 供）

委会工作人员职务的报告；听取市政府关于提请任免政府组成人员职务的议案、市监委关于提请免去监察委员会组成人员职务的议案、市中级人民法院关于提请任免审判人员职务的报告、市人民检察院关于提请任免检察人员职务的报告。经过分组审议，会议表决通过关于召开泰安市第十八届人民代表大会第二次会议的决定；原则通过泰安市人大常委会工作报告，泰安市第十八届人民代表大会第二次会议议程，泰安市第十八届人民代表大会第二次会议主席团、秘书长名单；表决通过泰安市第十八届人民代表大会第二次会议列席人员范围、市人大常委会关于2022年为民要办的10件实事实施情况的报告的审议意见、市人大常委会关于批准2022年全市新增政府债务限额分配和市级第二次预算调整方案的决议；表决通过市人大监察和司法委员会关于市十八届人大一次会议主席团交付审议的第3号和第11号议案审议结果的报告、市人大财政经济委员会关于市十八届人大一次会议主席团交付审议的第1号议案审议结果的报告、市人大农业与农村委员会关于市十八届人大一次会议主席团交付审议的第7号议案审议结果的报告、市人大教育科学文化卫生委员会关于市十八届人大一次会议主席团交付审议的第17号议案审议结果的报告、市十八届人大常委会代表资格审查委员会关于泰安市第十八届人民代表大会代表的代表资格的审查报告。表决通过接受张涛辞去泰安市人民政府市长职务的请求的决定；听取市人大常委会主任会议关于提请决定李兰祥为泰安市人民政府代理市长的报告，表决通过李兰祥为泰安市人民政府代理市长的决定及其他人事任免事项。会议向被任命人员颁发任命书，并举行宪法宣誓仪式。市政府代理市长李兰祥作表态发言。（常笑君）

立法工作

参见《法治·人大立法》

监督工作

【经济社会平稳运行监督】 面对需求收缩、供给冲击、预期转弱三重压力，常委会紧跟助企纾困政策落地，加强对经济形势的判断分析，及时听取审议国民经济和社会发展计划执行情况报告，关注主要经济指标运行，监督国家税费支持政策落实到位，千方百计保护市场主体，促进社会大局稳定。紧跟市委新型工业化强市战略布局，常委会会议听取全市新型工业化工作情况报告；常委会班子成员投身各产业链专班，帮助协调解决实际困难和问题，助力招商引资；专委会深入一线调研，强化链式思维、集群发展，推动产业转型发展；组建新型工业化产业链专业代表小组，23名代表积极争当产业转型升级排头兵。紧跟全面深化改革深入推进，对开发区改革、数字强市、能源结构调整、智慧旅游、中医药传承发展等开展视察调研，听取审议营商环境创新提升专项报告，组织科技进步执法检查，建议相关部门解决企业所求、群众急难愁盼，激发经济社会发展的动力活力。紧跟文旅产业融合发展，视察泰山文化传承发展示范区建设情况，提出加强顶层设计，推动项目引领，做强文化品牌，打造泰安文旅融合发展新高地等意见建议。紧跟乡村振兴战略实施，组织乡村产业振兴、粮食安全、种业振兴和种子法视察检查，推动各项惠农政策落到实处，促进城乡融合发展，带动农民农村共同富裕。紧跟城市发展能级提升，听取审议市政府关于岱岳区“两规”（土地利用总体规划、城市规划）一致性修改方案报告，建议市政府及相关部门进一步优化产业布局，加快转型发展。

【预决算审查监督】 推进全口径和全过程预算审查监督，依法审查批准年度预决算，有序实施部门预算备案审查，抓好债务限额和预算调整审查，形成完整审查监督链条。做好审计整改“后半篇文章”，督促整改问题“销号”。健全基层人大预算审查监督制度，指导县级人大出台泰安市首个加强乡镇人大预算审查监督实施办法。从制度建设着手，出台专项规划，健全听取审议国有资产管理情况专项和综合报告工作机制，听取审议市属4个集团运行情况报告，用法治力量推动国资国企高质量发展。国有资产联网监督系统建设提前2个月完成，预算联网监督运行

2022年12月30日，市十八届人大常委会第七次会议召开，决定李兰祥为泰安市人民政府代理市长。图为李兰祥作表态发言　　（常笑君　供）

应用不断完善，市人大预算国资联网监督工作走在全省前列。

【改善民生福祉监督】　牢固树立以人民为中心的发展思想，推动解决群众身边的急事难事。对《中华人民共和国预防未成年人犯罪法》《中华人民共和国未成年人保护法》《山东省厂务公开条例》《山东省企业职工代表大会条例》贯彻落实情况等开展执法检查，依法推动和支持相关部门采取措施，为未成年人成长创造良好环境，切实维护职工合法权益。围绕全市养老服务体系建设，持续推动养老服务多元化发展。全国人大常委会副委员长张春贤到泰安调研，对泰安市发展养老事业、积极应对社会老龄化的做法给予充分认可和高度评价。顺应人民群众对美好生活的新期待，听取审议市政府为民要办的10件实事实施情况的报告，对民族团结进步、智慧城市、“落实民生政策、共享富裕成果”进行视察调研，配合省人大专题调研医疗保障体制机制建设、妇女权益保障情况，促进更多公共服务资源倾斜民生领域，让人民群众在身边小事中看到变化、得到实惠、感到幸福。

【绿色安全发展监督】　牢固树立和践行“绿水青山就是金山银山”的理念，严格执行年度生态环境状况报告制度，听取关于黄河、大运河、大汶河流域绿化工作报告，将《关于抢抓黄河战略机遇　加快黄河滩区发展的议案》列为1号议案重点督办，督促各级各部门持续加大综合整治力度，努力在服务推动黄河国家战略中展现人大担当。创新开展“泰汶环保行”系列活动，将立法、执法、普法、监督等各项工作贯穿其中，实现人大监督、媒体监督、社会监督的有机融合，努力让保护生态环境成为全市人民的自觉行动。创新安全生产专题询问机制，探索建立“审议、跟踪、督办、问效”闭环监督模式，组织常委会专题调研组、专家顾问调研组和新闻媒体调研组实地检查，梳理问题187条，听取审议专项报告、开展专题询问并进行满意度测评，电视台全程录播，对化工企业安全隐患、危化品运输车辆、城市密闭空间作业管理等事故多发领域和环节跟踪监督，依法推动政府监管责任、企业主体责任和相关法律责任落细落实。

【议案建议办理】　把办理代表议案建议作为保证代表行使权利、执行职务的重要抓手，推动内容高质量、办理高质量。市十八届人大一次会议交付审议的5件议案，由有关专委会全部审议完毕，审议结果的报告印发市十八届人大二次会议。优化“常委会领导领衔督办、专委会分工领办、代表全程参与、媒体跟踪报道、台账清单销号督办”建议督办机制，代表提出的171件建议均得到认真办理。开展代表建议重点督办、建议办理“回头看”活动，推动解决大学生到泰安就业、老年人“一卡通”办理、新生代农民工权益保障等热点难点问题，实现办理工作由“答复满意”向“结果满意”转变。　　（常笑君）

代表工作

【履职服务保障】　加强代表工作能力建设，组织162名初任人大代表和小组召集人开展履职学习，服务代表线上专题学习，协助代表提升依法履职的政治站位和能力水平。修订代表履职评价办法、加强和规范市人大代表活动的若干意见等工作制度4项，健全完善代表履职激励机制。在电视台推出“代表先行”系列报道，在泰安人大网站开设“建议办理”专栏，全方位展示代表履职成效和履职风采。邀请全市各级人大代表参与视察调研、执法检查等活动172人次，依托代表网络服务平台向代表推送政情资讯，保障代表知情知政。

【代表活动】　在全市各级人大代表中开展“登高望远、奋力争先，代表先行”主题实践活动，在“五争先、五先行”（争解放思想之先，在围绕中心服务大局上走在前；争干事创业之先，在推动高质量发展上走在前；争履职尽责之先，在认真执行代表职务上走在前；争密切联系群众之先，在推动“双联系”工作上走在前；争作风建设之先，在树立良好形象上走在前）上履职尽责。组建区域代表小组23个、专业代表小组9个，围绕新型工业化强市、乡村振兴、环境保护等开展视察调研，实现代表闭会期间活动常态化。创新开展“代表进网格、履职在基层”活动，出台实施意见，将人大代表履职嵌入基层网格化社会治理，推动“五级代表进网格、发挥作用在网格、融合互动嵌网格、服务群众惠网格”，拓展代表履职新平台，实现代表履职与服务保障民生、深化基层社会治理深度融合，市委书记杨洪涛给予批示肯定。

【“双联系”渠道】 密切人大代表同人民群众的联系，听人民心声、代人民进言、为人民尽责，开展“走基层、进家站、汇民意”集中联系代表月活动，常委会主任、各位副主任带头深入基层一线走访调研、召开座谈会，与基层代表面对面交流，听取代表对市人大常委会及全市经济社会发展的意见建议。推进“人大代表之家”“人大代表联络站”建设，在特色化建好家站、制度化管好家站、常态化用好家站、数字化点亮家站上持续用力，使之成为党委决策的好帮手、人民群众的连心桥、代表履职的新平台。至年底，全市共建成“人大代表之家”93个、“人大代表联络站”391个，各级人大代表依托“家”“站”开展代表接待日、代表述职等活动，密切代表与群众的联系。 （常笑君）

表 2　2022 年泰安市人大常委会重点议案建议一览表

序号	建议标题	领衔代表	承办单位	督办单位	备注
1	《关于加强律师参与，进一步落实“加强法制宣传教育促进社会矛盾化解”活动的建议》	陶成军	市司法局	市人大监察和司法委员会	
2	《关于继续对中小微企业实施减税退费政策的建议》	赵士梅	市财政局	市人大财政经济委员会	
3	《关于稳住种粮面积，切实加强基本农田保护的建议》	李宗武	市自然资源和规划局、市农业农村局、市畜牧兽医事业发展服务中心	市人大农业与农村委员会	
4	《关于推动装配式建筑绿色建筑发展的建议》	常媛媛	市住房和城乡建设局、市财政局、市自然资源和规划局、市税务局、市科技局、国网泰安供电公司	市人大环境与资源保护委员会	
5	《关于改善优化医疗管理服务，更好保障生命健康权利的建议》	刘建国	市卫生健康委、市医保局	市人大教育科学文化卫生委员会	议案转建议
6	《关于城乡教育均衡优质发展的建议》	马利民	市教育局	市人大教育科学文化卫生委员会	议案转建议
7	《关于加快全市景区景点串珠成链推动全域旅游高质量发展的建议》	尚智广	市文化和旅游局、市交通运输局、市国资委	市人大民族侨务外事委员会	
8	《关于疫情形势下农民工返乡创业就业的建议》	耿进平	市人力资源和社会保障局、市财政局、市科技局、市农业农村局、市地方金融监管局	市人大社会建设委员会	

专门委员会工作

【法制委员会】 全面贯彻习近平法治思想，深入践行全过程人民民主，依靠党的领导基本路线、把握立法质量底线、紧盯实施效果生命线、筑牢备案审查保障线、强化制度建设标准线，深耕细作绘制泰安立法“五线谱”，以流程再造推进泰安市地方立法系统化、规范化、程序化，围绕中心、服务大局、创新举措、依法履职，完成各项工作任务。制定出台《泰安市养犬管理条例》《泰安市停车管理条例》《泰安市水资源保护管理条例》地方性法规3部，全面开展《泰安市新型工业化促进条例》《泰安市大气污染防治条例》起草、调研、审议工作；规范性文件备案审查工作创新推行“一员三制”（专职联络员，一月一调度、一季一通报、一年一报告）工作模式，备案审查政府规章3部、规范性文件10件，实现以备案全覆盖带动审查全覆盖、以审查全覆盖实现监督全覆盖的备案审查新格局；根据常委会工作安排，起草制定相关工作规则、规划3部；科学布局立法服务基地2个、基层立法联系点12个，建设好法治通达群众“最后一公里”，为坚定不移推进新时代中国特色社会主义现代化强市建设保驾护航，贡献法治力量。

【监察和司法委员会】 协助常委会听取和审议专项工作报告4项，开展专题调研2项，审议代表议案2件，督办代表建议7件，其中重点督办建议1件。注重提高立法质量，扎实推进立法工作。成立联合立法专班，通过开展立法调研、座谈研讨、征求意见、外出学习等活动，经过集中汇总、起草、审核和多次修改，确保《泰安市养犬管理条例》《泰安市停车管理条例》2件法规顺利颁布实施。严格履行监督职责，切实提高监督实效。在市十八届人大常委会第一次会议上，安排市公安局、市检察院、市法院、市司法局4家机关向常委会作专项工作报告，通过“同台亮相”“同台比较”，同时与省人大同步，省、市、县三级人大同步开展监督、三级人大代表全程参与，开创泰安市人大监督工作的先例。多措并举，全力推动“八五”普法任务落实。组织对全市“八五”普法规划落实情况以及普法开展情况开展调研，联合举办“泰安银行杯”全市宪法知识电视大奖赛，开展“宪法宣传进乡村，助力乡村振兴”、宪法进校园等主题活动，扩大法治宣传教育覆盖面。

【财政经济委员会】 协助常委会听取和审议专项工作报告10项、作出决议4项，参与常委会执法检查1次，开展专题调研11项，审议代表议案1件，督办重点代表建议1件。突出重点，依法审查上年度计划、预算执行情况，审查2022年度计划、预算草案编制情况，为市人代会各项审议做好基础工作；协助常委会审查监督2022年上半年计划、预算执行情况，确保完成全年经济社会发展目标；督导审计及审计查出问题整改工作情况，促进泰安市财政财务管理水平持续提升。务求实效，开展全市新型工业化工作情况专题调研，助力全市工业经济高质量发展；持续优化营商环境监督，全力维护各类市场主体权益；全面加强国有资产管理监督，完善国有资产管理情况报告和监督制度。聚焦问题，开展全市能源结构调整专题调研，推动泰安争取成为国家级新能源示范城市；开展全市地方金融运行专题调研，防范化解金融风险隐患；开展全市房地产专题调研，进一步落实房地产调控主体责任，促进全市房地产市场健康平稳发展；开展开发区改革、数字化建设专题调研，推动全市开发区改革进一步深化创新，加快数字化与产业化深度融合。凝聚民智，办理《加快黄河滩区高质量发展》议案，督办《中小微企业实施减税降费》重点建议，听取代表的意见建议，协助解决代表遇到的问题，为代表依法履职提供有力的支持和保障。

【农业与农村委员会】 协助常委会听取审议《全市乡村产业振兴工作情况报告》。坚持围绕中心、服务大局，开展法律监督，协助常委会对《中华人民共和国种子法》《山东省种子条例》实施情况进行专题调研。紧紧围绕国家重大战略，审议代表议案，精心组织审议《关于制定〈泰安市水资源保护管理条例〉的议案》。积极回应代表与群众呼声，办理建议，牢固树立服务意识，发挥代表主体作用，搭建代表履职平台，畅通代表履职渠道，服务代表依法履职，共办理涉农建议13件。大力协同，完成常委会和上级人大交办的工作，协助常委会到东平县开展安全生产责任落实专题调研，围绕《关于抢抓黄河战略 加快黄河滩区发展的议案》中提出的有关内容开展审议工作，开展《泰安市暴雨灾害预警与响应条例》地方立法必要性、可行性前期调研，协助省人大农业与农村委员会开展现代水网建设情况和黄河流域高标准农田建设、盐碱地综合利用情况专题调研工作。

【环境与资源保护委员会】 协助常委会分别听取审议市政府关于2021年度环境状况和环境保护目标完成情况的报告，关于《泰安市岱岳区“两规”一致性修改方案》的报告及关于黄河、大运河、大汶河流域绿化工作情况报告，并提出审议意见；先后围绕《中华人民共和国环境保护法》《山东省通信基础设施建设与保护条例》贯彻实施情况开展执法检查；围绕《山东省固体废物污染环境防治条例》、泰安市智慧城市建设情况，通过召开座谈会、查阅专业资料、听取代表意见等方式开展专题调研；通过采取现场视察、集中督办的形式对《推动装配式建筑绿色发展的建议》进行重点督办；做好法规审前调研和修改工作，通过召开座谈会、组织立法工作专班、广泛征求社会各方面意见等，对《泰安市大气污染防治条例》进行修改完善，在市十八届人大

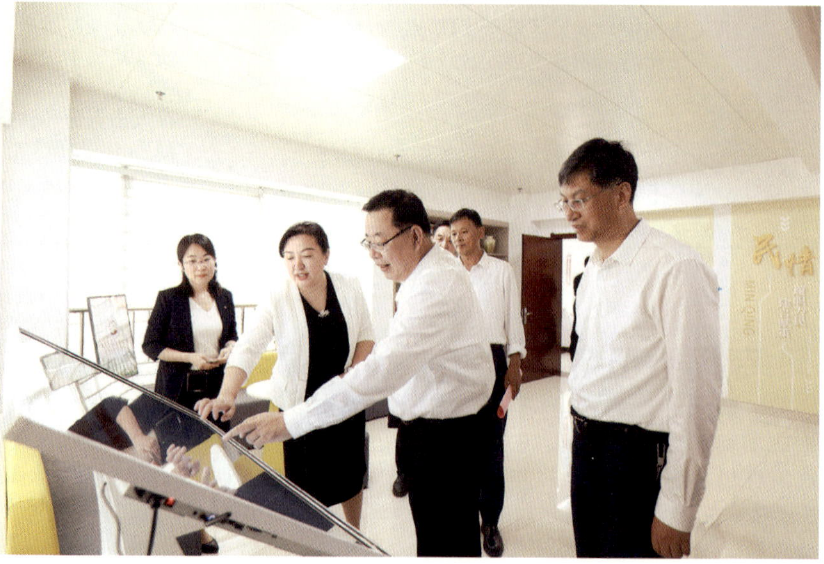

2022年9月30日，市委书记、市人大常委会主任杨洪涛（前排右二），市人大常委会副主任、党组副书记辛海明（前排右一）到泰山区参加“走基层、进家站、汇民意”集中联系代表月活动
（常笑君 供）

2022年11月24日，市十八届人大常委会就全市安全生产责任落实情况进行专题询问　（常笑君　供）

常委会第六次会议上进行初次审议；对泰汶环保行品牌进行内容、形式、载体创新，把立法、执法、普法、监督等各项工作贯穿其中，重点开展六五环境日启动、法律法规进校园、媒体采风看变化等活动，打造生态环境保护新特色。

【教育科学文化卫生委员会】　坚持高质量导向，高水平推进地方立法。率先探索开展《泰安市献血条例》立法"回头看"前期调研工作；协助省人大做好《山东省齐长城保护条例》到泰安立法调研、《山东省计划生育条例》修改等工作。突出实效性目标，全方位提升监督质效。协助常委会听取和审议《泰山文化传承发展示范区建设情况的报告》，开展参与全市中医药传承创新发展、安全生产责任落实专题调研。做好松原市、德州市人大到泰安学习考察工作。发挥主体性作用，多维度激发代表活力。高质量办理《关于抓好大汶口文化保护的议案》《关于城乡教育均衡优质发展的建议》《关于改善优化医疗管理服务，更好保障生命健康权利的建议》等议案建议，统筹推动代表建议办理、重点建议督办和"回头看"工作落实。

【民族侨务外事委员会】　突出监督重点，协助常委会开展全市民族团结进步工作视察，起草《关于〈全市民族团结进步工作情况的报告〉的审议意见》；开展全市智慧旅游工作专题调研，形成调研报告，推动市政府抢抓智慧旅游新机遇；配合开展全市安全生产责任落实调研，为营造良好安全发展环境贡献力量；督办《关于加快全市景区景点串珠成链推动全域旅游高质量发展的建议》，推动代表建议落实落地。凝聚发展合力，8月6日，全国人大民族委员会副主任委员乃依木·亚森带领调研组到泰安围绕贯彻落实中央民族工作会议精神情况开展专题调研，委员会高站位、高标准，积极统筹协调，精益求精准备，完成全国人大到泰安调研任务。

【社会建设委员会】　听取审议工作报告2个、执法检查3次、专题询问1次、专题调研7项，各项工作取得新进展。推进地方立法，会同完成市志愿服务促进条例立法工作，3月1日正式实施。调研提出关于出台社区居委会物业监督管理条例的议案。协助省人大开展退役军人、家庭教育、残疾预防和康复等立法调研。有序开展依法监督，围绕"一排底线"，确保重点监督事项落实。组织安全生产专题询问，首次成立专家库，开展调研检查，听取专项报告，实行"闭环监督"。开展厂务公开、未成年人保护执法检查。配合省人大完成安全生产执法检查。大力实施创新驱动，组织新时代社会建设创新实践，打造"泰安模式"。探索创新全过程人民民主，完善"群众提、代表定、政府办、人大评"机制，投票确定年度实事项目。全国人大常委会副委员长张春贤到泰安调研老龄事业，并给予充分认可。发挥代表作用，开展建议重点督办暨B类建议"回头看"，组织"落实民生政策，共享富裕成果"调研，配合省人大开展医疗保障、妇女权益等调研，实现工作联动、成果共享。　（常笑君）

编辑　校对　刘　凯

泰安市人民政府

综　述

【推动经济高质量发展】　2022年，泰安市委、市政府在错综复杂宏观形势下，把推进新型工业化强市建设作为经济工作总引擎、总抓手，成立新型工业化强市建设推进委员会，确定“441X”现代产业体系，做大做强高端装备制造、新材料、现代食品、高端化工四大支柱产业，提升发展新能源、医药及医疗器械、出版印刷、纺织服装四大优势产业，前瞻布局数字经济等未来产业。研究确定13个重点产业链，分别由1名市级领导任链长。树立产业链思维，促进产业集群发展。锂电新材料、智能起重机械、玻璃纤维新材料3个集群入选省特色产业集群，数量居全省第1位。山东路德新材料股份有限公司“国家重大基建工程用高性能土工复合新材料研发及产业化示范项目”荣膺“中国工业大奖”。新增国家级制造业单项冠军2家，总数达17家，居全省第4位。坚持培育本土企业和招商引资一起抓，开展“千项技改扩规、千企转型升级”专项行动，引进晶优光伏、宁夏汉尧锂电材料等一批延链补链强链项目。采取“一事一议”“一企一策”“一园一策”方式给予重点支持，首创土地五色管理法，建立污染物可替代总量指标池。新巨丰首发上市，打破泰安市12年没有A股上市公司困局。围绕产业链布局创新链，强化数字赋能，泰安市入列“2022数字城市百强榜”，3家平台入选2022年省级工业互联网平台。强化人才赋能，开展企业管理者、机关干部“双赋能”行动，推出人才政策“加强版”。（赵　越）

【新型工业化攻坚】　2022年，泰安市成立新型工业化强市建设推进委员会，开展“五大比拼、两大问效”活动，打造重点产业链13条，构建“441X”现代产业体系，工业对经济增长支撑作用不断增强。新旧动能转换“五年取得突破”目标稳步实现。354个省市实施类重点项目超额完成年度投资计划20%以上。锂电新材料、智能起重机械、玻璃纤维新材料3个集群入选省特色产业集群。高端化工、肥城市新材料入选省“十强”产业“雁阵形”集群库。山东瑞福锂业有限公司、力博重工科技股份有限公司、泰山石膏股份有限公司、特变电工鲁缆公司入选省领军企业库。山东路德新材料股份有限公司获得第七届“中国工业大奖”。石横特钢集团有限公司入选国家企业技术中心。新增国家级“专精特新‘小巨人’”企业23家、省级“专精特新”中小企业106家、“瞪羚”企业24家、国家级制造业单项冠军17家。泰安市入选“2022数字城市百强榜”，3家平台入选2022年省级工业互联网平台。引进洪泰基金、港晟基金，75家企业在区域性股权市场挂牌。山东新巨丰科技包装股份有限公司登陆创业板，实现A股上市公司零的突破。泰安二期抽水蓄能电站、肥城先进压缩空气储能调峰电站纳入国家首台（套）重大技术装备依托工程项目名单。华能泰安2×9F级燃气机组等一批项目落地建设。中俄东线天然气管道泰安至泰兴段正式投产。新能源装机容量达415.5万千瓦、增长10.3%，占电力装机比重

2022年8月15日，市委副书记、市长张涛（前排右三）督导文明城市创建工作
（张中乾　摄）

达51.7%。新建开通5G基站3481个，总数突破1万个。

【黄河战略落实】 2022年，泰安市加快建设引黄（河）入泰（安）等黄河战略重点项目100个，完成投资107亿元。巩固泰山区域山水林田湖草生态保护修复工程成果，治理水土流失面积75平方千米，新增造林面积389.8公顷。东平湖水质稳定保持Ⅲ类标准。完成减排降碳和环境改善任务。臭氧浓度质量指数改善3.3%，空气质量综合指数改善9.2%、优良天数比例提高7.1个百分点，水环境质量指数改善15.17%。土壤环境质量保持安全稳定。完成金山坝迎汛除险、东平湖洪水南排和6座小型水库除险加固主体工程。大汶河砖舍拦河闸等一批重点水利工程加快建设。落实“四水四定”（以水定城、以水定地、以水定人、以水定产）原则，建成全国首家省级水资源计量装备产业计量测试中心。成功争创国家地下水污染防治试验区。

【文旅融合】 2022年，泰安市规划建设泰山文化传承发展示范区，制订三年行动计划，被树为全省文化片区建设工作标杆。泰山入选国家黄河世界遗产之旅、黄河古都新城之旅线路。泰山博物院、大汶口国家考古遗址公园、泰山新闻出版小镇、国际文化大数据（泰山）产业城等十大示范项目加快推进。泰安市被评为“中国文旅融合创新典范城市”。举办第三十六届泰山国际登山节暨中国·泰安投资合作洽谈会、2022泰山国际新闻出版合作大会、全国“行走大运河”全民健身健步走活动。泰山“无证明智慧景区”被评为全国“2022智慧旅游创新项目”。出版发行《泰山编年通史》等一批研究成果。《脉动泰山》《锦绣中国·壮美泰山》等纪录片在央视播出。

【城市提升】 2022年，泰安市完成“三区三线”（城镇空间、农业空间、生态空间，城镇开发边界、永久基本农田、生态保护红线）划定。推进“七网”（综合立体交通网、现代物流网、能源保障网、城市市政公用设施网、现代水网、新型基础设施网、农村基础设施网）建设，（北）京台（北）高速济南至泰安段改扩建工程建成通车，泰安西互通立交改造完成，泰安至东平高速、济（南）微（山）高速等项目加快推进；新建续建、改造提升谢过城大街、双龙路、环山路、金牛山路等一批城市道路。改造公游园7处。新增海绵城市8.1平方千米。实施城中村改造项目6个、老旧小区改造项目82个；新开工棚改1072套，基本建成5156套。全市生活垃圾无害化处理率达100%。建成东部新城净水厂，依法收回黄前水库经营管理权。更新燃气管道81.15千米，泰安城区西部热源投产供热。莱（芜）热入泰（安）工程启动建设。完善社区功能配套，泰安市入选省级城市“一刻钟便民生活圈”建设试点城市。

【乡村振兴】 2022年，泰安市扛牢粮食安全政治责任，实施“藏粮于地、藏粮于技”战略，实现粮食总产量258.76万吨。推广“减垄增地”种植模式2.07万公顷，高标准农田达20.8万公顷。实施“粮头食尾”“农头工尾”工程，现代食品产业总收入达340.3亿元。国家级、省级农业龙头企业分别达4家、53家。全市地理标志商标总量达57件。脱贫攻坚成果巩固拓展，新创建省级乡村振兴“十百千”示范单位63个、美丽乡村示范村27个。启动实施农村人居环境整治五年提升行动，新改建农村公路820千米、规模化供水管网440千米。建成城镇开发边界外安置区50个，惠及群众3.1万人。

【共同富裕】 2022年，泰安市完成为民要办的10件实事年度目标任务。教育经费支出101.3亿元，新改扩建中小学和幼儿园27所，组建教育集团42个，辐射学校192所。分别创建国家级、省级卫生乡镇33个、80个。市中医诊疗中心项目入选国家中医特色重点医院项目库。建成养老机构126家，新增护理型养老床位3340张。退休人员基本养老金平均增长4%。基本医疗保险参保人数达532万人。城乡低保标准分别增长10%、11%。群众安居乐业，社会平安祥和。

【民生实事】 2022年，市委、市政府践行以人民为中心发展思想，统筹疫情防控和经济社会发展，聚焦群众急难愁盼问题，围绕年初确定10件实事，克服疫情造成诸多不利因素，推进各项实事实施。截至2022年11月底，全部完成年度目标任务。

提高2022年居民医保财政补助标准，提升居民医疗保障服务水平。城乡居民参保人数达403.01万人；实施门诊救助16.2万人次，支出1310万元；实施住院救助4.6万人次，支出7132万元；享受职工长期护理保险待遇3299人，待遇拨付1195万元。打通“断头路”“卡脖子”路。谢过城大街一期（佛光路—博阳路）改造工程全长3.2千米，完成投资1.12亿元，主车道已通车；双龙路（北上高大街—灵山大街）改造工程全长3.4千米，完成投资1.55亿元，主车道已通车；环山路东延二期（石汶河桥—莱芜界）改造工程长约9.6千米，完成投资2.84亿元，主车道已具备通车条件。实施国家基本公共卫生服务项目，强化重点人群健康管理。高血压患者管理人数达50.22万人，Ⅱ型糖尿病患者管理人数达19.54万人，老年人中医药健康管理率70.73%，居民规范化电子健康档案覆盖率69.7%，高血压患者基层规范管理服务率69.52%，Ⅱ型糖尿病患者基层规范管理服务率69.9%，65岁及以上老年人城乡社区规范健康管理服务率68.06%。优化泰安城区西部出入口，实施（北）京台（北）高速泰安西互通立交改造工程。泰安西互通立交改造工程累计完成投资1.81亿元，包含主线桥1座、匝道桥8座；泰安北互通立交济南至泰安下匝道完成全部建设任务。社区养老服务“四化联创”（将养老服务设施作为基本公共服务设施统筹配建，建设“设施标准化、功能综合化、运营专业化、服务精准化”的社区养老服务设施）提质增效工程。建成街道综合养老服务中心12处、社区养老服务站112处，服务老年人6万人。提升农村路网通行品质，助力乡村振兴。农村公路新改建工程完工820千米，危桥改造完工30座，完成投资15亿元；设置县、乡、村道各级路长3934名，设立路长信息公示牌3764个。推动实施产粮大县小麦、玉米完全成本保险。小麦、玉米完成承保面积25.89万公顷，占种植面积的80%；理赔受灾小麦、玉米面积2.32万公顷，金额2658.9万元。“央行资金+普惠金融”推进金融“助企惠民”工程。设立央行资金专项额度60亿元，累计发放再贷款、再贴现等低成本央行资金118.8亿元，其中发放再贷款90.6亿元，获得优惠利率贷款市场主体近8000户，超额完成央行资金投放计划。市政道路基础设施更新项目。环山路（望岳西路—天烛峰路）8月6日恢复道路标线开放交通，比原计划提前9天；龙潭路（灵山大街—泮河桥）11月13日完成道路标线施工恢复通行，提前16天；花园路（东湖路—东岳大街）5月20日恢复通行，提前2天；岱道庵路（环山路—唐王街）5月21日恢复通行，提前7天；灵山大街（龙潭路—温泉路）校场街至青年路段10月16日恢复通行，提前28天。实施乡镇教育质量提升工程，推进基础教育均等化进程。成立教育集团42个，辐射学校192所，交流干部教师597人；新建改扩建幼儿园15所、中小学12所，分别新增学位1700个、1.48万个。（郝　飞）

【人大建议和政协提案办理】 2022年，泰安市政府各部门（单位）将建议提案办理工作作为常态化年度重点任务，统筹疫情防控和经济社会发展，主动接受人大法律监督、政协民主监督和社会舆论监督，共办理人大代表建议163件、政协委员提案265件，分别占建议、提案总数的95.3%和88.3%，均已按时办结，代表委员满意率均达100%。市政府系统各承办单位自觉将建议提案办理工作作为履行职能、推进工作、接受监督、改进作风的重要内容，结合各自实际不断优化办理机制和流程，做到“件件有落实、事事有回音”。市政府督查室印发《关于切实抓好市人大代表建议政协委员提案办理工作的通知》，将各承办单位办理工作情况作为年度政务督查考核的重要内容。加强日常督导调度，针对群众关心、社会关注的优化营商环境、乡村振兴、生活垃圾分类、城市道路建设、交通拥堵等问题，加大现场督查力度，到项目一线了解办理情况，实地查看落实效果。至年末，市政府系统承办的163件人大代表建议由52个部门（单位）承办，已经解决或基本解决的133件，占比81.6%；列入规划逐步解决的15件，占比9.2%；因客观条件限制或政策规定暂时不能解决的15件，占比9.2%。265件政协委员提案由54个部门（单位）承办，已经解决或基本解决的232件，占比87.5%；列入规划逐步解决的19件，占比7.2%；因客观条件限制或政策规定暂时不能解决的14件，占比5.3%。（许兴超）

重要会议

【市政府常务会议】 2022年，泰安市政府召开常务会议23次，研究相关工作议题。

第七十八次常务会议　1月20日召开。听取全国全省安全生产有关会议精神、《泰安市安全生产工作“三函一会”制度（试行）》有关情况及2021年度全市安全生产工作情况汇报，研究大汶河地表水超载治理相关工作。

第七十九次常务会议　2月14日召开。讨论提请市十八届人大一次会议审议《政府工作报告》《2021年国民经济和社会发展计划执行情况与2022年计划（草案）报告》《2021年预算执行情况和2022年预算草案报告》，听取《泰安市“十四五”农业农村现代化发展规划》编制情况汇报。

第八十次常务会议　2月21日召开。听取《泰安市市属企业监督管理暂行办法（讨论稿）》及新型工业化强市建设有关工作情况。

第一次常务会议　3月17日召开。专题学习习近平法治思想和《山东省行政应诉工作规则》，听取《2022年〈政府工作报告〉任务分解（审议稿）》有关情况和2022年市委、市政府为民要办的实事项目征集筛选情况汇报。

第二次常务会议　4月6日召开。专题学习《中华人民共和国水污染防治法》，听取《泰安市关于大力支持企业上市挂牌的实施意见》《关于深入实施“绿卡”制度3.0助力新型工业化强市建设的若干意见》《“泰汇救”社会综合救助体系建设实施方案》等讨论稿有关情况汇报。

第三次常务会议　4月14日召开。听取《泰安市重点工业项目要素保障实施办法（讨论稿）》《泰山文化传承创新示范区建设推进工作方案（讨论稿）》有关情况汇报。

第四次常务会议　4月21日召开。专题学习《关于加快推进政务服务标准化规范化便利化的指导意见》，听取一季度经济运行情况汇报。

第五次常务会议　4月25日召开。学习《关于更加有效发挥统计监督职能作用的意见》，听取《关于加快新时代人才强市建设服务推动重点产业高质量发展的若干措施》有关情况汇报。

第六次常务会议　5月20日召开。听取《关于开展成方连片“减垄增地”持续推进粮食增产增效的实施方案》《关于进一步强化企业安全生产分类分级监督管理工作的意见》有关情况汇报。

第七次常务会议　5月23日召开。听取《泰安市新型工业化强市建设战略总体规划》和13个产业链《产业图谱暨2022—2025年行动计划》情况汇报。

第八次常务会议　6月8日召开。专题学习《中华人民共和国预算法实施条例》，听取全市防汛工作和安全生产工作相关情况汇报。

第九次常务会议　7月1日召开。听取《泰安市贯彻落实第二轮中央生态环境保护督察反馈意见整改方案（审议稿）》编制情况、《关于进一步做好我市国家安全机关中央与地方财政事权和支出责任划分改革工作的实施意见（讨论稿）》《关于深化全市应急管理综合行政执法改革的实施方案（讨论稿）》《泰安市2022年法治政府建设工作计划（审议稿）》有关情况和推动校城融合发展若干措施情况的汇报。

第十次常务会议　7月7日召开。专题学习《中华人民共和国企业国有资产法》，听取国家统计局、省统计局统计造假不收手不收敛问题专项纠治工作动员部署会议精神及贯彻落实措施情况汇报和全省旅游发展大会会议情况及贯彻落实意见汇报。

第十一次常务会议　7月23日召开。听取关于全市经济社会发展有关情况汇报。

第十二次常务会议　7月27日召开。听取全市安全生产工作情况汇报，听取《泰安市重大行政决策事项目录管理办法（草案）》等8个重大行政决策程序规定配套文件有关情况汇报。

第十三次常务会议　8月18日召开。听取1—7月份全市工业技改投资情况汇报和全省经济社会发展重点工作部署会议疫情防控工作精神及贯彻落实意见情况汇报。

第十四次常务会议　8月23日召开。听取《关于2021年市级财政决算（草案）和2022年上半年预算执行情况的报告》《泰安市关于加快现代食品产业高质量发展的实施意见（审议稿）》有关情况汇报。

第十五次常务会议　9月8日召开。研究泰安市“七网行动”2022建设实施方案，听取《泰安市重点建设项目管理办法》《泰安市加快中央厨房（预制菜）产业高质量发展八条措施》有关情况汇报。

第十六次常务会议　9月30日召开。听取《加快建设交通强国山东示范区泰安行动方案》有关情况汇报，研究部署第一轮中央生态环境保护督察第33个问题整改销号工作。

第十七次常务会议　10月26日召开。听取《泰安市推进高质量发展加强督查激励措施》《泰安市“无废城市”建设实施方案》《关于进一步强化措施完善安全生产治理体系提升安全生产治理能力的实施意见》《关于加快推进新时代人力资源服务业高质量发展的实施意见》有关情况汇报。

第十八次常务会议　11月10日召开。听取《关于进一步贯彻实施〈中华人民共和国行政处罚法〉的通知》《泰安市大气污染防治条例》《泰安市河湖保护管理办法》《关于推进国家创新型城市建设的意见》等审议稿有关情况汇报。

第十九次常务会议　12月7日召开。专题学习《中华人民共和国反垄断法》有关内容，听取关于推动黄河流域生态保护和高质量发展有关情况汇报，研究《关于支持黄河流域生态保护和高质量发展若干财政政策（讨论稿）》《关于加强基层治理体系和治理能力现代化建设的实施意见（讨论稿）》有关情况。

第二十次常务会议　12月27日召开。听取《政府工作报告》起草情况汇报、2023年全市经济社会发展主要指标预期目标初步建议、《泰安市推动绿色低碳高质量发展三年行动计划（讨论稿）》、《泰安市推动绿色低碳高质量发展2023年重点工作任务（讨论稿）》有关情况汇报。

【市政府廉政工作会议暨市政府全体会议】　2022年5月11日上午，在收听收看了省政府第五次廉政工作会议暨省政府全体会议后，泰安市召开市政府廉政工作会议暨市政府全体会议。市委副书记、市长张涛出席会议并讲话。他指出，2022年是中共二十大召开之年，是新一届政府履职的开局之年，做好政府廉政工作意义重大、责任重大。要切实把思想和行动统一到党中央、国务院决策部署和省委、省政府、市委工作要求上来，清醒认识面对的新形势、新任务、新要求，不断增强做好政府廉政工作的责任感和紧迫感，以更加坚定的决心、更加有力的举措，不断把政府系统党风廉政建设和反腐败工作引向深入，为经济社会高质量发展提供坚强有力的保证。他强调，要坚决把旗帜鲜明讲政治摆在政府工作的首要位置，坚定捍卫“两个确立”、做到“两个维护”，始终牢记“国之大者”，坚决贯彻落实党中央关于党风廉政建设和反腐败斗争的重大决策部署，做到知责于心、担责于身、履责于行，坚决抓好各项决策部署落实落地。

（王　慧）

政务服务

【行政审批改革创新】　2022年，泰安市承担政务服务“好差评”国家级试点任务，省级“揭榜挂帅”试点项目9项，省级自主创新试点项目13项。聚焦企业全生命周期，优化企业开办“1545”（线上线下相结合，实现企业开办“一个环节”一次办好；以需求为导向，推行企业开办“五种自选方式”；压减办理时间，实现企业开办“四小时”办结常态化；优化准入准营，推行企业开办“五项服务”）服务模式，深化“一业一证”改革、

2022年5月11日，市政府廉政工作会议暨市政府全体会议召开（司　刚　摄）

2022年5月6日，泰安市民之家暨泰安市政务服务中心启用仪式举行

（司 刚 摄）

“证照通办”、“三联办”等举措，推进电子营业执照、电子印章应用，实现对企业开办、企业准营、企业变更、企业注销集成化、场景化服务。至年底，全市实有市场主体58.1万户，增长6.4%。

【助力项目落地建设】 2022年，泰安市实施重大项目“绿卡”制度3.0，围绕产业保障、要素保障、流程再造、审批创新、体系保障五方面提升“绿卡”制度优势，落实项目“一对一”服务专员制度。年内，新纳入重点项目89个，总投资额729.6亿元，办理许可手续453件，办理评审手续126件。打造新型工业化项目流程，将项目开工前审批流程简化为立项用地和规划施工两个阶段，主流程审批事项简化为9个，项目全流程审批时间压缩至25个工作日以内。深化“容缺受理”和“告知承诺”改革，通过容缺受理和告知承诺方式办理项目手续210个。强化项目前期保障和部门协同联动，提供项目服务65个，争取林地定额103.29公顷，批复占用林地项目43个，解决手续办理难题207个。发挥市化工项目和“两高”项目专班办公室优势，专题研究化工项目6次，研究通过立项审查项目31个。

【“无证明城市”建设】 2022年，泰安市推广电子证照证明应用，梳理发布市、县两级电子证照证明“用证”事项清单7202项；强化数据汇集，推动事项直接关联电子证照及相关数据资源，实现“自动填”“免提交”证照证明234类。创建“无证明大厅”，市、县两级大厅打造无证明企业登记、无证明工程建设、无证明社保、无证明公积金等“无证明窗口”440个，“无证明专区”45个。拓展电子证照证明社会化应用，完成“刷脸办电”“刷脸评标”等省市级社会化应用试点9项。

【“泰安市民之家”正式启用】 2022年5月6日，“泰安市民之家”暨市政务服务中心正式启用，使用面积1.5万平方米，服务窗口202个，进厅部门52个、事项1682项，进驻工作人员529人。规范设置办事大厅6个，建设智能审批体验专区、金融服务专区、帮办代办专区、24小时自助服务区以及城市书屋、儿童活动之家等个性化功能区域，建设成集行政审批、公共服务、便民服务、金融服务于一体的“政务服务综合体”。

【第五届全国政务服务博览会】 2022年8月25—27日，泰安市举办以“新时代·新政务·新征程”为主题的第五届全国政务服务博览会。全国16个省市近200家政务服务单位参加，展示各地政务服务改革创新成果。参会嘉宾代表多维度探讨政务服务改革创新相关议题，展示各地政务服务改革创新举措，共话政务服务改革，展望政务服务美好愿景。

【“小美帮办”服务品牌】 2022年，泰安市健全专业帮代办员主体，基层党员干部、社区网格员、大学生志愿者和退休党员干部等广泛参与帮代办服务群体，各级帮代办员达1.2万人。拓展“8866000”客服功能，新增业务咨询、一键预约、审前指导、窗口转接、投诉受理等功能，与“12345”政务服务便民热线建立联动机制。

【“跨域通办”持续推进】 2022年，泰安市构建线下市、县、乡三级服务体系，设置通办服务专窗173个，实现县级以上政务服务大厅和相关专业大厅通办服务窗口全覆盖。扩大“跨域通办”合作范围，合作单位涵盖21个省、52个市、277个县的329家单位，累计办理事项1.08万件次。

（于 铖）

【“12345”便民服务热线】 2022年，泰安市“12345”政务服务便民热线围绕“服务民生、服务决策、服务落实”工作目标，整合受话资源，畅通受理渠道，提升服务质效，发挥“党群干群连心桥”重要作用。“12345”微信公众号服务提升获得首届“泰安工作创新奖”；《山东政务信息》刊登《泰安市优化“12345”热线推动民生服务提档升级》，《山东省优化营商环境专报》刊登《泰安市加强数智化建设，打造“12345”热线高质量发展新样板》，在全省推广泰安经验；泰安市“12345”热线连续三年获得“全国‘12345’政务服务便民热线优秀案例典范”。人民网、新华社客户端、“学习强国”学习平台、齐鲁网、闪电新闻等省级以上媒体宣传报道20次。

“12345”热线受理　打造电话、微信、微博、客户端、App、电子邮箱、政府网站、“接诉即办”平台“八位一体”受理渠道，方便群众反映民生诉求。2022年，受理群众有效诉求193.35万件，同比增长52.66%。其中，直接答复办结123.17万件，占比63.70%；转承办单位办理70.18万件，占比36.30%。从受理渠道上看，接听群众来电187.70万件，同比增长52.63%，其他渠道受理5.65万件，同比增长53.53%。从话务高峰来看，日话务量最高峰达1.98万件。从办理情况来看，综合满意率、解决率、回复群众率和按期答复率均在99%以上。

“12345”热线督办考核　通过电话督办、书面督办、现场督办等多种形式，督促承办单位落实民生诉求，发挥考核指挥棒作用，每月对承办单位进行量化打分，下发考核通报。2022年，就热点难点问题向有关单位发送书面督办单318件，涉及单位49家，根据实际情况开展协调会议和督办“回头看”，相关问题基本得到有效解决或改善。

“12345”热线决策服务　坚持以“用数据说话、促服务提升”为基本目标，以反映民声、适应决策需求为导向，利用“12345”热线大数据资源，定期专项收集、整理社情民意，跟踪社会热点，形成有数据、有分析、有建议热线数据报告。2022年形成日报365期、周报51期、月报12期，向部门（单位）和有关领导呈报《一周热点》51期、《副市长分管领域月度分析报告》77期、《热点难点专报》4期，整理疫情防控、中高考、义务教育阶段招生入学等专项数据报告12件，假日旅游数据简报12期，为领导决策和部门（单位）落实提供有效信息参考，形成重难点问题协同处理机制。

“12345”热线数智化建设　布局智能工单、智能助手、智能质检、智能知识库等八大智能化模块，提高“12345”热线智能化水平。优化“12345”热线微信公众号，实现“民生诉求受理、政策信息推介、自助查询服务、文旅泰安服务”等诸多功能，公众号“粉丝”15万人，日均受理群众诉求100余件，累积查询政策10万次，直接解决线上群众资讯类问题5万件。

开展“面对面”活动　开展“服务民生面对面”活动，组织热线承办单位主要负责人到“12345”平台接听群众来电，直接解答群众诉求。2022年，组织41家部门（单位）主要负责人上线接听群众来电，当场解答群众咨询，协调处理诉求问题。开展“工作落实面对面”活动，组织有关部门（单位）主要负责人参加电视问政节目录制，力促群众反映强烈的突出问题得到有效解决。2022年播出23期，涉及部门（单位）45家，协调处理各类事项116件。

推进热线防疫　快速处置疫情类诉求，强化工作措施，提升服务质效。破解来电量骤增引发接通难等问题，创新开发远程座席100余个，居家办公就可24小时在线接听电话，保障话务接听需求，降低工作成本和生活成本。相关经验做法被省政府办公厅通报表扬，在全省推广。2022年，共受理疫情类诉求67.02万件，其中直接答复办结49.32万件，占比73.59%；转承办单位办理17.70万件，占比26.41%。（张　静）

【机关事务服务】　2022年，泰安市机关事务服务中心按照“集中统一、高效有序”原则保障党政机关有序运转，为泰安高质量发展贡献机关事务力量。连续12年保持山东省省级文明单位荣誉称号，获评国家机关事务管理局能源资源节约典型示范案例和山东省机关事务管理局节能案例评选“优秀组织奖”。

办公用房管理　以“六统一”（统一规划建设、权属登记、配置调剂、维修管理、处置管理、物业规范）管理机制为核心，规范办公用房管理。完善房产台账，拉网起底式测绘，统计单位154家、院落77处、楼座182幢、建筑面积67万平方米，实现市直部门全覆盖；指导各县（市、区）、功能区统计单位510家、院落414处、楼座971幢、建筑面积168万平方米。清退违规用房，开展公有房产整治，掌握市级行政事业单位公有房产情况。下发腾退通知单位13家，腾退到位8000余平方米。做好房产调配，将市委、市政府原办公区纳入办公用房管理范围。为市纪委监委机关、市委政法委等部门调剂保障办公用房5.6万平方米。抓好常规审批，严把房产出租、处置、维修等关口，审批出租业务25件，面积5.6万平方米；处置业务7件，面积8200平方米；维修改造业务13件，面积1.5万平方米。

公务用车管理　放大统管优势，将77个市级行政事业单位纳入公务出行保障范围，保障市新型工业化强市建设推进委员会、市疫情防控指挥部等10个工作机构和全市重点任务公务出行，全年保障里程70万千米，比上年增长13%。规范租赁车辆，完善租赁公司准入、考评、淘汰机制，入驻公司27家、社会车辆272辆。强化用车监管，对全市873家单位4900余辆公车进行统计，督促3家单位6辆公车加装卫星定位设备，标识化喷涂公车30辆。加强全程管理，处置公车41辆，拍卖16辆、报废22辆，上缴国库30万元；用好统管车辆公物仓，为3个单位调剂公车3辆。

物业管理　在全面保障市政中心物业管理服务基础上，增加市民之家、青年路办公区、市纪委办公区物业管理服务业务，扩大服务区域。严抓集中办公区疫情防控，启用面部识别系统，常态化开展办公区、环境消杀等防控工作。完善优化市政中心出入口管理，调整院内行车路线，方便干部职工出行。做好防疫、消杀、保洁、会务服务和园林绿化工作。

生活服务保障　为市民之家、市委原办公区新建职工食堂。落实食品安全制度，注重营养搭配、丰富菜品种类，利用有限资金为4000余名工作人员提供50万人次餐饮保障。

财资结算　提升财务核算精细化、政府采购规范化、内控建设标准化、绩效管理科学化水平，跟进指导集中核算单位32家，处理账务1.17万笔，金额19.27亿元；纠正不规范资料256笔，同比下降33%。（李冬霞）

营商环境建设

【营商环境创新提升行动】 2022年，泰安市围绕提升营商环境总体水平、增强市场主体获得感，推进优化营商环境创新提升行动各项工作任务。调整市持续深入优化营商环境和推进政府职能转变领导小组，由市委书记、市长任双组长，把“优化营商环境”工作列为全市“头号工程”，将开展营商环境创新提升行动列入《政府工作报告》，顶格推进工作开展。开展营商环境创新提升行动，根据省《营商环境创新2022年行动计划》要求，结合泰安市实际，制定出台《泰安市优化营商环境创新提升行动实施方案》，确定市级层面19个领域163项重点工作任务，明确各指标领域总牵头协调部门和责任部门、目标时限、达到的标准和要求，确保达到各项改革要求。聚焦流程再造，围绕打造公平有序的市场环境、保障有力的要素环境、便利高效的政务环境、安心舒心的投资环境，全市各级各单位企业全生命周期服务取得新提升。

【营商环境工作考核评价】 2022年，泰安市组建专题督导组，到有关县（市、区）、功能区和市级指标领域总牵头协调部门，对优化营商环境创新提升行动上半年、下半年工作开展情况进行全面督导，推进工作开展。健全完善定期督导通报制度，建立常态化督导考评机制，印发《2022年度泰安市优化营商环境工作季度考核办法（试行）》，对12个市级总牵头协调部门、38个责任部门以及各县（市、区）、功能区进行季度考核，就各指标工作完成情况、为企服务情况、典型经验做法、存在问题等每季度进行考核通报，发挥考核“指挥棒”作用，推动具体工作落实落地。

【惠企政策兑现落实】 2022年，泰安市各级各单位立足工作职能，从税费、金融服务、政务服务等方面出台、发布营商环境各类优惠政策（文件、通知）487项。开展多种形式的“送策入企”活动。企业服务专员直接将相关涉企政策送到“家门口”，并及时向企业宣讲各级出台的涉企政策，提高政策覆盖面、知晓率和匹配度，帮助企业用好用活用足优惠政策，切实解决好政策落地“最后一公里”问题。优化涉企政策服务平台，开发设计政企服务平台——“泰企通”服务云平台，主要包括“政策超市、诉求接办、工作动态、高校资源”4个功能模块，相应建立政策库、企业库、项目库、高校资源库个基础数据库，全量梳理相关政策内容，打造市级政策平台，推动涉企政策上线运行。针对疫情无法面对面进行政策讲解的情况，在政务服务热线“8866000”中增加政策受理内容，企业对政策内容的咨询安排专人进行解读，确保“有问必有解”。在企业开办时随手续同时发放惠企“政策包”，让企业享受超前政策服务。及时召开新闻发布会，拓宽宣传渠道，全年共召开“不动产登记服务再提升”“千项技改扩规 千企转型升级行动”“全市行政执法监督工作情况”等新闻发布会12场，就相关政策进行详细解读。

【市场主体服务】 2022年，泰安市推行“企业服务专员”制度。印发《关于实行“企业服务专员”制度的通知》，在全市范围内推行“企业服务专员”制度，对“企业服务专员”队伍建设方式、工作职责及工作方式、问题解决机制、组织保障等进行明确，帮助企业纾困解难，助推企业高质量发展，营造尊商重商亲商爱商的营商环境，提升企业家满意度和获得感。开展“我为企业办实事”活动，以破解企业反映强烈的痛点、难点、堵点问题为着力点，围绕“三聚焦三到位”（聚焦帮企业脱困清障，解决难点堵点痛点到位；聚焦为企业纾困解忧，入企联系帮扶到位；聚焦助企业提质增效，兑现惠企政策到位），推进一批实事项目落实落地。按照“贴近企业、内容具体、限时完成、确有成效”原则，全年归类筛选出实事项目87个，并在市政府门户网站和泰安电视台等新闻媒体集中向社会公开发布。建立常态化督导调度机制，对确定的实事项目进展及完成情况进行督导，实行实事办理“承诺制”“清单制”“通报制”，在调度、督导的基础上，对部门（单位）实事办理进展完成情况进行季度通报。开展“百名科长大家评”活动，紧盯思想观念、工作作风、机关效能等问题，围绕履职尽责、依法办事、工作作风、服务质量、廉洁自律等内容，在具有行政执法和公共服务职能的39个市直部门（单位）中开展“百名科长大家评”活动，激励和引导干部登高望远、奋力争先，实现作风大转变、服务大改进、效能大提升。

【营商氛围宣传营造】 2022年，泰安市有40项亮点工作和经验做法在全国推广或被省委、省政府通报表扬。泰安知识产权领域典型经验做法被国家知识产权局、司法部推介为第二批全国专利侵权纠纷行政裁决建设典型经验做法，在全国推广；《山东省专报信息》第1254期刊发《泰安市聚力优化金融环境助力民营企业高质量发展》、《山东省优化营商环境推进政府职能转变简报》第42期刊发《泰安市创建“小美帮办”便民模式擦亮帮办代办服务品牌》，被省委、省政府通报表扬。强化亮点经验总结提炼，通过开设专题专栏、政策梳理发布、打造服务品牌等形式，营造优化营商环境氛围。在泰安综合频道开设《走在前 开新局 营商环境看泰安》栏目，优化营商环境创新提升行动12个总牵头协调部门主要负责人聚焦指标任务和创新举措亮相表态。至年底，印发《泰安市优化营商环境推进政府职能转变简报》12期，“泰安营商环境”微信公众号累计发布信息230篇，各级各单位公开发布各类政策信息千余条。 （许兴超）

政务公开

【政府信息主动公开】 2022年，泰安市坚持“以公开为常态、不公开为例外”原则，围绕省、市重大决策部署，聚焦新型工业化强市、疫情防控、优化营商环境等重点工作，及时做好重大政策、权威信息发布工作。年内，通过市政府门户网站累计主动公开政府信息1.4万条，召开新闻发布会127场次，发布政府开放日活动信息45条，向社会主动发布决策意见征集事项64项，发布图文、视频等多形式政策解读信息503条。全市所辖各县（市、区）政府门户网站主动公开政府信息7.3万条。

【行政权力运行信息公开】 2022年，泰安市推进重大决策公开，在市政府门户网站新开设重大行政决策事项专题页面，对2022年确定的市政府8项重大决策事项按照草案内容、草案解读、决策依据、决策结果进行归集化展示。优化提升行政决策意见征集系统，建立包含“公告内容、草案内容、征集依据、公开意见及建议、我要发布意见”在内的意见征集及结果反馈，接受社会和群众监督。督导各级各单位按照政府工作报告重点任务、公开承诺事项等重点工作，定期公开进展和完成情况，方便公众了解和监督政府工作开展。强化会议公开，年内公开市政府常务会议23次，公开比例100%，其中安排利益相关方、公众代表、专家等列席13次；公开市政府专题会议27次。加大政策性文件解读力度，严格按照“谁起草谁解读”原则，督促各级各部门（单位）切实做到政策性文件与解读方案、解读材料同步组织、同步审签、同步发布。凡部门起草且拟以市政府或市政府办公室名义印发的公文，均进行信息公开前置审查，确保应公开全公开，应解读全解读。

【重点领域信息公开】 财政信息公开 公开泰安市2021年预算执行情况和2022年预算草案报告、泰安市2021年财政决算和2022年上半年预算执行情况报告、2022年泰安市市级“三公”经费预算等信息；按月公开财政收支情况；及时公布本级政府债务限额、余额情况。

重点民生事业信息公开 结合政务公开评估指标标准化指引编制，对社会保障、社会救助、社会福利政策公开标准进行规范，并将相关政府与定期公开保险参保人数、待遇支付、基金收支情况和各类社会救助人数和资金支出同栏公布，方便公众在查看参保人数等具体信息时可快捷查找相关政策。

教育领域信息公开 集中公开全市民办学校目录，所有中等职业学校专业设置、骨干专业特色专业和五年制高等职业教育院校名单。

环境保护信息公开 发布2022年全市重点排污单位名录317家。

医疗卫生信息公开 按照主动公开目录推进医疗卫生信息公开，方便公众快捷就诊。每季度公开全市医疗机构数量、布局、床位、大型设备等资源配置情况。

市场监管信息公开 全年发布食品安全抽检信息通报18期，定期公示安全生产违法案件信息，及时发布全市安全生产常规检查情况和全市安全生产突击检查情况。

【政务公开专区建设】 2022年，泰安市推进全市政务公开专区建设改造升级。在“市民之家”高标准建成市级政务公开专区，为办事群众提供优质的线下政务公开体验区；专区配备各类数字化设备，滚动播出政务公开宣传片、政策解读等视频，营造浓厚的政务公开氛围；在专区设计安装政务公开电子查询系统，汇集全市政府信息10万条，实现政府信息一键直达、一步获取。统一品牌策略。精心设计“泰公开”标识，对全市各级政务公开专区统一功能定位、布局设计和硬件配置，逐步实现全市政务公开专区标准建设体系全面优化升级，提升全市“泰公开”品牌影响力。

【公共企事业单位信息公开】 2022年，泰安市召开全市公共企事业单位信息公开研讨会和工作部署推进会，研究部署信息公开工作。在充分征集各重点领域部门（单位）意见建议的基础上，印发《全市公共企事业单位信息公开目录（试行）》，规范全市重点领域公共企事业单位信息公开工作。在市政府门户网站新开辟全市公共企事业单位信息公开专栏，对外公开市级适用主体清单，归集展示市级各重点领域36家单位和各县（市、区）公共企事业单位信息公开平台信息，督导各主管部门（单位）加强业务指导，推进重点领域公共企事业单位信息及时规范公开，提高社会公共服务质量和水平。

【政府政策性文件库建设】 2022年，泰安市根据《关于做好山东省政府文件集中公开和数据联通工作的通知》要求，对2016年以后全市各级各单位政策性文件进行梳理汇总，通过采取分批次培训和集中录入的方式，实现全市各级各单位政策性文件统一录入、归集展示。加强政府文件库公开平台建设，在市政府门户网站和各县（市、区）政府门户网站开设政府文件数据库专栏，通过设置多维度分类和智能化搜索，集中对外展示各类文件信息，便于广大群众查找使用。至年底，全市政府文件库已汇集各级各单位政策性文件2400余件。

【依申请公开】 2022年，泰安市规范政府信息依申请公开办理流程，加强依申请公开办理培训和督查督导，提升依申请公开办理质量。建立会商机制，对疑难办件，特别是涉及土地征收、房屋拆迁、信访投诉等领域的政府信息申请，组织召开专题协商会，邀请相关部门（单位）和法律顾问共同参与，加强综合研判，确保答复审慎准确、合法规范。年内，全市各级各单位共办理政府信息公开申请1230件，其中市政府办公室受理政府信息公开申请95件、依法依规答复95件，按时答复率100%。 （许兴超）

决策服务

【文稿起草】 2022年，市政府研究室坚持把文稿服务作为看家本领，树立精品意识，围绕市委、市政府中心工作，把握领导意图，撰写文稿，把好政治关、政策关、文字关、数据关、格式关。年内，组织起草《政府工作报告》、市委经济工作会议等综合文字材料400篇，有效文字量近200

万字。完成市委、市政府安排其他工作，组织全体机关工作人员3次到指挥部参与疫情集中办公，完成领导讲话、对上汇报等文稿20篇，梳理疫情防控工作台账60期，逐一挂账销号，推动疫情防控各项工作落实。

【调查研究】 2022年，市政府研究室开展黄河流域发展、信用体系建设、国有企业改革情况等调研，组织起草《关于黄河滩区居民迁建后续帮扶工作调研报告》等调研报告4篇，其中《丘陵地变身“聚宝盆”——新泰市探索山区丘陵粮食生产新模式》《纺织服装产业动能转换的泰山实践》得到省委书记李干杰肯定批示。邀请省政府研究室、省政府发展研究中心专家到泰安进行专项调研，为全市经济社会发展把脉会诊，为市政府科学决策、高效施政提供科学参考。

【决策咨询】 2022年，市政府研究室聚焦全市经济社会发展短板弱项，加大政策解读力度，深入研究思考，及时总结提炼具有推广借鉴、指导作用建议措施，编发《决策参阅》15期，及时为市政府决策提供信息服务。联合泰安日报社开展“开门写报告·我来献一策”（第四季）建言征集活动，多条建议被吸纳进政府工作报告。 （白 帆）

人事管理

【人才引育】 2022年，泰安市制定人才政策“加强版”配套细则18项、企校“订单式”技能人才培养奖励等政策落实细则18项，优化经办流程，完善服务体验。启动“才聚泰安·链通未来”泰安市新型工业化强市建设人才赋能行动，宣传推介全市最新招才引智政策，发布13条产业链756家规上企业用工岗位2377个、人才需求1.67万人。观看启动仪式直播160万人。组织县（市、区）、功能区人力资源社会保障部门到驻泰安高校开展“人社6+1政策宣讲会暨驻泰安高校专场招聘”系列引才活动。开展“才聚泰安·链通未来”进企访谈直播带岗、“周五进企直播带岗”、“百校千企”人才对接、“青鸟计划·向未来”直播招聘、“就业泰安”官方抖音直播带岗等活动46场次，提供岗位2774个，上线参与340万人次。建设完善“人才金政服务平台”，2540人申请人才补贴2098.2万元。发放“山东惠才卡”14人次，“泰山人才金卡”46人次，发放高层次人才证书182人次，社会力量服务机构41家。

【技能人才管理】 2022年，泰安市入选泰山产业技能领军人才支持项目1人。入选2022年度齐鲁技能大师特色工作站项目企业1家，获省级建设经费20万元。获评“2021年度泰安市首席技师”18人，获评“2021年度齐鲁首席技师”高技能人才6人，获评“2022年度山东省技术技能大师”2人。开展“金蓝领”技师、高级技师培训，核准培训计划870人。推行新型学徒制，培训1400人次。举办第十九届市级职业技能大赛，产生高级工2370人。拓展技能人才评价工作覆盖面，新增技能人才自主评价机构103家，企业技能人才自主评价考核1.67万人次。

【专业技术人才管理】 2022年，泰安市获批国家级博士后科研工作站单位4家，获批省级博士后创新实践基地企业2家，新招收博士后29人，新设立“博新岗位”1个，5名选手在2022年中国·山东博士后创新创业大赛决赛中获得优胜奖及优秀项目。获批省级（乡村振兴）专家服务基地单位4家。通过职称评审取得高、中、初级专业技术职务资格人员1.47万名，参加继续教育公需科目线上培训10.39万人次、继续教育专业科目线上培训7.45万人次。

【人事代理】 2022年，泰安市实施流动人员人事档案管理服务“五个档案”（规范档案、暖心档案、数字档案、效率档案、安全档案）专项提升行动，创建人事档案“一点通”服务品牌。市本级档案完成档案影像化扫描和信息采集工作9.09万份，为提升网办服务质效、促进档案大数据分析利用奠定基础。2022年，新增人事档案1506份，转出3585份，出具各类证明材料4700余份，查借阅档案4500人次。

【事业单位人事管理】 2022年，泰安市开展县以下事业单位管理岗位职员等级晋升工作。其中，新泰市、宁阳县、东平县完成首批职员晋升工作，晋升六级职员55人、七级职员56人。开展事业单位公开招聘工作，市直及功能区共招聘事业单位工作人员800人。探索“全链条”公开招聘风险

2022年5月6日，“才聚泰安 链通未来”泰安市新型工业化强市建设人才赋能行动在泰山国际会展中心启动 （王新宇 摄）

防控，以“泰”安全为目标，以防范促公正、以规范促公平，建立“四全四稳”（“全”领域系统协作，实现组织统领“稳”；“全”角度前置警示，实现防范意识“稳”；“全”要素规范培训，实现操作实施“稳”；“全”过程夯实责任，实现落实见效“稳”）全链条风险防控体系，聚力打造“招贤泰安·稳如泰山”特色品牌，形成《泰安市“全链条”从严防控事业单位公开招聘风险工作手册（试行）》。公开招聘风险防控经验做法被《中国组织人事报》、山东省人力资源和社会保障局和人社部官方网站刊文推广。开展事业单位工作人员年度考核工作，乡镇（街道）优秀档次比例不需预审，直接提高至20%。

【人事考试】　2022年，泰安市克服新冠疫情影响，完成注册计量师、计算机技术与软件工程师、环境影响评价工程师、2022年翻译资格水平等考试。组织事业单位公开招聘笔试，泰安考区参考（含省属单位考生2490人）3.38万人，设置考点24个，考场1130个。完成永昌志合电子化人事考试标准化考点验收工作，为全省第一家电子化人事考试标准化考点。

【表彰奖励】　2022年，泰安市印发《关于进一步做好及时奖励的通知》，发挥及时奖励工作激励作用。为128名市直机关事业单位省部级表彰奖励获得者每人发放春节慰问金1000元。推荐37个先进集体和60名先进个人为省级工作部门及以上表彰项目、表彰对象，其中11名受表彰人员享受省部级表彰奖励获得者待遇。经市委、市政府研究同意，申报15项市级党委和政府创建示范活动及12项县级党委和政府创建示范活动纳入省级以下创建示范活动目录。（孟庆涛）

外事工作

【因公出国管理】　2022年，泰安市推行审护签业务“一网通”“掌上办”，办理因公出国团组4批8人次，确保重点团组、重点人才“走出去”需要。通过精简报批材料、规范报批手续、压缩办理时限等举措，提升因公出国管理服务水平。健全完善因公出国管理服务平台基础信息建设，梳理汇总“组织结构树”信息921条，选拔培训专办员59名，做好平台试运行和软硬件更换。做好过期护照注销、在库护照保管以及因疫情引起因公出国相关问题处置工作，确保全市因公出国管理工作平稳运行。

【涉外管理】　2022年，泰安市提升涉外管理与服务水平，用好“快捷通道”，完成10个国家18批32名外籍人员邀请材料审核报批工作。推行“网上初审”“一次办好”“白名单制度”等措施，为5家企业12名商务人员成功申办APEC商务旅行卡，做好APEC商旅卡宣传推介工作，为企业提供咨询、办理及管理等便捷服务。通过知识讲座、现场答疑、发放宣传册等举措，深入县（市、区）开展领保知识宣传活动。健全应急预案，强化保障措施，维护海外利益安全。

【对外交流与合作】　2022年，泰安市开展“云外事”，推动泰山与法国圣米歇尔山成功缔结“友好山”关系。加强国际友好城市交流合作，与韩国龙仁市明知大学、日本八王子市立浅川小学、意大利罗古市市立中学开展学生交流活动；邀请韩国龙仁市新任市长录制第三十六届泰山国际登山节视频贺词；与菲律宾达沃市和马来西亚古晋南市就建立友好合作关系达成初步意向。泰安市与15个国家的21个城市建立友城关系或友好合作关系，与16个国家的55个社团、院校、医院等建立基层友好关系，缔结国际友好山关系4个。打造“外事+”服务品牌，成立泰安市对外交流服务平台，定期发布对外合作信息，为企业提供政策解读、资源对接、智力支持等外事服务。开展“外国留学生泰安行”“外国人眼中的泰安”“外国留学生体验中国传统文化”等对外宣传活动8场。借助意大利友城罗古市官网、脸书、展览馆等平台对泰安经济社会发展成就进行集中宣介。在罗古市立图书馆设置“中国文化之角——尼山书屋”，传播中国传统文化和泰山文化。完成《天下泰安》等56期宣传片视频字幕翻译及审定工作，讲好泰安故事，传播泰安声音。

（伊　强）

信访工作

【信访积案化解】　2022年，泰安市完成中央信访联席办交办“治重化积”信访事项2批，整体化解率99.6%，化解进度和质量居全省前列。省市领导包保信访积案全部化解，实体性化解率90.1%，超额完成年度目标任务。其中，省领导包保16件，9月底全部化解。

【信访事项办理】　2022年，泰安市制定《关于进一步加强和改进信访工作的意见》等文件，建立联合督查机制，用好“三函一书”（信访督办函、风险提醒函、问责建议函，信访告知书）制度，力促“事要解决、群众满意”。年内，信访事项及时受理率、按期办结率均达100%，群众对信访部门、责任单位参评满意率分别为97.71%、97.77%。

【《信访工作条例》学习宣传贯彻】　2022年1月24日，中共中央政治局审议批准《信访工作条例》（简称《条例》）；2月25日，中共中央、国务院发布，5月1日起试行。年内市“四大班子”带头，各级各部门跟进，自觉学《条例》用《条例》守《条例》。开展《条例》集中宣传活动，市县乡村“四级联动”，利用各类新闻和网络媒体，在全市范围内进行《条例》普法宣传，营造办事依法、遇事找法、解决问题用法、化解矛盾靠法良好环境。（李　伟）

编辑　校对　王　巍

中国人民政治协商会议泰安市委员会

综　述

【政协委员概况】　市政协十四届一次会议安排委员413名。其中，中共委员人选164名，占39.7 %；非中共委员人选249名，占60.3%。有民主党派委员人选177名，占42.9 %；妇女委员人选108名，占26.2%；少数民族和宗教界委员人选12名，占2.9%；新的社会阶层委员人选107名，占25.9%，其中非公有制经济代表人士78名。

【政协界别构成】　市政协设置界别29个，分别为中国共产党、中国国民党革命委员会、中国民主同盟、中国民主建国会、中国民主促进会、中国农工民主党、致公党、九三学社、无党派民主人士、中国共产主义青年团、泰安市总工会、泰安市妇女联合会、泰安市青年联合会、泰安市工商业联合会、泰安市科学技术协会、泰安市台湾同胞联谊会、泰安市归国华侨联合会、文化艺术界、科学技术界、经济界、农业界、教育界、体育界、新闻出版界、医药卫生界、对外友好界、少数民族界、宗教界、特别邀请人士。

【坚持中国共产党领导】　坚持把政治建设摆在首位，把中国共产党的领导贯穿到政协工作全过程，推动政协事业沿着正确方向砥砺前行。坚持“第一议题”学习制度，开展学习研讨25次、专题辅导报告5次，编印学习材料25册；创新学习形式，通过“政协在线”，先后就中共二十大精神等专题，组织市县政协委员和机关干部3860人次，参与线上学习研讨，分享学习心得4200余篇。认真履行全面从严治党、意识形态和党风廉政建设“三个责任制”，创新打造“同心·筑梦”党建品牌，被评为全市机关党建创新十佳优秀案例第二名。

【服务中心工作】　市政协领导班子成员分别担任全市6个重点产业链的链长、副链长，推动延链补链强链，促进产业做大做强。成立市政协“助力企业高质量发展智囊团”，聘任侨外工作顾问，组织委员在赛道选择、科技赋能、数字转型等方面，献务实之策、谋创新之举。开展“双碳·双融”助力新型工业化政银企对接活动，促成53家企业与银行达成融资意向321.88亿元。通过协商议政、调研视察、民主监督等形式，助力推动民生实事有效解决。

【民生改善服务】　通过协商议政、调研视察、民主监督等形式，助力推动义务教育“双减”政策落实、社区老年幸福食堂提质扩面、农村供水管理机制的健全完善，一大批民生实事有效解决。年内立案的302件提案中，涉及民生的提案占比超过一半，通过深入协商办理，得到转化落实。把协商平台搭在基层一线，建在乡村、社区，协商解决各类民生议题7300多个，提升基层社会治理效能。立足政协界别优势，开展扶危济困、捐资助学、慈善捐赠、文化下乡等公益活动，广大委员各类慈善捐赠款项达2400万元。

【联谊与学习平台】　全面落实政协党组成员联系各民主党派、专委会对口联系党派团体等制度，积极搭建平台，让各党派团体和各界人士在协商议政、调查研究、民主监督、提案办理等履职活动中担重任、挑大梁。高标准高质量推进“界别同心汇”建设，常态化开展特色聚识活动，泰山区职工服务中心“界别同心汇”入选全省首批20家创建试点单位。创新打造“书香政协”品牌，着力建设“‘爱岳读’政协委员书屋”“政协‘e书房’”，设立委员读书学习、协商议事“阅空间”，开办“泰安政协讲堂”，以书香凝心聚识，强化履职能力。

【政协自身建设】　制定完善《市政协党组关于进一步加强自身建设的意见》《关于加强和改进调研工作的实施办法》《关于加强和改进新时代政协宣传工作的实施办法》等制度规范60项，以制度化推动效能提升。举办新任委员培训班，抓好委员常态化学习交流，对委员履职情况进行严格考评。制定《关于深化机关作风建设的意见》，开展机关作风集中整顿活动，通过“三晒一评一公开”淬炼优良作风。加快“数字政协”建设，构建线上综合服务和委员移动履职新平台，开设远程协商、网络议政服务通道，推动数字化赋能政协履职提质增效。充分发挥政协网站、《泰安政协》和“泰安政能量”微信公众号、视频号等媒体作用，构建全媒体宣传新格局，营造全社会关心支持政协工作的浓厚氛围。

（张龙基）

2022年2月23—27日，市政协十四届一次会议选举产生政协泰安市第十四届委员会主席、副主席、秘书长。左起：杨承修、梁望东、倪庆宾、孙岱峰、武林中、袁久党、张步军、苏雪峰、董彦和　（司　刚　摄）

重要会议

【市政协十四届一次会议】　2月23—27日，政协第十四届泰安市委员会第一次会议在泰山国际会展中心泰山会堂举行，应出席委员413名，实到395名。会议听取和讨论市委书记杨洪涛在开幕会上的讲话，审议批准郭德文代表市政协十三届常委会所作的工作报告和姚霆所作的提案工作报告。委员们列席市十八届人大一次会议，听取并协商讨论张涛所作的政府工作报告及其他有关报告，委员们对上述报告均表示赞同。大会收到提案356件，经审查立案302件，12名委员作大会现场发言，31名委员作书面发言。会议期间，全体委员围绕泰安市未来五年发展目标任务，聚焦新型工业化、黄河战略、文旅融合、城市提升、乡村振兴和共同富裕等重点任务，深入协商议政，广泛凝聚共识，充分展现新一届政协委员的履职风采和责任担当。大会选举武林中为第十四届市政协主席，袁久党、孙岱峰、张步军、倪庆宾、苏雪峰、梁望东、董彦和为市政协副主席，杨承修为市政协秘书长，66人为第十四届市政协常务委员会委员。市政协主席武林中在闭幕会上讲话。

【常务委员会会议】　2022年，市政协召开常务委员会会议6次。

十三届二十七次会议　2月15日召开。市政协主席郭德文主持有关会议。市政协党组书记武林中，副主席徐恩虎、张庆明、刘君、王昌元、姚霆、马纯勇、程明、孙岱峰，秘书长李诚实，市政协党组成员杨承修出席会议。市政府副市长冯能斌应邀出席会议。会议听取市政府负责人《政府工作报告（征求意见稿）》起草情况的通报；审议通过关于召开政协第十四届泰安市委员会第一次会议的决定；审议通过政协第十四届泰安市委员会参加单位、委员名额和委员人选名单及界别设置；审议通过政协第十四届泰安市委员会第一次会议议程、日程及主席团、主席团会议主持人和秘书长名单，主席团常务主席、常务主席会议主持人名单，主席团轮值名单，大会副秘书长名单，提案审查委员会主任、副主任和委员名单，分组办法，各组召集人名单，预备会议日程和主持人名单；审议通过政协第十三届泰安市委员会常务委员会工作报告及报告人、政协第十三届泰安市委员会常务委员会提案工作报告及报告人；审议通过《关于授权主席会议审议政协第十三届泰安市委员会常务委员会第二十七次会议未尽事宜的决定》；审议通过有关人事事项。

十四届一次会议　2月27日召开。市政协主席武林中，副主席袁久党、孙岱峰、张步军、倪庆宾、苏雪峰、梁望东、董彦和，秘书长杨承修出席会议。会议审议通过政协第十四届泰安市委员会副秘书长名单；审议通过政协第十四届泰安市委员会各专门委员会的设置和主任、副主任名单。武林中就新一届市政协常委会如何创造新业绩、建功新时代作讲话。

十四届二次会议　4月13日召开。市政协主席武林中主持有关会议并讲话。副主席袁久党、孙岱峰、张步军、倪庆宾、苏雪峰、梁望东、董彦和，秘书长杨承修出席会议。市人大常委会副主任辛海明、副市长冯能斌应邀出席会议。会议传达学习习近平总书记看望参加政协会议的农业界社会福利和社会保障界委员时的重要讲话精神、省政协主席葛慧君到泰安调研座谈会精神；审议通过《市政协2022年协商工作计划》《关于开展“新型工业化 我要当先锋——政协在行动”活动的实施意见》《关于组织开展“泰安政协讲堂”活动的实施意见（暂行）》；审议通过有关人事事项。

十四届三次会议　6月24日召开。市政协主席武林中主持有关会议并讲话。市新型工业化强市建设推进委副主任、党委书记宋洪银应邀出席会议并作专题报告。副主席袁久党、孙岱峰、张步军、倪庆宾、苏雪峰、梁望东、董彦和，秘书长杨承修出席会议。会议围绕“聚焦新型工业化强市建设助推高质量发展”进行专题议政，8名常委从“产业链精准招商”“加强园区配套升级”“加强人才引进培养使用”“大力推动企业创新创业”等4个方面作大会发言。会议还审议通过《关于加快推进“书香政协”建设的实施方案》《政协泰安市委员会委员履职考核办法》《关于全市义务教育阶段“双减”工作的调研报告》。

十四届四次会议　9月28日召开。市政协主席武林中主持有关会议并讲话，副主席孙岱峰、张步军、倪庆宾、苏雪峰、梁望东、董彦和，秘书长杨承修出席会议。市人大常委会副主任李华民，副市长冯能斌应邀出席会议。会议传达学习习近平总书记重要讲话精神等有关内容，听取关于《推动文化旅游深度融合，充分彰显泰安优势特色》专题报告，围绕会议议题开展协商议政，5名常委作大会发言。会议通报市政协十四届一次会议以后政府系统提案办理情况。审议通过《政协泰安市委员会“泰山协商”工作实施办法》《政协泰安市委员会“委员之家”管理办法（试行）》；审议通过政协十四届泰安市委员会增补和辞去委员名单；审议通过有关人事事项。

十四届五次会议　12月8日召开。市政协主席武林中主持有关会议。市政协副主席袁久党、孙岱峰、张步军、苏雪峰、董彦和，秘书长杨承修出席会议。市人大常委会副主任戴冰，副市长、市公安局局长窦清波应邀出席会议。会议通报《政府工作报告（征求意见稿）》起草情况；审议通过《政协泰安市委员会关于深入学习贯彻中共二十大精神的意见》；审议通过关于召开政协第十四届泰安市委员会第二次会议的决定；审议通过政协第十四届泰安市委员会第二次会议议程（草案）、日程和相关名单；审议通过政协第十四届泰安市委员会常务委员会工作报告并推定报告人；审议通过政协第十四届泰安市委员会常务委员会提案工作报告并推定报告人；审议通过《关于授权主席会议审议政协第十四届泰安市委员会常务委员会第五次会议未尽事宜的决定》；审议通过关于部分人员辞去十四届市政协委员职务的决定及其他有关事项；审议通过有关人事事项。

【主席会议】　2022年，市政协召开主席会议7次。

十三届四十二次会议　2月15日召开。市政协主席郭德文主持会议。市政协党组书记武林中，副主席徐恩虎、张庆明、刘君、王昌元、姚霆、马纯勇、程明、孙岱峰，秘书长李诚实，市政协党组成员杨承修出席会议。会议审议通过政协第十四届泰安市委员会参加单位、委员名额和委员人选名单（草案）及界别设置；审议通过关于召开政协第十三届泰安市委员会常务委员会第二十七次会议的有关事项；审议通过关于召开政协第十四届泰安市委员会第一次会议的决定（草案）；审议通过政协第十三届泰安市委员会常务委员会工作报告（讨论稿）并推定报告人；审议通过政协第十三届泰安市委员会常务委员会提案工作报告（讨论稿）并推定报告人；审议通过有关人事事项。会议决定，将本次会议协商审议的部分内容提交市政协十三届常委会第二十七次会议讨论。

十四届一次会议　2月27日召开。市政协主席武林中主持会议。市政协副主席袁久党、孙岱峰、张步军、倪庆宾、苏雪峰、梁望东、董彦和，秘书长杨承修出席会议。会议研究召开政协第十四届泰安市委员会常务委员会第一次会议的有关事项，审议通过政协第十四届泰安市委员会副秘书长名单（草案），审议通过政协第十四届泰安市委员会各专门委员会的设置和主任、副主任名单（草案）。会议决定，将本次会议审议通过的内容提交市政协十四届常委会第一次会议审议。

十四届二次会议　4月11日召开。市政协主席武林中主持会议并讲话。市政协副主席袁久党、孙岱峰、张步军、倪庆宾、苏雪峰、梁望东、董彦和，秘书长杨承修出席会议。会议传达学习全国“两会”精神；审议通过关于召开市政协十四届常委会第二次会议的有关事项；审议通过《关于市政协各专门委员会与市直及省属以上驻泰有关部门、单位对口联系的安排意见》；审议通过《政协第十四届泰安市委员会各专门委员会委员名单》；审议通过《市政协2022年协商工作计划（讨论稿）》；审议通过《市政协主席会议成员联系界别和委员的办法（讨论稿）》；审议通过《关于界别委员全员参加专委会的实施意见（讨论稿）》；审议通过《关于开展“新型工业化 我要当先锋——政协在行动”活动的实施意见（讨论稿）》；审议通过《关于成立市政协“法治之光”服务团的建议（讨论稿）》；审议通过《关于组织开展“政协讲堂”活动的实施意见（讨论稿）》等。会议决定，将本次会议审议通过的有关内容提交市政协十四届常委会第二次会议审议。

十四届三次会议　5月6日召开。市政协主席武林中主持会议并讲话。市政协副主席袁久党、孙岱峰、张步军、倪庆宾、苏雪峰、梁望东、董彦和，秘书长杨承修出席会议。会议审议通过《市政协十四届一次会议重点提案及办理意见（讨论稿）》；审议通过《“泰安数字政协”建设工作方案（讨论稿）》；研究确定市政协十四届常委会第三次会议主题“围绕聚焦新型工业化强市建设，助推高质量发展”协商议政有关事宜；听取市政协“实施产业链精准招商，助推新型工业化强市建设”双月专题协商筹备工作情况汇报；听取市政协“新型工业化 我要当先锋——政协在行动”活动开展情况汇报。

十四届四次会议　6月23日召开。市政协主席武林中主持会议并讲话。市政协副主席袁久党、孙岱峰、张步军、倪庆宾、苏雪峰、梁望东、董彦和，秘书长杨承修出席会议。会议审议通过关于召开市政协十四届常委会第三次会议的有关事项；审议通过《关于加强和改进市政协委员学习工作的办法》《政协泰安市委员会提案征集办法》《政协泰安市委员会关于进一步加强提案办理工作的实施意见》《关于成立泰安市政协助力企业高质量发展智囊团的建议》《关于全市义务教育阶段“双减”工作的调研报告》《关于加快推进“书香政协”建设的实施方案》《政协泰安市委员会委员履职考核办法》等。会议决定，将本次会议审议通过的有关内容提交市政协十四届常委会第三次会议审议。

十四届五次会议　9月26日召开。市政协主席武林中主持会议并讲话。市政协副主席孙岱峰、张步军、倪庆宾、苏雪峰、梁望东、董彦和，秘书长杨承修出席会议。会议集体学习习近平总书记重要讲话精神等有关内容；审议通过关于召开政协第十四届泰安市委员会常务委员会第四次会议的有关事项；听取“推动文化旅游深度融合，充分彰显泰安优势特色”

专题协商议政工作情况汇报；审议通过《政协泰安市委员会“泰山协商”工作实施办法（审议稿）》；审议通过《政协泰安市委员会“委员之家”管理办法（试行）》；审议通过市政协提案工作有关规章制度；审议通过政协十四届泰安市委员会增补和辞去委员名单；审议通过有关人事事项。

十四届六次会议　12月6日召开，市政协主席武林中主持会议并讲话。市政协副主席袁久党、孙岱峰、张步军、苏雪峰、董彦和，秘书长杨承修出席会议。会议审议通过《政协泰安市委员会关于深入学习贯彻中共二十大精神的意见（草案）》；审议通过召开第五次常委会会议、十四届二次会议的有关事项；审议通过常委会工作报告、提案工作报告并推定报告人；审议通过《关于授权主席会议审议政协第十四届泰安市委员会常务委员会第五次会议未尽事宜的决定》《政协泰安市委员会关于加强和改进调研工作的实施办法》《关于表扬市政协2022年度履职考核优秀等次政协委员的通报》等；审议通过有关人事事项。会议决定，将本次会议协商审议的部分内容提交市政协十四届常委会第五次会议审议。

（张龙基）

协商议政

【“泰山协商”品牌建设】　聚力打造“泰山协商”品牌，制定《“泰山协商”工作实施办法》，创建“双月”专题协商、基层协商议事、专家学者协商议政、“互联网+协商”和“泰山协商”电视协商等协商新平台。市委办公室、市政府办公室、市政协办公室首次联合印发《2022年协商工作计划》，安排的23项协商活动，全部高质高效完成；推动县、乡、村三级开展协商活动2900余次；先后向市委、市政府报送重要协商成果7件，提出意见建议92条，得到市委、市政府高度重视，市党政主要领导批示肯定10次。“泰山协商”品牌建设成效，在省政协《联合日报》头版头条刊发。

【双月专题协商】　“实施产业链精准招商 助推新型工业化强市建设”双月专题协商会　5月19日召开。市政协主席武林中主持会议并讲话。市政府副市长唐传营，市政协副主席袁久党、董彦和出席会议。会上，13名省、市政协委员、专家学者、人大代表、民主党派人士、“双招双引”进的企业代表围绕产业链精准招商建言献策，市直有关部门负责人给予回应。就落实好该次协商成果，武林中强调，要认真研究梳理意见建议，做好协商报告的起草修改完善工作。要坚持全市政协“一盘棋”的思想，打响“泰山协商”品牌，确保协商工作走深走实。协商报告得到市委书记杨洪涛批示肯定。

“打造泰安特色中央厨房预制菜推进现代食品产业发展”双月专题协商会　7月14日召开。市政协主席武林中主持会议并讲话。市政府副市长马保文，市政协副主席梁望东、董彦和出席会议。会上，部分政协委员、专家学者、企业代表围绕如何打造泰安特色中央厨房预制菜，推进现代食品产业发展建言献策，市直有关部门负责人给予回应。武林中强调，要抢抓中央厨房预制菜产业发展壮大的战略机遇，强化地方和院校的深度合作，打造中央厨房预制菜泰山品牌。马保文介绍泰安市现代食品产业发展情况，对该次协商给予肯定并提出具体意见。协商报告得到市委、市政府主要领导的批示和肯定，市政府常务会议进行专题研究，市委、市政府出台8个方面政策措施，推动产业发展。

“数字赋能新型工业化强市”双月专题协商会　9月15日召开。市政协主席武林中主持会议并讲话。市委常委、副市长姜宁，市政协副主席张步军、梁望东，市政协秘书长杨承修出席会议。会上，部分政协委员、专家学者、企业代表围绕探索数字化转型新路径，推进数字赋能新型工业化强市建设进行建言献策，部门负责人给予回应。武林中强调，要牢牢把握数字经济和数字化转型重大战略，以数字经济新优势赋能经济社会高质量发展。协商报告报送市委、市政府，市委书记杨洪涛作出批示。

“聚焦黄河战略重点任务 推进大汶河流域湿地生态保护”双月专题协商会　12月14日召开。市政协主席武林中主持会议并讲话。副市长冯能斌，市政协副主席张步军、苏雪峰出席会议。会上，部分政协委员、专家学者围绕推进大汶河流域湿地生态保护建言献策，部门负责人给予回应。武林中指出，要切实提高政治站位，坚持系统观念，以高度的责任感使命感推动大汶河流域湿地生态保护工作不断取得新成效。冯能斌介绍泰安市湿地生态保护情况，对该次协商给予肯定并提出具体意见。整个协商活动达到建言资政和凝聚共识双向发力的目的。《泰山协商》电视专栏进行专题报道，形成《关于“聚焦黄河战略重点任务，推进大汶河流域湿地生态保护”专题协商报告》，市委书记杨洪涛和代市长李兰祥分别作出批示。

【对口协商】　围绕打造乡村振兴齐鲁样板新路径、新方法开展对口协商　先后4次到县（市、区）12处不同层次和类型的现场实地调研，详细掌握泰安市乡村振兴齐鲁样板工作开展情况的第一手资料，形成《打造乡村振兴齐鲁样板对口协商工作报告》，提出的7条建设性意见得到部门肯定。市政协推荐的3件典型案例入选省政协《乡村振兴新路径与新经验30个创新案例》汇编，成为全省入选个数最多的3个先进地市之一，该汇编分别得到省委书记和省长的批示肯定。

围绕推进康养产业链健康发展和社区养老全覆盖，就医养结合和宜居养老问题开展对口协商　7月15日，袁久党副主席带队实地考察泰安市泰山医养中心、泰安心康医院，并召开协商座谈会，听取市卫生健康委负责人关于泰安市“医养结合”工作情况汇报，听取市民政局、市财政局、市医疗保障局负责人有关工作情况汇报。委员们对泰安市强化顶层设计，创新业态模式，强化标准建设，挖掘产业潜力推动医养结合的做法和成效给予肯定，对下一步发展提出意见建议。

围绕“全市老年幸福食堂提质扩面”开展对口协商　7月28日，组织部分市政协委员、市直有关部门负责人和部分社区负责人到泰山区财源街道更新社区、松园社区和岱岳区粥店街道石蜡社区的幸福食堂进行实地考察，召开座谈会，听取市民政局主要负责人关于全市老年幸福食堂建设的工作介绍，进行现场互动，与会政协委员和社区干部就财政支持落实到位、提升老年幸福食堂自我发展能力、完善老年幸福食堂管理服务等提出意见建议。参加协商的相关部门表示，要认真研究政协委员和基层干部的意见建议，努力将一些切实可行的建议纳入政策措施，尽快让人民群众受益。

围绕助力泰山文化研究开展泰山文物保护与利用情况对口协商　制定对口协商方案，组织召开对口协商工作动员会，对任务进一步明确、分解，进行实地调研，结合对口协商举办第三期“泰安政协讲堂”，在充分调研的基础上，召开对口协商座谈会，邀请有关专家、有关部门负责人、委员参加，通过实地考察、线上调研、征求意见、座谈讨论、协商论证，就全市文物保护利用和文化传承发展把脉问诊、询计问策，广泛凝聚共识，形成对口协商报告，为泰山文化传承发展示范区建设做出贡献。

围绕推动文旅融合发展开展对口协商　为深度挖掘泰安文化、资源、区位优势，充分发挥泰山金字招牌的影响力，8月25日，围绕培育“康养+旅游”文旅融合新业态，促进泰安市文旅康养融合发展，实现泰安旅游后疫情时代在传统优势基础上提档转型升级，组织委员到诺莱生物医学科技有限公司、山东芝人堂药业有限公司、泰山·桃花源项目等相关企业和项目开展调研，召开对口协商座谈会，提出发挥品牌优势、突出工作创新、丰富产品供给、强化政策支持等工作建议，形成调研报告。

【提案办理协商】　围绕《加强泰安红色文化遗产保护与开发利用》提案进行调研协商，推进深化办理。8月3日，市政协副主席张步军带领提案委、提案单位、提案承办单位、部分委员和有关专家学者，到徂徕山抗日武装起义、中共泰安第一支部成立旧址等地进行调研，实地了解红色文化遗产保护与利用情况。8月12日，召开提案办理协商座谈会，提案主办单位市文旅局汇报提案办理情况，提案单位民盟市委负责人就提案办理答复情况发表意见，提、办双方互动协商、沟通交流；有关委员、专家和市文旅局、市委宣传部、市委党史研究院的负责人面对面协商，坦诚交换意见，围绕加强泰安红色文化遗产保护与利用进行深入协商交流，形成《关于“加强泰安红色文化遗产保护与开发利用”提案办理协商情况的报告》，市委书记杨洪涛给予批示肯定。

表3　2022年泰安市政协领导督办重点提案一览表

序　号	提案题目	督办领导	责任委室	提案人	承办单位
1	《关于加快新一代信息技术产业集群发展和培育信息技术产业头部企业的建议》	武林中	办公室 研究室	民革市委	市工信局会同市大数据中心、市科技局、市商务局、市发展改革委
2	《关于国有企业优化整合，做大做强市属国有资本的建议》	袁久党	经济委	民建市委	市国资委会同市财政局、市能源局、市文旅局、市人社局
3	《关于树立有解思维　助推泰安营商环境持续优质发展的建议》	孙岱峰	社会法制和民族宗教委	民建市委	市行政审批局
4	《关于围绕“双城”经济圈，打造省城旅游度假“后花园”的建议》	张步军	人口资源环境委	民盟市委	市文旅局会同市发展改革委、各县（市、区）政府、各功能区
5	《关于金融支持“专精特新”企业发展的建议》	张步军	提案委委员联络工作委	安　丽 杨庆木	市地方金融监管局
6	《关于将“泰山研学”打造成为全国研学领军品牌和世界研学目的地的建议》	倪庆宾	教科卫体委	李大庆	市教育局会同市发展改革委、市文旅局
7	《关于加强泰山文化、大汶口文化研究推广的建议》	苏雪峰	文化文史和学习委	李作超 耿　建	市委宣传部会同泰山文化研究院、市文旅局、泰山景区、市发展改革委、岱岳区政府
8	《关于培育壮大农业产业链　助力乡村振兴的建议》	梁望东	农业农村委	诸葛玉平 刘彦涛 刘运林 马新晶	市农业农村局会同市市场监管局
9	《关于加快现代物流业发展　助力泰安新型工业化强市建设的建议》	董彦和	港澳台侨和外事委	杨增刚	市商务局
10	《关于巩固拓展脱贫攻坚成果同乡村振兴有效衔接的建议》	杨承修	委员活动室	民盟市委	市乡村振兴局、市人社局、市文旅局、市委组织部

【调查研究】 围绕落实省政协交办的“推进新能源汽车产业高质量发展”开展协同调研　联合市工业和信息化局、市科技局、市能源局、市大数据中心、市汽车及零部件产业链工作专班、市新能源产业链工作专班等部门单位组成课题调研工作组开展调研活动，在深入调研论证基础上，向省政协提案委提报《关于“推进新能源汽车产业高质量发展”的调研报告》。

围绕中草药产业发展开展专题调研　把促进泰安市中草药产业发展作为重点课题进行调研，成立调研组先后到新泰市、岱岳区实地察看，召开座谈会听取市林业局、相关企业负责人工作情况汇报，听取委员、专家的意见，学习借鉴外地先进经验做法，形成《关于全市中草药发展情况的调研报告》，提出完善中草药产业发展规划、提高中草药产业集约化水平、实施泰山中草药品牌战略、建设泰山中草药交易市场、打造“中华泰山百草园”等意见。

围绕推动全市义务教育阶段“双减”落地落实开展专题调研　4—6月，市政协副主席袁久党带领调研组，通过创新搭建协商平台、问卷调查、上下联动、网络调研等形式，做实做好调研工作。依托丽景社区“委员之家”，召集部分学生家长、培训机构负责人、教师代表开展基层协商。发放调研问卷2000份，收集问题建议400余条。上下联动、双向发力，组织泰山区、岱岳区、肥城市、新泰市开展市县协同调研。向省内外8个城市发函收集经验做法。发挥泰山学院“委员之家”教育专家聚集优势，召集泰山学院部分政协委员和教育专家，召开调研报告论证座谈会。形成《关于全市义务教育阶段“双减”工作的调研报告》，得到市委副书记、市长张涛批示肯定。（张龙基）

民主监督

【提案监督】 市政协委员和政协各参加单位聚焦市委确定的新型工业化、黄河战略、文旅融合、城市提升、乡村振兴、共同富裕6大重点工作以及群众关心关注的热点问题建言资政，通过提案履职尽责。市政协十四届一次会议以后，共收到提案356件，经审查立案302件。立案提案中，委员提案183件，民主党派、人民团体、界别等集体提案119件。聚焦市委关切、群众呼声、长远发展，反复酝酿讨论、深入研究论证，遴选确定10件重点提案，经市政协十四届三次主席会议审议通过。市委书记杨洪涛、市长张涛分别作出批示。落实市委、市政府主要领导的要求，联合市委办公室、市政府办公室，将立案提案于3月底前全部转交73个单位进行办理，截至2022年11月底已全部办复。

2022年6月29日，市政协主席武林中（前排左一）以普通委员身份到泰山区财源街道三联社区报到，调研政协工作（张龙基 供）

【视察监督】 围绕全市基本农田保护及开发利用开展民主监督　落实《中华人民共和国土地管理法》以及中央、省、市关于耕地保护和粮食生产重点任务，通过召开网络视频会、通报会、推进会，组织委员到各县（市、区）“田长制”、土地整理项目现场实地察看，对泰安市耕地保护和开发利用情况开展民主监督，摸清泰安市耕地保护和开发利用工作情况，形成《关于我市耕地保护和开发利用情况民主监督报告》，提出改进工作的具体建议9条。

围绕高品质城市建设规划开展情况进行民主监督　4月28日开展活动，市政协副主席张步军参加活动。委员们先后到泰山科技学院、环山路东延石汶河段、山东湛蓝生物科技有限公司进行实地调研，并召开座谈会听取各部门负责人有关情况介绍，相关专家和政协委员集思广益，就加强高品质城市规划建设管理工作提出意见建议，形成相关民主监督报告并报领导参阅。

视察宗教活动场所规范化精细化管理情况　5月7日开展活动，市政协副主席袁久党参加活动。委员们实地考察泰山普照寺、泰山碧霞祠，听取相关情况汇报，对近年间全市宗教场所贯彻落实《山东省宗教事务条例》、弘扬社会主义核心价值观的做法给予充分肯定，就坚持宗教中国化方向、推动宗教与社会主义相适应、发挥宗教在社会治理中的积极作用等，提出意见和建议。

聚焦全市对外开放等重点任务开展民主监督　6月10日、7月25日，分别围绕促进泰安综合保税区建设和助力外贸出口企业发展等到泰安海关和泰山集团、山东晨晖电子科技有限公司调研，开展民主监督。对存在的难点和问题进行梳理、汇总，提出7条促进泰安市外贸进出口工作的建议。

围绕全市仲裁工作进行监督性视察　9月1日开展活动，市政协副主席袁久党参加活动。委员们实地考察泰安市市民之家仲裁法律服务平台、泰安市仲裁委新泰分会、新泰农村商业银行仲裁联络处，听取相关情况汇报，对近年间仲裁部门发挥职能作用、推动案件公正高效审结、稳居全省先进行列的做法给予充分肯定，就下一步加强仲裁工作宣传，拓展仲裁案源，提升泰安营商环境市场化、法制化、国际化水平提出意见和建议。

围绕全市农村供水管理体制改革工作开展民主监督　9月20日，市政协副主席梁望东带领部分委员和特聘专家对全市农村供水管理体制改革工作开展民主监督活动，先后到肥城市、宁阳县相关乡镇、村、农户和供水企业进行实地调研，形成《关于对全市农村供水管理体制改革情况进行民主监督的报告》，提出的建议被市水利局等业务主管部门采纳。

【社会监督】　共推荐82名省、市政协委员参与社会监督工作，担任活动评审评委、社会监督员、公众代表等，充分发挥政协委员的民主监督作用。（张龙基）

委员工作

【联系服务委员】　制定《关于建立界别委员全员参加专委会制度的实施意见》，建立以“界别为单位、专委会为依托、委员为主体”的“全员入委”界别履职新机制；在专委会联系界别组的安排上，进行科学合理划分，反复协商确定召集人和联络员。组织召开界别组工作会议，对全员入委和界别组的工作任务进行安排部署。各界别组制定年度工作计划，围绕界别优势组织委员开展活动，调动起每一名政协委员的履职热情。制定《市政协主席会议成员联系界别和委员的办法》，主席会议成员坚持定期走访、座谈交流和工作对接，加强与各民主党派、工商联和各族各界人士的经常性联系。

【委员学习培训】　制定出台《关于加强和改进委员学习工作的办法》，组织委员开展多种形式的培训学习。6月份，组织150人参加新任政协委员培训班，邀请省政协领导、市直部门负责人、优秀政协委员代表以及行业专家，对新任政协委员就政协基本业务、基本知识、市情民情、新型工业化强市建设等有关知识和业务内容进行系统培训。9月份和11月份先后两次在“山东通”App组织政协委员开展以“为新型工业化强市建设助力加油”“学习《习近平谈治国理政》第四卷”为主题的线上读书交流活动，先后组织2100余名市、县政协委员参与，共发帖3000余条，其中精华帖200余条，委员发帖内容汇总编辑形成《书香致远》发言集锦。

【联系界别群众】　落实中共二十大报告提出的关于“完善政协委员联系界别群众制度机制”的要求，组织开展全体市政协委员进社区联系服务群众工作，把413名市政协委员安排到6个县（市、区）不同的社区，广大政协委员深入基层，开展走访调研、了解社情民意、访贫问苦送温暖、助力抗击疫情等工作。探索推进政协协商向基层延伸，召开现场推进会议，制定《泰山协商议事工作指导规范手册》，以点带面全面铺开协商议事向基层延伸，在凝聚基层群众共识、参与社会治理、服务基层群众方面进行有效探索。

【委员履职考核】　制定出台十四届《政协泰安市委员会委员履职考核办法》。新一届委员履职考核办法，体现新一届政协的新任务新要求，突出协商主责主业、重点工作、常委考核、优秀政协委员通报表扬等，规范明确便于操作。落实委员履职动态管理，及时录入委员的各项履职活动，形成履职档案，激发委员履职积极性。完成本年度省政协、市政协委员履职情况统计和汇总分析工作，为省政协委员换届、市政协委员届中调整提供依据，参与协商推荐、增补和调整省、市政协委员人选的相关程序性工作。在二次全会上对85名年度政协履职考核优秀等次委员进行通报表扬。（张龙基）

专门委员会工作

【提案委员会】　政协第十四届泰安市委员会第一次会议期间，共收到提案356件，立案302件。遴选确定重点提案10件，市委、市政府主要领导批示有关方面认真研究办理，由市政协主席会议成员带头领衔督办。围绕提案的征集、重点提案培育、办理、督查、质量评价、考评表扬等工作新制定制度8项，其中《关于进一步加强提案办理工作的实施意见》，市委、市

2022年4月20日，首期“泰安政协讲堂”开讲。市委副书记、市长张涛作辅导报告，市政协主席武林中主持活动（张龙基　供）

政府办公室给予转发。探索融知情、调研、协商、咨询、论证为一体的协商方法，开展提案办理协商。开展提案质量和办理质量“双向评议”，评选表扬年度优秀提案17件，开设“提案追踪”宣传专栏，扩大提案社会影响力。

【经济委员会】 组织召开“双碳·双融”助力新型工业化政银企对接会，银行和企业现场签订合作协议总金额达到321.88亿元。组织开展“新型工业化　我要当先锋——政协在行动”活动，组建市政协助力企业高质量发展智囊团，为委员企业解难题、聚合力、凝共识。开展送税收金融政策进企业、进工矿机械产业链活动。联合人民银行泰安市中心支行、市税务局向企业发放各种政策汇编及明白纸30万册。组织开展政协委员视察市属国资国企活动。泰安市政协在全省政协经济委工作会议上作典型发言。完成十四届一次会议大会发言工作。

【农业和农村委员会】 聚焦专委会主责主业，完成耕地保护及利用、农村供水管理体制改革两项民主监督，中草药产业发展专题调研和乡村振兴新路径新方法对口协商，3篇案例入选省政协《乡村振兴新路径与新经验30个创新案例汇编》。组织农业界、民进界委员和特聘专家参与“新型工业化　我要当先锋——政协在行动”。建成农业银行泰安分行“委员之家”1处。

【人口资源环境委员会】 围绕“聚焦黄河战略重点任务，推进大汶河流域湿地生态保护”开展双月专题协商活动，协商报告得到市委、市政府主要领导批示。配合省政协“推进育儿友好型社会建设”月度协商开展调研。围绕高品质城市建设规划开展民主监督。围绕推进康养产业链健康发展和社区养老全覆盖，就医养结合和宜居养老问题开展对口协商。开展民革、科技界委员“税法及企业法律讲座”界别活动。完成常委会专题调研协商子课题“抓好平台载体建设，加强园区配套升级”常委发言组织工作。

【教科卫体委员会】 完成义务教育“双减”调研工作，《委员话双减、协商献良策》信息在“泰安政能量”平台点击量达1.4万人次，引起社会广泛关注，市政府主要领导做出批示。开展“校城融合，助力新型工业化”校企对接活动，促成泰山学院与多家企业就人工智能、数字信息、食品加工等领域签订合作协议。“医养结合”对口协商、体育产业发展情况监督性视察和重点提案督办、政协委员医疗服务团义诊等工作取得扎实成效。

【社会法制和民族宗教委员会】 组织“全市老年幸福食堂提质扩面”对口协商活动，推动老年幸福食堂更好地造福于民。对全市仲裁工作进行监督性视察，现场督办《树立有解思维，优化营商环境》重点提案。开展“全市宗教场所规范化精细化管理情况”民主监督活动。创建“法治之光”服务团，开展普法和法律咨询讲座81场次，在政协融媒体开设“法治之光”专栏，播发原创普法作品12期，阐释法律问题34个，为35家企业解决合规运营法律问题89个。

【文化文史和学习委员会】 创新打造“书香政协”品牌，制定《关于加快推进“书香政协”建设的实施方案》《关于组织开展“泰安政协讲堂”活动的实施意见》，组织“书香致远——泰安市‘书香政协’”建设启动仪式，山东卫视《晚间新闻》对启动仪式进行报道；建成“爱岳读”市、县政协委员书屋30所；举办“泰安政协讲堂”4期。组织山东文化标识推选工作，入选项目4个。做好文史资料收集整理上报，有2件作品被省政协文史馆列为珍藏成果。指导协调所联系界别组建成“委员之家”2处。

【港澳台侨和外事委员会】 举办“数字赋能新型工业化强市”双月专题协商会，编印《数字赋能新型工业化强市优秀案例选编》，市委书记杨洪涛作出批示。助力推动文旅康养融合发展，开展对口协商。围绕全市对外开放等重点任务，开展民主监督。举办泰安市港澳台侨企业家“新型工业化强市”座谈会暨市政协港澳台侨和外事委员会工作顾问聘任仪式。组织界别委员和侨外顾问调研台资企业，服务委员、顾问知情悉政、建言议政。

【委员联络工作委员会】 制定十四届《政协泰安市委员会委员履职考核办法》，突出主责主业重点工作，增加常委考核等内容。参与省首届“最美政协人”推广宣传活动，周传武委员被评选为省政协首届“最美政协人”。开展首次委员履职风采展播活动，分4个板块展示23名委员的事迹。做好住泰安全国、省政协委员参会等活动的服务保障工作，完成省、市政协委员年度履职情况的统计和汇总分析工作。　　（张龙基）

编辑　校对　刘　凯

中国共产党泰安市纪律检查委员会·泰安市监察委员会

综　述

【纪检监察体制改革】　泰安市发挥改革先导、突破和创立作用，完善市纪委监委领导班子分工和组织领导方式，调整内设机构编制，党风政风监督室加挂重大专项监督办公室牌子，向4家国有企业派驻监察专员并设立监察专员办公室，加强与中央和省属驻泰安单位沟通，“室组（企、校）地”［监督检查室、审查调查室；派驻纪检监察组（派驻市属企业、高校纪检监察机构）；县市区（功能区）纪委监委（工委）］协同协作更加顺畅。印发县（市、区）纪委监委向市纪委监委请示报告重大事项清单，持续加强对县级纪委监委的领导指导。

【派驻监督】　擦亮派驻监督“探头”，汇编《派驻机构工作手册》，为执纪执法提供制度支撑。建立健全“室组地”“室校地”“室企地”联合监督办案机制，打造常驻不走的“巡察组”。实施驻点监督、嵌入式监督，开展“一组一品”（一个派驻组打造一个监督品牌）特色监督，市纪委监委派驻纪检监察组主动发现问题线索数增长25.6%。

【廉洁文化建设】　加强新时代廉洁文化建设，实施思想引领、教育铸魂、文化浸润等“八项工程”，发挥驻泰安高校专业力量，系统挖掘泰山文化中的廉洁元素，打造廉洁文化“共同体”。举办“清廉传家”主题展，发放廉洁自律提示卡，召开全市警示教育大会，通报曝光典型案例，引导党员干部知敬畏、存戒惧、守底线。实施新媒体传播工程，打造传播矩阵，讲好正风肃纪反腐故事。

【纪检监察队伍建设】　坚持打铁还须自身硬，把队伍建强、让干部过硬。新一届市纪委常委会带头加强政治建设，提高政治能力，改进工作作风，发挥表率作用。提升机关党建质量，加强党支部标准化规范化建设，5个党支部被评为“市直机关五星级党支部”。深化全员培训，创新实施“星级化”考核，树立重实干、看实绩鲜明导向，市纪委、监委代表队获得全省纪检监察系统党纪法规知识竞赛一等奖。防治“灯下黑”，勇做新时代泰山“石敢当”。　（许　栋）

2022年1月29日，中共泰安市纪委十一届七次全体会议举行　（许　栋　供）

重要会议

【市纪委十一届七次全会】　2022年1月29日召开。会议贯彻中共十九大和十九届历次全会以及十九届中央纪委六次全会和省纪委十一届七次全会精神，总结2021年全市纪检监察工作，研究部署2022年任务。市委书记杨洪涛出席会议并讲话，市委常委、市纪委书记、市监委代理主任程远军代表市纪委常委会作题为“坚持全面从严治党战略方针，为新时代现代化强市建设提供坚强保障”工作报告。

【市纪委十一届八次全会】　2022年2月12日召开。市委常委、市纪委书记、市监委代理主任程远军出席会议并讲话。全会讨论并通过《中国共产党泰安市第十一届纪律检查委员会向中国共产党泰安市第十二次代表大会的工作报告》，决定将报告提交市第十二次党代会审查。会议强调，要落实习近平总书记对山东工作的重要指示要求，登高望远、奋力争先，为开创新时代中国特色社会主义现代化强市建设新局面做出更大贡献。

【市纪委十二届一次全会】 2022年2月21日召开。市委常委、市纪委书记、市监委代理主任程远军主持会议并讲话。会议强调，新一届市纪委要讲政治严纪律、勇担当善作为、守规矩重团结，发扬“严真细实快”作风，开创全面从严治党、党风廉政建设和反腐败工作新局面，为新时代中国特色社会主义现代化强市建设提供坚强保障。 （许 栋）

监督执纪

【政治监督】 聚焦“三新一高”（立足新发展阶段、贯彻新发展理念、构建新发展格局，推进高质量发展）、黄河重大国家战略、统筹疫情防控和经济社会发展、新型工业化强市战略等部署要求强化监督。运用“一台账、两清单、双责任、双问责”（建立工作总台账、形成部门属地两张清单、压实部门属地双责任、既问主体责任又问监管责任）监督机制，动态更新领导干部廉政档案，分批建立政治监督活页。加强美丽宜居乡村建设问题整改监督，严肃查处违建别墅、中央生态环境保护督察反馈问题、生产安全责任事故背后的失职失责行为，做好粮食购销领域腐败问题、统计数据造假等专项整治。严明政治纪律和政治规矩，全市立案审查违反政治纪律案件7件、处分9人。

【日常监督】 坚持防线前移，把监督抓在日常、严在日常。加强对“关键少数”的监督，建立市纪委负责人同下级党组织“一把手”党内谈话制度，协助市委制定加强同级监督工作意见。坚持原则、把握政策，实行谈心类谈话，深入细致做好思想政治工作。全市纪检监察机关运用“四种形态”批评教育帮助和处理4195人次，其中第一种形态占67.6%，咬耳扯袖、红脸出汗成为常态。

【基层监督】 以村（社区）集体“三资”（资产、资源、资金，下同）提级监督为切入点，深化“清廉村居”建设，提升基层治理水平。坚持上提权限、下沉力量，选取90个重点村（社区）开展片区协作监督。深化大数据技术应用，建设信息化监督平台，推广“阳光村务”App，全市村（社区）资金全部实现线上监管，资产资源监管率达到94.1%。编制小微权力“正面清单”，制定“清廉村居”建设规范地方标准，培育示范村（社区）176个。

【贯通各类监督】 加强“四项监督”（纪律监督、监察监督、派驻监督、巡察监督，下同）统筹衔接，积极探索“室组（企、校）地”联动监督、联合办案的方法路径。强化协助引导推动功能，建立与“12345”政务服务热线协调联动制度，健全与审计部门贯通协同机制，纪检监察监督与行政监督、审计监督、司法监督等贯通协调更加有力。

【“四风”纠治】 锲而不舍落实中央八项规定精神，选聘社会监督员，充实察访人才库，公开举报二维码，构建“1+N”（1是党内监督，N是人大监督、民主监督、行政监督、司法监督、审计监督、财会监督、统计监督、群众监督等其他各类监督）监督体系。积极配合全市机关作风集中整顿活动，通报曝光典型案例20起21人。查处形式主义官僚主义问题278个、处分235人，查处享乐主义奢靡之风问题107个、处分106人。开展“我为企业办实事”活动，建立“纪企直通”机制，出台“九可九不要”工作提示，鼓励党员干部积极为企业服务。全市查处“不清不亲”问题31个、处分32人。落实“三个区分开来”，坚持尽职免责、失职追责、精准问责，为8名干部容错纠错，为27名干部澄清正名，营造干事创业浓厚氛围。

【案件查办】 保持高压态势，聚焦重点领域、重点岗位、关键少数，一体推进不敢腐、不能腐、不想腐体制机制。加大办案力度，严查不法企业、领导干部在土地整理项目中的违纪违法问题。配合中央纪委国家监委查办“602”专案，完成各项任务，受到中央纪委国家监委表扬肯定。全市纪检监察机关处置问题线索3257件、立案1401件、处分1325人、留置45人、移送检察机关31人。146人主动

2022年2月12日，泰安市黄河流域生态保护和高质量发展专项监督工作部署会议召开 （许 栋 供）

2022年6月23日，市领导班子成员参观“喜迎二十大　家和万事兴”齐鲁好家风暨泰安“清廉传家”主题展　　（司　刚　摄）

投案，173人主动交代问题。挽回经济损失1.5亿元。制发纪检监察建议书376份。

【群众利益维护】　把民心所向作为努力方向，加强对巩固脱贫攻坚成果同乡村振兴有效衔接的监督检查，全市纪检监察机关查处问题37个、处分25人。坚持“小切口、深整治”，聚焦中小学校配餐（食堂）管理、停车管理、物业服务等6个重点领域，集中整治群众操心事烦心事揪心事，全市纪检监察机关查处问题610个、处分414人。推进常态化“打伞破网”，全市纪检监察机关查处涉黑涉恶腐败和“保护伞”问题8个、处分13人。落实信访工作条例，建立信访事项“双通报、双移交、单反馈”工作机制，全市纪检监察机关接收信访举报2171件次，其中检举控告1685件次，分别下降41.9%、33.9%。　（许　栋）

巡察工作

【概况】　2022年，泰安市委巡察机构在省委巡视工作领导小组和市委坚强领导下，锚定新时代巡察工作发展目标，找准政治定位，深化政治巡察，强化巡察整改和成果运用，发挥监督保障执行、促进完善发展作用。至年底，市、县巡察共发现问题线索254件，立案63件，党纪政务处分17人。其中，市级开展巡察3轮，巡察市直部门23个、镇街6个，发现问题线索46件，立案14件。

【组织领导】　泰安市委将巡察工作列入常委会年度工作要点，纳入各级党委（党组）主体责任清单和述责述廉、督促检查重要内容。市委书记杨洪涛发挥“头雁”作用，先后组织召开5次常委会会议听取巡察汇报、研究推进措施、决定重要事项。编制十二届市委巡察工作规划，明确以后五年市委巡察工作“路线图”和“任务书”。市委巡察工作领导小组履行组织实施职责，召开领导小组会议4次，学习上级重要会议精神、听取巡察情况汇报、深化巡察成果运用。市委巡察办强化统筹协调、指导督导、服务保障，探索建立“组办融合一体化”机制。

【政治巡察】　紧扣“两个维护”根本任务，落实政治巡察要求，坚持稳中求进、守正创新。细化监督重点，修订完善《政治巡察监督重点及突出问题表现》，制定《巡察国有企业“三个聚焦”监督重点细化清单》，助力巡察组明确监督靶向、精准发力。突出问题导向，市委第一轮巡察对泰山区徐家楼街道等6个乡镇（街道）开展提级巡察，紧盯“关键少数”，紧盯权力责任，共发现重点问题183个，移交问题线索22条（巡察期间移交立案5条），彰显巡察权威性和威慑力。创新组织形式，坚持板块轮动，分行业分领域集中开展政治监督，查找共性深层次问题。市委第二轮巡察聚焦黄河国家战略贯彻落实，配合省委巡视开展巡视巡察，省、市、县三级联动，发现重点问题228个，问题线索15条，督促补缴清退资金6946万元，督促即知即改问题25个，建章立制32项。市委第三轮巡察对国资国企和金融监管单位开展常规巡察，共发现重点问题80个，问题线索9条，督促即知即改问题12个，建章立制6项。

【联动贯通】　增强一体理念、系统思维，统筹用好各类监督力量，实现纵向联动、横向贯通。4月，泰安市委巡察办形成的《增强系统观念 完善制度机制 着力提升上下联动质效》一文在中央巡视办内网发表。发挥市级巡察机构承上启下统筹作用，强化对县级巡察工作的领导和督促指导。综合运用规划制定、会议部署、制度传导、政策宣传、业务培训以及派出指导督导组、召开巡察办主任座谈会等方式，推动县级巡察机构落实党中央巡视巡察决策部署。6个县（市、区）共开展巡察17轮次，巡察部门单位115家、村（社区）党组织196个，发现面上问题3438个、问题线索127条，建章立制107项。完善上下联动工作格局，市委第一轮巡察期间，同步对6个县（市、区）巡察工作开展指导督导，共培训县（市、区）巡察干部150人，提出工作建议52条，解决具体问题37个，指导制定制度25项。把对村（社区）巡察作为推动巡察工作深化发展的重要举措，组织岱岳区、新泰市、宁阳县3个县（市、区）分层分类开展对村（社区）巡察深化提升试点工作。总结提炼经验做法，结合清廉村居建设，研究制定《关于深化对村（社区）巡察推动监督融入基层治理的实施细则》，推动全面从严治党向基层延伸。发挥巡察综合监督作用，健全完善“四项监督”统筹衔接常态化长效化制度机制，印发《市纪委监委监督检查室负责同志兼任市委巡察组副组长工作规定（试行）》，加强对重要问题的会商研判，提升巡察发现问题的精准度和问题线索的可查性。拓宽巡审联动的广度和深度，市委第三轮巡察采取巡审联动形式，市审计局组建3个审计组提前介入，巡察组与审计组相互借势借力，共享监督成果。

【巡察整改】 实行台账工作法，打造巡察整改"全周期管理"闭环体系，省委巡视工作领导小组对泰安市巡察整改工作给予充分肯定，有关做法在全省巡视巡察工作会议上作典型发言。各县（市、区）在巡察整改方面进行探索，泰山区建立"三个一"（一账统管、一体共改、一链监督）体系，做实巡察整改"后半篇文章"，有关做法在省纪委监委网站发表；肥城市《画好"同心圆" 提升巡察整改质效》一文在中央纪委国家监委网站发表。强化整改制度供给，从制度定责、清单明责着手，泰安市制定贯彻落实省委办公厅《关于加强巡视整改和成果运用的意见的具体措施》分工方案等制度机制，拧紧整改责任链条，贯通巡察监督、整改、治理。把握整改关键环节，市级分管领导落实督促整改责任，参加分管领域、分管部门巡察反馈会成为常态。市纪委监委机关、市委组织部建立由党风政风监督室、干部监督一科牵头的整改监督机制，相关科室通过派员参加巡察反馈会、指导制定巡察整改方案、列席指导整改专题民主生活会等方式，督促被巡察单位抓好整改。市委巡察办建立反馈问题及问题线索总台账，定期与市纪委监委机关、市委组织部相关科室对账，动态更新整改进度。从严从实评估整改成效，市纪委监委机关会同市委组织部、市委巡察机构对第一轮巡察集中整改进展情况报告开展"三方联审"，对照反馈问题台账、问题清单和整改方案，逐项审核整改报告。深化评估结果运用，将整改情况纳入市直部门和县（市、区）落实全面从严治党主体责任年度考核内容，倒逼整改责任落实。持续放大巡察成果，市委三轮巡察共形成专题报告9份，其中《关于农村"三资"管理及扶贫资金项目运营有关情况的报告》，市委书记杨洪涛作出专门批示，要求"相关职能部门开展系统治理"。市农业农村局、市财政局联合印发通知，在全市范围内组织开展为期3个月的"三资"问题专项治理。至年底，共清理不合规合同1185份，收回被侵占土地资源171.67公顷，清收资源、资产租赁发包费357万元，收回虚报冒领、截留挪用集体资金6.5万元。

2022年6月16日，市委第五巡察组下沉了解市属工业企业生产经营情况

（张玉祥 供）

【巡察队伍建设】 开展规范化、法治化、正规化建设年活动，强基固本、锻造铁军。把政治建设摆在首位，学习领会中共二十大精神，深化对习近平新时代中国特色社会主义思想精神实质、丰富内涵的领会把握，不断提高政治判断力、政治领悟力、政治执行力。开展机关作风集中整顿活动，召开专题组织生活会，开展批评和自我批评，突出要害关键，精准施治提升。强化能力建设，印发《关于进一步加强全市巡察干部教育培训工作的意见》，坚持分级负责、分类培训、全员覆盖。2022年，共举办巡察干部培训班3期，印发各类学习资料110卷本，培训巡察干部90人。加强信息化建设，深入学习贯彻落实《巡视巡察工作网络平台使用管理办法》《巡视（巡察）单机系统使用管理办法》《巡视巡察省市县联动平台推广应用工作方案》，研究制定32条具体措施，抓好平台和系统推广应用，开发"码上巡"举报平台，为精准监督提供科技支撑。

（冯　庆　范庆胜）

编辑　校对　刘　凯

民主党派·工商联

中国国民党革命委员会泰安市委员会

【组织建设】 2022年年末，中国国民党革命委员会泰安市委员会（简称民革泰安市委）有基层组织19个，其中基层委员会1个、支部17个、小组1个；有党员380人，其中年内发展15人。开展基层组织换届工作，做好示范支部创建和党员之家建设工作。开展内部监督，加强机关建设，建设机关文化墙，展示民革历史沿革、履职成效和工作亮点。加强信息宣传工作，通过民革省委会、泰安市委统战部及泰安市委会微信平台推发信息30条。2022年，民革泰安市委会被民革中央评为“民革全国宣传思想工作先进集体”，被民革省委会评为“民革山东省委会参政议政工作先进集体”；农大支部被评为“民革全省宣传思想工作先进集体”；被评为“民革全省宣传思想工作先进个人”党员3名、“民革山东省委会参政议政工作先进个人”党员1名。

【思想建设】 2022年，民革泰安市委开展“矢志不渝跟党走 携手奋进新时代”政治交接主题教育，全年开展集中学习17次，组织70名骨干党员参加主题教育推进学习培训班。学习宣传贯彻中共二十大精神，组织收听收看中共二十大报告，畅谈学习体会，刊登推发学习文章29篇。参加民革省委会二十大精神学习竞赛活动，获得优秀奖。各基层组织分别通过线上或线下形式召开专题学习会议。为创建全国“民革教育基地”开展调研，组织党员到冯玉祥泰山纪念馆及其周边冯玉祥将军曾经生活居住、读书讲学的故居、遗址等地开展实地考察。

【参政议政】 2022年，民革泰安市委参加中共泰安市委、市政府召开的征求意见会、民主协商会、情况通报会和座谈会等22次，围绕助力黄河流域高质量发展、推进新型工业化强市建设、水资源保护管理等多项议题提出意见建议40条，开展书面协商20次，提出意见建议30条。集体提案《关于加快新一代信息技术产业集群发展和培育信息技术产业头部企业的建设》被评为优秀提案。围绕全市新型工业化强市建设，到企业开展调研3次，形成《挖掘特色资源优势，融创食品产业链条》《发展土工复合材料行业产业链，助力新型工业化建设》调研报告2篇。围绕全市人才工作和医养服务开展调研，形成《全力做好人才“引育用留” 助力我市“新型工业化”强市建设》《加快推进医养结合养老服务业发展的建议》调研报告2篇。向民革中央，民革省委会，泰安市政协、市委统战部报送社情民意信息85件，其中向民革省委报送社情民意信息56件，被采用35件；作为省政协转件2件，被民革省委会选为集体提案报送省政协会议1件；向市委统战部《建言专报》报送信息20件，被采用4件；向泰安市政协十四届一次会议提交集体提案10件、个人提案40件，大会口头发言党员1名、书面交流发言党员3名。

2022年6月29日，民革市委会助力新型工业化企业服务队为市政协委员开展税费政策、企业法律风险防范等专题讲座　（王　磊　供）

【社会服务】 2022年，民革泰安市委围绕企业“技改扩规、转型升级”课题，山东农业大学民革党员、教授与相关食品企业结对，进行技术指导。组建法律、财税方面党员服务队，通过举办培训班、深入企业面对面指导等形式，为企业提供法律知识、财税政策解读等服务。全年开展服务活动7次，服务企业100余家。开展走访慰问、定点帮扶活动，走访慰问70岁以上老党员22人，为1名困难党员争取民革中央“博爱·牵手”基金会慰问金1万元。参加民革济南市委会举办的“民革沿黄省会城市黄河文化书画展”。组织中山书画院书画家到高铁李家庄社区开展“同心共筑梦”文化进社区活动；到泰安军分区，开展庆祝建军95周年书画笔会活动。全年民革泰安市委会党员、中山书画院书画家参加各类书画服务活动30次。为全市疫情防控贡献力量，捐款捐物50万元，参加社区、单位疫情防控志愿服务党员140名。

（王　磊）

中国民主同盟泰安市委员会

【组织建设】 2022年年末，中国民主同盟泰安市委员会（简称民盟泰安市委）有盟员744名，设总支1个、基层委员会1个、支部19个、学习小组1个；发展盟员22名，其中硕士以上成员9人、中级以上职称13人；推选10名代表参加民盟山东省委第十一次代表大会，1名代表参加中国民主同盟第十三次全国代表大会。建立健全盟内监督机制，成立民盟泰安市第九届委员会内部监督委员会，修改完善民盟党派成员信息统计数据库700余人。拓展民盟高等教育主体界别发展基础，主动与驻泰安高校联系交流。打造鲁盟“同心社区”，组织民盟泰安市直属五支部与中共省庄镇亓家滩村党支部联合建成鲁盟“同心社区”乡村振兴服务基地。开展“书香民盟·二十四节气读书会”活动，在弘文教育文化成长中心举行民盟泰安市教育科技支部盟员之家揭牌暨“书香民盟·二十四节气读书会”启动仪式。被评为“民盟山东省委2022年度参政议政先进集体”。

2022年8月11日，民盟泰安市机关直属五支部与中共泰安市省庄镇亓家滩村党支部鲁盟“同心社区”乡村振兴服务基地揭牌仪式在泰安市省庄镇亓家滩村举行

（刘润国　供）

【思想建设】 2022年，民盟泰安市委召开全委（扩大）会议2次，传达学习中共山东省委、中共泰安市委会议精神和民盟中央、民盟省委会议精神，部署推进年度政党协商计划、重点提案领办督办、重点调研课题、盟员发展、支部换届、社情民意信息等工作任务。开展“矢志不渝跟党走　携手奋进新时代”政治交接主题教育活动，在盟省委主题教育动员会上，被选为典型交流发言地市。参加民盟省委举办的“讲述·非凡十年”征文活动，民盟泰安市委会获优秀组织奖，2名盟员征文获二等奖，2名盟员征文获三等奖，5名盟员征文获优秀奖。报送工作信息40篇，民盟中央采用7篇，民盟省委采用35篇。

【参政议政】 2022年，民盟泰安市委开展“同心聚力新型工业化”专项活动，撰写上报调研报告2篇。泰安市“两会”期间，提交提案30件、大会发言3件，被评为十大重点提案2件。上报社情民意信息20篇，其中报全国政协采用2篇、省政协采用2篇、盟省委采用9篇、市委统战部《建言专报》采用6篇。协助盟省委开展“沿黄河九市经济高质量发展”“京杭大运河复航问题研究”调研课题2个，完成年度重点调研报告2篇。参加“市党风廉政建设工作通报会”“助力黄河流域生态保护和高质量发展”等政党协商座谈会20次，完成《泰安市养犬管理条例（草案）》等书面协商20次。参加民盟省委“我为乡村振兴献一策”研讨会，上报论文2篇。

【社会服务】 2022年，民盟泰安市委走访部分民盟退休老同志，指导各支部以不同方式开展走访慰问。助力乡村振兴科技服务基地建设，东平银山镇刘庄村高产梨园600余棵山农酥梨正式进入首年采摘期。民盟泰山区支部盟员出资近万元，为财源街道所辖社区一线抗疫工作人员订制防寒保暖冲锋衣。全年组织开展各类社会服务活动20次，捐助防疫物资价值7万元。

（王玲玲）

中国民主建国会泰安市委员会

【组织建设】 2022年年末，中国民主建国会泰安市委员会（简称民建泰安市委）设总支部1个、支部15个、专委会9个，有会员322人。其中，女会员102人，占31.6%；经济界会员及相关专家学者280人，占87%；大学本科以上学历216人，占67%；中级以上职称188人，占58%。新发展会员15名，其中女会员3名、大学本科以上学历12人、中级以上职称4人、经济界人士12人。开展制作一面文化墙、组织一次外出考察、出版一期纪念专刊、评选表彰一批先进、召开一场纪念大会"五个一"活动，庆祝民建泰安市级组织成立30周年。推进会员之家建设，新建会员之家1处，全市共有民建会员之家和支部活动中心8个。建立健全完善各类会议、财务、组织工作、激励考核等制度16项。被民建山东省委会表彰为"民建全省理论宣传调研工作先进单位""民建全省组织管理工作先进集体"。

【思想建设】 2022年，民建泰安市委开展"矢志不渝跟党走 携手奋进新时代"政治交接主题教育，加强思想建设。印发《关于深入学习宣传贯彻中共二十大精神的通知》，召开动员部署会、交流座谈会，指导各基层组织开展学习活动，掀起学习宣传贯彻中共二十大精神热潮。通过组织外出考察学习、惠企政策宣讲、入企调研、红色教育等活动，推动政治交接主题教育走深走实。8月18日，民建泰安市委会举办政治交接主题教育宣讲活动，邀请民建省委会驻会领导作主题宣讲。发挥微信公众号、网站和《泰安民建》杂志宣传阵地作用，加强会员先进事迹及优秀会员企业宣传报道，年内编发稿件80篇。

【参政议政】 2022年，民建泰安市委全年参加全市民主协商会、征求意见会、情况通报会等22次，书面协商37次，围绕全市中心工作提出意见建议近80条。在泰安市各级"两会"上，共提交意见建议及提案107件，其中省人大优秀建议1件、省政协优秀提案1件、市政协重点提案3件、市政协优秀提案2件，在泰安市政协全会上作现场大会发言4人、书面交流发言3人，被泰安市政协表彰为"2022年度履职优秀委员"12人。开展"专精特新"中小企业发展、会展产业发展、数字乡村建设、公共卫生服务体系建设等调研活动7项，形成调研报告7篇，全部得到中共泰安市委主要领导签批。围绕全市中心工作，聚焦经济、政治、文化、社会、生态等方面建言献策，其中得到中共泰安市委、市政府主要领导签批信息14篇，并得到相关部门答复办理。抓好社情民意信息工作，年内编辑报送信息54篇，被采用38篇，其中民建中央采用1篇、省政协采用3篇。

2022年6月16日，民建泰安市委会"银企对接·助力发展"金融顾问聘任仪式在泰山立志研学基地举行 （杜荣立 供）

【社会服务】 2022年，民建泰安市委开展"集智聚力促发展，我为新型工业化强市做贡献活动"，通过"献策""出力"两种形式，助力全市工业发展。开办民建泰山大讲堂，开展惠企政策解读、涉企法律咨询。聘请金融顾问，助力会员企业优化融资结构、防范金融风险。选派3名企业界会员分别参加民建中央组织的非公论坛、风险投资论坛、高端企业家培训班。年内，在抗击疫情、扶危济困、幸福夕阳、捐资助学助残等方面，民建会员捐款捐物总价值300万元，直接受益人群5100人。 （杜荣立）

中国民主促进会泰安市委员会

【组织建设】 2022年年末，中国民主促进会泰安市委员会（简称民进泰安市委）设支部10个，会员286人。完成3个支部换届工作，新发展会员14人，参加民进山东省第八次代表大会成员6名。利用民进中央信息化统一工作平台，更新组织和会员基本信息，建立组织和会员信息数据库，完善代表性人士信息。开展会员之家建设，建立法律支部会员之家。年内，被民进山东省委会表彰为"机关建设工作先进单位"；2个支部获评"民进山东省先进基层组织"，27人获评"民进山东省优秀会员"。

【思想建设】 2022年，民进泰安市委召开全委（扩大）会议、主委办公会议5次，成立市委会理论学习中心组，学习中共二十大、中央统战工作会议、民进山东省第八次代表大会精神，研究部署议政调研、组织建设和社会服务工作。开展"矢志不渝跟党走 携手奋进新时代"政治交接主题教育，组织开展爱国主义教育、革命传统教育。宣传开展政治交接主题教育情况，民进泰安市委会办公室编发公众号信息17篇。民进中央网站"今日头条"采用泰山区支部喜迎二十大创作的诗朗诵《我的祖国》短视频，《联合日报》刊发岱岳区支部抗疫先进事迹。

2022年8月18日，民进泰安市委会举办“凝心铸魂强根基、团结奋进新征程”主题教育暨“泰安民进开明讲堂”宣讲活动，围绕企业合规发展和乡村振兴进行宣讲辅导　　　　（王传其　供）

【参政议政】　2022年，民进泰安市委有各级人大代表和政协委员34人，其中省级3人、市级14人、县级17人。向泰安市政协十四届一次会议提交集体提案17件、立案15件、大会发言材料4篇，均被采用。《抓住碳达峰碳中和关键窗口期，积极推动泰安市绿色低碳高质量发展》作大会发言，《关于促进我市康养产业健康发展的建议》被表彰为泰安市政协十四届一次会议优秀提案。年内，参加政党协商22次、书面协商21次，围绕泰安市创新型城市建设、黄河战略等内容提出意见建议。向市委统战部提报《建言专报》信息材料16篇，得到中共泰安市委主要领导批示4篇。年内，围绕打造出版印刷千亿级全产业链集群、推进现代食品产业高质量发展、驻泰安高校助力新型工业化强市建设、打造“书香泰安”品牌开展调研，形成调研报告3篇、民主监督报告1篇，均得到中共泰安市委主要领导批转，相关部门落实。

【社会服务】　2022年，民进泰安市委会员企业践行社会责任，捐献防疫物资近3万元，用于支持学校、社区防疫工作。开展“春联万家”活动，为企业职工送“福”迎新春。开展“相约春天，绿化泰安”植树活动，以实际行动绿化美化泰安。民进岱岳区支部发动会员捐款1万元用于帮扶疫情防控期间困难家庭学生；泰山区支部开展“喜迎二十大，送暖夕阳红”活动，重阳节前走访慰问社区老人，传递社会关爱。　　（王传其）

中国农工民主党泰安市委员会

【组织建设】　2022年年末，中国农工民主党泰安市委员会（简称农工党泰安市委）设基层委员会1个、总支1个、支部19个，党员432人。新发展党员19名，其中博士3名、硕士8名。年内，召开主委办公会、全委会5次，学习全国“两会”精神，统一战线政策、文件等精神。开展领导干部和骨干党员“五种能力”（政治把握能力、参政议政能力、组织领导能力、合作共事能力、解决自身问题能力）建设提升年活动，把组织建设与干部队伍建设、履行参政党职责、做好本职工作相结合。参加农工党中央举办的市级组织领导班子成员培训班。提升基层组织建设水平，开展基层组织标准化规范化建设年活动，明晰基层组织建设目标任务、措施方法和具体要求。

【思想建设】　2022年，农工党泰安市委学习贯彻中共二十大精神，开展“矢志不渝跟党走　携手奋进新时代”政治交接主题教育，实施理想信念引领行动，筑牢共同思想政治基础。参加农工党中央举办的农工党十七大代表专题学习会暨思想政治建设研讨会。组织经济界党员参加农工党省委会举办的农工党山东省非公有制经济代表人士暨经济领域骨干线上培训班，在泰安市设分会场，集中收看专题辅导。参加“讲述·非凡十年”征文活动。

【参政议政】　2022年，农工党泰安市委举办参政议政工作培训班，召开参政议政座谈会、经济界人士座谈会，提升参政议政能力水平。参加中共泰安市委、市政府召开的征求意见会、民主协商会、情况通报会等22次，开展书面协商20次。在泰安市政协十四届一次会议期间，提交集体提案7件，大会发言2件；获评优秀提案1件。报送社情民意信息40条，其中1篇被省政协采用报全国政协、4篇《建言专报》信息得到市委主要领导批示。健全完善参政议政专门委员会，充实参政议政骨干力量，围绕助力新型工业化建设、中职教育发展等开展专题调研，向中共泰安市委提交调研报告4篇，得到中共泰安市委主要领导批示。

【社会服务】　2022年，农工党泰安市委参加全国社会服务工作骨干培训班，为新型工业化强市建设凝心聚力。摸排党员企业，完善企业信息，搭建交流平台，促进党员企业交流。开展知识讲座、法律咨询等活动，帮助企业了解、掌握国家法规政策。为企业一线职工提供医疗服务，组织泰安市中心医院8名医疗专家到泰安嘉和重工机械有限公司开展“2022年环境与健康宣传周”义诊活动。为社区老年人常见病、慢性病开展咨询、初步筛查、诊断和一般治疗服务，泰安中心医院支部组织专家到岱庙街道北新社区开展“关爱老人，心系健康”重阳节义诊活动，泰山区支部到泰山区泰前街道白马石村，

2022年6月1日，农工党泰安市委会到泰安嘉和重工机械有限公司开展2022年环境与健康宣传周义诊活动（丁 婧 摄）

开展“欢度国庆、喜迎二十大”义诊活动。艺术支部到岱岳区粥店街道上旺社区开展“送文化进社区”活动。

【纪念农工党建党92周年全国书画名家作品邀请展暨农工党泰安市书画院揭牌仪式】 2022年8月7日，农工党泰安市委在泰安市美术馆举办纪念农工党建党92周年全国书画名家作品邀请展暨农工党泰安市书画院揭牌仪式。山东省人大常委、省政府参事、农工党山东省委会一级巡视员吕善勇，中共泰安市委常委、统战部部长成丽出席开幕式并为书画院揭牌。同时举办“喜迎二十大老艺术家座谈会”“推进文化创新、开辟新境界”书画作品网络展等多种形式书画活动。（丁 婧）

中国致公党泰安市委员会

【组织建设】 2022年年末，中国致公党泰安市委员会（简称致公党泰安市委）设支部13个，党员213人，致公党党员侨海关系覆盖美国、日本、英国、新西兰、澳大利亚等多个国家和地区。做好支部换届人选及各项准备工作，梳理党派代表人士队伍情况，调整完善代表人士队伍数据库，掌握代表人士队伍状态。加强机关建设，开展内部监督工作，增强机关干部工作能力、服务意识，推进对各级领导班子成员、骨干党员监督规范化。开展创先争优活动，获评全省先进集体3个、优秀党员15名。被致公党山东省委会评为“创先争优组织建设先进集体”，山东农业大学支部被评为“创先争优社会服务工作先进集体”。

【思想建设】 2022年，致公党泰安市委学习贯彻中共二十大精神，引导党员理解新发展阶段、新发展理念、新发展格局内涵要义、实践要求。致公党泰安市委会及各支部组织集体学习9次，举办各种会议和活动16次。开展“矢志不渝跟党走 携手奋进新时代”政治交接主题教育，成立领导小组，召开动员会议，制定实施方案，促进主题教育与党派工作融合，推进履职尽责。

【参政议政】 2022年，致公党泰安市委参加民主协商会、《政府工作报告》征求意见会及专题协商座谈会等20次，提出意见建议50条。围绕重点工作任务开展调研，形成《传统工业企业数字化转型的思考》《关于持续优化营商环境的建议》《关于加快推进全市旅游产业复苏发展的建议》《关于提升职业院校社会培训能力服务企业转型升级的建议》课题成果4篇。在泰安市政协十四届一次会议期间，提交提案建议30件，其中集体提案12件、政协大会发言4件，获评优秀提案1件。

【社会服务】 2022年，致公党泰安市委鼓励致公党党员通过考察、访问、探亲等时机，加强联络交友，宣传泰安泰山。开展助力乡村振兴行动，推进山东农业大学统战部以致公党农大支部为主体，在宁阳县伏山镇建立统一战线专家工作站，与伏山镇政府签订黄精产业园规划设计、农禅生活空间设计等省级乡村振兴项目，开展乡村振兴整体规划和各类农业科技服务。助力产业振兴、服务民生，联系对接专家教授和爱心人士，开展农业科技示范、乡村音乐支教、扶老济困助残等社会服务活动16次，捐赠资金10万元，捐助医用口罩、消毒液、方便面、矿泉水等物资价值7万元。（张淑蕾）

九三学社泰安市委员会

【组织建设】 2022年年末，九三学社泰安市委员会（简称九三学社泰安市委）设基层委员会4个、支社28个，有社员740名。新发展社员32人，高层次比例90.6%，主体界别比例78.1%，平均年龄39岁，加入九三学社山东省委所属专委会社员7名。拓展组织建设模式，推进自身建设，落实《中共中央关于加强中国特色社会主义参政党建设的意见》。加强机关作风建设，发挥好参谋助手与执行协调中枢作用，建立社内日常工作和信息交流线上平台，做好九三学社公众号和微信群管理工作。年内，被九三学社中央表彰为“2021—2022年社会服务先进集体”，被九三学社山东省委表彰为“社会服务工作先进集体”。

【思想建设】 2022年，九三学社泰安市委召开全委会议4次。5月20日，九三学社泰安市委会召开“矢志不渝跟党走、携手奋进新时代”政治交接主题教育动员会。11月10日，九三学社泰安市委召开九届五次会议，把学习贯彻中共二十大精神作为首要政治任务，加强调查研究，积极建言献策。

【参政议政】 2022年，九三学社泰安市委向市政协十四届一次会议提交提案56件、重点提案4件，列为政协第十四届第一次会议大会发言4件。年度申报2022年九三学社山东省委参政议政课题，获立项2项，完成调研并上报；完成上报市级调研报告7篇，获市主要领导重要批示；4篇《建言专报》获得市委书记杨洪涛批示。全年上报社省委社情民意信息16篇，省级采用2篇。全年有7名社员加入九三学社山东省委所属专委会。

【社会服务】 2022年，九三学社泰安市委开展支教助学，技术赋能，送文化、送技术、送法律进校园、进社区、进村舍等活动，打造社会服务特色品牌。全年开展社会服务活动25次，捐赠各类物资30万元。 （王建波）

泰安市工商业联合会

【概况】 2022年，泰安市工商业联合会（简称市工商联）紧扣“两个健康”（促进非公有制经济健康发展、促进非公有制经济人士健康成长）主题，搭平台、建机制、创品牌、强服务，统筹做好服务经济发展、加强队伍建设、搭建服务载体、优化营商环境、积极参政议政等各项工作，为推进全市经济社会高质量发展发挥重要作用。中央统战部副部长、全国工商联党组书记、常务副主席徐乐江专门听取市工商联工作汇报，对泰安市工作给予充分肯定。市工商联“把商会建在产业链上、推动两个健康持续发展”的做法被列为首批“敢当”泰安改革品牌，获得全国工商联系统2022年工作实践创新成果奖。

【组织建设】 2022年上半年，市工商联完成市、县两级工商联换届工作，市、县两级工商联在机构设置、人员编制、办公经费和条件等方面均得到改善。10月，设立市工商联商会发展服务中心。强化商会建设，新成立商会组织16家，新发展会员企业600个，注册登记乡镇（街道）商会85个，实现乡镇（街道）商会全覆盖。泰安市在全省工商联系统镇街商会工作推进会上作典型发言。实施商会、党建成立“双挂牌”制度，同步成立乡镇商会党支部。

【思想建设】 2022年，市工商联学习宣传贯彻中共二十大精神，组织专题学习50场次，开展宣讲活动20场次，累计参学人数3200余人。深化理想信念教育实践活动，召开工商联主席会议、全市非公党建工作会议、“喜迎二十大、强党建促发展”现场推进会、习近平新时代中国特色社会主义思想宣讲报告会等会议，举办直属商会主题党日活动，在民营经济人士中开展党史学习教育、“四史”宣传教育。做好非公经济组织党建工作，组织各县（市、区）及直属商会观摩学习交流商会、民企党建开展情况，推行党支部评星定级和党员量化积分管理，建立民营企业理想信念教育基地和非公经济组织教学基地，打造“登高望远　同心向党”非公党建品牌。

【参政议政】 2022年，市工商联印发《关于加强和改进全市工商联系统信息宣传调研工作的通知》，上报信息300余篇，其中全国工商联网站刊登5篇、《中华工商时报》刊登3篇，省工商联每周工作动态和工商联信息采用23篇。组织工商联界别政协委员提交提案和大会发言材料，共提报团体提案12件、大会发言1件。做好社情民意信息工作，累计报送社情民意信息78篇，其中全国工商联采用1件、省政协采用3篇。市、县两级撰写专题调研报告30篇。四季度组织3698家民营企业参加全国工商联民营企业问卷调查工作，参与企业数量居全省第1位。

【社会服务】 2022年，市工商联推进建立领导班子联系基层制度，开展“我为企业办实事”“送政策上门精准对接”等活动。搭建联络平台，在异地商会建立泰安市“双招双引”工作站19个，组织县（市、区）人员到广东、湖南、湖北、北京商会开展对接，洽谈经贸合作事宜。邀请广东东鹏控股集团公司到泰安市考察陶瓷生产合作项目；与香港泰安联谊总会签署《战略合作协议》，推动泰安市与中国香港地区在资金、项目、技术、人才、理念等方面对接。汇编惠企政策，发放给商会组织、会员企业。创立“联企专报”机制，了解企业困难需求建议，探索“市场有需求、市长必回应”服务机制。优化营商环境，分别与市公安局、律师协会、商会等召开涉企风险预警服务联席会议，围绕企业合规指导、内控管理等方面进行磋商。联合市司法局、市律师协会开展“千名律师联百会进千企”活动，为民营企业发展提供法律服务和法治保障。市工商联与市公安局构建沟通联系机制做法入选全国工商联、公安部沟通联系机制典型事例。与工信、商务、税务、农业、市场监督五部门，联合开展“2022年泰安市民营企业50强”申报发布工作。深化合规试点，4月，启动涉案企业合规试点工作，召开联席会议，制定《涉案企业合规第三方监督评估机制专业人员选任管理办法（试行）》等文件，组建合规机制管理委员会、第三方专业人员队伍，启动合规程序案件22件，建立企业合规案例库。

【商会建设】 2022年，市工商联创新商会模式，推动把商会建在产业链上，组建完成产业链商会13个，吸收民营企业492家，获得全国工商联系统2022年工作实践创新成果奖，被列为首批“敢当”泰安改革品牌，人民网、“学习强国”学习平台等全国媒体进行宣传报道。实施星级评价，制定《泰安市工商联（总商会）企业家副主席、副会长星级评价办法》，21名企业家副主席、11名副会长被列入星级评价范围。实行轮值主席（会长）制度，每周安排1名企业家副主席或副会长在市工商联机关坐班值守。开展“万企兴万村”行动，183家市工商联执常委企业参与“万企兴万村”行动全覆盖。开展“回报家乡”“金

2022年5月17日，泰安市工商业联合会（总商会）第十一次代表大会召开 （司刚 摄）

融服务进企业专项行动”，动员在外企业家回乡创业投资。6月21日，举办“万企兴万村”现场推进会，推动示范项目建设，宣传讲解惠企信贷政策，把商会参与“万企兴万村”行动纳入“四好商会”评选标准。引导会员企业参与社会公益活动，500余家企业和商会累计捐款捐物1.2亿元。参与泰山东麓暴雨灾后重建，20家企业捐款捐物47.5万元。

【市工商联第十一次代表大会】 2022年5月17日，市工商联第十一次代表大会召开。市委书记、市人大常委会主任杨洪涛出席大会开幕式并讲话，市委副书记、市长张涛，市政协主席武林中出席大会开幕式。杨洪涛代表市委、市政府向大会的召开表示祝贺，向各位代表和广大民营经济人士致以诚挚问候。强调要把牢政治方向，在加强思想引领上展现新担当、实现新作为；要发挥职能优势，在围绕中心服务大局上展现新担当、实现新作为；要强化组织保障，在强素质树形象上展现新担当、实现新作为；要凝聚共识、汇聚力量，登高望远、奋力争先，以优异成绩迎接中共二十大胜利召开。会议宣读省工商联贺信，致公党、市总工会分别作为民主党派代表和人民团体代表致贺词。大会听取并审议通过王淑玲代表泰安市工商联第十届执行委员会所作的工作报告，选举产生市工商联第十一届执行委员会、市工商联（总商会）新一届领导班子。冯能斌当选市工商联主席、市总商会会长。 （王亚楠）

【肥城市入选山东省民营经济高质量发展先进县】 2022年，泰安市重视民营经济发展，为民营企业技术改造、数字化转型、科技创新、绿色发展、上市融资制定优厚扶持政策，培育国家级制造业单项冠军6家、国家级“专精特新‘小巨人’”企业6家、省级制造业单项冠军14家、“瞪羚”企业12家、省级“专精特新”企业76家。其中，肥城市形成特种钢铁、高端化工、高端制造和新能源新材料4大优势民营经济产业，被山东省促进非公有制经济发展工作领导小组公布为2021年度山东省民营经济高质量发展先进县（市、区）。

【2022年泰安民营企业50强名单发布】 2022年，由泰安市工商联牵头，联合市工业和信息化局、市农业农村局、市商务局、市税务局、市市场监督管理局共同开展的“2022年泰安民营企业50强”评审工作结束。12月28日，召开“泰安民营经济50强”发布会，宣布2022年泰安民营企业50强企业 。2022年泰安市民营企业50强企业营业收入总额合计2530.6亿元，其中7家民营企业营业收入总额超过100亿元。50强企业中制造业32家，建筑业11家，综合2家，租赁和商务服务业2家，采矿业1家，信息传输、软件和信息服务业1家，金融业1家。（朱玉祥）

编辑 校对 王 巍

泰安市总工会

【概况】 2022年，泰安市总工会（简称市总工会）辖6个县（市、区）总工会，泰安高新区、泰山景区、徂汶景区3个功能区工会，全市网上统计基层工会组织4602家，工会会员49.9万人，其中新发展基层工会组织484家，工会会员13.46万人。工会工作获中华全国总工会、山东省总工会及市委领导批示肯定12次，《工人日报》《大众日报》《山东新闻联播》《山东工人报》等主要媒体宣传报道210余次。泰安市总工会被中华全国总工会授予“市、县级和基层工会财务会计工作先进单位”称号。

【宣传教育】 2022年，市总工会联合市委宣传部开展职工思想政治引领示范企业选树宣传活动，培育打造职工思想政治引领“泰安样板”10个。开展职工书屋示范点选树命名活动，选树职工书屋示范点10个，以点带面提升职工书屋建设水平。开展“泰山心语·匠心育人”劳模工匠宣传宣讲活动380余场。泰安市劳动精神劳模精神工匠精神教育基地获批全省首批职工爱国主义教育基地，参观学习达1.3万人次。持续培育“文心苑”品牌，至年末，在“齐鲁工惠·泰安e站”App发布文章48期。评选第五届“泰山工匠”10人，评选各级先模人物130余人；选树第三届“泰山最美职工”及提名奖22人。全市各级工会组织参与2022全国网聚职工正能量活动，并获评奖项7个。肥城市税务局被评为“全国职工职业道德标兵单位”。

【劳动竞赛】 2022年，市总工会推进产业工人队伍建设改革，改革经验多次在《工人日报》《中国工运》等刊发。8月30日，全省国防机械电子行业深入推进产改工作暨劳模和工匠人才创新工作室联盟成立大会在泰安召开，全国总工会副主席高凤林出席，市总工会和泰安市部分基层企业工会作典型发言。全市各级工会组织开展2022年“登高望远 奋力争先”创新创优劳动竞赛和“深植发展·势如泰山”新时代劳动竞赛，参与职工12.2万人。

【职工创效】 2022年，市总工会举办山东省数字变革创新大赛人工智能赛道与区块链赛道比赛泰安选拔赛，选拔出12个优质项目参赛并获区块链赛道全省一等奖。培育选树泰安市全员创新企业10家。加大“工友创业园”培育选树力度，评选出市级工友创业园15家，带动1000余名农村剩余劳动力就业。围绕黄河战略重点项目，创新实施“泰安工惠贷”“泰安工惠保”项目，帮助开工项目解决资金短缺难题，构筑职工抵御意外伤害风险防线。

【权益维护】 2022年，市总工会做好“心连心·泰会帮”工会法律维权服务工作，为职工提供法律咨询、法律援助等服务内容30次，线上法律咨询回复率100%，法律援助满意率100%。组织开展“尊法守法·携手筑梦”服务农民工公益法律行动，深入农民工比较集中的建筑企业、工地和新就业形态劳动者集中的物流、快递等企业，全市各级工会组织开展法律服务现场宣传活动近50场次，服务1.04万人次，发放职工维权手册、职工劳动权益维权明白纸、各类法律宣传彩页共计2万份。开展女职工帮扶维权行动月活动，全市各级工会组织共资助新就业形态劳动者子女235人，资助金额26.77万元，资助因疫情致困职工子女167人，资助金额19.73万元。开展亲子教育、家风家教知识讲座78场，开展维权宣传活动20场次，提高女职工依法维权意识和自我保护能力。深化企业民主管理工作，落实厂务公开民主管理领导机构、工作制度及省民主管理工作清单。市县工会全部建成法律援助实体化机构，累计为1091名患大病职工发放补助1331.5万元。

【困难帮扶】 2022年，泰安市各级工会组织做好常态化帮扶救助，开展“泰山情·守护光明”帮扶活动、金秋助学活动、送温暖等活动，累计救助职工7803人次，发放救助金470.3万元。市总工会实施新就业形态劳动者专项帮扶措施，开展帮扶活动21期。全市各级工会组织完善“泰山情·职工大病医疗补助”制度，覆盖全市61万名职工，为1091名大病职工发放补助1331.5万元。市总工会为困难企业女职工和新就业形态女性劳动者进行“两癌”免费筛查，被市妇儿工委列入泰安市2022年为妇女儿童办实事十大项目之一。

【普惠服务】 2022年，市总工会做好“四季服务”，组织1049人参加一

2022年7月27日，泰山数字经济工匠学院揭牌仪式举行　（陈　超　供）

线职工疗休养活动。全市各级工会组织建立户外劳动者服务站点64个，获评全国最美户外劳动者服务站点5个，获评省级最美户外劳动者站点6个。市总工会推进“工会妈妈小屋”提档升级，新建“工会妈妈小屋”16个，4个小屋获省级“工会妈妈小屋”示范点称号，加强职工子女托管、托育服务，肥城市总工会爱心托管驿站被确定为“全国工会爱心托管班”。全市各级工会组织继续开展“云相亲”活动，为3200名单身职工提供服务，60名单身职工走进直播间，183人的信息在“齐鲁工惠·泰安e站”App上公示，43对单身职工“牵手”成功。实施一线职工“求学圆梦行动”，助力236名一线职工提升学历。通过“齐鲁工惠·泰安e站”App开展惠工活动500余场次，惠及职工200万人次，带动消费7000万元。

【基层组织建设】　2022年，市总工会抓好货车司机、网约车司机、快递员、外卖配送员“四个群体”建会入会工作，成立工会组织81家，建会数量居全省前列，泰山区财源街道总工会在全省新就业形态建会入会工作推进会上作典型发言。实施“建会+入会+规范+服务”四步联动，推动市重点产业链企业成立工会联合会，新建工会180余家，新发展会员6700余人，发放工会标准化服务平台补助资金130万元。开展党工共建优秀阵地和示范阵地选树活动，以肥城为试点，设立专项资金100万元，选树“党工共建”五星职工之家10家。开展新就业形态劳动者入会、基层工会规范化建设、工会会员会籍管理、新时代职工之家建设、企业民主管理等五类项目培树工作，培树典型单位18家。

【齐鲁工惠泰安站建设】　2022年年末，泰安市注册工会组织4552个，采集会员56.7万人，注册会员49.5万人，认证会员46.9万人。开展“惠工日”“生日有礼”“积分换礼”“三源家电惠工节”“乡村振兴积分兑换”“喜迎国庆惠工季”“党的二十大有奖答题”等惠工活动500余场次，惠及职工100万人次，带动消费7000万元。在2022年“凝聚职工正能量，争做中国好网民”活动中，市总工会“齐鲁工惠·泰安e站”获评2022年互联网+工会普惠服务“市级十佳”平台，是参评的137家工会平台中全省唯一入选的市级十佳工会服务平台。激励各级工会理念创新、体制创新、机制创新和方式方法创新，11月5日，市总工会建立工会工作“创新榜”制度，举办评审会议，年内评选出全市工会创新项目10个。

【泰山数字经济工匠学院】　2022年7月27日，泰山数字经济工匠学院揭牌成立，是全国第一个建在产业链上的工匠学院。该学院依托泰安市数字经济产业链、云计算服务链主企业山东众志电子有限公司，将旗下的培训学校进行提升改造。建设各类开发环境10套，开设工业互联网、企业上云等各类专业课程10项。通过开展竞赛、培训、企业“问诊”方式，累计培训数字技能人才2000余人次。“泰山数字经济工匠学院成立”入选“敢当”泰安改革品牌50强。

【“泰安工惠贷”“泰安工惠保”启动】　2022年7月27日，市总工会启动“泰安工惠贷”“泰安工惠保”项目，动员全市工会和金融系统力量，为泰安黄河国家战略重点项目中的企业和职工提供贴息贷款、意外伤害保险等服务，助力黄河国家战略实施。“泰安工惠贷”通过贷款贴息，撬动银行贷款约6000万元流入黄河国家战略重点项目，“泰安工惠保”项目为黄河战略重点项目一线职工统一赠送意外补充保险745人，保险额数3.73万元。　（陈　超）

中国共产主义青年团泰安市委员会

【概况】　2022年，中国共产主义青年团泰安市委员会（简称团市委）开展“共青团助力新型工业化强市建设创新工程”等活动，围绕“为青少年办实事”这一主线，团结带领广大团员青年以“登高望远，奋力争先”的精神，为推动全市经济高质量发展贡献青年力量。年内，泰安市新发展共青团员1.26万人，共青团员总数21.03万人；有团的领导机关6个，基层团委427个，基层团工委56个，团总支353个，团支部1.05万个。

【青少年思想引领】　2022年，团市委依托互联网平台，开设“党的二十大”学习专栏，推出“党的二十大微课堂”系列文化产品，累计发布微信推文40篇。联合市电视台拍摄《青春·奋斗》——泰安市庆祝建团100

周年宣传片。开设《砥砺奋进守初心 青春献礼二十大》微团课专栏。推出《奋斗者 正青春》系列报道7期；开展“砥砺奋进守初心 青春献礼”二十大网上主题团队课，网上累计播放量达到60万次。开展泰安市“喜迎二十大 永远跟党走 奋进新征程”青年五四奖章事迹分享会，驻泰安高校1.2万名学生通过线上直播同步观看。开展青年大学习网上主题学习30期，学习人数超过583万人次，平均参与率达到97%，位列全省第二。举办“登高望远 奋力争先”泰安市“青春心向党 建功新时代”书画摄影展，征集美术、书法和摄影作品400余件。“青春泰安”新媒体平台发文311篇，总阅读量86.5万次，策划推出主题文化产品67个。“青春泰安”视频号累计发布原创视频作品35篇，累计播放量达27.5万次，《英雄赞歌》推出后，相继被《人民日报》、央视频、人民看点、全国少工委等媒体报道，原创作品《只要平凡》微视频阅读量3.7万人次。

【服务青年发展】 2022年，团市委举办市青年企业家协会第六次会员大会，打造2022季融合之旅青年营新篇章。组建第六届市青年企业家协会服务团，服务青年企业家成长成才，“中国青年企业家协会泰安工作联系点”落地。组建泰安市助力新型工业化强市建设青年突击队，开展宣讲活动42场次。做好山东省青企峰会的泰安推介，推荐2个项目进行省青企峰会现场签约，3个项目入选“重点对外招商项目”，11个项目入选“投资山东”画册，集中展示泰安市服务黄河流域生态保护和高质量发展、助力山东“走在前、开新局”行动的青春动能。做好各级“青年文明号”管理，备案全国青年文明号1个、省级青年文明号8个、省三星级青年文明号2个。推进安全生产，走访相关企业58家、关键岗位186个。举办“2022年度泰安市青年安全生产技能提升培训班”，采用素质拓展训练、专家授课、警示教育、经验分享等多种培训形式，45个省、市青年安全生产示范岗的负责人参加。开展各级青年安全生产示范岗创建工作，获省级青年安全生产示范岗3个。做好防一氧化碳中毒工作，入户检查4个乡镇60户群众冬季安全取暖情况。

【学校少先队工作】 2022年，全市639个学校建立少工委。“六一”期间团市委组织开展“喜迎二十大 争做好队员”六一主题队日暨“分批入队”示范活动，500名师生参加现场活动。东平县佛山小学制作的音乐微队课《英雄赞歌》登上全国少工委、央视频的直播平台。联合市教育局、市公安局、市人社局、市少工委组织开展2022年泰安市少先队辅导员技能大赛，现场评选出一等奖7名、二等奖11名、三等奖14名。做好创城文字材料和实地测评工作。泰安市1名少先队辅导员获评2022年度全国优秀少先队辅导员、2名少先队员获评2022年度全国优秀少先队员、1个集体获评2022年度全国优秀少先队大队集体。

【青年志愿服务】 2022年，团市委推出“泰山青春志愿行”主题志愿服务项目，打造“泰安小美·青春派”志愿服务品牌，按照团省委青年助力黄河流域生态保护和高质量发展青年志愿服务行动工作要求，持续擦亮青年志愿者工作品牌，建立重点项目库，通过项目化运作构建青年志愿服务体系，推动青年志愿服务常态化、制度化发展。深化“牵手关爱行动”“金晖助老”——青年志愿者行动，组织动员广大青年志愿者常态结对帮扶农村困难老人，常态开展结对关爱活动，促进困境儿童健康成长。做好青年志愿服务队伍建设，泰安市“新矿心——邻里守望 身边有我”志愿服务项目获得第六届中国青年志愿服务项目大赛全国赛金奖；泰山科技学院“易安新”助力东平县黄河滩区生态保护实践志愿服务项目调研黄河滩区迁建、“青春正向阳，时代我先行”社区赋能实践团服务社区被中国青年网报道。

【“希望小屋”建设】 2022年，团市委开展“希望工程圆梦助学”活动，市级层面对上争取青少年发展基金会福彩助学和茅台助学指标合计11万元，帮助20名困境大学新生圆梦大学；县级层面合计筹集21万元帮助75名困境大学新生圆梦大学。全市新建“希望小屋”159间，募集建设资金190.8万元，任务完成率达111.19%。团市委“希望小屋”项目获评全市“最具影响力慈善项目”；“希望小屋”儿童关爱项目被市委、市政府纳入“泰汇救”社会综合救助体系。结合爱心帮扶、课业辅导、心理咨询等特色项目，针对小屋受助儿童开展多

2022年6月22日，泰安共青团助力新型工业化强市建设创新工程启动仪式举行
（毕建军　摄）

方面结对志愿服务活动，全市组建“希望小屋”志愿队65支，招募“希望小屋”结对志愿者2000余人，开展志愿服务活动973次，为受助儿童赠送帮扶物品折合人民币42.5万元。

【青年就业创业】 2022年，团市委推动鲁青惠企贷发放工作，联系创业青年达1.13万人次，对接创业贷款1.29亿元，发放贷款额度在全省名列第一。发挥电商直播的赋能、创业、增收作用，开展青年农村电商培训16场，培训人数839人；直播助农活动12场，带货金额73.98万元。推报2022年“创青春”中国青年创新创业项目支持计划无偿资助项目3个［席好食品（泰安）有限公司食品加工项目、葫芦匏器种植项目、山东粮智黄精种植及深加工项目］以及科技创新“攀登计划”项目1个（极创科技移动机器人底盘研发制造项目）。开展“青鸟计划”返家乡社会实践活动，组织156家单位募集1148个岗位；依托“青鸟计划·向泰山向未来”系列活动，发布优质就业实习岗位需求1万个，举办专场企业直播招聘11场次，直播招聘累计线上观看量突破100万。

【基层组织建设】 2022年，市委高度重视共青团和青年工作，坚持党团组织协同发力、一体推进，先后听取共青团汇报12次，常委会专题研究2次，市领导参加会议及活动6次。市委书记杨洪涛在全市基层党建工作现场观摩推进会上，对党建带团建工作作出专门指示。泰安市在全省第一个召开党建带团建工作推进会议，市委副书记、政法委书记安排部署党建带团建、县域共青团基层组织改革等相关工作，提出“五个一”（听取一次汇报、参加一次会议、进行一次谈话、开展一次调研、组织一次培训）具体要求。市委常委、组织部部长进行专题会议研究，制定8项措施、26项具体任务，就全市党委（党组）抓党建带团建工作提出明确要求。团市委先后印发《贯彻〈关于进一步加强党建带团建工作的若干措施〉分工方案》《关于加强和推进市直机关事业单位青年工作委员会工作的实施意见》，并将党建带团建纳入党建督查指标、教育督导委员会工作规则、巡察监督等，做好顶层机制设计。

【青年发展友好型城市建设】 2022年，青年发展友好型城市建设纳入市第十二次党代会报告和市政府工作报告。市青年工作联席会议实现提格扩容，起草的调研报告得到市委主要领导批示肯定。肥城市入选全国青年发展型县域试点，全省只有5个县（市、区）入选；新泰市入选山东省县域试点。团市委召开新闻发布会启动泰安市青年发展友好型城市建设工作。“泰安市青年发展友好型城市建设”入选泰安“敢当”改革品牌项目库。

【枢纽型“青年之家”打造】 2022年，团市委联合市委组织部围绕新就业群体实施凝“新”聚力工程，在快递、外卖、直播电商等领域建立行业团组织，打造“青年之家”枢纽型服务平台。《中国青年报》头版刊发《山东泰安培育先锋骑手，助推基层善治，为外卖骑手打造枢纽型“青年之家”》专题文章，外卖骑手参与社区治理和志愿服务，延伸治理触角，更好融入社区、融入城市，为营造安定和谐的基层治理环境助力。

（单美菁）

泰安市妇女联合会

【概况】 2022年年末，泰安市有县（市、区）妇女联合会工作机构6个，功能区妇联工作机构3个，乡镇（街道）妇联工作机构92个，村、社区妇联3756个，市、县两级党政机关事业单位妇委会478个。泰安市妇女联合会（简称市妇联）机关工作人员14人，县（市、区）妇联机关工作人员42人，乡镇（街道）妇联主席、副主席241人，村、社区妇联主席3756人。市妇联机关辖市妇女儿童服务中心（市妇女儿童活动中心）1个事业单位。市妇联获全国家庭工作先进集体、全省关心下一代工作先进集体、省级文明单位等称号。

【妇女思想政治引领】 2022年，“巾帼心向党 喜迎二十大”泰安市各界妇女纪念“三八”国际妇女节112周年暨学习贯彻市第十二次党代会精神座谈会召开，选树宣传泰安市“最美基层妇联人”“最美巾帼奋斗者”“十佳好军嫂”等先进典型。开展“巾帼心向党 喜迎二十大——我奋斗·家国美”泰安女性宣讲活动，全市各级妇联开展各类群众性宣教活动876场次，6.5万名妇女群众参与。市妇联在微信公众号开设“巾帼心向党 奋斗新征程”“凝聚巾帼智慧力量 助力新型工业化强市建设”等专栏10个，先后在省、市媒体刊发宣传报道100余篇，市妇联微信公众号编辑转发信息1000余条。到“双报到”社区、“第一书记”派驻村开展巾帼志愿服务活动，为困难妇女和家庭送温暖，共走访慰问63户家庭，提供物资折合人民币2.5万元。先后组织巾帼志愿者开展“践行文明风尚 共享绿色清明”“绿色低碳 节能先行”新时代文明实践巾帼志愿服务活动，倡导转变传统祭祀观念，树立文明祭扫新风尚，普及生态文明、绿色发展理念和知识，营造简约适度、绿色低碳、文明健康的社会风尚。

【妇女参与高质量发展】 2022年，市妇联与市税务局、市银保监分局、市女企业家协会联合举办“服务巾帼企业、携手共促发展”惠企政策座谈交流会，为企业送上税费政策、金融政策及相关产品的详细讲解，79家巾帼企业参加会议。全市各级妇联开展“春风行动”，为妇女提供岗位需求1.3万个。市妇联启动实施“雏凤计划”，线上发布女大学生专场招聘信息6期，提供岗位500余个。组织女企业家协会部分会员到潍坊东盛集团股份有限公司进行项目洽谈并召开座谈交流会，就两地女企业家在合作交流、招商引资、资源共享等方面进行探讨。承办全省“巾帼乡村旅游·黄河行”活动启动仪式并提供观摩现场。联合山东农业大学召开“科技赋能 巾帼助农”现场观摩交流会，成立“乡村振兴巾帼行动”科技助农专家服务团，启动服务黄河流域高质量发展“特色农业直通车”，举办优质巾帼农产品和乡村旅游巾帼好品展销活动，组织60家巾帼企业的300余种巾帼好品参展。全市各级妇联推动“乡村振兴巾帼行动”深入实施，开展各类妇女技术技能培训467场次，培训妇女3.4万人次，培育“泰安市巾帼现代农业科技示范基地”10个。市妇联以岱岳区为试点建立泰安巾帼金融信息服务平台，246家巾帼企业入驻，实现融资1.93亿元。与省农信社泰安审计中心签订战略合作协议，为巾帼农业企业发展提供金融支持。全市各级妇联组织开展巾帼家政企业进乡村、进社区服务55场次，服务妇女3483人次。市妇联落实全市关于加强东西部协作工作部署，向巫溪县捐赠价值3万元的复合肥。实施女性安康工程，为1000名低收入妇女赠送保额3000万元的“女性安康”保险。开展低收入妇女“两癌”救助工作，争取上级“两癌”专项救助金共101万元救助“两癌”低收入妇女。

【妇女儿童合法权益保护】 2022年，泰安市各级妇联开展“六进”（进机关、进企业、进校园、进乡村、进社区、进家庭）普法巡讲，共开展普法宣传活动680场次，受益妇女4万人。依托“12338”妇女维权服务热线，发挥反家暴公益维权服务站、妇女法律援助工作站作用，做好妇女到电到访工作，市、县两级妇联受理信访件454件，提供反家暴法律义务咨询102件，承办妇女法律援助案件55件，运用全市维护妇女儿童合法权益和舆情处置工作部门联动机制处理妇女儿童侵权案件27起。全市各级妇联开展婚姻家庭纠纷化解和隐患排查工作，市妇联成立泰安市婚姻家庭纠纷人民调解委员会，做好婚姻家庭矛盾化解工作。深化婚姻家庭辅导服务，全市283名婚姻家庭辅导志愿者，结合“520”“七夕”等节点开展婚前辅导培训及主题宣传活动44场次，开展离婚辅导5496件，其中3023件取消或暂缓离婚。“情定泰山·幸福启航”新婚家庭辅导活动被全国妇联《舆情日报》推广，婚姻家庭辅导经验做法在《中国妇女报》、中国妇女网刊登。

2022年9月7日，泰安市推进“春蕾计划 梦想未来”行动暨2022年99公益日“齐鲁润春蕾”联合募捐活动举行 （徐 红 供）

【家庭家教家风建设】 2022年，市妇联常态化开展家庭文明建设活动，新选树市五好家庭、最美绿色家庭53户，市家庭工作先进集体19个、先进个人20名。完善泰安“娘家人”家风传习志愿服务队，成立泰安市全环境立德树人“齐鲁好家风”宣讲团，组织开展好家庭好家教好家风宣讲180余场次，2.3万户家庭参与。联合市纪委监委机关、市委宣传部等部门举办“喜迎二十大 家和万事兴”齐鲁好家风暨泰安“清廉传家”主题展，600个单位、2.8万名党员干部参观学习。推进“美丽庭院”建设，全市建有“美丽庭院”14.7万户，建成率36%。市妇联美丽庭院建设典型经验在《全国乡村振兴简报》《山东省乡村振兴简报》刊发。全市各级妇联开展“少年儿童心向党”实践教育活动，引导少年儿童厚植爱党爱国爱社会主义情感。开展寒暑假儿童关爱服务活动6400场，受益家长和儿童达30万人。组建“爱心妈妈”巾帼志愿服务队，为近万名困境儿童、留守儿童赠送价值128万元的学习、生活物资。市妇联实施“春蕾计划”，开展99公益日“齐鲁润春蕾”联合募捐活动，募集资金153万元，位居全省第三；及时发放2021年“春蕾计划”募集资金141.4万元，救助全市2211名“春蕾女童”，在山东省“春蕾计划 梦想未来”推进会上作典型发言。争取省妇女儿童发展基金会支持，在10个村（社区）设立小候鸟图书角，添置公益图书780册；争取儿童棉鞋3500双，为困境女童送去冬日的温暖。为事实无人抚养儿童、困境儿童发放健康防疫包800个。

【基层组织建设】 2022年，市妇联印发《泰安市妇联系统“十四五”时期深化改革实施方案》。市、县两级505个机关事业单位建立妇女组织或完成换届。全市建有“妇女微家”1710个，“两新”（新经济和新社会）组织建立妇女组织165个。对10个省级妇女儿童家园实施提质增效工程，建立健全妇女活动室、妇女之家等妇女活动阵地。全市各级妇联实施强基增效工程，巩固拓展“巾帼领头雁淬炼行动”成效，在全市广泛征集“妇联干部讲业务”优秀讲师，组织培训班66场次，培训妇联干部执委5000余人；在公众号设立“巾帼擂台赛”信息平台，累计编发12期554条。实行“一线工作法”，开展基层调研34次；开展“妇联执委走基层大宣讲办实事 当好贴心娘家人”活动，各级妇联执委为妇女儿童办实事好事1.4万件。

【妇女儿童发展环境优化】 2022年，贯彻男女平等基本国策，市妇女儿童工作委员会办公室在市委党校中青年干部培训班中安排男女平等基本国策课程。持续做好性别平等教育进中小学项目，全市有13所学校开展性别平等教育，征集性别平等教育优秀教学案例18例。做好《泰安市“十四五”妇女发展规划》《泰安市“十四五”儿童发展规划》年度监测统计，开展儿童之家调研，确定并完成为妇女儿童办实事项目10件。

【家庭教育指导】 2022年，市妇联召开泰安市推动实施《中华人民共和国家庭教育促进法》暨深化家庭家教家风建设工作会议。编制《泰安市关于指导推进家庭教育的五年规划（2021—2025年）》。举办首个家庭教育宣传周，开展家教宣传活动180场次。实施“双百工程”，用活妇女儿童家庭、妇女之家等妇联传统阵地，吸纳图书馆、书店、社会组织等社会机构，吸收高校专家教授、心理咨询师、律师、家教指导师等专业人士，至年末，建立100个“母亲素质提升工程”实践基地和100支家教志愿服务队，累计开展家教实践活动780场，受益妇女儿童6.5万人。加强家教服务品牌建设，带动各级妇联组织培育“山香课堂”“岱悦读·亲子共读书”“乡风家风茶话会”“关爱儿童 护佑成长”等家教品牌，开展各类家教活动1130场次，参与家庭13.4万户。

（徐　红）

泰安市科学技术协会

【概况】 2022年年末，泰安市科学技术协会（简称市科协）所属市级学会43个、企业科协190个、高校科协10个、农技协200个、老科协248个，会员20万人。市科协机关围绕市委、市政府中心工作，在政治引领、服务新型工业化、科技人才引育、全域科普、科协系统改革等各方面实现新突破。泰安市在“科创中国”2022年度会议上作典型发言。《人民日报》《新华每日电讯》等中央媒体先后多次报道市科协工作。在中国科协公布的首次对全国65家“科创中国”试点城市（园区）综合评估中，泰安居全国第4名。年内，获2022年度中国产学研合作促进奖，先后获中国科协“全国科普日活动优秀组织单位”等称号。

【“科创中国”试点市建设】 2022年，市科协推动“科创中国”试点市建设与新型工业化强市战略有机融合，实施全国（省）学会智汇泰安、院士专家泰安行等“九大行动”，服务13条重点产业链建设。新对接中国软件行业协会等一批全国全省学会，与泰安市建立密切联系的全国（省）学会达到108家。“科创中国”泰安优质农产品产业区域科技服务团等6个科技服务团入选2022年“科创中国”科技服务团示范项目，其中4个科技服务团主要服务泰安。泰山智慧谷企业技术问题征集活动入选2022年“科创中国”试点城市（园区）系列品牌活动项目。岱岳区、宁阳县获批“科创中国乡村振兴百县千村工程”示范城市。5个单位（个人）、1项技术入选2022“科创中国”系列榜单。850家企业入驻“科创中国”平台。推动“科创中国”创新基地建设，入驻全国学会5家、创新平台18个、“专精特新”企业5家。

【服务科技经济融合发展】 2022年，市科协策划举办2022智能矿冶加工技术装备高端论坛、第二届“泰山论菌”高端论坛等高端学术交流、产学研论坛活动27场次，“泰山论灸”等6个全国性科技论坛长久会址落户泰安，推动落地“中国有色金属学会泰安科创中国创新基地工作站”等高能级政产学研服务平台101个，一大批院士、专家为泰安企业发展精准施策。策划举办的数据驱动与新经济创新发展高峰论坛，被纳入山东省新旧动能转换国家战略专题峰会项目。策划举办“科创中国”技术路演——智能康养（泰安）专场和智能制造（泰安）专场，帮助打通泰安市康养企业及智能制造相关企业与高端创新资源对接渠道。对接山东省航海学会，策划举办“泰山科技论坛”，整合高性能绳网创新资源，助力纺织服装产业链发展。推进中国科协科技信息推广应用助力企业创新，服务企业达1100家。联合市科技局、市工信局、市人社局、市国资委等部门在高新技术企业建立338人的科创联络员队伍，挖掘企业技术需求，组织开展精准对接，帮助企业解决关键核心技术难题达300项。

【全民科学素质提升服务】 2022年，市科协牵头起草《泰安市全民科学素

2022年7月30日，“科创中国”2022年智能矿冶加工技术和装备高端论坛在泰安举行。图为“中国有色金属学会泰安‘科创中国’创新基地工作站”揭牌仪式现场

（李　岩　供）

质行动规划纲要实施方案（2021—2025年）》，并以市政府正式文件印发，明确“十四五”时期全市科学素质建设总体目标和重点任务。泰山区入选全国科普示范区。市科技馆入选全国科普教育基地，建成“科技赋能 产业变革”工业企业科技创新展常设展厅，年接待观众9.3万人。17个项目入选省基层科普行动计划、科普示范工程，获国家、省级财政资金支持。印发《泰安市科技志愿服务管理办法》，推动科技志愿服务规范化、常态化，全市注册科技志愿者、“科普中国”信息员5.1万人。联合市科技局开展科普专家工作室认定工作，入选山东省首批科普专家工作室8个，认定市级科普专家工作室35个。联合市直有关部门（单位）策划开展九大主题科普联合行动、科普助力“双减”行动等品牌活动，推动构建社会化科普工作格局。市科协、市教育局、市科技局等部门联合启动第二届泰安市科普创作大赛，征集优秀科普创作640余件，85件（套）作品在第五届山东省科普创作大赛中获奖，4个单位获评优秀组织单位。策划开展“助力乡村振兴、共建科普联盟”活动，征集基层需求170余项，对接驻泰安高校、科研院所专家50人，强化精准对接服务，打造科普助力乡村振兴新模式，深化科普供给侧改革，相关做法在中国科协《科协改革进行时》专题刊发推广。持续推进数字科普转型升级，打造数字科技馆、数字科普云地图、泰山科普云课堂等数字化科普品牌。

【服务科技工作者】 2022年，市科协完善科技人才举荐机制，8名高层次专家获聘山东省智库决策咨询专家（全省该次共59人），1人获评中国农村专业技术协会全国百强乡土人才；5名企业负责人获评2022年山东省企业“创新达人”，2人分别获“山东省杰出工程师”“山东省青年优秀工程师”称号。健全完善科协委员联系服务机制，制定《关于加强与科协委员联系 充分发挥科协委员作用的实施办法》，通过定期通报情况、走访、召开座谈会等方式，建立起与科技工作者双向沟通联系服务渠道。中国科协“科技工作者之家”组织建设项目通过验收。《中国组织人事报》专题刊发泰安市服务科技工作者做法。

【科协系统改革】 2022年，市科协加大改革创新力度，《“科创中国”试点城市建设的泰安实践》入围“中国改革2022年度地方全面深化改革典型案例”。《科协融入国家创新体系路径模式研究》入选中国科协2022年度科协系统深化改革试点示范与研究项目。服务新型工业化强市、“科创中国”试点市建设、科普助力乡村振兴等经验做法先后被《中国科协一周要情》《科协改革交流》刊发。《泰安市助力中小企业乘风破浪》入选2022“科创中国”典型案例。市科协先后在中国科协科技工作者之家组织建设项目交流会、中国科协全国企业科协培训会议以及“科创中国”山西行动推进会等会议上作典型发言。印发《泰安市科协学会组织通则》《关于建立协同机制指导服务基层科协工作的实施办法》《关于加强学会能力建设 提振学会组织活力的实施意见》《关于进一步加强企业科协组织建设的意见》等一系列文件，增强基层科协、学会、企事业科协、科协委员凝聚力和战斗力。有序推进科协组织建设，泰安省级农业高新技术产业示范区成立科协组织，全市新成立企业科协45家，2家企业科协获批第一批山东省企业科协试点。

【“全国科技工作者日”活动】 2022年5月30日是第六个全国科技工作者日，市科协围绕“创新争先、自立自强”活动主题开展系列活动。《泰安日报》、泰安电视台等媒体刊播市领导致全市科技工作者的贺信；举办全市科技工作者座谈会，市领导走访慰问在泰安的院士束怀瑞、于振文及一线科技工作者。组织开展2022年“泰安市最美科技工作者”选树宣传活动，选树“最美科技工作者”及提名人选各10人；在市政大楼策划举办以中国科协、省科协名义主办的“众心向党 自立自强——党领导下的科学家主题展”，70个市直部门4000余人次参观学习。泰安市8个单位、15项活动获评省科协全国科技工作者日活动优秀组织单位、优秀活动。

【“全国科普日”活动】 2022年全国科普日期间，市科协围绕“喜迎二十大，科普向未来”主题，组织开展十大板块2384项重点活动。联合市委宣传部等部门，策划举办泰安市“全国科普日”主场活动暨“科技赋能·产业变革”泰安市工业企业科技创新展启动仪式，发布泰安市数字科普云地图暨泰安市“科普欢乐行——研学游”系列活动。泰安市4个单位被中国科协评为优秀组织单位，“喜迎二十大 童心向共向党”科学实验秀表演系列活动等5项活动获评中国科协优秀活动；7个单位、18项活动获省科协表扬。（李 岩）

泰安市归国华侨联合会

【概况】 2022年，泰安市归国华侨联合会（简称市侨联）履行服务经济发展、依法维护侨益、拓展海外联谊、积极参政议政、弘扬中华文化、参与社会建设等职能，继续保持“省级文明单位”称号。年末，全市有侨联组织3个。

【服务经济建设】 2022年，市侨联开展“架‘侨’助力”行动，组织“进园企·润心助力”调研活动4次，先后调研侨企10家。推荐6家侨企、侨团参加港澳台侨企业家座谈会、山东省儒商大会等活动。帮助山东岱佑医药有限公司成功获批主动式干粉吸入制剂及装置生产项目国家生产许可。筹备成立“新侨创新创业联盟”，搭建助力新型工业化强市建设平台，达成项目合作意向2个。

【依法维护侨益】 2022年，市侨联开展“暖巢”行动，累计为17位侨界“空巢”老人服务30次。启动保护老侨资源专项调查，搜集整理、挖掘保护泰安侨批侨物，召开座谈会等活动，鼓励动员侨胞提供具有纪念意义的涉侨物资。依托泰安市侨胞法律事务服务中心，帮助化解涉侨涉外矛盾纠纷3件。建立联络委员制度，通过线上方式开展委员和重点归侨侨眷活动信息调研，收到反馈信息10条，通过调研掌握委员动态。

【海外联谊】 2022年，市侨联召开海内外侨胞联谊座谈会，新聘请3名国外社团侨领担任市侨联海外工作顾问，至年末，与20个海外侨团建立友好合作关系，《泰安市侨联积极拓展海外工作》一文被“学习强国”学习平台刊发宣传。探索建立海外同乡联谊合作机制，联合奥中文化交流协会、维也纳华人爱乐合唱团举办“故乡的云——中国怀旧金曲之夜音乐会”。加强“泰山连心·文化传情”品牌建设，10个泰山故事作品入选中国侨联“亲情中华·为你讲故事”网上营故事库，5件泰安特色文旅产品入选“山东省侨界特色文旅和创新创业产品展”。推进“华侨国际文化交流基地”梯级申报认定工作，新确认市级基地10家，省级基地达到3家。组织开展“追梦中华·奋进新征程·喜迎二十大”华侨华人短视频大赛等活动，市侨联获“第二十三届世界华人学生作文大赛”优秀组织奖，“欢庆二十大·侨胞有话说”主题活动被省侨联专题栏目署名转载刊发。

【参政议政】 2022年，市侨联配合做好市人大、市政协换届工作，推荐市、县各级侨界人大代表、政协委员10名，委员积极建言献策，提交《关于促进外卖餐饮行业健康发展的建议》等提案近20件，侨界政协委员参加专题调研、民主协商、视察监督等活动20次。联合市政协举办港澳台侨企业家座谈会，会上6名侨胞作为港澳台侨企业家和市政协港澳台侨和外事委员会工作顾问代表就泰安经济社会发展特别是新型工业化强市建设提出意见建议，被市政协和有关部门采纳。召开市侨联五届八次全委（扩大）会议，学习贯彻省侨联九届四次全委会精神，传达市委分工领导的指示要求，审议通过有关人事任免事项和市侨联常委会工作报告。

【参与社会建设】 2022年，市侨联将“泰安小美”行动与“侨星”志愿服务相结合，先后举办“走侨家·送温暖”、首届“敢当”精神全国书画名家作品邀请展、“一起向未来·侨迎二十大”体验大汶口文化社会实践等公益服务、文化交流活动近20项。其中，侨联“暖巢”行动、侨星志愿者助力全员核酸检测活动被“学习强国”学习平台、《联合日报》、省侨联网站、中华泰山网等媒体刊发点赞。泰安侨界群众持续开展“同心抗疫”慰问捐赠活动，先后3次为抗疫一线社区、企业捐赠防疫物资数万元；争取旅澳华人慈善家魏基成夫妇团队支持，申请“天籁列车”项目捐赠听障人士助听器980部，首批到位180部；引进美国华侨高永祺先生专项捐赠项目，为泰安贫困学生和民间公益救援组织等发放资（救）助金6万元。

【侨胞之家建设】 2022年，市侨联持续开展“侨胞之家”规范化建设，“侨胞之家”达到7处。各侨胞之家以“赤子侨心·山海不远”为主题，组织开展“侨心向党心”座谈会、中共二十大精神学习辅导、传统书画创作公开课等活动，参与侨胞近百人次，侨胞之家服务侨胞、凝聚侨心作用日益彰显。

（马　琳）

泰安市文学艺术界联合会

【概况】 2022年，泰安市文学艺术界联合会（简称市文联）有市级所属艺术家协会50个。全市6个县（市、区）、1个功能区成立文联组织，拥有国家级会员201人，省级会员2048人，市级、县区级艺术家协会会员5.1万人。全市文联会员获国家级奖项34项，省级奖项67项，市文联继续保持“省级文明单位”称号。

【精品创作】 2022年，原创歌曲《梦里水乡》（曲）获感动中国组委会举办的“喜迎二十大——全国百首原创词曲优秀奖”。《最美黄河》《腾飞的中国》《读懂中国式现代化》3首歌曲作品入选“泰安市贯彻落实党的二十大精神优秀文艺作品项目库名单”。摄影作品《守护你是最美的人》获2022年“网聚职工正能量 争做中国好网民”全国网络正能量摄影作品一等奖，摄影作品《城市光影》获2022第三届“大美中国”全国摄影大赛一等奖。《司法正能量 助燃中国梦》获最高人民法院办公厅全国征文三等奖。长篇小说《极顶》入选山东省“十四五”重点文艺创作项目库。长篇儿童文学《魔法书签》入选山东省作家协会2022年度重点扶持作品名单。在2022年第十六届山东杂技魔术大赛中，《激情燃烧——球技》获杂耍类一等奖，杂技项目《柔术》获形体类二等奖。剪纸作品《太阳神》获泰安市黄河文化主题优秀艺术作品评选一等奖。泰山杨氏葫芦雕刻之《为人民服务》在“学习强国”学习平台刊发。

【主题活动】 2022年，市文联围绕献礼二十大、先进典型宣传、新型工业化强市建设、抗击疫情文艺创作等开展系列主题活动。由泰安市音协会员创作的歌曲《红旗红》在“永远跟党走·献礼二十大”原创歌曲全国征集评选中获金奖。市作协6名作家在全省“喜迎党的二十大”主题文学征文活动中获奖。3月12日，市文联组织作家和艺术家到岱岳区马庄镇开展文艺采风，创作完成反映全国种粮先进典型薛丽娜事迹的长篇通讯《在希望的田野上》、1.2万字报告文学《希望的田野》，在大众网、泰安电视台、《泰安日报》等媒体刊播。市文联先后到泰山玻璃纤维有限公司、肥城瑞福锂业有限公司等新型工业化企业，开展音乐演出、公益书法美术创作8场，创作作品112件。组织各协会艺术家创作抗击疫情主题文学、书画、音乐、曲艺等作品4000余件，在中央、省、市各级各类媒体发表、转发作品1000篇次。

【文艺惠民】 2022年，市文联组织“我们的中国梦”文化进万家、我们的节日、美育教育宣讲等活动，让书法、美术、皮影、曲艺等优秀传统文化走进校园、社区、乡村。全年组织文艺宣传活动26场，参与学生2100余人，受教育群众1100余人；组织各类文艺宣传分队13支，巡回演出23场，参加文艺活动380余人，受惠党员干部群众4.33万人。

【文艺交流】 2022年，市文联举办泰山民间文艺大舞台艺术交流活动，50位艺术家进行戏曲、舞蹈、皮影、民间工艺品的展演，现场近百人观看。7月20日，与潍坊市联合开展“喜迎二十大·奋进新征程”潍坊、泰安中国画交流展，展出反映泰安、潍坊两地的红色文化、自然风光、风土人情等内容的中国画作品110余幅。5—7月，组织民间文艺家协会在泰安市美术馆举办泰山土陶“福香烧”非遗陈列展，持续100天，接待观众数千人。泰安市作协注册全国各级文联、作协中的首个喜马拉雅平台账号并通过官方认证，全年建立文学作品专辑19个，发表文学作品338篇，共计84万字，体裁包括小说、散文、报告文学、儿童文学等，作品曝光量超21万次。8月6日，泰安市第八届泰山艺术节暨2022年第五届泰山国际艺术展演盛典在山东泰安建筑工程集团有限公司举行，全国近千名艺术类精英选手参赛。5—9月，市文联举办第十二届春秋笔会，征集小说、散文、诗歌等作品200余部，评选出优秀作品19部。12月24日，举办第八届泰安文学周暨第三届签约作家作品讲评会，对6位签约作家作品进行深度剖析讲评，参会泰安作家、文友共计200余人。

【助力乡村振兴】 2022年，市文联开展“迎新春送祝福”基层慰问、“我为群众办实事”等活动，助力乡村精神文明建设。到汶阳镇西徐村为20户家庭拍摄新年全家福，并制作加框照片赠送。为肥城市大海子村文化活动队捐赠太极扇、舞蹈扇、手绢花等文艺器材20箱。在满庄大集市开展“黄河大集”迎新年活动，为老百姓书写春联并赠送民间工艺品。在王林坡村进行书画公益创作与培训，深入基层培养民间艺术家。在大汶口第一中学开展面塑文化公益课。

（臧文华）

泰安市残疾人联合会

【概况】 2022年年末，泰安市有持证残疾人13.5万人，占全市残疾人总人口的39.69%，其中视力残疾8720人、听力残疾9812人、言语残疾749人、肢体残疾7.50万人、智力残疾1.52万人、精神残疾1.76万人、多重残疾7758人，一级残疾2.32万人、二级残疾6.87万人、三级残疾2.43万人、四级残疾1.96万人。至年末，全市建残疾人联合会（简称残联）95个，其中市级残联1个、县（市、区）残联6个、乡镇（街道）残联88个，村（社区）建残疾人协会3756个。建立市级及以下各类残疾人专门协会35个，其中市级各专门协会建立5个、县级各专门协会建立30个，助残社会组织2个。

【残疾人服务体系建设】 2022年，泰安市新建“如康家园”79处，累计建成105处，超额完成年度任务，提前实现全市各乡镇（街道）全覆盖的“十四五”目标，帮助残疾人辅助性就业422人，日间照料893人，康复服务1051人。实施“阳光家园”项目，为全市716名符合条件的智力、精神和重度肢体残疾人提供居家服务。全市各级残联配合有关部门，落实残疾人城乡居民养老保险代缴及提前5年领取、残疾人“两项补贴”等优惠政策。开展残疾人证“跨省通办”和“全省通办”，采取“网上申请受理、异地残疾评定、异地代收代办、就近就便申领”服务模式，完成“跨省通办”123件，“全省通办”207件。全市新办残疾人证8472件，注销证1.07万件。全市争取资金360万元，为1565户残疾人家庭进行无障碍改造。市残联承接省残联残疾人家庭无障碍改造标准化课题研究，形成课题研究成果，为全市乃至全省残疾人家庭无障碍改造工作提供参考。泰山区成功申报2022年山东省残疾人事业发展工作创新试点“残疾人家庭无障碍改造标准化试点”，被评为优秀。泰山区2021年山东省残疾人事业发展工作创新试点“残疾人家庭智能化无障碍改造”被评为优秀。市残联开展春节帮扶走访慰问工作，投入资金30万元，为全市300名困难残疾人发放慰问金。

【残疾人康复救助】 2022年，泰安市各级残联为11.96万名残疾人提供康复服务、支持性服务，占持证残疾人数的89%。加快残疾儿童救助审批和康复转介效率，接受康复训练救助残疾儿童2190名。配合省残联做好残疾儿童专项救助，为11名符合条件听障儿童免费植入人工耳蜗，46名肢体残疾儿童接受免费矫治手术，61名脑瘫残疾儿童接受省残疾人福利基金会救助开展的“共享阳光——关爱残疾儿童”脑瘫儿童立体定向手术救助。加强辅助器具适配工作，为全市4058名残疾人适配价值343.33万元的辅具4880余件。市残联加强社区康复指导站建设，投入资金75万元，为15家乡镇卫生院、社区康复站、如康家园配发各类康复训练设备200余台，提升基层康复服务能力。印发《泰安市贯彻〈山东省残疾预防行动计划（2022—2025年）〉实施方案》，全市各级残联开展残疾预防知识进社区、进校园、进养老机构等宣教活动，发放残疾预防宣传海报200余张、残疾预防宣传知识和康复服务资料2000余份，并为残疾人群众现场适配价值15万元的助听器。开展青少年残疾预防项目，提高青少年残疾预防意识，减少残疾的发生。

【残疾人培训就业】 2022年，市残联与市税务局联合印发《泰安市关于做好2022年度残疾人就业保障金征缴管理工作的通知》，在全市开展按比例安置残疾人就业年审工作，全年审核单位617家，安置残疾人职工2260名，征收残疾人就业保障金1.05亿元，其中市级2431万元。实施残疾人就业创业工程，市残联争取省级资金95万元，扶持省级残疾人就业示范基地1处，省级辅助性就业机构5处，残疾人自主创业标兵4个，盲人按摩机构11个；争取市级资金150万元，扶持市级残疾人就业优秀基地10处，市级辅助性就业机构7处，残疾人致富能手28名；争取资金54.6万元，按照每户残疾人家庭2000元的标准，扶持273名贫困残疾人掌握实用技术、职业技能，参与养殖、种植等增收项目，实现就业增收，巩固残疾人家庭脱贫成效。全市各级残联开展农村残疾人实用技术、职业技能等培训，培训残疾人1973人次。做好残疾人毕业生推荐工作，残疾人毕业生就业完成率100%。2022年城镇新增就业312人，完成率118.63%；农村新增就业2620人，完成率232.48%。城镇新增就业完成率全省第八，农村新增就业完成率全省第五，城乡培训完成率全省第一。

【残疾人教育与交流】 2022年，泰安市各级残联组织实施“共享阳光·山东省残疾大学生励志助学项目”，为87名残疾大学生发放励志助学金40.6万元。配合有关部门落实残疾儿童少年学前到高中阶段15年免费教育等政策。开展无障碍建设科研工作，国家无障碍环境建设立法课题研究负责人、中国人民大学劳动人事学院杨立雄教授一行，到泰安市调研无障碍社会服务和辅助器具发展情况。

【残疾人文体宣传】 2022年，市残联参加省残联、省新闻工作者协会举办的“2021年度残疾人事业好新闻评选活动”，全市报送作品文字类2件、电视类2件，其中文字类获二等奖1件、电视类获三等奖1件。在《泰安日报》、《泰山晚报》、齐鲁网、闪电新闻等媒体刊发稿件80篇，政务专刊《预防为主、治疗为辅、康复为本 着力打造“预防+治疗+康复”泰山品牌》得到市领导批示，并在《中国残疾人》杂志刊登。泰安市79名选手参加山东省第十一届残运会，夺得金牌24枚、银牌21枚、铜牌24枚，位列群体榜第二。第六十五届国际聋人节期间，市残联与市聋人协会举办“无声守护”聋人急救知识科普活动，提高聋人急救安全意识，增强自救互救能力。在第三十二次全国助残日期间，全市各级残联开展走访慰问、“法援惠民生·关爱残疾人”专项维权法律咨询、“进基层、送技术，献爱心、稳就业”帮扶盲人按摩机构、爱心轮椅捐赠、残疾儿童定点康复机构启用、残疾人艺术展览等助残日活动，受益残疾人2300人次。

【泰山国际福祉暨康复设备博览会】 2022年12月15日，2022第六届泰山国际福祉暨康复设备博览会开幕，会期2天。该届博览会采用线上方式举办，博览会线上总浏览量达50万人次以上。 （董　卫　李先锋）

泰安市红十字会

【概况】 2022年年末，泰安市有红十字基层组织62个，红十字注册志愿者2152人，红十字志愿服务组织2个，“博爱家园”3个。年内，市红十字会加强基层基础建设，推动红十字会工作融入社会治理大网格，实现基层组织、阵地平台、活动项目、志愿服务融合发展。推进“三救三献”［应急救援、应急救护、人道救助，无偿献血、造血干细胞捐献、遗体（角膜）及人体器官捐献］工作，培育“博爱泰山”红十字品牌，提高社会影响力。全年接收遗体捐献4例、角膜捐献1例；采集造血干细胞血样630人份，成功捐献3例；为45名白血病患儿申请中国红十字基金会“中央专项彩票公益金大病儿童救助项目”救助金150万元、2名先心病患儿申请到救助金5万元。

【募捐工作】 2022年，泰安市红十字会依法做好款物募捐工作，严格按照捐赠人捐赠意愿，并安排专人负责捐赠款物接收及使用情况的统计，及时公开信息，接受社会监督。共接收款物合计约531.64万元，其中善款3.73万元，定向捐赠物资折合价值约527.91万元。

【人道救助】 2022年，泰安市红十字会加大人道救助力度，扩大救助覆盖面，加强对困难家庭和弱势群体的关爱及救助，重点对全市特困家庭、精神疾病患者、麻风病患者、肿瘤患者、孤寡老人、造血干细胞捐献者等困难家庭进行走访慰问，救助困难家庭200户，捐赠生活物资价值约5.6万元。

【应急救护】 2022年，泰安市红十字会开展应急救护知识普及、持证培训“五进”（进机关、进社区、进企业、进学校、进农村）活动，传播“人人学急救 急救为人人”的健康理念。联合医院、社区、学校等单位开展应急救护知识普及公益讲座，培训300余人。在岱岳区粥店社区开展红十字救护员（初级）培训班暨“世界急救日”活动，31人取得证书；在山东力明职业学院开展“关爱生命 救在身边”——红十字救护员培训活动，普及应急救护知识。持续开展“我为群众办实事”实践活动，完善应急救护便民措施，在泰山景区、泰山广场等公共场所安装29台AED（自动体外除颤器），并对相关人员开展AED使用及应急救护培训，筑牢群众生命健康安全屏障。 （李先虎　宋洪孟）

编辑　校对　刘小笋

全面依法治市

【概况】 2022年，泰安市召开市委法治委及一办五组会议14次，建立法治督察与党委巡察协作配合机制，开展提级巡察。印发《泰安市领导班子和领导干部述法工作办法（试行）》，建立述法问题清单，创立4种述法结果应用方式，述法工作机制在省委办公厅《今日信息》（专报）刊发，省委依法治省办3次通报予以肯定。“跨部门涉案财物一体化智能管理模式”获第六届“中国法治政府奖”，“法治护航泰山生态保护大格局”入选法治山东建设十大案例，“法治护航东平湖保护发展新机制”在《光明日报》《法治日报》宣传推广。

【统筹协调】 2022年，泰安市委法治委召开会议3次、市委依法治市办召开会议2次，印发实施市委法治委文件15件、市委依法治市办文件14件。市委常委会会议听取法治建设有关工作情况汇报7次，其中专题听取全市法治建设工作情况汇报2次。市委常委会、市政府常务会分别研究法治建设有关工作17次、14次。市委、市政府主要领导批示推进法治工作21次，参加调研活动、专题会议5次。完成2022年度述法工作，首次对各县（市、区）、108个部门（单位）反馈述法情况。建立优化法治环境工作协调机制，印发《关于建立泰安市优化法治环境工作协调机制的意见》《关于深入推进优化营商环境创新提升行动法治保障工作的实施方案》，相关工作有5项得到中央层面、省级层面的肯定刊发。率先建立优化营商环境监测机制，首次监测采取企业定点监测、线上广域监测方式进行，收回问卷100余份、问题建议11项，解决问题6项。

【法治调研】 2022年，泰安市打造“法治护航黄河流域生态保护和高质量发展”创新品牌，完善立法、执法、司法、普法多管齐下、衔接严密的生态法治机制，为东平湖生态保护和高质量发展保驾护航，《法治日报》《山东改革》等给予宣传推广。省委依法治省办专题调研组到泰安召开黄河流域生态保护和高质量发展法治保障调研座谈会。印发《“法治泰山·国泰民安”法治景区品牌提升行动实施方案》，打响“法治泰山·国泰民安”法治景区品牌，在桃花峪、天外村、中天门，开展以泰山法治文化宣传为主题的阵地建设，在南天门建成司法行政工作站，为游客提供法律服务。整合岱顶派出所、消防队、行政执法、文物保护、生态环保、文化旅游等多部门法治建设先进经验做法，形成《法治泰山调研报告》。

【法治督察】 2022年，泰安市制定《泰安市2022年法治政府建设工作计划》，会同市委办公室对全市法治建设有关工作情况开展专项调度，委托第三方机构，对6个县（市、区）、4个功能区及41个市直部门单位2021年度法治政府建设年度报告发布情况开展评估。建立法治督察与党委巡察协作配合机制，把法治建设4项指标内容纳入十二届市委第一轮巡察，对县（市、区）6个乡镇（街道）开展提级巡察，发现并整改基层法治建设问题19个。对2个县（市、区）、2个功能区、8个市直部门开展法治督察，发现问题30余个，全部整改到位。

【《法治工作队伍建设规范》出台】 2022年，泰安市制定全国首个《法治工作队伍建设规范》地方标准，以现代化治理为方向，构建统一细致、操作可行的制度规范。立足新时代法治人才队伍建设“四化”要求，从组织建设、思想政治建设、法治能力建设、职业素养建设、监督惩戒五大维度，打造标准化队伍建设体系，工作经验在全省司法行政改革推进会上作典型发言。 （王　岩）

人大立法

【特色立法】 2022年，泰安市人大常委会坚持“小快灵”立法，立足“有特色、真管用”，突出立法的精细化、精致化。着眼文明城市创建和城市管理提升，探索法治化治理新途径，从“小切口”入手，制定出台《泰安市养犬管理条例》和《泰安市停车管理条例》，为新时代城市治理提供精准及时的法律遵循。立足泰安全省唯一全域沿黄设区市的实际，常委会主动谋划黄河流域法治保护，落实省人大协同立法部署，审议通过《泰安市水资源保护管理条例》，促进黄河水资源集约利用，共同守护黄河安澜。

【立法机制建设】 2022年，泰安市人大常委会坚持在市委领导下充分发挥人大主导作用，把践行全过程人民民主落实到地方立法的全链条、全流程。注重制度创新、流程再造，首次召开地方性法规审前说明评估会、专题立法协调会、补充设定行政处罚专项论证会等，探索“沉浸式立法”“云端立法”“码上立法”，实现立法模式新突破。推进立法协商，听取党外人士对法规的意见建议，集思广益、汇聚民智。在全市优选一批高校、社区、律师事务所、会计师事务所等，建立更具代表性、更有行业特点、更接地气的立法服务基地2个、基层立法联系点12个，并制定工作规则，不断拓展公众有序参与立法的覆盖面。

【法律实施推动】　2022年，泰安市人大常委会在现行宪法颁布实施40周年之际，组织开展“12·4”国家宪法日、宪法宣传周暨法治宣传教育月集中宣传活动，举办全市宪法知识电视大奖赛，弘扬宪法精神，增强宪法意识。专题调研全市“八五”普法规划落实情况，推进普法与依法治理有机融合。编制《地方性法规“立法回头看”2022—2026年实施规划》，就泰山风景名胜区生态保护、献血条例等现行法规开展“回头看”。对3部政府规章和10件规范性文件进行备案审查，维护法治统一。　（常笑君）

政法委与综合治理

【平安泰安建设】　2022年，泰安市成立市委书记、市长任总指挥的维稳安保指挥部，健全统一指挥、情报预警、值班报告、快速处置等机制，市委政法委牵头开展起底式涉稳风险大排查，化解风险隐患3.5万个，完成北京冬奥会、全国“两会”、中共二十大等维稳安保任务，被省委、省政府评为全省党的二十大维稳安保工作表现突出的集体。开展常态化扫黑除恶斗争，组织开展扫黑除恶“回头看”，深化六大行业领域整治，健全完善48项长效机制，打掉黑社会性质组织1个、恶势力犯罪集团3个、恶势力犯罪团伙15个。开展打击整治养老诈骗专项行动，破获案件78起，抓获犯罪嫌疑人174人，追赃挽损3000万元，制定规范性文件66个、行业标准7个。公安机关开展“春雷”百日行动、夏季治安打击整治“百日行动”，严打街面霸痞、寻衅滋事、打架斗殴等违法犯罪活动，全市刑事案件、八类主要刑事、命案同比分别下降12.5%、13.9%、32%。电信网络诈骗立案数、损失数分别下降50.6%、25.8%，破案数、抓获人数分别上升177.3%、110.7%，保持“两降两升”良好态势，位居全省前列。公安机关成立全国首家暴力犯罪预防中心，防范化解个人极端暴力犯罪风险142起。市委政法委牵头开展社会稳定风险评估规范化建设年推进活动，健全完善评估机制，开展评估事项126件。基层网格员深度参与联防联控、风险摸排、信息核实，巡查走访289.8万户1057.3万人次。

2022年12月9日，“泰安银行杯”全市宪法知识电视大奖赛总决赛在泰安市广播电视台演播大厅举行　（王岩　供）

【法治泰安建设】　2022年，全市政法机关印发《服务保障新型工业化强市建设的意见》《泰安市河湖保护管理办法》等法规文件，发布全国首个《法治工作队伍建设规范》地方标准，“法治护航泰山生态保护”入选法治山东建设十大案例。司法行政系统开通“法援在线”服务平台，组建“产业链+法律服务”工作专班服务团，组织“一对一”法治体检活动150场次、法律咨询活动742场次，办理法律援助案件1.05万件，“为农民工讨薪案例”入选全省“十佳法律援助案例”。深化公共法律服务供给侧改革，全市政法机关推动“互联网+政法服务”，推出户籍、交管、司法救助等便民利民措施30项。司法行政系统在全省率先打造公证参与市场监管矛盾多元化解机制，办理各类行政辅助事务保全证据公证及消费纠纷调解2327件。落实“谁执法谁普法”责任制，司法行政系统开展法治宣传教育活动3000场次。市委政法委牵头推进涉法涉诉信访问题“四查四清四到位”（对涉法涉诉信访问题隐患进行全面排查，对重复访、到省进京访案件进行集中评查，对评查案件整改落实情况进行全面检查，对重点人员稳控措施落实情况进行挂牌督查；案件底数清，当事人诉求清，工作方案清，不安定因素清；工作责任落实到位，矛盾问题处理到位，困难群众帮扶到位，重点人员管理到位）专项行动，排查化解重点案件132件，化解率100%。深化执法司法权力运行机制改革，市委政法委印发《政法机关执法司法责任体系建设指南》《政法机关执法司法责任体系智能服务平台技术规范》2个地方标准，明确240项主要任务，构建贯通政治、办案、监管、队伍管理一体化责任链条，源头规范执法司法行为。“跨部门涉案财物一体化智能管理”获第六届“中国法治政府奖”。创新“五案”（“听案”常态化、评案专业化、督案精准化、备案规范化、不干预办案制度化）执法司法监督机制，中央政法委《政法动态》《法治日报》头版头条刊发，泰安市在第二次全国市域社会治理现代化试点创新研讨班上作重点发言。

【基层社会治理】 参见《乡村振兴·乡村社会治理》

【政法队伍建设】 2022年，泰安市委政法委健全重大事项请示报告、政法委员会全体会议以及政治督察、执法监督、纪律作风“三项”督察巡查制度，做实“协管”“协查”，规范市政法各单位市管干部及科级干部调整动议程序，严格审核把关相关干部人选。巩固深化政法队伍教育整顿成果，严格落实防止干预司法“三个规定”（《领导干部干预司法活动、插手具体案件处理的记录、通报和责任追究规定》《司法机关内部人员过问案件的记录和责任追究规定》《关于进一步规范司法人员与当事人、律师、特殊关系人、中介组织接触交往行为的若干规定》）、《新时代政法干警“十个严禁”》，深化警示教育，健全完善长效监督机制，及时解决苗头性、倾向性问题，维护政法队伍健康。全市政法机关实施人才强警战略，完善素质能力培训体系，举办各类培训班427期次，培训2万人次。全市政法机关完善优秀青年干警挂职锻炼制度，有计划安排到矛盾多、任务重、困难大的重点岗位，在实践中提高化解矛盾、维护稳定、应对风险能力。全市政法机关强化依法履职保障，出台激励政法干警担当作为若干措施，细化暖警爱警惠警举措197项，建立即时表扬奖励、火线提拔机制，调动干事创业积极性主动性。强化正向宣传引领，市委政法委举办平安泰安建设“国泰民安”主题宣传文化作品展，建立被推荐为市级以上先进集体和个人荣誉审批备案制度，选树政法先进模范人物514名，举办报告会、宣讲会150场次，增强政法干警荣誉感、归属感。市委政法委深入开展机关作风集中整顿，“讲规矩、强担当、转作风”“讲政治、守规矩、严作风”专项活动，培树“精准、精炼、精干、精细、精严”优良作风，中央政法委《长安》杂志刊发推广。

（董陈东　宋春晓）

2022年9月26日，平安泰安建设“国泰民安”主题宣传文化作品展举行

（董陈东　供）

法治政府建设

【概况】 2022年，泰安市将“深入落实习近平法治思想，争创国家级法治政府建设示范市，推动创建工作日常化，做好示范创建基础工作”列入2022年《政府工作报告》重点工作，印发《泰安市争创全国法治政府建设示范市工作方案》。市委、市政府理论学习中心组开展法治专题讲座2次，市、县部门（单位）党委（党组）理论学习中心组学习习近平法治思想430余次。在市委党校组织“全市学习贯彻习近平法治思想全面推进依法行政”专题培训班。省委依法治省办公室公示第二批全省法治政府建设示范创建名单，泰山区获评山东省法治政府建设示范县（市、区）。

【政府立法】 2022年，泰安市推动出台《泰安市水资源保护管理条例》《泰安市养犬管理条例》《泰安市停车管理条例》《泰安市大气污染防治条例》《泰安市河湖保护管理办法》《泰安市历史文化名城名镇名村保护办法》6部地方性法规规章。实施立法“项目化”管理，推行专班工作机制，开展“全流程”立法评估。报送备案政府规章2件，完成14件国家、省法规规章的调研、征求意见工作。

【合法性审查】 2022年8月4日，市政府办公室印发《泰安市重大行政决策事项目录管理办法》等8件配套文件，与《泰安市重大行政决策程序规定》共同构建起“1+X”（1个政府规章，即《泰安市重大行政决策程序规定》，“X”指《泰安市重大行政决策事项目录管理办法》等8个重大行政决策程序规定配套文件）闭合式高效管理体系，组织编制《市政府2022年重大行政决策事项目录》，确定8个决策事项并完成合法性审查。完成440余件行政规范性文件、合同协议等事务合法性审查，对25件县（市、区）政府和市直部门行政规范性文件进行备案审查，组织开展涉及统一大市场、安全生产等文件清理活动，继续执行、修改和废止16件行政规范性文件。深化法律顾问制度改革，印发《泰安市党政机关法律顾问工作管理办法》《关于进一步加强党政机关法律顾问工作的意见》，在全省率先实现法律顾问市、县、乡三级全覆盖。

【行政执法监督】 2022年，泰安市组织召开市委全面依法治市委员会执法协调小组会议2次，印发《泰安市2022年行政执法监督工作计划》。市政府印发《关于进一步贯彻实施〈中华人民共和国行政处罚法〉的通知》《泰安市规范涉企行政执法行为规定》。建立涉企重大行政执法决定法制审核和报送备案制度，备案审查重大涉企执法决定37件。对市级41个行政执法部门涉企行政执法情况、乱罚款情况等10个方面进行专项监督，开展案卷评查145次，累计评查案卷4743卷。开展证明事项清理及动态调整工作，梳理形成包含536项保留证明事项的市级证明事项清单。推行证明事项告知承诺制，全市适用证明事项告知承诺制办理审批服务业务20.9万件，减少证明材料30.8万份。对市、县两级行政执法部门1700名持证年审及执法证新申领人员、339名听证主持人证新申领人员进行网上培训考试，配发行政执法证件2215人。

【行政复议应诉】 2022年，泰安市编写《泰安市行政败诉案例选编》，在全市开展“学习典型行政案例 促进复议应诉提质增效”活动，累计参加培训3000余人。建立败诉风险案件预警机制，先后制发败诉风险预警函89件次。实现行政错案约谈通报常态化，全市累计通报27次，约谈51次。将行政败诉情况纳入年度绩效考核。在全省行政复议体制改革推进会上作典型发言。全市各级行政复议机关共办理行政复议案件1040件，其中市政府本级综合纠错率为36.02%。全市各级行政机关行政应诉案件1678件，败诉120件，败诉率降至7.15%。

（王　岩）

公　安

【概况】 2022年，全市公安机关围绕“让党放心，让群众安心”的工作目标，纵深推进“五大攻坚工程”（党建带队建提升攻坚工程、智慧公安建设提档攻坚工程、“融治理”治安防控模式提速攻坚工程、道路交通秩序整治提效攻坚工程、警民暖心提质攻坚工程），完成中共二十大、各级“两会”等系列重大活动、节点安保及警卫任务，安保工作效果为历史最佳。扛牢疫情防控责任，高效应对3轮次突发疫情，做好各项工作，完成6次跨市增援任务，维护全市疫情防控平稳有序转段。全市刑事和治安警情保持低位运行，接报警情、刑事立案、治安案件同比分别下降3.3%、12.2%、6.1%，八类主要刑事案件、命案同比分别下降16.2%、30.8%，电信网络诈骗犯罪持续保持“两降两升”（立案数、损失数下降，破案数、抓获数上升）良好态势，破获“两抢一盗”（抢劫、抢夺，盗窃）案件数、抓获人数同比分别上升69.3%、56.2%，全市道路交通事故起数、死亡人数、受伤人数、财产损失同比分别下降0.2%、1.2%、1.6%和3.7%，社会大局持续安全稳定。

【社会治安管理】 2022年，全市公安机关常态化开展拉网式大清查大整治，清查各类治安重点场所6.5万家次、关停36家，挂牌整治治安乱点17处、整改隐患950处、处罚场所153家。侦办黄赌类刑事案件169起、行政案件1514起，破获“3·04”组织淫秽表演案，被评为山东省“扫黄打非”十大案件。开展打击跨境赌博专项行动，破案34起，查扣冻结涉案资金1.6亿元，“1·12”开设赌场案被评为全省十大专案，娱乐场所涉黄赌问题数为全省最少的地市之一。深化危爆物品安全隐患排查整治专项行动，严管严控危爆物品，检查易制爆、民爆、加油站、剧毒化学品等单位9820家次，发现整改问题1021处。配合检查“九小场所”4.7万家、村居（社区）3756个、物业企业520家，督促整改火灾隐患5.4万处，行政拘留41人。市公安局主动服务地方立法，保障《泰安市养犬管理条例》《泰安市停车管理条例》等立法工作顺利进行，探索柔性执法模式，确保政治效果、法律效果、社会效果统一。

【刑事犯罪侦办】 2022年，全市公安机关压茬推进“春雷”、“雷霆打击·利剑护航”、夏季治安打击整治“百日行动”等系列专项行动。常态推进扫黑除恶斗争，全市移送起诉

2022年8月22日，“文明出行月”主题活动启动仪式举行　（刘晓东　供）

黑社会性质组织1个，在侦黑社会性质组织1个，打掉恶势力犯罪集团3个，打掉涉恶团伙15个，全市破获9类涉黑恶犯罪案件358起，移送审查起诉464人。全市公安机关快侦快破现行命案，命案现案破案率100%。全面加强电信网络新型违法犯罪打击治理，破获电诈犯罪及关联案件3049起、抓获嫌疑人3014人，同比分别上升133.6%、104.2%。市公安局开展“昆仑2022”专项行动，严打食药环知领域违法犯罪，破获部督特大制售假劣美缝剂案、陈某等人危害珍贵濒危野生动物案、“8·16”特大假冒注册商标案等一批大案要案。

【经济犯罪侦查】 2022年，全市公安机关持续推进打击恶意逃废银行债务“亮剑行动”、“云端”、“歼击22”、打击非法集资涉众型经济犯罪等系列打击行动，共立经济犯罪案件431起、破案323起、抓获犯罪嫌疑人388人，同比分别上升28.8%、33.9%、20.9%，移送起诉156起300人，挽回经济损失3.2亿元。成功侦破涉及泰开集团的合同诈骗案、非国家工作人员受贿案件，挽回经济损失1.2亿元。

【网络安全】 2022年，全市公安机关以防范化解各类涉网重大风险为重点，开展“净网”“护网”行动，侦破各类网络犯罪案件1727起，抓获嫌疑人2737名。全面加强网络安全保障体系和能力建设，严格落实网络安全等级保护制度，市公安局组织开展系列网络安全攻防演习，开展网络安全专项检测，检查重点单位350家，通报整改各类网络安全隐患问题漏洞751个。

【禁毒工作】 2022年，全市公安机关推动全国禁毒示范城市创建上升为党政工程，深化“清源断流”、禁种铲毒行动，破获部级毒品目标案件2起，立涉毒刑事案件68起，移送起诉160人，禁毒主要战果完成率居全省前列。

【出入境管理】 2022年，全市公安机关集中开展打击妨害国（边）境管理犯罪“獴猎”行动，查处妨害国（边）境管理犯罪案件4 起。全市出入境窗口全面实现“就近办、网上办、自助办、周六办”。市公安局出入境业务窗口入驻“市民之家”，开通全市首家外国人工作许可、居留许可“联办窗口”。为参与“一带一路”重点工程项目建设人员提供护照加急服务200余人次，为高层次人才办理有效期5年的居留许可7人次，永久居留身份证1人。

【道路交通安全管理】 2022年，全市公安机关实施道路交通秩序整治提效攻坚工程，市政府印发《关于深入推进道路交通安全综合治理工作的意见》，开展交通秩序大整治，深化“两路两车”（普通国省道、县乡道和货运车辆、面包车）专项治理，严管“两客一危一货一面”，严查严处酒驾醉驾等违法行为，落实安全设施建设资金1.7亿元，排查整改风险隐患3.04万处、同比增长186.4%，515处事故易发点段全部采取措施，查处各类交通违法行为353.6万起、同比增长79%。

【户政管理】 2022年，全市公安机关开展户口清理大整顿，解决无户口人员305人，核查注销重户口249人，清理死亡未注销人员6.75万人，纠正项目差错户口1423.01万人。开展便民服务，提供网上咨询6289条、电话和上门咨询2700余次。印发《泰安市深化户籍制度改革实施方案》，全面实行“零门槛”落户，引导和促进各类人才到泰安落户、就业创业，助推全市经济社会高质量发展。探索户籍事项“全程网办”，对七大类70项高频户籍业务开通互联网预受理、公安网预审核，提高“一次办好”效率，全程网办临时身份证明251张、补领700张、户口簿换领21本、申领居住证324张，群众通过互联网申请业务2600余件，办理户口迁移“跨省通办”业务1020笔，办理新生儿落户“全省通办”业务620笔。

【流动人口服务管理】 2022年，全市开展流动人口、租赁房屋清理整治“百日行动”，开展流动人口排查登记、租赁房屋治安检查，检查各类娱乐、公共复杂场所6.5万次。登记流动人口9.7万人，录入出租房屋1.01万户。出动巡逻防控警力17.2万人次，动员保安队伍、治保力量28.6万人次，排查人员19.6万人次，检查车辆11.8万辆次。

【基层基础建设】 2022年，全市公安机关深入实施“五大攻坚工程”，完成97项攻坚任务，推动公安工作高质量发展。全市113个派出所全部完成“一室两队”改革，完成率100%。明确派出所9大项39小项、社区警务5项职责任务，制定派出所不得办理的12项刑事案件负面清单，规范明确派出所和专业警种刑事案件管辖分工。

【“融治理”工作】 2022年，全市公安机关创新推动以“融网格、融业务、融部门、融大众、融数据”为主要内容的“融治理”工作，将民警辅警融入全市基础网格，融合发动多元力量参与基层社会治理，打造新时代社会治安防控的人民战争模式。创新“矛调中心”“律师驻所调解室”等举措，因地制宜建立“警民议事会”156个、“说事中心”210个、“义警”组织36个，发动“义警”3.9万人，推进矛盾纠纷“一站式”多元化解，收集各类基础信息20.2万条，风险隐患信息2200余条，摸排矛盾纠纷6700余起，一般性矛盾纠纷网格化解率达100%，探索形成基层社会治安治理“泰安路径”。

【“大巡防”工作】 2022年，全市公安机关严密社会面巡逻防控，统筹治安联防队3961个、巡逻队7225个、群防群治力量10.8万人，构建起分片包干、多方联巡、全时空覆盖的大巡防机制。市公安局出台加强巡逻防控“六项措施”（强化快反应急处置、组建夜间巡防专业队伍、加强治安要素管控、严打严惩各类违法犯罪、加强道路交通安全管理、营造良好社会氛围），重点加强“商圈”、夜市、烧烤摊等部位巡逻防控，快查快处侵害老弱妇孺等弱势群体的违法犯罪，累计出动巡防警力52.9万人次，查获现行违法犯罪嫌疑人1247人，抢劫、抢夺案件共发案11起，盗窃、诈骗等可防性案件分别下降9.3%、69%。

【助力新冠疫情防控】 2022年，泰安市公安机关累计随访登记155.5万人次。顺应疫情防控政策优化调整后新形势、新任务，统筹抓好管理服务、巡逻防控等工作，确保全市平稳有序转段。

【“生态警长”工作机制】 2022年，全市公安机关聚力黄河流域生态保护和高质量发展，建立“1+3+6+X”（市局主要领导担任“总警长”；市局、县局、派出所三级“生态警长”；在生态警长架构下，因地制宜设立河道警长、湖泊警长、山林警长、道路警长、市场警长、景区警长“六类警长”；“X”即“融大众”，融合政府部门、企事业单位资源力量，融合社区干部、网格员、社会联防组织和基层群众自治力量，走好新时代生态保护和治理的群众路线）立体化“生态警长”工作机制，主动保障泰山、东平湖、大汶河等生态保护修复工程，工作经验在全省推广。打好蓝天碧水净土保卫战，全市公安机关侦办生态环境类案件121起，刑事拘留157人，移送起诉295人，侦办的鹿某友等人特大跨省污染环境等案件受到市领导批示肯定。市公安局建立“林长”+“警长”工作机制，侦办破坏森林资源案件130起，移送起诉582人，收缴野生动物制品8330件。

【“智慧公安”建设】 2022年，全市公安机关实施“智慧公安”建设提档攻坚工程，启动新一轮视频监控建设，争取建设资金4.2亿元，同比增长3.2倍，视频资源、智能前端分别达到6.5万路、3.1万路，分别增长1.7倍、6.8倍，重点部位视频监控覆盖率达到100%、智能前端占比超过90%。市公安局搭建“泰山云海”智能搜索引擎，做强“风向标”预警管控平台，建成智慧安防小区1616个，高效支撑实战。“泰山云盾”城市级智能无人机防控体系获省厅科技进步奖一等奖。

【“放管服”改革】 2022年，全市公安机关深化“我为群众办实事”活动，县级公安服务大厅全部设置“一窗通办”窗口，108个服务事项集成办理；全市新建无人“智慧警局”6处，改建自助服务区34处，实现24小时不打烊；派出所代办交管业务网点增至57家，构建起“15分钟便民服务圈”。市公安局印发《优化营商环境助力新型工业化强市建设十五条措施》，深化“我为企业办实事”活动，对13家一级产业链“链主”企业和27家二级细分产业链“链主”企业实行“一对一”包保，210名项目警官走访企业1400家次，帮助企业解决问题4000件。简化涉企事项审批流程，对71大项158小项审批事项流程再造，办理效率提高60%。对符合条件的旅馆、旅游民宿、印章刻制等行业，即接即办、一次办结。

【“泰山e警”】 2022年，全市公安机关聚焦服务民生，打造“泰山e警”“一站式”网办平台，在线开具证明、在线缴费、微信挪车、微信报警等100余项公安政务服务实现“全市通办”“一网通办”，高频服务全程网办率90%以上，在线服务群众超260万人次。全面放开落户门槛，户口迁移实行“跨省通办”、“一站式”办结，办理业务2600余件。 （鲍怀晓）

检　察

【概况】 2022年，全市检察机关履行法律监督职责，加强自身建设，各项工作取得新进展。年内，全市检察机关批捕各类刑事犯罪嫌疑人503人，起诉3161人。受理各类民事监督案件641件，对认为确有错误的民事裁判提出抗诉或再审检察建议41件。监督纠正行政审判执行活动违法情形170件。立案公益诉讼案件209件，办理诉前程序案件153件，提起公益诉讼25件。

【刑事检察】 2022年，全市检察机关监督立案106人，追捕追诉257人，监督撤案109人，不批捕384人，不起诉830人。深化认罪认罚从宽制度适用，全市认罪认罚适用率93.4%，量刑建议采纳率达99.5%，一审服判率达到96.3%。提前介入职务犯罪案件16件，起诉35人。依法履行司法工作人员职务犯罪侦查职能，查办徇私枉法、玩忽职守等犯罪7人。办理刑罚变更执行监督案件617件，对各类刑事执行活动违法违规问题提出纠正意见571件，对监狱、看守所开展巡回检察，督促整改监管不规范、不到位等问题104个；在全省率先探索社区矫正巡回检察，对辖区内7个社区矫正机构开展常规和专项巡回检察9次，依法提出纠正意见120件。

【民事检察】 2022年，全市检察机关受理各类民事监督案件641件，对认为确有错误的民事裁判提出抗诉或再审检察建议41件。支持法院正确裁判，依法作出不支持监督申请决定157件，有针对性地做好释法说理，促进服判息诉。强化民事审判和执行活动监督，对保全措施不当、适用程序错误等问题提出纠正意见310件。肥城市检察院与法院会签《关于加强检察监督促协同推进执行工作的意见》，共同解决案件“执行难”问题。

【行政检察】 2022年，全市检察机关监督纠正行政审判执行活动违法情形170件，向行政机关提出纠正违法检察建议16件，全部予以采纳。开展行政争议实质性化解，综合运用公开听证、司法救助等手段有效化解争议36件，实现案结事了政和。聚焦群众急难愁盼与社会治理难点堵点，开展护航市场主体权益保护、依法处理以冒名顶替或弄虚作假方式办理婚姻登记问题等护航民生民利专项活动，保障群众合法权益。与市自然资源和规划局联合印发《关于加强行政检察与行政执法监督衔接工作的意见》，形成工作合力，加强自然资源保护。

【公益诉讼检察】 2022年，全市检察机关立案公益诉讼案件209件，办理诉前程序案件153件，提起公益诉讼25件。通过办案督促收回国有财产3600万元，收回国有土地使用权出让金2.4亿元，修复土地213.33公顷，清理处置固体废弃物2000余吨。围绕群众关心关注的安全生产、文物和文化遗产保护、英雄烈士权益保护等新领域，开展专项监督活动，办理相关案件107件。宁阳县检察院联合退役军人事务局开展烈士纪念设施管理保护活动，将211处散葬烈士墓全部迁入烈士陵园，以法之名捍卫英烈荣光，相关做法被评为全国检察机关“千案展示”案例，《人民日报》、新华社进行宣传报道。

【司法服务民生】 2022年，全市检察机关落实群众信访“件件有回复”制度，受理群众到信到访1810件，全部实现“7日内程序回复，3个月内办理过程或结果答复”。全面推开检察公开听证，对383件争议较大、有影响的案件组织公开听证。落实《中华人民共和国未成年人保护法》，对侵害未成年人犯罪“零容忍”，从严惩治性侵、欺凌未成年人罪犯319人。加强涉案未成年人“双向保护”，感化挽救涉罪未成年人，不起诉102人，附条件不起诉84人，开展案后帮教310人次。创新法治宣传教育方式，联合市教育局、大众网开展“送法进校园”系列直播活动，在线观看300万人次，近10万人参与普法知识竞赛活动。推进打击整治养老诈骗专项行动，批准逮捕各类养老诈骗犯罪嫌疑人26人，起诉127人。助力解决拖欠农民工工资难题，办理支持起诉案件164件，帮助讨回“血汗钱”177.2万元。加大司法救助力度，向358名生活陷入困境的被害人发放救助金398.4万元，同比上升57.1%。岱岳区检察院探索建立“新希望”司法救助平台，构建多元化资金保障新模式。

【服务经济社会发展】 2022年，全市检察机关推动平安泰安建设。批捕各类刑事犯罪503人，起诉3161人。常态化开展扫黑除恶，起诉涉黑恶犯罪39人，制发社会治理类检察建议43件。依法办理全国扫黑办督办的临沂金某某涉嫌组织、领导、参加黑社会性质组织案，全程提前介入引导侦查，提出补充侦查意见617条，批准逮捕18人，提起公诉20人。助力新型工业化强市建设，研究制定具体服务举措19条，深入产业链、链主企业收集司法需求182个，解决重大法务难题67个，市委和省检察院主要负责人批示肯定。服务创新驱动发展，设立知识产权检察办公室，与市公安局、市市场监管局会签《关于加强知识产权协同保护的意见》，起诉侵犯知识产权犯罪42人，办理民事行政诉讼监督案件39件。服务黄河重大国家战略，聚焦泰山生态系统保护，成立泰山保护工作专班，建立协同保护工作机制8项，办理损毁泰山石刻、破坏文物、污染水源地等各类案件98件。聚焦东平湖生态环境综合整治，督促拆除黄河滩区违章建筑25万平方米，复绿矿山、修复耕地173.33公顷。保护民营经济健康发展，做深做实平等保护，对企业负责人涉嫌经营类犯罪，不捕不诉108人。推开涉案企业合规改革试点，市、县两级全面建立第三方监督评估机制，组建293人的专业人员库，办理合规案件32件。升级“企业帮”微信服务平台，打造的泰山“企业家驿站”获评全省十佳文化品牌，相关做法被省委和最高人民检察院工作简报刊发。

（宋光恩）

法 院

【概况】 2022年，全市法院受理各类案件8.26万件，下降8.8%；结案8.34万件，下降2.3%。其中，市中级人民法院收案9071件，下降9.2%；结案9109件，下降3.8%。一审服判息诉率上升7个百分点，二审发改率下降6个百分点，结收比上升6.8个百分点，执行完毕率提高15.2个百分点。4篇案例入选中国法院年度案例和全省法院优秀裁判文书，23篇案例入选山东法院精准化案例规则库，9篇论文在全国、全省获奖，相关工作被市委书记批示5次，13项工作做法被上级法院转发或批示肯定，34个集体、48名个人获省级以上表彰表扬，其中市中级人民法院被表彰为全国法院教育培训工作先进集体和全省法院审判管理工作先进集体。

【刑事审判】 2022年，全市法院打击各类违法犯罪活动，审结一审刑事案件2463件，判处3568人。打击危害国家安全犯罪。推进扫黑除恶，开展《中华人民共和国反有组织犯罪法》实施宣传工作，组织培训辅导600余人次，审理涉黑恶案件4件21人。审结侵害公民人身权利、财产权利犯罪案件670件。保持严惩腐败高压态势，依法妥善审理职务犯罪案件22件，其中原厅级以上5件5人，共追缴赃款赃物及非法所得8亿元。加大对减刑、假释案件实质化审理力度，其中市中院开庭审结744件。依法严惩破坏市场经济秩序犯罪，审结非法经营、合同诈骗、制假售假等犯罪140件。开展打击整治养老诈骗专项行动，建立“打防治一体、立审执联动”全链条工作体系，审理涉养老诈骗犯罪案件11件18人，审理的杨某某自称“女娲转世”案被多家中央媒体报道。审结涉未成年人犯罪案件44件，在全省率先开展对未成年人心理救助，联合市心理学会成立心理咨询室，开展“少年审判守护未来”等宣传教育活动，帮助涉案未成年人尽早回归社会。

【民商事审判】 2022年，全市法院审结一审民事案件2.92万件。做好“保交楼、稳民生”工作，推动成立房地产领域纠纷诉调对接中心，市中院与住建、金融等部门建立会商机制，化解纠纷1413件，涉案面积达110万平方米。开展根治欠薪专项行动，全市法院帮助追讨欠薪3.12亿元。深入贯彻未成年人“两法”（《中华人民共和国未成年人保护法》《中华人民共和国预防未成年人犯罪法》），依法审结相关案件511件，对怠于履行抚养义务的监护人发出家庭教育令10件。优化法治化营商环境，市中院制定《营商环境创新2022年行动计划实施方案》《充分发挥审判执行职能作用 全流程支持服务企业发展的若干措施》，降低诉讼成本，压减企业解纷耗时，涉企案件平均办理时间缩短6天。发挥破产审判“积极挽救”和“及时出清”功能，市中院印发《关于破产案件预重整工作的指引》，建立破产管理人履职评估档案，全市法院受理破产重整、清算案件51件，同比上升11.1%，通过破产审判化解不良资产19.44亿元，盘活土地40.2公顷，安置职工2082人。支持创新驱动发展战略，依法审结涉格力电器、李宁体育等知名品牌知识产权纠纷1178件，同比增长36.8%。审结一审环境资源案件586件。审结乱占耕地、农村土地“三权”分置、合作经营等案件348件。

【行政审判】 2022年，全市法院审结一审行政案件1612件，行政赔偿案件66件，审查非诉行政执行案件604件。其中，审结涉公安部门案件198件，涉城建部门案件96件，涉资源部门案件81件，涉劳动、社会保障部门案件17件，涉乡政府案件17件，涉交通运输部门案件12件。推进行政争议审前和解中心实体化运行，围绕房屋拆迁、土地征用等纠纷多发问题，依法支持行政机关处理好执法效率和权益保障关系，促进260件行政争议审前实质性化解。加强司法与行政良性互动，推行联席会议、观摩庭审、行政审判白皮书制度，行政机关负责人出庭应诉率保持100%。针对案件审理中发现的典型问题，向相关部门发出司法建议69件，均得到采纳回应，省财政厅、省注册会计师协会等单位当面给予反馈，取得良好效果。市中院深入调研分析行政机关败诉问题，提出应诉意见建议，得到市、县两级政府积极回应，全市行政机关败诉率同比下降7.56个百分点。全市法院推进落实府院联席会议制度，支持行政机关建立重大决策风险评估机制，在基础设施建设、村居拆迁改建等工作中，靠前提供司法服务，通过提出司法建议、召开研讨会等方式，促进行政机关依法行政。

【执行工作】 2022年，全市法院推动构建综合治理执行难大格局，加强执源治理，立审执全流程解决执行难，及时兑现胜诉方合法权益。市中院推行“三统一”（统一管理、统一指挥、统一协调）管理机制，强化中院对两级法院执行工作统一管理、指挥、协调，开展拖欠中小微企业债务、涉党政机关执行案件、涉农民工工资案件等8项专项执行行动，执结案件3.93万件，执行到位标的额59.9亿元。市中院在办理某省属重点企业追索欠款纠纷案中，仅用24小时跨省保全1.3亿元债权，有效避免企业损失。加大网络司法拍卖力度，通过网络司法拍卖，泰安市某国有金融企业回收权益6.86亿元，创单笔拍卖最高纪录，维护国有资产安全。拓展执行联动机制，市中院与市自然资源和规划局协作配合，在全省率先实现“不动产登记+法院查控”网上协同联办，节约司法资源，提升执行工作效率。加大执行惩戒力度，全市法院发布失信被执行人信息7412例，限制高消费2.56万人次，发出执行悬赏令42份，拘留拘传737人，判处拒执罪10人。深化执行繁简分流改革，建立执行案件繁简分流制度，成立快执团队，中院快执团队执结案件742件，执行到位金额7247.49万元，占全部实施类案件59.94%，推动执行办案周期缩短16天，执行案件完毕率提高16.5个百分点。

2022年5月30日，肥城法院举办法院开放日活动，邀请学生走进法院（林 营 供）

【司法服务】 2022年，全市法院加强民法典实施和法律问题研究，坚持把社会主义核心价值观融入审判活动，组织开展贯彻实施民法典“五个一百”（形成“百篇优秀文书”、公布“百篇典型案例”、直播“百场优秀庭审”、推出“百期法官说典”、宣传“百名优秀法官”）活动，拍摄民法典宣传视频35期，参与农村“法律明白人”培养工程，开展“法官送法到田间”等宣传活动120次。深化“一站式”诉讼服务平台建设，全面落实诉讼服务“一站、一网、一号”通办要求，升级“12368”诉讼热线实质性办事功能，接听群众电话咨询3.09万件次，热线接通率、反馈率均达100%。推进“繁简分流、轻重分离、快慢分道”机制，重构专业化审判团队，优化“速裁+快审+精审”司法效能，实现“应快尽快、当慢则慢”。45名速裁快审法官办理41%的同类案件，人均结案445件；适用小额诉讼程序审理事实清楚、法律关系明确、争议不大的案件5671件；适用二审独任制审理上诉案件268件。建成互联网法庭59处，送达、阅卷、庭审等实时在线办理，“智慧诉服”让老百姓打官司少跑腿、少花钱。强化司法人文关怀，发放救助金133万元，依法缓减免诉讼费318万元。市中院开展“为群众办实事示范法院”创建活动，推出保障权益、便民利民、提质增效21项举措。

【改革创新】 2022年，全市法院落实司法责任制，落实院庭长带头办案制度，两级法院院庭长办案5.68万件，占比68.1%。市中院规范司法权力运行，修订院庭长、法官、法官助理、书记员权责清单，明确各类人员职责边界，将权责清单嵌入办案系统，实现权责清单规范化、标准化、可提示、可追溯。市中院健全“四类案件”（涉及群体性纠纷，可能影响社会稳定的案件；疑难、复杂且在社会上有重大影响的案件；与本院或者上级法院的判决可能发生冲突的案件；有关单位或者个人反映法官有违法审判行为的案件）监管、审限管理、类案强制检索、发改案件沟通反馈、案件质量评查和质询定责等一系列审判权运行制约监督制度，更好实现“让审理者裁判、由裁判者负责”。全市法院推进审级职能定位改革，制定全面提质增效措施35项，提升一审法院查明案件事实、实质化解纠纷能力；发挥二审监督、再审纠错功能，让绝大多数案件在市、县两级法院有效审结。其中，市中院再审案件被改判率全省第二、一审服判息诉率居全省第五。强化信息支撑、数字赋能，上线运行智慧法院4.0版，法官全流程无纸化网上办案，21类常用民事案由实现智能化要素式审理。充分运用智能庭审、证据交换平台，落实最高法院3个在线诉讼规则，加大网络庭审力度、电子送达力度，网上立案7.27万件、电子送达136万次、线上调解1.44万次、网络查控44万次。市中院和两个基层法院被表彰为全省智慧法院建设先进集体。

【外部监督】 2022年，全市法院践行全过程人民民主，自觉接受人民监督，加强人民陪审工作，人民陪审员参审率82.6%。制定加强和改进人大代表联络工作意见，完善与代表委员联系沟通工作机制，通过定期通报、走访座谈、网络推送、旁听庭审、观摩执行等方式加强与代表委员联系沟通，全市法院办结代表委员建议、提案及关注事项31件，办结率和满意度100%。广泛听取民主党派、工商联和无党派人士意见建议。依法接受检察监督，认真办理检察建议。市中院党组两次召开全面从严治党专题会议，听取市纪委监委驻市法院纪检监察组意见建议，主动支持配合工作。就“巩固政法队伍教育整顿成果”有关情况向市人大常委会作专题报告，持续巩固政法队伍教育整顿成果。创新工作模式，全市法院开通案件“智能回访”系统，启用智能审务督察平台，在派驻纪检组开展驻庭监督检查时，组建审务督察组同步实地督察，强化监督合力。深化“四大公开平台”（中国裁判文书网、中国执行信息公开网、中国审判流程信息公开网、中国庭审公开网）应用，全市法院在中国裁判文书网公开裁判文书及案件摘要4.33万件，1.99万件案件在中国庭审公开网进行庭审直播，利用互联网开庭1.78万次。（林　营）

司法行政

【概况】 2022年，泰安市12家司法鉴定机构共办理鉴定案件1.14万件，增长46%；全市8家公证机构共办理公证业务2.29万件；全市1231名律师共代理刑事、民事、行政等案件4.62万件。在泰安市市民之家建成泰安市公共法律服务中心，为企业和群众提供法律咨询服务2656件，开展各类普法宣传活动3500余场次，各类法治宣传讲座1500余场次。市司法局创建“国泰民安”调解品牌，全市共调解各类矛盾纠纷2.05万件，调解成功率达到99.6%。全市共受理法律援助案件1.23万件，为受援人挽回损失或取得利益6669.73万元。编写《企业法律风险防范与应对——企业合规管理手册》，赠送企业400余套。建立“产业链+法律服务”工作专班服务团，开展公益法律服务活动3600余场，帮助企业化解问题4430件。

【普法与依法治理】 2022年，市司法行政部门开展“送法进校园”“宪法在我心中·法律伴我成长”主题法治文化活动，全市30万名学生参加“普法好少年”青少年普法知识竞赛活动。印发《关于贯彻落实国家工作人员学法用法制度的实施方案》，全市参加网上法治能力测试11.26万人。与市委宣传部、市人大常委会办公室、市委依法治市办联合发起“泰安银行杯”宪法知识电视大奖赛，全市160支队伍参赛。完成“七五”普法表彰表扬工作，3个单位被评为全国普法工作先进单位，2人被评为全国普法先进个人。深化民主法治示范村创建，新增国家级民主法治示范村4个、省级民主法治示范村9个、市级民主法治示范村651个。

【公共法律服务】 2022年，市司法行政部门推行“互联网+法律服务”模式，泰安法律服务网融入“山东法律服务网”管理运行，实现法律服务申请“指尖办”和“网上办”。推动“12348”热线融入“12345”政务服务热线，实现24小时不间断接线服务。印发《全面推进公共法律服务体系建设方案》，出台《泰安市公共法律服务清单》《泰安市现代公共法律服务体系建设评价验收标准评价表》，通过公共法律服务体系建设省级验收。全市建成公共法律服务实体平台3819个，市、县、乡、村四级平台实现全覆盖。

【律师行业管理】 2022年，市司法行政部门组织全市律师行业开展党建带队建“1+1党旗红·律动泰安”活动，制定《关于在市直律师行业推行党支部评星定级管理的实施方案》。完成新一届律师协会换届工作。加强律师行业党的建设，印发《关于党建引领全市律师行业高质量发展的意见（试行）》。打造“产业链+律师法律服务”新模式，组建“产业链+法律服务”工作专班服务团，印发《关于组建产业链+法律服务工作专班 助力新型工业化强市建设工作方案》。完成市、县两级党政机关公职律师“单位备案”工作，发展壮大公职律师、公司律师队伍，实现公职律师工作全覆盖。

【公证行业管理】 2022年，市司法行政部门在全省率先打造公证参与市场监管行政执法辅助事务及消费纠纷多元化解机制，办理各类行政辅助事务保全证据公证及消费纠纷公证调解2327件。在全省率先公示《泰安市公证在线服务申办指南》，开展公证书在线核验试点工作。深化公证参与司法辅助事务改革成效，在5家法院设立公证辅助事务中心。推动司法辅助公证涉企调解工作，办理司法辅助公证调解涉企纠纷457件，成功率达61%。推进“无证明城市”建设，“无犯罪记录证明公证”列入全市电子证照证明社会化应用第一批试点工作，印发《关于对无犯罪记录证明公证免于提交纸质证明的通知》，对31项公证事项实现“无证明”办理。

【司法鉴定行业管理】 2022年，全市司法鉴定机构12家，司法鉴定人150名，其中专职103人、兼职47人。市司法行政部门推动省级服务标准化工作，推荐2家机构参加全省第四批省级标准化评审。完善司法鉴定机构结构布局，经省厅批准，设立山东新元司法鉴定所，填补泰安市声像资料类司法鉴定机构的空白。指导多家机构改善提升机构办公条件和服务质量，开展初审转报和投诉处理工作，全年办理初审转报63件次，办理投诉案件46件次。

【基层法律服务行业管理】 2022年，全市有基层法律服务工作者597名，基层法律工作者协会7个，基层法律服务所123个。市司法局组织全市基层法律服务所主任培训班，各县（市、区）、功能区123家基层法律服务所主任参加培训。全市有86个基层法律服务所与司法所实现两所共建，占比70%。印发《关于组织开展全市基层法律服务行业2021年度考核工作的实施方案》，完成全市123家基层法律服务所、593名基层法律服务工作者的网上考核材料审核、公示以及执业证盖章。

【法律援助】 2022年，市司法局印发《泰安市法律援助全域协作一体化受理实施办法（试行）》，在全市建立法律援助全域协作一体化受理机制。加强特殊人群法律援助工作列入2022年泰安市《政府工作报告》内容，联合团市委、市教育局、市中院、市检察院印发《关于建立未成年人依法维权法律援助联动机制的意见》，建立未成年人法律援助联动维权机制、未成年人法律援助律师库，印发《未成年人法律援助服务手册》。针对未成年人、残疾人、老年人、军人军属等特殊群体，开展“法援惠民生”专项法律援助宣传活动，全年开展活动8次，发放法律援助宣传品3500余份，现场解答法律咨询920人次。

【社区矫正】 2022年，市司法行政部门开展社区矫正工作巡回检查，对各县（市、区）社区矫正工作开展情况进行排查摸底，规范社区矫正工作各个环节。印发《全市司法行政部门发挥戒毒系统专业优势参与指导支持社区戒毒社区康复的工作方案（试行）》，在禁毒委员会统筹领导下，发挥司法行政部门职能作用，指定有关科室和工作人员参与指导支持社区戒毒社区康复工作。

【人民调解】 2022年，市司法行政部门在全市范围内统一创建“国泰民安”调解品牌，打造新时代“枫桥经验”泰安版。组织开展“北京冬奥会和全国全省‘两会’安保维稳矛盾纠纷排查专项行动”、“调解护稳定 喜迎二十大”矛盾纠纷排查调处专项行动，构建以人民调解为基础，以访调对接、诉调对接、公调对接为支撑，以行政调解和行业性专业性调解为补充的新时代“1+3+N”大调解工作格局。全市设立行业性专业性调解组织128个，设立调委会专家库754人，覆盖20个行业领域。发挥市金融纠纷调解委员会和市消费纠纷调解委员会职能作用，制定“我为企业办实事”项目清单，调解涉企纠纷1000余件，调解成功率达到98%，为银行收回不良贷款近3000万元。市涉诉纠纷调解委员会调解涉及中小企业纠纷4836件，各行政调解组织办理行政调解案件共计5732件，调解成功率为87%。建立市、县、乡三级“一站式”矛盾纠纷调解中心，全市92个“一站式”调解中心共调解矛盾纠纷1.29万件。

【司法所规范化建设】 2022年，市司法行政部门推动司法所参与乡镇（街道）党委政府重大决策、规范性文件、重大合同协议合法性审查。组织召开全市创建新时代“枫桥式”司法所工作现场会，举办全市司法所所长专题培训班，各县（市、区）司法局分工负责人、相关科室负责人和各司法所所长等100余人参加。全市拥有独立业务用房的司法所达到98%，标识统一规范的司法所达到84%，专职工作人员3名以上的司法所达到92%，配备2名以上专职人民调解员的乡镇（街道）人民调解委员会达到97%，86个所实现两所共建。全市司法所为基层政府提供法律意见建议504条，参与制定审核规范性文件191件，指导制定村规民约700件，普法宣传1057次，解答法律咨询1.6万人次，法律援助申请初审478件，参与调解处理纠纷1.1万件。

【法律职业资格考试】 2022年，市司法行政部门完成对2021年度340名法律职业资格考试合格考生的资格审查、材料报送和法律职业资格证书发放工作，做好疫情防控常态化形势下的法律职业资格考试组织实施工作，2022年度客观题考试1795人、主观题考试662人完成考试。（王 岩）

仲 裁

【概况】 2022年，全市受理仲裁案件1786件，列全省第5位，标的额24.07亿元，列全省第4位，实现财政贡献1225.43万元（仲裁收费），年办案数、标的额、财政贡献等主要业务指标均创历史新高。省司法厅党委书记、厅长，市委书记先后作出批示，对泰安仲裁工作给予肯定。泰安仲裁委员会办公室（简称泰安仲裁办）连续5年保持“省级文明单位”称号。

【仲裁网络体系建设】 2022年，泰安仲裁机构加强仲裁分会规范化建设，完善仲裁分支机构管理制度，优化政府购买仲裁法律服务合同，印发《仲裁分会百分制考核办法》《专业仲裁中心百分制考核办法》，围绕“量增质提”目标对分支机构工作进行量化写实考核，建立健全优劣奖惩和定期通报制度，推动仲裁融入基层社会治理。全年各仲裁分会共立案467件，标的额5.37亿元，分别占总立案数的26%和总标的额的22.3%。《泰安仲裁委着力打造“枫桥式仲裁”样本》的报道在《法治日报》刊发。

【“智慧仲裁”工程】 2022年，泰安仲裁机构健全完善“智慧仲裁”办案系统，打造“网上仲裁”“一网通办”新模式，实现网上缴费、电子送达、在线庭审、重点监督、自动统计、大数据分析、案卷电子化，仲裁办案全流程智慧化网络化，网上立案率、系统办案率达90%以上。《泰安仲裁委科技赋能开创智慧仲裁新局面》的报道在《法治日报》刊发。

【仲裁业务】 2022年，泰安仲裁机构与市贸促会联合成立泰安国际商事仲裁中心，聘请22名国内知名仲裁法律和实务专家组建国际商事仲裁服务专家团，为泰安市发展外向型经济、推进新型工业化强市战略提供更加优质的仲裁服务。泰安仲裁委召开五届二次全委（扩大）会议，全面修订完善《仲裁规则》等规章制度，增聘部分国际商事仲裁专家为仲裁员，筑牢仲裁事业发展基础。泰安仲裁办开展“仲裁服务进企业”活动，推进“产业链+仲裁法律服务”项目建设，深入山能重装集团、市物流与供应链商会（协会）等重点企业、单位，宣传仲裁法律制度，畅通服务联系渠道。深化以案释法，6件仲裁案例入选司法部司法行政（法律服务）案例库。扩大仲裁影响，在“学习强国”学习平台、《法治日报》、《大众日报》等省级以上主流媒体刊发报道52篇，在《泰安日报》《泰山晚报》刊发9个整版、1个头版头条、42期仲裁专栏；在泰安电视台开办《仲裁视点》栏目，全年拍摄视频12期，展现工作亮点。

【规范化建设】 2022年，泰安仲裁机构完善考核评价体系，落实《仲裁案件过错责任追究办法》《案件审理期限管理办法》，规范仲裁员的职业操守，强化监督管理。抓好仲裁员业务和作风建设，开展涉外仲裁法律培训和仲裁员廉洁从业教育，加快涉外人才培养，强化廉洁办案意识，确保办案质量。印发《案件评查管理暂行办法》，组织2次案件评查，完善文书核阅和专家委员会重大疑难案件咨询制度，健全案件风险防控管理体系，被法院撤销或裁定不予执行的案件比例控制在1‰以下。落实《办案秘书绩效考核暂行办法》，组织岗位业务技能考试，通过每月绩效考核、学习交流及实务培训等方式，突出办案秘书能力建设，提高仲裁队伍综合素质。

（张天宇）

【劳动人事争议调解仲裁】 2022年，市人力资源和社会保障部门全面推进基层调解组织标准化建设，通过典型引领、示范带动，推进全市基层调解组织标准化、规范化建设。全市培树标准化劳动人事争议调解组织22家，其中泰山区财源街道劳动人事争议调解中心、岱岳区大汶口镇劳动人事争议调解中心被山东省人社厅、山东省总工会、山东省企业联合会（山东省企业家协会）和山东省工商业联合会评为全省首批标准化劳动人事争议调解组织；肥城市仪阳街道劳动人事争议调解中心和新泰市青云街道劳动人事争议调解中心被评为全省第二批标准化劳动人事争议调解组织。泰山区财源街道劳动人事争议调解中心被人力资源和社会保障部等4部门评为2022年度工作突出基层劳动人事争议调解组织，泰安市基层调解组织创建工作经验在新华社《高管信息·山东》、《中国劳动保障报》、《山东人社》杂志等报刊宣传。建立仲裁监察协调联动机制，形成“事前、事中、事后”全流程联动模式。全市仲裁机构及各类调解组织共受理案件3516件，仲裁结案率99.80%，调解成功率83.20%。

（孟庆涛）

【仲裁改革创新】 2022年，泰安仲裁机构在全省率先实现仲裁全流程进驻市公共法律服务大厅，设立仲裁法律服务窗口和标准化仲裁庭，建立仲裁员值班制度，实现咨询、立案、缴费、调解、审理、裁决“全流程”办理，打造“一站式”仲裁法律服务平台，全年接受群众咨询400余次，立案53件，标的额6023万元，组织庭审40次，结案33件，扩大仲裁社会影响，并入选“敢当”泰安改革项目库。

（张天宇）

编辑 校对 刘小笋

军　事

泰安军分区

【概况】 2022年，泰安军分区（简称军分区）坚决贯彻党中央、中央军委和习近平主席决策指示，深入学习习近平新时代中国特色社会主义思想和习近平强军思想，聚焦“忠诚维护核心、矢志奋斗强军”深化主题教育，扎实开展“忠诚·担当·尽责”主题教育实践活动，建成军分区军史馆和国防教育主题公园。部署开展基层武装部“达标创优”活动，开通“山东泰安征兵”微信公众号，实施“国防储备生”试点工程，年度征兵任务各项征集指标均创历史新高，量化考评位居全省第二。推动人武部营院综合整治、干休所“日间照料中心、医疗保健中心、文化活动中心”建设，聚焦“两培塑、三强化”（培塑忠诚、培塑兵心，强化责任本领、强化进取精神、强化严格自律），大力加强文职人员队伍建设，召开拥军兴武现场观摩会，不断擦亮“泰山兵”品牌、“英雄城市”名片。做好老干部服务，深入开展“十进所·八上门”（医疗保健进所、日间照料进所、心理疏导进所、精品文化进所、法律服务进所、老旧小区改造进所、优质产品进所、智能手段进所、社会治理进所、志愿服务进所，上门送学、上门巡诊、上门祝寿、上门谈心、上门送餐、上门代购代办、上门看望慰问、上门征求意见）服务实践活动，引入地方医疗、家政、文化等资源拓展服务内容。军分区被省军区表彰为全面建设先进单位、泰安市党管武装工作年度考评列全省第4名。

【军事工作】 2022年，军分区修订4类66个国防动员专项任务方案计划，确定6支民兵分队，开展专项检验评估。突出防火防汛，组织黄河东平湖军地联合防汛勘察，做好预案修订、人员更替、装备完善等工作，民兵信息员获得辖区民情社情，上报有关情况30条。坚持建用一致，泰山区、岱岳区、新泰市、肥城市成建制动用民兵执行防控任务。坚持按纲施训、从严治训，组织两级首长机关封闭集训、民兵干部和民兵教练员集训，抓好首长机关课题训练，区分层次开展群众性练兵比武活动，完成基干民兵训练任务，做好民兵训练基地升级改造工作。

【政治工作】 2022年，军分区党委坚持用习近平新时代中国特色社会主义思想和习近平强军思想武装官兵，做到每周一领学、每月一专题、每季一研讨，采取“原原本本学、要点提示学、外请辅导学、讨论辨析学、考核督促学、浓厚氛围学”方式，掀起学习贯彻中共二十大精神热潮，全年组织专题学习12次、集中领学49次。聚焦“忠诚维护核心、矢志奋斗强军”深化主题教育，围绕学好基本理论、开展基本活动、严格基本制度、做实基本环节，开展“忠诚·担当·尽责”主题教育实践活动，省军区《学习动态》6次刊发军分区做法。做好老干部思想政治引领专项教育，开展“查思想、查工作、查作风”教育整顿。开展“百校百师千课”国防教育进课堂活动，编印《国防动员动态》发送党政机关，在党校主体班次安排3天军事训练和国防教育。组织红色资源抢救性挖掘，推进军事历史展陈和军史馆建设，完成国防教育主题公园建设。

【国防动员】 2022年，军分区深化国防动员体制改革，依案完成机构设置、人员调配、任务对接等任务。组织全市基础潜力普查和重点潜力核查，精准上报12类5.8万条信息。科学配置应急、新质等各类民兵力量，走访摸排1150家企业，完成基干民兵编建任务，专业分队对口率达89%。军地联合印发《关于加强新时代党管武装工作的意见（试行）》《关于加快推进基层武装部和民兵基层规范化建设的通知》等文件，组织2期专职人民武装干部集训及资格认证，部署开展基层武装部“达标创优”活动，全年投入资金对基层武装部各类硬件设施进行升级改造。军分区统筹制定吸引服役、激励在役、保障退役政策体系，开通“山东泰安征兵”微信公众号，实施“国防储备生”试点工程，推开综合素质考评及分类分型择优定兵办法，军地联合出台廉洁征兵规定，岱岳区依托人大选民接待日拓展征兵监督渠道，宁阳县退役士兵事业单位安置率达到100%，年度征兵任务各项征集指标均创历史新高，量化考评居全省第二。

【基层建设】 2022年，军分区开展“帮建基层、帮带班子、帮抓骨干”活动，制定年度抓建基层措施，完成立项为基层办的11件实事，推动人武部营院综合整治、干休所“日间照料中心、医疗保健中心、文化活动中心”建设，干休三所被军委国防动员部表彰为“先进干休所”。加强军官、士兵、职工管理，聚焦“两培塑、三强化”，加强文职人员队伍建设，召开专题讲评会，表扬“十佳个人”。军分区编印《身边典型风采录》，挖掘培树山东省“十佳兵妈妈”李永香、烈士李林雨等先进典型。军地联合开展“争当功臣模范、争做立功家庭”活动，总结新泰市“功臣群体”现象事迹，挖掘拥军兴武经验做法，召开现场观摩会宣传推广，《解放军报》整版进行报道。开展“致敬英雄”活动，宁阳县组织无名烈士集中安葬，擦亮“泰山兵”品牌、“英雄城市”名片。

【综合保障】 2022年，军分区做好军事斗争后装准备，组织装备技术整治，购置无人装备及战备物资，改造民兵应急营连部，建成集战备器材、体能训练、军史展陈于一体的综合楼。军地联合开展“守护戎装”专项行动，5个驻军小区纳入地方老旧小区改造规划，完成生活待遇经费专项清查复查，规范后勤管理秩序。做好疫情防控工作，动态修订方案预案及防控政策。做好老干部服务，在干休所开展“十进所·八上门”服务实践活动，引入地方医疗、家政、文化等资源拓展服务内容。推进遗留问题解决，房屋产权办证做法在省军区推进会上作经验介绍。

【组织全区群众性岗位练兵比武】 2022年8月18—19日，军分区在市民兵训练基地集中组织全区群众性岗位练兵比武，采取上下联动、分级实施的方式，区分指挥员、机关干部、干休所技术岗位人员、现役士兵和技能岗位文职人员、专武干部、民兵教练员、民兵干部7个层次类型进行比武，评比出比武先进人员15人。通过比武活动，锻炼提高各级各类人员综合能力素质，全面提升军事训练实战化水平和应急应战国防动员准备能力。

（乔亭灿）

武警泰安支队

【概况】 2022年，中国人民武装警察部队泰安支队（简称武警泰安支队）深入贯彻习近平强军思想，规范执勤工作，加强战备训练，做好后勤保障，圆满完成以执勤处突为中心的各项任务。全年做好武装押解、联勤武装巡逻泰山景区、维护秩序和“6·09”二级警卫等专项勤务19起，成功处置“11·15”持枪抢劫银行事件，维护驻地安全稳定。

【军事工作】 2022年，武警泰安支队规范执勤工作。贯彻新时代执勤安保工作规范化集训精神，开展“学、知、用法规”活动，先后组织理论授课3次、函授作业3次，规范做好5个中队执勤规范化等级评定自评，规范执勤运行。纠治执勤隐患，协调目标单位投入经费整改23处隐患，油库守卫勤务实现点位周界可视化，肥城看守所西监墙墙体倾斜隐患彻底整改。对干部查勤上哨、哨兵履行职责和战备拉动情况进行量化分析，实现“硬隐患”动态清零、“软隐患”递减可控。做好战备工作，落实值勤编组运行规范，先后组织业务培训3次，确保指挥机构高效运行。开展“学、修、推方案”和“研战强能、修案建库”活动，完善4类11种预案，组织方案推演2次，搭建完备实用的方案体系。坚持真打实备、真研实练，提升指挥打仗和遂行任务能力。做好敏感期战备工作，按照战备模式，落实力量编成，规范编携配装，定期组织前进指挥所带战备力量实兵演练。结合驻地任务特点，做好防汛救援、山林灭火等任务准备，每月覆盖拉动应急力量，部队遂行任务能力在处置“11·15”持枪抢劫银行事件中得到检验提升。完成武装押解、联勤武装巡逻、维护泰山景区秩序和“6·09”二级警卫等专项勤务，维护驻地安全稳定。严抓训练工作，贯彻开训动员令和军事训练会议精神，加快军事训练转型，按纲施训周期运行法全面落地落实。建立健全“四练”（练技术、练指挥、练协同、练基础）强训机制，先后组织3个季度军事训练考核、2个批次教练员集训、1次军事技能比武。开展“学、研、用新大纲”活动，开展军事体育运动会等群众性练兵比武活动，通用五项达标率较上年提高17%。落实“警官训练日”、军事体育月竞赛制度，完成执勤分队6个批次分批轮训任务，夯实训练基础。

【政治工作】 2022年，武警泰安支队深化理论武装，深入基层宣讲中共二十大精神，“泰山红肩章”理论宣讲队深入一线，让理论走进官兵。借助士兵课堂载体，官兵人人登台发言，在互动交流中深化认识。到泰安主题党日活动中心开展“初心向党、奋斗强军”主题党日活动，筑牢官兵思想根基。抓实政治教育，贯彻落实两级思想政治教育推进会精神，一体推进“三项教育”（主题教育、基础教育、经常性思想政治教育），同步开展“学思想、铸忠诚、担使命”主题实践活动。推开“3+5”（每月3堂大课+5门小课）教育模式，依托史馆、荣誉墙开展户外授课，实现思想政治教育守正创新。探索“网络+”教育模式，用好“学习强军”学习平台，实现网上与网下有机联动。常态化开展网上查课、推门听课、实地问课、月末评课，结合教育准备会组织集体备课试讲，提升授课能力，1人获评武警山东省总队“十佳”优秀政治教员。做好思想工作，组织涉网涉密集中教育整治和净化涉军网络环境专项行动，邀请驻地公安专家，配套开展“反赌反诈警示教育进军营”活动，官兵普遍受到警醒。活动中，共查纠账外机6部、账外卡67张，删除、解散、退出各类违规微信群212个，切实筑牢官兵思想防线。用好《谈心活动指导手册》，开展“思想大摸底、隐患大排查、矛盾大化解”活动，加强“三新”（新兵、新学员、新文职人员）人员教育引导，每季度开展理论、文化、医疗、心理“四项服务走基层”活动。开展“喜迎盛会、奋斗强军”系列文化活动，聚焦“操场文化”，全面加强“一队一品”特色队伍建设，配发文体器材120件（套），与市文旅局联合举办活动。按期完成

7个单位“书香军营”建设，相关经验被武警山东省总队转发。

【保障工作】 2022年，武警泰安支队做好备战工作，注重强化“前勤”意识，优化后装应急保障力量编成。申请武警部队建设资金1500万元，用于机关战备综合楼和车库建设。把后装训练纳入军事训练统筹安排，列入基层周工作安排表统筹落实，解决专业训练“碎片化、随意化”问题。立足“一兵多用、一专多能、梯次搭配”完善保障力量建设，编发基层后勤人员《工作手册》，持续开展2个集训、4项培训，助力部队体系备战。做好规范整改，以“后勤管理年”活动为牵引，统筹推进4项活动，对“10个方面保障问题”自下而上进行整肃治理，整改隐患问题38处。开展资产累积性难题“两年攻坚行动”，重点破解资产账目盈亏、报废资产积压等难题，推进资产可视化建设和泰安招待所移交工作。以军车安全交通专项整治活动为载体，落实每月驾驶员安全警示教育，组织2批驾驶员复训和轮岗锻炼，累计出车731台次，安全行驶5.6万千米。为10个基层中队配发59个智能枪柜，完成支队军械库、机动中队兵器室改造，提升枪弹管理安全系数。提高服务质效，申请上级军事设施建设切块经费198万元，用于机动中队战备车库建设。累计投入80万元，对机动中队污水处理系统及营房设施进行综合整治。完善公寓房配套设施建设，购置到队住房家电，为官兵申领住房公积金贷款360万元。实行伙食规范化管理，推行“家乡特色菜”进军营活动，每季度开展炊事员轮岗锻炼，9名炊事员取得高级资格证书，提升伙食满意度。做好疫情防控，落实3类78条疫情常态化防控措施，先后召开疫情防控领导小组会议5次，新冠疫苗接种全覆盖。抓好在外人员“一对一”常态化提醒，形成网格化、全覆盖、立体式管控局面，实现“零输入、零感染”。

【“大比武、大排名、大考核”活动】 2022年上半年，武警泰安支队在全体干部队伍中开展“大比武、大排名、大考核”活动，旨在进一步激发练兵热情、提升打赢能力，通过活动开展，训练优良率提高35%，为遂行多样化任务提供支撑。

（尹爱青）

人民防空

【概况】 2022年，泰安市人民防空办公室（简称市人防办）开展“登高望远，争当岗位标兵，争创模范机关”活动，完善人防组织指挥体系建设、深化人防信息化建设、加强人防工程建设管理、提升人防法治建设、探索建立多市联演联训新机制、拓展人防宣传教育“五进”工作，人防军事斗争准备务实开展，人防工作与全市经济社会深度融合，在国家、省人防会议上作典型发言、印发经验材料8次。年末，以市人防办为基础，调整组建泰安市国防动员办公室，作为市政府工作部门。

【人防组织指挥体系】 2022年，泰安市调整市人防指挥部编成、开展人防专业队整组。岱岳区、新泰市、肥城市、东平县人防基本指挥所完成主体施工，宁阳县开工建设，同步做好市、县人防指挥通信系统互联互通。市人防办创新警报设施和通信网络管理模式，省人防办全文转发经验做法。牵头组织省会城市群人民防空协同发展战略合作第三次联席会议，提升省会城市群战略合作水平。市、县（市、区）人防办组织防空警报试鸣，城区警报覆盖率达到98%以上。

【人防信息化建设】 2022年，泰安市完成全国人防重要经济目标防护应用成果展参展任务，基于大数据的智能化人口疏散掩蔽系统、可视化互联平台、人防无线宽带集群通信系统、人防网络安全运营管理平台等4项科技成果以及2台人防机动指挥车参加展览，现场展示基于大数据的智能化人口疏散掩蔽系统建设成果。推动科技创新，《基于大数据智能创新应用 构建全域覆盖人口疏散掩蔽组织指挥能力》案例入选山东省新型智慧城市扩面打榜优秀案例。《依托人防大数据赋能增效 构建疏散掩蔽行动智能应用体系》入选《山东人防工作汇编》。人民防空可视化互联平台功能要求（DB 37/T 3483—2019）入选《山东省人民防空地方标准汇编》。人防可视化指挥调度系统、人防机动指挥分布式调度系统、人防综合运维管理平台、人防安全运营管理平台、人民防空工程防护（化）设备维护保养规程等5项科技成果入选《山东省人民防空科研成果汇编》。

【人防工程建设管理】 2022年，全市审批结建防空地下室面积、竣工验收面积、新增开发利用面积均超额完成年度目标任务。战时中心医院人防工程土建主体完工。市人防系统在全省率先将人防工程网格纳入市委印发的《关于党建引领网格化基层社会治理工作的意见》，把人防工程网格纳入全市“多网合一”的“一张网”，全市人防工程划分为39个网格，实现网格化全覆盖，经验做法被列入《全省人防工作经验交流材料汇编》。

【人防系统安全生产】 2022年，市人防系统健全安全生产责任体系，落实行业监管责任，实行工程包保机制，开展单建人防工程安全生产大检查、燃气安全专项检查等专项行动。深化单建人防工程“双重预防体系”建设。建立防汛抗灾应急机制，制定防汛应急处置程序，召开单建人防工程防汛应急演练现场观摩会。对39处早期工程进行安全技术检测和防护能力评估。建成市级人防工程安全监管信息平台，实现重点人防工程视频监控、防水、防火监测等数据信息采集应用。在全省单建人防工程安全监管会议上作交流发言。

【法治建设】 2022年，泰安市组织全市人防法治建设培训，健全完善公职律师制度。开展“双随机、一公开”检查50次，日常执法巡查40次，加大违法项目整治执行力度。实施“首次不罚”“首次轻罚”，减免罚款21万元，在全省人防法治培训暨比武中作典型发言。

【宣传教育】 2022年，山东电视台新闻频道播放《高质量发展看山东人防泰安篇》访谈节目。拍摄《谱新篇 闯新路 开新局 奋力推动泰安人防事业高质量发展》专题片。市人防系统在全市初中学校开设人防知识课程，印发《人防知识》教材。通过《泰安日报》户外阅报栏开展人防专题宣传4期。通过人防门户网站、微信公众号开展线上宣传。

【服务经济社会发展】 2022年，市人防系统为企业办实事，帮助山东仁达民防工程设备有限公司与山东科技大学签订战略合作协议，推进“产学研”一体化发展。将易地建设费由每平方米2500元调整为每平方米1800元。为小微企业减免房租63万元。持续优化人防领域营商环境，会同相关部门印发《关于建立重大项目审批联动机制加快手续办理的实施方案》《关于建立不动产单元代码“一码关联”新建项目全生命周期管理机制的通知》《泰安市工程建设项目建立“用地清单制”实施细则（试行）》，推进防空地下室建设审批与建设项目审批深度融合。泰安市新增结建防空地下室停车位9000余个。

【沿黄河跨区协同演练】 2022年8月15—18日，市人防系统牵头组织“黄河之盾—2022”人民防空沿黄跨区协同演练，省会城市群七市人防部门100余名人员参加，出动人防机动指挥和信息处理车20台、各类人防信息化装备80台（套），从黄河入海口拉练到东平湖，机动里程1200余千米，开展重要经济目标防护、跨区协同支援、消除空袭后果等10个战术演练，建立多市联演联训导调机制。 （梁 波）

退役军人事务

【概况】 2022年，全市退役军人系统开展“学军人作风，创一流业绩”主题实践活动，推进“泰山兵”品牌、泰安“英雄城市”和“全国双拥模范城”三张名片建设，继续保持“省级文明单位”称号。至年末，泰安市6个县（市、区）服务中心、89个乡镇（街道）服务站、1683个服务对象30人以上的村居（社区）退役军人服务中心（站）全部创建为全国示范型退役军人服务中心（站）。6家服务站入选全省百家优秀退役军人服务站，6名退役军人服务站站长被评为全省百名优秀服务标兵，6支志愿服务队被评为全省百支优秀退役军人志愿服务队。

【服务体系建设】 2022年，全市退役军人系统对照硬件场所建设规范化和软件服务标准化的要求，强化基础建设、完善功能作用，服务对象30人以上的村（社区）服务站全部完成全国示范型创建。全市3819个退役军人服务中心（站）地理位置信息移居“线上”，形成便民地图。探索将部分退役士兵公益性岗位安排到村、社区服务站，让退役军人服务退役军人。

【双拥共建】 2022年，市双拥工作领导小组组织力量加强，市委书记和市长任双组长。全市召开建军95周年军政座谈会暨双拥工作领导小组会议、全市拥军兴武现场会。泰安军用饮食供应站建成全省首个“一站式”服务军人驿站，央视国防军事频道专题报道。随军家属未就业生活补贴提高至每人每月1800元。各县（市、区）按照“一县一特色”，加强双拥主题公园、广场建设。市退役军人系统举行“情系退役军人·助力乡村振兴”公益捐赠，引导社会化组织参与双拥共建。

【移交安置】 2022年，泰安市调整城区安置办法，取消原“市直接收条件”，调整为城区统筹安置。逐月领取退役金退役军人接收工作启动。提高自主就业退役士兵一次性补助标准到每服役1年5000元。接收政府安置转业军官、自主择业军官、转业军官随调家属；接收自主就业退役士兵，对符合政府安排工作条件退役士兵进行适岗安置。在全省率先超额完成军队离退休干部和伤病残士兵“三年移交”任务。

【优待抚恤】 2022年，全市为优抚对象发放抚恤定补资金，为义务兵家庭发放优待金。完成退役军人和其他优抚对象优待证申领发放。完成优抚对象年度数据核查审定。全市组织81名优抚对象短期康复疗养，办理评定残疾等级77人，迁入抚恤关系72人，审批带病回乡待遇17人。

【褒扬纪念】 2022年，全市启动“致敬英雄：为烈士寻亲，给英雄画像，讲英烈故事”行动，开设《丰碑》栏目讲述英烈故事102期，央视国防军事频道予以3次报道。开展县级及以下烈士纪念设施提质改造工程，实现迁移和就地保护烈士墓及其他烈士纪念设施整修完成率三个100%，代表山东省迎接退役军人事务部验收。秦王氏、胡守本、殷桂荣等3人被追认为烈士。家乡人民迎接新泰籍烈士李林雨“回家”，市委印发《关于开展向李林雨烈士学习活动的决定》。

【就业创业】 2022年，全市退役军人系统搭建“四位一体”就业创业服务体系，通过政策撬动、能力驱动、平台推动、社会促动帮助退役军人就业创业，累计发放创业贷款2388笔5.89亿元，居全省第2位。市退役军人系统创办“指导员在线”网络平台，提供就业创业“供给侧”服务，参与企业241家，达成就业意向4362人。全市开展适应性培训、职业技能培训35期次2132人。

【军休服务】 2022年，市军休老年大学打造融“教、学、乐、为”于一体的思想教育、学习培训、文娱活动、文明实践“四大阵地”，为544名军休干部提供服务。市军休老年大学被山东省委老干部局、山东省委退休干部工作委员会评为山东省“本色家园”离退休干部党组织活动场所。

【“致敬英雄”行动】 2022年，全市开展“致敬英雄”行动，集中安葬烈士224名，为69名烈士找到寻亲线索，组建5支32名画师队伍，为126名烈士画像，中央电视台3次予以报道。

（丁兆秀）

编辑 校对 刘小笋

宏观经济调控

【经济运行监测】 2022年，泰安市强化经济运行精准调控，组织筹办省、市两级经济运行会议30次，围绕“一季度开门红、二季度双过半、三季度促提升、四季度全年红”阶段性目标，适时开展日监测、周调度、月分析，实施联席研判、跟踪分析、定期通报，确保全市经济运行在合理区间。加强煤电油气运要素保障，掌握重点企业、行业经济运行情况，实时跟踪重要能源资源供给变化和价格波动等情况，落实成品油行业及虚拟货币“挖矿”集中整治、化肥生产协调保障等任务。

【发展规划编制】 2022年，泰安市构建“十四五”规划纲要实施的目标任务体系，5月6日印发全市《“十四五”规划纲要实施意见及分工方案》，梳理实施机制17项、分解任务385条、项目清单1张。加强统一规划体系建设，做好市级重点专项规划与全市“十四五”规划纲要衔接，形成《泰安市国民经济和社会发展第十四个五年规划汇编》。抢抓山东绿色低碳高质量发展先行区机遇，12月30日印发《泰安市深化新旧动能转换推动绿色低碳高质量发展三年行动计划（2023—2025年）》，为全市深化新旧动能转换、推动绿色低碳高质量发展提供路径遵循。

【新旧动能转换】 2022年，泰安市“四新”（新技术、新产业、新业态、新模式）经济规模以上企业达504家，“四新”经济增加值增长9.9%；全市“十强”产业规模以上企业752家，“十强”产业增加值增长8.2%，居全省第7位，实现新旧动能转换“五年取得突破”目标。编制“十强”产业行动计划，新入选省“雁阵形”产业集群2个、领军企业库4家，总数分别达到8个、10家。37个省新旧动能转换优选项目、11个省“双招双引”省签约项目分别完成年度投资计划的132.6%、115.9%。组织开展3个新旧动能转换重大产业攻关项目中期评估，绩效目标全部提前实现，争取省级无偿资金1000万元；策划争取入选省2022年度新旧动能转换重大产业攻关项目4个，数量居全省第5位。泰安市作为全省6个地市之一，迎接国家新旧动能转换“五年取得突破”专项评估组现场调研，18个方面典型经验和亮点工作得到评估组肯定。制作《泰安市新旧动能转换实施五年掠影》专题片，举办新旧动能转换“五年取得突破”成果展览。

【固定资产投资】 2022年，泰安市发挥投资“定盘星”作用，抓项目、扩内需、稳增长，推动固定资产投资向高质量发展。全年全市固定资产投资完成额比上年增长17.4%，其中第一产业投资增长26.1%、第二产业投资增长27.6%、第三产业投资增长12.4%。加大投资形势研判力度，密切关注重点县（市、区）、重点领域、重点项目进展情况，逐个领域研究、逐月调度分析，精准督导服务。全年基础设施投资增长22.3%，民间投资增长17.4%，工业投资增长27.8%，其中制造业投资增长34.0%。抢抓国家稳投资政策机遇，超前谋划储备项目、积极对上衔接沟通，争取专项债券资金113.8亿元，是上年的1.4倍；争取一批政策性开发性金融工具、国家制造业中长期贷款、设备购置与更新改造贷款财政贴息项目。

【重点项目建设】 2022年，泰安市树立“项目为王”理念，开展项目策划“大比拼”，策划各类项目1580个、入库重点项目1053个，项目数量、计划投资、单体投资均创历史新高。推行项目建设“月冠军”评选、月调度月通报等机制，29个省重大实施类项目完成投资124.5亿元，超年度计划40.6个百分点；37个省优选项目完成投资52.2亿元，超年度计划32.6个百分点；11个省签约项目完成投资18.9亿元，超年度计划15.9个百分点；30个省补短板项目完成投资51.9亿元，超年度计划38个百分点；180个市重点实施类项目完成投资442.6亿元，超年度计划26.2个百分点；67个市优选项目完成投资53亿元，超年度计划41.9个百分点。泰安二期抽水蓄能电站、华能泰安重型燃机项目等一批大项目好项目加快推进，为全市高质量发展提供项目支撑。

1月26日，泰安市印发《泰安市基本公共服务标准（2021年版）》，12月26日印发《泰安市一老一小整体解决方案》，12月31日印发《泰安市“十四五”基本公共服务规划》，新改扩建中小学和幼儿园27所，累计创建国家级、省级卫生乡镇33个、80个，建成养老机构126家，新增护理型养老床位3340张。6个社会民生领域项目列入中央和省预算内投资计划，争取到位无偿资金1.52亿元。泰安市中医医院门诊医技综合楼建设项目入选国家“十四五”期间重点建设的130家中医特色重点医院建设项目名单，获批中央预算内资金1亿元。泰山玻璃纤维有限公司等5家企业列入全省第二批产教融合试点企业。

【服务业发展促进】 2022年，泰安市实施服务业高质量发展攻坚行动，推进服务业加快转型升级，促进服务业有序平稳运行。抓主体培育。292家规模以上服务业企业实现营业收入246.3亿元，增长3.2%；2022年度先进制造业和现代服务业发展争取中央预算内资金1505万元，支持山东路德新材料有限公司两业融合项目建设。抓载体建设。泰山区、新泰市入选“十四五”省级服务业综合改革试点，东平县山东大学国家大学科技园泰山分园入选2022年山东省现代服务业集聚示范区，山东征途信息科技股份有限公司征途工业互联网服务创新中心和山东融通电子科技有限公司教育智能装备创新中心获批省级服务业创新中心。抓领军人才。山东华夏基石企业管理顾问有限公司李进山入选2022年山东省服务业专业人才，新泰汇英职业介绍有限公司王斌被认定为山东省人力资源服务领军人才。至年末，全市服务业实现增加值1561.3亿元，增长2.3%，占地区生产总值比重为48.8%。 （李　隆）

【民营经济发展促进】 2022年，泰安市落实中央、省惠企政策，结合泰安民营经济实际情况，4月24日印发《泰安市人民政府办公室关于加大纾困帮扶力度支持中小企业稳发展的通知》，9月16日印发《关于进一步加大民营中小企业纾困解难力度保障经济健康平稳运行的通知》等文件，组织民营企业参加各级政策宣贯活动50场，汇总各级政策形成政策汇编、服务手册，提高政策知晓率、落地率。新认定省级小微企业创业创新示范基地6家，新培育认定省级、市级中小企业公共服务示范平台4家、12家。肥城市（锂电新材料）特色产业集群、新泰市（智能起重机械）特色产业集群、岱岳区（玻璃纤维新材料）特色产业集群入选2022年度山东省特色产业集群，入选数居全省首位。

（朱玉祥）

自然资源管理

【《泰安市国土空间总体规划》编制】 2021年7月至2022年2月，山东省作为“三区三线”（城镇、农业、生态空间，永久基本农田保护红线、生态保护红线、城镇开发边界）划定国家试点省份，省、市、县联动完成三轮试划工作。2022年4月27日，国家部署开展“三区三线”正式划定工作，按照全国统一要求，泰安市完成“三区三线”划定，进行多轮修改完善后上报省自然资源厅。10月14日，泰安市“三区三线”划定成果经自然资源部批复实施。12月6日，《泰安市国土空间总体规划》成果通过专家论证。12月28日，泰安市委、市政府印发《中共泰安市委 泰安市人民政府关于加强全市国土空间规划统筹管理的实施意见》，分总体目标、加快国土空间规划编制、严格规划实施、强化规划监督、加强规划保障五部分，为全市国土空间规划管理工作提供依据和支撑。

【土地资源管理】 保障经济社会发展用地 2022年，泰安市紧扣新型工业化强市建设战略部署，以打造最优产业用地生态为目标，全力服务项目建设。围绕全市13个重点产业链，明确13名副县级以上干部作为服务专员，开展“一对一”服务；5月，与市工业推进办联合召开用地报批业务培训会，以县（市、区）为单位“一对一”对接，逐项目分析研究、提出推进措施；通过“两规”一致性处理保障12个产业项目用地，全市共取得批复农转用和征收用地面积2201.07公顷，使用新增用地2026公顷，其中争取国家、省级新增用地指标1763.2公顷。2022年，全市国有建设用地供应产业用地327.2公顷，保障泰山玻纤电子布、德普化工、中南锦城智能装备制造等各产业链项目及时落地开工建设。

城区土地储备与出让 坚持“市区联动、责任分担，先易后难、分类储备，利益共享、奖惩并举”的原则，按照“统一制订储备计划，统一筹措储备资金，统一解决用地指标，统一办理用地手续”的办法，做好土地储备工作。2022年，泰安市城区全年共储备土地29宗，面积208.87公顷。发挥市场配置土地资源的决定性作用，科学安排泰安城区经营性用地供应，发挥政府调控职能，有效指导土地出让工作，泰安城区全年出让经营性用地48宗，面积176.67公顷，土地出让金收入90.46亿元。

【矿产资源管理】 泰安市矿产资源种类较多，储量丰富，至2022年年底，已发现矿产63种（含亚矿种），查明资源储量31种。优势矿种有石膏、岩盐、煤、铁等。全市有采矿权86个，探矿权10个，矿产资源开发利用总量5912.64万吨，从业人员2.4万人，工业总产值119.31亿元。2022年，组织专家对全市66家当年生产动用矿山储量年报进行审查，全市32家露天矿山全部完成无人机航拍三维测量工作，汇交无人机航拍三维影像图。当年办理完成《山东省宁阳县围子里矿区饰面用花岗岩矿勘探报告》等3宗矿产资源储量评审备案业务。

【地质勘查】 2022年，市自然资源和规划部门落实《关于印发泰安市城市地质工作实施方案的通知》要求，11月底前完成山东省泰安市城区城市地质调查（城市地下空间地质调查评价部分）项目设计批复的钻孔、物探等实物工作量，提交成果地质调查报告，为三维地质模型构建及城市地质信息系统建设提供数据基础支撑。完成城区100米以浅的三维地质模型构建工作，与省自然资源厅透视山东系统进行对接，完成三维地质模型的构建展示。

【自然资源调查监测】 2022年，泰安市根据省自然资源厅《关于开展2022年度全省国土变更调查工作的通知》要求，以2022年12月31日为标准时点，以自然资源部下发的遥感监测成果为基础，结合用地、用林等管理信息及日常自然资源管理成果，统一制作调查底图开展实地调查举证工作，全面掌握地类、面积、属性及相关单独图层的变化情况，更新县级国土调查数据库，并对成果质量进行把关，形成年度国土变更调查成果。至2022年年末，耕地面积28.57万公顷，园地面积6.83万公顷，林地面积17.68万公顷，草地面积1.09万公顷，湿地面积841.09公顷，城镇村及工矿用地面积12.71万公顷，交通运输用地面积1.26万公顷，水域及水利设施面积5.68万公顷。

【自然资源执法监察】 2022年，泰安市加强新增农村乱占耕地建房问题整治，通过拆除复耕和补办用地手续整改完成乱占耕地建房问题215个。组织开展耕地保护督察工作，完成整改问题696个。开展土地卫片执法检查，全年整改2022年土地卫片违法图斑589.95公顷，耕地160.70公顷，其中补办建设用地手续耕地面积4.68公顷、拆除违法占地耕地面积59.62公顷，全市违法占用耕地比例0.12%。加强违法案件查处，坚决控制违法增量，查处土地类违法案件44件、矿产类违法案件9件、规划类违法案件7件。

【不动产登记】 2022年，泰安城区办理不动产登记16.46万件，发放不动产权证书10.05万本，出具不动产登记证明3.68万份，向公检法及社会公众出具信息查询证明6.48万份，完成学生入学房产核查11.17万条，收缴不动产登记费1276.45万元、出让金2299.01万元。全年解决历史遗留问题小区48个，面积98.85万平方米，涉及3785户；累计解决历史遗留问题小区367个，面积843.75万平方米、涉及6.74万户。

【自然资源确权登记】 2022年，泰安市推进全市农村房地一体确权登记工作，建立健全工作领导小组，将农村不动产确权登记工作纳入市政府督查室督查事项和年度重点任务范畴，召开专题会议研究部署并开展调研、督导。2022年，泰安市完成“房地一体”权籍调查113.1万宗，登记97.3万宗，其中“房地一体”不动产登记86.04万宗；完成集体建设用地权籍调查8666宗，数据建库8666宗，登记6280宗。

【测绘管理】 截至2022年年底，泰安市有测绘资质单位45家，其中甲级2家、乙级43家，专业范围涵盖测绘航空摄影、地理信息系统工程、工程测量、界线与不动产测绘等方面。通过“双随机、一公开”的方式，开展测绘资质巡查和测绘成果质量监督检查，提高测绘单位服务水平。完成泰城中心城区109平方千米0.05米分辨率城市级实景三维数据获取工作，组织开展泰安东部新城565平方千米1：2000地形图数据更新工作，通过基础地理信息数据获取更新，提高数据现势性，为各部门（单位）提供基础地理信息数据服务。2022年度，先后为市住房和城乡建设局、市城市管理局等8家单位提供基础测绘成果。做好测量标志保护工作，通过全市测量标志普查项目，掌握市域内237个测量标志点的管护现状。（王 健 张维康）

国有资产监督管理

【概况】 2022年，泰安市强化“树国企形象、创国资速度”工作目标，推进国企改革三年行动，打响市属企业集团组建“第一年·见成效”改革发展攻坚战。发展免疫力经济、市属国有企业集团组建入选省国资改革三年行动典型案例。《泰安市打造国企改革培育免疫力经济产业发展新样本》获泰安工作创新奖，《法治山东》刊发《泰安市深入推进国有企业法治建设为企业深化改革和高质量发展保驾护航》。

【国资布局优化】 2022年1月18日，揭牌成立泰山城建集团有限公司、泰山产业发展投资集团有限公司、交通发展投资集团有限公司、泰山文化旅游集团有限公司4个集团。年末，4个集团管理资产总额325.78亿元、负债总额220.62亿元、净资产105.16亿元。全年营业收入153.98亿元，同比增长10.1%，实缴税费2.42亿元，上缴入库国有资产收益8695.82万元。

【国企改革】 2022年，泰安市完成国企改革三年行动，居全省考核第一档次，完成改革任务47项、指标138项。制定《关于确认公布市属企业集团主业及功能界定与分类的通知》，指导4个集团分别确定3个以内主业，确保90%以上投资投向主业，推动国有资本向省“十强”产业、泰安市13条产业链集中。

【国资监管机制创新】 2022年，泰安市完善监管体系，梳理各类制度121个，修订完善38个，市级完成与上级监管体系全面贯通。制定覆盖各业务全流程的《市属企业监督管理暂行办法》和覆盖各出资人机构的《市属企业投资监督管理办法》。构建“制度体系+解读指导+监督检查”闭环监管体系，每月召开“国资讲堂”，每季度监督检查。

【市属国有企业集团】 泰山城建集团有限公司 2022年年末，公司资产总额130.62亿元，增长7.7%；实现营业收入31.3亿元，增长6.1%。集团推进战略重组，创新增设水、气、热运营板块，形成9大板块协同发展新格局。实施引黄（河）入泰（安）、莱（芜）热入泰（安）工程，收回黄前水库经营权，购入原泰山大酒店，落地中石油区域总部。增强供水、供气、供热等民生保障能力，日供水保障能力28万立方米，全年天然气供应5.24亿立方米。策划雨污管线“一张网”、城市智慧大脑、智慧停车等重点项目26个，总投资223.89亿元，其中已开工项目15个。利用原城建国资公司搭建城建投融资平台，发行ABS债券23.4亿元；用好金融政策，申请专项债券，落地政策性贷款11亿元，组建银团贷款15.6亿元，实现项目并购贷款8500万元，全年筹措资金88.46亿元。

泰山产业发展投资集团有限公司 综合运用“募、投、管、退、活”五大流程机制，发挥重大项目牵引和国资撬动作用，实施“链式发展工程”。其中，国泰民安宠物食品产业

2022年5月19日，蓝海股权交易中心与泰安金控集团在泰安签署战略合作协议
（韩晓婷　供）

园、绿色现代食品产业园、泰山药谷、泰山黄精、鲁中现代粮食物流中心等项目被列入国家扶持项目；新基建投资运营公司入选第一批省数据开放创新应用实验室；德普年产20万吨碳酸二甲酯系列项目等7个项目被列入省重大项目及新旧动能转化优选项目。2022年，公司资产总额119.69亿元，实现营业收入113.5亿元，净利润6540万元，实缴税金4472.1万元。

泰安市交通发展投资集团有限公司　主要从事交通基础设施领域及智慧交通的投融资、建设、运营与管理、配套土地及相关资源开发、物流及相关配套服务、城乡公共交通运营及配套服务。开拓路桥建设市场，提高施工能力和技术水平。探索多种融资方式，拓宽融资渠道。建设智慧物流综合服务平台，打造国内顶级物流企业。推进综合交通枢纽场站开发，建设智慧交通、智能公交信息平台，助推智慧城市建设。2022年，公司累计完成投资7.3亿元，实现营业收入7.14亿元，增长12%。

泰山文化旅游集团有限公司　形成“智慧文旅、会展服务、酒店管理、颐养健康、文旅产投”五大板块协同发展的产业格局。完成神憩宾馆除险加固工程，成立泰山文旅全周期汽车养护中心。布局数字文旅产业发展，孵化元泰山数字科技、泰山出品、泰山健康、泰山矿泉水等多家企业；中心医院高新院区一期项目建成移交并投入运营；推进集“乡村振兴、休闲旅游、亲子研学、体育运动”为一体的泰山桃花源森林康养小镇项目建设；泰山酒店管理集团完成泰山宾馆、虹桥宾馆和普照宾馆的划转移交，接管神憩宾馆、东尊山庄。2022年，公司资产总额33.21亿元，增长30.24%；实现营业收入2.13亿元，增长136.67%。

泰安金融控股集团有限公司　全年为1446户企业及个人提供投融资服务193.49亿元，其中为147户工业企业提供业务支持70.51亿元，为13条产业链内的54户企业提供业务支持41.5亿元，为110户工业企业降费1.12亿万元，累计为“专精特新”“瞪羚”20家企业提供资金扶持共计13.65亿元。拓展投融资业务，在与青岛蓝海股权交易中心合作的基础上，完成泰安资本赋能中心落户并开展运营。多元合作引入社会资金，设立泰安市新型工业化升级发展引导基金和首只资产重组基金，成立2亿元新动能专项基金，合作发行债权收益权理财产品。完成债项AA+信用评级，开辟资本市场业务，发行2022年度第一期公司债券6.4亿元，金控集团高级无抵押境外债权1亿美元（折合6.7亿元人民币）。健全完善“泰安市国有资产监督管理制度汇编”，梳理经营管理及各方面制度110余项。2022年，公司实现营业收入86379.95万元，增长33.12%；实现净利润3619.44万元，增长182.66%；上缴税金1.26亿元，增长6.78%。
（李　凡　韩晓婷）

公共资源交易服务

【公共资源交易】　2022年5月，泰安市公共交易服务中心迁入泰安市市民之家，构建“线上全公开、评标全封闭、监控全覆盖、交易智能化”闭环管理新机制，打造“阳光交易、规范高效”服务品牌。全年交易1344场次（其中建设工程469场次、政府采购875场次），到场专家5265人次、中介机构1299家次。累计完成各类交易项目（标段）1905个，实现交易总额465.35亿元，节约资金3.61亿元，增收资金1.13亿元，节约代理服务费172万元。

【交易平台数字化建设】　2022年，泰安市全面完成“招标计划提前发布系统”开发并投入使用，年内发布交易项目招标计划204个。开发运行“资信业绩同步推送公示系统”，实现信息公开关口前移。研发“公共资源电子监管平台”，在全市70个行业部门单位部署应用，实现电子监管全覆盖。推动电子证照证明社会化应用，评标专家实现“免证刷脸入场+评标”应用场景。建设数字见证室，变“人工见证”为“智能见证”，增强交易项目见证实效。

【交易平台融合发展】　2022年，市公共资源交易中心承担国家、省、市7个试点任务和市、县两级11个创新清单，全部按时完成。做好平台用户培训工作，召开招标（采购）代理机构培训会议3次，为200余家代理机构培训人员500人次；开展县（市、区）采购人、供应商线下培训，召开市直预算单位视频培训会议，完成155家采购单位和260家入驻供应商的使用培训工作。推进市、县平台一体化建设，实现管理规范、系统运行、制度保障、

2022年9月23日，黄河流域高质量发展省际联盟 远程异地评标协议“云”上签约仪式举行 （康 路 摄）

服务标准、交易监管、工作创新“六统一”，提高平台承载力、创新力、竞争力。

【交易流程创新】 2022年，市公共资源交易中心实行“错位评标”新模式，实现同室“不同标”、评标“无干扰”、全程“可追溯”。实施“评定分离”定标新办法，完成首例“评定分离”定标项目，营造公平公正评定环境。强化网上商城服务，交易额达1.78亿元，增长135.33%。建设农副产品特色馆，已入驻农副产品28类。开展“无证明”交易，探索“承诺+交易”模式，完成项目50个。开发在线支付系统，实行专家费在线支付。

【平台服务范围拓展】 2022年，市公共资源交易中心主动对接水资源监管部门，加快水权交易平台建设，规范水权交易程序，完成全市首批水权交易项目21项，总交易额24.48万元。推进实施农村集体产权进场交易，实现承包土地经营权、集体林权、“四荒”地使用权等交易品种应进必进、应进全进，年内交易平台完成农村集体产权项目47个，总成交额4988万元，溢价1661万元，实现农村资产资源保值增值，助力乡村振兴。

（冯 彦）

财 政

【概况】 2022年，按既有财政体制，泰安市一般公共预算收入222.7亿元，上级税收返还和转移支付收入183.6亿元，动用预算稳定调节基金6.7亿元，调入资金87亿元，上年结转收入31.2亿元，全市一般公共预算总收入531.2亿元。全市一般公共预算支出441.7亿元，地方政府一般债务还本支出0.4亿元，上解省级支出35.5亿元，补充预算稳定调节基金17.9亿元，全市一般公共预算总支出495.5亿元。收支相抵，结转下年35.7亿元。

【一般公共预算收支】 2022年，泰安市一般公共预算收入完成222.7亿元，扣除留抵退税因素同口径增长5.7%，完成预算的100%。一般公共预算收入中，税收收入157.4亿元，扣除留抵退税因素同口径增长3.1%。其中，国内增值税59.2亿元、扣除留抵退税因素同口径增长7.8%；企业所得税20.5亿元、下降4.8%；个人所得税7.1亿元、增长31.6%；其他税收收入70.6亿元、下降1.8%；非税收入65.4亿元，增长13.8%。全市一般公共预算支出441.7亿元，增长3.2%。其中，一般公共服务40亿元、增长6.7%；国防7677万元、增长17.4%；公共安全19.5亿元、增长6.7%；教育101.3亿元、增长10.3%；科学技术4.9 亿元、增长32.6%；文化旅游体育与传媒5.2亿元、下降3.6%；社会保障和就业86.4亿元、增长6.3%；卫生健康56.8亿元、增长17.4%；节能环保9.8亿元、增长34.7%；城乡社区21亿元、下降43.6%；农林水47.9亿元、增长3.7%；交通运输8亿元、增长5.8%；资源勘探信息等5亿元、下降47%；商业服务业等2.5亿元、增长0.4%；金融860万元、下降10.7%；援助其他地区6949万元、增长9%；自然资源海洋气象等3.4亿元、下降13.9%；住房保障7.5亿元、下降1.2%；粮油物资储备4354万元、增长20.8%；灾害防治及应急管理3.3亿元、增长9.8%；债务付息12.7亿元、下降2.2%；其他支出4.5亿元、增长95.5%。全市政府性基金预算收入完成185.3亿元，下降15%；全市政府性基金预算支出完成322.5亿元，增长18.2%。全市国有资本经营预算收入完成12.6亿元，增长141.1%；全市国有资本经营预算支出完成4.7亿元，增长22.4%。全市社会保险基金预算收入173.9亿元，增长4.6%；全市社会保险基金预算支出167.8亿元，增长6.1%。

【财力统筹】 2022年，面对经济下行、退税减税降费、疫情防控等造成的减收增支压力，泰安市各级坚持“全市一盘棋”，确保财政平稳运行。狠抓收入征管，坚持该减的减到位、该收的收上来，强化依法治税，做到应收尽收。全市地方税收收入完成157.4亿元，同口径增长3.1%，增幅居全省第4位。特别是随着新型工业化强市建设起步，全市工业税收（全口径）同口径增幅达12.8%，高于近5年年均增幅9.3个百分点，拉动全市税收收入增长4.3个百分点。强化预算统筹，坚持“四本预算”与政府债务计划一体化编制，提高政府性基金预算、国有资本经营预算调入一般公共预算比例，增强政府统筹调度能力。着力对上争取，全市争取各类财政性资金301.7亿元，比上年增加53.4亿元、增长21.5%。其中，争取四批留抵退税专项转移支付补助25.4亿元，占全年留抵退税地方负担部分的92.4%；

政府专项债券113.8亿元，比上年增加23.9亿元、增长26.6%，重点支持“引黄（河）入泰（安）”、基础设施“七网”、工业园区设施等项目建设。算好政策账、长远账，争取将东平县列入中央重点生态功能区范围，获得新增转移支付补助基数1.65亿元；争取新泰市进入中央财政支持普惠金融发展示范区，为全省唯一入围县级市；争取岱岳区、肥城市分别列入国家级农业产业园区、省级现代农业强县，获得奖补资金1.7亿元。厉行勤俭节约，针对当年可用财力下降与疫情防控等刚性支出大幅增长的突出矛盾，各级坚持政府带头过紧日子，大力压减会议、差旅、培训、论坛、庆典等非刚性非急需支出，严控各类新增资产配置和办公用房大中型维修改造，严禁新建楼堂馆所，全市一般性支出比上年压减4.4亿元，下降10.1%，其中“三公”经费压减1550万元，下降12.1%，最大限度节约财政资金。

表 4　2022 年泰安市一般公共预算收入统计表

单位：万元

预算科目	调整预算	累计完成	占预算（%）	增长（%）
收入合计	2227521	2227397	100.0	-3.4
税收收入	1570345	1573627	100.2	-9.1
国内增值税	594362	591885	99.6	-20.3
企业所得税	205006	204840	99.9	-4.8
个人所得税	70034	70713	101.0	31.6
资源税	74017	79547	107.5	35.2
城市维护建设税	107642	106579	99.0	-8.4
房产税	58944	57413	97.4	18.4
印花税	30309	29739	98.1	-6.8
城镇土地使用税	88286	88022	99.7	1.9
土地增值税	136160	134380	98.7	10.9
车船税	35867	33120	92.3	3.8
耕地占用税	40754	43968	107.9	9.7
契税	124606	129569	104.0	-28.2
环境保护税	4299	3792	88.2	16.2
其他税收收入	59	60	101.7	-7.7
非税收入	657176	653770	99.5	13.8
专项收入	89468	90526	101.2	-12.0
行政事业性收费收入	162121	150594	92.9	42.6
罚没收入	104693	105578	100.8	7.6
国有资本经营收入	1900	1900	100.0	
国有资源有偿使用收入	258246	264315	102.4	11.7
捐赠收入	8300	8403	101.2	562.2
政府住房基金收入	27619	27611	100.0	13.7
其他收入	4829	4843	100.3	-16.5

说明：扣除留抵退税因素，1—12月份，全市一般公共预算收入、税收收入、国内增值税同口径分别增长5.7%、3.1%和7.8%

【助力新型工业化强市建设】 2022年，泰安市充分发挥财政杠杆作用，集聚政策、资金、资产等资源，支持工业经济做大做强。强化财政保障，市级拨付财政资金2亿元，支持新型工业化强市战略稳步实施。支持企业技改，制定“技改专项贷”贴息和担保补助政策，帮助14家企业贷款7.3亿元；鼓励企业上市，向21家企业拨付奖励资金5000万元；加强财金合作，与北京洪泰、山东港口集团分别合作设立20亿元、10亿元的市场化基金，连同已设立的清泰基金，新引进项目8个、挖掘培育本土项目4个，完成投资7.1亿元。强化政策落实，坚决落实退税减税降费、房租减免及缓缴社会保险费等政策。全市办理新增减税降费及退税缓税缓费88.4亿元，为1046户服务业小微企业和个体工商户减免房租2210.2万元，为363家企业缓缴各项社会保险费1亿元。对接省“稳中求进”高质量发展四批政策，争取资金15.9亿元，市级配套2.8亿元，其中拨付消费券资金6800万元，拉动汽车、家电等消费需求。强化平台支撑，引导国有金融资本向实体经济重点领域倾斜，泰安银行制造业企业贷款余额、资产规模分别突破百亿元、千亿元大关；市财金集团帮助企业融资267.7亿元；市金控集团为523家企业及个人提供投融资服务192.1亿元。支持市属四大集团发展壮大，整合并注入各类资金资产40.4亿元，支持其发挥好“产业发展助推器”作用。

【重大项目支出】 2022年，泰安市支持实施黄河战略，在落实好省级38条政策的基础上，制定泰安市支持黄河流域生态保护和高质量发展的20条财政政策。聚焦生态保护，全市投入23.1亿元，支持大气、水、土壤污染防治等，巩固提升泰山区域山水林田湖草生态保护修复工程成果，为打好“蓝天、碧水、净土”保卫战提供保障。推动文旅融合，全市投入3亿元，支持泰山文化传承发展示范区建设、文化旅游发展大会和泰山国际登山节举办、文化遗产保护利用等。其中，投入7930万元，推动文旅产业和事业发展；争取5633万元，支持文物和非物质文化遗产保护利用；争取2000万元，支持岱岳区文旅康养强县、泰山九女峰乡村旅游度假区建设。支持城市提升，市级拨付7.6亿元，支持谢过城大街、双龙路改造及街角游园改造提升等；投入5亿元，用于城市环卫保洁、垃圾污水处理、园林绿化及垃圾分类全国试点等工作；全市筹集13.7亿元，支持棚户区和老旧小区改造，实施老旧小区改造项目82个，新开工棚改1072套、基本建成5156套。推进乡村振兴，全市整合涉农资金44.4亿元，重点支持乡村振兴、现代水网建设、粮食和重要农产品供给等工作开展，其中筹集衔接推进乡村振兴补助资金3.4亿元，严格落实“四个不摘”要求，保持帮扶政策总体稳定；筹集3.7亿元支持高标准农田建设，并发放耕地地力保护及实际种粮农民一次性补贴4.3亿元，有效保障粮食安全；筹集3.9亿元用于农村清洁取暖，改造完成10.4万户；筹集6.8亿元，新改建农村公路820千米。推动共同富裕，统筹人民需要和财力可能，加强基础性、普惠性、兜底性民生建设。全年拨付县级税收返还及各类转移支付194.6亿元，比上年增加37亿元、增长23.5%，帮助基层兜牢“三保”底线；对下转贷地方政府专项债券103.5亿元，比上年增加27.2亿元、增长35.6%，着力提升重点项目建设能力；落实常态化财政资金直达机制，全年直达资金规模达110亿元，惠及企业843家、群众854万人次。

【民生领域支出】 2022年，泰安市财政部门突出民生优先用财导向，全市民生支出350.9亿元，占一般公共预算的79.4%，保障各项民生政策落实；多渠道筹集资金44.3亿元，支持市委、市政府为民要办的10件实事落地见效。疫情防控方面，全市投入31.9亿元，重点支持核酸检测、物资储备、设备购置以及方舱医院、隔离点项目等建设。教育方面，全市教育支出首次突破百亿元大关，达101.3亿元、增长10.3%。其中，投入61.1亿元，支持义务教育经费保障机制改革，促进教育均衡发展；投入3.5亿元，支持学前教育健康发展；投入18.9亿元，提升高中教育教学水平；投入9.8亿元，支持职业院校高水平、特色化专业建设，深化产教融合和校企合作；投入0.7亿元，完善特殊教育保障体系。科技方面，全市科学技术支出4.9亿元，增长32.6%。其中，投入6084万元，支持“揭榜挂帅”重大科技创新项目、高新技术企业培育、技术转移等；投入1.2亿元，支持校城融合发展、人才补贴发放、“科创中国”试点、创新创业大赛举办等，为人才强市战略提供强力保障。就业方面，全市筹集3.6亿元，支持城镇零就业家庭成员、享受低保人员等困难群体就业，落实高校毕业生社保、职业技能培训及创业担保贷款贴息等政策，提升就业创业水平；投入1.1亿元，支持城乡公益性岗位扩容提质行动，全市新增公益性岗位3.3万个。社会保障方面，全市投入18.4亿元，用于居民基本养老保险补助，财政补助标准由每人每月150元提高到160元；投入11.3亿元，用于城乡低保、特困人员及重度残疾人等困难群众救助，保障标准较上年提高10%。卫生健康方面，全市投入24.1亿元，用于居民基本医疗保险补助，财政补助标准由每人每年580元提高到610元；投入4.6亿元，完善基本公共卫生服务体系，财政补助标准达到每人每年84元。

【财政预算绩效管理】 2022年，泰安市财政部门基本建成“全方位、全过程、全覆盖”的预算绩效管理体系。开展制度建设，建成“1+2+6+N”预算绩效管理制度体系，规范第三方机构执业行为。“一本通”——《泰安市预算绩效管理工作规程》作为全省首创，为预算绩效管理标准化、系统化建设提供“泰安思路”。开展事前事中绩效管理，将市级新增或调整资金规模达到200万元以上的项目由项目申报单位提供事前绩效评估报告，作为安排预算的重要依据；对16个涉及资金额度较大、影响范围广的项目开展财政重点评估，审减预算支出6982.77万元。开展绩效运行监控，对监控过程中发现问题的项目及时启动预算资金缓拨、调减或收回程序，收回当年预算指标10.2亿元。开展财政评价，财政重点绩效评价对象覆盖“四本预算”（一般公共预算、政府性基金预算、国有资本经营预算、社会保险基金预算），针对19个政策项目、11个部门单位整体、2个县级财政运行开展重点评价；加大对新型科技研发类机构财政资金绩效管理评价力度，同时将部门单位预算管理、资产管理以及财务管理合法合规性审查作为财政评价的重要内容，2022年压减支出2.3亿元，调减2023年预算安排3549万元。开展成本效益分析，树牢项目入库分析成本、预算编制细化成本、预算审核核定成本、预算执行控制成本、预算完成评价成本的成本效益理念。对燃气公司采暖季政策性亏损财政补贴等4个项目实施成本效益分析试点，研究建立相关领域支出定额标准、成本核算数学模型。全年核定成本核算标准11个，累计压减预算支出300万元。开展部门单位整体支出绩效管理，实现市级86家一级预算部门单位整体绩效管理全覆盖，同时将215家市属事业单位全部纳入整体支出绩效管理，在全省率先实现市属事业单位整体绩效管理全覆盖。

表5　2022年泰安市一般公共预算支出统计表

单位：万元

预算科目	调整预算	累计完成	占预算（%）	比上年增长（%）
支出合计	4421754	4417489	99.9	3.2
一般公共服务支出	388537	400296	103.0	6.7
国防支出	7809	7677	98.3	17.4
公共安全支出	193999	194627	100.3	6.7
教育支出	994479	1013368	101.9	10.3
科学技术支出	36901	49428	133.9	32.6
文化旅游体育与传媒支出	53010	51549	97.2	-3.6
社会保障和就业支出	890548	864294	97.1	6.3
卫生健康支出	593846	568451	95.7	17.4
节能环保支出	84181	97681	116.0	34.7
城乡社区支出	218393	209907	96.1	-43.6
农林水支出	471235	478608	101.6	3.7
交通运输支出	70807	80270	113.4	5.8
资源勘探信息等支出	51047	50158	98.3	-47.0
商业服务业等支出	27031	24814	91.8	0.4
金融支出	799	860	107.6	-10.7
援助其他地区支出	6649	6949	104.5	9.0
自然资源海洋气象等支出	36495	34076	93.4	-13.9
住房保障支出	74174	75208	101.4	-1.2
粮油物资储备支出	4265	4354	102.1	20.8
灾害防治及应急管理支出	34799	32523	93.5	9.8
债务付息支出	131339	127350	97.0	-2.2
其他支出	51411	45041	87.6	95.5

【政府债务管控】 2022年，泰安市财政部门坚持有解思维，有效处理防风险与促发展的关系，在省对市高质量发展综合绩效考核中，政府债务管理指标居全省第一名；严格规范政府债务管理，严防各类风险隐患；规范政府举债行为，严禁新增政府隐性债务，化解往年存量债务，守住不发生区域性系统性风险底线。年末，全市政府债务余额831.7亿元，其中市级348.9亿元，均严格控制在省核定债务限额以内；发行再融资债券56.4亿元，按期偿还到期债务本息；规范化债38亿元，大力压减债务规模，政府综合债务率保持逐年下降的良好态势，政府债务风险水平相对较低。争取新增专项债券，支持经济发展。2022年全市新增专项债券资金113.8亿元，增幅居全省前列。政府债务限额达844.9亿元，其中市级357.9亿元，重点支持150个重点项目建设。在全省率先建立新增专项债券支出进度专报、项目支出台账、政府工作专班“三项机制”和政府债务管理“负面清单”制度，严格专项债券资金和项目管理，确保“早发、快用、见实效”，发挥专项债券资金使用绩效。

【会计管理】 2022年，泰安市财政部门开展“会计基础工作规范年”活动，按照《全省行政事业单位“会计基础工作规范年”活动实施方案》的部署，摸排全市单位201个，根据问题制定整改措施、方案，评选出会计基础规范化单位20家，得到省财政厅表彰。承担会计专业技术资格考试报名、注册会计师专业阶段报名及组织考试等工作；做好高级会计师、正高级会计师评审工作。组织泰安市会计领军人才调研，助力新型工业化强市建设。推进全市注册会计师行业党建工作，年内21名预备党员列入发展计划。执行“双随机、一公开”检查，做好代理记账机构、资产评估机构审批备案工作。

【政府采购管理】 2022年，泰安市政府采购金额达38.68亿元。探索推进政府绿色采购，建立主要负责人亲自“挂帅”，分管负责人靠上指挥，有关科室人员分工协作的攻坚队伍；编制印发《泰安市政府绿色采购业务指引》，发挥政府采购推动绿色低碳高质量发展作用。优化政府采购营商环境，健全完善政府采购合同标准文本，推行政府采购框架协议采购方式、政府采购告知承诺制和推行评审专家异地在线评审试点，优化政府采购资金电子化支付服务。印发《关于进一步发挥政府采购政策功能支持中小企业发展的通知》，加大对中小微企业的扶持力度。

【财政监督】 2022年，泰安市财政部门强化内部控制，完善内控组织框架，调整更新内控领导小组成员，修订印发《泰安市财政局内部控制基本制度》《泰安市财政局内部控制考评办法》，组织科室（单位）修订财政局8类专项内控办法与工作流程，完善“1+8”内控制度体系。开展内审以及“回头看”工作，对财政局机关及所属单位财务资料进行内部审计，共检查单位14个，查阅财务资料1100余份。组织内控督导调研，实现全市县（市、区）和功能区财政部门内控内审专项督导全覆盖。开展监督检查工作。树牢“长期过紧日子”的思想和“节支也是增收”的理念，开展“落实政府过紧日子”专项整治工作，组织“三公”经费专项检查。做好预决算公开情况检查工作，组织县级财政监督部门对政府和部门单位2021年度预决算公开情况进行互审；采取上网普查方式，对2021年度政府及280家市级部门、单位预决算公开的及时性、完整性、细化程度、公开方式、真实性等方面开展专项检查。开展会计信息质量检查，全市共补缴税收4788.2万元，国有资源有偿使用收入830.9万元。对山东至永会计师事务所、山东安诚信土地房地产资产评估有限公司等10家会计师事务所、资产评估机构执业质量开展监督检查。对2021年受财政委托对市直2020年度项目进行预算绩效评价的13家中介机构进行监督检查。

【财政改革】 2022年，泰安市财政部门深化预算管理改革，出台市直预算调剂管理暂行办法，规范预算调剂、硬化预算约束。完善支出标准体系，将之前据实测算的办公取暖费、物业管理费、公务接待费等整合纳入在职人员日常公用经费定额，由部门单位统筹支出，提高节支积极性。深化预算绩效管理改革，实现市级85家一级预算部门单位整体绩效管理全覆盖，并在全省率先对215家事业单位开展整体支出绩效管理。印发《泰安市预算绩效管理工作规程》，在全省率先将绩效管理环节、各方职责等内容融会贯通形成体系，打造“拿来即用、随用随量”的“工作标尺”，全市基本建成“全方位、全过程、全覆盖”的预算绩效管理体系。加强业务指导，新泰市、东平县在全国县级财政管理绩效综合评价中均进入前200强，分列第27位、第160位。深化国有金融资本管理改革，履行市属国有金融资本出资人职责，着力完善组织机构、充实监管力量、健全制度体系、优化战略布局，促进国有金融企业健康发展，市属国有金融企业上缴国有资本经营预算收入3.2亿元，较上年增长102.3%；加强对功能区平台公司的监管和支持，帮助其防风险、渡难关、可持续。深化行政事业资产管理改革。摸清资产底数，研究拟定闲置资产盘活方案，最大限度提高资产利用价值。强化政府公物仓建设，推动资产跨层级、跨部门共享共用，通过调剂和周转使用，节约财政资金1824万元。强化政府融资平台指导和监管，实行“一企一策”，研究制定风险化解方案，加快推进转型发展。加大政府债务化解力度，全市化债38亿元，政府债务率控制在合理区间，牢牢守住不发生区域性系统性风险的底线。 （李纪勇）

税 务

【概况】 2022年，国家税务总局泰安市税务局辖泰山区、岱岳区、新泰市、肥城市、宁阳县、东平县、泰安高新区、泰山景区8个县（市、区）税务局，59个基层分局（所）。服务纳税人18万户，其中企业10.8万户、个体7.2万户。缴费人540万人，其中社保职工84万人、城乡居民456万人。年内，市税务局继续保持“全国文明单位”称号，以数治税经验做法被国家税务总局局长王军批示肯定；获评地厅级以上荣誉37项，其中获“全国职工职业道德建设标兵单位”称号单位1个，获国家级“节约型机关”称号单位2个，获“一星级全国青年文明号”基层税务分局5个。

表 6　2022 年泰安市国内税收收入分县市区、功能区完成统计表

单位：万元

县市区 功能区	累计收入		
	税　额	上年同期	比上年同期（%）
全市合计	6477454	4880696	32.72
泰山区	1349231	1095012	23.22
岱岳区	711236	574159	23.87
高新区	457769	437592	4.61
徂汶景区	22592	13347	69.27
泰山景区	104329	72399	44.10
旅游开发区	484142	165040	193.35
新泰市	1015747	743885	36.55
肥城市	1215398	1027646	18.27
宁阳县	598535	409028	46.33
东平县	518475	342588	51.34

【税费征管】　2022年，泰安市税务局累计完成各项收入651.62亿元，其中，完成国内税收收入276.29亿元，剔除大规模留抵退税因素影响增长2%，增收6.58亿元，收入规模居全省第12位，较上年前移1位；完成市以下地方级收入177.31亿元，同口径增长2.3%；完成社会保险费收入180.38亿元，增长8.2%，增收13.73亿元；非税及其他收入完成191.07亿元，增收179.38亿元。地方级税收稳定增长，市以下地方级税收收入增速居全省第4位，较上年前移10位，占全市税收收入比重达64.17%，居全省第5位，提高6.3个百分点。工业税收加快增长，全市工业税收同口径增长12.8%，增速快于整体税收增速10.8个百分点，快于全市工业增加值增速3.8个百分点。工业税收占比36.63%，提高2.65个百分点，拉动全市税收增长4.3个百分点。区域税收降幅收窄，高新区、泰山景区、徂汶景区、肥城市、宁阳县、东平县税收分别增长1.1%、1.6%、9.9%、16.5%、4.6%、3.3%；泰山区、岱岳区、旅游经济开发区、新泰市受房地产税收减收影响，分别下降6.7%、3.5%、8.8%、1.2%。发展动能持续增强，产业结构持续调整，第二产业税收完成154.07亿元，第三产业税收完成125.94亿元，二、三产业税收之比由2018年的50.45：49.41，调整为54.99：45.01，第二产业占比同比提升4.54个百分点。全市纳税100万元以上企业2138户，合计入库239.46亿元，增长10.8%，占比86.8%。纳税过亿元的骨干税源39户，较上年同期增加8户，入库税收94亿元，增长14.9%。

【减税降费】　2022年，泰安市税务局聚焦新的组合式税费支持政策，坚持“快退税款、狠打骗税、严查内错、欢迎外督、持续宣传”五措并举，一体推进“财税库银关”联创共治，落实“一键确认+批量审批+清单退税”一揽子退税解决机制，创新“两图三表一链”（路线图、作战图，全量表、分析表、确认表，事前防、事中阻、事后打风险防控链条）工作法。加大减税纾困力度，增强市场主体活力，夯实全市经济税源长期发展基础。累计办理留抵退税6574户、53.95亿元，其中大规模留抵退税6550户、47.63亿元；完成企业所得税多缴退税4154户次、4.39亿元；2022年合计办理新增减税降费及退税缓税缓费88.41亿元，办理出口免抵退税17.33亿元，落实既有减免税金111.44亿元，优惠额度创历年新高。强化协同联动，提速退税时效，留抵退税平均到账时限、出口退（免）税平均办理时限分别降至0.63个、0.48个工作日。

【税收法治】　2022年，泰安市税务局推动《山东省税收保障条例》落地，巩固拓展“五位一体”（公安、检察、法院、司法行政、税务）税收司法共治体系建设成果。通过共治体系移送案件99件，查处虚开案件122件，参与案件执行和破产重整154件，涉及税款4.35亿元。建立智慧执法指挥中心，编制重点执法事项流程、场景式税收业务执法清单、说理式执法文书汇编及工作指引，形成涵盖45项重点事项、23类说理式文书的执法蓝本。落实税务行政处罚“首违不罚”事项清单，全年适用“首违不罚”7476起。完善增值税发票全链条风险防控长效机制，有效防范发票领用、开具、抵扣等环节风险，接收异常凭证企业户数同比减少31.1%。严厉打击涉税违法行为，全年立案检查企业268户，入库税款、滞纳金、罚款3.16亿元，同比增长4.3%。破获1个团伙虚开发票案件，涉及虚开发票金额3.58亿元，全年共计查处虚开发票金额14.73亿元。参加全市宪法知识电视大奖赛，获得总决赛二等奖。

【税源监管】　2022年，泰安市税务局构建大征管体系，强化税费征管质量动态监管、扎口统筹、督导考核，编发11期《数据要情》靶向定位征管疑点，开展核查整改6.45万户次，税费征管综合评价在全省排名前移5个位次。加强行业监管，创新利用公安

住宿信息开展住宿业风险应对，总结形成数据应用案例，被国家税务总局税收大数据和风险管理局列为相关报告十篇典型案例之一。制定住宿业、建安、苗木等行业风险管理模板，完成风险应对任务4040户次，入库税款7.57亿元。试点“以地控税、以图管税”模式，利用自然资源部门土地管理信息，开展宗地空间数据建库和比对分析，相关做法在全市推广。对85个房地产开发项目实施土地增值税清算，入库税款7.39亿元。协同市市场监管局、市行政审批服务局等部门，定期交换8类数据，落实“税收前置”要件，入库股权转让个人所得税3.08亿元，同比增长376.36%。与市发展改革委、市自然资源和规划局、市生态环境局等部门建立共享共治机制，通过比对农转用信息，入库存量耕地占用税2.46亿元。深化成品油行业专项整治，建立行业监测直报制度，社会加油站入库税款4902万元，增幅108%。建立大企业“三审两书一团队”（在业务立项、风险点确认、项目结束三个环节实施集体审议，签订《廉政承诺书》《保密承诺书》，建立大企业服务管理专业团队）机制，对设备制造、金融等行业49个项目开展风险分析应对，入库税款2.6亿元。

表7　2022年泰安市税收收入、社会保险费收入和非税收入分项目分级次完成统计表

单位：万元

项　目	累计收入			
	税　额	上年同期	比上年同期增长(%)	比上年同期增加额
各项收入总计	6516248	4923224	32.36	1593024
税收收入合计	2801676	3139467	-10.76	-337791
税务部门组织的国内税收收入	2762882	3096939	-10.79	-334057
其中，中央级	1169664	1341215	-12.79	-171551
省　级	-179836	-36496	392.76	-143340
市及以下级	1773054	1792220	-1.07	-19166
国内增值税	1221365	1534088	-20.38	-312723
国内消费税	83989	70113	19.79	13876
营业税	—	—	—	—
企业所得税	512099	537808	-4.78	-25709
个人所得税	178772	136271	31.19	42501
资源税	79547	58842	35.19	20705
城镇土地使用税	88022	86369	1.91	1653
城市维护建设税	106576	116392	-8.43	-9816
印花税	29739	31897	-6.77	-2158
土地增值税	134380	121194	10.88	13186
房产税	57414	48494	18.39	8920
车船税	33120	31908	3.8	1212
车辆购置税	60411	99544	-39.31	-39133
耕地占用税	43968	40078	9.71	3890
契　税	129569	180548	-28.24	-50979
环境保护税	3792	3263	16.21	529
其他税收	119	130	-8.46	-11
海关代征进口增值税消费税	38794	42528	-8.78	-3734
社会保险费收入合计	1803845	1666533	8.24	137312
非税收入合计	1906021	113010	1586.59	1793011
其他收入合计	4706	4214	11.68	492

2022年6月17日，泰安市税务局组织开展全电发票“面对面”辅导暨“一把手走流程”专项活动 （李 华 摄）

【纳税服务】 2022年，泰安市税务局落实121条“便民办税春风行动”服务措施，开展“一把手走流程”暨“当一天纳税人”活动，走访问需企业5321户，收集并落实意见建议126项，在全省纳税人满意度调查中位列第6，全年优化营商环境评价位列优秀等次。深化“非接触式”办税缴费服务，探索完善疫情防控形势下“线上、线下、云端”三位一体智慧办税缴费新模式，优化布局自助办税服务厅点，打造泰安城区“便民自助办税圈”，实现就近办税、一次办好，全市非接触办税比例达95.95%，比上年同期提高6位，增长4.26个百分点，增幅列全省第1位。试点开展基层税源管理单位“纳税人之家”建设，提升办税服务体验。做好全电发票受票扩围，开展“面对面”“一对一”辅导7374户次，完成9轮8515户纳税人“预先服”全覆盖任务。

【服务发展】 2022年，泰安市税务局组建服务新型工业化强市战略税收咨询服务专员专班，开展“订单式”产业链政策辅导培训20次，提供“一对一”上门咨询、现场把脉130次，解决涉税问题500个。编印《组合式税费支持政策及泰安市重点产业链相关税收政策汇编》1万册及各类宣传册10万册，完成13条产业链税收分析、制造业十大行业国内循环参与度研究等报告30篇，为市委、市政府、产业链专班提供决策参考，先后被市领导批示肯定20次。运用国家税务总局云平台帮助20户企业实现购销金额3.12亿元，应用案例在2022年度智慧城市扩面打榜活动中被评为全省新型智慧城市优秀案例。成立全省首家实体化、专业化“一带一路”税收服务场所，落实再投资递延纳税优惠8574.18万元，推动吸引境外投资8.57亿元。疫情防控期间，400余名党员干部下沉一线协助社区做好防控工作。 （贠相前）

金融监督管理

【金融风险防控】 2022年，泰安市金融行业坚持稳中求进，提升金融风险监测识别效率，增强风险处置的主动性和协同性，守住不发生系统性金融风险底线。加强金融风险监测预警，完善银行业风险预警指标体系，筛选出先导性指标12项，及时发现机构异常指标波动。深化大企业风险主办行制度，摸清辖区融资底数和风险处置状况。开展气候风险压力测试，明确辖区26家测试机构应对147家企业“双碳”转型下的风险承受能力。推进高风险机构处置，将推动化解6～7级机构风险作为2022年金融稳定工作头号工程，及时制定印发风险化解实施方案，召开两次风险化解推进会，约见7家机构主要负责人，向肥城市政府发送《关于加大肥城农村商业银行风险防控力度有关建议的函》，推动风险加快出清。提升金融管理水平，加强现金流通环境治理，开展现金服务“神秘人”暗访活动，组织人员深入商场、超市等82个场景调查拒收人民币线索。开展“征信修复”乱象专项治理百日行动，推行小微企业简易开户服务，开户业务2天内办结率达100%。巩固提升支付手续费降费工作成果，累计减免各项费用2944万元，惠及小微企业和个体工商户等市场主体11.3万家次。

2022年，市地方金融监管部门实施全链条风险化解模式，创新实施“蓝黄橙红”四色动态预警，通过核销、转让、重组等方式加大不良贷款处置。年末，驻泰安银行不良贷款余额44.24亿元，比年初下降29.48%，降幅居全省第2位；不良贷款率1.11%，比年初下降36.57%，降幅居全省第2位；处置不良贷款64.84亿元，不良处置率60.84%，居全省第2位。升级非法集资举报奖励办法，全市非法集资案件数降幅、涉案金额及涉案人数降幅显著。 （周长波 代琳琳）

【银行业监管】 2022年，泰安银保监分局印发《推进辖区银行业保险业服务黄河流域生态保护和高质量发展实施意见》，推动黄河战略实施，引领辖区银行保险机构精准对接“黄河战略”九大类286个项目，相关经验做法在《光明日报》刊发报道。实施“鑫鼎工程”，提出“3个100%”（银行保险机构对市场主体100%全面触及，金融服务100%全面跟上，对符合条件的企业100%授信全面覆盖）目标，泰安市金融服务覆盖率达85.96%，较年初提升37.11个百分点，普惠金融考核从全省倒数跃居第一梯队。以“数字经济产业链”为试点，在全省率先创新实施“整链授信”模式，指导银行保险机构为“专精特新”等重点企业提供精准金融服务，辖区银行业便捷获得信贷指标优于全省平均。至年末，辖区银行业普惠型小微企业贷款余额558.92亿元，较年初增长33.56%，高于各项贷款平均水平23.25个百分点；绿色信贷余额306.17亿元，较年初增长40.11%，高于各项贷款平均水平29.25个百分点。建立“风险防化链”，以信用风险、大额授信风险、重点领域风险、重点机构风险、案件风险的防范化解处置为目标，推进各类风险化解工作，2022年辖区银行业累计处置不良贷款65.27亿元。综合运用客户风险系统与征询查询相结合的方式，对大额授信企业进行风险排查。建立“机构预排+监管复核”的排查机制，将排查范围扩展至授信银行3家以上、授信总额5亿元以上，动态设立风险企业监测台账，按照名单制分级分类管理原则，科学确定风险等级，做好风险排查和监测预警。印发《关于加强辖区法人银行独立董事监管的实施意见》等3份规范性文件，从加强监管自身建设和引领机构稳健发展两方面，优化监管供给。针对性强化公司治理监管，在全省率先建立与泰安银行大股东定期会谈制度，从源头规范中小银行公司治理和规范建设水平，完成公司治理3年行动收官。

【保险业监管】　2022年，泰安银保监分局加强车险监管，将39家次机构纳入月度重点监管对象，并按方案进行月度、季度监管约谈，全年累计下发通报、监管提示、监管函及开展专项检查近20次。整治保险行业乱象，针对查实问题年内累计行政处罚保险机构5家次，增加1家；处罚高管或责任人11人次，增加10人次；罚款金额74.5万元，增加53.5万元。丰富“市民保”保费方案，扩大保险责任、提升保险金额、增设既往症住院医疗费用保险金，累计参保人数41.49万人、保障额达16438.84亿元。争取专属商业养老保险试点政策，5家机构推广专属商业养老保险产品，累计投保人数1329人，拓展服务助力解决高龄、失能、失智老年人护理难题。联动多方打击黑产代理，按照《中国银保监会公安部市场监管总局关于整治“代理退保”黑产乱象的通知》要求，联合市公安局治安支队整治“非法代理退保”，指导市保险行业协会联合经侦搜集黑产线索，加大整治力度，采取措施斩断误导怂恿保险客户非正常退保、恶意投诉的“黑色产业链”，维护消费者合法权益，维护全市经济金融秩序安全稳定，向地方经侦移交相关线索4条。

（任逸群）

【地方金融监管】　2022年，市地方金融监督部门对全市地方金融组织实行分类监管，通过非现场监管、现场检查、“双随机、一公开”抽查等方法推进全市地方金融组织有序发展。全市共有地方金融组织65家，其中小额贷款公司12家，民间资本管理公司14家，融资担保公司9家，典当行16家，融资租赁公司10家，商业保理2家，开展信用互助业务的农民专业合作社1家，介于现货与期货之间的大宗商品交易的交易场所1家。至年末，全市金融机构人民币存款余额5571.26亿元，人民币贷款余额3968.51亿元，全市普惠金融重点领域贷款余额670.27亿元。建立全方位金融政策保障体系，实施助企惠民工程，有效减轻企业融资负担。实施企业上市突破行动，建立“241”（“十四五”期间20家上市企业，40家种子企业，100家上市后备资源企业）梯次培育计划，落实“清底、建库、培育、激励”措施，推动新巨丰在创业板上市，推动2家企业在美国纳斯达克、“新三板”挂牌。打造“强工贷”服务品牌，推出130个“强工贷”产品。组建产业链金融辅导队，实现对产业链企业全天候、多领域辅导服务。建立全链条风险化解模式，创新实施“蓝黄橙红”四色动态预警，加大不良贷款处置，守好群众“钱袋子”；升级非法集资举报奖励办法，全市非法集资案件数降幅、涉案金额及涉案人数降幅显著。金融工作亮点被省直部门和省级以上媒体宣传推广30次。

（周长波　代琳琳）

2022年9月2日，泰安市企业上市工作推进会在泰山区召开　（司刚 摄）

【货币政策执行】　2022年，中国人民银行泰安市支行加大实体经济支持力度，创新实施“央行资金+普惠金融”助企惠民工程。推广“央行政策联结贷”业务，引导金融机构加大对民营小微、绿色发展、科技创新、乡村振兴等重点领域的信贷投放，联合泰安市农业农村局等部门出台“兴农政策联结贷”政策，“央行资金+普惠金融”助企惠民工程被列入2022年泰安市委、市政府为民要办的10件实事之一。推动普惠小微贷款支持工具与产业政策相融合，全年累计发放激励资金9019.3万元，带动地方法人机构增加涉农和小微贷款投放62.6亿元；全市普惠小微贷款余额占比、新增额占比较上年分别提高2.3个和14.4个百分点，均在全省16地市中居第1位。助力新型工业化强市建设，开展金融支持重点产业链发展“金链行动”，落实政策性开发性金融工具等政策。至年底，泰安市制造业贷款余额同比多增20.5亿元，全市绿色贷款余额同比增长38%。

【外汇管理】 2022年，中国人民银行泰安市支行开展“汇率避险拓展年”行动，探索建立贸易收支便利化“四力”（企业经营管理能力、财务管理能力、人员管理能力、信用管理能力）企业评价体系和“一二五”（一项抽查原则、两项抽查项目、五个抽查标准）抽查机制。全年新增贸易收支便利化试点企业18家，较上年增长3.5倍，便利化业务办理笔数和金额同比分别增长80.5%、62.6%；跨境人民币结算额同比增长8.76%。国际收支数据连续十个季度在全省通报中保持零差错。

【反洗钱工作】 2022年，中国人民银行泰安市支行开展反洗钱监测调查，提升反洗钱整体履职能力。开展洗钱入罪工作，加强与公检法等单位沟通协作，《发挥反洗钱利器作用 助力反贪污贿赂工作纵深开展》专报件获市纪委监委领导肯定批示，全年判决洗钱犯罪案件4例，其中自洗钱2例，在全省并列第2位。对48家银行保险证券支付机构开展反洗钱现场检查、监管走访、约见谈话、风险评估。加强反洗钱监测调查，移送当地公安机关可疑交易报告20份，上报人民银行济南分行2份涉众型经济犯罪线索选送省公安厅。梳理涉嫌虚拟货币洗钱可疑线索1份，为上级行和公安机关研究新型洗钱手法提供支撑。创建全省首家反洗钱宣传教育基地，相关做法被济南分行刊发，获济南分行领导肯定批示。 （周长波）

审 计

【概况】 2022年，泰安市审计部门有市、县审计机关7个，审计工作人员215人，全市审计机关共审计项目247个，查出违规金额5.07亿元，移送司法机关、纪检监察机关和有关部门处理事项4件。市审计局被国家机关事务管理局等四部委表彰为“节约型机关”，被市委、市政府表彰为“创建全国文明城市先进单位”，连续保持“省级文明单位”称号。

【政策措施跟踪审计】 2022年，泰安市审计部门开展加强黄河流域生态保护和高质量发展审计，完成省委、省政府交办的重点核查任务，涉及补充耕地项目30个，促进项目、资金规范管理。开展乡村振兴审计，揭示问题13项、违规金额740万元。深化网络安全和信息化专项审计，挽回财政资金损失2322万元，修复信息系统安全漏洞47个。

【财政资金审计】 2022年，泰安市审计部门推进财政审计，促进新增财政直达资金、地方政府专项债券资金及时拨付、精准使用、安全高效。通过整改，累计上缴国库3.21亿元，统筹盘活资金1.04亿元，促进资金拨付5.48亿元。

【经济责任审计】 2022年，泰安市审计部门对162名领导干部开展经济责任审计，其中任中审计71人、离任审计91人。编印《市管领导干部履行经济责任以及自然资源资产管理和生态环境保护责任常见问题提醒清单》，获市委书记杨洪涛肯定性批示。制发《市管干部监督信息资料报送实施办法》，提高经济责任审计监督质效。

【民生项目资金审计】 2022年，泰安市审计部门实施强化就业优先政策审计调查，促进及时拨付47家贷款企业、40名贷款人财政贴息161.68万元。关注“一老一小”，揭示“中小学午餐保障及食堂改造提升工程”和社区老年“幸福食堂”建设中的不规范、不作为等问题，规范学校食品安全管理平台使用运行和社区老年“幸福食堂”高效运营，促进民生项目充分发挥作用。

【政府投资审计】 2022年，泰安市审计部门推动黄河重大国家战略落实落地，对泰山区域山水林田湖草生态保护修复工程开展“拉网式”审计，实现对全部67个项目、326个子项目、154.55亿元资金的审计全覆盖。开展泰安城区街角游园口袋公园改造完善项目竣工决算审计，发现问题9项，审减工程造价38.67万元；组织实施对泰安市第二污水处理厂配套湿地工程进行决算审计，审减工程投资造价64.20万元。重点揭示项目建设管理、现场管理、招投标管理等方面不规范等共性问题，提出审计建议，节约财政资金，推动建设项目实施。

【企业和金融审计】 2022年，泰安市审计部门对旅游经济开发区、徂汶景区的平台公司运营绩效进行专项审计，摸清资产规模、资金变向、隐性债务等情况，及时发现问题，为领导决策提供翔实依据；对金融控股集团有限公司发展质量进行专项审计，向市纪委监委机关移交审计事项8项；对泰山索道运营中心进行审计，促进规范运行。

【审计整改】 2022年，泰安市审计局制发《审计整改督查工作规程（试行）》《审计整改督办函》《泰安市审计整改约谈办法》，督促被审计单位边审边改、按期整改。建立审计整改工作方案、整改责任人制度和问题整改台账，并对2022年度审计项目的整改落实情况开展“回头看”活动，推动问题整改落实。完成2021年度60个审计项目查出的问题整改，推动各级各部门制定完善规章制度50项。对上报送信息《内外联动协同配合加快提升审计整改工作实效》得到省审计厅厅长王金城书面批示。 （刘丰欣）

统 计

【概况】 2022年，泰安市统计工作以“泰数先锋”党建品牌为引领，以“四看四促”（跳出机关看基层促服务，跳出统计看全局促贡献，跳出泰安看全省促争先，跳出历史看未来促发展）为主线，坚持依法统计、科学统计、高效统计，持续做优数据、创优工作、带优队伍，实现全市率先、全省领先、全国争先。泰安市统计局在新中国政府统计机构成立70周年之际，被人力资源和社会保障部、国家统计局联合授予“全国统计系统先进集体”称号；在全省统计业务评价中获得“优秀”等次，26项业务中有24项进入先进行列，其中6项第一名，16项进入前三名，获奖总数及前三名总数均位居全省第一，继续保持“省级文明单位”称号。国家统计局泰安调查队继续保持“省级文明单位”称号；在山东国家调查队技能竞赛中，获监督执纪问责技能竞赛三等奖。

2022年9月26日，第一届山东省统计系统职业技能竞赛泰安赛区复赛在泰安市电视台一号演播厅举办
（杨晓妍　供）

【数据质量管理】 2022年，泰安市统计工作围绕统计数据生产“前、中、后”进行全流程管控，即事前调度预判、事中审核求实、事后解析谋策，构建“闭环式”数据质量管控体系。坚持和完善GDP统一核算部门联席会议制度，成立由市统计局主要负责人任组长的GDP核算工作专班，全员谋核算、抓核算、干核算，确保经济运行在合理区间。联合市纪委监委、派驻纪检组开展统计造假不收手不收敛专项纠治工作，坚持数据质量核查常态化与“双随机”执法检查相结合，开展数据核查1101家，执法检查企业262家，依法立案查处统计违法企业11家。国家统计局泰安调查队严控数据质量，规范调查流程。建立网格化管理模式，落实防范和惩治统计造假弄虚作假责任制；实施统计调查数据全过程管控，加强统计调查内部控制和外部监督；执行领导干部违规干预统计工作记录制度，完善领导干部违规干预统计工作记录台账；与市委组织部、市纪委建立移交机制，强化移交管理；落实统计法律事务告知制度，及时发放《统计法律事务告知书》，明确调查对象的相关法律责任，提升调查对象法律意识和配合度；提高政府统计公信力法治保障，开展统计执法检查2轮。

【统计改革】 2022年，泰安市统计部门承担全省首批企业电子统计台账试点工作，纳入市级政府信息化建设项目，集中攻关，打造“一键上报”傻瓜式操作的“e”简统计泰安样本，在150家企业成功试用，企业报表资料归集工作量减少70%～80%，时间缩短2/3以上，人工误差率降为0，得到国家局、省局认可。完成第五次全国经济普查数据采集模板制作，受邀在省统计局党组扩大会议上汇报演示，省统计局主要领导给予充分肯定。完成国家主营业务填报结构化和行业智能编码专项试点，承接省局专业普查试点6项，为破解普查难题贡献“泰安方案”。

【统计服务】 2022年，泰安市统计部门彰显“智库”作用。推出《统计内参》《统计专报》《统计直报》等系列服务产品，多篇分析报告得到市委、市政府主要领导签批；“基层大问诊”6个县（市、区）全覆盖，精准“把脉”解难题，对症“开方”促发展。统计信息被国家统计局、省统计局采用综合得分居全省各市第1位，市政府采用信息得分居市直部门第1位。扩大主题活动影响。承办山东省第十三届“中国统计开放日”活动，省统计局、省调查总队和市委、市政府主要领导出席开幕式，主题展区万人观展，“泰山讲坛”全省直播，技能竞赛高潮迭起，统计学会换届扩员，《中国信息报》、山东电视台、《泰安日报》等主流媒体和新媒体广泛报道，营造“大家”谈发展、“大众”议统计氛围。提升统计宣传质效。每月在《泰安新闻》《泰安日报》中推出《统计之窗》专题栏目3～5期，“泰安统计”微信、头条号及时更新统计信息，召开经济形势新闻发布会，主动发出统计声音，展现统计风采，回应民众关切，代表山东统计系统在中国信息报社全国工作视频会议上作交流发言。国家统计局泰安调查队全年共撰写调研报告108篇，被国家统计局采用9篇，被省、市领导批示15篇次；做好疫情防控工作，落实防疫物资储备、离泰出省报备和重大事项请示报告等防疫重点工作；完成全面从严治党专项调查，参加全国文明城市测评，参与泰安市全国文明城市创建和方案制定工作，完成泰安全国文明城市模拟测评。

（杨晓妍　张媛媛）

【规范纳统】 2022年，泰安市统计部门开展“准四上”企业摸底调查行动，对营业收入达到入库标准60%、80%、100%的企业，分别对应纳入“种子培育库”“准四上企业库”“达规预备库”动态监测。开展学校食堂、“产转法”等纳统工作，推动东平一中食堂等多家公司顺利入

2022年8月26日，国家统计局泰安调查队开展农作物对地抽样调查样本轮换工作。图为工作人员通过无人机遥感测量与实地调查相结合的方式确定样方农作物种植情况　　（鲍海涛　供）

库，确保应纳早纳、应统尽统，全年新增“四上”企业780家。严格审核入库流程，做到材料齐全完整、内容真实准确，新增、变更、退出审核国家通过率达100%。

【统计基层基础】　2022年，泰安市统计部门培育“泰数先锋”党建品牌，全体党员干部“一岗双责”公开承诺践诺，省统计局主要领导对争做“泰数先锋”主题实践活动作出肯定性批示。开展机关作风集中整顿活动，经验做法被市委“作风整顿领导小组办公室”以专报形式刊发。组织开展首届全省统计系统职业技能竞赛活动，强化统计机构和统计人员业务轮训，获得首届全省统计系统职业技能竞赛个人一等奖、团体三等奖。在全省率先推出“一站一码”，“扫一扫”对93个乡镇（园区）统计站概况一目了然，省局印发《关于总结推广泰安市乡镇统计“一站一码”建设工作经验的通知》。　（杨晓妍）

【国家统计调查】　2022年，国家统计局泰安调查队开展农作物对地调查，完成全市5个县（市、区）、100个样本村的夏播、秋冬播面积调查和夏粮、秋粮预实产调查；完成农作物对地抽样调查样本换工作及大豆玉米带状复合种植调查任务。畜牧业统计调查，完成3个生猪调出大县12个月的生猪监测调查月报工作、583个大型调查户和137个调查样本村主要畜禽抽样调查季报年报工作，发布季度畜牧业指标数据。住户收支与生活状况调查，完成840户住户调查季报和年报工作，实现全年访户全覆盖，每季度和年度发布居民人均可支配收入和居民人均消费支出数据；完成住户调查大样本轮换工作，包括2万个抽样框信息核实、86个调查小区抽选和落实、1.5万户摸底调查和860个住户样本抽选、开户和启用。价格调查，完成10个新建楼盘和10个房产中介的住宅销售价格月报，86个工业企业的工业生产者价格月报，210个采价点的流通消费价格调查，编制泰安市居民消费价格指数（CPI），反映一定时期内居民所消费商品及服务项目的价格水平变动趋势和程度。劳动力调查，推进656户劳动力调查月报工作，审核就业数据超过2万条，年内累计培训200余人次，为推进建立调查失业率统计制度打下基础。企业调查，完成84家样本企业采购经理调查工作、144家样本企业新设立小微企业和个体经营户跟踪调查工作、19家样本企业的服务零售结构调查工作。

【农作物对地抽样调查样本轮换】　2022年，国家统计局泰安调查队按照《山东2022年农作物对地抽样调查样本轮换工作方案》《山东2022年农作物对地抽样调查样本轮换实施细则》要求，开展农作物对地抽样调查样本轮换工作，落实未来五年调查样本村。自5月开始，在对全市3400余个村进行摸底的基础上，抽选出100个具有代表性的新样本村，通过无人机遥感测量与实地调查相结合的方式，确定样方农作物种植情况，并按照总队要求于12月开展新样本村秋冬播面积调查。

【住户调查大样本轮换】　2022年，国家统计局泰安调查队按照国家统计局《2022年住户调查大样本轮换抽样方案》《2022年住户调查大样本轮换抽样实施细则》要求，开展住户调查大样本轮换工作，落实2023—2027年住户调查样本。年内，泰安地区完成全市6个县（市、区）实地核实3744个村（居）委会、2万个普查小区抽样框信息，完成86个调查小区的抽选、落实和确定工作，组织开展1.5万户摸底调查，抽选出860个住户样本，并组织进行开户落实，新样本于12月1日正式启用。　（张媛媛）

价格管理

【重要商品价格调控】　2022年5月30日，泰安市印发《泰安市完善重要民生商品价格调控机制实施方案》，建立重要民生商品价格调控机制，完善统筹协调、应急预案、市场监管、资金保障、跟踪督导、宣传引导等调控制度，明确重要民生商品价格调控目录清单和调控措施。强化市场价格监测预警，报送国家、省价格监测数据2万条。重大节日期间组织市场价格巡查6次，开展农资、生猪、小麦等价格调查5次。编辑价格周报48篇、价格月报14篇，撰写价格预警和行情分析信息94篇。8月、9月启动社会救助和保障标准与物价上涨挂钩联动机制，发放价格临时补贴825.76万元，惠及困难群众34.39万人次。大蒜、马铃薯、大白菜特色农产品目标价格保险承保1.26万公顷，省、市、县财政补贴保费1543.39万元，为农户提供3.67亿元的价格风险保障。2月21日修订《泰安市农副产品平价商店考核管理办法》，对全市10家平价商店进行巡查和考核，根据考核结果给予奖励。

【重点领域价格管理】 2022年5月30日，泰安市印发《关于将供电基础设施建设支出纳入土地储备成本的通知》，明确供电基础设施建设支出按土地面积纳入土地储备成本定额标准。8月9日印发《泰安市深化水价机制改革促进水资源节约集约利用工作方案》，10月9日印发《泰安市城镇供水价格管理实施细则》，明确2025年前水价改革目标任务，规范城镇供水价格管理。开展农业水价综合改革“回头看”。核查5家垃圾焚烧发电项目2021年度垃圾焚烧量、发电量，申请电价补贴3630万元。审核认定4家农林生物质发电企业收购农业废弃物量和上网电量，申请电价补贴2072万元。组织开展涉企违规收费专项整治活动，分行业推进自查整改和抽查工作。动态调整政府定价经营性收费目录清单并在市发展改革委门户网站发布。2月16日印发《关于泰安市停车服务收费管理有关问题的通知》，明确全市停车场收费管理政策和泰安城区政府定价停车场收费标准，自4月1日起执行。6月30日印发《关于明确养犬管理服务费收费等有关问题的通知》，明确泰安城区养犬管理服务费收费标准试用期满后继续执行。调整泰山彩石溪景区环线旅游汽车票价、泰山景区旅游客运专线票价、高铁泰安站至中天门客运专线票价。明确超限超载停车、公租房租金、高中学费、义务教育阶段线下课外培训等收费标准。落实6个国有景区门票价格阶段性优惠政策。

【成本调查与监审】 2022年，泰安市坚持以服务“三农”为主线，以促农增收为目标，完成小麦、玉米、大豆、花生、桑蚕茧、散养生猪等农产品成本收益情况，农户种植意向、农户购买农资、主要农产品成本预测、存售粮情况等成本调查，被国家发展改革委表彰为“全国农产品成本调查工作先进集体”。开展灌区骨干工程农业供水成本、工业蒸汽成本、泰山旅游专线车汽车票价成本监审，为政府定调价提供基础。

【价格认定】 2022年，泰安市完成各类价格认定案件43件，认定总金额4210.56万元。其中，涉及纪检监察案件16件，认定金额4150.26万元；行政事项案件1件，认定金额38.53万元；刑事案件3件，其他案件16件，完成复核认定案件7件。（李　隆）

【价格监督检查】 2022年，泰安市密切关注防疫物资、食品、猪肉等生活必需品，高端白酒、高档粽子等重点商品和旅游、交通服务价格波动情况，查处价格违法违规行为。围绕民生领域，部署开展教育收费专项检查，推动中共中央、国务院关于义务教育“双减”工作的落实；加强医药领域价格监管，密切关注低价药、常用药和医疗检查检测价格监管，纠正各类医疗乱收费现象；加强对停车场收费服务行为监管，推进停车领域突出问题专项整治；开展物业领域突出问题集中整治、殡葬业价格检查、眼镜市场价格专项整治行动，维护良好市场价格秩序。聚焦政府部门及下属单位、行业协会商会及中介机构、交通物流、水电气暖等公用事业、金融等领域，开展涉企违规收费专项整治行动。市市场监督管理局在全省价监竞争工作视频会议上作典型发言。

（张　军）

市场监督管理

【概况】 2022年，泰安市市场监督管理部门落实“疫情要防住、经济要稳住、发展要安全”要求，担当履职、积极作为，聚能优服，创新实践。泰安市获批国家食品安全示范创建城市，被国家市场监管总局确定为重大政策措施公平竞争审查会审试点市。市市场监督管理局被评为全省系统模范机关建设省市县“三级联动”先进单位，保持“全国文明单位”荣誉称号；《“345”党建工作法，赋能泰安新型工业化强市建设》获得全省机关党建创新优秀案例二等奖。

【市场主体登记】 2022年，泰安市坚持线上线下相结合，打造外商投资企业登记注册“一站式”服务体系，驻市政务服务大厅窗口获红旗窗口荣誉11次，服务标兵11人次。推动“跨省通办”“区域通办”，与济南市、淄博市等8个市市场监管局联合签署《山东省省会经济圈暨黄河流域外商投资企业登记注册协同合作协议》，建立区域合作的外资登记工作机制，便利外商投资企业登记就近办、异地办。全年新登记各类市场主体7.9万户，年末实有各类市场主体58.1万户，比上年增长6.4%，其中新登记企业2.6万户。年末实有企业16.0万户，增长8.7%；新登记个体工商户5.3万户，年末实有个体工商户40.9万户，增长5.6%。

【商事制度改革】 2022年，泰安市落实《市场主体登记管理条例》，5月7日，完成全市首家外资“歇业”企业备案；市行政审批服务局、市市场监管局等七部门联合印发《泰安市市场主体歇业登记实施办法（试行）》，降低经营困难市场主体维持成本，成为全省首部规范市场主体歇业备案的具体实施办法。

【合同监管】 2022年，泰安市开展利用合同格式条款侵害消费者权益违法行为专项整治行动，印发实施方案，对1家装饰公司利用格式合同限制消费者解除合同权利的行为进行行政约谈，为消费者退回全部首付款3.3万元。加强合同格式条款审查，收集、审排查合同格式文本160份，开展行政指导和约谈65次，规范格式条款55条，送发责令整改通知书3份，得到省市场监管局肯定表扬。泰安市十大涉嫌合同不公平条款入选全省涉嫌不公平格式条款评审意见。

【信用监管】 2022年，泰安市推进市场监管领域跨部门“双随机、一公开”（监管过程中随机抽取检查对象、随机选派执法检查人员，抽查情况及查处结果及时向社会公开）监管，整合监管部门和抽查事项，推动“进一次门、查多项事”，提升监管效能。全市累计抽查1.86万户，所有抽查结果均通过国家企业信用信息公示系统（山东）对外公示。加大年报公示宣传力度，全市2021年企业年报公示率达94.56%。推进严重违法失信名单列入工作规范化开展，对相关当事人（各类市场主体）违反市场监管方面法律法规，性质恶劣、情节严重或社会危害性较大的行政处罚、刑事判决案件，依法列入严重违法失信名单，2022年全市列入严重违法失信名单26件。依托国家企业信用信息公示系统（山东），归集公示各类信息81.7万条，其中行政许可信息3.24万条、抽查检查信息78.15万条、行政处罚信息3225条。牵头开展民生领域“综合监管一件事”“揭榜挂帅”改革试点工作，交通新业态领域、危化品安全领域、医疗服务领域（肥城市）获得全省第二批改革试点任务，均于11月30日前完成省级部门的考核。市级认领“互联网+监管”监管事项1083项，县（市、区）、相关功能区认领监管事项7074项；市、县检查实施清单编制率、覆盖率、及时率均达到100%。

表 8　2022 年泰安市地理标志商标情况一览表

序　号	单位名称	商标名称	商品类别	商品名称	所属区（县）
1	泰安市岱岳区泰安煎饼协会	泰安煎饼	30	煎　饼	高新区
2	泰安市传统食品协会	泰安豆腐	29	豆　腐	岱岳区
3	泰安市泰山林业科学研究院	泰山四叶参	5	四叶参（中药材）	泰山景区
4	泰安市泰山林业科学研究院	泰山黄精	5	黄精（中药材）	泰山景区
5	泰安市泰山林业科学研究院	泰山何首乌	5	何首乌（中药材）	泰山景区
6	泰安市泰山林业科学研究院	泰山紫草	5	紫　草	泰山景区
7	泰安市葡萄酒协会	泰山南麓葡萄酒	33	葡萄酒	岱岳区
8	山东省肥城桃开发总公司	肥　城	31	桃	肥　城
9	肥城市王庄粉皮协会	孔庄粉皮	30	粉　皮	肥　城
10	肥城市桃木雕刻协会	肥城桃木雕刻	20	桃木工艺品	肥　城
11	肥城市汶阳镇河岔口鸭蛋产销协会	河岔口鸭蛋	29	鸭　蛋	肥　城
12	肥城市边院镇农业综合服务中心	雨山核桃	31	核桃（新鲜水果）	肥　城
13	肥城市边院镇农业综合服务中心	大王樱桃	31	樱　桃	肥　城
14	肥城市边院镇农业综合服务中心	韩庄头豆腐皮	29	豆腐皮(豆腐制品）	肥　城
15	宁阳县林果协会	宁阳大枣	29	干　枣	宁　阳
16	宁阳县泗店镇蟋蟀产业协会	宁阳蟋蟀	31	蟋蟀（活的）	宁　阳
17	宁阳县泗店镇蔬菜协会	宁阳桥白	31	大白菜	宁　阳
18	宁阳县泗店镇蔬菜协会	许家桥大白菜	31	大白菜	宁　阳
19	泰安市水产研究所	泰山赤鳞鱼	31	活　鱼	泰山区
20	泰安市岱岳区下港乡特色农产品产业协会	泰山板栗	31	新鲜栗子	泰山景区
21	泰安市岱岳区化马湾乡大樱桃协会	化马湾大樱桃	31	樱　桃	高新区
22	东平县安山大米行业协会	安山大米	30	大　米	东　平
23	东平县核桃发展协会	大羊薄皮核桃	31	核桃（坚果）	东　平
24	东平县彭集街道花生产业协会	彭集花生	31	新鲜花生	东　平
25	新泰市农村合作经济组织联合会	新泰芹菜	31	新鲜芹菜	新　泰
26	新泰市楼德煎饼协会	楼德（图形）	30	煎　饼	新　泰

续表 8

序 号	单位名称	商标名称	商品类别	商品名称	所属区县
27	新泰市楼德镇煎饼协会	楼德煎饼	30	煎 饼	新 泰
28	新泰市唯特果树研究所	新泰苹果	31	苹 果	新 泰
29	新泰市黄山红山羊研究所	新泰红毛山羊	31	活 羊	新 泰
30	新泰市草猪养殖协会	新泰草猪	31	活 猪	新 泰
31	泰安市岱岳区徂徕镇果树农民经济协会	徂徕黄金梨	31	梨	高新区
32	泰安市岱岳区岱绿特蔬菜协会	泰安黄芽白菜	31	大白菜（新鲜蔬菜）	岱岳区
33	泰安市岱岳区岱绿特蔬菜协会	泰安大白菜	31	大白菜（新鲜蔬菜）	岱岳区
34	泰安市岱岳区泰山玉产业协会	泰山墨玉石雕	14	玉雕艺术品； 玉雕首饰	岱岳区
35	泰安市岱岳区夏张镇夏张红农产品协会	泰安红心萝卜	31	萝卜（新鲜的）	岱岳区
36	泰安市岱岳区良庄镇瓜菜专业技术研究会	泰安红根菠菜	31	新鲜菠菜	高新区
37	泰安市岱岳区良庄镇瓜菜专业技术研究会	泰安红根韭菜	31	新鲜韭菜	高新区
38	泰安市葡萄酒协会	泰山南麓葡萄酒 （图形）	33	葡萄酒	岱岳区
39	新泰市刘杜镇甜红子山楂协会	新泰甜山楂	31	山楂（新鲜的）	新 泰
40	新泰市横山丝研究所	新泰横山丝	22	生 丝	新 泰
41	新泰市放城镇马家寨香椿协会	马家寨子香椿芽	31	香椿芽（新鲜的）	新 泰
42	新泰市石井特色农产品研究所	梅鹿山小米	30	小 米	新 泰
43	东平县大羊土安西瓜协会	土安西瓜	31	西瓜（新鲜的）	东 平
44	新泰市青云街道外峪珍珠油杏研究所	新泰珍珠油杏	31	新鲜杏	新 泰
45	新泰市宫里镇宫北村养鸭协会	新泰麻鸭蛋	29	麻鸭蛋（蛋）	新 泰
46	肥城市马铃薯产业协会	肥城土豆	31	新鲜土豆	肥 城
47	肥城市孙伯镇农产品产销协会	肥城绞瓜	31	新鲜绞瓜	肥 城
48	泰安市泰山茶叶协会	泰山茶	30	绿 茶	泰山区
49	肥城市老城街道农业综合服务中心	小窑瓜蒌	5	药用瓜蒌	肥 城
50	新泰市石井特色农产品研究所	新泰大花生	29	加工过的花生	新 泰
51	肥城市王庄镇农业综合服务中心	肥城白菜	31	新鲜白菜	肥 城
52	宁阳县乡饮乡南赵村粉皮协会	乡饮大粉皮	30	粉 皮	宁 阳
53	宁阳县磁窑镇新燕农副产品服务中心	宁阳黄姜	31	新鲜黄姜	宁 阳
54	肥城市汶阳镇农业综合服务中心	汶阳香附	5	药用香附	肥 城
55	新泰市龙廷镇丹参种植服务中心	龙廷丹参 LONGTINGDANSHEN	5	药用丹参	新 泰
56	新泰市国成调味品酿造技术研究所	新泰食醋	30	陈 醋	新 泰
57	新泰市国成调味品酿造技术研究所	新泰酱油	30	酱 油	新 泰

表 9　2022 年泰安市山东省高端品牌培育企业情况一览表

序　号	企业名称	序　号	企业名称
制造业类			
1	泰山玻璃纤维有限公司	15	泰安嘉和重工机械有限公司
2	山东鲁普科技有限公司	16	山东中玻节能环保发展有限公司
3	山东华阳农药化工集团有限公司	17	肥城联谊工程塑料有限公司
4	山东泰开互感器有限公司	18	山东傲饰服饰有限公司
5	山东宝来利来生物工程股份有限公司	19	山东泰鹏新材料有限公司
6	山东飞扬化工有限公司	20	山东大唐宅配家居有限公司
7	山东龙辉起重机械有限公司	21	山东安途制动材料有限公司
8	山东蓝光软件有限公司	22	山东腾飞机电科技有限公司
9	山东一滕新材料股份有限公司	23	山东金恒力机械制造有限公司
10	山东泰开变压器有限公司	24	泰山石膏有限公司
11	山东旭德新能源科技有限公司	25	山东富世康面业集团有限公司
12	山东泰开隔离开关有限公司	26	尤洛卡（山东）矿业科技有限公司
13	山东爱客多热能科技有限公司	27	山东德泰机械制造集团有限公司
14	山东一山一水饮品有限公司		
服务业类			
1	山东光大特种设备检测有限公司	5	速恒物流股份有限公司
2	新泰众成科技有限公司	6	肥城市正港木业工艺品厂
3	山东泰安交通运输集团有限公司	7	山东华显安装建设有限公司
4	浪潮软件股份有限公司		

表 10　2022 年泰安市入选“好品山东”品牌一览表

类　别	组织名称	主营产品
高端装备（专用设备）	肥城金塔酒精化工设备有限公司	“金”字溶剂回收节能装置、酒精成套蒸馏装置、节能换热设备
高端装备（电器机械和器材）	特变电工山东鲁能泰山电缆有限公司 山东泰开成套电器有限公司	特变电工超高压电缆、特高压导线 泰开 12 ~ 40.5 千伏开关柜、预装式变电站
新能源新材料（化学材料及非金属矿物制品）	泰安路德工程材料有限公司 山东鲁泰建材科技集团有限公司	路德 / 美格瑞诗土工复合材料 鲁泰纤维增强硅酸钙板、无机预涂板
新能源新材料（金属冶炼和压延加工）	山东索力得焊材股份有限公司	索力得焊丝
医养、文教用品、工艺品及相关制品	山东鸿熹文化用品有限公司 泰安市龙藏深泉商贸有限公司	泰山桃木王桃木雕刻工艺品 铜金蟾铜器、黄铜工艺品
酒、饮料、精制茶	泰安市泰山女儿旅游商贸有限公司	泰山女儿茶
粮食及其副产品	泰安泰山亚细亚食品有限公司	九洲丰园速冻有机面食
区域类产品		肥城桃 泰山板栗

表 11　2022 年泰安市被认定为中国驰名商标一览表

企业名称	商标名称	商品名称	所属区县
泰山玻璃纤维有限公司	CTG 及图	非纺织用玻璃纤维线、非绝缘非纺织用玻璃纤维	岱岳区
山东东岳橡胶制品有限公司	东岳及图	自行车内外胎、力车内外胎	东平县
山东光明起重机械集团有限公司	金斗山及图	起重机	新泰市
山东泰安山锅集团有限公司	第 714344 号图形	锅　炉	岱岳区
山东泰鹏实业有限公司	安琪尔	床罩、被子、被罩	肥城市
泰山集团泰安市普瑞特机械制造有限公司	普瑞特	金属容器	泰山区
泰安泰山工程机械股份有限公司	岱峰 DaiFeng 及图	移动吊车、升降设备、起重装置	泰山区
泰山石膏股份有限公司	泰山及图	石膏板	岱岳区
山东正方轮胎有限公司	正　喜	车辆轮胎	宁阳县
泰山集团股份有限公司	TAISHAN 及图	锅炉（非机器零件）	高新区
山东春潮色母料有限公司	春潮 chunchao 及图	塑料着色母料、电缆母料	新　泰
瑞星集团有限公司	东平湖	尿　素	东平县
山东银宝食品有限公司	银宝 YINBAO 及图	猪肉、猪肉食品、非活家禽	肥城市
肥城富世康工贸有限公司	富世康及图	面　粉	肥城市
肥城金塔机械有限公司	金字及图	蒸馏塔	肥城市
山东九鑫机械工具有限公司	泰山 TS 及图	扳手（手工具）	东平县
泰安华鲁锻压机床有限公司	华　鲁	弯曲机、金属加工机械、液压机、压力机	高新区
山东光大日月油脂股份有限公司	ZY ZHIYU 智育及图	食用油、食用油脂	东平县
山东索力得焊材有限公司	索力得 SOLID 及图	金属焊丝	肥城市
山东亚奥特乳业有限公司	亚奥特 YAT	牛奶制品	泰山区
山东云宇机械集团有限公司	云宇及图	汽车配件	肥城市
泰开电气集团有限公司	泰开及图	高压断路器	高新区
山东省肥城桃开发总公司	肥　城	桃	肥　城
山东三和化工有限公司	阳和及图	三聚氰胺、未加工人造树脂	新泰市
山东东顺集团有限公司	顺清柔及图	卫生纸、纸手帕、纸餐巾、纸巾	东平县
山东同创汽车散热装置股份有限公司	TCAC 及图	马达和发动机冷却器	宁阳县
山东一滕新材料股份有限公司	一滕及图	纤维素、工业化学品	肥城市

续表 11

企业名称	商标名称	商品名称	所属区县
泰安安能电气集团有限公司	安能 信锐及图	变压器、电开关、高低压开头板	高新区
泰安市泰山索道运营中心	第 5139629 号图形	空中运输、旅客运输（游客）、观光旅游	景　区
山东九鑫日用化工有限公司	满　婷	肥皂、化妆品、洗发剂、洗涤剂、洗面奶	东平县
山东傲饰服饰有限公司	傲饰及图	服　装	肥城市
肥城阿斯德化工有限公司	阿斯德	甲　酸	肥城市
山东新轮轮胎有限公司	新轮 XIN LUN 及图	车辆轮胎、自行车车胎、三轮车车胎	肥城市
山东华泰电缆有限公司	华泰及图	电源材料（电线、电缆）	新泰市
山东康平纳集团有限公司	第 3752835 号图形	呢绒、布、毛织品、棉织品、纺织纤维织物	泰山区
山东亚奥特乳业有限公司	亚奥特 YAT	牛奶制品	泰山区
兴润建设集团有限公司	兴润建设 XING RUN 及图	建筑服务	肥城市
泰安路德工程材料有限公司	路　德	非金属栅栏、非金属搁栏、土隔膜	高新区
泰石岩棉有限公司	泰　石	非金属耐火建筑材料	岱岳区
山东泰丰钢业有限公司	青云山	油井金属套管、金属套管	新泰市
山东泰山轮胎有限公司	泰山及图	汽车轮胎、拖拉机轮胎	肥城市
鲁普耐特集团有限公司	鲁普耐特及图	绳索、非金属缆、捆扎用非金属线	泰山区
泰安仕全兴涂料有限公司	名士达 MINGSHIDA 及图	木材涂料（油漆）、清漆、漆	岱岳区
山东龙成消防科技股份有限公司	薪薪及图	灭火器	新泰市
山东肥城精制盐厂	鲁祥 Luxiang 及图	盐	肥城市
泰安瑞泰纤维素有限公司	瑞泰 RUI TAI	羟丙基甲基纤维素	肥城市
山东宝来利来生物工程股份有限公司	宝来利来及图	非医用饲料添加剂	泰山区
泰安市雅邦工贸有限公司	雅邦斯诺尔	涂　料	新泰市
泰山酒业集团股份有限公司	泰山及图	酒	泰山区
山东润通齿轮集团有限公司	中润通 ZHONGRUNTONG	陆地车辆传动齿轮	新泰市
山东润德生物科技有限公司	润　德	食品工业用葡萄糖	新泰市
新东岳集团有限公司	速至 SUZHI 及图	车辆轮胎，自行车、三轮车内胎	东平县
山东农大肥业科技有限公司	农大 SDAU 及图	肥料、化学肥料、植物肥料	肥城市
山东华显安装建设有限公司	华显及图	建筑物装饰修理服务，建筑工程服务，机械、电器设备的安装与修理	肥城市

【网络交易监管】 2022年，泰安市推广应用网监平台，开展网上监测监管，对防疫用品、泰山石、野生动物、食品、保健品、长江渔获物、军服、电子烟、冷光烟花等商品开展定向监测，累计监测监管2400批次，检查官网、网店1.68万户次。开展“2022网剑”、清理整治网络违法销售“特供”“专供”标识商品、纪念章和电商领域借庆祝名义从事商业谋利活动等专项行动，检查网站、网店7387个，删除违法商品信息232条。加强对网络集中促销活动的监测监管，“双11”期间全系统开展网上检查300批次，检查各类网络经营主体2000个，线下检查实体店130户，形成市县所联动，线上线下同步的监测监管新局面。

2022年10月23日，市市场监管局开展生活必需品价格监督检查。图为工作人员在泰安中百大厦佳乐家超市检查 （彭姝 供）

【反不正当竞争和打击传销】 2022年，泰安市组织开展反不正当竞争专项执法行动，制定专项行动实施方案，严厉打击网络领域不正当竞争、涉老虚假宣传、医疗卫生领域商业贿赂等社会反响强烈的不正当竞争行为。推动反不正当竞争工作机制建设，不定期召开反不正当竞争联席会议全体会议，全年编发《泰安市反不正当竞争工作信息交流》4期。加强对企业商业秘密保护工作指导，建成商业秘密保护示范基地、示范企业、指导站（点）共计22家。组织开展打击网络传销专项执法行动，建立打传信息报送工作机制，加强部门间信息交流，形成监管合力。加大对直销企业服务网点日常监管，召开提醒告诫会，突出做好对直销企业的提醒告诫工作。多时段、全方位开展打传宣传活动，增强广大人民群众防范意识。

【特种设备安全监管】 2022年，泰安市印发《关于开展好生产经营单位安全生产“开工第一课”活动的通知》《关于转发〈山东省企业安全生产“晨会”制度规范（试行）〉的通知》《关于印发〈典型事故追责处罚案例〉的通知》等文件，开展安全警示教育，对特种设备检验检测机构、考试机构进行监督抽查。开展安全生产专项整治三年行动，组织开展起重机械等专项排查治理、市场监管领域安全生产大检查、特种设备大排查大整治、城镇燃气安全排查整治百日行动、特种设备领域安全生产集中攻坚行动、重要时段特种设备安全隐患排查治理等专项活动，完成公用燃气压力管道的摸排和法定检验，全市在用特种设备定检率实时保持100%。开展特种设备作业人员证书电子化和监审联动“掌上查”试点工作，“96333”电梯应急处置服务平台共接听市民电话2604个，处置电梯困人故障445起，解救被困人员835人。市市场监管局被评为“2022年度全市安全生产工作考核优秀等次单位”，先后两次在全省特种设备安全监察工作会议上作典型发言。

【工业产品质量安全监管】 2022年，泰安市聚焦钢筋、电线电缆、危险化学品等工艺复杂、质量风险高的10类重点产品，组织全部获证生产企业全面自查并按时进行年度申报，督促企业履行好产品质量安全主体责任，消除产品质量安全隐患。采取“检查+帮扶”方式，对111家在产工业产品和食品相关产品生产企业开展监督检查，帮助企业梳理经营管理制度，解答企业提出的疑问，查找在管理上、制度上、工艺上等存在的短板。开展“农资护农”、城镇燃气安全“百日行动”、水泥产品专项整治行动，按照“双随机、一公开”事项要求，对10大类24种重点产品进行监督抽查，共抽检产品3161个批次。

【质量品牌战略】 2022年，泰安市开展质量提升行动，市质量强市领导小组办公室印发《泰安市质量提升2022年行动计划》，全面提升产品、工程、服务质量水平。加大质量品牌财政扶持，印发《泰安市品牌培育奖励扶持政策实施细则》，明确中国质量奖（提名奖）、省长质量奖（提名奖）、高端品牌示范企业、山东省优质产品基地验收认定、“好品山东”品牌的财政奖补政策。泰安市泰安路德工程材料有限公司、肥城金塔酒精化工设备有限公司、特变电工山东鲁能泰山电缆有限公司等10家企业，肥城桃、泰山板栗2个区域类产品，共计12个品牌入选首批“好品山东”品牌。获评山东优质品牌项目73个，获评2022年度山东省高端品牌培育企业34家，总数位列全省第5。泰安市在全省公共服务质量监测中得分居全省第5位，消费品质量合格率在全省并列第1位。

【计量管理】 2022年，泰安市建成全国首家省水资源计量装备产业计量测试中心。开展“5·20”世界计量日系列宣传活动，受理群众咨询107起，发放宣传材料600余份，免费检测计量器具45台（件）。组织开展重点用能单位能源计量审查，覆盖全市年综合能耗1万吨标准煤及以上企业86家。开展计量服务中小企业纾困解难“百千万”行动，组建“1+N”计量服务队40支，将全市517家中小企业纳入服务名单，提供计量技术服务1084人次，帮助企业建立计量标准46项，计量标准授权3家。部署开展医疗卫生工作计量器具、粮食购销领域计量器具、安全防护计量器具、加油机、眼镜制配场所在用计量器具、集贸、商贸市场和商超在用计量器具专项监督检查。《节能降耗显成效 计量铺就五彩路——助力基于筒子纱智能染色精准计量工业示范项目》入选全省十大计量创新典型案例。

【认证认可建设】 2022年，泰安市制定《2022年度全市资质认定检验检测机构“双随机”监督抽查工作实施方案》，确定食品农产品、建筑建材、环境监测、机动车等为重点领域。开展全市检验检测机构监督抽查工作，组织134家检验检测机构按照《2022年度资质认定检验检测机构自查表》，对资质、人员管理、档案管理及是否开展合法检验检测活动等进行自查自改。配合省监管局对家用燃气器具、电动自行车、电线电缆、火灾报警产品、玩具等11类产品是否存在虚假认证、买证卖证、减少或遗漏认证程序的问题，是否存在伪造冒用、转让或不按规定使用认证证书和认证标志等问题进行监督抽查。联合生态环境局、商务局对2家机动车检测机构和2家汽车销售企业进行监督检查。

【标准化工作】 2022年，市政府印发贯彻落实《国家标准化发展纲要》文件，发布《党建引领网格化治理工作规范》《泰山茶 茶树良种筛选技术规范》《医养结合机构老年人健康档案管理规范》等泰安市地方标准17项。山东润德生物科技有限公司《D-氨基葡萄糖盐酸盐纯度标准样品》《N-乙酰氨基葡萄糖纯度标准样品》2个项目列入国家标准委2022年标准样品研复制计划。山东泰安城乡水务一体化治理、路德智能制造标准应用、泰山医养中心智慧医养服务3个国家级标准化试点获批立项。山东国山文创旅游融合服务、山东惠美百合全产业链、泰安市永乐食用菌产业、泰山玻璃纤维智能制造、山东宝来利来生物技术5个省级标准化试点获批立项。中康国创山东省先进印染技术、路德山东省土工合成新材料2个省技术标准创新中心获批立项。先进印染技术列入全省国际标准突破专项，矿山机械、高性能土工复合材料、海洋工程用纤维绳列入全省重点国家标准研发计划。

【医疗器械安全监管】 2022年，泰安市对医疗器械生产企业全面开展第一类医疗器械备案清理规范及现场核查工作。全市完成第一类医疗器械产品备案77个、产品备案变更27个，生产备案13个、变更备案28个。开展疫情防控医疗器械质量安全专项整治、无菌和植入医疗器械专项整治、互联网销售医疗器械监管、风险隐患排查治理行动等专项集中整治，出动执法人员8826人次，督促企业健全质量管理体系，自觉开展安全风险隐患排查。开展基层口腔诊所“三化三心”（监管标准化，打造政府安心的医疗器械监管模式；企业规范化，建立企业用心的医疗器械自查体系；信息公开化，建设群众放心的医疗器械使用氛围）工程，提出“六有”（有制度，有责任人，有设施、设备，有计算机管理系统，有公示、承诺，有自查）基本标准，提升全市基层口腔医疗器械质量管理水平。《山东药品监管简报》刊发泰安打造放心口腔品牌的经验做法。

【食品安全监管】 2022年，泰安市落实食品安全属地管理和企业主体“两个责任”，全市6.4万家食品生产经营主体全部完成ABCD四级划分，确定市、县、乡、村四级包保干部，食品生产经营企业设立食品安全总监、食品安全员。以“守底线、查隐患、保安全”专项行动为抓手，开展食品添加剂“两超”（超范围、超限量）突出问题专项整治、农村假冒伪劣整治行动、特殊食品提升质量安全管理和监管水平“双升”工程、学校食品安全大培训大摸底大排查大整治、清洁厨房等行动；落实食品生产企业“三标”（亮标承诺、对标生产、核标出厂）管理、农贸批发市场“五项制度”（驻场监管制度、“互联网+快检”制度、定量监督抽检制度、扫码追溯制度、半年检查制度）、风险会商等制度，推进“山东食链”注册上

2022年12月19日，市市场监管部门开展特种设备安全检查。图为工作人员在泰山国际会展中心实地检查 （彭 姝 供）

2022年10月20日，市市场监管局开展药品经营使用环节专项检查。图为工作人员在泰安湫玉平民大药房有限公司财源店检查 （彭 姝 供）

链和“互联网+明厨亮灶”建设，深化食安、农安、公安“三安联动”；推进11项食品安全放心工程攻坚行动，推行食品安全“红黑榜”公示制度；开展以“共创食安新发展共享美好新生活”为主题的“食品安全宣传周”活动，确保“舌尖上的安全”。市市场监管局在全省市场监管系统食品安全工作视频会上介绍经验做法。

【药品和化妆品安全监管】 2022年，泰安市加强新冠病毒疫苗流通监管，对全市疾控中心和接种单位开展全覆盖监督检查。部署全市药店疫情防控“雷霆行动”，压实药店主体责任、部门监管责任。推进全市药品安全专项整治，组织开展全市药品经营使用环节专项检查、药械使用单位专项检查、药械化安全风险隐患排查化解、网络市场监管专项行动、化妆品“线上净网 线下清源”专项行动，严厉打击利用网络非法经营等违法行为。在全市基层医疗机构开展“规范化药房”建设，探索形成“六有六统一”（有人员、有制度、有场所、有设备、有票据、有记录，统一管理制度、统一验收标准、统一药品分类、统一储存要求、统一记录凭证、统一档案管理）模式，得到省监管局肯定并予以推广。化妆品科普宣传周创新性做法受到省药监局通报表扬；在第四届“最美药师”评选活动中，全市获“省级最美药师”称号9人，获评人数列全省第1位，在全省最美药师评选工作推进会议、全省药品监管政策法规工作会议上作典型发言。

【商品交易市场监管】 2022年，泰安市开展泰山石专项治理行动。与全市69家农贸市场开办单位签订《农贸市场开办单位疫情防控责任书》，夯实常态化防控措施。开展泰安城区星级农贸市场创建活动，评选五星级农贸市场1处、四星级农贸市场2处、三星级农贸市场5处，奖励资金80万元。联合市财政局等四部门联合印发《关于促进农贸（农批）市场健康规范发展的意见》，出台助力发展十条意见。9月25日，总投资近1亿元的长城农贸市场开业。

【消费者权益保护】 2022年，泰安市推进放心消费全域创建，明确“五个延伸”（从单一经营个体向经营者集中的区域延伸，从市场监管部门牵头负责的领域向其他部门主管的领域延伸，从流通领域向生产领域延伸，从线下向线上延伸，从城市向农村延伸）目标，全市放心消费创建主体达36.6万家，省、市、县放心消费示范单位1.17万家，发展线下购物无理由退货承诺单位3.4万家、ODR企业3074家，13个案例在全省放心消费创建优秀案例展示推广活动中受到表彰。以消费者协会换届为契机，开展法律云课堂、“3·15”放心消费泰山行、家用汽车4S店消费纠纷先行调处承诺等活动；就电话号码标记问题约谈腾讯、360等软件平台；完善“泰山消费树”未消费预警平台；8个单位完成消协换届工作。入围2022年度“山东最美消费维权人物”候选人名单1人，建成消费维权服务站118个。年内，全市受理处置投诉举报咨询7.07万件，为消费者挽回经济损失280万元；“12345”便民服务热线综合满意率、解决率、过程满意率、回复群众率、按时答复率5项考核均为100%。

【市场监管综合执法】 2022年，泰安市市场监管部门以开展“铁拳”专项行动为抓手，加大食品药品、特种设备和工业产品、认证及检验检测机构、价格领域等执法力度，加强竞争执法，及时查处侵害消费者合法权益违法行为。做好疫情防控常态化执法工作，开展“长江禁捕打非断链”专项行动和野生动物保护违规交易专项执法行动，推进全系统常态化扫黑除恶工作，配合开展“扫黄打非”、禁毒、“守护戎装”以及打击非法集资、走私、电信网络新型犯罪等工作。健全完善效能评议、督导督查、联动协作、全过程监督等机制，加强执法能力建设，提升执法办案工作效能，在全省系统执法稽查工作暨2022年民生领域案件查办“铁拳”行动部署会议上作典型发言。全国案卷评查会议在泰安市召开，1例执法案卷代表省监管局参加全国市场监管系统案卷评查获得第1名，1人获得山东省首届行政执法标兵称号。“一室两系统”入选全省新型智慧城市建设优秀案例。《中华人民共和国反有组织犯罪法》宣讲视频在“灯塔·党建在线”上线播放，被省扫黑办选为全省宣传贯彻《中华人民共和国反有组织犯罪法》专题培训班必学科目；反走私工作在全市工作会议上作典型发言，市市场监管综合执法支队被评为“全市扫黄打非工作表现突出的集体”。

【个体私营经济发展促进】 2022年，泰安市制定市场主体发展工作实施方案、45项集成服务事项菜单、20项为企业办实事举措，帮助解决注册、质量、检测、标准等方面困难问题2600余个。与人民银行、邮储银行开展金融助企活动，组织银企对接会30次，邮储银行小微企业贷款余额42.64亿元。牵头建立全市扶持个体工商户发展联席会议制度，联合14部门开展“个体工商户服务月”活动，全市走访个体工商户3000余户，帮助个体工商户解决融资、注册等方面问题200余件。健全“个转企”培育库，做好转企帮扶。深化个私党建工作，全市建立党建指导站106个，指导企业党组织开展“一支部一品牌”创建。开展外卖行业党建工作，泰山区成立全省首家外卖行业党委，实施“泰山红骑先锋”工程，开展丰富多彩的暖“新”服务活动，外卖行业党建走在全省前列。至年底，全市实有民营市场主体达5.75万户，增长6.41%。其中，私营企业总数达15.41万户，增长8.95%；个体工商户总数达40.91万户，增长5.61%；农民专业合作社总数达1.18万户，增长1.86%。全市4名个体工商户被推荐为全国先进个体工商户。全省小微企业活跃度跟踪调查座谈会、全省个体私营企业党建品牌创建暨外卖行业党建现场会在泰安召开。（张　军）

知识产权保护

【概况】 2022年，泰安市实施知识产权强市战略，印发《泰安市“十四五”知识产权保护和运用规划》，召开全市知识产权保护大会。“创新‘四改’知识产权工作机制 赋能经济高质量发展”获首届泰安工作创新奖；泰安在全省知识产权保护检查评议中获评优秀等次；“山东泰安建立行政裁决三级联动处置机制”入选国家知识产权局、司法部典型经验做法并向全国推介。

【专利保护】 2022年，全市专利授权量1.10万件，增长13.03%，其中发明专利授权量997件，增长18.83%；全市PCT国际专利申请14件。至年底，全市发明专利拥有量3863件，增长24.57%；每万人口发明专利拥有量达7.06件，较上年年底提高1.39件。探索建立专利侵权纠纷行政裁决市、县局和基层所三级联动处置机制，及时高效处置专利侵权纠纷。设立国家海外知识产权纠纷应对指导中心山东分中心泰安工作站，指导6家社会组织完成知识产权涉外风险防控体系建设，设立知识产权快速维权工作站7家。

【商标保护】 2022年，全市有效注册商标累计达到7.06万件，增长16.89%；全市新增注册商标1.12万件，中国驰名商标达54件。市市场监管局（知识产权局）开展知识产权保护专项行动、“铁拳”行动、打击商标恶意抢注行为等行动，保护商标专用权人合法权益。

【地理标志产品保护】 2022年，全市新增地理标志商标2件，累计拥有地理标志商标57件。市市场监管局（知识产权局）组织开展地理标志保护专项行动。10家地理标志使用企业被国家知识产权局授权使用地理标志专用标志。“泰山茶”“楼德煎饼”“龙廷丹参”“肥城（桃）”入选山东省重点地理标志保护清单。

【知识产权运用】 2022年，泰安市承办2022年全省第二批知识产权运营成果（农业领域）新闻通气会。开展首届泰安市新旧动能转换高价值培育大赛，评出一等奖2项、二等奖3项、三等奖4项、优胜奖5项，推荐优秀企业参加省新旧动能转换高价值专利培育大赛。评选出2021年度泰安市专利奖获奖项目22项，其中一等奖5项、二等奖7项、三等奖10项。山东鲁普科技有限公司“用于航空灭火的滑降绳索及制备方法”获中国专利奖优秀奖；山东农业大学“一种新型可控生物降解农用地膜”获山东省专利奖二等奖；力博重工科技股份有限公司“轨道式带式输送机”、石横特钢集团有限公司“一种高韧性角钢的生产工艺方法”、山东中玻节能环保发展有限公司“工业烟气净化脱硫脱硝一体化装置及其工作方法”和山东润德生物科技有限公司“一种高效合成乙酰氨基葡萄糖的重组枯草芽孢杆菌”4个项目获山东省专利奖三等奖；山东农业大学陈学森教授获得山东省优秀发明家称号。泰安高新技术产业开发区、力博工业技术研究院（山东）有限公司入选山东省市场监管局第二批专利技术转移转化试点项目，泰安华鲁锻压机床有限公司入选专利转化专项计划项目。被列入省级专利导航项目5个，开展市级专利导航项目8项。推动专利保险相关业务开展，山东路德工程材料有限公司被认定为国家知识产权示范企业，实现零的突破；新评定国家知识产权优势企业7家，累计拥有国家知识产权优势企业27家；新评定山东省知识产权优势企业25家。泰山区入选首批国家知识产权强县建设试点县；泰安市知识产权协会被确定为首批山东省专利导航服务基地。开展知识产权质押融资“入园惠企”行动，全市共完成专利权质押融资170项，增长75.26%；质押金额13.13亿元，同比增长50.94%。

【知识产权服务】 2022年，泰安市争取全市高端装备、智能制造、新能源、生物医药等重点产业领域一批专利申请纳入全省专利优先审查快速通道。依托省知识产权保护中心专利预审直通机制，指导服务全市136家企事业单位成功备案，预审合格发明专利申请108件，已授权发明专利56件，授权周期大幅压缩。印发《知识产权赋能新型工业化发展实施方案》，开展知识产权赋能高质量发展“四大攻坚行动”。召开知识产权赋能产业链发展暨培训会议，邀请32家金融机构和30家产业链企业参加，与12家银行签订“知识产权赋能产业发展”战略合作协议。组建“知识产权赋能企业发展巡讲服务团”，深入各县（市、区）、重点企业开展现场巡讲服务，培训企业300余家。承担“推动企业变更登记与商标变更申请同步受理”揭榜挂帅任务，实现市级企业变更登记与商标变更申请同步受理。山东农业大学入选2022年国家知识产权公共信息服务网点名单，为全省两个被批准的公共信息服务网点之一。

【知识产权宣传】 2022年，泰安市知识产权局联合市委党校举办“知识产权与国家安全”线上专题讲座，对党政机关领导干部、国有企业负责人等进行知识产权保护培训。开展知识产权服务直通车“进六区”（县区、园区、厂区、校区、展区、社区）活动，实现“四个直通”（知识产权培训、政策宣讲、信息服务、维权援助）。开展“4·26”世界知识产权日宣传活动，召开新闻发布会，统筹传统媒体与新媒体、线上与线下资源，扩大知识产权工作影响力。《中国市场监管报》《中国知识产权报》多次刊发泰安知识产权工作经验做法。《融入式宣传知识产权 大力培育创新文化》案例，获首届全市宣传思想文化工作创新项目创新奖。（张 军）

【版权保护】 2022年，泰安市加大著作权登记工作力度，截至12月31日，全市著作权登记发送证书5138张。推进软件正版化工作，开展版权宣传周活动，参加全省软件正版化和著作权作品登记工作培训；举办全市软件正版化培训工作会议，安排部署全市软件正版化工作，委托第三方对16家市直机关、事业单位、国有企业抽查检查，迎接国家、省里的抽查。核验审核出版物发行单位786家、印刷企业405家，期刊出版单位4家、记者证752本。组织专家每月对全市报纸期刊及新媒体进行审读，形成审读报告。开展新闻出版统计工作，组织新闻采编人员资格培训考试。

（刘姗姗）

信用体系建设

【信用制度建设】 2022年，泰安市聚焦解决中小微企业信用信息分散、共享渠道不畅、信用贷款占比偏低等问题，8月29日印发《泰安市人民政府办公室关于推进信用信息大数据应用支持中小微企业融资发展的实施意见》，立足泰安实际，从平台建设、信息归集、创新应用、风险防范等方面提出8项具体措施，为破解银企“信息不对称”，缓解中小微企业和个体工商户融资难题提供信用解决方案。

【信用大数据建设】 2022年，泰安市完成公共信用信息平台网站省市一体化建设任务，建立意识形态工作责任制，通过等保三级测评。市公共信用信息平台归集数据总量由年初的2.3亿条跃升至8.21亿条，其中“双公示”信息148万条，上报率、合规率、及时率居全国前列。“信用中国（山东泰安）”网站全年累计发稿2816条，其中被上级网站“信用中国（山东）”采稿1341条，居全省第2位。“信用泰安”微信公众号累计编发60期454条，其中被上级平台“信用山东”采稿24条，居全省第4位。

【诚信政府建设】 2022年，泰安市健全完善常态化府院联动信息共享、政务失信集中整治工作机制，推动实现失信政府机构治理三个动态清零，其中政府及政府机构被列为失信被执行人现象连续4年动态清零，省对市高质量发展综合考核单项指标长期满分。开展政府机构及公职人员公开承诺活动，累计归集承诺信息5.6万条。泰安市以“信用+”工程助推法治建设典型做法由省委依法治省办公室《法治工作简报》刊发推介。

【信用典型城市创建】 2022年，泰安市落实“强基础、补短板、谋发展、求突破”原则，着力整合、挖掘信用信息大数据资源优势，推进全市信用建设制度创新、应用创新、服务创新，以智慧信用赋能、释放改革红利，全市社会信用体系建设工作能力水平，各类信用主体及市民群众的获得感、满意度不断提升。1月19日，山东省社会信用体系建设领导小组办公室正式公布山东省社会信用体系建设典型城市名单，泰安市市本级及岱岳区成功创建为山东省第三批社会信用体系建设典型城市。

【信用监管】 2022年，泰安市建立完善事前信用核查和信用承诺、事中信用评价和分级分类、事后联合奖惩和信用修复全流程信用监管机制，构建“信用+监管”新型监管模式，推动实现监管资源优化和流程再造，提升市场监管绩效。信用监管措施已累计覆盖40个监管领域，其中泰安市“借信用手段助力根治欠薪工作”典型经验入选中国城市信用建设十大成就。（李 隆）

【建筑市场信用管理】 2022年，泰安市住房城乡建设部门按照《泰安市建筑施工企业、监理企业和预拌混凝土企业信用评价管理办法》规定，对2021年度的信用评价结果进行公示。全市有建筑施工企业95家、监理企业17家、商品混凝土企业9家参加评价，评出AAA级建筑施工企业10家、AAA级监理企业2家、AAA级预拌混凝土企业1家、“黑名单”企业2家。被评为AAA级的企业将享受有关激励和扶持措施；被列入“黑名单”的企业在市场准入、招标投标、资质资格等方面采取约束和惩戒措施，不得作为评优表彰、政策试点和项目扶持对象。（李燕 姜敏）

编辑 校对 王 巍

综　述

【数字经济规模】　2022年，泰安市数字经济核心产业企业83家，实现增加值79.8亿元，增长96.48%，增加值占GDP的比重为2.49%。53家数字经济规模以上企业固定资产投资22.4亿元，完成年度任务的203%。全年共策划项目174个、签约项目52个、新开工项目58个，其中15个项目被列为省级数字经济重点项目。泰安市入选"中国数字经济城市发展百强榜"，数字产业聚集度指数全省排名第4。

【数字经济发展政策】　2022年9月21日，泰安市数字经济产业链专班根据招商引资、项目建设、园区发展、平台经济等产业发展情况，联合13个部门，制定《泰安市支持数字经济发展的若干措施》，涵盖园区、平台、数字赋能等5大类15项专项支持措施，精准服务企业发展和项目建设。6个县（市、区）结合实际，出台加快推进新型工业化建设、支持工业经济、数字经济和园区建设等政策措施。

【数字经济规划引领】　2022年11月份至年底，为贯彻落实好《市数字经济产业链产业图谱暨2022—2025行动计划》，数字经济产业链专班会同市工信局围绕数字经济产业规模质效、产业体系建设、企业梯次培育以及产业集聚化发展等目标，编制《泰安市数字经济发展三年行动方案（2023—2025年）》，明确产业发展重点、目标任务、保障措施。经意见征集、企业座谈、专家论证，形成《泰安市数字经济发展三年行动方案（2023—2025年）（修订稿）》。

【"数字经济云服务平台"建设】　2022年6月9日，数字经济产业链专班围绕政策直通、工作动态、通知公告、区县之窗、信息报送、会议连线、商会(协会)等功能，开发建设"数字经济云服务平台"。7月29日，平台正式上线，展现数字经济发展成效、产业链和商会（协会）工作开展情况，宣传先进经验和做法，增进政企、商会（协会）间的沟通联络，建立为企服务直通车。平台分类汇集国家、省级和市级最新行业发展和惠企政策77条、权威解读52条，打造政策"一站式"发布平台。"政策解读"便于企业快速、精准查找政策内容，确保企业"看得懂、用得上"。通过属性设置，实现"一对一"个性化信息精准推送。　（张　静）

数字基础设施建设

【基础信息网络】　2022年年末，泰安市累计建成开通5G基站1.04万个（宏站和微站），所有城区、行政村实现光纤全覆盖，城乡家庭互联网接入能力基本达到100兆宽带（Mbps）。万兆光源光网络（10G-PON）端口指标等累计建设光纤到户（FTTH）端口71.68万个。用户规模不断壮大，固定宽带接入用户数达92.5万户，增速居全省前列。扩大千兆光网覆盖范围，在用数据中心3个，设计机架463个，投入使用190个，注册物联终端总数

2022年9月27日，泰山风景名胜区"无证明景区"上线启用仪式举行
（张 静 供）

470.3万个，农村地区百兆光网接入率100%。

【光纤宽带网络设施】 2022年年末，泰安市城市家庭总数118.16万户，其中基础通信运营企业千兆接入能力覆盖家庭数118.16万户，占比100%。城市地区PON端口总数10.23万个，其中城市地区电信运营企业10G-PON端口总数4.03万个，占比39.39%。固定宽带用户达154.79万户，其中500Mbps以上宽带用户44.99万户，占比29.07%。

【5G基站建设】 截至2022年年底，泰安市确定的重要交通枢纽、医院、学校、旅游景区及城市文旅消费场所、交通干线、城市主要道路、商务楼宇和产业园区等167个重点场所，已全部进行5G网络覆盖，占比100%。泰安市常住人口349.8万人，已建设5G基站1.04万个（宏站和微站），实现主城区及县城城区连续覆盖。移动宽带用户规模为545万户，其中5G用户数达210.85万户，占比38.69%。

【网络运营维护】 2022年，泰安市开展维护提升专项行动，重点加强高等级站址保障。年内，退服率0.28%，平均退服时长0.07分钟。完成中共二十大、北京冬奥会、北京冬残奥会、泰山国际登山节、8次节假日、7次恶劣天气等重大活动和突发事件应急通信保障工作。推进问题基站整改，梳理汇总转改直、电费压降、场租续签等难点问题，形成“四个问题清单”。通过召开协调会、部门联动、现场办公等形式，协调解决一批“四个清单”问题基站整改。加大5G通信基础设施安全保护社会宣传力度。“5·17”世界电信日期间，设立集中宣传点53处，制作条幅、标语200余个，发放宣传单2.7万份，接受群众咨询560人次。 （张道生）

【数字政府基础支撑】 2022年，泰安市提升电子政务外网服务能力，市级公共服务域市县链路由2G扩容至4G、互联网统一出口由3G扩容至5G。实施政务网络“一网多平面”升级工程，构建全域覆盖、多业务融合统一政务网络。提升政务云支撑能力，推进高阶云原生服务能力交付使用。为数字强市建设提供系统支撑，全市46家市直部门、6个县（市、区）和泰安高新区209个业务系统在华为云运行。加强安全预警能力建设，为所有上云业务系统提供主机安全等基础云安全服务，部署安全态势感知平台。提升跨网数据交换安全防护能力，建设网络边界接入平台。推动数据安全体系建设，完善一体化大数据平台数据安全防护和数据全流程监管能力。

（张 静）

2022年8月11日，泰安市大数据中心组织开展大数据进社区志愿服务活动。图为中心全体人员、媒体代表及泰安市小记者团部分小记者共同走进社区，体验“掌上办”和一部手机“走”泰安的便利 （张 静 供）

数字产业化

【计算机、通信和其他电子设备制造业】 2022年，全市规模以上计算机、通信和其他电子设备制造业企业16家，实现营业收入99.3亿元，增长149%。其中，山东瑞福锂业有限公司、山东泰普锂业科技有限公司、泰丰先行（泰安）科技有限公司等锂电池原材料企业营业收入增长迅速。产业重点项目顺利推进，完成年度建设任务。其中，鸿锦盛电子科技（山东）有限公司年产360万平方米多层高精度线路板项目、泰安泰明电子科技有限公司软硬板SMT贴片及消费类电子产品成品项目、山东天成智佳电子设备有限公司智能AI产业园等项目一期均已完成计划投资，实现竣工投产。

【软件和信息技术服务业】 2022年，全市规模以上软件和信息技术服务业企业15家，实现营业收入48.8亿元，增长15.2%。涌现出浪潮软件股份有限公司、泰山信息科技有限公司、山东蓝光软件有限公司等一批具备行业竞争力与成长性的科技企业，初步形成具有泰安特色的行业生态体系。其中，浪潮软件股份有限公司成长为国内领先的智慧政府供应商和服务商；泰盈科技集团股份有限公司发展为全国领先的数字中后台综合管理服务提供商；山东众志电子有限公司擅长信息系统集成、云计算服务和智慧城市建设；山东蓝光软件有限公司可为用户提供全套智慧矿山软件产品。

【软件产品开发】 2022年，众志电子有限公司“众志万家祥云智慧社区软件V1.0”等13个软件产品入选第六批山东省首版次高端软件名单，东艺数字科技有限公司“V-SIGHT虚拟仿真实训基地”等2个解决方案入选山东省虚拟现实领域优秀解决方案，浪潮软件股份有限公司等5家企业入选山东省软件工程技术中心名单。

【数字产业园区】 2022年，产业链专班打造“一区两谷三园”［数字泰安（新泰）科创新区，泰山数谷、神农智谷，数字科技产业园、征途数字科技产业园、岱岳大数据产业园］，推进规划引领、数字转型、协同发展、金融扶持、人才招引、园区建设、梯队构建、上市培育8大突破行动，优化发展高端智慧软件业，链式发展电子信息制造业，将数字经济产业打造为构筑泰安市竞争优势主引擎。

【服务企业】 2022年，产业链专班开展“我为企业办实事”活动，解决企业困难和问题，满足发展需求。开展解决企业问题“回头看”活动，现场调研泰安高新区山东东艺数字科技有限公司、泰安协同软件有限公司等企业8家，了解企业发展、项目引进建设方面存在的实际困难，调度发现问题解决情况。开发“数字经济云服务平台”，搭建“数字经济服务直通车”，增进专班、县（市、区）和企业间联系互通。调研企业52家，分片召开企业座谈会60次，收集、归纳11类问题92个，建立问题台账，指派专人跟进，实行销号管理。

泰盈科技集团股份有限公司、山东征途信息科技股份有限公司列为2022年全市上市“种子企业”；年末，泰盈科技已通过证监会问询。新增国家“专精特新”企业2家［山东融通电子科技有限公司、尤洛卡（山东）矿业科技有限公司］、省级“专精特新”企业5家［泰山信息科技有限公司、山东蓝光软件有限公司、山东鸣迅智能科技有限公司、尤洛卡（山东）矿业科技有限公司、山东汇氏环境科技集团有限公司］。尤洛卡（山东）矿业科技有限公司、山东思科赛德矿业安全工程有限公司评选为省级制造业单项冠军，山东四维卓识信息技术有限公司、山东思科赛德矿业安全工程有限公司入选省级“瞪羚”企业。

【首届“泰山数字发展论坛”】 2022年7月29日上午，泰安市举办首届“泰山数字发展论坛”。论坛现场，举行泰安市人民政府与天道金科股份有限公司战略合作签约仪式，聘请任军霞、展钰堡担任泰安市政府顾问。签约仪式后，天道金科股份有限公司总裁任军霞，国家信息中心数字中国研究院副院长、北京国信中数投资公司总经理展钰堡分别作“以产业数字化助力数字经济高质量发展”和“当泰山遇到元宇宙”主题讲座，从指导思想、改革历程、改革成果、典型案例等方面介绍浙江省数字化改革经验，为泰安市数字经济高质量发展提供借鉴和指导。

2022年7月29日，泰安市“泰山数字发展论坛”在市政大楼举办 （杨 琼 供）

【泰山数字经济工匠学院】 参见《群众团体·泰安市总工会》

【重点企业】 浪潮软件股份有限公司 设立于1994年11月7日，1996年9月23日在上海证券交易所挂牌上市，注册资本3.24亿元。公司注册地为泰安市，是泰安市唯一国家规划布局内重点软件企业、市级重点税源企业。2001年至2022年，累计实现收入近165亿元，税收超6亿元。为国内领先智慧政府供应商和服务商、省内软件行业领军企业、山东省重点高新技术企业，山东省SOA软件技术重点实验室、山东省优秀软件企业、中国软件行业协会副理事长单位、中国电子政务理事会副理事长单位、首批“中国软件和信息服务业企业信用评价AAA级信用企业”。

泰山信息科技有限公司 公司致力于将连接、计算、数据、AI等新一代信息技术深度融合到行业应用，向各领域输出核心能力。获批建设山东省院士工作站、山东省工程技术研究中心、山东省一企一技术研究中心、山东省大数据实践基地、山东省科普教育基地等省级创新平台；被认定为国家级高新技术企业、“双软”企业；被列为山东省新旧动能转换优选项目、山东省“双招双引”重点项目、山东省重大创新工程厅市联合项目等省部级项目。申请发明专利12项，软件著作权143项，参与制定中国《办公软件技术产业发展白皮书》《办公软件应用编程接口标准》等行业规范。

山东众志电子有限公司 2022年，公司实现收入超3亿元，实际上缴税金1000余万元。获得专利72项（其中发明专利3项）、软件著作权154项。产品主要包含云服务、行业云平台，是泰安市大数据服务商、信息化综合解决方案提供商和区域云计算运营服务商、智慧城市建设运营商龙头企业。承建泰安市云计算中心，公司云服务产品地市级行业内市场占有率90%以上；依托云计算中心承建运营的行业云平台市场地市级占有率80%以上。 （杨 琼 朱玉祥）

产业数字化

【概况】 2022年，泰安市开展工业互联网平台培育工程，储备市级工业互联网平台5家，新入选省级工业互联网平台3家、培育园区1家，入选国家级工业互联网试点示范项目1个。举办全省首场工业互联网标识解析二级节点培育推进会议，推动二级节点建设。（朱玉祥）

【数字“三农”建设】 2022年，泰安市推进信息进村入户工程建设，全市累计建成益农信息社3449个，其中中心站6个、标准站362个、专业站472个、简易站2609个，各县（市、区）、功能区完成县级验收和市级复核。推进智慧农业发展，成立泰安市智慧农业协会，申请登记会员62家。认定泰安市汶粮农作物专业合作社等11家公司（合作社）为2022年度省级备案智慧农业应用基地，全市省级备案智慧农业基地36家。开展农业农村信息化能力监测工作，填报全国农业农村信息化能力监测填报系统，获农业农村部2022全国县域农业农村信息化发展水平评价工作先进个人1人。开展政务信息资源交换共享平台数据共享工作，完成数据资源供给，对照省直部门数据资源目录，梳理行政服务事项400余条。（王纬洋）

【工业数字化】 2022年，泰安市工业企业关键业务环节全面数字化率达70.5%，列全省第6位。企业数字化设备联网率59.9%，列全省第7位。泰安市排名“2022中国数字经济城市发展百强榜”第82，泰安市数字产业集聚度居山东数字经济发展活跃度指数榜单第4位。

【服务业数字化】 2022年，泰安市坚持以数字化赋能文旅业高质量发展，做好“慧游泰山”智慧文旅平台，建设泰安市非物质文化遗产馆，开设公共文化云平台智慧空间体验区，推进公共文化服务数字化。泰山“无证明智慧景区”被评为全国“2022智慧旅游创新项目”，中华优秀传统文化大数据产业化基地项目入选“中华传统文化大数据工程”和中国出版集团“中华国学资源总库”。推进电商产业发展，与阿里巴巴、亚马逊等跨境电商平台开展合作，引导传统贸易企业“触网”发展跨境电商，获批国家级跨境电子商务综合试验区。深化先进制造业与现代服务业相融合，争取中央预算内资金1505万元，支持山东路德新材料股份有限公司两业融合项目建设。鲁普耐特集团有限公司和山东瑞福锂业有限公司2家公司入选第三批省级先进制造业和现代服务业融合发展试点企业，总数达3家。（李 隆）

2022年，浪潮软件股份有限公司突破15项关键技术，轻量级高并发的技术架构、物流线路优化等4项技术达到国内领先。图为公司大厅（杨 琼 供）

【工业化和信息化融合】 2022年，全市“两化”融合发展指数达75。入选省级新一代信息技术与制造业融合发展试点示范项目21个，居全省第3位，入选国家级新一代信息技术与制造业融合发展试点示范项目1个，新增“两化”融合获证企业9家。

【“工赋山东”专项行动肥城现场会】 2022年7月27日召开，主要内容是推动工业互联网赋能制造业高质量发展，在全省范围内推广工业互联网“肥城经验”。近年间，肥城市落实“工赋山东”专项行动，坚持超前谋划、高点定位，与华为公司深度合作，推进企业数字化转型，打造新型工业化建设先行区，形成“政府主导、华为主推、企业主为”的工业互联网“肥城模式”。投资2亿元建成全省首个县域工业互联网创新中心，服务企业40家，成为全省工业互联网的重要节点；设立不低于5000万元专项资金，推进工业互联网部署应用。年末，肥城市化工产业园成功创建省级成长型数字经济园区，石横特钢智能配煤项目入选工信部工业互联网平台创新领航应用案例，索力得焊材入选首批省级数字化车间，工业互联网创新中心获评全省唯一国家级边缘数据中心。

【宁阳（华为）赋能中心项目签约仪式】 2022年6月16日举行签约仪式。该项目由宁阳县政府与华为云计算技术有限公司、华网（宁阳）数字科技有限公司合作建设，集搭建集数字化转型服务、宁阳城市介绍、文化旅游推广、特色产品展销等多项功能于一体。年内，数字宁阳（华为）赋能中心围绕着由生产环节和生产要素构成的“研、产、供、销、服”和“人、机、料、法、环”的数字化转型二维矩阵展开工作；基于华为云“一切皆服务”的理念，沿着由点及线到面的工业互联网建设路径，为宁阳县工业企业数字化转型赋能，助力宁阳工业经济发展。（朱玉祥）

2022年，泰山数谷先行区着力在泰安城区东部打造以数字经济为主导，涵盖教育装备、智慧康养、软件开发、智能制造、数字矿山等业态的数字经济集聚区。图为泰山信息科技有限公司外景 （杨 琼 供）

数字化公共服务

【概况】 2022年，泰安市贯彻落实习近平总书记关于网络强国、数字中国、智慧社会重要论述，以数字赋能高质量发展为主题，推进数字化转型，建设数字强市。以数字化转型驱动生产方式、生活方式和治理方式变革成效显著，数字基础设施、数字政府、数字社会建设成效明显，数字强市建设成效提升。11月，泰山景区和市大数据中心共同打造的“打通数据壁垒，打造‘无证明智慧景区’”入选“2022智慧旅游创新企业和项目”；市大数据中心与市人力资源和社会保障局组织开发“泰安市安薪泰山智慧监管”平台，率先实现与全国一体化在线监管平台互联互通，成为依托全国一体化在线监管平台根治欠薪全国试点单位之一。《大数据筑牢智慧抗疫防线》的工作经验在《人民日报》客户端刊发，《大众日报》、“齐鲁网”分别刊发《全面打造“智慧之城”的数字赋能城市发展》《泰安为城市装上智慧大脑》的先进做法。

【数据资源共享利用】 2022年，泰安市改造提升市一体化大数据平台，建设县级平台节点，泰山区、新泰市、东平县入选山东省首批建设试点。加大数据归集力度，完成全市业务系统数据对接211个，梳理数据资源目录3.41万条，归集84个单位数据32.6亿条。梳理重点应用场景，释放公共数据社会价值和市场价值。疫情防控期间，创新开启“云、网、数”工作模式，构筑疫情防控“数据防线”，开发完成“泰安市疫情防控信息化平台”“入泰返泰报备”等多个使用系统，通过大数据赋能，提高流调溯源能力和防疫工作效率，累计对全市疫情指挥有关部门提供数据查询比对服务上亿次，核准信息百万条。

【数字机关建设】 2022年，泰安市推进“一网协同”，依托“山东通”平台，围绕机关办文、办会、办事，推动机关运行标准化、数字化、协同化。开展“山东通”协同办公平台泰安市启用工作，推进各级各部门单位自建系统与新版“山东通”集成对接，推进全市各级党政机关、参公事业单位及全体在编在岗工作人员注册、激活、使用。“山东通”平台累计注册4.39万人，激活率100%，实现各级党政机关和参公事业单位“一人一号”。推进部门核心业务数字化工作，建设“泰安市数字机关运行服务平台”，为“线下办”事项搭建“线上办”流程363个，实现市级部门核心业务事项“线上办”。

【新型智慧城市建设】 2022年，泰安市建设“城市大脑”，以“一网统揽综合慧治平台”为载体，接入业务系统110个，建设完成领域业务“一张图”18个，综合展示全市各行业各领域整体运行情况。强化试点创建，印发《泰安市新型智慧城市建设试点工作推进方案》，推动落实各有关单位落实建设指标任务，推进四星级新型智慧城市建设。推进智慧社区建设，挖掘提炼各级各部门试点做法、典型成果及经验做法，形成上报特色案例416个，其中泰山区智慧社区综合管理平台获得第二届中国新型智慧城市创新应用大赛“智胜奖”（一等奖）。加快“无证明城市”建设，建设全市统一电子证照证明平台，实现电子证照证明从数据归集、治理、制发到应用全生命周期管理，制发电子证照证明400余类。赋能经济社会发展，让“数据跑路”代替“群众跑腿”，开展社会化场景应用，形成文化旅游、社会保障、健康医疗等多个跨部门数据共享应用典型案例，其中泰山景区“无证明景区”建设入选“2022智慧旅游创新项目”，被全省推广。 （张 静）

【智慧政务建设】 2022年，泰安市打造“泰好办·一网通办”一体化智慧政务服务平台2.0升级版。升级智能内部管理系统，推进三维可视化管理考核，实现可视化监管和智能化考评；实时监测厅内、厅外信息化设备，第一时间发现并解决设备故障。助力群众办事“泰好找”，扩面开发办事体验系统，开发VR导航系统、多媒体查询系统、智能问答系统。助力群众办事“泰快捷”，建设“小美导办”系统，整合视频连线、在线帮办、智能客服功能，实现工程项目审批事项全流程、全链条系统共享43个，达成“双百”（审批事项结果文书100%电子化和审批事项证照复用100%免提交）目标。助力群众办事“泰省事”，推动“泰好办”自助服务终端千余项事项与建设银行44个网点、131台智慧柜员机进行功能对接。打造主动服务系统，实施“无感审批”，通过系统智能筛选、智能提醒，落实优惠政策“免申即享”，实现12类、113项资质类许可人员信息“不见面无感核验”。推动公路超限运输许可全程网办，保障全市产业链、供应链物流畅通。（于 铖）

【智慧人社】 2022年，泰安市完成社保卡持卡520.62万张，电子社保卡签发475.45万人。深化社保卡“一卡通”应用，泰安市教育、民政、退役军人、工会等领域的163个单位通过社保卡“一卡通”平台发放惠民惠农补贴243项，累计13.3亿元，惠及217万人次。拓宽“12333”电话柜员受理民生服务事项范围，开展“12333”咨询服务数字化帮办，19项业务实现电话办理。“12333”热线电话在山东省政府办公厅抽查考核中居全省前列，“12333”综合接通率全省排名第一，《中国劳动保障报》以《有事我来办，百姓齐点赞》为题报道泰安市做法。在全省率先推行“无证明社保”服务，将97项社保服务事项全部纳入“无证明”服务，实现“数据多跑路、群众少跑腿”。（孟庆涛）

【智慧教育】 2022年，泰安市制定《泰安市智慧校园建设标准和认定工作实施方案》，创建泰安市智慧校园20所。岱岳区教体局被省教育厅批准为省级“智慧教育示范区”创建单位。（洒西川）

【智慧医疗】 2022年，泰安市推进“互联网+医疗健康”深度融合，搭建“泰安健康”惠民便民服务平台。把“泰安健康”微信公众号作为全市居民唯一的服务入口，全市各级公立医疗机构实现一卡通用，患者通过“泰安健康”微信公众号申领电子健康卡，用手机可以实现预约挂号、门诊缴费、智能导医、押金补缴、查看检查报告、费用清单等功能，有效解决患者就诊中“三长一短”（挂号、就诊、缴费排队时间长，看病时间短）等问题。市卫生健康委加强“智慧医院”建设，全面推开预约诊疗服务，改善患者就医体验，三级医疗机构预约就诊率达75%以上；开展京津冀鲁区域检验结果互认，推进医学检验工作标准化、同质化、科学化。加强医院互联网诊疗平台建设，规范设置13家互联网医院开展互联网诊疗服务，促进优质医疗资源普惠共享。（李先虎 宋洪孟）

通信业

【中国移动通信集团山东有限公司泰安分公司】 2022年，公司连续21年保持“省级文明单位”称号，获得“机关党建先进单位”“山东省女职工建功立业标兵岗”等称号，获得“山东省五一劳动奖章”1人，获得“泰山最美职工”称号1人，获得“市级女职工先进集体”称号集体1个。移动用户超360万户，其中5G网络客户超99万户，物联网连接数超285万户。推进5G融入千行百业，在医疗、工业能源等领域，打造泰安市一网统揽综合慧治平台、泰安市中心医院5G智慧医院、东平盛鑫铁矿5G智慧矿山等标杆项目14个，获得第五届绽放杯山东区域赛二等奖1个、优秀奖2个。推进新型基础设施建设，承担全市一半以上5G基站建设任务，对上争取投资1.68亿元，新建5G基站（含室分）1738个、4G网扩容小区3408个，5G基站累计5430个，实现城区深度覆盖，100%乡镇驻地、重点行政村有效覆盖及泰山景区、高速高铁沿线连续覆盖。开展全千兆建设，建成光纤宽带接入小区、村庄超过9000个，宽带累计用户突破100万户，其中千兆宽带突破17.8万户。落实提速降费、携号转网、网络安全等电信服务工作要求，加大数字惠民力度，优化“通信行程卡”服务，推进“银发服务”便捷举措。增强民生服务能力，开展“让客户最多跑一次”行动，推出跨域服务、线上服务，拓展掌厅服务能力，推广“一键码上服务”。履行驻泰安央企责任，服务经济社会发展大局。完成中共二十大、重大项目集中开工、泰安市“两会”、第三十六届泰山国际登山节等重大活动网络和网信安全保障任务，实现网络通信保障“三个零”（零重大网络故障、零重大安全事件、零重要客户投诉）目标。打击治理电信网络诈骗，开展“断卡”“安心”行动，完善涉诈预警监控体系，强化警企合作。2022年，协助公安机关查获GOIP窝点9个，抓获犯罪嫌疑人24人，涉案金额60万元。赋能乡村振兴，累计建成数字乡村1800余处，获得“山东移动乡村振兴先进个人”称号1人。（许 利）

【中国联合网络通信有限公司泰安市分公司】 2022年，企业坚持“数字信息基础设施运营服务国家队、网络强国数字中国智慧社会建设主力军、数字技术融合创新排头兵”定位，发展“大连接、大计算、大数据、大应用、大安全”五大主责主业，服务和融入地方经济社会发展，以数字技术为千行百业赋能赋智赋值，助力数字政府、智慧社会和新型工业化强市建设。拥有固定资产35亿元，服务各类在网用户500万户。引进各类人才40人，间接贡献社会就业岗位2万个。保持“省级文明单位”称号，获得“全国精神文明建设工作先进单位”“全国五一劳动奖状”“全国诚信维权单位”“全国巾帼示范岗”“全国青年文明号”“全国工人先锋号”等荣誉。实现市区及各县（市、区）城区5G基站连续覆盖，重点场所5G网络通达率100%。建成首个5G载波聚合基站，下载速率超行业平均值2倍。提升农村地区网络覆盖水平，投资4000万元建设900M低频网基站，城域网出口带宽1600G，IDC出口带宽1200G，光纤用户端口142万个。全市行政村以上光纤通达率100%，城市千兆端口率先超过工信部千兆城市验收指标。服务新型工业化强市建设，助力高新区管委会对区内企业进行智能诊断，为企业智能化改造扶持政策提供决策支撑。承建泰安首个县级智慧公路系统——肥城农村公路智慧系统项目；承建水泥行业首个5G自动驾驶项目——中联水泥“5G+智慧矿山”项目，分别获得工业和信息化部“绽放杯”5G应用大赛专题赛一等奖和二等奖。助力疫情防控，为全市提供扫码测温设备1300台；保障疫情防控会议近百场，发送疫情防控短信1000万条；承建全市首个全光网方舱医院；为全市240所学校3200名教师提供宽带免费提速服务，为500名抗疫人员开通免停和话费优惠服务。履行社会责任，累计为2489个行政村部署数字乡村平台，覆盖率超70%，王林坡村数字乡村被评为“山东联通首批数字乡村示范点”。累计投入5000万元，迁改整治通信线路3546千米，完成935个老旧小区通信线路改造。承建综治信息平台，为社会治理提供数据支持；承建“山东通”平台，为776家市、县级单位提供统一办公平台服务。落实工业和信息化部“断卡行动2.0”，对高风险用户进行强制二次实人认证，关停涉诈号码1.8万个，骚扰电话9782个。推进“打猫行动”，协助公安系统破获诈骗案件。（丛绍芬）

2022年11月12日，维护工作人员在新泰市楼德基站进行铁塔维修紧固

（李鑫 供）

【中国电信股份有限公司泰安分公司】 2022年，推动泰安市智慧城市发展，与山东众志电子有限公司、泰山文化旅游集团签订战略合作协议。提升移动网覆盖深度，夯实网络质量，完成各项重点任务。排查影响网络质量和运行安全隐患，重点针对汇聚交换机通路由、OLT但路由等网络薄弱地带开展专项优化。实现泰安市主要区域5G信号覆盖优化。制定乡村服务工作规划，有线宽带网农村区域累计投资162.6万元，覆盖居民1.51万户，完成3个批次5G网络项目建设，农村区域建设5G基站118个，实现重点村庄驻地及主要道路5G信号连续覆盖；针对农村区域包装优惠套餐产品，惠及用户3000余户；签约数字乡镇平台28个，打造数字乡村示范村260个，累计补贴摄像头费用90万元。落实网络信息安全责任，严厉打击各类诈骗、骚扰电话、垃圾短信彩信，严格落实断卡行动。（刘震）

【中国铁塔股份有限公司泰安市分公司】 2022年，公司聚力推进质效全面提升，坚持稳中求进工作总基调，统筹疫情防控与生产经营，实现公司高质量发展新突破。年内，完成固定资产投资近6亿元，新建开通5G基站3481个，全市累计建设开通5G基站1.04万个，完成市政府制定的3年建成1万个5G基站的目标，实现泰安城区、旅游风景区、县（市、区）核心地段及乡镇驻地、全市重点园区、大型商超、交通道路的5G信号全面覆盖，路测覆盖率达99%；累计建设充电端口数量达1.51万个，端口使用率30.05%，设备在线率98.8%；累计建设汽车充电桩305个、换电柜143个，投入电池4562组；骑手客户达1600人，市场渗透率61.46%。完成北京冬奥会、北京冬残奥会等应急保障工作，共完成8次节假日保障、7次恶劣天气应急保障任务，确保网络运行正常。拓展行业共享，助力数字泰安、智慧泰安建设。推动完成“秸秆禁烧”项目落地；完成“空天地”自然资源智能监管系统项目；连续4年中标泰安市发展改革委重大项目可视化督导服务项目。公司先后获得山东省文明单位、总部科技创新技术进步奖二等奖、山东省大数据创新应用典型场景等24项集体荣誉。（吕聪）

【无线电管理】 2022年，泰安市做好全市无线电频率规划和指配，落实权限内无线电台（站）设置审批和监督检查。依法组织实施无线电管制，做好无线电监测、无线电发射设备检测和有害干扰查处，维护空中电波秩序。组织无线电管理法规宣传工作。全年办结无线电频率、台（站）行政许可93件，查处卫星无线电干扰、公众移动通信干扰等无线电干扰4起，查处“黑广播”15起，排查不明广播信号4个。开展春运、黄河防汛等重大活动无线电安全保障累计监测时长2000余小时，参与各类考试无线电安全保障33次。（朱玉祥）

编辑 校对 王巍

农业

综述

【农业生产】 2022年，泰安市实现农林牧渔业总产值694.1亿元，农林牧渔业增加值385.8亿元，按可比价分别增长5.6%和5.3%，其中农业总产值414亿元、林业总产值12.5亿元、牧业总产值174.1亿元、渔业总产值23.8亿元、农林牧渔服务业总产值69.6亿元。全年粮食播种面积37.27万公顷，总产量258.76万吨，分别增长0.22%、0.59%，单产每亩462.84千克，位列全省第三。全市农村居民人均可支配收入23149元，增长6.3%。

【农业结构调整】 2022年，泰安市实施农业品牌战略，农产品远销欧美、日本、美国、俄罗斯、以色列、加拿大等30多个国家和地区。推动特色农业发展，泰安有机蔬菜种植规模达7333.33公顷，产量34.2万吨，产值11.17亿元，泰安有机蔬菜先后获得国际OCIA、欧盟BCS、日本JONA等国际有机食品权威机构认证。泰山板栗种植面积1.67万公顷，产量5万吨，产值超10亿元，全市有板栗生产加工企业20余家。

【农业重点项目】 2022年，泰安市重点抓好国家级、省级现代农业产业园建设，岱岳区成功申报创建国家级现代农业园（奖补资金7000万元），新评审认定市级现代农业产业园12家，年末全市有市级以上现代农业产业园71家，其中国家级2家、省级5家、市级64家。肥城市被评为2021年农业强县（上级奖补资金1亿元），宁阳县被评为2021年绿色发展先行县（上级奖补资金500万元）。新泰市楼德镇入围国家农业产业强镇创建范围，新评定省级农业产业强镇9个。开展农产品产地冷藏保鲜设施建设，争取中央财政资金2017万元，完成137个设施建设，超额完成省分配的绩效任务。

【绿色农业】 2022年，泰安市大力发展节水农业，推行秸秆还田、增施有机肥、少耕免耕、粮豆轮作等保护措施，促进农业可持续发展。农产品土壤环境质量监测工作顺利开展，现场核查预布设点位的土地利用情况、种植作物情况、周边污染源等情况，全市布设采样点位486个，其中国控监测点11个、省控监测点356个、受污染耕地点位119个；累计采集土壤和农产品样品972个，未发现超标现象，产品全部合格。推进地膜回收利用及监测评估，岱岳区、新泰市开展全生物可降解地膜试验；肥城市建成地膜回收利用企业2家，依托企业建立回收站点24处，年内全市地膜回收率82.9%。做好绿色种养循环项目，肥城市与岱岳区承担试点任务，建立施肥效果监测点50个，安排田间试验10处，确定68家项目服务主体，承担粪肥收集、处理、配送等服务，形成养殖场户、服务主体和种植主体紧密衔接的绿色循环农业发展模式，增加有机肥使用量，减少化肥用量，全年推广粪肥还田利用8400公顷。

【农业保险】 2022年，泰安市农业保险业务共开展4大险类18个险种，实现投保面积48.92万公顷，总保费2.77亿元，其中中央财政补贴9653万元、省级财政补贴7707万元、市级财

2022年6月8日，岱岳区范镇麦子丰收 （陈阳 摄）

政补贴1941万元、县级财政补贴2364万元、农户自筹6090万元。全年总保额68.92亿元，赔付1.47亿元，实现赔付率53.08%。加大财政支持力度，全年安排农业保险保费补贴资金2.09亿元，其中中央级财政资金1亿元、省级财政资金8489万元、市级财政资金2400万元，为全市64.4万户次农户提供风险保障。在全市5个产粮大县实施粮食作物完全成本保险工作，保费由农户自缴20%，剩余部分由各级财政分担。泰安市委、市政府将小麦、玉米完全成本保险列入2022年为民要办的10件实事之一，提出年内实现小麦、玉米参保面积23.33万公顷的任务目标，至年末，全市实际参保面积完成25.89万公顷。建立财政、农业、发改、林业、地方金融监管、畜牧、银保监7个部门共同参与的农业保险联席会议制度，形成工作合力，完善农业保险运行机制，增强农业抵御自然灾害和应对灾害风险能力。

【农业执法】 2022年，泰安市各级农业综合执法机构面向农产品质量安全、农业投入品管理、动物防疫屠宰、渔业渔政管理、农机安全生产等重点监管领域，先后开展以春季农资打假、“三夏”“三秋”安全生产、农产品质量安全、农机渔业安全生产、种子执法监管等为重点的集中整治活动，规范农资市场生产经营秩序，保护农业从业者合法权益。全市农业综合执法机构累计开展执法检查4518人次，检查生产经营场所1927个，查办案件101件，调处违法案件89件，挽回经济损失777万元，罚没50.2万元。 （王纬洋　李纪勇）

种植业

【概况】 2022年，全市粮食播种面积37.27万公顷、每亩单产462.84千克、总产量258.76万吨，其中小麦播种面积16.73万公顷、每亩单产466.8千克、总产量117.15万吨；玉米播种面积17.21万公顷、每亩单产491.2千克、总产量126.81万吨。油料播种面积4.44万公顷、每亩单产277千克、总产量18.46万吨。蔬菜播种面积10.48万公顷、总产量599万吨。

【粮食种植】 2022年，泰安市严格落实抓粮食安全党政同责的要求，市政府印发《关于全力做好2022年粮食生产工作的通知》，把省里下达的粮食播种面积、产量作为约束性指标分解落实到户到人、到主体品种，夯实到地块上，形成上下贯通的抓粮食生产组织保障体系。在春耕备耕、“三夏”生产期间，动员组织服务主体，及时为农户提供“保姆式”生产托管服务，减少农民集中下地的风险，保障春耕和“三夏”生产顺利开展。全市粮食播种面积37.27万公顷，总产258.76万吨，较上年分别增长0.22%、0.59%；每亩单产462.84千克，位列全省第三，比全省平均亩产高21.4千克。全年粮食总产、播种面积、单产均实现增长，粮食总产连续4年保持在250万吨以上。

【油料作物种植】 2022年，泰安市雨水多、土壤墒情较好，利于花生生长，特别是丘陵山区春花生增产明显。全年花生种植面积4.4万公顷，春花生面积较为稳定，夏花生面积有所降低，每亩单产278.2千克，总产18.37万吨。开展大豆玉米复合种植，推广4∶2种植模式（4行大豆2行玉米），全市完成种植面积8240公顷，占计划任务的103%，超计划240公顷；大豆品种主推齐黄34、菏豆12、华豆10等品种，玉米品种主推郑单958、登海系列品种。

【蔬菜种植】 2022年，泰安市蔬菜及食用菌总产量599.0万吨，增长5.2%。优化蔬菜生产结构，由大路菜朝着精细菜发展，由露天菜朝着设施菜发展，由普通菜向无公害蔬菜发展。加强与山东农业大学、泰安市农科院等科研院所的联系，重点做好优质蔬菜种苗繁育、病虫害绿色综合防控。推广蔬菜生产技术，在2022年省主推技术的基础上，优化泰安市的主推技术，加大蔬菜绿色轻简生产关键技术模式集成应用，带动设施蔬菜生产效率提升。加大蔬菜技术推广人员、设施蔬菜生产企业、合作社、家庭农场等新型经营主体技术人员的培训，制定《泰安市设施蔬菜“千人指导万人培训”农技提升行动实施方案》，开展送服务进村、送技术到棚活动，全年开展培训11次，培训372人次，种植指导302次，农技咨询服务188人次，推广应用设施蔬菜病虫害绿色防控技术333.33公顷次。做好产销衔接，在生产环节管理、蔬菜基地（合作社）管理、蔬菜质量安全管理等方面制定措施、完善机制，打通鲜活农产品运输堵点卡点，统筹解决产区“滞销卖难”、销区“买难买贵”问题，保障蔬菜产品“产得足、供得上”。

2022年9月23日，茶农在岱岳区泰山茶溪谷采茶 （陈　阳　摄）

【泰山茶种植】 2022年，泰安市茶园总面积达2202.2公顷，茶叶产量1248吨。泰安市种茶地区涉及20个乡镇50个村，以泰山、徂徕山周围为主产区，逐渐向周边泰山区、泰山景区、岱岳区、新泰市、肥城市等扩展，其中集中连片面积13.33公顷以上的茶园22个。全市无性系良种茶园面积约800公顷，无性系良种率在30%以上，高于全省平均水平。引进推广福鼎大白、安吉白茶、中茶108、黄金芽、金萱等良种。紧密与山东农业大学、泰安农科院的合作，推广适合泰安本地的优质高抗茶树良种；推广泰山茶优质高产高效集成技术；推广轻简化、智能化、数字化的现代农业新技术，降低茶园管理成本，实现茶园丰产、茶园生态化。 （王纬洋）

【肥城桃栽培】 2022年，泰安市新增肥城桃种植面积69.33公顷，比较大的发展片区有肥城市桃园镇北台村、肥城农业高新技术产业开发区—滕田园美农林科技有限公司和山东康顿农业有限公司。肥城桃入选农业农村部2022年农业品牌精品培育计划、山东省第一批“好品山东”品牌，肥城桃栽培系统入选山东省首批农业文化遗产资源名录，品牌价值达40.21亿元。加强种质资源创新利用，审定桃新品种1个（七月肥），引进桃新品种10个，以西尚2公顷市级佛桃培优园为重点，建设培优示范园10个，示范园果实可溶性固形物含量最高19.2%，平均15.6%，明显高于普通桃园。肥城市福东家庭农场和肥城桃都果业有限公司获得泰安市第五批市级农业标准化基地认定。

【“减垄增地”种植技术推广】 2022年，泰安市农业农村局联合山东农业大学成立技术指导组，吸纳农技专业人员、涉农企业、驻泰安农业科研院所等共同参与，借助土地租赁、土地入股、农业社会化服务等粮田规模化经营手段，在全省率先打造可借鉴、可复制、可推广的“减垄增地”大田种植模式。该种植模式应用喷灌技术和水肥一体化技术，提高水肥利用率，降低农资成本；实行无垄种植有效降低除草剂等农药的施用量，利于集中连片收割，实现省时省工、增收增产。至年底，泰安市累计在5.25万公顷土地上实现去垄种植，增加有效种植面积5340公顷，全市粮食播种面积和总产连续4年增长，粮食总产连续4年保持在250万吨以上。

表12 2022年泰安市粮棉油菜生产情况统计表

项目	播种面积（亩）	播种面积比上年增长(%)	总产量（吨）	总产量比上年增长(%)	单产（千克/亩）	单产比上年增长(%)
粮食作物	5590596	0.2	2587560	0.6	462.8	0.4
夏粮	2509767	0.4	1171500	0.6	466.8	0.1
小麦	2509767	0.4	1171500	0.6	466.8	0.1
秋粮	3080829	0.1	1416060	0.6	459.6	0.6
谷物	2612788	–0.8	1276708	1.2	488.6	2.0
稻谷	1534	51.7	1066	47.1	694.8	-3.1
玉米	2581626	–0.8	1268129	1.2	491.2	2.0
谷子	29066	1.8	7406	0.2	254.8	–1.6
高粱	419	–25.2	77	–30.3	183.6	–6.8
其他谷物	143	–27.7	30	–28.7	211.5	–1.4
豆类	347133	12.5	64705	6.5	186.4	–5.3
大豆	344489	12.6	64198	6.6	186.4	–5.3
薯类（折粮）	120909	–12.3	74647	–12.5	617.4	–0.2
油料作物合计	666080	–2.4	184587	–2.7	277.0	–0.3
花生	660275	–2.0	183707	–2.5	278.2	–0.6
棉花	43143	–4.2	3702	–1.6	85.8	2.7
麻类	206	–17.6	24	–17.2	116.5	2.6
烟叶	177	58.0	26	23.8	146.9	–22.3
蔬菜（含菜用瓜）	1572547	3.4	5990257	5.2	3809.3	1.7
马铃薯	240479	–1.7	842287	0.8	3502.5	2.6
瓜类（果用瓜）	22397	4.9	81796	11.0	3652.1	5.8
其他农作物播种面积	25959	–9.2	—	—	—	—

【植物检疫】 2022年，泰安市重点做好对苹果蠹蛾、果蔬害虫、甘薯茎线虫、甘薯小象甲等检疫性有害生物的调查工作。对小麦、黄瓜、大葱等制种田进行产地检疫，产地检疫面积约4.23万公顷；签发产地检疫合格证1468份；签发植物检疫证书2915份。8—11月，在全市范围内开展植物检疫执法检查，出动执法人员125人次，联合执法检查种子苗木生产经营单位14家。

【病虫害防治】 2022年，泰安市农业农村部门做好病虫监测预警，出动技术人员376人次，采集病虫发生数据2000余条，向上级农业农村部门汇报病虫信息744次，发布模式电报87次、病虫情报55期、植保情况28期，制定各类防治技术意见52期，指导农民科学防治。推行专业化统防统治，对小麦条锈病、赤霉病、东亚飞蝗、二点委夜蛾等严重影响农作物产量的重大病虫，提前部署防控工作。5月7日，泰安市首次在新泰市果都镇北石沟村发现小麦条锈病，争取中央、省农业生产救灾资金共计2933万元用于小麦条锈病防治，100万元用于玉米、大豆重大病虫害防治。发挥11家全国星级服务组织的优势，通过政府购买服务等方式，开展规模化、专业化统防统治，58个“植保服务组织”参加防治，筹备药剂149吨，动用无人机696架次、大中型施药器械1424台，防治面积16.8万公顷。 （王纬洋）

【智慧生态果业发展】 2022年，泰安市林业部门依托肥城市的山东康顿农业公司，推进林果生产智慧化、智能化、规范化、标准化和品牌化，打造以肥城桃为代表的全产业链提质增效模式。建立覆盖666.67公顷肥城桃、66.67公顷苹果的物联网系统，通过科技化、智能化运营管理，每年节省水肥农药投入30%以上，每亩节省劳动力投入300元以上。桃品质得到提升，价格提高30%以上，带动周边建设智慧果园666.67公顷，增加产值2000万元。康顿农业入选《数字乡村建设指南1.0》典型案例，被评定为山东知名农产品品牌目录企业产品品牌和山东省智慧农业应用基础，康顿苹果被评为绿色食品A级产品和“齐鲁放心果品”品牌。 （石亚男）

2022年5月23日，副市长冯能斌（右三）到肥城市桃园镇调研数字果园建设情况 （张利琴 供）

林 业

【概况】 至2022年年底，泰安市森林面积15.87万公顷，居全省第6位；森林覆盖率20.45%，居全省第5位。有省级以上（含省级）森林公园7处，国有林场11处，面积2.9万公顷；国家级公益林4.24公顷，省级公益林7749公顷。年内，市林业局立足林业为民、生态惠民、绿色富民，以深化林长制改革为抓手，扩绿量、保存量、提质量、增效益，林业各项工作取得明显成效。全市经济林总面积10.67万公顷，苗木花卉总面积2.67万公顷，面积规模保持全省前三。中药材总面积6733.33公顷，林下经济总面积2.08万公顷，果品总产量100万吨。

【造林育林】 参见《黄河流域生态保护·黄河流域造林绿化》

【林业产业发展】 2022年，泰安市坚持生态产业化、产业生态化，加快实施全市特色经济林、苗木花卉、中药材3个《产业振兴计划》，培优培强肥城桃、泰山大樱桃、泰山板栗、苗木花卉等优势产业，做精做大泰山鲁丽苹果、泰山黄精、宁阳大枣、珍珠油杏等特色产业。全年完成林果低产低效园改造3333.33公顷，果品总产量达100万吨；新发展中药材920公顷，总面积达6733.33公顷；新发展林下经济243.33公顷，总面积达2.08万公顷。完成食用林产品质量安全监督抽检736个批次，合格率均为100%。

【林业特色品牌打造】 2022年，泰安市培优培强肥城桃、栗欣源、泰尚黄精、泰山百合等知名品牌，“2022中国品牌价值评价信息”发布“肥城桃”品牌价值达40.21亿元，较上年上涨16.71亿元；泰安市栗欣源工贸有限公司被评为全国重点林业龙头企业。开展区域公用品牌、企业品牌、产品品牌“三牌”同创，累计创建国家级核桃示范基地2处（肥城市涧北村核桃基地、东平县东海子村核桃基地），省级经济林标准化示范园29处，“齐鲁放心果品”品牌23个。肥城桃入选“中国特色农产品优势区”、农业农村部“2022年农业品牌精品培育计划”，新泰樱桃被评为全国经济林产业区域特色品牌。肥城桃、泰山板栗、东平核桃被评为山东省农产品区域公用品牌。

【林业改革创新】 2022年，泰安市新增省级专业合作社3家、市级19家，林业专业合作社总数达2680家，其中国家级6家、省级81家、市级126家。完成政策性森林保险7.27公顷，总保额8.73亿元，缴纳保费436.42万元。实施新型职业林农培训工程，完成林业科技培训83场，培训人数2972人次。引进优良品种25个，推广新技术、新成果36项。泰安市泰山林业科学研究院成功加入森林认证国家创新联盟。中国林业科学研究院、山东省林业科学研究院与宁阳县共建国家重点杨树良种基地，整理土地9.33公顷，栽植元宝枫新品种5个、面积6.67公顷，紫薇新品种2个、面积0.2公顷，红豆杉400余株，安装滴灌6.67公顷；泰安市泰山林业科学研究院与中国林业科学研究院、山东省林草种质资源中心等联合建设泰安市乡土树种国家林木种质资源库。4月1日，泰安市在全省自然资源科技创新工作会议上作典型发言，是山东省林业系统唯一发言单位。

【林地林木管理】 参见《生态建设·森林资源保护》（石亚男）

畜牧业

【概况】 2022年，泰安市生猪、牛、羊、禽存栏量分别达129.92万头、11.95万头、68.47万只、3489.5万羽，分别增长21.76%、-4.24%、-1.52%、-6.51%；出栏量160.38万头、6.49万头、88.85万只、11493.22万羽，分别增长6.8%、-18.84%、-26.97%、2.44%。肉蛋奶总产量69.17万吨，下降2.48%。年内，市畜牧兽医事业发展服务中心被省人力资源和社会保障厅、省畜牧兽医局表彰为山东省畜牧兽医工作先进集体，获省防控重大动物疫病指挥部事业单位集体嘉奖；被省畜牧兽医局评为智慧畜牧业建设工作先进单位、流行病学调查工作先进单位、全省动物卫生工作先进集体等。

【生猪稳产保供】 2022年，泰安市全面落实生猪产能调控方案，强化监测预警和服务指导，抓好能繁母猪保有量和规模养殖场数量。全市能繁母猪11.33万头，完成率129.04%；规模场515个，完成率104.25%；生猪存栏129.92万头，出栏160.38万头，完成省下达泰安市的任务。

【牛羊养殖】 2022年，泰安市坚持“高端引领、繁育并重，规模化养殖、一体化经营”原则，开发保护鲁西黄牛、小尾寒羊等地方品种，加大西门塔尔、利木赞品种引进培育，加快规模化、集约化牛场、羊场建设，重点培育以泰安青山牧业有限公司、泰安同成牧业有限公司为代表的牛羊养殖龙头企业。至年底，肉牛出栏6.49万头，肉羊出栏88.85万只。

【家禽养殖】 2022年，泰安市加快家禽养殖设施装备升级，推广立体智能笼养模式，完善家禽标准化生产技术体系，加强产品质量安全管控，提高优质肉蛋供给水平。重点培育山东众客食品有限公司、山东泰森食品有限公司、新泰市天信农牧有限公司、泰安市立华畜禽有限公司等为代表的家禽养殖龙头企业。至年底，家禽存栏3489.5万羽，出栏1.15亿羽；蛋鸡存栏774.47万羽，禽蛋产量12.35万吨。

【奶业】 2022年，泰安市重点打造沿大汶河优质高端奶业区，培育泰安蒙牛乳业有限公司、山东亚奥特乳业有限公司、山东泰山安康生态乳业有限公司、泰安金兰乳业有限公司等为代表的奶业龙头企业，奶业在全省率先实现全面振兴，基本实现现代化，奶源基地和产业竞争力整体水平走在全省前列。至年底，奶牛存栏7万头，牛奶产量25.02万吨。

【畜牧产业化标准化】 2022年，泰安市有市级产业化重点畜牧龙头企业101家、省级12家、国家级4家；畜牧合作社1050家，其中国家级示范社13家、省级35家、市级99家。全市有智能牧场4家、智慧畜牧业应用基地9家。3家企业被评为省级畜产品科普基地，28家企业被评为全省首批优质畜产品企业。全年争取中央、省资金共计8759万元，其中岱岳区争取奶业生产能力提升整县推进项目4000万元，分两年实施；新泰市争取生猪制（繁）种基地项目1000万元。金兰乳业牧场入选国家级生态农场名单。

【重大动物疫病防控】 2022年，泰安市通过无疫区建设国家级、省级验收评估。全市3处无害化处理中心、5个无害化处理收集体系运行平稳，处理病死生猪24.85万头、牛羊1500余头（只）、家禽2195.3吨，宁阳县被农业农村部、财政部、中国银保监会确定为“病死猪无害化处理与保险联动试点县”。完成春秋两季重大动物疫病强制免疫工作，应免畜禽免疫密度均达100%，免疫牲畜挂标率100%，抗体检测水平全部达到国家标准，全年未发生非洲猪瘟等重大动物疫病。

【畜禽养殖废弃物资源化利用】 至2022年年底，泰安市有畜禽规模养殖场1661家，粪污处理设施配建率达100%，畜禽粪污综合处理利用率94.15%。

【畜产品质量安全】 2022年，市级畜牧兽医部门对禽蛋、禽肉、猪牛羊肉（尿）等开展2轮风险抽检、1轮瘦肉精专项抽检，抽检样品340批次，重点检测兽药残留及瘦肉精等项目20种，未发现安全问题。配合完成上级各类抽检任务483批次，均未发现问题。

【畜禽屠宰加工】 2022年，泰安市有畜禽屠宰企业25家，其中A级9家、B级14家、C级1家，未评定等级企业1家。全市生猪、肉鸡、肉鸭屠宰企业屠宰量分别为74.03万头、5695.55万羽、1.14亿羽。开展畜禽屠宰企业标准化示范创建，创建省级标准化示范厂5家，全产业链健康肉试验示范基地1处，加强对创建企业的后续监管，实行动态管理。

【饲料和兽药】 2022年，泰安市分级评定兽药、饲料企业114家，其中A级40家、B级53家、C级7家；实施动态监管，鼓励支持A级企业做大做强，加强B级、C级企业的监督管理。14家兽药企业全部通过新版GMP验收，

所有兽药生产企业均严格落实追溯要求，配备二维码追溯设备，对产品进行赋码上市。（谷国安）

渔　业

【概况】 2022年，泰安市完成水产品养殖面积8824公顷，产量8.55万吨，总产值23.1亿元，主要养殖品种有鲤鱼、草鱼、鲢、鳙、乌鳢、河蟹、大青虾、泰山螭霖鱼、中华鳖等10个。其中，鲤鱼养殖产量1.82万吨、草鱼1.18万吨、鲢鳙鱼1.39万吨。

【渔业绿色发展】 2022年，泰安市开展水产健康养殖示范场创建，东平县获得农业农村部国家级水产健康养殖和生态养殖示范区称号。继续实施水产健康养殖"五大行动"，遴选汶河湾、大喜渔业公司等骨干养殖生产单位开展生态健康养殖推广、水产养殖用药减量、配合饲料替代幼杂鱼等五大行动，示范带动效果明显。

【渔业资源养护】 2022年，泰安市放流鲢鳙、草鱼、泰山螭霖鱼苗种2792.6万尾，超额完成全年目标任务。加大水生野生动物保护力度，印发《关于加强水生野生动物管理的通知》，开展水生野生动物保护宣传月活动；实行水生野生保护动物繁育、经营利用许可和年审制度，开展联合执法检查，重点打击非法猎捕、滥食、交易水生野生动物及其制品行为，坚决杜绝非法交易、滥食陋习，规范水生野生保护动物经营利用。

【渔业安全生产】 2022年，泰安市农业农村局统筹渔业发展与安全，修订《泰安市渔业船舶水上突发事件应急预案》，组织应急演练5次；实施渔业安全生产大排查大整治三年行动，开展安全日常检查和专项督查，累计检查渔业生产企业单位70家次，排查治理安全隐患20处。

【渔政执法】 2022年，按照省海洋渔业局下达的农产品质量抽检任务，泰安市科学制定抽样计划，有针对性地开展抽验工作240批次，合格率100%。全市先后处理市长热线、民生热线、养殖业户者投诉、省局交办、市场监管等部门转办案件10起，处结率均为100%。开展宣传教育，以"食品安全宣传周""渔业安全生产执法年"等活动为载体，利用报刊、广播、电视、互联网、手机等各类媒介，宣传渔业安全生产工作成效，提高全社会渔业安全生产意识和认知水平。

【"渔业增殖放流 助力水生态文明建设"政府开放日活动】 2022年11月21日，泰安市开展"渔业增殖放流 助力水生态文明建设"政府开放日活动，邀请全国人大代表、老干部代表、东平县部分渔业经营主体负责人、市民代表、媒体代表计10人，走进东平湖畔，现场观摩渔业增殖放流的测量、计数打标、装车运输、投放鱼种全流程，并在新湖镇巩楼放流平台参与放流。该次增殖放流项目共向东平湖投放鲢鱼、鳙鱼、草鱼等优质苗种931万尾。自2005年实施渔业资源增殖放流以后，泰安市已连续向东平湖、泰山周边水库水源地、泰山螭霖鱼保护区等增殖放流点投放优质鱼、蟹苗种3亿尾（只），对扩大东平湖渔业资源、增加螭霖鱼资源，修复水域、保护区生态，促进水生态文明建设和渔民增收起到推动作用。至年末，东平湖湖区鱼类已恢复至50余种、水生植物40余种，水产品年产量1.7万吨，产值3.2亿元，渔民年均增收2000余元，实现经济效益、社会效益和生态效益协调发展。（孙　瑛）

种　业

【作物种业振兴】 2022年，泰安市市级财政列支560万元，实施种子提升工程。年内，通过国家农作物品种审定委员会审定（以下简称国审）小麦新品种6个、山东省农作物品种审定委员会审定（以下简称省审）玉米新品种7个，登记主要农作物27个，完成26个小麦新品系和18个玉米新组合选拔推荐工作。建立市级农作物新品种评价展示中心1处，面积6.67公顷；建立县乡级评价展示点6处，完成56个小麦和53个玉米新品种跟踪评价任务。

【种质资源保护利用】 2022年，泰安市实施第三次种质资源普查与征集行动，摸清全市农作物种质资源底数，提交国家种质资源库170份。建立泰山百合、泰山珍稀菊花、肥城桃等特色种质资源圃8处，肥城桃种质资源圃、泰山食用菌种质资源圃被确定为第一批省级农作物种质资源保护单位。

【育种工作】 泰安市农业农村部门发挥高校、科研单位及企业优势，聚集育种信息，成立以市场为导向、产学研协同、科企联合的科研育种协作组，农作物新品种遴选体系年征集试验主要农作物新品种（组合）30个，新品种跟踪评价展示示范平台年跟踪评价主要农作物新品种100余个，全市新品种培育和风险评估能力显著增强。2019—2022年，全市共审定主要农作物品种66个、登记非主要农作物92个，其中小麦国审15个、省审25个，玉米省审24个，棉花省审2个；先后培育的'泰科麦''五岳''岱麦''汶农''祥云''蔬春''北精'等多个系列良种品牌的市场影响力逐步形成。东平县被评为全国大豆制种大县，年度获中央奖励资金1000万元；肥城市小麦区域性良种繁育基地获省级认定；新泰市国家区域性蔬菜（百合）良种繁育基地项目建设完工并投产运行。泰安市农科院重点围绕小麦、玉米、食用菌、蔬菜、甘薯、花生、杂粮、茶叶、淡水鱼等开展育种工作，2022年，'泰科麦38'和'泰科麦39'小麦新品种通过国审。该院引进农作物种质145份；创新种质167份；配制杂交组合3363个；选育新品系236个；参加国家、省区域试验新品系40个，其中'泰科麦46''泰科麦51'等29个小麦新品系参加国家、省生产试验和区域试验；'东岳201''泰科糯2号'等10个玉米新品系参加山东省区域试验、预备试验和省自主试验；'泰育113'花生新品系参加省区域试验。（王纬洋　王瑞霞）

【现代畜禽良种体系建设】 截至2022年年底，泰安市有种畜禽场54家，其中一级奶牛场3家、祖代肉种鸭场1家、原种猪场1家、一级种猪场6家、一级种蜂场1家、原种羊场1家、一级种羊场1家、二级种猪场8家、生猪人工授精站2家、父母代蛋种鸡场6家、父母代肉种鸭场10家、父母代肉种鸡场5家、肉鸭孵化场6家、肉鸡孵化场3家。

（谷国安）

【水产种业领军企业提升改造】 2022年，泰安市以泰山螭霖鱼原种场和东平县省级黄河鲤鱼良种场为龙头，实施东平大喜渔业水产种业领军企业基础设施提升项目，改造提升保种育种基础条件，对繁育亲本进行良种选育和储备，提升原良种孵化繁育能力，满足现代渔业发展苗种需求。

（王纬洋）

【种子市场监管】 2022年，泰安市种业持证企业发展到62家，企业科研能力和综合竞争力明显增强。生产经营小麦、玉米等粮食作物种子企业规模趋于稳定。做好全市辖区内种子生产经营备案工作，种子生产经营备案1036项次，协助企业换发种子生产经营许可证26项次；开展种子市场检查和制种基地检查，及时处理种子投诉，全市种业生产经营环境进一步优化。

【《泰安市种业振兴行动实施方案》颁布实施】 2022年，泰安市聚焦全市种业创新需要，逐步健全种质资源保护体系，提升种业科技创新能力和供种保障能力，增强种业企业市场竞争力和市场治理能力。4月24日，印发《泰安市种业振兴行动实施方案》，对全市种业振兴工作作出具体部署。该“实施方案”分目标要求、重点任务、保障措施3个部分，主要围绕种业“保、育、测、繁、推”等关键环节，重点实施种业资源保护、种业创新攻关、种业企业扶优、种业基地提升和种业市场净化“五大攻坚行动”，推动种业全产业链提档升级。

（王纬洋）

农田水利

【高标准农田建设】 2022年，泰安市建设完成高标准农田1.28万公顷，完成项目总投资38010.5万元，至年底，全市累计建成高标准农田20.8万公顷。把推进高效节水灌溉措施作为高标准农田项目建设的主要内容，重点发展管道输水灌溉；2019—2022年，省农业农村厅下达泰安市高标准农田建设任务6.15万公顷，其中高效节水灌溉任务3.13万公顷，实际落实高效节水灌溉措施面积5.87万公顷，项目省水、省工效益显著。组织专家完成2021年度1.4万公顷高标准农田的市级验收工作，通过现场验收和资料核查，评出优秀项目7个、合格项目27个。

【农田水利灌溉】 至2022年年底，泰安市建设农用井5000余座、小型集雨设施152座、泵站461座，疏浚沟渠776千米，修建农桥210座、进地涵（过路涵）9900余座、排水渠道67千米，新增和改善灌溉面积5.2万公顷。

（王纬洋）

【灌区建设管理】 2022年，宁阳县东引汶灌区、岱岳区胜利水库灌区被列入2023—2025年中型灌区续建配套与节水改造计划项目库。完成肥城市田山灌区续建配套节水改造工程、宁阳县月牙河水库灌区节水配套改造工程和肥城市、东平县引黄灌区农业节水工程竣工验收。肥城市安孙灌区入选水利部节水型灌区名单。推进灌区“一张图”建设管理，完成42处灌区电子图测量绘制。完成年度2.05万公顷农业水价综合改革任务。 （赵春明）

【“减垄增地”农业节水新模式推广】 近年间，泰安市在综合考虑当地土壤类型与质地、水浇条件和基础设施建设等因素下，试点粮食“减垄增地”水肥一体化无垄种植技术，累计改造“减垄增地”节水灌溉面积5340公顷。“减垄增地”的基础支撑是节水灌溉技术，改变传统的大水漫灌、畦灌模式，耕地去畦垄，利用管道输水到田间，实现“水肥一体、喷滴灌”相结合的节水增效模式，提高水资源和土地利用效率。实践证明，在实施“减垄增地”改造的区域，配套完善先进的水肥一体化物联网智慧灌溉技术装备，依托水肥一体化微喷带、立杆式喷灌、移动式喷灌机等节水设备，可实现一次性投入多年使用受益，较以往相比，实现亩均节水40%左右、节肥30%左右、节地10%左右。该模式不仅能增加有效种植面积、加快节水农业发展步伐、推动农村耕地规模化经营，还能拓延社会化托管服务范围、加快数字农业技术与农业产业的深度融合，实现真正意义上的数字农业、智慧农业。

【“第一单”农业灌溉水权交易完成】 2022年9月29日，中国水权交易所股份有限公司向泰安市岱岳区大汶口镇人民政府与大汶口镇卫驾庄村村民委员会颁发全市“首份”农业灌溉水权交易鉴证书，标志着泰安市“第一单”农业灌溉水权交易案例顺利完成，打破农业用水水权市场交易的空白，为推进水权交易工作提供可复制、可推广的成功经验。实施水权交易，可以将未利用的水资源使用权转让出去，既能实现水权的经济价值，又能激励用水主体加强节水管理、提高用水效率，有助于地方在不突破用水总量约束限制的前提下，以水资源的优化配置支持经济社会的可持续发展。泰安市受大汶河水资源超载区制约，地表水新增取水受到严格限制，部分农业灌区暂时无法办理取水许可，针对这一现实问题，泰安市水利局提出通过水权交易途径解决农业灌区无证取水问题。岱岳区颜谢引河灌区和汶口引河灌区先行先试，在不新增大汶河地表水用水指标的情况下，经过全面测算分析，将已办理取水许可证的颜谢引河灌区节约水量转让给无证的汶口引河灌区，并以灌区管理单位大汶口镇人民政府和大汶口镇卫驾庄村村民委员会为交易主体，通过中国水权交易所平台成功完成交易水量每年5万立方米。该次水权交易转让，发挥市场机制在水资源配置中的作用，有效盘活区域农业用水指标存量，实现水资源的合理配置和高效利用，为全市保障经济社会高质量发展新增用水需求提供新的示范和引领。

（王纬洋）

农业机械化

【概况】 2022年，泰安市农机总动力569万千瓦，拖拉机保有量9.32万台，其中谷物联合收割机1.39万台、玉米收获机8799台。春耕期间完成机耕作业面积8.33万公顷，机播作业面积7.61万公顷，“三夏”期间机收小麦面积达14.94万公顷。农作物耕种收综合机械化率达91.07%。泰安市获全国“平安农机”示范市称号，成功创建为全省“两全两高”（全程全面、高质高效）农机化示范市。

【农机科技推广】 2022年，泰安市发挥农机购置补贴的市场引导作用，推广应用大型、高效、智能农业机械和技术，推动农机装备优化升级。全年累计举办各类农机具现场演示会15场次，推广大豆玉米带状复合种植机械303台，种植面积8266.67公顷。9月，举办全市“三秋”农机化作业现场观摩会，推广玉米茎穗兼收、机械化青贮等秸秆综合利用技术，为农户创造经济效益6.7亿元。通过开展收获减损技术培训、加大低损失率机械推广、组织机收减损大比武等措施，提升粮食机械化收获减损水平。组织小麦、玉米机收减损大比武活动23场次，小麦、玉米机收损失率分别降低到1.2%和2%以内。在岱岳区开展100万元的生猪养殖智能化机械化示范项目，为畜牧养殖机械化发展探索新模式。

【农机专业合作组织】 2022年，泰安市实施农机合作社提质增效工程，引导扶持农机合作社开展土地流转、订单作业、托管服务等多种形式规模化经营；探索转包、出租、转让、股份合作等形式，推广“合作社+公司+农户”“合作社+基地+农户”等运作模式。至年底，全市有农机合作社719家，市级以上农机合作社示范社188家、综合农事服务中心85家。农机合作组织服务总收入6.24亿元。

实行农业产业化经营，农作物收割实现机械化。图为2022年9月肥城王庄镇农民收割玉米

（陈阳 摄）

【农机化惠农政策】 2022年，泰安市争取到农机购置补贴资金7060万元，比上年增长50%；推广新机具1.04万台，受益农户7496户，手机App申办补贴比达99%；落实农机深松整地资金969万元，享受深松作业补助的面积达1.98万公顷。

【农机科教培训及修配管理】 2022年，泰安市农业农村部门选拔培育一批行业带头人、“土专家”，加强职业农民培育，选拔的参赛代表队在全省“技能兴鲁”职业技能大赛中获得优秀组织奖。全年检修各类机具7万余台，培训各类农机人员2.55万人次。

【农机安全服务】 2022年，泰安市开展全国“平安农机”示范市创建工作，市政府印发《关于加强农机安全生产的实施意见》，组织开展安全宣传培训、“农机安全生产月”等活动，排查各类安全事故隐患32起并全部整改到位。办理农机注册登记2583台，发放农机驾驶证496个，年审3027台，实现农机安全“零事故”。创建市级“平安农机”示范乡镇9个、“平安农机”农业经营服务组织8个、农机安全监理示范岗位标兵10个。

【全国大豆玉米带状复合种植全程机械化技术培训班】 2022年7月26日在泰安举办。培训同步进行网络直播，3万名农机技术推广人员、农机手、种植大户线上参加培训。与会领导及学员实地观摩85台（套）大豆玉米带状复合种植全程机械化配套机具，32台（套）收获环节适用机具进行现场展示，为下一步大豆玉米带状复合种植适时收获提供机械化解决方案。其间，培训学员观摩肥城市孙伯镇数字农业中心，详细了解大豆玉米带状复合种植农业机械化与数字化管理情况。

（刘含赟）

农业科研

【概况】 2022年，泰安市农业科学院（简称市农科院）围绕“乡村振兴战略”总体部署，开展科研创新、品种培育、成果推广和科技服务。新上纵向项目17项（国家级2项、省级12项、市级3项），承担横向课题及各类试验98项。组织验收评价科技成果4项，获成果奖励11项。主持完成的“泰山食药用菌资源挖掘及高效利用”获2019—2021年度全国农牧渔业丰收奖农业技术推广成果二等奖，获2022年度山东省农业技术推广成果优选计划一等奖1项、二等奖2项，泰安市科技进步一等奖1项、二等奖2项，山东省农科院科技进步二等奖1项，第九届淮海科学技术一等奖和三等奖各1项，2021年度生产力促进（创新发展）三等奖1项。

【平台建设】 至2022年年末，市农科院有国家现代农业产业技术体系小麦、食用菌综合试验站2个，农业农村部农药登记试验资质4个，山东省现代农业产业技术体系小麦、玉米、食用菌、蔬菜、花生专家岗位5个，杂粮、甘薯、茶叶、鱼类综合试验站4个，省级创新平台5个、市级7个。

【科研创新】 2022年，市农科院授权国家专利15项。其中，“一种含双唑草酮和苯唑草酮的增效除草组合物”等3项专利获国家发明专利授权，“一种基于大白菜种植管理的智能水肥一体机”等12项专利获实用新型授权；获植物新品种权授权2项（‘泰科麦32’‘泰薯15’）；“姜病虫草害绿色防控关键技术”等4项技术遴选为2022年山东省农业主推技术，“露地青花菜化肥农药减施增效栽培技术”等8项技术被列为2022年泰安市农业主推技术；主持制定的《泰山赤灵芝仿野生栽培技术规范》《泰山茶 茶树良种筛选技术规范》《肥城桃 桃园绿肥栽培技术规范》3 项泰安市地方标准正式颁布实施。全年发表学术论文33篇，参编著作3部。

【成果推广】 至2022年年底，泰安市累计建有科技示范基地42处，基地总面积240公顷，其中2022年新建基地22处，面积133.33公顷。全年在科技示范基地示范推广‘泰科麦36’‘泰山赤灵芝1号’‘泰紫薯1号’等农作物新品种151个，推广“玉米大豆带状复合种植技术”等新技术47项；在山东芝人堂药业有限公司、泰安市岳洋农作物专业合作社等科技示范基地落地合作项目18项，解决技术难题50项。先后组织大姜、灵芝等高效栽培模式，茶树、甘薯等新品种现场观摩会21次。6月，在大汶口和马庄科技示范基地，市农科院中大穗型小麦新品系‘泰科麦45（TKM0331）’实打单产843.37千克，创造全市小麦实打单产最高纪录；麦茬夏直播花生高产栽培技术在宁阳县推广面积1333.33公顷，在宁阳县堽城镇赵家堂村核心示范区进行花生测产，产量达619.31千克。

2022年9月28日，市农科院技术人员到乐惠农业基地开展“农科先锋在行动”志愿服务活动 （张连 摄）

【科技服务】 2022年，市农科院印发《“助力乡村振兴 农科先锋在行动”活动实施方案》，成立6个乡村振兴专家服务团、组织131名科技人员到农业科技企业、农业合作社、行政村等基层一线开展科技服务，选派69名科技骨干担任省、市科技特派员，打响“泰安农科先锋 助力乡村振兴”科技服务品牌。选派6人分别参与鲁渝东西协作、省“四进”工作队、市服务业高质量发展工作专班、驻村第一书记和工作队。采用线上方式举办基层农技推广体系改革与建设补助项目泰安培训班3期，培训基层农技推广人员337名。全年组织“科技壮苗”“农科先锋在行动”“全国科普日”等服务活动149次，服务新型经营主体、企业34家，服务农户、技术人员2600余人次，解决生产难题100余个，服务指导面积1000公顷。市农科院被中国科协评为全国科普日活动优秀组织单位，是唯一获奖的地市级科研院所。

（王瑞霞）

农业产业化经营

【农民合作社】 2022年，市委农业农村委员会印发《关于推进农民合作社做优做强的实施意见》，完善政策服务体系，促进农民合作社高质量发展。指导国家级试点县新泰市、省级试点县肥城市做好农民合作社质量提升整县推进工作。开展国家、省、市级农民合作社示范社三级联创，构建以培育认定制、分级递进制、动态管理制、监测淘汰制为主要内容的示范社培育创建长效机制，培育一批规模大、运作规范、带动能力强的示范合作社，实现示范社创建制度全覆盖。拓展政企合作，与中国邮政集团有限公司泰安市分公司、中国邮政储蓄银行股份有限公司泰安市分行开展“农邮银”三方合作，围绕新型农业经营主体融资、农产品销售、冷藏、物流等需求，整合邮政和邮储的金融、寄递、电商等优势，加大对新型农业经营主体的服务支持。创新发展村党组织领办合作社，建立村党组织领办合作社示范社名录。年末，全市农民合作社1.18万家，覆盖20个特色产业；新认定市级示范社176家，进入政府优先扶持目录的合作社1168家，其中国家级示范社28家、省级示范社218家、市级示范社922家。

【家庭农场】 2022年，泰安市实施家庭农场培育计划，各县（市、区）科学制定培育计划并部署实施。建立促进家庭农场发展的综合协调工作机制，解决家庭农场发展面临的困难和问题，确保各项政策落到实处。完善家庭农场名录库，各县（市、区）制定完善家庭农场认定办法和名录管理制度，将更多适度规模经营农户纳入家庭农场进行指导服务；填报家庭农场名录系统并动态更新，实行动态管理。开展全国家庭农场统计和典型监测，规范数据采集，加大数据和成果应用。开展家庭农场示范场认定工作，先后组织开展省级家庭农场第七批申报认定和市级家庭农场示范场申报认定工作。年末，全市家庭农场9392家；第七批家庭农场省级示范场新认定7家、家庭农场市级示范场新认定93家；纳入动态名录管理的523家，其中省级示范农场67家、市级456家。

【农业龙头企业】 2022年，泰安市按照省级龙头企业监测及评选认定工作要求，组织开展省级龙头企业的监测工作，列入监测的48家企业，其中45家运行正常，满足省级龙头企业标准。组织开展省级、市级龙头企业推荐和评选工作，新评定省级（第九批）农业龙头企业8家、市级（第十六批）农业龙头企业36家。全市共有国家级龙头企业4家、省级龙头企业53家。 （王纬洋）

农产品质量建设

【农产品品牌建设】 2022年，泰安市开展农产品区域公用品牌、企业产品品牌“双牌”同创，1个区域公用品牌、7个企业产品品牌入选山东省第七批知名农产品品牌，品牌入选数量居全省第二位；开展第五批市级知名农产品品牌申报工作，评选市级农产品区域公用品牌2个、企业产品品牌13个；市级以上知名农产品品牌达到146个，其中国家级3个、省级46个、市级97个。肥城桃入选农业农村部2022年农业精品品牌培育名单，泰山板栗入选2022年中国农业品牌目录。在首批公布的“好品山东”品牌名单中，泰安市14个品牌入选，其中农产品品牌占5个。东平大豆种植区入选第五批山东省特色农产品优势区。

表 13 2022 年泰安市各县市区、功能区知名农产品品牌培育情况统计表

单位：个

县市区 功能区	合计	国家级区域 公用品牌	省级区域 公用品牌	省级企业 产品品牌	市级区域 公用品牌	市级企业 产品品牌
全　市	146	3	5	41	15	82
泰山区	9	—	—	4	—	5
岱岳区	22	—	—	4	—	5
新泰市	31	—	—	8	3	20
肥城市	27	1	1	6	3	16
宁阳县	15	—	1	6	2	6
东平县	14	—	1	3	4	6
泰安高新区	15	1	1	5	1	7
泰山景区	10	1	1	3	—	5
徂汶景区	3	—	—	—	1	2

【农产品质量安全监管】 2022年，泰安市推广“一乡一业”标准体系库，发挥全市110家农业标准化基地辐射带动作用，推行标准化生产，泰安高新区三棵树家庭农场、肥城市绿源公司基地被评为全国蔬菜标准中心示范基地。组织农药残留监测抽检，开展省级抽检蔬菜样品981个、粮食样品112个，其中例行抽检合格率99.5%，位于全省前列；市级抽检蔬菜样品471个、粮食样品80个，整体合格率98.5%。加强对农户的宣传培训，宣传新修订的《中华人民共和国农产品质量安全法》和《食用农产品承诺达标合格证制度》，普及农药化肥等有害废弃物包装回收等知识，倡导农户到正规经营门店购买农资，自觉杜绝使用禁限用剧毒高毒农药，从源上遏制农药残留超标。推进农产品质量安全信用体系建设，全市涉农生产主体有11家被评为A+级，427家被评为A级。推广食用农产品承诺达标合格证，全市实施合格证主体847家，累计开具合格证20万张。

【化肥和农药减量】 2022年，泰安市制定并有效实施化肥农药使用量零增长年度工作方案。以提高肥料利用率、降低化肥用量为中心，推进化肥减量增效，开展肥料试验示范25处，完成施肥调查855户，培训新型经营主体及示范户620人次，向社会公布肥料配方20多个。组织召开全市测土配方施肥企业对接会，引导肥料企业按方生产配方肥，完成三新技术示范区建设9353.33公顷，完成测土配方施肥面积43.87万公顷。全面推行科学用药，综合运用生态控制、理化诱控、生物防治、高效低风险农药等绿色防控措施，推广用量小、防效好的新型高效低风险农药品种及高效节约型植保机械，通过对重大病虫防控技术指导、绿色防控、专业化统防统治等工作，减少农药使用量。

【“三品一标”农产品认证】 2022年，泰安市加强“三品一标”（无公害农产品、绿色食品、有机农产品和农产品地理标志）农产品基地培育，严格土壤、农产品、大气、水体各项检测指标，规范操作流程，提升基地质量。组织涉农企业做好“三品一标”农产品申报认证工作，及时开展复查换证、续展等工作。全年新认证“三品一标”农产品45个，其中无公害农产品33个、绿色食品12个；“泰山红茶”地理标志农产品保护工程项目获得国家财政支持，到位资金400万元。

（王纬洋）

编辑　校对　　戚淑娟

综　述

【产业链建设】　2022年，泰安市委、市政府站在全局和发展的高度，充分认识工业“一业定乾坤”的重要作用，提出实施新型工业化强市战略，坚持以“链长制”为核心抓手，以培育壮大高端装备制造、新材料、现代食品、高端化工4大支柱产业，新能源、医药及医疗器械、出版印刷、纺织服装4大优势产业和数字经济及未来产业“441X”现代产业链（集群）为根本任务，聚焦规模以上（简称规上）工业企业主营业务收入和企业数量“双倍增”目标，打出“党的领导、专班推进、赛道选择、资源统筹、科技赋能、金融助力、双招双引、数字转型、体系保障、双轮驱动、链式发展、生态打造”组合拳，走出一条绿色低碳高质量发展之路。2022年，全市规模以上工业增加值增长9%，增速列全省第3位；工业技改投资增长34%，增速列全省第2位；制造业技改投资增长40%，增速列全省第1位；工业用电量181.4亿千瓦时，增长5.6%，增速列全省第1位；实现工业税收101.2亿元，高于整体税收增幅10.8个百分点。评选表扬“泰安市优秀企业家”50名。其中，获评“泰安市杰出企业家”4人、“泰安市行业领军企业家”22人、“泰安市优秀企业家”24人。

【工业运行监测】　2022年，泰安市规上工业增加值增长9%，增速分别高于全省3.9个百分点、全国5.4个百分点，列全省第3位。全市1346家规上工业企业实现营业收入2942.1亿元，增长5.1%，增速列全省第7位；实现利润总额137.9亿元，增速列全省第5位。

2022年3月9日，泰安市新型工业化强市建设动员大会召开　（陈　阳　摄）

【工业技术改造】　2022年，泰安市实施“千项技改扩规 千企转型升级”专项行动，推进实施工业技改投资项目811个，完成工业技改投资同比增长34%，居全省第2位；完成制造业技改投资同比增长40%，居全省第1位。全市“机器换人”奖补项目29个、扶持资金2703万元，“技改专项贷”财政贴息资金140万元。

【工业创新驱动】　2022年，泰安市加快建设国家创新中心，山东路德新材料股份有限公司获得第七届中国工业大奖。获评省技术创新示范企业8家，数量并列全省第1位；新入选省技术创新项目计划218个、新培育省级工业企业“一企一技术”研发中心11家、省级工业设计中心14家；新增省级智能工厂5家、数字化车间6家、智能制造场景3家，总数列全省第5位。

【工业领军企业50强培育】　2022年，泰安市实施企业梯度培育工程，工业领军企业50强实现营业收入1787.2亿元，增长21.2%。新增国家“专精特新‘小巨人’”企业23家、省“专精特新”中小企业106家、“瞪羚”企业24家、国家级制造业单项冠军2家、省级制造业单项冠军17家、省级绿色工厂7家。新培育省特色产业集群3家，入选数并列全省第1位。

【“亩产效益”评价改革】　2022年，泰安市围绕评价体系、数据采集、政策指导、差别化政策实施等重点工作，推进“亩产效益”评价。完成工业企业数据采集和ABCD分类评价，协调市直有关部门，指导县（市、区）、功能区实施差别化政策。全市“亩产效益”共评价规上工业企业949家、规模以下工业企业1479家。（朱玉祥）

输变电装备及电线电缆产业

【概况】 2022年，泰安市输变电装备及电线电缆产业是市优势主导产业和支柱产业，营业收入占全部工业营业收入10%左右。年内新增规上企业9家，规上企业数量达到102家；实现营业收入330.7亿元，增长16.5%，完成全年目标的166%；实现税收8.42亿元，增长12.67%。新培育山东省科技领军企业3家，山东省科技“小巨人”企业12家，高新技术企业11家；新增国家级“专精特新‘小巨人’”企业8家，省级制造业单项冠军企业3家、“瞪羚”企业5家。形成以泰开集团有限公司、特变电工山东鲁能泰山电缆有限公司为龙头企业，以宝胜（山东）电缆有限公司、泰安市泰和电力设备有限公司、山东鲁能泰山电力设备有限公司等骨干企业为引领，中小企业群体后备梯队集群发展格局。

【招商引资】 2022年8月，市政协主席、产业链链长武林中带队到特变电工新疆总部考察对接，推进链主企业特变电工山东鲁能泰山电缆有限公司实施“百亿线缆数字化产业园项目”，总部明确对该项目在资金、市场和人才等方面加大支持。通过对园区各车间产品线进行数字化升级改造，新增车间仓库建筑面积2万平方米，完成设备采购280台（套），新增电缆产能87万千米，打造全球领先的5G数字化工厂。年末，该项目已累计采购设备25台，企业实现营业收入57亿元，增长25.5%；实现税收6904万元，增长26.75%。

【技术创新】 2022年，产业链专班帮助泰开互感器有限公司实施技术创新和数字化转型，提高设备的自动化和智能化水平。生产设备方面，先后引进智能立体仓储系统、全自动绕线机、全自动芯子卷绕机、自动化干燥设备、智能搬运机器人等全自动设备代替原有设备，对关键工序抽空注油生产线进行自动化改造，提升产品质量水平和质量，缩短产品生产周期，增强产品交付能力。数字化系统改造方面，部署高可靠和易扩展架构的工业网络，设置两台主交换虚拟机，确保多台成员交换机之间冗余备份，同时利用链路聚合技术实现跨设备的链路冗余备份；以先进互感器生产技术为基础，集成打造制造运营系统，对规划、生产、运营全流程进行数字化管理；通过集散控制数据采集系统，实时采集生产过程各种数据，实现对计划调度、生产物流、工艺执行、过程质量、设备的管理与控制。2022年，企业通过国家电网公司电工装备智慧物联平台EIP的接入验收，成为领先其他同行业公司行业的行业标杆，获评“山东省级智能工厂”“山东省设备上云标杆企业”。

【产业补链强链】 2022年，泰安市输变电装备及电线电缆产业链专班围绕提高产业链条延伸度、产业集群聚集度和关联企业协作度，内抓提升，外抓融合，推动产业链协同发展再上新台阶。优化企业内部供销路径，指导企业整合上游采购资源和下游销售终端，协同子公司在原材料、设备、配件、产品供应等方面实现自给自足。其中，山东泰开电器绝缘有限公司生产的环氧浇注绝缘子、真空压力浸胶绝缘拉杆等电气绝缘制品，为山东泰开高压有限公司、山东泰开电力开关有限公司等提供相关产品，本地化销售占比达98%。发挥产业链商会作用，打破企业间信息壁垒，推动企业之间优势互补。其中，泰安市泰和电力设备有限公司的产品关键部件驱动壳体以往需从陕西省西安市采购，后与山东泰开精密铸造有限公司建立合作关系，降低采购成本，缩短产品生产周期；同时，泰安市泰和电力设备有限公司产品又供给泰安泰山高压开关有限公司，形成区域协同发展的良性循环。加强链内项目互联共进。特变电工山东鲁能泰山电缆有限公司（简称鲁缆公司）推动“百亿线缆数字化产业园项目”建设，特变电工昭和（山东）电缆附件有限公司紧抓机遇，与鲁缆公司合作开展66～500千伏电缆及附件销售施工一体化项目，力求在重点科技型新产品研发生产上实现新突破。

泰开集团有限公司抢抓新型工业化强市建设机遇，快速发展，2022年实现营业收入204亿元，增长14%；实现税收9.6亿元，增长17%。图为泰开高压开关有限公司生产线
（市工业推进办 供）

【重点企业】 泰开集团有限公司 该公司是国际输变电装备制造行业领军企业，提供百万伏及以下电压等级输变电设备设计制造、工程总包、运维服务的整体解决方案。公司产品覆盖低压、中压、高压、超高压、特高压全电压等级，涵盖开关、变压器、开关柜、电力电子、电线电缆等输变电全系列产品。拥有技术研发团队1000余人，获得自主专利1200余项；拥有CNAS（中国合格评定国家认可委员会）实验室2个、CMA（中国计量认证）实验室1个、省级科技创新平台15家。连续四年入围“中国制造业企业500强”，获得“国家科学技术进步奖二等奖”“全国五一劳动奖状”等荣誉，被评为“中国驰名商标”。2022年，泰开集团有限公司实现营业收入总额204亿元，工业税收总额9.6亿元。

2022年，特变电工山东鲁能泰山电缆有限公司实现营收56.9亿元，同比增长27.5%；实现税收6904万元，同比增长26.75%。图为公司国家特高压电缆工程试验中心 （公延明 摄）

特变电工山东鲁能泰山电缆有限公司 公司始建于1950年，是中国电线电缆20强企业、国家制造业单项冠军示范企业。具备750千伏及以下电力电缆、电缆附件、特种电缆、民用布电线、±1100千伏特高压交直流大截面导线等全系列电线电缆产品的研发、制造和试验能力。公司产品包括500千伏及以下的交联电缆、塑力缆、控制电缆、电器装备用电线电缆等6大类400多个型号、2万多种规格电线电缆产品。66千伏以上高压交联电缆市场占有率名列行业前三，是国家电网公司及南方电网公司核心供应商。2022年，公司实现营业收入总额57亿元，工业税收总额6904万元。

宝胜（山东）电缆有限公司 该公司位于泰安市宁阳经济开发区。产品包括低中高压电力电缆、高性能环保电气装备电缆、新能源电缆、智能装备特种电缆等100个品种、1.1万多个规格电线电缆产品。2022年，宝胜（山东）电缆有限公司营业收入总额13亿元，工业税收总额1026万元。

2022年，宝胜（山东）电缆有限公司被工业和信息化部评为“专精特新‘小巨人’”企业。图为公司生产车间 （吴国伟 摄）

泰安市泰和电力设备有限公司 该公司产品覆盖中压、高压、特高压等电力系统的装备，国内市场占有率80%以上，国外市场占有率20%以上，出口至俄罗斯、德国、意大利、韩国、南非等国家。2022年，企业与韩方推进中韩智能装备产业园二期建设，合作开发高端化、数字化、智能化和零碳化产品——特高压有载分接开关，解决国内输变电行业“卡脖子”技术难题，实现进口替代。2022年，泰和电力设备有限公司营业收入总额达1.15亿元，工业税收总额637.42万元。

山东鲁能泰山电力设备有限公司 该公司拥有山东省院士工作站1个、山东省超高压变压器工程技术研究中心1个、山东省企业技术中心2个、山东省“一企一技术”研发中心1个。公司主要产品为750千伏超高压变压器、高能效节能型变压器等龙头产品，多种变压器获得国际权威机构KEMA试验验证；35千伏级国内最大容量干式变压器被列入国家火炬产业化示范项目。2022年，山东鲁能泰山电力设备有限公司实现营业收入总额20亿元，工业税收总额5000万元。

（闫 旭）

矿山装备及工程机械产业

【概况】 2022年，泰安市矿山装备及工程机械产业全年实现营业收入186.5亿元，工业税收2.6亿元，共策划项目69个、签约项目29个、新开工项目55个。产业链规上企业由155家发展到187家，领域包括矿山装备、工程机械、农业机械、物料搬运设备、机床等诸多产业门类，覆盖主机装备、部分上游原材料及关键零部件、下游工程安装及服务，国内先进技术水平的技术装备比例占50%以上。全产业链拥有院士工作站2家、国家级工程技术研究中心2个、省级技术中心8家、各类煤炭机械装备研究院10家、发明专利1000多项、国家级制造业单项冠军1家、省级制造业单项冠军11家、省级"瞪羚"企业15家、国家级"专精特新'小巨人'"7家、省级"专精特新"中小企业40家。其中，年内新增国家级"专精特新'小巨人'"企业4家，省级制造业单项冠军企业2家、"瞪羚"企业7家。3家链上企业获评2022年度山东省高端品牌培育企业，新泰市（智能起重机械）特色产业集群入选2022年度山东省特色产业集群。

【服务企业】 2022年，产业链专班开展走访调研，落实包保联系企业和企业服务专员制度，依托"三项机制"（直通直办、即报即解、梯次解决）开展企业走访调研200余家次。搭建服务平台，成立泰安市矿山装备及工程机械产业链商会（协会），促进上下游企业合作对接；举办"登高望远谋普惠 助企惠商促发展"银企对接、知识产权赋能产业链发展、税收金融政策进产业链等助企发展活动，通过银企对接、知识产权质押登记等方式帮助链上企业解决资金3亿元；组织企业参加煤矿智能化采掘技术研讨交流暨标准宣贯会和2022中国（泰山）国际矿业装备与技术展览会，签订意向合同金额19.6亿元。激发创新活力，推进高端品牌培育和标准化建设，入选2022年度山东省高端品牌培育企业名单链上企业3家。促进升规发展，启动"培强育新"活动和"育苗工程"，对"小升规"企业、营业收入过亿元企业进行重点培植帮扶。

2022年，山东能源集团装备制造（集团）有限公司入选国家知识产权优势企业。图为公司国内煤机装备首套智能焊接生产线 （朱凤娇 摄）

【招商引资】 2022年，产业链专班按照"统分结合、聚焦重点、招强选优"招引思路，组织起重机械企业到河南长垣市考察洽谈、新泰鑫天河项目到贵州开拓国内市场、聚多士能源科技有限公司到内蒙古开展项目推介。通过"主机+配套""主机+系统""孵化器+基金""基地+基金"等产业链招商模式，以需求为导向推进园区、平台、资本、科技等要素整合，提升招引精准度、成功率，夯实矿山装备、工程机械及农机、物料搬运设备产业链基础。

【项目建设】 2022年，产业链专班策划项目，举办项目集中签约活动，储备工程机械关键零部件智能化生产建设、超高压压滤机技术与装备研发和生产等一批项目。推进项目开工，强化要素支持，为项目建设提供全流程、全周期、"一对一"服务，帮助山东聚多士能源科技有限公司、泰安嘉和重工机械有限公司等企业解决土地、资金问题；推动山东中扬机械有限公司起重生产基地项目、开元重型机械起重配件智能产业园项目等一批重点项目开工建设。做好项目纳统，调度项目纳统进度，对未纳统项目实施动态监管，加强分类指导。

【产业园区】 2022年，产业链专班完善在建园区，加强基础设施建设和园区招商，提升企业和项目入驻率，高新区泰山智造科技园、新泰国际激光智造产业园、肥城经济开发区矿山装备制造产业园已入驻企业40家。培树标杆园区，聚焦羊流智能起重产业园改造提升，成立山东省起重机械自动化工程技术研究中心和新泰市宏博智能起重机械产业研究院，增加科技投入，优化产品结构，推动起重机械产业高端化、智能化、数字化升级。新泰市（智能起重机械）特色产业集群被列为"2022年度山东省特色产业集群"。布局新生园区，谋划羊流镇起重配件产业园、堽城镇基础零部件智造产业基地等产业园区建设，壮大产业园区规模数量。

【产业补链强链】 2022年，泰安市成立矿山装备及工程机械产业链商会（协会）和产业链工会联合会，建立产业链企业融通发展群，推进企业技术、产品、信息共享，提升上下游企业协同发展能力。打造高科技团队助力产业发展的"新引擎"。针对新

2022年，泰安嘉和重工机械有限公司被评为省级“专精特新”企业。图为公司挖掘机产品　　（市工业推进办　供）

泰起重机械产业科技创新、体制机制等瓶颈制约，召开推进起重机械产业发展会议，指导成立省起重机械自动化工程技术研究中心、新泰市宏博智能起重机械产业研究院。促进企业之间优势互补、资源共享、抱团发展，推动产业高端化、智能化、数字化升级。依托制造业联盟、产业链商会（协会）等平台载体，在煤机设备金属材料应用及加工工艺、智慧化矿山5G与数字化车间建设、智能化和信息化应用等方面，加强与特色金属材料、数字经济等产业链的联系，举办企业供需对接、技术研讨、投资合作等交流活动。

【重点企业】　山东能源集团装备制造（集团）有限公司　成立于2014年12月，注册资本49.27亿元，员工5500余人。省内建有新汶、宁阳、泰安、枣庄、莱芜5个工业园区，在省外内蒙古自治区建有基地1个，拥有煤机装备制造、装备维修及再制造、优势非煤装备制造3个主导产业，主要生产高端煤机制造及再制造、非煤环保装备、智能运输装备等产品。拥有博士后科研工作站1个、国家级工程研究中心1个、省级企业技术中心7个、高新技术企业7家、专业技术人员417人。至年底，公司累计主导或参与制修订标准44项，其中国家标准12项，行业标准21项，地方、团体标准11项；注册商标9个，获得山东省知名品牌1个、中国煤炭机械工业优质品牌产品1个。被评为中国煤炭机械工业优秀企业、山东省高新技术企业、山东省新型工业化产业示范基地、山东省数字化装备制造中心、优势产业集群+人工智能试点示范企业、泰安市工业领军“50强”企业。

力博重工科技股份有限公司　该公司主营长距离带式输送机及其配套产品、永磁直驱系列产品、矿石破碎筛分、粉体研磨设备、散料输送系统解决方案等，是国家绿色矿山输送装备产业链领航企业。主导产品“超长、超节能带式输送机与智能永磁电机”获得国家科技进步二等奖和国家技术发明二等奖。

泰安嘉和重工机械有限公司　该公司拥有工程机械、环保设备、锻压设备三大产品板块，是集研发、设计、生产、制造于一体的重工型企业。2022年度实现营业收入1.49亿元，净利润523万元，资产总额1.15亿元，上缴税金396万元。

山东龙辉起重机械有限公司　该公司主要从事各种通用桥门式起重机、欧式起重机的设计制造、安装维修业务，产品涵盖100多个系列、近6000种类型。主打产品QZ智能生活垃圾专用起重机入选2022年度第六批山东省制造业单项冠军名单，上旋转能量回馈智能铁路集装箱专用起重机入选2022年度山东省首台（套）技术装备产品。2022年实现销售收入4.1亿元，增长28%；上缴税金1416万元，增长10%。　　（陈奕帆）

汽车及零部件产业

【概况】　2022年，泰安市汽车及零部件产业链零整配套相对完备，拥有以泰安航天特种车有限公司、中国重汽泰安五岳专用汽车有限公司等企业为代表的特种车、专用车制造企业6家，以及一批像山东润通齿轮集团有限公司、泰安启程车轮制造有限公司、山东德泰机械制造集团有限公司等散热器、精密齿轮、车桥、轮毂、活塞、车身内饰件、刹车片等品类的汽车零部件制造企业，基本形成相对完备的商用车产业链条。2022年策划重点项目93个，签约投资过亿元项目42个，合同引资额171.4亿元；新培育国家级“专精特新‘小巨人’”企业2家、省级“专精特新”中小企业5家；新开工基建技改项目56个，投产项目14个，完成固定资产投资11.86亿元；新增规模以上企业10家。到年末，拥有国家级高新技术企业24家、省级企业技术中心12家、省级工程实验室（工程研究中心）5个、省级以上“专精特新”中小企业20家（含国家级“专精特新‘小巨人’”企业3家）、山东省“瞪羚”企业3家、山东省制造业单项冠军企业1家、省级以上绿色工厂1家；规模以上企业64家，实现营业收入106.2亿元，总利润2.6亿元，同比增长16.2%。

【服务企业】　2022年，产业链专班把依托新型工业化建设保障体系做好企业服务作为首要工作，推广“保姆式”服务，解决企业要素需求和困难问题36件，打造一流的企业发展生态。会同市交警部门解决成品车、试验车办理临时车牌的难题；为泉利汽车配件产业园、山东润通齿轮集团有限公司、山东宜信汽车部件有限公司等重点项目和企业解决土地、环保、资金和人才等要素保障需求6件；为泰安祥杰散热器制造有限公司、泰安晟泰汽车零部件有限公司、中国重汽集团泰安五岳专用汽车有限公司落实境外投资和技改补助等政策扶持4件；联合市生态环境局为中国重汽集团泰安五岳专用汽车有限公司更新办理环保绩效评定定级；联合市场监管局帮助航天特车投资的轻型高机动越野车项目解决新上项目备案和准入等问题。

【项目建设】 2022年，产业链专班创新“六个一批”（聘请一批产业顾问、对接一批行业协会、搭建一批招商载体，策划一批重点项目、锁定一批风险投资机构、跟踪一批头部企业）招商模式，策划项目93个，总投资337.7亿元，入选泰安市重点策划项目库91个。年内，集中新签约项目42个，合计总投资171.4亿元。其中，已顺利开工建设项目31个、在谈项目22个，新签约项目到位资金3.44亿元，在泰安市下半年重点项目集中观摩大比拼评测中获得第二名成绩。5月19日，世界500强企业吉利集团投资12亿元的吉利新能源商用车项目正式签约落户泰安市，该项目12月份完成整车下线。

2022年5月12日，副市长冯能斌（前排右二）带队到中国重汽集团泰安五岳专用汽车有限公司协调解决企业难题 （肖靖文 供）

【技术创新】 2022年，产业链专班加大企业技改扩能力度，已开工技改项目19个，计划总投资19亿元。其中，山东新合源高精度新能源汽车电芯壳体智能制造技术与装备开发项目主要生产刀片电池壳体，突破了国内新能源电池壳体生产“卡脖子”瓶颈；山东泰开精密铸造有限公司铸造投产的智能制造项目生产的新能源电机散热壳体成为企业新的增长点，增加营业收入6500万元；中国重汽集团泰安五岳专用汽车有限公司新上的5000辆矿用自卸车项目，通过机器换人、升级改造现有生产设备，降低单车成本6%。年内，新增国家级“专精特新‘小巨人’”企业2家、省级以上“专精特新”5家、省级“瞪羚”企业1家、省级工程实验室（工程研究中心）1个。

2022年5 月19日，世界500强吉利集团投资15亿元的2万辆新能源商用车项目落户新泰市泰山新能源汽车产业园；首辆新能源商用车于12月23日成功下线交付用户。图为签约仪式现场 （市工业推进办 供）

【产业补链强链】 2022年，产业链专班坚持链式思维，绘制汽车及零部件产业链图谱，以招商引资和企业技改为重要抓手，完善上下游配套环节，推动一批补链强链项目加速落地。新泰市引进吉利远程本途2万辆新能源商用车项目，填补泰安市新能源整车制造的空白。肥城泉利汽车配件产业园发挥聚集效应，引进恒义轴承、索菲尔润滑油、锐仕(山东)机械设备有限公司高空作业车、进发三元催化剂等产业链上下游配套项目，填补产业链缺失环节。理工雷科智途（泰安）汽车科技有限公司开发的商用车高级智能辅助驾驶系统项目，实现产业链在智能驾驶领域的突破。山东安途制动材料有限公司与南京工业大学合作，实现钛酸钾晶须纳米材料的高质量低成本规模化制备，解决制约产业发展“卡脖子”问题，打破国外在原材料的长期垄断。山东润通齿轮集团有限公司新能源汽车高精密齿轮产业化项目实施后，成为全国规模最大、自动化设备最多、智能化水平最高的新能源商用车齿轮智能生产基地。山东恒凌汽车零部件有限公司立足当地原材料优势，新上年产70万套汽车内饰座椅面套项目，为比亚迪海豚、海豹等热销车型提供座椅护面，

2022年12月26日，源通重工集团投产暨与泰安金融控股集团战略合作签约仪式举行 （赵宗青 摄）

打造成为比亚迪汽车山东最大的内饰系统生产供应基地。

【重点企业】 泰安航天特种车有限公司 于2004年由中国航天科技集团公司与泰安市政府共同出资组建成立，注册资本7.32亿元，占地58.13公顷，拥有总资产超过45亿元，员工总数1600余人。承担各种特种车装备、油田专用车等科研生产任务，以及国家重大技术装备国产化创新研制、国家级火炬计划等多项国家级重大科研生产项目。先后获得“国家科技进步特等奖”“国防科技进步特等奖”等近百项奖项。

山东润通齿轮集团有限公司 位于山东省新泰市新汶工业园区。专业研发、制造商用车精密锻件、变速箱齿轮、车桥减速器齿轮、差速器齿轮、精锻齿轮等产品，是一家集锻造、齿轮加工为一体的综合性国家级高新技术企业。2022年，企业实现营业收入4.78亿元，税收1621万元。

中国重汽集团泰安五岳专用汽车有限公司 是中国重型汽车集团有限公司的全资子公司，是一家具备较强的专用车研发能力和生产制造水平的国有企业。主要生产自卸车、特种车、消防车、挂车等产品，是总部集团公司最大的矿卡生产企业。推进HOS建设，严格程监督考核，建立批量订单混产且有序的生产模式，满足市场交期需求。全年实现销售9971辆，较上年同期8656辆增长15%；实现销售收入18.49亿元，税收1935万元。

山东新合源热传输科技有限公司 位于泰安市宁阳县。主要从事汽车散热器零部件、新能源汽车电池外壳生产销售，是山东省技术创新示范企业。公司是国内第一家专业薄壁精密高频焊管生产厂家，产品广泛应用于燃油汽车及新能源汽车的冷却系统，市场占有份额稳居行业第一。2022年，公司实现主营业务收入4.16亿元，利税2000万元。

山东泰开精密铸造有限公司 是集铝合金铸造研发、设计、生产、销售于一体的国家级高新技术企业。年内，公司自主研发生产的新能源水冷机壳和变速箱及工程机械分动箱市场占有率分别在80%、60%以上。2022年，公司全年新签合同4.03亿元，销售收入4.07亿元，实现利税4753万元。 （肖靖文 张 珊）

特色金属材料产业

【概况】 2022年，泰安市特色金属材料产业拥有石横特钢集团有限公司、山东大明协好金属科技有限公司、山东索力得焊材股份有限公司等重点企业，形成集钢材、铜材、铝型材、特色焊材等金属材料生产及深加工的产业体系。以打造国内知名的特色金属材料及高端制造集聚区为总目标，实施“供应链—产业链—生态链”融合发展战略，构建“1+3+4+N”（1个600亿级先进钢铁制造产业基地，3个100亿级特色园区，4个供应链平台和N个技改扩规、多个招商引资项目）产业架构。年内，新培育国家级单项冠军企业1家、国家级“专精特新‘小巨人’”企业1家、省级单项冠军企业2家、省级“专精特新”中小企业5家、“瞪羚”企业2家。石横特钢精品特种钢智能制造工厂入选国家级智能制造示范工厂，技术中心获批国家企业技术中心。年末，产业链规上企业51家，实现营业收入500.9亿元，增长10.5%，占13个重点产业链营收总额的18.6%；实现固定资产投资70.7亿元，完成全年目标任务的128.5%，投资贡献率达19.7%。

【服务企业】 2022年，产业链专班结合“我为企业办实事”活动，开展“访企业、听诉求、送服务”大走访，通过与企业“零距离接触”“贴心式交流”，畅通企业诉求表达渠道，解决企业诉求30项。推出“助企服务员”机制，专班人员每月一次到包保企业现场办公，构建快速受理、解决、跟踪、反馈全流程服务模式。实施“产业+金融”活动，通过融资租赁，支持山东盛德大业新材料科技有限公司等3家企业2.65亿元；通过融资担保，支持山东铁鹰建设工程有限公司等12家企业融资2亿元；通过商业银行，支持山东九鑫集团有限公司等16家企业信贷资金6.7亿元；通过国有金融企业，为山东索力得焊材股份有限公司提供综合授信2亿元。实施“园区+债券”活动，促成山东九鑫集团有限公司、山东舜通重工集团有限公司与国企合作建设产业园区，策划申报政府专项债券资金7亿元。实施“基金+招商”活动，吸引洪泰、港晟、清泰3只基金投资7.1亿元，招引落地项目8个。组建泰安市特色金属材料产业链商会，在政府、企业、市场之间搭建合作桥梁，促进

2022年，石横特钢集团有限公司技术中心成功获批国家企业技术中心。图为公司全景（方 坤 供）

企业优势互补、抱团发展。开展“牵线搭桥、合作共赢”活动，帮助石横特钢集团有限公司与山东盛德大业新材料科技有限公司、山东华舜重工集团有限公司建立热轧卷板产品协同；山东奥士康新材料科技有限公司与山东大明协好金属科技有限公司、普瑞特机械制造股份有限公司等补齐不锈钢加工链条；正威泰安金属新材料产业园与泰开集团有限公司、宝胜（山东）电缆有限公司等深化铜产品合作。

【项目建设】 石横特钢1780绿色智能热连轧板卷产线项目 总投资80.15亿元，其中石横特钢产品结构调整升级绿色智能连轧项目投资27亿元。项目主要包括对1号、3号两座1080立方米高炉进行大修改造，提效扩规至1350立方米；对一炼钢、三炼钢原有生产设备进行全面改造，淘汰落后工艺设备，采用先进炉型，增加信息智能设备；配套公辅设施升级改造主要包括铁路专用线、110千伏变电站及供配电设施、煤气柜等，增加信息化、智能化设施，实现生产过程自动化作业及在线自动监测。年内，石横特钢集团本部钢产量首次突破500万吨大关。

源通重工核电封头及压力容器制造基地建设项目 总投资5.46亿元，占地11.03公顷。致力于加工、制造国家大型核电站用核Ⅰ级、核Ⅱ级大型核电封头、核电筒体及其他大型核电压制件、环保型压力容器及海钻平台用齿弦管以及300方冷弯型钢。拥有3.6万吨、1.6万吨等多类型数控双动液压机，配备6.3米立式车床、10米数控天然气加热炉、旋压机、压鼓机等设施。项目建设过程中，产业链专班帮助企业协调手续办理，助力项目实现当年开工、当年建设、当年投产目标；帮助源通重工集团有限公司与金融控股集团有限公司达成战略合作协议。

索力得焊材焊丝技改扩能及特种焊材智能制造项目 计划总投资3.3亿元，占地3公顷。一期技改部分通过更新设备、改进生产工艺对现有生产线进行技术改造。二期项目建设24条高速镀线、48套层绕机机器人和2条全自动包装线等。针对制约项目建设的能耗指标问题，产业链专班实行“一事一策、一企一策”精准帮扶，协助索力得焊材有限公司谋划通过拆除原有31条生产线和自建分布式光伏的方式，减少综合能耗6828吨标准煤。

【重点企业】 石横特钢集团有限公司 是一家集焦化、炼铁、炼钢、轧钢、发电、机械制造、钢铁物流于一体的大型钢铁联合企业。产品主要为高强抗震钢筋、特高压输电铁塔用高强高韧角钢、煤巷支护用特种锚杆钢筋、低松弛超高强精轧钢棒等，其主导产品特种锚杆钢筋国内市场占有率达51.33%，入选山东省制造业单项冠军产品。公司连年入选“中国企业500强”“中国制造业企业500强”，在中国钢铁企业综合竞争力评级中属A级竞争力特强企业。2022年实现营业收入485亿元。

山东大明协好金属科技有限公司 该公司为工程机械、专用特种车、环保设备、起重机械、矿山机械、造纸机械、畜牧机械、食品机械、白色家电、电梯零部件等提供配套金属材料高端装备制造服务。产品包含汽车大梁、起重机吊臂、挖掘机挖斗、桥梁结构件、风电工业零部件、能源行业

2022年，盛德大业建成国际先进、国内技术水平最高的锌铝镁合金板生产线。图为2022年8月拍摄的盛德大业锌铝镁合金板生产线（司 刚 摄）

零部件、建设工程零部件、海洋工程零部件及多元化加工等，实现国内一流化 OEM 工厂产能。2022年实现营业收入28亿元。

山东索力得焊材股份有限公司 该公司主营业务为焊接材料的生产和销售，产品涵盖气保焊丝、埋弧焊丝、高强度焊丝、氩弧焊丝、耐热钢焊丝、药芯焊丝、不锈钢焊丝等多系列上百个品种规格，综合产能40万吨，焊丝产量国内市场占有率14%，在全国焊丝行业位居第二。2022年实现营业收入16亿元。

山东盛德大业新材料科技有限公司 主要从事表面处理厚板、高档锌铝镁合金板、超薄冷轧卷板、毛化家电板及新材料的研发与制造，产品应用于航空、高铁、船舶、汽车制造、高品质家电产品等行业。公司生产的0.1毫米的极薄冷轧板技术达到国内领先水平。2022年实现营业收入14亿元。（李　哲）

高性能纤维及复合材料产业

【概况】 2022年，泰安市高性能纤维及复合材料产业有规上企业73家，主要集中在玻璃纤维、碳纤维、先进纺织材料、土工合成材料及其他高性能复合材料等细分领域。总链主企业为泰山玻璃纤维有限公司，分链主企业为山东路德新材料股份有限公司和山东国泰大成科技有限公司。2022年，山东路德新材料股份有限公司、山东鲁普科技有限公司入选2022“科创中国”系列榜单，新增国家级制造业单项冠军企业1家、省级“专精特新”中小企业3家、“瞪羚”企业2家、省级特色产业集群1个。73家链上企业实现营业收入174.2亿元、利润34.4亿元、税收7.51亿元，分别增长17.2%、15.7%、18.62%。泰安市高性能纤维及复合材料产业具有较强的市场竞争力，以泰山玻纤为龙头的玻璃纤维产品国内市场占有率超20%，研发和技术创新能力全球领先；土工合成材料产品技术达到国内同类产品的先进水平，土工格栅是国内两大土工合成材料聚集区之一，市场占有率达30%；聚酯纺熔非织造材料国内市场占有率达23%，排名第一。产业链做大做强行业龙头，梯次培育“专精特新”，双招双引补链强链，加快建设玻纤、碳纤两个特色产业园，构建“双纤并进、多点支撑”产业格局，打造国内领先的高性能纤维及复合材料产业高地。

【服务企业】 2022年，产业链专班聚焦招大引强项目要政策，搭建企业与市直要素部门沟通平台。为泰山玻璃纤维有限公司协调21.47公顷土地和1.53公顷林地指标；为肥城昌盛特种石墨有限公司协调办理锂电池用石墨化负极材料项目节能审查。聚焦中小型企业送服务，组织金融辅导队遍访企业，联络中国工商银行、泰安银行、泰安市融资担保有限公司等金融机构12家，深入肥城联谊工程塑料有限公司、兴合环保科技（山东）有限公司、泰安天成复合材料有限公司等企业调研对接，先后为9家企业协调资金2.21亿元。聚焦急难问题快落实。7日内为泰安坤泰石墨制品有限公司解决厂房租赁问题；及时解决北京同益中新材料科技股份有限公司新泰分公司雨季洪涝排水改造需求和泰安现代塑料有限公司供电用电难题；对接科研院所和相关部门，解决山东三同新材料股份有限公司产品标准化检测需求。

【品牌建设】 2022年，泰山玻璃纤维有限公司入选山东省科技领军企业和山东省2022年度第一批总部企业（机构）认定名单；山东路德新材料股份有限公司被评为国家知识产权示范企业，获批设立国家博士后科研工作站，入选第一批“好品山东”，荣登科创中国新锐企业榜；肥城联谊工程塑料有限公司获得国家级制造业单项冠军示范企业称号；三同新材料股份有限公司获评山东省“瞪羚”企业和山东省“一企一技术”研发中心；泰安佳成机电科技有限公司获评山东省科技“小巨人”企业和山东省知识产权优势培育企业；德盛合成材料有限公司获评省级“瞪羚”企业和省“专精特新”企业。

【项目建设】 2022年，产业链专班聚焦“招引培强双轮驱动、玻纤碳纤双纤并进”发展思路，北上南下招商合作。全年共组织项目集中签约4次，签约项目22个，签约金额141.2亿元；策划项目87个，策划金额277.5亿元；新开工项目68个，总投资121.9亿元。指导肥城昌盛石墨有限公司新上锂电池用石墨化负极材料项目，年增营收11亿元；疫情防控期间帮助山东国泰大成科技有限公司疫区运送设备，配套西部热源，碳化A、

玻璃纤维新材料产业集群入选2022年度山东省特色产业集群。图为泰山玻璃纤维有限公司年产12万吨无碱玻纤池窑拉丝生产线（市工业推进办　供）

2022年，山东路德新材料股份有限公司“路德/美格瑞诗土工复合材料”入选第一批“好品山东”品牌。图为公司厂区外景　　（市工业推进办　供）

B、C及原丝生产线全部具备投入运行条件；引进华新复合材料等项目，建设碳纤维复合材料产业园。

【产业补链强链】　2022年，泰安市高性能纤维及复合材料产业链坚持“双招双引，协同发展”，做好补链强链。开展“精准服务企企到助推发展见成效”专项行动，发放“联心卡”；搭建“我为企业办实事”服务发展云平台，设置问题高效办结、项目策划推进、产业基本信息、产业政策发布、技改扩规和招商信息共享6大功能模块。促进企业间资源利用，促成泰山玻璃纤维有限公司和山东国泰大成科技有限公司2家企业，在各自废弃物相互利用上实现原材料和废弃物的互补利用。加强招商引资力度，与南京玻璃纤维研究设计院有限公司达成在泰安设立产研创新分中心、到泰安投资和产业配套项目落地等13个方面的合作；在桐乡设立产业链驻浙江招商联络处，瞄准周边产业聚集区开展整体推介，扩大招商引资成果；引导泰山产业发展集团入股东平30万吨泰中特种功能纸基及辅助材料院士项目。补充延伸产业链条，以链主企业泰山玻璃纤维有限公司为核心，在上游配套引进华泰非金属微粉有限公司，配套建设超微粉加工项目，在下游招引落地山东璟凡新能源科技发展有限公司新能源材料、泰安晨光新材料科技有限公司绝缘新材料项目。

【重点企业】　泰山玻璃纤维有限公司　为产业链链主企业，入选山东省2022年度第一批总部企业（机构）认定名单、山东省科技领军企业和2022年度山东省特色产业集群。主导产品种类包括无捻粗纱、热塑玻纤、电子细纱、电子布、多轴向经编织物、无纺布、耐碱玻纤等。年内，玻纤及制品产量124万吨，增长11%，销量增长4.6%；实现营业收入93亿元，增长4.2%；利润总额下降3.7%，但仍超过30亿元，处于历史第二高位；纳税9.4亿元，增长4.3%，创历史新高。

山东路德新材料股份有限公司　是高性能纤维及复合材料产业链二级链主企业，系国家级制造业单项冠军示范企业、国家高新技术企业、国家技术创新示范企业、国家级守合同重信用企业、国家知识产权示范企业、山东省“瞪羚”标杆企业、山东省智能制造标杆企业，建成行业首家国家级智能制造示范工厂、绿色工厂。公司主要生产经营土工格栅、土工布、土工网、土工膜等基础设施建设专用新材料。2022年，公司实现销售收入9.7亿元，利税1.02亿元，市场占有率居同行业首位。

肥城联谊工程塑料有限公司　是国内土工复合材料制造行业的领军企业，综合影响力居国内同行业首位。主要生产新材料土工格栅、土工布、复合土工膜等工程材料，是国内土工复合材料产业集成化综合服务商，产品远销全球10多个国家及地区，广泛应用于高速公路、铁路、机场等重大工程项目。2022年，企业致力于数字化转型和智能制造，实现产值14.39亿元，利税总额达1.53亿元，增长16.6%。

泰安佳成机电科技有限公司　是国际上在玻璃纤维领域四家高端玻璃纤维专用设备制造厂家之一，是集研发、生产、销售、服务于一体的国家高新技术企业，获山东省科技“小巨人”企业和山东省知识产权优势培育企业称号。主要产品为专业生产玻璃纤维拉丝机、玻璃纤维短切机及其玻纤专用配套设备等。2022年实现工业总产值1.78亿元，主营业务收入1.56亿元，利润总额2045.92万元，利税2729.6万元，实交税金711.63万元。

山东斯福特实业有限公司　是国家高新技术企业、山东省国际科技合作基地。建有山东省院士工作站、加拿大海外引智研发中心等科研创新平台。主导产品为传统高耗能钢筋替代品——FRP纤维增强复合筋材，涵盖玻璃纤维增强筋材、玄武岩纤维增强筋材、碳纤维增强筋材、芳纶纤维增强筋材、高性能纳米增强筋材等5大类20种产品。2022年度工业产值增长40%，实现利税增长73%。（沈传法）

新型建材产业

【概况】　2022年，泰安市新型建材产业链按照“联动耦合、创新驱动、绿色转型、智能升级”发展思路，以“高端化、集群化、智能化、绿色化”为主线，践行绿色低碳理念，推动产业集聚协同高质量发展。聚焦链式思维，推动产业链上下游企业强强联合、协同发展，实现优势互补、资源共享。聚焦集群发展，建设泰安市绿色建筑产业园、肥城市建安制造产业园、宁阳县绿色建材循环经济产业园，打造示范产业园区。聚焦项目招引，力促项目达产见效，签约泰安大汶口装配式绿建产业园等项目，投资30亿元的赫里欧光伏建材一体化BIPV项目从签约到投产仅用时100天。年内，产业链实现营收157.9亿元，固定

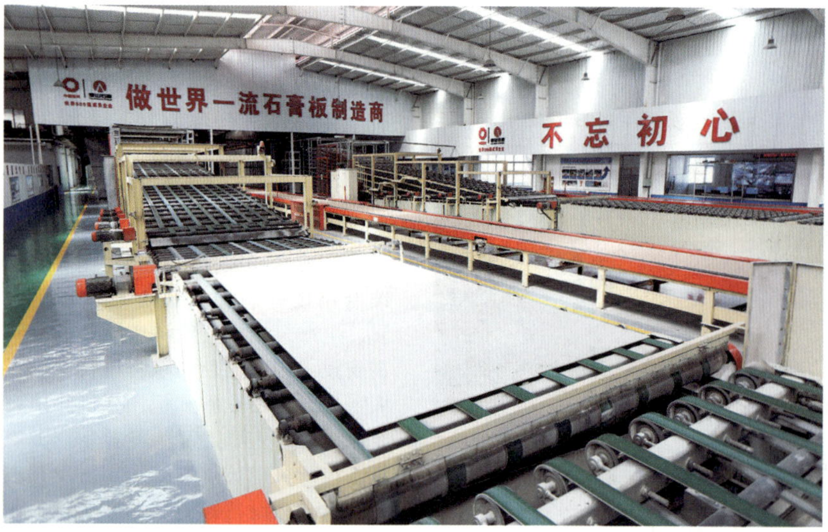

2022年6月13日，泰山石膏有限公司入选山东省“十强”产业集群领军企业库名单。图为公司纸面石膏板生产线（马广超　供）

资产投资20.28亿元，超额完成年度计划；培育“小升规”企业26家，规模以上企业数量达到195家，其中省级制造业单项冠军企业5家、省级“专精特新”中小企业16家、“瞪羚”企业3家；泰安市建材新材料产业集群和肥城市新材料产业集群入选省“十强”产业“雁阵形”集群，泰山石膏有限公司入选省“十强”产业集群领军企业库；3个项目入选2023年省重大项目，2个项目入选2023年省新旧动能转换优选项目。

【服务企业】　2022年，产业链专班开展“我为企业办实事”活动，完善企业服务专员、企业包保等制度，发挥产业会客厅、“泰企通”等平台作用，采取“一企一策”“一事一议”方式，协调破解制约企业发展的要素及项目堵点难点问题。助力企业发展，组织100多家单位到山东鲁泰建材科技集团有限公司等企业推介新产品。强化政策供给保障，专班牵头拟订《关于支持新型建筑材料产业链高质量发展的实施意见》，提出加快产业结构优化、坚持创新驱动发展、强化企业培育提升、实施绿色生产行动等一系列举措，推动泰石节能材料股份有限公司等企业上市步伐。2022年产业链新增省级“专精特新”中小企业4家，达到16家；拥有省级制造业单项冠军企业5家、“瞪羚”企业3家、市级工业领军企业50强3家、市级科技创新企业50强2家。

【项目建设】　2022年，泰安市新型建材产业链专班聚焦延链补链强链，谋划一批打基础、利长远、增后劲、强支撑的重点项目。年内，产业链策划项目31个，市外招商签约项目22个，开工项目62个。其中，开工过亿元的项目30个，入选省重大项目3个，省新旧动能转换优选项目2个，市重点项目11个，市推动绿色低碳高质量发展三年行动计划重点项目17个。凤凰绿色节能（装配式）建筑产业园建成投产，赫里欧发电建材产业园一期项目首线已经正常运营。

【产业园区】　2022年，产业链专班围绕泰山石膏有限公司、泰安中联水泥有限公司、泰石节能材料股份有限公司、泰安市联强远大建筑工业科技有限公司等重点企业，打造岱岳区新型建材产业集聚区。推动肥城新型建材产业集群发展壮大，规划建设肥城建安制造产业园，大力发展绿色建筑产业、装配式建筑产业、智能建筑产业，引进山东省财金统筹城乡发展集团有限公司、中科建材科技（泰安）有限公司等企业，推动产业集聚发展。规划建设“专精特新”绿色建材产业园，支持国有企业与民营企业合作发展，招引一批“专精特新”企业，打造绿色建筑联合舰队，同时拟配套建设研发设计中心、检测中心、物流中心等生产性服务业。建设宁阳绿色建材循环经济产业园，集聚荒料开采、板材加工、固废深加工、石材销售等项目，招引山东鑫阳升实业集团有限公司、山东百年亿汇石业有限公司、山东金实阳升环保科技有限公司等企业入园，推动产业链延伸发展。

【产业补链强链】　2022年，泰安市成立新型建材产业链商会，加快企业之间信息共享和要素资源互通，提高链条延伸度、企业协作度，打造协同

2022年6月13日，山东鲁泰建材科技集团有限公司入选山东省绿色工厂名单。图为公司纤维水泥板生产线（刘文鑫　供）

发展新常态。推进校城融合，推动建材企业技术创新、产品创新。山东威宝节能科技有限公司与泰山学院联合成立新型建材技术创新中心，泰安市联强远大建筑工业科技有限公司技术中心新认定为省级企业技术中心。深化产品合作，实现优势互补。赫里欧BIPV首批产品应用于凤凰节能建筑产业园，赫里欧车间建设采用中科建材装配式建筑构件，企业之间抱团发展合作共赢。深化技改合作。鼓励泰安中联水泥有限公司、山东大唐宅配家居有限公司等建材企业推进数字化转型升级，实现数字赋能。

【重点企业】 泰山石膏有限公司 是中国建材集团（世界500强企业）旗下的骨干企业，全球著名石膏板制造商，国内石膏板市场占有率达53%。公司主要产品包含石膏板、轻钢龙骨、粉料制品、装饰石膏板、护面纸及相关配套产品6大类60多个品种。年内销售纸面石膏板14.59亿平方米、装饰石膏板1.23亿平方米；销售泰山牌系列石膏板4.83亿平方米，增长0.12%；销售轻钢龙骨17.24万吨、增长7.61%，抹灰石膏4.48万吨、增长31.73%；生产护面纸42.27万吨。2022年实现销售收入109.23亿元，增长0.10%，利润总额19.40亿元。

泰安中联水泥有限公司 是中国建材集团旗下的水泥业务板块明星企业和“一带一路”参观走廊上窗口企业，拥有日产5000吨新型干法熟料生产线、年产100万吨水泥粉磨生产线、年产60万立方米商品混凝土生产线、7兆瓦超低温余热发电机组、4.2兆瓦分布式光伏发电及年处理10万吨固危废协同处置系统等全流程建材产业。该公司打造的5G智能矿山项目应用无人机扫描、智能控制系统、远程遥控挖掘机等先进技术装备，实现全矿区露天矿无人运输作业。2022年销售水泥91.88万吨、熟料43.98万吨、骨料174.81万吨，实现净利润1.03亿元、利税1.62亿元。

山东鲁泰建材科技集团公司 主要经营建材、化工两大类、四大系列产品。新型建材板块位于肥城市高新区穆庄工业园，主导产品为纤维水泥板/硅酸钙板，年产能2500万平方米；“无石棉纤维水泥平板”入选“一带一路”重点产品推荐目录；装饰板与医用洁净板，年产能200万平方米，混凝土电杆年产能10万条。2022年集团销售收入14.11亿元、利税1.55亿元。

山东联强建筑工业科技有限公司 是装配式建筑产品生产企业，自主研发的叠合空腔结构体系，采用叠合墙、空心柱、结构与保温、装饰一体化预制等关键技术，地上、地下全面实施装配式建造，装配率达到65%~75%。创立联强建筑一体化施工体系，实现对建筑全产业链的改造和升级，缩短在建周期，获得 2022 年度山东省建设科技创新成果一等奖。

赫里欧新能源（肥城）有限公司 是一家专业的光伏建筑一体化新型智能光伏发电屋顶/墙面材料公司。该公司年产能250万平方米，可装备500兆瓦建筑光伏一体化工程施工。2022年，总投资30亿元的赫里欧光伏建材一体化BIPV项目落户肥城市，项目从签约落地到首线投产仅用时100天，一期首线已投产，二期已签约。

（张　伟）

新能源产业

【概况】 2022年，泰安市新能源产业链新签约项目35个，新建、续建项目80个，技改扩规项目11个。新增国家级“专精特新‘小巨人’”企业2家、省级“专精特新”中小企业3家，瑞福锂业入选省“十强”产业集群领军企业。59家链上企业实现营业收入146.8亿元，增长77.1%，税收增长80%，利润增长252.5%。全市新能源装机容量416万千瓦，占电力装机比重52.1%，高于全省平均水平14个百分点。打造“储能之都”的经验，作为山东改革典型案例，上报中央改革办。抢抓国家“双碳”战略、“陇（甘肃省）电入鲁（山东省）”等机遇，打造千万千瓦级“储能之都”，制订《泰安市盐穴储能储气综合利用规划》，全国首台（套）压缩空气储能电站投产并网发电，300兆瓦盐穴压缩空气储能电站年内建成，投资102亿元的泰安二期抽水蓄能电站加快推进；打造“泰山锂谷”，以锂电新材料产业为主，向新能源新材料产业拓展，以肥城市为核心，辐射带动泰安高新区、新泰市、宁阳县、岱岳区，构建“1+4”区域布局；发展“光伏+装备制造产业”，建成全省最大的采煤塌陷区光伏基地，获批第二批光伏“领跑者”基地，推进整县制分布式光伏试点建设，光伏装机达260万千瓦。年内，产业链规上企业62家，实现营业收入146.8亿元，营收、税收、利润增幅分别为77%、80%、252%，均居泰安市13个产业链之首。

2022年，山东瑞福锂业有限公司入选山东省“十强”产业集群领军企业。图为公司厂房

（吕延鹏　摄）

2022年3月6日，山东超威电源有限公司宁阳县堽城镇厂区充电车间
（市工业推进办 供）

【招商引资】 2022年，产业链专班开展市场招商、政策招商，围绕锂电池、储能、氢能、风电、光伏等产业链上的成熟型企业，筛选有意扩大产能企业进行精准招引；制定“一企一策”，进行重点招商，利用泰安市鼓励发展新能源产业的政策等优势，招引一批龙头企业落户泰安。开展链条招商、以商招商，针对具备产业资源和产业基础的锂电池、储能、风电、光伏等产业，结合“资源开发+产业协同”发展策略，筛选具有产业发展协同效应、资源带动作用的成长型企业进行精准招商，推动新能源装备制造业延链补链强链。开展资本招商、园区招商，针对储能、氢能等新兴产业，筛选具有技术研发能力、发展潜力的创业型企业，推动“基金投资+园区配套”招商模式，助力初创型企业落地泰安。

【产业园区】 肥城蔚蓝碳中和产业园，由肥城城投集团投资60亿元建设并运营，实现拎包式入驻，立足“材料—电芯—系统”产业链，进行全链条布局。新泰零碳新能源装备制造产业园，占地4.33公顷，共建4栋定制化厂房6.3万平方米，宁迪新能源、中元泰芯、零碳未来、氢澜科技、弘森数控等5个项目均已入驻。高新区新能源装备产业园，占地33.33公顷，重点招引锂电池、光伏、电化学储能等新能源产业企业，打造“光伏+锂电装备”制造基地，圣阳股份4吉瓦圆柱锂电池项目、新艾电气2吉瓦电化学储能自动化产线项目已落地建设。

【重点企业】 华能泰山电力有限公司 隶属于中国华能集团，成立于1998年10月，注册资本15亿元，是泰安市新能源产业链链主单位和泰安市新能源商会（协会）会长单位。主要经营范围包括电力、新能源项目的开发、投资、管理以及电缆、电器生产与销售等业务。拥有华能（泰安）光电科技有限公司、华能泰山新能源有限公司等6家子公司。发展新能源、新材料、科技产业园、现代农业四大业务板块，完成项目投资36亿元。2022年企业工业总产值3.86亿元，税收0.15亿元。

山东瑞福锂业有限公司 坐落于肥城市，主营电池级碳酸锂、工业级碳酸锂、电池级氢氧化锂、无水硫酸钠、硅铝粉等系列产品，广泛应用于国内锂电池正极材料行业。公司是国家高新技术企业和国家级绿色工厂，同时具备锂辉石与锂云母提取制备锂电池正极原材料工艺，是山东锂电新材料特色产业集群龙头企业和泰安锂电新材料产业链链主企业。公司已申请专利40项，其中已授权发明专利6项、实用新型25项、外观2项、软件著作权4项，分别获得中国专利优秀奖、中国山东明星企业、山东省专利二等奖以及山东省技术发明二等奖、山东省技术创新奖一等奖等多个奖项，有3项科技成果达到国内领先水平。2022年，公司实现营业收入56亿元，税收2.4亿元，同比增幅423%、589%。

山东超威电源有限公司 是浙江超威集团投资建设的全资子公司，是超威集团重要生产基地之一。经营范围包括铅酸蓄电池生产、直流UPS电源组装、电子传感器、电子灯具、铅酸蓄电池原辅材料、零配件及生产设备制造销售等，是江北地区最大的铅蓄电池生产制造公司。2022年公司实现销售收入33.68亿元，税收2.41亿元。

（戴广谱）

医药及医疗器械产业

【概况】 2022年，泰安市医药及医疗器械产业覆盖生物制品、化学制药、医疗器械、中药制造等主要细分领域。链上有企业91家（其中规上企业38家），拥有省级“专精特新”中小企业30家、国家“专精特新‘小巨人’”企业1家、“瞪羚”企业14家、高新技术企业21家；拥有一批省市级企业技术中心、研究中心、实验室等研发平台，部分企业建有院士工作站或博士后工作站。年内，产业链共策划项目137个，其中入选2023年省重大项目6个、新建续建和技改扩规项目37个、招商引资签约落地项目40个。全年38家规模以上企业实现营收93.5亿元，增长19.4%；利润总额19.5亿元，增长19.8%；工业税收5.44亿元，增长7.18%；全年固定资产投资完成率为213.8%。

【服务企业】 2022年，产业链专班支持链主企业做大做强，加快泰邦生物扩建项目、宝来利来制剂项目、海天智能园区项目、润德生物国际氨糖基地项目、京卫制药综合制剂技改扩规项目建设进度。培育“专精特新”企业，2022年链上新增省级“瞪羚”企业3家、省级制造业单项冠军2家、省级“专精特新”中小企业5家；润德生物的“一种高效合成乙酰氨基葡萄糖的重组枯草芽孢杆菌”发明专利，获得第四届山东省专利奖三等奖，瑞泰纤维素的产品“羟丙纤维素”入选2022年山东优质品牌（产品）名单。培植“小升规”企业，2022年共新增规上企业6家。推动企业上市，8家企业入选上市“种子”库，山东宝来利来生物工程股份有限公司已重新提报证监会审核，山东润德生物科技有限公司、山东康盛医疗器械股份有限公司、泰安大陆医疗器械有限公司已完成上市签约。年内，产业链共收集企业诉求90条，协调办理70条。土地要素方面，为泰山药谷选址30.4公顷土地，为远望海天产业园争取到M0用地政策，帮助山东康潮生物科技有限公司解决土地6.2公顷。市场准入方面，帮助美康达智能科技（山东）有限责任公司办理一类、二类医疗器械备案凭证和生产备案凭证；组建新泰市场准入服务专班，集中攻坚制约山东润德生物科技有限公司发展的6类市场准入证照。能耗方面，协调解决泰安恒昌医疗科技有限公司6.5万吨能耗问题，已获得省发改委能评批复。资金方面，与工商银行泰安分行签署合作协议授信35亿元，为泰安大陆医疗器械有限公司、山东岳草堂药业有限公司、山东三和维信生物科技有限公司等企业解决资金约4亿元。

2022年3月16日，市委常委、组织部部长，市医药及医疗器械产业链链长刘泮英（右二）带队到山东海天智能工程有限公司调研　（王琨　供）

【招商引资】　2022年，产业链专班策划招商补链，共策划泰山药谷科技产业园等项目137个，10亿元以上项目12个。其中，泰山医疗科技产业园项目获得2022年前三季度泰安市项目策划金牌，普瑞曼药用包装材料项目获铜牌。链长、副链长带队招商，促进国药集团、威高集团签约落地，在共建科研“飞地”、原料药产能转移等方面达成多项合作，国药中草药新泰种植基地建成运营。项目建设延链，共有新建续建技改扩规项目37个，重点推进锐顺项目、鲁瑞药业项目等，泰山扁鹊中药煎煮、泰安恒昌医疗科技有限公司、新泰共享中药智能配送中心项目、美康达智能医疗项目、美奇生物项目已建成投产。山东帅迪医疗科技有限公司室内空气质量与微生物污染控制产业基地项目、泰安中至生物制药有限公司生命健康产业园项目、山东泰山药谷投资发展有限公司泰山药谷产业园配套基础设施项目、宁阳县中医院新建项目、东平县医疗中心建设项目、肥城市东城医院建设6个项目入选2023年省重大项目。创新融合强链，协助山东京卫制药有限公司申请省级技改奖补资金165.3万元、省重点研发计划重大科技创新工程经费支持1157万元。

山东泰邦生物制品有限公司入选2022年度第一批省级总部企业，是国内主要、山东省唯一的血液制品生产企业。图为公司生产车间　（市工业推进办　供）

【产业园区】　2022年，产业链专班规划引领，按照“一园一特”思路，构建“3+N”（泰山药谷园区、远望海天智能园区、泰山中医药园区，宝来利来、贝信生物、中至生命健康N个企业园区）格局。高位推进，链长、副链长多次调研园区选址、组织项目论证会、到现场召开推进会，推进泰山药谷产业园选址、规划、建设工作；园区已完成环境、能耗、安全评价建设前置手续容缺办理，同时与山东中京生物公司达成共建动物保健品全产业链合作框架及制定延伸产业链的3个子项目入园计划。政策支持，印发《关于成立宁阳

2022年，新建成的泰安扁鹊中药标准化煎煮服务及中药饮片生产加工项目
（市工业推进办　供）

医药产业园并支持、鼓励医药产业集群高质量发展的意见》等，明确落户奖励政策、招商引资奖励兑现政策。8月24日，全市新型工业化强市建设产业链专班现场推进会召开，总结推广医药及医疗器械产业链的工作经验。

【重点企业】　山东泰邦生物制品有限公司　是国家定点、省内唯一的血液制品生产企业，也是国内综合实力最强的血液制品企业。公司拥有人血清白蛋白、静注人免疫球蛋白（pH4）、人凝血因子Ⅷ、人凝血因子Ⅸ、狂犬病人免疫球蛋白、破伤风人免疫球蛋白、乙型肝炎人免疫球蛋白、人免疫球蛋白、人凝血酶原复合物等10个品种25个规格产品。2022年，公司实现营业收入34.27亿元，增长26.68%。

山东宝来利来生物工程股份有限公司　是中国最大的动物生物制剂技术和产品的供应商。公司有产酶益生素、生物E蛋白、多能宝3项国内首创产品；是动物微生态制剂、生物功能性饲料蛋白源、终端生物功能性发酵物3个领域的领导性品牌；是山东省“瞪羚”企业、国家级“小巨人”、省级单项冠军企业。公司动物微生态制剂产销量连续多年位居全国首位。2022年，公司实现营业收入3.5亿元，增长67.51%。

山东海天智能工程有限公司　是国内最早从事脑科学与类脑研究的高新技术企业，处于国内脑机接口医疗产业化的领军地位。自主研发的“脑机接口康复训练系统”是世界首台获批医疗器械注册证的脑控机器人产品，填补国际空白，是工信部认定的首台（套）核心技术装备，领先美国同类产品3年。获得国家级“制造业单项冠军培育企业”、山东省“瞪羚”标杆企业、人工智能领军企业（山东仅4家）、隐形冠军企业、“专精特新”企业、硬科技TOP50品牌榜企业等资质荣誉65项。2022年，公司实现营业收入9824万元，增长8.13%。

山东润德生物科技有限公司　公司拥有年产1万吨氨基葡萄糖绿色生产线，是世界同类产品最大的生产线，产品质量超过欧美日国家标准，是全球唯一实现氨基葡萄糖全产业链绿色生产的企业。2022年，公司实现营业收入1.6亿元。

山东京卫制药有限公司　公司是集研发生产销售为一体的国家高新技术企业，已上市产品包括呼吸、中枢神经、心血管、皮肤黏膜系统方面疾病的药品，多数产品为国家基本用药、医保目录产品。主要产品草酸艾司西酞普兰片、硫酸沙丁胺醇吸入气雾剂市场占有率均处于国内领先。是全国最大的吸入气雾剂生产企业，吸入气雾剂生产数量为全球第七，亚洲第二，产品出口50多个国家和地区，列中国制剂出口前20强。2022年，公司实现营业收入9.27亿元，增长18.22%。　（王琨　刘浩）

现代食品产业

【概况】　2022年，泰安市推动现代食品产业更快更高质量发展，印发《加快中央厨房（预制菜）产业发展八条措施》等靶向扶持政策4个，落实策划项目104个、新签约项目45个、推动开工重点项目147个。新培育省“专精特新”企业5家、省“瞪羚”企业1家。年内，现代食品产业链有规上企业159家，实现营收340.3亿元，增速16.7%；企业利润总额增速63.1%、企业税收总额增速24.77%；完成固定资产投资43.4亿元；“小升规”企业28家。

【项目建设】　2022年，产业链专班拉出重点项目落地进度清单，重点围绕在谈的八大企业重点投资项目，建立台账，动态管理，与县（市、区）、功能区密切协作，主动出击，靠前服务，争取在谈重点项目尽快签约落地。拉出招商引资储备项目清单，围绕8个重点赛道产业链图谱，突出中央厨房（预制菜）重点领域，梳理细化产业链条，策划产业链需求项目，锁定同行业头部企业和领军企业，以泰安市比较优势精准对接企业投资导向，一对一对接、点对点洽谈。拉出重点产业扶持政策清单，全面梳理中央、省、市出台的支农惠农普惠性政策，重点向食品产业倾斜；印发《加快推进现代食品产业高质量发展的实施意见》《加快中央厨房（预制菜）产业发展八条措施》《“兴农政策联结贷”实施方案》，借助“泰企通”“泰山产业会客厅”平台，将政策宣传到位、解读到位、兑现到位，形成政策叠加效应，提高招商引资实效。

【产业园区】　2022年，产业链专班培育6大县域产业园区，聚焦中央厨房、乳制品、肉制品加工等8大产业

2022年，蒙牛乳业泰安有限责任公司获得“山东省智能工厂”“山东省质量标杆”等称号。图为数智化生产车间 （司 刚 摄）

赛道，确定6大链主企业，纵向畅通原料供应、生产加工、产品营销等上下游融合渠道，横向推进机具制造、包装存储、物流运输等配套产业协同发展，初步构建链条清晰、闭环完整、功能匹配、协调运转的现代食品生态产业链。突出园区特色，打造一批以新泰市众客食品产业园为代表，构建以骨干龙头引领延伸产业链条的龙头企业带动型产业园区；构建一批以岱岳区大汶口镇“汶阳田”现代食品产业园为代表，以传统优势拉动关联产业聚集扩张的主导产业引领型产业园区；布局一批以肥城王庄特色农产品加工产业园为代表的优势资源聚集型产业园区；推动具有地方特色和产业传统的小作坊、农产品初加工及初创小微企业聚集，建设精品微园。提升园区标准，按照园区建设“10/8/1”泰安标准（基础设施“九通一平”十达标，配套八大“功能中心”，实现数智改造一项标准），形成有规模、有特色、高层次、高效益的现代化“超级工厂”。

【产业补链强链】 2022年，泰安市现代食品产业链专班科学谋划产业链布局，通过补链强链，加快产业链融合。产业链上游，重点推动泰山茶、高端畜牧、高效蔬菜等特色优势农产品产业发展，打造规模化、标准化生产基地和示范区，构建起高产高效的食品加工供应体系；将泰安山锅集团有限公司、泰安实力机械装备有限公司、泰山鼎峰衡器有限公司等10家食品装备企业纳入产业链，形成以普瑞特机械制造股份有限公司、泰山恒信有限公司等龙头企业为引领的食品装备和包装供应链。产业链下游，建设新泰全国肉鸭交易中心数字化平台、肥城全省生猪网络交易中心等区域性网络营销平台；打造立华冰鲜冷链、早天下冷链交易基地等区域综合性冷链物流项目。形成原料供应、加工包装、仓储物流、营销配送等上中下游完整产业链条，初步构建起链条清晰、闭环完整、功能匹配、协调运转的现代食品生态产业链。

【重点企业】 蒙牛乳业泰安有限责任公司 该公司主要生产液体奶、冰激凌、低温酸奶三大系列160多个品项产品。2022年固定资产净值5.67亿元，营业收入32.23亿元，净利润1.65亿元，上缴税金5153.8万元。

山东众客食品有限公司 是一家集种禽、商品禽孵化养殖、禽肉屠宰加工、调理品熟食深加工、饲料生产、生物技术开发、包装制造、畜牧产业服务为一体的全产业链生态型农牧食品企业，获得“农业产业化国家重点龙头企业”“国家禽类智慧养殖标准示范区示范单位”等荣誉称号。2022年，实现销售收入18.7亿元。

山东福宽生物工程有限公司 该公司主营的淀粉、F42/F55果葡糖浆产品份额居省内第二位。2022年实现主营业务收入31.5亿元，增幅10%；利润3038 万元，增幅 96%；利税 4182万元，增幅 67.68%。

泰山酒业集团股份有限公司 始建于1945年，公司综合实力和经济效益连续多年保持全省同行业前列。公司拥有的小窖酿酒车间，被认定为“最大的纯粮固态发酵酿酒车间”；“泰山酒传统酿造技艺”入选山东省非物质文化遗产；“泰山牌”系列白

2022年，山东泰山啤酒股份有限公司技改扩规提产能，新生产线建成后每年增加产能10万吨 （市工业推进办 供）

酒居山东省白酒十大品牌榜首、山东十大名酒第一名。2022年，公司实现销售收入10.92亿元，上缴税金2.05亿元。（董和鸣）

高端化工产业

【概况】 2022年，泰安市高端化工产业是市支柱产业之一，全市建有省级化工园区4个、化工监测点5个，园区总规划面积3500公顷。泰安市把握化工产业发展趋势，秉承“高端、绿色、创新”发展理念，推动化工产业向“下游精细化、产品高端化、应用协同化”转型升级，延伸产业链，形成以煤化工、盐化工、精细化工、化工新材料为主导的产业结构，高端化工产业集群入选山东省“十强”产业“雁阵形”集群，泰安市成功举办第十届全国环氧树脂产业发展论坛。全市共培育高端化工规上企业89家，其中高新技术企业34家、省级制造业单项冠军企业8家、“专精特新‘小巨人’”企业24家、“瞪羚”企业7家、市级50强企业12家、上市种子企业10家。年内，高端化工规上企业实现营业收入386.5亿元，增长24.4%；固定资产投资完成30.3亿元，完成任务的131.7%；泰安高端化工产业入选全省“十强”产业“雁阵形”集群。产业链累计策划项目173个、签约项目63个、开工项目77个。

【产业园区】 岱岳化工园区 位于岱岳区满庄镇，规划面积860公顷，已开发面积354公顷；以精细化工、医药化工、盐化工、化工新材料为主导产业链；现有泰安汉威集团有限公司、西尼尔（山东）新材料科技有限公司、山东泰汶盐化工有限责任公司等为代表的重点规上企业17家，2022年，实现营收58亿元。

新泰化工园区 位于新泰市楼德镇，规划面积801公顷，已开发面积377公顷；以煤化工及煤基新材料、精细化工为主导产业链；现有新泰正大焦化有限公司、山东德普化工科技有限公司、山东飞扬化工有限公司等为代表的重点规上企业20家，2022年，实现营收59亿元。

肥城化工园区 位于肥城市石横镇，规划面积884公顷，已开发面积312公顷；以化工新材料、高端精细化学品为主导产业链；有山东阿斯德科技有限公司、山东德源环氧科技有限公司、山东一滕新材料股份有限公司等为代表的重点规上企业20家，2022年，实现营收75亿元。

宁阳化工园区 位于宁阳县磁窑镇，规划面积950公顷，已开发面积648公顷；以生物化工及医药健康产业、现代煤化工为主导产业链；有山东恒信高科能源有限公司、山东晋煤明升达化工有限公司、泰安亚荣生物科技有限公司等为代表的重点规上企业23家，2022年，实现营收107亿元。

【招商引资】 2022年，产业链专班实施“五步法”招商思路，对招商项目实施“红蓝绿”三色管理法，并建立动态调整机制；绘制产业链招商图谱、招商手册和招商地图，建立月度/季度集中签约推进机制；首创线上招商签约模式，并采取“线下+线上”相结合方式，汉威集团、西尼尔新材料、德普化工、亚荣生物等一大批重大项目签约落地。2022年，产业链签约项目63个，总投资额385亿元。

【技术创新】 2022年，产业链拓展化工新材料应用场景，突出技术创新对产业的支撑。启动“岱岳—北化协同创新基地”“亚荣北化成果转换基地”“中京智能产业园”“汉威南大成果转换”等载体平台建设，提升产品科技含量。山东德普新材料科技有限公司的碳酸二甲酯绿色生产关键技术、泰安汉威集团有限公司的氯化胆碱关键生产技术、甜菜碱盐酸盐生产技术、硫酸二乙酯生产技术、碘酸盐绿色生产技术以及异辛酸生产技术5项技术已经通过山东省“一企一技术”研发中心认定。

【产业补链强链】 2022年，产业链专班紧紧围绕产业协同发展工作部署，着力延伸产业链条、力促产业聚集、提升产业协作，构建产业协同新模式。打造链内协同发展新版本，强化链内企业对接，构建原材料循环互供体系，通过链内协同发展，形成“闭环体系”，实现降本增效。打造跨区域协同发展新版本，立足既有产业实际，跨区域推动上下游原料产品互补，培育协作共享生态系统，不断为跨区域企业牵线搭桥，建立协同发展、优势互补产业体系。打造链链协同发展新版本，强化以链补链,建立协同发展、优势互补产业体系。

【重点企业】 泰安汉威集团有限公司 聚焦营养品、医药中间体和新材料3大板块化工产品，主要产品氯化胆

2022年6月，宁阳县化工产业园外景 （陈阳 摄）

2022年，山东农大肥业科技股份有限公司获山东省科技进步一等奖。图为公司微生物车间　（市工业推进办　供）

碱，市场占有率位居全国第一；年产400吨新工艺高纯氢碘酸，硫酸二乙酯产品，均打破国外垄断，填补国内空白。2022年，实现工业产值21亿元，营业收入20.3亿元，利润2.5亿元，纳税0.42亿元。

山东德普新材料科技有限公司　以精细化工产品的研发、生产、营销、国际贸易、技术服务为核心业务，主营产品为碳酸二甲酯、丙二醇等。拥有年产10万吨碳酸二甲酯、年产8.3万吨丙二醇生产线，单位成本、节能降耗水平、吨产品盈利能力全国领先，是丙二醇行业标准起草单位。2022年，实现工业产值6.25亿元，营业收入6.52亿元，利润0.87亿元，纳税0.67亿元。

山东农大肥业科技股份有限公司　是集新型肥料的研发、生产、销售及技术服务于一体的国家高新技术企业、全国腐植酸肥料行业"单项冠军"示范企业、行业标准起草单位，拥有国际领先核心技术3项，获得山东省科技进步一等奖、中国专利优秀奖，"腐殖酸+"系列产品国内销量领先。公司新型肥料年产能260万吨，是亚洲最大的活性腐殖酸肥料生产基地，全国最大的包膜控缓释肥供应商。2022年，实现工业产值18.02亿元，营业收入17.98亿元，利润9400万元，纳税5000万元。

山东恒信高科能源有限公司　集煤基化工一体化、高端化工、新能源产业、大型铁路物流园于一体的综合性企业。公司一期总投资36亿元，占地面积53.33公顷，设计产能120万吨焦炭、15万吨甲醇、10万吨下游高端化产品以及年发电2.1亿千瓦时的生产规模，拥有年600万吨铁路物流吞吐能力。2022年，实现工业产值20.38亿元，营业收入25.16亿元，利润114万元，纳税5737万元。

瑞星集团股份有限公司　是集高端化工、粮食加工、生物医药三大主体板块和技术研发、国际贸易为一体的大型现代化企业集团，获得国家级重点高新技术企业、中国制造业企业500强、中国化肥企业10强、山东民营企业100强等荣誉。主要产品有年产200万吨合成氨、年产350万吨尿素（多肽尿素、大颗粒尿素、聚能尿素）、年产100万吨各类增效复合肥、年产10万吨甲醇、年产20万吨甘油等化工产品以及年产100万吨淀粉、年产20万吨葡萄糖、年产12万吨无水糖、年产2万糊精等生物医药产品。2022年，实现工业产值133亿元，营业收入135亿元，利润1.1亿元，纳税1.5亿元。　（段学辉）

纺织服装产业

【概况】　2022年，泰安市搭建纺织服装产业合作"新平台"。4月19日，纺织服务产业链商会（协会）成立，搭建"1+1+N"资源共享平台，促成山东中康国创先进印染技术研究院有限公司与60余家企业和单位签约合作；设立产业链商会北京办事处，搭建与驻（北）京各大企业及中纺联等行业组织联系平台；开展海外仓专项调研，促成链上企业利用岱银美国仓扩大出口。开辟产业发展"新赛道"，链长带队到杭州、青岛等地精准招商，落地汉服智能制造代工项目；推动强声源化纤面料项目建设，补齐产业链高端化纤面料短板。探索问题化解"新路径"，实施"才聚泰

2022年4月，新泰市康平纳智能染色有限公司年产20万吨筒子纱智能染色工厂3号车间　（司刚　摄）

山东岱银纺织集团获“全国重点培育纺织服装百家品牌企业”称号，旗下雷诺品牌获“中国行政职业装十大品牌”称号 （李先峰 供）

安，链通未来”人才赋能行动等专项活动，化解企业人才用工难题；起草靶向政策支持国创中心高质量发展，会同相关部门化解企业各类要素保障难题；建立政策直达企业家服务机制，精准推送惠企政策信息。提升传统产业“新境界”，专班企业到青岛酷特智能公司、杭州纺织服装数字综合体、环思科技公司考察并开展合作。到年末，纺织服装产业链106家规上企业实现营业收入115.3亿元，完成全年目标100%；招商引资到位资金2.63亿元，完成全年目标263%；累计完成固定资产投资9.33亿元，完成全年目标233.3%；纺织服装行业出口总额33.6亿元，增长119.8%，增速高于全市出口总额37.4个百分点；2家企业入选工信部重点培育纺织服装百家品牌名单，3家企业新入选省级“专精特新”中小企业，1家企业获评泰安市上市“种子企业”。

【项目建设】 2022年，纺织服装产业链累计开工项目40个，完成固定资产投资9.33亿元。总投资16亿元的国家先进印染技术产业基地、总投资4亿元的宁阳纺织服装创意平台、总投资3.5亿元的馨辉高档服装生产项目等一批重大项目陆续开工；总投资5亿元的港鑫毛纺织纺织品印染及功能性毛呢后整理项目、总投资1亿元的壹家服饰产业园等一批重大项目陆续建成投产。启动实施金辉制衣5G+设备智能化改造、傲饰智能工厂、普纳斯智能服饰生产线等一批数字化技改项目，岱银集团雷诺西服智能制造数字化车间获“2022年省级数字化车间”称号。

【技术创新】 2022年，山东中康国创先进印染技术研究院有限公司参与的“特宽幅丝绸平幅染整工艺技术及成套装备产业化项目”获2022年中国纺织工业联合会科技进步奖一等奖；参与的“纺织品中三氯生残留量的测定技术标准项目”获2022年中国纺织工业联合会科技进步奖二等奖。山东康汇健康科技有限公司参与的“低碳高透磁性功能纺织品关键技术及新产品研发”获2022年中国纺织工业联合会科技进步奖二等奖。泰安东升服装有限公司、山东梦菲尔纺织品有限公司被评为山东省“专精特新”中小企业；泰安鲁怡针织印染有限公司、山东泰鹏智能家居股份有限公司被评为泰安市“专精特新”中小企业。

【品牌建设】 2022年，山东岱银纺织集团股份有限公司、鲁普耐特集团有限公司入选工信部评选的重点培育纺织服装百家品牌名单（制造品牌）；山东岱银纺织集团股份有限公司列2022年全国棉纺行业营业收入百强企业名单第19，入选山东省本土跨国公司重点培育企业认定名单；山东岱银纺织集团股份有限公司、泰安东升服装有限公司入选全省重点培育的贸易双循环试点企业；泰安东升服装有限公司功能性运动服装工业设计中心获评“2022年山东省级工业设计中心”。

山东泰鹏智能家居股份有限公司为国家高新技术企业，入选工信部“两化”融合管理体系试点单位，其研发生产的帐篷系列产品畅销国内外，国际市场占有率连续三年排名第一。图为2022年7月野外露营基地的泰鹏户外高端智能帐篷

（市工业推进办 供）

【重点企业】 山东岱银纺织集团股份有限公司 是一家集纺纱、织布、毛纺、服装、国际贸易、跨国经营于一体的现代化企业集团，有员工8000余名，拥有50万纱锭、1000台织机、3500台（套）缝制设备的生产规模，年产棉纱12万吨、毛呢300万米、牛仔布3000万米、服装800万件。公司列2022年全国棉纺织行业营业收入第19位、2021年全国服装行业百强企业第22位。入选工信部评选的重点培育纺织服装百家品牌名单（制造品牌）、山东省本土跨国公司重点培育企业认定名单、全省重点培育的贸易双循环试点企业。雷诺西服智能制造数字化车间被评为2022年省级数字化车间。2022年，公司实现营业收入46.8亿元，纳税1.37亿元。

鲁普耐特集团有限公司 是全球高端“绳、网、线、带”集成化服务商，国家级制造业单项冠军示范企业、国家科技进步二等奖获奖单位、国家重点“专精特新‘小巨人’”企业（鲁普科技）、中国绳网研发基地、中国产业用纺织品行业“十三五”领军企业、中国纺织工业联合会标准化技术委员会副主任单位等。入选工信部评选的重点培育纺织服装百家品牌名单（制造品牌）。2022年，该公司实现营业收入8.65亿元。

山东泰鹏智能家居股份有限公司 主要研发、生产和经营智能家居用品、多功能户外帐篷、救灾帐篷、体育健身器材等，产品主要出口到欧洲、北美洲、大洋洲的30多个国家和地区，是欧美地区顶级经销商（世界500强）的长期战略合作伙伴。入选2022年工信部新一代信息技术与制造业融合发展试点。2022年，公司销售收入4.14亿元，利润5515万元。

山东天源服装股份有限公司 主要从事世界知名品牌服装生产，与日本优衣库、瑞典H&M、美国NIKE、法国迪卡侬、美国CK等世界著名品牌服装巨头建立战略合作关系，成为集服装设计、研发、生产、贸易于一体的大型服装企业。2022年，公司实现营业收入5.22亿元，增长23%。

（李先峰）

印刷产业

【概况】 2022年，泰安市出版印刷产业链聚力发展造纸及纸制品业、新闻出版两大领域，打造浆纸制造、编辑出版、印刷发行、仓储物流、机械制造与销售、版权贸易、教育培训、研学旅游等全产业链条。至年底，产业链有规上企业36家，其中省级单项冠军3家、省“专精特新”企业5家、“瞪羚”企业1家、科技创新50强企业2家；招商引资到位资金11.1亿元，完成年度任务的222%；营业收入70.2亿元，增长9.8%；泰山新闻出版小镇建设列入山东省绿色低碳先行区及文化“两创”新标杆行动计划项目清单；山东新巨丰科技包装股份有限公司成为泰安市12年间首个A股上市企业、全省首家食品包装印刷上市企业；金天和纸业有限公司、机械工业出版社2个项目入选2023年省重大项目；泰中特种纸有限公司成为泰安市首个省文化和科技融合示范基地。

【服务企业】 2022年，产业链专班编印《出版印刷产业法规政策汇编》，深入各县（市、区）、高新区企业、项目一线开展调研活动37次，帮助泰安市恒彩印务有限公司、山东金泰恒盛新材料科技有限公司等企业协调解决存在的困难问题60项；举办全市出版印刷产业高质量发展培训班，邀请行业专家、要素保障部门、行业监管部门相关负责人授课，增加链内上下游企业交流；实施“泰山红链”工程，成立市出版印刷产业链党委、泰安市出版印刷产业链商会（协会）、全市出版印刷产业链工会联合会；深入泰山新闻出版小镇开展知识产权保护“面对面”服务，谋划小镇版权登记工作站建设等工作，打好国家图书版权交易中心上线运营基础。

【产业园区】 宁阳绿色包装产业小镇 占地300公顷、总投资67亿元，主要建设“一心、两带、四区、两地”（商务中心，绿色包装创新带、产城融合居住带，造纸及纸包装区、高端塑料包装区、金属综合包装区、创新智能制造区，仓储物流南、北基地），重点发展绿色造纸、纸包装、塑料包装、金属包装等产业，打造山东首家绿色包装产业小镇、山东省最大的绿色包装品生产基地、绿色造纸全产业链基地。小镇重点项目食品级包装材料及其配套工程项目由山东金天和纸业有限公司投资建设，项目占地12.33公顷，总投资12亿元，建设内容包括年产30万吨高档涂布白卡纸生产线和年产20万吨的生物化机浆生产线及其配套的废水处理站及仓储设施。该项目以自产化机浆为主原料，全程智能化控制生产，采用国内

2022年，肥城市新华印刷有限公司入选山东省“专精特新”中小企业名单。图为公司装订生产线 （市工业推进办 供）

泰山文化传承发展示范项目——泰山新闻出版小镇 （吴楠 供）

先进的污水处理技术、节水措施，达到废水不出厂，智能化程度高、绿色环保高效，单位产品综合能耗达到国内同行业先进水平。该项目入选2023年省重大实施类项目、市重点建设项目名单。

泰山新闻出版小镇 参见《文化·文化产业》

【重点企业】 蓝光数字产业发展（山东）有限公司 该公司开展以文化大数据为核心的文化产业平台建设和产业空间专业运营，布局文化产业研究策划咨询、文化创意、文化金融（产业投资）等产业板块。2022年，开展研学、主题活动、版权确权及交易等业务，全年实现主营业务收入增长30%。

山东综艺联创包装股份有限公司 是一家集设计创意、技术研发、生产销售为一体的包装印刷企业，主营业务是为各大酒企生产各种酒类包装盒箱。年内，公司与齐鲁工业大学共同开发的“高端印制加工智能质量控制系统”获省级科技型中小企业创新能提升工程项目立项，获批科技、工信等部门各类项目补助资金200万元。2022年，实现产值2.1亿元，利税2000余万元。

山东新巨丰科技包装股份有限公司 是国内顶尖的液体食品无菌包装综合供应商之一，致力于向领先的液体乳制品及非碳酸软饮料生产商提供高性价比无菌包装材料，是专业从事生产液体食品无菌包装材料的企业。2022年实现营业收入约16.08亿元，增长29.48%；净利润约1.7亿元，增长7.84%，9月，公司在深交所创业板上市。

2022年，山东润声印务有限公司启动精装立体书生产线智能化技改项目，有效填补山东及周边省、市规模立体书空白。图为公司生产车间 （市工业推进办 供）

肥城新华印刷有限公司 是一家从事出版物印刷、其他印刷品印刷、货运等业务的公司。2022年完成大纸121.9万令，印制各类图书1.21亿万册。新华公司数字化创新工厂项目在12月9日正式启动，通过集成化、标准化、数字化、智能化的平台来管理、监督并优化公司的管理水平和生产运行能力。2022年，实现产值1.02亿元，实缴税金517.1万元。

山东润声印务有限公司 是集精装图书、教材、教辅和其他印刷品为一体的现代化印制企业。与近百家国内大型知名出版单位建立稳固的合作关系，是中宣部学习出版社重大选题图书定点印制单位。获得国家级“高新技术企业”、省“专精特新”中小企业、“一企一技术”研发中心、省“印刷示范企业”等称号。年生产多种类图书达2.5亿册。2022年，实现产值5.06亿元，利税6580万元。

（杨天刚 亓文豪）

传统能源工业

【煤炭生产】 2022年，泰安市煤矿装备淘汰炮采工艺，每年产90万吨及以上煤矿实现智能化开采，新建智能化采煤工作面15个。全市开展煤矿安全执法检查56矿次，查出问题975条，提出建议39项，送达现场处理决定书60份，停止采掘工作面生产4个，矿井停产整顿3处，实施经济处罚57矿次，送发即时通报11份。到年末，全市18处煤矿核定生产能力每年1300万吨，累计生产煤炭710.99万吨，其中13处地方煤矿生产煤炭405.08万吨、5处省属煤矿生产煤炭305.91万吨。（宋冠州）

【电力生产】 年内，全市电力总装机 798.8 万千瓦，其中统调机组392万千瓦、地方机组 406.8 万千瓦；全年机组发电量212.38亿千瓦时。市内共有煤电机组37台，其中直调机组10台、地方公用机组16台、企业自备机组11台，总装机容量348.5万千瓦；全年煤电发电量130.6亿千瓦时。

（朱玉祥）

【电力供应】 2022年，全市全社会用电量261.58亿千瓦时，增长6.79%，增速居全省首位；电网最高负荷470.1万千瓦，连续6次创下历史新高。国网泰安供电公司电网基建投资7.16亿元。至年底，实现连续安全生产8873天。（朱金森）

【重点企业】 山东能源新汶矿业集团公司 2022年，新矿集团形成以煤炭为基础，以煤电、煤化工为转化路径，以新能源为补充，以铁路物流为保障的5大规模发展布局。产业发展提质增效。省内矿井优系统、调接续、提效率，破解千米退出、资源减量、产能下降困局，实现稳产稳量稳效。内蒙古区域坚持大面重装、智能自动、可靠高效，采煤、掘进效率分别提高11%、15%。规划重点智能化项目57项，累计投入资金10.9亿元，翟镇煤矿、长城三矿达到国家中级智能化示范矿井水平；新泰2×60万千瓦燃煤发电项目，列入山东省“十四五”新增超超临界煤电项目优选名单。企业维持“AAA”信用评级，资产负债率降至68%。

国家能源集团山东石横热电有限公司 2022年年末运营6台机组，总装机容量1920兆瓦。年内累计完成发电量74.58亿千瓦时；售热量403.47万吉焦，增加88.19万吉焦。落实安全生产主体责任，全年未发生人身轻伤及以上事故，未发生重大设备损坏事故。主要污染物达标排放率均高于99.8%，全年未发生生态环境事件。完成66.71万吨二氧化碳当量碳排放权配额交易。

国家能源泰安热电有限公司 成立于2013年12月，位于泰安高新区，装机容量70万千瓦，两台35万千瓦超临界热电联产机组于2015年投产发电。被评为2022年度山东公司经营业绩考核A级企业。制定实施专项保电方案7项，完成保供、保暖、保民生和重大活动、重点时段保供任务。加强设备消缺维护，消缺率99.95%。组织机组检修4次，完成低压缸转子更换、机组灵活性改造等重点项目。加强指标管控，各项污染物排放达标，全年未发生生态环境保护违法违规事件。年末，电力市场客户数量95家，增加12家；累计结算电价457.06元/千千瓦时，较基准电价增长62.16元/千千瓦时；工业蒸汽用户增加3家，热源覆盖面积2250万平方米；工业蒸汽价格获批上调每吨33元，争取供暖补贴545万元。全年实现净利润2105万元。

国网新源山东泰山抽水蓄能有限公司 于1999年7月注册成立，管理泰安一期抽水蓄能电站、泰安二期抽水蓄能电站两处站点。泰山抽水蓄能电站位于山东省泰安市西郊，为国家“十五”重点工程。工程总投资43.26亿元，电站作为山东省第一个抽水蓄能建设项目，共安装4台250兆瓦立轴单级混流可逆式水泵水轮机组，总装机容量100万千瓦，能有效利用夜间用电低谷电能，每年节约标准煤43.4万吨，节约燃油25.5万吨。山东泰安二期抽水蓄能电站位于泰安市徂徕山汶河景区，电站总投资101.86亿元，装机容量180万千瓦，安装6台单机容量30万千瓦可逆式水泵水轮发电机组，设计年发电量18亿千瓦时，设计年抽水电量24亿千瓦时；电站以500千伏线路接入山东电网，承担保障大电网安全、促进新能源消纳等任务。1月，项目建设用地取得自然资源部批复；6月18日，业主营地工程开工；9月7日，水库工程开工，完成年度建设目标任务。至年末，公司4台机组共启动4354台次，启动成功率100%。发电量11.46亿千瓦时，抽水电量14.29亿千瓦时，发电量与抽水电量均有增长。4台机组服务电网次数达1067次，大功率缺额系统动作14台次，发电方向启动次数和抽水方向启动次数分别达2147次和2207次，启动次数位列国网新源第一。

国家电网泰安供电公司 2022年，公司电网基建投资7.16亿元，新建改造配电线路416.48千米、变压器726台，户均供电容量提升至3.17千伏安，投产变电容量138.5万千伏安；完成42条输配电线路迁改任务；配合市能源局等七部门印发《分布式光伏规模化开发方案》，服务1.11万户、39.64万千瓦分布式光伏并网；助力肥城压缩空气储能二期等2项、40万千瓦储能项目接入方案审批；服务河海热电等12个电源项目、16万千瓦机组并网。开展安全生产大排查大整治、燃气消防等专项隐患排查，查改各类隐患2907项，安全生产专项整治三年行动圆满收官；滚动修编全员安全责任清单；完成春秋季检修任务967项，落地重要输电通道联合防控机制、线路保护区施工许可制，220千伏及以上线路保持“零跳闸”；用户平均停电时间降低22.07%，城乡综合电压合格率提升至99.92%；奋战75小时完成泰山景区短时强降雨抢险救灾任务，做好北京冬奥会、中共二十大等重大活动电力保障任务58项。服务省、市重大重点项目送电141项、27.05万千伏安；融入“无证明”城市建设，17项业务实现“无证明”办理，“一码通行”办电模式在全省推广；“落实供电到红线政策，降低企业办电成本”入选全市“我为企业办实事”活动清单，建成全国首个电动汽车应急充电舱；实施“电力赋能·乡村振兴”行动，对上争取捐赠资金243.5万元，超额完成130万元消费帮扶采购任务，市、县“煤改电”客户突破23万户；建成18处方舱及隔离点电网配套工程，保障37家防疫重要单位用电。

（朱金森）

编辑 校对 王 巍

建筑业

综　述

【建筑业高质量发展】　2022年，泰安市聚焦龙头企业培育、总部经济建设、建安品牌塑造，着力培育“肥城建安”“泰建索道”“泰安新型装配式建筑”等名片。市住房和城乡建设部门牵头搭建的新型建材产业链有规模以上企业195家，年营业收入158亿元；全市有施工总承包和专业承包资质以上建筑业企业558家，其中一级资质建筑业企业64家；支持本土企业与省内外特级建筑企业结成战略联盟，打造“泰安建设”品牌，全年实现建筑业在省外施工产值668.8亿元，外向度达到52.5%，15万名建筑大军遍布全国和36个国家（地区），外出施工人数居全省第一位。到年末，全市建筑业总产值1272.9亿元，居全省第三位，较上年增长8.8%，增速居全省第一位；全市建筑业实现增加值438亿元，GDP占比13.7%，提供就业岗位29.1万个。在2022年度山东省建筑业强市强县强企排名中，泰安市居综合实力5强市第三名、肥城市居综合实力10强县第一名、5家企业进入省30强企。

9月15日，泰安市召开建筑业高质量发展大会。市委书记、市人大常委会主任杨洪涛，省住房和城乡建设厅党组书记李力出席会议并讲话。会议宣读省住房和城乡建设厅《关于发布2021年度山东省建筑业强市强县强企的通报》、市政府办公室《关于公布泰安市建筑业强县、强企名单的通知》；为受表彰的省建筑业强县、省“建筑业综合实力30强”企业代表，市建筑业强县、市“建筑业综合实力十强”企业代表，市“建筑业最具潜力十强”企业代表和市“建筑业外拓市场十强”企业代表颁奖；建筑业强县代表肥城市、泰山区，“建筑业综合实力十强”企业代表泰安建筑工程集团有限公司、兴润建设集团有限公司，市新型建材产业链“专精特新”企业代表泰安联强远大建筑工业科技有限公司负责人依次发言。会议要求提高思想认识，增强推动建筑业高质量发展的责任感使命感；明确主攻方向，实施建筑业高质量发展三年行动；做大做强企业，培育龙头企业尤其是特级资质企业；推动集群发展，在提升产业链、价值链上实现突破；开拓建筑市场，实现由单一市场向多元市场转变；加大创新力度，引导建筑企业向数字化方向发展；强化监督管理，坚决防范和遏制各类施工事故发生。

【行业旗舰企业培育】　2022年，泰安市建筑行业建立企业资质晋升培育机制，对综合实力优、晋升特级资质意愿强的6家企业实行“一企一策”，跟进服务，逐项解决企业升级过程中遇到的困难和问题。实施总部经济，发挥本土建筑企业在“招大引强”中的作用，招引央企、知名民企在泰安市设立区域总部、功能型总部。打造“肥城建安”和“泰建索道”两大品牌。肥城市建安总部经济区入驻高等级资质企业47家，建成国内领先的特色总部经济区。泰安建筑工程集团有限公司承建的2022年冬奥会6条高山滑雪索道圆满完成赛事保障任务，在全国索道建设市场占有率在75%以上。

2022年9月15日，全市建筑业高质量发展大会召开。图为建筑业强县代表、市“建筑业综合实力十强”企业代表受奖　（司刚　摄）

【企业市场开拓】 2022年，泰安市实施建筑企业“走出去”发展战略，坚持党建引领建筑业高质量发展，成立建筑业企业外出施工行业党委，统筹谋划市内、国内和国外“三个市场”，实现由单一市场向多元市场的转变。肥城市建立市级领导包保、联席会议、特殊督办制度，统筹推进企业外出施工相关工作，同时由公、检、法等部门组建法律援助服务队，帮助解决外出施工“难点”“堵点”问题。全市外出施工15万人，施工区域遍布全国31个省（市、自治区）及俄罗斯、阿尔及利亚、沙特、约旦等36个国家和地区。2022年省外完成产值668.8亿元，增长5.7%，占全市建筑业总产值的52.5%。（李 燕 姜 敏）

2022年，泰安建筑工程集团有限公司在全国索道建设市场占有率在75%以上。图为该公司承建的北京冬奥会高山滑雪索道 （李 燕 姜 敏 供）

勘察设计

【概况】 2022年年末，泰安市有勘察设计单位129家，其中建筑工程设计单位14家（甲级4家、乙级4家、丙级4家、丁级2家），一类施工图审查机构2家，二类施工图审查机构1家。新增设计企业21家，均为劳务资质企业。

【施工图审查】 2022年，泰安市住房城乡建设部门印发《关于严格执行工程设计施工图审查政策性清单的通知》，转发省住房和城乡建设厅《关于进一步加强施工图设计文件审查工作的指导意见》，严格落实国家和省绿色建筑、无障碍设施、装配式建筑、居住小区充电基础设施等政策要求。印发《泰安市关于推行全过程数字化图纸闭环管理实施方案》，开展全过程数字化图纸闭环管理监管系统线上培训会，推进全过程数字化图纸闭环管理。制定工程设计施工图审查政策性清单，签订《勘察设计单位自律承诺书》，实行“清单+承诺+信用”管理。全年全市完成施工图审查项目393个。其中，房建项目381个，面积692.46万平方米（含装饰装修）；市政项目12个，总投资3.15亿元。

【市场监管】 2022年，泰安市住房城乡建设部门印发《关于进一步加强勘察设计行业管理工作的通知》，强化行业市场行为管理、成果质量管理、施工图审查管理和监管责任，保证勘察设计质量。开展“双随机、一公开”监督检查，重点核查企业资信、注册人员执业情况，对违反质量安全、绿建节能、装配式建筑、无障碍设计等工程设计、施工图审查政策性清单要求的行为。全年检查勘察设计单位111家，其中勘察单位69家（含劳务资质企业62家）、建筑设计单位12家、市政设计单位2家、其他行业设计单位12家、专项设计单位16家；检查勘察设计成果9项、审查机构3家。发现问题56个，责令涉及的12家单位限期整改。

【建筑设计企业创优夺杯】 2022年，泰安市住房城乡建设部门组织全市“四新杯”装配式建筑设计技能竞赛，评选团体一等奖2个、二等奖2个、三等奖2个、优秀奖2个，个人一等奖7个、二等奖7个、三等奖13个、优秀奖13个。组织全市建筑设计BIM技术应用技能竞赛，评选一等奖1个、二等奖3个、三等奖3个、优秀奖3个。在2022年年初揭晓的省级比赛结果中，山东博宇建筑设计有限责任公司2个项目获2021年度山东省工程建设泰山杯奖二等奖、3个项目获2021年度山东省建筑信息模型（BIM）技术应用大赛三类成果奖。参加山东省“土地杯”农村新型住房建筑设计大赛，山东博宇建筑设计有限责任公司、泰安市城市建设设计院分别获得优秀参赛作品奖；参加2022年山东省建筑设计BIM技术应用技能竞赛，山东博宇建筑设计有限责任公司2名设计人员分别获得一等奖、二等奖。（李 燕 姜 敏）

建筑施工

【装配式建筑】 2022年，泰安市住房城乡建设部门制定《关于调整装配式建筑装配率的通知》《关于严格执行工程设计施工图审查政策性清单的通知》等文件，要求18层以下（含18层）装配率不低于65%，18层以上不低于50%。泰安师范附属学校虎山路校区和泰安方舱医院等公共建筑均采用装配式建筑，其中泰安师范附属学校虎山路校区项目装配率达74%。全年新开工装配式建筑面积377.26万平方米，占民用建筑面积比例达47.92%。全市建设13个装配式产业基地，其中4家企业被评为省级装配式建筑部品生产类、集成应用类产业基地，涵盖设计、PC构件生产、轻质隔墙装饰板材、幕墙、集成卫浴、厨房等方面，形成较为完善的装配式建筑产业链。

【施工质量管控】 2022年，泰安市建筑行业全面落实先验房后收房制度，通过“业主开放日”“先验房后收房”等活动，组织业主现场查验公示信息，提高信息透明度，提升住宅交付质量。抓好延长质量保修期工作落实，将建筑本体相关部位及设备质量和保修期限等要求纳入拟出让地块建设条件意见书，严把联合验收关口，落实企业责任。开展在建工程实体质量及重点材料“双随机、一公开”抽查、专项检查等，强化预拌混凝土进场质量控制。开展住宅工程防渗漏专项整治，确保参建各方责任落实到位，提升常见问题治理效果。年内全市获得山东省工程质量管理标准示范工程（优质结构工程）16项，编写省级工法4项，创建省级绿色施工科技项目4项。

【施工安全管控】 2022年，泰安市建筑行业以安全专项整治三年行动为主线，组织开展房屋建筑施工安全生产大检查、预防高处坠落专项整治百日行动、安全生产集中攻坚行动等活动，督促各县（市、区）、功能区建设主管部门开展自查自纠，及时消除各类安全隐患。全市开展检查1723次，检查工程项目1945项次；市级组织开展质量安全专项督查、安置区专项督导检查8次。落实值班带班和重点时期日报告制度，全年累计发布预警信息30次，组织应急演练500余场次，参加人员2万人次。抓好预防高处坠落专项整治，成立全市房屋市政工程施工预防高处坠落专项整治百日行动领导小组，对在建678个工地进行全覆盖检查。

【建筑工程消防审验】 2022年，泰安市住房城乡建设部门印发《关于强化建设工程消防设计审查验收工作的通知》，压实参建各方主体责任。公布泰安市建设工程消防审验第二批专家名单，共83名专家。举办2022年度泰安市首届消防工程查验技能竞赛，有48名从业人员、10个团体参赛，比赛评选出个人一等奖5名、二等奖10名，团体一等奖2个、二等奖3个、优秀组织奖5个。编制《泰安市建筑工程消防施工技术资料（样本）》，推动消防验收工作前移，提高消防验收一次合格率。全市办理特殊建设工程消防设计审查167项、消防验收214项，其他建设工程验收备案517项，抽查项目数187项。“双随机、一公开”专项监督检查项目505个，发现隐患问题503项，送达整改通知书233份、行政处罚决定书51份，督促企业整改落实。 （李燕 姜敏）

建筑市场监管

【标准造价管理】 2022年，泰安市住房城乡建设部门抓好工程造价信息的采集、编辑、发布工作，发布《泰安工程造价信息》6期。印发《关于调整工程建设疫情防控相关费用的通知》，明确疫情防控费计取费率标准，保障建设项目顺利实施。做好定额解释工作，通过接待到访、电话解答、现场解释解答、书面回复等不同形式解答各种定额问题，有效化解矛盾。组织2022年度泰安市市政工程造价数字创新技能竞赛，培养工程造价专业人员职业技术，提高全市工程造价行业职业技能水平。

【招投标工作】 2022年，泰安市住房城乡建设部门加强房屋建筑和市政工程建设项目招投标活动事中、事后监管，监督开标、评标工程项目97个。印发《房屋建筑和市政工程招标投标项目营商环境创新行动的指导意见》，细化招投标领域创新工作具体配套措施。梳理规范招投标举报、投诉程序及办理流程，依法依规受理并办结规划区内房屋建筑和市政工程招投标活动中的举报及投诉案件14件。加强评标专家库管理工作，对专家资格到期的325名评标专家开展资格复审工作，依法加强评标专家行为监管。

【农民工工资支付】 2022年，泰安市开展住房城乡建设领域拖欠农民工工资问题专项行动，对全市所有工程项目进行排查摸底，对存在欠薪隐患的项目建设单位或施工单位集中约谈，严格对账销号，强化跟踪督办。畅通维权渠道，在网络公开全市住房城乡建设系统农民工欠薪举报投诉电话，配合人社部门宣传泰安市“安薪泰山”举报投诉平台，在施工现场张贴“泰山安薪码”，确保农民工投诉有门、求助有道。会同人社、公安等部门依法惩处欠薪行为，全年累计发放消除欠薪隐患“督办函”81份、受理农民工欠薪投诉179起，涉及金额2140万元，动用农民工工资保证金20.8万元。 （李燕 姜敏）

编辑 校对 王冠文

商贸服务业

商贸流通

【概况】 2022年，泰安市实现社会消费品零售总额1161.9亿元，增幅高于全省1.4个百分点，增速列全省第5位。从增长面看，22类限额以上单位商品零售中有16类商品零售实现增长，增长面为72.7%，其中家用电器和音像器材类增长33.2%、粮油食品类增长13.6%、服装鞋帽类增长15.6%、烟酒类增长12.0%、通信器材类增长11.7%。

【市场建设】 2022年，泰安市加快商贸流通体系建设，采取政府引导和市场化运作相结合的方式，统筹建设服务网点，补齐社区商业设施短板，扩大消费市场规模。优先配齐便利店、早餐等基本保障类业态，因地制宜发展养老、健身等品质提升类业态，满足居民多样化的消费需求。做好县域商业体系建设工作，围绕发挥县城和乡镇的枢纽、节点作用，加快补齐基础设施和公共服务短板，争取中央扶持资金1400万元。市商务局会同住房和城乡建设局等部门联合制定《泰安市一刻钟便民生活圈实施方案》，打造便民生活圈试点社区10个（东湖社区、丽景社区、七里社区、三里社区、向阳社区、徐家楼社区、九女山社区、岱前社区、长城社区、卧虎山社区），满足群众家门口的消费。年内，泰安市入选省级城市“一刻钟便民生活圈”建设试点城市，肥城市入选全省乡镇商贸中心建设引领县。

【商贸综合体】 2022年，泰安市抓好商贸综合体招引、运营，有效提升消费品质档次。泰安市纳入统计的商业综合体有3个，分别是泰安万达广场、泰安爱琴海购物公园、泰安吾悦广场，总营业面积近26万平方米，入驻商户463家，2022年营业收入共计18亿元。

泰安万达广场 营业面积9.06万平方米，入驻商户150家，其中零售业户105家、餐饮业户45家，全年销售额约8亿元。

泰安吾悦广场 作为泰安东部的城市综合体，营业面积5.26万平方米，入驻商户169家，其中零售业户125家、餐饮业户44家，全年销售额约5.5亿元。

泰安爱琴海购物公园 营业面积10.8万平方米，入驻商户144家，其中零售业户103家、餐饮业户41家，全年销售额约4.5亿元。

【批发零售业】 2022年年末，泰安市批发业纳统企业数量997家，纳统企业营业收入规模2308亿元，规模最大企业营业收入超过100亿元。批发业997家纳统企业中，泰山区126家、规模226亿元，岱岳区557家、规模1098亿元，新泰市135家、规模585亿元，肥城市89家、规模271亿元，宁阳县53家、规模49亿元，东平县37家、规模80亿元。零售业纳统企业数量298家，纳统企业营业收入规模234亿元，规模最大企业营业收入超过20亿元。

【市场消费】 2022年，泰安市商务局制定印发《泰安市商务系统消费扶贫实施方案》，建立起“行政引导、公司运作、市场对接、电商助力”的长效化工作机制，完成消费扶贫2008万元，超额完成年度扶贫任务。建立“山东企业代销售+巫溪企业代生产”的合作模式，推动肥城鸿熹桃木文化用品有限公司与巫溪县龙凤工艺有限公司深度合作。推动泰安市企业与巫溪同顺中药材有限公司深入合作，形成“巫溪初加工+山东精深加工”中药材产业链。探索“巫溪种养殖+山东销售”全产业链发展，推动泰供农产品销售公司与重庆滕展家禽养殖有限公司展开合作。

【消费促进】 2022年，泰安市克服疫情反复带来的影响，贯彻落实国家、省一系列稳增长促消费的政策举措，取得显著成效。

发放居民消费券 坚持“政府引导、金融助力、企业让利、群众受益”的原则，面向全市居民发放消费券。市财政安排100万元资金，根据各县（市、区）、功能区消费券发放及使用情况，给予奖励。年内，全市发放通用消费券500万元，带动直接消费4000万元。

鼓励汽车、家电消费升级 在全省率先出台《泰安市促进汽车消费的活动方案》，通过汽车消费券政策的出台，从促进新车销售、降低用车成本、车企参展补贴3个方面促进汽车消费市场复苏，激发消费者购买潜力；制定《关于促进家电消费若干措施的通知》，从开展家电惠民活动、鼓励家电以旧换新消费两方面推动家电消费市场回暖。全市汽车、家电销售额分别达89亿元、14.3亿元。

策划各类促销活动 开展“2022年惠享泰安消费年”系列活动，发挥节庆日兴商聚市优势，引导企业开展节日促消费活动。先后组织开展汽车惠民消费月“2022泰安家电消费节”“绿色家电升级惠民补贴”等促消费活动100余场，实现让“市民”走出来、让“企业”动起来、让“节日”火起来的良好局面。

【夜间经济】 2022年，泰安市以“培育新动能，提升街区品质，带动城市消费”为核心目标，成功申报泰安万达金街、泰安老街成为省级步行街。引导企业进行改造提升，万达金街项目累计投入450万元，进行施工项目20项，将传统文化与前沿商业有机结合；泰安老街投资32亿元，历经两年打造成为泰安城区规模最大、业态最全的大型特色街区，日均客流量3万人次，直接带动就业5000余人。挖掘夜间经济新动能，加快夜间经济街区商市复荣，发挥夜间消费“黄金时段”优势，打造吾悦广场、万达广场、泰山国际会展中心、梦泰山、海大广场、宝龙不夜城等夜间经济示范区，运营泰山国际会展中心夜市、泰山福井夜市，繁荣市民“夜生活”。

【“老字号”建设】 至2022年年底，泰安市有“中华老字号”1家、“山东老字号”17家。组织老字号企业参加山东品牌中华行、上海进口博览会、2022双循环发展大会暨外贸优品展销会、2022第十四届中国（山东）工艺美术博览会暨首届“山东手造”精品展、第十八届中国（深圳）国际文化产业博览交易会、第七届中国非物质文化遗产博览会等系列活动10场。组织“老字号”企业参加“好品山东”品牌遴选，山东鸿熹桃木文化用品有限公司的“泰山桃木王桃木雕刻工艺品”、泰安市龙藏深泉商贸有限公司的“铜金蟾铜器、黄铜工艺品”入选第一批“好品山东”品牌名单。组织参加“山东手造·优品100”评选，肥城市正港木业工艺品厂的“程木匠”品牌获评“山东手造·优选100”（产品：桃木工艺品），山东鸿熹桃木文化用品有限公司的“泰山桃木王”品牌（产品：桃木工艺品）、泰安市铜金蟾文化创意有限公司的“铜金蟾”品牌（产品：铜工艺品）、山东泰山茶溪谷农业发展有限公司的“泰山茶溪谷”品牌（产品：茶叶）获得提名奖。

【特殊行业监管】 2022年，泰安市加强报废汽车管理、再生资源管理、成品油流通监管、散装水泥管理等工作。开展报废机动车回收拆解行业专项整治，严厉打击非法回收拆解等违法行为，出动执法车辆20辆次、人员80人次，扣押废旧轮胎、轮毂、零部件4车，督导检查存在非法拆解的窝点。在拍卖、年审、直销行业开展非法集资风险排查活动，均未发现违法现象。组织全市散装水泥绿色产业发展培训班，邀请国内行业专家讲解散装水泥绿色产业发展的有关政策法规。

【拍卖】 泰安市有拍卖企业23家，2022年举办拍卖会265 场，拍卖总成交额81221.71万元，获取佣金849.72万元；拍卖企业从业人员169名，其中注册拍卖师31名。年内，完成泰安市新设立拍卖企业的报批工作和2022年度全市拍卖行的年审工作。（李康宁）

电子商务

【概况】 2022年，泰安市实现网络零售额133.7亿元，增长18.6%，增幅列全省第9位。其中，实物网络零售额113.5亿元，占泰安市网络零售额的比重为84.9%，增长33.2%，增幅列全省第4位；非实物商品网络零售额20.2亿元，下降26.7%。农村网络零售额46.0亿元，占全市网络零售额比重为34.4%，增长8.5%；农产品网络零售额5.5亿元，增长38.2%。

【电子商务示范县创建】 2022年，新泰市、肥城市探索实施国家示范项目“标准化监管”，完善三级电商服务体系，健全可持续运营机制，推进乡村振兴。新泰市3年国家级电子商务进农村综合示范项目建设工作顺利通过验收，建成市级电商公共服务中心1处、电子商务物流仓储配送中心1处，镇级电商（物流）服务站20个，村级服务点100个；在全省电子商务工作视频会议上，新泰市作典型发言，省商务厅发文推广新泰市固定资产管理经验。肥城市建成市级电子商务公共服务中心1个、市级快递共配中心1个、市级网红直播孵化基地1个，镇级电商服务站14个，村级电商服务点100个，整合8家快递公司抱团发展，探索打造“快递+超市+公共服务中心”模式。

【电商骨干企业培植】 2022年，泰安市实施电商主体培育工程，通过鼓励企业自建平台、代理运营、与MCN合作等方式，扩大当地产品网络销售；引导电商业绩回流，通过引导鼓励在外电商从业人员、大学毕业生等回乡创业，回迁网络店铺，促进本地网络零售额增长；鼓励企业与抖音等各大电商平台合作，实现各类市场主体触网开店。至年底，全市有电商企业5217家，增长16.6%。其中，过亿元企业1家，过5000万元企业7家；过3000万元企业17家，过千万元企业58家。全市网络店铺6.74万家，增长5%。

【直播电商】 2022年7月，泰安市直播电商行业党委成立，整合直播电商行业协会、8个直播基地、企业三方党建资源，通过建组织、育人才、优服务、促发展，引领直播电商高质量发展。海针电商直播基地、集云山东电商直播基地、顺达（泰安）电商直播基地3家基地被认定为省级直播基地；杞农云仓电商供应链基地、金面杖云仓供应链基地2家基地被认定为省电商供应链基地。山东创之明信息技术有限公司泰安分公司（人才服务类）、山东泰山技师学院（人才服务类）、泰安市梦想谷电子商务产业园有限公司（电商产业园区）、新泰市电商公共服务中心（电商产业园区）、泰安盛世宏燕文化产业投资有限公司（营销服务类）、泰安亿动美信息科技有限公司（平台服务类）、新泰市青云购物中心有限公司（仓储

2022年9月22日，在泰安市第五届中国农民丰收节现场，宁阳县葛石镇村民在直播卖货　　（陈阳　摄）

物流服务类）、达润兴智慧供应链（山东）有限公司（仓储物流服务类）8家单位入选省首批生态链企业“白名单”。举办直播大赛，在全市评选出“十大电商企业”“十大畅销产品”“十大直播达人”。举办“品味山东 乐购齐鲁2022山东电商年度盛典暨2023网上年货节”启动仪式、“我的家乡我代言”——董先生山东好品专场直播活动，配合制作泰安传统文化等视频内容，推荐泰安优质工业产品、农产品走进直播间，其中宁阳粉皮销量超万单，为打响电商品牌取得良好效果。　　（李康宁）

现代物流业

【概况】　2022年，泰安市有物流业市场主体1704家，其中规模以上物流企业59家，全年实现规模以上企业营业收入49.5亿元，增长5.6%。全市社会物流总额10715.7亿元，增长2.7%。其中，工业品物流总额4378.4亿元，增长3.6%；商贸物流总额4341.3亿元，增长2.9%；农产品物流总额819.6亿元，增长5.6%。全市社会物流总费用459.3亿元，增长6.4%；物流业总收入完成290.8亿元，增长14.9%。全市快递服务企业业务量完成1.5亿件，居山东省第10位；快递业务收入10.9亿元，居山东省第12位。全市完成货物发送量8096.08万吨，其中公路货运量完成7306万吨、铁路货物发送量完成758.91万吨、水路货运量完成31.17万吨。从物流需求来看，年需求量前4位分别为钢材2000万吨、砂石1800万吨、煤炭900万吨、化工原材料680万吨。

【物流园区】　2022年，泰安市有重点物流园区10家，分别为速恒物流园、泰安交运物流园、泰山钢材大市场、泰山内陆港、泺亨物流产业园、山东青云国际冷链智慧物流园、山东能源鲁西储配煤基地、宁阳菜鸟智慧物流园、泰安现代公路港快递物流仓储配送中心、兖矿泰安港公铁水联运物流园，其中速恒物流股份有限公司被评为山东省Ⅲ级物流园区。

【物流企业】　2022年，泰安市有物流业市场主体1704家，其中速恒物流、长鑫物流、飞畅物流被列入全国AAAA级物流企业，华润物流、先锋物流被列入全国AAA级物流企业，速恒物流获2022年度省级流通领域全行业数字化改造认定企业（全省共10家），速恒物流、长鑫物流获评2022年度省级现代物流重点培育企业。

【物流服务体系建设】　2022年6月28日，泰安市物流与供应链商会（协会）正式成立，确定泰山交通物流有限公司等7家单位作为商会（协会）发起单位，组织开展各项服务企业活动，编发工作简报8期。8月16日，举办全市供应链创新与应用培训班，邀请山东大学等院校专家教授、佳怡供应链企业集团等全国知名供应链企业代表为全市物流与供应链企业授课，市工业推进办13个产业链专班负责人、各产业链龙头企业以及重点物流与供应链企业代表共计200余人参加培训。

【冷链物流】　2022年，泰安市培育发展一批现代化冷藏库，提高冷链物流装备水平，以冷藏加工、控温储藏、冷藏运输为主的冷链物流体系基本形成。拥有全省知名的冷藏库10座，小微型冷库120座，低温储存能力超过70万吨，占全省的10%。专业冷链仓储、运输企业快速成长，以银桥物流、先锋物流、众客食品、亚细亚等为代表的冷链物流企业快速壮大，网络化、标准化、规模化的发展态势逐步形成。

【智慧物流】　2022年，泰安市提升物流数智化水平，涌现出泰山原浆啤酒智慧物流园等一批智慧物流典型。推广速恒智慧物流供应链信息平台模式，通过平台集采模式，为普瑞特机械降低生产原材料、劳保物资等采购成本约3%。　　（李康宁）

会展业

【概况】　2022年，泰安市科学制定会展活动疫情应急预案，通过鼓励企业采取“线下+线上”展览的新模式，保障全市会展行业安全运行。会同财政部门制定《泰安市市级商务发展扶持和会展业发展专项资金管理办法》，细化会展业发展专项资金扶持条件，增强专项资金扶持力度，审核认定2021年度会展扶持项目25个，兑现扶持资金205万元。举办会展活动77场，其中大型展览活动10场，展览面积17万平方米，规模以上会议、论坛等活动67场。

【参加第三届跨国公司领导人青岛峰会“跨国公司与中国主题展”】 2022年6月19—21日，第三届跨国公司领导人青岛峰会“跨国公司与中国主题展”在青岛举办，泰安市共7家先进制造企业参展。主题展分室内展区和室外展区两个部分，室内展区“跨国公司与中国”板块优选30家企业参展，泰安市推荐的益海嘉里（泰安）油脂工业有限公司入选室内参展；室外展区，优选极创机器人智能科技、鲁普耐特集团、山东瑞泰玻璃绝缘子、山东泰鹏环保材料股份有限公司、山东瑞泰纤维素集团、山东汉昂药业6家企业参展，全方位展现泰安市企业与跨国公司的合作成果，促进与更多跨国公司的交流与合作。

【2022中国泰山艺术品博览会】 2022年8月5—8日在泰山国际会展中心举办。展会由《中国书画》杂志社、泰安市委宣传部、泰安日报社、泰安传媒集团、东营市琼玉生辉文化传播有限公司主办，泰山国际会展中心、国山书院、泰山青未了民族画院、青岛天天向上国际会展有限公司、天贶艺术空间承办。展区分《中国书画》杂志社2022当代书画名家作品展、颜鲁公——吴泽浩书画展、青未了书画展、青少年艺术展四大主题展区。其中，《中国书画》杂志社“一年之寄·全国书画名家邀请展”集中展示700余名书画名家作品；著名画家吴泽浩携2021年新作——讲述颜真卿一生事迹和书法艺术的成果，共70幅国画和书法作品参加该届艺博会。

【2022中国（泰山）国际矿业装备与技术展览会】 2022年8月31日至9月2日在泰山国际会展中心举办。展会由中国煤炭工业协会支持，中国煤炭机械工业协会主办，泰安市人民政府、山东省能源局、山东省贸促会、山东能源集团、山东科技大学联合承办，每两年举办一届，该次是第六届。作为中部及东部地区唯一的矿业装备领域展会，先后被评为中国区域性品牌展会、山东省知名品牌展会，同时被列为泰安市的重大会展活动项目，是泰安市对外交流合作的重要窗口。该届展会吸引全国25个省（自治区、直辖市）的360家企业布展、1200余家企业参展参会，展出各类产品5000余种，展览面积达3万平方米，专业观众达2万人，意向成交额19.6亿元。展览分室内展厅和室外展区两大部分。室内主要包括高新技术应用与推广展区、矿业装备特装展区、矿业装备标准展区3个部分；室外主要展示矿业装备大型机械实物，集中展示业内最新的采矿技术设备、洗选设备、煤矿智能化技术装备、矿山勘探技术装备等多个品类1000余个品种的矿业类技术装备，智能化产品占比90%。展会期间，举办“煤矿智能化技术与装备发展高峰论坛”，业界知名专家及知名企业代表围绕“煤巷智能快掘与围岩控制”“打造高可靠性智能装备，助力智慧矿山建设”“无人化智能开采技术发展与实践”“智慧矿山建设实践：设备全生命周期管理及5G远程控制”“基于TGIS的智能化煤矿管控平台关键技术研究与应用”深入探讨，总结煤炭行业和煤矿智能化技术装备发展经验，研究矿业领域科学发展新思路、新模式，为国内设备制造厂商和用户搭建贸易洽谈和技术交流的平台。

【2022“鲁渝情深”消费帮扶暨巫溪农特产品展销会】 2022年9月3—5日在泰安吾悦广场举行。展会由山东省商务厅、重庆市商务委员会指导，泰安市人民政府、巫溪县人民政府主办，泰安市商务局、泰山区人民政府、巫溪县商务委、巫溪县市场监督管理局承办。20家巫溪当地特色农产品企业参展，展出特色农产品百余种，让市民现场品尝巫溪风味，体验巫溪文化。展会对深化东西部协作、实现鲁渝消费帮扶、助推农特产品产销对接起到推动作用。

【2022“后疫情时代会展业发展新机遇及展会新模式”培训会】 2022年12月9日，由泰安市贸促会联合中国贸促会信息中心、山东省贸促会、山东省会展业协会共同举办。首都会展集团、鄂尔多斯会展业协会、山东医博会组委会、山东应急展组委会、泰安国际矿业展会组委会、山东新丞华展览有限公司、山东金诺国际会展有限公司、海名国际会展集团、青岛国展商务展览有限公司、青岛市会展经济研究会等会展业企业以及滨化集团、华纺集团、山东德瑞克仪器股份有限公司、浙江大华科技等重点企业参会。北京、上海、河北、浙江、新疆等省内外企业代表及贸促人员近千人线上参会。活动得到《人民政协报》、《中国贸易报》、中国农业国际合作促进会、中国机械工程学会、苦瓜科技平台、宁波国际商会等单位支持。（刘　鹏）

8月31日，2022中国（泰山）国际矿业装备与技术展览会开幕。图为市民参观展览（司刚　摄）

粮食物资储备

【粮食安全】 2022年11月23日，泰安市印发《泰安市政府领导班子及其成员粮食安全职责清单》；12月6日，印发《中共泰安市委常委会及其成员粮食安全职责清单》；12月29日，修订《泰安市地方储备粮管理办法》，进一步规范地方储备粮管理，有效调控粮食市场，确保粮食安全。贯彻落实国家发展改革委、国家粮食和储备局、科技部关于科技兴粮、科技兴储的实施意见，发挥粮食产后服务中心作用，指导农户科学储粮。举办“世界粮食日”宣传活动，发挥3个粮食安全宣传教育基地作用，开展爱粮节粮宣传教育，促进节粮减损和健康消费。

【粮食监管】 2022年，泰安市发展改革委联合中储粮泰安公司、农发行泰安分行每月巡查辖区内政策性粮食承储库点。做好省委涉粮问题专项巡视反馈意见整改工作，起草上报《泰安市涉粮问题专项巡视整改任务工作方案》和《省委涉粮问题专项巡视反馈问题集中整改进展情况报告》。开展粮食流通统计调查制度执行情况专项检查，指导县（市、区）开展粮食流通统计调查制度执行情况自查，并组织开展市级抽查。强化夏粮和秋粮收购监督检查，建立部门联动和区域协调监管机制，推进“互联网+监管”，与市场监管局开展协同监管、联合执法，实现监管信息共享。

【粮食行业安全生产】 2022年，市发展改革委开展安全生产“开工第一课”活动，全市39家仓储、加工企业通过网络授课、线下会议等方式，教育培训员工510人次。邀请粉尘涉爆专家抽查县（市、区）企业7家，发现并整改问题隐患30项。开展全市安全生产“大学习、大培训、大考试”专项行动，组织全市规模以上仓储和面粉加工企业主要负责人、安全总监参加全省统一考试，合格率达100%。组织“安全生产月”活动，联合中央储备粮泰安直属库举办安全知识竞赛，开展安全生产系列创新举措专题学习。组织安全生产诊断，完成地下有限空间风险排查辨识。做好春季粮油安全普查和夏季粮油安全度汛。

【地方粮油储备】 2022年，泰安市做好粮油保供稳市工作，市、县两级分别与9家面粉加工企业签订小包装应急面粉合同。做好储备粮轮换工作，完成市县地储粮轮换5.51万吨任务。年度夏粮和秋粮收购工作扎实推进，全年购进粮食约120万吨。

【粮食仓储设施建设】 2022年，泰安市围绕“六大提升”（粮食绿色仓储提升行动、粮食品种品牌提升行动、粮食质量追溯提升行动、粮食机械装备提升行动、粮食应急保障能力提升行动、粮食节约减损健康消费提升行动），谋划项目26个，争取“新泰市粮坊食品科技公司应急保障能力提升”“山东新泰瑞华粮食储备库公司绿色仓储提升”等7个项目入选省优质粮食工程项目库。山东林坤面业公司面粉精配粉车间建设项目入选当年优质粮食工程省级示范项目，获得中央和省财政补助335万元。肥城市兴粮购销公司绿色仓储升级改造项目获财政补助273.79万元，改善仓容1.39万吨。

【粮食应急保障体系建设】 2022年1月11日，印发《泰安市粮食应急供应网点管理办法（暂行）》《泰安市粮食应急供应网点管理细则（暂行）》，在全市乡镇、街道统筹布局粮食应急供应网点96家，全市粮食应急保障企业达125家，“产购储加销”协同保障能力得到提升。健全完善粮食安全风险防控应急预案，定期组织开展粮食安全风险防控应急演练，加强粮食市场监测预警，密切关注粮价波动情况，确保粮油市场可持续稳定供应。

【救灾物资储备】 2022年，泰安市建立健全市级救灾物资调度、经费保障、值班巡班等管理制度，全面提高储备水平，确保关键时刻调得出、用得上。市财政批复市级救灾物资管理经费预算100万元，增购市级救灾物资库存，改善储存条件，增强物资储备保障能力。全年调拨13批3204顶（件）救灾物资，支持疫情防控工作。 （李　隆）

【中央储备粮泰安直属库】 公司始建于1995年。2001年上划中储粮总公司，更名为中央储备粮泰安直属库。2017年11月完成公司制改制。辖宁阳、东平、肥城3个分支机构，储存管理中央事权粮40万余吨。

仓储管理 加强粮食数量质量全过程管控，做好中央储备粮轮换质量把关、初验和验收等工作。利用内环流控温、空调控温、机械通风、环流熏蒸等科技储粮技术，2022年度库存中央事权粮质量达标率100%、宜存率100%。粮油保管、检化验、安全等岗位持证上岗率100%。2022年完成发明专利1项、实用新型专利3项，著作权授权1项，发表论文4篇。加强仓储作业现场巡查，辖区安全生产形势持续稳定。建成山东分公司区域防汛物资储备库，常态化开展消防、防汛应急演练。举办“喜迎二十大，安全在心中”安全生产月活动暨安全知识竞赛活动。

项目建设 2022年，中央储备粮泰安直属库有限公司宁阳分公司建仓项目被列入泰安市重点建设项目，宁阳分公司粮食仓储项目总建筑面积1.07万平方米。新建浅圆仓13座，总仓容10.2万吨，配套建设工作塔及汽车卸粮站、“一站式”服务用房、综合楼等附属设施。建成后，宁阳分公司将成为中储粮系统山东省内储粮规模最大、布局科学、功能先进的单体分库。

轮换购销 顺利完成2022年度中央储备粮轮换计划和调节储备玉米接收入库工作。所有轮换粮食均按要求验收并出具质检报告，各项质量指标、储存品质、卫生指标均合格达标。 （张　磊）

供销合作

【概况】 2022年，泰安市供销合作社（简称市供销社）辖市级直属企业4

家、县级供销社6个、乡镇基层供销社81个、社有企业55家。全市供销社系统实现销售总额354.79亿元、营业总收入26.3亿元。农业生产服务、组织体系建设、现代流通服务等重点业务指标排名居全省系统前列。泰安市在2022年度全省供销社系统业务评价中获一等奖，位列全省第三。

【供销服务网络】 2022年，市供销社培育壮大泰供农产品销售有限公司、山东供销供应链管理集团泰安分公司等系统商贸流通骨干企业，构建以县域配送为主体、乡镇周转为补充、村级服务为基础的县、乡、村三级商贸流通服务网络。全年累计建设县域集采集配中心4个、乡镇服务站42个、村级服务社420个。肥城市、新泰市入选全国供销总社流通服务网络强县培育名单，宁阳县、东平县被确定为省供销社流通服务网络示范县。以“供销惠民”为品牌，打造生活超市和社区便利店两个连锁服务体系，全年累计建设供销惠民实体店4个、农产品产销基地15个。牵头组织全省供销社系统到新疆喀什参加援疆农副产品产销对接会，签订购销协议1200万元。强化省、市、县农资战略合作，打造鲁供农服农业发展有限公司东平县合作运营平台，推进县域农资流通服务体系建设。新泰市、东平县被确定为全省供销社系统农资示范县。

【农业社会化服务】 2022年4月，市供销社组建泰供农业发展公司，打造集农资联采、农机服务、产销对接、技术推广、政策承接等功能于一体的服务平台。采取“市级公司+县级公司+基层社”发展模式，引领基层社开展土地托管服务。与市委组织部、市农业农村局联合召开深化土地托管服务暨村党组织领办合作社工作推进会议，推广“土地股份合作+全程托管服务”模式。累计建成农业服务公司5家、乡镇为农服务中心46处，开展农业社会化服务面积17.33万公顷，叫响“农民外出打工，供销社给农民打工”服务品牌。土地托管工作被纳入市、县村党组织书记轮训重要内容。市供销社“培育龙头企业深化土地托管”、肥城市供销社“创新‘土地股份合作+全程托管服务’323收益分配机制”、东平县供销社“服务村党组织领办土地股份合作社”等经验做法得到省供销社推广。

2022年5月13日，泰安市“深化供销合作 助力乡村振兴”项目集中签约仪式举行 （宁娟 供）

【基层合作经济组织建设】 2022年，市供销社突出抓好资产盘活、服务拓展、项目建设、班子强化等重点，实施基层社改造提升，规范农民合作社发展，基层社与领办创办的农民合作社经营服务能力明显增强。全年新增省级农民合作社示范社7家，累计建成全国供销合作社百强县级社3个、全国供销合作社基层社标杆社21个，国家级农民合作社示范社、省级农民合作社示范社总数分别达到27个和42个。宁阳县供销社“配强基层社‘一把手’ 推进干部年轻化”、东平县供销社“开放办社 恢复发展基层社”等工作做法得到省供销社肯定。

【助力现代产业发展】 围绕服务乡村振兴和新型工业化强市战略，2022年5月13日，泰安市举办“深化供销合作助力乡村振兴”项目集中签约活动，签订重点项目8个，总投资额12.3亿元。中国农产品流通经纪人协会的8家会员企业就板栗、灵芝、百合、泰山参深加工等方面与泰安市相关企业初步达成合作意向。14种泰安优质特色农副产品和日用品被选入全国供销合作社采购平台。 （宁娟）

专项经营

【盐业】 至2022年年底，泰安市有山东岱岳制盐有限公司、山东肥城精制盐厂有限公司两家国家级食盐定点生产企业，产品涵盖绿色食品精制盐、绿色低钠盐、海藻系列盐、弱碱性食用盐、生活用盐及中高档洗化用品等。市工信局从完善食盐专营管理、推进产业转型升级和提升企业创新水平等方面助力企业实现高质量发展，全年生产各类盐产品264.4万吨，实现营业收入11.87亿元，实现利润总额2.16亿元。 （朱玉祥）

【烟草专卖】 泰安市烟草专卖局（公司）辖8家直属单位，即6家县级烟草专卖局（营销部）和卷烟物流配送中心、泰安泰山壹伍叁贰物联商贸有限公司，服务卷烟零售客户1.9万户。2022年上缴税金8.3亿元，增长16.37%。

卷烟营销 立足打造“六能零售客户”（能守法诚信、能规范扫码、能现场管理、能开口营销、能维系客情、能团结互助），举办“泰慧赢”MBA研修班，取得结业证书学员

73人，累计培养零售客户讲师61名，培训客户5万人次。深化一体化新零售模式应用，引导消费升级，鲁产品牌销量增幅列全省第一位。融入乡村振兴工作大局，开展“一村一店”建设，拉动农村市场消费，投入400万元建设农村终端，全市行政村覆盖率达100%。

专卖管理　深化协作机制，建立全省首家“食药环侦数字警察工作室”；深化APCD工作法2.0版应用，依托“泰慧管”平台查获万元以上大要案件起数同比翻两番，创历史新高。全年累计查获案件2286起，违法卷烟数量增幅30.98%，案值增幅34.69%；查获5万元以上卷烟大要案件45起，公安机关刑事拘留53人、逮捕8人，法院判刑34人；破获真假烟网络案件8起。专卖人均查获案件总起数列全省第一位。在全市打私工作会议上作典型发言，获评全市打私先进单位。

企业管理与宣传　开展群众性质量管理活动，QC成果被山东省质量协会授予一等奖1项、二等奖1项、三等奖9项；“泰精益”QC小组被中国质量协会授予“全国优秀质量管理小组”称号；构建“大监督”机制和创新远程视频监督“云模式”相关做法被《人民日报》刊载。通过“泰百科”平台推出专卖管理、卷烟鉴别等专题作品300余期，累计在各大央媒及行业、地方媒体发布稿件600篇次，浏览量达1700万次。　（王彦宗）

【蚕茧经营】　2022年，泰安市有桑园面积1200公顷，生产收购鲜茧1804吨，全年蚕茧收购均价每千克54.48元，蚕农茧款收入0.98亿元，成龄桑园亩桑产茧平均收入5460元，户均收入1.2万元。

大户培植　针对劳动力短缺和蚕农老龄化趋势，重点推广“集约化、专业化、规模化”养蚕模式，引导蚕农走专业大户、专业村的发展路子，通过桑园转包、转让等措施，推进桑园和土地向养蚕能手、示范户流转。年内，着重培育一批0.67公顷以上、年收入7万元以上的养蚕大户，其中年产茧超过1吨的户230户，收入5万元以上；收入7万元以上的户168户。其中，下港乡小安门村徐国平桑园面积2公顷，产茧3.54吨，产值18.5万元；邱家店镇北颜张村徐爱东桑园面积0.67公顷，产茧1.81吨，产值达9.5万元。

抗灾减损　春季在小蚕共育期间及分蚕后，桑园连续遭受因农田、林木防治蚜虫形成大面积污染蚕中毒（损失平均在80%以上）；设施农业区域（蔬菜大棚附近）桑园各蚕季不断发生熟蚕不结茧中毒现象；化工企业区域有毒气体排放污染造成蚕中毒而减产时常发生。针对每次中毒事件，及时邀请山东农业大学专家教授进行鉴定指导、查找污染源、提出技术处理意见，采取尽可能地解毒补救措施，最大限度地减少蚕农损失。各茧站做好安抚解释工作，消除蚕农恐慌心理，防止群体性上访事件发生。

科技推广　组织实施“蚕业科技下乡”活动、“蚕桑科技入户”工程，对蚕农开展技术培训，累计培训蚕农1500人次。各乡镇蚕茧站技术员根据桑蚕生产季节性强的特点，采取集中培训与到田间、农户、大棚进行现场指导相结合的方法，向蚕农传授桑蚕科技知识，使植桑养蚕户每户都有1名熟练掌握植桑养蚕技术的“明白人”，有效提高蚕农的劳动技能和生产技术水平。加强到户指导力度，针对不同养蚕水平，推广应用新技术、新品种、新设施，帮助蚕农依靠科技进步实现增产增效。

质量提升　生产期间加强养蚕无病高产及强化上蔟和蔟中管理，强化收烘各个环节管理，干茧质量主要指标稳定提高。据泰安市纤维检验所公检试样报告，春、夏、秋干茧平均上车茧率达90.36%、茧丝长1285.51米、解舒率82.26%、洁净95.14分，春、夏、秋三季所有庄口蚕茧均达到缫制A类丝（AAAAA级以上高品位生丝）标准优质茧原料要求。　（王荣凤）

【成品油监管】　2022年，泰安市加强成品油行业税收管理，健全成品油监管长效机制，严抓安全生产工作。民营加油站查补3572.31万元，经专项整治民营加油站全年申报收入增长22%，入库总金额、入库增值税额分别增长144%、134%。全年抽检油品1618批次（汽油988批次、柴油630批次），合格率99.8%。开展加油机计量专项监督检查，出动检查人员723人次，检查加油站93家、加油机390台，查处违法案件8件。　（李康宁）

【天然气供应】　2022年，泰安市推进冬季清洁取暖天然气保障工作，编制《泰安市2022—2023年度冬季清洁取暖天然气压非保民应急预案》，完成省政府下达泰安市的800万立方米政府储气能力建设任务；完成中俄东线天然气管道建设；天然气长输管道实际来气量累计达8.22亿立方米，有效保障工业生产和群众生活用气。　（宋冠州）

【中国石化山东泰山石油】　中国石化山东泰山石油股份有限公司（简称泰山石油）主要经营成品油、天然气、易捷服务和氢能、光伏、充换电新能源等业务。至2022年年末，全市在营加油（气）站171座、油库1座，年吞吐量70万吨，总存储量5万立方米。公司实现成品油销售35.78万吨，其中零售22.22万吨、直分销13.56万吨；非油品营业额8938万元。

经营发展　投资近3000万元完成12座标准加能站改造；开展“加油站服务提升百日竞赛”活动，推行标准化、流程化服务；投入治破治旧资金142万元，美化加油站外观形象，完成73座加油站夜间亮化和12座加油站厕所升级。成立营销分析专班，优化大客户数据库，建成市场趋势、多年度销售分析等五大类多维分析模型，提高拓市能力；开展企业微信私域营销，推广加油卡、电子钱包和非油品电子券，发挥营销合力，新增“加油中石化”App用户6.8万户，新增权益会员8.49万户。依托线上直播，打造易捷服务平台和地方特色门店，介入汽车销售业务，完善汽服业务，丰富易捷新业态。加大政企合作，结合泰安市新型工业化强市战略，分专业链条与10家国资企业在油气销售、新能源开发、易捷平台与地方名优土特产交融互促等方面开展战略合作。完成油库接卸系统、发货系统、防火堤和消防系统四大工程改造，为打造全省标准化先进油库奠定基础。新建加油加

2022年，泰山石油完成12座中国石化新形象加能站改造。图为泰安17站综合加能站改造后的新形象　　（姜　锋　摄）

气站（LNG）1座，实现LNG项目零的突破；累计建成光伏发电站13座，并网发电11座，年发电量92.3万千瓦时，年收益超36.4万元，基本实现县区公司和油库办公驻地光伏项目全覆盖，新能源业务完成率进入省内先进行列。

安全管理　开展“百日安全行动”，坚持领导承包管控最高安全风险，推行“一书两卡”（作业指导书，风险识别卡、HSE观察卡）安全确认，建立安全生产有奖举报机制，累计奖励员工40次；强化安全培训和承包商安全监管，提升安全意识。完成安全隐患整改治理171项；淘汰老旧加油机设备设施，安装新加油机61台，增配21台双工艺三次油气回收和25台液位仪设备，全部更换库站油气回收设备活性炭。严把数质量关，实现各级抽检油品100%合格，顺利通过ISO 9000质量管理体系三方认证，完成国六B车用汽油质量升级，数质量管理进一步优化。

社会服务　泰山石油累计投营“司机之家”32座，完善建设“爱心驿站”26座。推进绿色企业行动计划，31座站点被山东石油授予“绿色基层”称号，完成70%“绿色基层”的累计创建目标。　（熊正君）

【中国石油山东泰安销售分公司】 中国石油天然气股份有限公司山东泰安销售分公司（简称中国石油山东泰安销售分公司）成立于2002年7月，是中国石油天然气股份有限公司山东销售公司旗下的地市分公司之一，主要负责中国石油在泰安地区的成品油批发、零售和网络开发建设，以及昆仑好客便利店、天然气、化工农资、汽车用品、新能源等销售业务。至2022年年末，公司在营加油站49座、油库1座，年吞吐量40万吨，总存储量5.7万立方米，实现油品总量9.06万吨，其中纯枪量6.28万吨、批发2.78万吨，非油品营业额5898万元。

经营管理　每月开展量效费专题分析，进行兄弟公司间、支部间和加油站间的“全面对标管理”，对标分析突出效益和效率。成立营销专班，贯彻以“客需”为主的营销理念，提高市场拓展及客户开发能力，实现个人持卡客户30万个。依托油站开展特色门店，拓展汽车服务业务，组建社区团购及直播团队，非油品经营业务成效显著。加强政企合作，与6家国资企业在油品、非油品经营及新能源开发方面达成合作。完成4座在营站卫生间升级改造。成立服务稽查小组，开展加油站优质服务季活动，通过腾讯会议、送教到站等方式，针对员工形象、服务态度、加油操作等开展培训，提升服务水平。

合规管理　践行“市场导向、客户至上、以销定产、以产促销、一体协同、竞合共赢”营销方针，开展“四查四提升”（查思想，提升斗争精神；查管理，提升合规运行；查技术，提升专业技能；查纪律，提升作风形象）强管理专项行动，建立“一事一案”常态运行机制，编制“合规管理强化年”工作任务分解运行表。开展合规检查，组织开展非油品及资产专项稽查、省外卡消费排查清理及多项合规自查。加强合同主体的法律审查，把好选商关，实现公开招标率100%，平均节支率10.6%。

安全环保　落实安全生产责任制，全员签订年度安全责任书，明确各岗位安全责任，确保100%持证上岗。落实“逢训必考”“逢会必考”，组织安全教育培训、考试650期，考试全部合格，年度培训在20学时以上；开展站级月度应急演练550次。开展体系内审和安全大检查，对加油站实现全覆盖。全年投入安全环保费用420万元，用于隐患治理、设备更新、安全评价、警卫消防、防雷检测、劳动防护等。强化计量质量管控，每日关注单车次异常损耗和班结异常损耗，查找异常原因并及时解决。协调各县、市计量所开展加油机强检工作，按规定做好量油尺、温度计、密度计等检定及加油站自校工作。规范油品质量管理，开展过月油品自检14个，接受政府部门油品抽样检查170个，全部合格。顺利完成国六B汽油升级，确保质量达标。全年一般及以上生产安全责任事故、环境污染和生态破坏责任事故、质量责任事故均为零，地方政府和上级公司质量监督抽查合格率100%，检维修达标率100%。　（张艳红）

新兴服务业

【资产评估】 2022年，泰安市加强对资产评估行业的监督管理，审核批复辖区内资产评估机构的设立、变更、注销备案上报材料，并及时向社会公告。全年办理资产评估机构备案19家，其中资产评估机构设立备案3家、变更备案2 家、注销备案1家。6—8月，根据山东省财政厅《关于联合开展2022年资产评估机构监督检查的通知》要求，对5家资产评估机构开展监督检查，检查发现底稿内容不规范、评估程序执行不到位、评估资料收集不完整、评估依据的适当性不足、对被评估单位财务信息关注不够等各类问题63个。针对检查发现的问题，市财政局对被查单位依法送达行政处理决定书，责令其依据《资产评估执业准则》《企业国有资产评估报告指南》等相关规定，整改存在的问题，至年底，全部整改完成。

（李纪勇）

【工业设计】　2022年，在市级工业设计中心的基础上，泰安市择优筛选企业申报省级工业设计中心，14家企业入选省级工业设计中心名单。至年底，全市成功申报国家级工业设计中心2家（普瑞特机械制造股份有限公司、泰安路德工程材料有限公司）、省级工业设计中心31家、市级工业设计中心48家。（朱玉祥）

【律师服务】　2022年，全市律师为各级各单位决策提供法律服务，破解城建难题，化解国有建设用地使用权纠纷，清除城市规划建设障碍，为解除历史包袱、盘活有效资产、促进经济社会发展作出贡献。市司法局成立“产业链+法律服务”工作专班，开展公益法律服务3600余场，帮助企业化解问题4430件，助力全市新型工业化强市战略顺利推进。深入企业开展“一对一”法治体检活动，帮助企业化解问题1619件，其中参与调解案件624件、公司治理问题332件、风险防控问题451件、劳动用工问题212件。

【公证服务】　2022年，通过政府购买不动产继承公证服务，打通公证服务“最后一公里”，泰安公证处全年办理不动产继承公证417件。创新公证服务民营企业工作，为企业融资贷款办理公证3226件。泰安公证处在全省率先打造公证参与市场监管矛盾多元化解机制新亮点，对行政执行的方式、措施及程序进行公证证明、监督，对市场主体之间发生的需要行政裁决的纠纷进行公证前置性调解。公证参与司法辅助调解纠纷1.5万件，参与送达法律文书12万人次，参与案件执行1万件，参与证据和财产保全、调查取证、网上查控等2.1万件。

【司法鉴定服务】　2022年，全市司法鉴定机构业务类型涵盖法医类、物证类、声像资料类、环境损害类等四大类。全年办理司法鉴定案件1.14万件，增长46%，其中法院委托3738件、公安机关委托4850件、检察院委托2件、保险机构委托410件、个人委托1620件、其他主体委托811件，业务收费1591.64万元，司法鉴定人收到出庭通知44次，出庭53人次；办理法律援助案件115件，增长35%，减免费用13万余元，其中主动承担66件，减免费用7.4万元。全年科技投入371.7万元。（王　岩）

【会计服务】　至2022年年末，全市注册会计师事务所31家，从业人员680人。资产总值8670万元，营业收入7680万元，上缴税金250万元。年内，1.7万人报名参加全国会计专业技术资格考试，其中初级专业技术资格考试1.15万人、中级专业技术资格考试5234人（合计1.32万人次）、高级专业技术资格考试229人。初级专业技术资格考试实际出考人数7225人，出考率62.6%，考试通过人数2622人；中级专业技术资格考试实际出考人数5472人，出考率41.34%，考试通过人数612人；高级专业技术资格考试实际出考人数154人，出考率67.25%，考试通过人数107人。全市有2642名考生报名参加全国注册会计师考试，专业阶段六门平均参考率53.51%。组织正高级、高级会计师评审，符合高级会计师申报条件的101人，通过63人；符合正高级会计师申报条件的8人，通过2人。全市参加网上继续教育的会计人员2万人，网络教育成为会计人员知识更新、能力提升的主要途径，市财政局对注册会计师任职资格进行检查，通过率96%。207家代理记账机构通过“全国代理记账管理系统”线上审批，进行网上登记和备案。举办第四批领军人才会计课题研究培训班，50人参与课题研究，撰写课题研究文章38篇。

（李纪勇）

【人力资源服务】　2022年，市人力资源和社会保障局组织开展“春风行动”等各类招聘活动356场，提供岗位10.6万个。实施“百家人力资源服务机构进校园”系列活动，在“泰山集结号”微信公众号设立“泰安人力资源服务机构发布——有职等你来”活动专区，组织人力资源服务机构发布招聘信息。打造人力资源服务业品牌，印发《泰安市人民政府关于加快推进新时代人力资源服务业高质量发展的实施意见》，创新提出打造“泰山伯乐”人力资源服务业品牌。中国泰山人力资源服务产业园被确定为省级人力资源服务产业园。泰安市被省就业和农民工工作领导小组评为2022年度促进就业工作先进地区。至年底，全市有人力资源服务机构341家，规模以上纳统机构37家，全年服务用人单位4.71万家次，帮助15.49万人次实现就业和人员流动。泰安人力资源服务产业园实现营业收入6.48亿元、利税870万元，连续三年保持正增长。市人力资源和社会保障局举办泰安市首届人力资源服务技能竞赛，评选出大赛个人一等奖1名、二等奖2名、三等奖3名、优胜奖4名，优秀组织奖2名。

（孟庆涛）

【广告服务】　2022年，泰安市编印《近视防控产品商业营销宣传提醒告诫书》《商业广告宣传提醒告诫书》《关于规范机动车驾驶员培训机构经营行为的提醒告诫函》，对全市广告市场主体进行提醒告诫。开展借重大活动从事违法违规商业广告宣传暨借中共二十大进行商业营销炒作专项整治工作，组织或参与近视防控产品整治、食品违法广告“净网”行动、“双减”政策落实等专项行动。会同市教育局、文旅局、卫健委开展“双随机、一公开”涉广告行为联合监督抽查，印发全市广告发布监测情况通报，与市整治虚假违法广告联席会议成员单位、行政审批服务局、城市管理局建立联络协调和信息互通机制。督促指导市广播电视台、泰安日报社等单位履行公益广告发布、备案义务并在市局网站予以公布。组织广告单位和驻泰安高校参加山东省和中国广告大赛作品征集，其中在中国广告业大奖——长城奖评选中获得银奖1个、优秀奖9个，居全省前列。

【检验检测服务】 2022年，市质量技术检验检测研究院（市特种设备检验研究院）开展“质量门诊进企业”“聚能优服促发展”等活动，特种设备定检率持续稳定在全省前列；推进燃气压力管道专项整治检验工作，主动服务工业产品质量安全、计量领域行政许可监管工作，做好计量器具强检停征工作。在淄博市设立市外首个危化品罐车检验基地，在山西省吕梁市设立首个省外工作站，检验足迹遍布苏、川、晋、陕、黑、辽、青、内蒙古等省市。购置三重四极杆超高效液相色谱质谱联用仪等高端仪器设备150台（套）。筹建的“山东省水资源计量装备产业计量测试中心”获得省局批准成立；“检验在泰安，诚信如泰山”服务品牌，入选全省市场监管系统模范机关建设省、市、县“三级联动”特色品牌；参与筹建的全省首批“山东省技术标准创新中心”获批。市食品药品检验检测研究院拥有检验检测设备827台（套），具备CNAS的药品97个参数、纤维及其制品123类产品的1646个参数，CMA的104个产品、833个产品的6303个参数、12大类2808个方法，CATL的农、畜产品1280个参数的检验检测能力，实现食品、药品、农畜产品、粮油、纤维制品及纺织品等领域全覆盖，棉花现场公证检验量居全国纤检系统前列，食品国抽、省抽问题发现率，生物制品批签发抽样量居全省第一。纤维及其制品检验连续14年作为主检机构带队到新疆开展监管棉入库公检，在全国纤维质量监测工作会议上作典型交流发言。食品检验在山东省食品安全承检机构综合考核中获A级等次。药品检验入选国家药品标准物质协作标定实验室，并首次承担7个品种的国家中药数字标本制作任务，被省药监局评为山东省药品“评价抽样工作表现突出单位”“质量分析工作表现突出单位”。泰山地产药材科普研究中心（泰山中药标本制作基地）和泰山产业用纺织品产业技术研究院挂牌成立。（张　军）

【科技服务】 2022年，全市技术合同登记2899项，成交额95.85亿元，增长37.44%；技术合同认定技术交易额11.02亿元，增长73.54 %。

（孟现忠）

居民生活服务业

【住宿业】 2022年，泰安市住宿业纳统企业数量63家，纳统企业营业收入规模5.9亿元。其中，泰山区36家、规模4.2亿元，岱岳区10家、规模0.5亿元，新泰市5家、规模0.2亿元，肥城市3家、规模0.5亿元，宁阳县5家、规模0.2亿元，东平县4家、规模0.4亿元。

【餐饮业】 2022年，泰安市餐饮业纳统企业数量59家，纳统企业营业收入规模7.1亿元。其中，泰山区24家、规模2.3亿元，岱岳区15家、规模1.1亿元，新泰市7家、规模1.1亿元，肥城市6家、规模1.4亿元，宁阳县4家、规模1.2亿元，东平县3家、规模0.1亿元。组织参加山东省“绿色饭店”创建活动，泰安市正阳餐饮管理有限公司、山东禧悦酒店管理有限公司、泰安市正坤置业有限公司金盛大酒店、泰安泰山真如意酒店管理有限公司被评为2022年度山东省绿色饭店。（李康宁）

【托育服务】 2022年，泰安市培育形成多元化、多样化托育服务体系，至年底，全市建设各类托育服务机构378所，托位总数1.74万个，每千人口3岁以下婴幼儿托位数达到3.2个。泰山区被确定为“省级家庭托育试点县”。泰安市2家托育机构被命名为“省级示范性托育服务机构”。“泰山婴幼·金照护”品牌建设经验先后被《新华社高管信息》、央视《朝闻天下》《热线关注》和“学习强国”学习平台、中国新闻网等媒体报道，被省委改革办《改革与制度创新》刊发，被省卫健委公布为“我为群众办实事典型案例”。（李先虎　宋洪孟）

【养老服务】 2022年年末，全市有养老机构126家、街道综合养老服务中心20家、社区日间照料中心231家、乡镇区域性综合养老服务中心70家、农村幸福院1008家、社区老年“幸福食堂”217处，养老机构床位2.04万张，其中护理型床位1.42万张，占比达到69.77%。（张公喜）

【家政服务业】 依托商务部家政服务信用信息平台，泰安市逐步实现家政人员服务企业和家政服务员的信用信息评价，做到可查、可追、可评价，有效提升家政服务行业的专业化和规范化水平。全市累计注册企业21家，从业人员8640人；争创省级诚信家政服务机构，建成省级诚信家政企业6家，山东家政“好鲁嫂”28名，“齐鲁最美家政人”7名。（李康宁）

编辑　校对　　戚淑娟

金融业

综 述

【金融运行】 2022年年末，全市金融机构人民币各项存款余额5571.26亿元，比年初增加668亿元，同比多增324.4亿元；比年初增长13.6%。单位存款较年初有所增加。全市单位存款余额1484.3亿元，比年初增加127.8亿元，同比多增152亿元；比年初增长9.4%，同比提高11.2个百分点。个人存款继续保持增长。个人存款余额4025.8亿元，比年初增加557.6亿元，同比多增150.2亿元；比年初增长16.1%，同比提高2.8个百分点。全市人民币各项贷款余额3968.51亿元，比年初增加390.2亿元，同比少增51.8亿元；比年初增长10.9%。短期贷款较年初有所增加。短期贷款余额1326.7亿元，比年初增加144.1亿元，同比少增29.4亿元；比年初增长12.2%，同比下降5个百分点。中长期贷款持续增长。全市中长期贷款余额2336.1亿元，比年初增加198.9亿元、增长9.3%。票据融资较快增长。全市金融机构票据融资余额301.7亿元，比年初增加46.4亿元，比年初增长18.2%。外币存贷款余额较年初有所减少。全市外币存款余额3.71亿美元，比年初减少3.29亿美元；外币贷款余额1637万美元，比年初减少922万美元。

（周长波）

【民间资本管理】 2022年，泰安市对全市民间资本管理公司开展分类评级工作，实行分类监管和“双随机、一公开”抽查。通过行业清理和省地方金融监管局换发民间融资机构业务许可证工作，全市有14家民间资本管理公司取得山东省地方金融监管局民间融资机构业务许可证，年末投资余额32.55亿元。

【企业上市】 2022年，泰安市实施企业上市挂牌突破行动，推动新巨丰在创业板上市，打破全市12年无A股上市公司局面。为40家上市“种子企业”授牌，落实34家企业市级奖励资金6500万元。推动2家企业在美国纳斯达克、“新三板”挂牌，上市融资15.61亿元，同比增长11.45倍。

【政银企合作】 2022年，泰安市开展多领域对接，全年银企签约9次，签约银企合作项目292个，金额673.2亿元，年末为247家企业授信共计674.42亿元。实施精准对接，组建85支金融辅导队和13支产业链金融辅导队，进入企业掌握企业诉求，落实864家企业融资需求131亿元。 （代琳琳）

银行业

【概况】 2022年，泰安市有市级银行机构31家（其中法人机构12家），各类银行网点727个，银行从业人员1.04万人。年末，全市银行业各项贷款余额3971.96亿元，居全省第9位，较年初增长10.86%；各项存款余额5573.70亿元，居全省第10位，较年初增长13.23%；不良贷款余额44.24亿元，较年初减少18.49亿元，余额居全省（从低到高）第4位；不良贷款率1.11%，较年初下降0.64个百分点，居全省（从低到高）第6位；存贷比71.26%，实现净利润42.07亿元，同比增长99.23%，增速居全省第5位，高于全省平均水平95.33个百分点。

【支持地方经济】 2022年，全市银行业保险业把金融服务黄河流域生态保护和高质量发展作为全年工作重点，精准对接黄河战略重点项目，逐步铺开项目贷款支持、绿色信贷创新、环境污染责任险承保等金融服务。打造普企惠民“鑫鼎工程”，引领全市银行业保险业重点发展“普惠金融”“绿色金融”“农村金融”，促进“应贷尽贷”“应保尽保”“应服尽服”。针对新市民群体开展“安鑫行动”，发布《致敬全市新市民朋友的一封信》，推出特色金融产品。支持新型工业化强市建设，在全省率先试点实施“整链授信”，推进银企、银银之间的信息互联互通，初步形成金融服务实体经济的“泰安模式”。至年末，全市银行保险机构推出特色金融产品197类，较年初增加73类，服务客户数55万人次，较年初增长37.73%，新市民系列信贷余额153.94亿元，较年初增长47.85%。

【防范化解金融风险】 2022年，全市累计处置不良贷款65.27亿元，信用风险得到有效防控。建立重点企业风险监测台账，对部分重点企业开展贴身式监测，并明确债权机构主体责任，巩固风险攻坚成果。开展案件风险防控与处置“阳光”行动，清理出陈案积案73件，其中第一、二类案件26件。开展打击整治养老诈骗专项行动，联合相关部门共同开展“中秋佳节 共聚团圆 谨防诈骗 更享美满”泰安市银行保险业打击整治养老诈骗专项行动主题宣传活动，线上线下双向发力，行动期间，全市银行保险机构组织现场宣传1579次，发放宣传册4.99万册，利用官方网站、美篇等发布防范养老领域非法集资知识信息127条，点击点赞9.31万次。

表 14　2022 年泰安市存款类金融机构人民币信贷收支情况统计表

单位：万元

栏目 / 项目名称	当期余额	比年初增减 2022 年	比年初增减 2021 年	栏目 / 项目名称	当期余额	比年初增减 2022 年	比年初增减 2021 年
各项存款	55712616	6679873	3436326	各项贷款	39685081	3902163	4419754
境内存款	55707414	6679353	3435894	境内贷款	39684972	3902169	4419776
住户存款	40258128	5575724	4073276	住户贷款	16146513	1052365	1538496
活期存款	8280518	796281	445492	短期贷款	4223123	719892	640485
定期及其他存款	31977610	4779443	3627783	消费贷款	1303700	130139	80488
非金融企业存款	10790787	1305134	–54354	经营贷款	2919424	589753	559996
活期存款	3730444	40966	–333363	中长期贷款	11923390	332474	898012
定期及其他存款	7060343	1264167	279009	消费贷款	10702692	200141	972300
机关团体存款	4052701	–26779	–187128	经营贷款	1220698	132332	–74288
财政性存款	209566	25726	–114395	非金融企业及机关团体贷款	23538459	2849803	2881280
非存款类金融机构存款	396233	–200451	–281505	短期贷款	9044374	720940	1094028
境外存款	5202	519	432	中长期贷款	11437653	1656510	1250280
金融债券	—	—	—	票据融资	3016901	464233	516970
其中：境外发行	—	—	—	融资租赁	—	—	—
卖出回购资产	—	—	–16700	各项垫款	39531	8120	20002
借款及非存款类金融机构拆入	—	—	—	非存款类金融机构贷款	—	—	—
联行往来（净）	—	—	—	境外贷款	109	–6	–22
应付及暂收款	1696254	261622	283081	债券投资	7036384	841490	645326
各项准备	1069388	26423	76827	其中：境外债券	—	—	—
所有者权益	1842306	146539	–71070	股权及其他投资	844459	–113431	–273904
其中：实收资本	965960	–14332	–11320	买入返售资产	98530	–160276	248026
其　他	–1726642	–325946	417570	存放非存款类金融机构款项	1823	–737	1237
				联行往来（净）	10045159	2261763	–1006574
				其中：境内存放二级准备金	159604	21968	–11786
				应收及预付款	578492	69286	108458
				投资性房地产	—	—	–251
				固定资产	303996	–11746	–16039
资金来源总计	58593924	6788511	4126033	资金运用总计	58593924	6788511	4126033

说明：该表机构包括中国人民银行、银行业存款类金融机构

【银行业改革】 2022年，泰安市贯彻全省城商行民营银行联席会议及农商行2022年重点工作推进会精神，落实属地监管职责，抓好三类法人银行机构风险化解。联合市财政局在全省率先签署针对地方法人银行监管的“合作备忘录”，制定《关于加强辖区法人银行独立董事监管的实施意见》。对泰安银行开展公司治理、股权和关联交易整治，对全市农商行开展风险排查，对村镇银行开展风险排查10轮，进一步摸清风险底数，推进全市农商行和村镇银行改革转型。 （任逸群）

【中国农业发展银行泰安市分行】 简称农发行泰安市分行。2022年，该行累计投放贷款76.6亿元，比上年增加30亿元。年末，各项贷款余额203.27亿元，较年初增加55.32亿元，增幅37.39%；各项存款余额42.6亿元，较年初增加15.77亿元，增幅58.79%；实现FTP利润2.41亿元，同比增加0.56亿元。

推动政策性金融工具落地 成立工作专班，建立7×24小时全天候工作机制，累计投放基金8.96亿元，支持项目10个。加强投放后管理，推动尽快形成实物工作量，强化对经济的拉动效应。

服务粮食安全 发挥粮食收储资金供应主渠道作用，为12家粮食收储企业发放中央及地方储备贷款5.49亿元，支持轮换粮油1.6亿千克。支持粮油市场化收购，为10家粮油企业发放贷款2.41亿元，发放全省首笔省级信用保证基金收购贷款3000万元。支持种业振兴，发放种业贷款2.78亿元。

支持乡村振兴 支持农业现代化，累计投放农地类贷款11.45亿元。推动实施乡村建设行动，支持农村人居环境整治提升五年行动和农村公路五年提质增效工程，累计投放相关项目贷款24.66亿元。支持县域内新型城镇化建设和城乡融合发展，投放城乡一体化建设贷款24.94亿元。巩固拓展脱贫攻坚成果同乡村振兴有效衔接，累计发放精准帮扶贷款11.03亿元。

服务黄河战略 与市发改委签订支持“十四五”黄河战略合作协议，联合建立重点项目库，累计投放相关贷款24.66亿元，支持改善农村人居环境、农村路网和水利建设项目11个。

支持绿色低碳发展 发展绿色金融，发放绿色贷款39.4亿元，绿色信贷项目21个、余额76.61亿元，较年初增加14.84亿元，“绿色银行”品牌形象持续提升。 （魏 群）

表15 2022年中国农业发展银行泰安市分行各支行（部）基本情况统计表

单位：人、万元

支行（部）	职工人数	年末存款		年末贷款	
		金 额	比上年增（%）	金 额	比上年增（%）
市分行平台	63	109789	82.07	629667	35.09
新泰市支行	20	122491	70.33	486866	35.79
肥城市支行	21	29582	125.61	111766	53.12
宁阳县支行	17	99130	40.05	375663	60.76
东平县支行	21	64958	24.59	428755	23.13
合 计	142	425950	58.79	2032717	37.39

【中国工商银行股份有限公司泰安分行】 简称工行泰安分行。2022年年末，该行全部存款余额599亿元，较年初增长59.34亿元，增幅11%；累计投放各类贷款超130亿元，本外币各项贷款余额突破400亿元，较年初增长26.75亿元。其中，发放企业贷款109.82亿元，余额较年初增长18.87亿元；实现拨备前利润10.32亿元，同比增长0.71亿元，缴纳各项税金1.08亿元。

加强重点项目保障 支持泰山抽水蓄能二期、泰山玻纤年产9万吨新一代高模高强玻纤生产线、山东能源鲁西储配煤、泰安城区西部热源、泰（安）东（平）高速等重大项目和

2022年8月31日，中国工商银行山东省分行与泰安市人民政府战略合作签约仪式举行 （宋伟 供）

标志性工程。全年累计投放项目贷款32.67亿元，项目贷款余额115.27亿元，较年初增长16.51亿元，增幅高于全部贷款10.31个百分点。

服务工业强市建设　推动山东省工行与泰安市政府签订战略合作协议。支持高端装备制造、新材料、食品、化工四大支柱产业和新能源、医药及医疗器械、出版印刷、纺织服装四大优势产业及数字经济等未来产业。重点支持制造业客户376户，占全部信贷客户数量的37.64%；表内制造业贷款余额39.27亿元，还原不良资产处置因素，较上年增加8.81亿元。

服务绿色金融领域　加大绿色低碳产业和新能源领域支持力度，探索用能权、碳排放权、排污权、特许经营收费权等新型权益抵质押业务。至年末，服务绿色信贷客户289户，绿色信贷余额97.11亿元，较年初增长32.09亿元，增幅49.36%。累计支持黄河流域高质量发展贷款95.21亿元，较年初增加12.26亿元。重点推进泰山区域生态修复建设，向山水林田湖草生态保护修复工程投放资金7亿元，支持城市污水处理项目3个，贷款余额1.93亿元。

助力乡村振兴战略　打造工银“兴农通”品牌，结合工银“兴农通”App推广，实现农村普惠金融服务点、金融知识讲堂、乡村发卡渠道延伸、移动支付等新兴业务在乡村普及应用。搭建“工银兴农撮合”平台，实现涉农客户线上产品展示、需求发布、磋商洽谈、政策咨询、交易结算等服务。至年末，涉农贷款余额101.18亿元，较年初增长12.8亿元，增幅14.48%，普惠涉农贷款余额11.92亿元，较年初增长3.75亿元。

打造政银服务平台　加快推进政银合作线上化转型，将“对公预约开户”功能接入“泰好办”微信小程序，全年累计通过“泰好办”微信小程序预约开户829户。优化营商环境，金融赋能打造全链条服务3.0模式，在泰山支行营业室设立企业全链条政银服务专区，企业可直接在网点办理企业注册，与免费刻制公章、税务办理、银行开户等整合，推进首创“1+7”（企业注册，公章刻制、账户开立、纳税登记、社保登记、医保登记、公积金登记、行业综合许可）新模式。

建设客户满意网点　推动智能化网点改造，试点投放智能机器人，开展智能PAD应用推广，实现客户精准识别和个性化服务。推广线上预约服务，提前响应客户需求，科学调控客户排队峰谷。改进老年人金融服务，全部网点均设立“工行驿站”，配备老花镜、轮椅、放大镜、助盲卡、医药箱等多种便民设施。重点做好军人、老年人、残障人士等特殊客群服务管理，落实有限办理政策，展现“工行温度”。（宋　伟）

表16　2022年中国工商银行泰安分行各支行（部）基本情况统计表

单位：人、万元

单　位	职工人数	人民币存款		其中：储蓄存款		人民币贷款		税金（含个人所得税）	
		余　额	同比增（%）	余　额	同比增（%）	余　额	同比增（%）	余　额	同比增（%）
市分行营业部	289	1427594	12.22	694192	19.70	804987	–5.33	2438	–0.01
泰山支行	111	820642	11.14	619308	19.09	416996	10.62	2316	0.22
高新支行	59	453594	10.48	299988	15.04	937154	12.90	1217	0.06
岱岳支行	69	413384	7.77	313229	17.37	460037	23.51	1159	0.35
新泰支行	141	1068209	8.53	905233	13.01	567252	6.42	1511	0.01
肥城支行	115	1108684	11.88	847728	15.24	488227	19.57	1189	0.21
东平支行	53	290792	18.55	232880	17.07	178969	–30.32	478	0.09
宁阳支行	66	361029	15.09	316975	15.31	200879	11.33	480	0.10
合　计	903	5943927	11.33	4229531	16.26	4054502	6.46	10789	10.90

【中国农业银行股份有限公司泰安分行】　简称农行泰安分行。2022年，各项贷款余额591.9亿元，较年初增加45.7亿元，其中对公贷款、个人贷款分别增加21亿元、24.8亿元。各项存款余额816亿元，较年初增加110.2亿元，其中对公存款、个人存款分别增加41.6亿元、68.6亿元。纳税1.24亿元，增幅27.6%。

支持实体经济　强化对13条产业链的融资保障，全年获批重大项目22个、额度121亿元。运作重大项目19个、额度130亿元。对全市989户重点法人客户提供信贷支持，贷款余额268亿元。全市规模以上企业合作覆盖率达到75%以上，服务客户1941户，有贷户183户，贷款余额118亿元；“双50强”企业信贷授信总额为124亿元。

助力乡村振兴　开展“金融服务乡村振兴县区行”活动，县域贷款余额316.7亿元，较年初增加31.1亿元，增幅10.9%。累计打造“乡村振兴示范村”333个，支持农业主体5600家，落地产业集群方案57个，授信62.3亿元，新增投放5.6亿元，支持泰山花木、新泰山楂、宁阳钢球等产业集群。

践行金融为民　持续优化便捷获得信贷，普惠贷款余额69.3亿元，较年初增加22.4亿元，增幅48%。精准推荐“纳税e贷”“账户e贷”等特色产品，普惠有贷客户数达到8330户，增加3528户，增幅73.5%。累计支持首贷户814户，增加442户，提供信贷支持7.4亿元，为企业节约融资成本及财务开支1700万元。聚焦就业、住房、养老等重点领域，个人贷款余额308亿元，全年增加24.8亿元。其中，个人经营、消费贷款分别较年初增加9.3亿元、0.9亿元。 （陈孟然）

表 17　2022 年中国农业银行泰安分行各支行（部）基本情况统计表

单位：人、万元

单　位	职工人数	人民币存款		其中：储蓄存款		年末贷款		税　金	
		余　额	同比增（%）	余　额	同比增（%）	余　额	同比增（%）	总　额	同比增（%）
新泰市支行	209	1923041	20.02	1349126	14.08	1129719	3.24	2121	8.69
宁阳县支行	124	689501	14.24	518864	16.10	421778	23.97	665	19.35
肥城市支行	219	1568543	17.18	1155738	17.46	1069394	19.33	1696	41.18
东平县支行	132	676088	10.22	513656	15.70	545917	3.90	567	12.38
泰山支行	206	1190535	8.42	910844	9.34	858542	4.11	2041	38.26
岱岳支行	152	1068017	9.75	697773	8.05	584517	–0.16	1411	18.32
市分行营业部	42	653752	20.48	191964	17.81	430170	11.73	—	—
龙泽支行	36	244018	55.50	123829	34.48	722081	4.49	1480	1.36
高新区支行	25	134602	29.00	93439	18.41	156962	32.44	465	89.39
市分行本部	218	—	—	—	—	—	—	1493	29.47
合　计	1363	8148097	15.86	5555232	14.07	5919080	8.39	11938	22.55

表 18　2022 年中国银行泰安分行基本情况统计表

单位:人、万元

单　位	职工人数	人民币存款		其中：储蓄存款		人民币贷款		税　金	
		余　额	较上年增(%)	余　额	较上年增(%)	余　额	较上年增(%)	余　额	较上年增(%)
市分行直管	246	847522	–5.04	279021	16.49	1045551	19.18	5350	85.76
泰山支行	61	322946	20.57	159261	11.10	261879	1.08	2330	24.93
东岳支行	53	274380	15.10	203306	14.78	213033	27.22	944	–36.09
岱岳支行	70	353482	4.30	269929	11.43	257105	18.95	2227	4.65
肥城支行	66	549355	10.26	345189	15.54	406677	5.61	2709	13.92
新泰支行	73	620712	12.65	478578	13.96	410995	–0.13	3881	–0.84
宁阳支行	46	241295	11.67	153843	14.69	210674	19.67	1017	–8.71
东平支行	28	207708	23.94	105439	17.67	103120	26.56	1024	–38.2
合　计	643	3417398	7.78	1994565	14.32	2909034	13.01	19482	11.88

【中国银行股份有限公司泰安分行】 简称中国银行泰安分行。2022年，该行辖属机构27个，其中泰安城区网点总数15个、各县（市）网点总数12个。

负债业务　本外币各项存款日均余额340.57亿元，较上年年末新增26.01亿元，列山东中行第11位。其中，公司存款日均余额158.52亿元，较年初增加5.21亿元，个人存款日均余额182.04亿元，较年初增加20.81亿元。

资产业务　全行人民币贷款余额290.90亿元，较年初新增33.49亿元。存量贷存比86.83%，较全市平均水平高15.57个百分点。尤其是在稳定经济大盘中发挥重要作用的公司贷款余额突破200亿元，年末公司贷款市场份额达到25.37%，提升幅度2.28%。绿色信贷余额25.45亿元，新增14.37亿元。民营企业贷款余额53.9亿元，新增12.17亿元，增速29.16%。

国际业务　发挥外贸专业银行优势，累计叙做国际结算14亿美元，叙做跨境人民币12.9亿元，市场份额居当地银行业第1位。持续做好客户撮合对接服务，组织泰安企业参加第五届进口博览会，帮助企业开拓市场。

科学管理　强化绩效考核“争创0.1分”过程管理，绩效考核居山东中行第6位。加强和改进员工绩效管理，推进“基薪+奖金”薪酬改革落地。被中国银行山东省分行授予“中银卓越集体”称号。

社会责任　防范化解金融风险，累计化解表内不良贷款1.42亿元。不良贷款余额6312万元、不良率0.2%。落实普惠金融政策，普惠金融贷款余额22.87亿元，较年初新增6.25亿元，近3年平均增幅52%。创新普惠金融产品，优享贷、工业用房贷实现山东中行系统首发，叙做分行第一笔土地指标流转类贷款、第一笔土地抵押贷。全年纳税6988.59万元。

（张　聪）

【中国建设银行股份有限公司泰安分行】　简称建行泰安分行。2022年，该行辖县（市、区）支行15个，营业网点41个，在岗人员1043人。至年末，一般性存款时点余额449亿元，日均余额422亿元，分别比年初新增62亿元、39亿元；人民币贷款余额275亿元；实现主营业务收入11.04亿元、拨备前利润7.1亿元。

坚持党建引领　打造特色党支部品牌96个，升级建设党员活动阵地96处，实现全辖一支部一品牌全覆盖。落成揭牌“雷锋·行”企业文化馆并向行内外开放，累计迎接参观30场、近千人次，文化馆入选山东省银行保险业清廉金融文化阵地。“雷锋·行”企业文化品牌获中国建设银行股份有限公司“十佳公益品牌”。

服务实体经济　全年累计投放对公类贷款112亿元，比上年增加30亿元。组建金融辅导队开展入企辅导，为105户企业投放信贷资金7.27亿元。做好补链延链强链工作，实现链上企业开户90家，信贷投放5.63亿元。坚持普惠让利，新发放普惠型小微企业贷款加权利率较年初下降0.17个百分点，全年为3484户小微企业提供信贷支持40亿元，服务小微企业户数较上年增加708户，普惠贷款投放额较上年增加8.4亿元。

服务群众生活　年末住房贷款余额133.91亿元，新增3.68亿元。通过建行生活平台发放优惠券1000万元，承接政府消费券417万元，让利24.88万名泰安城区百姓，服务670家商户。上线“智慧农批”平台，搭建当地首个数字化农贸批发市场。实现兴农快贷系统与新泰信用体系直连上线并嵌入建行手机银行。创新推出“开放银行·泰好办”项目、“安薪泰山”平台一期工程，打通金融服务“最后一公里”。

（杨　咪）

表19　2022年中国建设银行股份有限公司泰安分行各支行（部）基本情况统计表

单位：人、万元

单　位	职工人数	人民币存款		其中：储蓄存款		人民币贷款		税　金	
		余　额	同比增（%）	余　额	同比增（%）	余　额	同比增（%）	余　额	同比增（%）
分行直属	326	703079	12.35	438031	15.30	326927	6.94	969	1.12
泰山支行	90	310477	1.11	233168	16.13	206476	-22.07	593	-8.33
市中支行	86	414911	18.65	335953	18.56	299414	3.68	732	89.22
新泰支行	87	607776	6.97	454786	20.76	326091	2.56	849	36.98
新汶支行	67	497483	10.46	434087	12.29	308866	10.21	685	-15.51
肥城支行	126	784550	21.46	557269	25.06	324302	3.88	657	-22.28
宁阳支行	48	190262	26.72	157007	25.83	151047	3.12	364	16.23
东平支行	45	159025	19.32	107845	30.21	183975	-24.15	331	-48.95
青年支行	29	135365	49.56	59904	27.30	147077	17.07	396	39.34
东岳支行	32	110733	6.70	85741	19.48	161598	3.95	419	64.12
岱宗支行	26	78491	-1.78	39205	20.18	53885	-30.28	177	37.92
农大支行	25	168781	42.30	115266	17.16	82683	8.44	179	170.07
大河支行	20	71320	8.17	63944	23.83	80902	4.01	140	-12.64
高新支行	19	84625	8.97	60842	27.80	71885	2.61	129	1.00
东城支行	17	73964	19.16	66529	19.73	20685	3.46	—	—
合　计	1043	4390841	14.67	3209578	19.53	2745813	-0.27	6620	8.10

【交通银行股份有限公司泰安分行】 简称交通银行泰安分行。2022年，该行辖县（市、区）人工网点9个，自助网点4个（含离行单体2个），在用现金类设备32台，非现金类自助设备28台。年末，该行各项存款余额114.21亿元，较年初增加24.12亿元，增幅26.78%；贷款余额90.57亿元，较年初增加10.08亿元，增幅12.53%。存款时点市场占比较年初提升0.42%；贷款时点市场占比较年初提升0.2%。

服务实体经济　年末对公实质性贷款较年初增加10.73亿元，增幅13.83%。助力泰安新型工业化强市建设，全年上报上级行审批新增客户25户，金额45亿元。强化科技赋能，完善抵质押产品并投放交行省内首笔政府采购贷，跨国资金池及CIPS标准收发器业务量取得突破性进展。

普惠金融　年末，“两增”口径贷款余额21.95亿元，较年初增长18.73%，比各项贷款增速高4.90%，“两增”口径贷款户数1358户，较年初新增259户，增幅23.57%，超额提前完成监管计划。全年平均利率3.75%，较上年平均利率下降0.09%。年内，交行辅导队对接企业50家，其中结对辅导24家，辅导满意率100%；对有定向融资需求企业21家，全部对接并给予资金支持，累计授信1.43亿元。

风险管控　全年累计处置不良贷款5830万元，年末，不良贷款余额为3694万元，不良率为0.41%，较全市银行业平均不良率低0.7个百分点。加强内控合规文化建设，开展“行长讲内控合规”“内控合规大家谈”活动，确保案件防控高压态势。强化员工失范行为排查，让合规创造价值理念根植员工内心。

金融消费者权益保护　打造“好客交行”服务品牌，提升金融消费者的自我保护意识和风险意识，推进公众教育宣传工作，为所有网点设计统一的公众教育专区。开展“金融知识万里行”“金融知识进万家”“金融知识普及月”等宣传教育活动，走进企业、社区、商铺进行宣传，通过公众教育强化员工的消费者权益保护意识，达到“预防为先，教育为主”的效果。

（刘梦冉）

表 20　2022 年交通银行泰安分行各支行基本情况统计表

单位：人、万元

单　位	职工人数	年末人民币存款		其中：储蓄存款		年末贷款	
		余　额	同比增（%）	余　额	同比增（%）	余　额	同比增(%)
分行营业部	17	314410.32	2.54	82620.10	14.38	323948.34	6.72
岱岳支行	13	150934.05	141.05	41137.27	23.84	86486.35	60.34
望山支行	8	83201.19	46.37	40728.77	14.69	15422.07	–7.28
岱北西路支行	8	65000.00	26.66	61183.05	31.74	28969.30	31.15
花园支行	8	44343.42	24.98	40946.37	26.91	26893.43	148.62
文化东路支行	9	34119.14	–11.32	32553.21	24.10	14457.90	–29.27
向阳支行	9	72704.45	–0.79	54636.90	15.33	48299.96	116.26
新泰支行	12	71824.81	–34.75	42287.50	31.12	231785.21	–9.17
肥城支行	13	305538.82	83.91	34011.25	42.89	129393.09	29.65
合　计	97	1142076.2	26.78	430104.42	23.12	905655.65	12.53

【泰安银行】 2022年，该行设80个网点，包括营业部1家，异地分行1家。年末，该行资产总额1008.75亿元，较年初增加104.55亿元，增幅11.56%；负债总额为926.99亿元，较年初增加101.01亿元，增幅12.23%。各项存款余额807.32亿元，贷款余额595.68亿元。实现拨备前利润11.99亿元，实现净利润4.01亿元。

存款业务　年末，存款余额807.32亿元，较年初增加106.76亿元，增幅15.24%。其中，储蓄存款501.71亿元，较年初增加83.9亿元，增幅20.08%；对公存款219.63亿元，较年初增加14.56亿元，增幅7.1%；保证金存款85.98亿元，较年初增加8.31亿元，增幅10.7%。

贷款业务　年末，贷款余额595.68亿元，较年初增加94.11亿元，增幅18.76%。其中，贷款552.34亿元，较年初增加90.4亿元，增幅19.57%；公司类贷款496.95亿元，较年初增加91.16亿元，增幅22.47%；个人类贷款55.39亿元，较年初减少0.76亿元，降幅1.35%。票据贴现43.33亿元，较年初增加3.70亿元，增幅9.34%。

其他业务　银行卡累计发卡量151.17万张，电子银行客户数累计达98.68万户，电子渠道办理业务512万笔，交易金额达3423.32亿元，电子银行柜面业务替代率达86.51%。

经营管理　支持新型工业化强市建设，对13条产业链964户企业，开展一对一金融辅导，制定金融服务方案，全年发放贷款53.78亿元。支持工业企业转型升级，成为市“技改专项贷”首家签约合作银行。服务黄河流域高质量发展战略，黄河流域贷款余额15.43亿元。成立2家科技专业支行，建立"专精特新"企业服务对接机制，"专精特新"贷款余额共计19.9亿元。推进强工贷产品体系落地，搭建三大类近10个强工贷产品货架，强工贷产品贷款余额5.16亿元。推进"一行一品"战略，全行80家支行每家主推一个普惠金融产品，为小微企业提供优质金融服务，年末普惠型小微企业贷款余额79.55亿元，同比增长42%。支持乡村振兴战略，涉农贷款余额126.51亿元，获评2021年度金融机构服务乡村振兴考核"优秀"单位。开展金融辅导金融管家提质增效行动，为216家辅导企业提供31亿元资金支持。争取社会保障卡发卡资质。全面推广"信易贷"，获"信易贷"平台推广应用先进集体。开展机关作风集中整顿活动，被评为"全国金融系统思想政治工作优秀单位""金融系统文化建设优秀单位"。

（戚桂状）

表21　2022年泰安银行基本情况统计表

单位：人、万元

单位	职工人数	年末存款		其中：储蓄存款		年末贷款	
		余　额	同比增（%）	余　额	同比增（%）	余　额	同比增（%）
总行营业部	167	1618618	17.95	984588	16.86	1369158	26.81
泰西管辖行	169	1259745	10.61	875223	16.35	1026390	7.89
岱宗管辖行	222	1828118	5.56	1283044	15.85	952695	4.53
新泰管辖行	121	772995	18.76	605224	21.00	402628	20.83
肥城管辖行	97	769743	28.40	534260	29.67	250025	6.40
宁阳管辖行	70	375110	9.15	242045	20.20	326740	25.18
东平管辖行	92	461504	23.75	386325	27.50	285877	4.99
济南分行	97	658315	39.96	106369	79.38	677653	64.24
合计（含总部机关）	1356	8073203	15.24	5017114	20.08	5956756	18.76

表22　2022年泰安全市农村商业银行基本情况统计表

单位：人、万元

单位	在岗职工人数	年末存款		其中：储蓄存款		年末贷款		税金	
		余　额	同比增（%）	余　额	同比增（%）	余　额	同比增（%）	总　额	同比增（%）
泰山农商银行	530	1650370	5.80	1323606	14.85	1285919	9.19	7702	-10.94
岱岳农商银行	647	3318792	10.91	3032355	11.90	2175583	10.94	11720	71.24
新泰农商银行	673	2791701	11.27	2588695	16.71	1748903	7.10	9523	14.78
肥城农商银行	540	2523471	9.31	2395740	10.06	1558089	8.84	6191	60.03
宁阳农商银行	456	1657733	11.06	1505784	16.53	937457	8.20	5097	93.43
东平农商银行	465	1798250	12.76	1737716	12.83	998375	7.97	2418	24.25
审计中心	18	—	—	—	—	—	—	—	—
合　计	3329	13740317	10.30	12583896	13.48	8704326	8.88	42708	32.30

【泰安农村商业银行】　2022年，辖全市农村商业银行6家，营业网点245个（其中营业部6个、支行127个、分理处112个），全年实现利润6.24亿元，缴纳各类税金4.27亿元。

存贷款业务　至年末，各项存款余额1374.03亿元，较年初增加128.33亿元，增幅10.3%，市场占有率24.55%，新增市场占有率19.77%。各项贷款余额870.43亿元，较年初增加71.99亿元，增幅8.88%，市场占有率21.93%，新增市场占有率18.19%。

服务实体经济　全年累计投放实体贷款588.07亿元，同比多投放62.75亿元。服务乡村振兴，创新乡村振兴贷款产品，全市农商银行支持乡村振兴贷款134.78亿元，新增28.42亿元，增幅26.72%。加大支持黄河流域生态保护和高质量发展力度，累计发放支持黄河流域生态保护和高质量发展贷款75.22亿元。支持重点产业链发展，向13条产业链企业投放贷款30.07亿元。延伸扩大服务领域，满足"新市民"群体在创业就业、住房保障、医养健康、职业技能培训及子女教育等领域的合理融资需求，发放"新市民"贷款111.45亿元，较年初增加33.1亿元。

2022年9月6日，泰安市银行保险业打击整治养老诈骗专项行动主题宣传活动举行 （任逸群 供）

普惠金融　至年末，普惠金融贷款余额和占比分别为278.77亿元和39.73%，较年初提高50.67亿元、4.35个百分点。加大线上产品研发推广，创新研发上线“泰易贷”“泰山e贷”等纯线上贷款产品，累计发放纯线上贷款22.28亿元，新增1.14万户、12.98亿元。研发纯线上抵押贷款“房抵e贷”，提升金融服务水平。全面推广“创业担保贷”“鲁担惠农贷”“退役军人贷”等政策性贷款产品，全市政策性贷款1.24万户、余额52.38亿元，户数和余额分别较年初增加1166户和13亿元。简化办贷手续，实现个人类贷款办贷时限不超过3个工作日，公司类贷款办贷时限不超过5个工作日，质押贷款和线上贷款业务当天办结。助企纾困，累计为个体工商户和企业办理延期还本付息贷款47.6亿元，贷款加权平均利率同比降低0.33个百分点，累计减费让利2.4亿元。开展“送金融知识下乡（进社区）”、防范非法集资、防范电信诈骗等主题金融服务活动。

其他业务　全市布放ATM/CRS自助设备444台，安装POS机具7624台，安装聚合支付码牌9.09万个，为辖区居民提供7×24小时不间断金融服务。拓宽银行卡发卡群体，完善社保卡系统服务功能，共发行银行卡622.46万张，社保卡259.62万张。电子银行服务客户数达138.98万户，全年电子渠道办理业务761.55万笔，交易金额达3461.45亿元，电子银行柜面业务替代率达96.73%。 （赵莉莉）

【中国邮政储蓄银行股份有限公司泰安市分行】　简称邮储银行泰安市分行。2022年，该行辖一级支行6家、自营网点21个、邮政代理网点118个，遍布全市各个乡镇，服务全市个人客户130万户。年末，资产规模达541.91亿元，净增53.96亿元，增幅11.06%；各项存款余额509.57亿元，净增51.73亿元，增幅11.30%；各项贷款余额146.26亿元，净增22.78亿元，增幅18.45%。实现自营业务收入5.16亿元，同比增幅10.04%；累计实现利润2.52亿元，完成省行计划的105.6%，超省行计划1339万元。

风险防控　年末，全行各类贷款不良率0.49%。

普惠金融　年末，普惠型小微企业贷款余额33.16亿元，年增7.85亿元，贷款增速31.04%，远超平均贷款增速，完成监管计划的186%，完成内部考核计划的122%，年平均贷款利率4.98%，较上年下降18个BP，全面完成普惠小微各项监管要求。绿色银行量质双升，绿色信贷余额突破10亿元。

乡村振兴　年末，涉农贷款余额50.99亿元，年增7.66亿元，计划完成率169.53%，普惠涉农贷款增速25%，远超平均贷款增速。 （王彦彬）

表23　2022年邮储银行泰安市分行各支行基本情况统计表

单位：人、万元

支行（部）	职工人数	年末存款		年末贷款	
		金　额	比上年增（%）	金　额	比上年增（%）
市分行本部	146	—	—	548725.64	—
新泰市支行	55	1214272.64	8.72	204499.13	18.68
肥城市支行	56	980947.01	11.55	135860.84	26.65
宁阳县支行	51	770812.57	11.1	128853.26	15.33
东平县支行	47	792408.91	12.07	84469.76	21.06
岱岳区支行	69	924614.59	9.23	150164.73	17.54
泰山区支行	49	270958.94	—	106915.61	—
市行营业部	11	141671.44	—	103100.85	—
合　计	484	5095686.1	11.3	1462589.81	18.45

说明：市分行本部、泰山区支行、市行营业部涉及机构合并和拆分，故2021年无法取数

证券业

【概况】 2022年年末，全市有证券营业机构14家，分别为中泰证券股份有限公司泰安分公司、海通证券泰安岱宗大街营业部、太平洋证券泰安虎山东路营业部、中信证券（山东）泰安长城路营业部、国海证券股份泰安擂鼓石大街营业部、中国银河证券泰安长城路营业部、安信证券泰安营业部、华安证券泰安泰山大街营业部、长江证券泰安环山路营业部、国都证券泰安长城西路营业部、东方财富证券泰安擂鼓石大街营业部、方正证券泰安灵山大街证券营业部、兴业证券股份有限公司泰安分公司、财信证券股份有限公司泰安灵山大街证券营业部。其中，中泰证券泰安分公司辖9个营业部，海通证券有2个营业部，全市证券营业部共23个，实现县（市、区）全覆盖。年内，全市14家驻泰安证券营业机构累计成交额4917.66亿元，比上年同期减少634.10亿元，减少11.42%；累计收入1.70亿元，比上年同期减少1948.73万元，减少10.3%。累计实现利润3849.23万元，比上年同期减少3487.1万元，减少47.53%。全市14家证券业机构年内累计开户数5.18万户，比上年同期增加8790户，增长20.42%。 （代琳琳）

【中泰证券泰安分公司】 2022年，该公司辖区内有9家营业网点，其中市区5家、县（市、区）4家，分布在泰山区、高新区、新泰市、肥城市、宁阳县、东平县。

经济效益 公司实现营业利润2421.87万元，全年缴纳增值税及附加等各项税款总额1000.56万元，缴纳企业所得税税款总额355.29万元，合计缴纳税款1355.85万元。

通道业务 全年分公司各营业部共完成A股、基金交易总量2064.51亿元，实现佣金收入0.93亿元；各营业部客户资产总值137.69亿元，市场份额0.0431%。全年融资融券（以下简称两融）业务净收入0.69亿元，日均两融余额8.31亿元。

非通道业务 全年实现认购公募基金2.67亿元，私募产品0.21亿元，产品类资产保有量9.54亿元。

机构业务 年内，与辖区内20家企业签订上市服务协议，其中山东华阳迪尔化工股份有限公司向北交所提交申报材料，泰安亚荣生物科技有限公司签订上市保荐协议；与山东泰山路桥工程集团有限公司、山东军成机械科技有限公司签订新三板推荐挂牌协议，推荐西之盟（山东）农牧发展股份有限公司、肥城龙山机械有限公司等22家企业成功挂牌齐鲁股权交易中心。联席参与泰安城市发展投资有限公司1.1亿美元债发行，助力泰山财金投资集团有限公司非公开发行公司债30亿元，对支持山东新旧动能转换，促进产业转型升级，助力全市中小企业发展起到积极作用。

战略合作 助力总公司中泰证券与泰安市政府签署产业链资本市场战略合作协议，与13个产业链及市级四大平台建立业务合作关系，优选14人参与8个产业链的金融辅导工作。助力总公司中泰证券与肥城市人民政府签署战略合作协议，为后续深度服务肥城、推进肥城一县一平台建设奠定基础。举办“泰山登顶”行动“泰安行”暨泰安市“专精特新”企业投融资对接会，与20家拟上市企业签订上市服务协议，增强业务储备厚度。 （王　虎）

【海通证券泰安营业部】 2022年，泰安营业部作为公司区域级旗舰营业部，实现营业利润1561.64万元，营业收入3387.95万元，实现佣金及手续费收入2648.43万元。两融业务实现不含税息费收入1646万元，全年融资融券日均余额2.68亿元。全年私募产品销售7513万元，公募产品销售2.55亿元。营业部落实公司及分公司各项规章制度和合规管理要求，制定《“合规内控文化建设年”活动方案》并成立专项工作小组，落实合规内控文化建设年各项工作。坚持把合规摆在业务首位，加强风险分析和监控，年内未发生重大合规问题及涉诉事项。

（郭可嘉）

保险业

【概况】 2022年，泰安市有市级保险公司60家，包括财产险公司28家，人身险公司32家，各类网点363个，从业人员2.57万人；合法保险中介机构103家。年末，全市保险行业实现原保险保费收入131.88亿元，居全省第8位，同比增长1.91%；提供保险保障金额16.71万亿元，增长50.68%。

【保险业参与社会治理】 2022年，各保险公司对优质战略新兴企业提供

2022年7月12日，泰安市人民政府与中泰证券股份有限公司签署共建新型工业化强市服务合作协议 （王　虎　供）

积极宽松保障服务，拓展战略性新兴产业客户，涵盖高端装备制造、新材料、新能源等产业；推动首台（套）重大技术装备综合保险在全市落地；为全市中小微企业提供团体意外保障，向中小微企业主提供保单质押贷款。争取专属商业养老保险试点政策，5家机构推广专属商业养老保险产品，累计投保人数1329人；丰富“市民保”保费方案，扩大保险责任、提升保险金额、增设既往症住院医疗费用保险金，累计参保人数41.49万人、保障额达16438.84亿元。全面推开三大主粮完全成本保险，全年累计为12.3万户农民挽回小麦旱灾损失3200万元，为20.7万户农民挽回玉米涝灾损失5500万元。

【保险市场乱象整治】 2022年，泰安银保监分局加强车险监管，先后将39家次机构纳入月度重点监管对象，并按方案进行月度、季度监管约谈，全年累计下发通报、监管提示、监管函及开展专项检查近20次。深入中介机构重点对车险市场、销售从业人员管理、基层机构职场管理等方面开展巡查整治。联动多方打击黑产代理，联合市公安局治安支队整治“非法代理退保”，指导市保险行业协会联合经侦搜集黑产线索，加大整治力度，采取措施斩断误导怂恿保险客户非正常退保、恶意投诉的“黑色产业链”，维护消费者合法权益，维护全市经济金融秩序安全稳定，年内向地方经侦移交相关线索4条。

【保险业改革转型】 2022年，泰安银保监分局督促各保险机构全面落实健康保险、意外保险、养老保险三大险种改革要求，回归保障主业，丰富产品供给，规范业务发展，引导普通型寿险、健康险、意外险等保障功能较强的产品回归市场主流。召开财产险、人身险行业发展座谈会，指导加快转变粗放发展模式，围绕高质量发展要求，践行集约发展理念，注重发展质量和效益，提升行业核心竞争力。推进销售行为可回溯管理工作，加强双录工作督导调研，指导各机构制定疫情防控期间双录工作运行机制，从源头上防范和治理人身险销售误导，提升行业发展质量。

（任逸群）

表 24　2022 年12 月泰安市财产保险业务情况统计表

单位：万元

指标项目	原保险保费收入			赔款支出		保障金额		承保利润	承保利润率（%）
	当年累计	同比增（%）	占比（%）	当年累计	同比增（%）	当年累计	同比增（%）		
企业财产保险	5553.66	11.05	1.62	2123.08	−13.13	10956463.14	59.89	199.34	6.26
家庭财产保险	3174.80	92.09	0.93	234.29	−48.18	24478883.21	208.10	540.97	22.13
机动车辆保险	206757.48	5.76	60.45	131413.32	−4.12	200466495.32	33.84	11819.90	6.01
工程保险	1027.00	−16.22	0.30	125.76	−68.74	643327.31	−10.59	156.69	49.65
责任保险	21190.81	17.32	6.20	8264.75	−7.25	110788092.35	140.77	−448.76	−2.71
信用保险	523.00	5.41	0.15	40.47	39.26	208141.34	59.44	76.94	75.93
保证保险	7162.30	−28.06	2.09	4187.43	46.07	183593.77	14.00	1622.32	20.23
船舶保险	0.00	−100	0.00	0.05	−69.31	0.00	−100	3.34	559.31
货运险	514.22	−27.26	0.15	318.98	3.89	981104.18	−68.88	−70.71	−16.15
特殊风险保险	54.72	176.66	0.02	16.19	−89.03	2188.51	19.37	−20.88	−98.44
农业保险	28140.66	12.42	8.23	16571.81	−8.29	704233.15	17.47	4149.36	21.40
健康险	55105.98	13.23	16.11	49044.11	38.22	859089890.85	75.36	−281.22	−0.53
意外伤害险	12275.88	−1.11	3.59	3622.51	9.43	198906582.23	28.16	252.90	2.01
其他险	533.68	171.75	0.16	−47.69	−25.98	856956.98	989.08	736.41	173.99
合　计	342014.21	7.27	100	215915.07	3.09	1408265952.33	63.65	18736.59	5.98

说明：因业务托管等原因，数据不含华夏人寿、天安人寿、天安财险、易安财险

表 25 2022 年 12 月泰安市

指标项目	原保险保费收入（万元）			赔付支出（万元）			
	当年累计	新单保费	其中：新单趸交	赔款支出	死伤医疗给付	满期给付	年金给付
		当年累计	当年累计	当年累计	当年累计	当年累计	当年累计
合 计	976795.87	219519.78	78019.60	52113.32	60460.05	90235.48	37606.93
寿险小计	645585.30	185484.73	74869.07		14289.65	88417.97	37606.93
普通寿险	391909.52	117290.46	8909.84	—	7484.79	10284.67	19651.87
定期寿险	3310.54	2155.21	1997.13	—	624.45	0.07	—
个人业务	3094.44	1939.20	1859.82	—	544.61	0.07	—
团体业务	216.10	216.01	137.31	—	79.84	—	—
两全寿险	73451.33	24473.67	3724.48	—	2014.94	9641.80	6025.11
个人业务	73451.05	24473.67	3724.48	—	2014.58	7590.17	6023.60
团体业务	0.28	—	—	—	0.36	2051.63	1.51
终身寿险	148315.20	57335.91	2126.26	—	3453.87	18.09	—
个人业务	148315.20	57335.91	2126.26	—	3453.67	18.09	—
团体业务	—	—	—	—	0.20	—	—
年金保险	166832.45	33325.67	1061.97	—	1391.53	624.70	13626.76
个人业务	166805.51	33325.63	1061.94	—	1360.15	624.70	11097.55
团体业务	26.94	0.03	0.03	—	31.38	—	2529.21
分红寿险	250726.23	68194.27	65959.23	—	5986.16	77959.04	17955.03
两全寿险	149017.77	66150.61	65692.42	—	3973.81	76168.70	6015.89
个人业务	149017.77	66150.61	65692.42	—	3973.81	76168.70	6015.89
团体业务	—	—	—	—	—	—	—
终身寿险	38540.65	20.75	0.21	—	1162.49	—	—
个人业务	38540.65	20.75	0.21	—	1162.49	—	—
年金保险	63167.81	2022.91	266.59	—	849.86	1790.34	11939.15
个人业务	63167.81	2022.91	266.59	—	849.86	1790.34	11935.44
团体业务	—	—	—	—	—	—	3.71
投资连结保险	0.85	0.73	0.66	—	—	0.02	—
其中：年金保险	—	—	—	—	—	—	—
万能保险	2948.70	446.88	211.89	—	818.70	174.24	0.03
其中：年金保险	270.99	38.81	13.88	—	16.48	—	0.03
意外伤害险小计	16252.23	—	—	5489.98	—	—	—
一年期以内业务	2402.47	—	—	1067.74	—	—	—
一年期业务	13849.75	—	—	4422.24	—	—	—
健康险小计	314958.35	34035.05	3150.53	46623.34	46170.40	1817.51	—

人身保险业务情况统计表

退保金（万元）	承保人次（万人次）		承保保单件数（万件）		保障金额（万元）	
当年累计	累计新增	期末有效	累计新增	期末有效	累计新增	期末有效
130875.60	1573.14	2095.03	203.44	502.50	262678586.26	342460414.48
122461.03	70.62	297.63	15.10	221.05	7041263.16	27730310.74
89629.37	67.69	178.99	12.56	111.42	6944904.21	22840099.05
85.07	61.00	73.72	6.12	9.25	5728357.36	6227359.58
85.07	57.24	70.08	6.06	9.20	5435421.21	6020684.13
—	3.77	3.64	0.06	0.06	292936.15	206675.45
5558.39	2.17	42.22	2.12	40.11	852918.80	13203616.18
5558.16	2.17	42.18	2.12	40.11	852918.80	13203568.92
0.23	—	0.04	—	—	—	47.26
7936.04	3.08	29.24	2.91	28.78	310173.82	2727761.81
7936.04	3.08	29.12	2.91	28.77	310173.82	2708348.73
—	—	0.13	—	0.01	—	19413.08
76049.87	1.43	33.81	1.41	33.28	53454.23	681361.48
75977.01	1.40	33.57	1.40	33.25	53454.23	681206.05
72.86	0.03	0.24	0.01	0.04	—	155.43
32822.33	0.86	84.19	0.70	80.62	80992.99	4039388.01
16791.54	0.42	43.80	0.45	43.34	77586.50	2478360.78
16791.54	0.39	43.73	0.44	43.34	72991.28	2468373.15
—	0.03	0.07	0.01	—	4595.22	9987.63
3793.83	—	22.27	—	22.23	494.62	1216472.70
3793.83	—	22.27	—	22.23	494.62	1216472.70
12236.95	0.44	18.12	0.24	15.05	2911.87	344554.53
12236.95	0.31	15.92	0.24	15.02	2911.87	339169.50
—	0.14	2.20	—	0.03	—	5385.03
—	—	0.05	—	0.05	568.72	901.76
—	—	0.01	—	0.01	481.01	488.89
9.33	2.06	34.40	1.84	28.96	14797.24	849921.92
0.60	0.20	11.48	0.13	7.83	2822.91	45661.94
—	416.93	410.41	90.49	47.02	32277906.56	29321030.43
—	88.90	53.36	35.54	6.03	10192143.77	6461835.31
—	328.02	357.04	54.95	40.98	22085762.79	22859195.12
8414.57	1085.60	1386.99	97.84	234.43	223359416.54	285409073.32

续表25

指标项目	原保险保费收入（万元）			赔付支出（万元）			
	当年累计	新单保费	其中：新单趸交	赔款支出	死伤医疗给付	满期给付	年金给付
		当年累计	当年累计	当年累计	当年累计	当年累计	当年累计
短期业务	56242.50	—	—	46623.34	—	—	—
个人业务	23186.78	—	—	12014.90	—	—	—
团体业务	33055.72	—	—	22.58	—	—	—
长期业务	258715.84	34035.05	3150.53	—	46170.40	1817.51	—
个人业务	258384.08	33955.49	3150.52	—	46114.46	1817.16	—
团体业务	331.77	79.56	0.01	—	55.94	0.35	—

【中国人民财产保险股份有限公司泰安市分公司】 简称人保财险泰安市分公司。2022年年末，该公司累计实现保费收入13.44亿元，支付赔款9.27亿元，上缴各类税金1.17亿元。

创新治理领域保险保障 公司持续加大保险产品创新和供给力度，发挥保险职能作用，深化社会治理领域保障。首席承保全市灾害民生综合保险项目，快速响应处理冰雹、暴雨等极端天气造成的损失，分担政府压力，让民生工程惠及百姓。提供“安责险+科技+服务”管理模式，为300家企业提供事故预防服务。以服务新技术、新业态、新模式、新产业为重点，推动政策支持型的首台（套）重大技术装备保险、新材料首批次保险、软件首版次保险等新兴险种实施，促进创新产品快速推广应用。全年为多家规模以上重点企业提供超400亿元的风险保障。

落实惠民保险政策 先后开办小麦、玉米、生猪、价格指数等农险产品25个，为大宗粮食作物提供风险保障，为全市农户提供数十亿元的风险保障，财政补贴资金放大效应近40倍。参与全市多层次社会保障体系建设，形成涵盖大病、补充医疗、长期护理保险等一体化业务格局，构建起社保业务领域独特的专业优势。为全市207万居民提供超3.5万亿元的大病风险保障，支付赔款超9400万元，为130万名职工、居民提供超400亿元的长期护理保险保障，支付赔款超1900万元，有效减轻群众的医疗费用负担。

优化保险服务方式 年内，深入562家企业、1290个村开展宣传，1.33万位车主通过公众号享受代办审车、优惠保养、优惠洗车、健康体检等15项增值服务项目。推出线上化理赔服务，客户通过“山东人保财险”微信公众号进行在线报案，使用远程视频查勘、自助上传照片进行快捷定损赔付，做到快处快赔、易处易赔。全年为客户提供线上救援服务1.39万次，线上预约审车服务1260次，代为送检服务901次，线上理赔服务2.8万人次。 （王建军）

【中国人寿保险股份有限公司泰安分公司】 简称中国人寿泰安分公司。2022年，该公司在市级本部设有12个部室，辖县（市、区）支公司6个，城区营业单位2个，团险直管团队1个，乡镇和街道营销服务部64个。年末，公司实现总保费收入21.14亿元，市场份额居泰安寿险业首位。

客户服务 遵循“以客户为中心”的原则，优化服务体验，创新服务场景，拓展服务内容，多触点优化客户感知，开通空中客服服务，年内累计服务客户3117人次。持续打造快捷温暖的服务品牌，推广理赔管家、重疾一日赔等服务举措，年内累计服务理赔客户5万人次，各类赔款给付合计3亿元。

特色业务 开办城镇职工大病保

2022年7月28日，人保财险泰安市分公司开展人保夏日“送清凉”——致敬泰山区消防救援大队活动 （王建军 供）

退保金（万元）	承保人次（万人次）		承保保单件数（万件）		保障金额（万元）	
当年累计	累计新增	期末有效	累计新增	期末有效	累计新增	期末有效
—	1058.40	1066.74	79.87	87.06	180657106.79	181535877.50
—	177.59	194.74	72.09	79.79	70045998.21	71335627.17
—	880.81	872.01	7.78	7.27	110611108.58	110200250.34
8414.57	27.20	320.25	17.97	147.37	42702309.75	103873195.82
8401.90	27.16	320.03	17.94	147.29	42700433.43	103858604.89
12.67	0.04	0.22	0.03	0.08	1876.32	14590.93

险、职工长期护理保险、学生平安保险、“银龄安康”工程、计划生育保险等，构建多层次的保险保障体系，提升参保居民保险保障水平。全年累计为120万名老年人、妇女、在校学生提供风险保障；承保新泰、东平、泰山区居民大病和新泰、东平、岱岳区、泰山区职工长期护理保险，分别覆盖192.8万人、38.6万人。

服务社会发展　服务黄河国家战略，联合市妇联举办“情系民生 关爱女性”服务黄河流域高质量发展保险捐赠活动，向全市低收入妇女捐赠女性安康保险1000份；中标泰安市总工会黄河战略“工惠保”职工意外保险项目。助力新型工业化强市建设，对于优质战略新兴企业及绿色产业客户采取积极宽松的审批政策，开拓绿色产业客户67个，拓展战略性新兴产业客户19个，涉及高端装备制造、新材料、高端化工、新能源、节能环保等产业。加大对中小微企业的保障支持力度，为全市1784家中小微企业提供团体意外保障，为6.7万人次中小微企业主提供保单质押贷款12亿元。

（颜　健）

其他非银行金融机构

【小额贷款公司】　2022年，市地方金融监管部门对全市小额贷款公司开展分类评级工作，实行分类监管和“双随机、一公开”抽查。经过行业清理和省地方金融监管局换发小额贷款公司业务许可证工作，全市有12家小额贷款公司取得山东省地方金融监管局小额贷款业务许可证，年末贷款余额25.76亿元。

【融资担保公司】　2022年，市地方金融监管部门通过非现场监管、现场检查、“双随机、一公开”抽查等方法，推进融资担保行业有序发展。全市有融资担保公司9家，其中政府性融资担保公司3 家。年末，全市融资担保行业融资担保在保余额181.64亿元。

【典当行】　2022年，市地方金融监管部门围绕典当行监管职责，通过现场与非现场检查结合的方式对全市16家典当行进行年审问题整改及集中换证。至年末，有16家典当行取得山东省地方金融监管局发放的“典当经营许可证”，16家典当行典当总额20.16亿元。

【融资租赁公司】　2022年，泰安市有融资租赁公司10家。年内，市地方金融监管部门开展行业清理核查和《山东省融资租赁监督管理暂行办法》贯彻落实。至年末，10家融资租赁公司融资租赁资产总额117.73亿元。

【商业保理公司】　2022年，泰安市有商业保理公司2家。年内，市地方金融监管部门开展行业清理核查。至年末，2 家商业保理公司应收保理融资款本金4.03 亿元。

（代琳琳）

编辑　校对　　刘小笋

泰山景区·徂徕山汶河景区

泰山自然和文化资源

【概况】 泰山古称“岱山”“岱宗”，世称“东岳”，为“五岳之首”，位于山东省中部，总面积426平方千米，泰山风景名胜区规划面积125平方千米，主峰玉皇顶海拔高度1545米，气势雄伟，拔地而起，有“天下第一山”的美誉。泰山将历史文化、自然风光、地质奇观和谐融为一体，被誉为“中华文化史的局部缩影”、中华民族精神的象征。1982年，泰山被国务院公布为首批国家重点风景名胜区；1987年，被联合国教科文组织列为首例“世界文化与自然双遗产”；1992年，入选首批“国家森林公园”；2005年，首批列入全国文明风景旅游区；2006年，首批列入国家AAAAA级旅游景区、国家非物质文化遗产名录、世界地质公园，成为国内为数不多的三重世界遗产。相继取得首批“国家级服务标准化示范单位”、全国旅游服务质量标杆单位、国家级全民健身登山基地、国家级海峡两岸交流基地、中国最美地质公园、中国最令人向往的地方、“中华十大名山”之首、首批“中国楹联名山”、首批“中国森林氧吧”榜单、首批“全国智慧旅游景区试点单位”、全国文明燃香试点单位、“中国旅游景区数字资产榜”第二名、2016最受微博用户关注景区TOP10、十一黄金周“旅游服务最佳景区”等称号，是名副其实的中华国山、世界名山。

【历史文化】 参见《市情概览·泰山文化》

【文物资源】 泰山有古建筑群34处、古遗址128处，古建筑群整体呈现古代自然崇拜的信仰形式，涉及儒家文化建筑形式、皇家祠庙建筑形式、道家文化建筑形式、道家延伸的民间民俗信仰及地狱神魔文化建筑形式，是中国山岳信仰建筑的最早起源及最具代表性的名山范例。泰山存碑碣1239块、摩崖刻石1800余处，著名的有秦《泰山刻石》、汉《衡方碑》《张迁碑》、晋《孙夫人碑》、南北朝《经石峪金刚经》、唐《纪泰山铭》、宋《青帝碑》、元《天门铭》、明《洪武碑》、清《摩崖碑》等，被誉为书法艺术博物馆。

【地质资源】 2006年，泰山被联合国教科文组织批准为世界地质公园，总面积约418.36平方千米。泰山在28亿年的地质演化历史中，经受泰山运动、加里东运动、华里西运动、燕山运动和喜马拉雅山运动等5次大地壳运动的强烈变革，经历地壳发展历史太古代、元古代、古生代、中生代和新生代等5个主要阶段的改造，地质遗迹典型而罕见，历来为中外地质学家所瞩目，对于岩石学、地层学与古生物学、沉积学、构造地质学、地貌学以及地球演化历史等地质科学具有重要的科学研究价值。在新构造运动的影响下，泰山的侵蚀切割作用十分强烈，广泛发育不同类型的侵蚀地貌，形成众多的深沟峡谷、悬崖峭壁，造就泰山陡峻险奇的地貌景观，如醉心石、拱北石、仙人桥、扇子崖、天烛峰、彩石溪等。

【动植物资源】 泰山有高等植物1646种，哺乳类动物37种、爬行类14种、两栖类6种、鸟类370种，堪称生物多样性的天然资料库。泰山植被跨越3个温度带，层次分明、种类繁多，百年以上的古树名木1.82万株，森林覆盖率、植被覆盖率分别达95.8%、97%。泰山中草药资源丰富，名贵药材主要有灵芝、何首乌、紫草、四叶参、黄精和汶河的“九节香附”等，其中何首乌、四叶参、紫草和黄精同称“泰山四大名药”。泰山螭霖鱼、鹿角菜、苹果、板栗、核桃、山楂等土特产誉满中外。其中，生长在海拔800米以上深涧中的泰山螭霖鱼尤为珍贵，是泰山特有的鱼类，清代时为皇室贡品，是中国五大食用名鱼之一。

【自然风光】 泰山自然风光优美、壮观，其景观特点以雄为主，“雄、奇、险、秀、幽、奥、妙”兼具，有旭日东升、晚霞夕照、黄河金带、云海玉盘、雾凇雨凇、碧霞佛光等自然奇观。五岳独尊、十八盘、姊妹松、旭日东升等古迹、景观被应用到第五套人民币上。泰山主峰傲然拔起，环绕主峰的知名山峰有112座、崖岭98座、溪谷102条，构成群峰拱岱、气势磅礴的泰山山系。泰山因太古界岩层裂隙作用，水系十分发达，有名泉72处，山体总储水量30亿立方米，形成山泉密布、河溪纵横的灵秀景观。泰山游览区分岱麓游览区（丽区）、中路游览区（幽区）、西路游览区

（旷区）、岱顶游览区（妙区）、后石坞游览区（奥区）、桃花峪游览区（秀区）。

丽区　即岱麓游览区，指的是泰山南麓东起王母池、西至樱桃园一带清幽明丽的游览区域。岱麓地处山城接合部，依山临市，环山公路贯通东西，环境优美，风景秀丽，气候宜人。主要景点有岱宗坊、王母池、范明枢墓、普照寺、烈士祠、五贤祠、三阳观、冯玉祥墓、樱桃园等。

幽区　即中路游览区，是泰山主景区。登山道路是在唐玄宗登封泰山古御道的基础上拓建而成的，自泰山山门岱宗坊始，至岱顶南天门，全长8.5千米。石阶7000阶，峰回路转，林荫夹道，溪瀑争流，亭台楼阁，风景幽深。沿途两侧碑碣题刻触目皆是，风景名胜最为集中。主要景点有关帝庙、红门宫、万仙楼、革命烈士纪念碑、斗母宫、经石峪、中天门、朝阳洞、十八盘、南天门等。

旷区　即西路游览区，是指自西溪谷口大众桥至中天门的游览区域。西路游览区峰峦起伏，群峰耸立，谷深峪长，潭静瀑飞，林木繁茂，景色旷秀。主要景点有天外村广场、黑龙潭、扇子崖、元始天尊庙等。

妙区　即岱顶游览区，是自南天门至玉皇顶面积约0.6平方千米的游览区域。攀越十八盘，登上南天门，就算进入了"天府仙界"。此处，"日近云低""只有天在上，更无山与齐"。虚无缥缈的月观峰、金碧辉煌的碧霞祠、直插云天的玉皇顶、扑朔迷离的无字碑，都使人感到神秘莫测、妙不可言。岱顶集中泰山自然风光与名胜古迹的精华，是游览泰山的高潮所在。主要景点有天街、碧霞祠、唐摩崖、玉皇庙、孔子庙、日观峰、东天门、探海石、仙人桥、月观峰、西天门等。

奥区　即后石坞游览区，是以岱阴后石坞为中心的游览区域，南起玉皇顶，北至元君庙，东起天烛峰，西至北天门，面积约5.5平方千米。后石坞自古即被称作岱阴第一洞天。奇峰耸秀，怪石嶙峋，峰险谷深，旷远清幽。步行道"独足盘"环绕其间，为明万历年间所辟。沿"独足盘"攀登，行愈远，路愈险，山愈奇，景愈胜。主要景点有丈人峰、北天门、独足盘、八仙洞、后石坞、元君庙、九龙岗、天烛峰、谷山玉泉寺、周明堂遗址、锦绣谷、齐长城等。

秀区　即桃花峪游览区，位于泰山西麓，因旧时桃林满谷而得名，分上下两段，上段称桃花源，下段为桃花峪。这里奇峰叠列，林深涧曲，豁达空旷。峪底公路，逶迤10千米。沿途千潭叠瀑，万壑汇川，丹英饰涧，纷飞如雨。主要景点有桃花源、猛虎沟、彩石溪、后寨门、吴道人庵、桃花峪谷口等。（丁　中）

泰山遗产保护

【自然遗产保护】　古树名木保护　2022年，泰山景区在严格落实古树名木保护"四个一"（"一树一档""一树一策""一树一专家团队""一树一管护团队"）工作措施基础上，探索"一树一监测系统"，谋划古树名木保护由"四个一"向"五个一"的保护措施升级。全年完成188株古树保护复壮，组织开展二级、三级古树名木认定建档，建立健全泰山古树名木图文档案和电子信息数据库。

古树名木种质资源库建设　2022年，泰山景区实施泰山古树名木育苗工程，在樱桃园管理区建立1处育苗基地，其他管理区采取集中育苗与就地育苗相结合的方式，筹建秦松、汉柏、唐槐等古树种质资源库。年内培育幼苗310株，其中对列入世界遗产要素的6棵古树名木培育幼苗239株，对树龄超2000年的"汉柏凌寒"和"挂印封侯"分别培育幼苗51株、87株。采集29株古树名木种子9651粒，其中列入遗产名录的20株古树名木种子8035粒。

"泰山云保护·云植树"活动　2022年，泰山景区挖掘泰山种树祈福文化，推出"泰山云保护·云植树"项目。市民通过微信小程序捐赠资金，由泰山景区用于泰山植树造林、林木后期养护和抚育，并根据捐款人提交的信息，为所植树木悬挂统一式样的说明牌，标注捐款人姓名和植树心愿。年内筹集资金130万元，1300余人、20家机构参与活动。

【文化遗产保护】　2022年，泰山景区先后实施泰山十八盘抢险加固工程、碧霞祠（二期）修缮保护工程和文物古建预防性保护工程。完成泰山古建筑群消防维保以及消防、安防、防雷检测，开展乱刻乱画、乱钉乱挂、乱堆乱放"六清"专项整治行动。制定《泰山景区"文博消防安全标准化"体系（试行）》，规范文物古建及博物馆火灾风险防范和检查标准。成立泰山保护发展基金会，面向社会开展保护泰山资源、弘扬泰山文化的公益活动。承办泰安市2022年文化和自然遗产日宣传展示暨非遗购物节活动，40项非物质文化遗产项目参与。泰山成功申报为山东省首批文物保护利用示范区创建单位，并被推选创建国家级文物保护利用示范区。

泰山十八盘抢险加固工程　该工程是泰山盘道整修及周边环境治理工程的一部分，主要包括整修盘道300米，修筑护栏105米，修筑台面80平方米，修筑石砌挡土墙150米，建筑垃圾清运250吨，危石处理2处，钢筋混凝土支护1000立方米，修筑围挡30米，石刻保护工程以及临时施工防护墙、隔挡等。工程于2022年3月施工，7月竣工。

碧霞祠（二期）修缮保护工程　该工程涉及的需修缮的文物建构筑物主要有碧霞祠院落中亟待抢修的碧霞祠正殿、东西配殿、东西御碑亭、香亭6座单体文物建筑，总占地面积1057.1平方米。主要措施为检修、更换破损瓦件、补配缺失和残损的脊饰构件，揭顶维修漏雨的屋面；墩结加固严重受损的木构件；挖补严重酥碱的青砖，清除墙面有损文物建筑原有风貌、不当及有害碎修的痕迹；检修门窗，按原有式样恢复门窗；检修龟裂、脱落的油饰。依据可靠资料修复损毁的建筑局部，保护其完整和真实性。工程于2022年4月施工，12月竣工。

【地质遗产保护】　泰山世界地质公园位于山东省中西部，总面积约

418.36平方千米。泰山经历近28亿年的地质演化历史，过程复杂多变，地质活动强烈，形成典型而罕见的地质遗迹，历来为中外地质学家所瞩目。它是中国早前寒武纪地质研究历史最悠久、地质现象最丰富的经典地区。2300万年间的多次构造运动对泰山自然景观的塑造具有重要的影响。1987年，泰山被联合国教科文组织批准为全球首例世界文化与自然双遗产地，2006年被批准为世界地质公园。

地质公园评估准备　世界地质公园每四年进行一次评估，泰山分别于2006年、2010年、2014年、2018年迎接第一、二、三、四次评估。2022年，泰山景区积极做好再评估的准备工作。加强与科研机构合作，开展地质遗迹调查及前寒武地质研究。完成《泰山世界地质公园评估摘要》《泰山世界地质公园评估进展报告》《泰山世界地质公园评估A、B表》的编写。联合9家单位举办第二届自然文化高端论坛，参加自然文化学术交流研讨会、分院建设与科普工作交流研讨会、中意世界地质公园论坛。

科普活动　2022年4月22日，泰山世界地质公园联合国内21家世界地质公园共同举办第三届亚太世界地质公园周暨“友好姊妹公园互展互动”系列科普活动，举办科普视频展示、作品展览、线上直播讲堂、科普闯关PK、地质公园特色产品展览、摄影大赛等，提升地质公园科普影响力，推动地球科学知识传播，吸引公众关爱地球家园，促进地质地貌类自然保护地可持续发展。10月6日，泰山世界地质公园联合8家地质公园共同发起以“国际地质多样性日——领略地质公园之美”为主题的首届国际地质多样性日科普活动。活动中，亚太地质公园网络主席、中国地质科学院研究员金小赤分享亚太世界地质公园网络建设成果，中国地质公园网络办公室主任郑元作“多姿多彩的中国世界地质公园”报告，自然资源首席科学传播专家、中国地质科学院研究员苏德辰为公众作“地质之美和地球探秘”专题科普讲座，并在直播间连线9家地质公园，通过腾讯会议、小鹅通、抖音、快手、西瓜视频等平台开展直播互动科普。9家公园的14名科普讲解员分别在20处壮美的地质遗迹点担纲直播员，以云游形式向公众科普导赏典型地质景观，当日各平台在线观看直播的公众近万人。

【泰安市2022年文化和自然遗产日宣传展示暨“非遗”购物节】2022年6月11日，该活动启动仪式在岱庙宋天贶殿前广场举行。全市有40项非遗项目参与，展示泰安市非物质文化遗产保护工作成果。仪式上，向被列入山东省非遗传承教育实践基地的5个单位、被列入第五批省级非物质文化遗产代表性项目名录的5个非遗项目的代表、被列入第五批国家级非物质文化遗产代表性项目名录的1个非遗项目授牌。

【世界地质公园姊妹情——互宣互推活动】　2022年2月22日上午，“泰山和阿拉善世界地质公园姊妹情——互宣互推启动仪式”在天外村广场举行。现场展出内蒙古自治区阿拉善沙漠世界地质公园的自然景观和特色文化等作品52幅，让游客感受阿拉善神奇的地质遗迹和美丽风光。该次互宣互推活动是东西部不同管理思维的一次碰撞和交流，是双方独特资源优势与先进管理经验的一次强强联合，通过分享科学资讯和优良管理经验，有助于扩大双方在旅游推广、科普教育等方面的合作，增强公众对地质公园的认识，对促进双方地质旅游、地学科普及地质遗产的可持续发展具有深远意义。（丁　中）

泰山生态保护

【泰山自然保护区保护】　2022年，泰山景区完成省自然资源厅、省生态环境厅组织的自然保护区保护成效评估工作，编制完成《泰山省级自然保护区保护成效评估报告》，并通过专家评审。加大保护力度，设置界桩、禁入标识、宣传牌、防火林带标识等标记标识600余处，建设90千米的环泰山阻隔网和98千米的重要区段隔离网，核心区实行严格保护、封闭式管理，缓冲区不开展经营性活动，实验区不存在未批先建、批建不符的能源设施、旅游设施、交通设施等人类活动。完成国家、省、市森林遥感变化图斑核查，开展2022年森林资源管理“一张图”年度变更调查，通过省政府森林资源保护督察。做好林业有害生物防控工作，出台《泰山松材线虫病防控办法》，完成常发性森林病虫害防控2600公顷，连续15年“将美国白蛾挡在景区之外”、连续35年“有虫不成灾”，国家林草局连续3年向全国推广泰山松材线虫病精准防控做法。

【泰山生物多样性保护】　2022年，泰山景区创新“政府+志愿者”生物多样性保护模式，成立泰山爱鸟协会，记录泰山鸟类370种，占山东省鸟类数量的78.35%，远超1995年统计的148种。编写完成《泰山昆虫科普图书》，推进《泰山昆虫图鉴》编撰，统计泰山昆虫种类超过2000种，新记录种类达900余种。颁布《泰安市泰山螭霖鱼保护管理办法》，年均放流13万尾。对泰山板栗、泰山黄精、泰山花楸、泰山柳等珍稀濒危和特有植物进行原地保护和人工繁育，建设泰山柳、泰山椴等7种珍稀濒危植物原异地保存库7处，野外回栽泰山花楸68株。泰山生物多样性保护工作通过《脉动泰山》等专题片多次在央视和省级媒体播出。

【环境保护】　空气质量保障　2022年，泰山景区完成重大活动期间空气质量保障工作，对乡镇空气站点实施精细化管理，置换散煤56.89 吨、417户；对150家餐饮服务单位开展油烟专项执法检查，并进行油烟检测；对9家加油站开展挥发性有机化合物专项检查；清理取缔新发现的散乱污企业2家；强化工业企业和施工工地的监管，对扬尘管控不到位等违法问题处罚16家，罚款27.7万元。

水源地保护　2022年，泰山景区开展黄前水库饮用水水源地日常巡查、风险隐患排查，修复治理破损围网，重新安装90米，加固修复300余米；推进农村生活污水治理和农村黑臭水体排查工作，委托第三方编制景区农村生活污水治理项目可研报告，

2022年9月16日，泰山“百瀑争鸣” （陈 阳 摄）

完成立项批复，并通过国家初审，对辖区内有无黑臭水体进行排查3次；开展汛期风险隐患专项排查，出动120人次排查相关单位20家次，帮助企业防范化解环境安全隐患。

土壤保护 2022年，泰山景区核查黄河流域清废行动中交办的5个疑似固废点位，全部整改完毕；对第二轮生态环境督察交办的44个信访件开展“回头看”，确保整改彻底；开展“大排查、大整治”风险防控专项活动，排查废旧厂房、废弃院落、坑塘等易发生倾倒的场所，做到提前预警；加强宣传，实行有奖举报，逐户发放《关于抵制工业固体废物违法行为的一封信》1000余份，提高群众环境法治意识。 （丁 中）

泰山景区旅游

【概况】 2022年，泰山景区累计接待进山游客214.8万人、下降30.88%，恢复到2019年的51.43%；实现门票总收入1.92亿元、下降38.75%，恢复到2019年的47.84%。景区客运安全运送游客289万人次，下降35.3%；收入9994万元，下降23.4%。一般公共预算收入完成4.79亿元，下降9.7%，其中税收收入增幅列全市第一位。限额以上批发业商品销售额增长17.5%，规模以上服务业营业收入增长51.6%，均列全市第一位；规模以上工业企业产品销售率达105.3%，列全市第一位，营业收入增长6%，列全市第四位。

【旅游服务】 2022年，泰山景区推动放心消费“泰山模式”提档升级，无理由退货、明码标价、基层消费者权益保护委员会建设实现主景区全域覆盖，入选“放心消费在山东”十佳案例。增加英语、韩语等外语讲解服务，完善AR眼镜智慧旅游服务系统功能和旅游标识系统。开展业务技能培训，1人获泰安市第四届红色故事讲解大赛“金牌讲解员”称号，申卫星创新工作室获“2022年度山东省劳模和工匠人才创新工作室”称号。落实门票半价等旅游惠民政策，发行省会经济圈年卡、省内年卡6万张。开通泰山“民族团结号”旅游专线，开展岱顶“观星赏月”、大热荒野露营、登山健身、爱鸟护鸟等系列活动，泰山入选国家黄河世界遗产之旅线路、黄河古都新城之旅线路。泰山客运服务标准体系被列为国家级服务业标准化试点项目，山东国山文创旅游融合服务标准化试点入选省首批标准化创新发展项目计划。深化“证照分离”改革，完成519项审批事项维护和1961条告知信息下载认领。开展电子证照证明应用专项行动，梳理完成131个电子证照及43项证明事项清单。开展“便民办税春风行动”，推出便利举措121条。“96008888”呼叫服务热线累计接听咨询、求助、转办电话30万次，办理“12345”平台事项6979起，办结率、回复率均为100%。

【营销宣传】 2022年，泰山景区实施强势形象宣传，《人民日报》整版推介泰山美景，新华社《激荡五洲四海的时代强音》等重磅报道均用泰山图片压题，央视等主流媒体发布《大美中国 大美泰山》等重磅信息1000余条，其中《人民日报》3条、央视《新闻联播》8条、央视其他栏目800余条、《山东新闻联播》60条；81件正面新闻登上各大热搜榜单，其中《43岁大姐爬泰山直播日出200次》位列热搜榜单第五、当日浏览量达3627万次，《高二男生扛国旗夜爬泰山》位列热搜榜单第三、浏览量达2.1亿次；脸书、推特、《大公报》等境外媒体刊发泰山信息2.5万条。《大泰山》完成摄制，专题片《领航》、纪录片《脉动泰山》在央视综合频道播出。发布“旭日东升”“云海玉盘”等掠影延时慢直播视频169条，转发点赞4900万次。举办红门游客中心楹联书画艺术展、岱庙“盛世光影”摄影展、传统武术泰山展演、“重阳 沉浸式游泰山”系列直播及5省联动五岳登顶大联播等活动，普陀山小帅、董先生、火车哥等网红大V应邀直播泰山，泰山位居中国旅游景区欢乐指数年度报告全国第四、自然景观类第一，年内6次位居自然景观类榜首。面向省会经济圈发行“泰山平安卡”，弘扬泰山“平安”文化，倡议大家游泰山、爱泰山。强化舆情超前预警、研判处置，加大与大众舆情、海鳗等第三方机构合作，妥善化解舆情风险240起，实现重大舆情零发生，泰山知名度、美誉度持续增强。

【“无证明智慧景区”创建】 2022年，泰山景区落实山东省“无证明之省”、泰安市“无证明城市”部署要求，顺应科技信息化发展潮流，创新探索传统山岳型景区“数智化”转型新模式，建成全国首个“无证明智慧景区”，推出学籍信息网上认证、“爱山东”App景区码、适老化购票三大创新举措，在国内风景区中率先实现“免证”购票、检票应用，填补行业空白。学籍信息数据资源的共享应用，让学生群体无须出示学生证即可在线购买学生优惠票；通过对接“爱山东”App身份证电子信息数据，研发“景区码”替代实体身份证，游客手机扫码即可实现实名制检票；推出“老年关怀版”购票，60岁以上老年人不用出示老年优待证即可享受泰山免门票政策，同时通过大数据识别老年人直接进入适老化界面、大字体展示、交互自动化等智能化功能，贴心服务广大老年人。省大数据局在泰山景区召开现场会面向全省推广“无证明智慧景区”创建经验做法，被评为全国“2022智慧旅游创新项目”、山东省“2022年新型智慧城市优秀案例”。

【“游大美泰山 促旅游复苏”活动】 2022年6月12日，“游大美泰山 促旅游复苏”活动启动仪式在泰山景区红门游客中心广场举行。仪式上，泰山景区分别与北京三快科技有限公司（美团）、大众网（泰安）、齐鲁银行股份有限公司泰安分行、泰安市徂徕山汶河风景名胜区、东平湖文化旅游发展（山东）集团有限公司、安徽益为热气球科技有限公司、音赞文化有限公司、康辉旅游集团青岛有限公司、新铧文旅泰安公司等12家单位签订合作协议，共同开发推广文旅惠民产品，释放市场活力、促进文旅消费回暖。泰山景区作为全省、全市的龙头景区，充分发挥带动作用，落实《关于实施国有景区门票减免优惠的通知》等文件要求，执行门票半价优惠政策，适时推出系列惠民措施，为游客提供优美的游览环境、优质的旅游服务。仪式现场，泰山景区播放全新形象宣传片《中华泰山 国泰民安》。仪式结束后，齐鲁银行股份有限公司泰安分行的120名干部职工举行登山健身活动。

【泰山与圣米歇尔山缔结友好山关系】 2022年6月28日，泰山与圣米歇尔山缔结友好山关系签约仪式在泰山脚下举行。法国驻华大使罗梁，市委书记、市人大常委会主任杨洪涛，省委外办副主任李永森，市委副书记、市长张涛出席活动，法国圣米歇尔山市长雅克·博诺通过视频连线形式致辞。仪式上，泰山景区与法国圣米歇尔山通过视频签署并展示合作文本，标志着两山正式缔结友好山关系。泰安市与圣米歇尔市自1997年结为友好城市，多年间，两市在旅游开发保护、宣传等领域进行深入交流，友好关系不断向前发展。该次缔结友好山关系，有助于进一步推动双方在经贸、人文、旅游、教育等更加广阔领域的交流与合作，促进“双山”融合发展、“两市”互惠共荣。

（丁 中）

2022年6月28日，泰山与圣米歇尔山缔结友好山关系签约仪式举行

（司 刚 摄）

【索道运营】 2022年，泰山中天门索道、桃花源索道、后石坞索道3条客运索道运送游客201万人次，实现运营收入1.95亿元，创造连续安全运行39周年的行业纪录。

设备管理　加强风险分级管控和隐患排查治理，全年组织安全检查12次，整改各类安全问题36项，提出安全建议118条。组织半年和年度设备综合评价会，提出设备磨损、油脂目检、设备调整、防鼠等30项隐患治理项目和16项风险管控措施。严格执行索道设备“计划检修、强制更新”，完成中天门索道钢丝绳二次编结、后石坞索道通信缆用钢绞线升级更换等设备检修维护。推进中天门索道安全质量升级项目，完成《泰山中天门索道安全质量升级项目可行性研究报告》编制、立项审批和设备招投标等工作。

技术革新　成功研发国内首条脱挂式全功能模拟教学索道，国家知识产权局授予6项实用新型专利。自主研发的救援小车经过2次改进、基本成型，在重量没有增加的情况下实现跨越车厢继续前进的功能，通过山东科技大学强度试验，达到设计要求。自主设计研发的首套12伏电机起吊装置实现一机多用，可在更换站内摩擦轮、离合器、皮带轮轴承座时使用，设置手动和遥控两种操作模式，在实际工作中取得良好效果。与山东科技大学开展合作共建“索道技术研究所”和“交通运输及索道装备产业技术研究院”，推进“产学研用创”一体化战略合作，为全面延伸索道产业链、拓展泰山索道高质量发展空间、做大做强泰安索道产业集群创造条件。

标准制定　起草的《客运索道安全评估指南》和《特种设备突发事件应急处置技术指南第1部分：客运索

2022年2月13日，泰山索道运营中心研制出国内第一条脱挂式全功能模拟教学索道　　（隋　翔　摄）

道》两项山东地方标准，自2022年1月13日起实施；牵头起草国家团体标准《客运索道使用安全风险分级管控和事故隐患排查治理体系建设实施指南》；参与起草国家团体标准《客运索道运营使用合规管理指南》。

运营服务　2022年，中天门索道运营3526小时，桃花源索道运营2816小时，后石坞索道运营652小时。健全完善导览图、安全警示标语标识等各类服务设施，清理游客通道危石、整修游客通行道路，垃圾随有随清，提升旅游服务环境。完善网上售票系统，保持24小时客服在线，为游客打造安心、舒心、放心、暖心的“四心”服务环境。参加泰安市“服务民生面对面”活动，现场接听“12345”政务服务便民热线，解答线上购票、索道运营安全等问题。全年群众诉求办理综合满意率、解决率、回复群众率、按期答复率均为100%。坚持以早开车、晚停车的“弹性运营”抢时间，以“满厢定员”和“分流减压”提效率，将疫情影响降到最低。落实60岁以上老年人优待政策，全年享受索道半价优待老年人达13.7万人次。完成为期2年的省级服务标准示范任务，成为山东省客运索道行业首家省级服务标准化示范单位。

北京冬奥会和冬残奥会延庆赛区索道技术保障　自2020年1月始，泰安市先后分4批派出23人次，参与北京冬奥会、冬残奥会延庆赛区国家高山滑雪索道的设备调试验收和技术保障，除八达岭索道之外，泰山索道运营中心参与时间最早、保障时间最长、保障人员最多、保障任务最重，受到第二十九届奥林匹克运动会组织委员会、国家市场监督管理总局、中国索道协会等各方面的高度评价。　（王成华）

泰山景区建设管理

【规划建设】　2022年2月，《泰山风景名胜区总体规划》通过省自然资源厅专家论证。《泰山凌汉峰详细规划》编制完成并通过泰安市组织的专家论证会。完成泰山区域森林火灾应急能力建设、泰山景区安全隐患整治、泰山森林健康项目，推进金谷供排水、清洁能源供热和市政配套管网、110千伏桃花峪变电站建设。实施彩石溪景区旅游基础设施改造提升，解决人车混行、行车安全等问题。东御道基础设施提升项目主体完工，打造全新旅游线路。推进泰山博物院建设，中国建筑西北设计研究院张锦秋院士主持设计的建筑设计方案经市委专题会议研究通过，完成区域详细规划并上报省自然资源厅。

【安全生产】　2022年，泰山景区严格落实疫情防控各项政策，实现平稳有序转段。开展安全生产大检查和消防安全、燃气安全、经营性自建房、防溺水等集中攻坚，实施主景区56项危石护栏隐患治理，全年生产安全事故零发生。构建散煤清洁化治理“六大体系”（上下齐动、全员行动的组织体系；部门联动、上下贯通的责任体系；以乡镇为圆心、以村居为半径的网格化管理体系；自上而下的目标管理绩效考核体系；辖区全覆盖的清洁煤配送体系；“堵疏结合、打防一体”的防控体系），空气质量综合指数及改善率均居县（市、区）、功能区第一。推行“三快四心”（快回应、快处理、快反馈，精心研判分转好、耐心倾听沟通好、尽心办理解决好、诚心回访反馈好）工作法，擦亮“食安泰山”品牌。持续开展扫黑除恶等专项行动，实现景区社会和谐稳定。深化“平安泰山”品牌创建，推进镇街综治中心、网格化管理中心、一站式矛盾调解中心建设，大津口乡被省委、省政府评为“党的二十大维稳安保表现突出集体”。

【行政执法】　2022年，泰山景区推行集叙事、说法、论理相统一的“全程说理式执法”新模式，立案一般程序案件148起、简易程序案件147起，组织听证4起、办理复议应诉12起、申请法院执行14起。2卷行政处罚案卷在泰安市行政执法案卷评查工作中被评为优秀案卷。成立应急事项突击队，组织旅游经营、安全生产、交通秩序、矿产资源等专项执法行动40次，严厉打击尾随兜售、拦车拉客、无证经营等违法经营行为，净化旅游市场秩序。开展违法建设和违法占地治理行动，强化在建项目“建前有痕、建中严控、建后比对”常态化监管，对重点区域完成第3次无人机航拍比对，有效降低违建行为发生。落实“谁执法谁普法”责任制，组织开展“4·15”国家安全日、“6·9”泰山生态保护日、“6·16”全国安全生产宣传咨询日及安全生产月集中法制宣传等活动，营造依法治区浓厚氛围。

【森林防火】　2022年，泰山景区把泰山森林防火工作作为“天字一号

2022年3月25日，泰山景区加强防火应急演练，筑牢森林“防火墙”
（隋 翔 摄）

工程”抓紧抓实，建设消防队伍训练综合楼，填补山东省内森林消防训练领域空白。实施环泰山森林防火廊道建设工程，新建防火隔离网10千米、检查站管护房11座，完成25个基层单位远程会商系统建设。开展森林防灭火系列专项行动，强化森林防火宣传措施，主景区连续34年无较大森林火灾。打造“天眼护山”智慧防火体系，泰山景区“天罗、地网、人哨、水盾”一体化防控体系及森林防火经验被国家林草局面向全国推广，泰山林场被评为全国森林草原防火工作先进单位。

【景区乡村建设】 2022年，泰山景区完成“7·12”暴雨灾后重建，累计修复县、乡、村道36千米，桥涵27座。完成农产品全业态一张图，做好景区内农产品加工企业延链补链助链。加强泰山板栗省级特色农产品优势区、2个市级现代农业产业园和保家庄园区建设，泰山板栗入选首批“好品山东”品牌名单，无恙堂泰山黄精入选“好客山东·乡村好时节”乡村好物名单。推进2个市级、2个县级美丽乡村建设，栗杭村、曹家庄村入选山东省第三批景区化村庄，大津口乡入选全省乡村旅游重点村。抓好泰山中医药文化产业园、国欣康养项目的规划、落地、实施，形成新的产业经济增长点。

【桃花峪游览路开通】 桃花峪游览路始建于1994年，起于徒步进山检票口，止于桃花源索道站停车场，全长9千米。2021年5月，泰山景区投资1.37亿元，采用四级公路标准实施桃花峪游览路改造提升工程。2022年4月12日，桃花峪游览路正式竣工通车，开通仪式在碧峰寺小广场举行。桃花峪游览路的开通彻底解决人车混行、行车安全等问题，有效保障旅游客运车辆运行安全，提高旅游公路安全通行能力和道路行车舒适度，为游客营造便捷、舒适的游憩环境。

【东御道基础设施提升】 2022年6月，东御道基础设施提升项目启动。该项目主要建设内容为直沟检查站、管理房修缮工程及上梨园至中天门道路工程、直沟检查站厕所工程、北直沟老工队厕所工程、北直沟老工队恢复工程、垭口成品厕所工程、成品木亭（一）至（三）工程、东天门山门修复工程等，修缮步行道路长约5.3千米，宽2～3米；修缮管理房2处、旅游公厕及服务设施7处；蓄水池及水源工程2处；埋设防火隔离网以及安装全程配套监控。项目建成后可串联泰山东线与泰山主景区，完善泰山森林防火、应急救援、旅游服务格局，提升生态保护和旅游管理水平，泰山东麓自然景观和南麓人文景观有机结合，给游客提供新的旅游体验。2022年12月，项目主体建设完工。

【景区社会事务】 2022年，泰山景区保障性安居工程一期安置项目被列入省补短板项目，迎胜居委会城中村改造项目被列入市重点项目。成立未成年人保护中心，实施学校薄弱环节改善与提升项目，率先完成中小学午餐保障及食堂改造提升工程。完成黄前中学教学楼建设、大津口中心小学及泰安第十六中学（下港）等改建维修。完成景区养老机构创新型智慧消防工程。开展垃圾分类“点线融合、四线贯通”城市管理新模式，文明城市创建进一步巩固，人民群众获得感、幸福感、安全感持续提升。（丁 中）

徂徕山汶河景区

【概况】 徂徕山汶河风景名胜区（简称徂汶景区）位于泰安、泰山东南部，2019年9月成立。2022年，辖区总面积443.28平方千米，代管徂徕镇、天宝镇、化马湾乡3个乡镇及由原北集坡街道所辖23个行政村组成的滨河片区，138个行政村，常住人口16.73万人。区内徂徕山与大汶河山水相依，生态、历史、文化资源丰富，交通区位优越，3条高速公路、1条铁路（瓦日铁路）横穿境内，先后获评国家AAAA级旅游景区、国家级湿地公园、国家级水利风景区、首批中国森林氧吧、国家山地户外运动示范公园、首批国家航空飞行营地示范单位等称号。年内，全区实现生产总值26.2亿元，增长5.1%，地方一般公共预算收入0.9亿元，地方一般公共预算支出7.2亿元。社会消费品零售总额16.9亿元，进出口总额0.6亿元。

【项目建设】 2022年，徂汶景区顺利推进2个省级、2个市级重点项目建设。泰安二期抽水蓄能电站项目顺利启动主体工程建设；徂徕中心社区、环徂徕山道路工程（四期）、徂汶净水厂（二期）、大汶河防洪治理工程（二期）等重点项目顺利竣工投入使用。围绕新型工业化强市、黄河流域生态保护和高质量发展、“七网”（铁路网、公路网、航空网、市政网、水利网、能源网、信息通信网）行动等重大战略，结合全区产业发展规划，策划储备徂汶景区储能产业园、徂徕汽车配件产业园等重点领域项目27个。加大招商引资力度，成功招引汶河体育运动综合体等9个新签约项目，其中汶河体育运动综合体项目引入上海复星体育集团专业管理运营团队，打造集国家级户外运动公园、国家级青少年素质教育基地、泰安市民郊野体育公园“三位一体”的创新型体育旅游目的地；徂汶高科绿色产业园一期项目（泰安福星新能源汽配产业园）同山东大学能源与动力工程学院合作，发挥专家教授科研实力，打造具有全国竞争力的汽车零部件生产基地。

【泰安二期抽水蓄能电站项目】 该项目位于徂徕镇境内，地处山东电网的负荷中心区域，工程总投资约101.86亿元，年度完成投资8亿元，总用地规模296.98公顷，设计总装机容量180万千瓦，年发电量18亿千瓦时，年抽水电量24亿千瓦时。2022年1月29日，该项目获得自然资源部《关于山东泰安二期抽水蓄能电站项目用地土地征收的批复》；5月27日，签订电站水库工程合同，洞室及道路工程、施工供电及35千伏变电站工程、业主营地工程、水库工程相继施工建设。至年底，2号隧道开挖支护完成826米，占设计1768米的47%；上下库连接公路明线段开挖完成5150米，占设计6821米的76%；场内供电（10千伏）、供水工程完成。项目建成后以500千伏输电线路接入山东电网，承担山东电网的调峰、填谷、调频、调相及事故备用任务，提高山东电网的调峰能力，缓解电网调峰压力，改善电网供电质量，保障电网的安全、稳定、经济运行。

【泰山天泽田园综合体通过省级评估验收】 该项目位于徂汶景区滨河片区，总投资4640.37万元，占地面积约66.67公顷，2019年9月6日开工，2021年9月17日建设完成。2021年入选泰安市重点实验室建设名单。2022年2月13日，通过山东省农业农村厅开展田园综合体项目建设综合评价工作的评估验收。项目主要由生态循环功能板块和生态农旅功能板块构成，建设生态种植试验示范区、生态种植应用推广区、生态养殖示范区、生物分子育种实验中心以及泰山乐鸽产业区、月季花园区、生态康养区，把农耕产业和生态环境创建成田园综合体，打造“产、学、研、园”一体化运营平台。年内，开展市重点实验室筹建工作，升级改造5个大棚，用于小麦、玉米加代育种和蔬菜种植，加强产业关键核心技术研发，提高科研成果产出，为产业发展提供科技支撑。

2022年9月7日，泰安市新能源产业链重点项目暨泰安二期抽水蓄能电站主体工程会战启动仪式举行　（李　玉　供）

【生态环境】 2022年，徂汶景区持续推进山水林田湖草生态保护修复综合治理工程，修复自然湿地80公顷、人工湿地24公顷、完成绿化约100万平方米。开展辖区内18家加油站及3家挥发性有机化合物处理设施整治活动，减少夏季臭氧污染排放。开展入境重点河流定期监测项目，聘请有资质的检测单位对辖区内河流开展水质加密工作，累计监测160次，发现并整改主要问题32次，上报反馈问题1次，为河流水质管理、重要断面水质数据异常原因分析提供数据支撑。

【博城社区搬迁】 博城社区是经泰安市政府批准的棚户区改造项目，整体回迁安置滨河片区的8个行政村、5000余户、1.8万人，2014年立项。2020年10月，成立博城社区美丽宜居乡村建设指挥部，历经调查研究、制定政策、宣传发动、丈量评估、协议签订、分房到村、分房到户等工作流程，做好钥匙交付前的准备工作。2022年，成立博城社区回迁指挥部及专项工作组和东颜张搬迁工作专班，推动博城社区完成钥匙交付及后续工作。至年底，东颜张村完成B、C区钥匙交付工作（其余7个村在进行复查复核工作）；东颜张村B、C区共374户，已交付365户，交付率97.6%。

【年家峪灾后重建】 2018年8月，受第18号台风“温比亚”强降雨影响，天宝镇年家峪村突发山洪冲毁民房4座13间。2019年6月，徂汶景区启动年家峪灾后重建项目。项目占地2.8万平方米，总投资6508万元，总建筑面积2.28万平方米，建设6栋1.9万平方米住宅、公建楼1栋。2022年5月，安置区建设项目全部竣工；11月，公建楼作为年家峪村党群服务中心正式启用，成为党员教育的有效载体和重要平台。（王飞飞）

编辑　校对　戚淑娟

旅游业

综 述

【旅游接待】 2022 年，泰安市接待国内游客 5163.9 万人次，比上年下降 19.4%；实现国内旅游收入 479.3 亿元，比上年下降 26.3%。国内游客中，从游客来源看，省外游客占比 16.6%，省内游客占比 83.4%；省外客源以周边省份为主，河北省、江苏省、河南省为三大省外主要客源地，分别占比 15.3%、12.7%、9.5%。济南市、济宁市、临沂市是三大省内主要客源地，分别占比 31.2%、14.1%、7.8%。从出游目的看，旅游度假目的，占比 76.5%；工作学习目的，占比为 23.0%；医疗保健及其他目的，占比 0.5%。从游客年龄看，以 23~45 岁中青年游客为主，占比 55.1%；17~22 岁与 46~60 岁游客分别占比 20.5%、18.9%。

【旅游规划】 2022 年，泰安市文旅系统继续按照《泰安市“十四五”文化和旅游发展规划》要求，锚定“位次前移、争创一流”目标要求，发挥历史文化资源、自然山水风光等方面优势，挖掘文化内涵，加快泰山文化传承创新示范区建设。整合文旅资源，创新文旅业态，推进文旅融合，开发特色产品，完善服务功能，做强做优“文化创意”和精品旅游两大产业集群，持续扩大文化旅游消费，打造全国文化旅游融合发展高地和国际著名文化旅游目的地。

【全域旅游】 2022 年，泰安市继续推进全域旅游示范区创建工作，构建以山城一体文化旅游为内核，以山水圣人中华文化为枢轴（核心区段），以环泰山文化旅游带和大汶河文化旅游带为“两带”，以大汶口、泰山西湖、徂汶片区、东部新城、泰山九女峰、东平湖、世上桃源、新甫山、复圣文化集聚片区为“九区”的“一核、一轴、两带、九区”文化和旅游发展格局。印发《泰安市人民政府办公室关于推进国家全域旅游示范区创建工作的通知》，编制完成《泰安市全域旅游总体规划》。泰山区被认定为山东省全域旅游示范区；岱岳区建立山东省乡村振兴齐鲁样板研究院，被认定为全国休闲农业与乡村旅游示范县、山东省全域旅游示范区。

【文旅融合创新典范城市】 2022 年，泰安市持续推进“泰山 +”文旅资源串珠成链，实施“文旅 +”业态创新融合，高标准推进泰山文化“两创”（创造性转化、创新性发展），强化市场主体招引培育，着力提振文旅消费，全面促进文化旅游转型升级。7 月 16 日，“文旅新征程 赋能高质量发展”第二届“新时代·中国美丽城市、美丽乡村巡礼”暨“2022 中国文旅和景城融合发展峰会”活动在浙江绍兴举办。经专家评议、网上公示等系列评审，泰安市成功入选“2022 文旅融合创新典范城市”。

重大节会活动 举办第三十届全国图书博览会分会场、第三十五届泰山国际登山节、“国庆吃面 国泰民

2022 年 9 月 27 日，全市文旅重点项目签约仪式在岱岳区举行

（司 刚 摄）

安”新民俗倡议、“河和之契：2021黄河流域、大运河沿线非物质文化遗产交流展示周”、泰山国际新闻出版大会、全国“行走大运河”全民健身健步走、“红色颂 幸福舞”庆祝中国共产党成立100周年——“泰山西湖杯”全国广场舞泰安邀请赛、“发现新齐鲁”·2021“山东人游山东”暨环泰山西湖徒步游、山东省文创产品开发成果转化对接暨泰安市十大伴手礼推介、全省旅游协会年会等系列节事活动，提升泰安、泰山的知名度和美誉度。其中，第三十六届泰山国际登山节“泰山之约 五岳聚首”2022中国（泰安）中外旅行商电商采购峰会暨国内融媒体旅游采风活动，被省文化和旅游厅评为2022全省文旅网络营销优秀案例。

旅游宣传　泰安旅游形象广告连续登陆央视综合频道《新闻联播》、新闻频道《朝闻天下》、中央电视台、《中国文化报》、《中国旅游报》等国家级媒体，山东电视台、《大众日报》、《齐鲁晚报》等省级媒体，全年刊播发泰安文化和旅游新业绩相关报道1000余篇次。

“慧游泰山”智慧文旅平台　在微信小程序、微信公众号、支付宝和手机官网4个应用上线30个功能模块，访问量650万人次。

旅游品牌推介　举办“春暖泰山 花开泰安”中国（泰安）春季旅游系列推广活动、“好客山东（泰安）游品荟”系列推广活动、“5·19”中国（泰安）旅游日系列推广活动、“欢乐自驾 聚焦方特”九城自驾游活动，组团参加第九届澳门国际旅游（产业）博览会、山东省旅游发展大会、“全省青海西宁、河南郑州和内蒙古呼和浩特系列旅游推介会”、海峡两岸“美丽中华·黄河之旅”大型推广活动以及省会经济圈文旅会客厅推广活动，全方位、多维度、深层次宣传推介泰安、泰山旅游目的地品牌形象。在“孔子家乡 好客山东”文化旅游（澳门）推广周中表现突出，被省文化和旅游厅通报表扬。

首届文化旅游发展大会　2022年9月26—27日在岱岳区举行。会议安排泰安文旅高质量发展报告会，考察观摩，全市文化旅游发展工作会议，各县（市、区）、功能区文化旅游高质量发展成果展，“活力岱岳 秀美强区”文旅系列活动等板块。泰安市政府分别与山东文旅集团、泰山学院签署战略合作协议；进行重点文旅项目签约，10个项目总投资78.8亿元；评选“2022年泰安市十大文旅成长企业”和“2022泰安市文旅行业十大年度人物”并颁发奖杯。

（刘姗姗　孔令熙）

旅游资源

【概况】　2022年，泰安市有国家A级以上旅游景区70家，包括AAAAA级旅游景区1家、AAAA级旅游景区12家、AAA级旅游景区44家、AA级旅游景区13家。其中，市直景区1家，泰山区6家，岱岳区7家，新泰市10家，肥城市21家，宁阳县9家，东平县10家，高新区2家，徂汶景区4家。

泰安市旅游资源丰富，除最著名的泰山之外，在自然遗产方面，有徂徕山、腊山、牛山等国家森林公园，有莲花山、神童山等省级森林公园，有东平湖省级风景名胜区。在文化遗产方面，有世界文化遗产3处（泰山、大运河、齐长城），数量居全省之首；全国重点文物保护单位有大汶口遗址、岱庙、冯玉祥墓、齐长城遗址、泰山石刻等15处；省级重点文物保护单位有范明枢墓、萃英中学建筑群、山西会馆、陆房战斗遗址等105处。省级优秀历史建筑有宁阳禹王庙、和圣柳下惠墓、春秋时期史学家左丘明墓、商圣范蠡墓、黄巢兵败退守遗址、黄巢寨及黄巢衣冠冢、穆桂英生长地穆柯寨、大字鼻祖洪顶山高僧安道一摩崖石刻及全国民俗旅游定点村埠阳庄等。在文化和旅游部发布的10条黄河主题国家级旅游线路中，泰山入选黄河世界遗产之旅以及黄河古都新城之旅线路，大汶口镇入选黄河乡村振兴之旅线路。

泰安市旅游资源分布主要以市区为中心，北为泰山，城区主要有岱庙、蒿里山、灵应宫等名胜古迹；泰山区主要有汉明堂遗址、老县衙旅游文化街、泰山方特欢乐世界、花样年华景区、宝泰隆旅游景区、中国原浆啤酒体验中心、泰山乡村文化博物馆、叶家庄生态休闲景区、埠阳庄民俗旅游村、白马石民俗村、泰山文化广场、泰山国际花木城等；岱岳区主要有太阳部落景区、泰山温泉城、天颐湖、天乐城、徂徕山滑雪场、大汶口国家考古遗址公园、萧大亨墓、文姜城遗址、黄巢寨、无梁殿、上泉古泉群、蒙牛乳业泰安工业园、齐长城民俗文化区等；新泰市主要有新甫山、青云山、见子山、青云湖、金斗山、金斗水库、光明水库、白马寺、长兴百汇庄园、泰山百合和园、良心谷、黄牛山、清音公园、羊祜公园、寺山、和圣园、朝阳洞、九顶皇山、墨石山、太平山、上豹峪、东石井、前上庄、高崖头、酒台、毛泽东文献博物馆、新泰革命史纪念馆、新泰县第一次党代会会址、八蜡庙、老寨山革命遗址、大协炮楼、老瓜峪、正觉寺、掌平洼景区等；肥城市主要有陶山、范蠡墓、十万亩桃园、左丘明墓、云蒙山、翦云山、牛山、春秋古镇、五埠岭大门、鱼山桃花海、吕仙古村落、圣井峪旅游度假村、黑牛山、泰山植物园、泰西桃花源、左传文化园、肥子茶园、泰山牡丹文化产业园、安驾庄温泉、望鲁湖等；宁阳县主要有凤凰山、千顷枣林、蟋蟀园、文庙、颜庙、颜林、堽城坝、复圣文化旅游区等；东平县主要有东平湖、白佛山、昆仑山、六工山、腊山、棘梁山、灵泉山庄、司里山、戴村坝、稻屯洼、月岩寺、黄石悬崖景区、贯中园、洪顶山经刻、水浒影视城（大宋不夜城）等。

【泰山风景名胜区】　国家AAAAA级旅游景区。主要分布在南起泰安古城南门（包括蒿里山、灵应宫），东南、西南以环山路为界，总面积171平方千米范围，主景区面积125平方千米。景区内有山峰112座、崖岭98座、溪谷102条、潭池瀑布64处。泰山自然风光优美、壮观，其景观特点以“雄”为主，兼有“奇、险、秀、幽、奥、妙”的特点。泰山是世界自然文化遗产、世界地质公园，泰山游览区分为岱麓游览区（丽区）、中路游览区（幽区）、西路游览区（旷区）、岱顶游览区（妙区）、后石坞游览区（奥区）、桃花峪游览区（秀区）。2022年度接待游客214.76万人次，实现旅游总收入1.46亿元。

【徂徕山汶河景区】 国家AAAA级旅游景区。位于泰安城区东部的大汶河河段，由天泽湖水利风景区和徂徕山森林公园组成。徂徕山，位于泰安城区东南部，西临泰山温泉城，总面积471平方千米，景区内徂徕山自古与泰山互为姊妹，是世界地质公园、国家森林公园、首批中国森林氧吧。主峰太平顶海拔1028米，是山东省6座海拔千米以上的高山之一。汶河自东向西从徂徕山北麓蜿蜒南行，天泽湖水利风景区经泉林、颜谢、颜张3座拦蓄工程，形成回水长度20千米、水面1200公顷、静态蓄水4000万立方米的大水面和天然湿地，再现“汶水徂徕如画”的山水自然胜景。徂徕山森林公园三面环绕汶河，北面称牟汶河，南面称柴汶河，二者在徂徕山西侧的大汶口汇合，注入东平湖。2022年，徂徕山国家森林公园接待游客1.75万人次，实现旅游总收入39.79万元。

【大汶口文化风景名胜区】 国家AAA级旅游景区。位于岱岳区大汶口镇，规划面积390公顷，涵盖大汶口遗址、大汶口古镇、大汶口明代古石桥等历史文化遗迹。一期工程主要建设内容为“三区、一带、一节点”。“三区”，即主题广场区、遗址核心区、大汶口古镇区，总投资4.3亿元。主题广场区，占地面积6.67公顷，主要建设门前景石及标志性建筑、主题雕塑、广场及水系，均已完工，基本实现封闭化、规范化管理运行。遗址核心区，总面积30公顷，主要是对遗址区域进行环境整治，对遗址核心区进行土地收储和边界封闭，移除地上占压物，进行统一管理保护和考古发掘。大汶口古镇区，按照“层出不穷的文化活动、意蕴悠长的石头古镇、最有情调的栈桥书屋、生态宁静的汶阳田居”设计愿景，推进大汶口古镇保护性建设项目，总投资15亿元。“一带”，即滨河景观带，包括5个方面建设内容。防洪堤工程，主要建设1100米防洪墙，防止洪水对遗址的侵蚀；文化墙建设工程，以汶河记忆为题，以花岗岩雕刻贴面为表现形式，通过文明之光、汶水汤汤等8个篇章，浓缩展现汶河流域几千年的文化积淀，增加防洪堤景观效果；滨河景观绿化工程，沿河栽植绿化乔木，铺设步道，建设亲水平台、木栈道，并点缀伏羲悟卦、汶水倒流、汶河渔猎等景观节点的建设；大汶河流域人工湿地水质净化工程，改善大汶河流域水质，恢复大汶河的自然生态，并结合泰安八大景之一的汶河古渡和1.13公顷的河中离岛，打造岸柳成行、苇影婆娑、白鹭追逐、船舶穿行的湿地观光休闲场所；大汶口古石桥修缮工程，主要对石桥现状进行修整，局部加固，兼顾古石桥周边环境治理和两侧河道疏通，淤泥清理。“一节点”，即大汶口文化博物馆，总投资5000万元，展陈面积2600平方米。共分7个展厅，以文物展陈、图片展示、全息影像、互动体验等形式，向公众展示大汶口文化的起源、发展及其在中华文明史上的重要地位。大汶口国家考古遗址公园项目围绕大汶口考古遗址，重点实施大汶口遗址综合性管理用房配套停车场工程、大汶口遗址北岸保护展示工程、大汶口遗址汶河北岸区域已发掘房屋遗迹保护棚和管理用房工程、考古发掘项目、大汶口遗址风貌改善项目等，加强基础设施建设和文物保护利用。2022年度接待游客5万人次。

表26 2022年泰安市国家AA级以上旅游景区一览表

序号	景区名称	等级	序号	景区名称	等级
1	泰山风景名胜区	AAAAA	15	泰安市蒙牛乳业泰安工业旅游园区	AAA
2	新泰市新甫山风景区	AAAA	16	泰山区泰山花样年华景区	AAA
3	东平县东平湖景区	AAAA	17	泰山宝泰隆旅游景区	AAA
4	泰山区泰山方特欢乐世界景区	AAAA	18	岱岳区天乐城旅游休闲区	AAA
5	泰山森林温泉旅游区	AAAA	19	新泰市朝阳洞旅游景区	AAA
6	东平县白佛山景区	AAAA	20	肥城市刘台桃花源景区	AAA
7	岱岳区太阳部落景区	AAAA	21	肥城市云蒙山景区	AAA
8	泰安市徂徕山汶河景区	AAAA	22	肥城市牙云山景区	AAA
9	岱岳区天颐湖旅游度假区	AAAA	23	宁阳县凤凰山休闲旅游区	AAA
10	肥城市春秋古镇景区	AAAA	24	东平县戴村坝景区	AAA
11	宁阳县复圣文化旅游区	AAAA	25	东平县六工山景区	AAA
12	肥城市五埠岭伙大门景区	AAAA	26	东平县贯中园景区	AAA
13	东平县昆仑山景区	AAAA	27	东平县黄石悬崖风景区	AAA
14	新泰市和圣园景区	AAA	28	泰山区中国原浆啤酒体验中心	AAA

续表 26

序 号	景区名称	等 级	序 号	景区名称	等 级
29	化马湾龙湾风景区	AAA	50	肥城市泰西桃花源景区	AAA
30	岱岳区曼华庄园景区	AAA	51	新泰市掌平洼景区	AAA
31	肥城市牛山景区	AAA	52	肥城市肥子茶园景区	AAA
32	肥城市陶山景区	AAA	53	新泰市见子山景区	AAA
33	东平县棘梁山景区	AAA	54	岱岳区乐惠“彩韵田园”景区	AAA
34	东平县泉灵农场	AAA	55	宁阳县金彩山酒文化园	AA
35	新泰市泰茶良心谷有机生态示范园	AAA	56	肥城市吕仙景区	AA
36	宁阳县中京文化艺术旅游景区	AAA	57	肥城市黑牛山庄旅游度假区	AA
37	东平县腊山景区	AAA	58	泰山区泰山乡村文化博物馆	AA
38	岱岳区中青松石葡萄庄园	AAA	59	新泰市新汶森林公园	AA
39	新泰市长兴农业百汇庄园	AAA	60	宁阳县文庙景区	AA
40	肥城市恒昌农业金泰庄园景区	AAA	61	肥城市陆房战斗遗址景区	AA
41	北集坡天泽农业科技园	AAA	62	泰山区叶家庄生态休闲景区	AA
42	岱岳区大汶口文化风景名胜区	AAA	63	新泰市如意谷农场景区	AA
43	肥城市圣井峪旅游度假村	AAA	64	宁阳县圣地农庄景区	AA
44	宁阳洸河湿地景区	AAA	65	肥城市泰山牡丹文化产业园	AA
45	宁阳友邦田园景区	AAA	66	肥城市马埠民俗馆	AA
46	新泰市泰山百合和园	AAA	67	高新区力明艺术宫	AA
47	肥城市布金山景区	AAA	68	肥城市鱼山桃花海景区	AA
48	肥城市左传文化园	AAA	69	肥城市兴润生态园	AA
49	肥城市泰山植物园	AAA	70	宁阳县辛安风景区	AA

【太阳部落景区】 国家 AAAA 级旅游景区。位于泰山南麓，徂徕山西侧，汶河之滨，是大汶口文化的重要发祥地。2013 年一期工程建成开放，2014 年二期项目建成开放，2015 年完成三期项目规划。太阳部落以大汶口文化为主线，以情景体验的形式，将史前文化和游乐项目有机融合，使远古文明的场景在游客面前真实展现，是全国首家体验史前文明的特大型文化主题公园。旅游区分时光穿越、梦回大汶口、洪荒探秘、洪荒历险、情定大汶口、金乌古镇六大板块，由时空隧道、文明之光、地心历险、猿古大战、盘古狂叫、女娲补天、共工的愤怒、山洪暴发、洪荒漂流、高空斗牛、水龙王、远古大战、狩猎归来等 40 余个主题项目组成，运用现代化高科技手段，将大汶口文化的精髓融入其中，真实再现大汶口时期的生产生活场景，让游客走进古老的洪荒神话，亲身体验史前文化。2022 年度接待游客 78.6 万人次，实现营业收入 3704.62 万元。

【天颐湖旅游度假区】 国家 AAAA 级旅游景区。位于泰山南麓，徂徕山西侧，大汶河之滨，毗邻大汶口文化发祥地。景区规划面积 15.2 平方千米，水面面积 6 平方千米，是泰安南部最大的水面。2010 年 12 月被评为国家级水利风景区，2017 年 4 月被全国旅游景区质量等级评定委员会评为国家 AAAA 级旅游景区。亲水式沙滩 3 处，10 万平方米；儿童职业体验场馆——梦想小镇，建筑面积 1 万平方米，主要包括室内职业体验馆、室外职业体验区和外围休闲娱乐区 3 个组成部分，设有 51 个职业体验单馆、60 种职业体验，主要面向 3~15 岁的少年儿童群体；泰山花海项目占地面积 133 公顷，沿天颐湖东岸线呈带状分布，以花卉观赏、游览为主，融入爱情、婚拍元素，集科普、休闲、娱乐、运动于一体；飞行体验馆项目主要包括室内娱乐风洞飞行体验和表演、室内跳伞培训、模拟飞机驾驶娱乐和教学；婚纱摄影基地位于天颐湖泰山花海景区南侧，摄影基地主体建筑面积近万平方米；游艇码头 5 个，购置大型游船和小型游船，并配备 2 艘救援艇，让游客尽享水上娱乐。2022 年度接待游客 44.99 万人次，实现营业收入 999.91 万元。

【新甫山景区】 国家 AAAA 级旅游景区。位于新泰市境内，是由山东文旅集团下属山东文旅景区投资集团经营管理的一处综合型人文生态旅游度假区。新甫山历史悠久，文化底蕴深厚，其山脉东西绵延 15 千米，总面积100平方千米，主峰天台峰，海拔999米，森林覆盖率95%以上。自然景观独具特色，以山秀、石奇、林翠、水美而称誉，拥有世界上唯一纯天然形成的观音石像——天成观音。在新甫山西部发现的28亿年前的科马提岩，是地球上最古老的岩石，全世界也只在南非、澳大利亚和加拿大发现有这种岩石，具有特殊的科研价值。新甫山主要景点有子母泉、云谷飞瀑、灵禅瀑布、青龙潭、五云涧、天成观音等。先后建成菩提大道、观音广场、通天河、云谷寺、天成观音、古盘道、莲花湖、莲花顶八大游览区，配有房车营地、莲花酒店、通天河漂流、索道、悬崖栈道、玻璃栈桥等休闲娱乐项目，是国家森林公园、世界地质公园、国家AAAA级旅游景区、省级旅游度假区。2022年度接待游客15.8万人次，实现旅游收入273万元。

【春秋古镇景区】 国家AAAA级旅游景区。位于肥城市龙山路77号。项目以北方古建筑为载体，融注春秋文化精髓，借鉴苏州园林移步换景的造园手法，精心打造道路景观、滨河景观、广场景观和客栈景观，布设中国最具美学价值的古典园林。项目核心区以春秋文化为主题，分鲁园、齐园、秦园、晋园、宋园、楚园、吴园七大园区，融合“中国桃都”肥城地域文化，再现春秋时期“百家争鸣”的恢宏场景，呈现中国最具思想高度的文化大观园。项目按照吃、住、行、游、购、娱、闲、养的功能分区，打造文化旅游商业区、文化旅游体验区、特色五星级饭店区、特色地方餐饮区、展示中心、忆古观景客栈区、旅游产品批发区、艺术家工坊、迷你儿童娱乐区、康王河湿地生态休闲区等，将春秋古镇建成“济南—泰山—曲阜”旅游黄金线上的黄金接待站、山东地区最具人气的大型旅游集散地。2022年度接待游客5.97万人次，实现旅游收入3476.26万元。

【五埠岭伙大门景区】 国家AAAA级旅游景区。位于肥城市孙伯镇五埠村，获国家传统村落、中国美丽休闲乡村、全国乡村旅游重点村、山东省文化生态名村、山东省服务业特色小镇、山东省休闲美丽乡村、山东省旅游服务名牌、省级文明旅游示范单位等30项称号。五埠村始建于明洪武十四年（1381），已有600余年的历史，村内保存完整的明、清、民国时期的石头院落200套。其“门中有门，院中套院，巷中有巷”的“伙大门”景观建筑群全国罕见，有“山东第一石头村、全国独特伙大门”的美称。村内有“旮旯胡同”“状元胡同”“梧桐树胡同”等保存较好的“伙大门”建筑群，被誉为泰西地区乡村发展的“活化石”。2015年，泰安市五埠岭旅游开发有限公司以“乡愁记忆”为主题，以“伙大门”为品牌，对五埠村进行景区化开发。修建进村景观大道，建设完善游客中心、停车场、旅游厕所、旅游标识系统等旅游基础设施及集餐饮会务于一体的五韵山庄综合接待场所。打造老坑湾、十亩荷塘、一路分两州、乡村记忆馆等多个自然文化景观。修缮“伙大门”胡同5条，打造精品民宿37处，引进木雕、剪纸、面塑等非物质文化遗产项目。建设旅游商品展销中心，研发设计鱼子石、千叶草化石等多款手工文创产品和枣花蜜、香椿酱、石磨面条等系列农副产品。在村庄外围规划开发百果园、农耕园、书画写生基地等现代休闲农业景观，实现休闲度假、文化体验、研学教育、旅游商品研发等多业态融合发展。五埠岭伙大门景区已成为集民俗体验、研学旅游、文化创意、精品旅游等于一体的综合性休闲旅游度假目的地。2020年“文化和自然遗产日”之际，“非遗工坊”和“乡村记忆馆”落成营业。2022年，五埠岭“非遗工坊”先后获得泰安市首家“非遗工坊示范基地”“山东省非物质文化遗产传承教育实践基地”“2022年山东省优质旅游产品”“2022年全国非遗与旅游融合发展优选项目”称号。2022年度接待游客15.2万人次，实现旅游总收入536.7万元。

【复圣文化旅游区】 国家AAAA级旅游景区。位于宁阳县东部新区，占地面积73.93公顷，是集国学研修、家风体验、休闲观光、健身娱乐、美食购物于一体的大型文化旅游综合体项目。园内分为“尊”“悟”“敬”三大区域，由家风主题广场、慧明楼、藏乐湾、复圣主题广场、荣昭园、君子泽、孔颜乐处主题广场、敬贤林、童趣园等20个不同风格的主题项目群组成，包含家风体验项目、国学研修项目、游乐项目、休闲及景观项目等30余项，是一处老少皆宜的文化主题景区。景区项目内容涵盖中国传统文化、家风体验、国学研修、研学游、亲子儿童游乐等多个方面。依托全国首座复圣研究院和复圣书院挖掘复圣文化内涵，以歌舞、舞台剧、祭祀活动等形式演绎复圣文化经典，让游客体验文化魅力；规划设计全国首个家风体验馆，把颜氏家风精髓与习近平总书记提出的家风、家教、家规完美融合；复圣展厅定期举办高规格书画、摄影、雕塑等展览，为游客提供高层次文化艺术服务。家风教育体验和国学培训研修成为宁阳县新的旅游名片。2022年度接待游客54.6万人次，实现旅游总收入640.7万元。

【东平湖景区】 国家AAAA级旅游景区。东平因水而名，因水而兴，因水而盛，黄河从东平湖西部环绕而过，大清河似玉带贯穿东平东西，大运河蜿蜒曲折连通南北，东平湖是南水北调东线工程的枢纽，“一湖三河”在东平描绘出一幅波澜壮阔、壮丽秀美的江北水乡画卷，长江和黄河之水在东平的相聚交融成为中国水利史上难得一见的奇观，黄河文化、运河文化、水浒文化在这里交相辉映，源远流长。2022年度接待游客111.63万人次。

【大宋不夜城（水浒影视城）】 该项目由东平湖文旅集团和西安锦上添花文旅集团联手打造，是全省唯一集古镇风情与宋文化街区于一体的旅游项目，总投资1.2亿元。改造提升水浒影视城主街区、辅街区2.5万平方米，一期建设总长500米的华灯锦里长街，二期建设五大街巷和聚客篝火擂台、无动力闯关乐园、森林秘境等旅游景点，三期建设水上火锅集市、山野民宿等项目。突出“灯光、演绎、美食”核心元素，悬挂灯笼1.5万个，安装亮化牌楼30个，制作花车、“东平湖女”、“发财兔”、“麒麟”等巨型雕塑10个，招引文化创意、餐饮小吃、特产“非遗”等各类业态38家，同步进行东平湖美人鱼、雾中仙、石中玉、三手棋圣等18种行为艺术表演，着力丰富夜游、夜宴、夜购等经济形态，是集夜游观赏、民俗体验、美食品鉴和情景互动于一体的新一代不夜城。2022年9月30日开业，实行全天免门票政策，游客无接触刷脸入园、在开放时间内自由出入。2022年度接待游客176.18万人次，实现营业收入1435.66万元。

【白佛山景区】 国家AAAA级旅游景区。位于东平县城西北隅。主要由白佛山、佛山公园、雕塑广场组成。白佛山上有中原隋代第一佛——释迦牟尼佛造像、三教寺、大雄宝殿、碧霞元君祠，山之巅有玉皇阁、白云洞、黑云洞等景点。白佛山海拔370米，白佛山石窟造像坐落于半山腰，有隋窟、唐窟、宋窟及露天造像，共138尊，造像群被公布为全国重点文物保护单位，主佛像被誉为“齐鲁隋代第一佛”。根据题记，白佛山隋窟造像开凿于开皇七年（587），历时4年竣工，窟内释迦牟尼造像通高6.7米，百余个佛龛分布两侧，年代历经隋、唐、宋、明，雕刻艺术多样，体现各个时期的特点。隋代佛教造像上承北朝，下启唐代，显示出过渡的特点，摆脱北魏以来“秀骨清像”的特点，逐渐形成浑圆丰腴的形象。佛东壁下方一长方形龛内雕“涅槃图”，即释迦牟尼寂灭悼念仪式，主像头南仰卧，肋骨裸露，象征释迦牟尼生前的艰辛修行；十大弟子围坐身旁，或抱脚抱头，或仰面号啕，或低头默哀，各流露出哀悼神情，是一幕生动的哀悼图。这一躯体干瘦、肋骨裸露的形象，国内仅此一处，具有重要的研究价值。2022年度接待游客9.51万人次，实现旅游收入124.5万元。

【昆仑山景区】 国家AAAA级旅游景区。位于东平县西部，是新版《水浒传》的主拍摄地之一。主要包括昆山旅游码头、昆山山寨、宋家庄、祝家庄、七星雕塑、月岩寺等多个景点，是集影视拍摄、观光休闲、采摘娱乐于一体的旅游景点。2022年度接待游客8.98万人次，实现旅游收入284.88万元。

【天平湖景区】 位于泰山脚下、泰安城区西部，总投资44亿元，总占地10.5平方千米，湖水面积3.6平方千米，整个景区分为与国咸宁、平安万年、九省御道、天下太平、保佑九州、泰山石敢当六大主题区，通过凌空栈道和文化长廊有机连接，沿途由宫灯、花海点缀，以多样化的空间打造出独树一帜的湖山美景。泰山印象水畔舞台的音乐喷泉是天平湖景区的一大亮点，给游客带来声、光、电、火视觉盛宴，水柱最高喷射高度可达200米，为世界上单喷高度最高的喷泉之一。2022年，天平湖景区累计客流量310.4万人次。

【泰安老街】 位于天平湖路以北、梅山西路以西的开元盛世文旅城内，总投资11亿元，总占地面积2.67公顷，总建筑面积约10万平方米，包括10栋3层框架结构商业楼，总铺位511间。泰安老街地处泮河景区的核心地带，以非物质文化遗产二十四节气为主题，包含广场、水系、特色餐饮、民俗民宿、茶馆酒肆、各类网红小吃等，花样繁多，琳琅满目，是一处集“古韵、生态、休闲、民俗”于一体的商业民俗文化街区，“吃、住、娱、游、购、雅”全景式生态文化休闲胜地。

【泰山秀城】 泰山秀城·老街是山东省首批国家级夜间文化和旅游消费集聚区之一，是以主题演艺为核心、沉浸游乐体验为辅助、二消产品为延伸的演艺和娱乐度假休闲街区。街区围绕发展“夜经济”走特色化发展道路，通过夜演、夜展、夜读、夜娱、夜秀等业态，推出沉浸式演艺、“非遗”互动项目和文创产品、3D灯光秀、街头艺术表演等常态化、品质化、特色化夜间文旅消费体验产品。 （刘姗姗 孔令熙）

旅游开发建设

【重点项目建设】 2022年，泰安市出台《关于推进落实国家文化公园（泰安段）建设的实施意见》，齐长城（岱岳段）文化长廊、大运河非物质文化遗产传习中心、十里运河文化旅游复合廊道、莲花山国家森林公园、滨湖国家湿地公园5个项目被列入“十四五”文化保护传承项目储备库。大运河非物质文化遗产传习中心建设项目获得2022年中央预算内投资2000万元。泰安旅游经济开发区与陕西旅游集团合作开发泰山秀城项目，其中大型沉浸式演艺《铁道游击战》获得第十一届中国旅游投资艾蒂亚奖“最佳文化旅游演艺项目奖”。泰山冰雪文体中心成为省内规模最大、档次最高的室内冰雪运动场馆，承办山东省短道速滑锦标赛等多项冰上运动赛事。鲁普耐特集团“‘工业+’文旅融合新业态创新应用”重大课题项目，入围2021年度省新旧动能转换重大产业攻关项目名单，获得300万元专项奖励补助资金。泰山黄精文化产业项目被列入2022年度省新旧动能转换重大产业攻关项目文化创意产业类名单。

【产业集群构建和培育】 2022年，泰安市打造特色园区，针对性地策划、招引项目，形成沿链聚合的集群发展新优势。“泰安市岩岩泰山·青青岱岳精品旅游产业集群”列入第三批全省精品旅游产业集群名单，获得70万元专项激励资金支持。至年末，泰安市文化和旅游类产业集群达3个，成为全省文旅系统唯一的前三批均有产业集群入库、集群数量并列全省第一的地市，列入省新旧动能转换重大产业攻关入库培育项目达3个。年内，泰山新闻出版小镇签约项目8个，实现营业收入5680万元，以小镇为龙头的出版印刷产业链实现营业收入70.2亿元，增长9.8%。3个项目入围省新旧动能转换重大工程产业重大课题攻关项目库。其中，鲁普耐特绳网与文旅产业创新项目争取省级奖补资金300万元，完成投资2050万元，新增产值800万元。

【文旅商品开发】 2022年，泰安市文旅商品基本涵盖泰山玉、泰山茶、肥城桃木等资源型和泰山皮影、泰山

2022 年 4 月 29 日，游客在泰安免疫力经济健康生活馆，近距离欣赏泰山玉雕工艺品　　（赵文文　摄）

剪纸等“非遗”文化产品，打造“平安泰山礼”“泰山茶”“肥城桃木雕刻”等自有品牌体系。年内，在充分挖掘丰厚文化资源优势基础上，通过政府引导、市场主导，突出创意、特色和品质，实施“山东手造·礼遇泰安”工程，创新发展手造新业态、新产品、新模式，推动手造产业升级，振兴传统工艺，让传统工艺和传统文化“活”起来。肥城市正港木业工艺品厂（代表产品：桃木工艺品）、山东玉叶制衣有限公司（代表产品：玉氏鸿叶鲁派旗袍）、泰安遇石记玉石制品有限公司（代表产品：泰山玉）、泰山皮影艺术研究院（代表产品：皮影类手工艺品和文创产品）4 家单位入选“山东手造·优选 100”。玉叶制衣“鲁绣手包、梅兰竹菊书衣”城市文创伴手礼获 2022 第三届山东省精品旅游文创设计大赛社会组一等奖。肥城市举办 2022 全国桃木旅游商品创新设计大赛，200 余家企业和个人的 3000 余件作品参赛。桃花节期间，举办“云赏桃花”慢直播活动 6 场，吸引近百万人次观看。

【旅游扶持政策】　2022 年 6 月，第六届泰安文化和旅游惠民消费季活动在泰山秀城启动。争取市财政专项资金 300 万元，采用政府补贴、企业让利等方式，支持 84 家企业入驻“好客山东云游齐鲁”及“慧游泰山”智慧文旅平台，发放市级文旅惠民消费券 210 万元，参与用户 1.92 万人次，核销金额共计 193.99 万元，核销率 92.38%，带动消费金额共计 478.5 万元。市发展改革委、市文化和旅游局等 22 个部门联合印发《泰安市助企纾困若干政策措施落实方案》，出台 10 条支持文旅行业平稳发展的惠企政策。制定《泰安市文化旅游产业工作督查激励措施实施办法》。8 月，市文化和旅游局、人民银行泰安中心支行、市财政局、市地方金融监管局、泰安银保监分局等部门联合印发《关于建立泰安市金融支持文旅产业高质量发展联动机制的通知》。完善“泰安文旅六保贷”金融支持文旅企业系列产品，将全市 30 家金融机构 55 款产品汇编成册，制作成“二维码”网络版，于 8 月 25 日在“慧游泰山”平台上线。

（刘姗姗　孔令熙）

旅游业态

【红色旅游】　2022 年，泰安市有革命遗址、遗迹、纪念设施等 171 处，其中，徂徕山抗日武装起义纪念碑是全省首批爱国主义教育基地，徂徕山抗日武装起义旧址是全国重点文物保护单位，泰安徂徕山抗日武装起义博物馆被评为省级中小学生研学基地；东平湖、东平县工委纪念馆暨万里旧居、东平县昆山党性教育基地等红色旅游点入选全省红色旅游产品目录。举办精品展陈展览，策划打造主题突出、导向鲜明、内涵丰富的陈列精品。泰安徂徕山抗日武装起义博物馆“烽火齐鲁 英雄徂徕——徂徕山抗日武装起义主题展”入选国家文物局 2022 年度“弘扬中华优秀传统文化、培育社会主义核心价值观”主题展。岱岳区房村镇磨山峪村、新泰市龙延镇太公峪、新泰市东都镇东一社区、东平县接山镇神庙村入选第二批山东省红色文化特色村创建名单。推出红色旅游精品线路，打造红色研学旅游项目，徂徕山抗日武装起义旧址等 11 处革命文物被纳入全省 20 条“精品献礼二十大 红色基因新传承”革命文化主题线路。肥城陆房突围胜利纪念馆加入山东革命场馆与高校融合发展联盟。新泰市博物馆被纳入中央补助博物馆纪念馆免费开放名单。

【乡村旅游】　2022 年，泰安市实行“一村一品”差异化发展策略，建设乡村旅游精品工程。年末，泰安市有国家级乡村名镇 1 个、乡村旅游重点村 4 个、省级精品文旅名镇（乡村旅游重点镇）3 个、乡村旅游重点村 13 个、景区化村庄 58 个、旅游民宿集聚区 2 个。新泰市龙廷镇掌平洼村被评为第四批全国乡村旅游重点村，泰山区省庄镇安家庄村、邱家店镇北王庄村和岱岳区满庄镇曹家寨村、道朗镇北张村 4 个村被评为山东省乡村旅游重点村，泰山区泰前街道水牛埠村等 19 个村被评为第三批山东省景区化村庄。泰山区省庄镇、岱岳区满庄镇、肥城市孙伯镇入选 2022 年度山东省精品文旅名镇。泰山九女峰乡村旅游度假区，培育“九女峰书房”“花田北张”等网红打卡地，创造“乡村文旅 + 田园康养 +667”的乡村振兴模式。鲁商“故乡的云”获评 2022 年山东省乡村旅游创新企业。

【“非遗”旅游】　2022 年 9 月 3 日，中国非物质文化遗产保护协会公布 2022 年“全国非遗与旅游融合发展优选项目名录”。其中，肥城市五埠伙大门景区入选“非遗”旅游景区，泰山“非遗”小镇入选“非遗”旅游小镇，泰山豆腐村入选“非遗”旅游村寨。

“非遗”旅游景区　泰安市坚持文旅融合理念，以五埠村国家AAAA级旅游景区为试点，规划建设集“非遗”保护、文化旅游、消费体验、研学教育等为一体的“非遗工坊”项目，推进“乡村旅游+非遗工坊”融合发展，肥城市五埠村由贫穷落后的“空心村”变成产业基础夯实、增收路径清晰、文化底蕴厚重的文化旅游特色村，先后被评为全国乡村旅游重点村、中国美丽休闲乡村、第五批中国传统村落、山东省文化生态名村，入选省级非物质文化遗产传承教育实践基地。肥城市五埠岭伙大门景区入选全国“非遗”与旅游融合发展优选项目名录。“依托‘非遗工坊’助力乡村振兴，取得新成效”入选山东省“非遗”保护十大亮点工作。2022年接待旅游人数15万人次，营业收入126万元。

“非遗”旅游小镇　围绕泰山脚下的“非遗”项目资源，泰山“非遗”小镇以加强优秀传统文化传承与弘扬为出发点，以泰山茶溪谷景区为发展平台，立足非物质文化遗产丰富资源，吸纳各类优秀非物质文化遗产项目入驻平台。“非遗”小镇的建设带动周边乡村旅游和农副产品销售，联合当地民宿建设“非遗+旅游”联盟，利用当地乡村特色优势资源，打造“非遗”与旅游融合发展全产业链，发展富民产业，在保护和传承“非遗”项目的同时实现多方经济增收。泰山“非遗”小镇入选2022年全国“非遗”与旅游融合发展优选项目名录。2022年接待旅游人数700余人，营业收入30万元。

“非遗”旅游村寨　泰山豆腐村项目是由山东泰山福文化传播有限公司策划运营、与黄前镇西麻塔村联合打造的“非遗”助力乡村振兴旅游村。以“山水麻塔、麻姑居第”“国香豆腐、敢当福地”为文化核心价值理念，发挥国家级非物质文化遗产——“豆腐传统制作技艺”的“国字号”品牌优势，实现以泰山豆腐为载体、其他“非遗”项目为辅助的集传统手工制作体验、民风民俗旅游、传统农事种植为一体的“非遗”助力乡村振兴新模式。泰山豆腐村项目入选2022年全国“非遗”与旅游融合发展优选项目名录。2022年接待亲子游、近郊游及参观人数共计1100余人，营业收入2万元。

【康养旅游】　至2022年年末，泰安市有省级文旅康养十强县1个（岱岳区）、山东省文旅康养融合发展示范区1个（泰山碧霞湖文旅康养融合发展区）、山东省文旅康养融合发展试点区1个（徂汶景区文旅康养融合发展区）、省级康养旅游示范基地1个（徂汶景区泰山温泉城）。年内，岱岳区泰山九女峰生态旅游区、徂汶景区徂徕山汶河生态旅游区、东平县东平湖生态旅游区入选山东省生态旅游示范区创建单位。岱岳区塑造以泰山九女峰为代表的生态度假康养品牌、以泰山黄精科技产业园为代表的中医药康养品牌、以天乐城为代表的盐疗温泉康养品牌、以大汶口考古遗址公园为代表的文化体验康养品牌、以泰山天颐湖为代表的滨水度假康养品牌，获评首批山东省文旅康养强县，获得财政激励资金1000万元。

【工业旅游】　2022年，山东芝人堂药业获评第四批山东省工业旅游示范基地。至年末，泰安市有山东省工业旅游示范基地5个，分别是山东泰山啤酒有限公司、山东金彩山酒文化园、蒙牛乳业（泰安）工业旅游园区、鲁普耐特绳网文化体验馆、山东芝人堂药业有限公司。

【夜间文旅消费集聚区】　2022年，“泰山秀城·老街”入选首批国家级夜间文化和旅游消费集聚区；“梦泰山夜肆文旅街”“泰山云集文化商业街”入选首批省级夜间文化和旅游消费集聚区；“吾悦广场·欢喜街”入选第二批省级夜间文化和旅游消费集聚区。开放太阳部落、天颐湖景区、天乐城、九女峰乡村度假区等景区景点夜间游

2022年5月23日，喧嚣的泰安老街　　（李德龙　供）

览。打造“全国数得着、全省叫得响的旅游民宿集聚区”，整合环山路以北岱道庵社区、三合社区、白马石村、上峪村、水牛埠村、黄山头村集聚区内的民宿建设，打破泰山区与泰山景区的区划限制，共建良好的区域管理运行机制。岱岳区道朗镇打造东西门村“故乡的月”主题景观、八楼村氧心谷千般语酒吧、乐惠香韵彩墅主题区等特色夜间体验项目，丰富游客夜生活。（刘姗姗　孔令熙）

旅游营销

【旅游宣传推广】 2022年，泰安市通过线上与线下、户外与传统等形式开展旅游宣传推广。在央视《新闻联播》栏目播出前投放泰安旅游品牌形象广告，在央视等主流媒体发布《脉动泰山》《锦绣中国 壮美泰山》《看今日中国 日出东方》等纪录片，山东卫视重点宣传项目《大哉泰山》开拍，开展央视《直播黄河 泰山篇》《坐着高铁看中国 泰安篇》等直播、录播，完成《泰山“挑山工”》《挑山者》《我的青春在哪里》《走近泰山挑山工》等电影拍摄。通过脸书、推特等境外媒体刊发泰山云海、日出、日晕等奇观美景和《100种生活之泰山挑山工》等文化现象，阅读量过亿次。利用今日头条、海报新闻、齐鲁壹点、最泰安等市级以上媒体，借助政府网站、“文旅泰安”公众号，累计发布有关泰安文旅的新闻报道6000余条次。开展“万山磅礴看主峰 文旅融合看泰安”2022泰安市文化旅游发展大会“十大文旅成长企业”“十大年度人物”巡礼采风活动、“走进青山绿水 共话乡村振兴”2022泰安市全省乡村旅游重点村采风活动。

【节会参展推介】 2022年，泰安市策划“中国梦 泰山情”2022中国（泰安）中外文化旅游高端客商泰山行、2022中国（泰安）文旅融合金秋展两大文化旅游主题活动，开展“泰山之约 五岳聚首”2022中国（泰安）中外旅行商电商采购峰会暨国内融媒体旅游采风、全国获奖健康旅游商品进泰安、2022“山东手造·礼遇泰安”文化旅游商品系列展评、第十二届海峡两岸泰山石敢当文化节、第五届黄河泰山文化旗袍节等系列活动。参加省文化和旅游厅主办的2022“一次山东行 一生山东情”（呼和浩特站）山东文化和旅游推介会、“沿着黄河遇见海”新媒体联合推广活动暨2022年好客山东游品荟启动仪式、2022“文化和自然遗产日”山东主场活动暨山东“非遗”购物节启动仪式以及2022年山东铁路文化旅游联盟工作推进视频会等活动。9月15—19日，“第三届中国国际文旅博览会暨首届中华传统工艺大会”在济南举办，泰安市组织20家企业、200余件展品参会参展，获优秀组织单位奖。

【第三十六届泰山国际登山节文化旅游活动】 2022年9月6—12日，第三十六届泰山国际登山节举办，活动包括泰山国际登山比赛、2022中国泰安投资合作洽谈会、“中国梦 泰山情”2022中国（泰安）中外文化旅游高端客商泰山行、2022中国旅游泰山峰会、2022中国（泰安）文旅融合金秋展以及2022泰安市文化旅游发展大会六大主题活动。

9月6日，“泰山之约 五岳聚首”2022中国（泰安）中外旅行商电商采购峰会暨国内融媒体旅游采风活动举办。该次峰会以“中华泰山 国泰民安”为主题，举行泰山祈福仪式、泰安旅游推介、重庆巫溪旅游推介、线上线下签约仪式、发布《泰山宣言》、节目表演《国泰民安》、全国健康旅游获奖商品展等活动。在签约环节，泰安市文化和旅游局与中国网线上签约；泰安市代表与中法西部经济合作促进会，美国、新加坡、马来西亚、越南旅行商代表，驴妈妈旅游网线上签约；泰安市旅游企业与国内旅行商代表线上签订合作协议；泰安市旅行社协会与巫溪县文旅委现场签订合作协议。活动中发布“泰山之约 五岳聚首”2022中国（泰安）中外旅行商电商采购峰会暨国内融媒体旅游采风《泰山宣言》。该次活动被山东省文化和旅游厅评为2022全省文旅网络营销优秀案例。

9月6日，中国泰安投资合作洽谈会举办。马来西亚、韩国、德国等国家和地区的650名嘉宾、客商，通过现场出席和视频连线的方式参加活动。活动签约项目66个，项目总投资659亿元，合同外资额2.18亿美元，其中内资项目58个、外资项目8个。项目涉及新能源、高端化工、汽车及零部件、特色金属材料、医药及医疗器械、矿山装备及工程机械、数字经济等多个重点产业链。

2022年9月6日，“泰山之约 五岳聚首”2022中国（泰安）中外旅行商电商采购峰会暨国内融媒体旅游采风活动举行（司 刚 摄）

【“中国旅游日”泰安市启动仪式】 2022年5月19日，“红色秀城 绿色西湖”2022年中国旅游日泰安市启动仪式在泰安旅游经济开发区泰山秀城举行。活动以“感悟中华文化 享受美好旅程”为主题，发布“2022泰安人游泰安”倡议书，推出泰安市主题产品线路和优惠政策。泰安方特欢乐世界等11家旅游企业推出打折、买赠等优惠措施，太阳部落等7家旅游企业推出旅游助老助残措施，新甫山等6家旅游企业、景区对抗疫工作者、劳动模范等先进群体实施旅游奖励。线上同步开展“千号联动”自媒体推广、“万名导游带您云旅游”直播推广、“百万旅游人”网络推广等4项推广活动。

【“好客山东”红红火火过大年活动】 2022年2月15日，2022“‘好客山东’贺年会 红红火火过大年——闹元宵”暨授牌仪式在泰安旅游经济开发区泰山秀城举行，泰山秀城被授予“国家级夜间文化和旅游消费集聚区”“泰安市精品旅游促进会研学和红色教育分会”称号。作为2022“好客山东”贺年会系列活动的重要内容，活动分“迎年、忙年、过年、闹年、颂年”五大主题，覆盖腊八节、春节、元宵节等重要节点。活动包含猜灯谜、赏花灯、舞狮子、吃汤圆等民俗项目，泰山大鼓、传统舞龙、川剧变脸、抖空竹、扭秧歌、踩高跷、古彩戏法等展演活动。

【第六届泰山天颐湖郁金香文化节】 2022年4月17日，“春暖泰安 花开天颐”2022泰安人游泰安暨第六届泰山天颐湖郁金香文化节启动仪式在泰山天颐湖旅游度假区举行。活动现场对岱岳区重点文旅项目进行推介，邀约各大媒体进行线上互动直播。该次活动在全市范围内开启“泰安人游泰安”的序幕。（刘姗姗　孔令熙）

假日文旅市场

【概况】 值班值守　2022年，泰安市贯彻落实上级关于做好疫情防控和节假日期间值班工作的通知要求，提高政治站位，加强组织领导，提前部署假日值班工作。节前，市假日旅游指挥部办公室印发工作方案，成立综合、统计、执法工作组，细化成员单位职责，启动假日旅游指挥部运行机制，多次召开假日旅游专题工作会议，分析研判形势及存在的风险点，安排疫情防控、值班值守等工作。市假日指挥部各成员单位严格落实值班值守制度，做好市场检查、产品供给、宣传引导、秩序维护、服务保障等工作。各县（市、区）、功能区严格执行24小时值班和领导带班制度，统筹疫情防控和文旅经济复苏。各级文化旅游部门严格落实24小时值班制度，各旅游景区秩序井然，文明旅游渐成主旋律，全市未发生重大旅游安全事故，旅游市场整体平稳、安全、有序，旅游服务质量受到游客的普遍认可和广泛好评。

疫情防控　聚焦公共文化场馆、A级景区、星级饭店、文化娱乐场所、影剧院、民宿六大重点领域，针对游客密集场所，科学精准抓好常态化疫情防控。严格落实“限量、预约、错峰”总要求，坚持“能约尽约”，推行分时分段游览，防止人群扎堆聚集。制定疫情防控和安全生产监管机制，突出景区出入口、消防设施、特种设备、节会活动等关键节点，集中开展安全生产风险隐患大排查大整治行动，确保各项防范措施落实到位。发挥“慧游泰山”智慧文旅平台作用，对全市重点景区、交通枢纽等关键部位实时监测，同时持续开展文旅市场经营场所疫情防控线上线下巡查和安全督导检查，确保假日市场安全稳定。

督导检查　强化部门联动，开展旅游市场检查。发挥“2+2+N”联合执法机制作用，市文化和旅游、公安部门充分发挥领导小组办公室职能作用，联合交通运输、市场监管、城市管理、卫生健康等部门组成“旅游市场秩序联合督导检查组”，加大联合执法力度，对天外村、桃花峪、岱庙等重点景区景点和火车站、高铁站等游客集散地以及文化旅游经营单位的安全管理、疫情防控、现场秩序和食品卫生等方面进行督导检查。通过看现场、查台账、看系统等方式，检查旅行社合同签订履行、广告发布等业务经营情况，严查“不合理低价游”“未经许可经营旅行社业务”“旅游领域的养老诈骗”等违法违规行为。累计出动执法检查人员500余人次，检查旅行社、分公司、营业网点300余家，在线巡查旅游企业70家次，罚款6.5万元，下架不合规旅游宣传品1500余份，处理涉旅投诉300余件，回访满意率100%。

【春节假期市场】 2022年1月31日0时至2月6日16时，纳入监测的

2022年春节期间，市民在花样年华冰雪乐园　　（司　刚　摄）

17 个景区和 3 个乡村旅游点接待游客 79.43 万人次，实现营业收入 3399.17 万元。1 月 30 日 0 时至 2 月 5 日晚，纳入重点监测的 12 家重点饭店接待游客 1.76 万人次，实现营业收入 523.13 万元。全市各级文旅部门备足“年货”，围绕祈福、民俗、滑雪、温泉、美食、惠民六大元素，组织开展 2021—2022 年度冬春文化惠民季，策划举办包括文化广场、缤纷舞台、书香天地、文博展览、线上活动、旅游节庆等文化旅游活动 117 项。

线上“云展演” 通过“文旅泰安”微信公众号推出“精品剧目云展播”，线上展播近年间泰安市优秀艺术作品，《官箴碑》《两狼山上》《豹头山》《一个不能少》《泰山人》等山东梆子剧深受观众喜爱。市文化馆组织“民俗文化忆乡愁·线上非遗迎虎年”2022年春节线上“非遗”展，让群众足不出户逛展览，尽享传统文化蕴含的年味。市美术馆举办2022年“欢乐春节——泰安市群众美术书法摄影作品网络展览”，为市民奉献一场视觉盛宴。

民俗活动 市图书馆举办“我们的中国梦”2022年迎新春、写春联、送福字活动。市博物馆在岱庙举办“虎年话虎——生肖虎文化展”“气象万千——博物馆馆藏当代泰山绘画作品展”。泰山景区在南天门北天街举办“赶天上云集，祈国泰民安”首届天街新春云集活动。泰山秀城民俗表演、美景美食精彩不停，呈现出红火热闹的佳节氛围。各县（市、区）推出丰富多彩的民俗活动，强化文旅产品和公共服务供给。泰山区举办“带一本好书回家过年”读书征文、“畅读经典 欢度新年”等主题活动。岱岳区推出“浪漫樱花季、寻味民俗年”新春国潮民俗文化嘉年华活动。新泰市开展“我们的中国梦——文化进万家”冬春文化惠民季系列活动。肥城市举办春节线上文化系列活动“文化志愿百花开”。东平县在腊山国家森林公园启动“旅游惠民·好礼相送”活动。宁阳县在复圣文化园举办投壶、拓片、茶礼等活动，让市民在近距离感受儒家传统文化的气氛中迎春纳福。

冰雪游 以举办第二十四届冬奥会为契机，多个景区推出“冰雪”体验类项目。泰山花样年华景区以冰雪文化为导向，设置滑冰区、嬉雪区、HIGH运动区、卡丁车赛车区、萌宠区、美食区、儿童娱乐区，满足不同年龄段游客娱乐需求。天颐湖旅游度假区开放冰雪乐园，雪地滚筒、雪上摩托车等项目受到大家的喜爱。徂徕山滑雪场、肥城泰西雪山峪滑雪场成为市民、游客首选打卡地。

【“五一”假期市场】 2022 年 4 月 30 日 0 时至 5 月 4 日 16 时，全市纳入统计的 A 级旅游景区、新业态旅游景区、乡村旅游区点接待游客 25.27 万人次，实现营业收入 723.54 万元，实现门票收入 272.23 万元。纳入重点监测的 5 家酒店及 5 家民宿接待游客 2525 人次，实现营业收入 231.4 万元。乡村游、家庭游、周边游、自驾游成为“五一”假日旅游主体，郊外赏花、公园露营、户外运动成为当地游的重要方式。在严格落实防疫规定的前提下，全市文化和旅游系统发布 5 月份公共文化活动、旅游节庆计划，推出一系列文化旅游惠民利民政策措施，涵盖各大景区（点）、宾馆住宿、文化演艺、“非遗”展演、运动康养、民宿体验等方面，共计 67 项节事活动与文旅优惠。泰山景区组建 200 多人的专业直播团队，推出“云游泰山”全景旅游新“线路”，让游客全面领略泰山文化与自然的视觉盛宴。泰山西湖、九女峰乡村旅游度假区、徂汶景区、东平湖、五埠伙大门等室外旅游景区深受市民追捧。泰山西湖为市民游客赏花踏青提供多重温馨服务。在文化艺术惠民活动方面，市文化馆开展公益培训线上直播网课、“五一”国际劳动节传统文化进校园线上志愿活动；市美术馆推出线上公教课堂、以艺术传递战“疫”力量——少儿战疫绘画作品线上展、采风写生作品展、“青春心向党 建功新时代”书画摄影展；市图书馆通过线上线下两种形式，举办现代诗歌唯美诗集展、“五一”国际劳动节优秀图书推荐展，丰富活跃节日期间群众文化生活。

【端午假期市场】 2022 年 6 月 3 日 0 时至 5 日 16 时，全市纳入统计的 A 级旅游景区、新业态旅游景区、乡村旅游区点接待游客 23.29 万人次，实现营业收入 843.14 万元，实现门票收入 372.96 万元。市文化和旅游局发布公共文化活动“早知道”2022 年 6 月份全市公共文化活动一览表，全市文旅系统策划文艺演出、阅读推广、书法艺术等 117 项公共文化活动。天颐湖旅游度假区举办“‘粽’享欢乐、‘粽’享飞行”活动，泰山秀城开展火龙钢花等夜间表

2022 年“五一”假日期间，市民积极响应防疫政策，选择就近旅游度过假期，实现假期“安全”与“欢乐”两不耽误 （陈 阳 摄）

2022年5月31日，“‘中华泰山 国泰民安’外国人眼中的泰安主题活动——我们的端午节”在徂汶景区举办（郭丽洁 供）

演，泰山东街举办端午民俗文化祈福节，太阳部落、梦想小镇等景区持续推出优惠活动，东平水浒影视城推出《水浒传》经典情节等系列实景演出。市山东梆子艺术研究院组织开展“2022年泰安市文化文艺志愿服务戏曲惠民”演出活动；市美术馆举办“喜迎二十大 童心永向党”——希望美术视觉艺术展；市文化馆组织开展志愿服务队“带文化进学校”活动。各县（市、区）、功能区同步组织开展送戏下乡、文艺会演、全民阅读、“非遗”传承等文化活动。

【中秋假期市场】 2022年9月10日0时至9月12日16时，全市纳入统计的A级旅游景区、新业态旅游景区、乡村旅游区点接待游客16.68万人次，实现营业收入681.38万元，实现门票收入276.62万元。9月6日，“中国梦 泰山魂——喜迎二十大，永远跟党走”全国书画名家邀请展在泰安市美术馆举办；9月7日，泰安市举办“情满齐鲁、共度中秋”外国留学生感知泰安主题活动，巴基斯坦、孟加拉国等国家的留学生走进岱岳区，在九女峰书房一起学习关于中秋的中国古代诗词，写书法、剪窗花；9月8日，肥城市举办“我们的节日——中秋节”文艺演出暨文化馆第九期公益培训班学员结业展演；9月10—12日，泰安方特欢乐世界举办“月满中秋、潮玩方特”活动；9月10日，东平湖景区举办“夜色东平湖中秋灯会＋赏月”活动，泰山天颐湖旅游开发有限公司在泰山花海推出“星河奇妙夜·浪漫中秋节”活动；恰逢中秋节、教师节同日，泰山秀城、新泰新甫山、徂徕山森林温泉康养度假谷多家景区推出门票减免等优惠政策。

【国庆节假期市场】 2022年10月1日0时至7日16时，全市纳入统计的A级旅游景区、新业态旅游景区、乡村旅游区（点）接待游客62.59万人次，实现营业收入2378.05万元，实现门票收入942.17万元。9月30日至10月6日，全市抽样调查的旅游住宿单位接待游客8371人次，实现营业收入663.76万元。

文化赋能 泰安市挖掘文化资源、文化内容、文化符号、文化故事等文化元素，使其与旅游深度融合，丰富旅游产品供给。由山东省儒学发展促进会主办的泰山东门重阳祈福文化节在泰山东门天烛圣境举行；泰安市首届“非遗”手作节启动仪式在盘古天地中心广场举行；泰山景区在红门游客中心举办“山东手造·礼遇泰安”泰山文创精品展；肥城春秋古城推出第九届文化旅游节、豪华文创集市和精彩文艺演出；肥城五埠岭伙大门景区举办“山东手造·非遗精品”进景区活动，宣传推介“非遗”手造精品；市博物馆推出“盛世光影——岱庙主题摄影展”，同时与华山西岳庙文物管理处联合举办“泰华石韵——岱庙和西岳庙碑刻拓片展”。

科技赋能 泰山景区推出人工智能视频文创项目“美美合拍”。泰安智慧文旅官方平台“慧游泰山”推出“泰安宝藏旅游地”游览攻略，覆盖泰山日出时间表、灯会、杂技、魔术、美食节等不同元素，提升旅游体验品质。

市场主体创新 东平湖景区推出第十届百艺文化节、梦回大宋不夜城，昆仑山景区推出国庆盛宴，方特欢乐世界推出“盛世欢歌 乐游方特”

2022年“十一”假日期间，游客在泰山秀城游玩，小朋友向国旗敬礼（司 刚 摄）

活动，市图书馆推出“喜迎二十大、永远跟党走、奋进新征程”优秀图书推荐展，市美术馆推出“国泰民安”主题宣传文化作品展等，短程高频、周边深度游成为出游热点。

（刘姗姗　孔令熙）

旅游管理

【旅行社管理】　至2022年年末，泰安市有旅行社173家。按照《文化和旅游部办公厅关于进一步调整暂退旅游服务质量保证金相关政策的通知》和《旅行社条例》及实施细则要求，为符合条件的旅行社暂退部分旅游服务质量保证金。严格按照《泰安市文化和旅游局新冠疫情防控工作方案（第二版）》《泰安市文化和旅游领域安全生产“大学习、大培训、大考试”专项行动方案》等要求统筹做好疫情防控工作，对全市各县（市、区）旅行社等涉旅单位开展实地督导，对疫情防控和安全生产工作落实情况不严者，送达整改通知书责令限期整改。严格执行跨省旅游经营活动管理“精准熔断”机制，做好涉疫情游客及团队排查流调，指导相应旅行社妥善处理退团退费工作。指导各旅行社签订《旅行社文明诚信安全生产承诺书》，督促其制定“安全生产主体责任清单”并逐一进行审核把关，确保企业将安全生产责任特别是隐患排查整治责任细化到岗到人。

【旅游市场监管】　2022年，泰安市文化旅游部门开展疫情防控工作，对旅行社、星级饭店、文化娱乐场所开展常态性督导检查。根据疫情实际，启动旅行社跨省游“熔断”“精准熔断”机制，指导做好退团退费事宜。开展旅游市场执法检查，联合各成员单位开展春节、清明、“五一”、端午节假日旅游市场秩序综合整治行动，重点对景区景点、交通枢纽和星级饭店、旅行社、旅游团队的安全管理、现场秩序、疫情防控、食品卫生等方面进行全方位督导检查。加强旅游市场检查执法，严查“不合理低价游”，未经许可经营旅行社业务的违法违规行为。2022年，先后出动执法人员140人次，检查旅行社、分社及服务网点180家次。约谈旅行社负责人5人，提出整改意见50条。受理“12345”“12301”转办以及电话反映、到访反映的问题8件，为游客挽回经济损失1.5万元。协调交通执法部门查处非法营运等违法违规行为130起，收缴罚没款65万元。

【星级饭店管理】　至2022年年末，泰安市有星级饭店22家，其中五星级饭店1家、四星级饭店6家。开展星级饭店评定复核工作，按照《旅游星级饭店的划分与评定标准》《星级饭店访查规范》等标准，完成国家星级饭店评定委员会专家对泰安东尊华美达大酒店五星级饭店评定性复核，完成省文化和旅游厅、省星级饭店评定委员会专家对泰安—滕开元名都酒店的五星级饭店初评工作。组织开展旅游民宿发展现状及民宿星级评定工作调研，通过县（市、区）推荐、市级初评，向省文化和旅游厅报送17家四星级以上星级民宿评定材料。通过“全国旅游监管服务平台”，指导督促各星级饭店完成月报、季报和年报填报及审核工作。

【旅游民宿管理】　2022年，泰安市围绕“提质增效”“集群连片”的发展思路，引导泰安市旅游民宿规模化、集群化发展。泰山区泰前街道福憩泰山旅游民宿集聚区、岱岳区道朗镇泰山·九女峰旅游民宿集聚区入选2022山东省旅游民宿集聚区；东平县东平街道入选第二批山东省旅游民宿集聚区培育单位。为2022年旅游民宿集聚区建设培育单位和2022年培育成功的旅游民宿集聚区分别争取到60万元和30万元的乡村振兴重大专项资金支持。在2022年山东省五星、四星级旅游民宿评定中，泰安市17家民宿入选，其中五星级旅游民宿5家、四星级旅游民宿12家，获评星级民宿数量居全省第三。

表27　2022年泰安市四星级以上酒店一览表

名　称	地　址	星　级	入住率（%）	电　话
泰安市东尊华美达大酒店	泰山区迎胜东路16号	五星级	36	0538—8368888
泰安市御座宾馆	泰山区岱庙北路50号	四星级	41	0538—8269999
泰安市正元名饮国际酒店	泰山区东岳大街西段	四星级	25	0538—8588999
泰安市丽景开元名庭酒店	泰山区望岳东路10号	四星级	42	0538—6986666
泰安市美若山水酒店	岱岳区长城路北首路西（地矿大厦）	四星级	24	13854681599
泰安市铭座三泰宾馆	岱岳区东岳大街554号	四星级	35	18615561217
肥城宝盛大酒店	肥城市龙山路20号	四星级	43	0538—3237888

【导游管理】 2022年，泰安市审批许可导游证79名，注销导游合同期满、超3个月未与旅行社订立劳动合同或者未在旅游行业注册的导游员85名，持证导游总数1705人。5月，开展特级导游员推荐参评工作，1名导游员入选，是泰安市第一名特级导游员。7月20日，在亚太经济合作组织（APEC）虚拟研讨会上，1名泰安市导游员围绕“数字文旅促使导游技能迭代、跨界融通——数据化工具为导游带来的机遇”进行主题演讲，这是中国导游员首次登上APEC讲坛。

【旅游安全管理】 2022年，市文化旅游部门联合市公安、市交通运输等部门成立“文旅市场秩序联合检查组”，依法处理文化旅游安全生产违法违规行为，先后印发20份文件部署安全生产监督管理工作，召开文化旅游系统安全工作会议2次，制定《泰安市文化和旅游局安全生产管理办法（试行）》，建立安全生产督导检查工作机制，严格落实安全生产属地管理责任、行业监管责任和企业主体责任。开展系列安全生产活动培训，开展安全生产“开工第一课”培训，组织各县（市、区）安全生产负责人和从业人员参加2022年文化和旅游行业安全生产线上培训。开展安全生产专项整治三年行动（2020—2022年）、安全生产“大学习、大培训、大考试”行动和“安全生产月”活动。指导文旅企业参与“安全生产月”活动，指导泰山宝泰隆旅游度假区开展应急演练。加强景区游客最大承载量控制，推行景区门票预约制度，指导各A级旅游景区做好疫情防控常态化工作。

（刘姗姗 孔令熙）

旅游公共服务

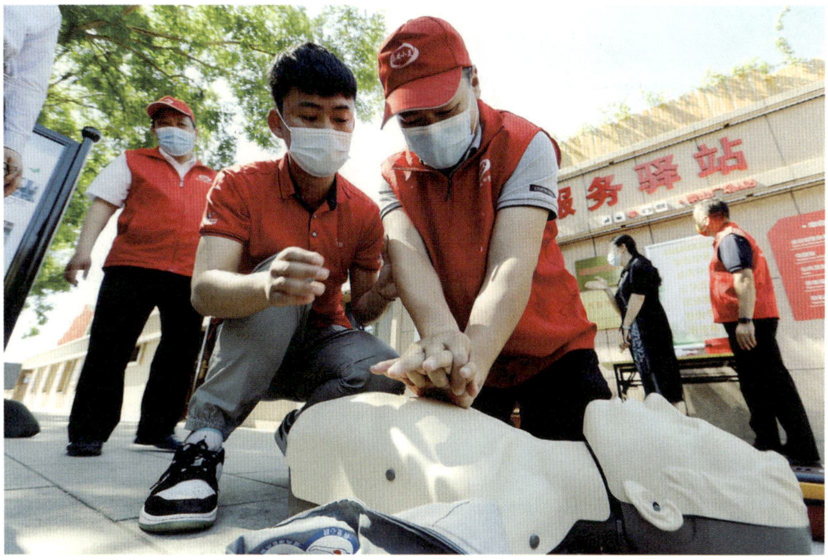

2022年5月31日，泰山广场安装AED自动体外除颤器，志愿者为游客进行心肺复苏演示 （陈 阳 摄）

【旅游设施】 2022年，泰安市开展景区服务质量提升百日攻坚行动，强化配套设施建设，完善泰安旅游集散中心咨询服务功能。排查城区旅游标识牌的牢固情况，更新10块重点路段年久失修、字迹模糊、存在较大安全隐患的旅游标识牌。为铭座三泰宾馆、御座宾馆等示范点改造残疾人卫生间扶手、无障碍通道等设施。

【智慧文旅】 2022年，泰安市建设“慧游泰山”智慧文旅平台，形成“文旅大数据中心，文旅综合监管、服务、营销平台，加多个场景应用”的“1+3+N”智慧文旅综合服务体系，让游客实现“一部手机在手，畅游泰安无忧”。建设泰安市非物质文化遗产馆，利用数字互动大屏、全息戏台等数字化手段展示泰山文化。建设公共文化云平台，设立智慧空间体验区，完善数字三馆、文艺作品线上展播等服务功能。推动泰山景区在全省推出五岳独尊、风月无边、“虎”字石刻等系列数字藏品。依托泰山文旅集团打造“泰山出品”“元泰山”“朝山归”等数字化文旅品牌，重塑数字泰山文化IP。推进公共文化服务数字化，引导国际文化大数据（泰山）产业城，建设中华优秀传统文化大数据产业化基地，该项目已列入工信部“中华传统文化大数据工程”和中国出版集团“中华国学资源总库”。11月，“泰山无证明智慧景区”获评全国2022智慧旅游创新项目。省委改革办《改革与制度创新》以《泰安市数字赋能旅游业高质量发展》为题，报道泰安市数字赋能旅游业经验做法。

【“泰山小美”旅游志愿服务】 2022年，市文化旅游部门组织市直文旅系统干部职工，联合市旅游行业和精品旅游促进会，组建“泰安小美”文旅志愿服务队，为游客提供旅游咨询、安全出行、秩序引导、义务导航等暖心服务，并根据游客需求推荐旅游景区景点、特色美食等，为游客朋友提供贴心服务。

（刘姗姗 孔令熙）

编辑 校对 王冠文

房地产业

土地市场

【房地产用地供应】 2022年，泰安市房地产用地供应127宗，面积390.89公顷，下降9.58%。其中，招拍挂出让普通商品住房用地287.61公顷，下降7.96%，招拍挂出让价款132.69亿元，下降4.35%。

【建设用地供应】 2022年，泰安市国有建设用地供应2685.74公顷，上升17.95%。以出让方式供应土地256宗、802.38公顷，下降5.07%；出让价款165.03亿元，下降4.96%。以划拨方式供应土地311宗、1839.96公顷，上升29.11%。

【批而未供和闲置土地处置】 2022年，泰安市处置2009—2018年批而未供土地627.31公顷，处置2019—2022年批而未供土地1847.4公顷，处置闲置土地331.06公顷。

（王　健　张维康）

房地产开发经营

【房地产投资】 2022年，泰安市完成房地产开发投资263.5亿元，下降6.3%。其中，商品住宅完成投资222.3亿元，下降5.7%；商业营业用房完成投资22.5亿元，下降4%。

【房地产开发企业】 至2022年年底，全市在库房地产开发企业328家，其中泰山区72家、岱岳区（含旅游经济开发区）50家、新泰市66家、肥城市51家、宁阳县31家、东平县35家、泰安高新区20家、泰山景区3家。年内新增企业32家。

【房地产开发项目】 2022年，全市房地产开发房屋施工面积2556.7万平方米，下降8.3%，其中住宅施工面积2046.8万平方米，下降8.6%；商业营业用房施工面积184.9万平方米，下降8.4%。房地产开发房屋新开工面积329.8万平方米，下降47.6%，其中住宅新开工面积282万平方米，下降45.7%；商业营业用房新开工面积21.7万平方米，下降21.8%。

【商品房供应】 2022年，全市新建商品房批准销售面积363.62万平方米，下降40%，其中商品住房批准销售315.25万平方米，下降39%。

【商品房销售】 2022年，受宏观经济下行等多重因素影响，泰安市房地产市场总体呈现较弱行情，市政府建立房地产市场联席会议制度，制定《关于促进泰安市房地产业良性循环和健康发展的若干措施》，各相关部门按照“因城施策、一城一策”要求，分别从土地供应、金融信贷、公积金贷款、人才住房等方面落实一系列调控措施。印发《关于进一步优化商品房预售资金监管措施的通知》，合理释放部分监管资金。年内，全市商品房屋新开工面积329.8万平方米，下降47.6%。全市商品房销售面积437.2万平方米，下降2.8%。其中，住宅销售416.3万平方米，下降1.9%；商业营业用房销售10.8万平方米，下降23.3%。根据网签数据，2022年全市商品房销售均价每平方米7715元，下降4%。

（李　燕　姜　敏）

房地产中介与租赁服务

【概况】 2022年，泰安市建立健全房地产中介行业信用管理政策制度，出台《泰安市房地产中介行业信用评价管理办法（试行）》，完成市区93家房地产经纪机构的信用评价工作。印发《关于规范市区房地产经纪机构网上备案管理的通知》，升级改造泰安市个人住房信息系统，实现房地产经纪机构备案工作的全程网办、不见面服务，全年办理电子备案证书106份。以优化房屋租赁备案证明办理流程为纽带，推动落实“租购同权”各项措施，实现随迁子女入学、租房提取公积金、租房落户等公共服务一体办理。

【房地产中介服务】 2022年，泰安市开展房地产中介行业信用评价，对市区93家房地产经纪机构（AA级83家、A级10家）、15家房地产估价机构（AAA级6家、AA级7家、A级2家）进行量化评分，信用良好的机构予以政策激励，信用等级差的机构予以相应惩戒，评价结果抄送相关单位，并向社会公示。依托泰安市个人住房信息系统实施房地产中介机构网上备案，年内备案106家、办理电子备案证书106份。规范房地产估价机构分级备案管理，调整房地产评估专家委员会人员名单和有关事项，健全估价报告抽查流程，促进房地产估价机构业务水平提升。

【二手房成交】 2022年，泰安市办理存量住宅转移登记6481套，成交面积64.15万平方米，成交总价47.80亿元；办理存量商业房转移登记430套，成交面积3.7万平方米，成交总价2.56亿元。

【“租购同权”措施落实】 2022年，泰安市借助“无证明城市”建设，建立以住房租赁备案信息为纽带、市一体化大数据平台为桥梁的信息共享体系，通过“爱山东”App“一码多证”向教育、公安、公积金等部门共享住房租赁备案信息，实现随迁子女入学、租房提取公积金、租房落户等公共服务一体办理。省住房和城乡建设厅印发《泰安市：以住房租赁备案为抓手推进“租购同权”落实》，向全省推广泰安市住房租赁备案工作经验做法。2022年，市区办理房屋租赁备案1477笔。 （陈传奇）

房地产市场监管

【概况】 2022年，泰安市坚持“房住不炒”定位，贯彻落实国家、省加强房地产市场宏观调控政策，在“增信心、防风险、稳增长”上下功夫，支持刚性和改善性住房需求，优化房地产政策措施，加强房地产市场预期引导，强化房产市场风险监测评估研判，推动全市房地产业平稳健康发展。

【房地产市场政策调控】 2022年，泰安市贯彻落实国家、省关于促进房地产市场平稳健康发展的一系列举措，本着“一城一策”原则，建立泰安市房地产市场联席会议制度，与相关部门制定出台一系列调控措施。商品房预售资金方面，在原来6个支取节点的基础上增加2个预售监管资金支取节点，合理释放部分监管资金，缓解企业项目资金困难。购房补贴方面，明确对高层次人才实施差异化购房补助标准，对多孩家庭按照商品住宅买卖合同成交总价款和生育数量给予一定的购房补贴，实施购房奖励政策。推动商品房去库存方面，鼓励棚户区、城中村、城市危房等改造项目及政府投资重点建设项目通过货币化补偿方式消化存量商品房。

【房产市场监管体系完善】 2022年4—11月，泰安市房产管理服务中心开展打击整治房产领域养老诈骗专项行动，组织开展进社区宣教139次，宣传报道典型案例11个，制作宣传册1.12万份，制作电子宣传品20个，制作海报、标语、横幅1448个，在新华社国家级媒体发表宣传报道1篇，在大众网、《泰安日报》等地方媒体发表宣传报道20篇，点击量、阅读量及转发量7.5万次，覆盖人群18.11万人次。6—10月，联合相关部门监督检查全市房地产开发经营活动及预售行为，梳理排查全市范围内11家重点房地产开发企业及存在风险的项目工程进展情况和预售资金监管情况，针对存在的风险隐患，逐项目分析原因，建立问题台账，及时下达风险提示函，并会同属地研究化解措施，稳妥处置和化解风险。

【房产市场信息系统建设】 2022年，泰安市统筹整合商品房网签备案、住宅专项维修资金管理、商品房预售资金监管、房屋安全、住房保障等业务系统信息化建设，优化业务信息系统服务功能，构建规范统一的政务服务网络架构，推进政务服务数字化转型。全面推行新建商品房网签即备案，备案工作改为网上一键办理，让开发企业不再来回跑。2022年度网签即备案商品房总数为1.46万套。按照“一网通办”要求，实现“房屋租赁登记备案证明”与“房地产经纪机构电子备案证书”电子证照（证明）网上办理，年内办理租赁备案证明1373份、经纪机构电子备案证明91份。

【城市房屋安全管理】 2022年，泰安市指导各县（市、区）、功能区组织开展城市房屋安全大排查，排查房屋1.03万栋、3307万平方米，对排查出存在安全隐患的房屋，督促房屋产权人（使用人）进行房屋安全鉴定，并根据鉴定结论进行解危。对于暂时无法解危的，进行严密监测和监控，明确巡查责任人加强巡查，发现问题及时预警，确保不发生人员伤亡和重大财产损失。

【房地产市场健康发展政策宣讲会】 2022年6月1日下午，泰安市房地产市场健康发展政策宣讲会举行。会上，市市场监管局、市行政审批服务局、市住房公积金中心、人民银行泰安市中心支行和市房产管理服务中心的业务负责人，分别从各自职能出发，为各房地产开发企业等市场参与主体，宣传解读上级及泰安市支持房地产业发展的政策措施。市市场监管局围绕加强监管房地产领域虚假宣传、价格违法、利用不公平格式条款侵害消费者权益等行为为内容，进行政策解读；市行政审批服务局介绍以“体现泰山高度、泰安速度的‘1545’企业开办服务模式”为代表的8项涉企服务措施，保障房地产市场健康发展；市住房公积金中心解读“加强住房公积金数据互认，取消省外异地贷款职工的户籍限制条件”等政策，从降低买房贷款门槛等角度激发房地产市场活力；人民银行泰安市中心支行相关负责人解读房地产市场消费者关心的贷款利率、首付比例问题，提出实施差别化住房信贷政策；市房产管理服务中心分析泰安市房地产市场状况、供需关系、住房信贷政策，就如何加强房地产市场监管和服务作介绍。会议要求各房地产市场参与主体用足用好政策，有针对性地开展宣传促销活动，加强市场预期引导，激发市场潜在活力；加强指导和监管，开展房地产领域侵害群众利益问题专项整治，实现房地产市场的良性循环。 （陈传奇）

【“保交楼”工作落实】 2022年，泰安市聚焦“保交楼、保民生、保稳定”，全力推动项目资产处置、后续工程建设和农民工工资兑付等工作，防范化解个别房地产项目风险。全市涉及保交楼项目13个，其中2个项目已销号；专项借款项目11个，1个项目完成交楼任务，其余10个项目在推进中。全市专项借款项目申请资金

4.69 亿元、4121 套交房任务，实际使用 1.93 亿元、完成 646 套交楼任务。

（李　燕　姜　敏）

物业管理

【概况】　至 2022 年年底，泰安市在管物业服务企业 502 家，从业人员 3.5 万人。有住宅小区 2124 个，其中专业化物业服务小区 1852 个，实有业主委员会（简称业委会）1865 个。

【物业行业监管】　2022 年，泰安市建立物业管理联合监督检查机制，开展物业领域突出问题专项整治行动，集中整治物业服务品质不高、乱收费、占用公共部位、消防安全责任落实不到位等问题，累计受理群众来电 80 件，全部督促整改到位。健全事中事后监管机制，制定《泰安市前期物业管理招标投标管理办法》，明确招标监管流程；制定《住宅物业服务质量评价规范》，对物业服务活动分层级确定服务标准，推进行业标准化建设。开展物业服务满意度评价，定期公示企业信用等级结果，将公示结果同步纳入“信用中国（泰安）”公共信用信息平台。至年末，476 家物业服务企业取得信用等级，其中 AAA 级企业 2 家、AA 级企业 2 家、A 级企业 5 家、B 级企业 454 家；16 家物业服务企业被依规予以扣分处理，其中 13 家企业被降为 C 级。

【红色网格一体运行】　2022 年，泰安市落实“齐鲁红色物业”建设三年行动计划，将红色物业作为城市基层党建示范市建设重要内容，打造“红色物业·宜居泰安”特色党建品牌，以品牌引领推动物业服务深度融入基层治理。按照把党支部建到楼上、建到物业上、建到业委会上的工作思路，将业委会、物业服务企业党组织纳入网格（小区）党支部统一管理，构建起“社区党委—网格（小区）党支部—楼（栋）院党小组—党员中心户”的党组织架构。至年底，全市有 16 个街道成立红色物业专委会、188 个社区成立环境和物业管理委员会；成立党组织的业委会 1034 个，业委会委员中党员比例不低于 60% 的 1194 个；成立党组织的物业服务企业 466 家；物业服务企业党组织认领社区党建服务项目 877 个；2566 名物业人员及 7611 名小区楼（栋）长、业主老党员担任兼职网格员，建立起一支长期活跃在群众身边的治理工作队伍。

2022 年 6 月 25 日，市文化和旅游局、市房产管理服务中心联合开展“庆七一·喜迎二十大‘赓续红色文化　牵手红色物业’”社区共建活动

（陈传奇　供）

【社区领办物业】　2022 年，泰安市物业服务管理工作以“社区领办物业兜底”为主攻方向，鼓励社区成立自主经营、自负盈亏的物业服务企业，对未实施专业化物业管理的老旧小区实行兜底服务。至年底，全市有 129 个社区领办物业服务企业，兜底服务 360 个老旧小区，实现物业服务无漏点无盲区。

【物业管理示范创建】　2022 年，泰安市按照“建强一个点、连成一条线、带动一个面”的工作思路，形成以“红色物业·宜居泰安”为主，泰山区“社区红管家”、岱岳区“七星和美社区”为辅的红色物业品牌链，以点带面促进全市物业服务水平的整体提升。年内，培育出嘉德现代城、岱西社区等党建引领物业服务示范点 20 个，建成枣行社区等一批“美好家园”优秀小区样板。

【住宅维修资金管理】　2022 年，泰安市以“归集有力、管理有效、资金增值、使用便捷、程序规范”为重点，建立“属地管理、市级指导、分工负责”的维修资金管理机制，开展维修资金业务专项检查，确保全市维修资金安全、管理高效、服务规范。按照统一政策制度、统一工作规则、统一受理平台、统一数据标准的要求，牵头构建全市统一、县（市、区）互通互联的维修资金管理平台，强化维修资金交存、管理、使用的在线办理功能。开展维修资金业务宣传培训，完善会计核算相关制度。至年底，全市维修资金累计交存 37 亿元，累计支用 1.95 亿元。

（陈传奇）

编辑　校对　　戚淑娟

开放型经济

参与"一带一路"建设

【泰安综合保税区】 泰安综合保税区地处岱岳区满庄镇境内，紧邻泰安市中心城区南侧，位于泰安南北向发展主轴线上。东侧毗邻国家级泰安高新技术产业开发区，距离泰安高铁站约17千米，北距京沪铁路北集坡站约4千米，西距京台高速满庄收费站约6千米。2022年，泰安市按照项目总体规划，根据土地等要素供给情况，确定项目分期实施方案，计划用3年时间，建成"三区·五中心"（内贸物流区、铁路作业区、综合保税区，加工制造中心、研发设计中心、物流分拨中心、检测维修中心、销售服务中心）内外贸协同发展的综合园区。项目用地194公顷纳入土地利用总体规划，概念性规划形成中期成果，制定高压线路迁改建议方案，8月31日，济南铁路局审查通过项目铁路专用线可行性研究报告。11月29日，项目一期用地17.67公顷土地成片开发方案获省政府批复，同步开展项目立项、省重大项目申报、专项债申请、招商引资等相关工作。

【"一带一路"沿线国家贸易】 2022年，泰安市企业对"一带一路"沿线国家实现进出口总额161.2亿元，增长74.5%，占全市外贸进出口总值的39.7%，实现较快增长。

【山东岱银纺织集团股份有限公司入选山东省本土跨国公司重点培育企业认定名单】 2022年，泰安市加大本土跨国公司培育力度，引导企业利用全球资源要素，内外统筹优化市场布局，深度参与全球产业分工合作，提升跨国经营能力和水平，积极融入共建"一带一路"高质量发展。山东岱银纺织集团股份有限公司贯彻国家"一带一路"发展战略，走出去投资建厂，在马来西亚注册成立岱银纺织马来西亚公司，在柔佛州古来县圣地那工业园总投资4亿美元，分三期建设总规模50万纱锭的特种纱项目。一期10万纱锭项目、二期12万纱锭项目分别于2015年5月、2018年5月建成投产，成为中国纺织企业在当地投资建厂的典范；三期项目正在实施，建成后总生产规模将达到50万纱锭，年销售收入达4亿美元。2022年12月28日，山东岱银纺织集团股份有限公司入选山东省本土跨国公司重点培育企业认定名单。 （李康宁）

投资促进

【概况】 2022年，泰安市印发《全市重点招商引资活动计划》，组织参加第三届跨国公司领导人青岛峰会、上海进口博览会等省级重大经贸活动6场，在省平台签约外资项目7个。举办全市重点产业链签约仪式、青岛投资合作恳谈会等招商专题活动5场；克服疫情影响，成功举办2022中国泰安投资合作洽谈会。全年市级平台签约重点产业链项目202个，开工项目104个；在建内资招商引资项目到位资金441.19亿元，增长13.64%。

【项目推介】 2022年，泰安市商务部门策划整理重点产业链招商项目100个，通过官方门户网站、微信公众号、抖音号等对外发布，并上传至省投资促进中心"选择山东"云平台进行发布。设计制作"泰安市重点产业和招商政策"PPT，在重点招商活动中进行推介。改版制作招商宣传画册，在第三十六届泰山国际登山节暨2022中国泰安投资合作洽谈会等各类招商推介活动中发放1000余册。

【招商活动】 2022年，泰安市举办招商活动16场。

4月25日，泰安市重点产业链项目暨宁夏汉尧锂电正极材料项目签约仪式在泰安市举行。通过线下线上结合方式，集中签约项目63个，总投资410.9亿元。

5月17日，泰山区举行"泰山区企业家日"启动暨招商引资项目签约仪式。线上线下集中签约项目22个，总投资额107.1亿元。泰山区数字经济产业链商会同时正式揭牌。

5月19日，吉利远程本途新能源商用车项目签约仪式在泰安市举行。吉利商用车集团与泰安市政府签订战略合作协议，与新泰市签订远程本途新能源商用车生产基地项目合作协议。该项目是泰安市引进的首个新能源汽车项目，落地实施后，填补泰安市新能源整车制造的空白，对促进汽车及零部件产业提质升级、加快推进新型工业化强市建设具有重要推动作用。

6月19—21日，市委书记、市人大常委会主任杨洪涛率队参加第三届跨国公司领导人青岛峰会，举办2022泰安市（青岛）投资合作洽谈会。洽谈会上签约外资项目5个，总投资4.35亿美元。

2022 年 8 月 12 日，洪泰企业家“泰山论剑”暨首批洪泰基金投资企业签约仪式在泰安市举行　　（司　刚　摄）

8月7日，泰安市举行“项目签约大比拼”肥城市集中签约仪式。现场签约项目51个，其中中国科学院科技赋能项目5个、委托招商合作项目1个、产业链项目45个。45个产业链项目计划总投资233.3亿元，涉及新能源、汽车及零部件、现代食品、高性能纤维及复合材料、矿山装备及工程机械等13条产业链，为新型工业化强市建设积蓄发展新动能。

8月12日，2022洪泰企业家“泰山论剑”活动在泰安市举行。31家契合泰安市产业规划的对标企业到泰安考察对接、共谋发展，基金招商成效初显。

9月6日，第三十六届泰山国际登山节暨2022中国泰安投资合作洽谈会在泰安市举行。650名国内外嘉宾、客商通过现场出席和视频连线的方式参加活动，签约项目66个（内资项目58个、外资项目8个），项目总投资659亿元，合同外资额2.18亿美元，项目涉及新能源、高端化工、汽车及零部件、特色金属材料、医药及医疗器械、矿山装备及工程机械、数字经济等多个重点产业链。

12月21日，泰安市第四季度“项目签约大比拼”活动在泰安市举行。签约项目37个，总投资261.9亿元。活动以“线上+线下”方式进行，市里设主会场，各县（市、区）、功能区设分会场，部分客商、签约项目代表通过视频连线参加。市工业推进委介绍签约项目情况，各县（市、区）、功能区介绍签约项目情况并举行视频签约仪式。

【投资产业】 2022 年，泰安市坚持内外资一体招引、一体推动、一体服务，鼓励资金更多投向中高端制造、高技术产业、现代服务等领域，带动全市产业转型升级。投资第一产业项目 1 个，签约额 30 万美元，实际投资额 133 万美元；第二产业项目 26 个，签约额 9.19 亿美元，实际投资额 4.37 亿美元；第三产业项目 19 个，签约额 7.93 亿美元，实际投资额 1.24 亿美元。

【吸收外资及港澳台资】 2022 年，泰安市引进外国及中国港澳台投资项目 46 个，签约额 17.12 亿美元，实际投资额 5.62 亿美元，增幅 38%。其中，制造业 41151 万美元，增幅 253.47%；日韩资金 8903 万美元，占比 15.85%；欧美资金 4744 万美元，占比 8.45%。全市到位外资超过 5000 万美元的大项目有 4 个，分别是泰山区的山东泰山啤酒有限公司、9426 万美元，新泰市的山东天成智佳电子设备有限公司、5030 万美元，肥城市的山东康桥新材料科技有限公司、9873 万美元，泰安高新区的安和纽威(山东)智能电子科技有限公司、5001 万美元。

【外资及港澳台资来源】 2022 年，9 个国家及地区在泰安市投资，投资额列前5位的国家及地区分别是日本、英国、韩国和中国香港、中国澳门，合计投资项目 42 个，签约额 16.98 亿美元，实际投资额 5.58 亿美元。

（李康宁）

表 28　2022 年泰安市主要投资来源情况一览表

投资来源	投资项目（个）	签约投资额（万美元）	实际投资额（万美元）
中国香港	22	100955	42003
日本	7	24240	8070
英国	7	24909	4558
韩国	5	14134	833
中国澳门	1	5545	346

对外及对港澳台贸易

【货物贸易】 2022 年，泰安市实现货物贸易进出口 405.9 亿元，增长 39.5%，增幅高于全省 25.7 个百分点，增幅列全省第 2 位。泰安市获批国家级跨境电商综合试验区；新增省级公共海外仓 4 个，获批省级跨境电商孵化机构1个、省级贸易双循环企业 6 个。

【服务贸易】 2022 年，泰安市实现服务贸易进出口 18.81 亿元，其中服务进口 10.85 亿元、服务出口 7.96 亿元。市智财翻译有限公司被认定为国家文化出口重点企业，是泰安市首个服务贸易领域国家级称号。服务贸易涉及旅行、其他商业服务、建设、运输服务等领域，其中建设、其他商业服务、加工服务等为主要出口业务领域；主要出口市场为亚洲、欧洲、非洲等。

表 29　2022 年泰安市主要进口商品一览表

单位：万元

项　目	累　计	
	金　额	同比（%）
未锻轧铜及铜材	112082	–48.4
铁矿砂及其精矿	96464	–49.1
纺织纱线、织物及制品	69932	–5.9
初级形状的塑料	68403	2.5
鲜、干水果及坚果	40841	1171.6
机械设备	23137	18.0
美容化妆品及护肤品	10756	23.4
仪器仪表	8519	–80.9
棉花	7955	–24.0
铬矿砂及其精矿	7305	402.1
电器及电子产品	6495	–91.1
服装及衣着附件	5990	–76.0
金属制品	3720	–25.7
纸及纸板（未切成形的）	1541	–28.8
未锻轧铝及铝材	1518	–76.4
人造纤维短纤	1085	90.2
运输工具	948	–40.7
纸浆	912	–56.9
塑料制品	588	–31.8
变压、整流、电感器及零件	352	–2.7

表 30　2022 年泰安市主要出口商品一览表

单位：万元

项　目	累　计	
	金　额	同比（%）
合　计	3523952	82.4
纺织纱线、织物及制品	357355	1.9
服装及衣着附件	313949	104.5
机械设备	283955	97.8
电器及电子产品	268897	43.2
金属制品	259888	181.2
钢材	219162	60.8
运输工具	180598	10.6
塑料制品	126933	289.5
蔬菜及制品	85926	8.3
家具及其零件	69910	245.1
箱包及类似容器	69034	676.8
玩具	64974	340.3
陶瓷产品	49807	424.5
鞋类	46298	1365.4
肥料	42326	297.6
玻璃制品	32063	126.5
床垫、寝具及类似品	27990	38.5
仪器仪表	23473	–46.1
医药品	22630	2.3
体育用品及设备	16035	106.5

表 31　2022 年泰安市货物贸易情况统计表

单位：万元

项　目	进出口		出　口		进　口	
	金　额	同比（%）	金　额	同比（%）	金　额	同比（%）
合　计	4058656.03	39.5	3523951.85	82.4	534704.2	–45.3
按企业性质划分						
国有企业	319786.55	–23.8	223165.65	7.7	96620.9	–54.5
外资企业	129670.05	–1.0	76154.23	–4.7	53515.9	4.7
其他企业	232603.09	–24.6	202067.10	–9.9	30536.0	–63.8
私营企业	3376596.34	64.7	3022564.87	112.8	354031.4	–43.8

续表31

项　目	进出口		出　口		进　口	
	金　额	同比（%）	金　额	同比（%）	金　额	同比（%）
按贸易方式划分						
一般贸易	3967255.78	61.3	3452466.83	101.8	514788.95	-31.3
加工贸易	68394.35	23.9	53909.90	22.9	14484.45	27.7
其他贸易	23005.90	-94.2	17575.12	-90.1	5430.79	-97.5
按大类商品划分						
高新技术产品	172340.79	-29.4	162753.55	1.8	9587.20	-88.6
化工产品	489229.24	46.3	393844.99	58.8	95384.30	10.5
轻工工艺品	486276.19	312.5	480781.61	360.8	5494.60	-59.5
机电产品	1144664.65	30.0	1101553.90	56.4	43110.75	-75.5
纺织服装	747333.06	23.8	671410.78	33.2	75922.29	-23.5
农产品	183759.05	20.2	129894.63	12.6	53864.42	43.5
文化产品	149220.01	223.8	148603.07	263.9	616.93	-88.2

表32　2022年泰安市进出口情况统计表

指　标	进出口		出　口		进　口	
	总值（亿元）	同比（%）	总值（亿元）	同比（%）	总值（亿元）	同比（%）
进出口总值	405.9	39.5	352.4	82.4	53.5	-45.3
其中：一般贸易	396.7	61.3	345.2	101.8	51.5	-31.3
进料加工贸易	6.5	23.2	5.2	23.7	1.3	21.5
来料加工贸易	0.3	37.8	0.2	5.4	0.1	257.2
其中：对东盟贸易	92.7	39.5	78.0	140.5	14.7	78.4
对美国贸易	75.0	102.2	72.9	104.3	2.1	56.1
对欧盟贸易	36.7	40.7	31.6	47.2	5.1	10.3
对马来西亚贸易	21.3	7.8	13.6	29.5	7.7	-16.6
对韩国贸易	19.3	20.8	15.0	78.7	4.3	-43.0
对新加坡贸易	17.5	213.7	17.0	239.5	0.5	-2.6
其中：民营企业	311.0	59.4	287.3	95.6	23.7	-50.9
国有企业	32.0	-23.8	22.3	7.7	9.7	-54.5

【获批中国（泰安）跨境电子商务综合试验区】 泰安市把发展跨境电商作为发展外贸新业态、挖掘外贸新增量的重要手段和途径。2022年，全市实现跨境电商进出口143.4亿元，增长近7倍，占全市进出口的35.3%。跨境电商综合试验区作为先行先试的创新高地，旨在推动全市跨境电商产业发展。11月24日，国务院批复同意在泰安市设立中国（泰安）跨境电子商务综合试验区，这是泰安市首个国家级跨境电商试点荣誉。起草《中国（泰安）跨境电商综试区建设实施细则》，策划“一核多园、内外联动”的基础架构，规划“四大重点、十项工程”的战略布局。中国（泰安）跨境电子商务综合试验区的设立，有助于引导传统外贸和制造企业开展跨境电商业务，实现外贸转型升级，推动全市外向型经济高质量发展。

（李康宁）

中国（山东）自由贸易试验区联动创新区建设

【概况】 2022年，泰安市推广自贸试验区创新经验，泰安高新区等开发区与山东自贸试验区（济南片区）合作建设联动创新区，围绕高端装备、新材料、生物医药等重点产业，建立协同创新机制，引导和鼓励双方企业发挥各自优势，开展双向投资，推动在中医药和生物医药研发、产业化和海外推广等领域合作，实现双方共赢发展。

【合作方向】 2022年，泰安市加强生物医药研发合作。发挥济南片区省药学科学院国家新药研发大平台、省食品药品检验研究院等资源集聚优势，联动泰安高新技术产业开发区、德州经济技术开发区、菏泽经济开发区，提供从药物筛选、新药研发、安全评价、中试放大、临床研究、注册申报等全产业链服务，共同探索在药品上市审批等领域改革创新举措。协调省级检验检测服务机构，探索在联动创新区设立保健食品检验检测驻点服务平台，创新服务模式，助力研发提速。

【东西合作共建】 2022年，泰安高新区、岱岳经济开发区分别与烟台经济开发区、威海南海经济开发区对接，签署合作共建协议，聚焦产业、资源、人才等开展多形式的合作共建，引导和促进资源要素合理流动，完成合作共建试点任务，推动有条件的开发区开展合作共建，促进开发区提质升级。开发区东西合作的经验做法，在省商务厅《关于2022年度开发区东西合作共建情况的通报》中予以通报表扬。

（李康宁）

泰山内陆港临港经济区

【岳华能源入选“一单制”试点工程】 2022年，岳华能源集团多式联运“一单制”试点工程项目成功入选“2022年全省多式联运一单制试点工程”，获得一次性奖补300万元。开通新泰中联泰丰水泥至菏泽绿源科技专列，形成公铁联运门到门运输方式，由岳华能源子公司泰安内陆港国际物流作为“一单制”承运人，完成700标箱，基本具备申请验收条件。

【合资公司组建】 2022年，山东港口物流集团、山东岳华能源集团、山东长鑫物流集团、新泰市统筹城乡发展集团有限公司组建合资公司，以泰安内陆港国际物流有限公司为合作平台，具体负责泰山内陆港海关监管场站的运营、班列运行，以及港口服务、疏港分流、仓储分拨等业务。7月，山东港口物流集团到泰山内陆港调研，由港口物流集团牵头成立专班谋划调研合资公司具备的功能和业务范围。

【第四条铁路专用线建设投用】 2022年，泰山内陆港临港经济区与驻地部队土地置换申请和补充协议经武汉联保中心上报至中央军委后勤保障部等待最后审批。新建1.6千米铁路专用线主体建设完成，12月15—16日，进行大要点施工，年底验收投用。该铁路专用线建成后，为班列常态化运行奠定基础，可打通泰山内陆港北部180公顷的发展空间。

【供应链金融合作】 自2021年下半年开始，泰山内陆港临港经济区与山东港口物流集团供应链金融开展合作，煤炭供应链金融合作顺畅，合作资金5000万元，与上游2个资源矿开展业务合作，资金40天内可周转1次。2022年1—11月，完成煤炭交易10.5万吨，交易金额1.15亿元。

【公铁两用牵引车项目】 2022年，智捷轨路两用重载八驱牵引车被评为山东省首台（套）技术装备，获评泰安市科技创新一等奖。与中国社会科学院合作，在济南新旧动能转换起步区设立研发中心，加入山东省机械装备共同体，作为优秀项目，参加济南高新区人才大赛深圳赛区路演和推介。推进山东港口集团装备制造板块与岳华能源在新能源公铁两用牵引车的合作，促进产品在山东港口集团各港口和合作的内陆港推广使用。6月初，港口集团装备部实地调研牵引车项目，就产品在山东港口集团各港口和合作的内陆港推广使用达成共识；6月17日，到日照等港口进行市场调研和推介。

（李康宁）

泰安陆港跨境电商产业园

【泰安陆港快递类海关监管场站】 泰安陆港快递类海关监管场站是新泰国际陆港一期项目，被济南海关列入山东省海关十大重点支持项目，由泰安陆港投资发展有限公司出资建设，场站占地4.15公顷，总投资1.5亿元。一期重点建设海关监管仓库3750平方米、智能化无人卡口及峰值每日5万单查验线等海关监管查验设施。项目的封关运营填补济南关区内无在营的跨境直邮海关监管场站的空白。2020年9月1日试点“9710”跨境出口模式以后，帮助区内9家外贸公司完成海关相关备案和资质变更，实现“9710”跨境出口近4500万美元。

【新型业态培育】 依托济南、泰安海关和新泰市交通区位优势，发展“电商+”“物流+”新业态，为跨境电商平台、电商卖家、转运公司、海外仓、报关行、货代公司、快递公司等各服务主体提供一站式服务，形成以跨境通关和出口业务为主的外经贸产业聚集区，打造鲁中地区电商物流产业新高地。与邮政速递达成合作协议，在荷兰芬洛市设立欧洲服务站并已开园，与韩国、荷兰以及南方航空、东方航空达成合作意向。（李康宁）

对外经济技术合作

【概况】 2022年，泰安市兴办境外企业2家，总投资18.48万美元，均为中方投资。主要投资领域为技术推广、技术进出口、人才派遣、工程、建筑等；主要投资项目包括山东中康激宏科技开发有限公司申请在日本新设立中康国际经济技术株式会社、特变电工山东鲁能泰山电缆有限公司巴林分公司。

【经贸合作】 2022年，受国内外新冠疫情影响，泰安市有4个县（市、区）当年对外承包合同额为0，新泰市对外承包工程合同额近3000万美元，占全市比重82%；泰安高新区对外承包营业额5384.8万美元，占全市比重54.5%。

【承包工程】 泰安市发展对外承包工程，带动装备、技术、标准和服务"走出去"。2022年，全市签订对外承包工程合同签约额3439.64万美元，完成营业额9877万美元。新签约项目涉及电力工程、民用建筑等，主要分布在阿尔及利亚、巴基斯坦等国家。

【劳务合作】 泰安市引导企业持续开拓国际劳务市场，加强对出境人员的安全教育培训，做好外派劳务人员利益维护工作。2022年，全市派出劳务人员324人，年末在外1678人；主要派遣国家和地区是新加坡、日本等。（李康宁）

表33　2022年泰安市对外经济技术合作完成情况一览表

单位：万美元

项 目	对外承包工程合同额		对外承包工程营业额		派出各类劳务人员		境外投资实际投资额	
	金 额	同比（%）	金 额	同比（%）	人 次	同比（%）	金 额	同比（%）
全 市	3439.6	3.0	9877.0	−50.6	973	−26.0	5901.6	−13.7
泰山区	298.0	−57.4	2015.4	−43.2	169	72.4	14.3	−98.9
岱岳区	—	—	—	—	—	—	—	—
新泰市	2831.0	—	407.0	−1.9	4	−55.6	510.0	10100.0
肥城市	—	−100.0	2069.8	−57.4	612	−46.8	4763.5	−5.4
宁阳县	—	—	—	—	188	317.8	19.0	−84.1
东平县	—	—	—	—	—	—	—	—
高新区	310.6	−76.9	5384.8	−85.8	—	−100.0	26.2	−94.8
其 他	—	—	—	—	—	—	568.6	−416.6

经贸促进

【概况】 2022年，泰安市贸促会联合省贸促会对泰安市东平九鑫五金工具有限公司等30家企业开展外贸形势专题调研；以发放调研问卷形式调研企业70家，掌握山东与东盟各国双向投资项目面临的形势和问题；走访调研山东神州机械有限公司等企业20家，送服务上门、送政策进企业，并形成调研报告。与上级贸促机构及周边城市联系沟通，确保"2022山东国际儒商会暨项目对接洽谈会""2022外贸优品展销会"等重点活动有序开展；加强与境外驻华机构的联系，就信息资源共享及互相邀请对方参加有关经贸活动等达成共识。各县（市、区）、功能区贸促机构征集对外合作需求和意向项目30个，合作意向书通过省贸促会平台对外发布；组织企业以线上线下相结合形式参加经贸对接交流会，促进泰安市对外经济交流。组织动员全市33家对韩国需求企业、30家对日本需求企业、31家对德国需求企业参加"2022对话山东"等系列活动；肥城市、东平县组织10家企业报名参加"2022外贸优品展销会"；新泰市组织企业参加"第五届中国国际进口博览会”线上交流。完成全国贸促系统优化营商环境工作暨“投资中国”平台实务培训会，上传平台泰安市宣传资料，推介泰安优良营商环境；征集汇总泰安市外资企业9条诉求并上传至国家贸促会网站，诉求征集量居全省第3位。

【国际商会建设】 2022年，泰安市贸促会实行“每月主动联系会员企业工作制度”，先后到泰山集团、佳路通工程材料、宝文斯服装等60家会员企业走访调研、开展联系服务工作，解决企业困难，增强商会平台吸引力，年末商会会员数量增加到216家。联合司法局和律师事务所举办“助企纾困解难题 法治护航促发展”活动，与2家企业签订“零”收费法律服务协议。承办全国RCEP（《区域全面经济伙伴关系协定》）外贸企业线上座谈会，组织10家外贸企业线上参会并作发言。推荐蓝光数字产业（山东）有限公司负责人为山东省营商环境监测特聘专员，这是泰安市第一位也是唯一当选省级营商环境监测特聘专员的企业家。会同市委依法治市办探索建立优化法治化营商环境监测机制，组织50家企业参加问卷调查。为会员企业发放由省贸促会编制的《营商环境工作参考》48期，报送优化营商环境典型案例工作走在全省贸促系统前列。分析全市外贸工作实际，撰写《外贸新业态新模式助推新发展格局与泰安市的实践成效》报告，获得全省贸促系统优秀调研报告一等奖。做好“泰安贸促”官网和微信公众号常态化运营维护工作，全年发布新闻信息50条。

【贸促业务培训】 作为中国贸促会山东培训基地，2022年，泰安市通过总会—省会—市会三级上下联动，先后举办“一带一路”拉美市场拓展、“走出去”企业合规线上培训等4场次，累计培训全省企业家代表和贸促系统干部2000余人。为企业“量身定制”专题培训，联合泰安海关、岱青律师事务所等单位举办“促外贸保稳提质”政策宣讲会、公益普法进企业等线下培训活动10场次，累计培训企业家300余人。开展“助企学堂”进企业活动，赋能企业纾困创新，举办“国学思想进企业”——助企文化沙龙、“把学堂搬进企业”——走进山东大明协好金属科技有限公司等活动，对企业困难及时纾解，为企业搭建起协同衔接的平台。

【商事法律服务】 2022年，泰安市贸促会做好出证认证工作，办理一般原产地证明书3280份，FOB（装运港船上交货价）金额3.43亿美元；优惠原产地证书415份，FOB金额1344万美元；RCEP证书57份，FOB金额724万美元；商事证明书386份；代办领事认证129份。推动RCEP先期落实，开展《区域全面经济伙伴关系协定》（RCEP）政策宣介，帮助企业了解RCEP协定的相关惠企政策，把握协定签署带来的发展机遇；按照国家贸促会《关于报送高质量实施RCEP相关业务数据的通知》要求，完成RCEP相关数据上报任务；组织外贸企业参加“全国贸促系统RCEP专题培训”“RCEP推广实施线上座谈会”“RCEP与跨境电商外贸新业态交流发展论坛”等12场线上座谈培训。提升商事法律服务水平，与泰安市仲裁委联合成立泰安国际商事仲裁中心，帮助企业维护自身权益；组建泰安国际商事仲裁服务专家团，邀请22名专家组成仲裁服务专家团，制定《泰安国际商事仲裁服务专家团工作规则》，有效化解墨西哥进口企业与泰安海瑞斯化工有限公司纠纷。 （赵传勇）

2022年10月31日，市贸促会工作人员到泰安跨境电商产业园调研

（阴丽 供）

泰安海关

【概况】 中华人民共和国泰安海关（简称泰安海关）为济南海关所属正处级隶属海关，1994年5月29日正式开关，2018年4月20日，根据机构改革工作部署，原泰安出入境检验检疫局转隶入泰安海关。2022年，泰安海关审结报关单2.16万票，税收入库4.2亿元，签发各类原产地证书1.6万份、签证金额9.2亿美元，审批征免税证明126份、审批减免税款6061.1万元，备案加工贸易手册154份，检验检疫进出口货物1.39万批次。获评泰安市“打私工作先进单位”；党总支“泰山挑山工”获评2022年度全国海关党建示范品牌。

【税收征管】 2022年，泰安海关税收入库4.2亿元，下降11.1%；进口整体通关时间1.53小时，出口整体通关时间0.33小时。防范税收风险，全面提升涉税要素申报质量，严把归类、审价关，属地规范申报率100%。落实税收征管改革举措，汇总征税率63.8%。落实结构性减税政策，全年审批征免税确认通知书126份，货值

2022年6月8日，泰安海关关员查验出口危险货物及其包装（杜一凡 供）

1.3亿美元，增长313.7%。减免税款6441.4万元，增长355.5%。

【口岸营商环境优化】 2022年，泰安海关向上级单位提报税则调整建议13个，服务享惠主体34家，审批征免税货值1.3亿美元、减免税款6441.4万元。压缩整体通关时间成效，进口、出口整体通关时间，“提前申报”应用率，“两步申报”应用率均居济南关区前3位。参与研发“RCEP享惠智选助手”系统，为企业“一对一”制定最佳享惠方案，签发各类优惠原产地证书1.6万份，帮助企业享受出口目的国关税减免1.7亿元。出台9条支持纺织服装产业链发展举措，制定17条促进外贸保稳提质落实举措。围绕泰安市13条重点产业链开展“一链一策”对口帮扶，形成调研报告7篇，举办“保通保畅 稳企强链”政策宣讲会5场，近6万人次参加。新增海关高级认证企业1家。为中小企业纾难解困，免征加工贸易风险类保证金598万元。

【检验检疫】 2022年，泰安海关监管出口食品农产品5798批。选取检疫性实蝇、有害杂草和红火蚁3类监测项目，设置37个监测点开展国门生物安全监测。排查整治进境粮谷企业20家。对进境转基因大豆加工企业开展远程视频监控，强化进境转基因大豆监管。监管危险化学品及其包装出口5857批，助力化肥出口32万吨，助力甲酸出口3.47亿元。完成济南关区进口大豆案件专项稽查。强化国际旅行卫生健康保障，开展出国体检3968人次，预防接种2547人次。

【服务对外开放】 2022年，泰安海关落实《泰安市人民政府 济南海关战略合作备忘录》各项重点任务，主动对接泰安市发展跨境电商新业态、规划建设综合保税区及泰山内陆港等需求，助力打造对外开放新高地。推动传统外贸企业拓展跨境电商业务，实现跨境电商B2B直接出口10.7亿元。济南海关技术中心泰安实验室顺利通过CNAS（中国合格评定国家认可委员会）组织的“复评+扩项+变更”及CMA（中国计量认证）资质认定扩项评审，检测能力达749项、提升73.38%，获认可的农药残留检测能力居济南关区首位，检测业务量1754样次。 （杜一凡）

【反走私工作】 2022年，泰安市印发《2022年全市反走私综合治理工作要点》《2022年全市反走私综合治理宣传工作要点》，调整市打击走私综合治理领导小组，召开全市打私工作会议。组织成员单位开展打击走私“国门利剑2022”联合行动，严厉打击“洋垃圾”、野生动物及其制品、涉枪涉毒等违禁品走私行为，重点开展成品油、冻品、防疫物资、物流寄递渠道等领域专项治理，全市未发生重大走私案件。开展专项经费使用、打私机构队伍建设、重点水果领域等多个项目调研，为省打击走私综合治理办公室（简称省打私办）推动反走私工作开展提供信息支撑。指导相关单位重点依托“3·15”、“五一”、中秋等关键节点，开展领域内反走私宣传工作，全年累计编辑报送信息30篇，其中多篇被省打私办、全国反走私综合治理调查研究中心采用。

（李 杰）

编辑 校对 戚淑娟

开发园区

综　述

【开发区状况】 泰安市有国家级高新技术产业开发区1个、省级经济开发区6个（泰山经济开发区、岱岳经济开发区、新泰经济开发区、肥城经济开发区、宁阳经济开发区、东平经济开发区）。2022年，各开发区按照合理规划布局，集中精力、集中资金加强基础设施配套建设，提升开发区投融资环境，园区承载能力和吸纳力增强，实际利用外资、进出口总额等主要经济指标实现稳中有进。新注册企业2398家；完成标准厂房建设236.6万平方米；固定资产投资总额636.59亿元；实现规模以上工业主营业务收入1683.19亿元，增长11.34%；实际到账外资金额5亿美元；实现进出口总额330.3亿元。

【基础设施建设】 2022年，泰安市加快园区“四供两排”（供水、供电、供气、供热，排雨水、排污水）等设施建设，提升园区“硬环境”。开展闲置厂房和“僵尸企业”清理工作，引导和督导落后产能企业有序退出，做好“腾笼换鸟”文章。开展标准厂房建设，各开发区对在建和新建标准厂房按产业进行分类，培育知名企业“冠名”的特色园区，形成多元开发、租售并举的多样化经营局面，实现土地集约利用和产业规模化集聚。至年底，全市7家开发区建成标准厂房236.62万平方米，完成年度任务的111.4%。

【招商引资】 2022年，围绕13条重点产业链，泰安市组建专业招商小组，开展精准有效宣传推介，先后引进吉利本途新能源商用车、圣阳锂电池、赫里欧绿色智能发电建材等一批产业关联度高、投资规模大、经济效益好、带动能力强的项目，培优做强产业“链主”企业和骨干企业。全年实现签约项目189个，投资额575.3亿元。

【开发区对外贸易】 2022年，泰安高新区实现进出口总额74.0亿元，增长35.6%；泰山经济开发区实现进出口总额76.5亿元，增长50.1%；岱岳经济开发区实现进出口总额59.7亿元，增长80.5%；新泰经济开发区实现进出口总额56.3亿元，增长31.2%；肥城经济开发区实现进出口总额25.3亿元，增长98.1%；宁阳经济开发区实现进出口总额26.3亿元，增长40.1%；东平经济开发区实现进出口总额12.2亿元，增长20.4%。

【科技创新】 2022年，泰安市实施科技型企业梯次培育计划、高新技术企业倍增计划，推进科创平台建设，以国家先进印染技术创新中心平台为龙头，布局建设泰山信息科技有限公司、山东岳草堂药业有限公司、济南同路医药科技发展有限公司、东方碳研（山东）科技有限公司等一批综合性强、集成性好、开放协同度高的区域科技创新中心、市级产业创新中心、制造业创新中心。山东启程电气科技有限公司、泰安众科建材有限公司、山东道姆机械设备有限公司及泰安恒固建材有限公司新增为省“专精特新”中小企业。泰安泰烁岩层控制科技有限公司、山东恒源兵器科技股份有限公司获得“省科技型中小企业创新能力提升工程（第一批）”称号。

【产业集聚】 2022年，围绕新型工业化强市战略确定的“441X”产业体系，按照集中、集约、集群要求，泰安市研究提出1~3年工作目标、重点任务，制定推进落实举措。泰山、岱岳、新泰、肥城、宁阳、东平经济开发区分别把纺织服装、玻璃纤维和碳纤维制造、光电科技产业、食品制造业、高端化工、食品加工业作为“一号产业”培育打造。其中，岱岳经济开发区的玻璃纤维和碳纤维制造、新泰经济开发区的光电科技产业被纳入省商务厅重点调度培育名单。至年末，6家省级经济开发区“一号产业”主营业务收入达364.95亿元，产业集聚度达85%。

【开发区发展“三年攻坚”行动实施】 2022年，泰安市委、市政府聚焦开发区建设的短板弱项，按照“走在前、开新局”的目标定位，于8月20日召开动员大会，决定自8月起，实施开发区发展“三年攻坚”行动。注重规划引领，集中打造区域发展先行区，做到全市统筹，找准产业定位，明确主导产业，建设低碳、零碳、智慧、低成本的新型开发区。加强项目建设，培植首位产业，强化“以亩产论英雄”理念，推动企业上项目、扩规模、抓技改、提能级。抓好招商引资，采用驻点招商、基金招商、以商招商、对赌招商等方式，精准招商，做实做细小升规、产转法、新落地项目纳统，

2022 年 8 月 20 日，全市开发区“三年攻坚”行动动员大会召开
（司 刚 摄）

充分反映发展成果。强化科技创新，集中打造创新驱动示范区，围绕产业链，部署创新链，构建协同创新共同体，建设一批智能工厂、共享工厂、数字化车间。优化营商环境，提高园区承载力，集中打造高效服务样板区。经过三年努力，力争实现“一个跨越、两个提升、三个突破、四个倍增”（7 个省级以上开发区考核全部进入全省中游以上水平，产业集聚度全部提升到 80% 以上、亩产效益评价全部提升到全省平均水平以上，体制机制创新、科技创新引领、开放高地打造取得明显突破，实现规模以上企业个数倍增、产值倍增、利用外资总额倍增、进出口总额双倍增）。

（李康宁）

泰安高新技术产业开发区

【概况】 泰安高新技术产业开发区（简称泰安高新区）位于泰安城区南部，成立于 1994 年，2012 年被国务院批准为国家级高新区。2022 年，辖区总面积 277 平方千米，代管北集坡、良庄、房村 3 个镇街，104 个行政村，常住人口 22.46 万人。年内，全区实现生产总值 235.0 亿元，增长 5.2%，增速列全市第 2 位；固定资产投资增长 21.3%，列全市第 2 位；地方一般公共预算收入 15.1 亿元，地方一般公共预算支出 17.7 亿元。社会消费品零售总额 32.3 亿元，进出口总额 74.0 亿元。在 2022 年度全省开发区综合考核中，列第 22 位，比上年度前进 100 个位次。

【基础设施建设】 2022 年，泰安高新区投资 1.63 亿元用于基础设施建设。新建、续建道路 9 条，提升改造 1 条；改善提升公园建设项目 2 处、雨污水改造工程 2 项、易涝点改造工程 2 处，建成区智慧雨污管网建设项目提档升级。拥有国家级技术创新示范企业 1 家、省级 7 家，其中 2022 年新增 2 家。省级企业技术中心 24 家，其中 2022 年新增 2 家（全市 10 家）；市级 39 家。省级工程实验室（工程研究中心）8 家，其中 2022 年新增 2 家（全市 4 家）；市级 24 家，其中 2022 年新增 6 家。省级“一企一技术”研发中心 13 家（全市 33 家），其中 2022 年新增 4 家；市级 53 家，其中 2022 年新增 10 家。省级制造业创新中心 1 家。国家级工业设计中心 1 家、省级 10 家、市级 15 家。省院士工作站 2 家。市重点实验室 27 家。省级新型研发机构 6 家。

【招商引资】 2022 年，泰安高新区坚持产业链招商与区域招商并重，投资 50 亿元的泰港数科金融总部、10 亿元的香港纽维集团智能终端电子产业园等 48 个项目签约，合同总额 262.7 亿元，外资合同签约额 2.15 亿美元，涉及新能源、高端商务印刷、医药及医疗器械、数字经济、汽车及零部件等多个产业链。实现重点产业链到位资金 48.5 亿元，增长 51%；外资到位 1.02 亿美元。坚持“双招第一、项目优先”理念，优化“三步走、一条线”服务模式，招引一批高技术含量、高话语权、高附加值的头部企业和关键项目。策划数字工程科技基地、年产 30 万吨高端智能数字化低碳环保新材料深加工等新型工业化项目 29 个；新引进圣阳锂电池、云天安全公司总部等优质项目 27 个，合同额 183 亿元；推动中至生命健康产业园、雪莱智慧仓储等 34 个项目开工建设，金冠宏食品（山东）集团有限公司等 31 个项目竣工投产。

【产业建设】 2022 年，泰安高新区贯彻落实新型工业化强市战略，实施产业“链长制”，打造现代产业体系。推动输变电设备、矿山装备、汽车及零部件等优势主导产业技改转型，实现营业收入 269.2 亿元，增长 10%；新挖潜泰开集团智能化中压断路器、蒙牛乳业泰安工厂智能化生产线升级等技改项目 37 个，全区投资 500 万元以上在建、拟建技改项目达 96 个，总投资 118.8 亿元，其中过亿元项目 39 个。加快新能源新材料、智能制造、新医药、新一代信息技术等新兴产业沿链聚合、集聚发展，高新技术产业产值占比达 69.8%，战略性新兴产业产值占比超过 40%。重点培育新能源产业，抓架构设计、引头部企业，推动晶优 3 吉瓦光伏组件、圣阳锂电池、皇氏 10 吉瓦光伏电池等重点项目落地建设，搭建起光伏、锂电池等产业链条，实现新能源产业“从无到有”的突破。全区有国家级制造业单项冠军 4 家、省级 16 家，其中年内新增省级 5 家；国家级“专精特新‘小巨人’”企业 9 家，其中年内新增 6 家；省级“专精特新”企业 43 家，其中年内新增 21 家；“瞪羚”企业 19 家，其中年内新增 7 家；新增数量均列全市第 1 位。国家级绿色工厂 3 家、省级 1 家。

2022年3月2日，泰安高新区2022年春季重点项目集中开工暨3吉瓦光伏智造项目开工仪式举行 （栾兆国　供）

【人才建设】 2022年，泰安高新区高层次人才总量达到500人，累计自主培育省级以上高层次人才40人次，其中国家级5人。累计建立各类创新平台载体274个，其中省级以上平台83个，高新区管委会被授予“省级专家服务基地”称号，获批国家第二批企业创新积分制试点，“泰山智慧谷”为中国科协批复的第二家“科创中国”创新基地，入选山东省首批“创业创新示范综合体”，国家级高创大厦被科技部认定为国家级“科技领军人才创新驱动中心”。深化校地企战略联盟，合作高校达38所，在全省率先开展博士创业项目常态化征集工程，招引储备博士创业项目24个。与山东科技大学、山东第一医科大学共建大学科技园，引进落地创业项目8个。全年新增硕士226名、博士6名，新增海外留学人员20名。

【科技创新】 2022年，泰安高新区高新技术企业总数182家，247家企业通过国家级科技型中小企业认定。获批省重大创新工程项目1个、省中央引导地方项目2个、省科技型中小企业创新能力提升工程项目11个，获得支持资金1755万元。9个项目成功入围市重点产业链“揭榜挂帅”项目，6个项目获批市科技型中小企业创新能力提升工程，获得支持资金1245万元。获批16个市级重点实验室和26个市技术创新中心。4名人才获得省高层次人才大赛优胜奖，3名人才入选泰山产业领军人才，1人获得齐鲁友谊奖，开发落实科研助理岗位380个，完成预期目标的127%，获科技部致信感谢。技术合同成交额达3.88亿元。泰安高新区被科技部火炬中心评为火炬统计工作先进单位，高创中心被评为优秀国家级科技企业孵化器，泰山创客空间入选全省50家品牌众创空间。

【生态环境】 2022年，泰安高新区审批环境影响评价文件38件、行政处罚案件20件。“双随机”检查企业123家，监督帮扶企业18家。完成农村生活污水省级任务目标22个村；完成农村人居环境整治行政村24个；完成3条黑臭水体治理并通过市级核查。巡查河流65次，发现并整改主要问题42次，联合建设部门排查污水问题10次。开展非道路移动机械监管，审核、登记、喷码移动机械设备1207台。重点建设用地安全利用率达100%，对辖区2家土壤污染重点监管单位开展土壤地下水自行监测。聘请专家、第三方检测公司对区内34家加油站开展全面排查，对未按照国家有关规定正常使用油气回收装置的8家加油站全部立案处罚。

【园区服务】 2022年，泰安高新区做实要素保障，梳理“三级”项目清单，落实项目“绿卡”制度，通过一线调研、研判难点堵点、专题会议集中研究等方式，具体解决涉及能耗、用地、环保、资金等方面问题80项，促进项目落地建设。强化人才保障，累计储备产业急需硕士研究生人才1282名，向企业输送专科以上人才823名。实施优化营商环境创新提升行动，常态化开展“我为企业办实事”活动，组建“企业服务专员”队伍，实现企业分级分类包保“全覆盖”。创新建设“高新区亲清政企平台”，加快营商环境数字赋能。实施国家政务服务全流程“一链办理”标准化试点，压缩办理时限452个工作日、减少审批环节284个、精简申请材料300项。工业项目“极简极速极优”审批服务迭代升级，环节压缩率达50%，时间压缩率达58%。获评数字政务发展年会“2022政务服务标准化规范化便利化建设先进单位”。

【“无欠薪区”打造】 2022年，泰安高新区探索建立“四抓”工作法，构建和谐稳定劳动关系。抓“源头”，健全常治长效机制；抓“质效”，提升案件处置力度；抓“惩戒”，依法落实失信惩戒制度；抓“稳定”，全面做好舆情管控。全年为农民工25.26万人次发放工资14.34亿元，办结欠薪案件489件，办结率达100%。泰安高新区人力资源管理部获评山东省保障农民工工资支付工作先进集体。

【山东路德新材料股份有限公司获第七届“中国工业大奖”】 2022年12月，山东路德新材料股份有限公司“国家重大基建工程用高性能土工复合新材料研发及产业化示范项目”获第七届“中国工业大奖”。公司主要生产经营基础设施建设专用新材料，包括经编涤纶土工格栅、经编玻纤土工格栅等，产品远销30个国家和地区，拥有国家级平台1个、省部级科研平台9个，牵头或参与制定多项国家及行业标准，是国家级制造业单项冠军示范企业、国家高新技术企业、国家知识产权示范企业、中国产学研合作创新示范企业、泰安市工业领军企业50强。该次获奖项目突破多项“卡脖子”关键技术，产品打破国际垄断，解决全国高铁、长桥长隧等重大工程用关键材料依赖进口的被动局面。项目产品广泛应用于川藏铁路、雄安新区建设等国家重点工程，有效带动高性能土工合成材料产业发展。

【泰山创业·创意谷建成】 2018年11月由区属国有企业泰山创业投资公司投资2亿元建设。园区占地面积1.86公顷，总建筑面积6.14万平方米（含地下建筑面积1.04万平方米）。2022年8月，泰山创业·创意谷建设完成并投入使用。依托周边高校资源，建设集办公、研发、生产、培训、配套服务等多功能于一体的综合性产学研创基地，打造电子信息、智能环保等产业的特色园区。泰山创业·创意谷的建成，推动高科技项目的“研发—转化—产业化—效益”链条的形成，促进产业聚集和产业链上下游协同发展，为打造高新技术产业集聚区提供原动力。

【圣阳股份年产4吉瓦时圆柱锂电池项目】 该项目由山东圣阳锂科新能源有限公司投资建设，总投资16亿元，占地11.01公顷，建筑面积4.4万平方米，2022年9月开工建设，主要新建、改建锂电池自动化生产车间、原料及成品仓库、生产配套设施等，新上自动化锂电池生产线。项目一期建成后可实现年销售收入约15亿元，年缴税约4000万元；项目全部建成后可实现年销售收入约30亿元，年缴税约8000万元，带动就业400余人。

【晶优3吉瓦太阳能光伏组件项目】 该项目由泰安晶优光伏科技有限公司投资建设，总投资11亿元，占地9.73公顷，总建筑面积9万平方米，2022年8月开工建设，主要建设3吉瓦光伏组件车间、原料仓库、产品仓库、研发中心、办公楼等。引进国际先进智能化生产线，建设低碳引领的绿色产业基地。达产后年可实现销售收入50亿元以上，带动就业800余人。

【泰安中至生命健康产业园项目】 泰安中至生物制药有限公司“中至生命健康产业园项目”位于泰安高新区中天门大街东段。项目总占地5.32公顷，总建筑面积6.4万平方米，总投资5亿元，2022年6月开工建设。公司严格按照中国GMP认证标准规划，在心脑血管、神经抑制、免疫抑制、肿瘤靶向药方面潜心研发，创新采用缓释和控释技术，开发一批市场潜力大的产品。15个药品品类已获得上市许可批准文号，投产后可实现年产片剂200亿片，实现年销售收入50亿元，带动就业300余人。 （玄富华）

泰安旅游经济开发区

【概况】 泰安旅游经济开发区位于泰安城区西部，泰山南麓。2022年，全区围绕打造“文旅商创目的地，产城融合引领区”目标，完成一般公共预算收入10.58亿元，剔除留抵退税同口径增长0.32%；税收收入完成10.29亿元，剔除留抵退税同口径增长2.15%；非税收入完成2888万元。固定资产投资增长9.7%。完成外资2020万美元；外贸进出口额2.4亿元人民币；限额以上社会消费品零售额和餐饮业营业额分别增长2.3%和6.7%。

【项目推进】 2022年，泰安旅游经济开发区省、市重点项目——泰安市崇智学校完成投资7.71亿元，完成全年投资任务的120.29%，初中部实现招生。泰山文旅健身中心主体基本完成，金属屋面和幕墙完成80%；凤凰湾会议中心竣工验收；泰安市立医院二期主体完成，外幕墙完成85%；泰山石敢当文化园主体完成，装饰装修、室外绿化完成90%；续建新建新湖街、小辛庄街等道路7条，建成通车2.3千米。

【产业发展】 2022年，泰安旅游经济开发区盘活用好存量楼宇，总部经济实现破题，抖音数字中后台产业基地、中国移动5G大数据中心签约落地，新增区域总部企业13家。引入山东正元商贸有限公司、中国移动通信集团山东有限公司泰安分公司、中国石油天然气股份有限公司山东泰安销售分公司、山东国泰隆腾投资建设有限公司、泰安宏科贸易有限公司、泰安泰晟贸易有限公司、诺华（泰安）生物科技发展中心等总部机构。培育山东正元商贸有限公司等限额以上批零住宿餐饮企业3家。“信易贷”注册入库企业1286家。

【文旅融合发展】 2022年，泰安旅游经济开发区发挥域内资源优势，建立以“泰山天平湖”为核心的全域旅游格局，打造集吃、住、行、游、

2022年8月，泰安旅游经济开发区新貌 （李德龙 供）

购、娱全方位文旅产业体系。规划建设泰山天平湖国家级旅游度假区，《泰山天平湖国家级旅游度假区总体策划》编制完成，创建工作进入实质阶段。2022年6月，第六届泰安文化和旅游惠民消费季在泰山秀城举行启动仪式，市文化和旅游局发放文旅惠民消费券75万元。8月，泰山秀城入选第二批国家文化产业发展项目库（全省共4个）。改造提升泰安老街，区内各景区景点全年接待游客820万人次。

【城市运营维护】 2022年，泰安旅游经济开发区建成使用城管驿站10处。栽植垂柳、国槐、白皮松等乔木2204棵，金森、石楠、黄杨、竹子等灌木97万棵，铺植草坪6.1万平方米，新增绿化面积约7万平方米。加强扬尘防治措施管理，处理遥感疑似固废垃圾问题26处，网格预警问题处置80次，环保"12369"转办案件13件。开展污水直排综合整治攻坚行动，完善区内45处入河湖排污（水）口"一口一档"档案卡，建立动态河湖排水口档案台账。开展河流断面监测点位周边污染源专项整治，完成3处超标问题整治，确定1处区域性地下水考核点位。组织区内餐饮商铺推广"瓶装液化气电气化替换项目"（简称"瓶改电"），建设全省首个"全电街区"示范工程，防范和遏制餐饮场所燃气安全事故的发生。

【营商环境优化】 2022年，泰安旅游经济开发区新增市场主体2135户，增长13.03%，市场主体总数9048户。持续优化企业开办"1545"服务模式，发放惠企"政策包"600余个，为新开企业免费刻制印章612套，为企业节约成本17.14万元，打造企业全生命周期"链式服务"。严格落实"市场准入负面清单"，健全清除市场准入隐性壁垒长效机制，开展违背市场准入负面清单问题自查自纠，保障各类市场主体准入公平。实施市政设施类"一站式"联合现场勘验，线上签署意见书，组织相关部门集中联合勘验，当场签署勘验意见。

（李德龙）

泰山经济开发区

【经济发展】 2022年，泰山经济开发区实现公共预算收入13.85亿元，增长2%；固定资产投资总额73.5亿元，增长15.8%；实现规模以上工业主营业务收入80.9亿元，增长5%；实现进出口总额76.5亿元，增长50.1%；实际到账外资金额1.1亿美元，增长125%；"一号产业"主营业务收入达64亿元，产业集聚度达80.1%。

泰山经济开发区被山东省人力资源和社会保障厅等五部门认定为山东省劳动关系和谐工业园区。辖区企业中康国创检验检测中心获得国家实验室CNAS认可证书；山东岱银纺织集团股份有限公司被工信部评为全国重点培育纺织服装百家品牌；泰山信息科技有限公司被评为山东民营企业创新100强；山东泰开电力电子有限公司获评山东省知名品牌；山东泰开环保科技有限公司获评山东省"两化"（工业化和信息化）融合优秀企业。

【科技创新】 2022年，泰山经济开发区拥有省级以上研发平台21家，其中省级工程技术研究中心8家、省级新型研发机构1家、山东省科技"小巨人"企业7家、省重点实验室2家、院士工作站2家、省级众创空间1家。依托"国创中心"国家级平台，推进建设纺织服装创意示范产业园。山东融通电子科技有限公司等3家企业被认定为国家"专精特新'小巨人'"企业；山东蓝光软件有限公司等8家企业被认定为省级"专精特新"中小企业；泰安泰山高压开关有限公司被评为省级制造业单项冠军企业；泰山信息科技有限公司入选2022年度山东省数字经济重点项目；泰安同伴纤维有限公司等9家公司入选省小升规培育库；新引进青年人才300余名，其中硕士以上人才60名。

【基础设施】 2022年，泰山经济开发区完成科技北大街、规划一路道路绿化工程，博阳路以东芝田河段自来水改迁，电校南侧电力改迁工程，清理明堂河道淤泥工程。推进6个城中村改造项目建设。加大项目资金争取力度，策划、包装20个总投资157亿元的政府专项债券项目申报资金71亿元。

【招商引资】 2022年，泰山经济开发区聚焦新一代信息技术、智能制造与高端装备、生物医药等产业，综合运用以商招商、资本招商、平台招商、产业链招商等形式，分别与摩品汇中意功能性服装生产基地项目、金域医学检测中心项目、琼毅新材料科技项目、山东华剑智能制造、泰山人工智能科技研发项目和水发能源集团等12个项目签约，总投资额约24亿元。与泰新半导体项目、应急管理元宇宙平台等8个项目进行对接洽谈。

【项目建设】 2022年，泰山经济开发区实行"项目包保"和"3张清单"项目推进机制，泰开环保智能化改造、泰开电力电子智能化改造等6个新开工项目顺利实施；13个续建项目全面复工复产。数字鹰航空产业园、智慧健康产业园2个项目入选省重大项目库，同泰生物医药产业园项目入选省签约项目库，北方教育装备产业园等11个项目入选市级重点建设项目库，金域医学检测中心等5个项目新增纳统入库。同泰生物医药产业园、泰山电建电力装备产业园、鲁能智能输变电制造基地、岱铭研发检测中心4个项目分别作为主会场参加省、市、区项目集中开工活动。泰开新能源汽车电动机散热件制造项目、泰山数谷先行区项目、国家先进印染技术创新中心项目、泰开电力电子智能改造项目参加全市重点项目"集中观摩大比拼"活动。

【产业发展】 2022年，泰山经济开发区重点发展以国家先进印染技术制造业创新中心、岱银集团为代表的纺织服装产业链；以山东泰开电力电子有限公司、山东鲁能泰山电力设备有限公司和泰安启程车轮制造有限公司为代表的高端装备制造产业链；以山东泰山啤酒股份有限公司、山东宝来利来生物工程股份有限公司为代表的现代食品产业链；以瞳见科技有限公司、山东蓝光软件有限公司为代表的数字经济产业链，全面实行“链长制”，以做优做强特色产业链为根本任务，调整优化产业结构，提升产业发展质量和效益，推动优势产业做大做强。（李康宁）

岱岳经济开发区

【经济发展】 2022年，岱岳经济开发区实现公共预算收入26.8亿元，增长17.5%。固定资产投资总额64.5亿元，增长33.68%。实现规模以上工业主营业务收入102亿元，规模以上工业实现利润总额13亿元；实现进出口总额59.7亿元，增长80.5%；实际到账外资金额1.02亿美元，增长8.32%；“一号产业”主营业务收入达68.8亿元，产业集聚度达88%。

【科技创新】 2022年，岱岳经济开发区有8家企业入选市科技创新型50强，净增高新技术企业16家，44家企业通过国家级科技型中小企业认定。1家企业获批市级新型研发机构。新增发明专利56件，增长30.8%。1个项目获市科技创新重大专项资金。新增全职的国内外高端人才9名。

【基础设施】 2022年，岱岳经济开发区投入17.7亿元用于基础设施建设，其中建设通车主要道路6条，完成投资10亿元；投资188万元改造高压供电线路1条；投资1.9亿元完成供水供热管路敷设4条；完成中水回收利用项目、化工园区明渠综合整治工程、古泉街2万平方米临时便道修建工程、化工园区主干道1.5万平方米道路标识线工程、园区4800平方米道路修补工程、泰星大街两侧2500米雨水管道探测、清淤工程。完成污水管网铺设6900米，配送各类型号管道3.57万米，配送拖布池630个、收集池6个。

【招商引资】 2022年，岱岳经济开发区新签约项目40个，实现合同引资额320亿元，总投资额约97.8亿元。开工建设项目12个。

2022年9月13日，位于岱岳经济开发区的泰安免疫力经济健康生活馆黄精展示区。图为工作人员在介绍展品 （赵文文 摄）

【项目建设】 2022年，岱岳经济开发区重点建设项目21个，总投资158.8亿元。竣工投产项目13个。2个项目被列为国家“专精特新‘小巨人’”，2个项目被列为省“一企一技术”中心，4个项目被列入省重点项目，6个项目被列入省“专精特新”项目，7个项目被列入市重点项目，4个项目被列入市绿卡项目，4个项目被列入市“专精特新”项目，1家企业获评省“瞪羚”企业，2个项目被列为省“绿色工厂”。

【产业发展】 2022年，岱岳经济开发区重点发展以玻璃纤维、碳纤维为主的新材料项目，围绕碳纤维、玻璃纤维、新型金属新材料等领域进行重点招商，打造新材料产业园，吸引碳纤维复合材料、稀有金属材料、预浸料、高性能树脂等高端前沿、高附加值新材料领域企业入驻。（李康宁）

新泰经济开发区

【经济发展】 2022年，新泰经济开发区实现公共预算收入25.44亿元，增长1.55%。固定资产投资总额120.56亿元，增长41.4%。实现规模以上工业主营业务收入428.1亿元，增长25.49%，规模以上工业实现利润总额2.56亿元；实现进出口总额56.3亿元，增长31.2%；实际到账外资金额14036万美元，增长10.96%；“一号产业”主营业务收入达18.7亿元，产业集聚度达87.29%。

新泰经济开发区先后获评全国百佳科学发展示范园区、山东省十大规模企业聚集园区、山东省生态经济十佳开发区、山东省首批经济开发区创新创业公共服务示范平台、山东省投资环境十佳园区、省级生态工业示范园区、省级循环化改造园区、山东省双创工作先进单位等称号，在2021年度全省开发区综合发展评价中列第23位。

【科技创新】 2022年，新泰经济开发区有5家企业入选市科技创新型50强，净增高新技术企业34家，153家企业通过国家级科技型中小企业认定。5家企业获批省级新型研发机构。新增发明专利148件，增长119%。13个项目获市科技创新重大专项资金。新增全职的国内外高端人才27名。成功申报入选国家级人才3名；泰山产业领军人才3名；省紧缺人才2名。启迪之星（新泰）获评山东省品牌科技企业孵化器，山东飞扬化工有限公司、山东赛特电工股份有限公司入选第四批国家“专精特新‘小巨人’”，山东焱鑫矿用材料加工有限公司入选省单项冠军，山东飞扬化工有限公司被认定为山东省海外高层次人才工作站，德普新材料被认定为省“绿色工厂”、省“一企一技术”企业和泰安市上市种子企业，山东润德生物科技有限公司董事长卢伟被表彰为山东省行业领军企业家，山东润德生物科技有限公司获国家博士后科研工作站、全国生物发酵行业节能环保领军企业等。

【基础设施】　2022年，新泰经济开发区投资2158.8万元，新建苇池水厂1座。协调正大热电投资约7000万元，铺设蒸汽管道10.4千米，满足企业正常生产。

【招商引资】　2022年，新泰经济开发区签约引进项目31个，其中贸易平台类项目4个、工业项目27个，总投资180.6亿元，其中开工项目19个。在新能源及装备产业上，闭环式策划“光伏—绿电—制氢—储能—锂电池—新能源车”链条。其中，光伏环节，通过市场换资源，投资20亿元的华晟玻璃异质结光伏电池生产项目达成意向，投资5亿元的深圳潮温光伏组件项目及投资7亿元的有机锗有机钒项目签约落地；通过绿电制氢，引入投资5000万元的华能制氢项目，向下延伸引进年产3000台（套）氢澜氢燃料电池发动机；储能环节，引入零碳未来新型相变储能项目，中国安储锌溴储能电池项目达成合作意向，引入吉利新能源商用车项目、零碳储能转运车项目等总投资35亿元的新能源车及工程机械项目，以及投资30亿元的航天锂电新能源电池项目。新一代信息技术产业方面，以“光电科技、光纤通信、激光及激光装备”为主攻方向，明确新一代信息技术产业园、光电科技数字产业园、激光数字产业园的突破重点，打造“产业专业集聚、关联功能集中、区域联动发展”的数字经济发展区域新高地。光电新材料金刚线项目，上游需要钨丝金刚线，对接厦门钨业股份有限公司达成合作意向；围绕山东立为激光科技有限公司，招引关联企业10家。

【项目建设】　2022年，新泰经济开发区建设新一代信息产业园、激光智造产业园、光电产业园二期、光电产业园三期、鸿锦盛科技产业园项目等五大产业园区，总规划建筑面积70万平方米。重点在建项目35个，总投资137.1亿元，新一代信息技术产业园、光电产业园二期、德普科技年产6万吨碳酸二甲酯生产线改造项目、光电新材料金刚线精密材料项目一期、昊林航空航天保温隔热材料项目等28个项目年底竣工。5吉瓦时锂电池及材料一体化产业基地项目、立为激光数控机床生产基地二期项目、同益中高强高模聚乙烯纤维项目二期等7个项目按建设计划推进。

【产业发展】　2022年，新泰经济开发区规划发展新一代信息技术、新能源新材料、智能制造、生物医药及医疗器械、高端化工及现代服务业等六大产业，重点聚焦新能源装备和新一代信息技术两大特色产业。探索闭环式新能源模式，新泰市为光伏企业提供光伏开发资源，光伏企业通过光伏发电，提供绿电和制氢资源，招引储能电站及换电重卡项目落地；通过换电站、储能电站、换电重卡等电池市场，吸引宁迪新能源锂离子电池及氢澜氢能燃料电池等新能源电池项目落地；电池配套及换电重卡汽车市场，促成吉利远程本途新能源商用车等新能源车辆及工程机械项目落地；引进氢能客车，建设加氢站，形成氢能产业链，最终形成“光伏发电、换电重卡—换电站、储能电站—新能源电池—新能源汽车生产”新能源产业发展闭环模式。新一代信息技术产业，泰山光电科技产业园规划占地133.33公顷，聘请国际一流的产业研究机构——芯谋研究编制完成《新泰市光电科技产业发展规划》，建设标准厂房，实现“拎包入住”。华能泰安光电科技有限公司、山东晶泰星光电科技有限公司等22家企业入驻，重点培养以华能泰安光电科技有限公司为龙头，多家光电科技企业为旗舰的光电科技产业集群，打造光电科技产业链，培育华北知名、鲁中领先的光电产业基地。　（李康宁）

肥城经济开发区

【经济发展】　2022年，肥城经济开发区实现公共预算收入7亿元，增长16.89%。固定资产投资总额21.08亿元，增长50%。实现规模以上工业主营业务收入91.4亿元，增长28.82%，规模以上工业实现利润总额13.6亿元；实现进出口总额25.3亿元，增长98.1%；实际到账外资金额5262万美元，增长452%；“一号产业”主营业务收入达86.58亿元，产业集聚度达92%。

2022年8月，肥城经济开发区被山东省工业和信息化厅评为2022年度省级小型微型企业创业创新示范基地；肥城化工产业园入选省级数字经济园区（成长型），成功创建省级专家服务基地。

【科技创新】　2022年，肥城经济开发区净增高新技术企业1家，21家企业通过国家级科技型中小企业认定。新增发明专利52件，增长273.68%。新增全职的国内外高端人才9名。山东聚发生物科技有限公司入选国家级“专精特新‘小巨人’”企业；山东一滕新材料股份有限公司入选2022年科技股权投资项目推荐项目、2022年度省级专利导航实施项目；山东一滕新材料股份有限公司、山东聚发生物科技有限公司入选2022年度知识产权保险扶持项目；山东一滕新材料股份有限公司通过国家知识产权优势企业复审；肥城昌盛特种石墨有限公司入选山东省第二批技术创新项目；泰安岳海新材料股份有限公司、山东德源环氧科技有限公司入选泰安市工业企业“一企一技术”研发中心；山东阿斯德科技有限公司获泰安市科学技术进步奖一等奖，入选泰安市企业技术中心；山东一滕新材料股份有限公司成功创建博士后科研工作站。

【基础设施】　2022年，肥城经济开发区调整出40公顷土地保障项目快速落地建设。有500千伏、220千伏变电站各1座，可为储能提供便捷电力通道；

规划25平方千米的盐穴储能产业园，全面铺开“三纵三横”产业园路网、综合管网等基础工程，优化完善基础设施配套建设。

【招商引资】 2022年，肥城经济开发区实现招商引资到位资金31亿元。完成产业链项目签约29个，其中参加泰安及以上集中签约活动项目18个，计划总投资27.86亿元，全市排名第一，15个项目已开工；完成策划项目47个，四季度策划项目20个，实现总投资82.96亿元。

【项目建设】 2022年，肥城经济开发区续建项目18个，新开工项目11个，到位资金16.8亿元，新落地亿元项目9个。依托山东品工智能装备制造项目、中南锦城智能装备制造科技产业园等项目，培育省内最大装配式建筑产业基地；重点推动300兆瓦盐穴压缩空气储能调峰电站、盐穴天然气储气库、电子线路板项目建设，打造国家级盐穴储能储气基地和省内一流电子电路全链条产业生产基地。

【产业发展】 2022年，肥城经济开发区规划建设产业园4个。新型建筑材料产业园，计划占地53.33公顷，计划总投资50亿元，形成以肥城圣奎新材料公司为链主企业、山东菲迪克新材料公司为上游企业、山东中南锦州钢结构公司为下游企业的产业链条，中节能生物质蒸汽项目作为配套企业，主要为链主企业提供生产用蒸汽。盐穴储能产业园，规划面积25平方千米，总投资300亿元，依托丰富的盐穴资源，明确“前端扩能建穴—中端盐穴储能—后端建网延链”的产业链发展路径，做大做强盐穴储能产业。汽配产业园，规划占地46.67公顷，总投资50亿元，以汽车零部件制造为核心，打造“产品研发”“智能制造”“行业服务”三大平台板块，形成山东区域最大的汽车零部件产业集群。矿山装备制造产业园，总规划面积80公顷，规划建筑面积88万平方米，计划总投资100亿元，依托安普顿矿山配件、华科超能装备制造等“链主”企业，聚焦储能装备及矿山设备产业领域，开展精准招商，推进关联产业、上下游配套企业和资源要素集聚，推动产业集群化发展。主导产业主要涵盖化学原料和化学制品制造业、食品制造业、非金属矿物制品业3个方面，化学原料和化学制品制造业主要包括肥城东明化工有限公司、肥城岳海化工有限公司等8家企业，营业收入突破32亿元。食品制造业主要包括山东肥城精制盐厂有限公司、山东肥城海晶盐化有限公司等大型制盐企业4家，年制盐规模720万吨，年营业收入突破29亿元，“鲁祥”牌精制碘盐是全国盐行业第一个A级绿色食品，获评中国驰名商标。非金属矿物制品业主要包括肥城昌盛特种石墨有限公司、山东巨能杆塔有限公司，年营业收入突破25亿元；昌盛特种被认定为省“瞪羚”企业。 （李康宁）

宁阳经济开发区

【经济发展】 2022年，宁阳经济开发区实现公共预算收入6.2亿元。固定资产投资总额96.1亿元，增长26.3%。实现规模以上工业主营业务收入187.2亿元，增长9.2%，规模以上工业实现利润总额4.4亿元。实现进出口总额26.3亿元，增长40.1%；实际到账外资金额5389万美元，增长150%。“一号产业”高端化工主营业务收入达107亿元，产业集聚度45%。

宁阳经济开发区先后被评为省级生物高技术产业基地、省级新型工业化示范基地、省级节能环保产业基地、省级优质机械装备基地、省级示范数字经济园区、省级专家服务基地等称号。

【科技创新】 2022年，宁阳经济开发区有3家企业成功入围市级工业领军企业50强；3家企业成功申报市重点产业链“揭榜挂帅”项目，获扶持资金235万元。20家企业通过市级“专精特新”中小企业认定；17家企业通过省级创新型中小企业认定；11家企业通过省级“专精特新”中小企业认定；1家企业通过省级技术创新示范企业认定；1家企业通过省级单项冠军企业认定；2家企业通过国家级“专精特新‘小巨人’”企业认定；72家企业通过国家级科技型中小企业认定。净增高新技术企业18家，新增发明专利80件，增长121%；新增全职的国内外高端人才11名。2家企业通过市级工业设计中心认定；4家企业通过市级工程研究中心认定；2家企业通过市级重点实验室认定；1家企业通过省级工程研究中心认定；1家企业通过省级数据开放创新应用实验室认定。

【基础设施】 2022年，宁阳经济开发区实施综合路网、化工园区基础设施配套、工贸区基础设施配套、公共服务、电力设施建设共5大类、37个项目，总投资约8.07亿元。其中，总投资1.95亿元的公共管廊项目投入使用；投资约700万元的恒信大道，仅用时28天即达到道路通车条件；实施化工园区形象提升工程；新建供电线路6条；完成未来大道和开拓大街燃气、热力、通信等配套管网工程，向山东亚蓉能源科技有限公司、山东锐顺药业有限公司等企业铺设燃气管网8.6千米，铺设山东晋煤明升达化工有限公司至华阳热电厂供热管网4.6千米。

【招商引资】 2022年，宁阳经济开发区新签约项目19个，总投资275.2亿元。其中，投资10亿元以上项目7个，分别是投资36亿元的泰山药谷、投资30亿元的明升达新吡啶、投资20.2亿元的北信民安智慧产业园、投资15亿元的恒信中碳氢能源产业示范基地项目、投资12.6亿元的泰安现代公路港、投资12亿元的协合宁阳钠锂组合储能示范基地、投资10亿元的中至生物电子特气项目。

【项目建设】 2022年，宁阳经济开发区新开工项目11个，其中泰安现代公路港、恒信中碳氢能源产业示范基地、泰山药谷、德诺森高端环保药剂、迪尔化工13.5万吨硝酸、华鸿化工下游产业链延伸、华阳乙酰甲胺磷7个项目加快推进，晶环化工、智能制造产业园2个项目完成建设，亚蓉能源高端阻燃剂系列产品项目三氯氧磷产品实现投产。续建项目8个，其中技源生物甲基丁酸钙一期、佰溢海底捞火锅原料生产基地、华天化工含氯产品升级改造综合利用、中京智能产业园投产；锐顺生物医药科技原料药生产项目6条生产线开始试车。

【产业发展】 2022年，宁阳经济开发区区内形成高端化工、高端装备制造、新能源新材料、现代物流四大产业集群，构建现代产业发展新体系。高端化工产业，以山东恒信高科能源有限公司、晋煤明升达化工有限公司为龙头企业，形成以无机化工、煤化工、精细化工和生物化工“四大板块”相互配套的产业体系。高端装备制造产业，以山东塔高矿业机械装备制造有限公司、力博重工科技股份有限公司为龙头企业，涵盖煤炭综采装备、高端数控机床、汽车零部件等领域。新能源新材料产业，以山东超威电源有限公司、山东明珠材料科技有限公司为龙头企业，涉及新能源电池、氢能、智能电网、建筑新材料等重点领域。现代物流产业，以恒信铁路物流园、泰安（宁阳）现代公路港为龙头，构建以煤炭、矿石、化工原料等大宗货物及日用消费品为主要产品的运输体系；以村鸟网络物流企业为主体，发展智慧物流、网络货运、电子商务等新业态。（李康宁）

东平经济开发区

【经济发展】 2022年，东平经济开发区实现公共预算收入5.78亿元，增长5.25%。固定资产投资总额61.38亿元，增长20.58%。实现规模以上工业主营业务收入118.9亿元，增长19.32%，规模以上工业实现利润总额12.6亿元；实现进出口总额12.2亿元，增长20.4%；实际到账外资金额2660万美元，增长101%；“一号产业”主营业务收入达19.87亿元，产业集聚度达87.9%。东平经济开发区被认定为山东省劳动关系和谐工业园区。

【科技创新】 2022年，东平经济开发区有1家企业入选市科技创新型50强，净增高新技术企业11家，39家企业通过国家级科技型中小企业认定。新增发明专利20件，增长33.8%。新增全职的国内外高端人才7名。

【基础设施】 2022年，东平经济开发区升级改造市政道路13条，维修更换路灯1060盏，修缮、新建公交站台25处，改造人行道9处，建设雨污分流系统，改造污水管网113千米，新建雨水管道55.58千米，配套改造供电管线34.5千米、供水管线15.5千米、天然气管线34.5千米、热气管线34.5千米、通信管线34.5千米、有线管线34.5千米。投资3000万元，完成佛东路、创新街两条道路路面改造提升、雨污分流工程施工。以“倡树新时代美德健康生活方式”为主题，以美化净化企业区域环境为重点，以“五清四化”（清理垃圾、清理杂草、清理车间、清理办公室、清理厂容厂貌，绿化、亮化、净化、美化）为标准，在区属企业内开展美化净化环境综合整治活动。

【招商引资】 2022年，东平经济开发区推进与湖南东健药业、青岛科瑞新型环保材料、山东贝喜乐宠物用品等项目洽谈，对接北京李先生牛肉面、山西六味斋、山西紫林陈醋、内蒙古大窑饮品及山东鼎粮食品等项目。突出抓好投资10亿元的宠物食品产业园、5.1亿元的健康食品产业园、4亿元的东平郡郡酒酒庄等10个在建项目。完成招商引资到位资金18.2亿元。

【项目建设】 2022年，东平经济开发区推进健康食品产业园、宠物食品产业园、生态渔业产业园、东平郡郡酒酒庄、新型建材、数码影像杯等项目建设。健康食品产业园项目，一期交付使用，16家签约企业均排出投产节点，入驻企业14家。宠物食品产业园内山东德乐生物科技有限公司宠物食品生产线、中闽（泰安）宠物食品有限公司冻干项目、山东古汉堂阿胶药业有限公司阿胶制品项目、山东鱼达人钓具有限公司鱼饵生产加工项目均已投产。生态渔业产业园项目，一期基建完工；二期规划完成。综合智慧物流产业园项目、高端金属表面处理循环经济产业园项目、东平郡郡酒酒庄项目、新型建筑材料项目和数码影像杯等8个项目开工建设。

【产业发展】 2022年，东平经济开发区打造现代食品“一号产业”。突出“园区化建设、集群化突破、特色化发展”，统筹布局健康食品产业园、东平湖生态渔业产业园、宠物食品产业园、粮油油脂产业园和智慧物流产业园五大板块。打造“绿色电镀”特色产业，以九鑫电镀产业园为基础，投资60亿元建设高端金属表面处理循环经济产业园，招引入驻企业100余家，打造百亿级产业园区；以“生物医药”为优势产业，依托瑞星集团股份有限公司，构建涵盖生物制药、医疗器械、医药包装、健康服务等领域的生物医药产业格局；支持瑞星集团转换动能、转型升级，加快推进投资25亿元的普瑞曼制剂药、鲁瑞化学原料药、祥瑞生物原料药3个项目，打造具有全国影响力的百亿级生物医药产业。年内，签约项目5个，分别是山东斯味特食品有限公司投资2.6亿元的现代食品生产加工项目、山东橘杏堂食养健康科技有限公司投资1.8亿元的高品质果蔬食品加工项目、深圳爱博绿环保科技有限公司投资2.2亿元的再生资源智能制造项目、中闽（泰安）宠物食品有限公司投资2亿元的年产1000吨冻干加工生产项目、山东维尔瓷业有限公司投资1.2亿元的智能数字陶瓷项目。开工项目9个，分别是东平综合性智慧物流示范中心建设项目、开发区基础设施建设项目、东平经济开发区智慧园区建设项目、预灌封注射器医用辅料项目、现代食品生产加工项目、高品质果蔬食品加工项目、再生资源智能制造项目、年产1000吨冻干加工生产项目、智能数字陶瓷项目。（李康宁）

编辑　校对　戚淑娟

公 路

【概况】 2022年年底，全市公路总里程达到1.69万千米，公路密度达到每百平方千米218.2千米。按行政等级划分，国道583千米，省道891.5千米，县道1608.1千米，乡道2326.7千米，村道1.15万千米；按技术等级划分，高速公路10条、475千米，一级公路453.4千米，二级公路1711.3千米，三级公路2231.9千米，四级公路1.21万千米。

【公路建设】 2022年，全市完成交通建设投资77.5亿元，是年度目标的107.7%，增长15.3%。

公路建设完成投资64.31亿元。高速公路建设进展顺利，（北）京台（北）高速公路济南至泰安段改扩建工程，提前实现主线通车。泰安至东平高速公路、济（南）广（州）高速公路济南至菏泽段改扩建完成年度计划，济（南）微（山）高速济南至济宁新机场段建设工程全面开工。普通国省道改造升级加快推进，实施新改建、大中修项目11个，完成投资8.5亿元。开展“四好农村路”（把农村公路建好、管好、护好、运营好，下同）提质增效专项行动，新改建农村公路820千米，路面状况改善工程（养护工程）1070千米，改造危桥30座，全市农村公路（含县道、乡道、村道）通车里程达到1.55万千米，行政村通油（水泥）路率达100%。年末，全市公路里程1.69万千米，公路密度每百平方千米218.2千米，居全省第三位。

表34 2022年泰安市公路通车里程统计表

单位：千米

行政等级＼技术等级	合 计	高速公路	一级公路	二级公路	三级公路	四级公路
小 计	16937.6	475.0	453.4	1711.3	2231.9	12066.0
国 道	583.0	203.8	212.0	167.1	—	—
省 道	891.5	271.2	146.2	385.4	88.7	—
县 道	1608.1	—	60.9	672.9	706.4	168.0
乡 道	2326.7	—	19.2	229.4	717.7	1360.3
村 道	11528.3	—	15.1	256.5	719.1	10537.7

【公路运输】 2022年年末，全市有道路旅客运输经营业户19家，道路货物运输业户6032家，客运营运线路157条，年平均日发635.4班次。全市客运车辆保有量868辆，货物营运车辆4.57万辆，大型以上载货汽车比例达到63.85%。全市完成货运量7314万吨，货物周转量187.55亿吨千米；城市公交、客运出租汽车客运量达到9000万人次。

【高速公路建设】 2022年，全市高速公路建设完成投资38.9亿元。（北）京台（北）高速公路济南至泰安段为全国首条国家高速公路网“6改8”改扩建项目，于10月12日正式建成通车，累计完成投资6.64亿元。泰安至东平高速公路工程完成投资16.2亿元。济（南）广（州）高速公路济南至菏泽段改扩建工程完成投资6.45亿元。济（南）微（山）高速济南至济宁新机场段建设工程完成投资9.61亿元。

（北）京台（北）高速济南至泰安段改扩建工程 该工程起于（北）京台（北）高速与济（南）广（州）高速交叉的殷家林枢纽，止于（北）京台（北）高速与青（岛）兰（州）高速相接的泰山枢纽，在泰安市境内全长11.62千米。采用“两侧拼宽为主，局部路段改移中分带”的加宽方式，由双向六车道改扩建为双向八车道。在项目实施中，争取项目业主单位新增泰安北互通立交，优化改造泰安西互通立交。主线于2022年10月12日提前实现通车，泰安北、泰安西互通立交建设完成。

泰安至东平高速公路工程 工程起自肥城市桃园镇仁贵山村北的青

（岛）兰（州）高速，在老湖镇西北与省道246临（清）邹（城）线相接到达路线终点，全线采用双向四车道高速公路技术标准建设，设计速度每小时120千米，路基宽度27米，路线全长40.63千米。项目于2022年4月19日开工建设，年内路基挖方完成73%，路基填筑完成53%，桥梁桩基完成82%。

济（南）广（州）高速公路济南至菏泽段改扩建工程　该工程起自济南殷家林枢纽互通立交，途经济南市、泰安市、济宁市、菏泽市，止于菏泽市王官屯枢纽互通立交，路线全长152.7千米，泰安段全部在东平县，全长28.2千米。年内，项目临建工程基本完成，组织开展便道修筑、路基处理、桥梁桩基和下部结构施工。

济（南）微（山）高速济南至济宁新机场段建设工程　该工程起自济南市长清区济南绕城高速二环线西环，向南经肥城市、宁阳县接济宁市新机场，项目采用新建双向四车道高速公路标准，泰安市境内长71.4千米，设计速度每小时120千米，路基宽度27米，设特大桥1座、大桥25座、中桥24座、小桥5座、涵洞277道、天桥20座、青（岛）兰（州）高速主线桥4座、匝道桥13座、通道桥30道、线外桥1座、互通立交7处、分离立交19处、服务区1处、收费站5处。项目2022年11月12日取得自然资源部建设用地批复，年内，组织开展临建施工和路基清表工作。

【高速公路路政管理】　推进高速路政执法信息化管理，利用高速公路路网信息监控平台，采取线上视频监控与线下路面执法检查相结合方式，提升执法效能。发挥“一路三方”（高速公路交警、高速公路路政执法、高速公路运营企业）联勤联动机制，抓好桥梁、隧道、涵洞、急弯陡坡、临水临崖等重点部位安全隐患排查。加强高速公路涉路施工监管力度，规范公路沿线施工，依法查处损坏公路及设施事案。与服务区建立定期研判和信息通报机制，开展高速公路服务区客、货运车辆执法检查，严厉查处非法违规客运、超限运输及非法违法运输危化品等行为。全年完成路政执法巡查 34.59 万千米，排查整改安全隐患 107 起，处理路政事案 304 起。

【普通国省道建设】　2022 年，全市完成普通国省道建设投资 8.49 亿元，实施普通国省道新改建、大中修项目 11 个。国道 220 东（营）深（圳）线东平段大修工程、国道 205 山（海关）深（圳）线新泰段中修工程、国道 341 黄（岛）海（晏）线肥城东付村桥至肥城平阴界段中修工程、国道 341 黄（岛）海（晏）线岱岳区范镇至泰山区省道 237 西交叉口段中修工程、省道 246 临（清）邹（城）线州城南至汶上界段中修工程、普通国道次差路段维修工程 6 个养护工程项目交工通车。国道 105（北）京澳（门）线东平改建项目二期无盐村至彭集段改建工程路基完成 24.3%，桥涵完成 40.1%；国道 205 山（海关）深（圳）线莱芜新泰界至新汶转盘段改建工程路基完成 15%，桥涵完成 12%。加快数字公路建设，被省交通运输厅确定为“山东省公路基础设施数字化试点单位”，完成省道 103 泰（安）楼（德）路、国道 341 泰（安）肥（城）一级路和泰山周边重点路段数字公路建设，初步实现路网运行监测、公路智能感知、信息实时发布、智慧管养等功能。

【普通国省道养护】　2022 年，泰安市加大预防性养护投入，抓好病害处置、设施维护和路容路貌提升等工作，公路始终处于良好技术状态，衡量公路高质量发展水平的 PQI 和优良路率分别达 92.81%、96.97%。加强桥梁管理养护，完善普通国省道桥梁基础信息数据库，完成省道 237 章（丘）新（泰）线化马湾桥、长安桥维修加固，全市国省干线公路一、二类桥梁达 100%。加强公路驿站运营管理，11 处驿站免费提供“停车、如厕、室外休息、路网图、开水、垃圾收集”等基本功能和无障碍环境，提升公路窗口形象。及时妥善处置“7·12”水毁险情，组织完成省道 237 章（丘）新（泰）线茅茨舍桥和省道 103 济（南）枣（庄）线谷家泉小桥等多处水毁工程。

【农村公路建设】　2022 年，泰安市推进“四好农村路”高质量发展，年内完成投资 16.52 亿元，完成新改建“四好农村路”820 千米，路面状况改善工程 1070 千米，危桥改造 30 座，重要村道安保工程 150 千米，全市农村公路总里程达到 1.55 万千米。深化农村公路管理养护体制改革，推进“路长制”实施，全市设置县、乡、村各级路长 3934 名，完成路长公示牌设置 3764 个，健全完善路长制管理运行机制。推进市、县路长制智慧化管理平台应用，构建起三级路长广泛使用的信息管理平台，实现路路有人管、管养必到位。打造“四好农村路”乡村振兴泰安样板，新泰市被命名为 2021 年度“四好农村路”全国示范县，

2022 年 9 月 24 日，省道 103 济（南）枣（庄）线岱岳区黄前至艾洼段
（刘　龙　摄）

东平县入选2022年全国示范县创建单位名单，泰山区、肥城市入选2022年省级示范县创建单位名单。

【客运行业管理】 2022年，泰安市加快道路客运行业转型升级，推进汽车客运站资源整合、规范经营。发展个性化运输服务，全市开通市际定制客运线路9条，县际定制客运线路4条。落实“放管服”改革要求，放宽经营限制，取消“车线”捆绑政策，投放车辆实行备案制，扩大客运企业经营自主权。推进政务事项“一网通办、全程网办”，年内，为客运企业线上受理、审核备案省际、省内包车客运标志牌6100余张。深化行业监管方式改革，推进“互联网+监管”服务，对全市“三类以上班线客运和旅游包车客运”车辆运行轨迹和视频影像实施动态监管，遏制疲劳驾驶、超速行驶等违规行为。组织开展市直道路客运企业质量信誉考核及车辆年度审验工作，评定AAA级客运企业8家、AAA级汽车客运站1家，审验车辆523辆。全市3576个建制村连续保持通客车率100%，公交化率达到97.4%。

【货运行业管理】 2022年，泰安市发展多式联运，泰安市“山东长鑫物流多式联运一单制试点工程”列为省交通运输厅试点工程。组织国家级多式联运示范工程泰山内陆港开通通往青岛港的班列，形成直达青岛港、覆盖全省各区县、连接国内主要城市的多式联运网络。推进货运公司化改造，鼓励企业发展厢式、冷藏、罐式、集装箱等标准化货车车型，货车中型以上比例达到67%。开展市属危货运输企业安全诊断排查行动，做好质量信誉考核工作，评定AAA级危货运输企业18家。开展网络货运平台线上服务能力认定申报，全市注册网货平台7家。推进“司机之家”建设，新建“司机之家”4家。推进农村客货邮建设，建成15个客货邮融合站和4条运营线路，打通农村物流“最后一公里”。

【客运出租行业管理】 2022年，泰安市优化调整巡游车准入标准，增加新能源准入车型，更新新能源出租车2辆，促进行业绿色低碳发展。加大网约车监管力度，规范发展网络预约出租汽车新兴业态，泰安城区网约车企业发展到79家，有车辆1576辆。加强客运出租行业监管，开展出租汽车驾驶员依法经营、文明服务等方面宣传教育，规范驾驶员经营行为，提升行业服务质量。开展“最美驾驶员”服务评比活动，引导出租汽车公司建设“爱心车队”“和谐车队”等品牌车队，开展“爱心送考”“道路救援”“为文明城市添光彩”等社会公益活动和服务提质活动。

2022年8月23日，东平县滨湖大道　（卞良浩　供）

【机动车维修检测行业管理】 2022年，泰安市推进道路运输车辆“三检合一”（道路货运车辆年检、尾气检测、年审综合性能检测）改革任务落实，全市38家机动车检验检测机构接入“山东省道路运输车辆综合性能检测联网系统”。优化检验服务流程，在检测企业推行“交钥匙工程”，推广预约检测服务和自助打印检测报告等便民服务举措，提高业务办理效率，减少车主等候时间，实现群众办理车检业务只排一次队、全程一窗办。严把道路运输车辆技术关，做好达标车型核查工作，核查达标车辆2059辆。做好车辆技术等级评定工作，完成车辆技术等级评定2.8万辆次。做好营运客车类型等级复核评定工作，市属营运客车类型等级评定复核538辆次。年末，全市有各类汽车维修业户423家，其中一类维修企业41家、二类维修企业131家、三类维修企业251家。

【机动车驾驶员培训管理】 2022年，泰安市组织开展驾培行业违法违规收费专项整治活动，严厉打击驾驶员培训环节乱收费行为。组织开展2022年度驾校质量信誉考核，评定AAA级驾校17所、AA级驾校44所、A级驾校2所、B级驾校3所。在全市驾校中推广使用“机器人教练”，全市7所驾校37辆教练车安装使用“机器人教练”。推动“跨省通办”高频事项落地落实，从业资格证补发、换发、注销、变更和诚信考核等工作实现网上办理，全年“跨省通办”高频事项申请量达到2.57万人次。严格考试程序和制度，实施“阳光考试”和理论考试无纸化，全年核发客货危道路运输从业人员从业资格证件3120个，考核道路运输驾驶员4.38万人次，继续教育培训8426人次。

【车辆超限治理】 2022年，泰安市组织开展《山东省治理货物运输车辆超限超载条例》宣传贯彻工作，深化常态化治超联合执法，依托超限检测站，联合公安交警部门每月组织开展集中行动，加强对超限运输多发路段、主要货物运输通道、高速公路出入口联合治超力度。全年联合查处超限超载车辆2165辆次，卸载货物5.86万吨。发展科技化治超，新泰市羊流镇、东平县大羊镇、宁阳县磁窑镇、直属

泰安市219公交线路优化调整发车站点。图为2022年5月27日，良庄北村村委运输纽站正式启用（隋　翔　摄）

分局化马湾乡4处超限检测站完成引导设施建设，肥城市执法指挥中心平台、东平县道072非现场执法系统投入使用，岱岳区、新泰市、宁阳县建成非现场执法点4处，有效解决治超监测腹地“空心化”问题。国道104非现场执法系统运行良好，全年共检测3轴以上货运车辆125万辆次，通过“科技＋人力”“线上＋线下”治理模式，及时查处超限超载车辆。年内，公路超限率下降到1%以下。

【交通建设市场管理】　2022年，泰安市依法依规加强交通建设市场管理，从严推进设计审批、施工许可、质量监督、项目履约，及时查处违法分包资质挂靠等行为。年内，办理设计审查10件、施工许可8件、交工验收2件。泰（安）东（平）高速、济（南）菏（泽）高速、国道105东平段、泰安港公铁水联运工程等交通重点项目开工建设，交通建设市场秩序规范有序。按照省交通运输厅要求，完成2021年度交通建设市场信用评价工作，全市17个交通重点项目通过评价，8家试验检测机构获评A级，完成企业变更信息审核2500余条。

【平安交通建设】　2022年，泰安市开展“平安交通”创建活动，统筹推进“平安公路”“平安车站”“平安港口”“平安航道”“平安物流”“安全生产”建设，推进安全生产专项整治3年行动和安全隐患大排查大整治行动，全系统累计开展督导645次，派出检查人员953人次，督导部门和企业（项目）565家，排查整改问题隐患1786个。开展安全生产驻点监管，实施重点领域监管企业（项目）13家，派驻人员26人。推进第三方机构“安全生产问诊把脉”，诊断道路运输企业33家，水路普通货物运输企业1家，发现整改各类安全问题隐患348项。抓好铁路沿线安全环境治理，优化调整综合治理工作机制，整治铁路沿线环境问题665件，争取省级道口改造提升经费186万元，完成整治93处，拆除道口7处。加强交通运输防汛工作，重新修订《泰安市交通运输防汛抗旱应急预案》，做好应急队伍建设和物资储备，开展道路运输应急救援、水上应急等演练活动，提升交通应急处置能力。强化重点领域和要害部位安全防范，完成重点时段安保维稳任务。牵头抓好长途汽车站和重点交通路口疫情防控工作，严格落实交通运输公共服务场所和交通工具常态化防控措施。加强综合治理，妥善处理来信来访，解决群众诉求，保持行业稳定。

（张　文　卞良浩）

铁　路

【概况】　2022年年末，境内有铁路6条，营运里程316.25千米。其中，京沪线北起界首入境，南到宁阳县南驿站前石桥村出境，营运里程58.51千米，为国家Ⅰ级干线双线电气化铁路；泰（山）肥（城）支线起点为京沪线泰山站，终点为肥城湖屯站，营运里程49.34千米，为单线铁路；磁（窑）莱（芜）线，西起京沪线磁窑站，东至新泰北师店出境，营运里程84千米，为国家Ⅰ级单线铁路；辛（店）泰（山）线由岱岳区范镇站入境，在泰山站与京沪线接轨，营运里程27.2千米，为国家Ⅰ级单线铁路；东（都）平（邑）铁路起点为磁莱线东都站，在新泰放城站出境，营运里程45千米；京沪高速铁路泰安市境内长52.2千米。泰安市境内形成以京沪线和京沪高铁为主干线，辛泰线、磁莱线、泰肥支线和东平线分布东西两侧的铁路网。

【泰山火车站】　该站位于泰山脚下，地处京沪干线中段，车站中心里程京沪线555千米＋864米处，是泰肥支线的起点，辛泰线的终点。北端衔接大河站，西端衔接天平店站，南端衔接洪沟站，东端衔接上高镇站，是济南铁路局集团有限公司管内的一等中间站，办理客货运输业务，是泰安市的重要窗口单位。年末，车站设3个车间和综合技术室，有职工298人，其中运转车间102人、客运车间129人、货运车间48人、综合后勤人员13人、站级管理人员6人。车站各级管理人员共计25人。车站4个方向接发列车，日均接发列车301列，其中货物列车203列、旅客列车98列（办理客运业务78列，其中上行39列、下行39列）。车站行车设备为K5B计算机联锁，设正线3条，到发线10条，货物线5条。固定调车机一台（东风7型）。车站有旅客候车室2座，建筑面积6420平方米。售票大厅1处，面积1125平方米。行包房一处，面积1200平方米。旅客站台3座，一站台（基本站台）长520米、宽14米、高1.25米，二站台长642米、宽8.3米、高0.5米，三站台长550米、宽8.2米、高1.25米。天桥1座，长84.8米、宽6米。地下通道1座，长37.3米、宽4米、高2.6米。设自动扶梯7部，垂直电梯1部。有货物仓库4座，总面积5128平方米。设货物站台2座。

全年旅客发送量87.07万人次，日均2386人次，旅游旺季最高日发送旅客达7202人次（8月17日），年旅客到达量为97.37万人次。全年货物装车4139车，日均装车11车。年发送货物16.77万吨，日均发送货物460吨；年卸车2万车，货物到达112.51万吨。

（孙启峰）

【京沪高铁泰安站】 该车站系隶属于济南铁路局济南站的一等车站，中心里程为465千米+768米，北距高铁济南西站58千米+660米，南距高铁曲阜东站70千米+388米。站房位于线路东侧，面向城市。设正线2条，到发线4条，到发线有效长度为650米。站区南北长1.93千米，设450×12×1.25米岛式中间站台2座，站台间设12米宽旅客地道2座。车站总建筑面积1.36万平方米，其中候车室面积7800平方米、售票厅380平方米、出站通道1200平方米。共设有4个站台、3个售票窗口（含1个爱心服务售票窗口）、9台自动售票机、5台自助取票机、16台进站检票闸机、6台出站检票闸机、8台自动扶梯、4台自动垂梯。2022年，旅客发送量为212.3万人次，旅客到达量为207.1万人次。该车站培育“高铁泰安 品质如山”文化品牌，打造“安全责任重如泰山、卫生环境美如泰山、职工队伍稳如泰山”的管理理念，提升车站服务质量和整体工作水平。

（朱　玲）

水　运

【概况】 2022年年末，全市航道通航里程179.11千米，拥有跨省运输经营的国内水路运输企业3家，船舶68艘，运力5.16万载重吨；拥有水上旅游企业3家，1095客位；浮桥企业6家；无船承运企业7家；水路货物运输代理企业1家；港口企业2家。2022年，全市水路运输完成客运量3000人，旅客周转量1.4万人千米；完成货运量31.2万吨，货物周转量1.26亿吨千米；港口吞吐量53.6万吨。

【港航基础设施规划建设】 2022年，泰安市推进港航项目建设，完成投资8.93亿元。京杭运河大清河航道工程完成投资2亿元，基本具备通航条件。兖矿泰安港公铁水联运物流园码头工程完成年度投资4.49亿元，兖矿东平陆港有限公司铁路专用线工程完成投资2.43亿元，完成年度建设计划。

【水上运输行业管理】 2022年，泰安市规范水上运输市场秩序，严格落实市场准入制度，开展水路运输企业经营资质核查，核查通过水运企业14家，货船68艘，共计2.51万总吨，5.16万载重吨；旅游客船66艘，599客位。推行海事管理规范服务，办理海事业务285件。做好水上交通安全生产技术支持和服务保障工作，开展安全评估检查、专题督导调研20次，服务指导企业36家次，船舶50艘次，整改问题90项，全市水上交通安全生产形势持续稳定。强化水路交通应急管理技术支持和服务保障，举办2022年全市水路交通综合应急演练，完成作业现场防汛防台、船舶消防、水域污染处置及水路交通疫情防控4个科目的实战演练，提升应急处置能力。

（张　文　卞良浩）

邮政·快递

【概况】 2022年，泰安市有邮政普遍服务营业网点138处，快递许可企业47家，分支机构125家，备案末端网点2482家。全市邮政行业业务收入（不包括邮政储蓄银行直接营业收入）累计完成19.13亿元，增长2.9%；邮政行业寄递业务量累计完成2.13亿件，增长0.49%。全市邮政寄递服务业务量累计完成6266.83万件，邮政寄递服务业务收入累计完成8500万元。全市快递服务企业业务量累计完成1.51亿件，增长1.26%。全市快递服务企业业务收入累计完成10.88亿元，下降0.19%。

【快递市场监管】 2022年，印发《泰安市邮政管理局快递市场秩序整顿专项行动工作方案》，明确重点整治违反快递市场准入管理制度等6个方面的违法行为。督促企业建立个人信息保护制度，规范协议客户安全保障协议管理，推进实名信息登记工作，组织开展网络和数据安全类培训2次。联合公安部门开展邮政快递领域个人信息安全治理专项行动，联合打击整治相关违法犯罪活动。提升邮政管理部门“互联网+政务服务”能力水平，优化营商环境，实现快递企业分支机构备案申请从“最多跑一次”向“一次不要跑”转变。全年新增许可企业5家、分支机构8个，备案末端网点395个。

【寄递安全整治】 2022年，泰安市围绕“强化源头管控，聚焦彻底收寄验视”主线，全面部署开展全国两会安保、安全生产大检查和生产作业场所安全风险排查整治、中共二十大寄递安全检查等专项行动，多次召开线上视频会议开展安全培训和警示教育，对行业安全生产工作进行全面安排部署。采用“四不两直”方式对全市寄递企业开展深入督导检查，围绕寄递安全“三项制度”落实、“四不”问题治理、快递市场清理整顿等重点内容现场查看企业主体责任落实台账，对收寄、分拣、消防、行车、建筑安全等重点环节、重点部位进行深入检查，确保督导检查无死角、全覆盖。年内，累计出检执法人员256人次，检查企业93家次，制止和纠正安检员擅离职守、隐患排查不彻底、教育培训走形式等各类违法违规行为120处，下达责令改正通知书60份，印发安全生产检查通报13期，送达处罚决定书6份。

【普遍服务监管】 2022年，泰安市创新监管方式方法，采用现场检查和“绿盾”系统远程视频巡检相结合的方式，对城市和农村邮政普遍服务网点普遍服务标准落实情况实施常态化检查督导，对普遍服务达标情况开展专项检查。2022年，累计出检182人次，检查城乡邮政普遍营业场所91处，走访调查行政村49处，发现普遍服务不达标问题3个，送达责令改正通知4份，约谈邮政企业2次。通过“绿盾”巡检普遍服务网点50个，发现问题2个，送达责令改正书2份。联合市国家保密局印发《关于建立邮政机要通信保密安全管理协作机制的通知》，对全市邮政

2022年11月25日，腾讯广告超"惠"营销直播山东泰安专场举办

（张莉莉 供）

机要通信工作开展两轮全覆盖检查，为中共二十大胜利召开营造良好的安全保密环境。市邮政管理局送审的机要监管档案在全国机要通信监督管理档案集中评审中，取得全国总分第一名的成绩。

【快递助力乡村振兴】 2022年，泰安市邮政管理部门引导寄递企业主动对接泰安市桃木制品、桃、樱桃、栗子等特色产品，培育"快递+农产品"金、银、铜牌项目，助力做大农特产品产销运市场。成功挖掘泰安大樱桃、新泰枸杞、东平地瓜、泰山区狗粮、化马湾油杏、肥城煎饼等精品项目。全市"一地一品"超千万件金牌项目(桃木制品)1个、银牌项目（桃）1个、铜牌项目7个、"一县一品"特色项目16个。

【快递员权益保障】 2022年，泰安市邮政管理部门印发《关于做好快递员群体合法权益保障工作的实施方案》，从劳动就业、社会保险、医疗卫生、职业培训、改善生产条件等多方面维护快递员合法权益。督促企业执行《快递末端派费核算指引》，保持合理末端派费水平，保障快递员基本劳动所得，坚决避免"以罚代管"。印发《快递员优先参加工伤保险实施方案》，加强快递员群体工伤保障。联合市总工会、市邮政分公司启动"邮我出力、温暖全城"户外劳动者驿站工程，为快递小哥打造"冷可取暖、热可纳凉、累可歇脚、雨雪可避"的温馨港湾。至年底，建成"小哥驿站"等各类站点317处。持续推进快递员关心关爱，落实"暖蜂"行动工作部署，开展春节送关爱、夏季送清凉、上门送法律等关心关爱活动。 （王 兵）

【中国邮政集团有限公司泰安市分公司】 责任担当 服务乡村振兴，打造省级综合服务示范社4家，其中全国级1家，累计实现农产品寄递量980万件，新增融资E贷款3979万元。与全市4个政务大厅、各县（市、区）行政审批服务局开展邮寄服务合作，通过人员派驻，提供不动产证、档案、证照材料寄递等，让群众办事少跑腿，累计服务群众6.4万人次，增幅8.2%。疫情防控期间强化责任担当，全力保障邮运畅通，确保党报党刊、机要邮件及时送达，通过"本地农产品基地+掌上购+邮政快递配送"、"爱心助农蔬菜包"抢购、邮农联合蔬菜优惠购、疫情防控慰问等活动，在疫情防控中书写邮政担当。采购防疫物资价值100万元，全力做好邮政职工特别是一线从业人员个人防护和生活服务保障。组织开展疫情防控应急处置实战演练，市邮政管理局、市疾控中心专家到场指导并给予高度评价。完成2022年绿色邮政生态环保目标。全市建设户外劳动者服务站点31处。

企业经营 全市邮政业务收入完成计划的103.36%，增幅9.55%。收入利润率13.10%，居全省第7位。新泰市分公司入围"山东邮政2022年发展40强县（市、区）分公司"，新泰特快揽投部获得"山东邮政2022年特快发展50强揽投部（营业部）"称号，肥城石横支局获得"山东邮政2022年发展状元支局"称号，泰安城区徐家楼支局获得"山东邮政2022年发展榜眼支局"称号，13个支局获得"山东邮政2022年发展300强支局"称号。金融业务新增达标智慧场景175处，进度居全省第1位。寄递业务开展"春雨行动"可视化走访，新开发商企类客户328家。渠道平台业务累计建设优质站点1230个，打造销售"万单"农产品6个。集邮与文化传媒业务聚焦重点行业、重要节点、重点项目，新媒体收入、腾讯广告消耗增幅均居全省第1位。建成31人组成的线上营销团队，开展直播106场。

服务能力提升 新购置网点1处，装修改造网点22处、城区生产办公楼1处、店招20处，网点布局、服务形象持续改善。纵深推进寄递改革，新增重点乡镇特快揽投部4个、特快揽投段道35条，揽投服务能力进一步增强。全市网点转型覆盖率达到100%。完成7个校园的网点入驻工作。完善内控机制，增强运营指标管控，突出问题整改落实，提升服务质量。机要通信继续保持质量全红。完成全国"两会"、中共二十大、第二十四届冬季奥林匹克运动会等重大活动期间的安全服务保障工作。

企业管理 推进干部人事改革，完成任期制和契约化管理全覆盖。完善人工成本配置机制，推动政策、资源向经营一线倾斜；突出效益导向，优化绩效薪酬切块，重点支撑高效、重点业务发展。推进营销创新，通过首席营销、政策激励、项目管控等方式，提升项目开发积极性。完成市、县客户营销中心建设。根据省分公司统一部署，精减优化市本部人员，引导人员向县分公司倾斜，打造运营型"小市分"、经营型"大县分"。推进放权赋能，梳理审批事项清单54项，原则上清单以外的事项不再审批，进一步提高工作效率、支撑经营发展。 （张莉莉 许梅婷）

编辑 校对 刘 凯

城市规划

【规划研究】 2022年，泰安市加强控制性详细规划（以下简称控规）的基础数据调查研判，按照“两规”（国土空间总体规划和土地利用总体规划）融合的要求，优化控规的研究内容和成果形式，增加国土信息基础数据。深化控规层面的城市设计要求，对涉及山体线、水岸线和天际线的区域，增加城市设计视线分析，多方案、多角度进行比较，在合规的基础上优化建筑高度和体量，更好地进行“三线”（山体线、水岸线、天际线）管控。优化控规的公共服务设施配套，通过居住区配套设施研究，结合《城市居住区规划设计标准》《社区生活圈规划技术指南》等有关标准及规定，优化社区服务站、物业服务用房、社区养老服务站、体育健身设施、公共厕所等居住区配套设施的控制指标。

【规划管理】 2022年，泰安市加强控规编制，全年召开市国土空间规划委员会会议5次，审查报批控规35项。根据市政府已批复控制性详细规划，核发规划条件40件，明确用地性质、容积率等控制指标。规划审查建筑工程设计方案，出具审查意见，审查规划设计方案120项。审核规划核实和联合验收项目，办理竣工规划核实项目104个。

【市政工程规划审查】 2022年，泰安市规划部门服务省、市重大基础设施项目，完成陇东（甘肃省庆阳市）—山东±800千伏特高压直流输电工程（泰安段）、董（家口）梁（山）高速泰安段工程（沈海高速与董梁高速交叉口至新泰段）、泰（安）新（泰）高速改扩建工程、环山路东延二期、岱阳大街、中俄东线接气及道朗门站改造、彭集铁矿（年产800万吨）采选工程7个重大交通、能源类市政基础设施建设项目的规划选址和审查工作。完成红楼线（徐家楼变电站—红庙变电站）、红大线（双龙路以东，东岳大街—小井街）、天迎线（东岳大街以北，长城北路两侧）等管线工程，泰安城区供热“一张网”优化提升项目、满庄化工园区中水管廊、省庄镇工业园区基础设施配套提升工程的规划选址工作。完成泮河东路、汇金街（青年路—规划二路）等城市道路的规划选址工作。全年完成重要市政基础设施项目规划选址28项，规划方案审查7项，累计审查道路约80千米、市政管网约41.6千米。

【城市便民生活圈试点建设】 2022年，泰安市按照《城市居住区规划设计标准》《社区生活圈规划技术指南》等标准规定，衔接国土空间总体规划及专项规划的有关要求，落实居住区配套设施。按照“统一规划、片区开发、综合配套”的思路，引导城市中小地块整合组团发展，完善综合服务配套，打造便民生活圈。新建住宅类项目严格做好养老、托幼、医疗、停车位、体育、文化等公共服务设施，完善社区服务功能。建立绿色通道机制，项目受理后，实行专人跟踪办理，及时主动与项目单位反馈、沟通和服务。采取预约服务、延时办公、主动对接

2022年7月20日，泰安市自然资源和规划局与泰安市中医医院现场对接中医医院门诊医技综合楼方案调整事项 （陈丽 摄）

2022 年 3 月 7 日，泰安市 2022 年度城镇老旧小区改造项目开工仪式举行。其中，泰山区改造规模列全省县（市、区）第一位　　（陈　阳　摄）

等方式，及时协调解决项目在规划审批过程中遇到的困难和问题，提出可行性建议，确保项目“快审、快结”。

（王　健　张维康）

城市更新

【概况】　2022 年，泰安市城乡建设事业以绿色低碳高质量发展为主线，以人民群众安居宜居为基点，加快基础设施建设，推进城市更新和城市品质提升。在山东省委宣传部、山东省住房和城乡建设厅等 12 个部门组织的城市品质提升三年行动总结评审中，泰安市老旧小区改造、清洁取暖等 16 项二级指标在全省得分第一，现场评价、群众满意度等多项工作效果突出、成绩靠前，被省住房和城乡建设厅通报表扬。肥城市被列入省级城市更新试点城市。全年完成城市建设投资 53 亿元，新开工道路 56.3 千米，其中环山路东延改造工程通过国家市政工程最高质量水平评价。

【市区道路建设】　2022 年，泰安城区实施双龙路、环山路等 6 项新建、续建道路改造提升工程。总概算投资 32.74 亿元，总长 29.1 千米。其中，谢过城街一期（佛光路—博阳路）、双龙路（北上高大街—灵山大街）、环山路东延二期被列入 2022 年度市委、市政府为民要办的实事工程，至 12 月底 3 条道路主车道具备通车条件；明堂路北段、擂鼓石大街东段、灵山大街东段跨辛泰铁路立交桥竣工通车。

【老旧小区改造】　2022 年，泰安市坚持新发展理念，按照高质量发展要求，通过征求居民意见、严控质量安全、拓宽融资渠道，打造有亮点、有特色的老旧小区改造泰安模式。泰山区松园小区在改造机制、改造内容方面创新实施“6+”举措，打造老旧小区改造“松园模式”，成功申报为住房和城乡建设部老旧小区改造联系点。年内，全市老旧小区计划改造 82 个项目、1754 栋楼、6.08 万户、554.49 万平方米，至年底全部完工。全市既有住宅累计增设电梯 242 部，其中 2022 年投入使用 60 部。

【城市清洁取暖】　2022 年，市政府办公室印发《泰安市 2022 年冬季清洁取暖实施方案》，出台城区（县城）清洁取暖改造和建筑能效提升补贴政策，明确责任主体。至年底，实际完成城市（县城）清洁取暖改造面积 424.11 万平方米、建筑能效提升 167.63 万平方米。

【海绵城市建设】　2022 年年初，泰安市出台《泰安市房地产开发项目建设条件意见书制度》，明确房地产开发项目建设条件意见书应当包含海绵城市等建设要求，住房和城乡建设部门应当对拟出让、划拨地块提出相应建设条件意见。市、县落实海绵城市建设标准要求，分解年度建设任务，有序推进海绵城市建设工作。至年底，全市累计建成海绵城市面积 114.43 平方千米。

【地下综合管廊建设】　2022 年，泰安市住房和城乡建设部门落实“一周一调度、一月一上报、年终一考核”工作机制，定期调度数据，强化监督考核。协调相关项目建设主管单位，分解落实年度建设任务。年内新增城市地下管廊 6.38 千米，累计建成各类地下管廊 40.45 千米。

【房屋建筑和市政设施普查】　泰安市住房和城乡建设部门自 2021 年 7 月组织开展房屋建筑和市政设施自然灾害综合风险普查调查工作，至 2022 年 2 月全部完成，6 月通过住房和城乡建设部现场质检核查。全市累计调查房屋建筑 479 万幢、面积 4.37 亿平方米，供水厂站 18 座，供水管线 480 条。

【国有土地房屋征收】　2022 年，泰安市严格执行国务院、省征收条例，依法征收管理，指导监督新泰市完成征收项目收尾工作；完成双龙路南延、擂鼓石大街东段（岱道庵至花园路）等 6 项改造工程征收补偿费用估算工作；对 6 个县（市、区）及 4 个功能区开展房屋征收指导检查和调研，发现难点堵点，收集房屋征收工作经验及创新做法；科学指导房屋拆除安全工作，坚持日常安全管理巡查；切实提高信访工作能力，客观分析面临信访工作的新情况、新问题，对排查出的风险隐患建立问题清单，逐一制定化解方案，切实做好财源大街西段改造、历史文化轴等建设工程的房屋征收信访问题的排查和化解工作。

（李　燕　姜　敏）

市政公用事业

【概况】　2022 年，市公用事业服务中心突出“一个评价体系、两项重点任务、三个满意”（水气热公用行业质量和服务评价体系，引黄入泰、莱热入泰，自己满意、组织满意、群众满意）工作主线，加强供气、供暖、供水等公用设施建设，连续10年保持“省级文明单位”称号。山口净水厂通水运行，西部热源正式投产。“引黄（河水）入泰（安）”“莱（芜）热入泰（安）”被纳入省重大项目清单，全面启动实施。年内，全市日供水能力47.8万立方米，燃气消费量6.83亿立方米，采暖季实际供热面积5359.9万平方米。

【城市照明】 2022年，市级管理城市照明总盏数1.54万盏，遥控控制终端102台，市级路灯亮灯率在99%以上。

【城市供水】 2022年，泰安市有城市公共供水企业6家；公共供水厂11座，日供水能力47.8万立方米；公共取水水源地13处。年内，山口净水厂通水试运行，新增日供水能力5万立方米；全市创建省级节水型企业（单位）14家、社区（居住小区）12个。对规模以上828家非居民用水户下达用水计划。投资6453万元，完成19.78千米老旧供水管道及设施改造。督促供水企业对城区3000余个市政消火栓进行普查维护。根据第一次全国自然灾害综合风险普查要求，完成城区480条、624千米管线、18座厂站的供水设施普查，通过国家、省、市级数据核查。开展全国城市节约用水宣传周活动，组织节水宣传进社区、进学校、进公园，激发全社会参与城市节水的积极性和主动性。

【城市防汛】 2022年，泰安市对城区45条道路进行清淤，清理雨水口1.6万座，疏通雨水支管11千米，检查井清淤2700余座，为窨井盖加装防坠网3.2万个。8月份完成16处低洼易涝区域提升改造，提升城市防内涝能力。修订完善《泰安市城市防汛应急预案》，建立“通信联络、信息共享、灾情会商”工作机制，加强同应急、气象、水利等部门会商研判。组建800余人的城市防汛应急队伍，组织300余人、70台机械设备开展全市城市防汛应急抢险救援实战演练，对18个积水点位实行县级干部包保。全年应对9次强降雨，保障城市安全度汛。

【园林绿化】 2022年，泰安市实施城区街角游园改造完善项目，对龙泽湖游园、红门路游园、广生泉游园等7处公游园进行提升改造并全部完工。加大绿地浇水、修剪、除草、病虫害防治等养护管理力度，持续开展增绿补绿添彩行动，累计栽植各类苗木17.6万株、地被植物1.63万平方米，组摆艺术花器137组，鲜花18.89万盆。加大对古树名木保护力度，落实“一树一策”管护措施，“以精细养管推动城市绿地向零碳化进阶”典型经验被省住房和城乡建设厅印发推广。

2022年4月19日，环山路东延二期道路改造工程施工现场

（李燕 姜敏 供）

【城市供气】 2022年，泰安市有燃气企业69家，其中管道燃气企业29家、液化气企业20家、加气站23个（3家管道企业涉及多种经营），中压以上城市燃气管网长度2792千米。管道燃气用户97.93万户、液化石油气用户4.56万户。全年天然气消费量6.83亿立方米（其中汽车加气站消费量2249万立方米），液化石油气销售量1.08万吨，城燃企业调峰储气能力3424.57万立方米，完成81.15千米老旧燃气管道更新改造。办理20家燃气企业经营许可年审和换证、38家企业燃气燃烧器具安装维修资质年审和换证，组织388人参加燃气从业人员年度培训考核。制定“压非保民”六级响应应急预案，保障民生用气。

【城市供热】 2022年年底，泰安市有供热企业16家，集中供热入网面积8560.7万平方米，2022—2023年采暖季实际供热面积5359.9万平方米。其中，中心城区供热企业8家，集中供热入网面积4784万平方米，实际供热面积2666万平方米。泰安城区西部热源整机点火启动，实现供热并网，新增供热面积1000万平方米。实施泰安城区供热“一张网”建设，天烛峰路高温水管线完成3.8千米，明堂路高温水管线完成4千米；投资2158.8万元，完成10.12千米老旧供热管道更新改造。督促供热企业完成检修维护2396项、技改项目97项，检修维护管网1436千米，有效确保供暖安全稳定。

【引黄（河水）入泰（安）工程】 2021年，泰安市委、市政府研究决定实施引黄工程，优化泰安城区供水布局，提高供水安全保障能力。该项目位于岱岳区、肥城市、东平县境内，总占地面积12.19公顷。工程投资22.98亿元，敷设80余千米输水管线，从东平湖向泰安中心城区引水，年引水量5000万立方米，新增日供水能力15

万立方米。工程由河湖连通和引湖水入泰安两部分组成。2022 年，完成项目投资 4.5 亿元，完成原水管道建设 40 千米。

【西部热源项目】 该项目位于岱岳经济开发区北大圈村，占地 19.47 公顷。建设 2×400 吨高温高压循环流化床锅炉，配备 2×50 兆瓦背压汽轮发电机组，同时配套建设跨季节储能场。2022 年 11 月 7 日项目投产供热，新增供热能力 1000 万平方米，有效缓解泰安城区热源单一、热源不足问题。

【莱（芜）热入泰（安）长输供热管线项目】 该项目系全省首个跨市级行政区工业余热利用示范项目，2022 年 12 月 22 日举行启动仪式。估算总投资 18 亿元，总占地 2.83 公顷，建设自济南市莱芜区华电莱城电厂至泰安供热高温水管线 48.7 千米，配套建设中继泵站 1 座、隔压站 1 座，建成后可新增供热能力 2500 万平方米。

（李　璐）

【共享营业厅建设】 2022 年，泰安市推进供水、供电、天然气、供暖、通信等联动服务，推广“集中式”服务。市公用事业服务中心与市行政审批局、市大数据中心、市信息通信发展办公室、国网泰安供电公司等单位对接，建成水电气暖信“共享营业厅”8 家，对外统一悬挂标识，实现百度地图可搜索，方便企业群众就近办理业务。组织各专营企业工作人员跨行业培训，确保熟练掌握各行业的业务办理程序，及时指导用户完成业务“一站式”办理。至年底，各营业厅累计办理跨行业业务 100余件。

（李　燕　姜　敏）

城市管理

【泰安城区水环境“一张网”建设】 2022 年，泰安市印发《泰安市城市排水管网排查和雨污分流督导工作方案》《关于进一步做好城市排水管网排查及雨污分流建设工作的通知》，成立“一张网”建设推进工作专班，组建 5 个督导工作组和 1 个现场工作组，一揽子实施管网排查、雨污分流改造、污水处理厂提标改造和黑臭水体动态清零等工作，提前完成中央生态环境保护督察明确的污水管网年度排查改造任务。全市排查污水管网 488.77 千米，改造雨污合流管网 65.4 千米，城市黑臭水体实现动态清零，泰安城区 4 座城市生活污水处理厂出水水质均达到地表水准Ⅳ类标准，污水处理率达 98.34%，污泥全部安全处置。该项工作先后获得市领导 7 次肯定性批示，相关做法在人民网、新华网、《光明日报》客户端、“学习强国”学习平台等媒体刊发，其中新华网客户端浏览量达 133 万人次，《山东政务信息专报》专题刊发并被省委主要领导批阅。

2022 年 10 月 1 日，泰安龙泽湖游园重新开门纳客，让群众在家门口乐享“绿色福利”

（卢会云　供）

【全域垃圾分类】 2022 年，泰安市健全垃圾分类投放、收集、运输、处理体系，设置样式统一、标志清晰的分类收集桶 11 万个，垃圾投放点 5703 个，配备各类转运、分类车 1471 辆，建成运行生活垃圾焚烧发电厂 5 座、厨余垃圾处理厂 2 座、可回收物分拣中心 2 处、分类宣教中心 11 处。中心城区生活垃圾回收利用率 36.7%，分类设施覆盖率 100%。指导各县（市、区）建立完善“户集、村收、镇运、市县处理”的生活垃圾收运处理体系，农村生活垃圾无害化处理率 100%。建立市、县统筹的厨余垃圾处理模式，创新打造有机垃圾生态型全产业链资源化利用新模式，在泰山区农业高新技术产业示范区、肥城市百尺村、岱岳区朱家峪农场、徂汶景区石家岭农场建立有机垃圾资源化利用试点，提升厨余垃圾资源化利用率。住房和城乡建设部第二季度全国生活垃圾分类工作评估情况通报中，泰安市首次进入全国前 20 名。泰安市厨余废弃物资源化利用工作情况被《大众日报》头版头条报道。

【国家级大宗固体废弃物综合利用示范基地建设】 2022 年，泰安市结合实际，加快推进存量垃圾治理项目。有序推进餐厨资源化利用项目，对既有厨余垃圾处理设施设备进行维修维护和升级改造，新增 1 条压榨预处理生产线协同处理餐厨垃圾。破题推进建筑垃圾资源化利用项目，总投资 2.22 亿元，占地 12 公顷，设计年处理建筑固体废弃物 200 万吨。稳步推进循环经济产业园项目，项目概算投资 12 亿元，已完成立项，辐射建筑垃圾、工业固废、秸秆综合利用 3 条产业带。利用园区平台，成立中国科学院广州能源所泰安市院士工作站，与山东大学合作建设山东大学泰安固废综合利用研究院；园区以生活垃圾、生物质发电等形式提供稳定热源，同时整合建筑垃圾资源化利用等项目为新型建材产业链助力。

2022年5月24日，市政设施维护人员在窨井安装防坠绳　（陈　阳　摄）

【市容环境卫生】　2022年，泰安市开展市容环境综合整治活动，承担全国文明城市创建6大类30项145条指标，清理占道经营2.2万处、店外经营1700余处，整治城市“六乱”（乱搭乱建、乱堆乱放、乱设摊点、乱拉乱挂、乱贴乱写乱画、乱扔乱吐）9400余处次，指导规范户外广告、店招牌匾670处。开展城市道路深度保洁，市级管理区域道路机扫62万千米、洒水作业31万千米，道路洒水率100%、机扫率100%、深度保洁率100%。实行城乡环卫一体化，农村生活垃圾无害化处理率保持100%。强化背街小巷环境整治，开展专项督导20次，现场督办问题50余件。

【市政设施精细养护】　2022年，泰安市健全市政设施精细管理的长效机制，开展窨井盖专项整治行动，推进道路桥梁自然灾害风险普查工作，市级道路车行道完好率98%以上、人行道完好率95%以上、路灯亮灯率99%以上。市管92座桥梁统一加装信息公示牌和二维码，病害桥梁整治率100%。完成市管道路坑洞探测，探测南湖大街等10条主要道路雨污管道上方人行便道21.8千米，龙潭路等15条道路机动车道、非机动车道191.2千米。推进市政道路基础设施更新项目，创新引进国内先进的就地热再生施工工艺，环山路、龙潭路等5条道路全部提前完工。《泰安以更高城市品质提升群众幸福感》等文章被《新华社高管信息》刊发。

【工地扬尘防治】　2022年，泰安市完善施工工地扬尘管控沟通协作工作机制，将137个施工工地纳入远程视频监控系统，累计对161处工地进行挂牌管理。开展蓝天保卫战“百日攻坚”行动，巡查工地1.63万处次，督促严格落实“6个100%”（施工现场100%围挡，施工场地100%洒水清扫保洁，驶出车辆100%冲洗，施工道路100%硬化，裸露场地、土堆及物料堆放100%覆盖，渣土车辆100%密闭运输）扬尘防治标准。年内，臭氧、二氧化硫、重污染天数等指标改善幅度居全省第1位，空气质量综合指数改善幅度居全国168个重点城市第8位、全省第2位，优良率、一氧化碳等指标改善幅度居全省第2位。

【油烟在线监测平台建设】　2022年，泰安市开发建设油烟在线监测平台，相关做法被《中国环境报》予以推广，油烟管家服务项目入选泰安“敢当”改革品牌项目库。

【城市运行管理服务平台建设】　2022年，泰安市以搭建指挥协调、数据交换、数据汇聚3个系统推进城市运行管理服务平台建设，拓展可视化应用场景，将部分视频监控改造升级，自动获取城市管理事项、部件信息，管理事项闭环流转，限时整改。整合市政、园林、环卫、渣土等子系统，形成“一张图”分析运行监测。加强对各城市管理责任单位高效监管、督导、考核、评价。全年受理、转办各类城市管理事项49.2万件，处置率达99.77%。

【“红色城管”阵地建设】　2022年，泰安市城市管理部门打造党建文化阵地，让红色文化与市民休闲有机融合，在岱宗坊游园东侧建设党建文化长廊，集中展示习近平总书记重要论述。在岱宗坊西侧建设廉洁文化长廊，展示廉洁文化、泰山文化、泰安古代乡贤廉吏等内容。在龙泽湖建设党建主题公园，选取中国共产党人精神谱系中的7种精神进行集中展示，并选取泰安市部分劳模、企业家、科技工作者的先进事迹进行展示。

【“点线融合、四级贯通”城市治理新模式】　2022年，泰安市城市管理部门创新开展“点线融合、四级贯通”城市治理新模式，整合市、区、镇街、社区（村）四级城市管理力量，组建10支城市管理服务队，着力解决群众“急难愁盼”，打通服务群众“最后一米”，一大批城市管理“顽疾”得到有效解决。　（卢会云）

编辑　校对　王冠文

乡村振兴

脱贫攻坚成果巩固

【防返贫动态监测】 2022年，泰安市严格落实防止返贫动态监测和帮扶机制，采取农户主动申请、基层干部排查、部门筛查预警、信访舆情处置相结合的方式，及早发现存在返贫致贫风险的困难群众，做到实时预警、应纳尽纳。全市认定监测帮扶对象575户、1666人。市乡村振兴局会同医疗保障、卫生健康、住房建设、民政、残联等8个部门，建立健全联席会议机制，每月定期核查风险预警信息，全年核实行业部门预警信息6万条。按照“缺什么补什么”的原则，根据监测帮扶对象返贫致贫风险、发展能力和实际需求，精准落实帮扶措施，及时消除返贫风险，户均落实帮扶措施3项。开展巩固拓展脱贫攻坚成果“四问四查一监测”（问收入支出、问政策落实、问产业就业、问驻村帮扶；查教育保障、查医疗保障、查住房安全、查饮水安全；防返贫监测帮扶机制落实）集中行动，以“村村过、户户清、项项核”的方式，全面排查脱贫享受政策户、监测帮扶户，推动各项政策措施精准落实落地。全年排查脱贫享受政策户3.5万户、一般农户92.8万户，发现并整改问题2600余个。

【就业帮扶】 2022年，泰安市持续做好脱贫人口、监测帮扶对象就业帮扶，搭建用工信息平台，开展免费职业技能培训，多渠道引导脱贫群众依靠勤劳双手创造美好新生活。全市脱贫人口、监测帮扶对象外出务工2.21万人。投入资金1072万元，实施乡村公益性岗位扩容提质行动，累计安置脱贫享受政策人口和监测帮扶对象1738人。规范推动过渡期脱贫人口小额信贷工作，累计发放脱贫人口小额信贷1689笔、7690万元，富民生产贷424笔、10亿元，带动脱贫群众2.79万人次。启动“齐鲁富民贷”工作，累计推荐客户7952户，发放贷款3242笔、7.32亿元。

【帮扶政策落实】 2022年，泰安市落实“四个不摘”（摘帽不摘责任、摘帽不摘政策、摘帽不摘帮扶、摘帽不摘监管）工作要求，市乡村振兴局联合教育、卫生健康、民政、人力资源社会保障、水利等部门，优化调整现有帮扶政策分类，巩固提升“三保障”（义务教育、基本医疗、住房安全有保障）和饮水安全保障成果。市乡村振兴局印发《巩固拓展脱贫攻坚成果重点工作任务清单》，明确行业职能部门、各县（市、区）和功能区工作任务，推动各项帮扶政策及时落实落地。持续抓好黄河滩区迁建、移民避险解困和易地扶贫搬迁后续帮扶工作，加大产业发展、配套设施和公共服务等扶持力度，深化服务保障体系、就业扶持体系以及产业培育体系建设，确保搬迁群众稳得住、可就业、能致富。

【项目资金管理】 2022年，泰安市安排落实各级财政衔接推进乡村振兴补助资金3.45亿元，保持衔接资金稳定增长。健全完善项目资金拨付、建设进度定期通报制度，加快推进项目建设进度，确保项目建设全面完成、资金拨付及时到位。全市实施衔接推进乡村振兴补助资金项目203个，涉及资金3.02亿元，其中产业项目76个，涉及资金2.32亿元；农村小型基础设施项目127个，涉及资金7016万元。狠抓项目管理规范提升，推进项目资产保值增值，保障脱贫群众持续稳定收益。 （付延雷）

【水库移民扶持】 2022年，泰安市实施基础设施建设项目120个，建设美丽移民村项目27个。实施产业项目8个，其中300万元以上省级产业试点项目5个。完成年度大中型水库移民、三峡移民人口比对。及时足额发放直补资金1.3亿元。三峡移民后扶项目绩效评价取得“优秀”等次。泰安市三峡移民工作经验在全省推广，中央电视台《朝闻天下》栏目宣传报道东平县移民项目成果。 （赵春明）

农村综合改革

【农村集体产权制度改革】 至2022年年底，泰安市累计建立集体经济组织3730个，核实确认成员437万人，量化经营性资产62.7亿元。全年发放集体股权抵押贷款145笔、5583万元。指导东平县和宁阳县改革试验区试点任务，8月，两县迎接省农业农村厅的中期评估；12月初，东平县以“健全党组织领导下的自治、法治、德治相结合的乡村治理体系”课题，迎接并通过国家级改革试验任务的验收。东平县在集体资产股份合作制改革过程中，突出土地股份特色，合理设置资产股、资源股，探索出一条符

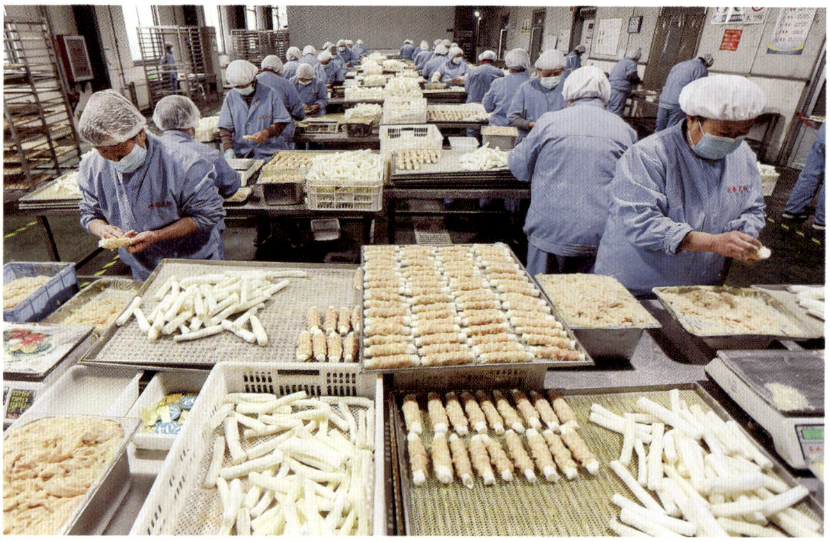

发展乡村产业吸收农村劳动力就近就业，带动村民增收。图为2022年1月14日，泰安市超泰宠物用品有限公司生产车间（陈阳 摄）

合自身实际的改革路子，其做法被中央媒体报道，并得到国务院和农业农村部领导批示。

【农村集体经济】 2022年，泰安市实施村集体经济“转型倍增”行动，针对农业农村现代化过程中出现的新产业、新业态、新模式，梳理出“数商兴农”、电子商务进村、宅基地入市和组建合作社统一经营等农村新型集体经济发展“十大模式”。泰安市3551个行政村实现村集体收入14.76亿元，所有村的集体经济收入均在5万元以上，平均每个村41.57万元。其中5万～10万元的村114个，占3%；10万～50万元的村2548个，占72%；50万元以上的村889个，占25%。开展农村集体“三资”问题专项整治，清理不合规合同5265份，补签（或依法废止）经济合同3802份，收回被侵占的土地资源913.13公顷，收回被侵占的固定资产198处，清收资源、资产租赁发包费2218万元，收回虚报冒领、截留挪用、贪污侵占集体资金（含上级拨付村集体的资金）282万元。建立融市、县、乡、村为一体的农村集体“三资”监督管理平台，实现市县监督、乡镇录入、村级查询功能，乡镇（街道）开通线上App公开，村民可通过手机实时查询本村集体财务公开和资产资源管理情况。

【农村土地制度改革】 泰安市引导规范农村土地经营权流转，促进农业适度规模化经营。至2022年年底，全市农村土地流转面积11.6万公顷，占土地确权面积的42%，其中3.33公顷以上的规模流转面积8万公顷，约占总流转面积69%。发挥土地经营权效能，探索推广土地经营权抵押贷款，解决经营主体“融资难、融资贵”问题，2022年实现土地经营权抵押贷款412笔、1.11亿元。（王纬洋）

乡村产业发展

【概况】 2022年，泰安市加强农产品加工企业培植，推动农产品加工企业“上规纳统”规模化发展。至年底，规模以上农产品加工企业数量达234家，比上年净增13家，实现营业收入492亿元，增长2.3%，达到省对市乡村振兴战略实绩考核中规模以上农产品加工企业个数、营业收入“双增长”的目标。

【乡村富民产业发展】 2022年，泰安市按照农业农村部打造一批主导产业突出农业产业强镇的要求，争取产业强镇项目建设，为全市乡村产业转型升级，实现乡村主业强、百业兴发挥示范带动作用。新泰市楼德镇被评为国家级农业产业强镇，争取中央财政资金1000万元；新评定省级农业产业强镇9个（岱岳区夏张镇、大汶口镇，高新区房村镇，新泰市汶南镇、西张庄镇，肥城市潮泉镇，宁阳县东庄镇、堽城镇，东平县沙河站镇）。开展省级农业强县和农业绿色发展先行县创建工作，2022年4月19日，省农业农村厅确认肥城市为2021年农业强县（上级奖补资金1亿元），宁阳县为2021年绿色发展先行县（上级奖补资金500万元）。推动休闲农业发展，新泰市被认定为全国休闲农业重点县，岱岳区道朗镇里峪村被认定为中国美丽休闲乡村，泰山区省庄镇入选全国“一村一品”示范镇。新评定省级乡土产业名品村94个。推动农村创业创新发展，组织东平湖水泊食品等5家企业参加省创业创新项目大赛。

【现代食品产业】 参见《工业·现代食品产业》

【农业产业园区建设】 2022年，泰安市重点抓好国家级、省级现代农业产业园建设，岱岳区成功申报创建国家级现代农业产业园（奖补资金7000万元），新评审认定市级现代农业产业园12家。至年底，全市有市级以上现代农业产业园71家，其中国家级2家、省级5家、市级64家。推动现代食品产业集群发展，规划“1+6+N”“大园区”格局，树立“一县一园区、一园区一特色”工作思路，以龙头企业为主体，重点打造新泰汶南食品特色产业园，推进东平现代食品产业园等六大县域产业园区建设，配套一批产业基地和精品微园。

【休闲农业】 泰安市坚持“农旅结合、以农促旅、以旅强农”的方针，实施项目带动，促进休闲农业快速发展，休闲农业成为全市农业高质量发展和新旧动能转换的重要支柱。2022年，全市休闲农业投入50.18亿元，休闲农业占地面积3.14万公顷，休闲农业经营主体2030个、从业人数23万人。至年底，全市有全国休闲农业重点县1个（新泰市），全国休闲农业与乡村旅游示范县2个（岱岳区、东平县），全国休闲农业与乡村旅游示范点2个（岱岳区道朗镇里峪村、宁阳县葛石镇），中国美丽休闲乡村5个（岱岳区道朗镇里峪村、新泰市新甫街道办事处上松山村、新泰市放城镇东石井村、肥城市孙伯镇五埠村、东平县南堂子村），中国美丽田园1个（东平湖湿地渔作景观）；山东省休闲农业与乡村旅游示范县3个，山东省美丽休闲乡村4个，齐鲁美丽田园6个，山东省休闲农业与乡村旅游示范点（村）13个，山东省休闲农业精品园区（农庄）11个。

【农业产业融合发展】 2022年，泰安市以现代农业产业园、产业强镇、乡土产业名品村等平台载体为抓手，做优做强泰山茶、泰山板栗、肥城桃、有机蔬菜、泰山大樱桃、苗木花卉、泰山西红柿、生态奶业、生猪、东平湖水产品十大优势产业，发展培育泰山黄精、泰山百合、生姜、中草药、宠物食品等新兴产业，打造一批优势聚集、产业融合、竞争力强的农产品优势集群，推动优势产业全产业链提档升级。以黄精为主导产业的岱岳区现代农业产业园成功创建国家级现代农业产业园，产业园总产值74.6亿元，带动1.5万人就业增收。肥城桃入选农业农村部2022年中国农业品牌名录，全市肥城桃种植面积达7333.33公顷，年产量20万吨，年销售收入10亿元。（王纬洋）

乡村建设

【镇村规划】 2022年，泰安市加快推进乡镇国土空间规划编制，推进城镇开发边界外有条件有需求的村庄编制“多规合一”实用性村庄规划。年内，全市启动邱家店镇、山口镇、祝阳镇、黄前镇、孙伯镇5个乡镇国土空间规划编制，完成《泰安市岱岳区道朗镇大王村北张村村庄规划》《泰安市天宝镇庄庄村村庄规划》《新泰市放城镇放城三村村庄规划》《肥城市汶阳镇西徐村村庄规划》等“多规合一”村庄规划17项，为村庄公共服务和农村一、二、三产融合项目建设提供规划保障。（王　健　张维康）

【农村公路建设】 2022年，泰安市推进“四好农村路”（建好、管好、护好、运营好）高质量发展，完成投资16.52亿元，新改建“四好农村路”820千米，路面状况改善工程1070千米，危桥改造30座，重要村道安保工程150千米，全市农村公路总里程达到1.55万千米。深化农村公路管理养护体制改革，推进“路长制”实施，设置县、乡、村各级路长3934名，完成路长公示牌设置3764个，健全完善路长制管理运行机制。推进市、县路长制智慧化管理平台应用，构建三级路长广泛使用的信息管理平台，实现路路有人管、管养必到位。打造“四好农村路”乡村振兴泰安样板，新泰市被命名为2021年度“四好农村路”全国示范县，东平县入选2022年全国示范县创建单位名单，泰山区、肥城市入选2022年省级示范县创建单位名单。（张　文　卞良浩）

【农村危房改造】 2022年，泰安市将农村低收入群体等重点对象住房安全保障作为一项重点工作，印发《2022年泰安市农村低收入群体等重点对象住房安全保障工作实施方案》，明确危房改造目标任务和工作要求，解决贫困农户住房问题。全年完成农村危房改造500户，争取资金1171万元。

【农村无害化厕所改造】 2022年，泰安市住房城乡建设部门做好农村无害化厕所的后续管护及规范提升工作。全年争取省级后续管护资金1721万元，完成100户农厕改造任务，累计设立农村改厕服务站272个，建设后续管护信息化平台7个，配置抽粪车370辆，配备管护保洁人员672名。升级改厕管控系统，实现改厕信息上报层层审批、改厕过程全程管理、区域化网格化管控、汇总统计直观展示。

【农村清洁取暖改造】 2022年9月1日，泰安市印发《泰安市2022年冬季清洁取暖实施方案》，明确农村地区任务目标、改造基本原则、补贴标准、实施步骤以及保障措施。项目初期，市住房和城乡建设局多次召开全市清洁取暖推进会议，协调解决任务分配、技术路线选择、资金和能源供应保障等各项问题；项目实施过程中，采取抽查、暗访等形式实地督导；项目竣工后，及时组织第三方进行抽验、走访。全年完成农村地区清洁取暖改造10.46万户，农村农房改造完成1680户。（李　燕　姜　敏）

【农村供水】 2022年，泰安市投资4.65亿元实施规模化供水管网延伸及414个村内供水设施更新改造等工程，改善农村供水基础设施。市政府出台《泰安市农村供水管理体制改革实施意见》，实施农村供水管理体制改革，推进县级供水公司整合、融合原有农村供水工程，提高农村供水工程运行管护水平。组织开展农村供水水质提升专项行动，加大城市自来水和农村规模化水厂延伸力度，改造提升农村供水设施，配套净化消毒设施设备，农村供水水质明显改善。（赵春明）

【建制镇污水治理】 2022年，市住房和城乡建设局向各县（市、区）转发省《关于进一步加强建制镇生活污水处理工作的意见》，督导加快编制建制镇生活污水治理专项规划，稳步推进设施建设、管网配套、优化管理。全市62个建制镇均建成污水处理设施（站、厂），共计68个，日处理能力10万吨，配套管网建设长度500余千米。（李　燕　姜　敏）

【农村人居环境整治】 2022年，泰安市57万余户农村改厕信息录入工作全部完成，排查发现存在问题的厕所完成整改。推进农村公厕建设改造20座，累计完成建设改造农村公厕1633座。新增632个行政村农村生活污水治理任务，开工659处（超额开工27处），完工632处，11处农村黑臭水体治理任务全部完成。巩固农村生活垃圾“户集、村收、镇运、县处理”工作体系，农村生活垃圾无害化村庄覆盖率保持100%。开展爱国卫生创新提升年活动，全市国家卫生县城创建比例达100%。完成新建和改造提升农村公路820千米，超计划160千米，改造危桥30座。完成村庄绿化716个，栽植各类苗木166.7万株。推动美丽乡村示范创建与农村人居环境整治工作相结合，2022 年，创建省级美丽乡村示范村 27 个、市级 75 个。

【乡村振兴齐鲁样板示范区创建】 2022 年，泰安市围绕“示范带动、全域培植、融合并进”的思路理念，分类分步实施乡村振兴示范区工程，以乡镇为单元，选定班子基础好、经济实力强、产业优势大的片区打造乡村振兴示范区，初步形成串点成线、连线成片、多点开花、齐头并进的示范格局。至年底，全市累计打造“村企合作”“产业融合”“组织带动”“绿色崛起”“文明深耕”等不同类型市级示范区 47 个（其中 2022 年新创建 12 个），总面积 9.47 万公顷，惠及 466 个村、68 万人。泰安市岱岳区道朗镇九女峰示范区、新泰市羊流示范区、东平县老湖示范区通过省级验收，获评省级乡村振兴齐鲁样板示范区；其中九女峰示范区先后获中国文旅融合示范奖、全省乡村旅游提档升级重点集群片区称号。泰安市岱岳区夏张镇示范区、泰安市肥城市潮泉镇泰山桃花源示范区积极争创第二批乡村振兴齐鲁样板省级示范区。在 9 月份召开的全省乡村旅游助力乡村振兴工作推进会议上，泰安市作典型发言。（刘天航）

乡村文化

【“一村一年一场戏”文化惠民活动】 2022 年，泰安市坚持以人民为中心的工作导向，以扩大文化活动覆盖面和提升文化生活满意度为目标，健全现代公共文化服务体系，特别是抓住文旅部“大地欢歌”乡村文化活动年的契机，创新文化服务方式，丰富文化产品供给，深入实施文化惠民工程，推进乡村文化振兴。印发《关于进一步做好 2022 年全市“一村一年一场戏”工作的通知》，在东平县举办泰安市“一村一年一场戏”文化惠民活动启动仪式。年末，全市投入资金 796 万元，演出 5603 场次，辐射观众 81 万人，村均演出 1.48 场；其中，市级层面投入资金 120 万元，送戏 400 余场。

2022 年 5 月 16 日，乡村振兴齐鲁样板示范区——岱岳区道朗镇九女峰示范区民宿（王纬洋 供）

【农家书屋】 2022 年，泰安市建成乡村书房 742 家，举办名著周末、朗读者大会等品牌阅读活动和惠民书展 1200 余场次，营造泰山脚下“读书好、读好书、好读书”的浓厚氛围。城乡书房工程获全省文化创新奖，《乡村书房建设及服务规范》省级地方标准给予立项，填补山东省在该领域的空白；九女峰书房成为全国网红打卡地和游客向往的新景点，2022 年被评为山东省最美书店。

【农村公益电影放映】 2022 年，泰安市满足广大农民群众观影需求，打造农村公益电影新亮点，推广“菜单式”公益电影放映，将公益电影升级为群众身边的精神文化新家园和思想教育新阵地。依托新时代文明实践中心建设，通过开展志愿服务活动，把党的创新理论、优质电影、惠民服务和文化大餐送到群众家门口，提升群众获得感、幸福感、安全感，全年放映农村公益电影 7.48 万场。（刘姗姗）

【新时代文明实践活动】 2022 年，泰安市实施公民道德建设工程，倡导美德健康生活，开展“美德泰安 健康生活”微视频大赛，组建宣讲团深入宣讲，编印发放 6.5 万册系列教材指导实践。丰富文明实践，成立市级新时代文明实践中心，建成县、乡、村中心（所、站）3700 余个、“文明实践家庭站”803 个，

2022 年 1 月 24 日，东平县旧县乡居民自娱自乐迎新春（陈阳 摄）

打造“蒲公英影院”等基层文明实践品牌。推动《泰安市志愿服务促进条例》颁布实施，发布市级重点志愿服务项目112个，开展活动4.8万次，服务群众50万人次。全市实名注册志愿者达116万名、志愿服务团体1.5万个。推出全国志愿服务先进典型1个、省级23个、市级100个。央视《新闻联播》报道泰安志愿服务活动信息，中宣部《宣传工作》刊发宁阳县“五为”（为老服务、为小服务、为困难群体服务、为需要心理疏导和情感慰藉人群服务、为社会公共需要服务）志愿服务经验。（李　川）

乡村社会治理

【乡村治理示范推广】　2022年，泰安市推进乡村治理示范和乡村治理体系建设试点示范工作，新泰市泉沟镇高崖头村、东平县东平街道塘坊村入选第二批全国乡村治理示范村；肥城市被评为全省乡村治理体系建设试点示范县，泰山景区大津口乡艾洼村、徂汶景区徂徕镇杜家庄村被评为全省乡村治理体系建设试点示范村。（王纬洋）

【文明村镇创建】　2022年，泰安市成功推荐省级文明村镇37个、市级文明村镇168个，县级以上文明村镇覆盖率90%以上。培育文明乡风，深化开展乡村文明行动，推动形成文明乡风、良好家风、淳朴民风。在乡村倡导开展“反对浪费、文明办事”移风易俗行动，引导群众破除陈规陋习，倡树新时代美德健康生活方式，提升全市农村精神文明建设水平。组织全市开展传统节日文化活动，厚植家国情怀，弘扬传统美德，培育文明新风。通过线上线下形式培训红白理事会成员，组织红白理事会骨干培训160场，培训1.82万人次，宣传推广有代表性的婚事新办丧事俭办的经验做法，喜事新办、丧事俭办、勤俭节约的理念深入人心。（李　川）

【农村干部“递进培养”工程】　2022年，泰安市实施新时代农村干部“递进培养”工程，回引“五乡”（举荐1万名新乡才植乡治理、回请1万名经济能人归乡兴业、引进5000名大学生返乡创新创业、选派1000名第一书记驻乡帮扶、遴选1万名实用技术人员跨乡服务）人才6353名，公开选聘326名大学生到村任职。新华社内参等刊发有关做法。将718名优秀村党组织书记纳入专业化管理，激励扛牢主责主业。实行薄弱村整顿“揭榜挂帅”，遴选42名机关事业单位干部到村任书记，推动266个“强基”村、36个村改社区攻坚对象全部完成整顿提升。（赵　越）

【村民自治】　参见《社会生活·社区建设》

【网格化治理】　坚持和发展新时代“枫桥经验”，2022年，泰安市发布全省首个《党建引领网格化治理工作规范》，依托党组织合理设置划分网格，纵向建立“村（社区）党委—网格（小区）党总支—村民小组（楼院）党支部—党员中心户”“金字塔”形党组织架构，横向推动业委会、物业企业党组织应建尽建。全市优化设置网格1.05万个，建设服务驿站1432个，网格党组织覆盖率100%。市委政法委组建“1+2+N”（网格长或总网格长，专职、兼职网格员，楼长、单元长、社区民警等社会辅助力量）网格工作团队，配备总网格长3011名、网格长5404名、网格员1.22万名，党员网格员占比63.3%。高标准、实体化建设市级综治中心（市网格化服务管理中心），6个县（市、区）、88个乡镇（街道）中心全部建成运行，3756个村（社区）全部建立工作站。健全完善网格信息基础库，网格员全部配齐手持终端，累计采录人口数据481.7万条，房屋数据155万条，其他数据145.6万条。制定党员管理服务、信息采集维护、社会治安巡防等9大类31项“网格服务管理事项清单”，创新“十必访、十必报、一口清”工作法。加强“一站式”矛盾纠纷多元化解机制建设，市、县、乡三级“一站式”矛盾纠纷调解中心全部挂牌成立，创新形成“三融三通”（推进融合部门最大化、融合机制最优化、融合效能最佳化，与网格治理相贯通、与议事协商相融通、与帮扶救助相联通）泰安模式，打造“泰好调”品牌，调解矛盾纠纷案件2万件，调解成功率99%。

【平安乡村建设】　2022年，泰安市依法加大对农村非法宗教活动、邪教活动打击力度。重拳打击农村黑恶势力，深化自然资源、工程建设等重点行业领域整治，打掉农村黑社会性质组织1个、恶势力犯罪集团1个、恶势力团伙5个，对172件涉及村“两委”成员的线索组织县（市、区）之间互查，发现并整改问题19件。开展农村道路“打非治违”专项整治10次，查处农村道路违法1.17万起，515处事故易发点段全部采取“三必上”（警告标志、减速带、路侧护栏）、“五必上”［警告标志、道路标线、减速带、警示桩、交通信号灯（含闪光警告信号灯）］措施。加强农村警务工作，推行“一村一警”机制，实施乡村“雪亮工程”，重新运维村级监控8452路，3550个技防村感知设备实现全覆盖。加强法治乡村建设，强化“三人一户”建设，选拔聘任“法治带头人”4243名、“法律明白人”1.22万名、村（居）法律顾问974名，打造农村法治文化阵地5700余处，培育“农村学法用法示范户”1903户，争创国家级民主法治示范村22个、省级示范村56个、市级示范村1329个。深化农村网格化服务管理，设置农村网格6565个，农村网格员9667名，完善巡查走访、问题处置等工作机制，农村网格上报处置事件110万件，为民服务事项100万件。加强乡村矛盾纠纷多元化解机制建设，88个乡镇“一站式”矛盾纠纷调解中心全部挂牌成立，形成“一中心受理、一揽子调处、全链条服务”新格局，受理农村各类矛盾纠纷1万余件，调处成功率达99.6%。

（董陈东　宋春晓）

编辑　校对　　戚淑娟

区域发展

黄河重大国家战略落实

【概况】 泰安市地处黄河下游，黄河下游最大支流——大汶河贯穿东西，黄河流域下游唯一重要蓄滞洪区——东平湖与黄河相连，境内黄河流域面积占全省黄河流域面积47.5%，是省内唯一所辖县（市、区）全域覆盖的市。2022年，泰安市委、市政府对标对表习近平总书记关于黄河重大国家战略系列重要讲话精神，贯彻国家、省级黄河重大战略部署，把握"重在保护、要在治理"战略要求，打造山东黄河流域生态保护和高质量发展目标定位，以泰山、大汶河、东平湖三大重点生态区域治理为核心，以科学规划为引领，以重点项目为载体，推进黄河流域大保护、大治理、大发展。

【体制机制建设】 2022年，泰安市高规格成立推动黄河流域生态保护和高质量发展领导小组，市委出台《落实黄河重大国家战略决定》，印发《黄河流域生态保护和高质量发展实施规划》，谋划实施东平湖、泰山文化、山水林田湖草等一批专项规划，制定实施方案、"三张清单"等文件，构建从"规划图"到"施工图"一揽子政策规划体系。建立市级黄河重大国家战略重点项目库，谋划重大工程、重大事项200余项，年内集中实施黄河战略重点项目100个。34个省黄河重点项目、100个市黄河重点项目分别完成投资40.9亿元、117.4亿元，分别完成年度投资计划114.9%、119.2%。建设法治保障体系，全面落实《泰山风景名胜区生态保护条例》《泰山风景名胜区保护管理条例》《泰安市城市绿化条例》《泰安市生活垃圾分类管理条例》《泰安市大气污染防治条例》等法规。

【生态环境修复】 2022年，泰安市持续推进东平湖生态保护修复，打造南水北调东线工程第一个无渔业养殖湖区，东平湖水质稳定保持在Ⅲ类水标准以上，局部达到Ⅱ类标准。推进泰山区域生态保护修复，投资166亿元实施泰山区域山水林田湖草生态保护修复工程，山青、水绿、林郁、田沃、湖美的泰山大生态格局基本形成。实施大汶河水体生态修复，因地制宜建设人工湿地水质净化工程，科学实施大汶河水量调度。规范开展黄河河道外生态补水，严禁向"伪生态"补水项目供水。2022年，大汶河戴村坝监测断面1立方米每秒生态流量目标达标天数359天，达标率98.35%。实施现代水网建设行动计划，推进大汶河砖舍拦河闸、尚庄炉水库增容工程建设。

【抵御自然灾害防线构建】 2022年，泰安市推进黄河下游防洪综合提升工程，投资7.8亿元实施黄河东平湖蓄滞洪区防洪工程，完成石洼、林辛、十里堡分洪闸除险加固工程。实施大汶河防洪治理，完成18条中小河流治理、2座大型病险水闸除险加固、203座中小型水库除险加固。主汛期前完成东平县金山坝水毁修复、东平湖八里湾泄洪闸南排连通等工程。编制东平县移民迁安应急预案等各类预案2146个，摸排全市水库617座、河道482条、地质灾害隐患点133处、转移避险村庄466个等10类防汛重点，新组建专业抢险救援队伍6支。对泰安城区低洼易涝区域进行提升改造，对45条道路排水管网进行清淤，完成海绵城市建设118平方千米。

【水资源集约管理】 2022年，泰安市以《泰安市水资源管理办法》为抓手，推进地下水水位和水量"双控"管理。打造全国首家省级水资源计量装备产业计量测试中心，建成水资源税远程监控系统平台设施1039台（套），在全省率先实现县域节水型社会达标建设全覆盖。严把黄河水"取水关"，泰安市黄河取水指标为1.21亿立方米，已许可取水量为0.33亿立方米，严格把控取水许可审批，全面完成取用水管理专项整治行动阶段性任务。4月21日，出台《泰安市水利局服务促进新型工业化强市建设若干措施》，盘活3.7亿立方米水资源可用容量。完成水权交易45笔，交易水量2441.18万立方米，交易笔数、交易水量居全省前列。

【绿色低碳高质量发展】 2022年，泰安市加快产业结构和能源结构优化升级，落实"三个坚决"（坚决淘汰落后动能、坚决改造提升传统动能、坚决培育壮大新动能），实现"五年取得突破"目标，"四新"（新技术、新产业、新业态、新模式）经济占GDP比重提高到32%。打造"千万千瓦级'储能之都'"，泰安二期抽水蓄能电站、肥城先进压缩空气储能调峰电站纳入国家首台（套）重大技术装备依托工程项目名单。推进以科技创新为核心的全面创新，成功入选"科创中国”首批试点城市、第二家“科创中国”创新基地；成功争创国家级先进印染技术创新中心；山东泰开电力电子有限公司、力博重工科技股份有限公司等获得国家科学技术进步二等奖。出台人才政策“金十条”助力新旧动能转换，市级招才引智基金累计投放超 2 亿元。

【黄河文化保护传承】 2022 年，泰安市成立泰山文化传承发展示范区建设工作领导小组、泰山文化传承与高质量发展推进委员会，制定实施三年行动计划，深度挖掘阐释泰山文化新时代价值内涵。推进实施泰山博物院、大汶口国家考古遗址公园、泰山新闻出版小镇等十大标志性项目。打造“泰山论坛”文化品牌，举办泰山国际登山节、泰山国际文化论坛、大运河沿线“非遗”交流展等重大节庆活动。实施岱庙、红门宫、碧霞祠等文物保护修缮工程，加强革命文物保护利用，抓好泰山玉雕、肥城桃木等手造产品创新转化，4 家企业入选“山东手造 · 优选 100”，推进泰山文化数字化转化。（李 隆）

融入省会经济圈一体化发展

【概况】 2022 年，泰安市贯彻省委、省政府关于构建“一群两心三圈”（打造具有全球影响力的山东半岛城市群，支持济南、青岛建设成为国家中心城市，推进省会、胶东、鲁南三大经济圈区域一体化发展）区域发展总体布局决策部署，按照“融入济南、服务省会，同城布局、错位发展”工作思路，聚焦设施共联、产业共兴、生态共治、市场共建等领域开展区域合作，推动一体化发展不断取得新成效。编制《钢城新泰一体化发展先行区建设实施方案》，打造省会经济圈跨市域毗邻县（市、区）一体化发展示范区。

【交通互通】 2022 年，(北)京台(北)高速济南泰安段改扩建建成通车。济（南）广（州）高速泰安段改扩建、国道 105(北)京澳(门)线东平段改建、省道 103 东岳胜境旅游公路等加速推进。“莱（芜）热入泰（安）”长输供热工程启动建设。K919 泰安至济南、K929 泰安至莱芜、肥城至济南等公交线路规范运营。

【环境联治】 2022 年，泰安市实施生态环境共保联治，加强机动车超标排放数据应用，与圈内各市实现排放检验结果数据共享，与济南市建立横向生态补偿机制。会同周边地市开展行政边界区域联合环境执法检查活动。提升协同创新水平，参与经济圈科技创新联盟网站和专栏设立，重点抓好泰安产业技术创新研究院、泰山创新谷等创新平台建设运营，共同推动区域数据流通交易市场建设。

【文化互融】 2022 年，泰安市深入文化旅游合作，共同编制《山东省会经济圈暨沿黄九市研学旅行产品汇编》，共建黄河文化旅游带，打响“平安泰山”等文化旅游目的地品牌。完善便民服务体系，举办首届省会经济圈商事登记联席会议，提高“跨域通办”“济（南）泰（安）行政审批服务一体化”等服务水平。（李 隆）

2022 年 12 月 22 日，莱（芜）热入泰（安）长输供热工程启动仪式举行

（司 刚 摄）

城乡融合发展

【概况】 2022 年，泰安市以农业转移人口市民化为重点，以智慧化、绿色化、均衡化、双向化为引领，推动新泰市首批省级城乡融合发展试验区创建工作。全市常住人口城镇化率达 65.45%，增幅 0.64%；在全省 16 市高质量发展综合绩效考核中，考核成绩列第三组第一名。

【新型城镇化三年行动】 2022 年，泰安市住建部门贯彻落实《泰安市贯彻落实〈山东省深入推进新型城镇化三年行动方案（2021—2023 年）〉加快推进新型城镇化发展的实施意见》，精准把握三年新型城镇化高质量发展集中突破期，持续推动智慧城镇化全面赋能，绿色城镇化加快突破，均衡城镇化扎实推进，双向城镇化步伐提速，推动泰安市新型城镇化发展走在全省前列，把泰安打造成宜居宜商宜业宜游之地。

【新泰市首批省级城乡融合发展试验区创建】 2022 年，新泰市聚集试点任务，落实重点任务 17 项，重点领域策划实施项目 123 个，规模以上工业企业达 286 家，制造产业规模以上工业企业产值占比达 23.8%，各类金融机构达 64 家，建成现代农业产业园区 136 个，入选“科创中国”试点市建设项目 6 个，引进高层次人才 153 人。新泰市推进城乡教育均衡化发展、聚集城镇建设赋能城市发展两个经验被全省推广。新泰市省级城乡融合发展

试验区在省级试验区监测评价中排名第六。（李　燕）

对口支援协作

【概况】 2022年，泰安市投入援疆资金2.35亿元，实施项目20个，促进岳普湖县经济社会发展。人民网、中新社等主流媒体刊发各类宣传稿件160篇；“春风”妇幼健康工程相关做法在央视频道专题报道。落实省、市援助巫溪县资金6120万元，谋划帮扶项目30个；完成社会捐赠561.96万元，实施帮扶项目22个，推动泰安巫溪协作走深走实。

【对口支援岳普湖县】 2022年，泰安市突出人才援疆，探索“融合式管理、植入式帮扶”新模式。依托泰安援疆教科研中心，组团帮扶岳普湖县二中等4所学校教学成绩提升。选派25名优秀医疗人才，打造岳普湖县人民医院胸痛、卒中等五大中心，高标准建设岳普湖县妇幼保健院；实施“春风”工程、“青蓝同辉”师徒结对工程，打响“组团式”医疗援疆品牌。突出产业援疆，完善泰岳包装材料产业园基础配套，推进山岳鑫成新材料包装产业集团投产达效，“一区四园”（泰岳工业园区，新岳服装家纺产业园、新岳轻工建材产业园、新岳高科技产业园、商贸物流园）承载力不断提升。落实重点项目52个，到位资金18.3亿元；新增就业2600人。“岳好办”政务品牌在南疆政务服务考核中名列前茅。突出消费援疆，构建疆内联采联购、疆外联采分销机制，济南喀什好味道、泰安市供销社泰供农产品公司累计采购岳普湖县农副产品1200余吨、1600万元。突出文化润疆，开展“民族团结一家亲”示范创建、“鲁礼庆婚·岳好家庭”评选表彰、“鲁喀青少年手拉手”等活动。泰山学堂承接各类活动40场次。“直播泰山”活动受益师生3000余人次。推动泰岳44所学校结对交流，组织130名基层干部到泰安市学习培训。按照“微组团”乡镇援疆模式，打造山东援疆“一抓双促”［抓党建促稳定促脱贫（促振兴）］示范村5个。

2022年9月6日，“泰山之约　五岳聚首”2022年中国（泰安）中外旅行商电商采购峰会暨国内融媒体旅游采风在泰安举行。图为泰安市旅行社协会与重庆市巫溪县文化和旅游发展委员会就两地文旅协作工作签订合作协议（司　刚　摄）

【东西部协作巫溪县】 2022年，泰安市落实高层互访互动机制，召开联席会议两次，全方位深化帮扶协作。强化人才交流，挑选7名优秀教师对巫溪高中学校开展为期三年的教育帮扶；选派86名专业技术人员赴巫溪县挂职锻炼；139名巫溪县党政干部、专业技术人员到泰安市培训学习。强化产业协作，引进山东诸城华清园公司肉食品加工、深圳市小禾苗公司20万羽蛋鸡场等项目，建成并挂牌鲁（山东）渝（重庆）协作共建产业园7个。强化消费协作，举办2022“（山东）鲁渝（重庆）情深”消费帮扶暨巫溪特色农产品展销会、“十万吨渝（重庆）货进山东”活动，全年东部省份采购和帮助销售巫溪县农副产品价值6108万元。强化劳务协作，完成（山东）鲁渝（重庆）劳务协作对接1次，举办专场招聘会1次，带动农村劳动力就业1022人。强化示范带动，量身定制《通城镇龙池村乡村振兴策划》；在中鹿村等10个村探索开展村支部领办合作社项目；共建产业示范园区，加强科研院校合作，扶持蛋鸡产业、中药材产业发展。（李　隆）

编辑　校对　王　巍

黄河流域生态保护

重点区域生态治理

【泰山区域生态保护与修复】 2022年，泰安市坚持山水林田湖草系统治理，总投资166.37亿元，实施泰山区域山水林田湖草生态保护修复工程，完成矿山生态修复1584.5公顷，土地整治2.7万公顷，新增耕地4558.5公顷、湿地726.6公顷，为全省乃至全国山水林田湖草系统治理提供经验做法。实施最严格的泰山石保护，彻底关闭取缔泰山石交易市场236处，终结采挖买卖泰山石的历史。

【大汶河流域生态保护与修复】 2022年，泰安市推进大汶河、柴汶河等水体生态修复，投资6亿元，因地制宜开展16个人工湿地水质净化工程项目，建设人工湿地面积126.67公顷，日处理水量26万立方米，大汶河流域省控、国控断面水质稳定达标。

【东平湖区域生态保护与修复】 2022年，泰安市推进东平湖生态环境综合整治，开展清网净湖、取缔餐船、菹草清理等九大攻坚行动，累计清理网箱网围8400公顷，关停沿湖污染企业683家，销毁大型采砂船370艘，每年清理菹草等漂浮物3万余吨。先后修复湿地2266.67公顷，建设环湖生态隔离带84千米、防护林带67.6千米，东平湖水质稳定达到地表水三类标准。推进东平湖生物多样性保护，东平湖记录青头潜鸭种群数量1600余只，为国内记录到的最大单一青头潜鸭种群。

（姜　强）

湿地保护与修复

【概况】 2022年，泰安市有湿地公园7处，其中国家级湿地公园3处、省级湿地公园4处。年内，完成7处湿地公园的勘界立标工作，形成湿地范围矢量数据，共设立界碑98个、界标1063个、指示宣传牌516个。投资790万元，完成2020年度东平滨湖国家湿地公园湿地保护与修复项目，修复面积44.85公顷。总投资1794万元的2021年度东平滨湖国家湿地公园和2022年度新泰青云湖省级湿地公园、宁阳县大汶河省级湿地公园3个湿地生态保护修复项目，均进入工程实施阶段。

【湿地保护管理】 泰安市湿地保护形式有自然保护区、风景名胜区、湿地公园、森林公园、水源地保护区、水利风景区6种。2022年，市林业、水利、农业农村等7个部门协同推进湿地保护工作，根据生态区位、生态功能和生物多样性，对全市湿地进行分级管理、对重要湿地进行重点保护。先后在东平滨湖国家湿地公园、宁阳县大汶河省级湿地公园、新泰青云湖省级湿地公园实施湿地保护修复工程，修复退化湿地面积108.2公顷；通过湿地修复工程，改善湿地公园生态环境，提升湿地生态功能，泰安市鸟类实现恢复性增长，由原来的190余种增加到370余种。强化湿地资源监管，与市生态环境部门建立泰安市自然保护地生态环境保护综合执法联动工作机制，联合开展“泰安市违法侵占省级以上湿地公园等各类自然保护地和重要湿地问题排查整治专项行动”，按照全覆盖、零容忍、严整改、重实效的要求，打击湿地公园等自然保护地内破坏生态环境违法行为。开展湿地生态教育和保护宣传，依托3处国家湿地公园的湿地自然生态环境和湿地科普宣教馆开展湿地生态教育实践活动，泰安汶河国家湿地公园接待市民对湿地结构和生态功能进行研学，东平滨湖国家湿地公园建立鸟类科普基地，吸引中小学生前往参观学习。

【国家级湿地公园】 山东泰安汶河国家湿地公园 位于泰安市徂徕山汶河风景名胜区，由徂汶景区所辖的大汶河干流河段及两岸湿地组成，北起泰（安）新（泰）高速牟汶河大桥，南抵颜谢坝，长度20千米。公园总面积1200.1公顷，湿地面积1040.43公顷，湿地率86.7%。该湿地公园以大汶河典型的河流湿地生态系统为主体，以保护和净化大汶河干流水质为主要目标。自2014年开始，先后实施大汶河流域泮河人工湿地水质净化、汶河湿地生态保护与综合利用、泰山区域山水林田湖草生态保护修复等一系列工程，通过对河道清淤疏浚、实施驳岸生态修复工程及配套附属工程，提升湿地功能和景观、改善大汶河水质，保护和恢复湿地公园内动植物栖息环境，湿地生态系统日趋稳定。2016年，被评为山东最美湿地；2019年起连续在湿地公园内发现极度濒危鸟类青头潜鸭近20只；2020年12月，被评为国家级湿地公园。

2022 年 6 月 20 日，山东泰安汶河国家湿地公园望岳楼风光（王飞飞　供）

山东肥城康王河国家湿地公园　位于泰安市肥城市，以康王河为主体，包括与其交汇的龙山河、汇河的部分河段，以及与汇河连通的部分矿区塌陷地，规划总面积892.19公顷（湿地公园面积）。该湿地公园自2014年开始建设，肥城市对康王河流域实施河道清淤、筑堤、绿化等一系列工程，组织实施湿地保护与恢复投资项目，建设科普宣教中心、生态监测站、鸟类栖息地，设立界桩、界碑，建设生态驳岸7.2千米、照明系统5千米、木栈道1千米，完善标示标牌、宣传解说牌，逐步发展为集湿地保护与恢复、科学宣教、合理利用、管理服务于一体的湿地公园。2019年被评为国家级湿地公园。

山东东平滨湖国家湿地公园　位于泰安市东平县东平湖滨、老湖镇滨湖大道以西，南起州城街道王庄村旧址，北至老湖镇二十里铺村，西起老湖镇后仓村旧址，东至水浒古镇码头。按湿地类型分永久性淡水湖泊和草本沼泽两个湿地型，主要保护对象为东平湖自然景观、东平湖芦苇沼泽湿地生态系统和珍稀保护野生植物。该湿地公园自2015年开始建设，先后实施退化湿地修复、生态环境提升、水生植物优化调控等湿地保护与恢复等项目规划和建设，建设各类解说、宣教、引导标示牌157处，设立界碑10处、界桩223个，建设湿地监测监控点9处，修复退化湿地生态工程2.15万平方米；规划建设科普宣教基地，赋予湿地生态教育、观光休闲等功能。2016年，被评为山东最美湿地；2020年12月，被评为国家级湿地公园。2020年，长江生态保护基金会联合25家单位在全国16个省104个区县的168个点位，发起珍稀极危野生鸟类——青头潜鸭越冬期全国同步调查，在所有单一调查地块内，东平湖记录到的青头潜鸭数量最多（308只）。2022年，通过水岸地形整理、植被恢复等方式开展湿地生态修复，修复湿地面积43公顷。（石亚男）

矿区整治

【绿色矿山建设】　2022 年，泰安市根据自然资源部和省自然资源厅工作要求，对 49 个绿色矿山开展“回头看”活动，督促存在问题的矿山企业进行整改，将不符合绿色矿山条件的 7 个矿山及时移除绿色矿山名录，巩固全市绿色矿山建设成果。8 月，泰安市印发《泰安市矿业绿色高质量发展提升行动实施方案》，明确绿色矿山建设的主要目标、重点工作和工作措施。至 2022 年年底，全市 86 个持证矿山中，大、中、小型矿山数量分别为 59 个、11 个、16 个，其中建成绿色矿山的有 41 个（1 个绿色矿山采矿许可证已过期），大、中、小型绿色矿山数量分别为 32 个、3 个、6 个，大、中、小型绿色矿山的建成率分别为 54%、27% 和 38%，绿色矿山建成数量居全省第 2 位。年内，全市有 15 个矿山建成绿色矿山，年末申请入选山东省第五批绿色矿山。

【采煤塌陷区综合治理】　2022 年，泰安市利用省级采煤塌陷地综合治理专项资金实施项目 4 个，分别为新泰市汶南镇、楼德镇等采煤塌陷地综合治理工程、肥城市王瓜店北部采煤塌

泰安中联水泥有限公司落虎山水泥用灰岩矿 2021 年被评为“国家级绿色矿山”。图为 2022 年 6 月 20 日拍摄的矿山全貌（苏晓川　摄）

陷地治理工程、肥城市湖屯镇董二村等采煤塌陷地综合治理工程和宁阳县堽城镇桥北村片区治理项目，治理面积796.34公顷。项目以恢复生态环境、促进产业发展、改善塌陷区群众生产生活为目标，通过田块和供排水规划、削高填低等措施，平整项目区内土地，修复交通、水利设施。实施采煤塌陷地认定退出项目4个，认定退出面积865.65公顷。针对企业治理模式的多样性，在收集资料和分析整理的基础上，开展野外调查，利用水质、土壤等样品采集、地质调查、水文地质调查、航测等工作手段，评估采煤塌陷地现状，对于符合《山东省采煤塌陷地治理工程建设标准》的采煤塌陷地进行退出，最终形成调查评估报告。市、县级自然资源和规划主管部门组织农村农业、水利等相关部门、镇村代表、专家通过现场查看、资料审查等形式，对第三方提交的调查评估报告进行认定，确定符合验收认定条件的塌陷地认定退出，移交土地权属人。

（王　健　张维康）

黄河流域造林绿化

【概况】　2022年，泰安市贯彻落实国家黄河战略和国务院办公厅《关于科学绿化的指导意见》，把增绿扩绿的主攻方向转到重点攻坚和科学绿化上，依法精准拓展绿化空间，实施工程化、专业队造林，突出抓好荒山绿化、乡村绿化美化和森林质量提升，依法依规推进廊道绿化。全市完成造林面积565.93公顷，占年计划的169.8%；廊道绿化154千米，占年计划的154%；新建农田林网26千米，占年计划的130%；森林抚育800公顷，占年计划的120%；义务植树507万株，占年计划的101.4%。对716个村庄实施绿化美化，栽植各类树木162.66万株。新泰市被全国绿化委员会、人力资源社会保障部、国家林业和草原局表彰为全国绿化先进集体；徂徕山林场成功入选国家森林碳汇试点林场（山东省唯一）。

【义务植树】　2022年，泰安市完成义务植树507万株。3月12日，市各大班子领导与干部群众在泰山区邱家店镇济（南）泰（安）高速连接线参加义务植树活动，种植华山松、紫薇等苗木600余株。广大干部群众开展“巾帼林”“志愿服务林”“党员共建林”建设等形式各样的义务植树活动。岱岳区推进“信用+”义务植树新模式，村民均为绿化管护志愿者，通过给管护的绿化苗木浇水、施肥等方式获得信用积分，积分可以在指定的信用超市兑换物品。该模式有效调动全区33.5万人参加义务植树活动，栽植各类苗木52.6万株，苗木成活率95%以上。

2022年3月12日，市民在义务植树　　（司　刚　摄）

【森林抚育】　2022年，泰安市采取退化林修复、低效林改造等措施，更新栽植更多的乡土树种、彩叶树种等珍贵树种，培育发展大径级树种、固碳能力强的树种，精准提升黄河、泰山、徂徕山、大汶河、东平湖等周边重点生态功能区和国有林场森林质量，增强森林生态功能和碳汇能力。全年完成森林抚育面积800公顷，占计划任务的120%。　（石亚男）

水资源节约集约利用

【水资源监管】　2022年，泰安市安装完成水资源税远程监控系统平台设施1039台（套），实现非农取用水户远程在线监控全覆盖。制定《2022年水资源管理强监管工作计划》，开展水资源管理暨节约用水监督检查，实地检查单位9家，进一步规范全市取用水秩序。完善重点监控用水单位名录，其中国家级1家、省级4家、市级35家。对“双随机、一公开”取水单位或个人取水行为的监管事项全部认领，开展“双随机、一公开”监督检查。行政审批部门会同水利部门，严格把控取水许可的审批，规范取用水审批，强化取水许可事中、事后监管，规范全市取用水管理秩序。

【节水型社会建设】　2022年，泰安市开展多层次、多领域的节水型单位创建工作，创建省级节水型单位26家，泰安市水利局、泰山区水利局、岱岳区水利局、肥城市水资源保护中心、新汶矿业集团有限责任公司华丰煤矿5个单位被评为全省“落实国家节水行动工作表现突出集体”。市水利局印发《关于开展全市水利行业节水型单位创建工作的通知》，苇池水库、田村水库等7家单位通过验收，水利行业节水型单位创建工作全面完成。山东农业大学被评为山东省节水型高校。市水利局获“全国节约型机关”称号。

【水权水市场建设】　2022年，泰安市探索水资源优化配置和高效利用新模式，完成水权交易45笔，其中中国水权交易平台19笔、泰安水权交易

平台26笔，交易水量2441.18万立方米，交易笔数居全省第1位，交易水量居全省第2位。（赵春明）

防洪减灾工程建设

【水利规划编制】 2022年，市水利部门编制完成《泰安市黄河流域生态保护和高质量发展水利专项规划》《泰安市水利局“十四五”推动黄河流域生态保护和高质量发展实施方案》《泰安市现代水网建设规划（2021—2035年）》；开展《泰安市中小河流治理总体方案》编制工作。

【防洪水利工程建设】 2022年，泰安市列入省调度重点水利项目52个，总投资35.82亿元，年度计划投资19.27亿元，实际完成投资22.31亿元，占全年计划完成投资的115.8%，全省16地市列第5位。其中，大汶河砖舍拦河闸工程是省重点基础设施项目，在省内同类工程中投资最大、体量最大、蓄水水位最高；10条中小河流治理项目有序推进，治理河道长度61千米，超额完成既定任务目标。完成东平县金山坝水毁修复、东平湖八里湾泄洪闸南排连通工程，省水利厅专门发“表扬信”，表扬在东平湖洪水外排河道应急疏通工程建设中作出积极贡献的泰安市水利局和东平县水利局。完成北吕、大石桥、孙西、大山、小龙潭、王家河6座小型病险水库除险加固，小型病险水库除险加固“一线”盯靠法得到省水利厅肯定。完成8条107.47千米河道水系绿化任务，3处水利工程被评为全省水系绿化样板。完成4条（段）省级、5条（段）市级美丽幸福示范河湖创建和189条（段）美丽幸福示范河湖达标建设。（赵春明）

黄河流域环境污染防治

【黄河流域涉气企业排查整治行动】 2022年，泰安市开展低效设施提升整治行动，召开黄河流域涉气企业排查整治行动专项工作会议，印发《关于做好黄河流域涉气企业排查整治行动的通知》，开展黄河流域涉气企业排查整治行动，全市排查企业1141家，完成整治企业570家。针对单一低效治理问题，全市排查企业1100余家，完成挥发性有机化合物低效治理设施改造企业600余家。

【黄河流域入河排污口整治】 2022年，泰安市对全市市控以上重点河流、市级以上水功能区及部分县控重点河流等185条河流和东平湖，开展入河排污（水）口排查，排查重点河道及东平湖双侧岸线总长度5223.84千米，形成入河湖排污（水）口“一张表、一张图”。印发《泰安市入河湖排污（水）口溯源整治及规范化管理工作方案》，实施入河排污（水）口溯源及分类整治，350个黄河流域（沿黄县）入河排污（水）口率先完成整治。泰安市印发《泰安市入河排污口监督管理实施方案》，持续强化入河排污口整治及规范化监管，全市安装河排污口视频监控44处，新审批工矿企业、各类园区、城镇污水处理厂等入河排污口9处，开展黄河沿线疑似排污口交叉互查，排查图斑31处。

【黄河流域“清废行动”】 2022年4月，泰安市组织召开黄河流域“清废行动”贯彻落实部署推进会议，明确“清理、溯源、处罚、公开”的工作程序。探索建立“高清卫星遥感—现场核查—遥感回头看”的闭环工作模式，梳理核查疑似固体废物堆存点位902个，均按期完成清理整治任务。对636家企业和3706个村（居）开展工业固体废物排查整治“回头看”和历史遗留问题“大走访”，发放宣传信87.58万份，张贴海报7100余张，悬挂横幅或电子屏2170条。组织开展危险废物整治攻坚、停工停产企业排查、废弃危化品风险治理等专项行动，限期整治环境安全隐患249处。核发、换发危险废物经营许可证26个。组织各分局对涉危废企业进行规范化环境管理评估，抽查检查危险废物重点监管企业146家，现场抽查合格率96%。制定发布《泰安市生态环境局应对新型冠状病毒感染的肺炎疫情医疗废物处置应急预案》，建立医疗废物应急处置设备清单，医疗废物应急处置储备能力每日395吨。全年启动医疗废物处置应急响应2次，安全处置医疗废物8722吨，其中涉疫情医疗废物2320吨。2022年辖区内未发生因环境监管不力导致的涉危险废物突发事件。（姜　强）

水利管理

【水利工程建设管理】 2022年，大汶河汶口坝拦河闸除险加固工程、宁阳县大汶河堽城坝拦河闸除险加固工程、宁阳县洸府河泗店段治理工程3项大中型水利工程竣工验收。大汶河汶口坝拦河闸除险加固工程获得山东省优质结构工程奖，大汶河防洪治理工程肥城四标段、二期工程岱岳区二标段获市水利系统优质工程奖，宁阳县洸府河伏山段治理工程、岱岳区瀛汶河上游段治理工程获市文明工地奖，新泰市河道管理保护服务中心获优秀组织单位奖。

【水利工程运行管理】 2022年，泰安市5座水库被评为山东省乡村小型样板水库，岱岳区被评为2022年山东省深化小型水库管理体制改革样板县，岱岳区水利局在全省水利工程运行管理工作会议上作典型发言。完成数字水利平台建设任务。结合公益岗困难人群就业安置与小型水库“巡库员”选人用人条件，选聘巡库员700名。3项创新成果分别获全省农林水牧气象系统工作创新竞赛优秀成果二等奖和技术创新竞赛优秀成果二等奖、三等奖。2处水利站所被省农林水工会评为“职工信赖的职工小家”，1人被市总工会评为新时代岗位建功劳动竞赛标兵。按时完成5座水闸安全鉴定。

【河湖长制】 2022年，泰安市出台《泰安市2022年度河湖长制工作要点》《泰安市第9号总河长令》《泰安市河长制湖长制工作督查激励实施办法》，纵深推进“一河（湖）一策”方案及河湖岸线利用管理规划实施，“四不两直”开展水库河道公示牌设置和相关责任人履职情况督导检查，组织开展碍洪整治、采砂监管、拦河工程整治三大行动，各级河湖长累计巡查20万次。

【依法管水治水】 2022年，泰安市出台《泰安市水资源保护管理条例》《泰安市河湖保护管理办法》，以良法促进发展、保障善治。由市水利局牵头，联合市检察院、公安局、住房和城乡建设局开展城区自备井专项整治，市级层面发起检查活动200余次，排查经营单位500余家，依法对4家经营单位存在的违法行为予以行政处罚。印发《泰安市强化水行政执法工作意见》《泰安市水行政执法监督检查办法》，全面规范水政监察支队管理和水政执法工作。完成泰安首个水利工程电子招投标监管试点实证项目。市水利局被评为“鲁水先锋杯”山东省水利系统党务干部技能比武优秀组织奖。（赵春明）

2022年6月20日，东平湖蓄滞洪区南排泄洪渠道贯通　（刘性泉　供）

黄河河务

【概况】 2022年，泰安市全力防御黄河两次调水调沙大流量过程，汛期战胜大汶河6次洪峰，实现黄河、东平湖防洪安全和防凌安全，东平黄河河务局、东平管理局等3家单位获评全省防汛抗洪表现突出集体。加强防洪工程建设与管理，黄河东平湖蓄滞洪区防洪工程获评2022年度国家水土保持示范工程，林辛分洪闸、东平湖围坝（56+050 ~ 61+635）2处工程获评黄河水利委员会（简称黄委）示范工程。深入学习宣传贯彻《中华人民共和国黄河保护法》，东平湖管理局普法办公室获评全国水利系统“七五”普法先进集体。

【防汛防凌】 2022年，东平湖管理局开展防汛备汛工作，制作东平湖防汛培训专题教学片，对各级行政首长开展培训，提升责任意识和防汛指挥能力。修订完善各类预案方案，首次印发《东平湖防汛应急预案》，为东平湖防汛应急提供决策依据；全面消除空白坝，处理82处工程隐患，完成5项水毁工程修复，泰安市投资100万元加固二级湖堤水毁段根石；配合地方政府打通东平湖南排渠道，保障东平湖向南四湖泄洪畅通；组织、指导、参与各类抢险演练10次，增强防汛抢险指挥专家和抢险队伍的实战能力。培养“山东黄河防汛专家”10名。开展“1+N”多渠道保障防汛物资试点，探索无人艇根石探测，提升防汛现代化水平。全力防御黄河两次调水调沙大流量过程，战胜大汶河6次洪峰，汛期累计入湖水量16.65亿立方米、出湖泄洪13.38亿立方米。

【防洪工程建设】 2022年，东平湖管理局注重规划引领，参与黄河防洪规划修编，配合省黄河河务局编制《确保东平湖蓄滞洪区蓄滞洪能力技术问题研究报告》，《东平湖综合治理提升方案项目任务书》通过水利部批复。10月18日，黄河下游引黄涵闸改建工程（山东段）国那里引黄涵闸开工，总投资5131.91万元，顺利完成1700万元的年度投资任务。

【防洪工程管理】 2022年，东平湖管理局实行水利工程标准化和维修养护物业化管理模式，完成维修养护投资2953.47万元、土方5.42万立方米、石方0.52万立方米，2项标准化管理工程通过省黄河河务局验收。完成水利部2次51项水利工程安全管理督导检查问题整改。打造“治黄新一线”，15个基层段所全面实施“两化”建设，投资160万元提升软硬件，实行准军事化训练和管理，进湖闸管理所入围省黄河河务局“六大示范样板”。建成包含323处视频监控、27架无人机、26套远程会商系统的“三个全覆盖”感知网。培训无人机操作手27名，参加山东黄河无人机操作比赛，分别获一等奖、二等奖、单项冠军各1项。推进“三个全覆盖”应用融入基层，实现工管、防办、水政联合巡查流程再造。

【依法治河】 2022年，东平湖管理局完善依法治河管河机制，与各级公安部门开展联席会议、联合执法巡查30次，联合泰安市公安、水利等11家单位建立联席会议等6项机制，市、县局建立交叉河段联防联控机制。严格水行政执法，推进河湖“清四乱”常态化，开展防汛保安、地下水超采治理、非法采砂等专项执法行动；与河长办联合进行妨碍河道行洪突出问题排查整治；核查确认水利部、黄委遥感“四乱”（乱占、乱采、乱堆、乱建）问题38项，销号35项。修订《河湖管理范围内建设项目管理办法》，3个涉河项目获黄委许可。河道执法巡查720次6万千米，制止查处违法行为54起。终审胜诉东平县盛腾公司违法建设行政诉讼案，成为《中华人民共和国黄河保护法》颁布以后山东黄河首个宣判的行政诉讼案。宣传贯彻《中华人民共和国黄河保护法》，1个执法模拟演练案卷被黄委评为优秀案卷，3部普法动漫在水利部法治短视频征集活动中获奖。（刘性泉）

编辑　校对　　戚淑娟

环境质量

【概况】 2022年，泰安市坚持以更高标准深入打好蓝天、碧水、净土保卫战，实施秋冬季重污染天气防治、夏季挥发性有机化合物治理、城区污水综合治理、乡镇污水处理厂提标改造、南四湖流域水污染综合整治、东平湖综合整治、黄河流域排污口专项整治、农村生活污水治理、危险废物整治、环保督察问题整改等突出环境问题"十大攻坚"行动，生态环境质量大幅改善。全市臭氧、二氧化硫、重污染天数等指标改善幅度居全省第1位，空气质量综合指数改善幅度居全国168个重点城市第8位、全省第2位，优良率、一氧化碳等指标改善幅度居全省第2位，为全省唯一所有空气质量指标均改善的地市；水环境质量指数改善幅度居全国第7位、全省第1位，6个地表水国控断面水质均值首次实现"全优Ⅲ"。泰安市被列入国务院"环境治理工程项目推进快，重点区域大气、重点流域水环境质量改善明显的地方"名单，列全国9个地市之一，实现泰安市国务院督查激励零的突破。市生态环境局被省委、省政府评为北京冬奥会、冬残奥会空气质量保障工作表现突出集体；市生态保护综合执法支队被省委、省政府评为山东省生态环境保护先进集体。

【大气环境质量】 2022年，泰安市空气质量综合指数、$PM_{2.5}$、PM_{10}、二氧化硫、二氧化氮、臭氧、优良天数比例、重污染天数等污染物指标实现全面改善。其中，二氧化硫、臭氧年均浓度分别改善16.7%、3.3%，重污染天数同比减少9天，改善幅度均居全省第1位；空气质量综合指数4.25，改善9.2%，改善幅度居全国168个重点城市第8位、全省第2位；优良天数比例69.6%，提高7.1个百分点，改善幅度列全省第2位。$PM_{2.5}$年均浓度每立方米39微克，改善7.1%；PM_{10}年均浓度每立方米67微克，改善11.8%。二氧化硫、二氧化氮、一氧化碳年均浓度稳定达到国家环境空气质量标准一级浓度限值。

【水环境质量】 2022年，泰安市东平湖湖南、东平湖湖北、大汶河大汶口、大汶河戴村坝、柴汶河西高村桥、洸府河侯店6个地表水国控断面水质全部达到Ⅲ类标准，大汶河干线首次实现"全优Ⅲ"。全市水环境质量指数4.99，居全省第4位，比2021年上升9个名次，改善15.17%，改善幅度列全省第1位、全国第7位。在全省率先开展地下水污染修复试点项目，国控区域地下水考核点位水质保持Ⅳ类标准以上。

【土壤环境质量】 2022年，泰安市加大重点建设用地监管力度，全市评审、复核土壤污染状况调查报告130个，年内发放建设工程规划许可证的65个地块全部实现安全利用，重点建设用地安全利用率持续保持100%，国家地下水污染防治试验区、"无废城市"等2个国家试点建设全面启动。

【声环境质量】 2022年，泰安市严格按照噪声监测技术规范要求，开展声环境功能区重新划分调整工作，将全市划分为4类不同的噪声功能区，包括1类、2类、3类、4类，其中1类声环境功能区是指以居民住宅、医疗卫生、文化教育、科研设计、行政办公为主要功能，需要保持安静的区域；2类声环境功能区是指以商业金融、集市贸易为主要功能，或者居住、商业、工业混杂，需要维护住宅安静的区域；3类声环境功能区是指以工业生产、仓储物流为主要功能，需要防止工业噪声对周围环境产生严重影响的区域；4类声环境功能区是指交通干线两侧一定距离之内，需要防止交通噪声对周围环境产生严重影响的区域，包括4a类和4b类两种类型。全市分4类功能区，布设监测点位8个，分别在2月、5月、8月、11月进行昼夜连续24小时监测。区域噪声监测：全市按700×700米的网络布设噪声监测点212个，每季度第二个月进行昼夜连续24小时监测，全年开展噪声监测4次。经监测，全市等效声级（Leq）年均值为54.1分贝，检测结果全面达标。交通噪声监测：在50条交通干线布设监测点位82个，道路长度约269千米；2022年泰安市城市道路交通噪声等级声效年均值为65.7分贝。

【辐射环境质量】 2022年，市生态环境局印发《泰安市辐射事故应急预案》《泰安市生态环境局辐射事故应急预案》等规范性文件，出动执法人员590人次，检查核技术利用单位313家次，发现问题179条，均实现100%整改。41家涉源单位、360枚放射源视频监控设备全部接入省级放射源在线监控平台，实现24小时不间断采集以及传输视频信号、视频采集及传输异常即时报警推送。全年审批辐射类报告表 17 件，辐射安全许可 118 件，办理放射源转让备案 22 件，放射源异地使用备案 26 件。

（姜　强）

土地资源保护

【耕地保护】 2022 年，泰安市按照耕地和永久基本农田、生态保护红线、城镇开发边界的优先序，统筹划定三条控制线，确保耕地和永久基本农田保护目标“能落地、可考核、可追责”。2 月，市自然资源和规划局联合市财政局印发《泰安市耕地保护激励办法》，进一步加强耕地数量、质量、生态“三位一体”保护，建立健全耕地保护激励机制。严格落实“占一补一、占优补优”，2022 年上报 84 个项目 1399.33 公顷用地报批手续，全部落实占补平衡。严格落实耕地“进出平衡”机制，坚决遏制“非农化”、防止“非粮化”。开展耕地流出整改工作，实现耕地净增加 2140 公顷。严格把关永久基本农田补划，对重点项目占用永久基本农田进行现场踏勘核实，确保补划地块质优、量足、集中连片，补划永久基本农田 532 公顷。

【土地节约集约利用】 2022 年，泰安市全面落实自然资源节约战略，推进土地节约集约利用，开展工业用地利用情况调查，鼓励探索节地技术和模式，强化土地节约集约利用评价成果应用。推行弹性供应等灵活供地方式，推进“标准地”方式出让，全市出让标准地 45 宗、196.62 公顷。规范城镇低效用地再开发工作，实行“策划启动、组织实施、监督评价”全流程管理，开展 2021 年度城镇低效用地成果数据库更新项目，完成 2021 年度调查摸底、标图入库更新。

（王　健　张维康）

水资源保护

【水资源总量】 2022 年，泰安市水资源总量 22.2 亿立方米，其中地表水资源量 17.1 亿立方米，地下水资源量 10.7 亿立方米。

【大汶河生态流量调度】 2022 年，市水利局印发《关于加强大汶河生态流量和水量调度的意见》，实行大汶河生态流量和水量旬调度制度，依照省水利厅调度指令，根据水文监控数据的变化情况，科学实施调度，全年累计下发大汶河生态流量调度指令 6 期，保障大汶河生态流量的持续达标。大汶河戴村坝全年未断流，生态流量达标率 98%，大幅高于 80% 保障目标，泰安市在全省调水工作会议上作典型发言。

【水源地保护】 2022 年，泰安市强化水源地名录建设，在全省率先以市政府名义公布 52 处重要饮用水水源地，其中国家级饮用水水源地 2 处、省级 16 处、市级 34 处。强化饮用水水源地取水口检测，对国家级饮用水水源地取水口实行每月 2 次监测，全年共取样 48 个，检测数据 50 个，监测结果均符合国家饮用水水质要求。

【水土保持】 2022 年，泰安市新增水土流失治理面积 77.26 平方千米，超额完成年度治理目标任务。成功创建国家水土保持示范县（新泰市）、国家水土保持科技示范园（泰山区安家庄）、国家水土保持示范工程（黄河东平湖蓄滞洪区防洪工程）。“分级分类监管”“区域项目放管服”“工程以奖代补”3 项工作被纳入省水土保持高质量发展三年强基行动试点，数量全省最多。在全省水土保持规划实施情况考核评估中，连续第 4 次获优秀等次。

【水资源管理】 2022 年，泰安市印发实施《关于全面加强水资源管理的实施意见》，明确水资源管理各项任务，理顺各部门管理职能，为发挥水资源的经济、社会、生态等综合效益，提升水资源管理水平提供重要支撑。分县（市、区）下达“十四五”末用水总量和强度“双控”目标。推进地下水水位和水量“双控”管理、地下

2022 年 11 月 23 日，柴汶河谷里段湿地治理工程　（陈　阳　摄）

水专项整治行动以及农业灌溉机电井排查整治，形成“一张图”、建立“一本账”、健全“一套机制”的监管体系，持续提升取用水监管能力，筑牢地下水管理的底线。落实黄河河务部门下达的黄河用水计划，逐月核实相关县（市、区）计划申请和消纳情况，严格黄河用水取水关。研究出台《泰安市水利局服务促进新型工业化强市建设若干措施》，增强工业经济高质量发展“水动能”。研究制定2022年度市级节水联席会议方案，制定2022年节水工作要点，推进国家、省节水激励政策落地实施。建立完善重点用水户统计名录库，按节点编制节水评价台账。推进黄河流域火电行业水效对表达标工作。强化用水定额管理，对高耗水行业及国家、省、市三级重点监控用水单位的用水定额执行情况开展摸底调查，涵盖纺织行业、非金属矿采选业火电、热力生产等15个行业40家单位，强化企业用水定额管理。（赵春明）

矿产资源保护

【矿产资源监督】 2022年，市自然资源和规划部门抽查矿山21个，完成市级矿产督察78次，发现矿山台账更新不及时、现场管理不到位等不规范开采行为问题266个，至年底，完成整改213个，53个需长期坚持整改。履行矿业权人勘查开采公示制度，督促全市101个需填报2021年度全国矿业权人勘查开采信息公示的矿业权人（87个采矿权、14个探矿权）完成网上信息填报，公示率100%。印发《关于建立矿产资源开发领域安全生产管理台账的通知》，对矿山企业开展风险评估，划分风险级别，全市高风险矿山企业2家、中风险矿山企业24家、低风险矿山企业60家，分别建立风险类别治理台账。推动矿产资源勘查开发绿色转型，严格落实绿色勘查标准规范，推广应用绿色勘查新技术、新方法、新工艺，创建一批绿色勘查示范项目。

【矿山生态修复】 2022年，泰安市结合省级国土空间生态修复规划和全市国土空间规划，启动《泰安市国土空间生态修复规划（2021—2035年）》编制工作。争取省级财政专项资金4000万元，组织开展历史遗留废弃矿山生态修复、采煤塌陷地综合治理等工程。全年完成治理历史遗留废弃矿山16处，完成矿山生态修复面积106.6公顷，露天废弃矿山及周边地质环境得到改善，地质安全隐患得到消除，全市区域生态环境有效改善。

【泰山石保护】 2022年，泰安市加强泰山石“线上线下”巡查，联合市公安局、市市场监督管理局开展暗访行动，加强“禁售”“禁存”整治力度。根据《加强泰山石保护暨关闭取缔大型石头存放和交易场所实施方案》，按照“先急后缓、先大后小”的工作方针，制定“先室外后室内”两步走的整治工作思路，推进泰山石整治工作，严格落实泰山石保护的“禁采、禁售、禁运、禁存”四禁要求，线下检查门头房、饭店、园林苗圃131家，泰山石综合治理取得显著成效。（王 健 张维康）

森林资源保护

【林长制】 2022年，泰安市健全完善市、县、乡、村四级林长制体系，设立市级林长5名、县级林长89名、乡级林长719名、村级林长3190名，在泰山、徂徕山、莲花山、牛山、九女峰5个重要生态区域设立由市领导兼任的市级林长。6月17日，全市总林长会议召开，审议印发《关于建立“林长+检察长”工作机制的意见》《关于切实加强全市森林草原防灭火的通知》《关于切实加强松材线虫病防控的实施意见》；9月16日，市林业局联合市公安局印发《关于建立“林长+警长”工作机制的意见》，形成执法办案、检察监督与行政履职同向发力的林业生态保护新格局。泰安市在2021年度、2022年度全省林长制工作绩效评价中获优秀等次。

【“天眼护山”工程】 2022年，泰安市投资1.4亿元在10处国有林场及周边重点林区开发应用“天眼护山”森林防火监测预警系统。市林业部门与铁塔泰安分公司合作，研究国外先进的森林防火应用案例，编制火情监测预警系统规划建设方案，最终确定应用成熟可靠的“热成像自动报警+烟雾自动识别”技术，在全市国有林场、重点林区开发应用“天眼护山”森林防火监测预警系统。建设预警高点视频监控前端217处、低点智能语音警示卡口1157处，覆盖泰山、徂徕山、莲花山、太平山、牛山、杏山、腊山等10个山区国有林场及周边重点林区。建成集林火自动监测、火情三维定位、防火资源导航、火情趋势蔓延、防火人员管理、历史报警分析六大功能于一体的火情监测预警指挥平台和手机App客户端，融合卫星遥感探测、无人机等模块，形成高空、低空热点监测的交叉互补，全市重点林区监测覆盖率85%以上，“人防+技防”高效联动，实现森林火灾“打早、打小、打了”。全市国有林场和重点林区森林防火智慧监测预警系统被评为“省级大数据创新应用典型场景”和“省级新型智慧城市上榜优秀案例”，获山东省“数遥杯”自然资源数字赋能创新应用大赛一等奖。

【林业有害生物防控】 2022年，泰安市投入2474万元，开展美国白蛾等食叶害虫防治24.59万公顷次，释放周氏啮小蜂2000万头。完成松材线虫病普查2.41万公顷，清理枯死松树6144株，防治松褐天牛8466.67公顷次，打孔注射保护剂62万支，在泰山、徂徕山等重点林区设立进山口检疫检查站22个，检疫进山木材208批次，进山检疫率100%，泰山景区连续两年无疫情。完成全市草原有害生物普查和外来入侵物种普查，踏查线路394条，制作标本536个，发现外来入侵物种12种、草原有害生物200余种。2月14日，在全国林草有害生物防治工作视频会议上，泰安市作典型发言，是全国唯一发言的地级市。

【林地林木管理】 2022年，泰安市依法查处涉林行政案件46起，结案率100%。国家下发森林督查图斑

8830个，全部核实完成并通过省级质量检查。开展涉林违法案件“双清零”（存量案件全部清零、增量案件动态清零）专项行动，国家林草局“森林督查暨林政执法综合管理系统”中2013—2021年违法案件查处整改到位率均为100%。完成省厅送达泰安市风景名胜区、地质公园、湿地公园、自然保护区等自然保护地660个疑似图斑的现场核实，并通过“鲁地云”平台系统上报省厅。

【国家级森林公园】 泰山国家森林公园　1992年，泰山林场被批准为国家级森林公园，拥有国有林地约1.2万公顷，林地面积9466.67公顷，森林覆盖率94.8%，植被覆盖率95.6%，林木蓄积量110万立方米，有秦松、汉柏、唐槐等各类古树名木1.81万余株，高等植物1416种，特有植物28种，被列入世界自然保护联盟（IUCN）红色名录的有14种，被列入濒危野生动植物种国际贸易公约（CITES）的有16种，国家一级保护动物10种。该园先后获评中国青年喜爱的旅游目的地、山东最具竞争力（驰名）景区、最受关注的世界自然与文化双遗产、中国森林氧吧等称号。2022年，建设古树名木种质资源库，实施泰山古树名木育苗工程，采集29棵古树名木种子9651粒，培育幼苗310株，2000多年的“汉柏凌寒”和“挂印封侯”分别培育51株和87株；完成188株古树保护复壮，组织开展二级、三级古树名木认定建档，建立健全泰山古树名木图文档案和电子信息数据库。启动泰山自然保护地昆虫、植物等多样性调查，编写完成《泰山昆虫科普图书》，推进《泰山昆虫图鉴》编撰工作。

徂徕山国家森林公园　1992年9月，徂徕山林场经国家林业局批准为国家级森林公园。经营面积9000公顷，林地面积7800公顷，森林蓄积量64.9万立方米，森林覆盖率87.8%，植被覆盖率92.4%，是山东省第二大国有林场。林场内有森林植物1153种，野生动物1097种，其中国家Ⅰ级保护野生动物3种。公园气候温和，四季分明，负氧离子含量高，逐步发展成为“自驾游胜地，消夏者天堂”。2022年“五一”“十一”期间，公园提前制定疫情防控应急预案，加大人力物力投入，每日安排10名志愿者疏导游客。徂徕山抗日武装起义旧址作为山东省爱国主义教育基地，接待党史学习教育300批次、1万人次。

新泰莲花山国家森林公园　位于泰安城东南70千米，新泰城西北17千米。公园面积2164公顷，其中国有林场山林面积1802.4公顷、集体山林面积361.6公顷，分莲花湖游览区、普陀迎宾游览区、观音广场游览区、青龙潭游览区、子母泉游览区、南天门游览区、云谷寺游览区、莲花顶游览区、天成观音游览区九大游览区。有蕨类和种子植物115科、近400种。树种繁多，古代即以“新甫之柏”著称，形成“新甫拥翠”的著名景观，年末以赤松林最多，占林地面积的72.2%，麻栎、刺槐、侧柏次之。森林覆盖率97%。1993年1月，被省林业厅命名为省级森林公园；2005年12月，经国家林业局批准为国家级森林公园；2008年11月，创建为国家AAAA级旅游景区；2017年入选中国森林氧吧。2022年，入园总人数15.8万人次，实现营业收入557万元；完成莲花山范围内春秋两季虫情普查，普查面积近1200公顷，设置诱捕器12台；改造升级“天眼护山”项目系统，更换原有损坏摄像头3处，硬化道路5.5千米，铺设改造水管2.2千米。

肥城牛山国家森林公园　位于肥城市新城北约15千米，总面积19平方千米，森林覆盖率93%以上，东部与泰山一脉相连。公园总体规划面积3000公顷，园内有穆柯寨、牛山叠翠、龙沼春霖、三叠石、鸽子楼、沧海甘泉、地质灾害遗迹等自然文化景点20余处，新建牛山水库、地学展室、拓展训练园等设施，集登山旅游、休闲度假、科普教育于一体。2002年，肥城牛山经国家林业局批准为国家级森林公园。2004年，被国家旅游局命名为国家AA级旅游景区；2016年，创建为国家AAA级旅游景区。先后获中国森林氧吧、首批国家森林特色小镇、省级地质公园、山东省生态文明示范教育基地等称号。2022年，肥城市投入100万元完善防火设施，建设蓄水池2座，每座蓄水量600立方米。投入200万元对水源地牛山水库坝体进行防渗除险加固,总面积3000平方米。完成“天眼护山”项目，新建林火视频监控探头21个，设置智能语音抓拍卡口111处，信息综合处理系统1套，实现防火的数字化、网络化、可视化和智能化，累计清理防火隔离带及林下可燃物72万平方米，打造以地理信息系统为载体的“智慧防火”系统；新建防火通道3千米，防火通道总里程20千米。投入100万元完成森林质量精准提升46.67公顷。投资90万元建成21.33公顷智能终端控制和网络远程遥控的优良苗木智能滴灌水肥一体化系统，繁育侧柏容器苗70万株、黑松容器苗8万株，中央林木良种培育项目完成种苗繁育任务80%。繁育杨树苗1.33公顷，购进高规格紫叶李1000株。侧柏苗、杨树苗实现销售收入40万元。

宁阳蟠龙山国家森林公园　位于泰安市宁阳县中部，地处黄淮分水岭地带，北依泰山，南望孔子故里，西接水泊梁山，东临泰沂山脉。2017年1月，国家林业局批准设立宁阳蟠龙山国家森林公园，批复面积2448.1公顷，依法保护公园内丰富的森林资源和生物多样性。森林公园天然地貌，印象成形，分蟠龙山、凤凰山两大景区，寓意“龙凤呈祥”。园内森林植被茂密，森林面积2039公顷，森林覆盖率83.3%，保存着全国稀有的古枣树群、古梨树群、古柿树群和誉有“天下第一藤”的千年古紫藤群。2022年，宁阳县升级改造环山路步行道1.8千米，拓宽升级环山路5.9千米。承担森林精准提升项目，栽植映山红、黑松等苗木1.5万株。加强防火宣传，张贴悬挂防火标语条幅40条，发放宣传单、“明白纸”350份，安装埋设各类安全警示牌15个。

东平腊山国家森林公园　位于东平湖西岸，总面积733.33公顷，分六工山、腊山、昆山、金山4个分区。公园依托东平县腊山林场成立，1993年被省林业厅命名为省级森林公园，1996年创建为国家级森林公园，1997年被评为“全国森林公园十大标兵”之一。森林覆盖率97%以上。公园有“山奇雄，峰奇秀，岩奇险，石奇美”之称，与东平湖山水相依，天光照水，碧波浩渺，百舸扬帆，构成独特的游览风景区，是文化和旅游部推出的“水浒”旅游热线的主要景区。2022年，东平县投入防火资金20万元用于护林房、防火器材及物资的储备。层层签订防火责任书，强化森林防火责任落实。抓好森林防火宣传，发放“森林防火通告”及防火宣传手册1200份。加强古树名木保护，更新每株古树名木标识牌。完成森林质量提升项目133.33公顷。

（石亚男）

自然保护地保护

【概况】 泰安市坚持遵循全面保护、合理利用、持续发展的方针，全面提高自然保护地建设管理水平，至2022年年底，建立自然保护地5类30个，有省级自然保护区3处（泰山省级自然保护区、徂徕山省级自然保护区、新泰太平山省级自然保护区），市级自然保护区2处（东平湖市级湿地自然保护区、腊山市级自然保护区）。全市有各种鸟类370余种，比20世纪90年代全国第二次鸟类普查增加160余种，全部分布于各类自然保护地内。年内，根据科学评估、合理调整的基本原则，开展自然保护地整合优化工作，将30处自然保护地整合优化为15处（已上报国家林业和草原局），整合优化后的自然保护地为生态保护红线的调整和国土空间规划的编制提供参考依据。首次开展自然保护地保护成效评估工作，泰山省级自然保护区、新泰太平山省级自然保护区、徂徕山省级自然保护区和东平湖市级湿地自然保护区顺利通过省生态环境厅专家组现场评估。

【泰山省级自然保护区】 位于泰山景区，总面积1.19万公顷，北、西分别与济南市的历城区、长清区为邻，东、南分别与泰安市的泰山区、岱岳区接壤。泰山省级自然保护区主要保护对象为泰山特有物种及山东特有植物种，珍稀、濒危和各级重点保护野生动植物资源，地带性暖温带森林生态系统及生物多样性。2022年，综合防控常发性森林病虫害2600公顷；实施检疫429批次，进山检疫率100%；发现并拔除美国白蛾网幕230个。创新“政府＋志愿者”生物多样性保护模式，成立泰山爱鸟协会，吸引全市爱鸟人士参加野生鸟类研究与保护工作。记录泰山鸟类370种，占山东省鸟类数量的78.35%，远超1995年统计的148种。对泰山板栗、泰山黄精、泰山花楸、泰山柳等珍稀濒危和特有植物进行原地保护和人工繁育，野外回栽泰山花楸68株，初步破解只有1株的危局。

【徂徕山省级自然保护区】 地跨泰安市岱岳区、新泰市，总面积1.1万公顷，东起天宝镇的松棚村，西至徂徕镇的宽店村，长约18千米，北起徂徕镇的樱桃园村，南至良庄镇的高胡庄村，宽约11千米，与徂徕镇、房村镇、良庄镇、化马湾乡、天宝镇5个乡镇相接。徂徕山省级自然保护区主要保护对象包括暖温带典型的森林生态系统及油松、赤松、栎类等为代表的森林群落，国家和省级珍稀、濒危重点保护野生动植物资源、古树名木群落。2022年，开展保护区专项巡查7次；协助省违建别墅清查整治专项行动领导小组核实图斑7个、自然资源部下发的土地卫片8个、市林业局转办的图斑3个、自然保护区遥感监测人类活动疑似点位核查图斑1个，均未发现问题。

【新泰太平山省级自然保护区】 位于新泰市，总面积3310.43平方千米，东至汶南镇，南邻临沂市平邑县武台镇，西至岳家庄乡，北至东都镇，是以保护赤松、野生动植物资源以及维护其正常繁衍和生长发育的森林生态系统类型的自然保护区。2022年，该自然保护区遥感监测人类活动疑似点位核查图斑2处，均为居民民事活动。建成山东农业大学林学院研究生联合培养基地，初步构建生物多样性平台，智慧引导自然保护区建设。开展保护区清洁行动、美丽行动、外来物种清理行动，顺利通过省生态环境厅组织的专家评审和省林业保护发展服务中心现场验收。

（石亚男）

生物多样性保护

【生物多样性观测站试点建设】 山东省生态环境厅自2022年起计划在全省开展生物多样性养护观测站试点建设，首批设立养护观测站10个，泰安市的东平湖青头潜鸭养护观测站、泰山植物养护观测站名列其中。2022年5月22日，省生态环境厅在东平设立的东平湖青头潜鸭养护观测站挂牌成立，这是全省设立的第一个生物多样性养护观测站。观测站重点围绕国家一级保护动物青头潜鸭的“查”“护”“管”“育”“宣”进行专题研究，同时加大东平湖野生动物救护及栖息地保护工作，保护东平湖生物多样性。观测站成立以后，联合曲阜师范大学持续开展东平湖青头潜鸭专项调查。泰山植物养护观测站在筹备建设中。

【生物多样性状况】 泰安市有国家Ⅱ级保护野生植物1种（紫椴）；中国珍稀濒危野生植物2种（胡桃楸、青檀）；山东珍稀濒危野生植物31种，主要有东海铁角蕨、鲁山对囊蕨、贯众、葛罗枫、楤木、无梗五加、白首乌、中华秋海棠、坚桦、紫草、迎红杜鹃、蒙古栎、朝鲜老鹳草、木通、三桠乌药、北桑寄生、全叶延胡索、长冬草、北枳椇、裂叶水榆花楸、竹叶花椒等。泰山野生鸟类记录20目65科370种，其中国家一级保护野生动物12种、国家二级保护野生动物65种、中国特有鸟类5种。2022年，泰安市加大生物多样性保护工作力度，通过持续优化生物栖息地综合环境、开展自然保护地保护成效评估、试点建设生物多样性养护观测站、开展生物多样性保护宣传教育等举措，搭建“政府主导、多元参与”的生物多样性保护机制。年内，国家一级保护动物、被誉为“鸟中大熊猫”的青头潜鸭，在东平湖记录到1600余只，成为国内记录到的最大单一青头潜鸭种群。山东省“5·22”国际生物多样性日宣传活动在东平举办，宣传推介泰安市生物多样性保护工作成效。

【野生动物保护】 2022年，泰安市开展“2022清风行动”，出动执

2022 年 5 月 22 日，山东省“5・22”国际生物多样性日宣传活动在泰安举行。图为东平湖“青头潜鸭”养护观测站揭牌仪式现场　　（姜　强　供）

法车 93 台次、执法检查人员 322 人次，检查重点野生动物栖息地 38 处、人工繁育野生动物场所 17 家、各类经营利用场所 76 家，依法查处野生动物案件 3 起，救助野生动物 80 只。开展“世界野生动植物日”“爱鸟周”等宣传活动，出动流动宣传车 27 台次，制作布设宣传海报、条幅 113 条，发放宣传材料 6000 余份。

【野生植物保护】 2022 年，泰安市林业、公安等部门联合开展“绿盾行动”“清网行动”等专项行动，重点对苗圃市场、林木种质资源库、花卉市场、野生植物生长地等场所部位进行执法检查，出动执法宣传人员 3800 人次，检查重点场所和经营户 2700 户次，各类市场 300 处。开展古树名木认定建档工作，入选首批省级认定的一级保护古树 106 株；加大古树名木抢救复壮力度，入选省级古树名木保护复壮试点 7 株。加强野生植物就地和迁地保护，市林业局组织各县（市、区）、功能区对全市范围内的迁地保护机构开展调查，并协调山东农业大学、林科院等高校、科研院所开展调查工作。经调查，泰安有林木种质资源保存库 3 处，其中原地保存库 2 处（泰山省级林木种质资源原地保存库、徂徕山省级林木种质资源原地保存库）、异地保存库 1 处（泰安市乡土观赏树种国家林木种质资源库，已采集 6 种乡土植物、297 份种源，均为乡土树种）。加大野生植物保护宣传力度，利用网络、电视、广播等媒体平台，宣传普及野生植物资源保护知识，采取现场发放宣传资料、悬挂横幅、摆放展板等宣传方式，提高公众保护野生植物的意识。建立健全公众参与机制，对发现破坏野生植物资源，盗采、乱挖滥采濒危野生植物，严重危害自然生态的行为，鼓励市民积极举报。

【生态文明示范区创建】 2022 年，泰安市全面开展省级生态文明建设示范区、“绿水青山就是金山银山”实践创新基地创建工作，加大对试点地区的指导、帮扶与监管，探索“绿水青山就是金山银山”有效转化途径，提升示范建设质量。岱岳区道朗镇被命名为第三批省级“绿水青山就是金山银山”实践创新基地；肥城市、新泰市龙廷镇被命名为第三批省级生态文明建设示范区。至年底，泰安市累计创建省级生态文明建设示范区 2 个（肥城市、新泰市龙廷镇）、省级“绿水青山就是金山银山”实践创新基地 3 个（新泰市岳家庄乡、肥城市孙伯镇、岱岳区道朗镇）。

【山东省“5・22”国际生物多样性日宣传活动】 2022 年 5 月 22 日上午，山东省“5・22”国际生物多样性日宣传活动在黄河流域重要蓄滞洪区东平湖举行，旨在保护生物多样性，共建地球生命共同体。省生态环境厅党组书记、厅长宋继宝，市委副书记、市长张涛，副市长唐传营出席活动。宋继宝和张涛为东平湖青头潜鸭养护观测站揭牌并为泰安市生态环保小卫士代表颁发证书。与会人员参加生物多样性科普宣传和东平湖“放鱼养水”活动，6 万余尾白鲢鱼鱼苗在东平湖安下新家。活动期间，拍摄《泰安市生物多样性宣传片》、编制《生态与鸟》画册，20 家新闻媒体进行宣传报道。至年底，东平湖记录青头潜鸭种群数量 1600 余只，为国内记录到的最大单一青头潜鸭种群。

（姜　强　石亚男）

节能减排

【污染物减排】 2022 年，围绕新型工业化强市建设，泰安市做好要素保障工作，建立可替代总量“指标池”，按照 20% 的比例对各县（市、区）的减排削减量统筹，全年为 337 个新建项目办理污染物排放总量确认手续，分别解决二氧化硫、氮氧化物、烟粉尘、挥发性有机化合物等污染物替代量每年 335.65 吨、846.76 吨、217.98 吨、339.72 吨，实现重点项目环境要素“应保尽保”。深挖减排潜力，从产业结构升级、挥发性有机物治理、燃煤锅炉淘汰、清洁取暖、老旧机动车淘汰、污水处理厂新改扩建和管网建设等方面，挖掘减排项目 33 个，全面完成年度减排任务。

【碳排放管理】 2022 年，泰安市核实确定碳排放重点企业 37 家，其中纳入碳排放权交易的发电行业 20 家。印发碳排放数据质量帮扶检查工作方案，组织专家现场检查发电企业 11 家，指导整改问题 100 余个。建立碳排放动态管理台账，开展“两高”（高耗能、高排放）建设项目碳排放指标收储，收储 155.6 万吨，其中市级收储 108.4 万吨、省级收储 47.2 万吨。审核新建项目使用碳排放替代指

2022 年 12 月 29 日，市委经济工作会议暨全市绿色低碳高质量发展动员大会召开 （司 刚 摄）

标 9682.24 吨。开展“碳达峰、碳中和”知识讲座、碳排放管理讲座等培训，提升碳排放管理能力。组织编制《泰安市 2021 年温室气体排放清单》，为全市碳达峰、碳中和提供基础数据支撑。 （姜 强）

【绿色交通】 2022 年，泰安市开展绿色出行创建行动，建立联合协调推进机制，加快建设“布局合理、生态友好、清洁低碳、集约高效”的绿色出行服务体系。12 月 29 日，泰安市被交通运输部、国家发展改革委评为绿色出行创建考核评价达标城市。组织做好国三营运柴油货车淘汰工作，注销国三营运柴油货车营运手续 382 辆。推进客货邮融合发展，构建覆盖乡镇村的农村物资运输体系，肥城市、宁阳县被评为 2022 年度全省农村客货邮融合发展样板县建设单位。发展先进运输方式，推进多式联运“一单制”试点工程，新泰市岳华能源集团有限公司被评为全省多式联运“一单制”试点企业，2022 年以“一单制”模式发送货物 800 余标箱。 （张 文 卞良浩）

【绿色建筑与建筑节能】 2022 年，泰安市结合冬季清洁取暖、老旧小区改造、城市更新等工作，稳步开展既有建筑节能改造，全年完成既有居住建筑节能改造 475.9 万平方米，完成既有公共建筑节能改造 3.25 万平方米；全市新增节能建筑 826.74 万平方米，设计阶段建筑节能强制性标准执行率达 100%。做好绿色建筑全过程监管，城镇新建民用建筑全面执行绿色建筑标准，政府投资或政府投资为主的公共建筑按照高星级绿色建筑标准建设。年内，城镇新增绿色建筑 818.42 万平方米，占城镇新建民用建筑比例达 98.99%。开展 2022 年全市建筑节能、绿色建筑与装配式建筑工作检查，检查项目 124 个。 （李 燕 姜 敏）

【能耗双控】 2022 年 10 月 25 日，泰安市印发《泰安市“十四五”绿色低碳循环发展规划（2021—2025）》。完成 2021 年重点用能企业能耗产出效益综合评价，精准制定“一企一策”节能减煤方案 121 个。成功争取中央及省预算内资金 4.23 亿元，支持资源枯竭型城市转型、污染治理和节能减碳专项以及重点流域水污染治理等项目，促进绿色低碳城市建设。争取全市“十四五”能耗增量指标 80 万吨，为石横特钢集团有限公司争取省收储煤炭消费指标 45.4 万吨。新泰市大宗固体废弃物综合利用基地建设经验和成效入选国家典型案例。76 个项目被纳入省碳金融重点项目库，贷款需求 136.8 亿元。泰安市被确定为山东省建立健全生态产品价值实现试点城市。 （李 隆）

【公共机构节能】 2022 年，泰安市推进节能降碳，347 家单位完成第二批节约型机关创建，完成比例 84%。组织生活垃圾分类和资源循环利用示范点遴选，市生态环境局、市实验学校、岱岳区妇幼保健院成功入选；泰安市委党校、肥城市委党校、肥城市人民医院入选“山东省 2021—2022 年度公共机构能源资源节约示范案例”。做好源头减量，贯彻落实《中华人民共和国反食品浪费法》，打造绿色低碳办公环境，市政中心办公生活垃圾减少 30% 以上，食堂食材成本下降 10% 以上，厨余垃圾减少 50% 以上。推进节能监管，完成市政中心公共机构节能监管平台二期升级项目，通过全省公共机构节能信息化试点建设审核验收，对上争取奖补资金 40 万元。指导各县（市、区）开展节能信息化建设，宁阳县节能监管平台正式接入市平台。开展“四节”（节水、节电、节油、节气）活动，注重发挥“地球一小时”“世界水日”“节能宣传周”等活动规模化效应，促进完成年度目标任务。 （李冬霞）

污染防治

【大气污染防治】 2022 年，泰安市紧盯蓝天保卫战目标，围绕夏季和秋冬季两个重点时段，推进治企、降尘、控车等工作，全市完成挥发性有机化合物低效治理设施改造企业 600 余家；120 家企业使用低挥发性有机化合物原辅材料，使用总量达 2200 余吨；512 家涉挥发性有机化合物企业自主开展夏季错峰生产；在新泰市羊流镇建成全市首个集中喷涂中心，实现对大型起重机械的集中喷涂和高效治理。石横特钢超低排放改造在中国钢铁工业协会公示，水泥、焦化行业超低排放改造有序推进，35 蒸吨及以下高效煤粉炉全部淘汰。建立道路颗粒物考核制度，每周发布泰安城区周边乡镇及城市道路空气质量排名。联合专家团队入企指导，助力争创 A 级、B 级企业，推动企业争当标杆和示范，2022 年新增 B 级企业 8 家。创新实施“走航监测五步法”，形成“科学计划—

实施走航—反馈通报—跟踪问效—总结分析”闭环回路，精确识别、判断、定位大气污染源，查处违规违法行为，走航企业800余家次，移交问题线索520个。成立大气环境管理办公室，解决大气污染防治“最后一公里”的问题。

【水污染防治】 2022年1月，泰安市成立南四湖东平湖流域生态环境保护专项小组；8月，组织召开南四湖流域、海子河流域、柴汶河流域生态保护和高质量发展水生态环境保护会议。全年发布预警函30次，续签县际流域横向补偿协议17个，签订东平湖水环境生态补偿协议6个，健全上下游、左右岸协同治污体系。完成入河排污口溯源整治3577个，实现“排入水体—入河排污口—排污管线—污染源”全链条管理。全年新增的597个农村生活污水治理目标、11处农村黑臭水体治理任务均全部完工。开展废水直排企业、污水处理厂水污染达标排放专项行动3次，黄河干流总氮治理攻坚行动1次，查处解决各类水环境违法问题60个。强化水污染治理项目谋划，9个项目入选中央项目储备库，7个项目入选省级项目库，全年获得中央水污染防治资金5247万元、省级地表水生态补偿资金1874万元。

【土壤污染防治】 2022年，市生态环境局印发《泰安市“十四五”土壤和地下水污染防治规划》《泰安市“十四五”工业固体废物污染环境防治工作规划》，会同自然资源和规划、工信、行政审批等部门多次召开建设用地安全利用管理工作会议，出台制度文件规范地块安全利用管理机制，实现耕地分类、土壤调查、土地储备、工程证发放等部门信息的互联互通。建立土壤污染状况调查报告“县级形式审查—市级技术初审—专家组终审”三级评审制度，实现调查报告和评审材料的“点对点”归口、菜单式归档，建立“联动监管、联合评审、信息共享”的土壤污染防治大格局。更新发布61家年度土壤污染重点监管单位名录，督促企业完成自行监测、隐患排查等8项年度重点工作任务。开展农用地土壤镉等重金属污染源头防治行动，实施重金属减排项目2个，减排量60.15千克，减排比率5.5%，超额完成“十四五”期间2.5%的重金属减排任务，提供排放余量32.75千克。开展危险废物百日攻坚、废弃危化品风险治理等专项行动，限期整治环境安全隐患249处，组织重点单位和人员共计10.6万人开展全员危险废物环境安全警示教育。强化医疗废物处置能力保障，全市医疗废物实现“日产日清”，安全处置率100%。

【噪声污染防治】 2022年，市生态环境、城市管理等6部门加强对工业企业、建筑施工、交通运输和社会生活等噪声源监督检查，加大环境噪声信访查处力度。中高考期间，会同市教育、公安等6部门联合印发《泰安市生态环境局等六部门关于继续开展“为考生送安静”行动的通知》，为广大学子营造安静良好的备考环境；提前开展走访座谈活动，发动宣传志愿者139名，张挂宣传标语横幅92条，网上转发倡议书3000余人次。开展绿色护考专项行动，覆盖考生11.69万人。

【机动车污染防治】 2022年，市生态环境保护部门按照“源头管控、突出重点、分步实施”的原则，做好机动车污染防治工作。开展机动车排放检验机构“双随机、一公开”检查、监督性检查和全覆盖检查110家次，实现对全市44家机构多轮次检查全覆盖。联合市公安局交警支队在全省率先建立黑烟车智能识别系统信息共享机制，实现闭环管理，提高监管效率。完善机动车遥感监测网络，东平分局新建两套固定式遥感监测系统，市局增设两套黑烟车抓拍系统。全市8套固定式遥感监测系统和2套移动式遥感监测系统全年采集数据437.48万条，其中超标车数据4.05万条，抓拍黑烟车数据501条。在用车用油品溯源方面，发现并移交市场监管部门可疑加油站点59家次，联合市市场监管局开展在用车用油品及尿素专项抽检行动，委托第三方检验机构完成在用油品和尿素抽检100批次。印发《关于转发〈山东省生态环境厅 山东省公安厅关于进一步做好重型柴油车远程监控有关工作的通知〉的通知》，自2023年1月1日起全面执行“黑白名单”制度。全市非道路移动机械注册编码登记2.35万台，日常开展监督检查和排放抽检7000余台，完成非道路移动机械低排区扩大至乡镇(街道)划定工作。建设完成非道路移动机械监管平台，完成1.2万台非道路移动机械GPS安装联网工作，超前完成省生态环境厅下达的任务目标。

【农村生活污水治理】 2022年4月，泰安市召开农村生活污水治理现场推进会议；6月，印发《泰安市“十四五”农业农村生态环境保护行动方案》，按照“整县推进”的思路，稳步推进农村生活污水和黑臭水体治理。年内，全市新增完成427个农村环境综合整治任务；高标准完成597个农村生活污水治理和11处农村黑臭水体治理任务，岱岳区、肥城市被列入“整县域推进乡村生态振兴”重点打造区域。至年底，全市3339个行政村累计完成2150个行政村生活污水治理任务，治理率达64.39%；主要采用“分散处理就地利用、纳管处理、建设污水处理站和集中拉运”4种治理模式，其中采用分散处理就地利用治理模式的行政村数量833个，占已完成治理村庄的38.7%；采用纳管处理模式的行政村数量272个，占已完成治理村庄的12.6%；采用建设污水处理站治理模式的行政村数量243个，占已完成治理村庄的11.3%；采用集中拉运治理模式的行政村数量788个，占已完成治理村庄的36.6%。

【国家地下水污染防治试验区创建】 2022年，泰安市成立国家地下水污染防治试验区建设工作专班，印发《泰安市地下水污染防治试验区建设方案》，明确创建工作的目标、任务、完成时限、责任部门等。组建由生态环境部土壤中心、省土壤中心、省生态环境规划研究院等单位组成的技术帮扶组，提升全市生态环境系统管理人员地下水污染防治监管能力和水平。积极对上争取，4个试验区建设项目被纳入中央生态环境地下水污染防治项目库，争取中央地下水污染防治专项资金3757.81万元，保障试验区建设任务顺利推进。完成地下水污染防治重点区划定、地下水污染重点排污单位名录建立2项年度重点工作任务。新泰市循环经济产业园地下风险防管控和防渗试点项目，通过开展重点区域防渗改造，探索形成"源识别+量检测+补漏点"的污染防控模式，并作为典型案例，在全国《土壤污染防治工作简报》及全国地下水污染防治培训会上进行宣传推介。12月，全市地下水污染防治试验区建设顺利通过生态环境部年度考核评估。

【"无废城市"国家试点建设】 2022年，泰安市成立由市委、市政府主要领导任双组长的"无废城市"建设工作领导小组，先后召开全市"无废城市"建设动员会议、现场推进会议。制定印发《泰安市"无废城市"建设实施方案》，明确"强化顶层设计引领，构建长效机制；加快工业领域低碳绿色发展，推动工业固体废物资源化利用；促进农业绿色发展，提升主要农业固体废物综合利用水平；倡导绿色生活，促进生活源固废减量化、资源化；加强能力建设，切实防控危险废物环境风险；落实黄河流域生态保护和高质量发展战略，打造泰安无废城市品牌"6方面24项重点任务，统筹推进全市39个固体废物领域项目建设。（姜　强）

环境监管

【环境影响评价】 2022年，泰安市建立重点项目"一对一"帮扶制度，清单化调度环评进展情况，主动送政策上门，帮扶重大项目落地；推进"打捆审批"、产业园区跟踪监测制度，减轻企业负担，助力建设项目快速规范落地。全市审批环评文件463件，复核环评文件42件，规划环评12件。

【环境监测】 2022年，市生态环境局印发《2022年泰安市生态环境监测方案》，明确13大类55项监测任务，取得人工监测数据6万条、自动监测数据2400万条。开展空气站、水站以及社会化检测机构等质量检查40家次，严查造假行为。

【生态环境保护督察问题整改】 2022年，泰安市委、市政府先后组织召开会议64次，市领导作出批示40次，开展调研21次，向各级各部门单位送达督办函18份、通报27期，预警提醒问题12项，持续推动整改工作落实。第二轮中央和省环保督察交办的1843件信访件，办结1839件，阶段办结4件；反馈的57项问题，整改完成30项，其他问题均按序时进度推进整改。5个整改事项被列入全省"以督促改见成效"先进典型案例。宁阳化工园区典型案例整改取得明显成效，基本实现污水"全收集、全处理、全达标"，海子河断面水质全面达到或优于地表水Ⅳ类标准。

【环境风险防范化解】 2022年，全市环境安全形势保持稳定。持续开展环境风险隐患大排查大整治行动，以危险废物、核与辐射、环保设施为重点，发现并整治突出问题104个。开展"南阳实践"，完成《麻塔河"一河一策一图"环境应急响应方案》编制及评审。与泰安市安委会签订"安全生产责任书"，在年底考核中市生态环境局获评全市安全生产工作考核优秀等次。

【环境执法】 2022年，市生态环境保护部门以推动生态环境保护和高质量发展为重点，开展各类执法行动，全年立案查处环境违法案件199起。通过"自查"和"异地交叉"的方式开展监督帮扶，出动执法人员822人次，执法车辆460车次，组织排查企业1000余家，发现问题1005个。开展"两打"（严厉打击危险废物环境违法犯罪和重点排污单位自动监测数据弄虚作假违法犯罪行动）专项行动，出动执法人员1446人次，排查涉危险废物企业611家，发现问题74项，刑事移交案件8起。排查涉及自动在线监测企业636家次，出动执法人员1408人次，发现问题95项，刑事移送在线监测数据弄虚作假案件2起。实施举报奖励227件，共计58.18万元。制定印发《泰安市生态环境局生态环境行政处罚工作程序规定（试行）》，进一步规范行政处罚工作程序，提高办案质量。市生态环境局获2022年度全省生态环境行政执法与刑事司法衔接工作表现突出集体称号，市生态环境保护综合执法支队获2022年度全省生态环境保护执法大练兵省级表现突出集体并记集体三等功，10人入选山东省生态环境"十百千"执法人才库。

【生态环境宣传教育】 2022年，市生态环境保护部门加大生态环境宣传教育力度，结合六五环境日宣传，会同市人大机关举办"喜迎二十大环保成就展""泰汶环保行"等活动。承办生态环境部宣教中心"《冈特生态童书》故事续讲大赛"总结颁奖活动，市生态环境局获全国优秀组织奖。成立市生态文明宣讲团，深入企业、学校、机关、社区开展宣讲，举办宣讲活动42场，覆盖群众2万人。加强媒体宣传，制作播放"环保宣传片"15集，官方微博排名进入生态环境系统微博全省前六、全国前十。泰安市生态环境局获2022年度《中国环境报》山东新闻宣传报道工作一等奖。（姜　强）

编辑　校对　戚淑娟

科学技术

综　述

【科技投入】　2022年，全市研发投占GDP比重达2.42%，居全省第8位，连续8年超过全省平均水平。

【科技计划】　2022年，全市120余个项目获省级以上科研项目立项，立项资金突破3亿元。其中，“安惠万家”燃气安全科技示范工程获省政府审批，资金7600万元；山东中康国创先进印染技术研究院有限公司申报的“针织物扩幅式液氨处理和平幅连续染色关键技术与装备研发及工程示范”项目争取到位资金支持7850万元；4个项目获得2022年度省乡村振兴科技创新提振行动计划立项支持，总经费达1764万元，列全省第3位；61个项目入选2022年第一、二批山东省科技型中小企业创新能力提升工程，立项金额总计1985万元。泰安市争取山东省2022年中央引导地方科技发展项目11项，资金960万元。山东碧蓝生物科技有限公司的山东省农业生物防控中试示范基地获得备案。泰安市首家省级技术创新中心——山东省农业微生物技术创新中心获批准建设。

【科技人才】　2022年，泰安市入选国家级人才工程3人，入选省级人才工程8人。市科技局选派第十六批科技特派员62人，累计选派1214人；组建7支科技特派员创新创业共同体产业服务团，总数达到13支，涉及畜禽、蔬菜、林果、水产等多个领域，构建科技特派员服务基层新格局。

【科技奖励】　2022年，泰安市印发《泰安市支持技术转移政策性项目资金管理办法》，成立市技术转移工作服务队。全市获省科技奖励3项，获第十一届中国技术市场协会突出贡献个人奖1人。泰安市召开全市科技创新暨校城融合大会，对全市优秀科技成果进行表彰。

表35　2022年泰安市获省级及以上科学技术奖励二等奖以上情况一览表

序　号	奖励类别	成果（人员）名称	完成单位	等　级
1	省技术发明奖	地下工程支护粉尘污染防治关键装备及成套技术	山东科技大学	二等奖
2	省科技进步奖	岳彦博	力博重工科技股份有限公司	青年科学奖
3	省科技进步奖	千万吨级工作面高可靠性安全开采保障技术及装备	山东科技大学，山东思科赛德矿业安全工程有限公司	一等奖
4	省科技进步奖	苹果化肥减量提质增效绿色生产关键技术创新与应用	山东农业大学，山东农大肥业科技有限公司	一等奖
5	省科技进步奖	特高压输电铁塔用高强高韧Q420系列角钢的开发和工业化实施	石横特钢集团有限公司，东北大学，北京国网富达科技发展有限责任公司	二等奖
6	省科技进步奖	大断面强采动综放沿空煤巷破坏机制与锚索桁架控制系统	山东科技大学	二等奖
7	省科技进步奖	自主可控的自然资源智能精准监测关键技术研究与应用	山东科技大学	二等奖

续表35

序号	奖励类别	成果（人员）名称	完成单位	等级
8	省科技进步奖	富水弱胶结地层盾构隧道下穿敏感构筑物施工关键技术与应用	山东科技大学	二等奖
9	省科技进步奖	北方茶优质抗逆生产关键技术创新及应用	山东农大肥业科技有限公司	二等奖
10	省科技进步奖	杨树优异种质资源挖掘与新品种选育及应用	宁阳县国有高桥林场	二等奖
11	省科技进步奖	棉花重大病害全程防控技术创新与应用	山东农业大学	二等奖
12	省科技进步奖	FVIII、PCC 及 Fg 等凝血因子类新产品开发及产业化关键技术研究与应用	山东泰邦生物制品有限公司，山东省妇幼保健院	二等奖
13	省自然科学奖	随机系统的稳定性与优化	山东科技大学	二等奖
14	省自然科学奖	脑卒中神经损伤机制及干预新策略研究	山东第一医科大学（山东省医学科学院）	二等奖
15	省自然科学奖	复杂网络化系统控制、优化与估计诊断理论研究	山东科技大学	二等奖
16	省自然科学奖	煤自燃逐级氧化与危险区域精准辨识理论及高效防控方法	山东科技大学	二等奖

2022 年 4 月 26 日，市委书记、市人大常委会主任杨洪涛（右三）调研科创平台建设情况　（司　刚　摄）

【科技金融】　2022 年，全市办理贷款备案 304 笔，授信 14.03 亿元，发放贷款 11.42 亿元；24 家企业获得 198 万元贴息支持。　（孟现忠）

科技创新

【概况】　2022 年，市政府印发《泰安市人民政府关于推进国家创新型城市建设的实施意见》，启动国家创新型城市创建工作。市科技局编印《2022 版科技创新政策汇编》，开展“我为企业办实事”工作，组织实施重点科研项目绩效评价，科技管理服务更加精细。年内，泰安市形成重要科技成果 249 项，提名青年科技创新奖 24 人。泰安市首家省级技术创新中心——山东省农业微生物技术创新中心通过备案，实现零的突破。岱岳区被评为 2022 年山东省科技创新强县，为全省首批入选的 10 个科技创新强县之一。泰山区、岱岳区被评为山东省技术转移先进县。

【科技创新平台】　2022 年，山东农业大学组建全国重点实验室 1 家，市科技局认定组建市级重点实验室 44 家，累计 76 家；获批省技术创新中心 1 家（泰安市首家），组建市级技术创新中心 77 家；新增备案省级新型研发机构 2 家，累计 14 家；备案市级新型研发机构 2 家；组建市级创新创业共同体 3 家，累计 4 家。市科技局制定规模以上工业企业研发机构建设备案工作方案，分两批备案规模以上工业企业研发机构 374 家。

【科技创新主体培育】　2022 年，全市高新技术企业新增 182 家，总量达到 704 家，连续 5 年保持 35％以上的增速；7 家高新技术企业跻身山东省科技领军企业行列，居全省第 7 位；38 家企业入选首批科技“小巨人”企业，居全省第 6 位。通过政策引导、项目带动等方式，市科技部门指导 1024 家企业分九批加入国家科技型中小企业库，全市“创新 50 强”企业营业收入实现稳健增长。

2022 年 8 月 25 日，全市科技创新暨校城融合大会召开 （孟现忠 摄）

【高新技术产业】 2022 年，全市高新技术产业产值同比增幅达到 7.58%，居全省第 5 位。规模以上工业企业实现高新技术产业产值占规模以上工业总产值的比重达到 61.18 %，超过全省平均水平 12.92 个百分点，居全省第 4 位。

【全市科技创新大会】 2022 年 8 月 25 日，泰安市召开全市科技创新暨校城融合大会，会议深入贯彻落实习近平总书记关于科技创新的重要论述和省市第十二次党代会、省科技创新大会精神，总结成绩、表彰先进，分析形势、部署工作，加快推进科技创新和校城融合，为建设新时代中国特色社会主义现代化强市提供更加有力的科技人才支撑。市委书记、市人大常委会主任杨洪涛出席会议并讲话，市委副书记、市长张涛主持，山东农业大学党委副书记、校长冷畅俭，山东科技大学党委副书记、泰安校区党委书记、管委会主任王少鹏讲话。会议宣读《泰安市人民政府关于 2021 年度科学技术奖励的决定》，为 2021 年度省、市科学技术进步奖获奖代表颁奖。2021 年度市科技进步一等奖获得者和 2021 年度市青年科技创新奖获得者发言。评选泰安市青年科技创新奖 6 人，泰安市科技进步奖 100 项，其中一等奖 10 项、二等奖 30 项、三等奖 60 项。

（孟现忠）

【国家创新中心建设】 2022 年，推动山东中康国创先进印染技术研究院有限公司、国家先进印染技术创新中心落实主体责任，加快建设进度。年内，累计新增采购仪器设备 137 台（套）。取得 CMA（中国计量认证）、CNAS（中国合格评定国家认可委员会）认定认可资质，获得批准的检验检测能力达到 144 个产品标准、430 项检测方法标准，先后为森马、衣拉拉等 68 家企业提供检验检测服务并签订检测合同。成立日本离岸研发中心“中康国际经济技术株式会社”。“卡脖子”技术实现突破，相继研制出高性能低温催化剂、低温精炼剂、蜡乳液等 57 个产品，先后为行业 40 家企业提供产品和研发服务。（朱玉祥）

【孵化载体建设】 2022 年，泰山创新谷搭建集“研究院、孵化器、中试基地、技术交易、产业化”于一体的“一站式”孵化链，累计引进包括国际院士、国家级人才工程专家等高水平研发团队 79 个，建设创新平台 22 家，注册成立公司 111 家，授权专利 75 项，制定行业标准 2 项，孵化企业实现总产值 2.35 亿元。（孟现忠）

产学研合作

【概况】 2022 年，泰安市加强与国内重点高校开展产学研对接，定期提供技术需求，发布技术成果，年内开展重大产学研对接活动 4 次，签订合作协议 17 项。推进山东省智慧康养创新创业共同体建设，打造“政产学研金服用”一体创新平台。依托山东省“创业齐鲁 共赢未来”高层次人才创业大赛，深挖人才储备，省级创新类人才入围 2 人，创业企业类入围 6 人。

【产学研对接】 2022 年，泰安市推动与山东大学、齐鲁工业大学（山东省科学院）的深入合作，举办山东大学—泰安市人民政府战略合作签约暨山东大学科技成果直通车（泰安站）活动和齐鲁工业大学（山东省科学院）“千名专家进企业——泰安行”活动。邀请山东大学到泰安市开展精准对接，推介优秀科技成果 30 项，实地考察泰安企业 8 家，达成合作意向 3 项。

【产学研平台载体建设】 2022 年，泰安市推进省智慧康养创新创业共同体建设，成员单位达到 42 家，从智慧技术、康复器具、健康食品、康养模式 4 个方面梳理 31 项产业链技术问题，取得新产品 47 个，注册孵化企业 4 家，筛选评审并落地 3 个产业化项目入驻 1.3 万平方米中试基地。（孟现忠）

科技服务

【技术转移服务】 2022 年，泰安市成立市技术转移工作服务队，到相关企事业单位进行技术合同登记宣传发动，同时邀请省技术市场管理服务中心专家进行辅导培训，增强技术合同登记的效率和质量。对技术转移服务机构和技术转移输出方进行补助，补助金额 460 万元，促进技术合同登记的积极性。

【科技助力乡村振兴】 2022 年，泰安市争取市级财政资金 200 万元，重新启动实施 13 项市级农业良种项目，重点围绕新品种选育与示范应用、地方名优品种选育与示范应用等方面，开展关键技术攻关，鼓励支持企业与高校、科研院所加强产学研合作，以

2022年8月23日，泰安市科技局联合岱岳区科技局在泰安市金兰观光牧场开展2022年科技活动周——"科技助力奶业'喝'护你我健康"科普知识进农场活动 （孟现忠 供）

科技创新助力种业振兴。组织开展17次科技下乡活动，培训人数597人次，提升农民技术水平。

【科技"放管服"改革】 2022年，泰安市对省权责清单、政务服务事项管理系统、中央政策厨房、政企直通车、信用泰安等16个平台进行动态管理，汇总报送数据2000余条。按照"无证明城市"建设要求，重新梳理、发布市科技局市级证明事项清单。做好"我为企业办实事"有关工作，印发《市科技局"我为企业办实事"活动的推进实施方案》，制定每季度"我为企业办实事"工作台账，报送工作推进情况。 （孟现忠）

气　象

【概况】 2022年，市气象局辖新泰、肥城、宁阳、东平4个县级气象局，与泰山区政府、岱岳区政府共建泰山区气象局、岱岳区气象局，分别挂靠在泰安市气象服务中心、泰安农业气象试验站。市、县两级气象部门完成防雷与升放气球安全专项整治三年行动任务。市气象局编制行政许可事项清单、制定行政许可实施规范、更新完善办事指南。市气象局防雷安全重点单位监管平台登录率100%，列全省第1位；全市防雷安全重点单位检查率超80%，列全省第5位；全市民爆企业、油库防雷监督检查全覆盖。市气象局每月2次巡查气球升放活动。宁阳县气象局获全省气象部门防雷安全监管工作先进集体称号。市气象局和新泰、宁阳、东平3个县级气象局以及泰山气象站继续保持"省级文明单位"称号。

【综合气象探测】 2022年，泰山双偏振天气雷达升级改造项目获省气象局验收通过，雷达资料实现单轨运行。5个国家一般气象站升级为国家基本气象站，完成6个国家气象站气象探测环境评估，并加装视程障碍现象仪。每周对地面气象观测仪器进行巡检维护，仪器故障率显著降低。市气象局升级8个4要素国家天气站为智能6要素站。全市酸雨样品考核全部优秀。泰山酸雨自动观测系统6月1日正式业务运行，结束长达32年泰山人工观测酸雨的历史。

【气象预报预测】 2022年，泰安市系统研发气温、降水、大风等多种客观预报方法，应用逐半小时循环短临模式系统，乡镇客观预警模型精细到1千米网格、1千米分辨率、10分钟更新频次，提升精准预报水平。开展"预报质量提升年"专项行动，提高智能网格预报准确率，24小时晴雨预报准确率达87.89%、一般性降水预报准确率达54.62%、最高最低气温（≥35℃，≤-10℃）预报准确率53.47%，强对流天气预警时间提前至70分钟。

【人工影响天气】 2022年，黄前人工影响天气标准化作业站点通过验收。市气象局制定《市级人工影响天气规章制度汇编（试行）》。联合市应急管理局对4县（市）人工影响天气安全开展专项检查。举办全市人工影响天气安全管理、实际操作工作培训班。作业站点、作业人员、作业装备全部录入人工影响天气安全管理平台。全市开展人工影响天气作业22轮次，发射增雨火箭弹98发，点燃烟条26根。

【公共气象服务】 2022年，泰安市组建气象保障队伍，服务泰山国际登山节、全省重点项目开工仪式、泰安市重大产业链项目集中开工、第十二次党代会等活动。开展春运气象服务，发布40期春运气象服务简报。肥城市气象局被省气象局表彰为重大气象服务先进集体。完善森林火情卫星遥感监测系统，持续开展森林火情监测，发现并核实火点4处。探索能源领域气象服务，与热力公司合作开展基于气象条件的节能降耗精准调控课题研究。

【气象科研】 2022年，"风传感器防冻解冻技术"获评中国气象局"十三五"以后科技成果评价良好等次。"建设科学管理平台助推泰安气象高质量发展"被评为全省气象部门科学管理类创新工作。"泰安特色农业气象服务高质量发展"被评为全省气象高质量发展创新实践工作。市气象局立项省局课题4项、市科技创新发展项目5项，取得专利3项，发表论文10篇。泰安农业气象试验站继续开展冬小麦、夏玉米联合试验，与农业部门共同完成小麦技术管理、干热风防治、病虫害防治等技术方案。市气象局成立气象高质量发展中心，集中开展科研攻关。承担高质量气象现

2022 年 5 月 27 日，全市气象灾害防御工作联席会议举行　（张　静　供）

代化建设全省先行试点工作 2 项。开展新型业务技术体制改革，探索建立扁平集约高效的“云 + 端”技术体制。与市人社局等部门联合举办全市“技能兴泰”（气象观测员）职业技能大赛。获全国气象工作先进个人 1 人，入选全省青年气象英才 1 人。

【气象现代化建设】　2022 年，泰安市建成省级异地雨量检定实验室。完成泰山气象文化建设项目，实施泰山站房屋修缮工程。温室气体观测设备运抵泰山。农试基地建设用地土地性质成功变更。宁阳县气象局新址土地划拨手续成功办理。宁阳县气象局供暖设施建设项目完成。新泰市气象局土地历史遗留问题、东平县气象局沿街楼遗留问题解决。　（张　静）

水文监测

【概况】　2022 年，泰安市水文中心辖东平、肥城、城区、新泰 4 个县级水文中心。全市水文工作者提高水文监测能力、雨水情预警预报能力、水生态环境和用水总量监测水平，推进科技创新、提升水文现代化管理水平和服务能力，为全市经济社会发展提供可靠水文支撑。市水文中心连续 13 年被评为“全省水文系统先进单位”，继续保持“省级文明单位”称号。

【站点设置】　2022 年，泰安市设戴村坝、大汶口、北望、楼德、白楼、黄前水库、东周水库、光明水库、下港、瑞谷庄 10 个国家基本水文站。全市境内建有包括水文站、水位站、降水量站、辅助站、报汛站、地下水监测站、水质监测站、水土保持监测站在内的各类水文监测站点 600 余处。全市水文系统建有防汛抗旱预警信息及视频会商系统，实现省、市、县、测站的一体化会商，拥有国家计量认证的水环境监测实验室，基本形成种类齐全、功能完备、代表性高、覆盖面广、信息及时可靠的水文监测网络系统。

【基层水文建设】　2022 年，新泰市羊流镇、肥城市汶阳镇、东平县彭集街道、东平县东平街道分别印发《关于进一步加强水文工作的意见》，持续推进乡镇（街道）水文事业发展。东平县河长制办公室印发《关于县水文局参与全县河长制湖长制工作的函》。

【水文测报】　2022 年，泰安市经历 6 次较大洪水过程，市水文中心完成应对下港水文站、黄前水库流域 30 年一遇暴雨洪水、台风“梅花”等水文测报任务。全市水文系统共施测流量 1042 次，施测输沙率 25 次。市水文中心做好洪水情报预报工作，全年向省水文中心交换处理数据信息 77 万条，向市政府及市防指成员单位发送雨水情短信 5.38 万人次，雨水情信息 7 万人次。编制泰安市水文快报 28 期、水情简报 144 期。参加省级视频防汛会商会 2 次，市级防汛会商会 10 次。持续服务政府防汛决策，完成纳雨能力分析 18 次，洪水和日常化作业预报 80 次。下港“7·12”暴雨洪水期间，市水文中心协助下港镇政府编制《下港镇应急预案》，协助市防汛办公室编制《黄前水库拟提升警戒水位指标》并进行暴雨洪水分析和论证工作。

【工程建设】　2022 年，泰安市加强全自动现代化测流设备比测和应用。通过山东省水文设施建设工程等项目，全市新增视频监控 14 处、自行走式测速雷达 3 处、雷达在线测速 4 处、全自动水文缆道 1 处、二线能坡测流系统 1 处、侧扫雷达 1 处。对下港水文站、白楼水文站、楼德水文站开展提档升级工程建设。编制完成《泰安市中小河流治理水文设施工程建设方案》。

【水文服务】　2022 年，泰安市开展全国用水统计调查数据审核暨区域用水总量核定、泰安市地下水超采区划定、水生态监测及水土保持监测工作。与市水利局联合编写《泰安市全国用水统计调查数据审核暨区域用水总量核定报告》《泰安市水资源监测评价报告》《泰安市水资源公报》，独立编写《泰安市地表水资源质量报告》《泰安市水土保持公报》《泰安市饮用水水源地水质监测报告》。参与建设大汶河汛情信息共享平台，6—10 月主汛期期间，提供北望水文站、大汶口水文站、楼德水文站、戴村坝水文站的实时水位和流量监测数据，为东平湖、大汶河防汛精准调度提供信息支撑。开展大汶河流域生态基流监测，完成 4 处监测断面的 415 次流量监测，助力黄河流域生态保护和高质量发展。对全市境内 6 条河流开展河长制暗访巡查工作，全年巡河 415 次，巡河人数达 590 人次，巡河里程达 1490.42 千米。开展服务河湖长制水质监测工作，服务市级河长制及美丽河湖达标建设，对泰安市 7 处美丽示范河湖建设断面进行一月一检测一评价，共监测 70 次，监测水质项目达

37 项。助力水源地达标建设，做好泰安市 18 处饮用水水源地 30 项水质项目的监测工作。省级水源地每月监测 1 次，国家级水源地每月监测 2 次，编写完成《泰安市饮用水水源地水质监测报告》，为泰安市饮用水安全管理提供技术支撑。

【管理与科研】 2022 年，《泰安市水文管理办法》经市政府常务会议批准继续执行。市水文中心印发《泰安市水文中心 2022 年汛期特别工作制度》《泰安市水文中心水文应急监测方案》，并编制《泰安市水文中心安全生产制度汇编》，进一步加强工作管理。成立"攻关先锋"青年突击队，参与"7·20"暴雨复盘移植工作，实施"金字塔"人才培养计划。举办泰安市第四届水文勘测工—水文情报预报技能竞赛，评出综合奖一等奖 1 人、二等奖 2 人、三等奖 3 人，综合奖第一名获"泰安市技术能手"称号。成立"水文挑山工攻关先锋创新团队"，开展数字孪生水文站、"四预"成果转化、水文测验信息化、数字化开发应用等方面研究，共发表论文 19 篇，其中 SCI 论文 1 篇，获省水文中心科技奖 1 项，获省水文中心科委水文软科学成果奖 3 项，获山东水文科学技术奖 4 篇。

【信息化建设】 2022 年，泰安市建设完成水文视频监控系统，60 余路视频监控接入泰安水文智能可视化平台，全面掌握各处水文监测站点水情。完成全市小型水库雨水情信息接收系统建设，接收全市 601 座小型水库雨情数据，填补泰安市小型水库无实时雨水情数据传输的空白。自主引进水文图传水位监测系统 3 套，水文图传流速监测系统 1 套，实现国家基本水文站现代化测流设备全覆盖。

【数字孪生水文站建设】 2022 年，泰安市在全省水文系统率先开展数字孪生水文站建设。与河海大学合作，签署《数字孪生水文站关键技术研究与应用——戴村坝水文站示范项目》协议，对戴村坝水文站测验断面上下游（8 千米 +2 千米）10 千米范围进行数字化模拟，开发数字孪生水文站关键技术研究与应用——戴村坝水文站示范系统，实现戴村坝水文站洪水过程的数字流场映射和模拟推演，模拟展示测洪方法，为东平湖防汛提供决策依据。

【水文监测环境保护】 2022 年，市政府印发《关于做好水文监测环境保护范围划定工作的通知》，各县（市、区）人民政府印发《关于划定水文监测环境保护范围的公告》，完成 10 处国家基本水文站水文监测环境保护范围划定工作。山东省水文中心、黄委山东水文水资源局、泰安市水文中心召开大清河流域水文监测环境和设施保护工作座谈会，印发会议纪要，建立"三方联动"工作机制。（孙　娟）

测绘地理信息

【基础测绘】 2022 年，泰安市获取的基础测绘数据有 1 ∶ 500、1 ∶ 2000、1 ∶ 10000 比例尺地形图，0.05 米分辨率倾斜摄影数据，0.2 米分辨率正射影像图。东部新城基础地理信息数据获取 565 平方千米范围内的 0.2 米分辨率正射影像和 1 ∶ 2000 比例尺地形图数据。

【地理信息】 2022 年，泰安市完成泰安城区 109 平方千米实景三维建设和模型入库，以及泰安市域地形级实景三维、泰安城区城市级实景三维、泰安市三维电子注记地图的发布；完成基础地理信息数据测绘、公共设施、国土空间规划、自然资源管理、人口经济等地理信息数据更新 17 项；完成政务、防疫等专题图制作 27 项。建立山东省卫星中心泰安市级节点，实现每季度获取一次覆盖全市域的亚米级（0.65 米、0.8 米）卫星影像数据，每月获取一次覆盖全市域的 2 米级卫星影像数据，为自然资源监测、城市管理、农业农村、河湖监管、环境保护、执法等领域提供地理信息数据服务。

【信息化建设】 2022 年，泰安市建成项目选址导引系统、建设项目报批预审查系统和重点项目跟踪管理系统，助力新型工业化强市建设。优化国土空间规划"一张图"系统，支撑国土空间总体规划编制成果报批。开展"多测合一"管理系统建设。推进空天地自然资源智能监管系统建设，实现对全市重要自然资源的实时监管。开展三维可视化城市地质信息系统建设，为城市地下空间开发利用提供数据支撑。（王　健　张维康）

2022 年 6 月 27 日，泰安市入汛第一场大暴雨，工作人员在东平南城子断面大汶河测流（孙　娟　供）

编辑　校对　刘小笋

教育

综述

【教育机构】 2022年，泰安市有幼儿园1356所，在园幼儿19.24万人，专任教师1.56万人，专科及以上学历教师占91.22%；普通小学463所，在校生32.29万人，专任教师1.85万人，本科及以上学历教师占83.99%；初级中学165所，在校生22.34万人，专任教师1.82万人，本科及以上学历教师占91.4%；特殊教育学校5所，在校生2385人，专任教师273人；普通高中41所，在校生8.79万人，专任教师8627人，研究生及以上学历教师占9.71%；中等职业学校14所，在籍学生4.16万人，专任教师2709人，“双师型”教师占38.23%；普通高等院校15所，在校生14.16万人。

【教育规划】 2022年5月31日，市政府印发《泰安市“十四五”教育事业发展规划》（简称《规划》）。《规划》包含总体要求、重点任务、保障措施3部分。总体要求包含指导思想、基本原则、发展目标3部分。重点任务包含6部分，即全面落实立德树人根本任务、均衡配置公共教育资源、系统构建高质量教育体系、全面加强新时代教师队伍建设、促进信息化时代教育变革、建立健全教育评价体系。保障措施包含4方面内容，即加强党对教育工作的全面领导，全面提升依法治教水平，全面加大教育经费投入，全面加强教育督导。

【教育投入】 2022年，全市建立幼儿园生均公用经费财政拨款制度，确定财政拨款最低每生每年710元。全市统一城乡义务教育学生“两免一补”（免学杂费、免课本费，补助寄宿生生活费）政策，按照小学710元、初中910元、义务教育段寄宿制学校增加200元、特教学校8000元标准落实生均公用经费，对农村不足100人的规模较小学校按100人核定公用经费，超过100人不足200人的规模较小的学校按200人核定公用经费。国家和省对城乡义务教育阶段学校在校生免费提供教科书。全市调整完善高中段学校生均公用经费拨款标准，普通高中按照每生每年不低于1000元标准落实，中等职业学校（含技工学校）生均公用经费基本拨款标准按专业类别确定生均公用经费拨款基本标准（每生每年2800～4500元）。落实省定公办高职院校生均拨款制度，确保市域内公办高职院校生均财政拨款水平不低于1.2万元。

【语言文字工作】 2022年，市教育部门组织参加经典诵读写等系列活动。组织参加2022年山东省中华经典诵读大赛、山东省“童语诵同音·推普筑未来”2022年山东省幼教系统普通话大赛、2022年山东省中小学师生规范书写大赛等活动。评选出全市中华经典诵读作品28件上报省教育厅，11件作品分别获省二等奖和三等奖。遴选语言文字特色学校。组织参加省特色学校评选，2所小学被评为2022年山东省甲骨文特色学校，5所学校被评为山东省中华经典诵吟特色学校。做好推广普通话宣传周系列工作。9月16日，第25届全国推广普通话宣传周泰安市启动仪式在肥城市泰西实验学校举行，县（市、区）、功能区和市直各中小学校、幼儿园精心组织，确保推广普通话宣传周宣传活动落到实处。

2022年9月16日，第25届全国推广普通话宣传周泰安市启动仪式在肥城市泰西实验学校举行 （洒西川 供）

【教育科研】 2022年，市教育部门组织开展泰安市2022年度中小学幼儿园课堂教学创新课创新教育活动，评选全市创新课一等奖89节，二等奖56节。10—11月，组织泰安市第十三届新道德教育优秀主题班会展评活动，113名教师参评。组织泰安市教育科学规划专项课题申报评审工作，经泰安市教育科学研究专项课题专家评审委员会评审，并经泰安市教育科学规划领导小组批准，泰安市教育科学研究专项课题确定“大中小思政课一体化建设”类课题75项、“线上教学”类别课题70项、“创新素养培育”类别课题83项、“心理健康教育”类别课题66项、泰山护理职业学院专项课题19项。组织泰安市教育科学规划课题结题鉴定工作，专家评委会对申报结题的323项立项规划课题进行结题鉴定，确定201项规划课题、47项改革与发展专项研究课题通过结题鉴定。组织教师参加山东省教育科学规划创新素养专项课题申报工作，全市立项3项课题。组织教师参加山东省“黄河流域生态保护和教育高质量发展”教育教学专项课题申报工作，全市立项7项课题。组织教师参加“2022年度山东省基础教育教学改革项目”申报工作，全市立项62项，推荐参加省级评选24项。组建泰安市义务教育科研核心团队。组织泰安市教育科研先进单位和先进个人评选活动。经审核，教育科研先进单位通过90个，教育科研先进个人通过280人。（刘　晓　洒西川）

学前教育

【概况】 2022年年末，全市有幼儿园1356所，在园幼儿19.24万人，教职工2.22万人，专任教师1.56万人。年内，全市15所新建改扩建幼儿园项目全部完工，新增学位1700个，其中公办学位970个。

【幼儿园课程建设】 2022年，全市各级幼儿园注重加强课程建设，秉持“一日生活皆课程”的理念，充分利用生活与游戏资源，进行探索性主题活动，有效促进幼儿发展。全市20个课程案例在《中国教育报》、省学前教育中心网站发布；在省学前教育研究课题立项中，1项重点课题立项，2项一般课题立项；在“幼耀精彩”短视频大赛中，获省级一等奖1项、三等奖2项。

【学前教育普及普惠发展】 2022年，市教育部门编制实施《泰安市“十四五”学前教育发展提升行动计划》，坚持政府主导、部门联动，将公办幼儿园在园幼儿占比列入市对县高质量发展考核指标体系，多次组织召开调度会、分析会、通气会，指导县（市、区）通过新建改扩建、民办园转公办园等8项措施促进公办率提升。至年末，全市公办幼儿园在园幼儿占比达59.64%，比上年提升5.01个百分点。

【泰安市实验幼儿园】 泰安市实验幼儿园始建于1948年5月，建立之初是一所抚养烈士遗孤的红色保育院，公办省级示范园。2022年，幼儿园占地面积1.66公顷，有15个班、401名幼儿，在编教职工55人，其中研究生学历4人，本科及以上学历占比91%。获评齐鲁名校长1人，省特级教师2人，泰山功勋教师、泰山名师、省市优秀教师等10人。在园区建设上，依托园区“山、林、草、坡、水”天然资源，种植果树、泰山中草药，制作“小唐摩崖”石刻墙，打造九大户外活动区，营造赋有泰山文化的自然生态大环境。在课程建设上，从一日生活皆课程开始，践行“自理自信，做勇敢活泼泰山娃”的育人理念，让幼儿在“亲自然、爱生活”的教育中成长。开设家长学堂，提供暑期保教服务、课后延时服务，开设志愿安心驿站，首创园门口家庭教育咨询师。年内，幼儿园先后获“山东省教育系统关心下一代工作先进集体”“山东省幼小衔接试点园”“泰安市首批优质基础教育集团”等称号。

（刘　晓　洒西川）

表36　2022年泰安市幼儿园基本情况统计表

县市区功能区	园数（所）	离园人数（人）		入园人数（人）		在园人数（人）		教职工（人）		办园条件		
		合计	其中，女	合计	其中，女	合计	其中，女	合计	专任教师	占地面积（万平方米）	建筑面积（万平方米）	图书（万册）
合计	1356	62625	29621	41640	19743	192390	90995	22190	15635	390.17	194.5	314.71
泰山区	240	11393	5432	7976	3779	35860	16902	4624	3087	52.78	32.1	45.48
岱岳区	157	7499	3510	6187	2944	23653	11274	2794	1992	53.94	27.8	47.17
新泰市	380	15820	7279	7808	3585	45804	21267	5303	3877	98.69	45.8	75.08
肥城市	132	8905	4432	6413	3071	29397	14196	2999	2290	55.85	30.2	47.39
宁阳县	98	6616	3083	5744	2779	23253	11131	2598	1712	48.54	22.5	46.19
东平县	197	7943	3691	4492	2095	21492	10076	2269	1584	43.97	21.6	29.27

续表36

县市区 功能区	园数（所）	离园人数（人）		入园人数（人）		在园人数（人）		教职工（人）		办园条件		
		合计	其中，女	合计	其中，女	合计	其中，女	合计	专任教师	占地面积（万平方米）	建筑面积（万平方米）	图书（万册）
泰安高新区	74	2703	1342	1875	912	8523	4062	1098	705	19.95	8.7	15.58
泰山景区	18	436	222	194	94	1035	472	128	117	3.26	1.8	1.94
徂汶景区	60	1310	630	951	484	3373	1615	377	271	13.19	3.9	6.62

说明：专任教师含附设中职班专任教师

义务教育

【概况】 2022年年末，全市有普通中小学校669所，在校生63.41万人，教职工5.08万人，专任教师4.81万人，其中小学463所，在校生32.29万人，教职工2.12万人，专任教师1.85万人；初中165所，在校生22.34万人，教职工2.15万人，专任教师1.82万人。年内，新建改扩建中小学12所，项目均完工，新增学位1.48万个。

【薄改项目建设】 2022年，泰安市规划开工项目467个，开工项目442个，开工率94.65%；完成投资3.15亿元，完成投资率54.31%。规划竣工项目454个，竣工项目449个，竣工率98.90%。完成投资3.83亿元，完成投资率78.26%。

【集团化办学】 2022年1月4日，市教育局印发《全市教育集团化办学发展性评估方案》，实行月调度、月通报制度，持续巩固“1+N+X”［“1”即教育集团核心校，“N”即成员校（校区），“X”即托管学校］优质资源共享的集团化办学成果，实现集团内学校共赢。至年末，成立42个教育集团，辐射192所学校，交流干部教师597人。

【教育质量提升】 2022年疫情封控期间，为高质量完成线上教学，各学段各学科教研员及核心教研员网上巡课6000余节，并通过多种形式为一线教师提供切实可行的教学建议。市教育局完成中考命题和阅卷工作。创造性提出“首课负责制”，在全市669所中小学校实施，开创中小学校思政工作新方式。市教育科学研究院成立“首课负责制”研究中心，开展课题研究100个，收集精品首课400余例。制定《泰安市初高中教育教学衔接指导意见》，成立初高中衔接教育研究中心，促进初高中一体化发展。面向全市遴选核心教研员448人，其中高中段211人、初中段124人、小学段88人，教育科研25人。制定核心教研员管理办法，实行“召集人”制度，实施核心教研员年度重点攻关任务制度，确保教研工作实效性。针对优秀生培养，市教科院构建起市级学科专家团队、县级学科辅导团队、校级指导教师团队三级指导体系。实施优生培养“50+”虚拟班推进方式。印发《泰安市普通中小学强课提质行动实施方案》，推进课堂教学改革，落实“双减”要求。参与全省义务教育作业设计大赛，获得省级一等奖11个、二等奖24个、三等奖39个，提高教师自主设计作业能力。

表37 2022年泰安市普通小学基本情况统计表

县市区 功能区	小学（所）	教学点（个）	毕业生数（人）	招生数（人）	在校生数（人）	教职工（人）		占地面积（万平方米）	建筑面积（万平方米）	图书（万册）	数字终端数（台）
						合计	专任教师				
合计	463	80	63388	65865	322911	21240	18458	909.90	277.59	1030.61	58032
泰山区	52	2	9936	12456	57698	2692	2077	62.24	28.50	138.01	8219
岱岳区	53	5	6188	7572	34888	2576	2073	114.84	41.91	110.21	6228
新泰市	136	31	15975	18997	86846	5353	5042	277.91	71.45	319.25	16585
肥城市	44	1	10361	8447	45543	3297	2859	117.78	37.00	140.45	8315
宁阳县	67	8	8691	6605	36255	3111	2675	148.10	45.65	142.15	8094
东平县	53	0	8567	7300	40975	2409	1971	85.61	27.05	85.65	4983
泰安高新区	24	4	2131	3024	13380	1045	1017	54.42	15.41	55.19	2828
泰山景区	10	14	445	357	1873	233	233	15.96	3.76	10.28	842
徂汶景区	24	15	1094	1107	5453	524	511	33.05	6.86	29.41	1938

说明：因九年一贯制学校的教职工数计入初中阶段教育，完全中学、十二年一贯制学校的教职工数计入高中阶段教育，而专任教师是按照教育层次进行归类，存在小学教职工数据小于专任教师数据的情况

表 38　2022 年泰安市普通初中基本情况统计表

县市区功能区	校数（所）	毕业生数（人）	招生数（人）	在校生数（人）	教职工（人）		占地面积（万平方米）	建筑面积（万平方米）	图书（万册）	数字终端数（台）
					合计	专任教师				
合计	165	48398	62652	223388	21461	18227	813.75	365.19	1127.66	51003
泰山区	25	7899	10486	38335	3541	2857	102.29	52.82	196.50	9954
岱岳区	22	4942	6802	23433	2931	2344	118.41	58.75	152.83	6799
新泰市	32	14562	15596	57592	4809	4366	160.13	74.20	283.19	10726
肥城市	30	6921	10022	34376	3715	2870	140.28	57.67	183.28	9163
宁阳县	18	4953	8109	28887	2560	2259	110.85	53.48	128.83	5764
东平县	24	6293	8397	29640	2662	2356	108.56	45.69	112.31	5386
泰安高新区	6	1482	2156	6739	674	630	37.52	10.96	31.72	1657
泰山景区	3	360	356	1334	188	185	10.16	4.24	10.26	489
徂汶景区	5	986	728	3052	381	360	25.54	7.38	28.74	1065

【扩增义务教育资源】 2022 年，泰安市健全完善中小学大班额长效防控工作机制，采取周调度、月报图、季督导制度，夯实县（市、区）政府主体责任，针对项目推进过程中出现的问题，强化精准指导，推进建设项目进度。至年末，全市 12 所中小学全部完工，新增中小学学位 1.48 万个。

【课后服务保障】 2022 年，泰安市各学校坚持午间餐后服务、下午课后服务、假期托管服务相结合，为有需要的学生提供全方位的服务体系，全市 620 所学校、42.3 万名学生开展和参加课后服务，基本实现义务教育学校全覆盖，有需求的学生全保障。同时，推进引入校外公益资源和第三方服务工作，会同市科协制定《科普助力“双减”行动实施方案》，加强科普与教育融合，为学校课后服务提供优质科技教育资源，依托省科协 330 工程，为 240 余所中小学校提供优质科技教育资源，有效补充学校课后服务科普资源，泰安市教育局被评为“山东省青少年科普教育 330 工程先进单位”。

2022 年 5 月 18 日，泰安市岱岳区卧虎山小学 2022 年劳动教育实践活动举行（洒西川　供）

【“双减”工作】 2022 年，泰安市各学校坚持减总量增睡眠、减重复增实践、减压力增合力“三减三增”思路，确保学生作业不超国家课标难度，总量不超规定时长。年内全市小学生、中学生作业量较以往分别压减 15%、20% 左右。市教育局持续规范全市 1269 家校外培训机构办学行为，所有机构均开通资金监管账户及线上支付渠道，接受教育部门资金监管。做好培训机构从业人员审查，对全市 3382 名登记在册的从业人员的从业资质、无犯罪记录证明等材料进行逐一审查，保障学生培训安全。落实培训材料审查制度，对机构自编教材和选用的正式出版物进行不定期抽查，累计排查培训材料 1782 份，为学生筑起安全屏障。

【规范民办义务教育】 2022 年，市教育部门印发《泰安市规范公办学校举办或者参与举办民办义务教育学校专项工作方案》，通过采取“停办和转公一批民办义务教育学校，扩增公办义务教育学位，适当压减民办义务教育学校招生计划，政府购买服务”等 5 项措施，全市民办教育学校在校生占比由 8.24% 降至 4.32%，占比下降

3.92个百分点。分别通过“校校到”“校校清”督查行动，18所“公参民”学校全部完成治理，25所继续办学的民办义务教育学校实现规范发展。

【市级优秀学生评选】 2022年2—4月，经学校、县（市、区）逐级评选推荐、公示，市教育局审核、公示无异议，全市评出义务教育学校市级优秀学生5291名，其中初中2722名、小学2569名。

【泰山学院附属中学】 泰山学院附属中学创建于1994年。2022年，学校占地面积2.53公顷，有在校学生3463人，教学班67个，教职工224人，齐鲁名师名班主任3人，市专业技术拔尖人才1人，特级教师2人，正高级教师2人，泰山功勋教师4人，泰山名师、名班主任5人，省市级优秀教师等11人。学校在市直事业单位绩效考核连续10年评为优秀等次。年内，学校固本强基，以坚实的“党建品牌建设工程”把航学校发展方向，以“唤醒学生心智，养成学生习惯，健全学生人格，激励学生成功”的教育教学思路，紧抓质量核心，不断创新学校管理模式，强化校园保障，先后获平安山东建设先进集体、山东省全环境育人规范校、张艳英山东省“优秀班主任工作室”、泰安市首批学校建设类义务教育教研基地等称号。

（刘 晓 洒西川）

普通高中教育

【概况】 2022年年末，全市有普通高中41所，在校生8.79万人，教职工1.09万人，专任教师8627人。

【中考招生】 2022年起，泰安市初中学业水平考试科目总成绩由450分调整为660分。4月26日，泰安市召开全市初中学业水平考试与高中段招生工作媒体通气会，解读《关于2022年初中学业水平考试工作的实施意见》；5月12日，市政府召开2022年泰安市高中段学校录取政策新闻发布会，解读《关于2022年高中段学校招生录取工作的实施意见》；7月5日，市政府召开2022年初中学业水平考试与高中段学校招生录取工作新闻发布会。相继组织全市“初中学业水平考试与高中段招生管理平台”培训、考生模拟报名、模拟填报志愿、正式报名、正式填报志愿等工作，7月28日全市高中段招生录取工作全部完成。

【省市评优】 2022年1—5月，经学校、县（市、区）逐级评选、推荐、审核、公示，市教育局、省教育厅审核公示无异议，全市477名同学获评普通高中省级优秀学生、95名同学获评省级优秀学生干部、101个班级获评省级优秀班集体。同时，评出普通高中市级优秀学生2866名、市级优秀学生干部571名、市级优秀班集体605个。

【特色多样发展】 2022年，市教育部门启动“泰安市普通高中特色多样发展”行动，引导普通高中由分层办学向分类办学转变，全市高中学校把特色学科培育作为特色高中建设的主抓手，在严格执行国家课程方案的基础上，围绕人文、社科、理工、艺体、科技5个领域，根据办学理念、文化传承、资源禀赋和生源特点，科学合理确定发展定位，明确学校的特色发展目标，研究支撑学校特色发展的学科建设任务，培育建设学科基地，打造特色学科课程群和资源库。年内确定山东省泰安第一中学等7所学校为泰安市首批特色高中，打造“校校有特色”“百花齐放”的发展格局，满足学生全面发展和个性化成长需求，全面提升学校办学水平和人才培养质量。发挥省级学科基地效能，泰安一中数学学科基地、新泰一中物理学科基地、泰山中学历史学科基地和泰安实验中学体育学科基地为全省打造示范课、公开课，展示泰安在学科基地建设的成绩。市教育科学研究院评选泰安市普通高中特色学科基地14处，并制定《泰安市特色学科基地管理办法》，推动特色学科示范带动效应。

表39 2022年泰安市普通高中基本情况统计表

县市区功能区	校数（所）	毕业生数（人）	招生数（人）	在校生数（人）	教职工（人）		占地面积（万平方米）	建筑面积（万平方米）	图书（万册）	数字终端数（台）
					合计	专任教师				
合计	41	34967	27563	87850	10877	8627	401.54	228.93	527.66	24468
泰山区	6	6346	5754	17321	2389	1845	65.42	47.35	89.46	5579
岱岳区	4	4267	3258	10902	1100	1040	39.14	30.50	70.71	2445
新泰市	9	7972	8051	22798	2143	1878	104.27	50.28	119.03	5900
肥城市	10	6363	3850	13886	2015	1435	66.88	30.43	115.27	4663
宁阳县	5	4843	2798	10274	1660	1141	65.16	33.30	77.22	3133
东平县	5	4574	3473	10997	1396	1134	50.77	31.39	41.19	2408
泰安高新区	1	258	213	859	85	69	6.50	3.19	9.80	125
徂汶景区	1	344	166	813	89	85	3.40	2.50	4.98	215

【泰安市学生参加全国中学生物理竞赛（山东赛区）复赛】 2022年10月6—7日，第三十九届全国中学生物理竞赛（山东赛区）复赛举行，全省16个市的1400余名学生参加比赛。泰安市有72名选手参赛，66人获奖，获奖率92%。其中，一等奖9人、二等奖28人、三等奖29人，一等奖获奖人数居全省16市第4名，1名选手进入省集训队，代表山东省参加全国决赛。

【山东省泰安第一中学】 山东省泰安第一中学成立于1899年。2022年，学校有青年路老校区、高新区新校区两个校区，分别位于泰安市区青年路117号、占地面积6.6公顷，高新区南天门大街3367号、占地面积33.87公顷。有教学班122个，在校生5840人，教职工627人。获市级以上教科研奖项教师158人；在数理化生信息五大学科奥赛中，获一等奖学生13人、二等奖36人；全国作文大赛决赛获一等奖8人；山东省青少年机器人竞赛获一等奖3人；全国地理知识科普大赛获一等奖13人，全国中学生地球科学奥林匹克竞赛获一等奖11人；田径队连续7年获市中学生运动会团体总分第一、金牌总数第一；乐团再获山东省中小学生艺术展演一等奖，并入选山东省高水平学生艺术团。学校先后获全国模范教职工之家、全国首批中小学中华优秀文化艺术传承学校、省级文明单位、省级规范化学校等称号。

（刘　晓　洒西川）

特殊教育

【概况】 2022年年末，全市有特殊教育学校5所，在校生2385人，教职工297人，专任教师273人。

【特殊教育服务水平提升】 2022年，泰安市推动随班就读示范区、示范校创建，残疾学生5人以上的普通学校全部建立资源教室，并配备专兼职资源教师。同时，指导各学校认真对照标准，通过县级推荐、市级初评、省级复评，创建省级随班就读示范区1个、示范校8个。在全省特殊教育教师基本功大赛中，2位教师获全省一等奖、6位教师获全省二等奖；在全省随班就读和送教上门优秀案例评选中，4所学校案例被评为省级优秀案例。

【适龄残疾儿童少年受教育权利保障】 2022年，市教育部门编制实施《泰安市“十四五”特殊教育发展提升行动计划》，落实重残儿童服务保障指导意见，将残疾儿童少年入学纳入全市义务教育招生工作统一部署，通过全国适龄残疾儿童少年义务教育入学情况监测系统，加强信息核实、安置监测，义务教育段共安置学生206人，安置率100%。其中，85人在普通学校随班就读，35人进入特殊教育学校，86人送教上门。

【4案例入选山东省送教上门优秀案例】 2022年，根据省教育厅关于开展送教上门、随班就读优秀案例遴选工作的要求，经学校申报、县级遴选、市级推荐、省级评审等程序，全省共评出送教上门优秀案例30个。其中，泰安市特殊教育中心选送的《等了十七年的拥抱》、肥城市特殊教育中心选送的《多方联动，精准施策》、东平县特殊教育中心选送的《陌上花开》、宁阳县特殊教育中心选送的《“清单式管理”推进送教上门》入选。

（刘　晓　洒西川）

中等职业教育

【概况】 2022年年末，全市有独立设置的中职学校14所，开设5年制高等职业教育的高职院校5所，开设5年制高等师范教育（幼儿保育专业）学校5所，全市中等职业教育在校生（不含技工院校）4.16万人。年内高中段招生4.75万人，其中普通高中招生2.75万人、职业学校招生2万人（职业学校招生1.39万人、技工院校招生6150人），高中段招生职普比例为42%。

【名校创建】 2022年年末，市域内岱岳区职业中等专业学校、泰安市理工中等专业学校、宁阳县职业中等专业学校、山东交通职业学院泰山校区4所中职学校创建为国家中等职业教育改革发展示范学校，岱岳区职业中等专业学校、泰安市理工中等专业学校、泰安市工商中等专业学校、肥城市职业中等专业学校、宁阳县职业中等专业学校、泰安市科技中等专业学校6所学校建设为山东省示范性中职学校，岱岳区职业中等专业学校、泰安市理工中等专业学校、泰安市工商中等专业学校、肥城市职业中等专业学校、宁阳县职业中等专业学校、泰安市科技中等专业学校6所学校建设为山东省规范化中职学校，宁阳县职业中等专业学校被命名为省校企一体化合作办学示范院校。年内，岱岳区职业中等专业学校、肥城市职业中等专业学校、宁阳县职业中等专业学校、泰安市科技中等专业学校、泰安理工中等职业学校5所中职学校立项建设山东省高水平中等职业学校建设项目。

【专业建设】 2022年，围绕新型工业化强市建设，泰安市启动职业院校专业布局调整。全市新增数字媒体技术应用、生物制药工艺、新能源汽车运用与维修等地方经济发展急需专业点10个。至年末，全市中职学校共开设专业65个，备案专业点161个，专业布点涵盖教育部《中等职业学校专业目录（2021年）》19大类专业中的17大类，其中信息技术、加工制造、医药卫生、财经商贸、交通运输列学生人数前5位。全市中职学校共建设省级品牌专业18个，3所高职院校立项建设省级职业教育高水平专业（群）。

【人才培养】 2022年，泰安市推进职业教育融通发展，搭建中职学生“升学＋就业”立交桥，着力完善中、高职到本科的现代职业教育人才培养体系。规范专业人才培养方案和课程标准，完善各专业人才培养方案，调整专业课程结构，修订课程标准。依据省专业分级标准，完成示范性、规范化专业人才培养方案的修订，评审确定泰安市职业教育第一批“德技并修”优秀人才培养方案18个，第二批“德技并修”优秀人才培养方案16个。发展中、高等职业教育与本科教育贯通的人才培养模式，年内，全市有5所高职院校开展初中起点五年一贯制人才培养，6所中职学校开展“三二连读”（三年中专＋两年大专）人才培养，1所中职学校开展“3+4”（三年中职＋四年本科）中职本科贯通分段培养。

【产教融合】 2022年，泰安市推进职业院校产教融合，搭建校企合作交流平台，推动职业院校和行业企业在订单培养、实习实训、专业建设等方面开展合作。至年末，全市职业院校与上百家企业建立校企合作关系，泰山职业技术学院等4所职业院校被评为山东省校企一体化合作办学示范院校。改革人才培养模式，完善校企合作、工学结合的人才培养体系，年内，6所中职学校开展34个职业教育“1+X”证书试点，年培养规模超过1000人，形成“产教深度融合，校企一体化育人”的人才培养机制。

（刘 晓 洒西川）

表40 2022年泰安市中等职业学校基本情况统计表

县市区功能区	校数（所）	毕业生数（人）	招生数（人）	在校生数（人）	教职工（人）		占地面积（万平方米）	建筑面积（万平方米）	图书（万册）	数字终端数（台）
					合计	专任教师				
合计	14	11717	13894	41592	2850	2709	195.82	90.49	138.38	10528
泰山区	5	2898	1780	8330	690	570	31.31	23.82	26.87	3299
岱岳区	1	1425	1700	4297	370	333	23.90	11.84	20.07	1561
新泰市	3	2541	4542	10968	616	592	46.03	18.71	34.10	2044
肥城市	1	934	1897	6058	424	544	23.13	12.93	19.11	1030
宁阳县	1	1621	1194	4107	343	300	37.73	6.46	15.07	864
东平县	2	1382	1764	5238	243	279	20.31	9.60	14.35	1130
泰安高新区	1	916	1017	2594	164	91	13.40	7.14	8.80	600

说明：专任教师含附设中职班专任教师

普通高等教育

【概况】 2022年，全市有山东农业大学、山东科技大学、山东第一医科大学、泰山学院、山东财经大学东方学院、泰山科技学院、泰山职业技术学院、山东服装职业学院、泰山护理职业学院、泰安技师学院、山东医药技师学院、山东外贸职业学院、山东交通职业学院、山东电力高等专科学校、山东力明科技职业学院等高等院校15所，在校生14.16万人。专业建设方面，驻泰安高校有国家级重点、特色专业20个，省级重点、特色专业56个，有博士后科研流动站21个，一级学科博士点18个、二级学科博士点93个，硕士点350个（其中一级学科硕士点52个）；有国家及省部级重点实验室9个、国家及省部级重点学科、研究中心（院）、实验基地（站）共计136个。人才储备方面，驻泰安高校共有专任教师7192人，其中中国科学院院士2人、中国工程院院士4人，国家有突出贡献的中青年专家高精尖人才等246人。有国家级教学团队、泰山学者优势特色学科人才团队等团队10个。 （刘 晓 洒西川）

【山东农业大学】 山东农业大学校园占地面积356公顷，建筑面积118.13万平方米，教学科研仪器设备总值9.73亿元，图书馆藏书295万册，电子图书183万册。在职教职工2531人，教师中有教授、副教授1067人，中国科学院院士1人，中国工程院院士2人。学校设有农学院等21个学院。有博士后科研流动站12个，一级学科博士点12个，一级学科硕士点26个、专业学位授权类别15个。设有本科专业90个，其中国家级特色专业9个、国家一流本科专业建设点16个、省级一流本科专业建设点26个。年内，获批省教学改革研究项目15项，其中重大专项1项、重点项目7项。获省级教学成果奖18项，其中特等奖2项、一等奖6项，2项教学成果获农业农村部推介。获省首届教师教学创新大赛一等奖1项、三等奖3项，省高校青年教师讲课比赛二等奖1项。获第八届中国国际“互联网＋”大赛金奖4项，金奖数量列全国高校第12位、山东省高校首位。获第九届省科创大赛一等奖9项，列山东省高校首位。作物学、园艺学、生物学在第五轮学科评估中取得历史性最好成绩。农林学科再次入选QS世界大学学科排行榜200强，生物及生物化学首次进入ESI全球排名前1%，ESI前1%学科增至5个，其中植物与动物科学进入前1‰。农学、兽医学2个学科入选软科2022世界一流学科前50强，11个学科入

2022年3月22日，中共山东省委书记李干杰（前排左一）到山东农业大学调研工作　　（刘昆　供）

选2022软科中国最好学科排名。实施人才强校战略，1名国家级海外引才计划入选者备案入职，3名省部级重点人才工程入选者达成全职聘用协议。24人次入选国家级、省级各类重大人才工程，1个团队获第二十六届中国青年五四奖章集体，1个团队入选全国高校黄大年式教师团队和山东省优秀青年创新团队，1人入选第七届青年人才托举工程，1人获中国青年科技奖。学校列全国普通本科院校教师教学发展指数（2022版）第90位、省属高校首位，获评2021年度山东省人才工作表现突出单位。作物生物学国家重点实验室成功重组为小麦育种全国重点实验室，新增省部级平台25个，其中首批国家种质资源库1个、农业农村部重点实验室2个。获省科技进步一等奖1项、自然科学二等奖1项。获各类纵向科研项目482项，经费3.44亿元，其中国家重点研发计划3项、省重点研发计划4项，省自然基金立项数首次破百。学校列"2022年度中国高校科技进步贡献100强"第45位。全年对外签订技术服务等项目478项、金额9691.4万元，成果转化项目25项、金额1102.8万元，10人入选省现代农业产业技术体系副首席专家，21项技术成果入选2022年山东省农业主推技术。学校获评全国首批乡村产业振兴带头人培育"头雁"项目培育基地、省高等学校科技成果转化和技术转移基地。主动服务融入国家开放发展大局和"一带一路"建设，与联合国工业发展组织投资司共筹《联合宣言》。获批国家级外专项目1项、科技部中国—斯洛伐克交流项目1项，新增国际联合实验室2个。2022年，学校招收本科生7070人、硕士研究生2142人、博士研究生158人；毕业本科生7480人、硕士研究生1641人、博士研究生139人；在校学生3.45万人，其中本科生2.9万人，博士、硕士研究生5579人。另有非全日制研究生414人，继续教育类学生2.39万人。

（刘　昆）

【山东科技大学泰安校区】　山东科技大学在青岛、泰安、济南三地办学，在泰安设泰安校区党委和管委，负责校区党政工作。泰安校区占地面积50公顷，校舍面积38万平方米，设资源学院、智能装备学院、财经学院、公共课教学部、继续教育学院教学单位5个，设煤矿充填开采国家工程实验室、采矿工程研究院、岩土工程研究院等科研机构3个。有硕士专业学位类别1个，本科专业29个。在职教职工543人，其中高级职称人员137人、博士生导师和硕士生导师140余人。有省级教学科研平台7个。校区实施"教学质量生命线工程"，加强专业建设、课程建设、科技创新平台建设和师资队伍建设，提高人才培养质量。有国家级精品课程1门，山东省一流课程4门、精品课程29门、在线开放课程平台上线课程8门，山东省特色专业建设点3个、在建山东省高水平应用型专业2个，山东省教学团队2个，山东省教学名师2人，全国煤炭教学名师1人。校区教师在高校青年教师教学比赛、教师教学创新大赛中，获国家级一等奖1项，省

2022年7月9日，山东科技大学与泰安高新区产学研合作项目签约仪式在泰山智慧谷举行　　（刘钦兴　供）

2022 年 6 月 16 日，山东第一医科大学（山东省医学科学院）在长城路校区大学生活动中心举行白晓卉英模事迹报告会（李启明　供）

级奖励 10 项。2018—2022 年，校区承担国家自然科学基金、国家社会科学基金、山东省自然科学基金等省部级以上项目 40 项 1000 万元；横向科研合同经费 2.46 亿元；获省部级以上科研奖励 20 项；授权发明专利 88 项，专利许可转让 18 项。2022 年，山东科技大学泰安校区招收本科生 1227 人、硕士研究生 162 人；毕业本科生 1630 人、硕士研究生 12 人；在校学生 6034 人，其中本科生 5632 人、硕士研究生 402 人。（刘钦兴）

【山东第一医科大学（山东省医学科学院）泰安校区】 山东第一医科大学（山东省医学科学院）泰安校区占地面积 200 公顷，校舍面积 82 万平方米。校区有放射学院、护理学院、药学院、外国语学院等 11 个教学院部，设护理学、医学影像学、药学等 42 个本科专业和专业方向。年内，新增免疫学、微生物学两个学科进入 ESI 全球排名前 1% 学科，总数达到 8 个，居全国独立医学院校第 7 位；新增临床医学学科进入 ESI 全球排名前 1‰。在中国医学院校科技量值排名中，校（院）列全国第 18 位，在全国独立医学院校排名第 7 位。实施“本科教育提升计划”，增加国家级一流本科专业建设点 1 个、省级一流本科专业建设点 8 个，省级以上一流本科专业建设点占所有专业的 54.9%。新增放射医学、生物医学科学和智能医学工程本科专业 3 个。举办 2022 年山东省大学生医学技术技能大赛、第六届全国医学检验技术专业大学生形态学大赛和第九届“泰山杯”全国医学影像技术专业大学生实践技能大赛。接受到华留学生高等教育质量现场认证，获批教育部中外合作办学项目 1 项。实施“学术提升计划”，新上国家级项目 123 项，其中国家自然科学基金 118 项，资助经费 4500 万元，列省属高校第 2 位；获科技部重点研发计划课题 5 项，经费 2966 万元。获省级科技奖励 9 项。其中，省科学技术青年奖 1 项，省科学技术发明奖一等奖 1 项，省科技进步奖一等奖 2 项、二等奖 4 项，省自然科学奖二等奖 1 项。全年发表 SCI、SSCI 等论文 1244 篇，其中 10 分以上 132 篇。新增省新型研发机构、省工程研究中心、省中医药重点实验室等省级科研平台 21 个，省医药卫生重点学科 16 个。引进高层次人才 209 人，其中领军人才 1 人、拔尖人才 4 人、骨干人才 27 人。聘请中国科学院院士陆林担任校（院）长。柔性引进国家杰出青年科学基金获得者等国家级人才 8 人。招收统招博士后 66 人。吸纳优秀博士人才 177 人。1 人当选俄罗斯自然科学院外籍院士，1 人获中国青年科技奖。8 人获山东省自然科学基金优秀青年基金项目，3 人获第十二届省青年科技奖。获批 2021 年度省高等学校青年创新团队发展计划 14 项。校（院）和附属肿瘤医院被省委、省政府表彰为 2021 年度“山东省人才工作表现突出单位”。全年各直属附属医院门诊总量 780 万人次、入院病人 65 万人次、手术 30 万台次。2022 年，校（院）泰安校区招收本科生 3679 人；毕业本科生 3228 人、专科生 490 人；在校学生 1.32 万人，其中本科生 1.32 万人、专科生 13 人。校（院）获首批“山东省绿色学校”“红色文化传承示范校”等称号。

（李启明）

【泰山学院】 泰山学院建有南、北两个校区，占地面积 91.87 公顷，建筑面积 37 万平方米。2022 年，泰山学院被认定为山东省高等学校科技成果转化和技术转移基地，入选首批山东省绿色学校。新增国家级一流本科专业建设点 1 个、省级一流本科专业建设点 2 个，新增“四新”（新工科、新医科、新农科、新文科）专业 3 个，申报、备案校企合作专业 15 个，获批本科层次中外合作办学项目 1 个，4 个师范类专业接受教育部认证专家考查。20 门课程上线省课程联盟平台，7 门课程入选 2022 年社区优秀课程资源，1 门课程获批省级课程思政示范课程。组建服务黄河流域产业学院 6 个，建设“智慧黄河”省级科研平台 2 个。2 名教师获省高校青年教师教学竞赛一等奖，1 名教师获“首届全省学校思政课教学设计大赛”特等奖、3 名教师获一等奖。获山东省教学成果奖 6 项，获批山东省职业教育教学改革项目 1 项，获批教育部协同育人项目 96 项。获学科竞赛国家级奖励 228 项、省级奖励 1569 项，获省级及以上大学生创新创业训练计划项目 49 项。获批国家级项目 7 项、省部级项目 17 项。取得各类科研成果 728 项，授权专利 46 项，出版著作类成果 49 部。柔性引进特聘教授 1 人，全职引进泰山学者特聘教授 1 人、产业领军人才 1 人、深圳市高层次人才 1 人、省职业教育青年技能名师 1 人，新增博士 110 人。“一三四七”（把“师德师

2022 年 5 月 6 日，泰山学院思想政治工作创新发展中心成立揭牌仪式举行
（王成磊　供）

风”作为第一标准，将“量化考核为基础、同行评价看水平、综合评议重实绩”作为聘用评价的三个维度，精准划分出“教学为主型、科研为主型、教学科研并重型、社会服务型”四大类型，开辟“绿色通道晋升、破格晋升及思想政治理论课教师、专职辅导员、教学秘书、学科与课程教学论教师、长期一线讲师特别晋升”七条通道）人才评价体系被评为 2022 年度全省高等教育综合改革和制度创新十大优秀案例之一。高标准建成校园警务室。投入 617.1 万元改善校园安全设施，投入 1400 万元更新学生公寓家具。争取政府债务化解资金 7214 万元、硕士学位授予单位建设专项扶持资金 1.02 亿元，获批 3000 万元债券资金，教育发展基金会筹措办学款物 355.5 万元。2022 年，学院录取全日制新生 4455 人，毕业 5197 人，在校生 1.72 万人。

（王成磊）

【泰山职业技术学院】　泰山职业技术学院占地面积 63 公顷，建筑面积 25.8 万平方米，教学仪器设备总值 9296 万元。馆藏图书 84.1 万册，固定资产 4.4 亿元。有国家实训基地 4 个、省高等学校应用技术优质协同创新中心 1 个、省高等学校新技术研发中心 1 个、省职业教育技艺技能传承创新平台 4 个。专业 56 个，其中教育部“1+X”证书制度试点专业 22 个，中央财政重点支持、教育部骨干、省重点建设及省特色专业、国控专业 17 个，省品牌专业群、省高等职业教育高水平专业群、混合所有制办学试点项目专业、省“3+2”专本贯通培养专业、省名校重点建设专业、省级特色专业、省现代学徒制试点专业 23 个，省级精品课、省资源共享课、省社区教育精品课程、省职业教育在线精品课程资源 39 门。有国家专利发明 138 项。教职工 554 人，专任教师 466 人，其中副高级以上职称 178 人。有省、市职业教育名师工作室 9 个、省级教学团队 3 个，省科普专家工作室 1 个。2022 年，重点完成省优质高职院校、省职业教育创新高地建设任务。新增 4 个专业、4 项“1+X”职业资格证书制度试点，考核“1+X”证书制度试点 12 项。新增省高水平专业群 1 个。立项省级在线网络开放课程、社区教育优秀课程共 5 门。获省级教学成果奖 4 项、省职业院校教学能力大赛 3 项、省第九届“超星杯”高校青年教师教学比赛奖 2 项；获省职业院校服务乡村振兴典型案例 3 项。获省市科研成果奖 13 项、授权实用新型专利 17 项、发表学术论文 65 篇。获批省高等学校新技术研发中心 1 个、省科普专家工作室 1 个、市科普专家工作室 1 个。获第八届中国国际“互联网 +”大学生创新创业大赛铜奖 1 项。与 2 家企业进行校企合作签约挂牌并成立专班，完成校企合作办学项目研究和申报，10 个合作办学专业招生 784 人。公派出国访学教师 1 人，到韩国信韩大学学习深造学生 2 人。2022 年，学院在籍学生 1.8 万人，三年制普通高职招生录取 5936 人，函授专科招生专业 9 个、在籍学生 574 人，毕业生 4194 人。年内，通过省级文明校园、省级文明单位复查。（陈路平）

2022 年 6 月 10 日，“才聚泰安·链通未来”泰山职业技术学院——泰安市人社局校园双选会活动举行
（陈路平　供）

2022 年 7 月 31 日，泰山护理职业学院机关作风和师德师风集中整顿活动动员暨警示教育会议召开 （吕凤奎 供）

【泰山护理职业学院】 泰山护理职业学院占地面积 35.33 公顷。主要举办专科层次医护类高等职业教育，是山东省医护人才培养基地、泰山国际护士培训基地，入选国家第二批基层西学中能力建设工程带教基地、山东省康养产教研联盟理事长单位。有职工 435 人，其中正高级职称 31 人、副高级职称 68 人、中级职称 130 人，有博士 4 人、在读博士 14 人。馆藏纸质图书 32.7 万册，教学科研仪器总价值 5577.71 万元。学院有教学部 3 个、系部 6 个，有预防医学、护理、助产、医学影像技术、放射治疗技术等招生专业 15 个，其中预防医学专业为国控专业，“护理康养专业群”“医学技术专业群”被评为省级高水平专业群，护理专业教学创新团队获批 2022 年山东省职业教育教学创新团队，护理专业、助产专业被评为全国职业院校骨干专业，失智老人照护、母婴护理等 7 个专业获批全国“1+X”证书制度试点。加强与医疗卫生机构、大型医药企业合作，建有泰安市妇幼保健院、泰安市立医院、泰安市中医二院 3 家附属医院，设立泰安市中心医院、泰安市中医医院、泰安市肿瘤防治院、山东省泰山疗养院、山东省煤炭泰山疗养院 5 家教学医院，在北京解放军总医院、上海海军军医大附属长海医院、山东省立医院等省内外 64 家综合性医院及大型药企建立实习基地。2022 年，学院录取普通专科 3235 人，在校生 1.1 万人，毕业生 4082 人，就业率 91.83%。905 人升入本科相关专业，升本人数创历史新高。学院继续保持国家级青年文明号、省级文明校园、省级文明单位称号。 （吕凤奎）

【山东服装职业学院】 山东服装职业学院占地面积 40 公顷，建筑面积 23 万平方米。设普通高职、“3+2”本科对口贯通培养、成人本科等办学层次。设置服装工程与管理系、服装设计与表演系、艺术与设计系、信息工程系、国际贸易系、财经系等 9 个教学机构，设置服装与服饰设计、服装设计与工艺、服装陈列与展示设计、视觉传播设计与制作、时尚表演与传播、大数据与会计、电子商务、酒店管理与数字运营化、机电一体化、计算机应用技术、智能控制技术、虚拟现实技术应用等 32 个专业。5 门课程获评省职业教育在线精品课程。学院“山东省高等学校现代汉服数字化新技术研发中心”被立项为省高等学校新技术研发中心，“薛伟齐鲁女红技艺科普专家工作室”入选首批泰安市科普专家工作室。立项省、市级课题 85 项，院级课题 44 项，横向课题 10 项。承办金砖国家技能大赛“区块链”山东选拔赛，举办“技能兴鲁”服装 3D 设计大赛、全国大学生服装（职业装）设计大赛等赛事。全市重点建设项目泰安市大型仿真实训基地开工建设，人工智能公共实训基地获批省级新旧动能转换公共实训基地。2022 年，学院招生 5144 人，毕业生 4446 人，其中五年一贯制 361 人、三二连读专科段 76 人、普通专科 4009 人；在校学生 1.46 万人，其中五年一贯制 1039 人、普通专科 1.35 万人，总体就业率达 96%，“留泰率”比上年提高 14 个百分点。开展各类培训 26 次，培训人数 3648 人次。专升本辅导考试上线率 75%，784 名学生取得中级以上技能

2022 年 6 月 9 日，山东服装职业学院与泰安市泰山区人民政府校地合作协议签署仪式举行 （耿春燕 供）

等级证书。学院通过“省级文明校园”复审，连续12年保持“省级文明单位”称号，“天下泰山 时尚泰安”文化品牌入选山东省教育系统新闻宣传工作优秀案例。（耿春燕）

【泰安技师学院】 泰安技师学院占地面积9.53公顷，建筑面积7万平方米，资产1.76亿元，办学层次以中级班、高级班、技师班三位一体。在校生8000余人。设有汽车工程、机械工程、商务管理、数控技术、电气工程、信息工程6个系和基础部，开设汽车制造与装配、焊接加工、机电一体化技术、烹饪、数控加工、电气自动化设备安装与维修、计算机应用与维修等专业（工种）。其中，焊接加工是省级重点名牌专业；电气自动化设备安装与维修是省级重点名牌专业、省技工院校百强专业、省级示范专业群建设项目；数控加工、机电一体化专业是泰安市名优专业。抓好技能大赛，教师团队参加山东省黄河流域织造创意设计大赛获银奖，在市级以上各类比赛中，教师获一等奖3个、二等奖6个、三等奖4个；学生获一等奖8个、二等奖4个、三等奖1个。有省级立项课题10项、市级立项课题18项。年内，山东厚丰等4个班193名学员培训期满毕业，全年与市内外21家单位达成冠名培养协议，开设冠名班32个，学生1301人，约占新生的50%。开展工学交替实习活动，累计向市内外企业组织派送工学交替实习学生1500余人次，并做好回访企业、看望实习学生工作。2022年，学院招生2930人，毕业生3071人，就业人数3019人，就业率98.3%。（张斌 李乾）

【山东财经大学东方学院】 学院占地面积35.46公顷，校舍面积15.90万平方米。固定资产总值2.75亿元，其中教学、科研仪器设备资产值3384.85万元。图书馆建筑面积1.35万平方米，藏书46.6万册。拥有计算机1181台。信息化设备资产2113.22万元，网络信息点数1096个，校园网出口总带宽1000Mbps，电子邮件系统用户数1200个，上网课程数75门，数字资源量1200GB，管理信息系统数据总量39.09GB。开设本科专业28个，专科专业5个，涵盖经济学、管理学、理学、工学、文学、艺术学6个学科门类。年内，新增金融学专业省级一流本科专业建设点，获批厅级科研项目41项，校级科研项目8项，教育部产学研协同育人项目2项。发表高层次学术论文26篇。学生参加省级以上学科竞赛18项，共获奖173人次，其中国家级一等奖3项、二等奖3项、三等奖5项，省部级一等奖3项、二等奖4项、三等奖9项、铜奖1项，第十三届“挑战杯”山东省大学生创新创业计划竞赛省赛三等奖1项。2022年，学院在校学生8480人，其中本科生6614人、专科生1866人，招收本科生2392人、专科生1051人，毕业本科生2341人、专科生980人。年内，学校获2022年度山东最佳品牌影响力高校、2022年度招生宣传融媒体先锋奖、山东省艺术科学协会“优秀会员单位”等荣誉称号。（刘迪 刘晓）

【泰山科技学院】 泰山科技学院位于泰安市岱岳区山口镇，校园占地面积53.6公顷，建筑面积13.94万平方米，教学仪器设备价值4711.95万元，图书馆馆藏纸质图书51万册、电子图书20万册、电子期刊7300万种。有专任教师357人，其中副高级职称29人、正高级职称15人，博士研究生学历14人；外聘专任教师56人，其中副高级职称19人、正高级职称8人。教科研立项2022年山东省本科教学改革研究项目重点项目1项，一般项目1项；省级科研项目11项、市级科研项目7项（其中3项为重点项目）、2022年教育部产学合作协同育人项目2项、校级教育教学研究改革项目67项；教师发表教学相关论文85篇，其中核心期刊发表4篇。学生获各类学科竞赛省级以上奖项140余项。获批增设本科专业4个、专科专业9个，计算机科学与技术专业入选山东省一流本科专业建设点。开设新生体验课34门、新生研讨课11门。选修课涵盖通识选修课、商科选修课、韩语选修课、电影选修课、科幻选修课、艺术选修课等各类课程47门，共计1.3万选课人次。组织各教学部门制定25个本科专业、21个专科专业、20个专升本专业的人才培养方案。开展学生活动3063场，累计参与24.32万人次。书院空间活动使用1.35万次，受众学生数29.88万人次，其中累计校外到访477人次。年内，累计在省级以上官方媒体刊发报道9次，其中中央级媒体刊发4次、省级媒体刊发5次。2022年，学院招收本科生3763人、专科生1171人；毕业生3399人，其中本科生2578人、专科生821人；在校生1.05万人，其中本科生7898人、专科生2634人，就业率88.66%。学校跻身全国最强民办大学前3名，获2022山东最佳社会

2022年9月24日，泰山科技学院体育公园开园仪式举行　（王敏 供）

声誉高校、2022 年度综合竞争力品牌高校等称号。（王 敏）

成人教育

【概况】 2022 年，泰安市贯彻落实“完善终身教育体系，建设学习型社会”战略部署，服务居民生活、服务社区发展、服务民生建设，以社区教育为依托，优化教育资源配置，满足居民终身学习需求，成人教育工作取得新成效。岱岳区、宁阳县先后被评选为第一批、第二批国家级农村职业教育和成人教育示范县。

【校外培训机构治理】 2022 年，泰安市持续规范校外培训机构办学行为。开展寒暑假期专项治理行动，严查隐形变异培训，净化培训市场。做好治理“回头看”工作，对治理成效进行再审视、再梳理、再排查、再完善、再提升。做好资金全流程监管工作，将全市 1269 家校外培训机构 100% 纳入全国校外教育培训监管与服务综合平台进行监管，受监管资金达 911.2 万元，保障学生家长合法权益。畅通群众监督渠道，健全“随手拍”平台线索处置体系，全年处理投诉举报线索 201 条。

【教学活动】 2022 年，泰安市依托各县（市、区）成教中心学校，推进学校、企业、社区合作，开展订单培养，实现合作办学、合作育人、合作发展、合作就业。围绕劳动技能、科技推广、经营管理、健康卫生、法律法规、道德诚信、文化艺术等内容开展各类技能培训班和农村干部、党员培训班，参训人员达 5.38 万人次；组织中小学生参加社区各类教育活动 2.4 万人次，提升社区居民和义务段学生素质。其中，宁阳县葛石镇成教中心全年开展实用技术培训 52 期 1.46 万人次，组织中小学生参加社区各类教育活动 57 批次 1.5 万人次；乡饮乡成教中心组织社区青少年开展校外素质教育活动，组织中小学生参加社区各类教育活动 36 批次 9000 余人次，举办社区老年人教育活动 26 批次 6500 余人次；华丰镇成教中心创新培训方式，坚持传统文化进社区，举办各类培训班 300 余批次，培训各类人员 1.2 万人次。

【教育研究】 2022 年，泰安市加大成人教育课程开发力度，开展成人教育研究。岱岳区道朗镇成教中心报送的《光亮微弱 启迪创新》获全省教育系统参与社区教育创新案例评选三等奖。

【函授教育】 2022 年，泰安市对 65 所申办校外教学点的单位进行实地查验审核，重点核查申办单位场地规模、设施条件、师资队伍等内容，将符合要求的单位信息报送省教育厅，55 家校外教学点通过省教育厅备案。（刘 晓 洒西川）

【老年教育】 2022 年，泰安市老年大学开设 72 个专业、202 个班级进行教学，学员 4916 人次，其中 47 个专业、139 个班开展线上教学，线上教学率达 69%。打造“京剧青衣”“泰山茶艺”“泰山文化”“瓷绘艺术”等精品课程 11 门。开设“金山讲堂”，在党史学习、专业知识、传统文化、医疗保健等方面，提升老年人的政治素养和知识水平。与山东省泰安监狱合作成立圣源教学研基地，实现教育资源共享。开展老年教育课题研究 4 项，实现泰安市老年大学课题立项零的突破。微信公众号发布宣传信息 80 条，关注人数超过 8800 人，网站总访问量突破 100 万。（肖 振）

【社区教育】 2022 年，泰安市推动开放大学建设工作，指导泰山职业技术学院做好承建工作，构建全市开放大学教育体系。依托开放大学的场地、教师、课程资源，完善市社区教育指导服务中心体系建设，构建市—县—镇三级网络，助力全市社区教育发展。（刘 晓 洒西川）

教育管理

【教师节庆祝大会】 2022 年 9 月 8 日，全市 2022 年教师节庆祝大会召开，会议鼓励教师和教育工作者牢记使命、潜心治学，引导全市各级更加重视教育、支持教育，弘扬尊师重教、崇文尚学的社会风尚。会议宣读表扬通报，岱岳区、宁阳县、肥城市、新泰市、泰山区、东平县为教育评价先进县；王怀勇等 8 人作为泰山功勋校长、泰山名校长代表上台领奖；闫蕊等 10 人作为齐鲁最美教师、山东省教书育人楷模、泰安最美教师、泰山功勋班主任、泰山名班主任、泰山功勋教师、泰山名师代表上台领奖。

2022 年 9 月 8 日，泰安市 2022 年教师节庆祝大会召开 （洒西川 供）

【师资队伍建设】 2022年，泰安市面向社会公开招聘教师1352人，安置2018级省属公费师范生181人。向山东省教育厅遴选推荐第七批国家高层次人才特殊支持计划教学名师6人；做好泰安市教育类第十四批专业技术拔尖人才年度考核工作，并向专业技术拔尖人才发放扶持资金22.2万元；推进泰安教育人才递进培养工程，评选泰山教学新星、泰山教坛英才、泰山名师、泰山功勋教师、泰山教师名家共计1059人，向各层次教育人才发放培养经费40万元。加强中小学教师队伍管理，联合市委编办、财政、人力资源社会保障部门联合转发《进一步加强中小学教师队伍管理的通知》文件。加强乡村教师队伍建设，落实省乡村优秀青年教师培养奖励计划19人，争取培养资金10万元。开展2022年度教师职称评审工作，评审通过24名中小学正高级教师和中职正高级讲师，1162名中小学高级教师高级讲师，20名基层中小学正高级教师、415名基层中小学高级教师。推进岗位分级聘任工作，完成局属事业单位专业技术岗位层级竞聘15人。开展教师减负提质行动，公布各类进校园社会事务15项，新泰市和泰山景区举措入选省减负工作典型经验。推进名师名校长领航行动，成功申报省中小学"优秀班主任工作室"17个，齐鲁名师名校长领航工作室7个，山东省教师教育协同创新重点项目2项、一般项目2项，累计争取上级培养资金780万元。组织完成泰安市23名第三期齐鲁名校长、第四期齐鲁名师建设工程人选考核认定线上答辩工作和新一期74名人选推荐工作。完成"三区"（边远贫困地区、边疆民族地区、革命老区）人才支持计划教师专项和重点扶持区域人才支持计划教师专项活动60人，开展常态化教师交流轮岗1700余人次。

【招生考试】 2022年，泰安市统筹各类考试工作和疫情防控工作，完成平安考试、健康考试、温馨考试的工作目标。全年组织招生考试活动26次，服务考生60万人、185万科次，涉考工作人员20.5万人次，创历史新高。市教育招生考试院被山东省教育厅授予"优秀招生考试机构"称号，并获中国教育在线"高招服务优秀组织奖"，泰安市20个高考考点全部被省教育招生考试院评为优秀考点。

【教育督导】 2022年，市教育部门依法制定对县（市、区）教育工作评价实施办法，会同市委编办、财政、人力资源社会保障等部门，实地核查中小学、幼儿园和培训机构212所，市评估组通过查阅资料、实地查看学校、召开座谈会和走访教师、学生、家长等形式，广泛收集信息，对各县（市、区）政府2021年度和2022年上半年重点教育工作进行实地核查，印发督办函32件，指导问题整改20项。市委、市政府在教师节期间依据督导结果对优秀县（市、区）进行表扬。完成省对市级政府履行教育职责评价迎检工作。组织全市自查自评和问题整改，上传审核网评材料3000余份，开展自查自评，督促完成问题整改62项，经省网评和实地核查，2022年省对泰安市政府履行教育职责评价等级为良好。高标准推进教育督导体制机制改革。制定《泰安市督学管理办法》《泰安市教育督导责任区管理办法》，聘任市级督学、督导员、视导员277人，建立起"三位一体"（督学、督导员、学校视导员）专兼职督学队伍。在全省首批印发《教育督导问责工作规程》，通过启动问责程序，完成对学校自备水源、大班额项目使用、生均公用经费拨付、薄改与专项资金支出等7项工作的督办，落实欠拨教育资助金1833.129万元。

【教育信息化】 2022年，市教育局印发《泰安市智慧校园建设标准和认定工作实施方案》，创建泰安市智慧校园20所。全面推开国家中小学智慧教育平台的使用，组建市、县、校三级国家智慧教育平台应用专家指导团队和管理保障团队，借助该系统平台的力量，充实完善全市数字教育资源体系，促进城乡教育均衡发展。全面实现信息技术与教育教学深度融合，举办教育教学信息化交流展示活动，择优推荐132件作品参加省比赛，获省级奖项107件，其中一等奖16件。组织开展学生信息素养提升实践活动，择优推荐51件参加省级评比赛并获奖，其中5件作品被省教育厅推荐参加全国评选。修订《关于成立泰安市教育局网络安全和信息化领导小组的通知》，明确部门职责，对全市中小学进行网络安全、网络漏洞排查，发现并整改107处；开展网络安全宣传周活动，5万名师生参与活动；开展"共筑网安防线，维护国家安全"主题教育等活动。年内，岱岳区教育和体育局被评为省级"智慧教育示范区"创建单位。

【校园安全】 2022年，市教育部门开展大排查大整治专项行动，组织学校安全检查6次，发送整改通知书11份、风险提醒函7次，累计发现并整改问题隐患526项。推进学校安全三年行动，吸取各地事故教训，开展燃气安全百日攻坚，排除隐患45项。组织开展暑期学生安全防范行动，建立政府、学校、家庭、社会四位一体的防溺水工作机制，落实假期防溺水提醒，提醒提示学生人数105.5万人次，向学生家长发送警示教育片99.74万次，被评为"同心防溺水"优秀组织单位。加强与市财政部门沟通协调，争取360万元保安专项经费，提升市直学校保安员质量，保安员年龄全部降至50岁以下。召开全市教育系统消防安全标准化管理观摩会，开展消防安全标准化管理达标创建活动，组织开展消防安全大检查，开展火灾隐患排查整治，强化消防安全教育和管理。

【疫情防控】 2022年，市教育部门印发有关疫情防控工作的文件85个，落实国家、省、市疫情防控各项政策要求；开展明察暗访30批次，印发检查通报11个、学校疫情防控动态62篇，开展线上线下培训4次，督促全市各级各类学校落实各阶段防控要求。协调指挥部各成员单位、学校驻地乡镇街道、各级卫生健康等有关部门，解决学校在核酸检测、物资储备等方面的困难和问题。强化全覆盖巡查和高校驻校巡查，指导各学校动态调整疫情防控工作方案、应急预案，落实校园疫情防控管理各项措施，压实各级教育部门监管责任和学校主体责任。引导师生员工加强个人防护意识，提升防护能力，确保在校师生员工生命安全和身体健康。

【学生资助】 2022 年，全市教育系统发放各类资助资金 6185.85 万元，受助学生 10.82 万人次。其中，学前教育段受助学生 2.35 万人次，发放政府助学金 1406.52 万元；义务教育段受助学生 6.3 万人次，发放生活补助 2609.11 万元；普通高中教育阶段受助学生 1.6 万人次，发放国家助学金 1603.54 万元；中等职业教育阶段受助学生 5620 人次，发放国家助学金 566.68 万元。为脱贫享受政策家庭等学生 7.66 万人次免除学杂费 1.13 亿元。其中，普通高中阶段学生 3155 人次享受免学费 250.3 万元；中等职业教育阶段学生 7.11 万人次享受免学费 1.06 亿元；学前教育阶段幼儿 2317 人次享受免保教费 391.18 万元。为 9280 名本专科以上家庭经济困难学生办理发放助学贷款 1.01 亿元。为自愿到泰安市财政困难县艰苦行业工作且服务年限连续达 3 年（含）以上的高校应届毕业生落实学费和国家助学贷款补偿 51 人，合计补偿 89.48 万元。全年募集资金 1165.78 万元，用于救助困难学生、奖励优教优学、支持教育科研、助力教育发展，成为政府资助的有效补充。

【首课负责制】 2022 年，市教育部门在《关于进一步加强全市中小学校心理健康教育的指导意见》中创新性提出“首课负责制”，即每天第一节课的教师采取课前演讲、故事分享、微视频、音乐放松、集体唱歌、手指操等丰富多彩的形式，开展“阳光 5 分钟”生命健康教育。“首课负责制”在全市 669 所中小学校实施，开创中小学校思想政治工作新方式，打造助力学生品德成长新课堂。

【素质教育】 2022 年，在德育工作方面，市教育局印发《泰安市中小学德育工作评价方案》，年内评选市级优秀德育整体方案 16 个、专题方案 10 个，市级中华优秀传统文化传承示范校 12 所、市级红色文化传承示范校 10 所；获得省级优秀德育整体方案 6 个、专题方案 2 个，省级中华优秀传统文化传承示范校 6 所、红色文化传承示范校 7 所，省级绿色学校 545 所。在劳动教育方面，印发《关于开展 2022 年劳动教育主题实践活动的通知》《关于开展“小手拉大手 绿色生活我先行”劳动时间活动的通知》，从校内、校外、家庭、乡村、评比 5 个维度开展劳动实践活动，评选“劳动小能手”1.3 万余人；1 个县（市、区）被评为省级劳动实验区，3 个县（市、区）被评为市级劳动实验区，3 所学校被评为省级、17 所学校被评为市级劳动实验学校；向教育部推荐 2 处劳动教育公益性资源，2 所学校被推荐为省级中医药进校园试点学校。在体育教育方面，督促全市各中小学校开齐开足体育健康课程，持续开展“阳光体育运动”，落实每天校内体育活动不少于 1 小时要求。联合市体育局开展泰安市第十二次中小学生体质抽测活动，举办 2022 年全市中学生田径运动会，组织开展全市青少年（学生）体育联赛，2000 余名中小学生参加篮、排、足、乒、羽、游等项目的市级比赛；组织市中学生代表团参加山东省第十五届中学生运动会全部 11 个大项的比赛；协助市体育局组队参加山东省第二十五届运动会取得良好成绩；组织 84 名中小学生参加山东省青少年校园足球夏令营活动，有 6 人入选国家集训营；岱岳区的全国青少年校园足球工作优秀案例在全国推广展示，泰安实验中学体育学科入选山东省普通高中省级学科基地。在艺术教育方面，泰安第四中学学生刘佳书法 / 篆刻作品《篆书》获由中华人民共和国教育部主办的全国第七届中小学生艺术展演活动艺术作品类中学组一等奖；泰安一中教师张成执教的“中国传统民居与民间美术”课和泰山学院附中教师郑婷婷执教的“画故事”课获 2022 年基础教育“部级精品课”。市教育局完成中小学生艺术素质测评工作，上报率 100%；组织黄河文化主题优秀艺术作品征集活动，推荐 20 幅作品参加省级评选，其中 5 幅绘画类作品入选省教育厅、省文化和旅游厅《黄河文化主题优秀艺术作品集》；组织全市中小学音乐教师基本功大赛，推选 24 名教师参加省赛，17 名教师获得省级奖项；组织全市音乐和美术学科优质课比赛，音乐和美术学科 12 名教师获省级一、二、三等奖；推进“市—县—校”三级艺术展演，组织中小学校园艺术节合唱戏剧专项展示活动，推荐 30 个节目参加省级评选；组织中小学美育典型案例评选活动，32 个音乐和美术案例获省级一、二等奖；组织符合条件的中小学生艺术团参加省级高水平艺术团遴选，泰安一中民族管弦乐团入选省高水平学生艺术团。 （刘 晓 洒西川）

编辑 校对 刘小笋

文 化

文化场馆

【文化场馆建设】 2022年，泰安市以实现公共文化服务均等化为重点，完善市、县、镇、村四级公共文化服务体系。全市有公共图书馆7个，其中一级馆3个（泰安市图书馆、泰山区图书馆、东平县图书馆）、二级馆3个（新泰市图书馆、肥城市图书馆、宁阳县图书馆）；有公共文化馆7个。在第五次全国文化馆评估定级中，泰安市文化馆、泰山区文化馆、岱岳区文化馆、新泰市文化馆、肥城市文化馆、宁阳县文化馆、东平县文化馆获评“国家一级馆”。全市有文化馆分馆107个、图书馆分馆173个、书香驿站11处、“文旅家园”10家，乡镇（街道）综合文化站、村（社区）综合性文化服务中心建设实现全覆盖。全市有博物馆48家，其中，国有博物馆9家、藏品14.68万件，非国有博物馆39家、藏品63.35万件；藏品中一级文物152件、二级文物536件、三级文物4438件。

【文化艺术中心】 泰安文化艺术中心位于城市布局新规划的时代发展轴中轴线上，北靠市政大楼，融景观性、艺术性、实用性为一体，是泰安市标志性文化建筑、重要的文化惠民场所。总占地4.43万平方米，总建筑面积5.90万平方米，由市图书馆、文化馆、美术馆和大剧院四部分组成。图书馆设计总藏书量100万册，可同时容纳1500人；文化馆建筑面积9693平方米，设置多种活动室和教室，提供活动、培训、教育、研究、交流、保护等诸多功能；美术馆建筑面积6617平方米，设置2个1100平方米以上的大展厅和1个560平方米的小展厅；大剧院建筑面积7525平方米，观众座席1036座，含有舞台机械、灯光、音响等设备，具有升降、平移、旋转功能，满足市民的文化需求。

【泰安市图书馆】 泰安市图书馆古籍藏品总量386部2000余册，其中列入省级古籍文献藏品30部，连续15年被山东省文化和旅游厅、山东省古籍保护中心评为山东省古籍重点保护先进单位。市图书馆获山东省文化和旅游厅颁发的“第十八届全省读书朗诵大赛集体组织奖”，选送的作品获二等奖2件、三等奖1件；获山东省图书馆和省图书馆学会联合颁发的“读原创绘本 讲中国故事”第三届全省绘本故事讲读大赛团体贡献奖，选送的作品获二等奖2件、优秀奖2件。市图书馆学会获山东省图书馆学会颁发的“喜庆二十大，榜样有力量”红色经典阅读系列活动优秀组织奖，选送的作品获一等奖1件、二等奖2件、三等奖2件。推进数字阅读平台建设，推出“泰安市图书馆数字阅读平台”小程序及畅想之星、书香中国、云图有声、东方易读等线上阅读服务专栏，推送包含60万种电子图书、听书、报刊等文献资源。开辟文化类、党建类阅读专区，举办线上共读有奖积分挑战赛、数字阅读热度榜单推荐等线上阅读活动200余场次。举办全市读书朗诵大赛、绘本故事讲读大赛等各类主题阅读活动270余场次，其中，线下开展地方文献专题展18场、优秀图书推荐展8场、悦享好书荐览6场、精品期刊推荐展6场、公益绘本课堂20场。

【泰安市美术馆】 泰安市美术馆（泰山画院）是一家集收藏、研究、展示、教育于一体的公益性美术专业文化事业机构。2022年被评为泰安市第六批关心下一代教育基地、第二批泰安市华侨国际文化交流基地。年内开展美术公共教育活动26次，举办各类美术展览22次，共展览美术作品1700余幅。其中，冯晓东、张磐油画作品《拉林铁路纵贯天路》入选“中国道路·美好生活”全国美术作品展；丁毅水彩作品《边疆卫士——巡防皮斯岭》入选“庆祝中国人民解放军建军95周年全国美术作品展暨第15届全军美术作品展览”，作品被中国人民革命军事博物馆收藏，《解放军报》《光明日报》《军营文化天地》等报刊进行刊登介绍。推出公共文化服务品牌项目“泰安市美术馆公教研修班”，开设国画（人物花鸟、山水）、油画、水彩、综合材料4个画种5个班次，培训美术爱好者400余人次，被评为泰安市志愿服务先进典型评选活动“最佳志愿服务项目”。5月24日，举行馆校合作签约仪式，与7家学校签订馆校共建合作协议。与市特殊教育中心联合举办助残日捐助展，58位书画家无偿捐赠书画作品65件；与希望美术教育机构联合举办希望美术视觉艺术展，3000余名少年儿童的3500件作品参展，接待参观人员2万人。

【泰安市博物馆】 泰安市博物馆1986年依托于岱庙建馆，为国家二级博物馆。馆藏文物2.08万件（套），主要

2022 年 7 月 20 日，大型图文画册《天下泰山》新书发布仪式举行。图为与会领导参观展览（司 刚 摄）

包括祭器、宗教民俗、出土器物、碑刻、碑帖、古籍和其他文物藏品 7 大类。其中文物藏品 1.57 万件（套），古籍图书 5111 件（套）；一级文物 139 件（套），二级文物 473 件（套），三级文物 3025 件（套），古籍善本 1.01 万册。年内开展"5·18"国际博物馆日宣传活动，推出捶拓技艺"云课堂"、"云逛博物馆学习消防知识"等活动。推动博物馆联动共享，市博物馆在河南南阳汉画馆举办"东岳仙踪——泰山岱庙典藏神轴展"，与华山西岳庙文物管理处联合举办"泰华石韵——岱庙和西岳庙碑刻拓片展"。制作"百名博物馆馆长讲宝藏"主题短视频 6 条。推荐 5 家博物馆纳入省级精品旅游线路。开展 2022 年度馆藏文物保护方案集中申报，获批 5 项。完成中央补助地方博物馆、纪念馆免费开放名单增补核实工作，新泰市博物馆纳入中央补助博物馆纪念馆免费开放名单。为省博物馆齐鲁精品文物展、通史展改陈布展提供文物 7 件（套）、15 件。泰安市泰山绳网文化博物馆等 2 家博物馆获山东省文旅厅备案确认。岱岳区天颐民俗博物馆等 4 家博物馆入选首批山东省乡村（社区）博物馆名单。

【泰安市文化馆】 泰安市文化馆挂泰安市非物质文化遗产（简称"非遗"）保护中心、泰安市文化惠民服务中心牌子，馆内有乡村记忆博物馆及非物质文化遗产展厅。6 月 6 日，泰安市文化馆智慧空间体验区正式启用，体验区依托公共文化云平台，为市民提供实体互动数字体验空间。组织各级文化馆推出舞蹈、古筝、琵琶、吉他等 9 类公益培训线上直播网课，参与者达 5.2 万人次。6—9 月，每周六举办"非遗"赶大集活动，通过"非遗"展会、"非遗"集市等形式宣传非物质文化遗产。组织申报泰安市第十批市级非物质文化遗产项目。在 2022 年山东省第二届文化馆（站）业务技能大赛中，市文化馆 8 名选手获一等奖 5 个、二等奖 3 个，名列全省第一名。美术作品《寒露》参加山东省文化和旅游厅主办的"根与魂——二十四节气"山东省主题美术书法创作作品展，获优秀奖；作品《生灵·自然》入选"光辉的历程——庆祝二十大全国文化馆系统书画名家邀请展"；作品《白露雁归》入选山东省二十四节气白露主题书画精品展；王来新、张颖创作的桃木雕刻《猛虎出山》、聂强创作的铸铜《铜虎生肖摆件》、张君伟创作的《银虎迎春虎虎生威》3 个作品入选"迎春纳福 虎虎生威"山东手造——虎文化创意衍生品展。

【农家书屋】 参见《乡村振兴·乡村文化》

【城乡书房建设】 2022 年，泰安市以"书香润心'1+N'阅读服务"为目标，打通图书馆总分馆、农家书屋、社区书屋、城市书房、新华书店、旅游驿站全民阅读"六位一体"互联互通，打造"书香泰安"品牌。建成城乡书房 68 家，公共图书馆 7 个，建成总分馆 173 个，15 分钟阅读圈基本形成。各县（市、区）探索"书房 + 县区"模式，形成"一地一品"。其中，泰山区建成"泰山书房 + 旅游驿站"书房，岱岳区建成"红色驿站"书房，新泰市建成 24 小时开放书房，肥城市建成"新华书店 + 社区图书馆"书房，宁阳县建成"悦读港·城市（社区）书房"，东平县建成"东原书房"。新泰市城乡书房建设项目被省委宣传部推荐申报全国农家书屋创新示范案例，被省文旅厅推荐申报全国公共文化服务高质量发展典型案例。望山书舍、九女峰书房获 2022 年度山东省"最美书店"，河西社区图书馆被评为山东省"最美城市书房"，西张庄镇乡村书房被评为山东省"最美乡村书房"。

【"泰爱读"书香驿站】 2022 年，泰安市委宣传部和文化旅游、城市管理等部门联合启动"泰爱读"书香驿站建设，在泰安城区部分广场公园首期建设书香驿站 11 处，打造文化"地标式"阅读新空间。印发《关于统筹推进全民阅读工作的实施方案》，推进阅读基础设施建设。

【文旅家园】 2022 年，"文旅家园"采用"1+N"的建设模式，以政府为主导，鼓励社会参与，分门别类推出 1 家龙头文旅家园，形成 N 家各具特色的文旅家园共同创建的格局。全市共建成文旅家园 10 家，开展免费曲艺、书法等培训 500 余课时，培训学员 1 万人次。（刘姗姗 孔令熙）

群众文化

【文化惠民活动】 2022 年，泰安市开展各类文化活动 5.3 万场次，共放映农村公益电影 7.48 万场；安排送戏下乡资金882万元，送戏下乡演出4610场，村均演出1.29场。以“喜迎二十大 奋进新征程”为主题，在全市范围内开展“五个大家”（大家唱、大家演、大家拍、大家创、大家评）群众文化活动。新冠疫情防控期间，全市各级文化馆、图书馆转变文化惠民服务形式，将文化活动主阵地从线下转移到线上。组织泰山区民族乐团录制民乐曲30首上传到“学习强国”学习平台。7月8日，开展全市群众小戏小剧展演评选活动。8月17日，举办2022年全市广场舞、合唱、才艺大赛暨全市群众性小戏小剧展演启动仪式。组织开展文化惠民“金种子”系列培训，全市在文化大数据管理平台注册的庄户剧团近200家，基层广场舞队近4000支，文化志愿者、乡土文化能人8.2万名。《中国文化报》刊登题为《山东泰安：以文化惠民“奉献指数”换来群众“满意指数”》文章，报道全市开展文化惠民工作的措施与成果。

【书香泰安建设】 2022年，泰安市委、市政府印发《泰安市全民阅读书香泰安建设工作方案》，将“全民阅读、书香泰安”建设纳入市、县两级党委政府工作重点。2022年，开展国学经典诵读、亲子阅读、“名著周末”等品牌阅读活动2000余场，累计惠及民众500万人次。6月，市委宣传部、市文旅局、市教育局、市新华书店在全市中小学开展“快乐阅读 健康成长”假期经典读书活动。8月，举办首届山东省全民阅读大会暨齐鲁书香节泰安分会场启动仪式，发放惠民书券50万元。泰安市在“我爱读100天”读书打卡活动中市级全国排前30名、肥城市在县级全国排前100名，受到省委宣传部表彰。东平县第三实验小学孙新获评全国“乡村阅读榜样”。

【“国泰民安”主题宣传文化作品展】 2022年9月26日至10月10日，平安泰安建设“国泰民安”主题宣传文化作品展在市美术馆举办，集中展示290件作品，从不同角度、以不同形式展示平安文化、泰山文化的内涵和底蕴，展现泰山丰富的自然、人文、历史面貌和泰安政通人和的辉煌成就。展览分3个层次，设4个展区，从宣传文化作品、摄影作品、书法作品、美术作品以及政法工作汇报5个方面，展现泰安市平安建设成效。

【文化建设军民融合发展文艺展演】 2022年7月25日，文化建设军民融合发展签约揭牌仪式暨“铁心向党迎盛会·军民融合谱华章”主题文艺展演在市文化艺术中心举行。文艺展演节目形式多样，紧扣拥军爱民、民拥军主题。双方共同为“文化建设军民融合发展共建单位”揭牌，就加强组织领导、资源共建共享、人才共教共育、活动共管共抓等10项内容达成协议，对开展人才培训、建强文艺队伍、共用文化场馆、共建“书香军营”等细节内容进行商定，共同推进实施退役现役军人游览旅游景区优先优待政策，市文化馆、图书馆、美术馆全部面向军人免费开放，设置军人优先标识；开展公益辅导、流动图书馆进军营、书画作品展、文艺演出等军民文化共建活动。

【泰安市主题职工书画摄影展】 2022年9月20—26日，市总工会联合市文化和旅游局主办的“登高望远 奋力争先”泰安市“助力新型工业化·喜迎党的二十大”职工书画摄影展在市美术馆开展。市总工会聘请市书法家协会、市美术家协会、市摄影家协会专家从选送的1280件作品中，评选出优秀作品200件进行集中展出，其中书法作品50件、绘画作品100件、摄影作品50件，特邀市内书画名家创作书画精品11件，一并展出。（刘姗姗）

【首届惠民书展】 2022年7月22—24日在泰山国际会展中心举办。由泰安市文化和旅游局、泰安日报社主办，泰山国际会展中心、泰安紫蜂旅游信息技术有限公司承办。书展规划开设儿童书籍展区、教辅展区、综合书籍展区、文创产品展区四大主题展区，总展销1万种、16万册图书，涵盖人民出版社、人民文学出版社、浙江少年儿童出版社等35家国内知名出版社的图书及相关产品。展会以品牌图书、惠民图书展销为主体，配套文具、文创、分享会等特色产品展销和主题活动，满足市民多元化消费需求，打造“一站式”文化采购消费平台。市文化和旅游局为展会推出20万元惠民书展定向券，让市民享受到书展带来的实惠。（刘 鹏）

文学艺术

【文艺院团改革】 2022年，泰安市印发《关于深化国有文艺院团改革的实施意见》，深化文艺院团改革，壮大庄户剧团等民间艺术团体。改革演出机制，以保利院线、各县（市、区）人民剧院为载体，创新开辟“院团＋院线”市场化演艺模式。2022年通过院线合作，开展省、市、县三级联合购买文化惠民演出、大型山东梆子现代戏展演、大型文艺晚会等活动40场，场均演出上座率85%以上，累计观演3.4万人次。开展主题性小剧小戏小品创作和“群众演群众看”活动，举行第二届山东省戏曲名家工作室——杨圣军工作室签约仪式。

【文学创作】 *创作活动* 2022年，全市有3名作家加入中国作协，20名作家加入山东省作协。王宗坤长篇小说《极顶》入选山东省十部重点文艺创作项目。孙丰刚长篇报告文学《最后的牛耕部落》获得省委宣传部10万元奖励，并由作家出版社出版。1980年后出生的作家冷火、钱幸各发表中短篇小说超10万字，同时登上《时代文学》第二期《新鲁军》栏目。甜老虎儿童文学作品《屋檐底下住着吓唬》被列入2022年1—2月份中国好书榜单。1990年后出生的作家马晓康考入北京师范大学当代文学专业博士研究生。2000年后出生的小诗人夏圣修获叶圣陶杯“全国十佳小作家”称号。

征文活动 5月2日，在由山东省总工会、山东省作家协会联合举办的“劳动最光荣”主题征文活动中，泰安市作家钱幸小说《水果硬糖》获二等奖，辛国允小说《甜蜜的日子》获三等奖，孟磊短篇纪实文学《那人那山 那乡愁》、张桂云短篇纪实文学《守护生命之光的人》、冷火短篇

纪实文学《李伟和李佳昊》、吴永强短篇纪实文学《王帅："淘粪工"的信念》获优秀奖。5—9月，举办"喜迎二十大"2022第十二届春华秋实笔会专题征文活动，包括小说、散文、诗歌、纪实文学4种体裁，每种体裁评出优秀作品奖和入围奖各6名。10月14日，在由山东省作家协会主办，山东省作家协会机关党委、《时代文学》编辑部承办的喜迎二十大"新时代·新辉煌·新征程"主题征文活动中，泰安市作家青梅小说《艾草青团》获一等奖，贾福英小说《天空落下一片云》获三等奖，白春业散文《车轮滚滚》、侯桂珍散文《老家麦收今与昔》获优秀奖。11月30日，在由山东省广播电视局、山东省作家协会联合举办，山东省文学期刊社承办的"喜迎二十大 书写新时代"山东省视听文学剧本大赛中，泰安市作家钱幸《风月》（电影）获三等奖；齐欣《坚守》（电视剧）、赵景仁《上家村的遗留事》（电影）获优秀奖。

文学评论与交流　年内，市文联坚持文学为基层和普通读者服务，连续第七年与《泰山晚报》合作，每周一期，在《文青》副刊推出《侃侃而谭》专栏，由市作协主席谭践主笔；推出《瞻鲁晒经》专栏，展示泰安市骨干作家作品，全年推出50期。在搞好文学创作同时，举办各类文学活动。开通腾讯会议室，12月，举办线上第八届泰安文学周之签约作家作品讲评会，分别邀请《收获》杂志编辑王继军，《青年作家》杂志副主编卢一萍，华东师大副教授、新锐文学评论家项静3位专家线上主讲，全市作家在电脑前聆听，收到良好效果。

（臧文华）

【艺术创作】　2022年，泰安市推出舞剧《挑山》、电影《挑山者》、纪录片《脉动泰山》等作品；遴选山东梆子《两狼山上》《孔繁森》，现代吕剧《兰桂飘香》等20部文艺精品剧目参加"全省精品剧目云展播"活动；打造红色主题山东梆子大型现代戏《徂徕山花》，小戏《跨门槛》《仗义游侠》《磨剪子戗菜刀》。《赶考》入选文旅部2022年首届黄河流域戏曲

2022年1月20日，葫芦到、福禄到——吉祥葫芦刻画演绎传统文化

（陈 阳　摄）

演出季；杂技《圆梦——软钢丝》入选第十一届全国杂技展演；《磨剪子戗菜刀》入选山东省"厚道齐鲁地 美德山东人"小剧展播；《赶考》《三进门》获全省群众性小戏小剧作品评选活动一等奖，《卖婆婆》《彩礼》获二等奖；《盛世桃花红》获山东省广场舞展演活动二等奖；《特别考试》获山东省群众性小戏小剧"大擂台"活动银奖；《徂徕山花》《墙头记》入选山东省文旅厅举办的"喜迎二十大 奋进新征程"全省优秀剧目展演。

【文艺活动】　2022年，泰安市开展"文艺轻骑兵 惠民走基层"系列活动，采取市、县联动，文艺小分队的形式，围绕文化惠民、与民同乐的服务宗旨，为群众提供高品质的文化产品和文化服务。7月1日，在泰安吾悦广场举办"喜迎二十大 奋进新征程"庆祝中国共产党成立101周年暨"文艺轻骑兵 惠民走基层"消夏晚会。7月28日，在宁阳县友邦田园开展"文艺轻骑兵 惠民走基层"消夏晚会暨全市小戏小剧优秀剧目展演活动。（刘姗姗　孔令熙）

文化遗产保护

【概况】　2022年，泰安市拥有世界文化遗产3处（泰山、齐长城泰安段、大运河泰安段）；省级以上重点文物保护单位120处；各级非物质文化遗产代表性项目803项，各级"非遗"项目代表性传承人281名。推动落实"先考古、后出让"制度，印发《关于扎实推进国有建设用地考古调查勘探发掘前置工作的通知》。宁阳县文物保护中心主任于勇获评全国文物系统先进工作者，并作为4个发言代表之一在全国会议上作典型发言，《人民日报》予以刊发报道。国家级"非遗"项目"泰山皮影戏"传承人范正安入选2021"中国非遗年度人物"100人候选名单。3个项目入选2022年全国"非遗"与旅游融合发展优选项目，其中五埠伙大门景区入选"非遗"旅游景区，泰山"非遗"小镇入选"非遗"旅游小镇，泰山豆腐村入选"非遗"旅游村寨。肥城市"非遗工坊助力乡村振兴"工作经验入选省级"非遗"保护十大亮点，五埠伙大门景区被命名为省级"非遗"传承教育实践基地。泰山文物保护利用示范区入选山东省第一批创建名单。

【非物质文化遗产保护传承】　2022年，泰安市健全完善四级"非遗"名录，开展第六批国家级非物质文化遗产代表性传承人推荐申报、第十批市级非物质文化遗产代表性项目推荐申报、第五批市级非物质文化遗产代表性传

承人推荐申报，评审认定67家“非遗”工坊。2022年度获得国家级“非遗”资金147.5万元、省级“非遗”资金27万元。组织项目保护单位、国家级和省级传承人对2019—2021年拨付的国家级、省级非物质文化遗产保护专项资金使用情况进行绩效自评及资金使用情况督查。推进“非遗”保护传承教育实践基地建设，印发《关于开展第一批市级非物质文化遗产传承教育基地申报工作的通知》，评选泰安市级“非遗”传承教育实践基地。

表41　2022年泰安市省级以上非物质文化遗产代表性项目一览表

序号	类别	项目名称	保护单位	级别	公布时间
1	民间文学	泰山传说	泰安市泰山风景名胜区管理委员会（泰山林场）	国家级	2011
2		宁阳大禹治水的传说	宁阳县文化艺术中心	省　级	2009
3		范蠡与陶山的故事	肥城市文化艺术服务中心	省　级	2009
4		水浒传说	东平县非物质文化遗产保护协会	省　级	2013
5		肥桃传说	肥城市朝阳文化传媒有限公司	省　级	2016
6		柳下惠传说	新泰市公共文化服务中心	省　级	2013
7	传统音乐	泰山道教音乐	泰安市道教协会	国家级	2008
8		腊山道教音乐	东平县非物质文化遗产保护协会	国家级	2008
9		东平硪号子	东平县非物质文化遗产保护协会	省　级	2009
10	传统舞蹈	独杆跷	新泰市公共文化服务中心	国家级	2008
11		百兽图	新泰市公共文化服务中心	省　级	2006
12		逛荡灯	新泰市谷里镇南谷里村民委员会	省　级	2006
13	传统戏剧	泰山皮影戏	泰安市泰山皮影艺术研究院	国家级	2008
14		山东梆子	泰安市山东梆子艺术研究院	国家级	2008
15		宁阳木偶戏	宁阳县文化艺术中心	省　级	2006
16		四音戏	东平县文化馆	省　级	2006
17	曲　艺	端鼓腔	东平县非物质文化遗产保护协会	国家级	2011
18		山东柳琴	新汶矿业集团有限责任公司工会委员会	省　级	2021
19	传统体育、游艺与杂技	中华子午门功夫	东平县非物质文化遗产保护协会	省　级	2009
20		徐家拳	新泰市泰山徐家拳研究院	国家级	2014
21		泰山舞狮	泰安市泰山区文化馆	省　级	2021
22	传统美术	泥塑（泰山泥塑）	泰安市岱岳区泰山泥塑艺术研究院	省　级	2009
23		泰山水陆画	泰安市画像研究院	省　级	2016
24		东平湖莲子彩绘工艺	东平县非物质文化遗产保护协会	省　级	2021
25		面塑（泰山石家面塑）	泰安市文化馆（泰安市非物质文化遗产保护中心）	省　级	2021
26		糖画（泰山糖画）	泰安市泰山糖画艺术研究院	省　级	2021
27		陈氏指画	新泰市公共文化服务中心	省　级	2021
28		泰山石刻	泰安市泰山石敢当文化发展研究院	省　级	2021
29		木雕（肥城桃木雕刻技艺）	肥城市正港木业工艺品厂	省　级	2021

续表 41

序号	类别	项目名称	保护单位	级别	公布时间
30	传统技艺	豆腐传统制作技艺	泰安市泰山东岳豆腐宴研究院	国家级	2021
31		泰安豆腐制作技艺	泰山区文化馆	省级	2013
32		泰山火烧制作技艺	泰安市传统食品协会	省级	2013
33		泰山酒传统酿造技艺	泰山酒业集团股份有限公司	省级	2013
34		尚氏锔艺	肥城市文化艺术服务中心	省级	2016
35		泰山石刻碑拓技艺	泰安市泰山文化主题博物馆	省级	2013
36		泰山香传统制作技艺	泰山香（山东）品牌管理有限公司	省级	2016
37		泰山封禅御宴	泰安市泰山区泰安行宫御膳文化产业有限公司	省级	2016
38		彩山特曲传统酿造技艺	宁阳县文化艺术中心	省级	2021
39		得膳斋清真糕点制作技艺	泰安市泰山区得膳中式糕点斋	省级	2021
40		西御道老鸡汤制作技艺	泰安御道韩氏食品有限公司	省级	2021
41		泰山茶制作技艺	泰山茶文化有限公司	省级	2021
42		玉氏鸿叶旗袍制作技艺	新泰市山东玉叶制衣有限公司	省级	2021
43		肥城聂氏铜器铸造工艺	泰安市龙藏深泉商贸有限公司	省级	2021
44	传统医药	孟氏正骨	新泰孟氏医院	国家级	2014
45		安驾庄梁氏正骨疗法	肥城市安驾庄梁氏骨科医院	省级	2009
46		王氏正骨	泰安王氏正骨医院有限公司	省级	2016
47		孟氏接骨膏制作技艺	新泰孟氏医院	省级	2016
48		翟氏正骨	新泰翟氏中医医院有限公司	省级	2021
49		瑞泽堂王氏膏方	肥城市文化艺术服务中心	省级	2021
50	民俗	泰山石敢当习俗	泰安市泰山风景名胜区管理委员会（泰山林场）	国家级	2006
51		泰山东岳庙会习俗	泰安市旅游协会	国家级	2008
52		泰山封禅与祭祀习俗	泰安市泰山风景名胜区管理委员会（泰山林场）	省级	2006
53		桃木雕刻民俗	肥城市文化艺术服务中心	省级	2006
54		宁阳端午彩粽习俗	宁阳县文化艺术中心	省级	2006
55		宁阳斗蟋	宁阳县文化艺术中心	省级	2009
56		东岳大帝与碧霞元君信俗	泰安市文化馆（泰安市非物质文化遗产保护中心）	省级	2013
57		泰山祭祀习俗	泰安市文化馆（泰安市非物质文化遗产保护中心）	省级	2016
58		泰山玉习俗	岱岳区文化馆	省级	2016
59		宁阳四八宴席与酒礼	宁阳县文化艺术中心	省级	2021

【文物保护】 2022年，泰安市文化部门编制文物保护项目计划书39项，编制泰山石刻（经石峪）、常庄古民居等文物保护修缮工程设计方案17项，组织实施吕仙村古民居等保护修缮工程12项（泰安火车站站房修缮保护工程、萧大亨墓地石刻文物保护维修工程、齐长城遗址岱岳段视频监控平台建设、新泰市王芳故居保护利用工程、肥城市湖屯镇竹林寺修缮保护工程、肥城市汶阳镇田纪云旧居修缮保护工程、肥城市鱼山村古民居修缮保护工程、斑鸠店六工山玉皇庙抢救性保护、前口头古民居保护修缮、朱蓂阶烈士墓抢险加固工程、黄氏祠堂修缮工程项目、宁阳文昌阁大门和院墙修缮工程）。开展名碑名刻文物遴选推荐工作，推荐报送不可移动碑刻石刻19处、可移动碑刻石刻12处。争取到位国家、省级文物保护资金3450万元，支持泰山古建筑群——关帝庙保护修缮等15项文物保护工程及全市博物馆事业发展。启动第六批市级文物保护单位评审工作。7月，全省石窟寺考古与保护学术研讨会在泰安市召开。

【革命文物】 2022年，泰安市围绕喜迎二十大、红色文化主题月等节点，推出泰安革命历史文物展、八路军山东纵队发展史等展览。市文化和旅游局、市广播电视台联合策划推出“保护革命文物、传承红色基因”革命文物专题片。组织开展抗美援朝文物资源、红色标语类革命文物专项调查工作。泰安徂徕山抗日武装起义博物馆“烽火齐鲁 英雄徂徕——徂徕山抗日武装起义主题展”入选国家文物局2022年度“弘扬中华优秀传统文化、培育社会主义核心价值观”主题展览。陆房突围胜利纪念馆入选全省首批中华优秀传统文化、革命文化、社会主义先进文化专题实践教学基地，并加入山东革命场馆与高校融合发展联盟。全市7处不可移动革命文物、163处可移动革命文物入选省第二批革命文物名录。新泰市龙廷镇太公峪村等4个村入选第二批山东省红色文化特色村。徂徕山抗日武装起义旧址等11处革命文物纳入全省20条“精品献礼二十大 红色基因新传承”革命文化主题线路。新泰市龙廷革命史纪念馆等3家单位入选首批山东省中华优秀传统文化、革命文化、社会主义先进文化专题实践教学基地名单。

表42 2022年泰安市全国重点文物保护单位一览表

序号	名称	地点	年代	类别	公布时间	批次
1	大汶口遗址	岱岳区大汶口镇、宁阳县堡头村	新石器时代	古遗址	1982年2月	2
2	岱庙	泰山区朝阳街7号	宋至清	古建筑	1988年1月	3
3	冯玉祥墓	泰山区泰山南麓	1953年	近现代重要史迹及代表性建筑	1988年1月	3
4	齐长城遗址	泰山景区、岱岳区、肥城市	春秋、战国	古建筑	2001年6月	5
5	泰山石刻（包括：经石峪、唐摩崖处、纪泰山铭摩崖石刻）	泰山景区	北齐至唐	石窟寺及石刻	2001年6月	5
6	白佛山石窟造像	东平县东平街道焦村白佛山	隋、唐	石窟寺及石刻	2001年6月	5
7	泰山古建筑群	泰山景区	明、清	古建筑	2006年5月	6
8	洪顶山摩崖	东平县旧县乡屯村铺村	南北朝	石窟寺及石刻	2006年5月	6
9	大运河（戴村坝）	东平县彭集镇	春秋至清	古建筑	2006年5月	6
10	大汶口古石桥	岱岳区大汶口镇西南门外大汶河上	明	古建筑	2013年3月	7
11	萧大亨墓地石刻	岱岳区满庄镇东萧家林村	明	石窟寺及石刻	2013年3月	7
12	颜子庙和颜林	宁阳县鹤山镇泗皋村	元、清	古建筑	2013年3月	7
13	棘梁山石刻	东平县戴庙镇棘梁山	北朝至宋	石窟寺及石刻	2013年3月	7
14	徂徕山抗日武装起义旧址	岱岳区房村镇黑石埠村，在徂徕山大寺	抗日战争时期	近现代重要史迹及代表性建筑	2013年3月	7
15	陶山朝阳洞石刻造像	肥城市湖屯镇陶山主峰西北侧山崖	宋至中华民国	石窟寺及石刻	2019年10月	8

表 43　2022 年泰安市省级重点文物保护单位一览表

序号	名称	地点	年代	类别	公布时间	批次
1	泰山盘路古建筑群（包括：无极庙、元始天尊庙、老君堂）	泰山景区	唐、清、民国	古建筑	1992 年 6 月	2
2	范明枢墓	泰山景区泰山南麓普照寺南	1950 年	近现代重要史迹及代表性建筑	1992 年 6 月	2
3	周明堂遗址	泰山景区大津口乡沙岭村明家滩	周	古遗址	2013 年 10 月	4
4	藏峰寺遗址	泰山景区曹家庄村	元	古遗址	2013 年 10 月	4
5	中天门二虎庙	泰山景区中天门管理区	明、清	古建筑	2013 年 10 月	4
6	泰山玉泉寺	泰山景区玉泉寺管理区	北魏	古建筑	2013 年 10 月	4
7	桃花峪元君庙	泰山景区桃花峪管理区	清	古建筑	2013 年 10 月	4
8	竹林寺	泰山景区竹林寺管理区	唐	古建筑	2013 年 10 月	4
9	总理奉安纪念碑	泰山景区红门管理区	1929 年	近现代重要史迹及代表性建筑	2013 年 10 月	4
10	乐善桥	泰山景区竹林寺管理区	1936 年	近现代重要史迹及代表性建筑	2013 年 10 月	4
11	泰山革命烈士纪念碑	泰山景区红门管理区	1953 年	近现代重要史迹及代表性建筑	2015 年 6 月	5
12	泰山宋至清石刻	泰山景区	宋至清	古建筑	2022 年 1 月	6
13	泰山区清真西大寺（泰安城区清真寺）	泰山区财源街道清真寺街	明、清	古建筑	2013 年 10 月	4
14	杨家庄七圣堂	泰山区上高街道杨家庄村	明、清	古建筑	2013 年 10 月	4
15	省庄清真寺	泰山区省庄镇（东孙家庄村、二十里埠村、芝田村、岗上村、岳庄村、刘家庄村）	明至中华民国	古建筑	2013 年 10 月	4
16	萃英中学建筑群	泰山区岱庙街道青年路	清、中华民国	近现代重要史迹及代表性建筑	2013 年 10 月	4
17	泰安火车站站房（泰安府站钟楼）	泰山区财源街道龙潭路	1909 年	近现代重要史迹及代表性建筑	2013 年 10 月	4
18	汉明堂遗址	泰山区泰前街道	西汉	古遗址	2015 年 6 月	5
19	上高施氏牌坊	泰山区上高街道	清	古建筑	2015 年 6 月	5
20	泰安侵华日军司令部旧址（育英中学旧址）	泰山区岱庙街道	中华民国	抗战遗址、纪念设施	2015 年 6 月	5
21	吴家庄范氏祠堂	泰山区邱家店镇吴家庄村	清	古建筑	2022 年 1 月	6
22	山西会馆	岱岳区大汶口镇会馆街	明	古建筑	2006 年 12 月	3
23	无梁殿	岱岳区夏张镇梨园村	明	古建筑	2006 年 12 月	3
24	西界清真寺	岱岳区马庄镇前营村	明、清	古建筑	2013 年 10 月	4
25	下旺清真寺	岱岳区粥店街道下旺村	清	古建筑	2013 年 10 月	4
26	中淳于瓷窑址	岱岳区满庄镇西北，西近中淳于村	隋唐至明	古遗址	2015 年 6 月	5

续表 43

序号	名称	地点	年代	类别	公布时间	批次
27	文姜城遗址	岱岳区大汶口镇和平街东北 500 米处	东周至汉	古遗址	2015 年 6 月	5
28	山西街村建筑群	岱岳区大汶口镇山西街村	明、清、中华民国	古建筑	2015 年 6 月	5
29	泰安抗日烈士公墓	岱岳区祝阳镇陈良村	1946 年	抗战遗址、纪念设施	2015 年 6 月	5
30	夏张抗日武装起义纪念碑	岱岳区夏张镇夏北村北	1998 年	抗战遗址、纪念设施	2015 年 6 月	5
31	泰西抗日武装起义旧址	岱岳区道朗镇、肥城市仪阳街道	1938 年	抗战遗址、纪念设施	2015 年 6 月	5
32	姚庄遗址	岱岳区祝阳镇姚庄村	汉	古遗址	2022 年 1 月	6
33	石坞洞山山寨遗址	岱岳区道朗镇二奇楼村、肥城市仪阳街道石屋山	明、清	古遗址	2022 年 1 月	6
34	淳于意墓	岱岳区满庄镇中淳于村南约 300 米	西汉	古墓葬	2022 年 1 月	6
35	角峪十字穿心阁	岱岳区角峪镇鹿角村	清	古建筑	2022 年 1 月	6
36	马庄村裴氏宗祠	岱岳区马庄镇马庄村	清	古建筑	2022 年 1 月	6
37	粥店崇兴寺	岱岳区粥店街道堰堤小学	清	古建筑	2022 年 1 月	6
38	阴佛寺造像	岱岳区角峪镇苏庄村	唐	古建筑	2022 年 1 月	6
39	新泰智人化石地点	新泰市东都镇乌珠台村西南	旧石器时代	古遗址	1992 年 6 月	2
40	新泰市周家庄东周墓群	新泰市青云街道办事处周家庄村	东周	古墓葬	2006 年 12 月	3
41	徐琛墓	新泰市羊流镇徐家庄村东南	元	古墓葬	2013 年 10 月	4
42	东街清真寺	新泰市放城镇东街村	明至中华民国	古建筑	2013 年 10 月	4
43	光明东村正觉寺	新泰市刘杜镇光明东村	明至中华民国	古建筑	2013 年 10 月	4
44	莲花山云谷寺	新泰市泉沟镇莲花山风景区	明、清	古建筑	2013 年 10 月	4
45	青云山三官庙	新泰市汶南镇青云山村	清	古建筑	2013 年 10 月	4
46	阁老顶观音造像	新泰市放城镇郗家峪村南	宋、金	石窟寺及石刻	2013 年 10 月	4
47	大协炮楼	新泰市小协镇大协村	1938 年	近现代重要史迹及代表性建筑	2013 年 10 月	4
48	抬头寺遗址	新泰市汶南镇果庄村北	新石器时代至东周	古遗址	2015 年 6 月	5
49	新泰羊氏墓地	新泰市羊流镇沟西村、徂汶景区天宝镇颜前村	东汉至隋	古墓葬	2015 年 6 月	5
50	北单家庄遗址	新泰市羊流镇北单家庄村	新石器时代至汉	古遗址	2022 年 1 月	6
51	师旷墓	新泰市青云街道北师村	东周	古墓葬	2022 年 1 月	6
52	怀德书院北学堂	新泰市楼德镇东村	清	古建筑	2022 年 1 月	6
53	西韩庄村王氏宗祠	新泰市西张庄镇西韩庄村	清	古建筑	2022 年 1 月	6
54	寺山上清宫	新泰市新汶街道	明、清	古建筑	2022 年 1 月	6
55	八腊庙	新泰市青云街道	清	古建筑	2022 年 1 月	6

续表 43

序号	名称	地点	年代	类别	公布时间	批次
56	老寨山战斗遗址	新泰市禹村镇老寨山	1947 年	近现代重要史迹及代表性建筑	2022 年 1 月	6
57	陆房战斗遗址	肥城市安临站镇东陆房村东北500 米处	抗日战争时期	近现代重要史迹及代表性建筑	1977 年 12 月	1
58	泰山显灵宫	肥城市石横镇石横四村内	明	古建筑	2006 年 12 月	3
59	护鲁山泰山行宫	肥城市孙伯镇大石桥村	明、清	古建筑	2013 年 10 月	4
60	圭山石刻	肥城市王瓜店街道印山子村	明	石窟寺及石刻	2013 年 10 月	4
61	东向北阁	肥城市边院镇东向北村	明、清	古建筑	2015 年 6 月	5
62	小中泉天主教堂	肥城市湖屯镇小中泉居委会中心街北	1910 年	近现代重要史迹及代表性建筑	2015 年 6 月	5
63	新城群力放水洞	肥城市新城街道东尚里村北	1960 年	近现代重要史迹及代表性建筑	2015 年 6 月	5
64	晒书城遗址	肥城市桃园镇东里三村晒书城	东周至元	古遗址	2022 年 1 月	6
65	幽栖寺遗址	肥城市湖屯镇栖幽寺村北	宋、清	古遗址	2022 年 1 月	6
66	左丘明墓	肥城市石横镇东衡鱼村	东周	古墓葬	2022 年 1 月	6
67	关王殿村小泰山古建筑群	肥城市湖屯镇关王殿村北的小泰山极顶	明至民国	古建筑	2022 年 1 月	6
68	陶南山馆	肥城市王庄镇花园村	清	古建筑	2022 年 1 月	6
69	新刘玉皇庙	肥城市汶阳镇新刘村	明	古建筑	2022 年 1 月	6
70	南夏辉萧氏家祠	肥城市安驾庄镇南夏辉村	清	古建筑	2022 年 1 月	6
71	马家埠丁家庙	肥城市安驾庄镇马家埠村	明	古建筑	2022 年 1 月	6
72	新胜耶稣帝王堂	肥城市石横镇新胜居委会	1840 年	近现代重要史迹及代表性建筑	2022 年 1 月	6
73	长山街玉都观	肥城市新城街道长山街南首	1926 年至 1936 年	近现代重要史迹及代表性建筑	2022 年 1 月	6
74	肥城县抗日民主政府旧址	肥城市王庄镇东焦村	1939 年	近现代重要史迹及代表性建筑	2022 年 1 月	6
75	古磁窑址	宁阳县华丰镇西部、磁窑火车站东 3 千米处	宋、元	古遗址	1977 年 12 月	1
76	潘茂汉墓	宁阳县东疏镇潘家黄茂村北	汉	古墓葬	1977 年 12 月	1
77	宁阳文庙	宁阳县县城东街 313 号	元至清	古建筑	2006 年 12 月	3
78	宁阳禹王庙	宁阳县伏山镇堽城坝村北	明	古建筑	2006 年 12 月	3
79	宁阳灵山寺	宁阳县华丰镇灵山	唐至清	古建筑	2006 年 12 月	3
80	西太平窑址	宁阳县磁窑镇西太平村	唐、宋	古遗址	2013 年 10 月	4
81	义和寨寨墙	宁阳县磁窑镇贺家庄村	清	古遗址	2013 年 10 月	4
82	南陈村北窑址	宁阳县东庄镇南陈村	隋、唐、宋	古遗址	2013 年 10 月	4
83	神童山观音庵	宁阳县葛石镇黑石村	明、清	古建筑	2013 年 10 月	4
84	神童山摩崖石刻	宁阳县葛石镇刘家庄村	北朝、五代	石窟寺及石刻	2013 年 10 月	4

续表 43

序号	名称	地点	年代	类别	公布时间	批次
85	堽城坝（闸）遗址	宁阳县堽城镇堽城里村	元	其他（大运河）	2013 年 10 月	4
86	郕城故城	宁阳县东庄镇南故城新村	东周至汉	古遗址	2015 年 6 月	5
87	关圣帝君庙碑	宁阳县东疏镇马庙村	明、清	石窟寺及石刻	2015 年 6 月	5
88	大孔扬水站	宁阳县堽城镇大孔家庄村	1978 年	近现代重要史迹及代表性建筑	2015 年 6 月	5
89	东平故城	东平县东平街道宿城村附近	汉至唐	古遗址	1977 年 12 月	1
90	北桥墓群	东平县老湖镇北桥村	汉	古墓葬	1977 年 12 月	1
91	梁氏墓群	东平县老湖镇梁林村	宋	古墓葬	1977 年 12 月	1
92	理明窝摩崖造像	东平县斑鸠店镇六工山	唐	石窟寺及石刻	1992 年 6 月	2
93	尚书林	东平县梯门镇西梯门村	明	古墓葬	2013 年 10 月	4
94	常庄民居	东平县接山镇常庄村	明、清、中华民国	古建筑	2013 年 10 月	4
95	前山西屯大队部	东平县梯门镇前山西屯村	1975 年	近现代重要史迹及代表性建筑	2013 年 10 月	4
96	东平安山闸	东平县商老庄乡大安山村	明	其他（大运河）	2013 年 10 月	4
97	东平戴庙闸	东平县戴庙镇戴庙村	明	其他（大运河）	2013 年 10 月	4
98	阳谷邑故城	东平县旧县乡王古店村东	周、汉	古遗址	2015 年 6 月	5
99	峗山汉墓群	东平县东平街道焦村北白佛山前东侧	汉	古墓葬	2015 年 6 月	5
100	蓆　桥	东平县接山镇蓆桥村	金、明	古建筑	2015 年 6 月	5
101	银山石刻	东平县银山镇前银山村北	北朝、宋、清	石窟寺及石刻	2015 年 6 月	5
102	徂徕山摩崖石刻	徂汶景区天宝镇后寺村北	北齐、唐	石窟寺及石刻	1992 年 6 月	2
103	博城故城	徂汶景区滨河片区后旧县村	东周至宋	古遗址	2013 年 10 月	4
104	山东省委旧址暨八路军山东抗日游击第四支队司令部旧址（光化寺）	徂汶景区天宝镇后寺庄村西北	1938 年	抗战遗址、纪念设施	2015 年 6 月	5
105	徂徕山抗日武装起义磨山峪旧址	高新区房村镇磨山峪村	1938 年至 1945 年	近现代重要史迹及代表性建筑	2022 年 1 月	6

【文物安全】 2022 年，泰安市文化部门为全市 188 处文物建筑、博物馆建立微型消防站，提高文保单位消防安全管理水平和火灾预警防控能力。开展 2022 年文物安全大检查，对全市市级以上文物保护单位、博物馆等进行安全检查。加强齐长城保护，印发《齐长城安全隐患大排查行动实施方案》，开展齐长城安全隐患大排查，设置文物标志碑 6 块、保护界桩 28 个、文物安全直接责任人公告公示牌 21 块。市人力资源和社会保障局、市文化和旅游局联合印发《关于组建齐长城巡护公益性岗位队伍的通知》，在齐长城（泰安段）设置 74 个公益性岗位，加强对齐长城的巡查看护。编制齐长城泰安段视频监控平台建设方案，实施市、县监（控）平台建设。

【考古调查勘探】 2022 年，泰安市文化部门加强建设工程文物保护工作，申报考古调查勘探项目 41 项，实施考古调查勘探项目 35 项、考古发掘项目 6 项。5 月至 11 月，为配合东平泰东高速项目建设，经国家文物局批准，省水下考古研究中心联合市文化和旅游局对东平县单楼遗址和后魏雪墓地进行考古发掘。

（刘姗姗）

【历史文化名城名镇名村保护】 2022 年，泰安市住房城乡建设部门牵头制定《泰安市历史文化名城名镇名村保护办法》，自 2023 年 2 月 1 日起施行。启动《泰安历史文化名城保护规划（2021—2035）》（以下简称《名城规划》）编制工作，7 月 27—29 日，住房城乡建设部对《名城规划》进行现场技术审查、名城保护专项评估。编制《泰安市红门路—岱庙—通天街历史文化街区保护规划（2021—2035）》，省、市专家完成论证。年末，全市有历史文化名镇2个（岱岳区大汶口镇、东平县银山镇），其中国家级1个（岱岳区大汶口镇）；有历史文化名村5个（肥城市孙伯镇南栾村、大石桥村，东平县银山镇东腊山村、西腊山村，东平县老湖镇梁林村），2022年，历史文化名镇名村全部完成规划保护成果备案工作。岱岳区大汶口镇入选山东省历史文化保护传承示范案例，保护成果在全省通报表扬。

【传统村落（民居）保护】 2022年年末，泰安市有传统村落24个，其中国家级5个（岱岳区大汶口镇山西街村，岱岳区道朗镇二奇楼村，肥城市孙伯镇五埠村、伢山村，东平县接山镇朝阳庄村）。2022年4月，13处（岱岳区11处、肥城市2处）传统民居入选省级传统民居保护利用试点，获取保护资金217万元。市级指导岱岳区、肥城市两个试点市（区）编制《传统民居保护利用实施方案》。12月，13处传统民居保护利用试点通过省住房城乡建设厅核查。

【历史建筑】 2022年年末，全市有历史建筑79处，其中省级29处、市级11处、县级39处，全部完成测绘建档和挂牌，录入历史文化街区和历史建筑数据信息平台。山东农业大学1号教学楼、山东农业大学礼堂、美以美会基督教堂3处历史建筑，通过编制保护图则的方式进行有效保护。完成美以美会基督教堂、山东农业大学1号教学楼修缮及周边环境整治。挖掘八路军115师东进支队后方医院、大孔庄村扬水站、攻济打援指挥部纪念馆等历史建筑红色教育作用，打造党性教育大课堂、红色教育基地。 （李 燕 姜 敏）

表44 2022年泰安市省级历史优秀建筑一览表

序 号	名 称	年 代	地 址
1	冯玉祥墓	1953年	泰山区环山路以北
2	岱 庙	宋至清	泰山区东岳大街以北
3	碧霞祠	明	泰山顶
4	范明枢墓	1950年	泰山区竹林寺景区
5	泰山盘路古建筑群	元至清	泰山盘路
6	宁阳颜子庙	元、清	宁阳县鹤山乡泗泉村
7	戴村坝	明、清	东平县彭集乡南城子村
8	美以美会基督教堂	1898年	泰山区岱庙街道青年路
9	清真寺	明、清	泰山区清真寺街
10	育英中学	1901年	泰山区岱庙街道灵芝街
11	中华圣公会教堂	1901年	泰山区岱庙街道财源大街路北
12	萃英中学旧址	1900年	泰山区岱庙街道青年路北首泰安一中院内
13	泰安火车站小楼	1910年	泰山区财源街道泰山火车站广场东南角
14	“卍”会会址	1922年	泰山区岱庙街道财源街与青年路交会处
15	泰山关帝庙	明	泰山区红门路北端
16	山东农业大学1号教学楼	1959年	泰山区泰前街道文化路山东农业大学院内
17	山东农业大学礼堂	1958年	泰山区泰前街道文化路山东农业大学院内
18	萧大亨墓	明	岱岳区满庄镇东萧家林村西
19	施氏墓石坊	明、清	泰山区上高街道利民小区中心花园南侧
20	泰安电影院	1957年	泰山区岱庙街道东岳大街中段路北
21	虎山水库坝桥	1956年	泰山区红门路东
22	黑龙潭水库大坝	中华民国	泰山西麓建岱桥南

续表44

序号	名称	年代	地址
23	东平清真寺	明	东平县州城镇
24	永济桥	明	东平县州城镇
25	月岩寺	1579年	东平县银山镇
26	天主教堂	1938年	东平县宿城镇
27	文　庙	1297年	宁阳县城宁阳大道北侧
28	灵山寺	1170年	宁阳县华丰镇
29	禹王庙	1475年	宁阳县大汶河南岸

【2022年文化和自然遗产日宣传展示暨“非遗”购物节活动】 2022年6月11日，泰安市2022年文化和自然遗产日宣传展示暨“非遗”购物节活动在岱庙宋天贶殿前广场举行。活动为列入山东省“非遗”传承教育实践基地的单位及第五批国家级、省级“非遗”项目名录的“非遗”项目代表授牌。现场对泰山皮影、肥城桃木、豆腐传统制作技艺等40项“非遗”项目进行展示展演。（刘姗姗　孔令熙）

泰山文化传承发展

【泰山文化研究会】 2022年3月11日，泰安市成立泰山文化研究会，旨在加强与国内外著名泰山文化研究专家的联系，集聚社会资源，形成共同推进泰山文化统筹保护、传承利用的合力。研究会组建特聘专家智库，设立泰山文物与考古、泰山文献研究、泰山石刻研究、泰山文学艺术、泰山宗教文化研究、泰山文化与新时代发展、泰山自然遗产研究、泰山民俗文化研究8个专业委员会。各专业委员会选任在各领域有较大影响的专家学者担任召集人，并由召集人发起组建各专业委员会专家成员。研究会成立后，先后与8个专业委员会专家成员、泰山学院专家学者、泰安各类书院院长、民宿经营业主、非国有博物馆馆长以及市楹联诗词协会、泰安书画、泰山石刻等领域的专家开展交流座谈50余次，从不同层面、不同角度对泰山文化的传承发展进行探讨研究。

【泰山文化传承与高质量发展推进委员会】 2022年8月29日，泰安市委、市政府成立泰山文化传承与高质量发展推进委员会（简称推进委），市委书记、市长担任主任，相关市领导任副主任。推进委成员由各县（市、区）、功能区和29个市直单位主要负责人组成，融汇文旅发展所必需的各类资源、各方人才。推进委对国内外泰山文化研究专家学者进行梳理，组建102人的专家团队，其中学术研究专家77人、学术指导专家25人，市外33人、市内69人。年内，召集部分重点景区和文旅企业进行专项座谈和现场调研，了解市场运营情况、存在的问题困难和如何破难题、抢先机、开新局等，问计于民；召集市发展改革、教育、工业和信息化等13个部门进行专项座谈，听取汇报，交流意见。在前期调研、座谈的基础上，分别形成调研报告和《泰安市文旅融合高质量发展实施意见》、《泰山文化传承发展示范区总体规划》、《泰山文化传承发展示范区行动计划(2022—2025年)》等，为市委、市政府决策提供依据。

【泰山文化研究和宣传推广】 2022年，推进委把泰山文化新时代价值研究作为重点，深度挖掘泰山文化“立足当下、面向未来”的新时代价值，把精髓提炼、展示出来，形成简明、深刻、易推广的泰山文化核心。课题研究围绕“泰山——中华民族的精神

2022年9月7日，泰山文化传承与高质量发展推进委员会组织相关专家学者到新泰市考察调研　（吴　楠　供）

标识”和“泰安——国泰民安的国家文化地标”，将泰山文化植入中华民族伟大复兴大局，融入全市经济社会发展全局。推动编辑出版《泰山编年通史》《中华泰山文库》《天下泰山》《风物肥城》《陶山文化概览》《宁阳历史文化名人》《血性宁阳人——宁阳英烈故事》等一批具有影响力的研究成果。发挥平台作用，借势借力，挖掘驻泰安高校的人才优势、教育部门的推广优势和热点平台的流量优势，加强泰山文化宣传推广，持续扩大影响力、增强吸引力。联合泰山学院举办“泰山文化与泰山文献高级研修班”，邀请北京大学、中国人民大学等知名高校教授就泰山文化进行专题授课，成为泰山文化传承弘扬、创新发展的有益探索。以“全球视野下的世界名山与山岳文旅融合发展”为主题，联合泰山学院举办世界名山研究暨山岳文旅融合发展国际会议，邀请美国、日本等6个国家的专家学者共话交流合作。开展“泰山文化进校园”活动，制作市委书记、各县（市、区）委书记专访视频，邀请专家学者到校园进行授课。收获20万粉丝，阅读数量120万人次，点赞16万条，在线评论高达5.74万条，激发在校师生对泰山文化的兴趣，营造热爱泰山文化、学习泰山文化的氛围。拓宽宣传渠道，丰富宣传内容，充分利用微信公众号、抖音、快手等热点平台，综合运用图文分析、短视频等高流量手段吸引眼球，面向大众普及泰山文化。

【泰山文化传承发展示范区建设】 2022年，泰安市形成市委统一领导、推进委员会统筹推进、工作专班具体负责、各项目单位组织实施的四级高效推进机制。委托中国城市规划设计研究院编制《泰山文化传承发展总体规划》，制定《泰山文化传承发展示范区行动计划（2022年）》，明确目标任务及主要示范工程，营造创建泰山文化传承发展示范区的氛围。

【全国文物保护示范区建设】 2022年，泰安市加快推进泰山国家级文物保护利用示范区创建工作，以泰山风景名胜区为核心，明确保护范围、目标任务、保障措施，分期分批实施泰山古建筑、石刻修缮保护。重点推进岱庙、关帝庙、红门宫、万仙楼、碧霞祠等重点文物保护修缮工程，完成泰山消防安全提升工程，加强古城古镇古街区古村落和革命文物保护利用。

【泰山文化重点项目建设】 2022年，泰安市以一月一调度的方式，重点推进泰山博物院、大汶口遗址考古保护项目、泰山新闻出版小镇、国际文化大数据（泰山）产业城等10个项目。其中，泰山新闻出版小镇写入山东省第十二次党代会报告，泰安市打造小镇的做法被省委《今日信息》专刊刊发；泰山博物院、大汶口遗址考古保护项目等5个项目作为省级重点项目进行调度。

【推进文旅融合】 2022年，泰安市培育文旅新业态，做强文化旅游产业集群，开发乡村游、工业游、祈福游、康养游、泰山文化体验游等新线路新产品，重点关注对既有文旅项目的提质升级，做好文旅项目的招商引资。推进泰山文化数字化建设，支持数字文化技术推广和场景应用，开发数字藏品，推动泰山文化在数字时代焕发新活力。举办首届泰安“非遗”手作节、首届泰安市研学旅行创新线路设计大赛、首届泰安市精品旅游文创设计大赛、第三届山东省精品旅游文创设计大赛等活动，推动文旅融合高质量发展。（吴 楠）

社会科学

【概况】 2022年，泰安市社会科学界联合会（简称“市社科联”）先后获得“全国社科组织先进单位”“山东省社科普及周优秀组织单位”荣誉称号；连续六年保持“省级文明单位”荣誉称号；组织举办的“理论之光”社科普及志愿服务被评为山东省社科普及周优秀创新活动；组织实施的“泰安社科新秀”培育工程，被评为“2022年度山东省社科联系统工作创新案例”；组织承办的“山东社科论坛——新时代泰山文化传承创新研讨会”被评为“2022年山东社科论坛优秀研讨会”。

【社科普及】 2022年，市社科联印发《泰安市社会科学普及发展规划纲要（2021—2025年）》。年末，泰安市有市级社科普及教育基地147家、省级社科普及教育基地13家、省级社科普及示范单位51家。2022年新增“十四五”时期第二批山东省社会科学普及示范县（市、区）1个、示范乡镇（街道）3个、示范村（社区）30个。举办山东省暨泰安市第十九届社科普及周，围绕“奋进新征程、喜迎二十大”主题开展图片展、知识竞赛等8大类100余项活动。在“泰安社科”微信公众号编发《每日社科》100余期，录制播出“东岳大讲坛”社科普及微视频6期。推荐参加山东省社科普及优秀作品评选，《泰山文化社会科学普及读物丛书》《大道之行》被评为“十佳读物”，《讲故事·话泰山——泰山文化社科普及系列片》被评为优秀视频，获奖数量列全省各市首位。策划推出“党的二十大精神大家谈”“学习宣传党的二十大精神系列讲座”“山东省第十二次党代会精神大家谈”等各类宣讲20余场。

【社科研究】 2022年，市社科联探索完善“实践出题目、工作部门荐题目、社科工作者领题目”的模式，共征集课题413项，批准立项291项，占比70.46%。《关于打造千亿级出版印刷产业集群问题的研究》《泰安市新型工业强市战略研究》等4项立为重大课题。组织申报山东省人文社科课题项目，全市获批立项32项，创历年新高。结项（2021年度）课题262项，编印《2021年度社科优秀成果集》，收录优秀成果37篇，向市委报送《社科成果要报》6期。完成第九批泰安市社会科学专家选聘，新聘社科专家50人、续聘45人，全市在聘社科专家达到279名。实施“泰安社科新秀”培育工程，遴选第二批“泰安社科新秀”10名。设立“泰安社科新秀”专项课题，鉴定结项（2021年度）新秀课题6项，立项（2022年度）新秀课题 10 项，为青年人才成长搭建平台。相关经验做法先后在《山东社科界》第 3 期和第 6 期进行宣传推广。

【社团管理】 2022 年，市社科联修订完善《泰安市社科类社会组织管理办法（试行）》，规范社科类社会组织管理工作，明确职责任务，规范工作流程。接收泰安市泰山口述史研究中心为会员单位。

【社科优秀成果评选】 2022 年，市社科联采取“网上申报审核 + 材料提报”方式，收到各类社科成果 253 项。组织开展泰安市第三十六次社科优秀成果奖评选工作，评选优秀成果 117 项，其中一等奖 22 项、二等奖 37 项、三等奖 58 项。

【新时代泰山文化传承创新研讨会】 2022 年 9 月 14 日，山东社科论坛 2022 · 新时代泰山文化传承创新研讨会在泰安举行，会议采取线上和线下相结合的形式举行，分开幕式、主旨报告、主题研讨三个阶段。省内外 100 余名专家围绕会议主题，聚焦新时代泰山文化传承发展，从“泰山文化内涵和时代价值”“泰山文化创造性转化和创新性发展”“泰山生态文化与文旅融合发展研究”等多个议题展开深入交流研讨。会议收到论文 100 余篇，并获评 2022 年山东社科论坛优秀研讨会。（武珍祯）

2022 年 10 月 8 日，市领导参观“喜迎二十大 · 档案颂辉煌”档案图片主题展（司刚 摄）

档案管理

【概况】 2022 年年末，泰安市拥有档案馆 8 个，馆藏档案资料总量 216.2 万卷（件），馆藏资料 13.43 万册，照片档案、音像档案 3.1 万张（盘），提供查档服务 1.32 万人次、提供档案资料 3.26 万件次。市档案馆连续五年被评为“全省档案宣传工作先进集体”。

【档案保管与利用】 2022 年，全市接收档案资料 382 卷，征集新冠疫情防控档案、第一书记和驻村工作者声像档案等 4623 件。完成 2700 页特藏资料修复任务，开展馆藏纸质档案保管和酸化情况抽测，形成《泰安市档案馆古迹档案酸情检测报告》《泰安市档案馆民国文献验证性脱酸保护报告》，并组织申报山东省档案科技项目《建国前档案脱酸保护体系研究与建设》和《中国档案文献遗产名录》。举办全市档案保护技术培训及档案修裱技能竞赛活动，选拔优秀代表参加全省决赛，市档案馆获优秀组织奖，参赛选手分获二、三等奖。启用新扩建库房，设立专门资料库房和声像档案库房。实施档案开放率提升工程，复核审查档案 1.43 万卷、卷内文件 20.46 万件。根据每月查档情况，编写年度《档案利用效果汇编》。完成 2021 年度馆藏档案统计年报工作。

【档案业务指导】 2022 年，泰安市推进各县（市、区）新馆建设，新泰、肥城、岱岳区完成新馆搬迁任务。开展专题档案资源库建设业务指导工作，印发《泰安市革命历史红色档案资源数据库建设方案》《“黄河故事”山东篇专题档案资源库建设方案》。加强档案资源建设，印发《关于做好 2021 年度文件材料整理归档工作的通知》《关于做好的档案移交进馆工作的通知》，安排部署 2022—2025 年度档案接收进馆计划。开展对机关、企事业单位、大中专院校档案业务指导培训工作，共计指导培训 60 家单位 200 余人次。

【档案信息化建设】 2022 年，泰安市档案馆开展为期三年的馆藏档案数据质量提升工程，年内完成约 200 万页的数据质量提升工作。服务黄河重大战略，梳理馆藏革命历史红色档案资源目录 4091 条和“黄河故事”山东篇章相关档案资源目录 2388 条。与市大数据局对接，跟进市政务 OA 系统改造项目，完成电子文件预归档功能模块建设。完成县级数字档案馆建设情况调研和乡镇档案室接入省档案查询利用平台基本情况调研。

【档案编辑与研究】 2022 年，泰安市档案馆编纂出版《泰安市大事记（2021）》，整理汇编《泰安市档案馆大事记（2021）》。编纂《泰安市历次党代会回顾》《“苗卉”美丽泰安 振兴绿色经济》《兰台足迹 发展见证——泰安市高性能纤维及复合材料产业链侧记》《档案里的东平湖》4 期资政参考。市档案馆联合泰安日报社推出“红色手迹 百年家书”栏目，整理革命先烈家书背后的故事 4 篇。征集与泰山、泰安城区相关的档案资料共计 2000 余件，整理汇编反映泰安重大事件、重要历史成就文字材料 20 余万字。完成国家重点档案保护开发项目《泰山遗产档案保护与开发》任务书上报工作。组织申报山东省档案工作优秀案例，14 项案例获奖，其中市档案馆获得 3 个奖项。

【档案宣传与教育】 2022年，泰安市档案馆联合泰安日报社制作6集系列短视频栏目《泰安红色档案背后的故事》，获"泰安市宣传思想文化工作创新项目"创新奖一等奖。组织开展"喜迎二十大 档案颂辉煌"主题"6·9"国际档案日宣传周活动。完成档案刊物征订任务。 （李 艳）

【城建档案】 2022年，泰安市完善城建档案管理基础设施，对旧档案库房进行扩容装修改造，馆库面积1200平方米。完成进馆竣工档案案卷的分类、编制档号，案卷内卷皮及卷内备考表的输出、装盒等工作，接收进馆城建档案1.57万卷。开展档案资料整理归档工作，馆藏各类档案分类排列、整齐有序，连续完成五期馆藏档案数字化加工工作。 （李 燕）

【大型档案图片展览】 2022年10月9—30日，"喜迎二十大·档案颂辉煌"暨市档案馆建馆60周年大型档案图片主题展览在市政大楼二楼大厅举办。精选4个篇章400余幅档案图片，展示全市档案事业和经济社会发展历程，接待参观单位22家、500余人。

（李 艳）

地方志编纂

【志书编纂】 2022年，市委党史研究院（市地方史志研究院）组织召开《泰安市乡镇概览（2016—2020）》编纂工作会议，到肥城市开展研讨《泰安市乡镇概览（2016—2020）》样稿试点工作，年内完成样稿和全部供稿。指导齐鲁名镇名村志《蒋集镇志》《耿山口村志》和中国名山志《泰山志》编纂工作。为全面系统客观地记载、总结、研究中华人民共和国成立70多年间泰安市工业发展状况，更好服务新型工业化强市战略，启动《泰安市工业志》编纂工作。

【年鉴工作】 2022年，泰安市持续巩固地方综合性年鉴"一年一鉴、公开出版"成果，出版发行综合性年鉴7部（市级1部、县市区级6部），分别是《泰安年鉴（2022）》《泰山区年鉴（2022）》《岱岳区年鉴（2022）》《新泰年鉴（2022）》《肥城年鉴（2022）》《宁阳年鉴（2022）》《东平年鉴（2022）》。提升年鉴编校水平，参加第七期全国年鉴主编培训班（线上）；贯彻落实中国地方志指导小组办公室、省委党史研究院（省地方史志研究院）关于开展精品年鉴品读活动的系列要求，印发《中国精品年鉴品读活动实施方案》，召开市直部门、县（市、区）精品年鉴品读交流会；征集精品年鉴品读活动论文5篇上报省院，其中获全国"精品年鉴品读季"主题征文活动评选二等论文1篇，获山东省"精品年鉴品读"活动优秀征文一等论文2篇、三等论文2篇。完成2022卷《山东年鉴》《中共山东年鉴》供稿和代组稿工作，为《山东年鉴》供稿近8000字、《中共山东年鉴》供稿3万字。

【《泰安市工业志》编纂】 2022年，市委常委会研究决定编纂《泰安市工业志》。市委书记、市长担任编委会主任，刘泮英、宋洪银等市级领导担任主编。市工业推进委办公室、市委党史研究院（市地方史志研究院）、市工信局等具体负责组织编纂。4—6月为筹备启动阶段，市委党史研究院组织力量研究制定篇目及分工、编纂方案，以及征求参编单位意见。6月15日，召开《泰安市工业志》编纂部署培训会议，部署编纂任务，对供稿人进行培训，正式启动编纂工作。7—9月为资料长篇整理阶段，其间召开调度会、研讨会、对接会等30余次，8月底各供稿单位基本完成供稿任务。10—12月为志稿编辑阶段，其间，根据编纂需要，增加4个行业、25家企业以及10余家行业协会的供稿任务，增加细化工业类非物质文化遗产、老字号企业、工业旅游基地等方面内容。至年底，有40个市直部门（单位）、160家工业企业以及10家行业协会参与编纂，完成编辑稿105万字，收集照片1500余幅。

【《泰安年鉴（2022）》出版发行】 《泰安年鉴（2022）》是连续出版发行的第32卷。该卷由市委党史研究院（市地方史志研究院）编纂，2022年10月由方志出版社出版。全书设类目37个、分目（子分目）272个，收录条目1578个、图片274幅、示意图表52个，全彩印刷，总计128.1万字。该卷年鉴进一步优化调整类目（分目）设置，其中，整合"社会生活"类目资料，增设人口家庭、收入消费、关心下一代工作等分目；强化"经济管理"类目的记述，将民营经济发展服务、知识产权等内容调至该类目，增设公共资源交易管理内容；将"新闻出版广播影视"拆分为两个分目，纸质出版物、书店等内容调至"新闻出版"，广播电视等内容调至"广播影视"等。突出记述重点，全书围绕泰安市委、市政府提出的聚力攻坚新型工业化、落实黄河重大国家战略、深化文旅融合、抓好城市提升、推动乡村振兴、推进共同富裕重点任务，系统记述全市自然、政治、经济、文化、社会、生态建设等各方面情况资料；设置"工业及新型工业化"类目，记述13个产业链取得的新进展、新成绩，如实反映泰安市推进新型工业化强市建设的进程。卷首图片设计凸显亮点，设置调查研究、表彰表扬、党史学习教育、黄河流域生态保护、节会展会、乡村振兴、项目建设、庆祝中国共产党成立100周年、文明创建、幸福生活、城市风光11个版块，图文并茂反映泰安各领域各行业的发展变化。

【市情资料整理编印】 2022年2月，由市委党史研究院（市地方史志研究院）编辑的《泰安市情手册（2022）》印刷发行。该书主要记述2021年度各级各部门（单位）的工作情况，客观反映泰安人民围绕新时代现代化强市建设所取得的突出成绩，同时收录泰安"自然地理""建置区划""人口民族""景区景点""特产名吃"市情知识，2021年度"大事记""经济和社会发展综述""党史学习教育活动综述"等情况资料，卷首载录"幸福泰安""中华泰山"荣誉称号，总计25.2万字。该书首次在泰安市十八届人大一次会议、市政协十四届一次会议上发放，为人大代表、政协委员参政议政提供参考。8月，由市委党史研究院（市地方史志研究院）编辑的《中共泰安市委 泰安市人民政府工作日志（2021年度）》印刷发行。该书汇辑2021年度市委、市政府领导重要政务活动资料，以时间为序进行记述，共72万字，旨在及时记载、总结、研究市委、市政府重大决策部署，为以后编修中共泰安地方党史、地方史志积累史料。（李贵友）

新闻出版

【概况】 2022年，泰安市文化部门《创新实施“六位一体”模式 打造“书香泰安”品牌》获2022年泰安市委宣传部“泰安市宣传思想文化工作创新项目”创新奖一等奖。市文化和旅游局等10个单位和个人被省委宣传部表彰为第七届全民阅读先进典型。泰山新闻出版小镇获批省级版权登记工作站。肥城桃木雕刻工艺示范基地等3家单位被评为山东省版权示范单位、园区（基地），6个单位和个人在全省新闻出版统计工作中表现突出，受到省委宣传部通报表扬。2人获第四届山东省新闻出版奖。

【第五届新闻出版合作大会】 2022年7月19—21日，2022泰山国际新闻出版合作大会暨泰山国家图书版权交易中心运营发布会、大型图文画册《天下泰山》新书发布会在泰安举行。中国出版协会理事长邬书林，省委常委、宣传部部长白玉刚以及国内100余名出版行业领军人物出席会议。该届大会以“出版建设·国际合作·高质量发展”为主题，聚焦疫情防控常态化下的国际出版合作、主题出版与海外合作、2022出版业发展大势与出版集团建设、国际出版教育与国际出版市场、数字出版产业走向、中华文化走出去平台建设等话题。泰山国际新闻出版合作大会被中国出版协会等单位称为疫情防控常态化以后新闻出版行业“规模最大、层次最高、影响力最广”的出版盛会，中国出版协会同意该会展品牌永久落户泰安，助力泰山新闻出版小镇发展。（刘姗姗 孔令熙）

【泰安日报社】 2022年，泰安日报社（泰安传媒集团）获山东新闻奖、地市报新闻奖、赵超构新闻奖等国家、省级以上专业奖项94件，媒体矩阵收获8亿点击量，用户数量突破900万户；实现报业收入1.44亿元（不含房地产销售收入），资产总额10.75亿元。年内，泰安日报社（泰安传媒集团）开展“喜迎二十大 奋进新征程 建功新时代”主题宣传活动，在各媒体端口开设《奋斗者·正青春》《沿着总书记的足迹》《喜迎二十大 奋进新征程》《走在前 开新局 来自第一线的奋斗报告》《山东这十年·泰安》等专题专栏，重点推出《伟大变革·踔厉奋发的五年》《非凡十年》等系列报道。开设《市委理论学习中心组成员谈新型工业化》署名文章专栏，推出《振兴泰安的战略抉择——我市全面推进新型工业化强市建设述评》重点稿件。深化典型宣传，报道烈士李林雨、“90后”大学生村干部王云龙、全国“最美基层民警”张连波等典型。在烈士李林雨的报道中，发布原创稿件、短视频500余篇，全网总阅读量超过8000万，互动点赞超过700万，《人民日报》客户端、新华社分别进行转载。在中央媒体刊发43件，在国家级、省级主流媒体刊发140余件，其中《黄河与泰山的“绿色协奏曲”》在《求是》杂志刊发，《深耕现代产业沃土——山东泰安推动新型工业化强市建设》在《经济日报》整版刊发。上报“学习强国”学习平台稿件1240篇，其中全国平台刊发10篇，省平台刊发1103篇，4篇精选稿件在“学习强国”学习平台首页推荐。（陈显良 李 铮）

【山东新华书店集团有限公司泰安分公司】 2022年，全市新华书店有营业网点11处、总营业面积1.14万平方米。全年实现销售收入4.57亿元。发行各类图书2908.15万册，销售码洋4.67亿元，代发图书码洋6.64亿元。发行《习近平谈治国理政》第四卷、中共二十大精神学习材料、《百年大党面对面》、《中国共产党宣传工作简史》等政治理论读物33.07万册，码洋2396.58万元。新建儿童绘本馆，启动新华书店老年大学，开展中小学生读书俱乐部、寒暑假少儿托管班、少年长成蜕变营、金牌图书管理员等社会实践活动。完成泰山书城4—5楼升级改造，升级改造新泰中心门店、宁阳中心门店，新建宁阳分公司物流仓库。开展文化活动200余场。举办第六届文化惠民消费季活动、“中医养生大讲堂”、“全民阅读·书香泰安”2022年消夏惠民图书展、“喜迎党的二十大 共享阅读新时代”首届山东省全民阅读大会暨齐鲁书香节泰安分会场活动及“全民阅读·书香泰安”国庆图书展等活动。开展“第十三届

2022年7月13日，全市新闻单位采编人员培训会议召开（司 刚 摄）

2022 年 7 月 29 日，泰安新华书店 2022 年消夏惠民图书展举办（韦 芹 供）

著名书画家书画助学活动”，资助贫困中小学生 20 名，累计资助贫困学生 262 人、捐助图书及助学金 84 万元。

（韦 芹）

广播影视

【概况】 2022 年，泰安市贯彻落实中央、省委关于推动媒体融合发展的战略部署，按照山东广播电视局关于媒体融合发展的有关要求，推进县级融媒体中心建设，指导督促各县级融媒体中心打造主平台和主品牌产品。完成山东广播电视局《关于进一步推进县级融媒体中心管理和发展的意见》要求的 7 项工作阶段性任务目标，肥城市融媒体中心、新泰市融媒体中心分别获山东省县级广电媒体融合先导单位、典型案例。报送 2022 年公益广告优秀作品 6 件，原创网络视听大赛作品 21 件，季度推优作品 13 件，省级广播电视和网络视听精品创作传播资金扶持申报项目 7 件，优秀广播电视节目（电视文艺类）作品 8 件。获 2021 年度全省基层广播电视和网络视听统计工作优秀集体、2022 年（第 27 届）山东省广播电视技术能手竞赛组织奖、第一届山东省广播电视融媒传播知识竞赛优秀组织奖等荣誉。

【主题宣传】 2022 年，泰安市广播电视台开展“在习近平新时代中国特色社会主义思想指引下”系列主题宣传，开展“牢记嘱托 奋力前进”“奋进新征程 建功新时代”主题采访活动，推出省、市行进式主题采访活动《走在前 开新局》（泰安篇）和《美丽乡村我的家》，制作央视中秋晚会《月是泰山圆》特别节目。大型纪录片《日出泰山红东方》、专题片《“挑山工”村的变迁》等作品分别获山东新闻奖、山东省优秀广播电视和网络视听节目奖一等奖。

【安全播出】 2022 年，泰安市全年公共广播节目播出 3.08 万小时，全年公共电视节目播出 5.68 万小时。全市广播综合覆盖人口 547.22 万人，综合覆盖率 100%；全市电视综合覆盖人口 547.22 万人，综合覆盖率 100%。全市中短波调频、电视转播发射台 7 座，调频发射机功率 12.8 千瓦；电视发射机 15 部，发射功率 7.7 千瓦。全市广播电视台 7 座，其中市级台 1 座、县级台 6 座。开展安全播出大检查及问题整改、安全播出应急演练、网络安全、应急处置等各项工作。全市广电系统加强指挥调度，加强核心部门、关键岗位值班值守力量，严格执行重大事件事故信息上报制度，完成元旦、春节、北京冬奥会、冬残奥会、中共二十大开幕会等重要活动安全播出保障任务。通过省广播电视监测中心和“12345”政务服务热线及群众举报收到“黑广播”线索 50 条，市文化和旅游局联合市工业和信息化局无线电管理监测站、市公安局防电信网络诈骗中心等部门（单位）进行“黑广播”案件查处，拆除肥城市 102.2MHz、103.8MHz、106.5MHz 等大功率“黑广播”50 处。

【应急广播】 2022 年，全市共建成 1 个市级平台、6 个县级平台，连接 3268 个接收终端、7 大类应用场景，初步构建起以城市为中心，以公共场所、单位、乡镇为依托，以广场、街路、村庄为基础的政府应急预警公共广播服务体系。

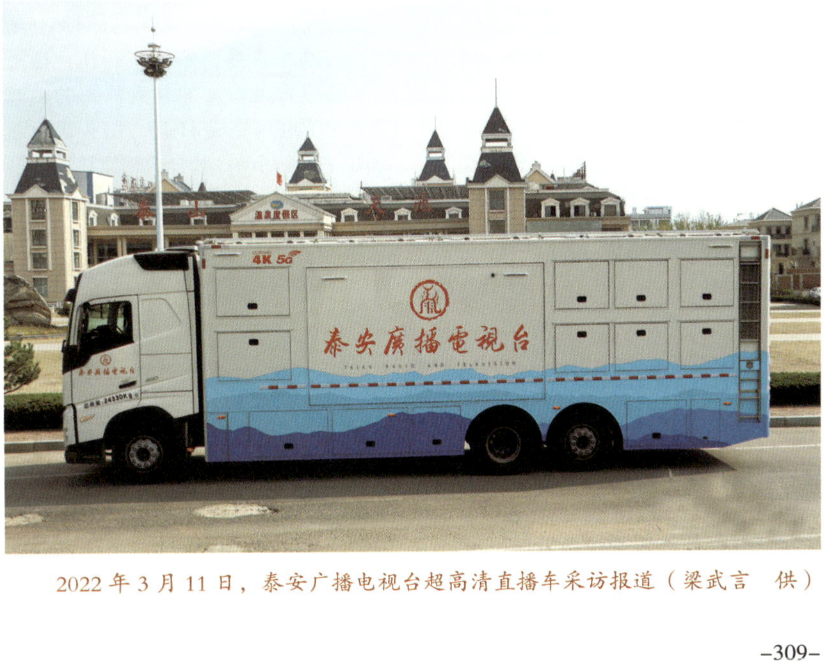

2022 年 3 月 11 日，泰安广播电视台超高清直播车采访报道（梁武言 供）

【超高清直播车】 2022年，市广播电视台提前储备必要的4K超高清节目源，提高超高清节目制作能力，新上电视转播车及4K超高清电视转播设备1套。转播系统主要设备采用国际先进的4K超高清广播级产品，具有完善的超高清视频编辑、制作、转播功能，并可兼容播发普通高清信号。转播车配备完备的新媒体设备，可同步进行新媒体产品的生产制作和快速发布。超高清转播车拥有更稳定的传输性、更高质量的视听体验、更强大的全天候直播能力，是理想的移动超高清视频实时直播平台以及互联网内容编辑、播发平台。投入使用后，能更好地承担起重大会议、大型活动、体育赛事、文艺晚会等各类活动的现场录制和直播任务。（梁武言）

【电影放映】 2022年，泰安市电影票房6220万元、观影人数152.4万人次。按照《山东省农村公益电影标准化均等化放映工作实施细则》《泰安市农村公益电影标准化均等化放映具体实施办法》要求，全市放映工作自4月下旬启动，组织151支农村公益电影放映队，开展“一村一月一场电影”放映活动，完成6.5万场次。

【蒲公英影院】 2022年，结合“一村一月一场电影”农村公益电影放映工程，依托村级文体小广场，肥城市开展“蒲公英影院”活动。通过“公益电影+理论宣讲+志愿服务”方式，为群众送电影、送图书、送表演、送宣讲、送服务，将“蒲公英影院”打造成为群众身边的文明实践新阵地、文明实践志愿服务新载体、宣传文化资源整合新平台。年内，肥城市共放映公益电影7050场，举办蒲公英影院志愿服务活动400场。8月，全国迎接党的二十大优秀影片展映——“礼赞新时代·奋进新征程”公益电影主题放映活动在肥城市孙伯镇五埠村新时代文明实践广场蒲公英影院启动。10月30日，“小影院大平台——肥城市志愿服务‘蒲公英影院’”入选2022年度山东省文化和旅游志愿服务典型案例，经验做法在《中国电影报》、“学习强国”学习平台等媒体刊发。（刘姗姗）

网络媒体

【概况】 2022年，泰安市有泰安日报社、泰安广播电视台2家市直新闻单位，泰山区融媒体中心、岱岳区融媒体中心、新泰市融媒体中心、肥城市融媒体中心、宁阳县融媒体中心、东平县融媒体中心6家县级融媒体中心。泰安日报社所属新媒体“最泰安”全媒体平台，成立于2015年8月，用户数量900万户，新媒体端口阅读量8亿人次。泰安广播电视台泰安之声·融媒体中心，成立于2019年6月，是融合广播、电视及新媒体等于一体的全媒体平台，稿件阅读量超10亿人次。

【“最泰安”全媒体平台】 2022年，泰安日报社利用《泰安日报》、《泰山晚报》、中华泰山网、“最泰安”新闻客户端等“六位一体”全媒体平台，升级“最泰安”新闻客户端，打造“最泰安”智能云平台，构建以“最泰安”为主体、社交媒体为两翼、抖音平台为补充的移动传播新格局，完成中共二十大、冬奥会、省市党代会、“两会”、全面推进新型工业化强市建设等宣传任务。“泰山晚报”抖音号粉丝数突破68万人，阅读量突破4亿人次；全媒体矩阵新闻内容累计发布63.8万篇，新媒体端口阅读量8亿人次。承担全市130余场新闻发布会，并对部分场次进行网络直播、短视频制作；拍摄制作外宣短视频《加拿大外教的山城情缘》；组织完成41场“服务民生面对面”直播活动；联合市档案馆策划推出系列短视频栏目《泰安红色档案故事》；联合市贸促会制作快闪动画《好品山东 品质泰安》，推广泰安本土品牌12个。

【泰安之声·融媒体中心】 2022年，泰安广播电视台泰安之声·融媒体中心利用全媒体平台，建立集人民号、央视频号、海报新闻号、闪电新闻号、头条号、抖音号等为一体的全媒体传播矩阵。开设“深入学习宣传贯彻党的二十大精神”“全力推进新型工业化强市建设”“黄河战略 泰安担当”“泰安榜样”等专题专栏，稿件阅读量超10亿人次。全年在中央电视台《新闻联播》发稿15条，《新闻直播间》《中国新闻》《中国三农报道》等央视新闻栏目发稿49条，山东卫视《新闻联播》用稿380条；广播在央广播出11条，山东广播各频道发稿439条。移动直播《情重五胞胎 大爱向未来——泰安市中心医院爱心扶助活动》、新闻《泰山野生鸟类占全国总数五成 居五岳之首》及专题《赤子心 泰山情》《诗润泰山耀中华》《音乐照亮岁月——邓小岚的泰山情缘》等一批作品获2022年度山东省优秀广播电视和网络视听节目一等奖。

【县级融媒体中心】 2022年，泰安市6个县级融媒体中心利用“台网微端抖”全媒体平台开展新闻宣传。其中，岱岳区融媒体中心被授予“新华网最具影响力‘区县融媒’”称号，肥城市融媒体中心获评“山东省三八红旗集体”。开设“创建全国文明城市”“民生聚焦”“深入学习宣传贯彻党的二十大精神”“重点项目聚焦”等专栏，编辑刊播各类新闻稿件12万条，新媒体平台原创、转发稿件23万件。向央视频、《人民日报》、新华网、闪电新闻等媒体供稿1万条。网络纪录片《你好 新农人》在“学习强国”学习平台主办的2022年度全国县级融媒体中心优秀作品秋赛中获二等奖。各县级融媒体中心客户端总装机量90万台，点击量破20亿次，开通乡镇、部门、学校等“政务号”200个。岱岳区融媒体中心制作的短视频《制糖画蒸花馍 红红火火过大年》在新华社新闻信息中心主办的《千城年俗》短视频展映活动中获“最佳传播奖”。肥城市融媒体中心原创情景短剧《擦肩而过的感染》点击量1040.4万次，《肥城孝子用地排车拉母亲回家》在闪电新闻微博阅读量超过1亿人次。宁阳县融媒体中心承办“奋进正当时”宁阳县庆“七一”文艺会演。（李　川）

【中国广电山东网络有限公司泰安市分公司】 中国广电山东网络有限公司泰安市分公司（以下简称中国广

电泰安公司）是中国广电山东网络有限公司的辖属分公司，主要经营有线电视管理运营、宽带互联网接入、广电5G建设运营、通信设施服务、信息系统集成、智慧城市建设等业务，建成覆盖市、县、乡、村的有线传输网络和统一智能的技术平台，拥有直到村一级的服务体系，可快速响应党委政府号召，为人民群众提供优质服务。公司辖市区、岱岳区、新泰市、肥城市、宁阳县、东平县6家县级分公司，设乡镇工作站80个、营业厅65个。2022年，中国广电泰安公司被评为省级文明单位，获山东省网络与信息安全管理员职业技能大赛省赛团体三等奖。

经营发展　中国广电泰安公司在专注传统有线电视业务的同时，加快有线无线交互发展，以“智慧广电”为抓手，以内容为核心竞争力，开展垂直行业应用和公众客户服务，拓展宽带互联网业务，探索5GB和移动通信新业务，打造“新网络新视界”，建设兼具宣传文化媒体和综合信息服务特色的可管可控、安全可靠的新型融合网络。拓展5GB政用、民用、商用业务，打造一批5GB+智慧行业应用，重点向交通、化工、能源、新型农业等领域拓展，推进5GB业态升级，实现传统业务与5GB、192等新业务融合营销、多元化开展。利用广电5GB、云计算、大数据、人工智能等新技术和新应用，开展5GB+智慧化工园区、智慧党建、智慧港口、智慧农业、智慧教育、智慧交通等建设应用，为全社会提供数据采集、数据传输、数据存储、智慧应用及平台互联互通等服务，赋能经济社会数字化转型。参与雪亮工程、平安乡村、党员教育、民生服务、应急服务、信息公开、远程医疗等建设，为城乡精细化治理提供基础网络和平台支撑，助力基层治理体系和治理能力现代化。

客户服务　搭建全新的“10099”客户服务平台，以新客服系统为核心，形成线上线下协同发展的全方位服务，改善用户服务体验。发挥公司网络、技术、平台、服务等优势，推进广电网络在政用、商用、民用领域的服务升级，推动在教育、医疗、农业、交通与物流等行业的业态创新，加快释放智慧广电网络在文化大数据体系建设和新时代文明实践中心建设中的示范引领效能，提供具有宣传文化特色的差异化运营服务。

（张　瑞）

文化产业

【文化产业招商】　2022年，泰安市文化部门以泰山新闻出版小镇为链主龙头，聚集产业膨胀发展。针对泰安市印刷设备制造和销售短板策划的美国冠龙智能绿色印刷项目，总投资1.45亿美元，建设全球首个印刷设备5S店及保税仓库，在第三届跨国公司领导人青岛峰会省重点合作项目集中签约仪式上签约。精准招引版权行业头部企业——安妮股份，在新闻出版配套服务、版权生态等方面达成战略合作，共同打造版权运营新篇章。新招商签约美国冠龙、后浪、安妮股份、中翔运达、全联图书等项目6个，人天书店一期、时代天华、龙岳传媒等项目竣工投产，机械工业出版社、人天书店二期三期项目建设顺利推进，人民邮电出版社、中国外文出版社、人民出版社等项目加快洽谈。

【文化产业园区建设】　2022年，泰安市文化部门在上游招引造纸链条上下游企业，建设天和食品级包装材料产业园，规划面积78公顷，以发展食品级包装材料产业为核心，形成从制浆到纸制品深加工全产业链、产值50亿元以上的支柱产业。在下游聚焦泰山新闻出版小镇，发挥其集聚效应，立足延伸产业链招大引强，将产业链延伸到编辑出版、创意创作、印刷发行、仓储物流、版权交易、研学旅游等产业，形成沿链聚合的集群发展优势。梯次培植企业，激发发展活力。

【文化企业递进培养工程】　2022年，泰安市文化部门推动“小升规”、规上强、瞄准上市，促进企业群体壮大、能级提升。至年末，出版印刷产业链有“瞪羚”企业1家，省级单项冠军3家，创新50强企业2家。2022年度山东省“专精特新”中小企业认定名单中，肥城新华印刷有限公司、山东天和纸业有限公司、山东金祥纸业有限公司等5家出版印刷产业骨干企业上榜。重点培育的上市企业——山东新巨丰完成上市，受到市委、市政府1000万元的表彰奖励，实现12年间A股上市公司零的突破。

【泰山新闻出版小镇】　泰山新闻出版小镇是以编辑、出版、印刷、发行、仓储、物流及文化创意为核心产业链，打造以新闻出版为核心，集创意设计、出版发行、教育培训、文博会展、休闲旅游、艺术交流、众创空间以及商业配套、生活服务等为一体的综合性、多功能特色小镇，也是全国唯一以新闻出版产业为主的特色小镇。年末，小镇吸引人天书店、时代天华、机械工业出版社、中国大百科全书出版社等60家新闻出版机构签约入驻，计划总投资近80亿元，人天书店一期、二期已建成运营，机械工业出版社一期主体已建成。泰山新闻出版小镇被写入省第十二次党代会，泰安市打造小镇的做法被省委《今日信息》专刊刊发。

【“山东手造·礼遇泰安”工程】　2022年泰安市召开“山东手造·礼遇泰安”推进工程视频会，出台《泰安市“山东手造·礼遇泰安”推进工程实施意见》《泰安市关于支持“山东手造·礼遇泰安”推进工程的若干政策措施》等文件。围绕泰山玉雕、肥城桃木、泰山茶、泰山皮影、泰山剪纸、聂氏铜器等手造产品，打造产业集群。举办“山东手造·礼遇泰安”手造精品系列展启动暨“礼遇泰安”Logo发布仪式，集中展出60个种类近千件手造产品。推进市、县两级建设手造展示销售场所，建设展示中心8处、市县“非遗”工坊67处、展示销售专区33处。7家企业获“山东手造·优选100”项目库提名，4家企业入选。开展2022“山东手造·礼遇泰安”典型评选活动，评选出十大标杆企业、十大手造大师、十大特色品牌、“非遗”工坊销售示范点、高速公路服务区销售示范点和景区销售示范点。组织参加“山东手造”进高速公路服务区、进景区、进酒店、进商超、进“非遗”工坊启动仪式，被山东省委宣传部评为优秀组织单位。参加第三届中国国际文化旅游博览会、首届中华传统工艺大会，全市20家企业、200余件展品参展，被评为优秀展区、优秀组织单位，山东手造展示体验中心礼遇泰安展示体验窗口入选十佳窗口，泰山龙胤杯获首届“振兴传统工艺·鲁班杯”大赛陶瓷琉璃类银奖。

【泰山数字藏品】 2022年，泰山景区将“数字藏品”项目作为转轨变向、提档升级的重大举措。作为“鲸探”App首批“大好河山”系列数字藏品的6个世界遗产地之一，泰山景区首批4款数字藏品，选择“五岳独尊”“风月无边”“如意”“虎字石刻”4款具有代表性的泰山石刻景观，4款数字藏品上线即秒光，实现销售额80万元，泰山也成为山东省重点旅游景区借助区块链技术发行虚拟产品的首次尝试。4月26—29日，联合淘宝阿里拍卖平台，发行龙腾岱庙坊、玄武镇天门、虎啸中天门、朱雀舞天街4款藏品。4月27日在鲸探平台限量发行“泰山神启跸回銮图”十八学士、东岳大帝两款藏品，累计收入200万元。 （周长顺　刘姗姗）

文化市场管理

【文化市场监管】 2022年，泰安市文化部门开展系列活动加强文化市场监督管理，先后印发《泰安市“护蕾·2022”专项行动实施方案》《关于加强互联网上网服务营业场所管理工作的通知》，在全市开展以“远离网吧娱乐场所、追梦诗和远方”为行动主体的“护蕾·2022”专项行动，全面加强校园周边文化市场特别是对互联网上网服务营业场所及娱乐场所的监管，规范文化市场经营秩序，为未成年人的健康成长创造良好的文化市场环境。加强文化领域新业态管理，开展“剧本杀”“密室逃脱”等剧本经营场所监管，市文化和旅游局、市公安局、市住房和城乡建设局等5个部门印发《关于加强剧本娱乐经营场所管理的通知》，规范登记、备案、审核、监管责任，完成各县（市、区）“剧本杀”“密室逃脱”经营场所账号配置工作。开展非现场监管，依托全国旅游监管服务平台、全国文化市场技术监管与服务平台，实现对文旅企业的全时线上监管，提升文化市场监管效能。

【文化市场执法】 2022年，泰安市文化部门办理文化市场行政处罚案件77起，刑事案件5起，办理全国、全省挂牌案件1起。在省执法监督局每月一次的《全省互联网上网服务营业场所管理系统监管情况通报》中，泰安市客户端在线率均在90%以上。检查网吧、歌厅KTV、艺术考级、网络文化等各类文化经营单位1850家次，检查文物保护单位530处，出动执法人员1150人次，对违犯法律法规的相关单位给予行政处罚3家，罚款金额1.6万元，移交县（市、区）案件1件，现场责令整改170家次。以出版物集中经营场所和批发单位、学校周边、夜市的流动摊点等区域为重点，加强执法检查。组织开展涉党史领域境外有害出版物及信息专项整治等8个领域专项整治行动。累计出动执法人员736人次，检查印刷企业及出版物经营单位330家次，查处违规销售出版物案件25起，警告13家次，没收非法出版物8164本，没收散页3586页，罚款人民币10.5万元。协调行政审批部门对“一个少儿图书店”等78家网络销售图书经营单位进行证照核验，关闭一批虚假书店，其中1家网络书店经营单位已被立案调查。联合邮政管理局开展寄递企业专项检查，出动检查人员196人次，检查邮政处理中心和营业网点39处，快递处理中心和营业网点59处；发现不熟悉“画像法”邮政网点1处，送达整改通知1份；发现不执行收寄验视快递网点2处，作出停业整顿的行政处罚2起。联合公安机关建立“两法衔接”研讨机制，提高办案效率，办理全国、全省挂牌案件1起；刑事立案5起；判决非法制售教辅类案件1起，没收非法教辅5.3万册。泰安市文化市场综合执法支队获得文化和旅游部2022年全国重大案件办案单位和办案人员通报表彰，获评国家版权局2021年度查处重大侵权盗版案件有功单位，被省文化和旅游厅评为重大案件办案先进单位。

【扫黄打非】 2022年，泰安市坚持以“深挖、彻究、严办”为原则、以案件查办为牵引带动推进“扫黄打非”工作，重点查办网上销售政治性有害出版物、制售散发非法宗教出版物及印刷品、跨境制作传播淫秽色情制品等大案要案。以“净网、清源、护苗、固边、秋风”五大专项行动为主线，开展涉党史领域境外有害出版物及信息专项整治等8个领域专项整治行动。全年办理扫黄打非案件39起，刑事案件5起，其中查办的“3·04”组织淫秽表演案被列为全国、全省挂牌督办案件；全省重大案件“8·10”非法经营案依法判决，25名犯罪嫌疑人分两次进行了审判，没收违法所得113.87万元，处罚金47万元，扣押非法教辅5.3万册。新创建山东省“进基层”示范站点5个。泰安市“扫黄打非”工作领导小组办公室被评为全省“扫黄打非”先进单位。

（刘姗姗　孔令熙）

编辑　校对　　王冠文

卫生健康

综 述

【医疗卫生机构】 2022年年末，泰安市各级各类医疗卫生机构有4716家。其中，医院105家（综合医院65家，中医医院9家，专科医院27家，护理院4家）；基层医疗卫生机构4580家［社区卫生服务中心（站）177家，卫生院67家，村卫生室2985家，门诊部57家，诊所、卫生所、医务室1294家］；专业公共卫生机构25家［疾病预防控制机构8家，专科疾病防治院（所、站）3家，妇幼保健院（所、站）7家，采供血机构2家，卫生监督所（中心）4家，计划生育技术服务机构1家］；其他卫生机构6家。全市各级各类医疗卫生机构床位3.61万张，每千人口医疗卫生机构床位数6.65张。

【医疗卫生人员】 2022年年末，泰安市医疗卫生机构卫生人员总数达4.38万人，其中执业（助理）医师1.68万人、注册护士1.97万人，每千人口执业（助理）医师3.10人，每千人口注册护士3.62人。

（李先虎　宋洪孟）

【新冠疫情防控】 2022年，泰安市持续健全完善新冠疫情防控体系，因时因势调整防控措施，优化完善各类预案方案，推进防控能力建设，全市日最大核酸检测能力提升至65.4万管，定点（亚定点）医院总救治床位达到1.1万张。紧盯国内外、省内外疫情形势，强化监测预警、分析研判、精准防控和应急处置，科学应对处置多起突发疫情。坚持“五个到位”（床位准备到位、人员配备到位、设备配置到位、药品供应到位、技术培训到位）备足医疗资源、“五项机制”（分区包干救治、专家巡诊会诊、医疗质量控制、中西医协同救治、日监测日调度）保障救治水平，平稳顺利度过感染、救治、重症“三个高峰”，“保健康、防重症、降病亡”取得显著成效，全市疫情防控实现平稳转段，得到国务院联防联控机制第七指导组和省指挥部肯定。市住房建设部门组织建设市级方舱医院。市级方舱医院地址选在泰安市中心医院高新区院区，整体五层钢结构，面积8.28万平方米，一层至三层设置床位2000张，作为市方舱医院使用，底层及四层设置2600张床位，作为储备方舱医院。5月15日，1400名建设人员、300余台（套）机械设备进场施工，经过45天，市方舱医院完成施工并通过相关部门组织的严格验收，工程质量合格，达到设计使用条件，为全市疫情防控做出贡献。

（李先虎　宋洪孟　李　燕）

【医疗卫生改革】 2022年，全市深化医改工作会议暨市医改领导小组（扩大）会议召开。按照国家和省深入推广三明医改经验监测评价指标体系，市卫生健康委建立19项重点工作、30项具体指标日常监测和定期调度机制，推进“三医联动”（医保、医疗、医药改革联动）改革。宁阳县被确定为“省级基层卫生健康综合试验区”并在全省现场推进会上作典型发言，宁阳县华丰镇卫生院“实行链条管理、提升服务能力，达到‘优质服务基层行’推荐标准”做法入选全国基层卫生综

2022年1月22日，泰安市中心医院高新区院区开诊暨“泰安高新区医院”揭牌仪式举行

（宋洪孟　供）

合改革典型案例，泰安市中心医院“提质增效、适度规模，打造一体化管理集团化发展新模式”入选省深化医改十大创新举措。市卫生健康委推动公立医院高质量发展，印发《关于做好2022年推动公立医院高质量发展重点工作的通知》，开展公立医院高质量发展的监测督导评价工作，推进现代医院管理制度建设，督促指导岱岳区做好省级公立医院综合改革示范工作。8个深化医改典型案例被市委改革办刊发。

表45 2022年泰安市医疗卫生机构、人员和床位情况统计表

机构分类	机构数（家）	实有床位数（张）	在岗职工（人）												
			合计	卫生技术人员									其他技术人员	管理人员	工勤技能人员
				小计	执业（助理）医师		注册护士	药师（士）	技师（士）		其他				
						执业医师				检验师（士）		见习医师			
总　计	4716	36140	55220	43820	16829	13600	19686	1992	2618	1297	2637	584	2662	2332	2431
医　院	105	28267	32050	27783	9045	8501	14399	1266	1738	838	1335	377	1660	1435	1781
综合医院	65	19645	22976	20051	6591	6233	10391	885	1256	643	928	304	1128	999	1166
中医医院	9	3631	5189	4636	1620	1517	2260	269	251	111	236	45	272	141	205
专科医院	27	4641	3755	3033	815	735	1714	107	227	82	170	27	254	280	352
口腔医院	4	49	317	265	127	113	117	2	6	—	13	—	19	18	25
眼科医院	3	164	185	116	26	22	64	4	4	4	18	1	34	32	16
肿瘤医院	2	580	594	538	167	156	280	27	50	23	14	2	33	10	18
精神病医院	9	2222	1188	1008	182	149	688	32	34	15	72	8	49	59	107
传染病医院	1	260	292	243	97	94	84	10	33	19	19	13	28	6	15
骨科医院	2	143	124	102	26	25	52	5	9	3	10	1	2	19	5
康复医院	3	380	385	235	49	35	116	7	47	5	16	—	47	14	100
其他专科医院	3	843	670	526	141	141	313	20	44	13	8	2	42	122	66
护理院（中心）	4	350	130	63	19	16	34	5	4	2	1	1	6	15	58
基层医疗卫生机构	4580	6285	19151	12760	6588	4002	3945	613	510	220	1104	180	657	516	445
社区卫生服务中心（站）	177	997	2632	2313	918	640	922	140	94	43	239	56	132	142	123
社区卫生服务中心	21	940	1916	1634	626	423	636	114	92	41	166	45	120	119	103
社区卫生服务站	156	57	716	679	292	217	286	26	2	2	73	11	12	23	20
卫生院	67	5224	6247	5372	2107	1383	1797	355	359	156	754	98	476	260	269
乡镇卫生院	67	5224	6247	5372	2107	1383	1797	355	359	156	754	98	476	260	269
中心卫生院	21	1524	2326	2040	800	527	675	136	119	55	310	48	152	111	68
乡卫生院	46	3700	3921	3332	1307	856	1122	219	240	101	444	50	324	149	201
村卫生室	2985	—	6569	1536	1438	174	93	5	—	—	—	—	—	—	—
门诊部	57	15	575	511	213	178	220	13	38	19	27	1	26	58	13
综合门诊部	36	4	397	368	140	118	160	7	36	17	25	—	10	36	9

续表 45

机构分类	机构数（家）	实有床位数（张）	在岗职工（人）												
			合计	卫生技术人员									其他技术人员	管理人员	工勤技能人员
				小计	执业（助理）医师		注册护士	药师（士）	技师（士）		其他				
						执业医师				检验师（士）		见习医师			
中医门诊部	2	—	17	16	8	8	3	4	—	—	1	—	—	—	1
中西医结合门诊部	2	—	19	17	7	5	8	1	1	1	—	—	—	—	2
专科门诊部	17	11	142	110	58	47	49	1	1	1	1	1	16	22	1
诊所、卫生所、医务室	1294	49	3128	3028	1912	1627	913	100	19	2	84	25	23	56	40
诊　所	1002	29	2327	2251	1407	1192	685	90	14	1	55	19	19	49	26
卫生所、医务室	290	—	792	769	503	433	223	10	4	1	29	6	4	6	14
护理站	2	20	9	8	2	2	5	—	1	—	—	—	—	1	—
专业公共卫生机构	25	1078	3485	2845	1071	977	1117	102	326	229	171	26	311	280	192
疾病预防控制中心	8	—	692	543	280	256	72	16	125	111	50	2	65	55	55
省辖市（地区）属	1	—	134	106	67	67	4	—	33	33	2	—	18	10	3
地辖市属	4	—	334	256	146	137	23	5	68	62	14	2	29	36	36
县　属	2	—	211	175	66	51	43	10	22	14	34	—	18	5	13
其　他	1	—	13	6	1	1	2	1	2	2	—	—	—	4	3
专科疾病防治院（所、站）	3	50	103	84	30	23	21	12	9	8	12	—	3	12	4
皮肤病与性病防治所（中心）	2	50	86	69	23	16	16	12	7	7	11	—	2	12	3
结核病防治所（站、中心）	1	—	17	15	7	7	5	—	2	1	1	—	1	—	1
妇幼保健机构	7	1028	2460	2055	734	676	977	74	168	88	102	24	224	189	100
省辖市（地区）属	1	650	1094	962	327	321	489	38	84	49	24	2	92	97	31
地辖市属	4	268	965	795	283	251	372	25	53	29	62	22	88	70	30
县　属	2	110	401	298	124	104	116	11	31	10	16	—	44	22	39
妇幼保健院	6	1028	2386	1996	700	645	961	72	163	85	100	24	217	188	93
采供血机构	2	—	122	84	16	15	41	—	21	20	6	—	11	5	22
卫生监督所（中心）	4	—	76	58	—	—	—	—	—	—	—	—	6	7	5
省辖市（地区）属	1	—	48	32	—	—	—	—	—	—	—	—	6	5	5
地辖市属	2	—	28	26	—	—	—	—	—	—	—	—	—	2	—
县　属	1	—	—	—	—	—	—	—	—	—	—	—	—	—	—
计划生育技术服务机构	1	—	32	21	11	7	6	—	3	2	1	—	2	12	6
其他卫生机构	6	510	534	432	125	120	225	11	44	10	27	1	34	101	13
康复医疗机构	3	510	452	367	116	113	183	9	43	10	16	—	29	94	8
其　他	3	—	82	65	9	7	42	2	1	—	11	1	5	7	5

【重点人群健康管理】 2022年，泰安市推进“实施国家基本公共卫生服务项目，强化重点人群健康管理”为民实事，年度全市居民规范化电子健康档案覆盖率68.22%，高血压、2型糖尿病患者基层规范管理服务率分别为67.59%、67.37%，老年人中医药健康管理率73.69%，65岁及以上老年人城乡居民社区规范健康管理服务率69.15%，基层医疗卫生机构防病治病健康管理能力显著增强。

【健康泰安建设】 2022年，市卫生健康部门贯彻落实市政府《实施健康泰安行动加快推进健康泰安建设工作方案》，开展健康泰安15项专项行动，建成健康促进制度体系，改善健康素养和健康环境，重大慢性病发病率上升趋势得到遏制，重点传染病、严重精神障碍、地方病、职业病得到防控，致残和死亡风险逐步降低，居民主要健康指标持续向好。推进控烟工作，泰安市开展第35个“世界无烟日”控烟宣传活动，年内新创建无烟单位622家，9月底实现所有党政机关、学校、医疗机构无烟单位全覆盖。泰安市开展健康促进工作。实现省级健康促进县6个县（市、区）全覆盖。开展健康促进医院建设，经评估验收确定命名泰安市精神病医院、泰安市荣军医院等28家单位为“泰安市健康促进医院”。至年末，全市分别建成省级、市级健康促进医院12家、28家。市卫生健康委组建32个专业349人规模的副高级职称以上专家库，面向基层开展健康科普活动1078场，1664名专家参与，受众超过234万人次。提升全市居民健康素养水平，居民健康素养水平达28.25%，增长3.75%。市卫生健康部门开展卫生健康宣传工作。聚焦学习宣传贯彻中共二十大精神，开设《医心向党 初心如磐》栏目，培塑和宣扬优秀医务工作者党员典型代表。召开“奋进新征程 建功新时代”主题系列新闻发布会，介绍中共十九大以后全市卫生健康工作取得的主要成就和亮点经验、蓝图构思。在泰安广播电视台开设《医疗满意大提升》系列专题报道，与泰安日报社合作开展《院长访谈面对面》系列访谈活动，加深广大人民群众对医院发展、诊疗服务、惠民政策等方面的了解，增强人民群众的获得感和满意度。建好“两微一网”，市卫生健康委门户网站、官方微信公众号、官方微博累计发布转载各类信息、稿件4939条（篇）。

（李先虎 宋洪孟）

疾病预防控制

【重点传染病防控】 2022年，市卫生健康部门做好H7N9禽流感、手足口病、艾滋病、结核病等传染病防治工作，全市传染病疫情防控保持平稳。全年报告法定管理传染病1.28万例，法定报告传染病发病率233.48/10万，下降24.97%。全市连续9年无狂犬病病例报告。全年报告输入性疟疾3例，减少25%，均规范处置，无死亡病例。加大艾滋病疫情监测和患者随访管理力度，全市艾滋病病毒感染者随访检测率92.10%，免费抗病毒治疗覆盖率94.77%，病毒抑制率98.17%，艾滋病继续保持低流行状态。全市结核病定点医疗机构登记肺结核患者853例，活动性肺结核患者病原学阳性率61.93%，新病原学阳性耐药筛查率94.99%，高危人群耐药筛查率98.33%，耐药患者纳入治疗率100%，活动性肺结核患者成功治疗率96.44%。市卫生健康委被国家卫生健康委员会、海关总署、国家中医药管理局授予“全国消除疟疾先进集体”称号。

【免疫规划管理】 2022年，泰安市儿童国家免疫规划单苗接种率保持90%以上，国家免疫规划疫苗全程接种率达94.16%。疫苗针对传染病控制在历史最低或近年较低水平，继续保持消灭脊灰、消除白喉成果，全年无风疹确诊病例，无流脑病例报告。全市数字化门诊建成、在建比例93.75%以上。

【地方病、慢性非传染性疾病综合防控】 2022年，泰安市实施碘缺乏病、饮水型氟中毒、克山病和高碘地区监测全覆盖。市卫生健康委加强和完善以死因、肿瘤、心脑血管疾病为主的慢病监测系统，开展全市死亡漏报调查。完成3227名院内脑卒中高危人群筛查、4717名社区人群筛查干预，完成1012名社区居民心血管病筛查，长期随访心血管病高危人群4300人。完善全市癌症中心规范化建设，市卫生健康委完成农村上消化道癌人群筛查1.66万例、上消化道癌机会性筛查3.8万例、重点慢性病（肺、上消化道、结直肠疾病）机会性筛查2151例、城市癌症早诊早治项目筛查1000例，开展“深入基层防癌大讲堂”活动，举办讲座34场次，惠及群众1.5万人。泰安市肿瘤防治院被国家癌症中心评为“2022年度癌症早诊早治工作先进单位”。

【精神卫生工作】 2022年，市卫生健康部门推进社会心理服务体系建设，免费为群众提供心理支持、心理疏导、危机干预等服务，全年心理援助热线接线总量884人次。提升精神卫生机构服务水平，宁阳县精神病防治院、肥城市精神卫生中心被评为“省级精神卫生优质服务管理单位”。加强严重精神障碍患者服务管理，至年末，全市规范管理在册患者2.66万人，规范管理率95%，面访率98.13%，服药率98.74%。

【卫生应急管理】 2022年，市卫生健康部门加强和完善疫情信息报告管理及疫情分析预测预警机制，全年接到预警信息1543条，初步判断疑似事件865条，确认460起；全市通过突发公共卫生事件信息报告管理系统报告突发事件相关信息261起，报告发病数1182例。市级开展突发事件公共卫生风险日常评估12次，对可能存在风险点逐一进行排查分析并提出应对措施和防控建议。举办突发急性传染病防控、免疫规划、传染病与突发公共卫生事件报告管理等各类卫生应急培训20场次，累计培训2400余人次。

（李先虎 宋洪孟）

【关爱青少年脊柱侧弯健康公益筛查活动】 2022年9月19日，泰安市关爱青少年脊柱侧弯健康公益筛查启动仪式活动在岱岳实验中学举行。市体育局联合市中医医院、岱岳区教育和体育局，以岱岳区中小学为试点，对岱岳实验中学、岳峰小学和望岳小学3所学校的4084名10～18岁青少年学生开展脊柱侧弯公益大筛查活动。筛查队伍是由一批接受过筛查培训的康复医师、康复治疗师及辅助人员组成，筛查模式采用4种筛查手段，包括目测法、Adams（亚当斯）前屈试验、躯干旋转角测量、多维度体态评估+足底压力分析，以保证筛查的准确性和灵敏性。（靳立超　郑　飞）

基层医疗卫生

【基层卫生服务能力建设】 2022年，泰安市创建“优质服务基层行”国家推荐标准的乡镇卫生院、社区卫生服务中心42家，推荐标准达标率48.8%，居全省第1位，受到国家卫健委通报表扬。建成社区医院28家，实现县（市、区）全覆盖。累计评审命名省级、市级、县级示范标准化村卫生室28个、246个、1450个，中心村卫生室46个。累计评审命名“泰安市基层医疗卫生机构特色科室”61个。

【基本公共卫生服务】 2022年，泰安市规范开展国家基本公共卫生服务项目（12大类），国家基本公共卫生服务项目经费标准提高到人均75元。建立居民健康档案506.2万份，健康档案建档率92.51%；辖区内65岁及以上常住居民接受健康管理人数59.8万人，65岁及以上老年人城乡社区规范健康管理服务率69.15%；年内辖区内管理的高血压患者人数49.8万人，年内辖区内管理的2型糖尿病患者人数19.5万人。泰安市代表山东省迎接2021年度国家级基本公共卫生服务项目考核，获全国第2名。

【家庭医生签约服务】 2022年，全市累计完成家庭医生常住人口签约人数285.6万人，签约率52.19%；其中65岁及以上常住居民签约率95.07%；在管高血压患者家庭医生签约率95.93%；糖尿病患者签约率95.82%。

【基层卫生人才队伍建设】 2022年，市卫生健康部门评选并公布“泰山基层名医”20名，全市建立基层名医工作站39个。新选派到基层任职帮扶“业务院长”7名，累计达47名。开展2020年度选派“业务院长”期满考核工作。乡村医生具备专科及以上学历或执业（助理）医师比例达到46.36%。（李先虎　宋洪孟）

妇幼保健

【妇幼健康管理】 2022年，市卫生健康部门推进母婴安全和健康儿童行动提升计划，落实母婴安全5项制度（妊娠风险防范、高危孕产妇专案管理、危急重症救治、死亡个案报告、约谈通报），孕产妇死亡率、新生儿死亡率、婴儿死亡率和5岁以下儿童死亡率分别为8.12/10万、1.26‰、1.83‰和2.88‰，均达到省、市“十四五”规划目标。加强预防艾滋病、梅毒和乙肝母婴传播工作，落实预防母婴传播综合干预措施，年内全市接受艾滋病、梅毒和乙肝检测的产妇2.44万人，有效减少因母婴传播造成的儿童感染。

【妇幼健康服务】 2022年，全市发放母子健康手册2.51万册，全市住院分娩活产数2.71万人，高危孕产妇专案管理率100%。市卫生健康委开展女职工爱心健康服务进车间活动，为企业女职工进行健康教育宣讲99次，受益人数8330人。启动0～6岁儿童孤独症筛查干预项目，新泰市、宁阳县被省卫生健康委确定为省级试点。全面开展新生儿先天性心脏病筛查工作，年内全市筛查2.59万人，筛查率97.04%。推动妇幼保健体系建设，泰安市岱岳区妇幼保健院获评“省级妇幼健康文化特色建设单位”。

【“两癌”筛查】 2022年，市卫生健康委办好适龄妇女“两癌”免费检查民生实事，增强部门联动，以农村及城镇低保适龄妇女为重点开展“两癌”免费检查，按照三年一个周期全覆盖，全市免费检查15.87万人，累计确诊宫颈癌10例，乳腺癌91例，均接受规范治疗。

表46　2022年泰安市妇幼卫生保健情况一览表

项　目	指　标	项　目	指　标
孕产妇死亡率	8.12/10万	7岁以下儿童健康管理率	95.59%
孕产妇系统管理率	95.72%	3岁以下儿童健康管理率	95.12%
产后访视率	98.19%	6个月内纯母乳喂养率	87.47%
新生儿死亡率	1.26‰	产前筛查率	97.78%
婴儿死亡率	1.83‰	新生儿四项遗传代谢病筛查率	99.95%
5岁以下儿童死亡率	2.88‰	新生儿听力筛查率	99.87%
5岁以下儿童贫血患病率	2.66%	新生儿访视率	98.99%

【生殖健康】 2022年，市卫生健康委以维护和促进群众生殖健康为核心，统筹规划辅助生殖技术应用，满足新时期群众生殖健康需求。1家医疗机构（泰安市中心医院）开展人类辅助生殖技术（夫精人工授精技术），1家医疗机构（泰安市妇幼保健院）在筹建中，全市辅助生殖服务质量稳步提升。拓宽免费避孕药具发放渠道，引导基层做好避孕药具自助发放项目推广，全年安装自助发放机210台。

【出生缺陷综合防治】 2022年，泰安市实施补服叶酸预防神经管缺陷项目，全年农村妇女免费补服叶酸1.9万人。市卫生健康委加强产前筛查和诊断机构能力建设，强化服务质量监管，对全市所有产前筛查机构、新生儿采血机构进行督导检查，做好风险排查和防范，全市产前筛查2.38万人，新生儿筛查2.71万人。创新开展"新生儿遗传代谢病筛查"App泰好办项目，应用该App的新生儿家庭2.71万个，应用App线上减免1.34万人、减免金额147.83万元。《中国妇幼健康》刊登《山东泰安：出生缺陷防治取得"肉眼可见"的成效》。（李先虎 宋洪孟）

2022年9月9日，市卫生健康委组织开展2022年泰安市"中秋送健康"关爱空巢老人志愿服务活动 （宋洪孟 供）

职业健康

【职业健康宣传培训】 2022年，泰安市组织开展以"一切为了劳动者健康"为主题的第20个《中华人民共和国职业病防治法》宣传周活动，宣传职业病防治知识，受众5.29万人。市卫生健康委举办"职业健康专家科普讲座"43场，受众1.59万人次。对开展放射技术应用的医疗卫生机构和非医疗机构负责人、放射卫生管理人员等免费进行线上培训和考试。遴选9名职业病防治人才到省级培训基地（省职防院）参加培训。泰安市5件作品在第二届全省职业健康传播作品征集活动中获奖。

【职业病及危害因素监测】 2022年，市卫生健康部门制定2022年全市重点职业病监测、职业性放射性疾病监测、工作场所职业病危害因素监测、放射性危害因素监测、重点人群职业健康素养调查和干预5个监测项目工作方案，及时划拨中央转移支付专项资金，确保专款专用；加强对项目的质量控制、数据监测，强化结果运用和监测监督联动，5个监测项目全部高质量完成。

【职业健康管理】 2022年，市卫生健康部门对2021年新发职业病例进行溯源调查，将涉及的用人单位纳入重点管理范围。组织开展放射卫生专项行动、职业病危害专项治理（2022—2025年）。全市3家机构和2名个人在放射卫生专项行动中表现突出，受到省卫生健康委通报表扬。泰安市在全省率先梳理完成职业病危害专项治理待确认企业名单，并筛选部分企业开展为期4年的专项治理。

【职业健康保护行动】 2022年，市卫生健康部门召开职业健康保护行动推进会，在泰山玻璃纤维有限公司召开全市职业健康体验馆示范单位建设现场会，发挥典型示范作用，助推健康企业创建。评定市级健康企业13家，评选市级"职业健康达人"112名。21人被评为省级"职业健康达人"。在全省第二届"职业健康达人"风采大赛中，泰安市获团体三等奖，参赛的3名选手均获个人三等奖。 （李先虎 宋洪孟）

老龄健康

【老年健康服务体系建设】 2022年，市卫生健康部门推进安宁疗护试点建设，确定"安宁疗护"三级单位20个、二级单位28个、一级单位42个，复核公布"老年友善医疗机构示范单位"32个、"老年友善医疗机构"93个，创建比例达到80%。加强"老年人信息管理系统"管理运用，采集录入102万名老年人健康状况信息。

【老年健康主题系列活动】 2022年，泰安市组织开展"情暖夕阳红"爱老助老文明实践志愿服务、"智慧助老"行动，开展"关爱空巢老人"、"智慧助老"进社区活动65次，修订印发《玩转智能手机——开启老年幸福生活》7000余册。"老年健康宣传周"活动期间，开展义诊、健康及法律知识宣传活动，受益老人9.7万人次，发放各类宣传材料21万份。开展第十届"十大孝子"评选活动。

【医养结合服务】 2022年年末，全市双证齐全医养结合机构56家，二级以上综合医院设置老年病科21个，比例87%，二级以上中医医院设置康复科、治未病科100%，医养结合服务指导63.56万人，健康管理率65.27%，医养结合指导率76.27%，泰山医养中心智慧医养服务标准化试点被评为“国家级服务业标准化试点项目”，确定914个医养结合示范社区卫生服务站（村卫生室）。

（李先虎　宋洪孟）

爱国卫生

【爱国卫生运动宣传】　2022年是爱国卫生运动70周年。泰安市宣传爱国卫生运动70周年的光辉历程，传承发扬爱国卫生运动精神，动员全社会积极参与爱国卫生工作，改善城乡环境卫生面貌，倡导科学、健康、文明新风尚，提高公民健康素养，掀起全民参与的爱国卫生运动新高潮。市卫生健康委开展文明健康绿色环保生活方式问卷调查，制作《泰安市第34个爱国卫生月倡议书》《文明健康绿色环保生活方式手册》，通过广播电视、宣传车、宣传栏、散发资料等形式，介绍爱国卫生运动70年的历史成就，宣传新时期爱国卫生运动重要意义和重点任务，提升群众参与爱国卫生工作的积极性和主动性，促进爱国卫生工作发展。市卫生健康委被全国爱卫会表彰为“爱国卫生70周年先进集体”。

【全域卫生创建】　2022年，泰安市持续推进实施全域创建国家卫生城市工程，泰安城区自1995年被评为“国家卫生城市”后，9次迎接复审全部顺利通过，连续27年保持该称号。2018年在全省率先实现国家卫生城市（县城）全覆盖，2022年新申报国家卫生乡镇9个、省级卫生乡镇5个、省级卫生村608个，累计创建国家卫生乡镇33个、省级卫生乡镇80个、省级卫生村居2971个，创建比例分别达到36.4%、90.9%、80%。

【病媒生物防制】　2022年，市卫生健康部门按照“政府组织、部门协作、属地管理、单位负责、全民参与”的工作原则，组织开展病媒生物防制工作。在全市开展蚊、蝇、蟑螂、鼠、蜱虫监测，全年布放蚊灯226个，捕蚊1504只，平均蚊密度6.65只/（灯·夜）；布放蝇笼148个，捕蝇215只，平均蝇密度1.45只/笼；布放有效粘蟑纸1100张，阳性张数29张，捕获蟑螂308只，平均密度0.28只/张；布放有效鼠夹4246只，捕鼠34只，平均鼠密度为0.80%。寄生蜱214只，平均蜱指数1.32只/动物；游离蜱128只，平均密度指数0.65只/（布旗100米·小时）。5—11月，对泰安城区的车站、农贸市场、公园绿地、河道沟渠、垃圾中转站、公厕等共计300余个重点场所开展消杀工作，减少病媒生物数量和传播风险。

（李先虎　宋洪孟）

2022年5月30日，2022年泰安市第35个“世界无烟日”控烟宣传活动举行。图为与会领导为“2022年泰安市第一批无烟单位”代表和“控烟短视频征集活动优秀组织单位”代表颁奖现场　　（宋洪孟　供）

卫生监督

【医疗卫生监督】　2022年，市卫生健康部门持续推进卫生健康监督执法“蓝盾行动”，开展医疗机构依法执业突出问题专项整治，重点整治非营利性医疗机构向出资人、举办者分配或者变相分配收益，政府举办的医疗机构与其他组织投资设立非独立法人资格的医疗卫生机构，未按规定填写、保管病历资料或者未按规定补记抢救病历，超出登记的诊疗科目、执业地点执业等依法执业突出问题。检查辖区医疗机构3755家，签订依法执业承诺书3755家，自查自纠和整改材料备案3755份，送达卫生监督意见书2461份，医疗机构依法执业风险排查专项行动立案31件，结案31件，罚款57.8万元，没收违法所得16.84万元。开展政府办医疗机构依法执业百日行动，重点整治对外出租、承包科室，使用非卫生技术人员从事医疗活动等违法行为，检查医疗卫生机构14家。

【传染病防治和饮用水安全监督】　2022年，市卫生健康部门持续开展疫情防控巡回检查和专项督查，开展“蓝盾行动”之医疗机构疫情防控消毒措施落实专项监督检查，重点对医疗机构的消毒隔离制度建立情况、手术室、血液透析室、内镜室、感染性疾病科等重点科室的消毒措施落实情况、实验室生物安全措施落实情况等进行监督检查，全年检查医疗机构3755家，立案25件，结案25件，罚款3.6万元。推进传染病综合监督评价工作，重点对医疗卫生机构的预防接种、传染病疫情报告、传染病预防控制、消毒隔离制度落实、医疗废物处置等方面开展综合评价，共评价2188家。对生活饮用水卫生单位监督检查32家，其中农村集中式供水单位22家、城市集中式供水单位8家、涉水产品生产企业2家，制作监督意见书13份；

全市查办生活饮用水案件3件，均为一般程序案件，罚款金额1.01万元。

【公共场所和学校卫生监督】 2022年，市卫生健康部门持续强化公共场所日常监督检查，检查单位3669家，其中宾馆306家、旅店474家、招待所9家、公共浴室129家、理发店1303家、美容店1199家、影剧院26家、录像厅1家、游艺厅4家、舞厅5家、音乐厅26家、游泳馆25家、展览馆2家、图书馆1家、商场148家、书店5家、候诊室1家、候车室5家，共下达监督意见书587份。全市查办公共场所案件276家，其中简易程序案件71家，一般程序案件205家、罚款金额22.65万元。开展学校卫生日常监督检查、学校饮用水卫生专项监督检查、学校传染病防控监督检查等工作，对学校教学环境卫生、生活环境卫生、公共场所卫生、校内传染病防控、生活饮用水卫生等方面进行监督检查，对使用自建设施供水、二次供水的学校进行重点监督检查，共监督检查学校599家次，下达监督意见书560份。

【职业卫生和放射卫生监督】 2022年，市卫生健康部门开展用人单位职业卫生监督检查538户次，对建材、化工行业用人单位实施全覆盖检查，送达监督意见书551份，立案13件（简易程序9件、一般程序4件），罚款1万元。检查职业卫生技术服务机构14户次，送达监督意见书14份。加强职业健康检查机构和职业病诊断机构的监督检查，全市检查38户次，送达监督意见书38份，立案1件（简易程序）。

【消毒产品和餐饮具集中消毒企业监督】 2022年，市卫生健康部门重点对消毒产品生产企业的生产条件和生产过程、原材料卫生质量、仓储条件、产品卫生安全评价备案等方面开展监督执法检查，共检查103户次。年内，泰安市餐饮具集中消毒单位监管实现全覆盖，全市有餐饮具消毒服务单位26家，监督覆盖率100%；抽检26家产品进行理化指标及微生物限量检测。市卫生健康委对18家单位给予警告，限期整改；2家单位给予行政处罚，罚款1.5万元。

【食品安全保障】 2022年，泰安市食品安全风险监测工作覆盖全市6个县（市、区），以县（市、区）为单位监测覆盖率达到100%。食源性疾病监测工作覆盖28家二级以上医院、86家乡镇级医疗机构和2930家村卫生室。全市承担食品污染及食品中有害因素监测任务636份，共采集检测食品样品636份，任务完成率为100%，获得有效监测数据1.19万条，并按时完成样品信息和监测数据的录入上报工作。2家主动监测哨点医院（泰安市中心医院、泰安市妇幼保健院）共采集监测粪便标本437份，完成监测任务的109.25%。年内，全市累计上报食源性疾病6.14万例；全市共报告食源性疾病暴发事件30起，发病136人，均按监测方案要求在规定时间内上报。完成特定健康问题哨点监测工作，全市共计划监测样本数1680份，实际完成1957份，现场调查、采样检测、数据录入及市级审核等监测工作全部按时完成。 （李先虎　宋洪孟）

中医药事业

【全市中医药大会召开】 2022年8月11日，全市中医药大会以视频形式召开，各县（市、区）设分会场。市委书记、市人大常委会主任杨洪涛在讲话中强调，全市各级要提高政治站位，切实增强推动中医药传承创新发展的责任感和使命感；突出工作重点，构建大健康、大科研、大教育、大产业发展格局；推动市中医院提档升级，提升基层中医药服务能力，促进中西医协同发展；加快中医药产业转型升级，发展泰山地产名中药材，推进“中医药+”融合发展；加强中医药人才队伍建设，强化专业教育、师承教育和激励评价；推进中医药科研创新，激发创新活力；弘扬中医药文化，推动中医药文化更广泛融入群众生产生活；强化统筹协调，创造有利于中医药事业发展的良好环境；守正创新，加快推进中医药事业高质量发展。省卫生健康委副主任张立祥在讲话中围绕泰安市在国家中医药综合改革示范区建设上先行先试、在提升中医药供给质量和服务水平方面出经验、在构建中医药产业发展新格局方面当先锋、在建设高素质中医药人才队伍方面作表率、在弘扬传承中医药文化方面树榜样5个方面进行政策宣讲和现场辅导，鼓励泰安市同心奋力谱写新时代中医药传承创新发展的新篇章。

【国家中医药综合改革示范区创建】 2022年，泰安市全省国家中医药综合改革示范区建设启动仪式举办，印发《关于加快推进国家中医药综合

2022年8月11日，全市中医药大会召开　（司刚　摄）

改革示范区建设的实施意见》《贯彻落实山东省国家中医药综合改革示范区建设基层中医药服务能力提升专项行动实施方案》《贯彻落实山东省国家中医药综合改革示范区建设中医药文化建设专项行动方案》。遴选推荐的新泰市“推进中医药服务县乡一体化‘一拖六’项目建设”项目纳入省卫生健康委“揭榜挂帅”改革项目。创建“泰好药”区域中药材品牌，打造具有泰安特色的“中药材区域品牌+单品类品牌+企业产品品牌”中药材品牌体系，受到省卫生健康委通报表扬。

【中医药服务】 2022年，市卫生健康部门重视发挥中医药在疫情防控中的独特优势，公布全市179家可提供治疗新冠病毒感染中医药防治汤剂医疗机构信息，中医药早期介入、全程干预、深度参与，在医疗救治中坚持中西医结合、中西药并用，中药应用率100%。加强县级中医医院标准化建设工作，至年末，全市达到国家推荐标准的县级中医院4家，占比为80%，超过全省平均水平。在2022年公布的国家绩效考核成绩通报中，泰安市获得二级中医医院全省第1名。全市中医医院坚持中医药为主的办院方向，推动中医医院高质量发展，泰安市中医医院和肥城市中医医院通过国家三级中医医院等级评审复审。全市社区卫生服务中心和乡镇卫生院设置中医药综合服务区实现全覆盖。市卫生健康委遴选确定15个中医药特色乡镇卫生院、社区卫生服务中心和60个中医药特色村卫生室、社区卫生服务站，带动基层医疗机构中医药服务能力水平全面提升。

【中医药文化】 2022年，市卫生健康部门举办第二届泰山中医药文化节（第十三届泰山膏方节），开展“中医中药中国行”“百人百场中医药文化科普巡讲”“中医药文化进校园”等宣教活动。全市新增省级中医药文化宣传教育基地1个、省级中医药健康文化知识角2个，重点打造市级中医药健康文化知识角23个。市卫生健康委征集遴选优秀中医药文艺节目，2个优秀节目在全省评审中获得奖项。

2022年9月30日，泰安市中医医院走进岱庙街道丽景社区开展糖尿病、甲状腺疾病义诊活动 （宋洪孟 供）

【中医药产业】 2022年，泰安市参与“齐鲁中医药康养文旅打卡地”活动，创建“齐鲁中医药康养文旅打卡地”2家，省文旅频道进行专题报道。市卫生健康委与市文旅局、市财政局共同推荐的岱岳区被评为2021年度山东省文旅康养强县；市卫生健康委与市体育局共同推荐的“组织应力重塑理论指导下青少年特发性脊柱侧弯保守治疗体系建设”被评为山东省体卫融合试点项目2021年度优秀成果，“泰安地区儿童青少年脊柱侧凸患病率调查及中西医结合康复干预研究”项目纳入省第二批体卫融合试点项目。推荐齐鲁药膳街区（园区）、社区药膳食堂、具有药膳特色的康养文旅基地8个，推荐“2022年山东省中药材生态种植基地”3家。举办全市“中医药+”营养膳食理论与技能大赛，遴选3名选手参加全省大赛。“推进中医药产业提质扩容，打造泰山中医药名品工程的调研与实践”调研课题被省卫生健康委评选为2022年度全省中医药调研课题优秀成果。

【中医药人才】 2022年，全市新增全国老中医药专家学术经验继承工作指导老师1人、全国中医护理骨干人才培养对象1人、省中医临床优秀人才（后备）培养对象15人。有国家、省级名老中医药专家传承工作室8个，省名老中医（药）专家2人，省名中医（药）专家21人，省基层名中医（药）专家43人。17个课题获2022年度山东省中医药科研项目立项。市卫生健康委实施“中医药特色疗法挖掘整理”项目，新增山东省特色疗法项目库项目5个。依托“三经传承”（学经典、用经方、传经验）推广基地举办专题培训，启动实施中医类别规范化培训、中医类别全科医生转岗培训和第五批西医学习中医培训工作。

（李先虎　宋洪孟）

医政药政管理

【概况】 2022年，泰安市深入推进医联体建设，全市共建立医疗集团1个、跨区域专科联盟28个、远程协作网3个，“基层首诊、双向转诊、急慢分治、上下联动”的分级诊疗格局建立基本框架。市卫生健康委推动医院标准化建设，泰安市中心医院通过三级甲等综合医院复审。推动公立医院绩效考核，2021年度泰安市三级公立医院（西医类）绩效考核服务能力总体分析评价列全省第2位。1月22日，泰安市中心医院高新区院区开诊。加强县医院能力建设，印发《泰安市县级综合医院能力提升工作方案（2022—2025年）》，泰安市4家县医院全部达到医疗服务能力推荐标准。实施临床专科服务能力“攀登计划”，印发《泰安市临床专科能力攀登计划（2022—2025）》，全市建成省级临床重点专科及建设单位22个，县域省级临床重点专科3个，市级临床重点专科42个。推进城乡医院对口支援，统筹组织11家二级以上医疗机构与29家县级医院（基层医疗卫生机构）建立对口支援关系。开展“群众就医体验大提升”活动，县级以上医院全面建立专家预约团队，实施门诊分时段预约；落实老年人就医优待政策，设立老年人优先就医窗口和老年人专病、专科门诊；改善门诊就医环境，增加便民服务设施设备，加强卫生间环境管理；严格落实门诊诊查“一患一诊室”，维护诊区诊疗服务秩序；建立患者投诉渠道和接待处理流程，实行首诉负责制。开展“服务百姓健康行动”全国大型义诊活动周活动，服务1.79万人次，减免患者费用10.57万元。泰安市落实医疗救助，救助患者29人次，支付基金182.83万元，基金使用比例达100%。

【医疗质量安全管理】 2022年，市卫生健康部门强化医疗质量控制管理，调整完善29个市级质控中心，指导开展医疗质量管理和控制工作。开展2022年度电子病历系统应用水平分级评价工作。制定《2022年度泰安市民营医院专项巡查行动实施方案》，强化民营医院监管，保障医疗质量和安全。开展“平安医院”建设工作，加强医院安全秩序管理组织机构和制度建设，二级以上公立医院医疗责任保险覆盖率100%。规范医疗废物处置，年内全市医疗卫生机构医疗废物产生量为8723吨，全部由医疗废物处置中心集中收集，安全妥善处置。

（李先虎　宋洪孟）

【医疗保障】 2022年，市医疗保障部门制定医疗保障支持中医药发展十二条政策措施，助推中医药事业高质量发展。组织开展全市医保基金监管集中宣传月活动，建立社会监督员制度，聘请37名各界代表担任医疗保障基金社会监督员，打击欺诈骗保行为。在全市范围内开展医保基金使用问题自查自纠专项行动，检查定点医药机构2852家，处理违法违规定点医药机构856家，追回医保基金1123.4万元，行政罚款119.4万元。强化智能审核，对全市二级以上医疗机构全部实施线上监控。高标准推进区域点数法总额预算和按病种分值付费（DIP）国家试点工作，符合条件开展住院服务的医疗机构实现DIP全覆盖，在国家医保局第一批交叉评估中被评为优秀等次。深化集中带量采购改革，累计落地380种药品和17大类高值医用耗材，节约医药费用负担超过10亿元。将全市各级公立医疗机构纳入医保基金与药企直接结算范围，直接结算3.14亿元。启动实施医保资金结余留用政策，拨付结余资金5634万元。深化异地就医直接结算，在全省率先将高血压、糖尿病、恶性肿瘤门诊放化疗等5个门诊慢性大病病种纳入跨省直接结算病范围。调整异地就医政策，取消各类证明材料，采取承诺备案制，将原来的备案事项由5项调整为2项，将异地就医住院、门诊统筹、门诊慢病转外个人自付比例统一调整为10%，降低异地患者负担。拓展医保电子凭证应用场景，全市医保电子凭证激活率达到90.68%，完成山东省医保局80%的考核目标。推进基层医保服务体系建设，建设各级各类医保工作站（点）4087个，创建省级标准化服务窗口5家。

（庞文静）

【血液管理】 2022年，市卫生健康部门推进血液安全管理，落实无偿献血用血费用直免，全市临床用血100%出自公民自愿无偿献血，无偿捐献机采血小板达100%。年内采集血液5.06万人次，采血总量1747.80万毫升，增长5.63%，保障全市临床用血需求。推进市中心血站与二级以上医疗机构输血科（血库）的信息联网互通工作，实现血液库存信息、临床用血信息实时共享和血液资源调配优化，防范化解血液供应保障风险。泰安市完善相关法规制度建设，协同推进《泰安市献血条例》落实落地。泰安市连续14届获“全国无偿献血先进市”称号。

【药物政策与基本药物制度实施】 2022年，市卫生健康部门加强药学服务能力建设，转变药学服务模式，全市37家公立医院、88家政府办基层医疗卫生机构和2916个实行一体化管理的村卫生室全面配备使用基本药物并实行零差率销售，160家医疗卫生机构开通短缺药品监测网络。推进县域医共体中心药房试点工作，岱岳区被确定为全省首批县域医共体中心药房试点区。市卫生健康委、市总工会联合举办2022年全市基本药物合理使用技能竞赛，全市16支代表队48名选手进入市级竞赛，6支代表队、10名选手获奖。

【医疗学科建设】 2022年，市卫生健康部门加快推进全市卫生健康科技创新平台建设，提升医疗卫生机构学科综合实力和临床服务能力，强化重点学科对全市卫生健康事业高质量发展的支撑引领作用，组织开展“十四五”期间首批卫生健康重点学科申报工作。经单位推荐、县（市、区）审核、市级专家评审、公示，确定出首批30个重点学科，69个依托单位名单。泰安市申报山东省医药卫生重点学科，全市6个重点学科入选。

（李先虎　宋洪孟）

编辑　校对　　刘小笋

体　育

体育场地

【概况】 2022年年末，泰安市有体育场地面积1690.12万平方米，体育场地数量9900个，人均体育场地面积3.09平方米。其中，基础大型场地2690个，球类运动场地2922个，冰雪运动场地6个，体育健身场地4277个，大型体育场馆4个。

【健身设施建设】 2022年，泰安市挖掘城市“金角银边”，在泰安城区建成投入使用多功能运动场3处。定期对城区65处公园、广场、绿地等公共区域的健身器材进行巡检维护，巡检维护器材1029件。为28个村更新健身器材160件。助力乡村振兴，为全市16个市派“第一书记”帮包村配建健身器材。组织县（市、区）开展公共场所健身器材检查4.6万件，维修更换器材5902件。接收原林校操场管理权，启动林校操场改造工程。与市发改委共同编制《泰安市体育公园建设方案》，确定“十四五”期间全市新建或改扩建4处体育公园。

【泰安生态绿地健身公园】 泰安生态绿地健身公园是集新时代文明实践主题和健康主题为一体的公园。总面积12.8公顷，以绿化和市民休闲为主，包括1块标准足球场、4块笼式足球场、5块标准篮球场、2块标准网球场、2片乒乓球场、2片标准门球场和儿童休憩区、老年活动区、风雨亭、公厕和停车场，并建有1千米长的健康步道，各种造型的新时代文明宣传栏和健康知识宣传牌相映生辉。

【泰安市新体育中心】 泰安市新体育中心是市委、市政府重点工程，项目位于南部新区刘家山一带，占地面积33.24公顷，总建筑面积约34.87万平方米，包含“一场三馆”，即体育场（3万座）、综合体育馆（6000座）、游泳跳水馆（2000座）、全民健身馆。综合体育馆建筑设计满足甲级赛事标准，体育场、游泳跳水馆建筑设计满足乙级赛事标准。全民健身馆内含篮球场、网球场、羽毛球场以及乒乓球、台球等运动设施。至年末，新体育中心“一场三馆”外立面装饰工程完成90%，室外配套工程完成65%。

（靳立超　郑　飞）

学校体育

【体教融合】 2022年，泰安市探索中小学校设置体育教练员专业技术岗位工作，确定在泰安一中、泰安二中、泰安师范附属学校、新泰一中、新泰市实验中学、新泰市第一实验小学，岱岳区实验中学7所重点学校中开展试点，设置足球、田径、篮球、橄榄球4个项目共计14个教练员岗位，加强优秀体育后备人才培养，提升学校运动训练专业化水平。

【体育传统项目学校】 2022年，市体育、市教育部门深化体教融合，打造“一校一品”“一校多品”发展格局，建成国家级体育传统项目学校3所、省级优秀传统项目学校3所、省级体育传统项目学校33所、市级体育传统项目学校71所，构建适应需要、主体多元的体育后备人才培养体系。

【泰安市青少年（学生）体育联赛】 2022年6月22日至8月29日，市体育、教育部门与团市委联合主办“强国有我 奔跑少年”2022年泰安市青少年（学生）体育联赛，共设置田径、足球、篮球、排球、乒乓球、羽毛球、游泳7个项目，组织全市近2000名中小学生参加。在联赛组别设置上创新增加大学组，在赛事参与覆盖面上拓展到体育协会和俱乐部，实现赛事内容更加丰富、办赛方式更加灵活、参赛人群更加多元。

【全市中小学生第十二次体质抽测】 2022年9—10月，市体育、市教育部门联合组织全市中小学生第十二次体质抽测。抽测范围覆盖全市所有县（市、区）、功能区。抽测标准按照2014年新修订的《国家学生体质健康标准》执行，共进行身高、体重、视力、肺活量、坐位体前屈、1分钟仰卧起坐（女）、立定跳远、引体向上（男）、男子1000米和女子800米等项目的抽测。参与抽测的包括各县（市、区）、功能区高中、初中和小学各2所以及所有的市直中小学校。其中，初中、小学各抽测1所城区学校和1所农村学校。每所学校抽测1个年级，每个年级抽查2个班级。高中抽测高一年级、高二年级；初中抽测七年级、八年级；小学抽测四年级、五年级。此外，2021年抽测合格率低于90%的学校，2022年继续抽测。该次抽测共有41所学校参加，3364名学生参与。抽测结果作为评价各地青少年学生健康素质状况的重要依据，纳入对学校、班主任、体育教师的考核评价内容和教育督导评估指标。

【打造未成年人“强身促智”思想道德建设工作品牌】 2022年，泰安市通过完善未成年人公共体育服务体系，引导未成年人积极参与体育活动及体育赛事等，提升学生综合素质能力，打造“强身促智”思想道德建设工作品牌。联合市教育部门整合既有资源，通过政府主导、社会支持、市场助力等模式，举办青少年群体喜闻乐见的游泳、羽毛球、篮球、足球、网球等比赛，创新活动的内容、形式和载体，提升学生体质健康和运动技能水平，在全市形成普通中小学学生至少掌握1～2项运动技能的局面。在现有的体育场馆、广场、全民健身中心、足球场地、健身路径、健身步道等体育健身场所基础上，加大基础设施建设力度。全市体育场馆基本实现对外开放和免费、低收费开放，城区65处公园广场绿地等城区公共区域有1029件健身器材，城区范围基本实现“15分钟健身圈”的目标，为未成年人提供体育健身随处可“健”的“大操场”。完善规章制度，加强未成年人运动队思想道德建设。印发反兴奋剂宣传资料，强化运动员的入队和赛前准入教育，着重学习、宣传“兴奋剂刑事案件司法解释”等有关法规条文，筑牢思想防线。在组织泰安市中小学比赛时融入反兴奋剂教育拓展活动，加强反兴奋剂知识宣传学习，深化未成年人诚信教育。组织未成年人开展志愿服务活动，让青少年在帮助他人、服务他人、奉献社会的过程中培育美好心灵，强化责任意识，提高实践能力。

【泰安卓易青少年网球俱乐部入选全国少儿网球培训标准化创建试点单位】 2022年8月18日，国家体育总局网球运动管理中心公布30家中国网球协会少儿网球培训机构服务标准化示范单位创建试点单位，山东3家网球机构榜上有名，其中泰安市卓易青少年网球俱乐部入选。泰安卓易网球俱乐部专注少儿网球事业的推广、服务和培养，拥有达到奥运面层标准的4片室内和6片室外网球场地、具有专业标准的网球专项体能房，以及可满足网球培训、训练、办赛的各项完善配套设施。该俱乐部常年针对4～18岁青少年进行网球项目培养，网球培训体系在实践中不断升级，并针对不同队伍制定科学、专业的专属计划进行网球专项培养，通过“网球进校园”项目实施，少儿网球兴趣班培训，泰安市青少年网球队专业培养，“泰山小将”青少年网球发展联合会排名赛、“卓易杯”网球排名赛等竞赛平台的搭建，以及ITF、少儿联盟教练员培训等活动，对2万名青少年进行培训，输送20名青少年进入重点高中和大学，培养30名网球优秀运动员取得多项全国和全省冠军。（靳立超　郑　飞）

2022年8月20日，全国“行走大运河”全民健身健步走主会场活动在东平举行　（郑　飞　供）

群众体育

【概况】 2022年，全市全民健身公共服务体系持续完善。全民健身工程举步可就，全市人均体育场地面积达到3.09平方米。全民健身组织健全完善，社区和行政村全部设置晨晚间健身站点，“横到边、纵到底”的健身组织网络为全民健身提供保障。全民健身活动丰富多彩，全年累计开展各类群众性赛事活动1100余项。健身指导服务广泛深入，将各类科学健身服务送到群众家门口。

【全民健身活动】 2022年，疫情常态化条件下，全市体育系统开展各类“线上+线下”赛事活动。开展全民健身·万人“益”步线上徒步活动、“喜迎二十大、健康向未来”2022康乐老年“云相约”健身系列活动等20项线上赛事活动；线下赛事在落实疫情防控措施基础上，先后承办、举办2022年全国“行走大运河”全民健身健步走活动、2022第三十六届泰山登山比赛暨第二十七届全国全民健身登泰山徒步活动、泰安市第二届社区家门口运动会、泰安市第十二届全民健身运动会、泰安市全民健身日主题活动等群众性赛事活动。其中，社区家门口运动会累计常态化举办230场次，将各类参与性趣味性强、百姓喜闻乐见的赛事活动送到群众家门口，营造出“全民健身、全民参与”的浓厚氛围。

【科学健身指导】 2022年8月，市体育部门联合市总工会开展2022年“全民健身公益行”科学健身指导志愿服务活动，采用“开放式”和“菜单式”两种形式，为市民提供广场舞、太极拳、健身气功、球类等25个项目的培训指导服务。其中，“开放式”志愿服务在城区设立111个固定全民健身志愿服务站点，每个站点配备1名志愿者，在固定时段开展健身项目的技能传授和培训工作，累计为群众开展健身指导服务3123场次；“菜单式”

志愿服务选聘100名健身骨干组成志愿服务队，根据不同单位的健身培训需求，预约具体项目和时间进行上门服务，累计为全市机关、企事业单位、街道和社区提供上门服务536次。市体育局开展“我为企业办实事”活动，为新汶矿业集团532名职工开展国民体质监测健身指导服务。开展全市中小学生第十二次体质抽测活动，累计为3364名学生进行体质抽测。开展关爱青少年脊柱侧弯健康公益筛查活动，为岱岳区4084名学生进行健康筛查。指导推动县（市、区）开展国民体质监测“五进”（进机关、进企业、进农村、进社区、进学校）活动，累计为2400余名群众提供体质监测服务。聘请省高校专家，为全市440余名社会体育指导员、中小学体育骨干教师、机关干部开展科学健身宣讲。“‘全民健身 活力岱岳’——岱岳区新时代文明实践教育和全民健身志愿服务项目”入选2022年国家全民健身志愿服务项目库。东平县水浒社区被山东省体育局和山东广播电视台联合表彰，被评为2022年山东省“全民健身最美社区”。

【山东省第五届冬季全民健身运动会6个冰雪上项目落户泰安】 山东省第五届冬季全民健身运动会有6个单项比赛在泰安举办。2021年12月24—26日，短道速度轮滑和短道速滑比赛在泰山冰雪文体中心开赛；2022年1月12—13日，陆地冰壶在泰安肥城市体育场凯迪篮球训练馆举办；1月15—16日，雪地拔河、雪地托球跑、雪地滑步车比赛在徂汶景区徂徕山滑雪场开赛。泰安市组队参加短道速度轮滑比赛项目取得铜牌2枚。参加雪上项目单双板大回转比赛获金牌3枚、银牌3枚、铜牌1枚。市体育局获“山东省第五届冬季全民健身运动会优秀组织奖”“山东省第五届冬季全民健身运动会竞赛组织突出贡献奖”，泰山冰雪文体中心被评选为“2022山东最美冰雪场馆”。

【全国“行走大运河”全民健身健步走主会场活动在东平湖畔启动】 2022年8月20日，全国“行走大运河”全民健身健步走主会场活动在东平湖畔启动。该活动由国家体育总局会同国家发展改革委、文化和旅游部主办，由山东省体育局、发展改革委、文化和旅游厅、泰安市人民政府、东平县人民政府承办，旨在宣传大运河文化，实施体育旅游示范工程，倡导运动健身促进健康理念，打造大运河体育旅游特色示范活动品牌。开幕式上，来自东平县内外的3000余名体育爱好者，分别以健步走、骑行、全民健身运动展演等形式，游览山水胜景，体验运河文化。开幕式结束后，健步走运动员从东平湖水浒古镇码头出发，沿北侧滨湖大道徒步8千米。骑行运动员从水浒古镇码头出发，沿东平湖南堤骑行32千米，至京杭运河八里湾船闸折返。在主会场内，设置太极拳、太极扇、跆拳道、传统武术、广场舞、锣鼓表演等全民健身展演项目。

【第二十七届全国全民健身登泰山徒步活动】 2022年9月6日，第二十七届全国全民健身登泰山徒步活动举行。受新冠疫情影响，比赛共组织市内1200名运动员参加。此外，为满足更多运动爱好者参赛需求，同步策划举办“第二十七届全国全民健身登泰山徒步活动线上比赛”，参与人数近20万人。

【泰安体育总会成立】 2022年6月28日，泰安体育总会成立大会举行。泰安体育总会组建成立竞赛工作委员会、裁判工作委员会、社会体育指导员工作委员会、宣传工作委员会4个组织机构，并制定各个机构工作职责和工作制度。督促指导6个县（市、区）成立县级体育总会，88个乡镇（街道）成立全民健身志愿服务协会（体育总会），2024个村（社区）成立全民健身志愿服务队。市体育局累计指导、组织举办社区家门口运动会230场次；与团市委联合印发《关于在全市乡镇（街道）青年工作委员会成立“全民健身志愿服务协会”的通知》，为完善基层体育社会组织网络提供保障。

【泰安市老年人体育协会召开换届会议】 2022年8月30日，泰安市老年体育工作会议暨市老年人体育协会换届大会召开。中国老年人体育协会副主席、山东省老年人体育协会主席，市委常委、副市长等省、市领导，各县（市、区）教体局分管局长、老年体协主席、秘书长、特邀代表，各功能区体育主管部门分工负责人，市老年人体育协会专委会主任等100余人出席会议。会议选举产生泰安市老年人体育协会第六届理事、主席及领导班子机构。

（靳立超 郑 飞）

竞技体育

【概况】 2022年，泰安市有13名泰安籍运动员代表山东省参加全国各类比赛，取得金牌4枚、银牌5枚、铜牌4枚的成绩。泰安代表团积极备战和参加山东省第二十五届运动会，取得金牌榜和比赛总分全省第7名。市体校与泰安二中等9所中小学，实现排球、射箭等10个项目运动队的合作共建，初步建立起高中、初中、小学升学衔接和项目训练连贯的“一条龙”人才培养体系。泰安市体育中心攀岩场地列入备赛巴黎奥运会全国第一批攀岩场地改建项目之一，为泰安市攀岩场地提档升级和攀岩运动发展提供引擎。

【参加全国比赛成绩】 2022年，泰安市有13名泰安籍运动员代表山东省参加全国体操、自行车、拳击、赛艇、皮划艇、举重、摔跤、射箭、手球9个项目比赛，取得金牌4枚、银牌5枚、铜牌4枚。

【参加第二十五届省运会】 2022年8月，在日照市举行的山东省第二十五届运动会上，泰安代表团共派出936名运动员，参加田径、足球、篮球、柔道、网球、体操、短道速滑等28个大项比赛，取得金牌56枚、银牌40枚、铜牌62枚，奖牌总数158枚，团体总分2965分，获“第二十五届省运会比赛金牌奖第七名”“第二十五届省运会比赛总分奖第七名”“第二十五届省运会体育道德风尚奖”，实现运动成绩和精神文明双丰收。

表 47　2022 年泰安市承办省级以上比赛情况一览表

序　号	比赛名称	时　间	地　点	人　数（人）
1	2021 山东省“中国体育彩票杯”短道速滑锦标赛	7 月 26—30 日	泰山文体冰雪中心	130
2	2022 年山东省中学生排球联赛	12 月 15 日	天成健身中心	60
3	2022 山东省攀岩锦标赛暨 2022 年山东省攀岩青年锦标赛	12 月 15—17 日	泰安市体育中心攀岩场	136
4	“派燃烧杯”2022 年 U 系列田径联赛山东赛区	12 月 26—30 日	泰安市体育中心	900
5	2022 年“中国体育彩票杯”山东省 15 人制橄榄球锦标赛	2022 年 12 月 30 日至 2023 年 1 月 6 日	泰安市体育中心	330

表 48　2022 年泰安籍运动员在全国级以上比赛中获奖牌情况一览表

序　号	姓　名	性　别	比赛名称	组　别	项　目	小　项	时　间	名　次	地　点
1	李洪凤	女	2022 年亚洲山地自行车锦标赛	成年女子组	自行车	山地自行车	10 月 22 日	第一名	韩国顺天
2	周炜程	男	2022 年全国男子举重锦标赛暨全国男子举重冠军赛	男子组	举重总成绩	102 公斤级	11 月 12—16 日	第一名	浙江海宁
3	鹿智文	男	2022 年亚洲赛艇锦标赛	公开级	赛　艇	四人双桨	12 月 1—4 日	第一名	泰国芭堤雅
4	赵龙凯	男	2022 年全国拳击锦标赛	男子组	拳　击	+91kg	8 月 17—25 日	第一名	广东深圳
5	李洪凤	女	2022 年全国山地自行车锦标赛	成年女子组	自行车	山地自行车	8 月 6—7 日	第二名	江苏南京
6	徐兴达	男	2022 年全国赛艇锦标赛	公开级	赛　艇	八人单桨有舵手	11 月 2—6 日	第二名	浙江丽水
7	王　凯	女	2022 年全国皮划艇静水锦标赛	女子组	皮　艇	混合四人艇	11 月 1—4 日	第二名	浙江温州
8	马　晓	男	2022 全国国际式摔跤锦标赛	男子组	古典式摔跤	97kg	7 月 22—30 日	第二名	浙江温州
9	赵庚萱	女	全国蹦床锦标赛	成年组	蹦　床	网上团体	8 月 12—14 日	第二名	山东青岛
10	宋盈秀	女	2022 年全国射箭冠军赛	成人专业组	射　箭	70 米混合团体淘汰赛	3 月 1—6 日	第三名	海南东方
11	田秀秀	女	2022 年亚洲女子手球锦标赛	成人组	手　球	女子手球	11 月 23 日	第三名	韩国仁川
12	鹿智文	男	2022 年全国赛艇锦标赛	公开级	赛　艇	双人双桨	11 月 2—6 日	第三名	浙江丽水
13	王金祥	男	2022 年全国拳击锦标赛	男子组	拳　击	81kg	8 月 17—25 日	第三名	广东深圳

【山东省第二十五届运动会跆拳道裁判员、教练员培训班】　2022 年 6 月 7 日，山东省第二十五届运动会跆拳道裁判员、教练员培训班在泰安举办。全省各市 90 名跆拳道裁判员、教练员参加该次培训。培训内容主要涵盖裁判员管理规定、省运会执行的技术规则和裁判法、裁判员的基本素质和临场要求等内容，此外还安排临场教学和业务研讨环节。通过理论与实践相结合的培训，提升裁判员、教练员的业务能力和执教、执裁水平，为第二十五届省运会营造“公平、公正”的竞赛环境，推动全省跆拳道事业持续健康发展。该次培训由山东省拳击跆拳道运动管理中心主办，泰安市体育局承办，山东岱隆体育文化产业有限公司、泰安市金鲤鱼体育文化产业有限公司协办。　（靳立超　郑　飞）

体育产业

【概况】 2022年，泰安市抓好《泰安市打造“国际体育休闲名城”行动计划（2021—2025）》的组织实施，健全完善相关配套措施，提升泰安体育旅游影响力。申办和打造高水平品牌赛事，举办第三十六届泰山登山比赛暨第二十七届全民健身登泰山徒步活动。市体育局、市文旅局联合评选出泰安市首批11个体育旅游示范基地、示范项目、精品路径。开展体育惠民消费季活动。全年销售体育彩票8.43亿元。

【体育产业市场主体培育】 2022年，泰安市以体育为媒，成立泰安市企业家运动俱乐部，打造“体育会客厅”项目，作为全市体育组织信息交流和资源共享集散地，通过企业家运动俱乐部和体育会客厅的沟通交流，让更多的企业家或者专业人士加入泰安市体育产业发展中，为体育产业发展注入新动力。

【体育产业品牌创建】 2022年，宁阳蟋蟀世界杯被评为“中华体育文化优秀民俗民间项目”；岱岳区人民政府被命名为“山东省体育产业示范基地”；青青体育青少儿篮球梯队建设训练项目被命名为“山东省体育产业示范项目”。全年围绕泰山登山节登山比赛，重点打造“泰山户外运动嘉年华”自主IP赛事品牌，不断提高泰安体育的品牌价值，同时持续提升登山比赛的赛事内涵和品牌影响力；加大对泰山马拉松、T60环山大徒步、泰山徒步大会等品牌赛事扶持力度，强化部门引联对接能力，引入悦跑圈等行业领跑企业，融入泰安市产业优势资源，扩大赛事影响力和品牌价值，从而发挥竞赛表演业对经济的持续拉动作用。

【第三十六届泰山登山比赛】 2022年9月6日，第三十六届泰山登山比赛举行。受新冠疫情影响，比赛共组织市内300名运动员参加。泰山登山比赛暨全国全民健身登泰山徒步行活动被国家体育总局评为“2022中国体育旅游十佳精品赛事”。

表49 2022年第三十六届泰山登山比赛暨第二十七届全国全民健身登泰山徒步活动个人成绩前三名一览表

组 别	名 次	姓 名	参赛单位	成 绩	备 注
男子组	1	陈新宇	泰山区	0:56:02	起点：岱庙北门 终点：南天门
	2	王 乙	省 队	1:05:11	
	3	王向锋	肥 城	1:06:29	
女子组	1	赵艳丽	省 队	0:39:13	起点：岱庙北门 终点：中天门
	2	刘慧茹	省 队	0:39:43	
	3	林 霞	省 队	0:40:10	

【泰山国际马拉松线上赛】 2022年12月18—25日，泰山国际马拉松线上赛举行。该比赛设置5千米、21千米97.5米、42千米195米3个比赛项目，按照比赛规则，不限跑步场地，参赛者可以在公园、操场、街道、跑步机等场所，使用“咕咚”App单次跑步或徒步里程达到3个比赛项目中的任意一项完成记录后即视为完成比赛。该比赛总报名人数为18.25万人，完赛率达到62.11%。该比赛被评为“2022中国体育旅游精品赛事”。

【命名全市首批11个体育旅游示范基地、示范项目、精品路径】 2022年3月2日，市体育、文化旅游部门联合印发《关于命名2021年度泰安市体育旅游示范基地、示范项目及精品路径的通知》，命名天泰文化旅游发展（泰安）有限公司、鲁商九女峰（泰安）乡村振兴有限公司、山东泰山天颐湖旅游开发有限公司、山东世外潮泉文化旅游开发有限公司、泰山植物园旅游有限公司、肥城市马家埠文化产业开发有限公司、泰安市徂徕山滑雪场有限公司7个单位为泰安市体育旅游示范基地，山东夫如体育文化发展有限公司为泰安市体育旅游示范项目，泰山天颐湖体育旅游精品路径、泰山九女峰体育旅游精品路径、老湖镇滨湖健身观光路径为泰安市体育旅游示范精品路径。

【体育消费季活动】 2022年7月28日至8月28日，泰安市开展“唤醒城市，燃动新生”第三届体育消费季——消费券发放活动，在全市筛选10家优质体育企业，涵盖篮球、网球、羽毛球、跆拳道、冰雪等8种群众喜闻乐见体育项目，进行4期共计16万元的消费券发放，为市民奉上优质体育产品和服务，并极大拉动体育消费。

【体育彩票】 2022年，全市有659家门店开机销售，体育彩票累计销量8.43亿元，市场占有率62.5%。秉承发扬“公益体彩、乐善人生”品牌理念，体彩泰安分中心组织开展“情暖冬日”大型公益活动、“‘七一’关注老党员”、“关注高考学子”、“致敬奋斗的体彩人”等公益品牌活动，累计发放慰问金13万元。

（靳立超 郑 飞）

编辑 校对 刘小笋

社会生活

人口家庭

【出生人口】 2022年，泰安市常住人口540.1万人，出生2.4万人，其中一孩8291人、二孩1.19万人、三孩及以上3793人。出生率4.4‰，自然增长率-1.75‰，出生人口性别比112，人口出生统计合格率98%，人口监测覆盖率100%。

（李先虎　宋洪孟）

【家庭状况】 2022年，泰安市有家庭户194.32万户、集体户6693户，家庭户人口551.36万人、集体户人口8.64万人，平均每个家庭户人口2.84人。

（鲍怀晓）

【生育支持配套体系建设】 2022年，泰安市加快生育服务管理改革步伐，按照“一次办好”要求，简化办理流程，对符合三孩生育条件的群众落实首接负责和审核承诺制度。优化生育环境，推动落实“三孩”配套政策，印发《关于对符合国家二孩、三孩生育政策家庭给予购房补贴的通知》等政策规定。落实独生子女父母奖励扶助政策，全年发放奖励扶助和特别扶助金2.34亿元。计划生育特殊家庭实现联系人制度、就医绿色通道、家庭医生签约服务“三个全覆盖”。省属困难、破产、改制企业1040名退休人员一次性养老补助2332万元全部拨付到位。为108名市属困难、破产企业退休独生子女父母发放一次性养老补助金205.29万元。失业无业退休人员按照“城镇其他居民”口径，全部纳入户籍地财政统筹。

【生育健康与服务】 2022年，泰安市开展优生优育健康教育，组建泰安市第二届优生优育指导专家队伍，开展宣讲活动813场次，受众3.64万人次。开展家庭健康促进主题活动171场次、青春健康教育活动158场次。新增青春健康俱乐部7家，山东第一医科大学（泰安校区）、泰山职业技术学院、泰山科技学院、泰山护理职业学院4所驻泰安高校中标中国计划生育协会青春健康教育项目。推进“暖心家园”建设，肥城市、泰山区分别被中国计划生育协会、山东省计划生育协会确定为2022年度“暖心家园”项目点。走访慰问暨救助计划生育困难家庭2258户，发放救助金139.35万元，向全市4000余户计划生育特殊家庭赠送洗衣露。开展“金秋助学”活动，帮扶困难计划生育家庭学生476名，发放慰问金66.09万元，向特困计划生育家庭学生赠送“生育关怀——金秋助学”意外伤害保险198份。为5663人办理失独（伤残）家庭住院护理补贴保险98.3万元；计划生育家庭意外伤害保险参保44.7万人、金额961.22万元。

（李先虎　宋洪孟）

【婚姻登记服务】 2022年，泰安市继续做好结（离）婚登记“跨省通办”试点工作。泰山区、宁阳县被省民政厅和省大数据局确定为婚姻登记信息数据质量提升试点县（市、区）。自2022年12月起，实现“婚育户”一件事服务事项联办。至年末，全市有婚姻登记机构6个，全年依法办理结婚登记1.77万对，其中涉外及华侨、港澳台居民登记结婚11对；办理离婚登记4780对。

【婚俗改革】 2022年，泰安市民政部门指导泰山区民政局继续做好婚俗改革试点工作，推广泰山区上高街道岔河村“点线面”工作法，简化婚礼流程，“一堂一廊一广场”做法被群众广泛接受。指导各县（市、区）、功能区开展主题颁证仪式和婚俗文化宣传活动。举办“一世姻缘·情定泰山”七夕新人集体颁证活动，引导广大青年树立正确的婚姻观。

【收养登记】 2022年，泰安市有收养登记机关7处，其中市级1处、县级6处。全年依法办理儿童收养登记24件，全部为中国内地收养登记，登记合格率100%。

【殡葬管理】 2022年年底，泰安市有殡葬服务机构12个，其中殡仪服务中心6个、经营性公墓6个；职工283名。全年发放惠民殡葬补贴1299万元。年内，全域推广深埋还耕、深埋造林、树葬公益林等节地生态安葬新模式，完成新建、改扩建公益性公墓241处。推进丧俗改革，引导群众文明节俭治丧。推进殡仪馆管理服务“七化一体”（聚焦场所设施完备化、队伍素质专业化、收费行为标准化、服务制度严格化、遗体接收规范化、管理方式信息化和安全管理常态化7个方面一体提升）提升专项行动。举办全市红白理事会骨干成员示范培训会议，推广6个村（居）的典型做法，培训红白理事会成员 4000 余人。做好清明节安全祭扫服务保障工作，通过各种媒体刊发报道 70 篇，文明安全祭扫蔚然成风。（张公喜）

就业创业

【就业状况】 2022 年，泰安市新增就业 4.96 万人，泰安市被省就业和农民工工作领导小组办公室评为“促进就业工作先进地区”，并给予 500 万元的就业补助资金奖励。

【创业带动就业】 2022 年，泰安市人社局印发《“创业泰山·乐业泰安”建设 2022 年攻坚行动方案》，组织开展公益性岗位扩容提质行动、大学生就业创业推进行动、乡创助推乡村振兴行动和职业培训质量提升行动等 12 项攻坚行动。举办第八届泰安市创业大赛，青年创意组参赛项目获得省级决赛特等奖，创历史最好成绩。发放创业担保贷款 8.99 亿元。

【重点群体就业】 2022 年，泰安市人力资源社会保障部门开展 2022 年离校未就业高校毕业生服务攻坚行动、“就在泰安 安薪过年”专项服务等活动，保障大学生、农民工等重点群体就业。“就在泰安 安薪过年”专项服务活动的做法，被人力资源社会保障部《各地就业工作快报》作为稳就业保就业典型经验予以刊发。招募“三支一扶”工作人员 194 人。拓展见习基地 210 家，提供见习岗位 1.03 万个，2294 人参加就业见习，为 581 名见习人员发放见习补贴 258.84 万元。推进鲁（山东）渝（重庆）劳务协作，培训巫溪县农村劳动力 309 人，帮助巫溪县农村劳动力实现就业 1022 人。2022 年就业困难人员就业 5083 人，发放社保补贴 6384 万元，其中灵活就业社保补贴 1900.7 万元。帮扶就业困难人员就业“一件事”被省公共就业和人才服务中心列为省级试点。

【公益性岗位扩容提质】 2022 年 1 月 24 日，泰安市政府办公室印发《泰安市城乡公益性岗位扩容提质行动实施方案》，顶格推进公益性岗位扩容提质行动，成立以市委、市政府主要领导为“双组长”的工作领导小组，列入市政府为民办实事之一。将公益性岗位开发与黄河流域生态保护和高质量发展、城市文明创建、美丽乡村建设、基层社会治理、安全风险防控 5 项重点工作协同部署推进。提前 7 个月完成第一批城乡公益性岗位开发和上岗任务，全面完成第二批公益性岗位开发和上岗任务，全市两批次共上岗 3.31 万人，超额完成省分配任务，有关经验做法被省委《今日信息》推广。

2022 年 5 月 25 日，市人力资源和社会保障局到泰山学院进行高校毕业生就业创业政策宣讲（孟庆涛 供）

【职业技能提升】 2022 年，泰安市人力资源社会保障部门围绕就业重点群体，聚焦乡村振兴，结合就业形势和岗位需求，因人施训、因需施训、因技施训，开展补贴性职业技能培训 6.44 万人次，发放培训补贴 405.94 万元。加强创业培训从业人员队伍专业化建设，举办创业培训讲师培训班 2 期，55 人取得创业培训讲师合格证，落实创业师资培训补贴 9.9 万元。1 名创业培训讲师在第三届马兰花全国创业培训讲师大赛全国总决赛中获得第 6 名成绩。

【就业服务优化】 2022 年，泰安市人力资源社会保障部门组织开展春风行动等各类招聘活动 356 场，提供就业岗位 10.6 万个。实施“百家人力资源服务机构进校园”系列活动，线上在“泰山集结号”微信公众号设立“泰安人力资源服务机构发布——有职等你来”活动专区，组织人力资源服务机构发布招聘信息。打造人力资源服务业品牌，印发《泰安市人民政府关于加快推进新时代人力资源服务业高质量发展的实施意见》，创新提出打造“泰山伯乐”人力资源服务业品牌。中国泰山人力资源服务产业园被确定为省级人力资源服务产业园。泰安市被省就业和农民工工作领导小组评为 2022 年度促进就业工作先进地区。（孟庆涛）

【劳动关系和谐】 2022 年，泰安市人力资源社会保障部门推进“和谐同行”企业培育共同行动，打造“和谐同行·安如泰山”和谐劳动关系创建品牌和工作新模式，22 家企业、2 个工业园区被认定为省级劳动关系和谐企业、园区，石横特钢集团有限公司被评为全国和谐劳动关系创建示范企业。《中国劳动保障报》以《山东泰安——和谐同行 安如泰山》为题对泰安市和谐劳动关系建设工作经验做法进行专题报道。推进新就业形态劳动者权益维护，《泰安市新业态劳动用工情况调研报告》获第八届（2021

2022年9月15日，泰安市维护新业态劳动者权益现场观摩会在泰山区召开。图为与会人员在泰山区速恒物流园参观 （张 娜 摄）

年度）山东省人力资源社会保障优秀科研成果三等奖。9月15日，在泰山区召开全市维护新就业形态劳动者劳动权益现场观摩会，现场观摩外卖红心驿站、快递物流、电商直播等新业态企业发展情况。对全市309家劳务派遣单位组织评价，有29家单位按照评价标准要求达到A级水平，并上传全国信用信息共享平台。

【劳动监察】 2022年，泰安市落实工程建设项目实名制管理、按月足额发放农民工工资、工资保证金制度要求，督促项目单位及时与每名农民工签订劳动合同、实名制考勤、上传平台，加强对工资专用账户、银行平台代发的监督管理，确保全市每一个在建工程项目做到“应纳尽纳”，每一名农民工“应录尽录”，每一名农民工工资“应发尽发”。每月10日起，调度通报全市在建工程项目拨款及代发情况直到完成代发。对未足额拨付人工费的在建项目采取停工、处罚等措施，确保农民工工资有钱发、足额发。编制《劳动保障监察法律法规汇编》，制作《劳动保障监察执法文书范本》，实现案件处置有据可依和执法文书规范统一。全年受理各类欠薪举报投诉案件9312件，其中全国根治欠薪线索反映平台案件4781件，累计为9421名劳动者追回待遇8627万元，协调办结率100%；累计为602个项目51.9万人次代发工资40.9亿元。在全省率先将监管平台人工费补足差额调整为按拨付计划足额拨付，全年累计拨付人工费45.3亿元，增长51%。

【依托全国一体化在线监管平台支撑根治欠薪试点】 2022年，泰安市推进依托全国一体化在线监管平台支撑根治欠薪工作试点任务，在全国4个试点市中率先完成项目链、劳动关系链、工资支付链等核心数据汇聚和上传工作，受到国务院办公厅电子政务办公室的表扬。开发建设“安薪泰山智慧监管平台”，实现与国家、省监管系统互联互通、业务协同，在全国试点工作现场会上作典型发言，有关经验做法被国务院根治拖欠农民工工资领导小组简报及《中国劳动保障报》、省委《今日信息》等推广。

（孟庆涛）

收入与消费

【事业单位工资管理改革】 2022年，泰安市探索建立适应泰安实际的公立医院薪酬制度，印发《泰安市深化公立医院薪酬制度改革实施方案》，从合理确定薪酬水平、完善内部薪酬管理体系、建立薪酬激励约束机制、健全考核评价机制、加强经费保障和资金管理等方面进行规范和明确。按照统一部署，自2021年10月1日起调整事业单位工作人员基本工资标准。规范事业单位奖励性补贴，除国家明确的单位（行业）、人员性质、发放标准外，应清尽清。

【企业工资分配机制】 2022年，泰安市完成企业薪酬调查工作，对584家样本企业进行薪酬调查。联合市三方4家（政府、企业、职工，人社局、总工会、工商联、企业联合会）印发《关于做好2022年集体协商工作的通知》《关于开展新业态行业集体协商集中攻坚行动的通知》，部署全市集体协商工作，选派40名集体协商专职指导员和工会业务骨干开展工作。印发《关于进一步做好技能人才薪酬分配指引工作的通知》，指导企业科学制定技能人才薪酬分配制度。10月，召开全市技能人才薪酬分配指引经验交流视频会议，泰安金融控股集团、石横特钢集团有限公司分别作交流发言。 （孟庆涛）

【居民人均可支配收入】 2022年，泰安市居民人均可支配收入35260元，增长5.2%。按常住地分，城镇居民人均可支配收入43435元，增长4.1%；农村居民人均可支配收入23149元，增长6.3%。城乡居民收入比由2021年的1.92降至1.88，城乡收入差距持续缩小。

工资性收入 全市居民人均工资性收入22596元，增长5.2%。其中，城镇居民人均工资性收入28968元，增长3.9%；农村居民人均工资性收入13155元，增长6.5%。工资性收入占可支配收入的比重达到64.1%，对全体居民收入增长的贡献率达64.2%。

经营净收入 全市居民人均经营净收入6525元，增长4.7%。其中，城镇居民人均经营净收入5683元，增长4.2%；农村居民人均经营净收入7773元，增长5.8%。经营净收入占可支配收入的比重为18.5%，是第二大收入来源。

财产净收入 全市居民人均财产净收入2130元，增长5.7%。其中，城镇居民人均财产净收入3372元，增长4.0%；农村居民人均财产净收入291元，增长8.2%。

转移净收入 全市居民人均转移净收入4009元，增长5.9%，增速在4项收入中最快，拉动可支配收入增长0.7个百分点。其中，城镇居民人均转移净收入5413元，增长4.6%；农村居民人均转移净收入1930元，增长6.9%。

【居民人均消费支出】 2022年，泰安市人均消费支出20193元，下降0.4%。其中，城镇居民人均消费支出24101元，同比下降2.4%；农村居民人均消费支出14404元，增长3.0%。八大类消费支出“二升六降”。全市居民人均食品烟酒消费支出5153元，增长0.5%；人均衣着消费支出1430元，下降2.1%；人均居住消费支出4265元，下降0.3%；人均生活用品及服务消费支出1525元，下降2.0%；人均交通通信消费支出2645元，下降0.1%；人均教育文化娱乐消费支出2659元，下降0.2%；人均医疗保健消费支出2063元，下降1.5%；人均其他用品和服务消费支出454元，增长0.5%。

【居民消费价格】 2022年，泰安CPI（居民消费价格指数）同比上涨1.3%，涨幅较上年扩大0.4个百分点。其中，服务价格下降0.3%，消费品价格上涨2.3%；食品价格上涨1.3%，非食品价格上涨1.3%。扣除食品和能源价格的核心CPI上涨0.2%。

从环比看，全年价格小幅波动运行。1月，受春节因素影响，CPI环比上涨0.3%；2—6月，春节因素逐渐消退，加之气温回升有利于生鲜食品的生产和运输，CPI运行总体平稳，各月涨跌幅均未超出0.3%；7月，高温多雨天气影响鲜菜价格上行，加之生猪产能去化效应逐步显现，猪肉价格较快上涨，拉动CPI上涨0.8%；8—12月，消费市场总体供需平稳，各月CPI涨跌幅均未超出0.3%。

从同比看，全年价格呈“两头低、中间高”态势运行。1月、2月，由于上年同期对比基数较低，CPI同比分别上涨0.6%和0.5%；3—5月，受多地散发疫情影响，CPI涨幅分别扩大至1.1%、1.6%和1.4%；6—9月，受高温多雨天气、猪肉价格回升等因素影响，CPI分别上涨1.5%、1.9%、1.8%、2.0%，涨幅进一步扩大；10—12月，鲜菜、能源等价格涨幅回落，影响CPI涨幅分别回落至1.5%、0.8%、1.1%。

全市八大类商品和服务价格呈“七涨一降”态势。其中，汽柴油价格高位运行，拉动交通通信价格上涨4.4%，涨幅较上年扩大0.4个百分点；衣着、生活用品及服务、其他用品及服务、食品烟酒、教育文化娱乐、居住类价格分别上涨2.0%、1.8%、1.7%、1.2%、0.4%和0.1%；医疗保健类价格下降0.1%。

全市食品价格上涨1.3%。1—3月，食品价格分别下降3.6%、5.1%和1.5%；4月起，食品价格由降转涨，在猪肉、鲜果价格上涨带动下，4—9月，食品价格涨幅总体呈扩大态势，由4月的0.7%扩大至9月的6.0%；10月、11月，鲜菜、鲜果价格走低，猪肉价格涨势放缓，食品价格涨幅分别回落至3.7%和0.4%；12月，受低温、疫情等因素影响，食品价格涨幅扩大至2.5%。食品中，随着生猪产能去化效应逐步显现，加之部分养殖户存在阶段性压栏惜售现象，猪肉价格呈现恢复性上涨态势，7月以来，猪肉价格由降转涨，由于上半年跌幅较深，全年猪肉价格仍下降5.6%；鲜果、鸡蛋、粮食价格分别上涨11.9%、7.7%和5.7%；10月中下旬以后，受多地疫情散发影响，鲜菜外运困难，全年鲜菜价格下降2.4%。

（赵　松　鲍海涛　杨现策　赵　超）

表50　2022年泰安市居民人均可支配收入、人均消费支出一览表

指标名称	全体居民		城镇居民		农村居民	
	当年（元）	增幅（%）	当年（元）	增幅（%）	当年（元）	增幅（%）
人均可支配收入	35260	5.2	43435	4.1	23149	6.3
工资性收入	22596	5.2	28968	3.9	13155	6.5
经营净收入	6525	4.7	5683	4.2	7773	5.8
财产净收入	2130	5.7	3372	4.0	291	8.2
转移净收入	4009	5.9	5413	4.6	1930	6.9
人均消费支出	20193	–0.4	24101	–2.4	14404	3.0
食品烟酒	5153	0.5	5852	–1.3	4116	3.4
衣　着	1430	–2.1	1891	–3.9	747	1.0
居　住	4265	–0.3	5168	–1.7	2929	1.7
生活用品服务	1525	–2.0	1723	–3.5	1230	0.3
交通通信	2645	–0.1	3183	–2.8	1849	5.3
教育文化娱乐	2659	–0.2	3235	–2.5	1805	4.1
医疗保健	2063	–1.5	2400	–4.3	1563	3.9
其他用品和服务	454	0.5	649	–1.3	167	4.4

表 51　2022 年泰安市居民消费价格指数（以上年为 100）

指标名称	累计比（%）	指标名称	累计比（%）
居民消费价格总指数	101.3	衣　着	102.0
食品烟酒	101.2	居　住	100.1
粮　食	105.7	生活用品及服务	101.8
鲜　菜	97.6	交通通信	104.4
畜　肉	96.0	教育文化娱乐	100.4
水产品	95.7	医疗保健	99.9
蛋	106.5	其他用品及服务	101.7
鲜　果	111.9		

社会保险

【养老保险】　2022 年，泰安市落实降低企业单位养老保险费率政策，惠及企业 2.53 万户、职工 49.73 万人，为企业减负 4.94 亿元；同步调整企业和机关事业单位退休人员养老金，惠及全市 35.2 万名退休人员。居民养老保险基础养老金最低标准每人每月提高 10 元，惠及全市 100.67 万名待遇领取人员。开展职工“退休一件事”集成服务，准确把握“退休一件事”目标任务，按照上级工作进度，密切配合，通过中台和医保、住房公积金等部门实现退休业务集成办理，主动向职工推送“电子退休证明”，提供个人隐私保护的人脸识别的查询功能，实现人社系统“退休一件事”按时上线。

（孟庆涛）

【医疗保险】　2022 年，泰安市抓好 2022 年市委、市政府为民要办的实事落实，将居民医保人均财政补助标准在原有基础上增加 30 元，提高到每人 610 元。实施全民参保计划，推进精准参保扩面，全市基本医疗保险参保 532 万人。落实医保帮扶对象参保补贴政策，全市为 19.3 万名困难群众资助参保，支出资金 5782 万元。实施医疗救助托底保障，开展医疗救助 29.1 万人次，支付救助资金 9908 万元。建立门诊特定药品保障机制，将部分国家医保谈判药品纳入泰安市门诊特定药品保障机制用药范围，支付待遇 1652 人次、426.7 万元。做好疫情防控医疗保障工作，累计上解疫苗资金 5.4 亿元，拨付接种费用 6328 万元，结算当地核酸检测费用 6251 万元。鼓励发展普惠型商业医疗保险，2022 年“泰安市民保”参保人数达 41.5 万人，累计赔付额达 5007 万元。

基本医疗保险　全市城镇职工基本医疗保险参保人数115.95万人；在职职工79.96万人、退休职工35.99万人，在职、退休比2.22∶1。年度职工医保基金预算收入49亿元，支出49亿元。参保职工住院24.15万人次，医保基金支付医疗费用20.05亿元；拨付个人账户资金20.38亿元；慢性病患者报销112.82万人次，医保基金支付4.03亿元；职工医保普通门诊统筹报销87.5万人次，报销医疗费用5.53亿元。

生育保险　全市享受生育保险待遇职工2.44万人次，生育和计划生育医疗费用医保基金支付4378万元，生育津贴支出总金额1.39亿元。

大病保险　2022年，泰安市按照人均90元标准，从医保基金中提取保费3.62亿元，为参保居民购买大病保险。全市职工居民大病保险原有特殊疗效药品支付政策调整为起付标准2万元，起付标准以上部分支付80%，一个医疗年度内每人最高支付40万元。职工医保大病保险按照每人每年100元从职工医保基金中划拨资金，将参保职工政策范围内住院个人负担费用合理纳入职工大病保险支付范围，起付标准2万元，支付比例60%，最高支付限额40万元，全年职工大病保险理赔2069人次，赔付 1069 万元。

长期护理保险　在肥城市先行开展居民长期护理保险试点工作，累计享受待遇3.1万人次，相关经验做法在中央电视台《晚间新闻》播出。2022年，全市享受职工长期护理保险人数102万人，支付长期护理保险待遇1460万元。

（庞文静）

【工伤保险】　2022 年，泰安市加强工伤认定管理服务，通过梳理申报材料，优化认定流程，完善认定规程，统一认定标准、政策口径，建立市县跨区域联动、联合调查取证等机制，提高认定效率。推进建筑工程按项目参保和基层快递网点优先参加工伤保险工作，1117 个建筑交通水利等工程全部按项目参保，并通过社保数据筛查、就业劳动关系数据比对等方式，推进全民参保计划。提高工伤保险三项定期待遇水平，2022 年调整一级至四级工伤职工伤残津贴、生活护理费和供养亲属抚恤金标准，惠及 5019 名职工及工亡职工供养亲属。

【失业保险】　2022 年，泰安市放宽失业保险申领期限，取消失业保险金 60 日申领期限；继续实施失业保险稳岗返还政策，大型企业按 50% 返还，中小微企业提高至 90%，并将社会团体、基金会、社会服务机构、律师事务所、会计师事务所等纳入返还范围。全年降低失业保险费 1.71 亿元、稳岗返还 1.48 亿元，稳定岗位 33.41 万个。

【公共社保服务】　2022 年，泰安市开展“社保政策你我他”宣传活动，开设《养老政策 100 问》专栏，采取长新闻、短视频、字幕问答等形式，依托电视、广播、微信公众号、视频号、抖音号、楼宇电视等平台进行多角度、长时间宣传。全年完成社保卡持卡 520.62 万张，电子社保卡签发 475.45 万人。深化社保卡“一卡通”应用，全市教育、民政、退役军人、工会等领域的 163 个单位通过社保卡“一卡通”平台发放 243 项惠民惠农补贴，累计 13.3 亿元，惠及 217 万人次。"12333"山东省政府办公厅抽查考核居全省前列，"12333"综合接通率全省排名第一，《中国劳动保障报》以《有事我来办，百姓齐点赞》为题报道泰安市做法。在全省率先推行"无证明社保"服务，将97项社保服务事项全部纳入"无证明"服务。升级建设养老保险全国统筹信息系统，做好各级业务经办人员培训，指导做好各类应急保障，系统切换工作平稳有序，各级实体服务大厅及线上渠道业务经办顺畅。市社会保险事业中心被省人力资源和社会保障厅表扬为企业职工基本养老保险全国统筹信息系统部省对接工作变现突出集体。通过开展"政策找人""社保政策宣传你我他"等专项行动，全市企业养老保险参保扩面3.12万人。开发社保电子档案应用系统，对社会保险业务经办产生的业务档案形成、积累、鉴定、归档、保管、利用、服务的全过程进行管理，实现档案电子信息和介质信息双交接。市社会保险事业中心被省人力资源和社会保障厅授予全省人力资源社会保障系统"优质服务单位"称号，社保服务窗口获全市"最美服务窗口""服务先锋流动红旗"称号。

【劳动能力鉴定】 2022年，泰安市完成922名工伤职工、428名因病或非因工伤残职工劳动能力鉴定。推出劳动能力鉴定"掌上"申报系统，在微信公众号开通劳动能力鉴定申报端口，工伤、因病或非因工伤残职工通过手机关注"泰安人社"微信公众号，点击"微服务—办事大厅—社会保险—劳动能力鉴定"，就可以实现填写信息、上传材料、提交申请的即时操作。为部分伤病情危重、无法到达鉴定现场的职工，开展远程视频鉴定服务，分两次通过远程视频方式为21名伤病情危重急需进行鉴定的职工进行在线鉴定。为19名伤情危重居家休养的工伤职工开通绿色通道进行入户鉴定。

【社保基金监管】 2022年，泰安市在上年建立违规领取社会保险待遇追讨、基金管理风险排查常态化工作机制基础上，实施社保基金安全警示教育常态化工作机制。开展全市社会保险基金疑点数据核查工作，部署核查企业养老保险、失业保险和工伤保险19大类、1794人、3.79万条疑点信息，追回涉及27人、47.90万元基金损失。针对审计检查发现问题，全年送达问题整改督办函4期，约谈县（市、区）有关领导1次，推动问题整改清零。搭建社保稽核内控系统，提升社保经办内控管理质效。畅通举报投诉渠道，开辟"12333"监督举报受理功能，优化微信端"社保基金监督举报平台"功能，公开举报专用邮箱，鼓励社会量参与监督。开展"社保基金警示教育月""社保基金安全教育宣传周"等活动，提升群众法治观念、安全意识和参与监督意识。构建人防、制防、技防、群防"四防"协同攻坚，提升社保基金管理质效水平。 （孟庆涛）

社会救助

【生活困难人员救助】 2022年年底，泰安市有城乡低保5.25万户8.6万人，其中，城市低保4310户6851人，农村低保4.82万户7.92万人；城乡特困人员2.41万人，其中城市特困人员266人、农村特困人员2.38万人；开展临时救助7991人次。全年支出社会救助金8.53亿元，其中城市低保资金5804.7万元、农村低保资金4.44亿元、城市特困人员救助供养资金496.1万元、农村特困人员救助供养资金3.35亿元、临时救助资金1114.8万元。年内，修订《泰安市最低生活保障管理办法》，出台《泰安市特困人员认定服务实施细则》《泰安市最低生活保障边缘家庭认定办法》。细化低保边缘家庭重病重残"单人保"政策，将低保边缘家庭"单人保"保障范围由一级、二级重度残疾人扩大到三级智力残疾人、三级精神残疾人；完善临时救助政策，全面取消急难型临时救助户籍地、居住地申请限制。

【社会救助标准】 2022年，泰安市提高城乡居民最低生活保障标准，城市居民最低生活保障标准提高到每人每月871元，比上年增长10.11%；农村居民最低生活保障标准提高到每人每月660元，比上年增长11.3%。提高特困人员基本生活标准，城市特困人员基本生活标准提高到每人每月1220元，比上年增长10.1%；农村特困人员基本生活标准提高到每人每月962元，比上年增长15.07%。提高特困人员照料护理标准，完全丧失生活自理能力特困人员照料护理标准、部分丧失生活自理能力特困人员照料护理、具备生活自理能力特困人员照料护理标准分别提高到每人每月678元、339元、201元。提高儿童类基本生活保障标准，机构养育孤儿基本生活费提高到每人每月2142元；社会散居孤儿基本生活费提高到每人每月1706元，事实无人抚养、受艾滋病影响儿童参照社会散居孤儿保障水平执行；重点困境儿童基本生活费提高到每人每月1198元。提高残疾人"两项补贴"标准，一、二级困难残疾人生活补贴提高到每人每月170元，三级、四级困难残疾人生活补贴提高到每人每月139元；一级重度残疾人护理补贴提高到每人每月170元，二级重度残疾人护理补贴提高到每人每月139元。

【社会救助体系建设】 2022年，泰安市成立由书记、市长任组长的"泰汇救"社会综合救助体系专班，强化统筹协调，会集12个部门37项政策实现制度衔接，建成"一库一中心五系统"（一个社会救助对象主题库，一个数据汇聚指挥调度中心，社会救助综合联动系统、社会共救系统、社会救助大数据分析系统、动态监测系统、居民经济状况核对平台）"泰汇救"社会综合救助服务平台。出台体系建设8个文件，县（市、区）、乡（镇、街道）、村（居）分别设立"泰汇救"服务中心、工作站、服务站，统一场所标识、规范工作职责、完善服务标准、强化队伍建设。"泰汇救"获评"山东省社会救助优秀品牌""全省社会救助领域优秀创新实践案例"。提升社会救助改革创新能力，泰山区多元化响应救助诉求实现弱有众扶、宁阳县分散供养特困人员社会化照护经验被省委改革办刊文推广，宁阳县经验被副省长孙继业批示肯定；全年有1个案例获评"全省社会救助领域优秀创新案例”、1个案例获评“全省社会救助领域优秀实践案例”、1篇论文获“全省民政政策理论研究成果二等奖”、2项成果入选“全省社会救助领域政策宣传优秀成果”、4个项目获评“山东省社会力量参与社会救助优秀项目”，获奖总数位列全省第一。肥城市完成全国困难家庭综合评估试点任务，在全省救助系统二十大联学会议上作典型发言；新泰市救助中心被评为全省县级社会救助服务中心示范标杆单位。

【流浪乞讨人员救助】 2022年，泰安市加大“互联网+救助寻亲”力度，持续推进落户安置、源头治理工作，提升流浪乞讨人员救助服务水平。全年救助837人，帮助22人寻亲成功。

【慈善救助】 2022年，泰安市加大慈善宣传和先进褒扬力度，8个单位（个人、项目）受第七届“山东慈善奖”表彰；发布“泰安慈善榜（2017—2021）”；市民政局联合市委宣传部对30个在全市慈善事业发展过程中作出突出贡献的先进典型进行通报表扬；以市委统筹疫情防控和经济运行工作领导小组名义，对132个在抗击疫情捐助工作中涌现出的先进单位和个人进行通报表扬。年底，全市有慈善组织68家，其中13家具有公开募捐资格、5家取得公益性捐赠税前扣除资格。全市慈善捐赠1.54亿元，慈善活动支出1.37亿元，连年保持增长。开展社区基金建设试点工作，全市共建立社区基金56只，募集慈善资金235.24万元，开展慈善活动13项，支出43.5万元，惠及各类困难群体1.5万人次。引导慈善力量应对突发事件，募集慈善救灾资金466.47万元并及时拨付灾区。（张公喜）

【教育救助】 参见《教育·教育管理》

【医疗救助】 2022年，泰安市实施医疗救助托底保障，对特困人员、低保对象、返贫致贫人口实施住院救助、重特大疾病医疗再救助、门诊慢特病救助。全市实施门诊救助23.34万人次，门诊救助金额1643.46万元，住院救助5.23万人次，支出资金8213.01万元，再救助778人次，支出资金51.5万元。将低保边缘家庭成员、返贫致贫人口、防止返贫监测帮扶对象纳入“一站式”救助范围，“一站式”救助金额占比在92%以上。（庞文静）

社会福利

【基本养老服务体系建设】 2022年年末，全市有养老机构126家、街道综合养老服务中心20家、社区日间照料中心231家、乡镇区域性综合养老服务中心70家、农村幸福院1008家、社区老年“幸福食堂”217处，养老机构床位2.04万张，其中护理型床位1.42万张，占比达69.77%。年内，市委、市政府将社区养老服务“四化联创”（设施标准化、功能综合化、运营专业化、服务精准化）提质增效工程列入为民办十件实事之一，建设“设施标准化、功能综合化、运营专业化、服务精准化”的社区养老服务设施，年内建成街道综合服务中心12处、社区养老服务站112处，完成年度任务的113%。12月29日，印发《泰安市基本养老服务清单》，涉及10个部门31项服务项目，细化服务内容及标准，明确牵头及责任部门。投资500万余元建设智慧养老管理服务平台，开通养老服务热线“（0538）5012349”，至年末已录入老人信息70万余人，累计服务8万余人次，服务办结率和满意率均达100%。实施《养老机构服务安全基本规范》《养老服务质量基本规范》等标准规范，委托第三方对养老机构、社区日间照料中心、幸福院开展等级评定，实行星级划分、规范管理。在养老服务单位普及消防、食品、特种设备、应急等安全知识，修订完善安全生产管理制度239个，制定应急预案226个，并定期组织演练。开展社区养老服务设施清查整治“三进”（进社会、进小区、进设施）行动，建立完善社区养老服务设施配建与住宅建设项目“四同步”（同步规划、同步建设、同步验收、同步交付使用）机制，社区养老服务设施配建达标率达100%。印发《泰安市市级养老服务专项资金补助项目实施方案》，市级在省级补助的基础上给予配套，发放护理型养老机构一次性建设补助、养老机构运营奖补、社区老年人日间照料中心、农村幸福院运营奖补、养老设施星级创建奖补。10月31日，市政府印发《关于加快推进居家社区养老服务发展的通知》，确定9条扶持奖励措施，明确按规定配建的养老服务设施免费提供给专业组织开展养老服务及其他优惠扶持措施。实施特殊困难老年人家庭适老化改造工程，对纳入分散供养特困人员范围的高龄、失能、残疾老年人家庭实施居家适老化改造，至年底，全市实施适老化改造4000余户。（张公喜）

【老年人优待政策】 2022年，泰安市落实老年人各项优待政策，在医疗机构设立“老年人优先”窗口和“老年人就医绿色通道”，全市公交车试行老年人刷身份证免费乘车。泰安市为全市1.68万名90～99周岁老年人发放高龄补贴2148.46万元，为450名百岁老人发放长寿补贴204.44万元。（李先虎　宋洪孟）

【残疾人福利】 2022年，泰安市残疾人“两项补贴”（困难残疾人生活补贴和重度残疾人护理补贴）保障标准提高10%。开展精神障碍社区康复试点工作，探索精神障碍社区康复服务模式，推广社区康复、居家康复的服务方式，帮助精神障碍患者摆脱疾病、融入回归社会。实现“两项补贴”资格申请“全程网办”“静默认证”，完善主动发现、告知机制，实现由“人找政策”向“政策找人”的转变。

【儿童福利】 2022年，泰安市享受儿童福利政策保障的孤困儿童2992人，其中机构养育孤儿33人、社会散居孤儿332人、事实无人抚养儿童1534人、重点困境儿童1093人，基本生活保障标准分别为每人每月2142元、1706元、1706元、1198元。建成市级未成年人保护中心1处、县级未成年人保护中心6处，乡镇（街道）未成年人保护工作站88处；在全市乡镇（街道）设立儿童督导员93名，村居（社区）设立儿童主任3790名，构建起市、县、乡、村四级未成年人保护工作队伍。

【经济困难老人老龄福利】 2022年年底，全市有经济困难老年人3.68万人，全年发放经济困难老年人补贴3825万元。印发《关于进一步完善经济困难老年人补贴制度的通知》，明确补贴标准和审批程序，建立主动告知机制、简化申报材料、优化审批程序，依托社会救助信息管理系统及时认定（审批）、动态维护、精准发放，做到应发尽发、应停尽停，杜绝重复发放、漏发错发等问题。

【福彩公益】 全年销售福利彩票4.15亿元，年增长3.6%，销量保持全省第8位；筹集公益金1.33亿元，其中地方可用公益金0.47亿元。安排各级彩票公益金支出7314.79万元，其中用于养老服务业发展4544.9万元、其他社会福利事业2769.89万元。

（张公喜）

住房保障

【棚户区改造】 2022年，全市列入省棚改计划项目2个1072套，全部开工；基本建成5156套，基本建成率达359%。年内累计争取中央和省级保障性安居工程专项补助资金1459万元，中央预算内资金6700万元。

【人才保障性住房】 2022年，泰安市落实"人才强市战略"部署，保障人才群体安居乐业。筹集748套人才房（公寓）参加"惠才团购"人才安居房活动，在"情系泰城、幸福安家"爱心回馈活动平台网上展示销售。全市落实人才保障住房6555套，其中在建3614套，分配入住2554套。

【保障性租赁住房】 2022年，泰安市制定《关于进一步完善住房保障体系的实施意见》，成立以市长任组长的住房保障工作领导小组，建立健全保障性租赁住房、公共租赁住房、住房租赁补贴"三位一体"的住房保障格局。开展经济适用房取得完全产权工作，实施公共租赁住房网上常态化申报，全市发放租赁住房补贴753户。加强动态管理，对公共租赁房租赁住房补贴协议到期家庭及时组织复审，清退违规和不再符合条件的租户，开展保障房动态入户普查6000余户。落实疫情防控期间减免租金助企纾困工作要求，共减免租金90.64万元。

【老旧小区改造】 2022年，全市老旧小区计划改造82个项目、1754栋楼、6.08万户、554.49万平方米，已全部完工。通过多维度监管、征求居民意见、严控质量安全、拓宽融资渠道，打造有亮点、有特色的老旧小区改造泰安模式。其中，泰山区松园小区在改造机制、改造内容方面创新实施"6+"举措，打造老旧小区改造"松园模式"，成功申报为住房和城乡建设部老旧小区改造联系点。全市既有住宅累计增设电梯242部，其中2022年投入使用60部。 （陈传奇）

2022年8月13日，全市住建领域打击整治养老诈骗专项行动推进会召开

（陈传奇 供）

【住房公积金管理】 2022年，泰安市实现住房公积金增值收益2.47亿元，1项创新经验获全省推广。

公积金增值收益 全市实现住房公积金增值收益2.47亿元，其中提取廉租住房建设资金2.19亿元；累计实现增值收益25.6亿元，累计上缴财政21.1亿元，其中累计上缴廉租住房建设资金19.7亿元。

住房公积金归集 全市住房公积金缴存63.66亿元，完成全年计划的147.35%，增长8.15%。累计缴存总额499.28亿元，缴存余额196.68亿元。全市缴存单位9271个，缴存职工52.84万人。

住房公积金提取 全市支取住房公积金36.26亿元，增长0.3%，累计提取总额302.6亿元。

住房公积金贷款 全市发放个人住房公积金贷款22.74亿元，完成全年计划的126%，下降31%，累计发放个人住房贷款285.45亿元，贷款余额161.40亿元。个贷率82.05%，逾期率0.04‰，远低于国家规定的1.5‰的控制标准。

归集扩面工作 强化政策宣传，对重点企业主动上门做工作，托清底数，明确归集扩面重点和催建范围。完善升级资金结算功能，为缴存单位提供多种公积金缴存结算渠道。推进自由职业者受益范围，取消自由职业者开户缴存公积金的户籍限制，规范自由职业者缴存基数和比例，住房公积金年度归集额首次突破60亿元。

惠民信贷 提高贷款额度上限至100万元；公积金贷款可贷额度与商业贷款余额之和提高至120万元；调宽月还款比至60%；下调首付比例降至20%，二套房降至30%。

阶段性政策 至年底，住房公积金缓缴降缴企业32家，缓缴降缴职工人数4296人，缓缴降缴金额1040.7万

2022年3月25日，“多孩”家庭新政策出台后，政务中心公积金窗口业务繁忙（周齐齐 供）

元。享受提高租房提取额度的缴存人数9810人，提取金额1.3亿元。受疫情影响的贷款职工不能正常归还公积金贷款的，不做逾期处理，不作为逾期记录报送征信部门。

服务效能　将商转公贷款“先解押，再过户，再抵押”的流程简化为“带押过户”，减轻职工买房的资金压力。加强信息联网，满足离退休提取条件的职工在家就可进行“免申即享，一键即办”业务办理。推行网上办理，开展预约服务、上门服务，推进“跨省通办”。

信息化建设　全国首创“网银汇金”，实现数据互联互通，在中国银行网上银行渠道呈现公积金业务专区，实现公积金单位汇缴等业务线上“一站式”办理。中心移动端服务事项全面迁入“爱山东”平台，接入省公积金“数字黄河链”，各种创新应用场景顺利开展，至年底，开通区块链账户374个，个人链上申领发行证明130张，出示107次。与12家银行合作，为缴存职工个人信用贷提供支持，累计授信2万人次，累计授信金额超20亿元。（周齐齐）

社区建设

【基层群众自治】　2022年年底，全市基层群众性自治组织3783个，其中，村委会3551个，村委会成员1.38万人（女性成员5161人）；居委会232个，居委会成员1232人（女性成员455人）。全市3551个行政村全部按照“四议两公开”（村党支部会提议、村“两委”会商议、党员大会审议、村民代表会议或村民会议决议，决议公开、实施结果公开）、232个城市社区按照“五议一备两公开”（社区党组织提议，社区“两委”联席会议商议，驻区单位、社会组织、有关职能部门联议，居民会议或居民代表会议审议，社区“两委”班子会议决议；街道党工委备案，决议情况和决议实施过程中的重要环节和结果向居民公开）程序进行决策，100%的村（社区）召开1次以上村（居）民会议、4次以上村民代表会议。各县（市、区）均以正式文件的形式出台村（社区）、乡镇（街道）议事协商目录。8月，全省基层议事协商推进会在泰安市召开。开展村务公开工作专项整治行动，发现、整改问题34个。全市所有县（市、区）均以正式文件的形式修订完善《村务公开目录》，提前完成省深化改革委员会确定的重点改革任务。9—11月，指导各县（市、区）、功能区出台《村民委员会调整标准》，推进村级建制调整工作。村（居）委会下设的人民调解、治安保卫、公共卫生等委员会实现100%全覆盖。

【社区治理体系建设】　2022年12月9日，泰安市委、市政府印发《加强基层治理体系和治理能力现代化建设的实施意见》。全市城市社区专职工作者达到5122人，平均每万名城镇常住人口14.7人，社区工作者“3岗18级”薪酬进一步落实。6月27—29日，在泰安城市党建学院举办全市城市社区工作者专题示范培训班。全市有2个县级社区服务指导中心、27个乡镇（街道）社区服务中心、3810个村（社区）服务站，城乡社区综合服务设施实现全覆盖。落实社区工作服务用房配建移交机制，累计移交社区服务用房112处、3.9万平方米，将112个新建小区全部纳入社区管理。8月，开展“新时代新社区新生活”服务质量提升行动。花园社区居民委员会入选全国先进基层群众性自治组织。

【社区治理创新】　2022年年底，全市有社区综合服务机构和设施3873个，城乡社区综合服务设施覆盖率100%。市内6个单位被省民政厅确定为全省基层治理创新实验区（点），其中岱岳区被确定为省级实验区，泰山区上高街道、肥城市新城街道被确定为街道级实验点，泰山区岱庙街道岱东社区、泰山区泰前街道嘉德社区、泰山区泰前街道科大社区被确定为社区级实验点。《全国社区建设部际联席会议简报》2022年第37期刊发《探索邻里共治 鼓励居民参与 山东省泰安市泰山区不断提升社区居民自治能力》、第41期刊发《山东省泰安市岱岳区深入推进村级议事协商》经验介绍。2022年6月，民政部官方微信及《中国社区报》刊发泰安市《抓队伍 优机制 强服务 不断提高社区治理水平》经验介绍。

【社会工作】　2022年，泰安市实施乡镇（街道）社工站“六有”（有阵地、有队伍、有项目、有制度、有保障、有示范）工程，全市88个乡镇（街道）社工站稳定运行，配备社工559名。涌现出宁阳县“365+N”（三级共创、六方联动、五项融合、N类资源共同参与）、泰山区“4+N”（1名专业人才+1个特色项目+1个社工站+1个社会组织+N名志愿者）、肥城市“两化一融”（实体化、本土化，服务基层治理融合发展）等社工站建设经验，有关经验做法在《中国社会报》《中国社区报》刊发。泰安市在全省乡镇（街道）社工站建设现场推进会上作交流发言。开展“齐鲁和谐使者”“泰山和谐使者”选拔推荐活动，8人当选齐鲁和谐使者，15人当选泰山和谐使者，为历届最多。全市2261人报考社会工作者职业资格考试，新增持证社会工作者438名，累计持证社会工作者1783名。

【志愿服务】 2022年3月1日，《泰安市志愿服务促进条例》正式实施，是省内第一个实现志愿服务立法的地市。实名注册志愿者111.6万人、志愿服务团体1.05万个，有标识的志愿服务组织达172个、志愿服务项目3.17万个，拥有服务时长的志愿者占比达52.4%。 （张公喜）

社会组织管理

【概况】 2022年年末，泰安市有社会组织总数3776个，其中，社会团体1447个、社会服务机构2314个、基金会15个；市本级社会组织1257个。市社会组织党委设党支部382个，其中功能型党支部370个，有党员1171名。全市等级社会组织81个，其中AAAAA等级社会组织7个、AAAA等级社会组织20个、AAA等级社会组织54个。 （张公喜）

【社会组织登记】 2022年，泰安市严格社会组织登记审查，强化审管联动，登记机关主动与业务主管单位或行业管理部门征求意见，落实党建责任和管理职责，年内市级新登记成立社会组织63个。推行民办非企业单位换证“无感”审批，依托数据共享和互联网技术，甄别即将逾期的民办非企业单位，对正常存续的主动提醒、主动办理，通过EMS双向免费邮寄证照及材料，“无感”完成整个审批过程，累计提醒46个社会组织完成换证。（于 铖）

【社会组织监管】 2022年5月23日，市民政部门联合市“两新”工委、审批局等9个部门出台《关于规范登记管理推动社会组织高质量发展的指导意见（试行）》，厘清部门职责边界，实行办理流程标准化，形成科学高效的会商机制。开展各项专项行动，全市打击整治非法社会组织9家，累计减免降低收费711.82万元，清除188家“僵尸型”社会组织，对市级81家未参加年报的社会组织作出行政处罚。发挥市、县、镇街、社区四级社会组织孵化平台作用，依托备案的社区社会组织达到5300余家。全市88个镇街实现“枢纽型”社会组织及党组织建设全覆盖。市、县两级财政列支240万元，用于扶持社会组织发展。在社会组织等级评估工作中，有34家社会组织被评为AAA及以上等级。实施社区与社会组织“牵手”计划。“社社联合”签订共建协议，助力城乡基层治理，推动实现共建共治共享。

【社会组织服务】 2022年疫情防控期间，泰安市160家社会组织捐赠物资折价800万元，参与基层疫情防控卡口、社区执勤的志愿者8000余人次。实施帮扶项目716个，筹集资金2723万元，参与人员2.5万人，32.9万人次受益。

【社会组织党建】 2022年，泰安市全面完成社会组织“两个覆盖”（社会组织党的组织和工作全覆盖）和“党建入章”（党的建设纳入社会组织章程内容），持续贯彻落实《关于加强全市基层党建工作的通知》，厘清51个市直部门社会组织党建职责，解决“四类社会组织”直接登记以后累积的552家无业务主管单位社会组织的党建隶属问题。全市1235家市管社会组织党组织单独组建率由上年的42%提高至66%。引导社会组织党组织参加乡村振兴、助力疫情防控等工作，全市有186家社会组织党组织参与疫情防控、700余家社会组织参与乡村振兴。（张公喜）

区划地名管理

【区划】 参见《市情概览·历史人文》

【县界检查】 2022年，泰安市检查县界6条，完成总长度约328千米的县界检查任务。经现场检查，6条行政区域界线清晰明确，无矛盾争议，所设界桩的实地位置与界桩登记表记录相符，周围地貌、地物、方位物无明显改变。联检小组召开边界建设联席会议，就界线联检、平安边界创建以及和谐走廊创建工作进行探讨，签订界线、界桩联检工作记录表和平安边界睦邻友好公约。加强界线界桩巡查指导，做好“山东省行政区域界线界桩管理平台”数据上报与维护工作。

表52 2022年泰安市道路命名、更名一览表

序号	走向	原名称	拟更名称	起　点	止　点	命名理由
1	南北	无	钟秀路	北天门大街	东天门大街	“钟秀”取自杜甫《望岳》“造化钟神秀”。以“钟秀”命名，既弘扬泰山精神，又具有钟灵毓秀，汇集天地灵气、神奇秀美、人才辈出之意
2	东西	无	安康街	龙潭路	世纪康城东侧	该路北侧为安康社区，南侧为泰安市妇幼保健院，以“安康”命名，既具有指位性，又寓意母子平安、身体健康，寓意美好

续表 52

序号	走向	原名称	拟更名称	起 点	止 点	命名理由
3	东西	无	奥源街	长城路	龙泉路	该条道路附近有奥源大厦，紧邻奥源时代小区，以“奥源”命名，指位性强，好找好记
4	南北	无	书院路	正阳门大街	龙泉小学南侧支路（凌云街）	书院是古代的教育机构，为修书、藏书、讲学的场所。该条道路位于龙泉小学东侧，龙泉书院小区西邻，以“书院”命名，具有指位性，好找好记
5	东西	无	凌云街	紫云路	龙腾路	该条道路位于龙泉小学南侧，以“凌云”命名，既体现登泰山而小天下的泰山文化，又寄托对学生们立下远大志向，勇攀高峰的美好希望
6	南北	无	基业路	正阳门大街	南天门大街	“基业”意指事业发展的坚实基础。该条道路贯穿基业尚城小区，以“基业”命名，既具有指位性，又体现高新区事业发展基础牢固，发展前景远大
7	东西	无	尚城街	龙潭路	基业尚城周边规划二路（基业路）	该条道路横穿基业尚城小区，以“尚城”命名，具有指位性，好找好记
8	南北	无	佳境路	嘉和街	泉河街	泰山有三处“渐入佳境”石刻，分别位于万仙楼北、斗母宫北、升仙坊北，指山中景色美不胜收，登山兴致愈发浓厚。以“佳境”命名，与已经命名的桃花源路、凤天路等相呼应，既弘扬泰山文化，又体现道路周边景色优美宜人
9	东西	无	广兴街	规划三路	长城路	“广”有广大、宽广的意思，“兴”有兴盛、兴旺的意思。该条道路位于中国物流产业园附近，以“广兴”命名，表达广聚八方客、一览天下才，物流产业兴旺发达的美好愿景
10	南北	无	金泉路	配天门大街	一天门大街	该条道路贯穿金水泉社区，以“金泉”命名，最大限度地突出本地的特点，具有指位性，好找好记
11	东西	无	春华街	金水泉社区规划五路（水云路）	龙泉路	该条道路位横穿金水泉社区。“春华”出自《三国志》：采庶子之春华。以“春华”命名，与秋实街相呼应，意为春天开花，秋天结果，展现生机盎然、繁花盛开、希望无限的美好愿景
12	东西	无	秋实街	金水泉社区规划五路（水云路）	龙泉路	该条道路横穿金水泉社区。“秋实”出自《三国志》：忘家丞之秋实。以“秋实”命名，与春华街相呼应，寓意辛勤耕耘而收获满满，体现周边人民期盼收获和对美满、优雅的高品质生活的追求和愿望
13	南北	无	水云路	中天门大街	一天门大街	该条道路位于金水泉社区内部，“水云”二字取自王维诗句“行到水穷处，坐看云起时”上下句各一字，既寄予无忧无虑、生活闲庭信步的美好愿望，又具有方位指向性，好找好记
14	东西	无	百子街	渠西路	胜利渠	该条道路位于原西百子坡村北侧，西百子坡村因人口旺盛而得名，被周围群众熟知。以“百子”命名，既含收获多多之意，又有强烈的指位性，对传承文化、守望乡愁具有积极意义

续表 52

序号	走向	原名称	拟更名称	起　点	止　点	命名理由
15	东西	无	海纳街	龙腾路	胜利渠	“海纳”为广泛采纳的意思，以“海纳”命名，体现高新区欢迎天下有智之士到高新区发展，对人才求贤若渴、包容接纳的态度
16	南北	无	和煦路	一天门大街以南、胜利路以东规划一路（百子街）	隆基街	宋词有“风暖莺娇，露浓花重，天气和煦”。该路地处胜利渠以西，春夏时节周边春光和煦、莺啼燕语，秋冬季节，雾气霭霭、宁静祥和。附近有泰城供热企业国电热电集团，在寒冷冬季如阳光和煦为市民送去源源不断的暖意
17	南北	无	文昌路	隆基街	利兴街	“文”寓意文采，“昌”寓意昌盛、繁荣。该条道路附近为新闻出版小镇，以“文昌”命名，既与“崇文”相呼应，又寄予对高新区文化昌盛、繁荣发展的美好祝愿
18	东西	无	韶华街	龙腾路	渠西路	“韶华”意指美好的时光、美好的年华。该条道路附近有多家企业，以“韶华”命名，寄予对高新区企业和年轻人只争朝夕、不负韶华、逐梦向未来的美好祝愿
19	东西	无	崇文街	龙腾路	渠西路	“崇”寓意尊敬、重视，“文”寓意文采。该条道路位于新闻出版小镇北侧，以“崇文”命名，既与“文昌”相呼应，又体现高新区崇尚文化、重视教育的精神理念
20	东西	无	泉上街	正威项目	篦汶路	该条道路位于原泉上村北侧，泉上村因有清泉两眼而得名，被周围群众熟知。以“泉上”命名，增强路名指位性，传承文化，守望乡愁，易识易记，方便群众
21	南北	无	龙泉路	迎胜路	北天门大街	该条道路为龙泉路延伸路段 2022 年 12 月，龙泉路变更起止点为：北起迎胜路，南至一天门大街
22	南北	无	灵芝路	迎胜路	东天门大街	该条道路为泰山区灵芝路（暂命名）延伸路段，建议沿用灵芝路
23	东西	无	尚佳街	长城路	龙泉路	该条道路为尚佳街延伸路段 2022 年 12 月，尚佳街变更起止点为：西起长城路，东至龙潭路
24	南北	无	启圣路	对臼街	东天门大街	该条道路为启圣路延伸路段 2022 年 12 月，启圣路变更起止点为：北起北天门大街，南至东天门大街
25	东西	无	水泉街	长城路	龙泉路	该条道路为水泉街延伸路段 2022 年 12 月，水泉街变更起止点为：西起长城路，东至龙潭路
26	南北	无	万境路	南天门大街	一天门大街	该条道路为万境路延伸路段 2022 年 12 月，万境路变更起止点为：北起正阳门大街，南至一天门大街。
27	南北	灵山大道	未来大道	东庄路	华丰路	寓意宁阳化工产业园未来发展空间无限
28	南北	华丰路	发展大道	葛石路	东庄路	寓意宁阳化工产业园实现高质量发展
29	南北	葛石路	创业大道	华丰路	乡饮路	寓意宁阳化工产业园是创业热土沃土
30	南北	乡饮路	启航大道	葛石路	泗店路	寓意宁阳化工产业园乘风破浪、扬帆启航

续表 52

序号	走向	原名称	拟更名称	起 点	止 点	命名理由
31	南北	东庄路	飞跃路	灵山大道	华丰路	寓意宁阳化工产业园突飞猛进、跨越赶超
32	东西	满庄河街	安康大街	北泉四路	北泉河街	寓意宁阳化工产业园平安、健康
33	东西	北泉河街	明升大街	南泉河街	满庄河街	寓意宁阳化工产业园政策清楚明了，排名步步高升
34	东西	南泉河街	堡头大街	满庄河街	故城河街	以堡头大街延伸命名，保证道路的一致性
35	东西	故城河街	恒信大道	南泉河街	石崮河街	寓意宁阳化工产业园信誉（诚信）永恒，广载企业
36	东西	石崮河街	平安大街	故城河街	赵王河街	寓意宁阳化工产业园生产平安，社会稳定
37	东西	赵王河街	开拓大街	石崮河街	蕴灵街	寓意宁阳化工产业园开拓进取、砥砺前行
38	东西	蕴灵街	奋进街	赵王河街	洸河街	寓意宁阳化工产业园不断奋斗进取，勇攀高峰
39	东西	汉马河街	图强街	洸河街	G342	寓意宁阳化工产业园奋力争先、奋发图强
40	南北	无	福源路	新都路	新矿路	因周边有福源小区而命名

【地名管理】 2022年，泰安市持续做好《地名管理条例》宣传贯彻工作。指导泰山区开展“深化乡村地名服务点亮美好家园”全国试点工作。以助推全市文旅发展、乡村振兴为主题，探索实施“地名+”文化创新工程，被评选为2022年度全省民政工作优秀创新案例。完成全市2.6万条全国地名信息库数据审核。做好城乡道路命名更名、设标工作，完成道路命名更名67条，设置道路标志牌974块。

【地名文化】 2022年，泰安市打造以岱庙为中心的泰安地名文化中轴街区，组织拍摄《守望地名》专题片，完成国家和省有关图书文稿编制工作。收集整理70篇地名文化故事、拍摄地名视频40个，其中11个作品在全省“喜迎二十大·探寻齐鲁地名文化”山东地名宣传片、微视频及黄河地名故事征集活动中获奖。

（张公喜）

老龄事务

【户籍老年人口】 2022年年末，根据泰安市第七次全国人口普查数据公报，全市60周岁及以上老年人口120.70万人，占总人口的22.06%，其中65周岁及以上老年人口85.49万人，占总人口的15.62%。至年底，全市有3.64万名老年人享受综合老龄补贴。全市支出老年福利经费4087.4万元。

【敬老活动】 2022年，泰安市以“敬老月”活动及春节、端午、重阳等节假日为契机，常态化开展敬老孝老活动。全年开展志愿助老服务活动1053次，举办走访慰问活动456次，慰问老党员以及贫困、失能独居、计生特殊家庭老年人8731人次，发放慰问金780万元。开展送温暖、解难事、办实事走访人数1.01万人次。

【老年人权益保障】 2022年，市卫生健康委开展关爱老人非法集资防范宣传知识、“国家反诈中心”App进社区等活动，受益老年人群达56万人，年内泰安市老年人法律援助工作站、岱宗公证处为贫困老年人减免援助费、公证费等费用12.6万元。泰安市为全市425名百岁及以上老人购买城乡居民基本医疗保险（个人缴纳医保），定期为百岁老人提供免费上门义诊健康管理。

【“银龄安康”工程】 2022年，泰安市持续稳步推进“银龄安康”工程，提高老年人群体的意外伤害风险应对能力，降低社会保障成本。全市实现保费2559.17万元，投保覆盖率36.21%；理赔金额2028.23万元，赔付率79.43%。

【全国老年友好型社区创建】 2022年，泰安市围绕老年人居住环境、日常出行、健康服务、养老服务、社会参与、智慧创新等需要，开展全国老年友好示范社区创建工作。泰山区财源街道后七社区、岱岳区粥店街道石蜡社区、新泰市羊流镇羊流社区被确定为“全国老年友好示范社区”。

（李先虎 宋洪孟）

民族宗教事务

【铸牢中华民族共同体意识】 2022年，泰安市召开市委民族工作会议，学习贯彻习近平总书记关于加强和改进民族工作的重要思想，全面落实中央、省委民族工作会议精神。与泰山学院联合成立泰安市铸牢中华民族共同体意识研究中心，开展理论课题研究，举办铸牢中华民族共同体意识培训班，召开铸牢中华民族共同体意识座谈会。组织人员挖掘泰山碑碣石刻、古建庙宇等文化资源，按照“3124N”（确立3个发力方向、编写1套讲解用词、打造2条体悟线路、搭建4个宣传平台、设立N个展

2022 年 8 月 31 日，以“花开齐鲁石榴红　团结奋进新时代”为主题的泰安市第 22 个民族团结进步宣传月活动启动仪式在肥城市举行，市委常委、统战部部长成丽（中）出席启动仪式　　（李金辉　供）

示区域）思路，打造铸牢中华民族共同体意识泰山教育基地。7 月 19 日，全省铸牢中华民族共同体意识示范创建试点工作推进会在泰安市召开。金兰休闲观光牧场被命名为山东省铸牢中华民族共同体意识教育实践基地，新泰市禹村镇被授予省民族事务委员会兼职委员单位互嵌式发展示范创建基地称号。

【民族团结进步创建】　2022 年，泰安市坚持把民族团结进步与乡村振兴、产业集聚结合起来，在新泰市禹村镇创建全省铸牢中华民族共同体意识示范试点区，在泰山区省庄镇岳庄村、东孙村等 6 个民族村连片创建乡村振兴共同富裕示范区，在肥城市凤凰村、升家庄村等 7 个回汉村连片创建乡村生态文明示范区，在岱岳区金兰奶牛养殖中心打造现代化牧场示范园，统筹推进“三区一园”创建活动。开展全市第 22 个民族团结进步宣传月活动，命名表彰首批 38 家全市民族团结进步“红石榴”品牌单位，打造民族团结进步“红石榴”主题公园，开通“民族团结号”城市公交专线和泰山景区旅游专线。泰山区被国家民族事务委员会命名表彰为第十批全国民族团结进步示范区。肥城市新城街道等 9 个单位被命名表彰为全省民族团结进步示范区示范单位、和美家庭、示范岗位，泰安市博物馆（岱庙）被命名为全省民族团结进步教育基地。

【民族村乡村振兴】　2022 年，泰安市持续实施少数民族帮扶工程，协调争取市级以上民族扶持资金 1439 万元，组织实施帮扶项目 34 个。泰山区省庄镇岳庄村、岱岳区满庄镇泥沟村、新泰市禹村镇卢家沟村、肥城市边院镇凤凰村被命名为全省乡村振兴示范民族村。5 月 26 日，全省乡村振兴示范民族村创建工作观摩会在新泰市禹村镇召开。金兰乳业农业产业化联合体被列入全省民族镇村产业化品牌集聚地培育名单。

【宗教中国化“泰安路径”探索】　2022年，泰安市创新搭建“六个平台”（红色教育、优秀传统文化学习、智慧化管理、讲经讲道、公益慈善和心理疏导矛盾调处平台），探索推进宗教中国化“泰安路径”。挖掘宗教场所红色文化、传统文化，命名宗教界优秀传统文化教育基地 5 处、宗教中国化教育基地 2 处、宗教界红色文化教育基地 3 处。泰山普照寺、泰山区岗上清真寺分别被命名为全省宗教界爱国主义教育点、红色文化教育点。

【宗教事务管理】　2022 年，泰安市采取基本信息公开化、日常监管制度化、精细管理网格化“三化”举措，加强宗教事务规范化管理，推进宗教工作三级网络、两级责任制落地落实。开展宗教领域“崇俭戒奢”主题教育和“四讲四看四比”（讲大局、看立场、比正气；讲戒律、看仪范、比修行；讲规矩、看法纪、比形象；讲担当、看作为、比贡献）活动。把全面从严治教工作列入宗教团体年度考核重要内容，确保管团体、管场所、管活动、管人员“四到位”。

【宗教公益慈善】　2022 年，泰安市打造“泰山同心·五教同行”慈善工作品牌，引导宗教界发扬优良传统，践行慈爱精神，在扶贫攻坚、捐资助学、助残救孤、文物保护等领域积极发挥作用。2022 年，全市宗教界累计捐款 100 万元。　　（李金辉）

编辑　校对　　王冠文

应急管理

应急管理体系建设

【应急预案体系建设】 2022年，泰安市印发《泰安市突发事件总体应急预案》，修订各级各类预案2327个。定期开展综合和跨专业救援技能培训、比武竞赛、联合演练，市级层面先后举办泰安市“使命——2022”处置森林火灾、城市防汛应急抢险救援、黄河滩区东平湖蓄滞洪区群众避险转移、危险化学品应急救援等实战演练，牵头筹办鲁中南协作区地震应急演练。在全省社会救援力量比武中，泰安泰山救援中心获得全省第六名成绩。

【应急救援指挥体系】 2022年，泰安市加强市、县、乡三级应急指挥中心建设，完善硬件设施，实现市与6个县（市、区）、4个功能区、88个乡镇（街道）应急视频指挥调度的互联互通。提升突发事件信息获取、指挥调度、视频会商、辅助决策能力，整合林业、气象、水利、交通、城管等14个主要涉灾涉险部门单位的数据资源2200余路，实现重点行业领域信息系统和视频图像系统应接尽接。

【应急救援力量建设】 2022年，泰安市加强专业应急救援力量建设。4月26日，印发《泰安市灾害事故应急救援补偿办法（试行）》；9月30日，印发《泰安市市级专业应急救援队伍管理办法》。加强森林消防、危化品、矿山等专业救援队伍和社会救援队伍建设，建成全省首支森林消防无人机大队，建有市级专业应急救援队伍9支，列入省级队伍序列3支。3月25日，印发《泰安市基层综合应急救援服务站建设行动方案》，建设完成基层综合应急救援服务站190处。提升森林火灾救援能力，泰山区域森林火灾应急能力建设管理中心、省森林火灾应急救援中心、泰安航空护林站相继建成投入运行。

【避灾安置场所】 2022年，泰安市提升应急避难场所实用能力，市政府印发《泰安市应急避难场所管理办法》，改造市体育中心应急避难场所，实施功能区调整、指示标识牌安装、应急厕所建设、应急水井建设。按照Ⅱ类城市应急避难场所建设标准，推动高新区凤凰河公园应急避难场所规划和建设，可覆盖周边小区20个、居民8万人，容纳应急避难2万人。全市已建立市级避难场所15处，县级应急避难场所65处，场所面积536万平方米，可同时满足357万人紧急转移安置需要。2月9日，印发《关于推进泰安市应急避难场所管理办法贯彻落实的指导意见》，将65处应急避难场所数据全部录入全国应急避难场所综合信息管理服务系统。

【应急物资储备】 2022年，泰安市开展冬春受灾困难群众救助工作，拨付中央救灾资金189万元，救助受灾群众1.12万人。推进灾害民生综合保险，2022—2023保险年度累计赔付金额363万元。10月28日，印发《泰安市自然灾害和事故灾难应急物资管理办法》，健全完善党委政府统一领导、应急等部门统筹协调、统分结合的应急物资保障体系，规范物资调拨、使用、回收等程序。

【印发《泰安市灾害事故应急救援补偿办法》】 2022年4月26日，市应急局、市财政局联合印发《泰安市灾害事故应急救援补偿办法（试行）》，对征用应急救援队伍从事灾害事故抢险救援的补偿作出明确规定。该办法的出台，为建立和规范征用应急救援队伍从事灾害事故抢险救援的补偿机制，保障灾害事故抢险救援工作提供根本遵循。 （田　野）

防灾减灾

【概况】 2022年，泰安市聚焦地质灾害、城市防汛、洪涝（台风）灾害等重点领域，组织开展全市自然灾害风险隐患排查。6月25日，印发《泰安市自然灾害救助应急预案》；编制《2022年泰安市黄河流域受灾群众转移安置工作方案》，确保受灾人员能够及时转移并得到妥善安置和基本生活救助。在爱琴海购物公园，举办“5·12”全国防灾减灾日集中宣传活动。泰安市全年共发生自然灾害3次，均为洪涝灾害。全市受灾人口7.01万人；农作物受灾面积4911.07公顷，绝收面积138.88公顷；倒塌房屋67间，严重损害房屋64间，一般损坏158间；直接经济损失6.81亿元。

【防汛抗旱】 2022年，泰安市在全省率先出台《关于进一步加强防汛防台风工作的意见》，明确各级防汛行政责任人101人、各类防汛责任人4676人，8位市领导担任重点防洪工程防汛责任人。举办全市防汛抗旱行政责任人培训班。对全市617座水库、

482 条河流、133 处地质灾害隐患点、466 个转移避险村庄、65 个低洼易涝区、142 处城区地下空间等 10 类防汛重点摸底排查，建立台账。提升城市排涝能力，采购每小时排水 3000 立方米的“龙吸水”1 台，争取省应急厅支持长臂挖掘机 1 台、每小时排水 1000 立方米的排涝泵车 10 辆。召开 5 次专题会议部署安全度汛工作，媒体公示 617 座水库安全度汛责任人，培训人员 2300 余人次。制定《泰安市水利局水旱灾害防御应急响应工作规程（试行）》，修订水库、河道、山洪灾害预案方案，开展演练 2700 余人次。开展汛前、汛期防汛检查，督促隐患整改到位。建立并调整专家库、专家组，实现汛前防洪隐患全部清零。及时会商、研判雨水工情，积极应对强降雨过程，启动水旱灾害防御Ⅳ级应急响应 4 次。做好“7·12”特大暴雨、台风“梅花”防御以及国庆强降雨过程的防范应对，实现人员零伤亡。

（田　野　赵春明）

【防震减灾】　2022 年，泰安市应急管理局完成 5 个预警基本（准）站转网和 64 个预警站点的地震预警项目试运行保障工作，组织召开周、月、半年地震趋势会商会 50 次。编制《启动地震应急响应后市领导分工》《启动地震应急响应后部门力量协同工作方案》，印发《防震减灾重点工作（2022—2030 年）工作方案》。完成房屋设施抗震设防信息数据采集和系统录入工程项目 368 个。在岱岳实验中学，组织开展校园地震应急疏散演练暨创建防震减灾科普示范学校现场观摩活动。

（田　野）

【气象防灾】　2022 年，泰安市印发《泰安市重大气象灾害预警叫应工作实施细则》，开展 22 次 174 人次重大气象灾害预警叫应服务，《泰安市生态气象公报》获市领导批示印发推广。服务汛期 8 次暴雨天气过程，无漏报重大天气过程预警信号，灾害性天气预警提前量达 125 分钟。台风“暹芭”影响期间，市气象局提前发布预警，开展市县联防会商 18 次，发挥气象防灾减灾第一道防线作用。与市应急局联合举办全市气象灾害预警防御知识培训班，在徂徕山林场开展雷电防护知识培训，汛期与市应急局联合值班值守。

（张　静）

2022 年 4 月 3 日，省委副书记、省长周乃翔（前排中）到泰安市调研森林防火工作，看望慰问消防救援人员　（王启明　供）

【地质灾害防治】　2022 年，泰安市组织各县（市、区）自然资源部门开展地质灾害隐患排查，加强汛期值班值守工作，值班人员 24 小时在岗，保证通信畅通、信息及时报送、响应及时。建立市、县、乡、村四级防灾减灾网络，指导县级自然资源主管部门重点关注 133 处地质灾害隐患点，逐点确定监测责任人和防灾责任人，逐点编制地质灾害防御预案。汛期，发布地质灾害黄色预警 6 次，指导开展转移避险 6 次，启用转移避险安置点 62 处，转移群众累计 1994 人次。

（王　健　张维康）

安全生产监督管理

【安全生产责任落实】　2022 年，泰安市完善市级党政领导班子成员安全生产职责清单、年度工作计划清单，9 月 26 日印发《市政府领导班子成员安全生产工作责任清单落实情况检查考核办法》，推动市政府班子“一岗双责”落实。落实国务院安委会 15 条措施和省“八抓 20 条”创新举措，11 月 16 日研究印发《市委、市政府关于进一步强化措施 完善安全生产治理体系 提升安全生产治理能力的实施意见》，12 月 30 日印发《关于强化市安全生产专业委员会职能 进一步做好重点行业领域安全生产工作的意见》。建立“三函一会”（工作督办函、风险提醒函、问责建议函，召开安委办主任会议）制度、事故调查处理“八个一律”［一律在第一时间控制事故发生单位负责人、实际控制人；一律责令事故发生单位停产、停工整改；一律召开全市行业现场警示教育会；一律由事故发生地县（市、区）、功能区主要负责人（市属企业由主管部门和单位主要负责人）在全市大会上作检讨发言；一律不允许任何领导在事故调查处理过程中为任何人说情打招呼；一律对相关责任单位和责任人依法依规从严处罚、从严追究责任；一律在全市范围内通报调查处理结果；一律在年度高质量发展综合绩效考核中，对发生较大以上事故的县（市、区）、功能区及市行业主管部门、监管部门予以扣分］工作要求，督促各方责任落实。2022 年全市安全事故起数、死亡人数持续保持“双下降”。

【安全生产隐患治理】　2022 年，泰安市部署开展“四位一体”（安全生产、作风建设、惩治腐败、扫黑除恶）深入推进安全生产专项整治三年行动、安全生产大检查、小微企业隐患排查整治“百日攻坚”等多个检查整治活动，累计排查整治隐患12.02万项。成立化工安全发展联盟，借助安全生产协会等公益团体制度优势和安全专家技术优势，实施抱团保安，完成焦化、氯化、精细化工等企业互查，诊断、发现、解决各类问题2300余项。开展地下开采非煤矿山精准整治执法检查，督促整改各类问题隐患2017项。对氯气使用、粉尘涉爆、涉氨制冷、冶金有色等企业实施精准整治，检查企业253家，整治问题隐患4100余项。培树山东大唐宅配家居有限公司、山东鲁能泰山矿业开发有限公司石膏矿、泰安中联水泥有限公司等省级安全生产示范企业6家和非煤矿山、机械、纺织等重点行业领域市级标杆企业16家。

【安全生产督导督查】 2022年，泰安市实行“市委常委包县（市、区）、功能区，分管市长包行业领域”制度，定期一线督导检查安全生产。市纪委、监委牵头成立督查组4个，开展安全生产责任落实情况专项监督检查。强化安全生产综合监管职能，在全省率先成立安全生产督查室，专职承担安全生产综合监管方面督导检查职能，破解安全生产综合监管力量不足问题。开展安全生产专项督导督查，市级组建综合督导组7个及危化品、道路交通、城镇燃气、自建房等领域专项督导组20个。帮助企业提升安全生产水平，采取“蹲点式”驻守和流动式监管相结合方式，向314家企业派驻驻点监管人员657人。鼓励企业员工参与安全生产举报，督促全市重点行业领域4366家企业设置有奖举报公示牌5764处，覆盖率100%。

【安全生产培训宣传】 2022年，泰安市开展安全生产开工“第一课”，实施全员定向安全生产大培训，累计培训近65万人次，举办全市安全生产专题培训班。“安全生产月”期间，开展“微课堂”、宣传“五进”等活动2200余场次。培训考试高危行业企业主要负责人和安全管理人员2910人次，特种作业人员2.77万人次。承办全省特种作业人员大比武活动，泰安市代表队获得团体一等奖。

【危化品安全监管】 2022年，泰安市完成危化品安全风险集中治理和三年行动收官任务，在全省率先探索建立“三线六点八面十二化”（大排查大整治守住一线、大调研大改进深入一线、大培训大提升走入一线，摸清本辖区内危险化学品企业的风险点、隐患点、重点监控点、弱点、盲点、交叉点，双重预防体系建设、安全制度建设、安全生产责任落实、安全教育培训、安全科技支撑、安全应急救援、安全文化建设、安全考核奖惩方面，危险化学品安全制度标准化、安全生产全员化、安全责任网格化、安全考核严格化、教育培训多样化、专家会诊经常化、研判分析长效化、问题治理精准化、安全科技实践化、安全文化主动化、应急处置科学化、自主管理常态化）的科学预防体系，组建化工联盟实施抱团保安创新举措在全省推广，参与《安全生产风险预控体系》研究获得全国安全生产科技进步二等奖。落实重大危险源“消地联合”督导检查，督促整改各类问题915项。全市460家加油站全部建成智能视频监控系统。组建危化品企业专业救援队伍7支，在瑞星集团股份有限公司组织完成全市危险化学品应急救援演练。做好烟花爆竹批发、零售企业经营、储存、运输、燃放等各环节的安全生产工作，建立全市烟花爆竹批发、零售单位布点规划台账，3月8日印发《泰安市烟花爆竹批发企业储存仓库安全管理规定》《泰安市烟花爆竹零售店（点）安全管理规定》。（田　野）

【矿业安全生产监管】 2022年，泰安市检查地质勘查单位11家、测绘单位44家，督促落实安全生产制度。强化矿产资源领域的监督管理，对全市66家生产矿山开展拉网式大排查专项行动（另有20家矿山因未建设或长期停产，未检查）。经排查，全市矿山没有发生超层越界现象，“三率”指标符合要求，资源开发利用、绿色矿山建设、安全生产等方面取得较好效果。2022年度，泰安市辖区内地质勘查单位均未存在重大安全隐患，未发生安全事故，地质勘查单位安全评级A级9家、B级2家。（王　健　张维康）

【非煤矿山安全监管】 2022年，泰安市编制《地下开采非煤矿山安全生产规范》，在全省率先提升地下非煤矿山安全生产标准，于2022年6月底，按新标准全面完成提升改造。年内，泰安市开展地下开采非煤矿山精准整治执法检查，采取专家会诊和政府购买服务“机构＋执法”模式，发现整改各类问题隐患82项，抽调26名专业监管人员对全市重点非煤矿山企业实行驻点监管，正常生产的地下非煤矿山企业全部建成井下人员精准定位和无线通信系统。加强尾矿库安全监管，督促企业严格按照设计进行施工，汛期严禁进行回采作业。督促企业接入省非煤矿山安全风险监测预警综合管理系统，并按要求接入企业44家。

【燃气安全】 2022年，泰安市建立城镇燃气安全排查整治工作协调机制，明确部门职责，加强部门沟通，建立会商研判、信息共享、联合执法等制度。推进燃气安全百日行动、瓶装液化气安全检查，开展燃气安全专项检查10次，检查燃气企业场站104次、检查燃气餐饮用户297家，督促整改安全隐患676处；建成全省首个“瓶装液化气综合管理系统”，实现燃气监管信息化。按照“四个全面清零、两个应改尽改”（灰口铸铁管道，运行30年以上管道，建构筑物占压，既有用户橡胶软管更换；经评估需要更新改造的管道，不满足安全要求的场站设施）原则，完成管道更新4.05万米，消除管道占压隐患19处，升级燃气场站11座，更换橡胶软管54万根。（李　燕）

【安全监督执法】 2022年，泰安市开展全市安全评价检测检验服务机构执业行为、涉爆粉尘行业、加油站专项执法检查活动3次。参与异地执法活动，迎接济南、潍坊两市异地执法组执法检查，问题隐患及时依法处置并跟踪复查。在全省率先完成应急管理综合行政执法改革任务。11月4日，泰安市应急管理综合行政执法支队揭牌成立；12月15日前，各县（市、区）执法大队先后组建揭牌。（田　野）

消防救援

【概况】 2022年，市消防救援队伍接处警6163起，抢救被困人员870人，助力全市疫情防控工作，完成中共二十大等重大安保任务。泰山消防救援站被省委宣传部授予“齐鲁时代楷模”称号，消防救援支队连续3年被市委、市政府记集体二等功，连续3年获全省先进党委、先进支队双优表彰。

【消防设施建设】 2022年，市消防救援队伍优化装备保障效能，编制《“十四五”消防装备建设规划》，全市消防救援队伍新增消防车、指挥运兵及保障车辆21辆，装备器材1.03万件套，增配基本防护、特种防护以及灭火、信通、救生、破拆、堵漏、洗消等装备器材，配备高精尖专业救援器材。推动建筑面积4500平方米的省森林火灾应急救援中心项目建设，完成队伍驻训并形成战斗力。提升全市综合性应急救援能力，完成中心调度指挥系统建设，建强消防移动综合管理平台。探索社会化保障模式，构建“统一指挥、专常兼备、资源共享、内外联动”的社会化联勤保障体系，拓宽战勤保障渠道，先后与9家大型物资装备生产企业签订战勤保障联勤联储协议，与4家知名企业开展科研合作。

【消防演练】 2022年，市消防救援队伍部署开展水域、地震等救援力量体系和能力建设，建设支队级防汛抢险专业队、抗洪抢险轻型机动力量专业队和站级救援分队，推动特种灾害专业救援队“一队多能”工作开展。部署全市森林队伍开展“大熟悉、大巡查、大演练、大测试、大评比”活动，消防支队被评为“全国先进支队级灭火救援指挥部”，被评为全国优秀支队指挥员1人、全国训练标兵1人。围绕“高、低、大、化”灭火救援难题，开展支队级演练6次，大队、站级演练1200余次。完成“2·19”济（南）泰（安）交界天马顶区域山林火灾、“5·28”泰安金冠宏食品科技有限公司在建冷库火灾、“7·12”下港镇强降雨泥石流处置等急难险重任务。泰安市消防救援支队在全省消防救援队伍岗位练兵比武考核中，取得全员体能达标全省第二名、总成绩全省第二名成绩。

【森林防灭火】 2022年，泰安市将市森林草原防灭火指挥部调整至市应急部门。对重点林区实行“网格化”“战区化”管理，实行市、县、乡、村四级“林长制”，抽调10个市直部门包保泰山、徂徕山等八大重点林区。推进森林防灭火百日攻坚、野外火源治理和查处违规用火行为、林区输配电线路隐患排查整治3大专项行动，抓好春节、元宵节、清明节、“五一”、国庆节以及中共二十大等重要节假日和关键时段的管控防护。6月19日，修订印发《泰安市森林草原火灾应急预案》，将“天眼护山”林火视频监控系统、森林火情卫星应用系统接入应急指挥中心。森林防火紧要期，组织相关部门实行24小时联合值班备勤。年内，泰安市投资2300万元，建设林区道路22.3千米，清理林下可燃物1.2万公顷，改造新建林火阻隔带1430千米。投资710万元，新建蓄水池18个、水管网26千米、消火栓195个。全市2800余名专兼职、季节性护林员开展网格化立体式巡查巡护。投入880万元，推进全市森林防灭火物资装备更新换装，新配备运兵车等12辆，风力灭火机、水泵等灭火设备及防护物资9800余件（套）。泰安市先后在全省森林草原防灭火视频会议、全省自然资源系统森林草原防火视频会议上作典型发言。泰山景区被表彰为全国森林防火工作先进单位。（田 野）

【消防综合监管】 2022年，市消防救援队伍加强综合监管，召开消防工作会、基层消防力量建设、冬春消防安全等会议，成立消安委和消防工作站，出台《关于加强基层消防力量建设和火灾防控工作的实施意见》《泰安市火灾事故调查处理规定》，推广《泰安市社会单位消防安全标准化管理工作指引》检查，开展物业领域、医疗机构等专项行动8个，组织学校消防安全标准化管理工作现场观摩会、大型商业综合体消防安全标准化建设现场观摩会。落实“以火治火”工作机制，组织警示约谈32次，现场观摩9次，免费发放独立烟感报警器1万个。

【消防队伍建设】 2022年，市消防救援队伍落实《学习宣传贯彻党的二十大精神意见建议》，常态化推进听宣讲、读报告、谈收获等系列配套活动。发挥党旗、国旗、队旗、“泰山卫士”锦旗4面旗帜的政治功能，连续11年组织“泰山卫士”授称系列庆祝活动，连续10年举办“泰山卫士”杯竞技比赛。印发《安全工作“三色”评估管理制度》《政府专职消防员日常管理制度汇编》等文件，开展“整治突出问题、筑牢安全基础”专项攻坚行动。编制完成《城市消防专项规划》《“十四五”消防装备建设规划》，完善森林火灾应急救援中心、战勤保障大队、森林消防大队、无人机分队4支“拳头”力量。列装执勤消防主战车、指挥保障车21部，特种机器人7台，配发基层一线装备器材1万件。

【消防宣传教育】 2022年，市消防救援队伍开展“消防志愿暖冬行动”“消防常识线上学”“消防安全进万家”等“119”主题宣传活动，在“3·15”国际消费者权益日、全国防灾减灾日、安全生产月等重点时段时节开展大型消防宣传130场次。排查居民家中消防安全隐患，向3200个家庭送出消防安全知识“大礼包”。组建志愿者队伍14支，征集志愿者10.3万名，开展“面对面”消防宣传748次，受教育群众13万人次。组建消防宣讲团8支，开展消防宣教“十百千”活动，培训8914家社会单位1.41万人，培养消防安全明白人4588人，在人员密集场所张贴宣传海报9万份。开展第二届中小学生消防知识竞赛，参与人数21万人，发放教育手册、读本12万册。建成科普教育基地7家，其中3家基地分别被评为山东省一级、三级科普教育基地。全年在中央级媒体发稿133篇、省市级媒体发稿486篇、各类新媒体平台发布信息6078篇，制作播出专题节目32期，推送各类新闻素材430条。（刘爱红）

编辑 校对 王 巍

县（市、区）发展

泰山区

【概况】　泰山区为泰安市辖区，位于泰安市中部，东西南三面与泰安市岱岳区搭界，北部与济南市历城区、长清区毗连。因境内泰山而得名。全区总面积337平方千米，辖5个街道、2个镇。

2022年，全区实现生产总值519.46亿元，增长3.6%；居民人均可支配收入为48128元，增长3.9%。其中，城镇居民人均可支配收入为49467元，增长3.1%。农村居民人均可支配收入为24295元，增长6.3%。固定资产投资增长21.2%；全区实现社会消费品零售总额249.5亿元；全部工业实现增加值81.1亿元，增长4.6%，规模以上工业（全年主营业务收入2000万元以上的工业企业）增加值增长-2.5%；外贸进出口额列全市第一位；实际利用外资列全市第二位。实现一般公共预算收入28.4亿元，税收占比88.04%；实际利用外资1.1亿美元，列全市第二位。引进金融保险机构6家，新增市级上市种子企业5家，上市签约企业3家，12家企业在区域性资本市场挂牌。

发展现代产业，实施500万元以上技改项目84个，制造业技改投资增长31%，96个项目列入省重点技改、技术创新、数字经济重点项目库。新增国家级“专精特新‘小巨人’”企业5家，省级“专精特新”中小企业18家，省级“瞪羚”企业5家，省级制造业单项冠军示范企业4家，山东省高端品牌培育企业11家，山东省首版次高端软件产品6个，省级工业设计中心3个，均居全市前列。积极发展跨境电商、现代物流、工业设计、软件研发、检验检测、现代金融等支柱产业。规上服务业营收、现代服务业增加值分别占全市的37.6%、31.1%。泰山信息科技有限公司等5家企业入围“山东民营企业100强系列榜单”。全区建设开通5G站址1151个。市级以上农业龙头企业达到73家，其中国家级2家、省级7家。建成泰山茶、味之源、赫蔚煊等农业重点项目25个。

建设生态农业，高标准完成水土流失治理300公顷，水毁工程修复9处。实施大汶河提升改造工程，安家庄水土保持科技示范园被评为国家级示范园。优良天数比例、$PM_{2.5}$改善率均居全市前列。河道排污口、黑臭水体、低洼易涝地区有效治理，梳洗河、双龙河、唐庄河水质显著提升。土壤环境持续改善。6个村被命名为省乡村旅游重点村、省级景区化村庄，福憩泰山被授予省旅游民宿集聚区，吾悦欢喜街入选省级夜间文旅消费集聚区。泰山区被民政部确定为“深化乡村地名服务　点亮美好家园”试点区。

拓展城乡建设发展，开工城中村12个，面积130万平方米，安置房9062套，完成投资47.7亿元。蚕子峪、北上高等5个村实现回迁。投资13.05亿元实施老旧小区改造，涉及片区47个、小区267个、面积435万平方米、4.8万户。加快“两区两带”乡村振兴示范区建设，新增省级“十百千”示范创建镇1个，省级示范乡镇达到2个、示范村达到8个，北部山区列入省级乡村振兴示范区，入选全省齐鲁

2022年6月1日，山东省首家“助力大学生就业创业税费服务站”在山东农业大学成立　（杨　扬　供）

2022年6月11日，“2022惠享泰安消费年”暨泰山区百万消费券发放启动仪式举行　　（司刚　摄）

样板典型案例。完成22个村内自来水管网改造提升，改善近3万人饮水安全问题。建设农村公路65.6千米，省道103支线、青年路、双龙路、谢过城大街工程加快推进。

发掘新动能，泰山数谷产业园招引入驻企业126家，营业收入达到26亿元。实施项目建设“5655”（50个新开工项目、60个续建项目、50个储备项目、50个竣工项目）计划，开展“三提六快”（提升项目推进实效，提升月调度、季考核、半年观摩、年终总评项目调度考核实效，提升土地规划、能耗、环评、资金等要素保障服务实效；促进重点项目快策划、快签约、快开工、快投入、快纳统、快扩规）百日攻坚行动。列入省、市重大实施类项目45个，策划储备过亿元项目248个，争取地方政府专项债券项目25个，资金达41.93亿元，对上争取资金13.5亿元。158家企业参评入库国家科技型中小企业，创新50强企业达到14家，8家企业获评全省首批科技“小巨人”企业，自主申报入选国家级、省级重点人才工程人选3人，引进外国专家14名。成立招商引资项目论证委员会，新引进过亿元产业项目41个，合同引资额213.6亿元。水发绿色能源股份有限公司、中国铁工投资建设集团有限公司山东分公司等5家区域总部落户泰山区。

民生支出占一般公共预算支出的76.5%，为民所办10件实事全面完成，发放创业担保贷款1.28亿元，安置城乡公益性岗位2048人，新增就业7920人，超额完成年度计划。全面实施全民参保计划，养老、失业、工伤参保43.61万人，为8.59万人发放社会保险待遇12.9亿元，基本医疗保险覆盖率达到98%。成立4大教育集团，创新推动教育培训“5+1”模式（将教师队伍划分为“新教师、青年教师、卓越教师、专家型教师、教育系统先模人物”5个层级分别制订实施方案，设计培训内容，分学科、分学段、分主题推动全员培训）。开展乡村文化演出活动1500余场次。75个城市社区推行“一窗受理、全科服务”新模式。改扩建社区卫生服务中心2家，建设智慧化预防接种门诊4家。创建全国示范型退役军人服务中心74个。

2022年，泰山区获得全国科普示范区、国家知识产权强县试点县（区）、全国民族团结进步示范区、省级法治政府示范区、山东省人才工作表现突出单位等称号。农村产业融合发展示范园被评为第三批省级示范园，省庄镇被评为全国“一村一品”示范镇，泰山区智慧社区平台项目获第二届中国新型智慧城市创新大赛一等奖，大官庄社区、岳麓社区分别被评为国家级、省级综合减灾示范社区，区工商联被评为全国“五好”标杆县级工商联，区总工会被评为全国工会财务会计工作先进单位，区妇联被评为山东省“三八红旗集体”。

【泰山区获评全国科普示范区】 1月19日，泰山区被中国科学技术协会命名为2021—2025年度第二批全国科普示范县（市、区）。泰山区加大科普示范社区软硬件建设力度，发挥现代科技馆体系独特作用，引领全区科技工作者，推动常态化科技志愿服务，打造一批规范化、规模化、样板化社区科普品牌，探索出以科普大篷车、流动科技馆、社区科普场馆、农村中学科技馆为核心的订单式科普“大餐”，保证科普工作有场所、有阵地、有活动、有实效，有效满足大众科学需求。依托科普场馆、新时代文明实践站、党群服务中心，联合街道、社区（村）、学校、企业等载体，采取“多点开花”“化整为零”“精准对接”方式，开展系列科普主题活动。至年底，泰山区科普活动覆盖面达到常住人口的85%以上，全区具备基本科学素质的人口比例达到13.5%以上。

【智慧社区平台项目获得第二届中国新型智慧城市创新大赛一等奖】 12月21日，在第二届中国新型智慧城市建设峰会上，泰山区智慧社区综合管理平台获得第二届中国新型智慧城市创新应用大赛“智胜奖”（一等奖）。智慧社区平台的使用群体分别是政府、物业、居民、商家，在建设时，以不同“使用者”作为切入角度，梳理不同群体间的需求关系，按照使用角色不同，打造平台展示端、政府管理端、物业平台端、物业移动端、居民移动端5种应用场景，与市级一体化综合指挥平台贯通，兼顾街道、社区、物业、居民应用需求。平台有慧自治、慧民生、慧养老、慧生活、慧健康、慧文娱“六慧”特色应用。平台对接大数据局一体化平台、卫健委健康大数据平台、行政审批局“泰好办”政务平台、市场监管局“明厨亮灶”监管平台等30多个系统平台，实现数据共享互通。至年底，该平台共享导入数据100万条，形成较为准确的、可双向共享的社区基础信息数据库。为实现“精细化治理＋个性化服务＋类型化供给”，泰山区在打造区级信息管理平台的同时，在街道层级优化服务信息二次归类，链接对应职能部门，实现服务供给分流；在社区（村）层级实现线上线下居民服务信息入户采集、在线留言、活动预约、线上政务服务等；在物业层级实现在线报修、物业缴费、打分评价；在居民端提供基于“六慧”的便民服务。至年底，泰山区智慧社区综合管理平台项目完成数据对接等工作，进入培训推广阶段。

【工商联获评全国“五好”标杆县级工商联】 7月19日，泰山区工商业联合会获评全国“五好”（领导班子好、会员发展好、商会建设好、作用发挥好、工作保障好，下同）标杆县级工商联，在全市县（市、区）工商联综合评价中获得一等奖。围绕争创全国“五好”标杆县级工商联，泰山区工商联加强政治引领，凝聚思想共识，打造“联心筑梦、同心向党”理想信念教育品牌，开展“喜迎二十大、民企心向党”诵读展演、“民营经济人士热议党的二十大”、“学习贯彻党的二十大精神专题会议”等系列教育活动6次，设立市级“两个健康”教育基地4处，开办《我为企业发展当先锋》等栏目，筑牢民营经济人士的思想政治根基。《中华工商时报》刊登泰山区工商联打造“联心筑梦”工作品牌的经验介绍。做实非公党建，以深化“联心筑梦、红领兴企”非公党建品牌为抓手，通过结对共建、活动共办等形式，培树非公党建示范点20个、打造优秀党建品牌5个、建立优秀党组织书记工作室5个。泰山区非公党建经验做法，在新华社《高管信息》进行报道。2022年7月，全市非公党建现场会在泰山区召开。规范商会基层组织建设，开展“商会建设规范年”，制定“金银铜牌”商会考核评选办法，在全市率先完成街道（镇）商会的登记注册，全区7个街道(镇)全部成立商会党组织，实现“双成立、双揭牌”。2022年9月，全市商会规范建设推进会在泰山区召开。服务大局，助力新型工业化强区建设，组建产业链商会3个，其中区数字经济产业链商会是全市首家揭牌成立的产业链商会。举办“聚力新型工业化惠企政策大讲堂”“泰商银企会——金融辅导员进企业”“企业合规第三方”等品牌活动。 （杨 扬）

岱岳区

【概况】 岱岳区位于泰安市中部偏北，北依泰山，与泰山区和济南市长清区、历城区、章丘区毗邻，南与新泰市、宁阳县隔汶河相望，东与济南市莱芜区接壤，西与肥城市连接。因泰山古时亦称岱岳而得名。全区行政区域面积1750平方千米，实际管理面积832.28平方千米，管理11个镇街，497个村（居）委员会，年末常住人口67.51万人。

全年实现地区生产总值380.4亿元，增长2.4%（含旅游经济开发区，其中岱岳区本级增长4.3%）。分产业看，第一产业增加值52.1亿元，增长5.0%；第二产业增加值125.8亿元，增长4.1%，其中工业增加值82.4亿元，增长7.1%；第三产业增加值202.5亿元，增长0.8%。三次产业增加值占GDP比重分别为13.7%、33.1%、53.2%。全区累计完成一般公共预算收入24.6亿元，同口径增长12.1%，其中税收收入19.04亿元，同口径增长1.3%，两项收入增幅均列全市第三位。全区一般公共预算支出40.94亿元，其中民生支出达到33.67亿元，占一般公共预算支出的82%。全年新引进金融企业4家、达到65家。驻区银行存贷款余额1708.9亿元、增长12.3%。其中，各项存款余额977.6亿元，增长13.1%；各项贷款余额731.3亿元，增长11.1%。

全年实现农林牧渔业总产值102.57亿元，增长6%。其中，农业产值69.99亿元，增长5.7%；林业产值3046万元，增长46.7%；牧业产值22.72亿元，增长4.1%；渔业产值2240万元，增长1.5%；农林牧渔服务业产值9.32亿元，增长14.1%。打造“岱岳小麦良种”“汶农系列”“禾丰元”等本土品牌；全区小麦良种繁育基地面积达到3333.33公顷，年制种量达2500万千克。全区有规模养殖场171家、专业户606家，肉蛋奶产能稳定。全年蔬菜种植面积稳定在2.2万公顷，年产量80万吨以上。新增各类农民专业合作社64家、家庭农场222家，总数分别达到1473家、1181家。“耕、种、管、收”社会化服务面积达到80%以上。

全年全区规模工业增加值增长6%；规模工业企业营业收入343.8亿元，增长2.4%；利润54.7亿元，增长22.9%。27家工业领军企业实现营业收入209.3亿元，增长4.6%。全年纳统工业技改项目94个，累计完成技改投资20.6亿元。全区建筑企业新增11家，总数达到191家。新增纳统建筑企业6家，总数达到69家，完成建筑业总产值133.8亿元。

39家规上服务业企业实现营业收入37.4亿元，增长8.4%。参与GDP测算行业27家企业实现营业收入26.2亿元。信息传输、软件和信息技术服务业，交通运输、仓储和邮政业，卫生和社会工作业，房地产业（物业管理和房产租赁），水利环境和公共设施管理业分别增长14.6%、28.1%、11.9%、11.6%、10.6%。居民服务、修理和其他服务业，租赁和商务服务业，科学研究和技术服务业，文化、体育和娱乐业，教育业降幅略有收窄，分别下降7.4%、10.4%、7.3%、23.4%、28.1%。

全年货物运输总量1538.80万吨，货物运输周转量23.21亿吨千米；岱岳区被市道路交通安全综合治理委员会表彰为“2022年度推动道路交通工作高质量发展先进单位”。完成24平方千米西部新城规划，城市空间布局更加合理；实施42项基础设施项目，基础设施更加完善，青龙山路、金牛山路、泮河东路北段等道路建成通车。棚户区和城中村改造扎实开展。13个城中村改造项目加快推进，完成分房2091套，居住环境更加优美；完成9个镇驻地空间布局规划，完成7个小镇会客厅、6处特色镇标和6个中心公园建设，铺设镇驻地雨污管网3.7万米。

全区限上贸易单位达到608家，全年实现社会消费品零售总额121.7亿

2022 年 7 月 16 日，泰安市第十二届全民健身运动会启动仪式在岱岳区举行
（程建民　供）

元，增长0.1%。其中，批发业实现零售额25.3亿元，增长16.2%；零售业实现零售额83.7亿元，下降3.4%；住宿业实现零售额2.5亿元，下降9.8%；餐饮业实现零售额10.3亿元，下降2.0%。

全区新备案外资项目8个，经商务部纳统7236万美元。全区在库统计项目333个，其中500万元及以上项目272个、房地产开发项目61个。固定资产投资增长4.0%，其中岱岳区本级增长3.2%、旅游经济开发区增长5.0%。

全区房地产企业50家，房地产项目61个，完成投资额58.1亿元，全区商品房销售面积111.3万平方米，增长5.1%。完成绿色建筑竣工面积90.6万平方米，完成民用装配式建筑设计面积44万平方米，完成既有居住建筑及公共建筑节能改造面积42.9万平方米。

全区有实绩外贸企业162家，增加10家，进出口过亿元企业13家，货物进出口完成68亿元，增长49.6%。全区跨境电商备案企业达到74家，实现出口6.35亿元，增长306%，成为新的外贸增长点。

全年全区农村居民人均可支配收入达到22059元、增长6.2%；人均消费支出19665元、下降0.1%；城镇居民人均可支配收入达到42995元、增长4.1%；人均消费支出23993元、下降2.1%。新增企业养老保险扩面6322人。全区企业养老、居民养老、机关养老、失业保险、工伤保险参保人数分别达到12万人、32.01万人、1.78万人、5.5万人、11.1万人，参保总人数达62.39万人次。发放困难残疾人生活补贴和重度残疾人护理补贴政策资金1777.5万元。发放困境儿童生活补助348.2万元，实有社会散居孤儿39人，事实无人抚养儿童113人，困境儿童53人，留守儿童7人。

全区3批共申报高新技术企业43家，其中新申报31家、复审12家，实际新增24家。全区9批共140家企业进入科技型中小企业库，增加36%。有36个市级以上创新平台获批。推荐3家企业申报市重点实验室，3家企业申报市新型研发机构。开展“百名专家岱岳行”行动。建立人才供需数据库，涵盖国内外高层次专家和团队132个；邀请90名高层次专家到岱岳区考察、交流、洽谈、合作；企业32项技术难题得到解决，碳基热控新材料等12项科研成果在岱岳区落地转化；引进3个“中”字号专家团队、20名专家人才。

年末，全区文化事业机构4个，影剧院4个，电影队11个、放映员22人；区文化馆1个、职工12人；镇街综合文化站11个；区图书馆1个；文物办1个、职工4人，文物保护单位80个，其中国家级4个、省级21个。成功创建首批山东省文旅康养强县（全省10个，全市唯一）。年末，全区公立医疗卫生机构14个，其中乡镇卫生院11个，在编人数1039人。全区有各级各类学校248所，其中幼儿园157所、小学53所（含教学点5所）、初中22所（九年一贯制9所）、高中4所、成教中心校11所、职业学校1所。在校生9.72万人，其中幼儿园2.37万人、小学3.49万人、初中2.34万人、高中1.09万人、职业学校4297人。在编教职工5327人，其中幼儿园135人、小学1952人、初中1770人、高中1100人、职教中心370人。

2022年，岱岳区成功争取国家现代农业产业园、国家奶业生产能力提升整县推进项目等，被列入全省整县推进乡村生态振兴重点示范县。九女峰示范区被确定为首批山东省乡村振兴齐鲁样板省级示范区，夏张镇、大汶口镇被评为省级农业产业强镇，岳洋合作社被评为全国巾帼现代农业科技示范基地。泰山黄精文化产业园入选全省新旧动能转换重大产业攻关项目名单，泰安市金兰乳业有限公司入选全省民族镇村产业化品牌集聚地培育名单。岱岳区获评首批科技创新强县、技术转移先进县，山东鑫国矿业技术开发有限公司、泰安玻璃纤维有限公司入选省重点培育贸易双循环试点企业，3家企业获批省“一企一技术”研发中心，山东铁鹰获批国家级制造业单项冠军。“岩岩泰山·青青岱岳”精品旅游产业集群获山东省“十强”产业“雁阵形”集群专项激励，泰山“非遗”小镇入选全国“非遗”与旅游融合发展优选项目名录（全省仅有5个）。岱岳区被确定为首批山东省文旅康养十强县、全省全域旅游示范区、山东省文物大县，获评全省社会信用体系建设典型城市。

【新型工业化实现新突破】 2022年，岱岳区成立工业推进委员会，全面推行“链长制”，10 家企业入选市级产业链链主企业、数量全市最多。规模以上工业增加值增长 6%，营业收入过亿元企业 54 家，税收过千万元企业 41 家。高新技术产业产值占规模

2022年4月26日，岱岳区机关事业单位在粥店街道枣行社区举行共创共建"七星"社区活动（程建民 供）

以上工业总产值的比重提高2个百分点，达到60%。玻璃纤维新材料产业集群入选省特色产业集群，玻璃纤维新材料特色小镇入选山东省特色小镇，新材料和新型建材产业集群列入省"十强"产业"雁阵形"集群储备库。泰山石膏被认定为省"十强"产业集群领军企业和国家知识产权优势企业。新增国家级"专精特新'小巨人'"企业2家、省级"专精特新"企业16家、"瞪羚"企业2家。

【完善"七纵八横"交通框架】 岱岳区围绕交通强国山东示范区建设，在重点交通项目工程、县道大修改造、"四好农村路"建设方面加大资金投入力度。把加快旅游路、生态路的建设作为助力乡村振兴建设、构建发达的交通运输网络、发展旅游业、培育新的经济增长点的重要举措来抓。实施"四好农村路"建设工程，累计新、改建农村公路749.2千米。结合美丽乡村、乡村旅游和自身产业布局，围绕九女峰乡村振兴齐鲁样板省级示范区、凤凰山乡村振兴先行区创建，完善片区内交通基础设施建设122.5千米。年内，岱岳区累计完成农村公路投资1.2亿元，全区公路总里程1756千米，实现镇街通二级公路、"四好农村路"村村通等级公路的目标。岱岳区基本建成内通外联、标准适度的农村公路网络。"七纵八横"的交通大框架基本完善。

【"七星"和美社区创建】 围绕"活力岱岳、秀美强区"建设，创新开展"七星"和美社区创建工作，打造好班子、好队伍、好业委、好物业、好制度、好环境、好风尚"七个好"社区（小区），全面提升基层治理现代化水平。6月28日，岱岳区举行首批"七星"和美社区授牌仪式，命名枣行社区等29个社区（小区）为首批"七星"和美社区（小区）。在纵向上，建立42个社区党委、183个网格（小区）党总支、601个楼栋党支部、1719个党员中心户金字塔型党组织架构；横向上，推动业委会、物业企业党组织组建，纳入网格（小区）党组织统一管理，搭建前沿战斗堡垒。创新开展党员干部职工到社区报到制度，全区1.83万名党员干部职工到社区报到，1.28万名党员干部职工认领服务岗位。深化文明实践志愿服务，12个志愿服务项目入选泰安市文明实践志愿服务重点项目库，累计开展各类志愿服务活动1万次，服务群众达20万人次。（程建民）

新泰市

【概况】 新泰市地处山东省中部，东接临沂市蒙阴县、淄博市沂源县，南临临沂市平邑县、济宁市泗水县，北与济南市莱芜区、钢城区相连，西靠泰安市岱岳区、宁阳县。取境内新甫山及泰山首字而得名。全市行政区域面积1933平方千米，实际管理面积1787平方千米（不含天宝镇，下同）。辖20个乡镇（街道）。年末，常住人口125.05万人。

全年实现生产总值629.5亿元，增长4.4%。其中，第一产业增加值（不含农林牧渔服务业）68.0亿元，增长5.1%；第二产业增加值267.7亿元，增长6.6%；第三产业增加值293.7亿元，增长2.4%。固定资产投资三次产业比重为3.1∶45.1∶51.9；公共财政预算收入完成35.4亿元，公共财政预算支出完成65.5亿元，税收总额35.8亿元，社会消费品零售总额239.7亿元，进出口总额59.9亿元。年末，金融机构各项存款余额本外币合计1020.8亿元；金融机构各项贷款余额本外币合计625.5亿元。

粮食播种面积5.2万公顷，油料2.1万公顷，棉花219.5公顷，蔬菜及食用菌1.9万公顷。粮食总产38.3万吨，蔬菜及食用菌总产114.6万吨。农用机械总动力达108.1万千瓦，农用拖拉机2.23万台。农用化肥（折纯）施用量2.8万吨。森林面积3.45万公顷。规模以上工业企业288家，实现营业收入600.1亿元。房地产开发投资38.8亿元。

全市等级公路通车里程3670.5千米，其中高速公路通车里程124.4千米。全市邮政业务总量3.66亿元，增长9.6%。供水综合生产能力每日17.5万立方米，用水普及率为100%。集中供热面积1305万平方米；绿地面积城区3050公顷，建成区2926公顷，建成区绿化覆盖率达44.9%，人均公园绿地面积18.5平方米。

有普通初级中学32所，专任教师4366人，在校生5.76万人；普通高级中学9所，专任教师1878人，在校生2.28万人；中等职业学校3所，专任教师592人，在校生1.1万人；小学136所，专任教师5353人，在校生8.69万人；幼儿园380所，专任教师3877人，在园儿童4.58万人；特殊教育学校1所，专任教师44人，在校学生167人。

国家高新技术企业和科技型中小企业分别达到117家、177家，认定省级企业技术中心2家。3人入选国家高

2022年8月3日，新泰市开展优秀历史文化进校园活动　（潘继栋　摄）

层次人才特殊支持计划，3人入选泰山产业领军人才，引进青年人才3582人、海归人才17人，新增高技能人才1082人。

有各类卫生机构47所，其中医院及卫生院40所。实有病床6603张。全市各类卫生技术人员8385人，其中执业医师2520人、执业助理医师973人、注册护士3608人、药剂员368人。

城镇居民人均可支配收入44703元，农村居民人均可支配收入23039元。参加城镇基本养老保险人数25.8万人，参加城乡居民基本医疗保险人数97.2万人，参加职工基本医疗保险人数23.3万人。社会福利收养单位（含敬老院）26处，床位4490张，社区服务中心53个，城镇便民、利民服务网点数173个。

2022年，新泰市居全国综合实力百强县市排名第69位、全国投资潜力百强县市排名第36位、全国新型城镇化质量百强县市排名第42位、在全国科技创新百强县市排名中升至30位。入选全国休闲农业重点县、国家政务数据直达基层试点市，获得中国肉鸭之都、国家水土保持示范县称号。建成全省首个县级国防双拥主题公园，新泰市乡村产业振兴经验入选《全国乡村振兴战略规划实施报告》。

【行政审批服务局获政务服务百佳实践单位称号】 2022年8月26日，在2022政务服务博览会暨政务服务泰山论坛上，新泰市行政审批服务局获得百佳实践单位称号。年内，新泰市行政审批服务局突出标准化、智慧化和便利化，对标全国最优服务流程，树立有解思维，围绕标准引领、集成服务、项目建设、流程再造、数字政务5个方面突破发力，重点实施“无证明城市”建设、全生命周期“双50”、建设项目“极简审批”、“数字政务”建设、标准化支撑提升5大攻坚行动。将“无证明城市”建设列为“为民所办10件实事”，全面排查梳理依申请政务服务事项，最大限度减证明、减材料、减跑动，首批推出“免证办”事项324项，免提交证明232类、1329份，相关经验做法在《山东政务信息专报》第593期专刊刊发。

【国家知识产权强县工程试点】 2022年7月，新泰市获批“国家知识产权强县工程试点县”。新泰市将知识产权工作列入政府重要议事日程，纳入对乡镇（街道）、园区和企业工作考核范围。设立知识产权发展扶持专项资金，及时调整资助政策。引导企业加强知识产权运用转化，建立科学规范的知识产权管理体系，知识产权优势企业逐年增加。年内，全市新增注册商标3033件、地理标志证明商标1件、中国驰名商标1件，5家企业完成马德里商标国际注册，提交集体商标注册申请2件。新增发明专利申请291件，发明专利授权35件，PCT申请5件，国外发明专利授权1件。新增国家知识产权优势企业3家、知识产权贯标企业2家。6家企业分别获泰安市专利奖一等奖、二等奖、三等奖。

【拥军兴武“十大工程”】 新泰市树立“军地一盘棋”“军民一家人”意识，实施拥军兴武“十大工程”，打响“泰山兵”品牌。新泰市蝉联全省双拥模范城“八连冠”，近10年，新泰籍入伍兵员荣立三等功以上立功受奖比例达26%。开展“百校百师千课”国防教育进课堂活动1200余场次。打造“语润平阳”宣讲工作品牌。弘扬

2022年7月9日，新泰市“共见荣耀　共享荣光”为立功受奖军人家庭集中送喜报仪式举行　（王得众　摄）

沂蒙精神，打造以毛泽东文献博物馆为核心，王芳故居、龙廷革命史纪念馆等42处场馆为主干的“一核多区”红色教育矩阵。组织预定新兵到红色教育场馆瞻仰，走进部队实地参观。举行隆重的功臣送新兵仪式，邀请功臣代表作报告，强化新兵矢志强军的意志。组建市、乡、村三级全域无隙“征兵宣传方阵”，推行精准征兵。建成全省首家县级国防双拥主题公园，集中展示47名功臣模范典型事迹，让英模精神浸润群众心田。开展向李林雨烈士学习活动，掀起“学英雄、比担当、作贡献”热潮，“迎李林雨烈士回家”被中央电视台等710多家媒体报道，参与人数2.5亿次。推动军地互办实事“双清单”落地落实，2020年以后，在支持部队备战训练、疫情军地联防联控等方面解决困难问题316件，开展军民共建活动64次，随军未就业家属补助提高至每人每月1800元，协调解决98名军人子女享受教育优待，意向入学率达100%。举行“共见荣耀 共享荣光”为立功军人家庭集中送喜报仪式，为荣立一等功、二等功军人家庭赠挂“功臣之家”牌匾。为新兵家庭悬挂光荣牌，发放义务兵家庭优待金，做到“新兵入营门，尊崇到家门”。开展“为烈士寻亲、给英雄画像、讲英烈故事”致敬英雄系列行动，为41位烈士找到亲属，送39位烈士画像“回家团圆”，举行英烈文化“六进”活动238场次，为牺牲在曹县的13位新泰籍烈士举行集中迁葬仪式，相继为李林雨烈士、韩方瑞烈士举行高规格安葬仪式，为牺牲75年之久的地下党员胡守本、殷桂荣追认烈士。建立“三色旗”退役军人志愿服务队伍，制定困难退役军人帮扶援助办法，建立困难退役军人台账。2020年以后，帮扶困难退役军人1747人次，发放困难帮扶资金249万元，为残疾军人、在乡老复员军人等重点优抚对象缴纳医保及报销医疗费用1273万元。实施保障就业创业工程，转业军官全部安置到行政机关岗位，退役士兵事业单位安置比例提高至64.1%。探索退役军人“选、育、管、用”全链条递进培养体系，培育高素质“兵支书”。开展军创孵化育苗、金融服务进军创等活动，发放退役军人创业扶持贴息贷款近亿元。（刘　晓　刘仁航）

肥城市

【概况】 肥城因西周时期称肥子国而得名，地处山东省中部、泰山西麓，为“中国佛桃之乡”。

2022年，全市总面积1277平方千米，辖14个镇（街道）。年末，常住人口87.78万人。人口自然增长率-3‰。全年实现生产总值827.02亿元，增长5.3%。其中，第一产业增加值66.3亿元，第二产业增加值426亿元，第三产业增加值334.7亿元。固定资产投资202.5亿元，地方一般公共预算收入46.91亿元，地方一般公共预算支出69.23亿元。社会消费品零售总额212.3亿元，进出口总额61.4亿元。年末，金融机构各项存款余额955.12亿元，其中城乡居民储蓄存款余额722.52亿元。

粮食播种面积7.12万公顷，粮食总产49.28万吨，棉花总产644吨，油料总产6643吨，蔬菜总产116万吨，水果总产7.9万吨，水产品总产4387吨，肉、蛋、奶总产17.9万吨。全年新增造林面积66.67公顷。全市拥有农业机械总动力116万千瓦。规模以上工业企业226家，实现增加值223.2亿元，比上年增长13.5%，实现主营业务收入733.5亿元，实现利润42.7亿元。资质三级及以上建筑企业136家，实现建筑业增加值204.7亿元，比上年增长11.6%。

公路通车里程2937.14千米，其中高速公路通车里程27.06千米。完成邮政业务总量1.42亿元。城镇化率68.77%。保障性安居工程基本建成3594套。城市空气质量良好率73.4%。污水集中处理率98.5%，垃圾无害化处理率100%。A级及以上旅游景区21家，全年接待旅游人数186万人次，实现旅游总收入26.2亿元。

有中等职业学校1所，在校生5558人。普通高中10所，在校生1.39万人。普通初中30所，在校生3.45万人。小学45所，在校生4.57万人。幼儿园132所，在园幼儿2.94万人。取得重要科技成果14项，获得市级及以上科学技术奖5项，授权专利1681件。有博物馆1个、档案馆1个、公共图书馆

2022年4月5日，肥城市春秋古城夜景　（杨洪雷　摄）

1个、文化馆1个，农村文化大院实现全覆盖。广播、电视人口综合覆盖率均达100%。医疗卫生机构607所，其中医院（卫生院）20个、社区卫生服务中心3个。各类卫生机构有床位5123张，卫生技术人员有7444人。体育馆1座，新建公共健身工程60个。全年参加市级及以上体育比赛获奖牌42枚。

城镇居民人均可支配收入45255元。农村居民人均可支配收入24146元。居民基本养老保险参保人数50.72万人，新型农村合作医疗参合人数65.88万人。城镇最低生活保障人数1274人，农村最低生活保障人数1.19万人。

2022年，肥城市获得全国民族团结进步示范市称号，入选全国青年发展型县域试点县。获得全省民营经济高质量发展先进县、现代农业强县、生态文明示范区、乡镇商贸中心建设引领县等称号。

【300 兆瓦盐穴压缩空气储能电站】 2022 年，具有世界首个全领域自主知识产权的单套 300 兆瓦压缩空气储能项目在肥城加紧推进实施，项目依托中国科学院工程热物理研究所，为全球运行效率最高的压缩空气储能系统、国家发改委认定的能源领域首台（套）重大技术装备项目。2021 年 9 月 23 日，国际首套 10 兆瓦盐穴压缩空气储能国家示范电站在肥城并网发电；2022 年 7 月，该电站成为中国首座参与电力现货交易的压缩空气储能独立电站，入选山东省能源领域新技术、新产品和新设备目录以及 2021 年国家能源领域首台（套）重大技术装备。肥城在建成运营 10 兆瓦示范项目的基础上，依托中国科学院工程热物理研究所完成单套 300 兆瓦压缩空气储能系统的整体设计和成果发布，并建设国际首套 300 兆瓦盐穴压缩空气储能电站项目，项目全部建成后，1 小时能发电 31 万千瓦时，相当于一个中型抽水蓄能电站发电规模。

【实施“减垄增地”】 自 2021 年开始，肥城市在全省率先探索实施“减垄增地”模式，择优遴选 3.33 公顷以上成方连片种植的大户作为实施主体，通过去掉田垄，同时支持种植大户、托管经营组织或农业龙头企业投资建设喷灌等基础设施，提升种粮综合效益。小麦传统种植模式的田垄宽度一般在 30 ~ 45 厘米，通过去垄，可以增加可观的有效种植面积，特别是在实现规模化经营的地块上，田间生产路、浇水沟渠等也能大幅减少，进一步增加种植面积。肥城市通过对 1.44 万公顷汶阳田粮食核心产区田垄情况进行摸底测算，3.33 公顷以上连片规模种植的粮田田垄面积约 646.67 公顷，占所属耕地面积的 8.4%；3.33 公顷以下分散种植的农田田垄面积约 940 公顷，占所属耕地面积的 14%，将肥城汶阳田 1586.67 公顷田垄面积变成种植面积后，粮食种植有效面积能增加 10%。为解决群众前期投入大的难题，肥城市财政列支 1000 万元资金，针对 3.33 公顷以上的规模经营主体，根据购置微喷带、立杆式喷灌、地埋式喷灌等高效灌溉设备的资金投入，每亩补贴不超过平均投资额的 50%，最高补贴 200 元。除直接给予财政补贴，肥城市与山东省农业发展信贷担保有限责任公司联合推出喷灌节水设备购置惠农贷产品，在实施主体承担不低于投资 30% 的基础上，提供 10 万 ~ 300 万元贷款，享受政府惠农贷补贴。推广小麦全成本保险试点，通过农担融资、保险托底，解决规模经营主体参与“减垄增地”模式的后顾之忧。至年底，肥城市推广“减垄增地”模式 2886.67 公顷，新增有效种植面积 286.67 公顷，增产 430 万千克以上。

2022 年 9 月 22 日，“桃小美”工作人员向群众介绍办事指南（孙 奇 摄）

【“桃小美”获评“山东优质品牌”】 2022 年，肥城市行政审批服务局打造的“桃小美”政务服务帮代办品牌获评“山东优质品牌”，成为全省唯一政务服务领域品牌。近年间，肥城市行政审批服务局践行以人民为中心的发展思想，全面深化“放管服”和“一窗受理·一次办好”改革，创建富有肥城特色的“桃小美”帮代办服务品牌，推行“超前介入、靠前辅导，上门问需、精准直达，全程代办、贴心服务”模式，打通服务企业群众“最后一公里”。构建市、镇、村三级帮代办服务体系，按照“属地负责、层级分工、无缝对接、责任到人”的工作要求开展全方位立体服务模式，2022 年，提供帮代办服务 3.6 万次。围绕企业群众办事需求，因事设岗、因才设岗，不断创新服务模式，持续提升服务精细度、精准度，创设“陪同办”“上门办”“预约办”“专窗办”“跨域办”等多种帮办岗。让群众“小事不出村、大事不出镇”，肥城市 617 个社区（村居）均设置 1 名专职代办员，每年为群众代办事项超 20 万件。构建项目审批全流程服务体系，精心打造“桃小美”会客厅，对重点项目实行全周期、零延迟、加速办服务，解决诉求问题 121 个。通过集中培训、实地督导等方式加强对镇街业务指导，确保审批事项放得下、接得住、办得好，安驾庄镇“红霞窗口”、石横镇“满明丽窗口”成为当地响亮的招牌。

（庄惠丽　郝　航）

宁阳县

【概况】　宁阳县位于泰安市西南、大汶河南岸，东临新泰市，西连汶上县，南面自东向西与泗水县、曲阜市、兖州区接壤，北隔大汶河与肥城市、岱岳区相望。因西汉高帝于宁山南置县，故名宁阳。全县总面积1125平方千米，辖13个乡镇（街道），年末常住人口65.41万人。

全年实现生产总值297.2亿元，按可比价格计算，增长4.5%。其中，第一产业增加值68.7亿元，增长5.7%；第二产业增加值104亿元，增长4.4%，其中工业增加值77.3亿元，增长2%；第三产业增加值124.5亿元，增长3.8%。全县固定资产投资增长20.9%，一般公共预算收入15.60亿元，一般公共预算支出45.28亿元，社会消费品零售总额142.6亿元，外贸进出口总额36.3亿元。年末，金融机构本外币存款余额471.84亿元，金融机构本外币贷款余额294.87亿元。

全年粮食种植面积8.55万公顷，粮食总产6.05亿千克，经济作物总播种面积2.84万公顷，蔬菜播种面积1.43万公顷、总产量88.63万吨，林果面积5333.33公顷、园林水果产量11万吨。肉类总产量7.69万吨，禽蛋产量2.77万吨，奶类产量6.58万吨。规模以上工业企业156家，规模工业企业累计实现营业收入328.04亿元，利润总额6.13亿元。

协调推进5大类60个重点项目建设，实施宁阳大道、复圣大街、欣街、华兴大道、华阳大街、孔融街、建设路等道路改造提升。新建街头绿地公园5处，城区“10分钟体育健身圈”基本实现。集中供热普及率达到75%以上，城区供水普及率达到99.5%，城区天然气普及率达到65%以上。宁阳蟋蟀世界杯被评为中华体育文化优秀项目，葛石镇黑石村、伏山镇堽城坝入选第三批全省景区化村庄名单。

2022年9月9日，宁阳县葛石镇凤凰山梨园丰收　（徐　莹　供）

全县有各类学校203所，其中高中5所（含完全中学2所）、初中18所（其中九年一贯制中学7所）、小学67所（不含教学点8处）、幼儿园98所、特殊教育学校和职业中学各1所、乡镇成人教育中心学校13所。医疗卫生机构22所，其中医院4所、乡镇卫生院11所、妇幼保健院1所、社区卫生服务中心2所、疾病预防控制机构1所、其他卫生（事业）机构3所。村级卫生所530个。年末，卫生机构床位数3549张，万元以上大中型医疗设备3666件。卫生技术人员有4237人。全县乡镇级体育健身场所13个，村级体育健身广场727处。

全县居民人均可支配收入达到30323元，其中城镇居民人均可支配收入为42872元、农村居民人均可支配收入为21988元。城镇基本养老保险参保人数达到9.6万人，居民社会养老参保人数为44.2万人。累计发放各类困难群众救助、补助资金2.08亿元，惠及群众4.6万人。

2022年，宁阳县获得全国农作物病虫害绿色防控整建制推进县、全国病死猪无害化处理与保险联动机制建设试点县、山东省高质量发展进步县、全省农业绿色发展先行县、全省农作物秸秆综合利用重点县、全省“两全两高”农业机械化示范县、全省基层卫生健康综合试验区、全省农村客货邮融合发展样板县等称号。东庄镇、堽城镇被评为省级农业产业强镇。

【宁阳县被确定为省级农业绿色发展先行县】　2022年4月19日，宁阳县被公布为2021年省级农业绿色发展先行县。宁阳县作为山东省首批绿色农业发展先行区创建主体，按照因地制宜、全面推进、分类施策原则，建立健全部门联动协调管理机制，全面提升农业绿色生产水平，加强农业资源保护利用，强化农业产地环境保护治理，推动实现产出高效、产品安全、资源节约、环境友好、产业升级，形成“单个循环体—园区循环体—区域循环体”三级循环体带动全域农牧生态大循环的绿色农业发展模式，构建西部平原农牧循环先行区、东部丘陵低碳循环示范区和环山绿色产能融合发展带的“两区一带”农业绿色发展新格局。至2022年底，畜禽养殖规模化率为88.41%，粮食作物病虫害绿色防控覆盖率达到63%；规模化种植主体食用农产品承诺达标合格证覆盖率100%，区域共用品牌、企业产品品牌数量共14个；累计建成高标准农田5.59万公顷，高标准农田面积占耕地比重为89.85%，农药施用量为980吨，秸秆综合利用率为95%，农膜回收率为85%，畜禽粪污综合利用率为98.04%。

【宁阳县被确定为省级农村客货邮融合发展样板县】　2022年4月，宁阳县被省交通运输厅、省邮政管理局确定为省级农村客货邮融合发展样板县。宁阳县以促进交通运输行业和邮政、快递等行业融合为方向，推进体制机制、基础设施、运力资源、信息平台等因素深度融合，实现交通运输行业和邮政、快递等行业优势互补，形成客货邮融合发展新模式。成立工作专班，聚焦农产品进城“最初一公里”和消费品下乡“最后一公里”，推行“交快融合＋智慧物流”模式，实施“快递进村”工程。整合4家快递企业（圆通、申通、百世、韵达）与阿里巴巴菜鸟乡村签约成立第三方共配公司——宁阳嘉晟商贸有限公司，投资建成山东第一个菜鸟智慧物流园区，新上仓储、恒温、分拣、配送等现代化设备120台（套），引进WMS仓储管理系统等智能化软件，实现货品存取、跟踪、识别、分拣等全程自动化。依托邮政寄递场所、交通场站、乡镇电商中心、供销站点等，建设乡镇快递物流共配站14处，利用村级党群服务中心、村（社区）委会现有办公场地、供销网点、商超等，建设村级末端共配服务点554个。根据快递企业需求，交通运输企业开通客货邮融合线路5条，投入公交车20辆。依托城乡公交沿线“三农”服务站、超市等设立客货邮综合服务点，提供候车、快递取送服务。

【分散供养特困老人社会化照护】 宁阳县坚持政府主导统筹，引入企业市场化运作，探索形成“购买服务＋集成供给＋智慧监测”社会化照护模式，打造“宁心聚爱”服务品牌，为分散供养特困老人提供更加专业化、多元化、优质化的照护服务。制定《统筹分散供养特困老人照护资金推行社会化照护服务的实施方案》，采取政府购买服务方式，每年度整合照护资金840万元，采用政府公开招标形式，完善“物质类救助＋服务类救助”社会救助兜底保障方式，配备专业团队，提供“六助”（助洁、助医、助餐、助浴、助行、助急）、精神慰藉、责任险等服务。针对服务对象实际需求，推行“幸福来敲门”服务，每周至少开展1次上门服务，集成化供给8大类16小项服务。引入“智慧＋”运营模式，运用大数据、云计算等信息化手段，开发“分散供养特困老人照料护理服务监督管理平台”，研发手机“特困照护”App；要求护理员利用手机App上传工作对比照片和服务评价视频等12项内容，按照出勤全流程记录集成数据考核结算护工薪酬；实行服务对象身体状况动态监测，及时对身体状况发生异常的服务对象发出信息预警，并提出就医及生活指导意见。《宁阳县打造“宁心聚爱”服务品牌为分散供养特困老人提供高质量社会化照护》被《山东政务信息》刊发。《宁阳打造“宁心聚爱”分散供养特困老年人社会化照护品牌》被确定为2022年全省民政工作优秀创新案例。

（侯胜男　徐　莹）

2022年9月19日，文庙街道在南关社区举办“喜迎二十大　科普向未来”宁阳县2022年全国科普日主场活动。图为义诊现场　（徐　莹　供）

东平县

【概况】 东平县位于山东省泰安市西南部，东与肥城市毗邻，南与济宁市汶上县、梁山县接壤，西部隔黄河与聊城市东阿县、阳谷县及河南省台前县相望，北与济南市平阴县搭界，居大汶河下游，县东西最大横距55.5千米，南北最大纵距45千米。总面积1340平方千米，占泰安市总面积的17.7%。

全年实现生产总值254.9亿元，增长4.3%；一般公共预算收入14.8亿元，同口径增长8.2%。固定资产投资增长20.9%；社会消费品零售总额129.7亿元，增长2%；农村居民人均可支配收入21541元，增长6.7%；城镇居民人均可支配收入38054元，增长4.4%。三次产业结构占比由23.7∶31.9∶44.4调整为24.5∶32.4∶43.1。全县规模以上工业增加值增长12.2%、营业收入增长2.8%。

坚持生态优先、绿色发展，融入黄河国家战略，编制《东平县黄河流域生态保护和高质量发展实施规划》，执行《山东省东平湖保护条例》《东平湖生态保护和高质量发展专项规划》，“三区三线”（城镇空间、农业空间、生态空间，城镇开发边界、永久基本农田保护红线、生态保护红线）划定成果通过自然资源部确认。完成沿湖218个村生活污水治理，排查整治农村黑臭水体17处、入河湖排污口163处，清理黄河滩区畜禽养殖场157家、河湖“四乱”（乱占、乱采、乱堆、乱建）问题454项，东平湖、大清河水质稳定在Ⅲ类水以上。实施水系连通和水美乡村国家试点工程，疏挖河道沟渠23条，绿化河岸33.76千米，整治农村坑塘54处。东平县被纳入中央对地方重点生态功能区转移支付保障范围，新增财力性转移支付1.68亿元。

县经济开发区盘活闲置低效土地86.67公顷，健康食品产业园入驻企业18家，宠物食品产业园、生态渔业产业园、粮油油脂产业园、智慧物流中心加紧建设，现代食品产业初具规模。瑞星集团股份有限公司粉煤气化三期完成生产线平衡改造，尿素日产量突破1万吨，普瑞曼制剂药、二甲双胍原料药、药用淀粉糊精项目具备生产能力，全年税收首次突破1.5亿元，入选省工业百强企业。山东九鑫集团有限公司年产10万吨热镀锌生产线建成投产，高端金属表面处理循环经济产业园快速推进。东平中联水泥有限公司年产1500万吨无机非金属新材料、新东岳集团有限公司高性能绿色力车胎4.0工厂等项目加快实施。东顺集团有限公司“顺清柔”系列产品成为第二十四届冬季奥林匹克运动会、第五届中国国际进口博览会等重大活动指定防疫物资。山东润声印务有限公司智能化技改项目竣工投产，成为全省首个中共二十大辅导读本印刷企业。

东平湖夜景亮化工程、星空露营基地全面完工，大宋不夜城开街运营，东平湖周边基础设施提升、冰雪乐园项目加速推进，夜间游、生态游、休闲游成为新亮点。全国“行走大运河”全民健身健步走、“河和之契·相约东平湖”品牌征集活动举办。全县共接待游客682万人次，实现旅游综合收入37.6亿元。

新流转土地8000公顷，新建果蔬大棚1333.33公顷，公顷均效益37.5万元，设施农业实现产值30亿元，拉动全县农业总产值增长6个百分点。梯门东瓦庄、沙河站屈楼、东平街道无盐、接山洪波农场、大羊西王等示范园区逐步发展。州城黄河鲤、新湖藕虾混养、商老庄稻虾套养、戴庙乌鳢等特色水产养殖加快发展，东平湖鲤鱼、大青虾等10项水产品获有机认证。省级现代农业产业园加快建设，成功创建国家级水产健康养殖和生态养殖示范区。新增农业龙头企业7家、家庭农场78家、农民专业合作社97家，新认证“三品一标”（无公害农产品、绿色食品、有机农产品和农产品地理标志）农产品12个，获评省特色农产品优势区。建成高标准农

2022年11月24日，东平湖渔业资源人工增殖放流　　（李云康　供）

田5066.67公顷，粮食总产稳定在6.5亿千克以上。

强力开展物业突出问题专项整治，71个“三无”（无物业管理、无主管部门、无物防人防）小区实现托管，127个小区物业完成星级评定，5家物业企业依法清退，群众满意度提高14.39个百分点。115个小区、1.27万户居民的不动产登记问题有效解决。推进乡村建设行动，建设污水处理站43处，完成清洁取暖8000户，改造危房30户、厕所447个，新改建农村公路120千米，成功创建“四好农村路”全国示范县。实施358个村供水管网升级改造，36万名群众喝上“放心水”。强力攻坚“三大工程”（移民避险解困工程、易地扶贫搬迁工程、黄河滩区居民迁建工程）拆迁扫尾，拆除房屋2379套。纵深推进人居环境整治，新增省美丽乡村示范村2个。新增城镇就业6315人，开发公益性岗位4680个。发放各类社保基金14.98亿元，支出医保基金6.9亿元，落实残疾人、孤困儿童等困难群众救助资金2.37亿元，东平街道综合养老服务中心、5家社区养老服务站投入运行。

黄河大桥、国道220大修改造竣工通车，黄河坝上道路一期完工，泰（安）东（平）高速、济（南）广（州）高速改扩建、国道105二期、州城街道南外环等重点项目快速推进，四通八达的交通路网加速构建。投资583亿元的80个“四个一批”（开工建设一批、竣工运营一批、技改提升一批、谋划推进一批）重点项目梯次实施，兖矿泰安港公铁水联运物流园物料储运区主体完工、铁路专用线和码头作业区加紧建设，中兴电力2×100万千瓦超超临界燃煤电厂项目获得批复，陇东至山东正负800千伏特高压直流工程、山钢集团东平铁矿等一批大项目好项目快速推进。

实施营商环境创新提升行动，104个服务事项办理时限压缩50%以上，依申请政务服务事项网办率达到99%，县行政审批服务局获得全国“政务服务百佳实践单位”称号。调整县乡财政收入分配机制，出台财政资金、政府投资项目管理办法，累计减税降费5.72亿元，新增市场主体6448家。累计压降不良贷款20.7亿元，不良贷款率下降7.2个百分点。水田改造、占补平衡、增减挂钩形成耕地279.73公顷，处置批而未供土地和闲置土地496.2公顷，保障项目用地需求。对外开放持续深化，实际利用外资2000万美元，完成进出口总额13.7亿元。新建5G基站358个。东顺直播基地获评省电商直播基地，全县电商销售额突破10亿元。

新改造老旧小区13万平方米、新增集中供暖面积30万平方米，改

2022年10月6日，稻屯洼国家城市湿地公园观鸟区一角　（赵　潇　供）

造雨污分流管网28.2千米。白佛山、平顶山、青峰山山体公园和3处口袋公园建成开放，南线水系得到根治，中线、北线水系全面贯通，完成河道岸线治理22千米。实施城区交通秩序提升工程，新建改造交通信号灯55处，增设标示牌398个，施划道路标识线4万平方米，新增停车位1.7万个，35个机关事业单位错时开放停车位。

汶河街小学加紧建设，14所“散弱小”农村学校撤并完成。高考本科上线3145人，重点上线842人，3人被清华大学录取，教育教学质量再创新高。县医疗中心项目完成规划设计，大羊镇、新湖镇卫生院投入使用，县中医院改扩建等5个项目加快推进。县人民医院被确定为全国首批“千县工程”（利用5年时间推动全国至少1000家县医院达到三级医院医疗服务能力水平）示范单位，15家乡镇卫生院达到国家“优质服务基层行”基本标准。召开新闻发布会11场，在省以上主流媒体刊发稿件2000篇。“书香东平”阅读品牌深入人心。

2022年，东平县被评为国家级水产健康养殖和生态养殖示范区，被认定为国家级大豆制种大县，被确定为省退役军人优待证申领发放试点县。县行政审批服务局获得全国政务服务百佳实践单位称号。沙河站被认定为省农业产业强镇。老湖镇被评为首批省乡村振兴齐鲁样板示范区。老湖镇水浒社区被评为省全民健身最美社区。

【稻屯洼国家城市湿地公园开园】 稻屯洼湿地，是东平古八景之一“稻蒲荷香”所在，是天然形成的沼泽地，2005年被批准为国家城市湿地公园。湿地公园起步区占地86.67公顷，常年水面33.33公顷，水系总长8000米。2022年，全县全力推进稻屯洼国家城市湿地公园综合治理，投资1000万元进行改造提升，全面升级园内基础设施，改善湿地生态系统，让广大群众共享生态红利。6月18日，稻屯洼国家城市湿地公园正式开园，为全县生态底色再添一抹湿地“亮色”，为居民休闲娱乐提供新去处，让广大群众直接可感可触可享更多生态福利，提升群众幸福感和满意度。

【山东大学国家大学科技园泰山分园再获省级荣誉】 2022年，山东大学泰山科技园入选省级“工友创业园”。该园由泰安云智企业管理咨询有限公司建设运营，园区于2019年10月成立工会委员会，同时设立工友创业园。园区以打造“一体化、集成式的工友创业生态服务区”为目标，优化工友创业创新环境，落实就业创业优惠政策，完善服务保障机制，增强工友的“自我造血”能力，提高工友创业成功率，一大批创业个体、创业项目脱颖而出、茁壮成长，成为工友创业就业的重要载体。该园规划占地333.33公顷，包括项目孵化区、科创中心、科技创新创业园、小微企业创业园、生物医药产业园、机器人产业基地、人才公寓等，可为工友提供从创业指导、产业研究、科技研发、技术转让、项目孵化到人才服务、经济协作、资本服务、财富管理、资源共享的全过程服务。园区与山东大学等科研院所实现无缝隙对接，推进创业孵化、成果转化、企业培育。硕为思大数据科技、璟润动漫基地、源密码高效农业等一批科技含量高、发展潜力大的项目在园区落地孵化，山东蝰蛇智能装备有限公司、聪润（山东）环保科技有限公司、中信重工开诚智能装备有限公司等优质企业在产业加速区茁壮成长，为工友提供更多就业岗位。

【东平县被确定为国家级水产健康养殖和生态养殖示范区】 2022年，东平县培树“东平湖生态鱼”区域品牌，培育东平湖鲤鱼、大青虾、甲鱼等名优水产品品牌，鼓励龙头企业、养殖场（户）、合作社争创品牌，抓好产品标准化体系建设，全面实施名牌带动战略，提高东平县水产品知名度和市场占有率。着力培树优秀典型，至年底，养殖面积6.67公顷以上的业户达46家，发展渔业合作社17家、销售收入百万元以上的龙头企业12家，年加工生产能力在200吨以上的水产品加工企业4家，拥有全省著名商标1个、全省名牌产品6个，拥有国家级水产种质资源保护区1处。东平湖四大家鱼、大青虾等10项水产品获得有机认证，汶河湾和大喜渔业2个企业获批全国水产绿色健康养殖技术推广“五大行动”（生态健康养殖模式推广行动、养殖尾水治理模式推广行动、水产养殖用药减量行动、配合饲料替代幼杂鱼行动、水产种业质量提升行动）骨干基地。大喜渔业掌握黄河鲤繁育技术，被评为山东省水产种业领军企业。12月29日，东平县入选国家级水产健康养殖和生态养殖示范区名单。

（李姗姗　赵　潇）

表 53　2022 年泰安市乡镇（街道）基本情况一览表

乡镇名称	村（居）民委员会个数（个）	户籍户数（万户）	户籍人口（万人）	行政区域土地面积（公顷）	地方财政收入（万元）	小学（所）	小学专任教师（人）	医疗卫生机构（个）	医疗卫生机构床位（床）	执业（助理）医师（人）	城乡居民基本养老保险参保人数（万人）	城乡居民基本医疗保险参保人数（万人）
泰山区												
财源街道	29	7.8	24.0	1100	67850	8	262	—	—	—	0.6	3.2
岱庙街道	21	5.8	13.5	960	49400	6	347	—	—	—	0.1	3.2
泰前街道	26	4.57	13.38	7029	48941	6	301	29	1268	604	1.09	2.61
上高街道	26	1.92	5.91	3032	36093	6	187	25	120	65	1.30	3.50
徐家楼街道	16	1.39	3.86	1878	17014	5	129	11	78	24	0.89	2.04
省庄镇	41	1.77	6.25	7120	5929	9	157	41	114	57	3.16	4.11
邱家店镇	44	2.05	7.14	6144	6248	10	173	43	90	75	2.84	4.77
岱岳区												
粥店街道	30	2.61	7.03	9434	54272	11	1083	64	365	425	1.75	4.13
天平街道	37	1.10	3.53	6435	35784	8	368	46	178	72	1.33	2.27
山口镇	43	1.52	5.18	5760	5786	5	123	45	100	65	2.03	3.15
祝阳镇	56	1.86	5.61	8712	2340	4	124	50	99	33	2.62	4.17
范　镇	39	1.94	5.85	6868	1085	5	107	55	99	86	2.41	3.58
角峪镇	30	1.10	3.28	6374	1605	2	56	27	50	29	1.92	2.08
满庄镇	42	2.35	7.28	11287	82755	9	288	45	400	82	3.13	4.47
夏张镇	71	1.95	6.20	11674	2454	5	92	60	99	28	3.14	4.11
道朗镇	43	1.31	3.36	10536	6283	2	70	38	50	22	1.67	2.00
大汶口镇	45	2.21	7.08	9073	9323	3	108	44	99	84	3.03	4.43
马庄镇	36	1.64	4.88	5724	2960	4	93	35	50	18	2.25	3.26
高新区												
北集坡街道	53	2.38	7.51	10827	8087	11	426	84	640	225	2.70	4.99
良庄镇	40	2.50	7.36	13681	757	7	167	43	70	55	2.86	5.24
房村镇	31	1.83	5.90	9473	3251	5	140	29	80	26	2.52	4.08
泰山景区												
黄前镇	29	1.21	3.50	10440	3040	3	70	26	55	76	2.21	2.67

续表53

乡镇名称	村（居）民委员会个数（个）	户籍户数（万户）	户籍人口（万人）	行政区域土地面积（公顷）	地方财政收入（万元）	小学（所）	小学专任教师（人）	医疗卫生机构（个）	医疗卫生机构床位（床）	执业（助理）医师（人）	城乡居民基本养老保险参保人数（万人）	城乡居民基本医疗保险参保人数（万人）
下港镇	34	1.22	3.91	15475	821	4	102	28	90	56	2.45	2.99
大津口乡	7	0.42	1.29	5546	4745	3	47	7	50	23	0.46	0.80
徂汶景区												
徂徕镇	34	1.79	5.54	13315	7078	5	107	48	50	42	2.83	4.12
天宝镇	50	2.73	8.04	14742	2680	10	167	56	100	34	4.87	6.17
化马湾乡	31	1.16	3.68	9982	2782	5	97	32	56	36	1.79	2.59
新泰市												
青云街道	77	6.17	16.39	12457	33341	16	1655	99	2672	1139	4.61	10.76
新汶街道	18	4.67	9.65	3579	25148	7	328	64	1611	565	1.44	4.21
新甫街道	37	1.81	5.15	5229	2400	3	121	37	136	4	2.09	3.50
东都镇	33	2.58	7.01	6339	4622	6	158	28	91	38	2.46	5.08
小协镇	18	1.75	4.75	3907	5668	4	126	24	285	123	1.39	2.61
翟　镇	46	2.62	7.40	6359	9640	6	142	50	170	57	3.04	5.10
泉沟镇	33	1.72	4.79	9260	4990	6	161	35	140	59	2.13	3.41
羊流镇	90	4.04	10.62	17222	4652	13	366	66	107	52	6.02	8.69
果都镇	34	1.17	4.03	4813	4632	6	134	31	30	66	2.39	3.17
西张庄镇	28	1.60	4.48	4296	8401	3	163	28	150	66	2.30	3.55
楼德镇	36	2.47	7.52	9384	3883	9	246	37	526	150	4.23	5.76
禹村镇	36	1.78	5.60	8919	2802	6	159	36	99	43	3.02	4.08
宫里镇	43	2.24	6.26	8513	1944	8	184	45	54	52	3.72	4.84
谷里镇	51	2.08	5.71	9480	1478	7	172	39	50	23	3.13	4.35
石莱镇	69	2.31	6.92	16314	2775	10	196	66	119	34	4.09	5.83
放城镇	23	1.35	3.53	6896	2447	4	128	24	30	24	2.12	2.87
刘杜镇	28	1.20	3.26	5158	2843	5	105	30	50	19	2.14	2.55
汶南镇	85	3.87	10.96	18522	13825	13	380	79	529	121	6.53	9.07

续表53

乡镇名称	村（居）民委员会个数（个）	户籍户数（万户）	户籍人口（万人）	行政区域土地面积（公顷）	地方财政收入（万元）	小学（所）	小学专任教师（人）	医疗卫生机构（个）	医疗卫生机构床位（床）	执业（助理）医师（人）	城乡居民基本养老保险参保人数（万人）	城乡居民基本医疗保险参保人数（万人）
龙廷镇	53	2.40	6.47	15216	4907	7	174	54	108	23	3.87	5.38
岳家庄乡	25	1.49	4.00	6810	2015	5	156	22	45	22	2.25	3.46
肥城市												
新城街道	43	5.12	13.96	5532	20661	5	1194	167	2397	1117	7.32	10.53
老城街道	28	2.63	6.86	7863	16589	3	250	31	166	58	4.14	5.08
王瓜店街道	37	2.75	8.12	9210	12256	6	254	41	939	400	4.30	5.83
仪阳街道	49	1.38	4.56	9750	36857	2	133	30	450	84	2.39	3.34
潮泉镇	11	0.84	2.14	5288	1444	1	60	11	50	20	1.13	1.61
桃园镇	40	2.08	5.50	10096	1142	4	139	28	80	43	2.91	3.87
王庄镇	53	1.81	5.23	9360	1072	3	131	27	120	34	2.79	3.74
湖屯镇	53	3.01	7.85	8492	4540	1	226	42	216	46	4.15	5.18
石横镇	48	2.84	8.18	9451	51909	5	245	42	170	81	4.33	5.25
安临站镇	48	2.12	5.72	13100	7022	3	163	29	60	31	3.02	4.50
孙伯镇	17	1.01	2.91	7097	20098	1	78	18	50	35	1.54	2.17
安驾庄镇	71	2.99	8.43	13457	18092	3	211	44	180	70	4.45	5.93
汶阳镇	53	2.47	7.22	7950	5324	3	157	39	100	45	3.95	5.61
边院镇	80	2.90	8.11	11099	25928	6	170	61	145	121	4.29	5.99
宁阳县												
文庙街道	18	2.78	7.41	2820	20240	7	873	22	1603	754	2.02	4.15
八仙桥街道	25	1.30	3.78	2312	4891	2	179	22	390	29	1.30	2.04
泗店镇	36	1.26	4.34	5606	8631	5	152	31	306	49	2.61	3.40
东疏镇	49	1.79	5.86	8398	2329	4	162	41	98	57	3.53	4.54
伏山镇	59	2.11	6.55	8432	12268	5	171	52	110	29	3.80	5.01
堽城镇	62	2.72	7.95	11830	8870	7	207	57	295	43	5.13	6.12
蒋集镇	32	1.31	3.94	6500	2054	4	133	34	110	51	2.32	3.53

续表53

乡镇名称	村（居）民委员会个数（个）	户籍户数（万户）	户籍人口（万人）	行政区域土地面积（公顷）	地方财政收入（万元）	小学（所）	小学专任教师（人）	医疗卫生机构（个）	医疗卫生机构床位（床）	执业（助理）医师（人）	城乡居民基本养老保险参保人数（万人）	城乡居民基本医疗保险参保人数（万人）
磁窑镇	92	3.61	11.38	15872	36770	9	413	89	555	206	6.27	7.56
华丰镇	59	2.89	8.44	10809	5313	8	221	56	240	90	4.32	5.58
葛石镇	27	2.20	6.57	13225	10125	6	195	49	100	34	3.63	4.76
东庄镇	45	2.01	6.16	9965	1989	5	137	39	99	44	3.71	4.32
鹤山镇	46	1.84	5.44	9811	8024	6	163	39	204	36	3.30	3.99
乡饮乡	15	1.19	3.65	6787	2875	3	105	34	129	58	2.26	2.88
东平县												
东平街道	74	5.72	15.02	16090	13245	9	1148	77	1976	837	5.82	9.13
州城街道	71	1.96	5.86	6599	1731	1	84	58	660	157	3.66	4.43
彭集街道	53	1.99	6.58	7490	6197	6	163	43	65	55	3.91	5.02
沙河站镇	65	1.84	5.82	6622	1784	4	102	37	50	37	3.70	4.57
老湖镇	71	2.36	6.90	11290	4042	6	129	44	167	44	3.91	5.23
银山镇	44	2.05	6.08	10451	1330	5	111	44	96	49	3.68	4.82
斑鸠店镇	40	1.60	4.87	7611	2257	5	105	38	155	46	2.82	3.74
接山镇	52	2.05	6.16	14937	1794	1	122	41	120	35	3.91	4.90
大羊镇	37	1.29	3.35	8286	1475	3	73	24	44	28	2.18	2.62
梯门镇	42	1.31	3.60	8976	6252	2	83	34	123	22	2.20	2.77
新湖镇	54	1.77	5.29	10481	2093	1	81	41	40	26	3.27	4.16
戴庙镇	48	1.33	4.16	8688	1064	5	78	24	160	61	2.19	3.23
商老庄乡	35	1.23	3.50	9291	1095	4	87	25	30	36	1.95	2.63
旧县乡	30	0.88	2.68	7091	3564	1	43	13	20	15	1.69	1.84

编辑　校对　　刘 凯

人物·荣誉

人物介绍

滕清良　男，1965年8月出生，中共党员，硕士研究生学历，泰安市中心医院副院长、主任医师。2022年4月，获“全国五一劳动奖章”。

他1992年研究生毕业于中国医学科学院，师从全国著名血液病专家杨崇礼教授。自1995年领衔泰安市中心医院血液科医护团队，发展血液内科成为白血病科、淋巴瘤科、骨髓瘤科、移植科、贫血出凝血科、儿童血液科和血液实验室等7个亚专业的血液病诊疗中心。从医36载，在白血病、骨髓瘤、淋巴瘤、再生障碍性贫血和血友病等领域有很深的临床造诣，在山东省率先开展造血干细胞移植治疗恶性血液病。2020年新冠疫情暴发以后，他带领医护人员奋战在抗疫一线，做好感染密接者的隔离与治疗，杜绝院内感染发生。开展临床科研工作，获国家自然科学基金、山东省自然科学基金、山东省医药卫生科技发展计划项目和泰安科技发展计划资助项目等专项资金支持，获泰安市科技进步奖二等奖、三等奖10余项。总结临床和科研经验，发表论文30余篇，多篇论文发表在*Onco Targets and Therap*、*Peer J*、*Neoplasma*、*Leuk Lymphoma*、《中华血液学杂志》、《中华实验和临床感染病杂志》、《国际肿瘤学杂志》和《山东医药》。先后获“山东省优秀共产党员、山东省先进工作者、富民兴鲁劳动奖章、山东省十佳医师、感动山东健康卫士提名奖、泰安市高层次人才、全国五一劳动奖章”等荣誉。

白拥军　男，1967年10月出生，中共党员，大学本科学历。泰山区委统战部分管日常工作的副部长、四级调研员。2022年8月，被中共中央、国务院授予全国“人民满意的公务员”称号。

他15年坚持初心使命，在统战系统主动担当，大胆创新，勇于攻坚，走出一条具有泰山区特色的统战工作新路子。坚持把思想政治引领作为统战工作重中之重，通过举办“统战大讲堂”、创建“党的声音‘码’上听”教育平台、打造红色记忆馆、感悟红色力量等，把政治引领融入日常交往中，坚定统战成员听党话、跟党走的政治自觉。围绕提升城市民族工作水平，推进民族工作“泰山红石榴和合一家亲”品牌创建工作，访民情、解民忧，探索出城市少数民族流动人口“1145工作法”，累计帮助解决医疗卫生、场所经营、房屋租赁等方面难题73件，提供职业培训和就业信息服务211次，为88人解决就业问题，将清真寺街打造成铸牢中华民族共同体意识示范街，成为全省城市民族工作的标杆。聚焦民族村乡村振兴，开展“创新争先、特色发展”活动，为民族村发展引人才、找项目，总结出一套“抓特色、调结构，抓科技、增活力，抓合作、促共赢”的民族村连片发展的乡村振兴新路子，建设东孙村乡村振兴示范园、岳庄村现代农业科技产业园等，东孙村被评为“全省乡村振兴示范民族村”、岳庄村被命名为“中国少数民族特色村寨”，泰山区被国家民委表彰为“第十批全国民族团结进步示范区”。自主研发全区民族宗教事务服务管理平台，提升民族、宗教事务管理服务数字化、标准化、规范化水平，在全省民族宗教系统宣传推广。持续开展民主党派“五化五好”规范化建设，民建泰山区支部被民建中央授予“全国先进集体”称号，2021年代表山东省在民建中央组织建设工作会议作典型发言。创新开展新的社会阶层人士统战工作，“三个一”工程和“六项机制”在《中国统一战线》宣传推广。先后获“全国民族体育先进个人、山东省民族教育团结先进个人、全省基层统战工作基础建设先进个人、山东省民族宗教系统先进个人”等称号。

李林雨　男，2000年5月出生，泰安市新泰市龙廷镇将军堂村人。生前是武警湖北总队随州支队执勤中队战士。2022年7月12日，为营救落水群众壮烈牺牲，经武警湖北省总队党委研究，报请武警部队政治工作部核准，批准李林雨为烈士，追授平时一等功，追认李林雨为中国共产党党员。2022年9月，被中央政法委评为“见义勇为勇士”，之后分别被评为“荆楚楷模”“湖北好人”“山东好人”“中国好人”。

2021年12月，李林雨入伍（定向培养警士），在武警山东省总队训练基地训练3个月后，2022年3月被分配到武警湖北省总队随州支队。进入部队后，他始终坚守参军报国的初心，苦练本领、爱岗敬业、忠于职守，军体、刺杀、摔擒等多个课目考评优秀。7月12日下午4时50分，李林雨和战友巡逻途中，忽然听到群众呼救声。二人奔跑至事发地域，发现一名落水群众正在水中拼命挣扎。“我会游泳，我下去救人，你快去找一根长一点的棍子。”李林雨一边对涂鑫说，一边迅速脱下外衣，跳入水中，将落水群众托起，推向岸边。最终，二人协力将落水群众营救上岸，但他却因体力透支，沉入水中失踪。13日凌晨2时25分，他的遗体被打捞上岸，壮烈牺牲，将22岁的年轻生命永远定格在他曾经生活和战斗的土地上。

先进个人名录

全国五一劳动奖章

滕清良　泰安市中心医院副院长，主任医师

全国纺织工业劳动模范

谢松才　山东岱银纺织集团股份有限公司技术中心主任、研发部部长

张　华　山东傲饰服饰有限公司设备总监

全国“人民满意的公务员”

白拥军（回族）　山东省泰安市泰山区委统战部分管日常工作的副部长、四级调研员

中国好人

朱宗锋　国网泰安供电公司电网调度班班长

李海伟　新泰市国有太平山林场护林员

李林雨　泰安市新泰市龙廷镇将军堂村人，生前系武警湖北省总队随州支队某部战士

全国优秀共青团干部

朱秀川　新泰经济开发区团工委书记

全国青年岗位能手

董大鹏　极创机器人智能科技（山东）有限公司总经理

第十三届全国五好家庭

孟庆功家庭　岱岳区范镇一中小区

赵玲家庭　肥城市香格里小区

全国最美家庭

韩彩霞家庭　肥城市湖屯镇东湖东村

于晶家庭　岱岳区满庄镇满庄北村

全国优秀人民警察

张连波　泰安市公安局泰山景区分局岱顶派出所所长、四级高级警长，一级警督

刘　伟　泰安市公安局泰山分局刑事侦查大队副大队长、警务技术四级主任，一级警督

全国公安机关爱民模范

陈　奎　新泰市公安局禹村派出所所长、三级警长，二级警督

公安部记个人二等功

张俊刚　泰安市公安局刑事侦查支队，二大队教导员、一级警长，一级警督

全国检察宣传先进个人

赵平原　泰安市泰山区人民检察院党组书记、检察长

周新宇　东平县人民检察院党组书记、检察长

全国青少年普法教育先进工作者

范红艳　泰安市中级人民法院副庭长、四级高级法官

钱继红　岱岳区法院徂徕法庭庭长、一级法官

全国法院办案标兵

苗　勇　东平县法院宿城法庭庭长

人民法院政治工作先进个人

程立君　泰安市中级人民法院教培处四级调研员

2022年度执勤训练工作优秀支队指挥员

张良忠　泰安市消防救援支队支队长

2022年度执勤训练工作训练标兵

李梁策　新泰市青云消防救援站政府专职消防员

全国科技管理系统先进工作者

董　梅　泰安高新区科技创新部部长

全国人力资源社会保障系统先进工作者

李　健　市劳动保障监察大队大队长、一级主任科员

全国住房和城乡建设系统先进工作者

李　文　泰安市房屋征收管理服务中心纪委书记

全国住房和城乡建设系统劳动模范

李英超　山东泰安建筑工程集团有限公司项目经理

陈　涛（回族）　市城市管理综合服务中心中级工

第三次全国国土调查先进工作者

修　峰　泰安市国土空间生态修复中心正科级干部

全国自然资源信访工作业绩突出个人

徐太生　泰安市自然资源规划执法支队四级调研员

全国林草系统劳动模范

孙祥岗　泰安市徂徕山林场茶石峪林区高级工

全国林草系统“七五”普法表现突出个人

吕　俊　山东省泰安市林业局政策法规科副科长

山东好人

李庆民　肥城市老城街道杨庄村村民
张成金　宁阳县第二中学教师
袁海鹏　泰安市中心医院肝胆胰腺内科主任、副主任医师
赵学香　肥城市新城街道苏家庄村村民
石仲兰　岱岳区角峪镇先锋村村医
侯兴叶　宁阳县磁窑镇枣庄村村民
王庆松　海警广东支队直属大队士兵
张梅芳　肥城市仪阳街道胡台村村民
单光华　新泰市汶南镇出租车司机
袁明英　曾任泰安市人大教科文卫主任，现已退休
黄秋瑶　肥城市王瓜店街道冉庄村村民
张新泉　东平县交通运输局退休干部
冉立文　肥城市公交公司驾驶员
薛丽娜　泰安岳洋农作物专业合作社理事长
朱宗锋　国网泰安供电公司电网调度班班长
赵艳红　宁阳县东疏镇疏里村村民
刘　志　新泰市好人公益志愿者协会副会长
王　诚　山东健源生物科技有限公司董事长
申厚英　生前任东平县银山镇中心卫生院妇产科主任
李永香　泰安市上高街道办事处桑家疃村村民
李　强　新泰蓝天救援队队长
张　岩　肥城市桃园镇前韩村村民
王雪艳　泰安市岱岳博爱康复中心主任
杨庆兰　新泰市楼德镇寺岭村村民
李林雨　新泰市龙廷镇将军堂村人，生前系武警湖北省总队随州支队某部战士
万光军　泰晟环境服务（山东）有限公司保洁员
刘延明　岱岳区道朗镇中心小学教师
耿晓霞　岱岳区祝阳镇祝阳村村民
李海伟　新泰市国有太平山林场护林员
谢德银　东平县梯门镇大侯庄村村民
刘　永　山东能源新矿集团万祥矿业安监处督察员
杜红梅　宁阳县特殊教育中心教师
苑云森　肥城市湖屯镇西湖东村村民
张　超　华连生朋朋（泰安）健康管理有限公司员工
范明义　新泰市西张庄镇小白沙村村民
李学武　新泰市龙廷镇将军堂村人
李　玲　新泰市龙廷镇将军堂村人
张　康　泰山风景名胜区泰山消防救援站副分队长
任传芹　岱岳区夏张镇王士店村村民
王莹莹　岱岳区粥店街道泮河社区居民
房光波　新泰市东都镇初级中学教师
王洪相　山东省海星机械设备有限公司董事长
唐守花　东平县兴东环卫服务有限公司飞虎队队长
姜厚华　宁阳县八仙桥街道庙东村村民

山东省“人民满意的公务员”

陈　奎　新泰市公安局禹村派出所所长、三级警长
苏　康　宁阳县人民检察院第一检察部副主任
冯　利　泰安市城市管理局党组成员、副局长
孙欣欣（女）　肥城市新城街道文化服务中心副主任
宋利民　泰山区应急管理局党委书记、局长
陈来明　泰安市委市直机关工委宣传部部长

山东省五一劳动奖章

王红梅（女）　山东省泰安第二中学数学教师
田双双（女）　山东省双宁茶叶有限公司总经理
杨化军　人民银行泰安市中心支行党委书记、行长
宋其燕（女）　泰安市公共交通有限公司驾驶员
张开刚　泰安市中医医院党委书记、院长
柳鹏超　宁阳县金明热电有限责任公司焊工
徐志勇　山东岱银纺织集团股份有限公司电气主管
徐爱斌　新汶矿业集团翟镇煤矿综掘机司机
郭洪振　泰山抽水蓄能有限公司副班长

山东省优秀少先队辅导员

刘建民　财源街道办事处乐园社区少先队校外辅导员

山东省妇女儿童工作优秀个人

陈晓娜　泰安市妇联党组书记、主席、一级调研员

平安山东建设先进个人

孙　宁　泰安高新区社会事务服务中心信访办主任
赵　冰　泰安市公安局泰山景区分局红门派出所所长

山东省法治政府建设先进个人

史　超　泰安市司法局法治调研科科长
刘　舜　肥城市司法局党组书记、局长

山东省“七五”普法依法治理工作先进个人

姜　林　中共泰安市委宣传部宣传教育科副科长
韩　冰　中共泰安市委政法委法治科科长
艾宪冬　泰安市中级人民法院法官助理
李　健　市劳动保障监察大队大队长、一级主任科员
陈现来　泰安市司法局普法与依法治理科科长
崔延庆　泰安市教育局政策研究室主任
牛　静　泰安市广播电视台《法治泰安》栏目制片人
李德政　中共泰安市泰山区委守法普法协调小组成员
刘福宝　泰安市泰山区法律援助中心副主任
张建秀　中共泰安市岱岳区委政法委二级主任科员
刘　聪　新泰市司法局法治调研科副科长
王　强　国网肥城市供电公司办公室主任
张文峰　宁阳县葛石镇依法治镇办副主任

孟昭兴　东平县司法局党组成员、副局长
宁媛媛　泰山景区综合执法局执法监督科副科长
孙启勇　泰安市徂汶景区综合行政执法局局长

山东省公安厅记个人二等功

朱剑平　泰山分局岱庙派出所一级警长，二级警督
邵兴伟　宁阳县公安局三级警长，二级警督
王　鑫　泰山公安分局一级警长，一级警督
王成坤（回族）　泰安市公安局岱岳分局治安管理大队四级警长，三级警督
尹贻峰　新泰市公安局石莱派出所所长
刘　洋　肥城市公安局政治处组宣科科长
郭广生　宁阳县公安局泗店派出所所长
戚甫才　东平县公安局商老庄派出所所长
张雪松　泰安市公安局高新区分局刑侦大队副大队长、分局猎豹突击队负责人
姜静静　泰安市公安局岱岳分局党委委员、政工监督室主任、一级警长，一级警督
黄晓亮　泰安市公安局刑事科学技术研究所主任
王　成　岱岳公安分局经济犯罪侦查大队副大队长
贾林超　高新区公安分局化马湾派出所所长
刘文龙　泰安市公安局警察公共关系处民警
吴　宁　泰安市公安局高新区分局治安大队大队长
俄立芃　泰山公安分局警务保障室警务技术四级主管
吴秀奎　市公安局岱岳分局大汶口派出所三级警长
安　欣　市公安局泰山区城郊森林警察大队四级警长
苏庆明　宁阳县公安局警务保障室主任，一级警督
侯　晓　肥城市公安局龙山派出所副所长
徐　晓　市公安局技术侦察支队技术行动大队副大队长
吴修胜　新泰市看守所管教四中队副中队长
王大晶　泰安市公安局泰山分局迎胜派出所所长
张　鹏　泰安市公安局特巡警支队四大队副大队长
陈慧慧　市公安局技术侦察支队警务技术四级主管

“齐鲁警察之星”，并记个人二等功

王剑锋　泰安市公安局警务保障部副主任，一级警长

2022 年泰安市荣立一等功

李林雨　新泰市龙廷镇将军堂村人，生前系武警湖北省总队随州支队某部战士

2022 年泰安市荣立二等功

王　锟　泰山区省庄镇南河东村
周光成　岱岳区范镇谢台村
蔡　宁　新泰市青云街道
高会龙　新泰市刘杜镇高家圈村
李　波　新泰市楼德镇东岭村
刘志永　新泰市放城镇邱子峪村
黄玉真　肥城市湖屯镇白庄矿社区
李　超　肥城市桃园镇西里村
聂振华　肥城市边院镇岔河店村
许　肖　肥城市高新区祥瑞花园
焦　珂　高新区房村镇房村村

山东省行业领军企业家

卢　伟　山东润德生物科技有限公司董事长

山东省优秀企业家

梁训美　山东路德新材料股份有限公司董事长
侯传新　泰山集团股份有限公司副董事长、山东鲁能泰山电力设备有限公司董事长

山东省生态环境保护先进个人

王宗河　生前任泰安市生态环境局肥城分局党组成员、主任科员
张　耀　泰安市政府副秘书长，市政府办公室（市大数据局、市外办）党组成员
龚敬华　泰安市财政局原市政府投融资管理办公室投资管理科科长

2021 年全省防汛抗洪表现突出的个人

贾思恩　东平县政府办公室副科级干部
史金龙　东平县水利局局长
孟昭军　东平县应急救援指挥中心主任
段　震　泰安市水文中心东平水文中心主任
侯金良　东平县应急管理局防汛抗旱科科长
丁代兴　东平县消防救援大队大队长
米厚章　东平县梯门镇党委书记
谢德伟　东平县戴庙镇东金山村党支部书记
李　杰　东平县银山镇党委书记
王玉航　泰安高新区应急管理办公室主任
王　聪　泰安市徂汶景区安全应急管理部科员
蔚立峰　泰安市委办公室国家安全监管科科长
杨新宇　泰安市委宣传部市委理论宣讲中心副主任
彭　娟　泰安市政府办公室秘书七科科长
孙继刚　泰安市自然资源和规划局地灾防治科科长
马恒凯　市住房和城乡建设局行业安全管理科科员
王　骞　泰安市水利局局长
冯　利　泰安市城市管理局副局长
张　锋　泰安市城市管理局市政设施管理科科长
刘　琳　泰安市应急管理局局长
冉祥彬　泰安市应急管理局防汛抗旱科科长
李学健　泰安市广播电视台电视新闻中心时政新闻部主任
宋　昌　东平湖管理局水政与河湖监督处水政科科长
柳　伊　泰安市气象局工程师
王晓东　市河湖管理保护服务中心灾害防御科科长
施金泉　泰安市黄前水库管理所所长

市委、市政府记个人二等功

张良忠　泰安市消防救援支队支队长

姜从涛　泰安市消防救援支队政治委员
闫志强　泰安市消防救援支队灭火救援指挥部部长
王豪杰　泰安市消防救援支队办公室主任
李亚鲁　泰安市泰山风景名胜区消防救援大队大队长
张　明　泰安市消防救援支队副政治委员
任鹏飞　泰安市消防救援支队副支队长
陶　磊　泰安市消防救援支队政治部主任
李　琳　肥城市消防救援大队政治教导员
李　强　泰安高新区消防救援大队大队长
梁　源　泰山风景名胜区消防救援大队政治教导员
李令政　泰山风景名胜区泰山消防救援站政治指导员
闫　兵　泰山风景名胜区泰山消防救援站副站长
孙　群　泰安市公安局特巡警支队警务科二级警长，一级警督

2022 年中国·山东博士后创新创业大赛表现突出个人

李　娟　泰安高新区党工委组织部、人力资源管理部人才办主任

山东省第三次国土调查先进个人

王　芳　泰安市国土空间生态修复中心勘测规划科副科长

山东省深化“放管服”改革优化营商环境工作先进个人

张仁新　泰安市人民对外友好协会理事会副会长
段　勇　泰安市行政审批服务局工程规划科科长
侯　磊　泰安市社会保险事业中心基层社保平台指导服务科科长
李　岩　泰安市公共资源交易中心保障科科长
孙一国　泰安市泰山区人民政府办公室主任
李　峰　泰安高新区党工委组织部、人力资源管理部分管日常工作的副部长

全省人力资源社会保障系统优质服务个人

刘　静　市社会保险事业中心工伤管理服务科副科长
张志强　泰安市公共就业和人才服务中心科长
丁芳芳　新泰市社会保险事业中心科长
卞秀凤　肥城市社会保险事业中心主任
宁旋旋　宁阳县社会保险事业中心科员
吴桂琰　东平县人力资源和社会保障局副科长
李　娜　泰安高新区社会事务服务中心社保医保工作办公室主任
张　梅　泰山景区管理委员会人力资源部业务主管

山东省保障农民工工资支付工作先进个人

王　燕　泰安市财政局党组成员、副局长
孟亚东　泰安市公安局治安警察支队行动大队大队长
王伟亮　泰安市交通运输局道路运输管理服务中心安全科副科长
王凤奎　新泰市人力资源和社会保障局副局长
刘来义　宁阳县人力资源社会保障执法大队副队长
宋长步　东平县工程建设指导服务中心科长

山东省企业职工基本养老保险全国统筹信息系统部省对接工作表现突出个人

张　航　泰安市社会保险事业中心规划统计科负责人
卫　明　市社会保险事业中心副科长
杨　光　市社会保险事业中心副科长
陈　卓　宁阳县社会保险事业中心个人账户管理服务科负责人

2022 年度人事考试巡考工作表现优秀个人

马长宝　泰安市劳动保障监察大队副大队长
刘　璐　市人力资源和社会保障局一级科员
李　硕　泰安市人事考试中心副主任
刘　平　泰安市人事考试中心副科级干部

全省技工教育先进个人

教育工作者

王建博　新汶矿业集团公司高级技工学校
孔　青　山东医药技师学院
陈　波　泰安技师学院
赵　峰　山东泰山技师学院
刘　昱　泰安市公共就业和人才服务中心
赵　波　泰安市公共就业和人才服务中心

教　师

王　颖　新汶矿业集团公司高级技工学校
宋玉力　新汶矿业集团公司高级技工学校
李　磊　新汶矿业集团公司高级技工学校
高慧丰　山东医药技师学院
李永升　山东医药技师学院
李　丽　泰安技师学院
徐雯菲　泰安技师学院
刘　军　泰安市岱岳区高级技工学校
姜　涛　山东肥矿技师学院
张兴刚　山东泰山技师学院
王统玉　宁阳县技工学校
李宝军　东平县高级技工学校
姜丽娟　东平县高级技工学校

先进集体名录

全国工人先锋号
华润泰安医药有限公司医疗器械采购部
山东新合源热传输科技有限公司制管车间

全国纺织工业先进集体
泰安路德工程材料有限公司高性能复合材料研发中心

全国职工职业道德建设标兵单位
肥城市税务局

2022 年度全国工会职工书屋示范点
泰山区工人文化宫职工书屋
山东泰安烟草有限公司职工书屋

全国“安康杯”竞赛活动优胜单位
新汶矿业集团有限责任公司翟镇煤矿

全国“最美工会户外劳动者服务站点”
泰安市岱岳区职工服务中心户外劳动者服务站点
泰安市宁阳县城市管护服务中心工会户外劳动者驿站
泰安市东平县平湖广场（平湖路西）户外劳动者服务站点
泰安市红门游客中心户外劳动者驿站
泰安市泰安望岳东路生态绿地健身公园驿站

2021 年度工会财务会计工作先进单位
泰安市总工会
泰山区总工会

一星级全国青年文明号集体
国家税务总局泰安市泰山区税务局第一税务分局

“2021 年度全国大学生‘返家乡’社会实践活动”优秀单位
共青团肥城市委

全国青年发展型县域试点
肥城市

全国县域共青团基层组织改革试点工作“优秀”等次
肥城市

第十三届全国家庭工作先进集体
泰安市妇联

全国巾帼现代农业科技示范基地
泰安市岳洋农作物专业合作社

全国优秀公安局
肥城市公安局

全国优秀公安基层单位
东平县公安局旧县派出所

全国公安机关执法示范单位
肥城市公安局

公安部记集体一等功
泰安市公安局技侦支队

全国检察宣传先进单位
泰安市人民检察院
泰山区人民检察院
岱岳区人民检察院
新泰市人民检察院
肥城市人民检察院
宁阳县人民检察院
东平县人民检察院

中央军委国防动员部先进干休所
泰安第三离职干部休养所

2022 年度调查研究工作先进支队
泰安市消防救援支队

2022 年度执勤训练工作先进支队级灭火救援指挥部
泰安市消防救援支队灭火救援指挥部

国家国有林场森林碳汇试点
泰安市徂徕山林场

全国统计系统先进集体
泰安市统计局

2022 年度中国产学研合作促进奖
泰安市科学技术协会

2022 年全国科普日活动优秀组织单位
泰安市科学技术协会
新泰市科学技术协会

肥城市科学技术协会
泰安市农业科学院

山东省“人民满意的公务员集体”

泰安市岱岳区道朗镇党委
泰安市泰山区农业农村局
肥城市公安局
泰安市行政审批服务局

山东省五一劳动奖状

山东泰开成套电器有限公司
新汶矿业集团有限责任公司洗煤分公司
山东康盛医疗器械有限公司
山东长兴农业发展有限公司

山东省工人先锋号

国家能源集团山东石横热电有限公司运行部乙三班
国家能源泰安热电有限公司集控运行戊班
泰安市中心医院分院隔离病区护理团队

平安山东建设先进集体

泰安市泰山区法律援助中心
泰安市岱岳区检察院
新泰市看守所
宁阳县法院泗店人民法庭
东平县委政法委
新汶矿业集团综合服务中心
泰山学院附属中学

山东省法治政府建设先进集体

泰安市司法局法治督察科
新泰市委全面依法治市委员会办公室

山东省“七五”普法依法治理工作先进集体

泰安市财政局
泰安市公安局法制支队
泰安市泰山区司法局
泰安市岱岳区司法局普法与依法治理科
宁阳县司法局普法与依法治理科
泰安市泰山区泰前街道办事处

山东省公安厅记集体二等功

高新区公安局徂徕派出所
泰山分局财源派出所
岱岳分局刑侦大队
东平县公安局斑鸠店派出所
泰山景区分局红门派出所
泰安市公安局新型犯罪研究作战中心
新泰市公安局食药环大队
泰安市公安局指挥中心
新泰市看守所
东平县公安局国保大队

山东省建筑业 5 强市

泰安市（排第三位）

山东省建筑业 10 强县（市、区）

肥城市（排第一位）

2021 年全省防汛抗洪表现突出的集体

泰安市岱岳区应急管理局
泰安市岱岳区祝阳镇人民政府
新泰市水利局
新泰市应急管理局
肥城市水利局
肥城市应急管理局
宁阳县应急救援指挥中心
宁阳县河道管理保护中心
东平县公安局
东平湖管理局东平黄河河务局
东平湖管理局东平管理局
泰山风景名胜区社会事务服务中心
泰安市徂汶景区安全应急管理部
泰安市高新技术产业开发区北集坡街道办事处
泰安市水利局
泰安市应急管理局
泰安市消防救援支队
东平湖管理局工程管理处
泰安市城市管理综合服务中心

山东省生态环境保护先进集体

泰安市泰山区交通运输局
新泰市综合行政执法局
泰安市东平县公用事业发展中心
泰安市发展和改革委员会发展规划科
泰安市生态环境保护综合执法大队

齐鲁时代楷模

泰山消防救援站（群体）

市委、市政府记集体二等功

泰安市消防救援支队

山东省深化“放管服”改革优化营商环境工作先进集体

泰安市人民政府办公室营商环境促进科
新泰市行政审批服务局
肥城市行政审批服务局
宁阳县行政审批服务局

2022年中国·山东博士后创新创业大赛优秀组织奖获奖单位

泰安市人力资源和社会保障局

山东省第三次国土调查先进集体

泰安市自然资源和规划局泰山景区分局

全省人力资源社会保障系统优质服务单位

泰安市社会保险事业中心
泰安市泰山区人力资源社会保障行政执法大队
泰安市岱岳区人力资源社会保障行政执法大队
新泰市公共就业和人才服务中心
肥城市人力资源和社会保障局
宁阳县人力资源和社会保障局

全省人力资源社会保障系统优质服务窗口“样板间”

泰安市人力资源和社会保障局驻市民之家窗口
泰安市12333电话咨询服务中心
宁阳县人力资源和社会保障局高校毕业生（高层次人才）服务窗口

全省技工教育先进集体

山东医药技师学院制药工程学院
泰安技师学院
山东泰山技师学院

编辑　校对　　刘小笋

政府工作报告

——在泰安市第十八届人民代表大会第二次会议上

（2023 年 1 月 7 日）

代市长　李兰祥

一、2022 年工作回顾

2022年是党的二十大胜利召开之年，也是新一届市政府的开局之年。面对严峻复杂的国内外形势和接踵而至的疫情冲击等风险挑战，在市委的坚强领导下，全市上下坚持以习近平新时代中国特色社会主义思想为指导，全面贯彻党的十九大和十九届历次全会精神，深入学习贯彻党的二十大精神，认真落实习近平总书记对山东工作的重要指示要求，全力以赴做好“疫情要防住、经济要稳住、发展要安全”三件大事，较好完成了全年主要目标任务，多数指标和多项工作实现“进八争五奔前三”，新时代中国特色社会主义现代化强市建设迈出坚实步伐。

综合实力越来越强。预计地区生产总值增长 4% 左右；实现一般公共预算收入 222.7 亿元，同口径增长 5.7%，其中税收收入达到 157.4 亿元，同口径增长 3.1%；一般公共预算支出达到 441.7 亿元，增长 3.2%；社会消费品零售总额增长 2% 以上。截至 11 月末，金融机构存贷款余额分别达到 5537.2 亿元、3962.6 亿元，分别增长 13.4%、12%。

产业结构越来越优。预计固定资产投资保持两位数增长；规上工业增加值增长 8.5% 左右；研发经费投入增长 9.32%，占 GDP 比重提高到 2.42%；“四新”经济占 GDP 比重提高到 32% 左右；高新技术产业产值占规上工业总产值比重达到 60.9% 左右。

幸福指数越来越高。民生支出占一般公共预算支出比重达到 79.4%；新增城镇就业 4.6 万人；城镇居民、农村居民人均可支配收入分别增长 4%、5% 左右；常住人口城镇化率达到 65.2% 左右；刑事、治安发案始终保持低位，人民群众获得感、幸福感、安全感进一步增强。

各位代表！市第十二次党代会，对标对表总书记对山东的殷殷嘱托和省委工作要求，确定了“登高望远、奋力争先”总定位，“位次前移、争创一流”“进八争五奔前三”总要求，在泰汶大地发出了“事争一流、唯旗是夺”的进军号令。一年来，我们咬定目标不放松，铆足干劲向前冲，强力推进“六项重点任务”，各项事业取得新成效。

一年来，我们聚力攻坚新型工业化，动能转换实现新突破。成立新型工业化强市建设推进委员会，深入开展“五大比拼、两大问效”活动，着力打造 13 条重点产业链，构建“441X”现代产业体系，工业对经济增长的支撑作用不断增强。新旧动能转换“五年取得突破”目标稳步实现。354 个省市实施类重点项目超额完成年度投资计划 20% 以上。工业技改、制造业技改投资预计分别增长 32%、35% 左右。锂电新材料、智能起重机械、玻璃纤维新材料 3 个集群入选省特色产业集群。高端化工、肥城市新材料入选省“十强”产业“雁阵形”集群库，瑞福锂业、力博重工、泰山石膏、特变鲁缆入选省领军企业库。路德新材料荣获第七届“中国工业大奖”。石横特钢入选国家企业技术中心。新增国家级“专精特新‘小巨人’”企业 23 家、省级“专精特新”中小企业 106 家、“瞪羚”企业 24 家。国家级制造业单项冠军达到 17 家。我市入选“2022 数字城市百强榜”，3 家平台入选 2022 年省级工业互联网平台。引进洪泰基金、港晟基金，75 家企业在区域性股权市场挂牌。新巨丰成功登陆创业板，实现 12 年来 A 股上市公司零的突破。泰安二期抽水蓄能电站、肥城先进压缩空气储能调峰电站纳入国家首台（套）重大技术装备依托工程项目名单。华能泰安 2×9F 级燃气机组等一批项目落地建设。中俄东线天然气管道泰安至泰兴段正式投产。预计新能源装机容量达到415.5万千瓦、增长10.3%，占电力装机的比重达到51.7%。新建开通5G基站3481个，总数突破1万个。

一年来，我们聚力落实黄河重大国家战略，生态文明建设迈上新台阶。引黄入泰等100个黄河战略重点项目加快建设，完成投资107亿元。巩固泰山区域山水林田湖草生态保护修复工程成果，治理水土流失面积75平方千米，新增造林5847亩。东平湖水质稳定保持Ⅲ类标准。全面完成减排降碳和环境改善任务。臭氧浓度、水环境质量指数分别改善4.3%、14.4%，空气质量综合指数改善8.8%、优良天数比例提高8.1个百分点。土壤环境质量保持安全稳定。圆满完成金山坝迎汛除险、东平湖洪水南排和6座小型水库除险加固主体工程。大汶河砖舍拦河闸等一批重点水利工程加快建设。全方位落实"四水四定"原则，建成全国首家省级水资源计量装备产业计量测试中心。成功争创国家地下水污染防治试验区。

一年来，我们聚力深化文旅融合，优秀传统文化焕发新活力。高水平规划建设泰山文化传承发展示范区，制定三年行动计划，被树为全省文化片区建设工作标杆。泰山入选国家黄河世界遗产之旅线路、黄河古都新城之旅线路。泰山博物院、大汶口国家考古遗址公园、泰山新闻出版小镇、国际文化大数据（泰山）产业城等十大示范项目加快推进。我市被评为"中国文旅融合创新典范城市"。成功举办第36届泰山国际登山节暨中国·泰安投资合作洽谈会、2022泰山国际新闻出版合作大会、全国"行走大运河"全民健身健步走活动。泰山"无证明智慧景区"被评为全国"2022智慧旅游创新项目"。出版发行《泰山编年通史》等一批有影响力的研究成果。《脉动泰山》《锦绣中国·壮美泰山》等纪录片在央视播出。

一年来，我们聚力抓好城市提升，市民生活环境得到新改善。完成"三区三线"划定。扎实推进"七网"建设，京台高速济南至泰安段改扩建工程建成通车，泰安西互通立交改造完成，泰安至东平高速、济微高速等项目加快推进。新建续建、改造提升谢过城大街、双龙路、环山路、金牛山路等一批城市道路。改造公游园7处。新增海绵城市8.1平方千米。实施城中村改造项目6个、老旧小区改造项目82个。新开工棚改1072套，基本建成5156套。全市生活垃圾无害化处理率达到100%。建成东部新城净水厂，依法收回黄前水库经营管理权。更新燃气管道81千米。泰城西部热源投产供热。莱热入泰工程启动建设。完善社区功能配套，我市入选省级城市一刻钟便民生活圈建设试点城市。

一年来，我们聚力推动乡村振兴，美丽宜居乡村展现新面貌。扛牢粮食安全政治责任，实施"藏粮于地、藏粮于技"战略，实现粮食总产量267万吨。推广"减垄增地"种植模式31万亩，高标准农田达到312万亩。实施"粮头食尾""农头工尾"工程，现代食品产业总收入达到289亿元。国家级、省级农业龙头企业分别达到5家、56家。全市地理标志商标总量达到57件。脱贫攻坚成果巩固拓展。新创建省级乡村振兴"十百千"示范单位63个、美丽乡村示范村27个。启动实施农村人居环境整治五年提升行动。新改建农村公路820千米、规模化供水管网440千米。50个城镇开发边界外安置区全部建成，惠及群众3.1万人。

一年来，我们聚力推进共同富裕，人民生活福祉达到新水平。为民要办的10件实事年度目标任务如期完成。教育经费支出101.3亿元。新改扩建中小学和幼儿园27所。组建42个教育集团，辐射192所学校。累计创建国家级、省级卫生乡镇33个、80个。市中医诊疗中心项目入选国家中医特色重点医院项目库。建成养老机构116家、新增护理型养老床位3340张。退休人员基本养老金平均增长4%。基本医疗保险参保人数达到531.3万人。城乡低保标准分别增长10%、11%。国防动员、人民防空、退役军人、民族宗教、社会组织、残疾人、仲裁、工会、共青团、妇女儿童、对口支援和东西部协作等各项事业取得新成绩。

各位代表！一年来，我们围绕省委"十大创新"要求，坚持有解思维、问题导向、系统观念，聚焦制约发展堵点难点、企业所思所求、群众急难愁盼，用好"四项关键举措"，充分激发经济社会发展动力活力。打造"敢当"改革品牌，设立"泰安工作创新奖"，推进103项重点改革任务。打响国资国企改革"第一年见成效"攻坚战，四大市属国有企业集团营业收入增长10.2%。"科创中国"试点扎实推进，新增国家级高新技术企业184家。"安惠万家"燃气安全科技示范工程入选省重点研发计划项目。出台人才政策"加强版"，引进青年人才2.7万人。升级"绿卡"制度3.0，优化企业开办"1545"服务模式，推进"无证明城市"建设，新增市场主体7.9万户。泰安"市民之家"正式启用。开展"产业带+跨境电商"培育行动，获批中国（泰安）跨境电子商务综合试验区。泰鹏集团、金辉制衣等4家企业被认定为省级公共海外仓。推进产业链精准招商，在北京、上海、深圳设立驻点招商联络处。签约产业链项目373个，总投资1846.5亿元。实际利用外资、外贸进出口预计分别增长40%、35%左右。安全生产形势平稳。金融风险总体可控。常态化扫黑除恶斗争深入开展。信访突出问题化解成效明显。圆满完成北京冬奥会、党的二十大等重大安保维稳任务。平安中国建设示范市创建、法治泰安建设迈出新步伐，社会大局保持和谐稳定。

一年来，我们坚持党对政府工作的全面领导，持续加强政府系统党风廉政建设。开展机关作风集中整顿、"我为企业办实事"、"百名科长大家评"等活动，风清气正的政治生态持续巩固。"12345"政务服务便民热线受理群众有效诉求193.4万件，按期答复率达到99.9%。办理人大代表建议163件、政协委员提案265件，满意率均达100%。稳步推进法治政府建设，荣获第六届"中国法治政府奖"。持续压减"三公"经费，下降12.1%。

一年来，我们高效统筹疫情防控和经济社会发展。坚定不移坚持人民至上、生命至上，以最短时间、最小代价，全力打赢疫情遭遇战、阻击战，全力守护人民群众生命安全和身体健康。我们同舟共济、守望相助，积极支援上海、天津和省内多地疫情处置工作，为全国全省疫情防控大局贡献了泰安力量。我们坚决扛牢稳经济重大政治责任，全面落实国务院稳经济33条及其接续政策、省"六稳六保"四批政策清单等，精准推出助企纾困"政策包"，全市办理新增减税降费及退税缓税缓费88.4亿元，投放专项债券资金113.8亿元，“信易贷”平台新增授信突破400亿元，经济运行始终保持在合理区间，在稳住经济大盘中展现了泰安担当。

各位代表！回顾2022年，我们在应对挑战中担当作为，在爬坡过坎中砥砺奋进，成绩来之不易，历程令人难忘。我们深刻感受到，一年来取得的成绩，得益于以习近平同志为核心的党中央掌舵领航，习近平总书记对山东作出的“三个走在前”重要指示要求，“做新时代泰山‘挑山工’”的殷切嘱托，为我们指明了前进方向，提供了科学指引。得益于省委的坚强领导、科学决策，省委“六个一”总体思路、“六个更加注重”策略方法、“十二个着力”重点任务、“三个十大”行动，为我们明晰了方向路径和措施方法。得益于市委的统揽全局、科学部署，系统谋划了新时代中国特色社会主义现代化强市建设任务，激励党员干部群众登高望远、奋力争先，推动各项工作位次前移、争创一流。得益于全市人民的顽强拼搏、埋头苦干以及市人大、市政协、社会各界的有效监督和大力支持。特别是在疫情防控共克时艰的日子里，全市广大干部群众勠力同心、众志成城，广大医务工作者、公安干警、社区工作者、志愿者挺身而出、昼夜奋战，以实际行动诠释了伟大抗疫精神。这些宝贵经验是我们发展的基石，更是我们高质量发展的关键所在。在此，我代表市人民政府，向全市广大干部群众、各民主党派、工商联、无党派人士，向驻泰人民解放军、武警官兵、消防救援队伍和中央、省驻泰单位，向关心支持泰安发展的港澳台同胞、海外侨胞及海内外朋友表示崇高敬意和衷心感谢！

我们也清醒地看到，全市经济社会发展中仍然存在很多矛盾和问题，面临不少困难和风险。主要是经济总量不够大，产业结构不够优，科技创新能力不够强，区域发展不够平衡，实体经济恢复不及预期，社会民生事业发展还不充分，社会治理体系和治理能力现代化水平有待提高，营商环境、疫情防控、安全生产、社会稳定等领域还有短板，个别干部担当精神不足、落实执行能力不强，等等。对这些问题，我们一定采取有力措施，认真加以解决。

二、2023年总体思路和预期目标

今年是贯彻党的二十大精神开局之年，是开启全面建成社会主义现代化强国、以中国式现代化全面推进中华民族伟大复兴起始之年，也是我市实施“十四五”规划、加快推进新时代中国特色社会主义现代化强市建设关键一年，做好政府工作意义十分重大。

总体思路是：以习近平新时代中国特色社会主义思想为指导，全面贯彻党的二十大精神，认真落实中央部署和省委、市委要求，坚持稳中求进工作总基调，坚持登高望远、奋力争先主旋律，完整、准确、全面贯彻新发展理念，主动服务和融入新发展格局，着力推动高质量发展，紧紧抓住全省绿色低碳高质量发展先行区建设机遇，强力推进新型工业化、现代服务业、文旅融合、黄河战略、乡村振兴和共同富裕，突出做好稳增长、稳就业、稳物价工作，更好统筹疫情防控和经济社会发展，更好统筹发展和安全，促进经济稳进提质，保持社会和谐稳定，更好以中国式现代化推动新时代现代化强市建设。

主要预期目标是：地区生产总值增长5.5%左右；一般公共预算收入增长6%；规模以上工业增加值增长8%左右；固定资产投资增长8%左右；社会消费品零售总额增长6.5%左右；进出口增长10%左右；吸收外商直接投资增长10%左右；居民人均可支配收入增长5.5%左右；粮食种植面积和产量保持稳定；“四新”经济增加值增长10%以上；城镇新增就业完成省定任务；居民消费价格涨幅控制在3%左右；完成省下达的节能减排降碳约束性指标和环境质量改善目标。

实现上述目标，我们必须全面贯彻落实党的二十大精神。坚定不移把学习贯彻党的二十大精神作为当前和今后一个时期的首要政治任务，深刻领悟“两个确立”的决定性意义，全面理解中国式现代化的科学内涵，准确把握推动高质量发展的方法路径，锚定“走在前、开新局”，登高望远、奋力争先，推动党的二十大精神在泰安落地生根、开花结果。必须牢牢把握新形势新任务新要求。坚持系统观念，深刻理解“五个坚持”，坚决做好“六个统筹”，全面落实“五大政策”，把握好政府和市场、当前和长远、整体和局部、宏观和微观的关系，更加注重综合发展质效，推动经济实现质的有效提升和量的合理增长。必须更好发挥科教人才基础性战略性支撑作用。坚持科技是第一生产力、人才是第一资源、创新是第一动力，深入实施科教兴市人才强市战略、创新驱动发展战略，不断完善科技创新体系，大力推进科教产融合，持续增强自主创新和协同创新能力，努力塑造发展新动能新优势。必须始终坚持以人民为中心的发展思想。时刻把人民放在心中最高位置，站稳人民立场，坚持在发展中保障和改善民生，采取更多惠民生、暖民心举措，着力解决好人民群众急难愁盼问题，扎实推进共同富裕，不断实现人民对美好生活的向往。必须广泛凝聚同心奋进新征程强大力量。团结才能胜利，奋斗才会成功。我们要更加紧密团结在以习近平同志为核心的党中央周围，牢牢把握团结奋斗的时代要求，以更加紧密地团结、更加顽强地奋斗，一步一个脚印把宏伟蓝图转化为泰汶大地的生动实践。

三、2023年政府重点工作

（一）全力在推进新型工业化上实现新突破、开创新局面。坚定不移把新型工业化作为经济高质量发展的重中之首，持续深化“五大比拼、两大问效”活动，深入推进重点工作攻坚突破行动，高起点建设泰山产业会客厅，努力打造全省乃至全国新一轮新型工业化建设先行区、示范区、引领区。

树牢链式发展思维。深入实施“链长制”，扎实开展产业链和产业集群建设行动，抓好32个项目、34家企业等“链长项目”建设，13条重点产业链营业收入实现较快增长。大力培植“链主”领军企业，支持骨干龙头企业做大做强，全面加强工业领军“50强”企业“一对一”精准服务。引导中小企业精准“卡位入链”，培育更多“单打冠军”“配套专家”。建立市级企业高质量发展认证体系，国家级“专精特新‘小巨人’”企业、省级“专精特新”中小企业、省级“瞪羚”企业、省级以上单项冠军企业分别新增10家、50家、10家、5家以上。实施优质企业“育苗工程”，新增规上工业企业200家以上。实施企业上市跨越行动，新增上市公司6家以上。充分发挥驻点招商“前沿阵地”作用，抓好产业链精准招商，持续打响“登高望远·选择泰安”金字招牌，引进投资过10亿元项目40个以上，重点产业链项目到位资金增长15%以上。

强化科技赋能增效。围绕产业链部署创新链、搭建人才链，构建精准赋能科技创新体系。加快推进国家创新型城市建设，深化“科创中国”创新基地建设。高标准提升创新平台，打造13条产业链创新联盟。新增市级以上科技创新平台10家以上。支持国家先进印染技术创新中心、泰山创新谷、泰山智慧谷等建设发展。实施“双十”攻关，深化“揭榜挂帅”改革，开展“卡脖子”技术难题攻关项目、重大科技成果转化项目各10个以上。深入实施科技型中小企业创新能力提升工程，高新技术企业达到800家以上，科技型中小企业达到1050家以上。实施“双百”行动，深化校城融合，加强与知名高校、大院大所联系，推进“百名专家泰安行”“百家企业进院所”。鼓励企业与院校开展订单式培养。强化高端人才（团队）梯次引育，办好“登高望远·选择泰安”高层次人才创业大赛。大力实施质量强市和品牌战略。强化知识产权创造、保护和运用，加快建设知识产权强市。

推进项目提速提效。抓住省绿色低碳高质量发展先行区、交通强国山东示范区建设等重大机遇，加快在项目策划、招商引资、企业培强、特色园区建设上攻坚突破，新策划促进产业链、供应链稳定重大产业项目400个以上，项目储备在库个数动态保持在800个以上。加快推进“陇电入鲁”特高压直流工程、源通核电封头智能制造、亚蓉科技高端阻燃剂、赫里欧光伏建材等35个省重大、100个以上市重点项目建设，年内完成投资400亿元以上。实施“双千”工程，深化工业技改提级行动，推进“千项技改扩规、千企转型升级”，年内实施技改项目500个以上。建立完善数字经济产业生态，推进关键性、全域性应用场景建设。深化制造业数字化转型，推动产品数字化、工厂数字化、管理数字化，建设一批工业互联网平台、数字化转型促进中心、数字化转型样板。

加快特色园区建设。强力推动开发区发展三年攻坚行动，优化完善开发区体制机制改革配套措施。深化“一号产业”培育行动，加快提升主导产业集聚度。全力抓好锂电新材料、国泰大成碳纤维、输变电装备及电线电缆、正威泰安金属新材料、高新技术纺织服装等特色园区建设，构建“1+7+N”发展格局。加强园区基础设施建设和要素配套，加快布局5G、充电桩、工业互联网等新型基建。推进标准厂房建设，努力实现“拎包入住”。开发区主要经济指标增幅高于全市平均水平，实际使用外资、进出口占全市比重稳步提升，实现晋位升级。

强化资源要素统筹。深化要素市场化改革，严格落实新上重大项目联合会商机制。加快盘活闲置低效用地，加强土地立体开发利用，全力保障重点项目用地需求。加大“两高”行业落后产能“出清”，优先保障龙头企业、重点企业发展需求。开展金融辅导赋能行动。用好地方政府专项债券等支持政策。充分发挥基金招商作用，不断扩大直接融资规模。持续拓展“强工贷”产品，工业信贷投放增长不低于全市贷款增速。精准落实各项减税降费政策措施，更好支持制造业和实体经济健康发展。

（二）全力在发展壮大现代服务业上实现新突破、开创新局面。实施服务业高质量发展三年攻坚行动，推动现代服务业与新型工业化“双向赋能”，努力构建优质高效服务业新体系。

推动消费扩容提质。全面落实国家扩内需战略纲要部署，大力推动恢复和扩大消费，深入开展“消费提振年”“惠享泰安消费年”系列活动。鼓励新能源汽车、智能家电等大宗消费。优化房地产业激励措施，加强与城市产业经济联动互促，推动房地产业向新发展模式平稳过渡。支持刚性和改善性住房需求，解决好新市民、就业大学生、转业军人等群体住房问题。大力发展夜间经济、市集经济，加快恢复批零住餐等接触性消费，让泰汶大地更有“烟火气”。推进城市一刻钟便民生活圈建设，培育智慧商圈、特色街区、老字号集聚区。推进供销社、龙头商贸企业下沉，完善县乡村电子商务和快递物流配送体系。积极发展线上经济，鼓励实体零售加快数字化转型。支持生活服务业“一店多能”。加快发展直播电商新业态，打造以远望跨境电商产业园为龙头的电商直播基地。

强化生产服务支撑。深化现代服务业与先进制造业融合，推广共享制造、柔性制造、反向制造新模式。开展生产性服务业升级引领工程，实施一批现代服务业重点工程项目。支持智能制造、流程再造等领域新型专业化服务机构发展。鼓励制造业企业发展生产性服务业，拓展研发设计、供应链协同、系统解决方案、柔性化定制、全生命周期管理等增值服务。引导研发设计企业与制造业企业嵌入式合作，支持开展协同研发、资源共享和成果推广应用。

促进新兴业态发展。坚持供应链创新应用发展，推进物流业与制造业“两业融合”。组建供应链联盟，构建高层次供应链平台。完善线上公共物流信息平台和线下物流基础设施网络，构建现代智慧物流服务体系，打造重要区域物流枢纽城市。加快建设兖矿、速恒、韵达等优势物流产业园。加大基金、投资等机构引进培育力度，做优培强融资租赁、融资担保等地方金融组织。引进一批金融高端商务、企业总部、区域总部。大力发展会展经济，办好中国（泰山）矿业装备展等主题会展活动。

（三）全力在做大做强现代农业上实现新突破、开创新局面。坚持以工业化、链条式思维抓农业，深化种养结构调整和全产业链经营，抓好以乡村振兴为重点的“三农”各项工作，大力推进农业农村现代化。

守住粮食安全底线。落实最严格的耕地保护制度，坚决遏制“非农化”、严格管控“非粮化”，粮食种植面积和产量稳定在557万亩、257万吨。全面推广“减垄增地”种植模式。推进高标准农田建设。提升粮食储备能力。深入实施种业振兴行动和良种创新工程，培育具有自主知识产权的优良品种3个以上。加强大中型灌区建设运行管理，农作物耕种收综合机械化率达到90.6%。稳定生猪生产。加强“菜篮子”产品稳产保供。

加快特色产业发展。树立“大食物”观，抢抓中央厨房（预制菜）、宠物食品等行业“风口”，支持冻冻科技、早天下冷链基地、帅客宠物食品等发展壮大。实施地理标志运用促进计划，全面擦亮“泰安农品·泰好吃”品牌。集中连片发展泰山茶、高效设施蔬菜、高端畜牧等特色产业。壮大泰山黄精、泰山水、小麦糊粉层等免疫力经济新产品新品牌。推进国家农村产业融合发展示范园、乡村振兴示范区等重点项目建设。

强化经营主体培育。实施“梯次晋级行动”，重点培育泰山啤酒、泰山恒信等一批现代食品上市后备企业。大力实施“上规纳统”工程，新增规上农产品加工企业5家以上，总营业收入达到500亿元。新增市级以上农业龙头企业15家以上，培育市级以上农民合作社示范社、家庭农场示范场60家、40家以上。健全农业社会化综合服务体系，市级示范组织达到20家以上。发展智慧农业、定制农业等“互联网+农业”新业态，建设“数字农业大脑”，打造生猪、肉鸭国家级和省级数字化交易平台。

（四）全力在推动文化“两创”上实现新突破、开创新局面。坚守中华文化立场，自觉扛起泰山文化传承发展示范使命担当，打响“中华泰山·国泰民安”品牌，让泰山文化成为展示中华文明的重要窗口。

传承弘扬泰山文化。深度挖掘阐释泰山文化“立足当下、面向未来”的时代价值、现实意义。主动融入和推动国家文化公园建设，抓好泰山博物院等十大重点项目，打造泰山文化“两创”标志性工程。深化文明交流互鉴，高水平办好文旅发展大会、泰山国际登山节、泰山国际文化论坛等活动。加强文物和文化遗产系统保护，积极创建泰山文物保护利用示范区。更加注重城乡建设中的历史文化保护传承，留住城市历史见证和群众生活记忆。推出《追梦绿色》《文物泰安》等体现本土特色、增强人民精神力量的精品力作。

繁荣发展文化产业。实施重大文化产业项目带动战略，抓好出版印刷产业发展，推进出版大厦建设，打造出版企业总部基地。加快国际文化大数据（泰山）产业城、美国冠龙智能绿色印刷等项目建设。办好泰山国际新闻出版合作大会。大力发展数字出版、数字创意、文化电商等新兴文化产业。支持文旅企业做大做强。加快推进“数字三馆”提质工程，推出更多数字化文旅新场景。强化“山东手造·礼遇泰安”品牌打造，高水平设计开发文创产品和旅游商品。

加快文旅深度融合。坚持以文塑旅、以旅彰文，统筹开发全市文化旅游资源，推进“串珠成链”。推动泰山打造首批世界级旅游景区、东平湖争创国家AAAAA级旅游景区。全面盘活徂徕山、泰山温泉、齐长城等优质文旅资源。启动建设泰山·黄河·大汶河文化旅游生态风景道。布局开发文旅康养、红色旅游、研学旅行、旅游演艺等新业态。策划推出自然观光、传统民俗、乡村休闲等十大精品旅游线路。搭建数字赋能旅游服务平台。用好央视“品牌强国工程”传播平台，办好“中华泰山·国泰民安”文化旅游推介会，协同提升泰安文化旅游知名度美誉度。

提高社会文明水平。全面弘扬劳动精神、奋斗精神、奉献精神、创造精神、勤俭节约精神。巩固提升全国文明城市创建成果。广泛开展文明单位、文明村镇等创建活动。实施公民道德建设工程。深化拓展新时代文明实践中心建设。擦亮“泰安小美”志愿服务品牌。抓好青年发展友好型城市建设。推进文化惠民工程，完善现代公共文化服务体系。规划建设“四馆一中心”综合展览馆。坚持“文化润城”，打造“书香泰安”。加强社会信用体系建设，营造诚实守信社会环境。

（五）全力在落实黄河重大国家战略上实现新突破、开创新局面。坚定不移走好“生态立市”之路，协同推进降碳、减污、扩绿、增长，全力打造黄河流域生态保护和高质量发展先行区。

加强生态环境保护治理。巩固扩大泰山区域山水林田湖草生态保护修复工程成果、“三区三线”划定成果。系统抓好泰山、大汶河、东平湖生态保护修复。统筹推进地质环境、水环境、土壤和生物多样性保护。严格落实河长制、湖长制、林长制，持续打好污染防治攻坚战，守护好蓝天、碧水、净土。深入推进地下水污染防治试验区建设。加快建设引黄入泰等重点项目。全力做好中央环保督察、省委专项巡视反馈问题整改落实。

构建防洪减灾保障体系。抓好超标准洪水防御、水库安全度汛和山洪灾害防御，最大程度减轻水旱灾害损失。巩固提升黄河标准化堤防，推进东平湖蓄滞洪区综合治理，加快大汶河砖舍拦河闸等工程建设，构建安全可靠的灾害防御工程体系。健全监测预警处置机制，加强物资储备，全面提升自然灾害防御应急能力。完善城市防洪排涝体系，科学推进海绵城市建设。

抓好资源集约节约高效利用。贯彻“四水四定”原则，持续加强水资源消耗总量和强度双控，推进节水型社会建设，构建适水生产的现代产业体系。深化水权水市场改革。科学调蓄雨洪资源，优化水资源配置。推进国家级大宗固体废弃物综合利用示范基地建设，加快建设“无废城市”。发展绿色节能装配式建筑。加强绿色矿山建设，提高矿产资源开发保护水平。

加快绿色低碳高质量发展。实施深化新旧动能转换推动绿色低碳高质量发展三年行动。深入推进“四减四增”，确保第二轮“三年行动”圆满收官。积极推进碳达峰、碳中和。严控化石能源消费。深化绿色低碳社会行动示范创建。抓好生态产品价值实现机制试点市建设。大力发展新能源产业，推进泰安二期抽水蓄能电站、肥城市和岱岳区盐穴储能、“泰山锂谷”、山东华劲电池材料等项目建设，加快建设千万千瓦级“储能之都”。

（六）全力在深化改革开放上实现新突破、开创新局面。用好改革开放关键一招，破解制约发展的障碍约束，为新时代中国特色社会主义现代化强市建设积蓄澎湃动能。

深化重点领域改革。深入推进国资国企改革，更好发挥支撑引领作用。加强预算绩效管理改革，提高财政资源配置使用效率。深化“放管服”改革，推动企业全生命周期服务集成化。全面推行工程建设项目全链条告知承诺制、工业项目“用地一件事改革”。加快推进数字经济、共同富裕等集成性改革。巩固提升农村集体产权制度改革成果，建立农村集体产权交易市场。完成东平县国家级、宁阳县省级农村改革试验区试验任务。

不断扩大对外开放。实施外贸提升行动，积极组织参加“境外百展”市场开拓计划。用好“鲁贸贷”“泰山贷”“汇率避险担保增信”等政策，支持企业开拓境外市场。扶持奖励重点制造业外资项目。推进中国（泰安）跨境电子商务综合试验区建设，深入开展“特色产业+跨境电商”培育。支持各类开发区与山东自贸试验区（济南片区）合作建设联动创新区。加快建设泰安综合保税物流中心。

持续优化营商环境。制定出台更有力度、更有温度的招商引资、便民利企政策措施，倾力打造政策洼地、服务高地。完善普惠性政策库、靶向政策库、政策需求清单、政策兑现清单“两库两清单”。坚持“有解思维”，推进流程再造，全面创优“泰好办”品牌。开展一体化政务服务提升行动，深化“双全双百”工程，推进“集成办”“跨域办”“就近办”。拓展“跨省通办”“全省通办”事项覆盖范围。深入实施数字政府强基工程，推进跨部门数据互联共享，打造“无证明城市”。强化公平竞争审查制度刚性约束。落实“管办分离”制度，打造智慧化电子交易平台。推广企业开办“1545”服务模式。深化“企业服务专员”制度。实施企业家赋能行动，大力弘扬企业家精神，全力支持民营经济发展。

（七）全力在推进共同富裕上实现新突破、开创新局面。始终坚持人民至上，加强普惠性、基础性、兜底性民生建设，努力绘就一条不断上扬的民生“幸福曲线”。

推动城乡融合发展。系统推进新型城镇化建设。全方位推进济泰同城化发展，推动钢城——新泰打造省会经济圈毗邻县域一体化发展先行区。加快中心城区总体设计、泰安东高铁站片区规划编制。抓好泰安至东平高速、济广高速泰安段、济微高速泰安段、S103东岳胜境旅游公路等项目建设。深入实施城市更新行动，加快建设智慧、韧性、宜居城市。开工改造老旧小区项目150个48757户，棚改项目7个3006套。积极稳妥发展保障性租赁住房。继续优化城市路网。推进莱热入泰等项目建设，完善供热“一张网”、水环境“一张网”。更新改造老化燃气管道80千米。统筹抓好垃圾分类、背街小巷整治、公共停车位治理等工作。深入实施农村人居环境整治提升五年行动，抓好村容村貌“基础薄弱村”攻坚提升。创建省级美丽乡村示范村24个。新改建农村公路550千米，改造农村危房287户。实施农村饮水安全巩固提升、乡村电气化提升工程。稳步推进农村地区清洁取暖改造。推动教育、医疗、养老等公共资源向农村倾斜，促进城乡公共服务均等化。

统筹抓好社会事业。严格落实“四个不摘”要求，坚决守住不发生规模性返贫底线。坚持就业优先，统筹做好高校毕业生、农民工、退役军人、失业人员等群体就业服务。深入开展城乡公益性岗位扩容提质行动，推动零就业家庭动态清零。新改扩建幼儿园10所、中小学6所，新增学位1万个。推进集团化办学，加快义务教育优质均衡发展。优化主城区高中布局，推进同城同招。巩固“双减”成果。支持职业教育发展。深化“泰汇救”社会综合救助体系建设。大力发展慈善事业。健全职工医保门诊共济保障机制。加强“一老一小”服务能力建设。新增护理型养老床位2000张以上。落实“三孩”生育配套政策。持续做好未成年人保护。深入推进健康泰安建设，完善传染性疾病救治体系。严格落实疫情防控优化措施，强化疫苗接种、医疗物资保供、医疗救治服务。深化公立医院高质量发展促进行动。推进国家中医药综合改革示范区建设。建成市中医诊疗中心。办好泰山国际登山比赛等系列体育赛事。管理运营好市新体育中心。推进“泰山兵”品牌、泰安“英雄城市”“全国双拥模范城”建设。

完善社会治理体系。坚持以更大力度统筹好发展和安全，坚决守住守牢“一排底线”，努力营造国泰民安的社会环境。深化矿山等重点领域安全生产专项整治，坚决防范和遏制较大以上事故发生。持续提升森林防火应急处置能力，全力守护好泰山森林资源安全。强化食品药品安全保障，争创国家食品安全示范城市。加强金融风险防控，加大非法集资防范和处置力度，严厉打击恶意逃废金融债务行为。坚持发展新时代“枫桥经验”，全面推行“信访问题面对面，干群关系心连心”工作模式。推进市域社会治理现代化试点，深化党建引领网格化基层社会治理，打响“国泰民安”社会治理品牌。加强社会治安防控体系建设，常态化推进扫黑除恶，严厉打击电信网络诈骗等重点领域违法犯罪行为。健全涉企警情快速响应和联动处置机制，坚决打击损害营商环境违法行为。争创全国禁毒示范城市、平安中国建设示范市，建设更高水平平安泰安。

各位代表！初心如磐，重任在肩。踏上新征程，开创新局面，我们必须牢记打铁还需自身硬的道理，以新担当、新气象肩负新使命、走好新征程，努力建设让党放心、让人民群众信赖的政府。强化忠诚核心、拥戴核心的政治自觉。持续加强政府系统党的建设，把绝对忠诚贯穿履职尽责全过程、各方面，坚决捍卫“两个确立”，增强“四个意识”、坚定“四个自信”、做到“两个维护”，确保深入贯彻党的二十大精神，全面落实党中央决策部署和省委、市委工作要求，不偏向、不变通、不走样。坚守不忘初心、人民至上的为民情怀。更加注重以民生为重点的社会建设，用心用情解决好人民群众急难愁盼问题，扎实推进民生实事落地落实，提升“12345”政务服务便民热线质效，常态化落实领导干部公开接访制度，让政府工作更有民生“温度”。树牢依法行政、依法办事的法治理念。深入贯彻落实习近平法治思想，争创全国法治政府建设示范市。规范执行“三重一大”决策机制，严格履行重大行政决策程序。主动接受人大法律监督、政协民主监督和社会舆论监督，办好人大代表建议和政协委员提案。深入推进政务公开，让人民监督权力，让权力在阳光下运行。锤炼担当作为、团结奋斗的过硬作风。认真落实“严、真、细、实、快”工作要求，增强攻坚克难责任担当，提升改革创新胆识魄力，发扬敢于斗争革命精神，心往一处想、劲往一处使，拧成一股绳、铆足一股劲，努力打造干事创业良好环境。培树遵规守矩、清正廉洁的浩然正气。坚决贯彻全面从严治党各项要求，认真履行“一岗双责”。严格执行中央八项规定及其实施细则精神，坚决纠治形式主义官僚主义。支持配合组织监督、巡察监督，加强审计监督、统计监督。坚持政府过紧日子，把有限的财政资金向民生所急、发展所需倾斜。

各位代表！长风浩荡启新程，重任千钧唯担当。让我们更加紧密地团结在以习近平同志为核心的党中央周围，高举习近平新时代中国特色社会主义思想伟大旗帜，全面学习、全面把握、全面落实党的二十大精神，在市委的坚强领导下，踔厉奋发、勇毅前行，登高望远、奋力争先，努力创造无愧于党、无愧于人民、无愧于时代的新业绩，为全面开创新时代中国特色社会主义现代化强市建设新局面而努力奋斗！

2022年泰安市组织机构及负责人名录

市级领导班子

中共泰安市委员会

书　记	杨洪涛
副书记	张　涛（12月止）
	李兰祥（12月起）
	曲　锋（2月止）
	于瑞波（2月起）
常　委	李灿玉（2月止）
	宋洪银（2月止）
	成　丽（女）
	刘洪海（1月止）
	于瑞波（2月止）
	隋　阳（2月止）
	程远军（1月起）
	常绪扩
	刘泮英
	张　颖（2月起）
	姜　宁（1月起）
	汪占军（2月起）
	王爱新（女，2月起）
秘书长	李灿玉（2月止）
	张　颖（2月起）
副秘书长	亓顺民（正县，1月止）
	刘式堃（1月起）
	杨军昌（11月止）
	范福顺（正县）
	葛宝文（12月止）
	董　磊（1月止）
	侯红岩（1月止）
	任　军（1月止）
	于海涛（12月止）
	李卫国（1月起）
	娄本亮（正县，2月起）
	刘焕民
	魏剑峰
	赵相鑫（12月起）
	彭元刚
	吕效刚（11月起）
	刘　平（11月起）
	张如永（11月起）

泰安市人民代表大会常务委员会

主　任	唐福泉（2月止）
	杨洪涛（2月起）
副主任	张书盈（2月止）
	辛海明
	王淑玲（女，党外）
	刘学保（2月止）
	曹步山（2月止）
	戴　冰（2月起）
	蒋永斌（2月起）
	李华民（2月起）
秘书长	朱　杰（12月止）
副秘书长	蒋庆蓬（正县，2月止）
	崔拥军（党外，正县，2月止）
	刘　锋（2月起）
	侯　丽（女，回，党外，12月起）
	戚　锋（党外，2月起，12月止）

泰安市人民政府

市　长	张　涛（12月止）
代市长	李兰祥（12月起）
副市长	宋洪银（2月止）
	常绪扩（2月起）
	鞠向群（1月止）
	袁久党（党外，2月止）
	姜　宁（2月起）
	唐传营

张　颖（2月止）
刘峰梅（女，1月起）
冯能斌（1月起）
窦清波（2月起）
马保文（2月起）

秘书长　李华民（2月止）
刘钦海（4月起）

副秘书长　于文龙（正县，12月止）
田书阳（正县，1月止）
侯衍奎（正县）
张　耀（正县）
董　光（正县）
李　勇
田　萌（12月止）
陈丽霞（女，挂职，2月止）

中国人民政治协商会议泰安市委员会

主　席　郭德文（2月止）
武林中（2月起）

党组副书记　成　丽（女，2月起）

副主席　徐恩虎（党外，2月止）
张庆明（党外，2月止）
刘　君（党外，不驻会，2月止）
王昌元（党外，不驻会，2月止）
姚　霆（2月止）
马纯勇（2月止）
程　明（2月止）
袁久党（党外，2月起）
孙岱峰（党外）
张步军（2月起）
倪庆宾（2月起）
苏雪峰（女，党外，2月起）
梁望东（党外，2月起）
董彦和（2月起）

秘书长　李诚实（2月止）
杨承修（2月起）

副秘书长　李伟忠（2月起）
周长欣（正县）
李　芳（女，党外，2月起）
杨庆木（12月起）
王　波（正县，2月止）
孙德常（党外，2月止）
陈师超（2月止）

中共泰安市纪律检查委员会、泰安市监察委员会

书记、主任　于瑞波（1月止）
程远军（1月起）

常务副书记、副主任　张　勇（2月止）
王华山（2月起）

副书记、副主任
杨永成（2月止）
王华山（2月止）
张　亮（2月起）
杨成栋（2月起，12月止）

常委、委员　娄本亮（2月止）
张同武（2月止）
张　亮（2月止）
朱玉山（2月止）
杨成栋（2月止）
曹玉楼
张继军（2月起，7月止）
谷志坚（2月起）
季　勇（2月起）
王昌莉（女，2月起）
杨培水（6月起，12月止）
徐京波（6月起）
马金涛（10月起）

市委工作部门

市委办公室（市档案局、市委保密办、市国家保密局）

主　任　亓顺民（1月止）
刘式堃（1月起）

副主任　刘忠强（11月止）
尚晓琳（女，9月止）
吕效刚（11月止）
刘　辉（12月起）
陈　朋（11月起）
范卫毅（女，11月起）

市委组织部（市公务员局、市委非公有制经济组织和社会组织工委）

部　长　刘泮英

分管日常工作的副部长　李千弘（正县，1月止）
李光玖（正县，1月起）

副部长　蒋永斌（正县，2月止）
李作超（正县，12月止）
刘式堃（正县，1月止）
李光玖（1月止）
赵国强（正县，12月起）
郝　燕（女，正县）
贾玉亮
耿　建（2月起）
徐太征（11月起）
任　伟（11月起）

市委宣传部（市新闻办、市文明办）

部　长　刘洪海（1月止）
　　　　王爱新（女，2月起）
分管日常工作的副部长　吕怀玉（正县，1月止）
　　　　雷建民（正县，1月起）
副部长　边永彬（1月止）
　　　　雷建民（1月止）
　　　　王艳艳（女）
　　　　李庆涛（6月起）
　　　　王晓义（6月起）

市委统战部（市台办、市民宗局、市侨办）

部　长　成　丽（女）
分管日常工作的副部长　刘卫东（正县，1月止）
　　　　侯红岩（正县，1月起）
副部长　刘　华（正县，1月止）
　　　　张庆峰（正县，3月止）
　　　　乔敬田（正县，3月止）
　　　　柴　力（正县）
　　　　薛其福（1月起）
　　　　李培国
　　　　王林琳（女）
　　　　任延勇（6月起）

市委政法委

书　记　常绪扩（2月止）
　　　　于瑞波（2月起）
分管日常工作的副书记　张　涛（正县，12月止）
　　　　杨成栋（正县，12月起）
副书记　袁　超（正县，1月止）
　　　　魏　宏（正县，12月止）
　　　　高建明（正县，11月止）
　　　　常庆智（11月止）
　　　　洪　勇（1月起）
　　　　王茂宁（11月起）
　　　　白常顺（11月起）

市委政研室（改革办）

主　任　李卫国
副主任　刘义存
　　　　曹克河
　　　　郭　源（7月起）
专职副主任　马德芳（7月止）
　　　　王　斌（7月起）
　　　　张　瑞（9月起）

市委网信办

主　任　步衍金
副主任　杨启航
　　　　张　磊

市委编办

主　任　李作超（12月止）
　　　　赵国强（12月起）
副主任　张卫国（11月止）
　　　　耿　建（2月止）
　　　　周长友（11月起）
　　　　张　鹏（11月起）
　　　　李　强（11月起）

市委市直机关工委

书　记　王国强
副书记　张爱国
　　　　吕　川
　　　　仇安源
纪检监察工委书记　吕　川

市委巡察办

主　任　娄本亮（1月止）
　　　　曹玉楼（1月起）
副主任　刘光辉（5月止）
　　　　刘凌云（女，5月起）

市委老干部局

局　长　郝　燕（女）
副局长　苏宝菊（女，正县，12月止）
　　　　鞠晓帆
　　　　刘智广

市离退休干部党工委

书　记　郝　燕（女，正县）
专职副书记　刘智广

市政府工作部门

市政府办公室（市大数据局、市政府外事办公室）

主任（局长、主任）
　　　　于文龙（12月止）
　　　　张　耀（12月起）
副主任（副局长、副主任）
　　　　彭恒玖（1月止）
　　　　孙　健

市政府机关党组［2月由市政府办公室（市大数据局、市政府外事办公室）党组更名］

党组书记 李华民（1月止）
刘钦海（1月起）
党组副书记 于文龙（正县，12月止）
张 耀（正县，12月起）

市发展和改革委员会（市新旧动能转换综合试验区建设办公室）

主 任 董世武（2月止）
徐兆兵（2月起）
副主任 任广军（正县，3月止）
田书阳（正县，兼，12月起）
姚志贤（正县，5月起）
田 华（正县，4月起）
倪建军（1月止）
贾明清（5月止）
张金萍（女，正县，12月止）
贾法增（6月起）
薛诏伟（挂职，4月起）
党组书记 董世武（1月止）
徐兆兵（1月起）
党组副书记 任广军（正县，3月止）
姚志贤（正县，5月起）

市教育局

局 长 戴 冰（2月止）
鞠允平（8月起）
副局长 常希贞（正县）
刘兴成
张衍新
王家民（9月起）
党组书记 戴 冰（1月止）
陈士国（1月起，4月止）
鞠允平（7月起）
纪检组组长 刘 旼

市委教育工委

书 记 王爱新（女，副厅，2月起）
常务副书记 戴 冰（2月止）
陈士国（2月起，4月止）
鞠允平（7月起）
副书记 刘应新（5月止）

市科学技术局

局 长 张庆云（11月止）
柳桂敏（女，党外，12月起）
副局长 梁晨阳（11月止）
陈书林（11月止）
王东之
何 青（女，11月起）
孙迎胜（11月起）
党组书记 张庆云（12月止）
杨建全（12月起）
党组副书记 梁晨阳

市工业和信息化局（市民营经济发展服务局）

局 长 黄正玉（12月止）
蔡丽霞（女，12月起）
副局长 徐从军（11月止）
马庆忠（6月止）
张 彬
戴 伟（党外，11月起）
李志泰（6月起）
党组书记 黄正玉（12月止）
蔡丽霞（女，12月起）

市公安局

局 长 鞠向群（1月止）
窦清波（1月起）
政 委 亓景会（6月止）
鄂宏超（满，6月起）
副局长 亓子海（正县，6月止）
鄂宏超（满，6月止）
王泽劲
孙延平（7月起）
苗 笋（7月起）
党委书记 鞠向群（1月止）
窦清波（1月起）
党委副书记 亓景会（6月止）
鄂宏超（满，6月起）
纪检组组长 田志云（女，正县）

市民政局

局 长 刘兆泉
副局长 董 峰
王 华
赵丽东（9月止）
张 晶（女，党外，11月起）
党组书记 刘兆泉

市司法局

局 长 梁立元
副局长 王序东（11月止）
杜衍娜（女，11月止）
吕传庆（11月止）
刘月永（党外，11月起）
孙绪星（11月起）
王 松（11月起）
党委书记 梁立元

市财政局

局　长　孙　磊
副局长　王庆涛（6月止）
王　燕（女）
徐西才（6月起）
李　民（6月起）
党组书记　孙　磊

市人力资源和社会保障局

局　长　蒋永斌（2月止）
贾玉亮（4月起）
副局长　刘金安（正县，7月止）
乔　磊（6月止）
于赛英（女，10月止）
杜　彤（女）
鲁　锦（11月起）
巩如雷（2月起）
张元强（11月起）
党组书记　蒋永斌（1月止）
贾玉亮（1月起）
党组副书记　刘金安（正县，7月止）
周　民（正县，11月起）

市自然资源和规划局

局　长　宋宪春（1月止）
贾同国（1月起）
副局长　王　涛
韩　明（党外，6月止，11月起，正县）
王　峰（女，6月起）
姜东涛（6月起）
党组书记　贾同国
党组副书记　陈京国（正县）

市生态环境局

局　长　戴先锋
副局长　李向农
庞英元
孙建修（6月起）
党组书记　戴先锋

市住房和城乡建设局

局　长　许　伟
副局长　王印林
李宝军（11月起）
边树举（6月起）
杨崇勇（11月起）
党组书记　许　伟
党组副书记　王海峰（正县）
纪检组组长　续丙西

市城市管理局

局　长　吕桂平（2月止）
任　军（2月起）
副局长　冯　利（11月止）
尹　红（女）
杨　帅（11月起）
刘延斌（11月起）
党组书记　吕桂平（1月止）
任　军（1月起）
党组副书记　李遵建（11月止）
冯　利（11月起）

市交通运输局

局　长　吴国庆（12月止）
王勇强（12月起）
副局长　袁立新
杨福民（5月止）
徐彩虹（女）
乔立峰（6月起）
王　军（兼，5月起）
党组书记　吴国庆（12月止）
王勇强（12月起）

市水利局

局　长　王　骞（12月止）
王冠祥（12月起）
副局长　赵文坡
张继德（7月止）
李怀岭
程传民（7月起）
党组书记　王　骞（12月止）
王冠祥（12月起）
党组副书记　赵文坡

市农业农村局（市乡村振兴局、市畜牧兽医局）

局　长　姜士科（12月止）
于海涛（12月起）
副局长　马新华（正县）
王耀辉
王　民（6月止）
白常顺（6月起，11月止）
平　涛（11月起）
党组书记　姜士科（12月止）
于海涛（12月起）

市乡村振兴局

局　长　姜士科（12月止）
于海涛（12月起）
常务副局长　马新华

副局长　王　宁
孙　越
平　涛（11月止）
杨立国（11月起）

市商务局（市投资促进局）

局　长　王志翔（1月止）
桑　民（1月起）
副局长　王成岩（5月止）
张　斌
刘　媚（女，5月止）
柳桂敏（女，党外，11月止）
刘彦涛（党外，11月起）
周一鹏（6月起）
党组书记　桑　民
党组副书记　裴黎明（正县，5月止）
王成岩（5月起）

市文化和旅游局（市新闻出版广电局、市文物局）

局　长　苏雪峰（女，党外，11月止）
朱　丽（女，党外，12月起）
副局长　宋韶峰
张安军
陈士强
党组书记　侯卫国（12月止）
李洪洲（12月起）
党组副书记　张朝晖

市卫生健康委员会（市中医药管理局）

主任（局长）　张步军（2月止）
梁国言（4月起）
副主任
（副局长）　沈桂春（9月止）
徐学森（9月止）
张伟英（女，9月止）
许　琨（女，7月起）
李　刚（11月起）
高广稳（9月起）
王建海（9月起）
党组书记　张步军（1月止）
梁国言（1月起）
党组副书记　沈桂春（9月止）
纪检组组长　李　永

市退役军人事务局

局　长　魏　勃（2月止）
杨永成（4月起）
副局长　李学军（正县）
聂圣江
陈绪峰
朱　会（兼，5月起）
党组书记　魏　勃（2月止）
杨永成（2月起）
党组副书记　李学军（正县）

市应急管理局

局　长　刘　琳
副局长　宋锡军（正县）
李　强
张古斌（11月止）
乔田海
李　峰（11月起）
党委书记　刘　琳

市审计局

局　长　杨承修（6月止）
王庆涛（6月起）
副局长　刘　安
程　波
吴　思（女）
张　伟（女）
党组书记　杨承修（6月止）
王庆涛（6月起）
党组副书记　张仁安（正县）

市政府国有资产监督管理委员会

主　任　蔡丽霞（女，12月止）
张金萍（女，12月起）
副主任　金　飞（回，11月止）
颜　峰（女）
张桂振
庞林星
党委书记　蔡丽霞（女，12月止）
张金萍（女，12月起）

市行政审批服务局（市政务服务管理办公室）

局长（主任）　乔国荣（12月止）
张　青（女，12月起）
副局长
（副主任）　马连启（9月止）
肖培庆
赵丽东（9月起）
赵　波（6月起）
栾　静（女，6月起）
党组书记　乔国荣（5月起，12月止）
张　青（女，12月起）
党组副书记　乔国荣（正县，5月止）

市市场监督管理局（市知识产权局）

局　长　张京洲（12月止）

	乔国荣（12月起）
副局长	王自坦
	刘秀文（女，1月止）
	孙洪英
	陈　政
	刘　民
	刘建广
	朱晓东
	邹　斌（1月起）
党组书记	张京洲（12月止）
	乔国荣（12月起）

市体育局

局　长	许　兵（1月止）
	孔凡洪（1月起）
副局长	杨振德（5月止）
	玄冬梅（女，6月起）
	刘　灏（6月起）
党组书记	孔凡洪

市统计局

局　长	董彦和（2月止）
	苗明峻（4月起）
副局长	宋　涛（8月起）
	高　伟（11月止）
	沈　峰
	朱元柱（11月止）
	马金魁（11月起）
党组书记	董彦和（1月止）
	苗明峻（1月起）
党组副书记	宋　涛（8月起）

市医疗保障局

局　长	肖和元（12月止）
	朱延华（女，12月起）
副局长	张吉峰
	石文东
党组书记	肖和元（12月止）
	朱延华（女，12月起）
党组副书记	刘建国

市国防动员办公室（市人民防空办公室）［12月由市人民防空办公室更名］

主　任	梁国言（1月止）
	田书阳（2月起，12月止）
	徐兆兵（12月起）
常务副主任	田书阳（正县级，12月起）
副主任	薛建旺（11月止）
	王化民（11月止）
	吴　斌（兼，9月止）
	杨留洋（兼，9月起）
	龚贤华（11月起）
	郑东梅（女，党外，11月起）
党组书记	梁国言（1月止）
	田书阳（1月起）
党组副书记	魏文峰（1月止）
	薛建旺（11月起）

市政府研究室

主　任	杨建全（12月止）
副主任	石　斌（9月止）
	于善波
	张东润（9月起）
党组书记	杨建全（12月止）

市地方金融监督管理局（市金融工作办公室）

局长（主任）	任树凯（2月止）
	倪建军（2月起）
副局长（副主任）	赵兴广（党外）
	刘　彬（女，6月止）
	金　辉
	张　帅（11月起）
	郑　拓（挂职，7月起）
党组书记	任树凯（1月止）
	倪建军（1月起）

市信访局

局　长	葛宝文（12月止）
	赵相鑫（12月起）
副局长	曹永先
	赵克俊（女）
	郭连勇
党组书记	葛宝文（12月止）
	赵相鑫（12月起）

市能源局

局　长	徐兆兵（10月止）
	程　鹏（女，党外，10月起）
副局长	刘　勇（正县）
	王太阳
党组书记	徐兆兵（1月止）
	马连启（9月起）
党组副书记	顾　兵

市林业局

局　长	臧玉海
副局长	张德涛（11月止）
	焦　明
	王玉坚（11月止）

马丽丽（女，党外，11月起）
孙良玉（11月起）
党组书记　　臧玉海

市政府派出机构

泰安高新技术产业开发区、泰安经济开发区管理委员会

党工委书记　　刘　斌
党工委副书记　姚来新（11月起）
主　任　　刘　斌
副主任　　赵　胜（11月止）
石振房（11月止）
张安富（11月止）
赵兴伟
王海涛
张　鹏（11月起）
陈　涛（11月起）
王　卫（11月起）
纪工委书记、
监工委主任　亓习忠（11月止）
纪检监察
工委书记　　亓习忠（11月起）

泰山风景名胜区管理委员会

党工委书记　　亓利群
主　任　　肖玉果
党工委副书记　肖玉果
万庆海
副主任　　姜　林（11月止）
马生平
陈传帅
刘敬锋（11月起）
李　峰（11月起）
纪工委书记、
监工委主任　周生华（11月止）
纪检监察
工委书记　　杨培水（11月起）

泰安旅游经济开发区管理委员会

主　任　　邱仲慧（7月止）
钱振华（7月起）
副主任　　张秀琛
李安元
吕泰柱
刘富强（7月起）
党工委书记　　张书祥（7月止）
王长勇（7月起）
党工委副书记　邱仲慧（正县，7月止）
钱振华（正县，7月起）
刘富强（7月起）
纪工委书记　　谷志坚（2月止）
韩宝山（11月起）

泰安市徂徕山汶河风景名胜区管理委员会

党工委书记　　田庆勇（9月止）
张培峰（9月起）
主　任　　田庆勇（9月止）
贾夫军（9月起）
党工委副书记　贾夫军（9月起）
徐锦儒（11月起）
副主任　　郑佳军
赵　新
张寒冬
李冬梅（女，9月止）
杨中军（9月起）
郭吉永（9月起）
纪工委书记、
监工委主任　纪复旺（4月止）
纪检监察
工委书记　　牛　波（11月起）

市委、市政府直属事业单位

市委党校（市行政学院、市社会主义学院）

校　长　　杨洪涛
分管日常工作
的副校长　　韩志强（正县）
副校长　　梅长冬
陈卫东
牛兰春（8月止）
张文华（2月止）
解西锋（9月起）
亓慧亭（9月起）

市委党史研究院（市地方史志研究院）

院　长　　李洪洲（12月止）
田　萌（12月起）
副院长　　张　博
曹成义
李耀德

泰安日报社

社　长　　张洪洲（6月止）
何麦之（6月起）
副社长　　赵利泽（满）
吕文佳（女）
总编辑　　韩西德（6月止）
张承国（6月起）

副总编辑　曲　岩（女，7月止）
李建中
张文圣
车　军
党委书记　张洪洲（6月止）
何麦之（6月起）
副书记　韩西德（6月止）
何麦之（6月止）
张承国（6月起）
张宏强

泰安市广播电视台

台　长　胡开剑
副台长　吴　涛
周　健
总编辑　苌　晶（女，12月止）
副总编辑　亓修举
亓雪峰
党组书记　胡开剑
党组副书记　苌　晶（女，正县，12月止）
付　强

市机关事务服务中心

主　任　于海涛（12月止）
娄本亮（12月起）
副主任　陈兆金
明立东
尹逊桐
党组书记　于海涛（12月止）
娄本亮（12月起）

仲裁委员会办公室

主　任　于　锋
副主任　刘月永（党外，11月止）
武如军
李　鹏（12月止）
李明耀（11月起）
党组书记　于　锋

市住房公积金中心

主　任　王　峰（回，12月止）
苌　晶（女，12月起）
副主任　吕长文
蒲英标（11月止）
杨　皓
黄　勇（11月起）
党组书记　王　峰（回，12月止）
苌　晶（女，12月起）

市供销合作社联合社

理事会主任　安　丽（女）
理事会副主任　王建国（5月止）
苏礼平（11月止）
李庆涛（12月止）
刘建新
监事会主任　靳兆宏
监事会副主任　李昌友
党组书记　安　丽（女）

泰山索道运营中心

主　任　葛遵瑞（11月止）
姜　林（11月起）
副主任　王　军
吴杞强
党组书记　贾代常（11月止）
葛遵瑞（11月起）
党组副书记　葛遵瑞（11月止）
姜　林（11月起）
李西军

市农业科学院（山东省农业科学院泰安市分院）

院　长　高俊杰
副院长　毕　军（5月止）
郭俊胜
蔚承祥
马传华（5月止）
齐洪淼（1月起）
孔　怡（女，党外，6月起）
党组书记　高俊杰

市大数据中心（市智慧城市服务中心）

主　任　李天波
副主任　宗德勇
曹　磊
林静霞（女，11月起）
党组书记　李华民（2月止）
刘钦海（2月起）
党组副书记　李天波（正县）

市公路事业发展中心

主　任　宫庆会
副主任　王　勇（正县级）
任继仓
陈大华
李　波
刘二国（9月止）
党组书记　宫庆会

党组副书记　　王　勇（正县级）
　　　　　　　李正民

法院、检察院

泰安市中级人民法院

院　长　　孙晋梅（女，2月起）
副院长　　孙晋梅（女，1月起，2月止）
　　　　　孙岱峰（党外，12月止）
　　　　　林建森
　　　　　李成涛（9月止）
　　　　　黄建民（12月起）
　　　　　刘　琴（女，12月起）
党组书记　　朱云三（1月止）
　　　　　孙晋梅（1月起）
党组副书记　　林建森

泰安市人民检察院

检察长　　王锡友（3月起）
副检察长　　王锡友（1月起，3月止）
　　　　　吴新村（10月止）
　　　　　范　军
　　　　　王敬政
　　　　　黄建民（12月止）
　　　　　杨福桐（12月起）
党组书记　　苏金森（1月止）
　　　　　王锡友（1月起）
党组副书记　　吴新村（10月止）
　　　　　范　军（12月起）

人大、政协、纪委机关

人大专门委员会

法制委员会

主任委员　　刘栋梁（2月止）
　　　　　刘文明（2月起）
副主任委员　　刘向阳（2月止）
　　　　　刘凤芝（女，2月止）
　　　　　魏文峰（2月起）
　　　　　陈业荣（10月起）

监察和司法委员会

主任委员　　石　岩（女，2月止）
　　　　　孟祥彬（回，2月起）
副主任委员　　杨传文（2月止）
　　　　　张文珂（2月起）

财经委员会

主任委员　　赵　明（2月止）
　　　　　王文忠（2月起）
副主任委员　　梁望东（党外，2月止）
　　　　　高　萍（女，2月起）
　　　　　邱仲慧（8月起）
　　　　　王衍婷（女，10月起）

农业与农村委员会

主任委员　　李渊祥（2月起）
副主任委员　　侯　力（2月止）
　　　　　李渊祥（2月止）
　　　　　王子强（2月起）

环境与资源保护委员会

主任委员　　乔建博（2月止）
　　　　　孙卫连（2月起）
副主任委员　　张建国（2月止）
　　　　　张兴华（2月止）
　　　　　李新建（2月起）
　　　　　任德会（12月起）

教育科学文化卫生委员会

主任委员　　刘　康（2月止）
　　　　　孙培国（2月起）
副主任委员　　何广文（2月止）
　　　　　王德全（2月止）
　　　　　郭　霞（女，2月起）

民族侨务外事委员会

主任委员　　孟祥彬（回，2月止）
　　　　　王淑玲（女，党外，2月起）
副主任委员　　周光林（2月止）
　　　　　米清国（回，2月起）
　　　　　戚　锋（党外，12月起）

社会建设委员会

主任委员　　徐　鑫
副主任委员　　孙卫连（2月止）
　　　　　孙培国（2月止）
　　　　　孙和新（2月起）
　　　　　谷红卫（2月起）

人大机关办事机构和工作机构

办公室

主　任　　蒋庆蓬（2月止）
　　　　　刘　锋（2月起）
副主任　　陈业荣（10月止）
　　　　　张海军
　　　　　井　泉

人事选举代表工作室

主　任　　刘　锋（2月止）
　　　　　张向晖（2月起）
副主任　　郭　霞（女，2月止）
　　　　　宋长亨

研究室

主　任　　刘文明（2月止）
　　　　　辛振华（10月起）
副主任　　王衍婷（女，2月止）

辛振华（10月止）
安增涛（8月起）

法制工作委员会
主　任　刘凤芝（女，2月止）
陈业荣（10月起）
副主任　张文珂（2月止）
孔　妍（女）

监察和司法工作委员会
主　任　李　平（2月止）
张文珂（2月起）
副主任　王　松（2月起，12月止）
王序东（12月起）

财政经济工作委员会
主　任　梁望东（党外，2月止）
高　萍（女，2月起，10月止）
王衍婷（女，10月起）
副主任　谷红卫（2月止）

预算工作委员会
主　任　王照星（2月止）
高　萍（女，10月起）
副主任　夏　颖（2月起）

农村经济工作委员会
主　任　李渊祥（2月止）
王子强（2月起）
副主任　王子强（2月止）
郭建华（女）

城乡建设环境保护工作委员会
主　任　张建国（2月止）
任德会（12月起）
副主任　任德会（2月起，12月止）

教育科学文化卫生工作委员会
主　任　王德全（2月止）
郭　霞（女，2月起）
副主任　彭长青（2月止）

民族侨务外事旅游工作委员会
主　任　周光林（2月止）
戚　锋（党外，12月起）
副主任　严文玲（女，2月起）

社会建设工作委员会
主　任　王文忠（2月止）
谷红卫（2月起）
副主任　王衍婷（女，2月起，10月止）

政协专门委员会

提案委员会
主　任　黄东葵（2月止）
毕研坤（2月起）
副主任　董　军（2月止）
徐宗林（2月起）
韩　明（党外）

经济委员会
主　任　马玉军（2月止）
张　清（女，党外，2月起）
副主任　徐国峰（12月起）
朱效光（2月起）
安宝峰（党外，12月起）

人口资源环境委员会
主　任　刘焕星（2月止）
张立忠（2月起）
副主任　郭大年（2月止）
单光德（2月起）

教科卫体委员会
主　任　王天宇（2月止）
陈占峰（2月起）
副主任　陈占峰（2月止）
张庆民（2月起）
孙圆景（女，党外）

社会法制和民族宗教委员会
主　任　杨　红（女）
副主任　陈建中（2月止）
李洪奎（2月起）
韩克双（2月止）
徐建英（女，党外）

文化文史和学习委员会
主　任　张步军（2月起，12月止）
张伟贞（女，12月起）
副主任　戚　锋（党外，2月止）
杨庆木（2月起）

港澳台侨和外事委员会
主　任　张　清（女，党外，2月止）
马鹏举（回，2月起）
副主任　李　芳（女，党外，2月止）
苗庆民（2月起）

委员联络工作委员会
主　任　周建国（2月止）
张书祥（7月起）
副主任　王建雷（2月止）
卢晓堂（党外）

农业和农村委员会
主　任　贾汇红（女，党外）
副主任　郑中其（2月止）
刘彦涛（党外）
王培林（2月起）

政协机关办事机构和工作机构

办公室
主　任　陈师超（2月止）
李伟忠（2月起）
副主任　苗庆民（2月止）
李伟忠（2月止）

刘　峰
孟庆军
宁爱民（9月起）

研究室
主　任　毕研坤（2月止）
张学亮（9月起）
副主任　张学亮（9月止）
吴向军（2月起）

委员活动工作室
主　任　黄会平（女）
副主任　张庆民（2月止）
王　霞（女，12月起）

提案委员会工作室
主　任　徐宗林（2月起）
副主任　徐宗林（2月止）
罗雪莲（女，2月起）

经济委员会工作室
主　任　徐国峰（12月起）
副主任　郭泉浩
孙华春（女，2月起）

人口资源环境委员会工作室
主　任　单光德（2月起）
副主任　张西环（女，2月止）
王　霞（女，12月止）

教科卫体委员会工作室
主　任　陈占峰（2月止）
张庆民（2月起）
副主任　刘秀文（女，2月起）
刘雪菲（女）
邹　斌（2月止）

社会法制和民族宗教委员会工作室
主　任　韩克双（2月止）
李洪奎（2月起）
副主任　李洪奎（2月止）
张　静（女，9月起）

文化文史和学习委员会工作室
主　任　杨庆木（2月起）
副主任　程　鹏（女，党外，9月止）
徐宗明（9月起）
谭启勇（2月起）

港澳台侨和外事委员会工作室
主　任　苗庆民（2月起）
副主任　刘　宁（2月止）
朱宏伟

委员联络工作委员会工作室
主　任　李　婷（女，副县，2月起）
副主任　单光德（副县，2月止）

农业和农村委员会工作室
主　任　孙文献（副县）

市纪委监委内设机构

办公室
主　任　王昌莉（女，5月止）

组织部
部　长　季　勇（2月止）
武海强（2月起）

宣传部
部　长

研究室
主　任　郭启辉

党风政风监督室
主　任　杨培水（6月止）
刘　明（女，9月起）

信访室（市国家公职人员违法违纪举报中心）
主　任　皇甫继伟

案件监督管理室
主　任

第一监督检查室
主　任　毛尚纯（4月止）

第二监督检查室
主　任　石金城

第三监督检查室
主　任　徐京波（6月止）

第四监督检查室
主　任　杜伯岑

第五监督检查室
主　任　李海平

第六监督检查室
主　任　梁振宇

第七审查调查室
主　任　刘晓枫（女，6月起）

第八审查调查室
主　任　杨振国

第九审查调查室
主　任　马金涛（9月止）

第十审查调查室
主　任　侯庆鹏（9月止）
黄　勇（9月起）

案件审理室（政策法规室）
主　任　柏宜民

纪检监察干部监督室
主　任　巩如雷（2月止）

市纪委市监委派驻纪检监察组
第一纪检监察组
组　长　周生华（正县，11月起）
第二纪检监察组
组　长　马贵昌（正县）
第三纪检监察组
组　长

第四纪检监察组
组　长　　王　蕾（女，正县）
第五纪检监察组
组　长　　张丽娟（女，正县）
第六纪检监察组
组　长　　于京山（副县，6月止）
第七纪检监察组
组　长　　刘爱科（副县，11月止）
第八纪检监察组
组　长
驻市法院纪检监察组
组　长　　赵兴杰（女，正县）
驻市检察院纪检监察组
组　长　　吕丰强（副县）
驻市公安局纪检监察组
组　长　　田志云（女，正县）
驻市教育局纪检监察组
组　长　　刘　旼（副县）
驻市卫生健康委员会纪检监察组
组　长　　李　永（副县）
驻市住房和城乡建设局纪检监察组
组　长　　续丙西（副县）

民主党派

中国国民党革命委员会泰安市委员会

主　委　　朱　丽（女）
副主委　　杨维仁
　　　　　刘清廷
　　　　　程　鹏（女）
　　　　　郭秀荣（女）
秘书长　　李　芳（女，驻会，1月止）
　　　　　王玲玲（女，12月起）

中国民主同盟泰安市委员会

主　委　　孙岱峰
副主委　　丁　爽（女）
　　　　　张　清（女）
　　　　　周　奎
　　　　　朱树华
秘书长　　徐建英（女，驻会）

中国民主建国会泰安市委员会

主　委　　袁久党
副主委　　黄屹峰
　　　　　尹洪宗
　　　　　魏云刚
　　　　　陈　文（女）
秘书长　　戚　锋（驻会，1月止）
　　　　　杜荣立（12月起）

中国民主促进会泰安市委员会

主　委　　苏雪峰（女）
副主委　　贾汇红（女）
　　　　　谭晓蕾（女）
　　　　　孙海伟
　　　　　王进喜
秘书长　　孙圆景（女，驻会）

中国农工民主党泰安市委员会

主　委　　徐　坤
副主委　　赵晓民
　　　　　梁群言
　　　　　赵　铭
　　　　　刘志超（女）
秘书长　　王　磊（12月起）

致公党泰安市委员会

主　委　　梁望东
副主委　　张　忠
　　　　　王景霞
　　　　　刘　涛
秘书长　　卢晓堂（驻会）

九三学社泰安市委员会

主　委　　王淑玲（女）
副主委　　孙启凯
　　　　　刘　峰
　　　　　诸葛玉平
　　　　　肖　玲（女）
秘书长　　刘彦涛（驻会，11月止）
　　　　　郭启明（12月起）

群众团体

总工会

主　席　　张书盈（2月止）
　　　　　蒋永斌（3月起）
常务副主席　郭　青（正县）
副主席　　李宝荣（6月止）
　　　　　陈长举
　　　　　欧阳宏飞（女）
　　　　　马海荣（女）
党组书记　郭　青
党组副书记　李宝荣（6月止）

共青团泰安市委

书　记　　朱延华（女，12月止）
副书记　　杨　帅（11月止）
　　　　　刘荣星

肖顺利
赵　雪（女，11月起）

妇女联合会

主　席　　陈晓娜（女）
副主席　　付望舒（女）
马　俏（女）
国文丽（女）
党组书记　　陈晓娜（女）
党组副书记　　张伟贞（女，1月止）

科学技术协会

主　席　　张秀峰（女，1月止）
董　磊（1月起）
副主席　　闫　敏（女）
范宝品
武建堂
党组书记　　张秀峰（女，1月止）
董　磊（1月起）

文学艺术界联合会

主　席　　张德臣（12月止）
鹿　锋（12月起）
副主席　　孙　黎
孙启旐
党组书记　　张德臣（12月止）
鹿　锋（12月起）
副书记　　周　鹏

社会科学界联合会

主　席　　贾志秋（1月止）
边永彬（1月起）
副主席　　李光冉（5月止）
李　静（女，7月起）
王元军
秘书长　　梁国华（副县）
党组书记　　贾志秋（1月止）
边永彬（1月起）
副书记　　米清国（回，1月止）
李　静（女，6月起）

工商业联合会（总商会）

主席（会长）　　王淑玲（女，党外，5月止）
冯能斌（党外，5月起）
副主席
（副会长）　　李培国（5月起）
周　晓
张建之
张新明
秘书长　　周　晓（5月止）
王桂林（5月起）
党组书记　　李培国
副书记　　亓金海

残疾人联合会

理事长　　刘学永（12月止）
侯卫国（12月起）
副理事长　　尹燕青
刘海力
党组书记　　刘学永（12月止）
侯卫国（12月起）

归国华侨联合会

主　席　　刘　华（1月止）
副主席　　吴　蕾（女，党外）
党组书记　　刘　华（1月止）
薛其福（1月起）

中国贸促会泰安市委员会、中国国际商会泰安商会

会　长　　陈　勇
副会长　　张桂明（5月止）
玄冬梅（女，6月止）
侯汝群（6月起）
侯伯苓（女，6月起）
常福生（9月起）
党组书记　　陈　勇

各县市区领导班子

泰山区

区　委

书　记　　张培峰
副书记　　周鹏飞
王冠祥（12月止）
常　委　　刘兴钰（1月止）
王广浩
朱统卫
朱光胜
吴　杰
秦　晓（女）
房宝玉（1月起）
方增勇（1月起）
李　盟

人　大

主　任　　陈庆业（1月止）
刘兴钰（1月起）
副主任　　苏春明（1月起）
刘　凤（女，党外）
史书超（1月止）
李　文（1月止）

王玉贞
王景银
冯　立（1月起）

政　府

区　长	周鹏飞（1月起）
副区长	朱光胜（1月起）
	苏春明（1月止）
	黄　涛（1月止）
	房宝玉（1月起）
	张　玲（女，党外，1月起）
	朱晓亮（1月起）
	张明强（1月起）
	宋广辉（1月起）

政　协

主　席	毕华年（1月止）
	刘　军（1月起）
副主席	黄　涛（1月起）
	李战德（党外）
	张　玲（女，党外，1月止）
	甄永莲（女，1月止）
	唐晓飞（女，党外，1月起）
	孙圆景（女，党外，不驻会）
	李　力
	赵卫华（1月起）

纪委、监委

书记、主任	王广浩

法　院

院　长	张　林

检察院

检察长	赵平原

岱岳区

区　委

书　记	王长勇
副书记	刘国成
	张　青（12月止）
	赵国强（正县，12月止）
常　委	袁义明（1月止）
	孙启龙（1月止）
	钱振华（1月起，7月止）
	安郁杰
	朱英文（1月起）
	张和江（1月起）
	黄　新
	李希刚
	杨留洋（9月止）
	刘　峰（1月起）
	王恩东（9月起）
	吴　斌（9月起）

人　大

主　任	徐永涛
副主任	张　军（1月止）
	孙启印（1月止）
	吴秀峰（1月止）
	李振华
	肖　玲（女，党外，1月起）
	赵永东（1月起）
	李成勇（1月起）
	吕学涛（1月起）

政　府

区　长	刘国成（1月起）
副区长	钱振华（7月止）
	安郁杰（9月起）
	张和江（1月起）
	刘爱强
	马祥波（1月起）
	肖海霞（女，1月起）
	卞　飞（1月起）

政　协

主　席	李效军（1月止）
	孙启龙（1月起）
副主席	游志成（党外）
	法臣文（回，党外）
	肖　玲（女，党外，1月止）
	刘桂华（女，1月止）
	徐建英（女，党外）
	王增军
	张和勇（1月起）
	范瑞琴（女，党外，1月起）

纪委、监委

书记、主任	黄　新

法　院

院　长	宋　斌（1月起）

检察院

检察长	戴晓宁（1月起）

新泰市

市　委

书　记	宋鸿鹏
副书记	赵永斌
	赵相鑫（12月止）
常　委	李　玲（女，1月止）
	梁　欣
	苏永涛（1月止）
	李　斌（1月止）
	公鲁华
	周典红（女，1月起）
	李　彬（1月起）
	贾夫军（1月起，9月止）

李建军（1月起）
高传波
牛纪宝
李兴胜（11月起）

人　大

主　任　苏永涛（1月起）
副主任　亓桂峰
渠红梅（女，回，党外，1月止）
朱致义（1月止）
安　原（1月止）
和　辉（1月止）
马丽丽（女，回，党外，1月起，11月止）
史新国（1月起）
刘祥军（1月起）
侯诗荣（女，1月起）

政　府

市　长　赵永斌（1月起）
副市长　贾夫军（9月止）
高传波
李兴胜（1月起）
王洪亮
王元柱
王　翠（女，回）
徐继刚（12月起）

政　协

主　席　夏念新（1月止）
李　玲（女，1月起）
副主席　张传军（党外，1月止）
马丽丽（女，回，党外，1月止）
王振湖（1月止）
王子孝（1月止）
李　斌（1月起）
殷培文（党外）
徐加柱（党外）
杨新斌（1月起）
周　奎（党外，1月起）
殷玉梅（女，党外，1月起）

纪委、监委

书记、主任　公鲁华

法　院

院　长　魏长青

检察院

检察长　赵志刚（1月起）

肥城市

市　委

书　记　张　莉（女）
副书记　展延安（12月止）
王勇强（12月止）
范长征（12月起）
常　委　王志勇（1月止）
付　玲（女）
赵　伟
桑逢智
尹延涛
侯妍妍（女）
张　强
张德奇（1月起）
张尽峰

人　大

主　任　辛　涛
副主任　王同华（女，党外，1月止）
张　伟（1月止）
李向东（1月止）
刘　益（1月止）
李建民（1月止）
陈正一（1月起）
付振江（党外，1月起）
杜君河（1月起）
崔绪昌（1月起）
于　芳（女，1月起）

政　府

市　长　展延安（1月起，12月止）
副市长　王志勇（1月止）
桑逢智（1月起）
张　强（1月起）
田茂金
陈正一（1月止）
步　文（1月起）
李怀爱（1月起）
李国卿（1月起）

政　协

主　席　名树伟（1月止）
王志勇（1月起）
副主席　付振江（党外，不驻会，1月止）
李红伟（女，党外，不驻会，1月止）
孙衍辉
王同华（女，党外，1月起）
杨淑贞（女，党外）
刘　琴（女，党外，不驻会，12月止）
韩立新（1月起）
王　强（党外，1月起）
闫文明（1月止）

纪委、监委

书记、主任　侯妍妍（女）

法　院

院　长　张海鹏（1月起）

检察院

检察长　郝永生（1月起）

宁阳县

县　委

书　记　王立军
副书记　刘灿玉
　　　　苏伟丽（女）
常　委　董　骞（1月止）
　　　　张　鹏
　　　　高文嵩
　　　　惠志国
　　　　于师义
　　　　许　军
　　　　范长征（1月起，12月止）
　　　　倪海亮
　　　　周政春

人　大

主　任　刘　明（1月止）
　　　　董　骞（1月起）
副主任　张树法（1月止）
　　　　田永友（1月止）
　　　　徐　波（1月止）
　　　　连桂荣（党外，1月起）
　　　　张　玮（1月起）
　　　　路敦平（1月起）
　　　　刘远在（1月起）
　　　　卢慧书（女，1月起）

政　府

县　长　刘灿玉（1月起）
副县长　董　骞（1月止）
　　　　高文嵩（1月起）
　　　　范长征（12月止）
　　　　赵　磊（1月起）
　　　　孙　浩（1月起，9月止）
　　　　王艳苹（女，1月起）
　　　　张　彦（1月起）
　　　　高卫东（11月起）

政　协

主　席　张　涛
副主席　连桂荣（党外，不驻会，1月止）
　　　　辛艳珍（女，党外）
　　　　董先思（1月止）
　　　　戴　伟（党外，11月止）
　　　　韩庆军（1月止）
　　　　吴继士（1月起）
　　　　石玉奎（1月起）
　　　　李悉文（党外，1月起）
　　　　王德宝（11月起）

纪委、监委

书记、主任　惠志国

法　院

院　长　高广权（1月起）

检察院

检察长　毛　斌

东平县

县　委

书　记　马焕军
副书记　徐立勇
　　　　刘向军
常　委　李广义（1月止）
　　　　李生广（1月止）
　　　　王　冰
　　　　孙　雷
　　　　许洪顺（1月起）
　　　　李便宁（女，1月起）
　　　　王建军（回，1月起）
　　　　陈其林（1月起）
　　　　韩　宁
　　　　郑　利

人　大

主　任　陈　锋
副主任　李元申（党外，不驻会，1月止）
　　　　陈兰芳（女，1月止）
　　　　王成明（1月止）
　　　　李广义（1月起）
　　　　王金艳（女，满，党外，1月起）
　　　　牛之春
　　　　吴同春（1月起）
　　　　杜　军（1月起）
　　　　宋长山（1月止）

政　府

县　长　徐立勇
副县长　李生广（1月止）
　　　　许洪顺
　　　　陈其林（1月起）
　　　　李便宁（女，1月止）
　　　　郭　东
　　　　史　鑫（1月起）
　　　　肖　娟（女，1月起）
　　　　乔　强（1月起）

政　协

主　席　刘祥涛（1月止）
　　　　张立国（1月起）
副主席　李生广（1月起）
　　　　李元申（党外，1月起）
　　　　吴绪季（党外）
　　　　王金艳（女，满，党外，1月止）
　　　　孟　光（党外）
　　　　仲光亮

蔡绪卿（1月止）

纪委、监委

书记、主任　孙　雷

法　院

院　长　宋礼翔（1月起）

检察院

检察长　周新宇

中央、省属驻泰安单位

国家税务总局泰安市税务局

局　长　孙永祥
副局长　郭宝德（6月止）
宋来竹（6月止）
曾凡秀（6月止）
张曙光（8月起）
崔　英（女，8月起）
罗文选（10月起）
张延平
党委书记　孙永祥
党委副书记　张曙光
纪检组组长　张曙光（8月止）
杨希民（8月起）

气象局

局　长　姚广庆
副局长　张兴强
徐学义
党组书记　姚广庆
纪检组组长　徐德力

泰安海关

关　长　徐五通
副关长　肖永琪（7月止）
肖本忠
党委书记　徐五通
纪检组组长　刘贵福（9月止）

中国人民银行泰安市中心支行

行　长　杨化军（4月止）
韩　伟（4月起）
副行长　庞建敏（9月止）
程　涛（11月起）
张　俊
赵尊振（4月起）
党委书记　杨化军（4月止）
韩　伟（4月起）
党委副书记　庞建敏（9月止）
程　涛（11月起）
工会主任　张浩三（4月起）
纪委书记　康　琴（女）

中国银行保险监督管理委员会泰安监管分局

局　长　尹　程（8月起，12月止）
董　蓉（女，12月起）
副局长　尹　程（8月止）
冯　涛（12月起）
徐　蕊（女）
党委书记　尹　程（8月起，12月止）
董　蓉（女，12月起）
纪委书记　杨　光

中国工商银行泰安市分行

行　长　马庆东（10月止）
章宏学（10月起）
副行长　赵书骞（2月止）
杨万鲁
张永刚（6月起）
郭　亮（6月起）
孙殿军（4月止）
党委书记　马庆东（10月止）
章宏学（10月起）
纪委书记　亓建忠

中国农业银行泰安分行

行　长　田树江
副行长　祁奕奕
王　超
贾开民
党委书记　田树江
纪委书记　李　强

中国银行泰安分行

行　长　薛　涛
副行长　张桂浩（9月止）
张　彬（9月起）
孙克祥
张培真（女）
党委书记　薛　涛
纪委书记　曹国民

中国建设银行股份有限公司泰安分行

行　长　李忠斌
副行长　刘海潇（11月止）
孙　良（8月止）
王万里
党委书记　李忠斌
党委副书记　刘海潇（11月止）
纪检组组长　朱坤礼（10月止）
李言章（10月起）

交通银行泰安分行

行　长　　刘　峰
副行长　　刘成同（12月起）
　　　　　于军伟
　　　　　刘书伟
　　　　　高　蕊（女）
　　　　　张守红（女）
党委书记　刘　峰

中国农业发展银行泰安市分行

行　长　　孟奎章
副行长　　刘建民
　　　　　张效会（8月止）
　　　　　郭茂海（12月起）
　　　　　董　征
　　　　　陈　炤（女，1月起）
工会主席　张效会
党委书记　孟奎章
纪委书记　张效会（8月止）

山东省农村信用社联合社泰安审计中心

主　任　　袁德亭（5月起）
副主任　　杜晋生
党委书记　袁德亭

中国人寿保险股份有限公司泰安分公司

总经理　　赵　赛
副总经理　段崇申（6月止）
　　　　　孙正坤
　　　　　董军建
党委书记　赵　赛
纪委书记　孙军涛

泰安供电公司

总经理　　李其莹
副总经理　杭　民（12月止）
　　　　　陈学民（12月起）
　　　　　吴　斌
　　　　　王　磊（7月止）
　　　　　刘祥国（7月起）
工会主席　杨　庆
党委书记　杭　民（12月止）
　　　　　陈学民（12月起）
党委副书记　李其莹
纪委书记　李　龙（5月止）
　　　　　王绪浩（5月起）

中国电信股份有限公司泰安分公司

总经理　　宋　亮
副总经理　张红杰
　　　　　吴　坚
　　　　　朱国威
党委书记　宋　亮
纪委书记　殷宪立

中国移动通信集团山东有限公司泰安分公司

总经理　　陈　勇
副总经理　朱　晖
　　　　　杨传鑫
　　　　　于北海
工会主席　杨传鑫
党委书记　陈　勇
纪委书记　朱　晖

中国联合网络通信有限公司泰安市分公司

总经理　　亓　健
副总经理　苗　凯
　　　　　张兴东
　　　　　刘文军
工会主席　苗　凯
党委书记　亓　健
纪检组组长　杨　鹏（女）

中国邮政集团公司泰安市分公司

总经理　　盛尊涛
副总经理　温　捷
　　　　　李炳延（12月止）
　　　　　马庆然
　　　　　霍艳梅（女）
　　　　　时　伟（12月起）
党委书记　盛尊涛
纪委书记　温　捷

泰安市邮政管理局

局　长　　王　军
副局长　　张　锐（女）
党组书记　王　军
纪检组组长　张　锐（女）

烟草专卖局（公司）

局　长　　靳　新
副局长　　许　鹏（12月起）
总经理　　靳　新
副总经理　王立忠
党委书记　靳　新
纪委书记　李智勇

泰安市水文中心

主　任　　李　岩

副主任　侯　元（6月止）
段建筑
张春霞（女，6月起）
张　哲
党委书记　李　岩
党委副书记　侯　元（6月止）
段建筑（7月起）
纪委书记　张春霞（女，6月止）
郑志国（6月起）

山东科技大学泰安校区

管委会主任（院长）　王少鹏（10月止）
管委会副主任（副院长）　逄杰文
周　洋
方亨福
党委书记　王少鹏（10月止）
党委副书记　王　民
纪委副书记　宋传文

山东农业大学

校　长　张宪省（8月止）
冷畅俭（8月起）
副校长　嵇景涛（9月止）
辛　杰
张　然（女，9月止）
司金贵（3月止）
李向东
林　海
高立明（8月起）
单国杰（8月起）
王　勇（9月起）
党委书记　徐剑波
党委副书记　张宪省（8月止）
冷畅俭（8月起）
朱　莉（女，9月止）
嵇景涛（9月起）
张　然（女，9月起）
纪委书记　刘　戈（7月起）

泰山学院

校　长　秦梦华（6月止）
彭淑贞（10月起）
副校长　王雷亭
于鸿远
殷　敏（7月止）
彭淑贞（10月止）
李　峰（10月起）
田杰昌（10月起）
党委书记　范　真
党委副书记　秦梦华（6月止）
彭淑贞（10月起）
贾　军（9月起）
纪委书记　李亮科

新汶矿业集团

董事长　何希霖（10月止）
王乃国（12月起）
总经理　王乃国（11月止）
李伟清（11月起）
副总经理　公建祥
张殿振
于永春
巩春海
肖庆华
工会主席　于祖联
党委书记　何希霖（10月止）
王乃国（12月起）
党委副书记　王乃国（12月止）
于祖联
纪委书记　辛生业

肥城矿业集团

董事长　吴龙泉
总经理　吴龙泉
副总经理　油石坤（7月起）
李洪刚（7月起）
邓　涛（9月起）
工会主席　高颖敏（9月止）
王忠刚（9月起）
党委书记　吴龙泉
党委副书记　高颖敏（9月止）
王忠刚（9月起）
纪委书记　油石坤（7月止）
高颖敏（7月起，9月止）
王忠刚（9月起）

高职高专院校

泰山职业技术学院

党委书记　张勇华
院　长　毕于民
党委副书记　毕于民
张清民（9月止）
张小烨（女，9月起）
副院长　张小烨（女，9月止）
刘洪东（9月止）
王文林
董少宏（女，9月起）

李新林（9月起）
纪委书记　项　岚（女，9月止）
张鲁玉（9月起）

山东服装职业学院

党委书记　张　韧
院　长　马培安
党委副书记　马培安
韩西德（6月起）
副院长　王建洪（9月止）
刘贞锋（9月止）
刘光珍（女，9月起）
殷广胜
刘家贵（9月起）
纪委书记　刘光珍（女，9月止）
张茂盛（9月起）

泰山护理职业学院

党委书记　孙兰俊
黄正玉（12月起）
院　长　荆丽艳（女，12月起）
党委副书记　荆丽艳（女，12月起）
马腾文
副院长　荆丽艳（女，12月止）
张宗起
王安民
李红伟（女，12月起）
纪委书记　张广健

泰安技师学院

党委书记　袁久亮
院　长　贾　军（9月止）
党委副书记　贾　军（9月止）
张建国
副院长　张　凯
刘圣涛（10月止）
宗希富
纪委书记　李志学

（市委组织部　供）

2022年中央及省主要媒体关于泰安的重要报道题录

《人民日报》

《山东东平湖：从“美丽湖”走向“幸福湖”》（3月17日）
《“疆”爱延续　爱在边疆　爱无“边疆”——记泰安援疆儿科医师王洪娟》（4月24日）
《沂蒙革命老区——再现沂蒙好风光》（6月1日）
《山东泰安岱岳区持续优化营商环境》（6月1日）
《智慧高速　让出行更便捷安全》（6月7日）
《振兴泰安的战略抉择——泰安市全面推进新型工业化强市建设述评》（7月24日）
《齐鲁大地“走在前、开新局”》（7月25日）
《引导优质科技资源下沉生产一线“科创中国”：为企业创新解难题》（8月1日）
《新泰“00后”救人英雄李林雨长眠烈士陵园，伯父：无愧于传承三代的军人之家》（8月5日）
《家住泰山脚下》（8月17日）
《点亮夜间经济　激发消费活力（深度观察）》（9月14日）
《让黄河成为造福人民的幸福河》（9月21日）
《无愧于誓言　不止于平凡——二〇二二“最美基层民警”群像扫描》（9月26日）
《东平县：激活夜经济　点亮一座城》（10月13日）
《建设人与自然和谐共生的现代化（新征程·全心全意为人民服务）》（10月19日）
《杨洪涛代表感言：以流域水环境综合整治为主攻方向，更高标准打好碧水保卫战》（10月21日）
《徂汶景区〈用好生态资源　建设美丽乡村〉》（10月28日）
《泰安东平县：特色产业助农增收》（11月4日）
《信义是金字招牌》（11月9日）
《有一段路，跑起来是种“享受”》（11月15日）
《40岁农民工考取12本证被质疑没意义：想重新定义农民工！》（11月17日）
《山东省东平县：让“信访”变“信任”》（12月1日）
《山东泰安：大数据筑牢智慧抗疫防线》（12月2日）

《光明日报》

《山东泰安：生态之美成就生活之美》（1月14日）
《让“信义”山东名副其实》（1月20日）
《“香椿树下”话丰收》（4月8日）
《山东农大：教学“接地气”　让学生“增底气”》（4月29日）
《山东泰安：巧用“加减乘除法”答好“乡村振兴卷”》（6月8日）
《作家带你游泰山》（6月10日）
《客到齐鲁似还乡——山东文旅产业焕发新活力》（7月7日）
《立足文化优势　打造产业集群——山东泰安着力推动泰山文化传承发展》（7月28日）
《心之所善，虽九死其犹未悔——全国文物系统先进典型印象》（7月31日）
《山东泰安：“城市提升”赋能“黄河战略”》（8月6日）
《土里“淘金”，“丰景”无限》（9月28日）
《奏响黄河奔流到海的法治交响乐》（11月5日）
《泰安市岱岳区：下好文旅康养一盘棋　绘就全域旅游新面貌》（11月14日）
《山东泰安：服务黄河战略　展现金融担当》（11月20日）
《山东泰安：“和美家”品牌倡树“美德健康”生活新风》（12月2日）

《经济日报》

《山东实施就业优先政策　打好稳主体保就业组合拳》（4月29日）
《力保农资供应和价格稳定》（5月21日）
《山东省泰安市委书记杨洪涛：聚力实体经济推动工业倍增》（10月22日）
《山东泰安前三季度企业上市融资同比增长3668%》（10月26日）
《山东泰安打造“储能之都”》（11月1日）
《深耕现代产业沃土——山东泰安推动新型工业化强市建设》（11月14日）
《党建引领做强农村经济》（11月18日）

《大众日报》

《全国首个“企业开办”标准泰安发布将于2022年1月27日在全省实施》（1月4日）

《从建设到运维，看冬奥索道上的山东力量》（1月4日）
《让冬奥索道运行“稳如泰山”》（2月3日）
《泰安将108个项目纳入“绿卡”名单，手续办理大幅加快　手持“绿卡”，大项目建设提速》（3月20日）
《泰安市泰山区14家企业与驻泰高校签订产学研合作协议　校地合作，科研成果转化为生产力》（3月22日）
《护水守绿，这里有一支“生态110”夜巡东平湖》（4月24日）
《生态治理迎蝶变　水清河畅换新颜》（5月7日）
《“擂台赛”提振干事创业精气神》（5月17日）
《踔厉奋发，勇做新时代泰山“挑山工”》（5月20日）
《国际生物多样性日纪念活动在东平湖畔举行　山东设立青头潜鸭养护观测站》（5月23日）
《增强高质量发展动力活力》（6月1日）
《打出全面创新“组合拳”，加快创新型城市建设　泰山脚下，创新活力涌流》（8月1日）
《抢占“新赛道”　创新作引擎》（8月1日）
《锚定新型工业化强市战略，重点打造13条产业链，泰安——锻造产业生态　“链”起澎湃动能》（8月2日）
《泰安构建“441X”现代产业体系，加速推进新型工业化建设　“链式发展”激活聚变效应》（8月2日）
《精准发力，激活内需“一池春水”》（8月3日）
《内外兼修，加速补齐市政设施短板》（8月3日）
《深入学习贯彻“两个确立”理论研讨会（泰山论坛）发言摘登》（8月22日）
《第36届登山比赛今天开赛》（9月6日）
《泰安发布50项“敢当”品牌改革事项》（9月10日）
《愿做照亮学生未来的一缕微光“齐鲁最美教师”不忘初心牢记使命，努力奋进担当》（9月11日）
《泰安：勇做新时代泰山“挑山工”，建设现代化强市》（9月18日）
《解决民生诉求4万余件、群众满意率达99.82%　泰山区“融、汇、源”同时发力惠民解纷》（9月22日）
《我省民警张连波当选2022“最美基层民警”“云端”上的守护》（9月26日）
《泰山之巅升国旗》（10月2日）
《用双脚丈量泰山的卫士——“齐鲁时代楷模”泰山消防救援站（群体）发布仪式侧记》（10月9日）
《周末人物·中国新闻名专栏周郢：读不完的泰山石书》（10月28日）
《在九女峰新时代文明实践示范片区，常见网红打卡地、片片“志愿红”　绿水青山中“一抹红”》（11月2日）
《书记市长/省直部门负责人话落实丨以高水平生态环境保护推动高质量发展》（11月22日）
《释放产业活力，打造文化“两创”强引擎》（12月5日）

中央电视台

《新年特别报道：泰山之巅旭日升　朝霞满天灿成绮》（1月1日）
《泰山迎来新年第一场降雪》（1月22日）
《泰山喜馍馍“蒸蒸日上”》（2月1日）
《泰山雾凇美不胜收》（2月10日）
《山东：东平湖发现超千只青头潜鸭种群》（3月3日）
《大美泰山》（3月8日）
《山东：泰山脚下春意浓　樱梅桃花竞盛开》（3月21日）
《是他们，挑起了泰山》（3月31日）
《泰山脚下有梨园　漫山遍野香雪海》（4月7日）
《山东新泰　香椿进入收获期　“椿”意盎然助增收》（4月8日）
《让青春之花在不懈奋斗中绚丽绽放》（5月5日）
《泰山云海美景　瞬息万变蔚为壮观》（5月12日）
《端午假期·山东　今天泰山客流量预计达1.1万人次左右》（6月3日）
《山东泰安　创新医养模式　助力高质量发展》（7月3日）
《【奋斗者正青春】山东农大科研团队：用青春守护中国粮》（7月8日）
《奋进新征程　建功新时代·非凡十年》（7月25日）
《大美中国　大美泰山》（8月6日）
《2022全国“行走大运河”全民健身健步走活动启动》（8月21日）
《第36届登山比赛今天开赛》（9月6日）
《脉动泰山（上）》（9月6日）
《脉动泰山（下）》（9月7日）
《山东泰安：齐鲁大地的中秋节》（9月10日）
《山东泰安　在希望的田野上　金秋九月板栗熟　泰山脚下丰收忙》（9月26日）
《350兆瓦盐穴压缩空气储能项目开工》（9月29日）
《日出东方　山东泰山》（10月1日）
《中央广播电视总台特别节目“江河奔腾看中国”黄河篇：山东泰安　下游防洪要冲地　璀璨明珠东平湖》（10月2日）
《【2022传奇中国节·重阳】重阳登高　名山寄情　泰山之巅　武术展演现魅力》（10月4日）
《泰山消防加大巡逻力度　引导游客安全游玩》（10月4日）
《秋日泰山层林尽染色彩斑斓》（11月3日）

《泰山千年银杏树　初冬时节着金装》（11月16日）
《山东泰山　云海日出　奇美壮观》（11月22日）

山东电视台

《泰安：政务服务极简办　提升群众满意度和获得感》（1月10日）
《泰安老旧小区6000家庭燃气入户》（1月14日）
《泰安市四家市属企业集团挂牌成立》（1月18日）
《国内首台新能源汽车动力电池壳用新材料生产设备在泰安研发投入使用》（2月14日）
《泰安启动47个新旧动能转换优选项目》（2月19日）
《泰安发现全球极度濒危鸟类青头潜鸭》（2月23日）
《泰安打造医养结合新模式　聚力建设“康养福地”》（2月25日）
《泰安市表扬50名企业家》（3月9日）
《泰安99个重点项目集中开工》（3月16日）
《22家银行超670亿资金支持泰安新型工业化强市建设》（3月17日）
《泰安被确定为依托全国一体化在线监管平台支撑根治欠薪工作试点市》（3月21日）
《泰安：建设新闻出版小镇　带动文化产业发展》（4月7日）
《泰安市7个新型工业化强市项目集中签约》（4月13日）
《泰安实现冷冻饮品首次出口》（4月22日）
《东平：筑牢防汛短板　让金山坝成为“安全坝”“民心坝”》（4月23日）
《泰安市启动新型工业化强市建设人才赋能行动》（5月6日）
《山东税务“一带一路”税之家项目在泰安启动》（5月25日）
《宋鸿鹏：坚持两手抓　实现发展动力由资源依赖型向创新驱动转换》（5月31日）
《泰安：向创新要动力　推动特色产业集群高质量发展》（6月4日）
《泰安：以容错纠错机制推动改革创新》（7月24日）
《泰安市全面启动“无证明社保”工作》（7月29日）
《要素保障支撑有力　产业生态创新活跃【走在前　开新局·十大创新看泰安】》（8月1日）
《周乃翔检查指导黄河东平湖防汛工作》（8月1日）
《“走在前　开新局”行进式主题采访活动直播特别节目明天播出泰安篇》（8月2日）
《链式布局　集群发展　建设新型工业化强市【走在前　开新局·十强产业看泰安】》（8月2日）
《供需两端发力　经济稳中求进【走在前　开新局·十大扩需求看泰安】》（8月3日）
《泰安：全面启动“无证明社保”工作》（8月4日）
《打卡泰山九女峰：串珠成链　打造乡村旅游新高地》（8月9日）
《2021中国青少年冰球联赛总决赛在泰安开哨》（8月16日）
《新农人的新天地【奋斗者　正青春】》（8月16日）
《全国“行走大运河”全民健身健步走活动在东平湖畔启动》（8月20日）
《泰安泰山区：群众充分参与　老旧小区蝶变》（8月23日）
《泰安2076家医保定点药店全部实现异地刷卡购药即时结算》（8月26日）
《泰安：守正创新　提升中医药服务水平》（8月28日）
《2022中国（泰山）国际矿业装备与技术展览会在泰安开幕》（8月31日）
《泰安：应急广播“声”入人心》（9月4日）
《第36届泰山登山比赛激情开跑》（9月6日）
《“敢当”泰安改革品牌发布》（9月9日）
《山东社科论坛2022——新时代泰山文化传承创新研讨会在泰安举办》（9月14日）
《泰安：勇做新时代泰山“挑山工”　全面建设现代化强市【奋进新征程　建功新时代·非凡十年】》（9月17日）
《泰安：推进清廉村居建设　基层监督提质增效》（9月18日）
《山东民警张连波当选2022“最美基层民警”》（9月26日）
《山东省第十三届“中国统计开放日”活动在泰安举办》（9月26日）
《山河锦绣　国泰民安》（10月2日）
《泰安市泰山区：深化地名服务　擦亮文化品牌》（10月3日）
《“齐鲁时代楷模——泰山消防救援站（群体）”发布仪式今晚播出》（10月8日）
《泰山消防救援站（群体）（一）：海拔1545米的守卫【齐鲁时代楷模】》（10月9日）
《泰山消防救援站（群体）（二）：重若泰山的誓言【齐鲁时代楷模】》（10月10日）
《泰山消防救援站（群体）（三）：勇做新时代消防救援事业“泰山挑山工”【齐鲁时代楷模】》（10月11日）
《三集纪录片〈大河之洲〉今晚播出　第一次以4K画质全景深度呈现人与自然和谐共生的壮美画卷》（10月20日）
《山东：奏响黄河流域生态保护和高质量发展大合唱》（10月23日）
《金晶：发展乡村特色产业　拓宽农民增收渠道【二十大代表回基层】》（10月26日）
《泰山35千伏中天门变电站第二电源工程开工　将实现索道多级供电》（11月1日）
《泰安工程建设领域电子证照应用实现全覆盖》（11月4日）

《泰安：保障土地要素供给　重点项目加快建设》（11月6日）
《泰山景区“无证明智慧景区”入选“2022智慧旅游创新项目”》（11月9日）
《泰安：资本市场赋能新型工业化强市建设》（11月13日）
《泰安：新能源产业起势　为新型工业化强市储能【重点项目巡礼·绿色低碳篇】》（11月19日）
《泰安：打造齐鲁中医药健康产业新高地》（11月24日）
《【深入学习宣传贯彻党的二十大精神】省委宣讲团到泰安宣讲》（11月26日）
《泰安：设立外卖行业党委　助推基层善治》（12月4日）
《泰安：坚定不移推进新型工业化　着力推动高质量发展【深入学习宣传贯彻党的二十大精神·书记市长话落实】》（12月7日）
《泰安：民意优先　老旧小区“改出”幸福新生活》（12月10日）
《泰安城乡公益性岗位扩容提质　保障困难群众就业》（12月11日）
《泰安：“菜单式”审批服务　按下项目落地“加速键”》（12月13日）
《泰安集中签约37个项目　计划总投资261.92亿元》（12月21日）
《纪录片〈大泰山〉将于2023年1月1日至3日在山东卫视播出》（12月31日）

人民网

《泰安：一张小小热敏纸，解决核酸检测大问题》（3月29日）
《泰安市岱岳区积极开展新时代文明实践志愿服务活动，助力滞销椿芽搭上“电商快车”“香椿树下”话丰收》（4月7日）
《山东泰安：“融治理”警务模式护佑泰山区平安》（5月30日）
《山东泰安：织密基层社会治理网　托起群众“稳稳的幸福”》（7月6日）
《泰安市岱岳区大汶口镇搭建企业劳动争议预防平台，夯实预防、调解、回访机制——托起打工人“稳稳的幸福”》（7月18日）
《2022泰山国际新闻出版合作大会开幕》（7月23日）
《非凡十年·山东：大潮奔涌，高质量发展向未来》（8月13日）
《泰安市岱岳区举办首届“和美邻里节”》（8月26日）
《规定动作做到位　自选动作做出彩　泰安市泰山区：常态好作风澎湃高质量发展新动能》（8月26日）
《中华泰山·国泰民安——这里是泰安》（9月6日）
《温馨提示！中秋假期爬泰山需持72小时内核酸检测证明》（9月9日）
《山东：晒晒丰收节里的家乡味》（9月22日）
《丰收节里的家乡味——“秋实”阵阵香　“丰景”美如画》（9月23日）
《泰山区省庄镇安家庄村：“小积分”聚起乡村面貌新变化》（9月23日）
《18681枚！泰安人挑战“最大规模的石材印章展示”吉尼斯世界纪录成功》（9月27日）
《泰安市泰山区：80余名“一把手”集中考作风》（9月29日）
《泰山景区举办“喜迎二十大　奋进新征程　同心庆国庆　暖意满重阳”泰山楹联书画艺术展》（10月2日）
《扫码生成专属“泰山大片”　泰山旅游又添“美美合拍”新玩法》（10月4日）
《泰安市岱岳区重塑网格、配强力量、搭建平台——服务力量“下沉到底”，基层治理更加精准》（11月10日）
《泰安市岱岳区全面推进村党支部领办合作社，不断做强农村上下游产业链经济——奏响增收致富“进行曲”》（11月15日）
《泰安市岱岳区：为基层社会治理注入“家力量”》（11月15日）
《泰山日出——云海玉盘震撼上映》（11月20日）
《“泰安小美”志愿宣讲团荣获“全国基层理论宣讲先进集体”大奖》（11月25日）
《泰安市岱岳区：“小网格”解锁基层治理“效能密码”》（12月26日）
《泰安市岱岳区：传承优良家风　助力基层治理》（12月26日）
《泰安市岱岳区：美丽乡村有“面子”更有“里子”》（12月27日）
《山东省泰安市岱岳区：文明实践为乡村振兴“赋能”》（12月28日）
《小小“微心愿”，浓浓党群情——泰安主题党日活动中心“泰山先锋”志愿服务站架起党群“连心桥”》（12月29日）

新华社客户端

《“云端派出所”的三件“新鲜事”》（1月26日）
《25年坚守“通天邮路”的“泰山鸿雁”》（2月6日）
《泰安：春节假期共接待游客79.43万人次》（2月7日）
《泰安市99个重大产业链项目集中开工》（3月19日）
《泰安市东平县：让金山坝成为“安全坝”“民心坝”》（4月22日）

《“才聚泰安·链通未来”泰安市新型工业化强市建设人才赋能行动启动》（5月6日）
《风雨无悔“人世间”——山东省“十佳兵妈妈”李永香的拥军人生》（5月7日）
《山东泰安东平县：凝聚攻坚合力 全速推进特高压》（5月21日）
《公安英模系列丨张连波：泰山之巅的守护》（5月27日）
《乡村振兴在行动丨“党建联盟”串起山村共同富裕链》（5月31日）
《山东东平县全力护航黄河流域生态保护和高质量发展》（6月3日）
《“双遗产”名山在中国——泰山》（6月6日）
《山东泰安：经适房取得完全产权可转变为普通商住房》（6月9日）
《返乡“新农人”的丰产“粮”方》（7月7日）
《世界遗产在中国丨一览众山小：泰山》（7月21日）
《多彩墙绘艺术画扮靓乡村》（8月3日）
《山东泰安：“城市提升”赋能“黄河战略”》（8月16日）
《山东泰安：“小美帮办”助力建设“大美泰安”》（8月16日）
《山东泰安：农村合作社协同发展促乡村振兴》（8月23日）
《文旅名城发力绿色制造》（8月29日）
《产业融合发展助泰山脚下乡村振兴》（9月12日）
《生态美、产业兴、百姓乐——山东推进黄河流域生态保护和高质量发展观察》（9月21日）
《山东泰安：协同发展串起乡村致富链》（9月28日）
《瞭望丨高质量发展，泰安瞄准产业蝶变》（11月15日）
《千城百县看中国丨山东泰安：尾季蚕茧喜获丰收》（11月24日）
《山东泰安：无花果开出“幸福花”》（12月26日）

《半月谈》

《泰安：发展免疫力经济 服务全民健康》（5月22日）
《天下泰山：泰山文化在国内外的传播与影响》（6月29日）
《岱岳区：文旅康养互融 全域旅游发力》（8月4日）

《新华每日电讯》

《全国“行走大运河”全民健身健步走活动在东平湖畔启动》（8月21日）
《山东泰安：高端揽才 驱动高质量发展》（11月20日）

《中国组织人事报》

《释放县域引才洼地效应》（7月22日）
《山东泰安推行红色物业红色网格一体运行——社区治理暖心 群众生活舒心》（8月19日）

《求是》

《九女峰：乡村振兴的“齐鲁样板”》（8月25日）
《黄河与泰山的“绿色协奏曲”》（9月16日）

文件选目

泰安市人民政府、市政府办公室文件

《泰安市人民政府关于进一步优化土地供应的实施意见》（泰政发〔2022〕1号）

《泰安市人民政府关于印发〈泰安市“十四五”农业农村现代化发展规划〉的通知》（泰政发〔2022〕2号）

《泰安市人民政府关于印发〈泰安市全民科学素质行动规划纲要实施方案（2021—2025年）〉的通知》（泰政发〔2022〕4号）

《泰安市人民政府关于印发〈泰安市地下水污染防治试验区建设方案〉的通知》（泰政发〔2022〕5号）

《泰安市人民政府关于印发〈泰安市“十四五”教育事业发展规划〉的通知》（泰政发〔2022〕6号）

《泰安市人民政府关于创优“爱山东·泰好办”品牌持续提升政务服务水平的实施意见》（泰政发〔2022〕7号）

《泰安市人民政府关于全面实行行政许可事项清单管理的通知》（泰政发〔2022〕8号）

《泰安市人民政府关于贯彻落实〈国家标准化发展纲要〉加快推进标准化创新发展的通知》（泰政发〔2022〕9号）

《泰安市人民政府关于印发〈第三十六届泰山国际登山节总体方案〉的通知》（泰政发〔2022〕10号）

《泰安市人民政府关于组织开展泰安市第三次土壤普查的通知》（泰政发〔2022〕11号）

《泰安市人民政府关于进一步贯彻实施〈中华人民共和国行政处罚法〉的通知》（泰政发〔2022〕12号）

《泰安市人民政府关于推进国家创新型城市建设的实施意见》（泰政发〔2022〕13号）

《泰安市人民政府关于印发〈泰安市数字政府发展行动方案（2023—2025年）〉的通知》（泰政发〔2022〕14号）

《泰安市人民政府关于印发〈泰安市“一老一小”整体解决方案〉的通知》（泰政发〔2022〕15号）

《泰安市人民政府关于全面加强水资源管理的实施意见》（泰政发〔2022〕16号）

《泰安市人民政府办公室关于加大纾困帮扶力度支持中小企业稳发展的通知》（泰政办发〔2022〕1号）

《泰安市人民政府办公室关于印发〈自然资源和生态环境领域市与县财政事权和支出责任划分改革实施方案〉的通知》（泰政办发〔2022〕2号）

《泰安市人民政府办公室关于印发〈泰安市规范涉企行政执法行为规定〉的通知》（泰政办发〔2022〕3号）

《泰安市人民政府办公室关于做好2022年泰安市政务公开重点工作的通知》（泰政办发〔2022〕5号）

《泰安市人民政府办公室印发关于全力做好高校毕业生等重点群体稳就业工作若干措施的通知》（泰政办发〔2022〕6号）

《泰安市人民政府办公室关于转发市发展改革委〈泰安市2022年国民经济和社会发展计划〉的通知》（泰政办发〔2022〕8号）

《泰安市人民政府办公室关于印发〈泰安市重大行政决策事项目录管理办法〉等重大行政决策程序规定配套文件的通知》（泰政办发〔2022〕9号）

《泰安市人民政府办公室关于推进信用信息大数据应用支持中小微企业融资发展的实施意见》（泰政办发〔2022〕10号）

《泰安市人民政府办公室关于印发泰安市重点建设项目管理办法的通知》（泰政办发〔2022〕11号）

《泰安市人民政府办公室关于进一步完善住房保障体系的实施意见》（泰政办发〔2022〕12号）

《泰安市人民政府办公室关于建立健全职工基本医疗保险门诊共济保障机制的实施意见》（泰政办发〔2022〕13号）

《泰安市人民政府办公室关于落实鲁政办发〔2022〕12号文件精神进一步做好重特大疾病医疗救助工作的通知》（泰政办发〔2022〕14号）

《泰安市人民政府关于公布2022年市级重点建设项目名单的通知》（泰政字〔2022〕15号）

《泰安市人民政府关于印发〈政府工作报告〉重点工作分工方案的通知》（泰政字〔2022〕21号）

《泰安市人民政府关于公布泰安市市本级2022年度国有建设用地供应计划的通知》（泰政字〔2022〕22号）

《泰安市人民政府关于加强农机安全生产工作的实施意见》（泰政字〔2022〕33号）

《泰安市人民政府关于县级人民政府2022年履行教育职责评价结果的通报》（泰政字〔2022〕48号）

《泰安市人民政府关于2021年度泰安市专利奖励的决定》（泰政字〔2022〕61号）

《泰安市人民政府关于继续执行、废止和修改部分市政府行政规范性文件的通知》（泰政字〔2022〕63号）

《泰安市人民政府关于印发〈泰安市“无废城市”建设实施方案〉的通知》（泰政字〔2022〕65号）

《泰安市人民政府关于进一步加强药品监管能力建设的实施意见》（泰政字〔2022〕69号）

《泰安市人民政府办公室关于切实做好政府信息公开工作的通知》（泰政办字〔2022〕1号）

《泰安市人民政府办公室关于印发泰安市12345政务服务便民热线办理工作评价办法的通知》
（泰政办字〔2022〕2号）

《泰安市人民政府办公室关于印发〈泰安市城乡公益性岗位扩容提质行动实施方案〉的通知》
（泰政办字〔2022〕3号）

《泰安市人民政府办公室关于印发〈泰安市农村供水管理体制改革实施意见〉的通知》（泰政办字〔2022〕4号）

《泰安市人民政府办公室关于调整公布工业领军企业50强名单的通知》（泰政办字〔2022〕5号）

《泰安市人民政府办公室关于调整公布科技创新型企业50强名单的通知》（泰政办字〔2022〕6号）

《泰安市人民政府办公室关于印发〈泰安市政务信息化项目管理办法〉的通知》（泰政办字〔2022〕8号）

《泰安市人民政府办公室关于进一步加快农村寄递物流体系建设的通知》（泰政办字〔2022〕11号）

《泰安市人民政府办公室关于公布2021年度泰安市首席技师名单的通知》（泰政办字〔2022〕12号）

《泰安市人民政府办公室关于公布泰安市人民政府2022年重大行政决策事项目录的通知》
（泰政办字〔2022〕14号）

《泰安市人民政府办公室关于公布泰安市人民政府2022年立法工作计划的通知》（泰政办字〔2022〕16号）

《泰安市人民政府办公室关于印发〈泰安市市属企业投资监督管理办法〉的通知》（泰政办字〔2022〕17号）

《泰安市人民政府办公室关于对全市政府系统办公室工作成绩突出单位和个人进行表扬的通报》
（泰政办字〔2022〕18号）

《泰安市人民政府办公室关于公布泰安市上市“种子企业”名单的通知》（泰政办字〔2022〕19号）

《泰安市人民政府办公室关于印发〈泰安市“无证明城市”建设实施方案〉的通知》（泰政办字〔2022〕20号）

《泰安市人民政府办公室关于印发〈泰安市“十四五”市场监管规划〉的通知》（泰政办字〔2022〕21号）

《泰安市人民政府办公室关于印发〈泰安市“十四五”知识产权保护和运用规划〉的通知》
（泰政办字〔2022〕22号）

《泰安市人民政府办公室关于印发〈泰安市优化营商环境创新提升行动实施方案〉的通知》
（泰政办字〔2022〕23号）

《泰安市人民政府办公室关于印〈发泰安市2022年冬季清洁取暖实施方案〉的通知》（泰政办字〔2022〕24号）

《泰安市人民政府办公室关于开展“千项技改扩规 千企转型升级”行动推动新型工业化强市建设的通知》
（泰政办字〔2022〕25号）

《泰安市人民政府办公室关于印发〈泰安市森林草原火灾应急预案〉的通知》（泰政办字〔2022〕27号）

《泰安市人民政府办公室关于组织开展全市自建房安全专项整治工作的通知》（泰政办字〔2022〕29号）

《泰安市人民政府办公室关于公布泰安市建筑业强县、强企名单的通知》（泰政办字〔2022〕31号）

《泰安市人民政府办公室关于公布泰安市生猪定点屠宰企业名单的通知》（泰政办字〔2022〕32号）

《泰安市人民政府办公室关于印发〈泰安市气象灾害应急预案〉的通知》（泰政办字〔2022〕35号）

《泰安市人民政府办公室关于实行“企业服务专员”制度的通知》（泰政办字〔2022〕37号）

《泰安市人民政府办公室关于印发泰安市黄河防汛职责的通知》（泰政办字〔2022〕39号）

《泰安市人民政府办公室关于加快推进现代食品产业高质量发展的实施意见》（泰政办字〔2022〕41号）

《泰安市人民政府办公室关于加快推进国家中医药综合改革示范区建设的实施意见》
（泰政办字〔2022〕42号）

《泰安市人民政府办公室关于印发〈泰安市市级专业应急救援队伍建设管理办法〉的通知》
（泰政办字〔2022〕43号）

《泰安市人民政府办公室关于加快推进居家社区养老服务发展的通知》（泰政办字〔2022〕44号）

《泰安市人民政府办公室关于打造“泰好药”区域中药材品牌的通知》（泰政办字〔2022〕45号）

《泰安市人民政府办公室关于加快推进新时代人力资源服务业高质量发展的实施意见》
（泰政办字〔2022〕46号）

《泰安市人民政府办公室关于印发〈《问政山东》反映问题整改工作方案〉的通知》（泰政办字〔2022〕48号）

《泰安市人民政府办公室关于扎实推进国有建设用地考古调查勘探发掘前置工作的通知》
（泰政办字〔2022〕50号）

《泰安市人民政府办公室关于印发泰安市火灾事故调查处理规定的通知》（泰政办字〔2022〕51号）

《泰安市人民政府办公室关于印发〈泰安市地震应急预案〉的通知》（泰政办字〔2022〕52号）

《泰安市人民政府办公室关于印发〈泰安市突发地质灾害应急预案〉的通知》（泰政办字〔2022〕53号）

《泰安市人民政府办公室关于印发支持黄河流域生态保护和高质量发展若干财政政策的通知》
（泰政办字〔2022〕54号）

《泰安市人民政府办公室关于印发〈泰安市重特大道路交通事故应急预案〉的通知》（泰政办字〔2022〕55号）

《泰安市人民政府办公室关于印发泰安市推动绿色低碳高质量发展2023年重点工作任务的通知》
（泰政办字〔2022〕57号）

《泰安市人民政府办公室关于印发〈泰山松材线虫病防控办法〉的通知》（泰政办字〔2022〕59号）

《泰安市人民政府办公室关于印发〈泰安市地方储备粮管理办法〉的通知》（泰政办字〔2022〕60号）

统计资料

表 54　2022 年泰安市主要经济社会指标情况统计表

指标名称	单　位	2022 年	比 2021 年增长（%）
年末常住总人口	万人	540.1	-0.6
城镇人口	万人	353.5	0.4
乡村人口	万人	186.6	-2.4
平均人口	万人	541.8	-0.7
城镇化率（按常住人口计算）	%	65.5	1.0
生产总值	亿元	3198.1	4.3
第一产业	亿元	350.9	4.7
第二产业	亿元	1286.0	6.8
工　业	亿元	850.7	5.5
第三产业	亿元	1561.3	2.3
三次产业结构	%	11.0：40.2：48.8	—
民营经济税收	亿元	225.5	-12.3
固定资产投资	亿元	—	17.4
工业投资	亿元	—	27.8
投资结构（规模投资）	%	2.3：33.8：63.9	—
粮食总产量	万吨	258.8	0.6
规模以上工业增加值	亿元	—	9.0
规模以上工业营业收入	亿元	2897.4	5.1
规模以上工业利润总额	亿元	142.9	-7.2
全社会用电量	亿千瓦时	261.6	6.8
工业用电量	亿千瓦时	181.4	5.6
生活用电量	亿千瓦时	39.6	14.3
电力消费弹性系数		1.6	—
社会消费品零售总额	亿元	1161.9	—

续表54

指标名称	单 位	2022年	比2021年增长（%）
社会消费品零售总额/GDP	%	38.8	—
进出口总值	亿元	405.9	39.5
进出口总值/GDP	%	13.5	3.8
实际到账外资	万美元	56161.0	38.0
国内旅游人数	万人次	5163.9	-19.4
国内游客消费	亿元	479.3	-26.3
一般公共预算收入	亿元	222.7	-3.4
一般公共预算收入/GDP	%	7.4	-0.3
财政收入弹性系数		-0.8	-0.9
一般公共预算支出	亿元	441.7	3.2
国内税收收入	亿元	276.3	-10.8
税收结构（一、二、三产业）	%	0.1：55.0：44.9	—
税收收入占GDP的比重	%	9.3	-1.1
二、三产业税收/二、三产业增加值	%	10.3	-1.4
税收收入弹性系数		-2.5	-3.6
金融机构人民币存款余额*	亿元	5571.3	13.6
城乡居民储蓄	亿元	4025.8	16.1
金融机构人民币贷款余额*	亿元	3968.5	10.9
居民人均可支配收入	元/人	35260.5	5.2
居民人均生活消费支出	元/人	20193.4	-0.4
城镇居民人均可支配收入	元/人	43435.3	4.1
城镇居民人均消费性支出	元/人	24101.1	-2.4
农村居民人均可支配收入	元/人	23148.8	6.3
农村居民人均消费性支出	元/人	14403.8	3.0
环保污染治理投资总额	万元	46067.0	465.4

说明：加“*”的指标增速为比年初%

表 55　2022 年泰安市主要经济社会指标占全省比重情况统计表

指标名称	单　位	山东省	泰安市	泰安市占山东省比重（%）
年末总人口	万人	10162.8	540.1	5.3
地区生产总值	亿元	87435.1	3198.1	3.7
第一产业	亿元	6298.6	350.9	5.6
第二产业	亿元	35014.2	1286.0	3.7
第三产业	亿元	46122.3	1561.3	3.4
人均地区生产总值	元	86003.0	59029.0	—
粮食产量	万吨	5543.8	258.8	4.7
主要畜禽肉产量	万吨	838.4	31.8	3.8
水产品产量	万吨	843.9	8.6	1.0
规模以上工业营业收入	亿元	108019.9	2897.4	2.7
规模以上工业利润总额	亿元	4473.2	142.9	3.2
社会消费品零售总额	亿元	33236.2	1161.9	3.5
实际使用外商投资	亿美元	228.7	5.6	2.5
进出口总额	亿元	33324.9	405.9	1.2
出口总额	亿元	20355.8	352.4	1.7
进口总额	亿元	12969.1	53.5	0.4
税收收入（含海关代征）	亿元	11613.3	280.2	2.4
一般公共预算收入	亿元	7104.0	222.7	3.1
一般公共预算支出	亿元	12131.5	441.7	3.6
金融机构本外币存款余额*	亿元	146076.0	5571.3	3.8
金融机构本外币贷款余额*	亿元	123994.8	3969.6	3.2
居民消费价格指数	%	101.7	101.3	99.6
居民人均可支配收入	元/人	37560.0	35260.0	93.9
居民人均消费性支出	元/人	22640.4	20193.0	89.2
城镇居民人均可支配收入	元/人	49049.7	43435.0	88.6
城镇居民人均消费性支出	元/人	28555.2	24101.0	84.4
农村居民人均可支配收入	元/人	22109.9	23149.0	104.7
农村居民人均消费性支出	元/人	14686.7	14404.0	98.1

说明：1.加“*”的指标增速为比年初%；2.一般公共预算收入、国内税收收入指标增速为将2022年和2021年新老政策增值税留抵退税金额返加到收入中计算得出

表 56　2022 年泰安市人均水平一览表

指标名称	单　位	2022 年	比 2021 年增长（%）
人均 GDP	元	59029.0	5.0
人均财政收入	元	4111.1	-2.7
人均粮食产量	千克	477.6	1.3
人均社会消费品零售额	元	21445.7	0.7
人均储蓄余额	元	74305.1	16.9
人均生活用电量	千瓦时	730.4	15.1
每百人电话用户数（含移动电话）	户	121.8	-0.6
每千人拥有医生数	人	3.1	1.9
每千人拥有病床位数	张	6.7	3.0
城镇居民人均可支配收入	元 / 人	43435.3	4.1
农村居民人均可支配收入	元 / 人	23148.8	6.3
其他用品和服务	元	649	-1.2

说明：该表按常住人口计算，生产总值数据依据第四次经济普查结果进行了调整

表 57　2022 年泰安市分县市区、功能区地区生产总值情况统计表

县市区功能区	生产总值								一般公共预算收入占地区生产总值比重（%）	外贸依存度（%）
	合计（亿元）	增长（%）	一产业（亿元）	增长（%）	二产业（亿元）	增长（%）	三产业（亿元）	增长（%）		
全　市	3198.1	4.3	350.9	4.7	1286.0	6.8	1561.3	2.3	7.0	12.7
泰山区	519.5	3.6	8.3	1.9	132.3	6.7	378.9	2.6	5.5	15.2
岱岳区	380.4	2.4	52.1	5.0	125.8	4.1	202.5	0.8	6.5	17.9
新泰市	629.5	4.4	68.0	5.1	267.7	6.6	293.7	2.4	5.6	9.5
肥城市	827.0	5.3	66.3	4.6	426.0	8.7	334.7	1.5	5.7	7.4
宁阳县	297.2	4.5	68.7	5.7	104.0	4.4	124.5	3.8	5.2	12.2
东平县	254.9	4.3	60.9	4.0	83.5	7.1	110.5	2.5	5.8	7.2
高新区	235.0	5.2	12.7	2.9	130.3	5.7	91.9	4.7	6.9	31.5
泰山景区	28.5	1.6	2.5	3.3	7.5	3.4	18.5	0.5	16.9	7.0
徂汶景区	26.2	5.1	11.3	4.6	8.8	10.2	6.1	0.5	3.4	2.7

说明：该表按常住人口计算，生产总值数据依据第四次经济普查结果进行了调整

表 58　2000—2022 年泰安地区生产总值（分三次产业）一览表

单位：亿元

年　份	地区生产总值	第一产业	第二产业	第三产业
2000	329.75	66.61	138.42	124.72
2001	346.29	67.55	149.08	129.66
2002	377.79	69.20	164.83	143.76
2003	424.90	73.80	194.00	157.10
2004	512.53	88.03	242.67	181.83
2005	752.80	110.21	382.28	260.31
2006	866.17	127.80	433.63	304.74
2007	978.78	128.31	490.00	360.47
2008	1106.02	154.22	545.31	406.49
2009	1227.68	162.86	597.75	467.07
2010	1318.00	187.24	619.35	511.41
2011	1456.59	206.36	651.96	598.27
2012	1592.48	223.48	689.77	679.23
2013	1740.36	248.85	726.22	765.29
2014	1883.10	258.66	785.30	839.14
2015	2017.82	267.62	840.99	909.21
2016	2170.83	274.30	877.30	1019.23
2017	2334.42	274.58	951.27	1108.57
2018	2403.86	285.37	954.27	1164.22
2019	2663.60	288.67	1036.21	1338.72
2020	2766.46	299.66	1084.40	1382.40
2021	2996.66	327.35	1166.47	1502.84
2022	3198.13	350.89	1285.96	1561.28

说明:该表按当年价格计算

表 59 2000—2022 年泰安地区生产总值（分九产业）一览表

单位：亿元

年份	地区生产总值	农、林、牧、渔业	工业	建筑业	批发和零售业	交通运输、仓储及邮政业	住宿和餐饮业	金融保险业	房地产业	其他服务业
2000	329.75	68.87	110.96	27.46	20.00	18.42	4.55	6.32	17.94	55.23
2001	346.29	69.84	121.54	27.54	19.97	19.12	4.46	6.64	18.63	58.55
2002	377.79	71.55	129.64	35.19	21.83	21.95	4.77	7.55	20.14	65.17
2003	424.90	76.30	149.03	44.97	24.48	21.91	5.25	9.37	22.69	70.90
2004	512.53	91.01	186.90	55.78	29.17	20.97	6.13	9.45	27.02	86.10
2005	752.80	113.95	309.20	73.08	46.39	30.48	10.49	16.55	35.71	116.95
2006	866.17	132.14	350.31	83.32	53.19	34.80	11.85	21.61	40.49	138.46
2007	978.78	132.66	395.85	94.15	60.10	39.32	13.39	24.42	45.75	173.14
2008	1106.02	160.81	440.18	105.13	84.22	64.03	13.57	28.87	43.28	165.93
2009	1227.68	169.82	467.34	130.41	94.63	81.02	16.94	36.34	48.39	182.79
2010	1318.00	194.52	470.58	148.77	118.84	78.21	19.90	37.80	52.31	197.07
2011	1456.59	214.26	480.47	171.49	145.03	79.00	23.18	46.53	61.47	235.16
2012	1592.48	232.16	495.74	194.03	162.93	73.40	25.43	56.15	67.83	284.81
2013	1740.36	258.79	506.55	219.68	202.10	72.23	27.79	71.31	77.59	304.32
2014	1883.10	269.96	538.84	246.46	210.81	81.26	29.82	85.29	86.84	333.82
2015	2017.82	280.49	552.47	290.28	222.90	84.25	31.75	97.86	89.18	368.64
2016	2170.83	288.39	579.68	299.43	239.68	92.62	33.90	113.72	96.93	426.48
2017	2334.42	292.31	603.47	349.66	246.66	97.21	34.66	124.38	109.31	476.76
2018	2403.86	306.91	596.91	359.24	257.90	99.45	35.45	140.32	130.42	477.26
2019	2663.60	313.93	642.56	395.63	309.12	123.21	38.23	158.98	148.97	532.97
2020	2766.46	326.84	677.74	408.56	308.81	114.88	35.39	162.34	154.27	577.63
2021	2996.66	357.26	784.91	385.06	341.76	131.16	41.98	174.62	158.47	621.44
2022	3198.13	385.76	850.73	437.95	341.78	141.40	42.04	183.41	162.97	652.09

说明:该表按当年价格计算

表60　2000—2022年泰安人均地区生产总值一览表

年　份	人均地区生产总值（元/人）	人均地区生产总值指数（%）	
2000	6110	112.6	100.0
2001	6390	111.5	111.5
2002	6935	112.9	125.9
2003	7767	113.4	142.8
2004	9339	113.9	162.7
2005	13831	114.9	187.1
2006	16047	114.2	213.7
2007	18055	112.7	240.9
2008	20313	112.2	270.3
2009	22451	111.1	300.4
2010	24010	110.5	331.8
2011	26495	110.0	365.1
2012	29025	109.6	400.2
2013	31764	109.3	437.7
2014	34379	107.9	472.4
2015	36835	107.7	508.7
2016	39531	106.6	542.4
2017	42432	106.6	578.3
2018	43730	105.7	611.2
2019	48513	106.4	650.4
2020	50444	103.6	673.6
2021	54917	106.6	718.1
2022	59029	105.0	754.0

说明:该表绝对数按当年价格计算,指数按可比价格计算

表 61　2000—2022 年泰安地区生产总值构成（分三次产业）一览表

单位：%

年 份	地区生产总值			
		第一产业	第二产业	第三产业
2000	100.0	20.2	42.0	37.8
2001	100.0	19.5	43.1	37.4
2002	100.0	18.3	43.6	38.1
2003	100.0	17.4	45.6	37.0
2004	100.0	17.2	47.3	35.5
2005	100.0	14.6	50.8	34.6
2006	100.0	14.7	50.1	35.2
2007	100.0	13.1	50.1	36.8
2008	100.0	13.9	49.3	36.8
2009	100.0	13.3	48.7	38.0
2010	100.0	14.2	47.0	38.8
2011	100.0	14.2	44.7	41.1
2012	100.0	14.0	43.3	42.7
2013	100.0	14.3	41.7	44.0
2014	100.0	13.7	41.7	44.6
2015	100.0	13.3	41.7	45.0
2016	100.0	12.6	40.4	47.0
2017	100.0	11.8	40.7	47.5
2018	100.0	11.9	39.7	48.4
2019	100.0	10.8	38.9	50.3
2020	100.0	10.8	39.2	50.0
2021	100.0	10.9	38.9	50.2
2022	100.0	11.0	40.2	48.8

说明：该表按当年价格计算

表 62　1949—2022 年主要年份人口状况统计表

年　份	总户数（万户）	总人口（万人）	其　中		人口自然增长率（‰）
			乡村人口（万人）	城镇人口（万人）	
1949	59.1	265.8	257.1	8.7	—
1952	60.3	279.5	267.7	11.8	—
1957	65.2	307.9	289.3	18.6	19.7
1962	71.9	333.2	313.1	20.1	27.8
1965	75.5	355.9	333.4	22.5	24.0
1970	83.4	399.9	375.6	24.3	24.5
1975	90.3	431.0	400.8	30.2	12.0
1978	95.0	442.4	408.3	34.1	9.1
1979	97.5	446.9	410.5	36.4	8.2
1980	100.4	450.9	412.7	38.2	6.4
1981	103.4	457.1	416.0	41.1	7.8
1982	105.2	462.0	418.5	43.5	12.8
1983	106.8	465.2	420.4	44.8	6.8
1984	108.6	469.2	418.6	50.6	8.1
1985	110.6	473.3	411.7	61.6	6.9
1986	113.2	477.8	419.6	58.2	9.1
1987	120.6	486.7	421.0	65.7	13.3
1988	126.3	505.8	426.9	78.9	13.1
1989	132.0	512.7	437.6	75.1	17.6
1990	135.7	527.1	450.7	76.4	31.7
1991	136.3	531.7	452.3	79.4	13.1
1992	138.1	530.5	447.7	82.8	0.2
1993	139.4	528.4	442.3	86.1	0.3
1994	140.9	527.1	433.2	93.9	0.1
1995	143.6	526.6	426.7	99.9	-0.1
1996	146.4	530.3	384.1	146.2	1.7
1997	150.1	532.8	381.9	151.0	3.8

续表62

年 份	总户数（万户）	总人口（万人）	其 中		人口自然增长率（‰）
			乡村人口（万人）	城镇人口（万人）	
1998	153.8	536.0	385.3	150.6	5.6
1999	155.8	538.6	384.4	154.2	5.0
2000	157.6	540.7	379.3	161.4	4.5
2001	160.0	543.1	377.9	165.2	4.3
2002	160.9	546.4	378.8	167.6	5.9
2003	162.2	547.7	374.8	172.8	4.1
2004	164.3	550.0	372.7	177.2	6.6
2005	165.9	550.8（538.6）	393.6	157.2（242.8）	4.4
2006	167.4	551.7（540.9）	394.5	157.2（248.8）	3.2
2007	169.9	552.6（543.3）	393.5	159.1（253.2）	2.6
2008	174.3	554.7（545.6）	395.5	159.3（258.2）	3.3
2009	177.5	555.8（548.0）	398.1	157.7（264.2）	2.5
2010	181.6	557.0（549.8）	367.1	189.9（276.6）	2.4
2011	185.3	559.5（549.7）	365.9	193.6（283.9）	5.0
2012	187.5	558.9（547.6）	352.3	206.6（289.9）	3.0
2013	—	556.8（548.2）	—	（297.8）	—
2014	195.1	562.3（547.3）	354.4	208.0（306.5）	8.2
2015	194.9	565.7（548.3）	289.0	276.7（320.1）	7.2
2016	195.8	568.7（550.0）	282.9	285.7（333.6）	8.6
2017	199.5	571.3（550.3）	279.5	291.9（343.7）	7.4
2018	197.1	573.0（549.1）	274.3	298.7（349.6）	6.5
2019	196.4	573.3（549.0）	270.5	302.8（350.4）	4.2
2020	196.4	570.8（547.9）	—	（350.2）	—
2021	—	569.4（543.5）	—	（352.2）	—
2022	—	564.5（540.1）	—	（353.5）	—

说明：括号内数据分别为常住总人口和常住城镇人口；2014年及之前年份户籍人口中的乡村人口、城镇人口数据为农业人口、非农业人口口径

表63　2022年泰安市各县市区、功能区常住人口统计表

县市区 功能区	常住总人口（万人）	其　中		城镇化率（%）
		城镇人口（万人）	乡村人口（万人）	
全　市	540.1	353.5	186.6	65.5
市　区	194.7	145.7	49.0	74.8
泰山区	80.1	72.6	7.5	90.7
岱岳区	67.5	53.0	14.5	78.6
高新区	22.5	15.0	7.5	66.8
泰山景区	7.8	1.4	6.4	18.1
徂汶景区	16.7	3.6	13.1	21.5
新泰市	125.1	76.4	48.7	61.1
肥城市	87.8	60.4	27.4	68.8
宁阳县	65.4	34.3	31.1	52.5
东平县	67.3	36.8	30.5	54.7

编辑 校对　刘小笋

索 引

说明：

1. 本索引分为主题索引和表格索引。表格索引，以除时间外的表格题名为标目。
2. 索引款目按汉语拼音字母（同音字按声调）顺序排列。
3. 款目后的阿拉伯数字表示内容所在的页码，数字后的字母 a、b、c 分别表示版面区域。
4. 同一主题的内容在文中多处出现的，在其款目后用不同的页码标明。
5. 特载、专记、大事记、附录不做索引。

主题索引

D

E

F

J

K

L

M

N

S

W

X

Y

Z

表格索引